U0148727

說文解字導讀

陳潔淮編著

文史哲出版社印行

國家圖書館出版品預行編目資料

說文解字導讀 / 陳潔淮編著. -- 初版. -- 臺北市:
文史哲, 民 92
面; 公分
索引
ISBN 957-549-527-6(平裝)

1. 說文解字 – 註釋

802.226 92016804

說文解字導讀

編著者：陳　潔　淮
出版者：文　史　哲　出　版　社
http://www.lapen.com.tw
登記證字號：行政院新聞局版臺業字五三三七號
發行人：彭　正　雄
發行所：文　史　哲　出　版　社
印刷者：文　史　哲　出　版　社
臺北市羅斯福路一段七十二巷四號
郵政劃撥帳號：一六一八○一七五
電話886-2-23511028・傳真886-2-23965656

實價新臺幣六五○元

中華民國九十二年(2003)九月初版

ISBN 957-549-527-6

說文解字導讀

陳潔淮編著

謹以此書紀念

先師修竹園陳公八八冥壽

弁言

昔張南皮有言，由小學入經學者，其經學可信。小學，即文字音訓之學，治國學之柄也。余從先師修竹園陳公習說文，廿有餘年矣。逮後以是執教上庠者，又復十數年。惜感鄦書浩瀚富贍，歷來說者又衆，若逐字講釋，經年未盡十之一。且有或數字音同義異，分屬多部，或古今假借，各出異篇，翻檢固不便，而學者亦難記也。乃遂抽釋各篇之常用字、同異字、古今字，以為講授之資。時日既久，積稿遂多，鈔寫維艱，因纂次存稿，都為二篇，以便學者。前篇單釋部目，題曰說文解字入門；後篇則據部選釋，題曰說文解字導讀。惟囿於日力，疏漏難免，大雅君子，希諭正之。歲次庚午陳潔淮於旅往齋。

自前篇說文解字入門印行後，因為課務所係，延延數載。至去秋，後篇說文解字導讀始整理完成，然又以校正須時，至今歲乃能付梓。癸未盛暑，潔淮又識。

書例

一　本書原文悉依鼎臣本，至段本之異文則必錄之。

一　本書除依鼎臣及段注外，並參攷徐鍇說文解字繫傳、惠棟惠氏讀說文記、席世昌席氏讀說文記、王紹蘭說文段注訂補、鈕樹玉段氏說文注訂、徐承慶說文解字注匡謬、徐灝說文解字注箋、桂馥說文解字義證、王筠說文句讀、說文釋例、朱駿聲說文通訓定聲、錢坫說文解字斠詮、王玉樹說文拈字、李富孫說文辨字正俗、饒炯說文解字部首訂及先師湛公遺說，為行文之便，除直引原文外，其歸納衆說者概不另標出

處，非有意於剽竊也。

一　原書說解頗多借字，殆非鄦君之舊，實後人傳寫之誤，故悉於注解中辨其本字當為某，其重出者，則直書本字。

一　間有說解已甚簡明，無須注釋者，則但錄原文。

一　凡字屬順行會意，而鼎臣作从某从某者，俱依段作从某某。

一　凡說解云象某之形，而六書屬指事會意者，為免學者混淆，特於括號內著明之。

一　本書仍依鼎臣本用孫愐切韻，間有古今音變或難

得正讀者，為使初學者，概於括號內標音某。

一　本書為歷年講稿，非成於一時，故書法詳略未盡一律，姑聽之。

又後篇

一　本篇於各部首但錄原文，不另注釋，為便翻閱，特標其篇之葉次於括號內。

一　本篇除參攷其篇已列書目外，復益之下列諸家：鈕樹玉說文解字校錄、姚文田嚴可均說文校議、嚴章福說文校議議、王念孫王氏讀說文記、苗夔說文繫

傳校勘記、王筠說文繫傳校錄、朱駿聲說文通訓定聲補遺、孔廣居說文疑疑、王鳴盛蛾術編說字、胡秉虔說文管見、吳玉搢說文引經攷、邵瑛說文解字羣經正字、吳雲蒸說文引經異字、錢大昕說文答問、薛傳均說文答問疏證、承元培廣說文答問疏證、承元培說文引經證例、郭慶藩說文經字正誼、張行孚釋雅、張行孚釋舊。

說文解字第一上

一　惟初太始，(段作「太極」)道立於一，造分天地，化成萬物。凡一之屬皆从一。於悉切(指事)

古文一 (二)

元　始也。从一兀。(段作「兀聲」)徐鍇曰：元者善之長也，故从一。愚袁切

易乾文言：「元者善之長也。」又「大哉乾元，萬物資始乃統天。」故元訓「始也」。又元亦訓「首也」，从二从儿。二古文上，儿古文人，人上為首，則是會意字。

天　顛也。至高無上，从一大。他前切

按天字訓「顛也」者，顛，頂也。本書大字說解云：「大，天大，地大，人亦大，故大象人形。」謂在人上至高之處，故从一在大上。此指事字，段以為是會意，則是以為合二字以成語，如「止戈為武」「人言為信」之類，兩通。

丕　大也。从一不聲。敷悲切，宋本作牧悲切。

古籍多段不為丕，書君牙篇「丕顯哉文王謨，丕承哉武王烈」，詩清廟作「不顯不承」。

吏　治人者也。从一从史，史亦聲。徐鍇曰：吏之治人，心主於一，故从一。力置切(會意兼形聲)

上　(段改作二)高也。此古文上，指事也。凡上之屬皆从上。時掌切

篆文上 (二)

帝　諦也。王天下之號也。从上朿聲。都計切

古文帝。古文諸上字皆从一，篆文皆从二。二古文上字，辛示辰龍童音章皆从古文上。

爾雅釋詁「林烝天帝皇王后辟公侯君也」，故曰「王天下之號」。又「古文」以下桂氏王氏皆以為是後人所加。

旁　溥也。从二闕，方聲。步光切

古文旁　亦古文旁　籀文

按云闕者，謂从冂之義未聞也。然冂部央字說解云：「央，中央也。从大在冂之內，大人也。央旁同意。」則此字當是从人。徐箋云：「央从大，象人正立形，旁从冂，象人側立形，正立在中，側立在旁，故曰央旁同意。」故旁之本義應是邊旁字。爾雅釋宮「一達謂之道路，二達謂之歧旁」，至旁訓「溥也」則是引伸之義。「旁溥」猶「旁薄」也。此與人部

傍字異，人部「傍，近也」是近傍字，彳部「徬，附行也」是依傍字。又籀文雱字从雨，詩邶風北風篇「雨雪其雱」「雨雪其霏」，毛傳「雱，盛貌」「霏，甚貌」，雱與旁之義迥異，是亼一字宜在雨部，疑後人竄亂耳。

下

丅

（段改作二）底也。

指事。胡雅切

丅 篆文

按許書無底字，本止作底，广部「底，山尻也，一曰下也，从广氐聲」底下二字轉注，訓「山尻也」是借為邸字，大徐新附始有低云「下也，从人氐，氐亦聲」，本書十二下部目「氐，至也，从氏下著一，一，地也」此氐建字，又手部「抵，擠也」是抵擠字，至「抵，側擊也，諸氏切」則是抵掌字，又厂部「厎，柔石也，職雉切」「砥，厎或从石」，是厎厲「砥柱」字，音只。

示

示

天垂象，見吉凶，所以示人也，从二，三垂，日月星也，觀乎天文以察時變，示神事也，凡示之屬皆从示。神至切（指事）

（二） 古文示

禮

禮

履也，所以事神致福也，从示从豊，豊亦聲。靈啟切

礼 古文禮

禮訓履也者，禮記祭義篇「禮者，履此者也」，仲尼燕居「言而履之，禮也」，荀子大略篇「禮者，人之所履也」，中論法象篇「夫禮也者，人之所以終身蹈而不可須臾離也」，本書五上部目「豊，行禮之器也，从豆象形，凡豊之屬皆从豊，讀與禮同，盧啟切」，豊是豊器，禮則為履行字。

福

福

祐也，（段作「備也」，玉篇引作「祐也」）从示畐聲。方六切

按福訓祐者，本部「祜，上諱，臣鉉等曰：此漢安帝名也，福也，當从示古聲，侯古切」，是福祜轉注，然許君避上諱，或不明言祜為福義，故小徐本亦訓「備也」，禮祭統云「福者，備也」，宀部「富，備也」，福富皆以畐諧之，備字為訓，又福富皆从畐，本書五下部目「畐，滿也」亦備意。

祐

祐

助也，从示右聲。于救切（形聲）

易大有上九「自天祐之，吉无不利」，繫傳「易曰：自天祐之，吉无不利，子曰：祐者，助也，天之所助者順也，人之所助者信也，履信思乎順，又以尚賢也，是以自天祐之，吉无不利也」，是祐有神助之義，古籍多作佑，許書無佑字，本止作右，口部

「右，助也，从口又」徐鍇曰：言不足以左，復手助之。于救切 又五上部目「左，手相左助也，从ナ工」凡左之屬皆从左。則箇切 臣鉉等曰：今俗別作佐 是許書原無佐佑字，本止作左右。易泰象「以左右民」注「左右，助也」至左右手字本作ナ又。三下部目「ヨ，手也，象形」「ナ，ナ手也，象形」

祗

敬也。从示氏聲。旨移切

本部「祇，地祇，提出萬物者也。从示氏聲。巨支切」糸部「緹，帛丹黃色。从糸是聲。他禮切」「衹，緹或从氏」衣部「衹，衹裯，短衣。从衣氏聲。都兮切（音兄）」是祇衹衹衹四字音義俱異。衹訓短衣，引伸之義為「衹是」，俗作「秖是」，誤。宋人每段只為衹。三下部目「只，語已詞也」詩鄘風柏舟篇「母也天只，不諒人只」

禔

安福也。从示是聲。市支切 易曰：禔既平。

按今易坎卦九五「坎不盈，祗既平」虞注云「祗，安也」則作禔是本字本義，作祗是段借耳。

神

天神，引出萬物者也。从示申。食鄰切

論語「禱爾于上下神祇」皇疏「天曰神，地曰祇也」

祕

神也。从示必聲。兵媚切

祕訓神也者，易繫傳曰「陰陽不測之謂神」「神也者，妙萬物而為言者也」孟子「聖而不可知之謂神」周書諡法「民無能名曰神」

祇

地祇，提出萬物者也。从示氏聲。巨支切

詳本部祗字。

齋

戒潔也。从示，齊省聲。側皆切

籀文齋从𩫖省。𩫖音禱

易繫傳「聖人以此齋戒以神明其德夫」韓康伯注「洗心曰齋，防患曰戒」禮祭統「齋之言齊也，齊不齊以致齊者也」又按許書無潔字，當作絜。段本止作絜。糸部「絜，麻一耑也」新附始有潔字，云「瀞也」

禋

絜祀也。一曰精意以享為禋。从示垔聲。於真切

籀文从宀

祭

祭祀也。从示，以手持肉。子例切（會意）

祀

祭無已也。从示巳聲。詳里切

禩　祀或从異（按禩字从異，則篆當作禩。詳異字）。

按本書十四下部目「巳，巳也。昜气巳出，萬物見，成彣彰，故巳爲蛇，象形」。史記律書「巳者，言萬物之已盡也」。故巳字引伸之義爲已盡、已然、已止。今則分作已，讀羊止切。古籍或假「已，用也」爲之。又按祀字引伸之義爲歲也。爾雅釋天：「載，歲也。夏曰歲，商曰祀，周曰年，唐虞曰載」。祀下郭注云「取四時一終」。

祠

春祭曰祠。品物少，多文詞也（詞，段作辭）。从示司聲。仲春之月，祠不用犧牲，用圭璧及皮幣。似茲切

爾雅釋天「春祭曰祠，夏祭曰礿，秋祭曰嘗，冬祭曰烝」。郭注「祠之言食」。公羊傳桓公八年注「祠猶食也，猶繼嗣也。春物始生，孝子思親，繼嗣而食之，故曰祠」。云「祠不用犧牲，用圭璧及皮幣」者，礼月令「仲春之月」「是月也，祀不用犧牲，用圭璧更皮幣」。

礿

夏祭也。从示勺聲。以灼切

公羊傳桓公八年注「麥始熟可礿，故曰礿」。礼王制「春曰礿，夏曰禘，秋曰嘗，冬曰烝」。鄭注「此蓋夏殷之祭名，周則改之，春曰祠，夏曰礿，以禘爲殷祭」。詩小雅（天保）曰「礿祠烝嘗于公先王」。此周四時祭宗廟之名。礿，古籍或作禴。一訓薄也。易既濟九五「東鄰殺牛，不如西鄰之禴祭，實受其福」。王弼注「禴，祭之薄者也」。許書無禴字，蓋本作礿。

祫

大合祭先祖親疏遠近也。从示合。周礼曰「三歲一祫」。侯夾切（意兼聲）

春秋文二年「八月丁卯，大事于大廟」。公羊傳「大事者何？大祫也。大祫者何？合祭也。其合祭柰何？毀廟之主陳于大祖，未毀廟之主，皆升合食于大祖，五年而再殷祭」。穀梁傳「大事者何？大是事也，著祫嘗。祫祭者，毀廟之主陳于大廟，未毀廟之主皆升合祭于大祖」。何休公羊注「祫猶合也」。又說解引周礼曰，今周礼無此文，蓋是礼緯文也。

祼

灌祭也。从示果聲。古玩切

礼郊特牲「灌用鬯臭」。詩大雅文王「厥作祼將」。毛傳「祼，灌鬯也。周人尚臭」。論語八佾「子曰：禘自既灌而往者，吾不欲觀之矣」。孔注「禘、祫之礼，爲序昭穆，故毀廟之主及羣廟之主皆合食於太祖。灌者，酌鬱鬯灌於太祖

以降神也。

祝

祭主贊詞者。从示从人口。一曰从兌省。易曰：兌為口為巫。之六切

按：祝，祭主贊詞者。周禮春官大祝：「掌六祝之辭，以事鬼神示，作六辭以通上下親疏遠近。」釋文：「傳鬼神詞曰祝。」「从示从人口」者，段注：「此以三字會意，謂以人口交神也。」「一曰从兌省」者，是字形之又說。引易曰，見說卦文。

祓

除惡祭也。从示犮聲。敷勿切

周禮春官女巫：「掌歲時祓除釁浴。」鄭注：「歲時祓除，如今三月上巳如水上之類。釁浴謂以香薰草藥沐浴。」犬部：「犮，犬走兒。从犬而丿之。曳其足則刺犮也。」蒲撥切

祈

求福也。从示斤聲。渠稀切

周禮春官大祝：「掌六祈以同鬼神示。」鄭注：「祈，嘄也。謂為有災變號呼告于神以求福。」按：周禮稱六祈，則祈是祭名。引伸之為求福也。古籍或段蘄為祈求字。艸部：「蘄，艸也。」

禱

告事求福也。从示壽聲。都浩切

禂　禱或省。

𥛷　籀文禱。

周禮小宗伯：「大烖及執事禱祠于上下神示。」鄭注：「求福曰禱，得求曰祠。」

禳

磔禳祀除癘(段作厲是)殃也。古者燧人禜子所造。从示襄聲。汝羊切

疒部：「癘，惡疾也。」段作厲云：「厲殃，謂厲鬼凶害。」句讀亦云：「癘當作厲，謂厲鬼也。」禮月令季春之月：「是月也……命國難九門，磔攘以畢春氣。」鄭注：「此月之中，日行歷昴，昴有大陵積尸之氣，氣佚則厲鬼隨而出行。命方相氏帥百隸，索室毆疫以逐之。又磔牲以攘於四方之神，所以畢止其災也。」通典：「漢制，厲殃祀天地日月星辰四時陰陽之神。」

禪

祭天也。从示單聲。時戰切

古之王者受命，則封大山，禪梁甫，以報天地之恩，服虔曰：「封者增天之高，歸功於天。禪者廣土地。」段以墠為封禪字，非是。徐以禪為禪代之義，亦非。土部：「墠，野土也。」又女部：「嬗，緩也。一曰傳也。」禪讓字當作嬗。

禦

禦

祀也。从示御聲。魚舉切

彳部「御，使馬也。从彳从卸。」（卩部「卸，舍車解馬也。从卩止午。」）「馭，古文御，从又从馬。」攴部「敔，禁也。一曰樂器，控楬也，形如木虎。从攴吾聲。」㚔部「圉，囹圄，所以拘辠人。从㚔从囗。一曰圉，垂也。一曰圉人，掌馬者。」囗部「圄，守之也。从囗吾聲。」按禦訓祀，圉訓囹圄，御為駕御，則敔為禁禦本字。今則通作禁禦。古籍或叚御、圉、圄為之。又禦訓祀，未見經傳，桂氏以為賓旅字。尚書禹貢「九山刊旅」，傳曰：「已槎木通道而旅祭矣。」論語「季氏旅於泰山」，是知古作禦者，經典以同音之旅代之。

社

社

地主也。从示土。春秋傳曰：「共工之子句龍為社神。」常者切

𥘸 古文社

周禮二十五家為社，各樹其土所宜之木。

左傳昭公二十九年晉大夫蔡墨答魏獻子曰：「顓頊氏有子曰犂，為祝融；共工氏有子曰句龍，為后土。此其二祀也。后土為社。」又按今周禮無「二十五家為社」文，風俗通以為是周禮說。史記孔子世家「楚昭王將以書社地七百里封孔子。」索隱「古者二十五家為里，里則各立社。」又周禮大司徒「設其社稷之壝而樹之田主，各以其野之所

宜木，遂以名其社與其野。」鄭注「所宜木，謂若松柏栗也。若以松為社者，則名松社之野。」

禍

禍

害也。神不福也。从示咼聲。胡果切

旡部「旤，屰惡驚詞也。从旡咼聲。乎果切」

祟

祟

神禍也。从示从出。雖遂切

𥜏 籀文祟，从䨻省。

祅

祅

地反物為祅也。从示芺聲。於喬切

左傳宣公十五年「天反時為災，地反物為祅，民反德為亂，亂則祅災生。故文反正為乏。」古籍或作「枖」、「訞」、「祆」、「妖」，皆後人變亂。言部無訞。女部「妖，巧也。一曰女子笑皃。詩曰：『桃之妖妖。』从女芺聲。」此妖饒妖媚字。木部「枖，木少盛皃。从木夭聲。詩曰：『桃之枖枖。』」十下部曰「夭，屈也。从大，象形。」

祘

祘

明示以筭之。从二示。逸周書曰：「士分民之祘，均分以祘之也。」讀若筭。蘇貫切

按今逸周書無「士分民之祘」文，當在亡篇。又竹部「筭，長六寸，計歷數者。从竹从弄。言常弄乃不誤也。蘇貫切」「算，數

也。从竹从具。讀若筭」。據許君釋義，則筭器作筭，計筭當作祘。今經典統作筭，又誤作筭算，算之本義為「數也」。論語「斗筲之人，何足算也」，是本義。

禁　吉凶之忌也。从示林聲。居蔭切

禫　除服祭也。从示覃聲。徒感切

按禫字疑後人增益。本書谷部「西，舌皃。从谷省，象形。他念切」「函，古文西。讀若三年導服之導」。木部「棪，遬其也。从木炎聲。讀若三年導服之導。以冉切」。穴部「突，深也。一曰竈突。从穴从火从求省。式針切」。段注本此下有「讀若禮三年導服之導」。徐鍇曰「𥨎字从此，古無禫字，借導字為之，故曰三年導服」。儀礼士虞礼「中月而禫」，鄭注「古文禫或為導」。

禰　新附　親廟也。从示爾聲。一本云古文禰也。泥米切

祧　遷廟也。从示兆聲。他彫切

朱駿聲以為祧即朓字。肉部「朓，祭也。从肉兆聲。土了切」。

祚　福也。从示乍聲。臣鉉等曰：凡祭必受胙，胙即福也。此字後人所加。徂古切

三　天地人之道也。从三數。凡三之屬皆从三。穌甘切

弎　古文三从弋。（二）

王　天下所歸往也。董仲舒曰「古之造文者，三畫而連其中謂之王。三者，天地人也，而參通之者，王也」。孔子曰「一貫三為王」。凡王之屬皆从王。李陽冰曰「中畫近上，王者則天之義」。雨方切

𤣩　古文王（三）

閏　餘分之月，五歲再閏，告朔之禮，天子居宗廟，閏月居門中。从王在門中。周禮曰「閏月王居門中終月也」。如順切（會意）

周礼春官大史「閏月，詔王居門中終月」。

皇　大也。从自。自，始也。始皇（段作王）者，三皇，大君也。自讀若鼻，今俗以始生子為鼻子。胡光切（會意）

「始皇」段作「王」，云「始王天下者，大君也，故號之曰皇，因以為凡大之偁。此說字形會意之指，釋字義則大之所由來也」。者

十「道大天大地大王亦大域中有四大而王凥其一焉」故王大也
又三皇有多說尚書大傳以為伏羲神農燧人春秋緯以
為是伏羲神農女媧禮緯謂是伏羲祝融神農梁書
謂古義以伏羲神農黃帝為三皇

玉

石之美者有五德潤澤以溫仁之方也䚡理自外可以知中
義之方也其聲舒揚專(段作尃非是)以遠聞智之方
也不橈而折勇之方也銳廉而不忮絜之方也
象三玉之連丨其貫也 陽冰曰三畫正均如貫玉也 魚欲切

古文玉(三)

按「不橈」段作「不撓」非是木部「橈曲木也」手部「撓擾也」
「不撓」卽不曲有奴而已不可辱也

瓘

玉也从玉雚聲春秋
傳曰瓘斝 工玩切
左傳昭公十七年「鄭裨竈言於子產曰宋衛陳鄭將
同日火若我用瓘斝玉瓚鄭必不火」注「瓘珪也斝玉
爵也」又哀公十五年齊陳瓘字子玉

璠

璵璠(段作「璠璵」)魯之寶玉从玉番聲孔子曰美哉璵
璠遠而望之奐若也近而視之瑟若也一則理勝二則孚
勝 附遠切
按璵段作與是許書無璵字璵字是大徐新修字
義十九字之一左傳定公五年釋文云「璵本又作與」又說
解引孔子曰云云是逸論語文「奐若」謂文采炳然「瑟若」
如琴瑟然「理勝」有條理謂奐若也「孚勝」旁達似信
謂瑟若也

璵

璵璠也从玉
與聲 以諸切
按此大徐新修字義十九字之一大徐新修字義云「左文一
十九字說文闕載注義及序例偏旁有之今並錄於諸
部」

瑾

(段篆作𤪌是)瑾瑜
美玉也从玉堇聲 居隱切
按瑾字从堇本書十三下部目「堇黏土也从土从黃
省」段篆𡋬八皆在下故瑾字當以段篆為是
山海經西山經「黃帝乃取峚山之玉榮而投之鍾山之陽
瑾瑜之玉為良堅栗精密濁澤而有光五色發作以和
柔剛天地鬼神是食是饗君子服之以禦不祥」淮
南子「鍾山之玉灼以鑪炭三日三夜不變」左傳宣公

十五年「瑾瑜匿瑕」，楚辭九章懷沙「懷瑾握瑜兮，窮不知所示」。注：「瑾瑜，美玉也。」

瑜

瑾瑜，美玉也。从玉俞聲。羊朱切

段本無「美玉」二字，云「凡合二字成文，如瑾瑜、玫瑰之類，其義既舉於上字，則下字例不復舉」。

瓊

赤（段改赤為亦，非是）玉也。从玉夐聲。渠營切

璚 瓊或从矞

瓗 瓊或从巂

琁 瓊或从旋省。臣鉉等曰：今與璿同（段以璿下，疑是）

詩衛風木瓜「投我以木瓜，報之以瓊琚」，毛傳「瓊，玉之美者」。瓊下說解云「赤玉也」，釋例云「當依毛傳作美玉也。赤古作烾，美字爛捝上半，即似之矣」。又按段以琁叡璿字之下，以為是璿之或體，疑是。今經典不省作璇。爾雅釋詁「在存省士察也」，郭注「書曰：在璿璣玉衡」。釋文「璿又作璇」。史記律書天官書旋璣玉衡，作旋，即璇之省，即本作琁也。大徐琁下亦云「今與璿同」，是矣。

⿰王剌

玉也。从玉剌聲。盧達切

瓚

三玉二石也。从玉贊聲。禮：天子用全，純玉也；上公用駹，四玉一石；侯用瓚；伯用埒，玉石半相埒也。徂贊切

周禮考工記玉人「天子用全，上公用龍，侯用瓚，伯用將」，注引鄭司農云「全，純色也。龍當為尨，尨謂雜色」。玄謂全，純玉也。瓚讀為饡饡之饡。龍、瓚、將皆雜名也。卑者尊，以輕重為差，玉多則重，石多則輕。公侯四玉一石，伯子男三玉二石」。又宗伯典瑞「祼圭有瓚」，注引鄭司農云「於圭頭為器，可以挹鬯祼祭，謂之瓚」。

瑛

玉光也。从玉英聲。於京切

經典多作英。孝經緯援神契「玉英，玉有英華之色」。詩齊風著「尚之以瓊英乎而」。艸部「英，艸榮而不實者。一曰黃英。从艸央聲」。

珛

（段改篆作玊，非是）朽玉也。从玉有聲。（段作「有點」）讀若畜牧之畜。許救切（音齅，形聲。畜有聲轉。段作「有點」則是指事）

璿

美玉也。从玉睿聲。春秋傳曰：璿弁玉纓。似沿切

璿 古文璿

叡 籀文璿

段於古文璿上有「琁，璿或从旋省」，是。詳瓊字。又「璿弁玉纓」，今左傳僖公二十八年作「瓊弁玉纓」。

球

球 玉聲也（段無「聲」字句讀作「美玉也」）从玉求聲。璆 球或从翏（句讀此下有「一曰玉磬也」）巨鳩切

書禹貢「厥貢惟球琳琅玕」注「球琳皆玉名，琅玕石而似珠」爾雅釋器「璆琳，玉也」注「璆琳，美玉名」釋地「西北之美者有崑崙虛之璆琳琅玕焉」是球為美玉。又史記孔子世家「環佩玉聲璆然」則引伸之義為玉聲也。至訓「玉磬」者，則未知所本也。

璧

璧 瑞玉圜也。从玉辟聲。比激切

爾雅釋器「肉倍好謂之璧」郭注「肉，邊也。好，孔也」白虎通瑞贄篇「璧以聘問何？璧者方中圓外……內方象地，外圓象天也」又「圜也」句讀依御覽引改作「環也」璧訓環也，下文環訓璧也，二字轉注。

瑗

瑗 大孔璧也。人君上除陛以相引。从玉爰聲。王眷切

爾雅曰「好倍肉謂之瑗，肉倍好謂之璧」。

荀子大略篇「聘人以珪，問士以璧，召人以瑗，絕人以玦，反絕以環」「人君上除陛以相引」者，見部「爰，引也」故从爰。此聲兼意也。又爾雅釋器「肉倍好謂之璧，好倍肉謂之瑗，肉好若一謂之環」郭璞注「好倍肉」云「孔大於邊也」

環

環 璧也。肉好若一謂之環。从玉睘聲。戶關切

爾雅郭注「肉好若一」云「邊孔適等」礼經解「行步則有環佩之聲」鄭注「環取其無窮止」故引伸為圜繞無端之義。又段借作旋轉字，周礼樂師「環拜以鐘鼓為節」注引鄭司農曰「謂旋也」。

璜

璜 半璧也。从玉黃聲。戶光切

瓏

瓏 禱旱玉。龍文。从玉从龍，龍亦聲。（段作「禱旱玉也，為龍文」無「从龍」二字）力鐘切

瑒

瑒 圭尺二寸，有瓚，以祠宗廟者也。从玉昜聲。丑亮切

周礼攷工記玉人「祼圭尺有二寸，有瓚，以祀廟」國語魯語「文仲以鬯圭與玉磬如齊告糴」韋昭注「鬯圭，祼鬯之圭，長尺二寸，有瓚，以祀廟」本書五下部首「鬯，以秬釀鬱艸，芬芳攸服，以降神也。从凵，凵，器也；中象米；匕，所以扱之。易曰『不喪匕鬯』」則鬯者酒也，瑒所以盛鬯之圭也。易震為長子，主祭器，匕瑒皆祭器，以其盛鬯之器，故經傳借鬯為瑒也。

瑞 以玉為信也从玉耑（段作「耑聲」）徐鍇曰耑諦也 會意 是僞切

璪 玉飾如水藻之文从玉喿聲 虞書曰璪火黺米 子皓切

今書益稷作「藻火粉米」艸部「藻水艸也从艸从水巢聲」「藻藻或从澡」

瑩 玉色从玉熒省聲一曰石之次玉者 逸論語曰如玉之瑩 烏定切

玉部琇引詩「充耳琇瑩」傳曰「石之次玉」今詩衛風淇奧毛傳「琇瑩美石也」法言五百子篇「如玉如瑩爰變丹青」

瑕 玉小赤也从玉段聲 乎加切

徐箋「玉有赤色精者為瓊赤之病則為瑕」渾言或通謂赤色為瑕非六義也 左傳宣公十五年「瑾瑜匿瑕」禮聘義「瑕不掩瑜」鄭注「瑕玉之病也」詩豳風狼跋「德音不瑕」毛傳「瑕過也」正義「瑕者玉之病玉之有瑕猶人之有過」

琢 治玉也从玉豖聲 竹角切

爾雅釋器「玉謂之琢」詩衛風淇奧「如琢如磨」毛傳云「玉曰琢」

琱 治玉也一曰石似玉从玉周聲 都寮切

初學記「琱治璞也」爾雅釋器「玉謂之雕」隹部「雕鷻也」「鵰籀文雕从鳥」鳥部「鷻雕也」彡部「彫琢文也」仌部「凋半傷也」按琱雕彫凋四字音同而義各異治玉曰琱琱琢成文曰彫雕為鷻鳥而凋則是凋零字

理 治玉也从玉里聲 良止切

理訓治玉也引伸為治也後漢書逸民嚴遵傳「咄咄子陵不能相助為理邪」

玩 弄也从玉元聲 五換切

貦 玩或从貝

習部「翫習猒也」玩翫二字自不同玩為玩弄翫則是翫習書旅獒「玩人喪德玩物喪志」傳訓玩為戲弄是本義易繫傳「是故君子所居而安者易之序也所樂而玩者爻之辭也是故君子居則觀其象而玩其辭動則觀其變而玩其占」玩是習玩當是翫字之誤

瑣

玉聲也、从玉𧴪聲、蘇果切

貝部「𧴪、貝聲也、从小貝、蘇果切」麥部「⿰麥𧴪、小麥屑之覈、从麥𧴪聲、蘇果切」凡瑣屑瑣碎字本當作⿰麥𧴪、又許書金部無鎖字、新附有之、云「鎖、鐵鎖、門鍵也、从金𧴪聲、蘇果切」蓋本止作瑣、徐灝曰「按廣雅曰瑣、連也、蓋以玉製爲小連環、其聲細碎、謂之連瑣、繫人琅當以鐵爲連環、其形相似、故亦謂之瑣、其後因易金旁作鎖、說文無此字」

瑀

石之似玉（段作次玉）者、从玉禹聲、王矩切

詩鄭風女曰雞鳴「知子之來之、雜佩以贈之」毛傳「雜佩者、珩璜琚瑀衝牙之屬」釋文「瑀、音禹、石次玉也」又有女同車「將翱將翔、佩玉瓊琚」毛傳「佩有琚瑀、所以納閒」韓詩傳「蠙珠以納其閒」大戴礼保傅篇「佩玉上有雙衡、下有雙璜、琚瑀以雜之、衡牙玭珠以納其閒」

璡

石之似玉者、从玉進聲、讀若津、將鄰切

碧

石之青美者、从玉石白聲、兵尺切

琨

石之美者、从玉昆聲、虞書（段改作夏書、是）曰揚州貢瑤琨、古混切（音袞）

璭 琨或从貫

書禹貢「淮海惟揚州……厥貢惟金三品、瑤琨篠簜」

珉

石之美者、从玉民聲、武巾切（音民）

按今經典或作瑉、礼聘義「敢問君子貴玉而賤碈者何也」鄭注「碈、石似玉、或作玟也」釋文「字亦作瑉」玉藻「士佩瓀玟而緼組綬」釋文「字又作砇」按許書無瑉、碈、砇字、而本部「玫、火齊、玫瑰也、一曰石之美者、从玉文聲、莫桮切」與珉字音義俱異、不可混而一之也、

瑤

玉（段作石、是）之美者、从玉䍃聲、詩曰、報之以瓊瑤、余招切

按詩衛風木瓜「報之以瓊瑤」釋文「瑤音遙、說文云美石也」一切經音義瑤字注引說文亦云「石之美者」又瑤篆次琨珉之下、琨珉說解並云「石之美者」且自瑀字以後各字俱「石之次玉者」「石之似玉者」「石之美者」故瑤亦當是「石之美者」作玉誤、

珠　蚌之陰精。（段作「蚌中陰精也」）从玉朱聲。春秋國語曰：珠以禦火災（段作「珠足以禦火災」）是也。章俱切

大戴禮勸學：「珠者陰之陽也，故勝火」。國語楚語：「左史倚相曰：珠足以禦火災，則寶之」。注：「珠，水精，故以禦火災」。（火部：「烖，天火曰烖，从火𢦏聲」。「灾，或从宀火」。「扶，古文从才」。「災，籀文从巛」。巛部：「巛，害也，从一雝巛」。）荀子勸學：「淵生珠而崖不枯」。韓詩外傳：「良玉度尺，雖有千仞之土不能掩其光；良珠度寸，雖有百仞之水不能掩其暉」。

玭　珠也。从玉比聲。宋弘云：淮水中出玭珠。玭，珠之有聲。（段作「玭珠，珠之有聲者」）步因切

蠙　夏書玭从虫賓。

書禹貢：「海岱及淮惟徐州。……厥貢……淮夷蠙珠臮魚」。

玟　火齊玟瑰也。（段作「玟瑰，火齊珠」。一切經音義引同）一曰石之美者。从玉文聲。莫桮切

「一曰石之美者」，一切經音義引作「一曰石之美好曰玟，圓好曰瑰」。按此必後人因玟經典亦借作珉，遂逞珉之說解於此也，許君原意無此。

瑰　玟瑰。从玉鬼聲。一曰圜好。公回切

琅　琅玕，似珠者。从玉良聲。魯當切

書禹貢：「黑水西河惟雝州。……厥貢惟球琳琅玕」。注：「琅玕，石而似珠」。

玕　琅玕也。从玉干聲。禹貢雝州球琳琅玕。古寒切

𤥚　古文玕。（段有「从玉旱」）

靈　靈巫。（段删「靈字未見」）以玉事神。从玉霝聲。郎丁切

靈　靈或从巫

雨部：「霝，雨零也」。「零，餘雨也」。「零，雨霝也」。艸部：「落，凡艸曰零，木曰落」。凡雨曰霝零，艸木曰零落。

琖　玉爵也。夏曰琖，殷曰斝，周曰爵。从玉戔聲。或从皿。阻限切

琛　寶也。从玉深省聲。丑林切

大徐琛字在新附。按御覽引說文「琛，寶也」。詩魯頌泮水「來獻其琛」。爾雅釋言：「琛，寶也」。則許書原有琛字，偶奪更耳。宜徵靈字之下。

珏 二玉相合為一珏。凡珏之屬皆从珏。古岳切

瑴 珏或从㱿。(三)

班 分瑞玉。从珏刀。布還切(會意)

攴部「攽，分也」。班字訓分瑞玉，引伸之亦「分也」。班與攽通。今隸變作班。又頁部「頒，大頭也」。今假作頒布，本當作攽。貝部「𧶜，賦事也」。至班駁字則當作辬。文部「辬，駁文也」。無斑字。

气 雲气也。象形。凡气之屬皆从气。去既切(三)

氛 祥气也。从气分聲。符分切

雰 氛或从雨。

祥气，義兼吉凶，謂吉凶先見之气。析言之則祥吉而氛凶。

士 事也。數始於一，終於十。从一从十。孔子曰「推十合一為士」。凡士之屬皆从士。鉏里切(四)

壻 夫也。从士胥。詩曰「女也不爽，士貳其行」。士者夫也。讀與細同。穌計切

婿 壻或从女。

詩衛風氓篇「女也不爽，士貳其行」。爾雅釋親「女子子之夫為壻」。

壯 大也。从士爿聲。側亮切

按許書無爿字，而壯牀牆等篆皆用為聲，蓋偶奪耳。詳木部牀字。

壿 舞也。(段「舞字上有士字」)从士尊聲。詩曰「壿壿舞我」。慈損切(音撙)

酋部「尊，酒器也。从酋廾以奉之。周禮六尊：犧尊、象尊、著尊、壺尊、太尊、山尊，以待祭祀賓客之禮。祖昆切」「尊，尊或从寸。臣鉉等曰：今俗以尊作尊卑之尊，別作罇，非是」。尊字从廾，與丌部之奠字異。丌部「奠，置祭也。从酋。酋，酒也。下其丌也。禮有奠祭者。堂練切」。爾雅釋訓「坎坎壿壿，喜也」。詩小雅伐木「蹲蹲舞我」作蹲，蓋借字。釋文「蹲本或作壿」。

丨 上下(段作「下上」)通也。引而上行讀若囟，引而下行讀若退。凡丨之屬皆从丨。古本切(音袞)(四)

中 (段篆作中是)內也.(大徐本誤作「而也」依段本改.一作「和也」)从口(段作「从囗」是)丨.上下(段作「下上」)通.陟弓切(會意)

中 古文中

中 籀文中.(段無此)

按入部「內.入也.从冂入.自外而入也」則中字訓內也.以別於外與偏之辭.大徐本作「而也」.九下部目「而.頰毛也」.與中字之意殊異.又訓「和也」亦非.口部「咊.相譍也」是唱咊字.龠部「龢.調也」是調和字.皆非中字之義也.又各本中字从口.亦誤.段改作从囗是也.六下部目「囗.回也.象回帀之象」則囗象四方.而以丨記其中也.

說文解字第一下

屮 艸木初生也.象丨出形.有枝莖也.古文或以為艸字.讀若徹.凡屮之屬皆从屮.尹彤說.(臣鉉等曰.丨.上下通也.象艸木萌芽通徹地上也)丑列切(弓)

屯 難也.象艸木之初生.屯然而難.从屮毌一.一.地也.尾曲.(段作「从屮毌一.屈曲之也.一.地也」)易曰.屯.剛柔始交而難生.陟倫切

按「毌」說解原作「毌.貫」.蓋是段借.本書七上部目「毌.穿物持之也.从一𠁧.𠁧象寶貨之形」凡毌貫字.貫通字皆本作毌.貫是錢貝之貫.又按說解云「尾曲」者.象其根.易屯彖曰:「屯.剛柔始交而難生.」

每 艸盛上出也.从屮母聲.武罪切(臣鉉等曰.左傳原田每每.今別作莓.非是)

按艸盛上出.引伸之為美盛兒.左傳僖公二十八年「原田每每」.杜注:「喻晉軍美盛.若原田之艸每每然」.又段借為貪也.漢書賈誼傳賈誼鵩鳥賦「貪夫徇財兮.烈士徇名.夸者死權兮.品庶每生.」史記伯夷傳引賈子曰.

「羣庶憑生」後漢書孔融傳：「夫嚴氣正性，覆折而已，豈有員園委屈可以每其生哉」又借作昏也，莊子胠篋篇「故天下每每辠在於好知」李注「每每猶昏昏也」又借為語詞，廣雅釋詁「每，詞也」詩小雅皇皇者華「每懷靡及」毛傳「每，雖也」常棣「每有良朋」鄭箋「雖也」爾雅釋訓「每有，雖也」

毒

㫗也，害人之艸，往往而生。从屮从毐（大徐誤作「从毒」，段作「毐聲」）徒沃切

古文毒，从刀䈞（段篆作□，是）竹部「䈞，㫗也」

本書毋部「毐，人無行也。从士从毋。賈侍中說，秦始皇母與嫪毐淫，坐誅，故世罵淫曰嫪毐」徐鍇曰「毐字从士从毋，言其毒毐㫗也」「害人之艸往往而生」段注「往往猶歷歷也，其生蕃多，則其害尤㫗，故字从屮，引伸為凡㫗之義」又段借為督也，易師彖曰「以此毒天下而民從之」馬注「治也」莊子人間世「無門無毒」注「治也」又借作育也，老子「亭之毒之」劉孝標辯命論「生之無亭毒之心，死之豈虔劉之志」又毒字毐聲者，王懷祖曰「毐有代音，與毒聲相近」

芬

艸初生其香分布。从屮从分，分亦聲（段作「从屮分聲」）撫文切

芬，或从艸

一切經音義引說文芬下有「芳也」

圥

（段篆作□，是）菌圥（大徐本誤作菌坴）圥，地蕈，叢生田中。从屮六聲。力竹切

籀文圥，从三圥

坴

土部「坴，土塊坴坴也，从土圥聲」𨸏部「陸，高平地，从𨸏从坴，坴亦聲」坴是坴地，陸則是高平地。爾雅釋地「廣平曰原，高平曰陸，大陸曰阜，大阜曰陵，大陵曰阿」

熏

火煙上出也。从屮从黑。屮黑，熏象也。（會意）許云切

十上部首「黑，火所熏之色也，从炎上出𡆸」故屮黑為熏色。又熏字今經典多段薰為之，艸部「薰，香艸也」

艸

百芔也。从二屮。凡艸之屬皆从艸。倉老切（五）

蓏

在木曰果，在地（段作艸）曰蓏。从艸㼌。郎果切（會意）㼌音禹

齊民要術、太平御覽引說文蓏並作「在艸曰蓏」。易說卦傳艮為果蓏，宋衷注「木實謂之果，艸實謂之蓏」。詩豳風東山「果臝之實，亦施于宇」。許書無臝。

蓋本作蓏。

芝

神艸也（段作「神芝也」未是）。从艸从之（段作「之聲」是）。止而切

按芝訓「神艸」者，神農本艸云「山川雲雨四時五行陰陽晝夜之精，以生五色神芝，為聖王休祥」。據本艸芝有青赤黃白黑紫六色，陶弘景曰「此六芝皆仙艸之類」。本艸又云「久食輕身不老，延年神仙」。

荅

小尗也。从艸合聲。都合切

荅之本義為小尗，經典多借為酬荅字，文書作答，竹部無答字，亦不宜从竹，當以荅為正。

萁

豆莖也。从艸其聲。渠之切

按萁訓豆莖者，是以今字釋古義，猶尗訓豆也。豆之本義是器皿，豆上部目「豆，古食肉器也。从口，象形」。爾雅釋器「木豆謂之豆，竹豆謂之籩，瓦豆謂之登」。然漢人已叚豆為尗矣。楊惲報孫會宗書「田

彼南山，蕪穢不治，種一頃豆，落而為萁」。曹子建詩「煮豆然豆萁，漉豉以為汁，萁在釜下然，豆在釜中泣，本是同根生，相煎何太急」。

莠

禾粟下生莠（段作「禾粟下揚生莠也」）。从艸秀聲。讀若酉。與久切

「禾粟下」猶言禾粟間也。莠即今之狗尾艸。程瑤田曰「禾一本惟一莖一穗，莠一本或數莖，多至五六穗，穗多芒，類狗尾，俗呼狗尾艸」。莠之莖葉穗皆似禾，故孔子曰「惡莠恐其亂苗也」。凡禾粟穗下垂，而莠則穗不下垂，故詩以驕驕桀桀起興也。詩齊風甫田「無田甫田，維莠驕驕，無思遠人，勞心忉忉」「無田甫田，維莠桀桀，無思遠人，勞心怛怛」。

荏

桂荏蘇（段作「桂荏，蘇也」）。从艸任聲。如甚切

按荏之本義是紫蘇，香艸也。經典通以為柔弱之偁。論語「色厲而內荏」，孔注「柔也」。詩小雅巧言「荏染柔木，君子樹之」，毛傳「荏染，柔意也」。荏皆當作栠，木部「栠，弱皃，从木任聲。如甚切」。又按詩「荏染」訓柔意，則染

亦當是婡字之譌。女部「婡，弱長皃。而琰切」

芋

大葉實根駭人，故謂之芌也。从艸亏聲。徐鍇曰：芌猶言吁。吁，驚辭，故曰駭人。王遇切。

按芌乃蔬名，其葉大根實，二者甚堪駭人，故謂之芌。其字从亏。方言「于，大也」。詩小雅斯干「君子攸芋」，毛傳「芋，大也」。故芌引伸之義為大也。大抵从亏之字多訓大。又口部「吁，驚也。况于切」

莒

齊謂芌為莒。从艸呂聲。居許切

陶公詠貧士「芻藁有常溫，采莒足朝餐。豈不實辛苦，所懼非飢寒」。又莒亦是地名。春秋時莒有三國：邑一也，齊邑二也，春秋國名三也。管子小稱篇「鮑叔牙奉杯而起曰：使公毋忘出如莒時也，使管子毋忘束縛在魯也，使甯戚毋忘飯牛車下也」。此莒是國名。

菊

大菊，蘧麥。从艸匊聲。居六切

按菊字本義是蘧麥，經典多叚作秋華之蘜，而穴造𥹉為大菊字。本部「蘜，日精也，以秋華。从艸，𥹉省聲」

「蘜，蘜或省」，是秋華之蘜。又本部「蘜，治牆也。从艸鞠聲」，疑本今之建築字。木部「築，擣也」。革部「鞠，蹋鞠也。从革匊聲」，此是蹴鞠字。鞠躬字本作匑。勹部「匑，曲脊也。从勹，𥹉省聲」。又「匊，在手曰匊。从勹米」，今俗作掬。夲部「𥹉，窮理罪人也。从夲从人从言」「簐，或省言」，是今之鞫訊字。米部「𥹉，酒母也。从米，𥹉省」「鞠，𥹉或从麥，鞠省聲」，即今之麴蘗字。走部「趜，窮也。从走匊聲」。畢沅以為詩鞠為茂草字。小雅小弁篇「踧踧周道，鞫為茂草」，毛傳「鞫，窮也」。宀部「𥨍，窮也。从宀𥹉聲」「𥨍與𥹉同」「簐，𥨍或从穴」。手部「𢷎，撮也。从手，𥹉省聲」。魚部「鮞，魚名……」虫部「蝌，蝌蠹，詹諸」。鳥部「鵴，秸鵴，尸鳩……」馬部「騉，馬曲脊也……」

菁

韭華也。从艸青聲。子盈切

徐鍇曰「韭菜之華也」。廣雅「韭，其華謂之菁」。按華各本統作華，惟句讀作雩，作雩為是，即今俗書之花也。六下部𠌶「雩，艸木華也。从𠂹亏聲」「荂，雩或从艸从夸」。

藍

染青艸也。从艸監聲。魯甘切

荀子勸學「青取之於藍而青於藍，冰水為之而寒於水」，按本部藍字兩見，此訓染青艸，而於「菹，酢菜也」隔二字後有「藍，瓜菹也，从艸監聲，魯甘切」，字形讀音俱同，不應重出而異義，疑訓「瓜菹也」之藍乃濫字之誤，玉篇「藍，染艸」「濫，瓜菹」可證。

藼

令人忘憂艸也，从艸憲聲，詩曰安得藼艸，况袁切

或从蕿

或从宣

今詩衛風伯兮「焉得諼艸，言樹之背」，作諼，釋文云「或作蘐」，又淇奧「有匪君子，終不可諼兮」，又考槃「獨寐寤言，永矢弗諼」，傳箋並云「諼，忘也」，按許書無諼字，詩蓋本作藼，傳寫誤作蘐諼耳，言部「諼，詐也」，又按「忘憂艸」憂本作𢝊，心部「𢝊，愁也」，夊部「憂，和之行也」。

茝

虈也，从艸𦣝聲，昌改切

按本部無芷字，「蘭芷」本作茝，玉篇「葯，白茝，葉，郭虈也」，本部「虈，楚謂之蘺，晉謂之虈，齊謂之茝，从艸嚻聲，許嬌切（音梟）」，淮南子氾論訓「夫亂人者，芎藭之與槀本也，蛇牀之與蘪蕪也」，荀子大略篇「蘭茝槀本，漸于蜜醴，一佩易之」，本艸「蘪蕪一名薇蕪，一名江蘺，芎藭苗也」。

薰

香艸也，从艸熏聲，許云切

離騷王逸注「葉曰蕙，根曰薰」，左傳僖公四年「一薰一蕕，十年尚猶有臭」，廣雅釋天「天子祭以鬯，諸侯以薰，大夫以蘭茝，士以蕭，庶人以艾」，薰之本義是香艸，今則借作熏烝字，屮部「熏，火煙上出也，从屮黑，屮黑，熏象也」。

苷

甘艸也，从艸甘（段作「从艸甘聲」）古三切

五上部首「甘，美也，从口含一，一，道也」。

蓟

芺也，从艸魝聲，古詣切（魝音餽）

本部「芺，艸也，味苦，江南食以下气，从艸夭聲，烏晧切（音奧）」，邑部「鄚，周封黃帝之後於鄚也，从邑契聲，讀若薊，古詣切」，今經典多叚薊為鄚。

蓡

蓡：人蓡，藥艸，出上黨。从艸浸聲。山林切

人蓡出上黨，狀類人者善。古方所用人蓡皆上黨蓡也。今俗段參為蓡。晶部「曑，晉星也」，「參，曑或省」。

荑

荑：（段改作苐）艸也。从艸夷聲（段作弟聲）。杜兮切

按荑杜兮切，則夷非聲，疑當从艸从一弟省聲，篆當作苐。段作苐，云「从艸弟聲」，亦未然。詩邶風靜女「自牧歸荑」，傳云「荑，茅之始生也」。又衛風碩人「手如柔荑」，亦此字。

菅

菅：茅也。从艸官聲。古顏切

左傳成公九年引逸詩「雖有絲麻，無棄菅蒯。雖有姬姜，無棄憔悴」。

蘄

蘄：艸也。从艸斲聲。江夏有蘄春亭。臣鉉等案：說文無斲字，他書亦無。此篇下有⿱艹斦字，注云江夏平春亭名，疑相承誤重出一字。渠支切

本部「⿱艹斦，艸多皃。从艸斦聲。江夏平春有⿱艹斦亭。語斤切」（⿱艹斦、⿱艹斦讀音銀）。「⿱艹狐，艸多皃。从艸狐聲。江夏平春有⿱艹狐亭。古狐切」。則蘄、⿱艹斦、⿱艹狐雖同是江夏亭名，然蘄訓「艸也」，⿱艹斦、⿱艹狐訓「艸多皃」，義自不同，而音亦各異，未宜混而一之。段注云「當是从蕇斤聲」。又古籍多段蘄為祈「求也」。示部「祈，求福也」，是祈求之本字。

蓷

蓷：萑（段作隹）也。从艸推聲。詩曰「中谷有蓷」。他回切（音推）

爾雅釋艸「萑，蓷」，郭注「今茺蔚，葉似荏，方莖白華，華生節間，又名益母」。詩王風「中谷有蓷」：「中谷有蓷，暵其乾矣」。韓詩云「茺蔚也」。毛傳「蓷，鵻也。暵，菸貌。陸艸生於谷中，傷於水」。鳥部「鵻，祝鳩也。从鳥隹聲。思允切」，「隼，鵻或从隹、一，一曰鶉也」。按毛訓蓷為鵻，而云「陸艸生於谷中，傷於水」，則鵻非本字明矣。疑毛傳本作萑，傳寫奪去艸作隹，又誤作鵻耳。

萑

萑：艸多皃。从艸隹聲。職追切（音追）

集韻、韻會引說文有「一曰艸名，茺蔚也」。增韻引作「蓷蔚也」。此與萑字異。四上部首「雈，鴟屬。从隹从𠂉，有毛角。所鳴，其民有旤。胡官切（音桓）」。爾雅釋鳥「萑，老鵵」，郭注「木兔也。似鴟鵂而小，兔頭，有角，毛腳，夜飛，好食雞」。

藷

藷蔗也。从艸諸聲。章魚切

廣雅釋艸「藷藇，署預也」藷，今俗作薯。

蘭

艸也。从艸圃聲。圃，籀文囿。于救切

口部「囿，苑有垣也。从口有聲。一曰禽獸曰囿。于救切」「圞，籀文囿」

蒚

艸。枝枝相値，葉葉相當。从艸昜聲。褚羊切

爾雅釋艸「蓫薚，馬尾」廣雅「馬尾，蔏陸」古樂府董嬌饒「洛陽城東路，桃李生路旁，花花自相對，葉葉自相當」

蓾

艸也，可以束。从艸魯聲。郎古切

蓾 或从鹵

爾雅釋艸「蓾，蔖」郭注「作履苴艸」本部「苴，履中艸」謂襯履底之艸也。漢書賈誼傳「冠雖敝不以苴履」此蓾艸蓾恭字，俗作潦。水部「潦，雨水大皃。从水尞聲。盧皓切」

蒐

茅蒐，茹藘。人血所生，可以染絳。从艸鬼。所鳩切

詩鄭風東門之墠「東門之墠，茹藘在阪。其室則邇，其人甚遠」毛傳「茹藘，茅蒐也」爾雅釋艸「茹藘，茅蒐」郭注「今之蒨也，可以染絳」陸璣毛詩艸木鳥獸蟲魚疏「茹藘，茅蒐，蒨艸也。一名地血，齊人謂之茜」

茜

茅蒐也。从艸西聲。倉見切

桂氏謂茜莖葉麤澀而根紅，故許慎曰人血所生。蒐下說解「人血所生，可以染絳」宜在此字下。又爾雅郭注「今之蒨也」釋文云「蒨本作茜」按許書無蒨，凡經典作蒨者皆當作茜。古樂府休洗紅「休洗紅，洗多紅色淺，不惜故縫衣，記得初按茜。人壽百年能幾何，後來新婦今為婆」又按西字乃棲之本字，十二上部「西，鳥在巢上，象形。日在西方而鳥棲，故因以為東西之西」「棲，西或从木妻」（按「西，鳥在巢上」此是指事。「巢，鳥在木上曰巢，在穴曰窠。从木，象形」乃真象形）

苞

艸也。南陽以為麤履（段作麤履，是）。从艸包聲。布交切

按麤履當依段作蔍麤履。本部「蔍麤，艸履也」十上部目「麤，行超遠也。从三鹿」。礼曲礼「苞屨扱衽厭冠不入公門」鄭注「苞，藨也。齊衰藨蒯之菲也」。又按苞訓「艸也。南陽㠯為蔍麤履」是本義。至詩小雅斯干「如竹苞矣，如松茂矣」大雅生民「實方實苞」毛傳竝訓「本也」是八一義。又古籍每叚作勹裹字。詩召南野有死麇「野有死麇，白茅苞之」毛傳「苞，裹也」。本書九上部目「勹，裹也。象人曲形，有所勹裹」。此勹裹本字，今則叚包為之。九上部目「包，象人裹妊，巳在中，象子未成形也」。此同包字。至包部「胞，兒生裹也」，則是胞胎字。

艾

冰（段作仌）臺也。从艸乂聲。五蓋切

繫傳曰「即今灸艾也」。按艾為久灸艸，灸之言久也，故引伸之為老也。爾雅釋詁「艾，長也」。礼曲礼「五十曰艾」。丿部「乂，芟艸也。从丿乀相交」。「刈，乂或从刀」。是芟乂字。辟部「㽭，治也。从辟乂聲」（九上部目「辟，治也。从卩从辛，節制其辠也。从口用法者也」）凡古籍之「乂」「艾」作平治義好解，皆㽭之借字。孟子「人少則慕父母，知好色則慕少艾，士則慕君」艾即㽭字之叚。又心部「忞，懲也」。孟子「自怨自艾」艾當作忞。

蔦

寄生也。（段「也」上有「艸」字）从艸鳥聲。詩曰「蔦與女蘿」。都了切

蔦或从木

詩小雅頍弁「蔦與女蘿，施于松柏」毛傳「蔦，寄生也。女蘿，菟絲，松蘿也」。陸璣毛詩艸木鳥獸蟲魚疏云「蔦一名寄生，葉似當盧，子如覆盆子」。神農本艸經云「桑上寄生一名寓木，一名宛童」。爾雅釋木「寓木，宛童」郭注「寄生樹，一名蔦」。釋艸「唐、蒙，女蘿。女蘿，菟絲」。「蒙，王女」郭注「蒙即唐也」。又本艸經「宛童女蘿，菟蒙也，亦曰王女」。

薺

蒺（段作疾，是。許書無蒺字）蔾也。从艸齊聲。詩曰「牆有薺」。疾咨切，又徂礼切

按今詩鄘風牆有茨「牆有茨，不可埽也。中冓之言，不可道也。所可道也，言之醜也」毛傳「茨，蒺蔾也」。薺已作茨矣。本部「茨，以茅葦蓋屋也」。又按「牆有薺」下當有「一曰艸可食」。詩邶風谷風「誰謂荼苦，其甘如薺」釋文「薺，齊礼反」，即可食之薺也。故薺下有二讀：疾咨切即疾蔾之薺，徂礼切謂可食之薺也。

蘜

日精也。㠯秋華。从艸，蘜省聲。居六切

蘜或省

此㭊華之蘜字，今則段菊為之，詳菊字

芀

葦華也。从艸刀聲。徒聊切（音條）

爾雅釋艸「蔈、荂，荼。」注「即芀。」又「猋、藨，芀。」注「皆芀荼之別名。」「葦醜，芀。」注「其類皆有芀秀。」荀子勸學「南方有鳥，以羽為巢，繫之葦苕。」注「苕，葦之秀也。」荀子之「葦苕」，本當作葦芀。本部「苕，艸也。从艸召聲。徒聊切」詩小雅苕之華「苕之華，其葉青青，知我如此，不如無生。」毛傳「苕，陵苕也。」爾雅釋艸「苕，陵苕。」陵苕，即牽牛華。又本部「䓆，艸也。从艸沼聲。昨焦切」

菡

菡藺也。从艸圅聲。胡感切

爾雅釋艸「荷，芙蕖。其莖茄，其葉蕸，其本蔤，其華菡藺，其實蓮，其根藕，其中的，的中薏。」詩陳風澤陂「彼澤之陂，有蒲菡藺。」毛傳「菡藺，荷華也。」菡藺，俗作菡萏

藺

菡藺，芙蓉（段作扶渠）華未發為菡藺，已發為芙蓉。从艸閻聲。徒感切

本書無芙蓉，本祇作夫容。

蓮

芙蕖之實也。从艸連聲。洛賢切

許書無蕖，蕖當作夫渠。淮南子說山訓「荷，夫渠也。其華曰夫容。」

茄

夫渠莖。从艸加聲。古牙切

荷

夫渠葉。从艸何聲。胡哥切

蔤

夫渠本。从艸宓聲。美必切

蔤，即蕅節。徐灝曰「蔤蓋即指蕅節而言。蔤之言密也，縝密之義也。蕅之言耦也，兩兩相當也。」

蕅

夫渠根。从艸水禺聲。五厚切

蕅，今俗作藕，說文無。

蓍

蒿屬。生十歲百莖（段作「生千歲三百莖」，是。大徐本疑奪變誤）易以為數。天子蓍九尺，諸侯七尺，大夫五尺，士三

尺。从艸耆聲。式脂切

尚書大傳「蓍之為言耆也」，博物志「蓍千歲而三百莖」，易說卦傳「昔者聖人之作易也，幽贊於神明而生蓍」，繫辭傳「蓍之德圓而神」，又「定天下之吉凶，成天下之亹亹者，莫善乎蓍龜」，是故君子將有為也，將有行也，問焉而㠯言，其受命也如響，無有遠近幽深，遂知來物，非天下之至精，其孰能與於此」，白虎通蓍龜篇「蓍之為言耆也，天子蓍長九尺，諸侯七尺，大夫五尺，士三尺，蓍，陽，故數奇也」

莪

莪 蘿莪（段作「莪，蘿也」）蒿屬。从艸我聲。五何切

爾雅釋艸「莪，蘿」，郭注「今莪蒿也」。詩小雅菁菁者莪毛傳「莪，蘿蒿也」，小雅蓼莪「蓼蓼者莪，匪莪伊蒿」。按莪蒿屬，既因有穴也。莪是膠笋，蒿是蔚莪。外貌相似，惟蔚茅刺手，膠笋不刺手。莪可食，蒿不可食，故詩曰「匪莪伊蒿」。

蕭

蕭 艾蒿也。从艸肅聲。蘇彫切

離騷「何昔日之芳艸兮，今直為此蕭艾」。

蘜

蘜 治牆也。从艸鞠聲。居六切

蘜訓「治牆也」，段氏云「未詳何物」，疑蘜即今之蘧築字，詳菊字。

葛

葛 絺綌艸也。从艸曷聲。古達切

詩周南葛覃「葛之覃兮，施于中谷，維葉莫莫，是刈是濩，為絺為綌，服之無斁」，毛傳「精曰絺，麤曰綌」。

邶風綠衣「絺兮綌兮，淒其㠯風」

蕛

蕛 蕛苵也。从艸稊聲（段作「梯聲」是，許書無稊字）。大兮切

爾雅釋艸「蕛，苵」，郭注「蕛似稗，布地生穢艸」，孟子「五穀者種之美者也，苟為不熟，不如荑稗」，荑當作蕛，本部「荑，艸也」，詩邶風靜女「自牧歸荑」，傳云「荑，茅之始生也」。

莨

莨 艸也。从艸良聲。魯當切

詩曹風下泉「冽彼下泉，浸彼苞稂」，小雅大田「既方既皁，既堅既好，不稂不莠」，毛傳並云「稂，童粱也」。爾雅釋艸「稂，童粱」，郭注「稂，莠類也」。按禾部無稂字，蓋本作蓈。畗部「良，善也，从畗省亾聲」，今段作莨莠字。

葚

葚 桑實也，从艸甚聲。常衽切

詩衛風氓「于嗟鳩兮，無食桑葚」，釋文「葚本又作椹」。魯頌泮水「翩彼飛鴞，集彼泮林，食我桑黮，懷我好音」，毛傳「黮，桑實也」，釋文「黮，說文、字林皆作葚」。按木部無椹，黑部「黮，桑葚之黑也，从甚黑聲」，義異，作葚是本字。

蕣

蕣 木堇，朝華莫落者，从艸䑞聲。詩曰：顏如蕣華。舒閏切

「木堇」韻會引作槿，按木部無槿，又十三下部目「堇，黏土也，从土从黃省」，又非蕣字義，蓋本作堇。本部「堇，艸也，根如薺，葉如細柳，蒸食之甘，从艸堇聲」。晏殊蹋莎行「紫薇朱槿花殘，斜陽却照闌干」，朱

槿即木堇也。又按詩鄭風有女同車「有女同車，顏如舜華」，毛傳「舜，木槿也」，已段作舜。本書五下部目「䑞，艸也，楚謂之葍，秦謂之藑，蔓地生而連華，象形，从舛，舛亦聲」，舜字重文即此字。書舜典「若曰稽古帝舜曰重華」，離騷「濟湘沅㠯南征兮，就重華而陳詞」。

荊

荊 楚木也，从艸刑聲。舉卿切

古文 荊

林部「楚，叢木，一名荊」，是二字轉注。韓非子多俩楚為荊。

莖

莖 枝柱也（段依玉篇改作「艸木榦也」），从艸巠聲。戶耕切

莛

莛 莖也，从艸廷聲。特丁切（本音庭，今讀上聲）

說苑「建天下之鳴鐘，撞之㠯莛」。

葉

葉 艸木之葉也，从艸枼聲。與涉切

⿱艹㓹

⿱艹㓹 艸之小者，从艸㓹聲。㓹，古文銳字，讀若芮。居例切

桉金部「鈂，芒也。从金兂聲」「劖，籀文鈂从厂剡」又网部「罽，魚网也。从网劖聲。劖，籀文鈂」則此處說解云「古文鈂字」當是籀字之譌。

葩

華也。从艸皅聲。普巴切

韓愈進學解「易奇而法，詩正而葩」白部「皅，艸華之白也。从白巴聲。普巴切」

蔈

苕之黃華也。从艸𤐫聲。一曰末也。方小切（音表）

爾雅釋艸「苕，陵苕。黃華蔈，白華茇」郭注「苕，華色異，名亦不同」又「一曰末也」則是與秒字同義。禾部「秒，禾芒也。从禾少聲。亡沼切」淮南子天文訓「秋分蔈定而禾熟」注「蔈，禾穗粟孚甲之芒也。古文作秒」木部「標，木杪末也。从木𤐫聲。敷沼切」金部「鏢，刀削末銅也。从金𤐫聲。撫招切」皆末義。火部「𤐫，火飛也。从火䙴省聲。方昭切」今粵方言「購票」恆謂「買飛」蓋以票訓「火飛」也。又巾部「幖，幟也。从巾𤐫聲。方招切」是幖識字。衣部「𧘝，上衣也。从衣从毛。古者衣裘以毛為𧘝。陂矯切」是𧘝即表字。

英

艸榮而不實者。一曰黃英。从艸央聲。於京切

爾雅釋艸「木謂之華，艸謂之榮，不榮而實者謂之秀，榮而不實者謂之英」離騷「夕餐秋菊之落英」注「英，華也」又說解「一曰黃英」疑即爾雅釋艸「權，黃華」郭注「今謂牛芸艸為黃華」

蕤

艸木華垂皃。从艸甤聲。儒隹切

生部「甤，艸木實甤甤也。从生，豨省聲。讀若綏。儒隹切」曹丕與朝歌令吳質書「方今蕤賓紀時，景風扇物」蕤賓，五月之律。周礼宗伯「大師掌六律六同，以合陰陽之聲。陽聲：黃鐘、大蔟、姑洗、蕤賓、夷則、無射。陰聲：大呂、應鐘、南呂、函鐘、小呂、夾鐘」注「蕤賓，午之氣也，五月建焉」

芒

艸耑。从艸亾聲。武方切

七下部首「耑，物初生之題也。上象生形，下象其根也。中一，地也。多官切」凡耑偏端緒字皆本作耑。立部「端，直也。从立耑聲。多官切」周礼司徒稻人「澤艸所生，種之芒種」鄭注引鄭司農云「澤艸之所生，其地可種芒種。芒種，稻

麥也。五月芒種為節者，言時可𠂹種有芒之穀也。芒
引伸之又為刃不頓之辭。芒字今作鋩，金部無鋩字。
又段借為㠩也。詩商頌長發「洪水芒芒」，今俗介作茫，
許書無。又明部「㠩，翌也。从明亡聲。呼光切（音荒）」是光㠩本
字，今則段芒為之矣。

茇

茇

艸根也。从艸犮聲。春艸根枯，引之而發土為撥，
故謂之茇。一曰艸之白華為茇。北末切
周礼考工記匠人「一耦之伐」，注「耜上曰伐，伐之言發也。」
詩周頌「駿發爾私」，鄭箋「發，伐也。」國語周語「王
耕一墢」，注「一墢，一耦之發也」。此處說解云「引之而發
土為撥」之撥，即考工記之伐，國語之「墢」字，本當
作「坺」。土部「坺，治也。一曰臿土謂之坺。詩曰武王載坺。一
曰塵皃。从土犮聲。蒲撥切」茇又段借作废。广部「废，舍也。
从广犮聲。詩曰召伯所废。蒲撥切」今詩召南甘棠篇已作
茇矣。又按說解「一曰艸之白華為茇」者，爾雅釋
艸「苕，陵苕。黃華蔈，白華茇。」

芃

芃

艸盛也。从艸凡聲。詩曰
芃芃黍苗。房戎切（音蓬）

詩小雅黍苗「芃芃黍苗，陰雨膏之」，傳「芃芃，長大皃。」
又鄘風載馳「我行其野，芃芃其麥」，傳「麥芃芃
然方盛長。」

茂

茂

艸豐盛（段本作「艸木盛皃」）。
从艸戊聲。莫候切
林部「楙，木盛也。从林矛聲。莫候切」心部「懋，勉也。从心楙
聲。虞書曰惟時懋哉。莫候切」三字音同而義異。艸
盛曰茂，木盛曰楙，而懋則訓勉也。今經典木盛亦
作茂，詩小雅天保「如松柏之茂」是也。書大禹謨
「政事懋哉懋哉」，漢書董仲舒傳引作茂。又爾雅
釋詁「茂，勉也」，是茲段茂為懋。

𧄔

𧄔

艸茂也。从艸
畼聲。丑亮切
田部「畼，不生也。从田昜聲。臣鉉等曰借為通畼之畼，今俗介作暢，非是。丑亮切」
按𧄔與畼義正相反。「通畼」之畼與孟子「艸木暢
茂」之暢，皆當作𧄔，大徐作畼，誤。又許書無暢字。

茲

茲

艸木多益。从艸茲省聲。
（段作絲省聲，是）子之切

水部「滋益也从水茲聲一曰滋水出牛飲山白陘谷東入呼沱子之切」二字義同惟滋兼有水義經典滋益義多用滋而茲則用為此也年也左傳宣公十二年「昔歲入陳今茲入鄭」國語魯語「今茲海其有災乎」呂氏春秋士容論任地篇「今茲美禾來茲美麥」古詩十九首「為樂當及時何能待來茲」茲皆年也艸一年一生故以茲為年又玄部「玆黑也从二玄春秋傳曰何故使吾水玆子之切(段作胡涓切是)」今左傳哀公八年玆已作滋矣蓋玆與茲形近而譌後改玆為滋耳

芼

艸覆蔓从艸毛聲詩曰左右芼之莫抱切

詩周南關雎「參差荇菜左右芼之」毛傳「芼擇也」則芼乃覒之段借見部「覒擇也从毛見聲讀若苗莫袍切」此處引詩當在覒下淺人逡易耳玉篇「覒莫到切詩曰左右覒之」

嵐

艸得風皃从艸風(段有「風亦聲」)讀若婪盧含切

山部無嵐大徐新附有之非是陶詩「平疇交遠風良苗亦懷新」是艸得風意(陶詩二句與「山氣日夕佳飛鳥相與還」同慨)女部「婪貪也从女林聲杜林說卜者黨相詐驗為婪讀若潭盧含切」心部「惏河內之北謂貪曰惏从心林聲盧含切」

苛

小艸也从艸可聲乎哥切

苛訓小艸引伸之為凡細碎之偁弊政亦謂之苛言其細碎緐擾也一切經音義引「苛尤劇也煩擾也尅急也」言部「訶大言而怒也从言可聲虎何切」俗作呵口部無經傳或段苛為之又丂部「乏反丂也讀若訶虎何切」

蕪

薉也从艸無聲武扶切

楚辭招魂「牽於俗而蕪薉」注「不治曰蕪多艸曰薉」林部「𣞤豐也从林奭或說規模字从大卌卌數之積也林者木之多也卌與庶同意商書曰庶艸緐𣞤」今書洪範已作廡矣广部「廡堂下周屋也从广𣞤聲」是堂廡字又亡部「無亡也从亡𣞤聲」是有無字「荒蕪」是蕪薉「𣞤」見緐𣞤爾雅釋詁「蕪豐也」是以荒蕪字為緐𣞤又因𣞤隸變作無遂與無字混而𣞤遂不見用矣

薉

薉 蕪也。从艸歲聲。於廢切

今俗作穢，非是。

荒

荒 蕪也。从艸巟聲。一曰艸淹地也。呼光切

此荒蕪字，古籍或段作廣大之偁，莊子天下篇「荒唐之言」，釋文謂「廣大無域畔者也」。巛部「巟，水廣也。从巛亡聲。易曰包巟用馮河」。此廣大之巟，今易已作荒矣。又禾部「⿰禾荒，虛無食也。从禾荒聲」，則是饑⿰禾荒字，今多段荒為之矣。爾雅釋天「穀不熟為饑，蔬不熟為饉，果不熟為荒，仍饑為荐」。荒，蓋當作⿰禾荒。

⿱艸寍

⿱艸寍 艸亂也。从艸寍聲。杜林說艸⿱艸爭⿱艸寍皃。女庚切（段作「⿱艸爭⿱艸寍也。从艸寧聲」）

⿱艸爭

⿱艸爭 ⿱艸爭⿱艸寍皃。从艸爭聲。側莖切（段作「⿱艸爭⿱艸寍，艸亂也。从艸爭聲。杜林說⿱艸爭⿱艸寍艸皃」）

犬部無狰獰，本祇作⿱艸爭⿱艸寍。

落

落 凡艸曰⿱雨各，木曰落。从艸洛聲。盧各切

雨部「⿱雨各，雨霝也。从雨各聲。盧各切」「霝，雨⿱雨各也。从雨，㗊象霝形。詩曰：霝雨其濛。郎丁切」「零，餘雨也。从雨令聲。郎丁切」

薀

薀 積也。从艸溫聲。春秋傳曰：薀利生孽。於粉切

左傳隱公三年「蘋蘩薀藻之菜」，杜注「薀藻，聚藻也」。又隱公六年「為國家者，見惡如農夫之務去草焉，芟夷薀崇之，絕其本根，勿使能殖，則善者信矣」，注「薀，積也」。又昭公十年「薀利生孽」，注「薀，畜也。孽，祅害也」。按杜訓孽為祅害，則字當作蠥。子部「孽，庶子也。从子辥聲」。虫部「蠥，衣服歌謠艸木之怪謂之祅，禽獸蟲蝗之怪謂之蠥。从虫辥聲」。說解之孽則是蠥之誤字，本宜作蠥。又薀俗作蘊，鄦書無。

蔡

蔡 艸也。（段作「艸丰也」，是。）从艸祭聲。蒼大切

本書四下部首「丰，艸蔡也。象艸生之散亂也」。此云「艸丰也」，是二字轉注。蔡又段借為⿱殺米字，米部「⿱殺米，⿰米悉⿱殺米，散之也。从米殺聲」。左傳昭公元年「周公殺管叔而蔡蔡叔」，杜注「蔡，放也」。書禹貢「五百里要服，三百里夷，二百里蔡」，鄭注「蔡之言殺，減殺其賦」，皆借蔡為⿱殺米。⿱殺米，衰或差之義，而鄭注之殺則是⿱殺米之省借。

菜

艸之可食者。从艸采聲。蒼代切

孔叢子小爾雅「菜謂之蔬」靈樞經「五菜、葵甘、韭酸、藿鹹、薤苦、蔥辛」

菑

不耕田也。从艸甾。（段作「从艸田巛聲」）易曰不菑畬。

徐鍇曰、當言从艸从巛从田。田不耕則艸塞之。故从巛。巛音災。若从甾則下有甾缶字相亂。側詞切

菑或省艸。（菑音之、又段作巛害字音巛）

易无妄六二「不菑畬」田部「畬、三歲治田也。易曰不菑畬田。从田余聲。（以諸切 音預）」按甾字經典本不誤。俗或省作甾。

遂與十二下部目「甾、東楚名缶曰甾。象形。側詞切」之字混耳。按甾字隸宜作甾。又菑之本義是不耕田。古籀或段作巛害字。巛部「巛、害也。从一雝巛。春秋傳曰巛雝為澤。凶。祖才切」火部「烖、天火曰烖。从火𢦏聲。祖才切」「灾、或从宀火。」「扗、古文从才。」「災、籀文从巛。」戈部「𢦏、傷也。从戈才聲。祖才切」

薙

除艸也。明堂月令曰季夏燒薙。从艸雉聲。他計切

周禮秋官薙氏。鄭注：「書薙或作夷。鄭司農云：掌殺艸。故春秋傳曰如農夫之務去艸、芟夷蘊崇之。

……玄謂薙讀如鬀小兒頭之鬀。書或作夷。此皆翦艸也」又釋文「薙或作雉」。按云「或作夷」「或作雉」者、謂有作夷或雉耳。非謂經文從俗而作雉為正也。段氏因謂鄭書本無薙字。後人竄入。恐未然。又髟部「鬀、鬄髮也。从髟弟聲。大人曰髡。小人曰鬀。盡及身毛曰鬄。臣鉉等曰、今俗別作剃。非是。他計切」

䕻

艸木相附䕻土而生。（段作「艸木生著土」）从艸麗聲。易曰百穀艸木䕻於地。呂支切

今易離卦彖辭「日月麗乎天。百穀艸木麗乎土」作麗。又詩小雅小弁篇「不屬于毛。不離于裏」作離。竝是䕻字之段。鹿部「麗、旅行也。鹿之性見食急則必旅行。从鹿丽聲。禮麗皮納聘。蓋鹿皮也。郎計切」又攴部「𢿱、數也。从攴麗聲。力米切」詩大雅文王篇「商之孫子。不麗不億」毛傳「麗、數也」則是段麗為𢿱。又人部「儷、棽儷也。从人麗聲。呂支切」（林部「棽、木枝條棽儷也」）左傳成十一年「鳥獸猶不失儷」杜注「儷、耦也」

蓆

廣多也。从艸席聲。祥易切

詩鄭風緇衣「緇衣之蓆兮」毛傳「蓆、大也」爾雅釋詁云「蓆、大也」字本當作蓆。巾部「席、籍也。禮天子諸侯席

有黼繡純飾。从巾，庶省。」今俗以席為簟席字，非是。

芟

刈艸也。从艸殳。所銜切

詩周頌載芟，毛傳曰「除艸曰芟，除木曰柞。」哀江南賦序「芟夷斬伐，如艸木焉。」

荐

薦蓆也。（段改蓆為席）从艸，存聲。在甸切

廌部「薦，獸之所食艸。从廌从艸。古者神人以廌遺黃帝，帝曰何食？何處？曰食薦，夏處水澤，冬處松柏。作甸切」薦是獸所食之艸。廣雅釋詁「薦，席也。」凡訓為承荐字，皆荐字之段。又易坎卦「水洊至。」陸績曰「洊，再也。」水部無洊字，有瀳，云「水至也。」非易義。「水洊至」之洊乃再字聲轉耳。爾雅釋言「荐，再也。」亦是以聲近為訓耳。

藉

祭藉也。一曰艸不編狼藉。从艸，耤聲。慈夜切，又秦昔切

祭藉引伸之為凡承藉、蘊藉義。易大過初六「藉用白茅，无咎。」馬融曰「在下曰藉。」又為段藉之義。鄦書無「借」字，「借」是大徐新增十九字之一。又耒部「耤，帝耤千畝也。古者使民如借，故謂之耤。从耒，昔聲。秦昔切」是耤田字。竹部「籍，簿書也。从竹，耤聲。秦昔切」則是書籍字。

茨

以茅葦蓋屋。（段作「茅蓋屋」）从艸，次聲。疾茲切

詩小雅甫田「曾孫之稼，如茨如梁。」箋曰「茨，屋蓋也。」莊子讓王篇「原憲居魯，環堵之室，茨以生艸。」釋文引李云「茨，蓋屋也。」至詩鄘風牆有茨，毛傳「茨，蒺藜也。」則是薺之段借。本部「薺，蒺藜也。从艸，齊聲。詩曰牆有薺。疾咨切，又徂礼切」

葺

茨也。从艸，咠聲。七入切

按以茅茨蓋屋謂之葺，故以為修葺之偁。

蓋

苫也。从艸，盍聲。古太切

按本部蓋字後為「苫，蓋也。」爾雅釋器「白蓋謂之苫。」郭注「白茅苫，今江東呼為蓋。」苫蓋本物名，引伸為覆蓋之偁。淮南子說林訓「日月欲明，而浮雲蓋之。」又引伸為發端語詞。血部「盇，覆也。从血大。臣鉉等曰：大象蓋覆之形。胡臘切」是覆盇本字。

藩

藩：屏也。从艸潘聲。甫煩切

詩大雅板篇「价人維藩，大師維垣」。毛傳「藩，屏也」。又崧高篇「四國于蕃，四方于宣」。鄭箋「四國有難則往扞禦之，為之蕃屏」。左傳昭公九年「文武成康之建母弟，以蕃屏周」。茲是段蕃為藩。艸部「蕃，艸茂也。从艸番聲」。是蕃或字。至易大壯九三「羝羊觸藩」。正義「藩，籬也」。則是段藩為棥。爻部「棥，藩也。从爻从林。詩曰：營營青蠅，止于棥」。棥是棥籬字。今詩小雅青蠅「營營青蠅，止于樊。豈弟君子，無信讒言」。已作樊矣。𣎵部「樊，騺不行也。从𣎵从棥，棥亦聲」。是樊重字。今則段樊為棥籬字，而樊重字則又作繁。許鄭書無繁字，本止作緐。糸部「緐，馬髦飾也。从糸每聲。春秋傳曰：可以稱旌緐乎」。是緐纇字。至竹部「籓，大箕也。从竹潘聲。一曰蔽也」。「一曰」之義則是段籓為藩矣。頁部「煩，熱頭痛也。从頁从火。一曰焚省聲」。是煩躁煩熱字。邑部「𨟊，京兆杜陵鄉。从邑樊聲」。今已省作樊矣。

菹

菹：酢菜也。从艸沮聲。側魚切

或从皿

或从缶

酉部「酢，醶也。从酉乍聲。倉故切，臣鉉等曰：今俗作在各切」。「醋，客酌主人也。从酉昔聲。在各切，臣鉉等曰：今俗作倉故切」。酢即今俗之醋，古呼酸為酢，酢菜即酸菜也。

若

若：擇菜也。从艸右。右，手也。一曰杜若，香艸。而灼切

按若訓「擇菜也」，引伸之為擇也。晉語「秦穆公曰：夫晉國之亂，吾誰使先若夫二公子而立之，以為朝夕之急」。若正訓擇也。若又借作順也、善也。書堯典「曰若稽古帝堯，曰放勳」。孔傳「若，順也」。詩大雅烝民「古訓是式，威儀是力，天子是若」。毛傳「若，順也」。爾雅釋詁「若，順也」。釋言「若，善也」。善順若一聲之轉。若又作語詞，易豐卦「有孚發若」，離卦「出涕沱若，戚嗟若」是也。至謂若本即叒之或字，恐未然。叒之本音宜讀息郎切，詳六下叒部。又若字說解「一曰杜若，香艸」者，本艸「杜若一名杜衡，一名若芝。生武陵川澤及冤句」。陶弘景曰「葉似薑而有文理，根似高良薑而細，味辛香。又絕似旋復根，殆欲相亂，葉小異爾。此艸一名杜蘅，今復又有杜蘅，不相似」。

蓴

蓴：蒲叢也。从艸專聲。常倫切

廣雅釋艸「蒲穗謂之蓴」

莜

艸田器（段作「耘田器」）从艸條省聲（段作「攸聲」）論語曰以杖荷莜 今作蓧 徒弔切

論語微子篇「子路從而後，遇丈人，以杖荷蓧」已作蓧矣。又荷當作何。本部「荷，夫渠葉」人部「何，儋也。从人可聲」臣鉉等曰「儋何即負何也，借為誰何之何。今俗別作擔荷，非是。胡歌切」又匸部「⿷匸攸，田器也。从匸攸聲。徒聊切」

芻

刈艸也，象包束艸之形。叉愚切

按廔作「从勹束艸」。九上部首「勹，裹也。象人曲形，有所勹裹」「包，象人裹妊，巳在中，象子未成形也」勹是勹裹，包是同包。至包部「胞，兒生裹也。从肉从包」則是胞胎字。詩大雅板篇「詢于芻蕘」毛傳「芻蕘，薪采者」。孟子「理義之說我心，猶芻豢之說我口」則是犓之借字。牛部「犓，以芻莝養牛也。从牛芻，芻亦聲。春秋國語曰：犓豢幾何」今經典統作芻矣。

萎

食牛也。从艸委聲。於偽切

按食當作飤。食部「飤，糧也。从人食」。萎飤字經典每叚借為枯㱕之㱕。歺部「㱕，病也。从歺委聲」。詩小雅谷風「無艸不死，無木不萎」，箋云「艸木枝葉猶有萎槁者」。礼檀弓「泰山其頹乎，梁木其壞乎，哲人其萎乎」注云「萎，病也」。萎皆本作㱕。又以餧為萎飤之萎。食部「餧，飢也。从食委聲。一曰魚敗曰餧。奴罪切」是飢餧字。今則別作餒為飢餒，而以餧為萎飤，俗又作餵飤。鄦書無餒餵字。

苗

蠶薄也。从艸曲聲。丘玉切

史記絳侯世家「勃以織薄曲為生」索隱「謂勃本以織蠶薄為生業也」。莊子大宗師「或編曲，或鼓琴」曲並是苗之叚借。十二下部首「曲，象器曲受物之形。或說曲，蠶薄也」或說之義，蓋即段作苗也。曲部「𡇼，骫曲也」是「𡇼」析字。

蔟

行蠶蓐。从艸族聲。千木切（音束）

釋例「蔟下云行蠶蓐，行字未詳何意。蔟蠶之時無取乎行也。玉篇蔟，巢也，亦蠶蓐也。或說文本如是，後人刪巢也二字，而亦字譌為行乎」竹部無簇字。

苣

束葦燒，从艸巨聲 臣鉉等曰：今俗別作炬，非是 其呂切

工部「巨，規巨也，从工，象手持之 其呂切」「榘，巨或从木矢，矢者其中正也」此規巨字，鄭書無矩，本止作巨或榘，經典以巨為大者則是鉅之借字，金部「鉅，大剛也，从金巨聲 其呂切」

菌

糞也，从艸胃省 式視切

玉篇「菌一作矢，俗作屎」，華部「糞，棄除也，从廾推華棄采也」，官溥說「似米而非米者矢字」，官溥說「似米而非米者矢字」是古多叚矢為菌也。糞上之米與菌字之㐫形近，象米在胃中已變之形。左傳文公十八年「殺而薶之馬矢之中」，史記廉頗藺相如列傳「廉將軍雖老，尚善飯，然與臣坐頃之，三遺矢矣」，索隱「謂數起便也」，皆叚矢為菌。莊子知北遊「在屎溺」，釋文「屎本或作矢」，則俗體作屎，始見莊子。至詩大雅板篇「民之方殿屎，則莫我敢葵」，毛傳「殿屎，呻吟也」，殿屎是唸吚之借字。口部「唸，吚也，从口念聲 都見切」「吚，唸吚，呻也，从口尸聲 馨伊切」，至鄭書有屎字，乃徙字之古文，與俗體屎字異也。

薶

瘞也，从艸貍聲 莫皆切

土部「瘞，幽薶也，从土㾜聲 於罽切」薶俗作埋，土部無，經典或省作貍，又雨部「霾，風雨土也，从雨貍聲 莫皆切」是全霾字。

𣂚

斷也，从斤斷艸，譚長說 食列切

籀文𣂚从艸在仌中，仌寒故折。

篆文𣂚从手。

按鄭書無譚，蓋本作鄿。

卉

艸之總名也，从艸屮 許偉切

按茻是艸之總名，故从三屮，三，眾也，段氏以為會意，是也。小徐謂是指事，未然。

蒜

葷菜（段有「菜之美者雲夢之葷菜」）从艸祘聲 蘇貫切

按賈思勰齊民要術及李昉等之太平御覽引皆有「菜之美者雲夢之葷菜」，釋文云「蒜，說文云葷菜也，一本云菜之美者雲夢之葷菜」

芥

菜也，从艸介聲 古拜切

自芥字以下五十三字，大徐以為皆小篆，从艸；大篆从茻。
芥本菜名，古籍多叚借為艸字。孟子「君之視臣如土芥，則臣視君如寇讎。」芥當作丯。四下部目「丯，艸蔡也。象艸生之散亂也。」

蒟

艸也。从艸，句聲。古厚切

此蒟且字，與九上部目「茍，自急敕也。从羊省，从勹口。勹口，猶慎言也。己力切」之茍字形音義迥異。

蒙

王女也。从艸，冡聲。莫紅切

爾雅釋艸「蒙，王女。」「唐，蒙，女蘿。女蘿，菟絲。」詩鄘風桑中「爰采唐矣，沬之鄉矣。」毛傳「唐，蒙，菜名。」小雅頍弁「蔦與女蘿，施于松柏。」毛傳「女蘿，菟絲，松蘿也。」釋文「在艸曰菟絲，在木曰松蘿。」經典或叚蒙為冡蔽字。同部「冡，覆也。从冃豕。莫紅切」

藻

水艸也。从艸水，巢聲。詩曰「于以采藻。」子皓切

藻或从澡。

詩召南采蘋「于以采蘋，南澗之濱。于以采藻，于彼行潦。」藻用或字。毛傳「蘋，大蓱也。」「藻，聚藻也。」釋文

引韓詩云「沈者曰蘋，浮者曰藻。」陸璣毛詩艸木鳥獸蟲魚疏云「蘋，今水上浮蓱是也。其麤大者謂之蘋，小者謂之蓱。」「藻，水艸也。生水底。有二種。其一種葉如雞蘇，莖大如箸，長可四五尺。其一種莖大如釵股，葉如蓬蒿，謂之聚藻。」本部「蓱，苹也。从艸洴聲。」「苹，蓱也。無根浮水而生者。从艸平聲。」水部「萍，苹也。水艸也。从水苹，苹亦聲。」又本書玉部「璪，玉飾如水藻之文。从玉喿聲。虞書曰璪火黹米。子皓切」今書益稷已作藻矣。

菬

艸也。从艸沼聲。昨焦切

朱駿聲曰「此字疑即苕之或體。」或曰「水艸也。从艸从水召聲。」存參。

范

艸也。从艸氾聲。房𠬛切（𠬛音范）

按范本艸也，後以為姓氏者，今山東范縣，春秋時晉以封大夫士會，因以邑為氏也。竹部「笵，法也。从竹，竹簡書也。氾聲。古法有竹刑。防𠬛切」是模笵字。車部「範，範軷也。从車，笵省聲。」範軷是出將祭道神。

苕

艸也。从艸召聲。徒聊切

爾雅釋艸「苕，陵苕。黃華蔈，白華茇」。本艸「紫葳，一名陵苕」。唐注「即陵霄也」。古籍或以苕為芀，詳芀字。

荼

苦荼也。从艸余聲。同都切。臣鉉等曰：此即今之茶字。

按荼有數種。爾雅釋艸「荼，苦菜」。郭注「詩曰：誰謂荼苦，苦菜可食」。詩邶風谷風「誰謂荼苦，其甘如薺」。毛傳「荼，苦菜也」。又釋艸「蔈荂，荼」。郭注「即芀」。詩豳風七月「九月叔苴，采荼薪樗」。是葦芀之荼。詩鄭風出其東門「出其闉闍，有女如荼」。毛傳「荼，英荼也」。鄭箋「荼，茅秀也」。是茅秀之荼。又釋艸「蒤，委葉」。郭注「詩云已茠蒤蓼」。疏云「薉艸也」。按鄦書無蒤。今詩周頌良耜篇「以薅荼蓼」作荼。又爾雅釋木「檟，苦荼」。郭注「小樹如梔子，冬生葉，可煮作羹飲。今呼早采者為荼，晚取者為茗，一名荈，蜀人名之苦荼」。是茗荈之荼。即大徐所謂即今之茶字者也。鄦書無茶字。

蒿

菣也。从艸高聲。呼毛切。

本部「菣，香蒿也。从艸臤聲。去刃切」。詩小雅鹿鳴「呦呦鹿鳴，食野之蒿」。毛傳「蒿，菣也」。陸疏「蒿，青蒿也」。

草

草斗，櫟實也。一曰象斗子。从艸早聲。自保切。臣鉉等曰：今俗以此為艸木之艸，別作皁字，為黑色之皁。案：櫟實可以染帛為黑色，故曰草。通用為草棧字。今俗書皁，或从白从十，或从白从七，皆無意義，無以下筆。

按木部「栩，柔也。从木羽聲。其實草，一曰樣。況羽切」。（「柔，栩也。从木予聲。直呂切（音佇）」）「樣，栩實。从木羕聲。徐兩切」。今俗作橡。說解「象斗子」，象字當作樣，俗作橡，又誤作象耳。玉篇引正作樣也。又日部「早，晨也。从日在甲上」。即今之早字。

萅（春）

推也。从艸从日，艸春時生也，屯聲。昌純切。（段作「从日艸屯，屯亦聲」）

釋名「春，蠢也。動而生也」。春秋說題辭「春，蠢也。蠢蠢興也」。礼鄉飲酒義「東方者春，春之為言蠢也」。

蓐

陳艸復生也。从艸辱聲。一曰蔟也。凡蓐之屬皆从蓐。而蜀切。

籀文蓐从茻（[illegible]）。

按陳艸復生為蓐，引伸之為薦席之蓐。今俗亦作褥。

薅

拔去（段作「披」）田艸也。非是。从蓐，好省聲。呼毛切。

籀文薅省。

茠 薅或从休。詩曰「既茠荼蓼」。

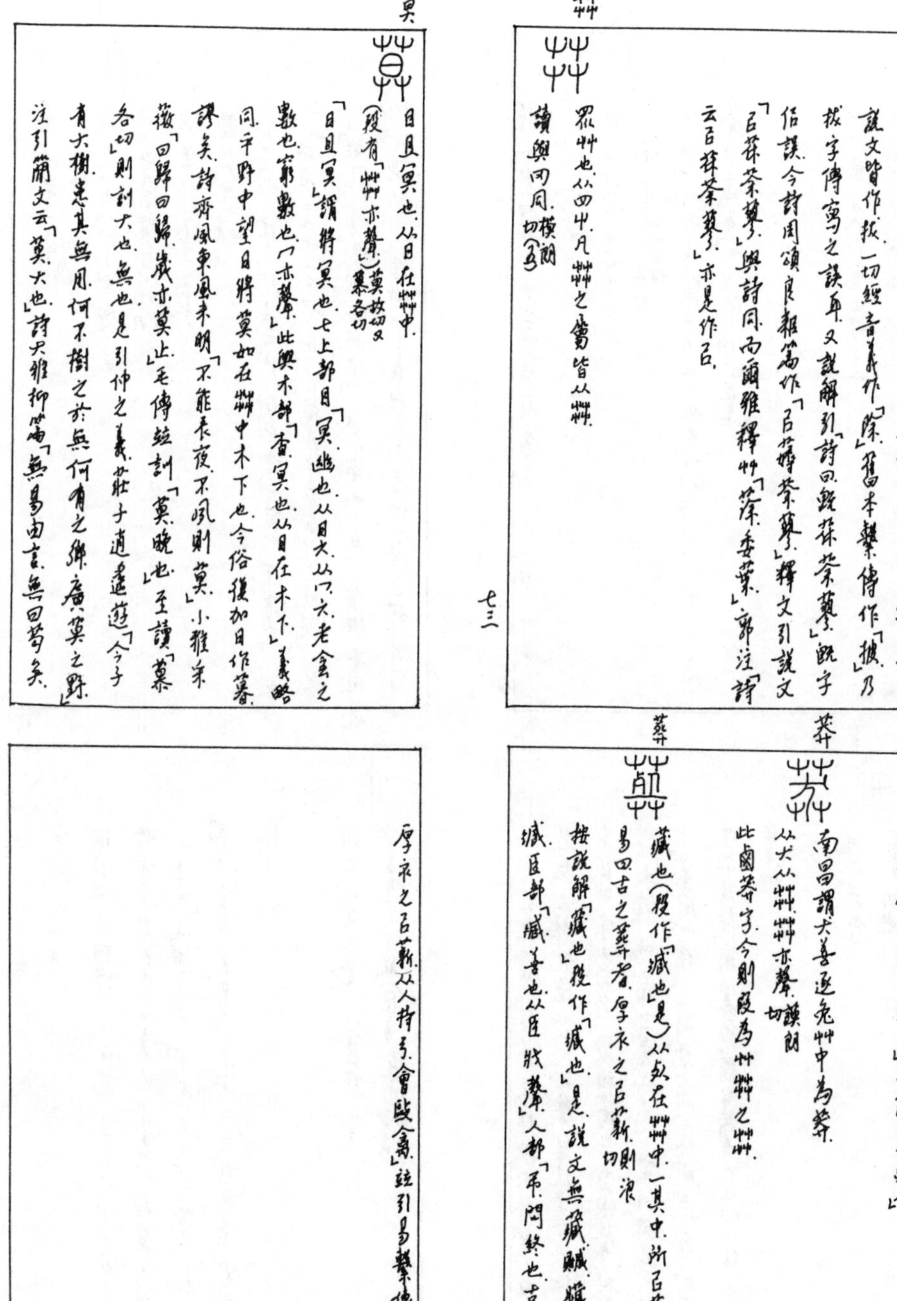

按段本「拔田艸」作「拔」，未是。經典釋文、玉篇、五經文字引說文皆作「拔」，一切經音義作「除」。舊本繫傳作「拔」，乃拔字傳寫之誤耳。又說解引詩曰「既茠荼蓼」，既字佀誤，今詩周頌良耜篇作「以薅荼蓼」，釋文引說文「以茠荼蓼」，與詩同，而爾雅釋艸「茠，委葉」，郭注詩云「以茠荼蓼」，亦是作以。

茻

眾艸也，从四屮。凡茻之屬皆从茻。讀與冈同。（模朗切）（ㄇㄤ）

莫

日且冥也。从日在茻中。（段有「茻亦聲」）莫故切又慕各切

「日且冥」謂將冥也。七上部日「冥，幽也，从日六，从冖，六，老会之數也，窮數也」。「亦聲」此與木部「杳，冥也，从日在木下」義略同。平野中望日將莫，如在茻中木下也。今俗復加日作暮，謬矣。詩齊風東方未明「不能辰夜，不夙則莫」，小雅采薇「曰歸曰歸，歲亦莫止」，毛傳竝訓「莫，晚也」，並讀「慕各切」，則訓大也、無也，是引伸之義。莊子逍遙遊「今子有大樹，患其無用，何不樹之於無何有之鄉、廣莫之野」，注引簡文云「莫，大也」。詩大雅抑篇「無易由言，無曰苟矣。

莫捫朕舌，言不可逝矣」，毛傳「莫，無也」。

莽

南昌謂犬善逐兔艸中為莽。从犬从茻，茻亦聲。（謨朗切）

此鹵莽字，今則叚為艸莽之艸。

葬

藏也。（段作「臧也」，是）从死在茻中，一其中，所以薦之。易曰：古之葬者，厚衣之以薪。（則浪切）

按說解「藏也」，段作「臧也」，是。說文無藏，臧、臟字本皆作臧。臣部「臧，善也，从臣戕聲」，人部「弔，問終也，古之葬者厚衣之以薪，从人持弓，會敺禽」，竝引易繫傳文。

小

說文解字第二上

小　物之微也。从八丨，見而分之。凡小之屬皆从小。私兆切(三)

少

少　(段篆作少，是)不多也。从小丿聲。書沼切

少　少字从小丿聲。段注云「丿，右戾也，房密切」。徐鍇曰「丿，音
夭按本書十二下部目「丿，右戾也，象左引之形，房密切」。繫
傳「於小切」音夭，而丿部末「乀，左戾也，从反丿，讀與弗同。
分勿切」是丿乀字形字義相反而音亦一聲之轉，丿宜

讀房密切，較合少字說解，疑當是「从丿从小，小亦聲」。

尐

尐　(段篆作尐，是)少也。从小
乀聲。讀若輟。子結切

尐　乀部「乀，左戾也，从反丿，讀與弗同。分勿切」則尐字之乀非
聲，疑當是「从乀从小，小亦聲」。

八

八　別也。象分別相背之形。凡八之屬皆从八。博拔切(六)

分

分　別也。从八从刀，刀以分別物也。甫文切
徐灝曰「分物謂之分，平聲，言其所分曰分，去聲，此方音
輕重之殊，引申之義為半，為別，為異，為與」。礼月令
「死生分」注「猶半也」。「日夜分」注「猶等也」。春秋繁露
「春秋分者，陰陽相半也」。又礼記礼運「男有分」注「猶
職也」。

尒

尒　詞之必然也。从入丨八。(段作「从丨八」)
八象气之分散。(段有「八聲」)兒氏切

「必然」之然當作肰，散當作㪔。肉部「肰，犬肉也，从犬肉，讀
若然」。火部「然，燒也，从火肰聲」。然燒字今俗作燃，而各然
為必然字。又肉部「散，雜肉也，从肉㪔聲」。𣏟部「㪔，分離
也，从攴从𣏟，𣏟，分㪔之意也」。又尒字訓詞之必然，猶云「如此也」。
凡「果爾」「不爾」「云爾」「莞爾」「鏗爾」「卓爾」「無乎爾」皆當
作尒。㸚部「爾，麗爾，猶靡麗也，从冂从㸚，其孔㸚，尒
聲」。

曾

曾　詞之舒也。从八从曰，
四聲。昨稜切

按此字應讀為會。昨稜切。卽今粵中方言之「直程」。四曾𠋫聲。十下部囟「囪。在牆曰牖。在屋曰囪」。「窗。或从穴」。「四古文」。王引之經傳釋詞曰論語「曾是以為孝乎」之曾。讀為增。非是。古籍或叚借為从土之增益字。孟子「所以動心忍性。曾益其所不能」。土部「增。益也。从土曾聲。作縢切」。又「曾祖」「曾孫」皆叚作為增益字。又叚借為从邑姓鄫之鄫字。邑部「鄫。姒姓國。在東海。从邑曾聲。疾陵切」。

尚

曾也。庶幾也。从八向聲。時亮切

詩王風兔爰「我生之初尚無為」。箋「尚。庶幾也」。

㒸

从意也。从八豕聲。徐醉切

此順遂及隊伍之本字。今則叚遂隊為之。辵部「遂。亾也。从辵㒸聲。徐醉切」。遂之本義為亾也。荀子修身篇「老老而壯者歸焉。不窮窮而通者積焉。行乎冥冥而施乎無報。而賢不肖一焉。人有此三行。雖有大過。天其不遂乎」。荀子猶存古訓也。又𨸏部「隊。從高隊也。从𨸏㒸聲。徒對切」與石部之「䃍。陊也。从石㒸聲。徒對切」同是隊落字。今則以隊為隊伍。而以加土作墜矣。

詹

多言也。从言从八从厃。臣鉉等曰。厃。高也。八。分也。多。故可分也。職廉切

按「从厃」。應作「厃聲」。厂部「厃。仰也。从人在厂上。一曰屋梠也。秦謂之楣。齊謂之厃。魚毀切」（廣韻厃在二十四鹽。「職廉切」）木部「楣。秦名屋櫋聯也。齊謂之檐。楚謂之梠」。厃檐聲近。義亦同。詹字厃聲。職廉切也。又詹訓「多言」。多言卽細碎。莊子齊物論「大知閑閑。小知閒閒。大言炎炎。小言詹詹」。詹詹。李頤注「小辯之皃」。

介

畫也。从八从人。（段作「从人从八」）人各有介。（段刪此）古拜切

三下部目「畫。界也。象田四界。聿所以畫之」。按「界也」當作介。介畫互訓也。孟子「山徑之蹊閒。介然用之而成路」。田部「畍。境也。从田介聲」。介是介綫。畍是疆畍。又土部無境。新附始有之。本止作竟。音部「竟。樂曲盡為竟。从音从人」。莊子秋水「願以竟內累矣」。又介之本義為「畫也」。「人各有介」。故引伸之義為右。助也。副也。詩豳風七月「以介眉壽」。小雅小明「介爾景福」。周頌酌篇「是用大介」。箋皆訓「助也」。礼檀弓「子服惠伯為介」。注「副也」。國語周語「仲孫蔑為

介」注「在寅為介」又為承特之義。孟子「柳下惠不以三公易
其介」

八

分也。从重八。八，別也。亦聲。孝經
說曰上下有別。兵列切
按說解之別當作八。八是分八義。冎部「𠛬，分解也。从冎从刀。
憑列切」則是離別字。鄭今書作別也。又段氏以八為兆之本
字者，非也。卜部「𠧞，灼龜坼也。从卜兆，象形。治小切」「兆，古文
兆省。」

公

平分也。从八厶。八猶背也。
韓非曰背厶為公。古紅切

今韓非子五蠹篇「古者蒼頡之作書也，自環者謂之
私，背私謂之公」，以作私矣。本書九上部目「厶，姦衺也。
韓非曰蒼頡作字，自營為厶」。鄭君所見韓非子原作厶。

必

分極也。从八弋。弋亦聲。
（段作「八亦聲」）卑吉切
也。禾部「私，禾也」
木部「極，棟也」。分極者謂分八得其中也。

七九

釆

辨八也。象獸指爪分八也。凡釆
之屬皆从釆。讀若辨。蒲莧切（七）

古文釆

番

獸足謂之番。从釆，
田象其掌。附袁切

番或从足
从煩。

古文番

今經典作蹯。左傳宣公二年「宰夫胹熊蹯不熟，殺之」。足
部無蹯字，本止作番，呂氏春秋作蹞，猶存古字也。又番
字重言為勇也，音薄波切。爾雅釋訓「番番、矯矯，勇也」。
書秦誓「番番良士」，詩大雅崧高「申伯番番」，皆勇武皃。

宷

悉也。知宷諦也。从宀釆。徐鍇曰：宀，覆也。
釆，八也。包覆而深八
之。宷，悉也。式荏切

篆文宷
从番

悉

詳盡也。从心
釆。息七切

古文悉

釋

解也。从釆，釆取其分八
物也。从睪聲。賞職切

半

物中分也。从八牛。牛為物大，可以分也。
凡半之屬皆从半。博幔切（七）

胖

半體肉也（段刪肉字，是）。一曰
廣肉。从半肉，半亦聲。普半切（音判）

八十

胖訓廣，肉者是引伸之義，禮大學「心廣體胖」注「猶大也」。

叛

半反也，从半反，半亦聲。（依段本）薄半切

左傳釋例「叛者，反背之辭」。公羊傳僖公四年「國曰潰，邑曰叛」。左傳襄公三十一年「不吾叛也」，劉炫曰「違也」。經傳或段畔為之，論語「公山弗擾以費畔」。田部「畔，田畍也，从田半聲」。

牛

大牲也。牛，件也。件，事理也。（段作「事也，理也」）。象角頭三，封，尾之形。凡牛之屬皆从牛。徐鍇曰「件若言物一件二件也。封，高起也」。語求切（七）

牡

畜父也，从牛土。莫厚切

許邶風匏有苦葉「雉鳴求其牡」。毛傳「飛曰雌雄，走曰牝牡」。

牝

畜母也，从牛匕聲。易曰「畜牝牛吉」。毗忍切（匕，卑履切，音比）

易離卦卦辭「離，利貞，亨。畜牝牛吉」。

犢

牛子也，从牛，瀆省聲。（段本及他本皆作「𧶠聲」是）徒谷切

按貝部「𧶠，衒也，从貝𡿪聲。𡿪，古文睦，讀若育」余六切。與出部之「𧶠，出物貨也，从出買」莫邂切之賣字迥殊，因隸變𧶠亦作賣，故混耳。凡犢、讀、續、贖、瀆、竇，皆本从𧶠，皆𧶠聲。後漢書楊彪傳楊彪答曹操語「雖無日磾先見之明，猶懷老牛舐犢之愛」。舐本作𦧟，舌部「𦧟，以舌取食也，从舌易聲。神旨切」，「䑛，𦧟或从也」。

牟

牛鳴也，从牛，𠃑（依段補）象其聲，气从口出。莫浮切（指事）

羊部「芈，羊鳴也，从羊，象聲气上出，與牟同意」。綿婢切

左傳僖公三十二年「柩有聲如牛」，杜預注「如牛呴聲」。牛之鳴大，故引伸為大也。又目部無眸字，本止作牟。目部「盲，目無牟子，从目亾聲」。新附「眸，目童子也，从目牟聲」。說文直作牟。荀子非相篇「堯舜參牟子」，注「牟與眸同」。是荀子猶用本字也。牟又段作麰。本書五下部「來，周所受瑞麥來麰，一麥二夆，象芒朿之形。天所來也，故為行來之來。詩曰詒我來麰」。今詩周頌思文篇作「貽我來牟」。

⿰牛產

畜牲也。（段作「畜⿰牛產，畜牲也」）从牛產聲。所簡切

按說解當云「畜牲也」。本書十四下部目「嘼，牲也」。二字轉注。乚部「乳，人及鳥生子曰乳，獸曰產。从孚乚。乚，玄鳥也。（乁玄鳥）齊魯謂之乚，取其鳴自呼。象形。凡乚之屬皆从乚。烏轄切（音揠）」與甲乙之乙異字。）歺部「⿰歺羸，畜產疫病也。从歺从羸。郎果切」

產疑當作⿰牛產。

牽

引前也。从牛，冂（依段補）象引牛之縻也。玄聲。苦堅切（重兼聲）

按「玄聲」，玄當是𢆶字形近而譌。四下部目「𢆶，小謹也。从幺省，屮。屮，才見也。（段本有「田象謹形」是）屮亦聲」「𢆶」古文叀。其部屬有「疐，礙不行也。从叀引而止之也。叀者如叀馬之鼻。从冂（依段補）此與牽同意」是疐从𢆶篆文叀，而牽从古文𢆶，而中並有冂。叀有縶縻意，故疐牽皆从叀。又按牽𢆶聲，故篆當作 。

牢

閑，養牛馬圈也。从牛，冬省。取其四周帀也。魯刀切（會意）

仌部「冬，四時盡也。从仌从夂。夂，古文終字」糸部「終，絿絲也。从糸冬聲」「夂，古文終」

犕

易曰犕牛乘馬。从牛葡聲。平祕切

按今易繫辭傳作服。舟部「服，用也。一曰車右騑，所以舟旋。从舟𠬝聲。房六切」又部「𠬝，治也。从又从卩。卩，事之節也。房六切」玉篇「犕，服也」是以今字釋古義。服古讀如白，犕入聲同。二字古音義不異，故互通也。

牴

觸也。从牛氐聲。都禮切

十二下部目「氐，至也。从氏下箸一。一，地也。丁禮切」牴从氐聲，故篆當作 。氐部「⿰氐失，觸也。从氐失聲。徒結切」義同。牴是牴觸牴俗字，俗或作觝。角部無。氐，至也，是氐達字。手部「抵，擠也。从手氏聲。丁禮切」是抵擠字。广部「底，山尻也。一曰下也。从广氐聲。都禮切」底，下也。今作低，人部無，新附有之。

犀

南徼外牛。（段依韵會刪南字）一角在鼻，一角在頂，佀豕。从牛尾聲。先稽切

爾雅釋獸「犀佀豕」釋地「南方之美者有梁山之犀象焉」郭注「犀牛皮角，象牙骨」漢書鄧通傳「人有告通盜出徼外鑄錢」注「徼猶塞也。東北謂之塞，西南謂之徼」

牣

牣

牣滿也。从牛刃聲。詩曰「於牣魚躍。」而震切

按韻會及玉篇引並作「滿也。」「牣」字衍。詩大雅靈臺「麀鹿濯濯，白鳥翯翯。王在靈沼，於牣魚躍。」毛傳「牣，滿也。」司馬相如子虛賦「充仞其中，不可勝記。」劉孝標辯命論「充仞神州。」皆借仞為牣。人部「仞，伸臂一尋八尺。从人刃聲。而震切」

物

物

萬物也。牛為大物，天地之數起於牽牛，故从牛勿聲。文弗切

尚書考靈曜「甲子冬至，日月五星皆起於牽牛，若編珠。」王鳴盛曰「日月之行，起於牽牛，特因之星象耳。」

犧

犧

宗廟之牲也。从牛羲聲。賈侍中說此非古字。許羈切

賈逵字景伯，扶風人，官侍中。鄦君受學於逵，故偁官尊學師也。云「非古字」者，謂古但作羲也。兮部「羲，气也。从兮義聲。許羈切」

犛

犛

西南夷長髦牛也。从牛𠩺聲。凡犛之屬皆从犛。莫交切（廣里之切。八）

氂

氂

犛牛尾也。从犛省，从毛。（毛亦聲）里之切（段及桂氏、王氏皆莫交切，是）

周禮樂師注「旄舞者，氂牛之尾。」釋文「氂，舊音毛。」小爾雅廣詁「雜毛曰氂。」廣雅釋器「氂，毛也。」古籍或叚為豪氂字。漢書律歷志「不失豪氂。」孟康注「十豪為氂。」禮經解「差若豪氂，繆以千里。」字本當作𠩺。文部「𠩺，微畫也。从文𠩺聲。里之切」今或叚釐為之。里部「釐，家福也。从里𠩺聲。里之切」

告

告

牛觸人，角箸橫木，所以告人也。从口从牛。易曰「僮牛之告。」凡告之屬皆从告。古奧切（八）

嚳

急告之甚也。从告，學省聲。（按當云「从學省，从告，告亦聲。」）苦沃切（音嚳）

白虎通號篇「謂之帝嚳者何也？嚳者，極也。言其能施行，窮極道德也。」一切經音義引說文「急也。酷之甚也。」非是。酉部「酷，酒厚味也。苦沃切」又火部「焅，旱气也。从火告聲。苦沃切」是慘焅字。

口

人所㠯言食也。象形。凡口之屬皆从口。苦后切（八）

噭

吼也（段作「口也」）从口敫聲。一曰噭呼也。古弔切（敫音龠）

按本書無吼字，當作㖃。后部「㖃，厚怒聲。从口后，后亦聲。呼后切」又本部「叫，嘑也。从口丩聲。古弔切」言部「譥，痛呼也。从言敫聲。古弔切」「訆，大呼也。从言丩聲。春秋傳曰或訆于宋大廟。古弔切」㗊部「嘂，高聲也。一曰大呼也。从㗊丩聲。春秋公羊傳曰魯昭公嘂然而哭。古弔切」五字音同義亦相近。

噣

喙也。从口蜀聲。陟救切（音咒）

玉篇引說文「噣，喙也。詩曰不濡其噣」。詩曰以下六字疑亦說文語，今本奪耳。「不濡其噣」今詩曹風候人作「不濡其咮」。毛傳「咮，喙也」。釋文「咮，陟救反」。而說文本部「咮，鳥口也。从口朱聲。章俱切」二字音異，毛詩或本作噣也。

喙

口也。从口彖聲。許穢切

按彑部「彖，豕走也。从彑从豕省。通貫切」喙「許穢切」，疑彖非聲，當是「㣇聲」形近而譌。九下部目「㣇，脩豪獸。一曰河內名豕也。从彑下象毛足。凡㣇之屬皆从㣇。讀若弟。羊至切」弟喙音乃協也。

吻

口邊也。从口勿聲。武粉切

䐇（段篆作脗）吻或从肉从昬（段作从昏）

按䐇段作脗是。凡昏皆从氏不从民。脗俗作脗或胳。凡言脗合者皆當作脗。

吞

咽也。从口天聲。土根切

咽

嗌也。从口因聲。烏前切

按本部「喉，咽也」咽喉平聲音煙。食下亦曰咽，故吞訓為咽，去聲音燕。俗作嚥。食下气塞曰咽，嗚咽皆讀入聲。

嗌

咽也。从口益聲。伊昔切（音益）

籀文嗌上象口，下象頸脈理也。

莊子庚桑楚「終日嗥而嗌不嗄」釋文「嗌，崔云喉也。司馬云咽也」。

呱

小兒嗁聲。从口瓜聲。詩曰后稷呱矣。古乎切詩大雅生民「后稷呱矣」，毛傳「后稷呱呱然而泣」，釋文「呱音孤」；書益稷「啟呱呱而泣」，釋文「呱音孤」。按呱从瓜聲，而瓜讀古華切，麻韻；呱音孤則是虞韻。今麻韻字古多作魚虞韻，疑古此為聲輕重清濁之分。然小兒啼叫之聲古今必同，則呱似宜古華切音瓜。

咳

小兒笑也。从口亥聲。戶來切。

古文咳从子。

孝經聖治章「故親生之膝下」，正義「內則云：子生三月，妻以子見於父，父執子之右手，孩而名之。案說文云：孩，小兒笑也。謂指其頤下，令之笑而為之名。故知膝下謂孩幼之時也」。小兒笑曰咳，因之小兒亦謂之孩。孟子「孩提之童，無不知愛其親也」，朱子注「孩提，二三歲之間，知孩笑可提抱者也」。案咳、孩本一字，今經典則分為二字，以孩為孩童字，而以咳為「謦欬」、「欬唾」字。莊子漁父篇「希聞咳唾之音」，李白詩「咳唾隨風生珠玉」，咳皆本作欬。欠部「欬，逆气也。从欠亥聲。苦蓋切」。

嗛

口有所銜也。从口兼聲。戶監切。

金部「銜，馬勒口中。从金从行。銜，行馬者也。戶監切」。按銜乃馬口所銜之物，且與嗛同音，故以為訓。今則段銜為嗛，而嗛又段借作歉。荀子仲尼篇「故知者之舉事也，滿則慮嗛」，注「嗛，不足也。當其盈滿，則思其後不足之時而先防之」。本書欠部「歉，歉食不滿。从欠兼聲。苦簟切」。又段作謙。漢書藝文志「合於堯之克攘，易之嗛嗛」，師古注「嗛與謙同」。

咀

含味也。从口且聲。慈呂切。

含味也者，謂含而味之，即今之咀嚼義也。蒼頡篇「咀，嚼也」。

啜

嘗也。从口叕聲。一曰喙也。昌說切。

欠部「歠，㱃也。从㱃省叕聲。昌說切」。啜、歠音同義稍異。啜訓嘗也，是啜食；爾雅釋言「啜，茹也」，郭注「啜者拾食」。禮檀弓「啜菽飲水」，釋文「熬豆而食曰啜菽」。歠是歠飲，孟子滕文公「君薨，聽於冢宰，歠粥」，朱子注「歠，飲也」。今經典或段啜為歠，孟子離婁「子之從於子敖來，徒餔啜也」，朱子注「餔，食也；啜，飲也」。

噍

噍 齧也。从口焦聲。才肖切（音吕）

嚼 噍或从爵。又才爵切（音爵）

嚼，本噍之重文，今則分為咀嚼字，讀才爵切。又今粵方音謂食為趙，即此噍字。唐書郭子儀曰「此人（謂盧杞）得志，吾曹無噍類矣」，言無復有活而噍食者也。

吮

吮 欶也。从口允聲。徂沇切（音旋上聲）

欠部「欶，吮也。从欠束聲。所角切（音索）」。吮欶雙聲轉注。史記吳起傳「卒有病疽者，起為吮之」。漢書佞幸傳「文帝病癰，鄧通為欶吮之」。三國典畧「柳遐母乳間發疽，醫云須人吮癰，遐即吮」。今粵方音有此。

嚛

嚛 小歠也。从口率聲。讀若啟。所劣切

今粵方音謂食為刷，即此字。經典或借啐為嚛。本部「啐，驚也。从口卒聲。七外切」。禮雜記「衆賓兄弟則皆啐之」，注「啐，嘗也」。集韻「啐，小歠也」。皆當作嚛。

嚵

嚵 小啐也。从口毚聲。一曰喙也。士咸切

啗

啗 食也。从口臽聲。讀與含同。徒濫切

詩鄭風東門之墠釋文「啗，徒暫切」引說文云「噍也」。案本部「啖，噍啖也。从口炎聲。一曰噉。徒敢切」，釋文所引當是啖字。

含

含 嗛也。从口今聲。胡男切

啗、含、嗛音同，義亦近。

噫

噫 飽食息也。从口意聲。於介切（又於其切）

禮內則「在父母舅姑之所……不敢噦噫」。莊子齊物論「夫大塊噫氣，其名為風」，噫兹讀於介切，是本義。噫又讀於其切，為歎傷痛之詞。論語「子曰：噫！天喪予」。古籍或段懿、抑為之。詩小雅十月之交「抑此皇父」，箋云「抑之言噫」。大雅瞻卬「懿厥哲婦」，箋云「懿，有所痛傷之聲也」。凡噫之讀於其切，抑、懿之段作噫，本字皆當作𤺊。疒部「𤺊，劇聲也。从疒殹聲。於賣切」。

唾

口液也。从口垂。聲。湯臥切

涶 唾或从水

案本書水部「涶，河津也。在西河西。从水垂聲。土禾切」。此處「涶，唾或从水」，重出，疑誤。

呼

外息也。从口乎。聲。荒烏切

此呼吸字。本部有「嘑，號也。从口虖聲。荒烏切」。是號嘑字。言部「謼，評也。从言虖聲。荒故切」。「評，召也。从言乎聲。荒烏切」。是評召字。虍部「虖，哮虖也。从虍乎聲。荒烏切」。是哮虖字。而兮部「乎，語之餘也。从兮，象聲上越揚之形也。戶吳切」。六字文異而音義相近。古籍「哮虖」「評召」「號嘑」通用呼，而段虖為乎。

吸

內息也。从口及。聲。許及切

一切經音義云「說文：吸，內息也。謂氣息入也。亦引也。謂引氣息入也」。詩小雅大東「載翕其舌」，箋云「翕猶引也」。玉篇引作吸。是翕乃吸之借字。羽部「翕，起也。从羽合聲。許及切」。引伸之義為合也。

喟

大息也。从口胃聲。丘貴切

嘳 喟或从貴

論語「顏淵喟然歎曰」，何晏曰「喟然，歎聲也」。

名

自命也。从口夕。夕者，冥也。冥不相見，故以口自名。武并切

本部「命，使也。从口令」。書呂刑「乃命三后」，墨子尚賢篇引作「乃名三后」。廣雅「命，名也」。名、命聲近互訓。又禮祭統「夫鼎有銘。銘者，自名也。自名以稱揚其先祖之美，而明著之後世者也」。鄭書無銘字，蓋本作名。

吾

我自稱也。从口五聲。五乎切

爾雅釋詁「卬、吾、台、予、朕、身、甫、余、言，我也」。

哲

（段篆作哲）知也。从口折聲。陟列切

悊（段作悊） 哲或从心

嚞 古文哲。从三吉

按心部「悊，敬也。从心折聲。陟列切」。疑數是本義。古段悊為哲，遂誤以為哲之或字耳。方言「哲，知也」。書皋陶謨「知人則哲」，傳「哲，智也」。詩大雅瞻卬「哲夫成城」，傳云「哲，知也」。箋云「謂多謀慮也」。至書洪範「曰晢，時燠若」，傳云「君能照晢，則時燠順之」。又「明作晢」，傳云「晢，照也」。鄭注「君視明則臣昭晢」。本書日部「晢，昭晢，明也。从日折聲」。

礼曰「晢明行事。」（旨熱切）昭晢皆从日，本謂日之光，引伸為人之明。晢，顧炎武九經誤字「明作晢」「曰晢時燠」下云「晢，之列反，字與晣同，下當从日，从口非」王肅本尚書作悊，注云「智也」春秋繁露五行五事「明作哲，哲者知也，王者明則賢者進，不肖者退，天下知善而勸之，知惡而恥之矣」悊、哲、𠶷是晢之段。又按嚞，玉篇作喆。

咨

謀事曰咨，从口次聲。即夷切

左傳襄公四年「訪問於善為咨，咨親為詢，咨礼為度，咨事為諏，咨難為謀」咨又為嗟歎聲，乃嗞之段借。本部「嗞，嗟也，从口茲聲。子之切」書堯典「帝曰咨」傳云「咨，嗟也」

問

訊也。从口門聲。亡運切

言部「訊，問也」引伸之為聘問。周礼大宗伯「時聘曰問」儀礼聘礼「小聘曰問」爾雅釋言「聘，問也」又為籒訊之問。詩魯頌泮水「淑問如皋陶」正義云「善問獄如皋陶者」又引伸為遺也。詩鄭風女曰雞鳴「知子之順之，雜佩以問之」毛傳「問，遺也」

唯

諾也。从口隹聲。以水切（上聲）

此唯諾字，引伸為唯獨。心部「惟，凡思也，从心隹聲。以追切」是思惟字。糸部「維，車蓋維也，从糸隹聲。以追切」是綱維字。三字義異，經典皆通作發語詞。毛詩多作維，韓詩、尚書、礼記多作惟，左傳用唯字，論語亦多用唯。孟子用惟字，而毛詩尚書每以惟為「是也」，則又是唯字之段。

唱

導也。从口昌聲。尺亮切

此唱味字，引伸之為歌唱。經典或段倡為之。礼樂記「朱絃而疏越，一倡而三歎」倡當作唱。人部「倡，樂也，从人昌聲。尺亮切」

味

相譍（段作應）也。从口禾聲。戶戈切

按譍，段作應，是。鄦書無譍字，大徐據注義及序例偏旁所增。又按味訓「相應也」是唱味字。龠部「龢，調也，从龠禾聲，讀與味同。戶戈切」是調龢。龢平字，又皿部「盉，調味也，从皿禾聲。戶戈切」則是盉味字。經傳多段味為歙而歙盂廢矣。

咥

咥 大笑也。从口至聲。詩曰「咥其笑矣」。許既切，又直結切

詩衛風氓「兄弟不知，咥其笑矣」，毛傳「咥咥然笑」。易履卦「履虎尾，不咥人」，馬云「齕也」，鄭云「嗤，齧齒也」，釋文「音迭」。則是齕字之叚。齒部「齕，齚齒也，从齒出聲」（仕乙切）「齚，齧也，从齒昔聲」（側革切）（「齰，齚或从乍」）

啞

啞 笑也。从口亞聲。易曰「笑言啞啞」。於革切

易震卦「震來虩虩，笑言啞啞」，馬云「啞啞，笑聲」，鄭云「樂也」，是啞字本義。玉篇「啞，於雅切，不言也」。史記刺客列傳「吞炭為啞」，索隱「啞者，烏雅切，謂瘖病」，是瘖之叚。本書疒部「瘖，不能言也，从疒音聲」（於今切）。字或作瘂，變作啞耳。

听

听 笑皃。从口斤聲。宜引切（音引）

司馬相如上林賦「亡是公听然而笑」，劉孝標廣絕交論「主人听然而笑曰」。

嘄

嘄 聲嘄嘄也。从口梟聲。古堯切

宋嘄字梟聲，篆當作嘄，無匕。木部「梟，不孝鳥也。日至，捕梟磔之。从鳥頭在木上」（古堯切）。「从鳥頭在木上」，故無足。玉篇作「嘄，古弔反，聲也」，是从到首之県。凡嘄張作嘄，県首作県，而梟則是不孝鳥。

咠

咠 聶語也。从口耳。詩曰「咠咠幡幡」。七入切

按今詩小雅巷伯作「緝緝翩翩，謀欲譖人」，毛傳「緝緝，口舌聲」。緝乃咠之叚。糸部「緝，績也，从糸咠聲」（七入切），是緝緝字。耳部「聶，附耳私小語也」。口耳聶語，正讒人醜態。

嗔

嗔 盛气也。从口真聲。詩曰「振旅嗔嗔」。待年切（音田）

按今詩小雅采芑「伐鼓淵淵，振旅闐闐」，作闐。門部「闐，盛皃，从門真聲」（待年切），音同義亦近。禮玉藻「盛气顛實」，注云「顛為闐」。孟子「填然鼓之」作填，並是聲同通叚。俗又叚嗔為「瞋目」「謓恚」字。言部「謓，恚也（恚恨也），音瞋）从言真聲」（昌真切）。目部「瞋，張目也，从目真聲」（昌真切）。

嘑

唬也（段作號也）从口虖聲。荒烏切

按「嘑，唬也」段作「號也」。号部「號，嘑也」。嘑號轉注。又詩大雅蕩篇「式號式呼」及凡諸呼叫呼號字皆當作嘑。不當用「外息也」之呼字。詳呼字。

喅

音聲喅喅然。从口昱聲。余六切（音育）

音聲之動引伸為動也。今粵方音謂身體多動曰「喅身喅勢」，即此。

台

說也。从口㠯聲。與之切 又徒哀切

按台說俗作怡悅。心部「怡，和也。从心台聲。與之切」無悅字。台是台說，怡是怡和，即和之。爾雅釋詁「怡」訓「樂也」，亦是台字之段。又訓台為「我也」，則是台予雙聲通段。至詩大雅行葦「黃耉台背」，傳云「台背，大老也」。箋云「台之言鮐也，大老則背有鮐文」。是台讀徒哀切，段作鮐。爾雅釋詁「黃髮、齯齒、鮐背、耉、老，壽也」。

启

開也。从戶口。康礼切

攴部「敨，教也。从攴启聲。論語曰：不憤不敨。康礼切」。启與敨義本不同，今經典惟爾雅釋天「明星謂之启明」及方言引左傳「篳路襤褸㠯启山林」用启，餘皆通用啟。

右

助也。从口又。徐鍇曰：言不足㠯左，復手助之。于救切

段玉裁注：「又者，手也。手不足，㠯口助之，故曰助也。」按此字又部重出，云「右，手口相助也。从又口。臣鉉等曰：今俗別作佑。于救切」。三下部目「又，手也。象形。三指者，手之列多，略不過三也。于救切」。「ナ，ナ手也。象形。臧可切」。五上部目「左，手相左助也。从ナ工。則箇切 臣鉉等曰：今俗別作佐」。

今人㠯左右為ナ又，別製佐佑為左右，鄦書無佐佑也。

啻

語時不啻也。从口帝聲。一曰：啻，諟也。讀若鞮。施智切

古籀或段翅為啻。「不啻」一切經音義引倉頡篇云「多也」。今則作「無異」「不但」解。書秦誓「其心好之，不啻若自其口出」，言其心好之，不但口偁揚之而已也。「讀若鞮」者，疑此是訓「諟也」之讀。按鞮字都兮切，鄦君蓋讀啻「都計切」，通作諦。一从口，一从言，皆帝聲。言部「諟，理也」，「諦，審也」。方言「諦，諟也」。又按敵、適、嫡、謫、摘等字皆从啻聲。

楷書皆作商。

周

密也。从用口。職留切

古文周字，从古文及。

左傳文公十八年「是與比周」，昭公四年「其藏之也周」，杜注並云「周，密也」。勹部「𠣛，帀徧也，从勹舟聲，職流切」。周是周密，與疏字相反，𠣛則是𠣛帀，𠣛徧，𠣛年，𠣛旋，𠣛而復始字，今則段周為𠣛，俗又作週，辵部無週字。易繫傳「變動不居，周流六虛」，周當作𠣛。

唐

大言也。从口庚聲。徒郎切

古文唐，从口昜。

唐訓大言也，引伸為大也。莊子天下篇「荒唐之言」，釋文「荒唐，廣大無域畔者也」。

吃

言蹇難也。从口气聲。居乙切（音迄）

漢書揚雄傳謂雄「口吃不能劇談」。口吃，即言蹇難也，是本義。俗謂食曰吃，讀與喫同。新附「喫，食也」。齒部「齕，齧也，从齒乞聲，戶骨切（音迄）今俗讀為喫」。經書無喫字，本止作齕。又欠部「𣢟，幸也，从欠气聲，一曰口不便言，居气切」。

𣢟字與見部之「覬，𣢟幸也，从見豈聲，几利切」音義俱同。「一曰口不便言」者，則是段作吃，讀若迄。

啁

啁嘐也。从口周聲。陟交切

一切經音義引蒼頡篇云「啁，調也，謂相戲調也」。啁戲字今作嘲。新附「嘲，謔也，从口朝聲，漢書通用啁，陟交切」。

咎

高气也。从口九聲。臨淮有咎猶縣。巨鳩切（音求）

詩小雅正月「執我仇仇」，傳云「仇仇，猶謷謷也」。爾雅釋訓「仇仇，敖敖，傲也」，郭注「皆傲慢賢者」。釋文「敖本又作謷」。按仇訓為傲，蓋即此咎字。高气，有傲意也。人部「仇，讎也，从人九聲，巨鳩切」。言部「訄，迫也，从言九聲，讀若求，巨鳩切」。

叱

訶也。从口七聲。昌栗切（音斥）

言部「訶，大言而怒也，从言可聲」。

吒

噴也，叱怒也。从口乇聲。陟駕切

俗作咤。礼曲礼「毋咤食」疏「謂口舌中作聲」釋文云「咤，吐咤也」說文無咤，當作吒。

唇

驚也。从口辰聲。側鄰切(音津)

俗用作脣舌字，誤。脣舌字从肉，肉部「脣，口耑也。从肉辰聲。食倫切」

嘵

懼也。(段作「懼聲也」)从口堯聲。詩曰唯予(段作「予維」)音之嘵嘵。許幺切

詩豳風鴟鴞「予維音嘵嘵」傳曰「嘵嘵，懼也」鄭箋「音嘵嘵然恐懼告愬之意」

嗞

(篆當依段作嗞)嗟也。从口茲聲。子之切

詩唐風綢繆「子兮子兮，如此良人何」毛傳「子兮者，嗟茲也」「子兮子兮」即「嗟乎嗟乎」。毛傳茲，即嗞字之段。經典或借咨為之。本部「咨，謀事曰咨」。艸部「茲，艸木多益。从艸，絲省聲」

哤

哤異之言。从口尨聲。一曰雜語。讀若尨。莫江切

叫

嘑也。从口丩聲。古弔切

唸

㕧也(段作「唸吚，呻也」)从口念聲。詩曰民之方唸㕧。都見切

詩大雅板篇「民之方殿屎」傳云「殿屎，呻也」。釋文「殿，丁練反。屎，虛伊反。說文作唸吚」。爾雅釋訓「殿屎，呻也」郭注「呻吟之聲」。殿屎本當作唸吚。

㕧

唸㕧，呻也。(段篆作吚，云「唸吚也」)从口尸聲。(段作「伊省聲」)馨伊切

吚

按㕧當作吚，伊省聲。釋文、爾雅音義、五經文字引說文皆作吚，詳本部噭字

嘅

嘆也。从口既聲。詩曰嘅其嘆矣。苦蓋切

案傳「意气有所鬱嘅然也」。詩王風中谷有蓷「有女仳離，嘅其嘆矣」。經典或段慨為嘅。礼檀弓「既葬慨然如不及」。鄭注「悳悼在心之貌」。心部「慨，忼慨，壯士不得志也。从心既聲。古溉切」壯士不得志則激動，引伸為激卬忼慨。凡感嘅嘅嘆作嘅，忼慨憤慨作慨，而作气節解則作概，字本作槩。木部「槩，杚斗斛。从木既聲。工代切」槩本是平斗

解之器，引伸之為量也。禮曲禮「食饗不為槩」，注「量也」。漢書楊惲傳「槩然皆有節槩」，注「度量也」。故亦為節槩、气槩。

吪

動也。从口化聲。詩曰：尚寐無吪。五禾切

詩王風兔爰「我生之初，尚無為。我生之後，逢此百罹。尚寐無吪」，毛傳「吪，動也」。爾雅釋詁「訛，動也」。詩小雅無羊「或寢或訛」，毛傳「訛，動也」。訛並當作吪。鄦書無訛字，言部「譌，譌言也。从言為聲。詩曰：民之譌言。五禾切」吪譌音同而義異。今詩小雅沔水「民之訛言，寧莫之懲」，正月「民之訛言，亦孔之將」，已作訛矣。又唐風采苓「人之為言」，作為，是省借。

噆

嗛也。从口朁聲。子荅切

一切經音義作「銜也」。嗛銜音義同。

吝

恨惜也。从口文聲。易曰：吕往吝。臣鉉等曰今俗別作悋，非是。良刃切

古文吝 从彣。

易蒙卦初六「發蒙，利用刑人，用說桎梏，吕往吝」。辵部「遴，行難也。从辵粦聲。易曰：吕往遴。良刃切」說解引經宜在遴下。

口部所引疑後人誤加。

唁

弔生也。从口言聲。詩曰：歸唁衛侯。魚變切

詩鄘風載馳「歸唁衛侯」，毛傳「弔失國曰唁」。昭公二十五年穀梁傳同。此言弔生者，吕於弔死為弔也。玉篇「弔生曰唁，弔死曰弔」，然曲禮云「知生者弔」，是弔可兼生死言，惟弔死無曰唁耳。

哀

閔也。从口衣聲。烏開切

門部「閔，弔者在門也。从門文聲」，引伸之吕為哀閔之意。

嗁

號也（段作「号也」）。从口虒聲。杜兮切

號段作号是。五上部目「号，痛聲也。从口在丂上。胡到切」，号部「號，呼也。从号从虎。乎刀切」，號是嘷號，号則是嗁号字。又嗁今俗作啼，說文無。

𠯑

塞口也。从口，氒省聲。氒音厥。古活切

古文 从甘

凡𠯑聲字隸變皆作舌，如活、話、括、刮之類。又按句讀，以為易坤卦六四「括囊无咎无譽」之括字是𠯑之叚，恐未然。手部「括，絜也。从手𠯑聲。古活切」糸部「絜，麻一耑也」一耑猶一束也。人部「係，絜束也」是絜有束義。「括囊」謂絜束其袋口也。

嗾

使犬聲。从口族聲。春秋傳曰：公嗾夫獒。穌奏切（音守）

左傳宣公二年「公嗾夫獒」釋文引說文作「使犬也」。又犬部「獒，犬如人心可使者。从犬敖聲。春秋傳曰：公嗾夫獒」

喁

魚口上見。从口禺聲。魚容切（音[illegible]）

韓詩外傳「夫水濁則魚喁，政苛則民亂」淮南子主術訓喁作噞。新附「噞，噞喁，魚口上見也」義同。「水濁則魚喁」言魚在濁水不得安潛，故上見其口喘息也。

局

促也。从口在尺下，復局之。一曰博，所以行棊。象形。徐鍇曰：人之無涯者唯口，故口在尺下則為局。博局外有垠堮周限也。渠綠切

段注「尺所以指斥規榘事也。口在尺下，三緘其口之意」詩小雅正月「謂天蓋高，不敢不局。謂地蓋厚，不敢不蹐」傳曰：「局，曲也」史記灌夫傳「局趣效轅下駒」局趣猶局促也。又「博所以行棊」博當作簙，竹部「簙，局戲也，六箸十二棊也」

㕣

山間陷泥地。从口，从水敗皃。讀若沇州之沇。九州之渥地也，故以沇名焉。以轉切（音[illegible]）

古文㕣

陷當是淊字之譌。阜部「陷，高下也。一曰陊也。从阜从臽，臽亦聲」水部「淊，泥水淊淊也。一曰繅絲湯也。从水臽聲」又按沇州今俗作兗。書禹貢「濟河惟兗州……厥艸惟繇，厥木惟條……作十有三載乃同」傳「繇，茂；條，長也」是必肥美之地，故說解云「九州之渥地也」水部「渥，霑也」有潤澤之意。又船、沿、鉛字皆从㕣。

凵

張口也。象形。凡凵之屬皆从凵。口犯切（音坎）

吅

驚嘑也。从二口。凡吅之屬皆从吅。讀若讙。況袁切（九）臣鉉等曰：或通用讙，今俗別作喧，非是。

按言部「讙，譁也」「譁，讙也」二字互訓，與吅之訓驚嘑義合。口部無喧字。又㗊部「囂，嘑也。从㗊頁聲」則與吅義近。

咢

譁訟也。从吅屰聲。（段作「从吅屰，屰亦聲」）五各切

咢，隸變作噩，俗又作諤。史記商君列傳「趙良（謂商君）曰：千羊之皮，不如一狐之腋；千人之諾諾，不如一士之諤諤。」韓詩外傳「有諤諤爭臣者其國昌，有默默諛臣者其國亡。」新序雜事篇「周舍曰：願為諤諤之臣，墨筆操牘，隨君之後，司君之過而書之……（簡子曰）衆人之唯唯，不如周舍之諤諤。」說苑正諫篇「孔子曰：良藥苦於口，利於病；忠言逆於耳，利於行。故武王諤諤而昌，紂嘿嘿而亡。君無諤諤之臣，父無諤諤之子，兄無諤諤之弟，夫無諤諤之婦，士無諤諤之友，其亡可立而待。」諤皆本作咢。漢書天文志作詻。本書言部「詻，論訟也。傳曰：詻詻孔子容。从言各聲。五陌切」義略同。至經傳訓噩為驚愕者，則當作遻。辵部「遻，相遇，驚也。从辵从咢，咢亦聲。五各切」今俗作愕。

喌

（喌喌）呼雞重言之。从吅州聲。讀若祝。之六切

呼雞之呼當作評，言部「評，召也。」重言，謂喌喌也。韓愈雉朝飛操「隨飛隨啄，羣雌粥粥。」粥粥，卽喌喌之借字。

哭

哀聲也。从吅，獄省聲。凡哭之屬皆从哭。苦屋切（九）

喪，亡也。从哭亡，會意（段無此二字）。亡亦聲。息郎切

按凡說解兩言从者，皆會意也。本文「會意」二字蓋後人箋語誤羼正文耳。白虎通崩薨篇「喪者何謂也？喪者亡也。人死謂之喪何？言其喪亡不可復得見也。不直言死，偁喪者何？為孝子之心不忍言也。」凡喪失、死喪本皆平聲，今則喪失字讀去聲。易坤文言「東北喪朋」，馬融注：「喪，失也。」

走

趨也。从夭止。夭止者（段無止字）屈也。凡走之屬皆从走。

徐鍇曰：走則足屈，故从夭。子苟切（指事九）

趯

踊也（段作「躍也」）。从走，翟聲。以灼切

按各本作「躍也」，是。大徐本「踊也」，殆後人誤易。足部「躍，迅也。从足翟聲。以灼切」詩召南草蟲「喓喓草蟲，趯趯阜螽。」傳云「趯趯，躍也。」劉孝標廣絕交論「夫草蟲鳴則阜螽躍。」作躍。又小雅巧言「躍躍毚兔，遇犬獲之。」史記春申君

傳引詩作「趯趯毚兔」，漢書李尋傳「涌趯邪陰」，師古注「趯與躍同」。

越

越 度也。从走，戉聲。王伐切

辵部「逑，踰也。从辵，戉聲。易曰：襍而不逑。王伐切」今易繫傳作越。足部「踰，越也。从足，俞聲。羊朱切」。辵部「逾，逑進也。从辵，俞聲。周書曰：無敢昏逾。羊朱切」書顧命傳曰「無敢昏亂逾越」。越與逑、踰與逾音同互通也。

[走亶]

[走亶] 趁也。从走，亶聲。張連切

趚

趚 蒼卒也。从走，朿聲。讀若資。取私切

按本部「趁，[走亶]也。从走，㐱聲。讀若塵。丑刃切」。趁[走亶]雙聲互訓。今易屯之六二「屯如邅如」作邅。辵部無邅。馬融注云「邅，難行不進之貌」。馬部「駗，馬載重難也。从馬，㐱聲。張人切」「驙，駗驙也。从馬，亶聲。易曰：乘馬驙如。張連切」。蓋在人為趁[走亶]，在馬為駗驙，其義一也。

按「蒼卒」當作「倉踤」或「倉猝」。足部「踤，觸也。从足，卒聲。一曰駭也。一曰倉踤」。犬部「猝，犬从艸暴出逐人也。从犬，卒聲」。

趑，今經傳或叚次為之。論語里仁篇「造次必於是，顛沛必於是」。「造次」，倉猝急遽之意。即叚次為趑。又或叚趑為趑趄字。易夬卦九四「其行次且」。鄭本作「趑且」。王肅作「趑趄」。云「行止之礙也」。本部「趑，趑趄，行不進也。从走，次聲」。

[走臭]

[走臭] 行也。从走，臭聲。香仲切（音控）

按說解當云「从走臭，臭亦聲」。[走臭]即今粵方音「閈圍[走臭]」字。

趠

趠 遠也。从走，卓聲。敕角切

辵部「逴，遠也」。趠與逴音義同。或借卓字為之。釋名釋姿容「超，卓也。舉腳有所卓越也」。匕部「卓，高也」。

[走曼]

[走曼] 行遲也。从走，曼聲。莫還切

此念[走曼]本字。今俗以慢為之。心部「慢，惰也。从心，曼聲。一曰慢不畏也。謀晏切」。是惰慢字。女部「嫚，侮傷也。从女，曼聲。謀患切」。則是侮嫚、嫚傷字。至又部「曼，引也。从又，冒聲。無販切」。引伸為漫衍。水部無漫字。又漫作莫解，則是勿字聲轉。

趜

窮也。从走匊聲。居六切

今經典或段鞠為之。詩小雅小弁「踧踧周道，鞠為茂艸」，毛傳「鞠，窮也」。詳匊字。

赼

赼趄，行不進也。从走次聲。取私切

赼趄，今經典或作次且。易夬卦九四「其行次且」，馬融云「次，卻行不前也。且，語助也」。王肅云「赼趄，行止之礙也」。「次且」字當作「赼趄」，鄭康成作「趀」，是借字。釋文云「說文作趀」。按本部「趀，倉卒也」，急遽疾走之意，非易義。陸氏誤。

趄

引。

赼趄也。从走且聲。七余切

此大徐所補十九字之一。

趚

側行也。从走朿聲。詩曰「謂地蓋厚，不敢不趚」。資昔切

今詩小雅正月「謂天蓋高，不敢不局；謂地蓋厚，不敢不蹐」作蹐。足部「蹐，小步也。从足脊聲。詩曰不敢不蹐。資昔切」

釋文及正義皆訓小步也。按局促與側行同意。詩小雅字當作趚。陸孔偶未檢走部，故不引側行一義耳。而蹐下引詩，或後人誤加也。

⿺走圭

半步也。从走圭聲。讀若跬同。丘弭切

足部無跬蹞字。「讀若跬同」四字必是後人旁注誤入正文。跬，經典多作跬或蹞。小爾雅「跬，一舉足也；倍跬謂之步」。方言「半步為跬」。司馬法「凡人一舉足曰跬，跬三尺也；兩舉足曰步，步六尺也」。荀子勸學篇「不積蹞步，無以至千里」。注云「半步曰蹞」。又或作頃，禮祭義「故君子頃步而弗敢忘孝也」，注云「頃當為跬，聲之誤也」。

⿺走真

走頓也。从走真聲。讀若顛。都年切

此⿺走真頓字。類篇「⿺走真，走也」。當是走而委頓之意。足部「蹎，跋也。从足真聲。都年切」「跋，蹎跋也。从足犮聲。北末切」。蹎跋，今俗作顛沛。論語里仁篇「君子無終食之間違仁，造次必於是，顛沛必於是」。馬融曰「顛沛，僵仆也」。又季氏篇「危而不持，顛而不扶，則將焉用彼相矣」。顛並借作蹎。頁部「顛，頂也。从頁真聲。都年切」。山部無巔。本止作

顚，木部「槇，木頂也，从木真聲，一曰仆木也。都年切」又疒部「瘨，病也，从疒真聲，一曰腹張。都年切」今俗作癲。

趩

𨀁

止行也，一曰窒䆀上祭名。从走畢聲。卑吉切

此完趩字，經傳誤作蹕。足部無。俗段畢為趩。華部「畢，田网也，从華，田象畢形。卑吉切」又段畢為斁。攴部「斁，盡也，从攴畢聲。卑吉切」畢業當作斁業，盡其所業也。「一曰窒䆀上祭名」者，玉篇「禪，窒䆀上祭也」，鄦書無禪字，蓋本作趩。

⿺走斬

進也，从走斬聲。藏濫切

廣韻作「蹔，走，慈染切」。今經典段漸為⿺走斬。易漸卦彖辭曰「漸之進也」，字當作⿺走斬。水部「漸，水，出丹陽黟南蠻中，東入海，从水斬聲。慈冉切」又「瀸，漬也，从水韱聲。爾雅曰泉一見一否為瀸。子廉切」經典亦多段漸為之。

趒

(段篆作趒，未是)雀行也。从走兆聲。徒遼切(平聲)

足部「跳，蹶也，从足兆聲，一曰躍也。徒遼切」跳之本訓是「蹶也」，訓「躍也」是又一義，今則多用跳而趒不行矣。

止

下基也，象艸木出有址，故㠯止為足。凡止之屬皆从止。諸市切(九)

歱

跟也，从止重聲。之隴切

按歱訓跟也，足部「跟，足歱也」，二字互訓。歱為足跟，卽礼曲礼「車輪曳踵」，孟子盡心「摩頂放踵」，莊子大宗師「真人之息㠯踵」之正字。足部「踵，追也，从足重聲，一曰往來皃。之隴切」離騷「及前王之踵武」王逸注「踵，繼也」是本字本義。又彳部「⿰彳重，相迹也，从彳从重。之隴切」與踵音同義亦相近。今經典皆作踵。

⿱尚止

歫也，从止尚聲。丑庚切

此支⿱尚止，⿱尚止撐之本字，今俗作撐。木部「樘，衺柱也，从木堂聲。丑庚切(臣鉉等曰今俗別作撐，非是。丑庚切)」音同。大徐謂俗別作撐，是可借作⿱尚止耳。

歭

躇也，从止寺聲。直離切

足部「躇，歭躇，不前也，从足屠聲。直魚切」歭躇俗作踟躕，說文無。詩邶風靜女「搔首踟躕」，韓詩作𨄮躇，竝當作歭躇。

跙

跙

止也。从止巨聲。一曰搶也。（搶，段作槍）一曰超跙。其呂切

此跙絶。跙離字。古籍多作拒或距。論語子張篇「可者與之，其不可者拒之」。孟子告子篇「訑訑之聲音顏色，距人於千里之外」。「拒」「距」竝當作跙。手部無拒。足部「距，雞距也。从足巨聲。其呂切」。又「搶」段作「槍」。「搶」是。本書無搶字。木部「槍，跙也」。「一曰超跙」者，左傳僖公二十八年「距躍三百，曲踊三百」。杜注「距躍，超越也」。三十三年「左右免胄而下，超乘者三百乘」。高誘曰「超乘，巨踊車上也」。史記王翦傳「方投石超距」。索隱「超距，猶跳躍也」。

歬

歬

不行而進謂之歬。从止在舟上。昨先切

此為歬後之歬字。刀部「前，齊斷也。从刀歬聲。子善切」。鄭書無翦字。又羽部「𦐉，羽生也。一曰矢羽。从羽歬聲。即淺切」。今俗以齊斷之前為歬後字，又段羽生之𦐉為前齊字，而歬𦐉之本義不復見矣。

歷

歷

過也。（段本王本竝有「傳也」）从止厤聲。郎擊切

此經歷閱歷字。引伸之為「治歷明時」之歷。日部無曆。厂部「厤，治也。从厂秝聲。郎擊切」。七上部目「秝，稀疏適秝也。从二禾。讀若

歷，郎擊切」。又歷訓「傳也」者，句讀云「傳當是驛車之傳。傳車多所更歷也」。是引伸之義。

𨇨

𨇨

人不能行也。从止辟聲。必益切（音辟）

𨇨俗作躄。是。礼王制「瘖、聾、跛、躄、斷者，侏儒，百工各以其器食之」。又或段辟為之。荀子正論「王梁造父者，天下之善馭者也。不能以辟馬毀輿致遠」。注「辟與躄同」。足部無躄。躄本止作𨇨。九上部目「辟，法也。从卩辛。節制其辠也。从口。用法者也。必益切」。

歸

歸

女嫁也。从止婦省。𠂤聲。舉韋切（會意）

𢓴 籀文省

易泰卦六五「帝乙歸妹，以祉元吉」。王肅曰「婦人謂嫁曰歸」。詩周南葛覃「言告師氏，言告言歸」。毛傳「婦人謂嫁曰歸」。公羊傳隱公二年「婦人謂嫁曰歸」。何休注「婦人生以父母為家，嫁以夫為家，故謂嫁曰歸」。

疌

疌

疾也。从止从又。又，手也。屮聲。疾葉切（會意兼聲）

此敏疌。疌是字。人部「倢，佽也」。「佽，便利也」。倢是便倢字。手部「捷，獵也。軍獲得也。从手疌聲」。春秋傳曰「齊人來獻戎捷」。

是穀捷字。

𣥂

𣥂 蹈也。从反止。讀若撻。他達切

歰

歰 不滑也。从四止。色立切（音澀）

今俗作澀或澁。說文無。水部有「濇」不滑也。从水嗇聲。色立切」

癶 登

癶 足剌癶也。从止𣥂。凡癶之屬皆从癶。讀若撥。北末切（九）

登 上車也。从癶豆。象登車形。都滕切

𤼷 籀文登 从廾

登引伸之義為凡上陞字。豆部「䒣」禮器也。从廾持肉在豆上。讀若鐙同。都滕切」古籍或作豋，或段登為之。詩大雅生民「卬盛于豆，于豆于登」。爾雅釋器「木豆謂之豆，竹豆謂之籩，瓦豆謂之登」。登、豋皆當作䒣。（豆部「梪」木豆謂之梪」）

步 歲

步 行也。从止𣥂相背。凡步之屬皆从步。薄故切（九）

歲 木星也。越歷二十八宿，宣徧陰陽，十二月一次。从步戌聲。律歷書名五星為五步。相銳切

爾雅釋天「載，歲也。夏曰歲，商曰祀，周曰年，唐虞曰載」歲下郭注云「取歲星行一次」。按十天干首甲乙，甲乙屬木。說解云「木星」，舉其首耳。又「宣徧陰陽」宣當作亘。二部「亘，求亘也。从二从囘。囘，古文回，象亘回形。上下，所求物也」宀部「宣，天子宣室也。从宀亘聲」

此 些 新附

此 止也。从止匕。匕，相比次也。凡此之屬皆从此。雌氏切（十）

些 語辭也。見楚辭。从此从二。其義未詳。蘇箇切

楚辭招魂用此。

說文解字弟二下

正

是也。从止，一以止。凡正之屬皆从正。徐鍇曰：守一以止也。之盛切（十一）

古文正从二。二，古文上字。

古文正从一足。足者亦止也。

乏

春秋傳曰：反正為乏。房法切

左傳宣公十五年「天反時為災，地反物為祅，民反德為亂，亂則祅災生。故文反正為乏。」服虔注「言人反正者皆乏絕之道也」。（文反正為乏，反[illegible]為[illegible]，反身為㐆，反从為目）

是

直也。从日正。凡是之屬皆从是。承旨切（十二）

籀文是从古文正。

韙

是也。从是韋聲。春秋傳曰：犯五不韙。于鬼切

籀文韙从心。

左傳隱公十一年「君子是以知息之將亡也。不度德，不量力，不親親，不徵辭，不察有罪，犯五不韙，而以伐人，其喪師也，不亦宜乎」。又凡偁奴者名則當作諱。言部「諱，誋也（按當作「忌也」）从言韋聲。許貴切」。周礼春官小史「詔王之忌諱」。礼檀弓「卒哭而諱」。又按籀文愇玉篇在心部，注云「怨恨也」。廣雅云「怨愇，很恨也」。皆不以為韙之重文，而集韻韙下收愇，兩字各義，亦不作韙之重文。

尟

是少也。尟俱存也（尟字疑衍，鍇作「是少」）。从是少。賈侍中說。酥典切

按尟古籍多作鮮。易繫辭傳「鮮不及矣」，釋文作尟，云「本亦作鮮，少也」。又「故君子之道鮮矣」，釋文「鄭作尟，馬鄭王肅云少也」。本書魚部「鮮，魚名，出貉國。从魚，羴省聲。相然切」。又段鮮為𩻭，𩻭字魚部「𩻭，新魚精也。从三魚，不變魚。相然切」。

辵

乍行乍止也。从彳止。凡辵之屬皆从辵。讀若春秋公羊傳曰「辵階而走」。丑略切（十二）

迹

步處也。从辵亦聲。資昔切

或从足責。

籀文迹从朿。

按足部無跡。又易繫辭傳「聖人有以見天下之賾，而擬諸其形容」，本書無賾字。徐鍇校說文有二十八字不合六書之體，云「賾，周易義疏云深也」。按此亦段借之字，當通用嘖。按口部「嘖，大呼也」，非易義，大徐說未是。賾蓋是蹟字之譌，易傳

此謂物物紛數，數顯鉅細之迹也。

⿺辶舝

無違也。从辵，舝聲。讀若害。胡蓋切

舛部「舝，車軸耑鍵也。兩穿相背。从舛，萬省聲。胡戛切」兩穿相背與違義合。義證句讀並云「無」字衍文，是。又⿺辶舝字今或段係為之。人部「係，絜束也。从人系，系亦聲。胡計切」

䢦

先道也。从辵，率聲。疏密切

此督䢦，䢦循字。古籍每段率為之。詩小雅北山「溥天之下，莫非王土。率土之濱，莫非王臣」毛傳「率，循也」。當作䢦。十三上部目「率，捕鳥畢也。象絲罔，上下其竿柄也。所律切」行部「衛，將衛也。从行，率聲。所律切」此將衛字，今則段帥為之。經讀若稅。巾部「帥，佩巾也。从巾、𠂤。所律切」「帨，帥或从兌。又音稅」。今俗但以帨為佩巾，音稅，而以帥為將衛。音稅，又段作䢦道之䢦，音䢦。

巡

延行皃（段作「視行也」是。）从辵，川聲。詳遵切

段玉裁曰「視行者，有所省視之行也。天子適諸侯曰巡狩。巡所守也」。

𨘉

行𨘉徑也。从辵，䌛聲。以周切

此𨘉，處𨘉徑字。今論語「行不由徑」作由，是𨘉字之段。又許書無由字。𢎘部「𢎘，木生條也。从𢎘，由聲。商書曰若顛木之有𢎘枿。古文言由枿。以州切」則由乃𢎘之古文，偶奪耳。又仲尼弟子列傳「仲由字子路」。由當作𨘉。又系部「䌛，隨從也。从系，䍃聲。余招切」今俗作繇。

延

正行也。从辵，正聲。諸盈切

征 延或从彳

今經典多用或體作征。孟子「征之為言正也」。引伸為征伐。又廴部「延，行也。从廴，正聲。諸盈切」音義俱同。

隨

从也。从辵，𡐦省聲。（段作「隋聲」）旬為切

退

往也。从辵，且聲。退，齊語。全徒切

徂 退或从彳

𨓯 籀文从虘

爾雅釋詁「如、適、之、嫁、徂、逝，往也」。或段且字。詩鄭風溱洧「女曰觀乎，士曰既且」。釋文「且，往也」。又歺部「𣦸，往死也。从歺，且聲」

遺

虞書曰「放勳乃殂落」切昨胡」爾雅釋詁「崩、薨、無祿、卒、殂落、殪、死也」

習也。从辵貫聲。切工患

手部「摜、習也。从手貫聲。切古患」遺與摜音義同。是習摜之本字。心部無慣。古籍或段貫為之。漢書賈誼傳「少成若天性、習貫如自然」本書七上部目「毌、穿物持之也。从一橫毌。毌象寶貨之形。凡毌之屬皆从毌。讀若冠。切古丸」是毌字毌通字。毌部「貫、錢貝之貫。从毌貝」

造

就也。从辵告聲。譚長說造、上士也。切七到

古文造从舟。

遝

迨也。从辵眔聲。切徒合

迨

遝也。从辵合聲。切侯閤

玉篇「遝、迨遝」「迨、迨遝、行相及」本書目部「眔、目相及也。从目。从隶省。切徒合」

迮

迮迮、起也。从辵作省聲。切阻革

今粵方音「迮迮跳」字又作「迮」、有倉卒之意。孟子「今人乍見孺子將入於井」乍卽迮字之段。

造

迹造也（According「迹造也」）。从辵昔聲。切倉各

按此交錯本字。詩小雅楚茨「獻醻交錯」毛傳「東西為交、衺行為錯」錯本作造。厂部「厝、厲石也。从厂昔聲。詩曰他山之石、可以為厝。切倉各又七互切」今詩小雅鶴鳴已作錯矣。又手部「措、置也。从手昔聲。切倉故」是措置字古籍亦多段錯為之。論語「舉直錯諸枉、能使枉者直」包注「錯、置也」卽措字之段。金部「錯、金涂也。从金昔聲。切倉各」漢書食貨志「錯刀、巨黃金錯其文」此錯字之本義也。

速

疾也。从辵束聲。切桑谷

籀文从欶。

古文从欶从言。

速引伸之義為徵也、召也。儀禮鄉飲酒禮「主人速賓」易需卦上六「有不速之客三人來」馬融云「速、召也」爾雅釋言「速、徵也。徵、召也」

逆

迎也。从辵屰聲。關東曰逆、關西曰迎。切宜戟

遻

隱公二年春秋經「紀裂繻來逆女」桓元年左傳「宋華父督見孔父之妻于路目逆而送之曰美而豔」此逆字之本義今則段屰為順屰字干部「屰不順也从干下凵屰之也」魚戟切

遻 相遇驚也从辵咢咢亦聲 五各切

按此驚遻本字俗作愕或噩本書七下㝱目寤下引周礼咢夢今周礼春官占夢作噩夢杜子春曰「噩當為驚愕之愕」鄦書無噩愕字寤下說解所引咢字口部「咢譁訟也」亦無驚愕之意蓋本當作遻作咢段借耳

列子黃帝篇「是故遻物而不慴」向秀曰「遻而不恐也」

迣

迣 迻也从辵止聲（段作「从辵止」）斯氏切

徙

徙或从彳

古文徙

鄦書無屎字詩大雅蕩篇「民之方殿屎」「殿屎」乃「唸吚」之誤字口部「唸吚也詩曰民之方唸吚」「吚唸吚呻也」

迻

迻 遷徙也从辵多聲 弋支切

此遷迻轉迻本字今則段移為之禾部「移禾相倚移也从禾多聲一曰禾名弋支切」

遷

遷 登也从辵䙴聲 七然切

古文遷 从手西

䙴見舁部「䙴升高也从舁囟聲」「䙴或从卩」遷與䙴音同義近詩小雅伐木「出自幽谷遷于喬木」此遷徙升遷本字二下廴部「延安步延延也从廴从止丑連切」是延延字今皆段遷為延矣

遜

遜 遁也从辵孫聲 蘇困切

古籍或段孫為遜詩豳風狼跋「公孫碩膚」箋云「孫讀當如公孫于齊之孫孫之言孫遁也」春秋莊公元年經「夫人孫于齊」公羊傳「孫者何孫猶孫也內諱奔謂之孫」何休注「孫猶遁也」穀梁傳「孫之為言猶孫也諱奔也」范甯注「孫孫遁而去」糸部「孫子之子曰孫从子从系系續也思魂切」經典又段「遜」「孫」為「愻」心部「愻順也从心孫聲唐（應作虞）書曰五品不愻蘇困切」今書舜典「百姓不親五品不遜」作遜孔傳「遜順也」論語憲問「邦無道危行言孫」集解「孫順也」是段孫為愻

送

送 遣也从辵倂省 蘇弄切

籀文不省

人部「𠊱，送也。从人灷聲。呂不韋曰：有侁氏以伊尹𠊱女。古文以為訓字。」臣鉉等曰：灷不成字，當从朕省。案：勝字从朕聲，疑古音朕或音侯，以證切（音譽去聲）。𠊱今俗作媵，女部無媵。

逮

唐逮，及也。从辵隶聲。臣鉉等曰：或作迨。徒耐切

清沈濤說文古本考：「眾一切經音義卷二引：逮，及也。蓋古本無唐逮二字。逮之訓及見於傳注者甚多，而唐逮之語他書未見，疑古本作逮，及也。讀曰唐隸，後人傳寫誤奪讀若二字，又誤隸為逮，淺者妄邊于及字之上，或遂疑為古語之不傳於今者。據元應所引，則本無此二字（玉篇韻會皆云逮，及也，當本說文）。」案沈說是也。逮重言引伸之為安和兒。禮記孔子閒居「威儀逮逮」，注「安和兒」。又本書三下部目「隶，及也。从又尾省。又持尾者，从後及之也。徒耐切」。隶部「隸，及也。从隶枲聲。詩曰：隸天之未陰雨。徒耐切」。今詩豳風鴟鴞作迨，是俗字。大徐逮下云「或作迨」，當迻「隸」下。

遲

徐行也。从辵犀聲。詩曰：「行道遲遲。」直尼切

迡 遲或从尸

遟 籀文遲从屖

詩邶風谷風「行道遲遲，中心有違」，毛傳「遲遲，舒行兒」。又遲或體从尸，按尸乃古文仁，與遲音不諧。小徐曰「尸音夷聲」。桂氏義證云「漢銅印有𡰥字，乃古文夷也」。王氏釋例云「評觽尸部尸下云夷，見尚書。𡰥字从此。案夷與遲聲較近，郭氏之言可信。當依𢒼崇（古文旅）等字說解，於古文仁或从尸之下增一語曰：古文以為夷字。竊意此乃俟尸之俟也」。又籀文遲从屖。本書尸部「屖，遲也。从尸辛聲。先稽切」。

𨘻

不行也。从辵䮍聲（䮍音豎）。讀若住。中句切（音注）

按「讀若住」，住當是侸之誤。字人部無住。「侸，立也。从人豆聲。讀若樹。常句切（音樹）」。此乃住本字。十下部目「立，住也。从大立一之上」。住亦當作侸。侸立二字轉注也。又豆部「豎，豎立也。从豆臤聲。臣庾切」，與侸字音義俱同。馬部「駐，馬立也。从馬主聲。中句切」，與𨘻音義俱同。

違

離也。从辵韋聲。羽非切

詩邶風谷風「行道遲遲，中心有違」。毛傳「違，離也」。五下部目「韋，相背也。从舛口聲。獸皮之韋，可以束物枉戾相韋背，故借以為皮韋。宇非切」。是韋背字。攴部「𢾺，戾也。从攴韋聲。羽非切」。是亦𢾺字。

遴

行難也从辵粦聲易曰吕往遴　良刃切

或从人（段本無）

今易蒙卦初六「吕往吝」作吝口部「吝，恨惜也从口文聲易曰吕往吝」良刃切

逑

斂聚也从辵求聲虞書曰旁逑孱功又曰怨匹曰逑　巨鳩切

此要逑需逑字經傳多叚求為之（衣部曰「裘，皮衣也从衣求聲一曰象形與衰同意」巨鳩切「求」古文省衣今叚求備裘而借求為逑又逑訓聚也是與勹音義略同勹部「勼，聚也从勹九聲讀若鳩」居求切　經典或借遒字許商頌長發「敷政優優百祿是遒」毛傳「遒，聚也」說解引虞書曰旁逑孱功今書堯典「共工方鳩僝功」孔傳「鳩，聚也」鳩亦是借字人部「僝，具也从人孨聲讀若汝南潺水虞書曰旁救僝功」作救亦是借字「又曰怨匹曰逑」者則是叚作仇字左傳桓公二年「嘉耦曰妃怨耦曰仇古之命也」爾雅釋詁「仇，讎，敵，妃，知，儀，匹也」詩周南關雎「窈窕淑女君子好逑」毛傳「逑，匹也」

退

敗也从辵貝聲周書曰我興受其退　薄邁切

攴部「敗，毀也从攴貝」薄邁切「𣪘，毀也」土怪切　土部「壞，敗也」下怪切「𣪘，籀文壞」退與敗壞與𣪘音義同又說解引周書蓋是商書微子篇彼文云「商今其有災我興受其敗」

遂

亾也从辵㒸聲　徐醉切

古文遂

八部「㒸，从意也从八豕聲」徐醉切　遂之本義是亾也㒸則是順㒸，㒸意字今則叚遂為㒸而本義不行矣說詳㒸字

遒

迫也从辵酉聲　字秋切（音囚）

遒或从酋

乃部「逌，气行皃从乃卤聲讀若攸」以周切（卤音調）凡「遒勁」「遒人」字本皆作逌左傳襄公十四年「夏書曰遒人以木鐸徇于路官師相規工執藝事以諫」曹丕與吳質書「公幹有逸氣但未遒耳」

近

附也从辵斤聲　渠遴切

古文近

按「附近」「附益」字當作坿土部「坿，益也从土付聲」符遇切　阜部「附，附婁小土山也从阜付聲春秋傳曰附婁無松柏」符又切

迫

近也从辵白聲　博陌切

爾雅釋言「逼，迫也」逼又作偪按鄭書無逼偪字本只作畐，五下部用「畐，滿也从高省象高厚之形，芳逼切」大徐新附有「逼，近也从辵畐聲，彼力切」

⿺辶戉

⿺辶戉 踰也从辵戉聲易曰：雜而不⿺辶戉。王伐切

今易繫傳作「雜而不越」走部「越，度也从走戉聲，王伐切」足部「踰，越也从足俞聲，羊朱切」辵部「逾，⿺辶戉進也从辵俞聲，羊朱切」越與⿺辶戉，踰與逾音同義近

逴

逴 遠也从辵卓聲。一曰蹇也。讀若棹苕之棹。（棹段从手）臣鉉等案棹苕今無此語未詳。敕角切

走部「趠，遠也」逴與趠音義同楚詞哀時命「處逴逴而日遠」九章「道逴遠而日忘」或借卓字文選孔融薦禰衡表「英才卓躒」李善注「卓躒，絕異也」「一曰蹇也」者方言「自關而西秦晉之間凡蹇者謂之逴」字或作踔莊子秋水篇「夔謂蚿曰吾以一足趻踔而行」玉篇「趻踔，跛者行也」足部「踔，踶也从足卓聲，知教切」（玉篇「踶，蹋也」）無趻字新附有之云「趻，趻踔行無常皃从足甚聲，丑甚切」人部「倬，箸大也从人卓聲詩曰倬彼雲漢，竹角切」是倬箸字稽部「𥝢，特止也从稽省卓聲，徐鍇曰特止卓立也，竹角切」是𥝢立字

⿺辶⿱备彔

⿺辶⿱备彔 高平之野人所登从辵备彔闕。愚袁切

爾雅釋地「下溼曰隰大野曰平廣平曰原高平曰陸大陸曰阜大阜曰陵大陵曰阿」原是⿺辶⿱备彔之借字。灥部「𠫐，水泉本也从灥出厂下，愚袁切（灥音旬）」「原，篆文从泉，臣鉉等曰今又作源非是」說解「从辵备彔闕」者說文無备字徐鍇以為當是从夊田云「人所登，故从辵，登而上，故从夊，夊止也。春秋左傳曰原田每每，詩曰周原膴膴，故从田，未知何故从彔也」段玉裁以為當作「从辵从略省从彔人所登也故从辵」十四字又云「略者土地可經略也，彔者土地如刻木彔彔然」王氏句讀以為當依石鼓文改彔為象，郘鐘篆作⿺辶⿱备象「备彔闕」三字當作「从夊从田象聲」未知孰是，兩存之。

道

道 所行道也从辵𩠐。一達謂之道。徒皓切

古文道从𩠐寸

爾雅釋宮「一達謂之道路，二達謂之歧旁，三達謂之劇旁，四達謂之衢，五達謂之康，六達謂之莊，七達謂之劇驂，八達謂之崇期，九達謂之逵」本書寸部「導，導引也从寸道聲，徒皓切」按導疑即道之重文，經典導引字亦作道。

遽

遽 傳也。一曰窘也。从辵豦聲。其倨切

傳謂傳車也。爾雅釋言「馹、遽，傳也」。左傳僖公三十三年「且使遽告于鄭」，杜預注「遽，傳車」。「一曰窘也」引伸之義為急遽。九下部勹「匆……所以趣民，故遽偁匆匆」。囪部「悤，多遽悤悤也」。

⿺辶弔

⿺辶弔 至也。从辵弔聲。都歷切

此目⿺辶弔[illegible]⿺辶弔字，今則段的為之。日部「旳，明也。从日勺聲。易曰為旳顙。都歷切」。中庸「小人之道旳然而日亡」。又經典或段弔為⿺辶弔。詩小雅天保「神之弔矣」，節南山「不弔昊天」，傳並云「弔，至」。釋文云「弔，都歷切」。本書人部「弔，問終也。古之葬者厚衣之以薪。从人持弓，會敺禽。多嘯切」。

邊（邊）

邊 行垂崖也。从辵臱聲。布賢切

爾雅釋詁「臱，垂也」。土部「垂，遠邊也」。厂部「厓，山邊也」。屵部「崖，高邊也」。自部「臱，宀宀不見也（音亡）。武延切」。故邊字臱聲。

逼

逼 新附 近也。从辵畐聲。彼力切

按逼字經典或作偪，說文無，蓋本只作畐。

迸

迸 散走也。从辵幷聲。北諍切

凡迸去字經典皆作屏，唯大學作「迸諸四夷」。釋文引皇疏云「迸猶屏也」，知本是屏字，俗改从辵耳。尸部「屏，屏蔽也。从尸幷聲。必郢切」

彳

彳 小步也。象人脛三屬相連也。凡彳之屬皆从彳。丑亦切（十二）

德

德（段篆作德）升也。从彳悳聲。多則切

心部「悳，外得於人，內得於己也。从直心。多則切」。此道悳本字，經典多段德為之。書洪範「六，三德：一曰正直，二曰剛克，三曰柔克」。周礼地官師氏「以三德教國子：一曰至德以為道本，二曰敏德以為行本，三曰孝德以知逆惡」。易乾文言「君子行此四德者，故曰乾，元亨利貞」。周礼地官大司徒「以鄉三物教萬民而賓興之，一曰六德：知仁聖義忠和」。書皋陶謨「亦行有九德」。

……寬而栗。柔而立。愿而恭。亂而敬。擾而毅。直而溫。簡而廉。剛而塞。彊而義」凡德字皆當作悳。又或叚德為得。易繫傳「有功而不德」老子「上德不德。是以有德。下德不失德。是以無德」本部「得。行有所得也。从彳㝵聲。多則切」

復

往來也。从彳复聲。房六切

夊部「复。行故道也。从夊。畐省聲。房六切」按復。复聲。故篆當作𢓜。復與复音義同。竝房六切。復下段注云「辵部曰。返。還也。還。復也。皆訓往而仍來。今人分別入聲去聲。古無是分別也」則段玉裁以為隋唐之前無讀去聲作皀者。玉篇卷上彳部一百十九「復。符六符救二切。重也。返復也」則解作「重也」「返復也」可二讀。「重也」即「又也」「再也」作「重也又也再也」亦可讀作去聲。始見於玉篇。但仍不必定讀去聲。以入聲讀服為本音。廣韻始別為入聲去聲二部。入聲一屋「復。返也。重也。房六切」去聲四十九宥「復。又也。返也。往來也。安也。白也。告也。扶富切。又音服」故凡後人解作「又也。重也。再也」皆讀服為正音。亦可讀去聲。音皀耳。至於「返也。往來也」則必讀為服。故清劉淇助字辨略去聲不著復字。於入聲有復字「又也。更也。再也。重也。返也。還也。仍也。亦也。語助也」又易復卦是侌盡一昜復生於下之象。初九「不遠復」六二「休復」六三「頻復」六四「中行獨復」六五「敦復」上六「迷復」凡復字皆音服。又漸卦九三「鴻漸于陸。夫征不復」陸復為韻。亦不得讀為去聲。又詩豳風九罭篇「鴻飛遵陸。公征不復。於女信宿」陸復宿為韻。亦不能讀為皀也。

猱

復也。从彳柔。柔亦聲。（段作「从彳。柔聲」）人九切（音柔）

按此「猱」次「猱來」之本字。今則段又為之。三下部目「又。手也」又按猱。徐鍇以為「猶蹂也。往來蹂躪之也」段玉裁以「此字引伸為狃忕之義」恐竝未是。本書十四下部目「禸。獸足蹂地也。象形。九聲。尔疋曰。狐狸貛貉醜。其足蹞。其迹禸。凡禸之屬皆从禸。人九切」「蹂。篆文从足柔聲」猱與蹂義殊異也。又犬部「狃。犬性驕也。从犬丑聲。女久切」則是音義俱異。至詩鄭風大叔于田「將叔無狃」毛傳「狃。習也」鄭箋「狃。復也」是段狃為猱耳。

往

之也。从彳𡳿聲。于兩切

古文从辵

爾雅釋詁「如。適。之。嫁。徂。逝。往也」往引伸之為「過往」「往者」。易繫傳「神以知來。知以藏往」荀子解蔽「不慕往」注「古昔也」又按𡳿聲者。𡳿部「𡳿。艸木妄生也。从之在土上。讀若皇。戶光切」

彶

彶

急行也。从彳及聲。居立切

攴部「彶，彶彶也」一切經音義引廣雅「彶彶，遽也」古籍每段汲為彶。漢書揚雄傳「不汲汲於富貴」文子上德篇「君子日汲汲以成煇」汲汲當作彶彶。水部「汲，引水於井也。从水及，及亦聲。居立切」

微

微

隱行也。从彳敚聲。春秋傳曰「白公其徒微之」無非切

左傳哀公十六年「白公奔山而縊，其徒微之」杜注「微，匿也」微是微行字。人部「𢼸，眇也。从人从攴，豈省聲。無非切」則是微細微賤字。

徲

徲

行平易也。从彳夷聲。呂脂切

大部「夷，平也。从大从弓。東方之人也。呂脂切」徲與夷音同義亦不異。老子「大道甚夷，而民好徑」夷，平夷也。易序卦傳「進必有所傷，故受之以明夷。夷者傷也」夷當作痍。疒部「痍，傷也。从疒夷聲。呂脂切」至夷訓「常也」則當是彝字之段。孟子告子上「詩曰天生蒸民，有物有則，民之秉夷，好是懿德」今詩大雅烝民篇正作彝。彝傳云「彝，常也」本書糸部「彝，宗廟常器也。从糸。糸，綦也。廾持米，器中寶也。彑聲。呂脂切」

徬

徬

附行也。从彳旁聲。蒲浪切

引伸為「依徬」之義。廣雅「附，依也」人部「傍，近也。从人旁聲。步光切」是「近傍」。上部「旁，溥也。从二闕，方聲。步光切」是「邊旁」「旁薄」字。詳上部旁字。

復

復

卻也。一曰行遲也。从彳日夂。他內切（會意）

衲 復或从內 內聲（形聲）

𢓈 古文从辵（會意）

五下部目「夂，行遲曳夂夂，象人兩脛有所躧也」「从彳日夂」行日已緩也。

後

後

遲也。从彳幺夂。幺夂（二字依段補）者後也。徐鍇曰幺猶躧躋之也。胡口切（會意）

𨒌 古文後 从辵

段幺者幼小之謂。徐鍇謂「猶躧躋之也」未是。古籀或段后為後。九上部目「后，繼體君也。象人之形。易曰施令以告四方。故从口。發號者君后也。胡口切」

很

很

不聽从也。一曰行難也。一曰盭也。从彳艮聲。胡懇切

弦部「盭，弼戾也。从弦省，从盩。讀若戾。郎計切」此乖盭字。很有很盭義。孟子離婁下「好勇鬭很」釋文「很，忿戾也」左傳文公十八年「傲很明德，以亂天常」莊子漁父「見過不更，聞諫愈甚，謂之很」皆很盭意。俗或作狠。犬部「狠，吠鬭聲。从犬艮聲」

𧻓遲切」，𧻓異字也。

徸

相迹也。从彳从重。之隴切

足部「踵，追也。从足重聲。一曰往來皃。之隴切」止部「歱，跟也。从止重聲。之隴切」徸、踵、歱三字音同，今經典皆作踵，詳止部歱字。

得

行有所得（段作㝵，是）也。从彳㝵聲。多則切

古文 省彳

見部「㝵，取也。从見寸。寸，度之，亦手也。臣鉉等曰：彳部作古文得字，此重出。多則切」

律

均布也。从彳聿聲。呂戌切

爾雅釋詁「柯、憲、刑、範、辟、律、矩、則，法也。」易師卦初六象曰「師出以律。」又釋言「坎、律，銓也。」郭注「易坎卦主法，法律皆所以銓量輕重。」段玉裁曰「律者，所以范天下之不一而歸於一，故曰均布也。」周礼春官「大師掌六律六同，以合侌昜之聲：昜聲黃鍾、大蔟、姑洗、蕤賓、夷則、無射；侌聲大呂、應鍾、南呂、函鍾、小呂、夾鍾。」三下部目「聿，所以書也。楚謂之聿，吳謂之不律，燕謂之弗。从聿一聲。余律切」

御

使馬也。从彳从卸。徐鍇曰：卸，解車馬也。或彳或卸，皆御者之職。牛據切

古文御 从又馬

周礼大司徒「以鄉三物教萬民而賓興之……三曰六藝：禮、樂、射、御、書、數。」又大宰「以八柄詔王馭群臣。」注「凡言馭者，所以敺而內之於善。」御、馭本一字，今經典多專用馭為使馬義，而借御為扞禦字。攴部「敔，禁也。一曰樂器，椌楬也，形如木虎。从攴吾聲。魚舉切」幸部「圉，囹圄，所以拘辠人。从幸从囗。一曰圉，垂也。一曰圉人，掌馬者。」口部「圄，守之也。从口吾聲。」示部「禦，祀也。从示御聲。」字各異義，詳禦字。

亍

步止也。从反彳。讀若畜。丑玉切

彳亍有行止之義。足部「躅，住足也。」「躑，躅也。」彳亍猶躑躅也。

廴

長行也。从彳引之。凡廴之屬皆从廴。余忍切（十二）

廷

朝中也。从廴壬聲。特丁切

古籍或借庭字為之。广部「庭，宮中也。从广廷聲。特丁切」易夬卦「夬揚于王庭」廷是朝廷專名，庭則庭院通稱，作「王庭」是段借耳。

延

行也。从廴正聲。諸盈切

此與辵部延征字音義俱同。辵部「延，正行也。从辵正聲。諸盈切」「征，延或从彳」今經典多用征字

㢟

安步㢟㢟也。从廴止。凡㢟之屬皆从㢟。丑連切(十三)

延

長行也。从㢟丿(段作𠂆)聲。以然切

按「丿聲」段作「𠂆聲」是。十二下部目「𠂆，抴也。明也。象抴引之形。余制切(音曳)」

行

人之步趨也。从彳亍。凡行之屬皆从行。戶庚切(玉篇下庚切引說文又胡岡切行伍也又胡浪切次第也)十二

術

邑中道也。从行朮聲。食律切

禾部「秫，稷之黏者。从禾朮，象形。食律切」「朮，秫或省禾。」

衢

四達謂之衢。从行瞿聲。其俱切

爾雅釋宮「一達謂之道路，二達謂之歧旁，三達謂之劇旁，四達謂之衢，五達謂之康，六達謂之莊，七達謂之劇驂，八達謂之崇期，九達謂之逵」

衝

通道也。从行童聲。春秋傳曰「及衝以戈(段無戈字)擊之」昌容切

衝今字从重。左傳昭公元年「執戈逐之，及衝，擊之以戈」杜注「衝，交道」此要衝字。晏子春秋內篇雜上「不出尊俎之間，折衝千里之外，晏子之謂也」至「衝突」「衝車」字則當作轒。車部「轒，陷敶車也。从車童聲。尺容切」皿部「盅，器虛也。从皿中聲。直弓切」老子曰「道盅而用之」是盅虛盅淡字，今老子已作沖矣。水部「沖，涌搖也。从水中。讀若動。直弓切」是沖水字。

衒

行且賣(段作𧶜)也。从行言(會意)黄絢切

衒 从玄 衒或

「行且賣」賣段作「𧶜」是貝部「𧶜，衒也。从貝𡏳聲。𡏳，古文睦。讀若育。余六切」蕭統陶淵明集序「自衒自媒者，匹婦之醜行。」越絕書「衒女不貞，衒士不信。」

衛

將衛(段作衛)也。从行率聲。所律切

「將衛」經典作「將率」是省借。十三上部目「率，捕鳥畢也。象絲罔上下，其竿柄也。所律切」又作「將帥」則是聲借字。巾部「帥，佩巾也。从巾𠂤。所律切」「帨，帥或从兌。又音稅」又段「率」為「達」。辵部「達，先道也。从辵率聲。疏密切」詳達字。

衞(衛)

宿衛也。从韋帀行。行列衛也。(段無衛字)于歲切

周禮天官「宮伯掌王宮之士庶子，凡在版者」先鄭注「庶子，宿衛之官」「列衛也」者，左傳文公元年「使為大師，且掌環列之尹」杜注「環列之尹，宮衛之官，列兵而環王宮」「行」即「行列」「行陳」也。諸葛公出師表「必能使行陣和睦，優劣得所也」

齒

口齗骨也。象口齒之形，止聲。昌里切(象形兼聲兼會意)

凡齒之屬皆从齒。

古文齒字(十二)

齗

齒本也(段「本」下有「肉」字)。从齒斤聲。語斤切

禮曲禮「笑不至矧」鄭注「齒本曰矧，大笑則見」論語先進「夫子哂之」皇疏「齒本曰哂，大笑則哂見，故謂哂為笑者也」矧、哂並當作齗。朱子注「哂，詩忍切，微笑也」按許書無哂字，口部有「听，笑皃。从口斤聲。宜引切(音引)」又矧，許書作「矤，況詞也。从矢，引省聲。从矢取詞之所之如矢也。式忍切」又按朱子訓哂為「微笑也」則是听字之假。

齔

(段篆作齔)毀齒也。男八月生齒，八歲而齔；女七月生齒，七歲而齔。从齒从七(七亦聲)初堇切

「从齒从七」段作「从齒匕」云「其字从齒匕，匕，變也……匕亦聲」徐氏箋云「段說是也……七與匕形近之譌，當从匕為是。匕者變匕而生之義，謂齒落復生也。毀齒謂之齔，其音當如毀。毀匕一音之轉耳」按齔字大小徐本皆从七聲，一切經音義卷五引說文云「初忍反，古文音差貴反，字从齒从七聲」又卷十一云「初忍反，舊音差貴反，字从七也」既舉舊音，仍云字从七，則不从匕可知矣。

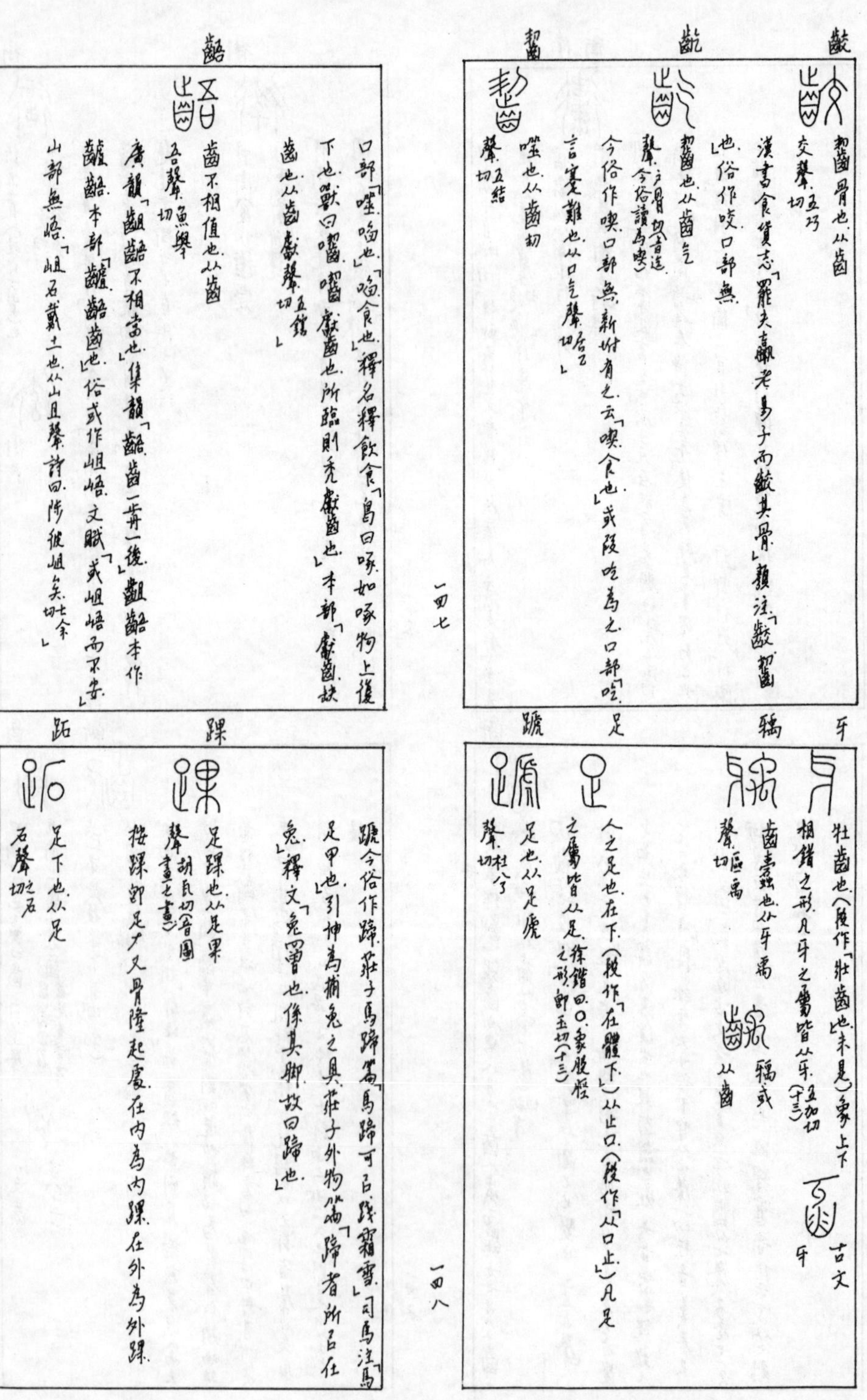

齩

齧骨也。从齒交聲。五巧切

漢書食貨志「罷夫羸老易子而齩其骨」顏注「齩，齧也」。俗作咬，口部無。

齕

齧齒也。从齒乞聲。戶骨切（音迄。今俗讀爲喫）

今俗作喫，口部無，新附有之，云「喫，食也」。或段吃爲之，口部「吃，言蹇難也。从口乞聲。居乙切」。

齧

噬也。从齒㓞聲。五結切

口部「噬，啗也」「啗，食也」。釋名釋飲食「鳥曰啄，如啄物上復下也。獸曰嚙。嚙，齧也。所臨則禿齧也」。本部「齾，缺齒也。从齒獻聲。五鎋切」。

齬

齒不相值也。从齒吾聲。魚舉切

廣韻「齟齬不相當也」。集韻「齬，齒一前一後」。齟齬本作⿰齒虘齬。本部「⿰齒虘，齬齒也」。俗或作岨峿。文賦「或岨峿而不安」。山部無峿。「岨，石戴土也。从山且聲。詩曰陟彼岨矣。七余切」。

一四七

牙

牡齒也（段作「壯齒也」，未是）。象上下相錯之形。凡牙之屬皆从牙。五加切（十三）

古文牙

𤘘

齒蠹也。从牙禹聲。區禹切

齲　𤘘或从齒

足

人之足也，在下（段作「在體下」）。从止口（段作「从口止」）。凡足之屬皆从足。徐鍇曰：口，象股脛之形。即玉切（十三）

蹏

足也。从足虒聲。杜兮切

蹏今俗作蹄。莊子馬蹄篇「馬蹄可以踐霜雪」，司馬注「馬足甲也」。引伸爲捕兔之具，莊子外物篇「蹄者所以在兔」，釋文「兔罥也，係其腳，故曰蹄也」。

踝

足踝也。从足果聲。胡瓦切（音畫之畫）

按踝即足ナ又骨隆起處，在內爲內踝，在外爲外踝。

跖

足下也。从足石聲。之石切

一四八

足下卽今所謂脚掌。呂氏春秋用衆篇「齊王之食雞也必食其跖數千而後足」高誘注「跖雞足踵」古籍或段蹠為跖。漢書賈誼傳顏師古注「足下曰蹠今所呼脚掌是也」孟子盡心上「雞鳴而起孳孳為利者蹠之徒也」蹠謂盜跖也。本部「蹠楚人謂跳躍曰蹠」从足庶聲。之石切」

跪

拜也。从足危聲。去委切

手部「𢷎首至地也。从手桒」「拜揚雄說拜从兩手下」釋名「跪危也。兩厀隱地體危倪也」

跽

長跪（段作跽）也。从足忌聲。渠几切（音企，古籍與跪通，音亦同）

古人長跪代坐。古詩「長跪問故夫，新人復何如」跪應作跽。

踧

行平易也。从足叔聲。詩曰踧踧周道。子六切（玉篇達的切，下引說文同，又子六切）

詩小雅小弁「踧踧周道，鞫為茂艸」毛傳「踧踧，平易也」釋文「踧徒歷切」是踧訓行平易也。當徒歷切音迪。其讀子六切則是恭敬之兒。論語鄉黨「君在，踧踖如也」朱子注「踧子六切，踖資昔切」鄭注「踧踖，恭敬兒」廣雅「踧踖，畏敬也」

本部「踖長脛行也。从足昔聲。一曰踧踖。資昔切」徐鍇曰「踧踖若不自容也」

踽

疏行兒。从足禹聲。詩曰獨行踽踽。區主切

詩唐風杕杜「獨行踽踽」毛傳「踽踽，無所親也」孟子盡心下「行何為踽踽涼涼」趙岐注「有威儀如無所施之貌也」

𧿳

輕也。从足戉聲。王伐切

按「輕也」繫傳作「輕足也」義證、句讀竝謂當作「⿱輕足」。鍇本誤分為二字耳。本書金部「鑋，金聲也。从金輕聲。讀若春秋傳曰⿱輕足而乘他車。苦定切」明足部原有⿱輕足字，今本奪耳。左傳昭公二十六年「苑子刜林雍，斷其足，鑋而乘於他車以歸」杜注「鑋，一足行」作鑋是借字。女部「娍，輕也。从女戉聲。王伐切」輕亦當作⿱輕足。又本書走部「越，度也。从走戉聲。王伐切」辵部「𨒅，踰也。从辵戉聲。易曰襍而不𨒅。王伐切」竝與此音同而義異也。

蹻

舉足行（段作「小」）高也。从足喬聲。詩曰小子蹻蹻。居勺切（音卻）

詩大雅板篇「老夫灌灌，小子蹻蹻」毛傳「蹻蹻，驕貌」

儵

疾也，長也，从足攸聲。式竹切

「儵」，莽俗作「倏忽」。「倏忽」莊子應帝王篇作「儵忽」。按：火部無「倏」。犬部「倏，走也，从犬攸聲，讀若叔。式竹切」黑部「儵，青黑繒發白色，从黑攸聲。式竹切」或段「逐」爲「儵」。易頤卦六四「其欲逐逐」，釋文云「逐逐」，劉作「儵儵」，云遠也。

踊

跳也，从足甬聲。余隴切

今俗亦作踴，非是。詩邶風擊鼓「擊鼓其鏜，踊躍用兵」。

躍

迅也，从足翟聲。以灼切

走部「趯，踊也，从走翟聲。以灼切」詩大雅旱麓「鳶飛戾天，魚躍于淵」。鄭箋「魚跳躍于淵中」。辵部「迅，疾也」。

跨

渡也，从足夸聲。苦化切

夂部「𡕒，跨步也，从反夂，𨑡从此。苦瓦切」走部「越，度也」一切經音義引字林「跨，躡也」釋名「躡，攝也，登其上使攝服也」本書「躡，蹈也」。

蹋

踐也，从足𦐇聲。徒盍切

本部「踐，履也」「蹴，躡也」「躡，蹈也」「蹈，踐也」。史記之「蹋鞠」，即後漢書之「蹴鞠」也。又按：蹋，今俗作踏，非是。

踵

追也，从足重聲。一曰往來皃。之隴切

彳部「𢓊，相迹也，从彳，从重。之隴切」止部「歱，跟也，从止重聲。之隴切」三字皆同，今經典統作踵。詳止部歱字。

蹢

（段篆下有「蹢躅」）住足也（住，段作逗），从足適省聲（段作「啻聲」）。或曰蹢躅（段注「按四字衍文」）。賈侍中說足垢也。直隻切

按：人部無住，當作「侸，立也」。蹢，今俗作躑。

躅

蹢躅也，从足蜀聲。直錄切

按：蹢躅猶彳亍也。二下部目「彳，小步也」。彳部「亍，步止也，从反彳」。

蹶

僵也，从足厥聲。一曰跳也。亦讀若橜。居月切（音決）又，俱衛切（音愧）

蹷

蹶或从闕

孟子公孫丑篇「今夫蹶者趨者，是氣也，而反動其心」。朱子注「蹶，顛躓也」。荀子成相篇「讒人達，賢能遁逃，國乃蹶」。注「蹶，

顛蹷也」富國篇「故田野荒而倉廩實，百姓虛而府庫滿，夫是之謂國蹷」注「蹷，傾倒也」凡訓顛倒傾覆義皆居月切音決。至詩大雅板篇「天之方蹷，無然泄泄」毛傳「蹷，動也」釋文「蹷，俱衛反」訓動也則音愧。「一曰跳也」者，是通作「𧾱，蹠也」。

跳

(段篆作跳未是)蹷也。从足兆聲。一曰躍也。徒遼切(平聲)

走部「趒，雀行也。从走兆聲。徒遼切」跳與趒音同義異，詳走部趒字。

躇

峙躇，不前也。从足箸聲。直魚切

止部「峙，躇也」峙躇，今俗作踟躕。詩邶風靜女「愛而不見，搔首踟躕」禮三年問「蹢躅焉，踟躕焉」踟躕皆當作峙躇。

蹠

楚人謂跳躍曰蹠。从足庶聲。之石切

走部「𧾱，蹠也」又本部「蹶，僵也。从足厥聲。一曰跳也」方言「蹠，跳也。楚曰蹠」古籍或叚蹠為跖。

蹎

跋也。从足真聲。都年切

此蹎跋本字，經典多叚顛為之。頁部「顛，頂也。从頁真聲。都年切」是顛頂字。詳走部趚字。

跋

蹎跋也。从足犮聲。北末切

犬部「犮，犬走皃。从犬而丿之，曳其足則剌犮也。蒲撥切」跋犮音同義近。蹎跋經傳多作顛沛，水部「沛，沛水。出遼東番汗塞外，西南入海。从水巿聲」

蹐

小步也。从足脊聲。詩曰「不敢不蹐」。資昔切

說解引詩已見趚下，此必後人誤加。詳走部趚下。

踞

蹲也。从足居聲。居御切

按段刪踞篆，是也。踞字尸部已見，此重出。尸部「居，蹲也。从尸，古者居从古。九魚切」「踞，俗居从足」踞是居之俗字，經傳又借居為凥処字，而訓蹲也則專用踞。几部「凥，処也。从尸得几而止。孝經曰仲尼凥。凥謂閒凥如此。九魚切」至倨傲字則从人，人部「倨，不遜也。从人居聲。居御切」

跛

行不正也。从足皮聲。(小徐本有「讀若罷」罷讀如婆)一曰足排之。讀若彼。布火切

段刪此篆疑是。一切經音義引字林「跛，蹇，行不正也」不引說文。本書尣部「尬，蹇也。从尣皮聲。布火切」跛尬音義竝同。今經典統作跛。

蹇

跛也。从足，寒省聲。臣鉉等案：易：王臣蹇蹇。今俗作謇，非。九輦切

跛，段作尬。尣部「尬，蹇也」二字轉注。易序卦傳「蹇者難也」六二爻曰「王臣蹇蹇」

距

雞距也。从足巨聲。其呂切

古籍多叚距為歫。絕歫離字，詳止部歫字。

躧

舞履也。从足麗聲。所綺切

⿰革麗　或从革

經典多作蹝或屣，蹝屣皆說文所無。革部「⿰革徙，鞮屬。从革徙聲。所綺切」「鞮，革履也。从革是聲。都兮切」

跀

斷足也。从足月聲。魚厥切

跀或从兀

刀部「刖，絕也。从刀月聲。魚厥切」二字音同而義近。經傳多叚刖為跀。又莊子德充符「申徒嘉兀者也」李頤曰「刖足曰兀」則是借兀為跀。

跂

足多指也。从足支聲。巨支切

按俗跂从止。又叚岐為跂。爾雅釋宮「二達謂之岐旁」郭注「岐道旁出也」岐當作跂。邑部「⿰支阝，周文王所封，在右扶風美陽中水鄉。从邑支聲。巨支切」「岐，⿰支阝或从山支聲，因岐山㠯名之也」俗又叚跂為企望字。人部「企，舉踵也。从人止聲。去智切」「𠆭，古文企从足」

疋

足也。上象腓腸，下从止。弟子職曰「問疋何止」古文㠯為詩大疋字，亦㠯為足字，或曰胥字。一曰疋，記也。凡疋之屬皆从疋。所菹切（三）

𤴕

門戶疏窻也（段「戶」下有「青字」）从疋，疋亦聲。囱象𤴕形。讀若疏。所菹切

穴部「窻，通孔也。从穴悤聲。楚江切」十下部目「囱，在牆曰牖，在屋曰囱。象形。楚江切」「窗，或从穴」古詩十九首「交疏結綺窗，阿閣三重階」疏窻是𤴕字之叚。

𤴓

通也。从爻从疋，疋亦聲。所菹切

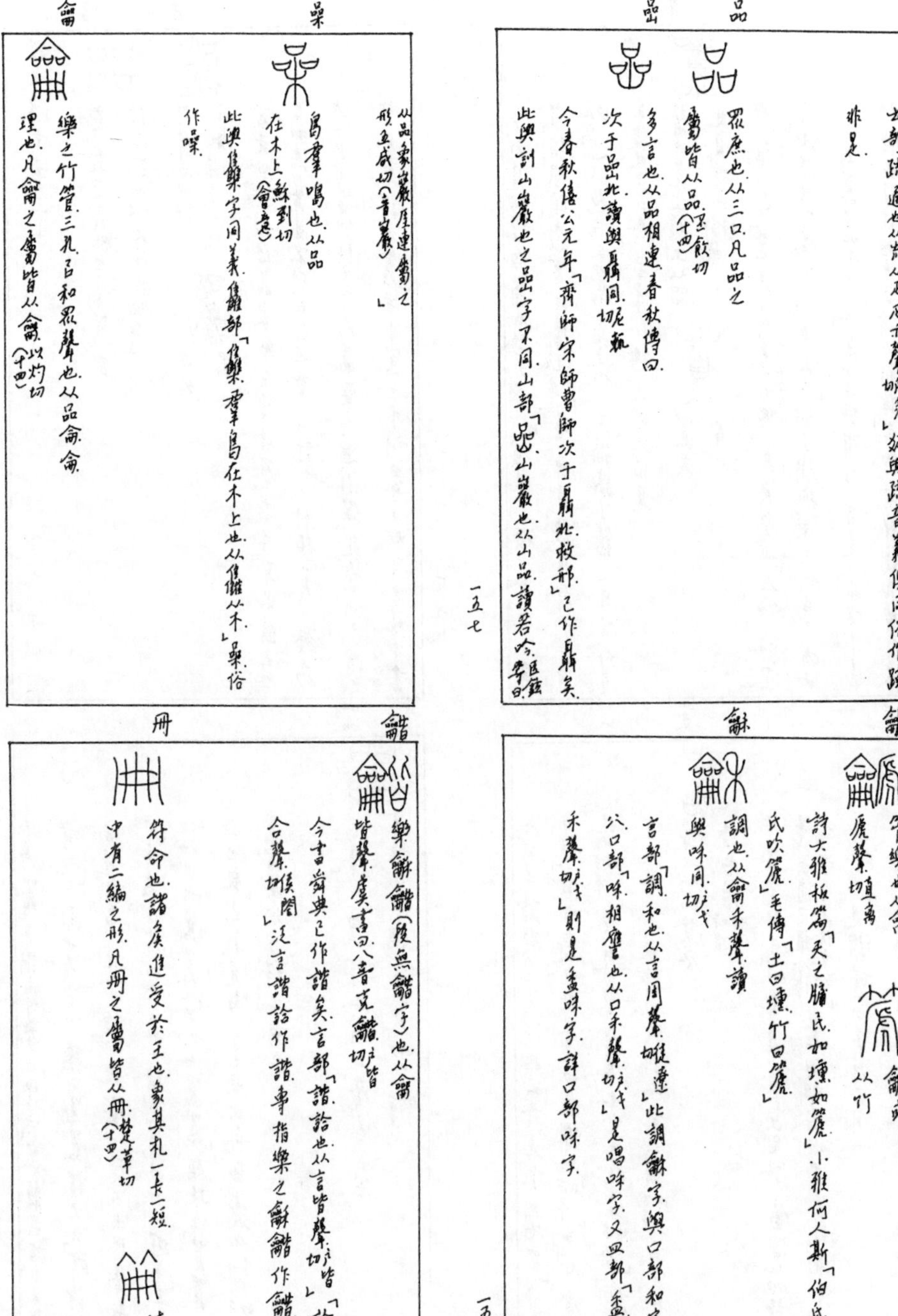

疋部「疏，通也。从㐬从疋，疋亦聲。所菹切」䟽與疏音義俱同，俗作踈，非是。

品

眾庶也。从三口。凡品之屬皆从品。丕飲切（十四）

㗊

多言也。从品相連。春秋傳曰：次于㗊北。讀與聶同。尼輒切

今春秋僖公元年「齊師宋師曹師次于聶北，救邢」，已作聶矣。

此與訓山巖也之嵒字不同。山部「嵒，山巖也。从山品。讀若吟。臣鉉等曰：从品象巖厓連屬之形。五咸切（音巖）」

一五七

喿

鳥羣鳴也。从品在木上。穌到切（會意）

此與雥部雧字同義。雥部「雧，羣鳥在木上也。从雥从木。」喿俗作噪。

龠

樂之竹管，三孔，以和眾聲也。从品侖。侖，理也。凡龠之屬皆从龠。以灼切（十四）

𪛖

管樂也。从龠虒聲。直离切

篪　𪛖或从竹

詩大雅板篇「天之牖民，如壎如篪」。小雅何人斯「伯氏吹壎，仲氏吹篪」。毛傳「土曰壎，竹曰篪」。

龢

調也。从龠禾聲。讀與咊同。戶戈切

言部「調，和也。从言周聲。徒遼切」此調龢字，與口部和字音同義異。口部「咊，相譍也。从口禾聲。戶戈切」是唱咊字。又皿部「盉，調味也。从皿禾聲。戶戈切」則是盉味字，非口部咊字。

龤

樂龢龤（段無龤字）也。从龠皆聲。虞書曰：八音克龤。戶皆切

今書舜典已作諧矣。言部「諧，詥也。从言皆聲。戶皆切」「詥，諧也。从言合聲。候閤切」泛言諧詥作諧，專指樂之龢龤作龤。

冊

符命也。諸侯進受於王也。象其札一長一短，中有二編之形。凡冊之屬皆从冊。楚革切（十四）

古文冊　从竹

一五八

說文解字弟三上

㗊

眾口也。从四口。凡㗊之屬皆从㗊。讀若戢。阻立切 又讀若呶。（十五）

嚚

語聲也。从㗊臣聲。語巾切 古文嚚

書堯典「父頑母嚚象傲」左傳僖公二十四年「耳不聽五聲之和為聾，目不別五色之章為昧，心不則德義之經為頑，口不道忠信之言為嚚」賈子道術篇「親愛利子謂之慈，反慈為嚚」皆非嚚之本訓，蓋是狀字之叚。本書十上部目「狀，兩犬相齧也。从二犬。語斤切」（頑嚚之頑亦是借字。頁部「頑，㮯頭也。从頁元聲。五還切」五上部目「虤，虎怒也。从二虎。五閑切」）又按古文嚚臣字作𦣝，猶臧下籀文臣字作𦣝。朱駿聲以為當據以補臣古文，佀是。

囂

聲也。气出頭上。从㗊頁。頁，首也。許嬌切 囂或省

詩小雅車攻「選徒囂囂」毛傳「囂囂，聲也」左傳昭公三年「湫隘囂塵」杜注「囂，聲」莊子駢拇「自三代以下者，天下何其囂囂也」成注「囂囂，猶讙聒」皆是囂字本義。經傳或叚作謷字。詩大雅板「我即爾謀，聽我囂囂」毛傳「囂囂，猶謷謷也」箋云「女反聽我言謷謷然，不肯受」小雅十月之交「讒口囂囂」釋文云「韓詩作謷謷」言部「謷，不肖人也。从言敖聲。一曰哭不止，悲聲謷謷。五牢切」孟子盡心上「孟子謂宋句踐曰：子好遊乎？吾語子遊。人知之亦囂囂，人不知亦囂囂」趙岐注「囂囂，自得無欲之貌」則疑是敖字之叚。出部「敖，游也。从出放。五牢切」蓋囂囂者敖游自得之意也。

嘂

高聲也。一曰大嘑也。从㗊丩聲。春秋公羊傳曰：魯昭公嘂然而哭。古弔切

今公羊傳昭公二十五年「昭公於是噭然而哭」作噭。本書口部「噭，吼也。从口敫聲。一曰噭，嘑也。古弔切」又「叫，嘑也。从口丩聲。古弔切」言部「訆，大嘑也。从言丩聲。春秋傳曰：或訆于宋大廟。古弔切」五字音同義近。

𡅅

嘑也。从㗊萈聲。讀若讙。呼官切

本書二上部目「吅，驚嘑也。从二口。凡吅之屬皆从吅。讀若讙。臣鉉等曰：或通用讙，今俗別作喧，非是。況袁切」𡅅與吅義近。三上言部「讙，譁也。从言雚聲。呼官切」是讙譁字義自不同。

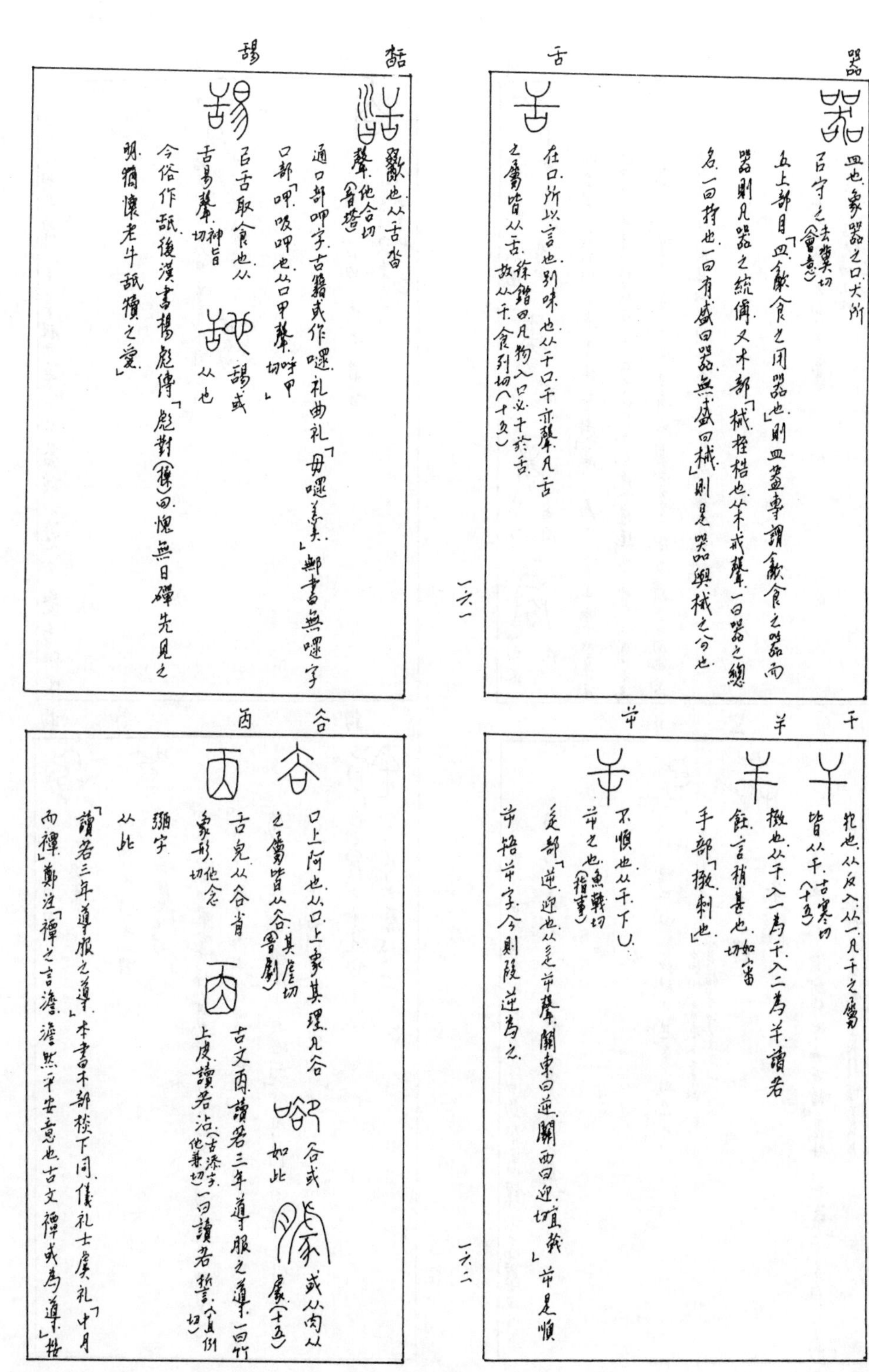

器

器 皿也。象器之口，犬所以守之。去冀切（會意）

五上部目「皿，飯食之用器也」則皿專謂飯食之器，而器則凡器之統偁。又木部「械，桎梏也。从木戒聲。一曰器之總名。一曰持也。一曰有盛曰器，無盛曰械」則是器與械之分也。

舌

舌 在口，所以言也，別味也。从干口，干亦聲。凡舌之屬皆从舌。徐鍇曰：凡物入口必干於舌，故从干。食列切（十五）

䑙

䑙 歠也。从舌沓聲。他合切（音踏）

通口部呷字。古籍或作嚃。禮曲禮「毋嚃羹」。鄭書無嚃字。口部「呷，吸呷也。从口甲聲。呼甲切」

舓

舓 以舌取食也。从舌易聲。神旨切 𦧧 舓或从也

今俗作舐。後漢書楊彪傳「彪對（操）曰：愧無日磾先見之明，猶懷老牛舐犢之愛」

干

干 犯也。从反入，从一。凡干之屬皆从干。古寒切（十五）

𢆉

𢆉 撥也。从干，入一為干，入二為𢆉。讀若飪，言稍甚也。如審切

手部「撥，刺也」

屰

屰 不順也。从干下凵。屰之也。魚戟切（指事）

辵部「逆，迎也。从辵屰聲。關東曰逆，關西曰迎。宜戟切」屰是順屰字，今則段逆為之。

谷

谷 口上阿也。从口，上象其理。凡谷之屬皆从谷。其虐切（音劇） 𠲿 谷或如此 𦛨 或从肉从豦（十五）

㐁

㐁 舌皃。从谷省。象形。他念切 𠌁 古文㐁。讀若三年導服之導。一曰竹上皮。讀若沾。（古添字，他兼切）一曰讀若誓。（直例切）弼字从此

「讀若三年導服之導」本書禾部稵下同。儀禮士虞禮「中月而禫」鄭注「禫之言澹，澹然平安意也。古文禫或為導」按

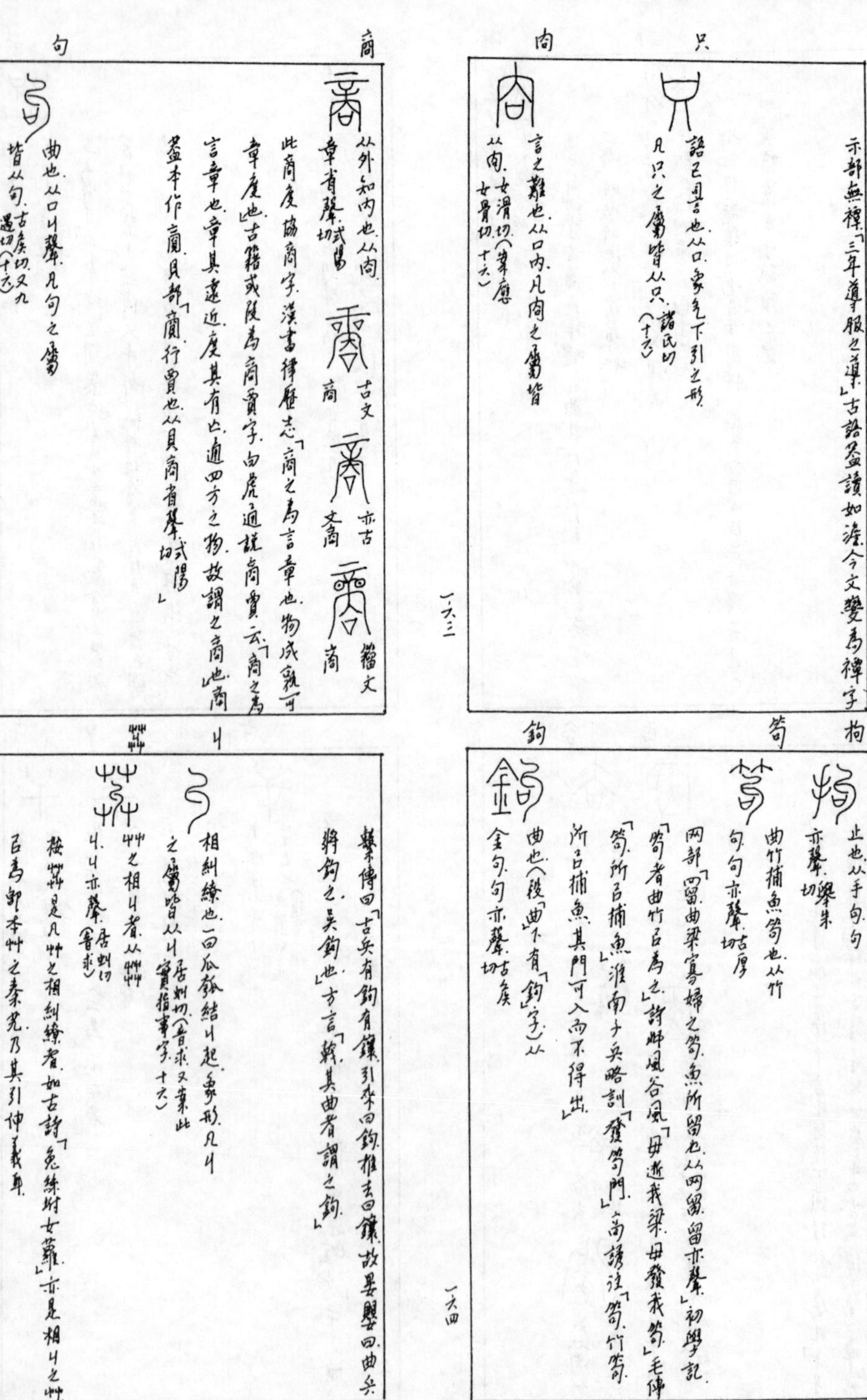

示部無褌。「三年導服之導」。古語蓋讀如禫。今文變為禫字。

只

語已詞也。从口，象气下引之形。凡只之屬皆从只。諸氏切（十六）

㕯

言之訥也。从口内。凡㕯之屬皆从㕯。女滑切（案應女骨切十五）

商

从外知内也。从㕯，章省聲。式陽切

古文商

亦古文商

籀文商

此商度協商字。漢書律曆志「商之為言章也，物成孰可章度」也。古籍或段為商賈字。白虎通說商賈云「商之為言章也，章其遠近，度其有亡，通四方之物，故謂之商也」。商蓋本作𧸘。貝部「𧸘，行賈也。从貝，商省聲。式陽切」。

句

曲也。从口，丩聲。凡句之屬皆从句。古侯切，又九遇切（十六）

拘

止也。从手句，句亦聲。舉朱切

笱

曲竹捕魚笱也。从竹句，句亦聲。古厚切

网部「罶，曲梁寡婦之笱，魚所留也。从网留，留亦聲」。初學記「笱者，曲竹以為之」。詩邶風谷風「毋逝我梁，毋發我笱」，毛傳「笱，所以捕魚」。淮南子兵略訓「發笱門」，高誘注「笱，竹笱，所以捕魚，其門可入而不得出」。

鉤

曲也（段「曲」下有「鉤字」）。从金句，句亦聲。古侯切

繫傳曰「古兵有鉤有鑲，引來曰鉤，推去曰鑲，故晏嬰曰曲兵將鉤之矣。鉤也」。方言「戟其曲者謂之鉤」。

丩

相糾繚也。一曰瓜瓠結丩起。象形。凡丩之屬皆从丩。居虯切（音求，又案此實指事字。十六）

𦱑

艸之相丩者。从茻丩，丩亦聲。居虯切（音求）

按：𦱑是凡艸之相糾繚者，如古詩「兔絲附女蘿」，亦是相丩之艸。以為鄭本艸之秦艽，乃其引伸義耳。

糾

繩三合也。从糸丩。丩亦聲。(依段補)居黝切

糾之訓為繩三合，因之凡交合之亦謂之糾。引伸之為糾合之糾，又為糾責之糾。

古

故也。从十口。識前言者也。凡古之屬皆从古。臣鉉等曰：十口所傳是前言也。公戶切(十六)

古文 古

嘏

大遠也。从古，叚聲。古雅切(音假)

十

數之具也。一為東西，丨為南北，則四方中央備矣。凡十之屬皆从十。是執切(十七)

丈

十尺也。从又持十。直兩切

十下部目「夫，丈夫也。从大一，以象簪也。周制以八寸為尺，十尺為丈。人長八尺，故曰丈夫。」小爾雅廣度「五尺謂之墨，倍墨謂之丈。」淮南子天文訓「日之數十，故十寸而為尺，十尺而為丈。」丈又借為長老之偁。因之老者之所扶曰丈。老者然後策丈，尊之，故曰

丈人。引伸之凡所倚凭亦曰丈，俗亦作仗。木部「杖，持也。从木丈聲。臣鉉等曰：今俗亦作仗，非是。直兩切」又按丈篆本「从又持十」與「从手持半竹」之支支字「从又中」之支(攴)字形音義俱異也。

肸

響，布也。(段作「肸蠁，布也」)从十从𦙍。(段作「𦙍聲」)臣鉉等曰：𦙍，振𦙍也。羲乞切(音揭)

「響，布也」段作「肸蠁，布也」。是虫部「蠁，知聲蟲也。从虫鄉聲。許兩切」此謂肸者蠁也，蠁者布也，言如知聲蟲之一時雲集，其布散遠矣。

协

材十人也。从十力。力亦聲。盧則切(音勒)

十下部目「夲，進趣也。从大十。大十猶兼十人也」材十人為协。今粵方音謂人之聰敏者為「叻仔」，即此字。

廿

二十并也。古文省。(段「省」下有「多」字)人汁切(音入)

本書米部「竊，盜自中出曰竊。从穴米。卨廿皆聲。廿，古文疾。卨，古文偰」是廿又為古文疾字，然今疾下卨下均無此。

卅

三十并也。古文省。凡卅之屬皆从卅。（十七）蘇沓切

世

三十年為一世。从卅而曳長之。亦取其聲也。（指事）舒制切

本書三下部目革之古文「𠦫」古文革从三十。三十年為一世。而道更也。臼聲。」論語子路篇「子曰如有王者。必世而後仁。」孔安國注「三十年曰世。」

言

直言曰言。論難曰語。从口䇂聲。凡言之屬皆从言。（十七）語軒切

謦

欬也。从言殸聲。殸籀文磬字。去挺切

欠部「欬屰气也。」莊子徐无鬼「夫逃虛空者。藜藋柱乎鼪鼬之逕。踉位其空。聞人足音跫然而喜矣。而況乎兄弟親戚之謦欬其側者乎。」李注「謦欬喻言笑也。」按今粵方音謂閒談為「傾偈」。即謦欬之聲轉。

諒

信也。从言京聲。力讓切

許

聽也（段「聽」下有「言」字）从言午聲。虛呂切

小徐本段本句讀「聽」下有「言」字。是「聽言」謂聽從之言。猶諾也。荀子王霸篇「刑賞已諾信乎天下。」注云「諾。許也。」邑部「鄦。炎帝太嶽之胤甫侯所封。在穎川。从邑無聲。讀若許。」虛呂切

凡國與氏皆當作鄦。今經典通作許。

詩鄘風柏舟「母也天只。不諒人只。」毛傳「諒。信也。」論語衛靈公「君子貞而不諒。」孔注「諒。信也。」皆諒之本義。言部「㤤。事有不善言㤤也。爾雅㤤。薄也。从言京聲。」臣鉉等曰今俗隸書作亮。力讓切」則是原㤤明㤤㤤薄字。鄭書無亮字。水部「涼。薄也。」訓薄是借字。許云部㤤字。

譍

以言對也。从言雁聲。於證切

此大徐新修十九文之一。鄭書本止作應。心部「應。當也。从心雁聲。於陵切」易乾文言「同聲相應。」繫傳「懼以語。則民不應也。」字竝作應。

讎

猶譍也。从言雔聲。市流切

按讎之本義是應對。詩大雅抑篇「無言不讎」是也。引伸之為物價之讎。詩邶風谷風「賈用不讎。」史記高祖本紀「讎數倍」

讀

是也。今經典或作讐，許書無讐，大徐新附始有之。雔又引伸為雔怨字，詩邶風谷風「不我能慉，反以我為讐」是也。本書八上人部「仇，雔也。从人九聲。巨鳩切」雔、仇義同，本皆兼言善惡，後乃專謂怨為雔矣。雔又段借為雔匹字，爾雅釋詁「仇、雔、敵、妃、知、儀，匹也。」本書四上雔部「雔，雙鳥也。从二隹。讀若醻。市流切」

誦書也（「誦」段作「籒」，是）。从言賣聲。徒谷切

按段據竹部「籒，讀書也」改誦為籒，是也。詩鄘風牆有茨「中冓之言，不可讀也。」傳云「讀，抽也。」抽是籒之或字，而籒字从擢。

意

讀與籒互訓，猶「諷，誦也」「誦，諷也」。又今讀書斷其章句曰句讀，「讀」通作「逗」。凡成文語絕處謂之句，語未絕而點分之以便誦詠謂之讀。又按讀字从𧶠聲，本書貝部「𧶠，衒也。从貝𦣝聲。𦣝，古文睦。讀若育。」凡讀、瀆、牘字皆从𧶠，不从賣也。

快也。从言中。於力切（會意）

「快也」桂氏以為快當為訣，是。本部「訣，早知也。从言夬聲。於決切」𧦝从言中，言而中有早知之意。論語先進「億則屢中」，億當作𧦝。人部「億，安也。从人意聲。於力切」與𧦝度異義。又古籍或段億為意萬字，心部「意，滿也。从心𧦝聲。一曰十萬曰意。於力切」

譔

專教也。从言巽聲。此緣切

譔引伸之為著述之義。法言「訓諸理，譔學行。」今人有著述自署某撰，當即此字。手部無撰。譔又引伸為具義。楚辭大招「魂兮歸來，聽歌譔只」注云「譔，具也。」論語先進「異乎三子者之撰」孔注「撰，具也」鄭作僎，讀若詮。本部「詮，具也。从言全聲。此緣切」人部「僎，具也。从人巽聲。士勉切」易繫傳「以體天地之撰」「雜物撰德」撰並當作僎。又著述字又或段作籑。食部「籑，具食也。从食算聲。士戀切」「饌，籑或从巽」俗又作纂。糸部「纂，似組而赤。从糸算聲。作管切」音義俱異也。

謜

徐語也。从言原聲。孟子曰故謜謜而來。魚怨切（音願）

按今孟子萬章篇作「源源」。說文無源字，本只作厵。灥部「厵，水泉本也。从灥在厂下。愚袁切」「原，篆文从泉。」臣鉉等曰「今別作源，非是。」參諸離婁篇「原泉混混」「取之左右逢其原」並作原不作源，則此「源源」殆是「謜謜」形近而譌。「謜謜而來」猶徐徐而來也。趙注「如流水之與源通」望文生義耳。

詖

辯論也（「辯」段作「辨」）。古文以為頗字。从言皮聲。彼義切

按詖之本訓為辯論,「古文以為頗字」則是段詖為偏頗字。頁部「頗,頭偏也。从頁皮聲。滂禾切」孟子公孫丑篇「詖辭知其所蔽」。孫疏云「偏詖據所蔽則偏也」。書洪範「無偏無陂」孔傳「陂,不正」。「詖」「陂」並當作頗。𨸏部「陂,阪也。一曰沱也。从𨸏皮聲。彼為切」易泰卦九三「无平不陂」則是險陂之意。

訂

平議也。从言丁聲。他頂切

平俗作評。說文無評。

詧

言微親詧也。(「親詧」段作「親察」)从言,察省聲。(段作「祭省聲」)楚八切

按「言微」當作「微言」。韓傳曰「以微言詧其情也」。此宷詧視詧字。經傳多段察為之。論語顏淵篇「察言而觀色」。察當作詧。宀部「察,覆也。从宀祭。初八切」

諱

誋也。(段作「忌也」是)从言韋聲。許貴切

是部「韙,是也。从是韋聲。春秋傳曰犯五不韙。于鬼切」諱韙字

詁

訓故言也。从言古聲。詩曰詁訓。公戶切

「故言」一切經音義引作「古言」。詩大雅烝民「古訓是式」。毛傳「古,故。訓,道也」。「詩曰詁訓」句疑有譌奪。或謂是詩大雅烝民「古訓是式」。式或以為當作「詩曰告之話言」六字。或謂是指毛公詁訓傳而言。不敢強通,故俱存之。

証

諫也。从言正聲。(段有「讀若正月」)之盛切

本部「證,告也。从言登聲。諸應切」証是諫証,證是證驗,證書字。今俗以証為證驗字,而証之本義不行矣。古籍或段争為之。或同諍。

諫

証也。从言柬聲。古晏切

公羊傳莊公二十四年「三諫不從」何休注「諫有五。一曰諷諫,二曰順諫,三曰直諫,四曰争諫,五曰贛諫」。荀子臣道「大臣父兄有能進言于君,用則可,不用則去,謂之諫」。

䚻

徒歌。从言肉。(段作「肉聲」)余招切

䚻俗作謠。爾雅釋樂「徒歌曰謠」。

詮

詮　具也。从言全聲。此緣切

一切經音義「具說事理曰詮」。淮南子詮言訓高誘注「詮，就也。詮言者，謂譬類人事相解喻也」。經傳多㠯譔為之，詳譔字。

說

說　說釋也。从言兌。（段作「兌聲」）一曰談說。失爇切，又弋雪切

「說釋」即悅懌。心部無悅、懌字。儿部「兌，說也。从儿㕣聲」。易說卦傳「兌，說也」。又兌彖曰「說㠯先民，民忘其勞；說㠯犯難，民忘其死。說之大，民勸矣哉」。說又為談說義。釋名「說，述也，敘述也」。廣雅「說，論也」。易咸卦上六象曰「咸其輔頰舌，滕口說也」。書益稷「庶頑讒說」。詩衛風氓篇「士之耽兮，猶可說也；女之耽兮，不可說也」。文心雕龍論說篇「說者，悅也；兌為口舌，故言咨悅懌」。

諧

諧　詥也。从言皆聲。戶皆切

龠部「龤，樂和龤也。从龠皆聲。虞書曰八音克龤」。今書舜典已作諧矣。

詥

詥　諧也。从言合聲。候閤切

諧詥二字雙聲轉注。經傳多㠯合為之。亼部「合，合口也。从亼口。候閤切」。

調

調　和也。（段作龢是）从言周聲。徒遼切

玉篇「徒聊切，和合也。又大弔切，選調也，又度也，求也」。故凡曲調、調度字讀大弔切，去聲；調龢、調查讀徒聊切，平聲。

話

話　合會善言也。从言𠯑聲。傳曰告之話言。胡快切

譮　籀文話从會

詩大雅板「出話不然」。抑「慎爾出話」。毛傳並云「話，善言也」。「傳曰告之話言」，「傳」疑當作「詩」。大雅抑「其維哲人，告之話言」。毛傳「話言，古之善言也」。段氏、杜氏並謂「當作春秋傳曰著之話言」。左傳文公六年「著之話言」。杜注「話，善也。為作善言遺戒」。

警

警　戒也。（段：戒上有「言之」二字）从言敬，敬亦聲。居影切

𠬞部「戒，警也」。二字互訓。又人部「儆，戒也。从人敬聲。春秋傳曰儆宮。居影切」。警與儆二字音義俱同，經典亦通用，又或段敬為之。詩大雅常武「既敬既戒」，箋云「敬之言警也」。

謐

謐　靜語也。从言𥁑聲。一曰無聲也。彌必切

按「靜語也」靜當作靖，青部「靜，審也，从青爭聲」是明審意，立部「靖，立靖也，从立青聲，一曰細皃」細語故謐也。

誼

人所宜也，从言宜，宜亦聲。儀寄切

我部「義，己之威義也，从我羊」宜寄切，人部「儀，度也，从人義聲」魚羈切。按誼是仁誼字，漢書董仲舒傳「正其誼不謀其利，明其道不計其功」，正作誼，義是威義字，今則通用儀矣，儀之本訓是「度也」，即法度也，是禮儀字。

詡

大言也，从言羽聲。況羽切

木部「栩，柔也，从木羽聲，其實草，一曰樣」況羽切，二字音同義異。「栩栩如生」作栩。

託

寄也，从言乇聲。他各切

人部「侂，寄也，从人厇聲，厇，古文宅」他各切，二字音義俱同，今經典但用託字，唯玉篇人部引論語「可以侂六尺之孤」作侂，手部無托字。

譒

敷也，从言番聲。商書曰：王譒告之。補過切

一七五

按「敷也」敷當作尃，攴部「敷，㪿也，从攴尃聲，周書曰：用敷遺後人」芳無切，寸部「尃，布也，从寸甫聲」芳無切。又說解引商書，今盤庚「王播告之修」作播，是借字，手部「播，種也，一曰布也，从手番聲」補過切，是播種字，「一曰布也」疑是後人附益。又箕部「簸，揚米去糠也，从箕皮聲」布火切，則是簸揚字。

諍

止也，从言爭聲。側迸切

「止」程氏以為當作「正」，是。周禮地官司諫注「諫猶正也，以道正人行」，廣雅釋詁「諍，諫也」，古籍或段爭為之，孝經諫諍章「昔者天子有爭臣七人，雖無道不失其天下」，鄭注「爭，謂諫也」。

訝

相迎也，从言牙聲。周禮曰：諸侯有卿訝發。吾駕切

迓　訝或从辵

按小徐本段本句讀「發」字作「也」，無「發」字是，周禮秋官掌訝「凡賓客諸侯有卿訝」，又儀禮聘禮「訝賓于館」注云「以君命迎賓謂之訝，訝，迎也」，又按鄦書本無迓字，而經典多用之，此大徐新增十九字之一。

訒

頓也，从言刃聲。論語曰：其言也訒。而振切

一七六

論語顏淵篇「仁者其言也訒」孔注「訒難也」玉篇「訒難也鈍也」訒者出言遲鈍之皃。與訥字義同。

訥

言難也。从言内。内骨切

本書三上部目「㕯言之訥也。从口内」女滑切 與訥音義俱同。論語里仁篇「君子欲訥於言而敏於行」包咸曰「訥遲鈍也」又子路篇「剛毅木訥近仁」程子曰「訥者遲鈍」禮檀弓「其言吶吶然如不出諸其口」口部無吶。蓋本作㕯或訥。

讋

痛呼也。从言敫聲。古弔切

詳口部噭字。

謍

小聲也。从言熒省聲。詩曰營營青蠅。余傾切

今詩小雅青蠅「營營青蠅止于樊」作營。毛傳「營營往來皃」是借字。宮部「營帀居也。从宮熒省聲」本書爻部「棥藩也。从爻从林。詩曰營營青蠅止于棥」又黽部「蠅營營青蠅蟲之大腹者。从黽从虫」引詩並作營。與毛詩同。言部所引蓋本三家。又按「止于棥」今詩作樊。毛傳「樊藩也」亦是借字。𠬜部「樊鷙不行也。从𠬜棥。棥亦聲」樊是樊重。棥則棥籬本字也。

諛

諂也。从言臾聲。羊朱切

莊子漁父篇「希意道言謂之諂。不擇是非而言謂之諛」荀子修身篇「以不善先人謂之諂。以不善和人謂之諛」

讇

諛也。从言閻聲。丑琰切

諂 讇或省

論語學而篇「貧而無諂」皇疏「非分橫求曰諂」又引范甯曰「不以正道求人為諂也」又「諂佞也」一切經音義引作「佞也」本書女部「佞巧讇高材也。从女信省」

諼

詐也。从言爰聲。況袁切

公羊傳文公三年「此伐楚也。其言救江何。為諼也」何休注「諼詐也」古籍或假作萱字。詩衛風淇奧篇「有匪君子終不可諼兮」考槃「獨寐寤言永矢弗諼」毛傳竝云「諼忘也」又伯兮篇「焉得諼艸言樹之背」毛傳「諼艸令人忘憂」本書艸部「藼令人忘憂艸也。从艸憲聲。詩曰安得藼艸」況袁切「萲藼或从煖」「萱或从宣」

謾

欺也。从言曼聲。母官切

元遺山論詩絕句「出處殊塗聽所安，山林何得賤衣冠，華歆一擲金隨重，大是渠儂被眼謾」欺謾字今俗作瞞，目部「瞞，平目也，从目㒼聲，母官切」又心部「㥄，忘也，㥄兜也，从心㒼聲，母官切」「懣，煩也，从心从滿，莫困切」「悶，懣也，从心門聲，莫困切」音同義異也。

譇

譇拏，羞窮也，从言奢聲，陟加切(音楂)

段玉裁曰「羞窮者，謂羞澀辭窮而支離牽引，是曰譇拏」

譸

譸，詶也，从言壽聲，讀若醻，周書曰，無或譸張為幻，張流切

予部「幻，相詐惑也，从反予，周書曰無或譸張為幻」今尚書無逸篇「民無或胥譸張為幻」孔傳「譸張，誑也，君臣以道相正，故下民無有相欺誑幻惑也」古籍或作「侜張」「倜張」「輈張」，又本部「詶，譸也，从言州聲，市流切(音愁)」「詛，詶也，从言且聲，莊助切(音著)」「䛆，詶也，从言由聲，直又切(俗作呪)」徐灝「譸」下云「譸詶二字互訓，則詶與䛆異，䛆乃古祝字，即今之呪字也」「詶」下云「詶當為譸之或體，其本義為譸張，而䛆為祝詛之祝，當與詛互訓」又「䛆」下云「䛆即祝䄏之合聲，故與祝通，亦與䄏同，觀此則譸非祝詛益明矣」本書示部「䄏，祝䄏也，从示畱聲，力救切」

誖

誖，亂也，从言孛聲，蒲沒切

誖或从心

籀文誖从二或

漢書疏廣傳「吾豈老誖不念子孫哉」顏注「誖，惑也」王莽傳「誖人倫」顏注「誖，亂也」文選養生論「喜怒悖其正氣」李善引廣雅「悖，亂也」又籀文誖从二或者，段注云「兩國相違，舉戈相向，亂之意也」

詍

詍，多言也，从言世聲，詩曰無然詍詍，余制切

口部「呭，多言也，从口世聲，詩曰無然呭呭，余制切」二字音義俱同，鄦君兩引詩，蓋所見本不同，故兼存之，又今大雅板篇「天之方蹶，無然泄泄」作泄，毛傳「泄泄，猶沓沓也」釋文「泄，徐以世反」是段泄為詍，水部「泄，水受九江博安洵波，北入氐，从水世聲，余制切」

諞

諞，便巧言也，从言扁聲，周書曰「截截善諞言」論語曰「友諞佞」，部田切

書秦誓「惟截截善諞言」傳云「惟察察便巧善為辯佞之言」本書戈部「㦰，賊也，从二戈，周書曰㦰㦰巧言」引作巧言，又言部「諓，善言也，从言戔聲，一曰謔也」又公羊傳文公十二年「惟諓諓善竫言」釋文「諓，尚書作截」賈逵注外傳云「巧言也」又「友

訽

諞佞」今論語季氏篇作「便佞」是叚借。人部「便、安也。人有不便更之。从人叓。房連切」引伸為便捷。

扣也。如求婦先言(段作訽)叕之。从言口，口亦聲。苦后切

手部「扣、牽馬也。从手口聲。丘后切」非訽字之義。扣當是敂之借字。攴部「敂、擊也。从攴句聲。讀若扣。苦候切」敂引伸之義為發動。訽、扣、敂三字今俗皆作叩。論語「我叩其兩端而竭焉」。「以杖叩其脛」。賈誼過秦論「叩關而攻秦」。陸機文賦「叩寂寞而求音」。叩皆當作敂。口部無从卩之叩。祗有从邑之叩。邑部「叩、京兆藍田鄉。从邑口聲。苦后切」

誇

譀也。从言夸聲。苦瓜切

本部「譀、誕也。从言敢聲」一切經音義引通俗文云「自矜曰誇」。謚法「華而無實曰誇」。此誇誕字。大部「夸、奢也。从大亏聲。苦瓜切」是夸大、夸張字。又「奆、大也。从大卯聲。匹貌切」又十下部目「奢、張也。从大者聲。式車切」今粵方音謂大言無當為「奢大奆」。

謔

戲也。从言虐聲。詩曰「善戲謔兮」。虛約切

釋例謂「字當从言虐。虐亦聲」是。詩衛風淇奧篇「善戲謔兮。不為虐兮」是謔兼有虐義。

⿰言貴

中止也。从言貴聲。司馬法曰「師多則人(段作民)⿰言貴」。⿰言貴、止也。胡對切

「人」蓋本作「民」，作「人」避唐諱也。今存司馬法無此句，蓋是古兵法。又此⿰言貴敗本字，經典或叚潰為之。水部「潰、漏也。从水貴聲。胡對切」是潰決義。歺部「殨、爛也。从歺貴聲。胡對切」則是殨爛字。

譟

擾也。从言喿聲。蘇到切

手部「擾、煩也」。周礼大司馬「車徒皆譟」鄭注「譟、讙也」。穀梁傳定公十年「齊人鼓譟而起」。范注「羣呼曰譟」。

訆

大嘑也。从言丩聲。春秋傳曰「或訆于宋大廟」。古弔切

今左傳襄公三十年「或叫于宋大廟」作叫。杜預注「叫、呼也」。本書口部「叫、嘑也。从口丩聲。古弔切」音義俱同。詳口部噭字。

讙

譁也。从言雚聲。呼官切

此讙譁字，俗作喧。口部無。又叚借作歡。礼檀弓「言乃讙」鄭注「讙、喜說也」。本書欠部「歡、喜樂也。从欠雚聲。呼官切」又本書品部「囂、嘑也。从品莧聲。讀若讙。呼官切」又二上部目「吅、驚嘑也。从二口。讀若讙。況袁切」音同義異也。

譌

譌言也。从言爲聲。詩曰「民之譌言。」五禾切

按說解「譌言也」當作「僞言也」。詩小雅沔水「民之訛言，寧莫之懲。」正月「民之訛言，亦孔之將。」鄭箋並云「訛，僞也。」鄦書無訛字，訛蓋是譌之俗體。又唐風采苓「人之爲言，苟亦無信。」作爲則是叚借。至小雅無羊「或寢或訛」毛傳「訛，動也。」釋文云「韓詩作譌」則是叚借爲吪。口部「吪，動也。从口化聲。詩曰尚寐無吪。五禾切」

詤

夢言也。从言㠩聲。呼光切

按「夢言也」夢疑當作㝱，或𥧦。夕部「夢，不明也。从夕，瞢省聲。莫忠切，又亡貢切」七下㝱部「㝱，寐而有覺也。从宀从疒，夢聲。莫鳳切」引伸之爲語言欺誑。又㝱部「𥧦，瞑言也。从㝱省，臬聲。牛例切」俗作囈。三蒼云「𥧦，詤言也。」又按詤今俗作謊。巛部「㠩，水廣也。从川亡聲。易曰包㠩用馮河。呼光切」艸部「荒，蕪也。从艸㠩聲。一曰艸淹地也。呼光切」禾部「穅，虛無食也。从禾㠩聲。呼光切」四字音同而義異也。

訬

訬擾也。一曰訬獪。从言少聲。讀若毚。楚交切（音抄）

手部「擾，煩也。」犬部「獪，狡獪也。」

諆

欺也。从言其聲。去其切

欠部「欺，詐欺也。从欠其聲。去其切」二字音義俱同。

譎

權詐也。益梁曰謬欺天下曰譎。从言矞聲。古穴切

方言「膠、譎，詐也。涼州西南之間曰膠，自關而東西或曰譎，或曰膠。詐，通語也。」論語憲問「晉文公譎而不正。」鄭注「譎者，詐也。」皇疏「譎，詐也。」毛詩序「主文而譎諫。」鄭箋「譎諫，詠歌依違，不直諫。」心部「憰，權詐也。从心矞聲。古穴切」音義並同。

䜐

咨（段作嗞，是）也。一曰痛惜也。从言差聲。子邪切

按說解「咨也」，咨字是叚借，段改作「嗞也」，是。本字口部「嗞，䜐也。从口茲聲。子之切」嗞䜐二字互訓。「咨，謀事曰咨。从口次聲。即夷切」詩唐風綢繆「子兮子兮，如此良人何。」毛傳「子，嗟嗞也。」口部無嗟字，蓋本作䜐。「子兮子兮」猶「䜐乎䜐乎」也。「一曰痛惜也」者，書堯典「下民其咨」傳曰「怨歎咨嗟。」詩周南麟趾「于嗟麟兮」傳曰「于嗟，歎辭。」

讋

失气言。一曰不止也。（段「一曰」下有「言」字）从言，龖省聲。傅毅讀若慴。之涉切（音摺）

籀文讋不省

此句說解佀有譌竄。句讀依一切經音義作「失气也。一曰言不止也」是。此與心部慴字音同互通。漢書項籍傳「府中皆讋伏」，史記項羽本紀作「慴服」。心部「慴，懼也。从心習聲。讀若疊。之涉切」。又通作襲。左傳哀公十年「卜不襲吉」，杜注「襲，重也」。衣部「襲，左衽袍。从衣。龖省聲。似入切」。龍部「龖，飛龍也。从二龍。讀若沓。徒合切（音踏）」。

謓

謓 恚也。从言真聲。賈侍中說謓笑。一曰讀若振。昌真切

俗叚嗔為謓，又叚為瞋。口部「嗔，盛气也。从口真聲。詩曰振旅嗔嗔。待年切（音填）」。目部「瞋，張目也。从目真聲。昌真切」。

訶

訶 大言而怒也。从言可聲。虎何切

今俗作呵。口部無。經傳或叚苛為之。艸部「苛，小艸也。从艸可聲。乎哥切」。引伸之為細碎之義，亦為政之煩苛與事之苛刻。又丂部「丂，反丂也。讀若訶。虎何切」。

訐

訐 面相斥罪相告訐也。（段「告」上無「相」字）从言干聲。居謁切（音偈）

按「斥」當作「㡿」，「罪」當作「辠」。本書九下部目「厂，山石之厓巖，人可凥者。象形」，「㡿，籒文从干」。广部「㡿，郤屋也。从广屰聲」。

段注「開拓其屋使廣也。引伸之為㡿逐、充㡿。又引伸為指㡿」。今俗作斥。网部「罪，捕魚竹网。从网非。秦以罪為辠字」。辛部「辠，犯法也。从辛从自。言辠人蹙鼻苦辛之憂。秦以辠佀皇字，改為罪」。論語陽貨篇「惡訐以為直者」，孔注「發人之私曰訐」。

訴

訴 （段篆作𧦅是）告也。从言斥省聲。（段作「㡿聲」是）論語曰：訴子路於季孫。桑故切

𧦅 訴或从言朔

愬 訴或从朔心。

按訴大徐篆作「訴」，又作「斥省聲」。斥乃籒文厂字，因云「斥亦聲」，謬甚。又今論語憲問篇「公伯寮愬子路於季孫」作愬。馬融注「愬，譖也」。

譙

譙 嬈譊也。从言焦聲。讀若嚼。才肖切

誚 古文譙从肖。周書曰：亦未敢誚公。

女部「嬈，苛也。一曰擾，戲弄也。一曰嬥也。从女堯聲。奴鳥切（音梟）」。言部「譊，恚嘑也。从言堯聲。女交切（音鐃）」。方言「譙，讓也。齊楚宋衛荊陳之閒曰譙，自關而西秦晉之閒凡言相責讓曰譙讓」。引伸之亦為譏譙。今凡「譙讓」「譏譙」通用古文作誚。書金縢「王亦未敢誚公」。史記

黥布傳「數使使請誅」而但呂本字讀作姓氏及地名讀平聲音瀏漢書陳勝傳「與戰譙門中」注「謂門上為高樓以望者」「讀若噍」口部「噍，齧也从口焦聲，才肖切」「嚼，噍或从爵，才爵切」此當，才肖切」

詰

詰 問也从言吉聲，去吉切

礼月令「詰誅暴慢」注「詰謂問其罪窮治之也」

⿰言朢

⿰言朢 責朢也从言朢聲，巫放切

按「責望也」望當作⿰言朢，古籍每借望為⿰言朢。漢書楚元王交傳「侍御史呂為光望不受女」注「望，怨望也」太史公報任安書「若望僕不相師，而用流俗人之言，僕非敢如此也」顏注「望，怨也」本書亡部「望，出亡在外，望其還也，从亡，朢省聲，巫放切」壬部「朢，月滿與日相望，以朝君也，从月从臣从壬，壬，朝壬也，無放切」「𦣠，古文朢省」

詭

詭 責也从言危聲，過委切

文選孔融薦禰衡表「昔賈誼求試屬國，詭係單于」李善注「說文曰詭，責也」今俗多叚為恑變字，心部「恑，變也，从心危聲，過委切」此叚恑，恑譎、恑異、恑變之本字。

證

證 告也从言登聲，諸應切

此證驗字，本部「証，諫也，从言正聲」則是諫証字，又「諍，止也，从言爭聲」廣雅「諍，諫也」証諍音義同，證古或作徵，中庸「雖善無徵」「徵諸庶民」鄭注並云「徵或為證」

詘

詘 詰詘也，一曰屈襞，从言出聲，區勿切

𧩳 詘或从屈

「詰詘」二字疊韻連語，詘曲之意，韓愈進學解「周誥殷盤，佶屈聱牙」作佶屈，經典多叚屈為詘，說解「一曰屈襞」屈亦當作詘，「屈襞」謂衣襞積也，尾部「屈，無尾也，从尾出聲，九勿切」

⿰言斯

⿰言斯 悲聲也从言斯省聲，先稽切

徐鍇曰「今謂馬悲鳴為嘶也」按口部無嘶，⿰言斯其本字也，此悲⿰言斯字，至「力竭聲嘶」之嘶則當是⿸疒斯之俗體，疒部「⿸疒斯，散聲，从疒斯聲，先稽切」

訧

辠也、从言尤聲、周書曰報㠯庶訧、羽求切

詩邶風綠衣「我思古人、俾無訧兮」、毛傳「訧、過也」、經傳或段尤為訧、周書呂刑「報㠯庶尤」、孔傳「其報則㠯衆人見辠」、孟子梁惠王「畜君何尤」、朱子注「尤、過也」、茲當作訧、本書乙部「尤、異也、从乙又聲、羽求切」、左傳昭公二十八年「夫有尤物、足㠯移人」、是尤字之本義。

誅

討也、从言朱聲、陟輸切

孫子九地篇「厲於廊廟之上、㠯誅其事」、注云「誅、治也」、周礼大宰「誅㠯馭其過」、正義「人有過失、非故為之者、則㠯言語責讓之」、司救「掌萬民之衺惡過失而誅讓之、㠯礼防禁而救之」、注「誅、責也、古者重刑、且責怒之、未即辠也」、是誅之本義為責讓、經傳或用作討伐殺戮者、則是殊字之段、歺部「殊、死也、从歺朱聲、漢令曰蠻夷長有辠當殊之、市朱切」

讄

禱也、累(段作絫)功悳㠯求福、論語云讄曰禱尔于上下神祇、从言纍省聲、力軌切

或不省

按「累」段作「絫」、是、鄦書無累字、糸部「纍、綴得理也、一曰大索也、从糸畾聲、力追切(音雷)」、是自纍字、厽部「絫、增也、从厽从糸、絫、十黍之重也、力軌切」、是絫積字、至「纍省聲」、小徐本段本竝作「畾聲」、者恐未然、或體讄不省可見、又按本部「誄、謚也、从言耒聲、力軌切」、讄誄二字音同而義迥異、段注云「讄、施於生者㠯求福、誄、施於死者㠯作謚」、今經典統用誄而讄不行、據說文讄訓「禱也」、故論語述而篇子疾病、子路請禱而稱「誄曰禱爾于上下神祇」、此誄當猶周礼天官女祝「掌王后之內祭祀、凡內禱祠之事」、注云「禱、疾病求瘳也」、春官小宗伯「大烖、及執事禱祠于上下神示」、注云「求福曰禱、得求曰祠、讄曰禱爾于上下神祇」、故論語孔注云「誄、禱篇名」、釋文云「誄、禱、絫功悳㠯求福也」、皆㠯作讄為正字、至周礼春官大祝「作六辭㠯通上下……六曰誄」、鄭司農曰「誄、謂絫積生時悳行㠯錫之命」、大史「遣之日讀誄」、鄭注云「絫其行而讀之」、礼記曾子問「賤不誄貴、幼不誄長」、鄭注「誄、絫也」、釋文云「誄、謂謚也」、則皆㠯作誄為正字。

諡 謚

(段篆作謚)行之迹也、从言兮皿、闕(段作「从言益聲」)、徐鍇曰兮聲也、神至切

鈕樹玉校錄云「按五經文字諡謚注云、上說文、下字林、又云字林㠯謚為笑聲、廣韻諡注云說文作謚、一切經音義卷十三諡引說文行之迹也、从言益聲、藝文類聚引作謚者、說行之迹也、所引亦作謚、但衍說字、然則說文諡本是謚、其後訓笑

兒之謚，後人所增無疑。六書故云：唐本說文無謚，但有諡，行之迹也。段玉裁曰：「按各本作從言兮皿闕，此後人妄改也。考玄應書引說文諡，行之迹也，从言益聲。五經文字曰：諡，說文也；謚，字林也。字林以謚為笑聲，音呼益反。廣韻曰：謚，說文作諡。六書故曰：說文無謚，但有諡，行之迹也。據此四者，說文從言益無疑矣。自呂忱改為謚，唐宋之閒又或改為謚，遂有改說文而依字林竄入謚笑兒於部末者。然唐開成石經、宋一代書版皆作謚不作諡，知徐鉉之書不能易天下是非之公也。」苗夔聲訂云：「當刪此字，以行之迹也四字逸在諡笑兒之上，則還鄦氏舊觀矣。一切經音義卷十三：謚，神至反，引說文云行之迹也，從言益聲，可證是元應所見猶未經虞韓竄亂之本。」

誄

誄 諡也。从言耒聲。力軌切

禮曾子問注云：「誄，累也，累列生時行迹，讀之以作諡。」詩鄘風定之方中傳「喪紀能誄」，正義云：「謂於喪紀之事能累列其行，為文辭以作諡，若子囊之誄楚共之類。」經傳皆作諡。詳謚字。

謑

謑 恥也（段篆下有「謑詬」二字）。从言奚聲。胡禮切

䛗 謑或从奊。

「恥也」者，謂羞辱之使恥也。

詬

詬 謑詬，恥也（段無「恥」字）。从言后聲。呼寇切

訽 詬或从句。

該

該 軍中約也。从言亥聲。讀若心中滿該。古哀切

此該當字。「心中滿該」之該則當作㤥。心部「㤥，苦也，从心亥聲。胡槩切」古籍或段該為晐。日部「晐，兼晐也，从日亥聲。古哀切」貝部無賅，本止作晐，或作垓。土部「垓，兼垓八極地也。國語曰：天子居九垓之田。从土亥聲。古哀切」邑部「郂，陳留鄉，从邑亥聲。古哀切」是地名。

訄

訄 迫也。从言九聲。讀若求。巨鳩切（段作「讀又若丘」）

口部「㞙，高气也，从口九聲。淮南有㞙猶縣。巨鳩切」

謚

謚 笑兒。从言益聲。伊昔切，又呼狄切

段本無此，詳卅諡字。

譶

譶 疾言也。从三言。讀若沓。（會意）徒合切

回部「沓，語多沓沓也。从水曰。遼東有沓縣。臣鉉等曰：語多沓沓，若水之流，故从水會意。徒合切」譶沓音義俱同。又龍部「龖，飛龍也。从二龍。讀若沓。徒合切」

誩

誩 競言也。从二言。凡誩之屬皆从誩。讀若競。渠慶切（十八）

譱

譱 吉也。从誩从羊。此與義美同意。常衍切

善 篆文譱从言

口部「吉，善也。从士口。」二字互訓。徐箋：「吉言為善，故善从言。善言為吉，故吉从口。」譱與義美同意者，羊部「美，甘也。从羊大。羊在六畜主給膳也。美與善同意。」我部「義，己之威義也。从我羊。臣鉉等曰：此與善同意，故从羊。」按「羊，祥也」，故吉善義皆从羊。

競

競 彊語也。一曰逐也。从誩二人。渠慶切

按經典競字皆訓彊。此云「彊語也」者，為其从誩也。詩大雅桑柔「秉心無競」傳云「競，彊也」。抑「無競維人」箋云「競，彊也」。五經文字引詩作倞。人部「倞，彊也。从人京聲。渠竟切」競倞二字音義俱同。又力部「勍，彊也。春秋傳曰勍敵之人。从力京聲。渠京切」「勁，彊也。从力巠聲。吉正切」音義亦同。又競字說解「一曰逐也」者，爾雅釋言云「逐，彊也」。詩大雅桑柔「職競用力」，商頌長發「不競不絿」，箋竝云「競，逐也」，則是競逐競賽字。至兄部「兢，競也。从二兄。二兄競意。丯聲。一曰兢敬也。居陵切」是戰戰兢兢字。

讟

讟 痛怨也。从誩賣聲。春秋傳曰：民無怨讟。徒谷切

方言「讟，痛也」。又「讟，謗也」。又說解引春秋傳云云，今左傳昭公元年「民無謗讟」，八年「怨讟動于民」，又宣公十二年「民不罷勞，君無怨讟」。疑鄦君偶誤記耳。

音

音 聲也。（段無「也」字）生於心，有節於外，謂之音。宮、商、角、徵、羽，聲也。絲、竹、金、石、匏、土、革、木，音也。从言含一。凡音之屬皆从音。於今切（十八）

章

章

樂竟為一章。从音十。十，數之終也。諸良切

「十，數之終也」者，一上部目「士，事也。數始於一，終於十。从一十。孔子曰：推十合一為士。」三上部目「十，數之具也。一為東西，丨為南北，則四方中央備矣。」白部「百，十十也。从一白。數，十百為一貫，相章也。」按章是樂章、篇章字。書堯典「平章百姓」，鄭注「章，明也。」詩大雅棫樸「追琢其章」，鄭箋「追琢玉使成文章。」論語泰伯「煥乎其有文章。」礼儒行「冠章甫之冠」，釋名「章甫，殷冠也。甫，丈夫也，服之所以表章丈夫也。」凡文章、表章、章明字皆當作彰。彡部「彰，彣彰也。从彡从章，章亦聲。諸良切」（九上部目「彣，䶨也。从彡从文。」「文，錯畫也，象交文。」）

一九五

竟

竟

樂曲盡為竟。从音从人。（段作「从音儿」）居慶切

按當依段作「从音儿」。本書八下部目「儿，仁人也。古文奇字人也。象形。孔子曰：在人下，故詰詘。」又按土部無境字，是邊境字本止作竟。竟，盡義之引伸。

辛

辛

辠也。从干二。二，古文上字。凡辛之屬皆从辛。讀若愆。張林說。去虔切（十八）

童

童

男有辠曰奴，奴曰童，女曰妾。从辛，重省聲。徒紅切

籀文童，中與竊中同。从廿。廿，以為古文疾字。

女部「奴，奴婢，皆古之辠人也。周礼曰：其奴，男子入于辠隸，女子入于舂藁。从女又。」據周礼秋官司厲，則奴兼男女而言，故句讀依一切經音義删改說解作「男有辠為奴，曰童；女曰妾。」猶言「女有辠為奴，曰妾。」按此童僕字。人部「僮，未冠也。从人童聲。徒紅切」則是僮子字。古樂府飲馬長城窟行「呼童烹鯉魚，中有尺素書。」童，男僕也，尚是本義。今人往往反用，以童為童子，僮為僮僕，非。又按籀文童字說解當云「廿，古文疾字。」本書米部「竊，盜自中出曰竊。从穴米，禼廿皆聲。廿，古文疾。禼，古文偰。」

一九六

妾

妾

有辠女子給事之得接於君者。从辛女。春秋（段有「傳」字）云：女為人妾，妾不娉也。七接切

白虎通嫁娶篇「妾者，接也，以時接見也。」釋名釋親屬「妾，接也，以賤見接幸也。」又說解云「春秋傳云：女為人妾，妾不娉也」者，以釋上文「有辠女子之得接」者。左傳僖公十七年「梁嬴孕過期，卜招父與其子卜之。其子曰：將生一男一女。招曰：

然，男為人臣，女為人妾」杜注「不聘曰妾」禮內則「聘則為妻，奔則為妾」按說解「不娉」之娉是娉問，卽納吉問名之禮之本字，禮記所用是叚借字。女部「娉，問也，从女甹聲」耳部「聘，訪也，从耳甹聲」聘是覲聘字。

丵

丵，叢生艸也，象丵嶽相竝出也。凡丵之屬皆从丵，讀若浞。士角切（音[illegible]）

業

業，大版也，所以飾縣鐘鼓，捷業如鋸齒，以白畫之，象其鉏鋙相承也。从丵从巾，巾象版。詩曰「巨業維樅」魚怯切

古文業

詩周頌有瞽「設業設虡」毛傳「業，大板也，所以飾栒為縣也，捷業如鋸齒，或曰畫之，植者為虡，衡者為栒」又大雅靈臺「虡業維樅」毛傳「植者曰虡，橫者曰栒，業，大版也，樅，崇牙也」箋云「虡也，栒也，所以縣鐘鼓也，設大版於上，刻畫以為飾」說解引詩「巨」當是「虡」之叚借。按業是所以縣鐘鼓之版，因之築牆之版亦曰業，又引伸之為學業、功業、事業。易乾文言「君子進德修業」繫傳「富有之謂大業」「舉而措之天下之民，謂之事業」爾雅釋詁「業，事也」又孔廣居說文疑疑云「業，事業也，从丵，从木省，丵，叢生艸也，木，木之根本也，事之頭緒雖多，總不離乎一本，必務其本，然後業可成也。古文業从二乐，从二火乐，古文亲，艱辛也，火炎上作苦者也，習業執業，皆當備嘗勞苦艱辛也，事業難成而易敗，故業有危懼之義，執業當強毅果敢，故業業又訓壯健皃，至于虡業之業，疑是因聲而借，未必是本義也」

叢

叢，聚也，从丵取聲。徂紅切

艸部「菆，艸叢生皃，从艸叢聲。徂紅切」叢菆本二字，今經典統用叢而菆不行矣。據說文，如書益稷「元首叢脞哉」鄭注「總聚小小之事以亂大政」無逸「是叢于厥身」孔傳「叢聚於其身」叢訓聚也，是本字本義。至禹貢「艸木漸包」傳曰「包，叢生」周禮大司徒「其植物宜叢物」鄭注「叢物，萑葦之屬」詩周南葛覃「黃鳥于飛，集于灌木」毛傳「灌木，叢木也」爾雅釋木「灌木，叢木」「木族生曰灌」郭注「族，叢」叢皆當作菆。

對

對，譍無方也，从丵口，从寸。都隊切

對或从士，漢文帝以為責對而為言多非誠對，故去其口以从士也。（段作「面」）

「譍無方也」者，猶禮學記「善待問者如撞鐘，叩之以小者則小鳴，叩之以大者則大鳴」「从丵口从寸」者，寸，法度也，丵嶽竝出而一歸於法度也。又或體對去口从士者，徐鍇曰「易曰尚口乃窮，故去口，士，事也，取事實也」亦猶論語公冶篇「御人以口給，屢憎於人」

去口从士，猶人「言為信」意也。

菐

瀆菐也。从丵从廾，廾亦聲。凡菐之屬皆从菐。臣鉉等曰：瀆，讀為煩瀆之瀆。一本注云：丵，眾多也，兩手奉之，是煩瀆也。蒲沃切（十九）

僕

給事者。从人菐，菐亦聲。蒲沃切

古文 从臣。

周礼秋官大僕，鄭注「僕，侍御於尊者之名」，此量僕臣僕字。至詩大雅既醉「景命有僕」，毛傳「僕，附也」，則是引伸之義。

⿱八菐

賦事也。从菐八。八，分之也。八亦聲。讀若頒。一曰讀若非。布還切

詩大雅烝民「明命使賦」，毛傳「賦，布也」。⿱八菐訓「賦事也」，則⿱八菐有⿱八菐布之義。「从八，八，分之也」者，本書二上部目「八，分也，象分別相背之形」，八部「分，別也，从八从刀，刀以分別物也」，是⿱八菐亦有分之意，與攽字可互通。攴部「攽，分也」，今經典皆假頒為之。周礼天官宮伯「以時頒其衣裘」，鄭注「頒，讀為班，班，布也」。頁部「頒，大頭也」。玨部「班，分瑞玉，从玨刀」，因刀所以分物，故亦借作⿱八菐。今俗作班。至斑駁字則當作辬，文部「辬，駁文也」。又說解「一曰讀若非」者，非疑是𩇯字，本書非部「𩇯，別也，从非己聲，非尾切」。古籍或作「匪」，周礼

天官大宰「以九式均節財用……八曰匪頒之式」，注引鄭司農云「匪，分也」。又地官廩人「掌九穀之數，以待國之匪頒」，注云「匪，讀為分」。說解亦當云「讀若分」，分非雙聲，頒亦分聲。

廾

竦手也。从𠂇从又。凡廾之屬皆从廾。居竦切。今變作廾（十九）

揚雄說廾 从兩手。

奉

承也。从手从廾，丰聲。扶隴切

手部「承，奉也，受也，从手从卪从廾」。書多方「不克靈承于旅」，傳云「言桀不能善奉於人眾」，是訓承為奉。詩小雅鹿鳴「承筐是將」，箋云「承，猶奉也」。今俗只作「捧」，「俸」字非是。

丞

翊也。从廾从卪从山。山高，奉承之義。署陵切

「翊」疑當作「翼」，羽部「翊，飛皃」，飛部「翼，翄也」。「翼」，篆文翼从羽。翼必兩相輔，故引伸為輔也。詩大雅卷阿「以引以翼」，箋云「翼，助也」。行葦「以引以翼」，箋云「在前曰引，在旁曰翼」。尚書大傳「天子必有四鄰：前曰疑，後曰丞，左曰輔，後曰弼」。又「从卪从山」疑

玉裁以為當作「从𡸁山」二字，山部「𡸁，山阪隅高山之節」，「奉承之義」者，手部「承，奉也，受也，从手从卪从廾」。

弇

蓋也。从廾从合。（段作「合聲」）古南切，又一儉切

古文弇

大部「奄，覆也，大有餘也，又欠也，从大从申，申，展也」依檢切；手部「揜，自關而東謂取曰揜，一曰覆也，从手弇聲」衣檢切；是奄、弇、揜，音同而皆有覆蓋意；又手部「掩，斂也，小上曰掩，从手奄聲」衣檢切；音同而義亦近，「弇蓋」或可作「奄蓋」「揜蓋」，「掩門」作「掩」，「揜取」用揜，又弇字一音「古南切」者，則是通作「盦」，本書皿部有「盦，覆蓋也，从皿酓聲」烏合切。

异

舉也。从廾㠯聲。虞書曰「岳曰异哉」羊吏切

書堯典「帝曰：湯湯洪水方割，蕩蕩懷山襄陵，浩浩滔天，下民其咨，有能俾乂？僉曰：於！鯀哉。帝曰：吁！咈哉，方命圮族。岳曰：异哉！試可乃已。帝曰：往欽哉」，依說文异訓「舉也」，謂舉而用之，試可乃已，故下接「帝曰：往欽哉」，史記堯本紀云「嶽曰：异哉，試不可用而已」，書傳訓异為「已，退也」，固非書義；段氏以為異之假借，謂「四嶽聞堯言驚愕而曰異哉」，尤謬。

戒

警也。从廾持戈，以戒不虞。（段作「从廾戈，持戈以戒不虞」）居拜切

言部「警，戒也」，易萃卦象曰「君子以除戎器，戒不虞」，持戈以警備，故引伸為凡戒慎之偁。

兵

械也。从廾持斤，并力之皃。補明切

古文兵从人廾干

籀文兵

木部「械，桎梏也，从木戒聲，一曰器之總名（桂氏謂當作「兵器之總名」）一曰持也，一曰有盛為械，無盛為器」，兵是兵器，兵必人執之，因之執兵之人亦名兵。

弈

圍棊也。从廾亦聲。論語曰「不有博弈者乎」羊益切

左傳襄公二十五年「今甯子視君不如弈棋，其何以免乎？弈者舉棋不定，不勝其耦，而況置君而弗定乎？必不免矣」，杜注「弈，圍棋也」，論語陽貨「不有博弈者乎？為之猶賢乎已」，朱子注「博，局戲也；弈，圍棋也」，此與大部之奕字音同而義異，大部「奕，大也，从大亦聲，詩曰奕奕梁山」羊益切。

具

共置也。从廾貝省。古以貝為貨。其遇切

凡饌具皆曰具，引伸之凡備具亦曰具。

𠬜

𠬜 引也。从反廾。凡𠬜之屬皆从𠬜。普班切。今隸變作大(十九)　𢪏 𠬜或从手从樊。

樊

樊 鷙(段作騺)不行也。从𠬜棥,棥亦聲。附袁切

騺,段改作騺,是。馬部「騺,馬重皃。」「騺,不行,湛滯不前」意,此樊重本字,今則假煩為之,而以樊為棥籬字。本書頁部「煩,熱頭痛也。」爻部「棥,藩也。从爻从林。詩曰:營營青蠅,止于棥。」今小雅青蠅篇已作樊矣。艸部「藩,屏也。」今又假樊為姓氏字。邑部「𨞲,京兆杜陵鄉。从邑樊聲。」又糸部「緐,馬髦飾也。从糸每聲。」此緐繁字,今俗作繁。

共

共 同也。从廿廾。凡共之屬皆从共。渠用切(十九)　𢀇 古文共

龔

龔 給也。从共龍聲。俱容切

此與人部供字音義俱同,今經典多作供,而龔廢矣。人部「供,設也。从人共聲。一曰供給。俱容切」

異

異 分也。从廾从畀。畀,予也。凡異之屬皆从異。徐鍇曰:將欲予物,先分異之也。禮曰:賜君子小人不同日。羊吏切(二十)

舁

舁 共舉也。从𦥑从廾。凡舁之屬皆从舁。讀若余。以諸切(二十)

𦥯

𦥯 升高也。从舁囟聲。七然切　𨙻 𦥯或从卩　𡔛 古文𦥯

此與辵部遷音義俱同。辵部「遷,登也。从辵𦥯聲。七然切」

與

與 黨與也。从舁从与。余呂切　𢍹 古文與

按「黨」當作「攩」。本書黑部「黨,不鮮也。」手部「攩,朋群也。」與見攩與字。漢書藝文志「今異家者各推所長,窮知究慮以明其指,雖有蔽短,合其要歸,亦六經之支與流裔。」與見本義,引伸之為及也、親也、許也。論語述而「用之則行,舍之則藏,惟我與爾有是夫。」釋文「與,及也。」易咸彖「二氣感應以相與。」繫傳「无交而求,則民不與也。」鄭注「與,猶親也。」論語公冶長「吾與女弗如也。」先進「吾與點也。」朱子注「與,許也。」至禮記曲禮「與人者不問其所欲。」論語雍也「與之釜」與

之粟互粟」孟子離婁「可以與可以無與」萬章「一介不以與人」逸周書謚法「愛民好與曰惠」與訓給與者，當見勺或予之段借。本書勺部「勺，賜予也，一勺為勺，此與予同意」又四下予部「予，推予也，象相予之形」貝部「賜，予也」

興

起也，从舁同。同，同力也。虛陵切

詩大雅大明「維予侯興」傳曰「興，起也」緜「百堵皆興」小雅小明「興言出宿」箋並云「興，起也」引伸之為盛也。詩小雅天保「以莫不興」箋云「興，盛也」周礼春官大師「教六詩，曰風，曰賦，曰比，曰興，曰雅，曰頌」注引鄭司農曰「興者，託事於物」

臼

叉手也，从𦥑。凡臼之屬皆从臼。居玉切（二十）

要

身中也，象人要自臼之形，从臼，交省聲（段改篆作，未是）（段無此三字）於消切，又於笑切

古文要

今要字乃𦟝之變形，俗又作腰，肉部無。又要在人身之中，引伸為主要、要約、要束。論語憲問「久要不忘平生之言」孔注「久要，舊約也」又段為徼。孟子告子上「今之人脩其天爵，以要人爵」注云「要，求也」心部「憿，幸也」

晨

早，昧爽也。从臼辰。辰，時也，辰亦聲。丮夕為㚏，臼辰為晨，皆同意。凡晨之屬皆从晨。食鄰切（二二）

農

耕也（段「耕」下有「人」字）从晨，囟聲。徐鍇曰：當从凶乃得聲。奴冬切

籀文農从林

古文農

亦古文農

按小徐謂「當从凶乃得聲」恐未然，囟農入聲同部也。

爨

齊謂之炊爨。臼象持甑，冂為竈口，廾推林內火。凡爨之屬皆从爨。七亂切（二二）

釁

血祭也，象祭竈也。从爨省，从酉，酉所以祭也。从分，分亦聲。臣鉉等曰：分，布也。虛振切

分有分布陳列之意，酉猶酒也。古者以血釁鐘鼓。孟子梁惠王「將以釁鐘」趙注「新鑄鐘，殺牲以血塗其釁郤，因以祭之曰釁」引伸之，凡罅隙、閒隙、仇隙皆曰釁。

革

說文解字第三下

革 獸皮治去其毛，革更之。象古文革之形。凡革之屬皆从革。古覈切（二二）

古文革从三十。三十年為一世，而道更也。臼聲。

鞹

鞹 去毛皮也（段作「革也」）。論語曰：「虎豹之鞹。」从革郭聲。苦郭切

論語顏淵「虎豹之鞟，猶犬羊之鞟」，省作鞟。孔安國注「皮去毛曰鞟」。鄭注「鞟，革也」。詩齊風載驅「簟茀朱鞹」，釋文「鞹，革也」。邑部「郭，齊之郭氏虛。善善不能進，惡惡不能退，是以亡國也。从邑𩫖聲。古博切」。𩫖部曰「𩫖，度也。民所度居也。从回，象城𩫖之重，兩亭相對也。或但从口。古博切」。是城𩫖字，今則段郭為之，郭本國名，因以為氏。又雨部「𩅽，雨止雲罷皃。从雨郭聲。臣鉉等曰：今俗別作廓，非是。苦郭切」。凡恢廓、摧廓、清廓、寥廓，皆本作𩅽。

鞈

鞈 生革可以為縷束也。从革各聲。盧各切

今經典借絡為鞈，或作落。莊子秋水「落馬首，穿牛鼻，是謂人」。集解「落猶絡」。糸部「絡，絮也」。落、絡並是鞈之借字。

⿰革徙

⿰革徙 鞮屬。从革徙聲。所綺切

本部「鞮，革履也」。躧，俗或作蹝、屣，或縰。孟子盡心「舜視棄天下，猶棄敝蹝也」。劉熙本作屣，云「屣，艸履可履」。莊子讓王「曳縰而歌商頌」。鄦書無蹝、屣、縰字，古籍又或借躧字。史記封禪書「吾視去妻子如脫躧耳」。足部「躧，舞履也」。此借作⿰革徙。

鞵

鞵 革生（段作「生革」）鞮也。从革奚聲。戶佳切

今俗作鞋，非是。

鞠

鞠 蹋鞠也。从革匊聲。居六切

鞠或从⿱⺮匊。

詳艸部菊字。

⿰革它

⿰革它 馬尾駝也。从革它聲。今之般緧。徒何切

「馬尾駝」，繫傳云「謂今馬後鞦連絡馬尾後者也」。「般緧」，繫傳云「般謂槃，謂屈槃繞之也。緧，今鞦字」。按本部無鞦字。糸部「緧，馬紂也」。「紂，馬緧也」。方言「車紂，自關而東，周雒汝潁而東謂之鞦，或謂之曲綯」。又按舟部無舵，蓋本即⿰革它字。

鬲

鬲 鼎屬。實五觳。斗二升曰觳。象腹交文，三足。凡鬲之屬皆从鬲。郎激切（二）

鬲或从瓦

漢令鬲从瓦，厤聲。

䰛

䰛（段箋作䰛，是）秦名土釜曰䰛，从鬲，午聲（段作「午聲」）讀若過。古禾切

按當依段箋，午聲為是。夊部「午，跨步也，从反夊。䰛从此。」舛部無午字，而舛下云「从夊午相背」。是知䰛當从午。又䰛即俗之鍋堝字。

融

融 炊气上出也，从鬲，蟲省聲。以戎切

籀文融不省。

因炊气上出，引伸之為長也。詩大雅既醉「昭明有融」，傳訓融「長也」。又重言為形容字，左傳隱公元年「大隧之中，其樂也融融。大隧之外，其樂也洩洩。」注云「融融，和樂也。」

⿱沸鬲

⿱沸鬲 涫也，从鬲，沸聲。芳未切

水部「涫，⿱沸鬲也。」今俗作滾，鄦書無此。又經典每借沸為⿱沸鬲。詩大雅蕩「如沸如羹」，箋云「如湯之沸」。淮南子精神訓「故以湯止沸，沸乃不止，誠知其然，則去火而已矣。」沸皆當作⿱沸鬲。水部「沸，滭沸，（音必拂，水涌兒）濫泉也，从水弗聲。分勿切，又方未切」

䰜

䰜 歷也。古文亦鬲字。象孰飪五味气上出也。凡䰜之屬皆从䰜。郎激切（二）

鬻

鬻也，从䰜，侃聲。諸延切

鬻或从食，衍聲。

鬻或从食，干聲。

鬻或从食，建聲。

按食部「饘，糜也，从食亶聲。周謂之饘，宋謂之餬（當是鬻之餰）諸延切」米部「糜，糝也，从米麻聲。」「糂，以米和羹也。一曰粒也，从米甚聲。」「糝，古文糂从參。」以米和羹者猶鬻也。而本部鬻、鬻皆訓「健也」，則饘當是鬻之重文。今經典多作饘，左傳昭公七年「饘于是，鬻于是。」

鬻

鬻 健也，从䰜，米聲。（段無聲字）武悲切。臣鉉等曰：今俗鬻作粥，音之六切

按鬻音「武悲切」，是古讀為糜，亦通作糜。一切經音義引說文云「糜也」。後始以為鬻飯字，音「之六切」耳。桂氏、王氏、徐氏皆以為鬻飯之正字當作鬻，本部「鬻，鬻也」。俗又省鬻為粥，而以鬻為鬻賣字，音「余六切」。按「余六切」之鬻，正字當作𧶠，貝部「𧶠

衒也。从貝，𠫓聲。𠫓，古文睦，讀若育。余六切」鬻，又重言作形容字。礼儒行「其難進而易退也，粥粥若無能也」。疏云「柔弱專愚之皃」。釋文云「謙卑皃」。

鬻

鍵也。从䰜古聲。戶吳切

經典或段餬為鬻。爾雅釋言「餬，饘也」。食部「餬，寄食也。从食胡聲。戶吳切」。左傳隱公十一年「寡人有弟，不能和協，而使餬其口於四方」。莊子人閒世「挫鍼治繲，足以餬口」。李注「餬，食也」。方言「餬，寄也」。又黍部「黏，黏也。从黍古聲。戶吳切」「粘，黏或从米」。則今俗作糊矣。

鬻

五味盉羹也。从䰜从羔。詩曰：亦有和鬻。古行切

鬻或省。

鬻或从美，鬻省。

羹 小篆从羔从美。

詩商頌烈祖「亦有和羹」。箋云「和羹者，五味調腥熟得節，食之於人性安和」。按詩「和羹」字當作盉。本書皿部「盉，調味也。从皿禾聲。戶戈切」。龠部「龢，調也。从龠禾聲。戶戈切」。口部「咊，相譍也。从口禾聲。戶戈切」。凡「盉味」作盉，「調龢」作龢，而咊是「唱咊」也。

鬻

鼎實，惟葦及蒲。陳留謂健為鬻。从䰜速聲。桑谷切

餗 鬻或从食束聲。

按葦非可食之物，當依詩作筍。詩大雅韓奕「其蔌維何，維筍及蒲」。毛傳「蔌，菜殽也」。鄭書無蔌字，蓋即鬻也。今經典多用或體。易鼎卦九四「鼎折足，覆公餗，其形渥，凶」。又鬻即今粵方音之餸字。

鬻

粉餅也。从䰜耳聲。仍吏切

餌 鬻或从食耳聲。

今經典皆從或體作餌。

鬻

孰也。从䰜𠣞聲。臣鉉等曰：今俗作𤍽，非是。尺沼切

鬻

內肉及菜湯中薄出之。从䰜翟聲。以勺切

今以灼為之。火部「灼，炙也。从火勺聲」。義自不同。或以鬻即易之「禴祭」字，恐未然。按易既濟九五「東鄰殺牛，不如西鄰之禴祭，實受其福」。王弼注「禴，祭之薄也」。鄭書無禴字，本作礿。礼王制「春曰礿，夏曰禘，秋曰嘗，冬曰烝」。疏云「礿，薄也。春物未成，祭品鮮薄」。又易萃卦六二「孚乃利用禴」。疏云「四時之祭最薄者也」。皆非鬻字之義。

鬻

亯也。从鬻，者聲。章與切　鬻或从火　鬻或从水在其中

亯讀普庚切，俗作烹。鬻字經典多從或體作煮。

爪

丮也。覆手曰爪。象形。凡爪之屬皆从爪。側狡切(三)

孚

卵孚也（段作「卵即孚也」非是）从爪子。一曰信也。徐鍇曰：鳥之孚卵皆如其期不失信也。鳥袌恒以爪反覆其卵也。芳無切

古文孚从𥝌。𥝌，古文保。

本書十三下部目「卵，凡物無乳者卵生。象形」乙部「乳，人及鳥生子曰乳，獸曰產。从孚乙。乙，玄鳥也」孚之本義為卵，孚引伸之為信也。易大有「厥孚交如」虞注「孚，信也」雜卦傳「中孚，信也」詩大雅文王「萬邦作孚」傳曰「孚，信也」俗又作孵，為卵孚字。又朱駿聲以為古文「孚亦从爪子，八者卵也，指事」

爲

母猴也。其為禽好爪。爪，母猴象也（段無此五字）下腹象母猴形。王育曰：爪，象形也。薳支切

古文爲，象兩母猴相對形。

由部「禺，母猴屬，頭似鬼。从由从禸」禸部「禽，走獸總名。从禸，象形，今聲」母猴，猶獮猴。猴性好動，故字从爪。陸璣謂「楚人謂之沐猴」史記項羽本紀「人言楚人沐猴而冠耳，果然」索隱引張晏曰「沐猴，獼猴也」

爫

亦丮也。从反爪。諸兩切

手部復有掌字，云「手中也。从手尚聲。諸兩切」蓋爫之或體。孟母姓仉氏，即此字，俗誤作仉耳。

丮

持也。象手有所丮據也。凡丮之屬皆从丮。讀若戟。几劇切(三)

埶

種也。从坴丮（段「从丮坴」）丮持而種之。書（應是詩）曰：我埶黍稷。徐鍇曰：坴，土也。魚祭切

漢書作蓺，俗又作藝，說文無。又因樹埶須察地埶，又須用力，故埶引伸之義為地埶之埶、埶力，俗又作勢。易坤卦象曰「地勢坤，君子以厚德載物」詩小雅楚茨「自昔何為，我蓺黍稷」已作「蓺」「勢」矣。

孰

食飪也。从丮𦏧聲（段作「从丮𦏧」按當云「从丮𦏧，𦏧亦聲」）易曰：孰飪。殊六切

今易鼎卦彖曰「以木巽火，亨飪也」作亨。本書亯部「𦏧，孰也」食部「飪，大孰也」又孰與誰聲轉，經典借孰為誰、何字。俗因加

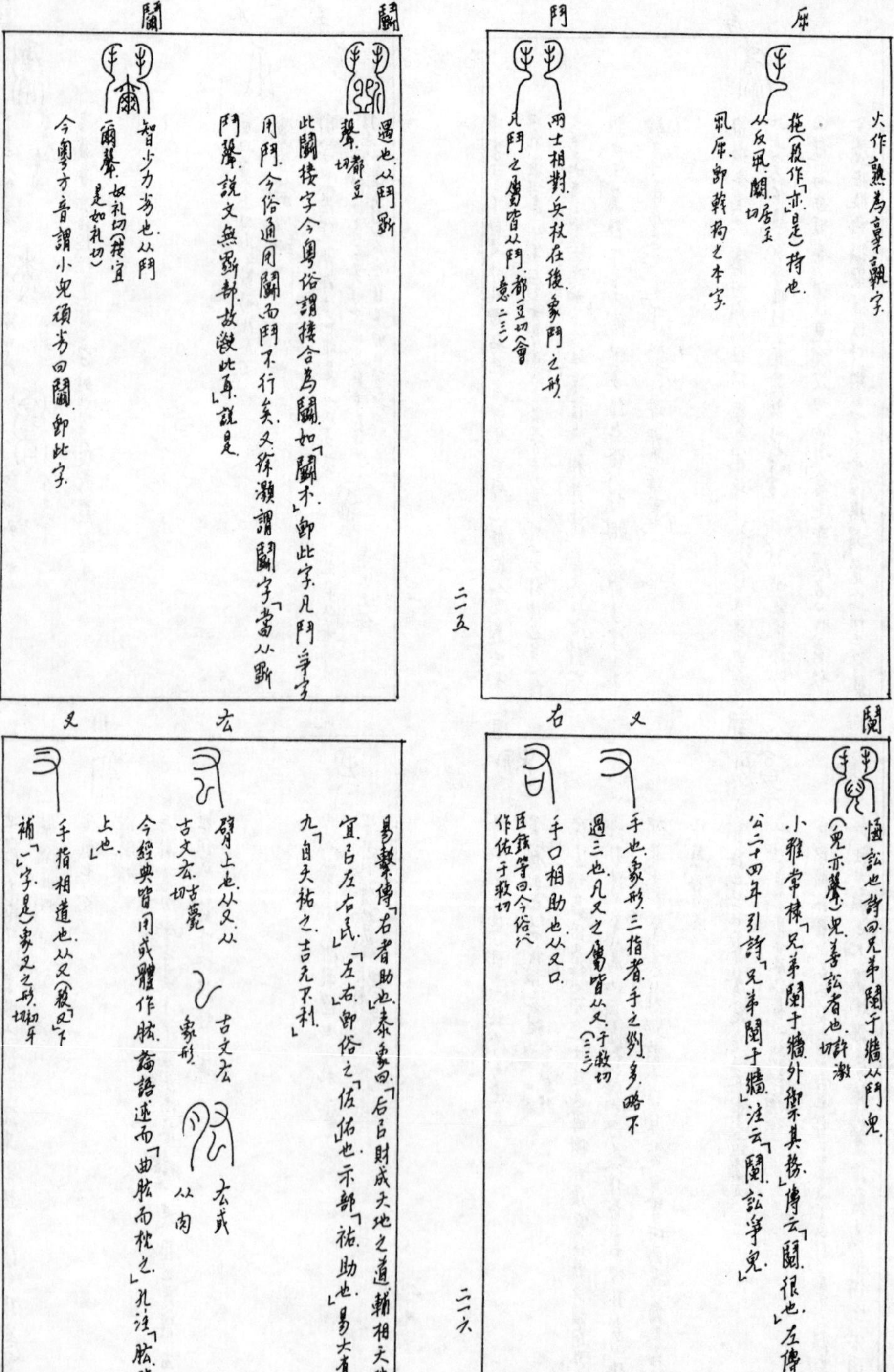

火作熟為享孰字。

𠃨

拖（段作「亦是」）持也。从反丮。闕。居玉切

丮𠃨即戟挶之本字

鬥

兩士相對，兵杖在後，象鬥之形。凡鬥之屬皆从鬥。都豆切（會意二三）

鬭

遇也。从鬥斲聲。都豆切

此鬭接字，今粵俗謂接合為鬭，如「鬭木」，即此字。凡鬥爭字用鬥，今俗通用鬭而鬥不行矣。又徐灝謂鬭字「當从斲，鬥聲。說文無斲部，故疑此耳」，說是。

鬮

智少力劣也。从鬥爾聲。奴礼切（段宜是如礼切）

今粵方音謂小兒頑劣曰鬮，即此字。

鬩

恆訟也。詩曰兄弟鬩于牆。从鬥兒。（兒亦聲）兒，善訟者也。許激切

小雅常棣「兄弟鬩于牆，外禦其務」，傳云「鬩，很也」。左傳僖公二十四年引詩「兄弟鬩于牆」，注云「鬩，訟爭皃」。

又

手也。象形。三指者，手之列多，略不過三也。凡又之屬皆从又。于救切（三三）

右

手口相助也。从又口。于救切（臣鉉等曰：今俗別作佑）

易繫傳「右者助也」。泰象曰「后以財成天地之道，輔相天地之宜，以左右民」。「左右」即俗之「佐佑」也。示部「祐，助也」。易大有上九「自天祐之，吉无不利」。

厷

臂上也。从又，从古文厷。古薨切

古文厷，象形。

厷或从肉

今經典皆用或體作肱。論語述而「曲肱而枕之」，孔注「肱，臂上也」。

叉

手指相錯也。从又，（段「又」下補「一」字，是）象叉之形。初牙切

引伸之義，凡歧頭之物皆曰叉。釋名釋兵「枱叉曰叉，形似叉也」。俗書作义。

叉

手足甲也。从又，象叉形。側狡切

今經典借爪為叉。本書部目「爪，丮也。覆手曰爪，象形」。與叉字音同而義近。「指叉」、「叉甲」當以叉為正字。古詩「顏色類相似，手爪不相如」。「手爪」之爪，蓋本作叉。

父

巨也。家長率教者。从又持杖。（指事）扶雨切

書舜典「朴作教刑」。禮學記「夏楚二物，收其威也」。白虎通「父者，榘也，以法度教子也」。易家人彖曰「家人有嚴君焉，父母之謂也」。故父字从又持杖。古籀或叚父為甫。用部「甫，男子美偁也。从用父」。詩大雅韓奕「古公亶父」。釋文「父音甫」。史記齊太公世家「師尚父」。集解「父，男子之美號也」。

叜

老也。从又灾。闕。穌后切

籀文 从寸

叜或 从人

說解「闕」者，謂「从又灾」之意不傳也。

燮

龢也。从言从又炎（段作「从言又、炎聲」）讀若溼。穌叶切

即孰物可持也。此燮字蓋从燮省。言語以龢之也。二字義相出入故也。

（依段本補此篆）籀文燮从羊。羊音飪。臣鉉等曰：燮字義大孰也。从炎从又。

按大徐說非是。燮之籀文从羊，字當作燮，不作燮。而本書炎部「燮，大孰也。从又持炎辛。辛者物孰味也」。與訓「龢也」之燮自是不同。大徐誤以燮之籀文燮為燮，而又燮辛為羊，謬矣。又燮訓「龢也」，謂龢之之意。書周官「立大師大傅大保，茲為三公，論道經邦，燮理陰陽」。

曼

引也。从又冒。無販切

說解「引也」，引當作廴。本書二下部目「廴，長行也。从彳引之」。弓部「引，開弓也」。詩魯頌閟宮「孔曼且碩」。毛傳「曼，長也」。凡曼長、曼延、爛曼、曼路、曼曼皆此字。今俗作漫。水部無。古籀或叚蔓為之。詩鄭風野有蔓草毛傳「蔓，延也」。艸部「蔓，葛屬」。

⿱申又

伸也。从又𦥔聲。𦥔，古文申。（按應是籀文）失人切

「伸也」小徐作「引也」。云「引而申之也」。此⿱申又正字，今易繫傳「引而申之」作伸矣。人部「伸，屈伸。从人申聲。失人切」。是誤伸字。

夬

分決也。从又，中象決形。

徐鍇曰：中，物也。丨，所以決之。古賣切。

易夬彖曰「夬，決也，剛決柔也」。

𠭥

𠭥　叉卑也。从又虘。側加切

「叉卑也」段作「叉取也」，各本作「又取也」，按作「叉取也」為是。釋名釋姿容「摣，叉也，五指俱往叉取也」。方言「南楚之間取物溝泥中謂之抯，或謂之摣」。本書手部「抯，挹也。从手且聲。讀若樝棃之樝。側加切」。𠭥與抯音義俱同。𠭥或从手作摣。今方音謂以手執物為揸，本即𠭥字。

㕞

㕞　拭（段作飾，是）也。从又持巾在尸下。所劣切

按拭，段作飾，是。手部無拭字。巾部「飾，㕞也」。飾㕞二字互訓。凡拂拭字本皆作飾，以巾拂去其塵也。去塵而得光明，故引伸之為文飾。㕞，經典統用刷字。刀部「刷，刮也。从刀，㕞省聲。禮有刷巾。所劣切」。「刮，掊把也」。刷訓刮，即考工記之刮摩，故从刀，與从巾之飾㕞異。刷下說解「禮有刷巾」，當歸㕞下。

及

及　逮（句讀作隶，同）也。从又人。徐鍇曰：及前人也。巨立切

乁　古文及。秦刻石及如此。

弓　亦古文及

𨘳　亦古文及

辵部「逮，唐逮，及也」。三下部首「隶，及也。从又，从尾省。又，持尾者，从後及之也」。隶、逮音義同。及字說解「从又人」，小徐謂「及前人也」。隶字說解云「从又，从尾省。又持尾者，从後及之也」。二字會意之法同。又按「今」字「㞢」字皆从乀，「凡」字从乁。疑𨘳字是逮之重文，非及古文也。

秉

秉　禾束也。从又持禾。兵永切

儀禮聘禮記「四秉曰筥」，注云「此秉謂刈禾盈手之秉也」。詩小雅大田「彼有遺秉」，傳云「秉，把也」。魏風伐檀「胡取禾三百億兮」，箋云「三百億，禾秉之數」。正義「四秉，把也，謂刈禾之把數」。小爾雅「把謂之秉」。引伸之為執持也。詩小雅大田「秉畀炎火」，釋文「秉，執持也」。大雅烝民「民之秉彝，好是懿德」，箋云「秉，執也」。

𠬝

𠬝　治也。从又从卪。卪，事之節也。房六切

按竹部「節，竹約也」，本是竹節。此云「事之節也」，是以今字釋古義。本書九上部首「辟，法也。从卪从辛，節制其辠也。从口，用法者也」。易說卦傳「節，止也」，然以節為卪矣。又按凡「𠬝」，「𠬝從」「𠬝治」「𠬝事」，書舜典「五刑有服」，詩關雎「寤寐思服」，左傳文公十八年「服讒蒐慝」，皆當以𠬝字為正。今經典統作服。舟部「服，用也。一曰車右騑，所以舟旋。从舟𠬝聲。房六切」，為服用字。

髮之為衣服。

叏

叏 滑也。詩云：「叏兮達兮。」从又屮。一曰取也。土刀切

今詩鄭風子衿作「挑兮達兮」，毛傳「挑達，往來相見皃」，朱子注「輕儇跳躍之皃」。本書辵部「達」下引詩亦作「挑兮達兮」。小徐本引作佻。皆連語叚借字。手部「挑，撓也」，人部「佻，愉也」。釋文引說文作叏，蓋舉正字。毛傳訓「挑達，往來相見皃」，按往來相見即滑泰之意。水部「泰，滑也」。叏泰是浮滑輕佻意，故朱子訓「輕儇跳躍皃」也。

叔

叔 拾也。从又尗聲。汝南名芌為叔。式竹切

叔或从寸

詩豳風七月「九月叔苴」，毛傳「叔，拾也」。叔又叚借為少也，釋名釋親屬「仲父之弟曰叔父。叔，少也」。爾雅釋親「父之罤弟先生為世父，後生為叔父」，「父之弟妻為叔母」，「夫之弟為叔」。是叔少雙聲通叚，叚借既久，而叔之本義反不行矣。

𠬡

𠬡 入水有所取也。从又在回下。回，古文回。回，淵水也。讀若沫。莫勃切

本書頁部「𩔗，內頭水中也。从頁𠬡，𠬡亦聲。烏沒切」。水部「沒，沈也。（按沈當作湛。本部「湛，沒也」，「沈，陵上滈水也」）从水从𠬡。莫勃切」三字義雖近而有分，今則專用沒而𠬡𩔗不行矣。又歺部「歾，終也。从歺勿聲。莫勃切」「殁，歾或从𠬡」。今經典亦多叚沒為之。

彗

彗 埽竹也。从又持甡。祥歲切（甡亦聲）

篲 彗或从竹

䎺 古文彗从竹習

生部「甡，眾生竝立之皃。从二生。詩曰甡甡其鹿。所臻切」（音詵）此侚侚君子之本字。彗字「从又持甡」者，取眾之義。

叚

叚 借也。闕。古雅切

古文叚

譚長說叚如此

此叚借本字，經典通用假。左傳桓公六年「取於物為假」。人部「假，非真也。从人叚聲。古疋切。一曰至也。虞書曰假于上下。古額切」是真假之假。又假字「一曰至也」，則是借作徦。彳部「徦，至也。从彳叚聲。古雅切」。說解引「虞書曰假于上下」，今書堯典作格。孔傳云「格，至也」。本書木部「格，木長皃。从木各聲」，則堯典之格亦是徦之借字。

友

友 同志為友。从二又相交友也。（段作「从二又相交」）云久切

古文友

亦古文友

周礼大司徒「聯朋友」，鄭注「同師曰朋，同志曰友」。

度

度 法制也。从又庶省聲。徒故切

「法制也」者，易繫傳「化而裁之謂之變」，節彖曰「君子以制數度」，正義云「數度謂尊卑禮命之多少」，論語堯曰「謹權量，審法度」，中庸「非天子不議禮，不制度」，度訓法制，是不專指分、寸、尺、丈、引之五度也。又度字从又者，寸、尺、咫、尋、常、仞皆以人體為法也。

𠂇

𠂇手也。象形。凡𠂇之屬皆从𠂇。臧可切（二四）

卑

賤也。執事者。从𠂇甲。徐鍇曰又重而𠂇卑，故在甲下。補移切

易繫傳「天尊地卑」，蒼頡篇「卑，下也」。从𠂇者，人道尚又，又尊𠂇卑。男女之道，男尊女卑，以男為貴。禮王制「男子由又，女子由𠂇」。

史

記事者也。从又持中。中，正也。凡史之屬皆从史。疏士切（二四）

事

職也。从史，之省聲。鉏史切　古文 叓

耳部「職，記微也」，此「默識」之本字。事訓「職也」，易大畜象曰「君子以多識前言往行，以畜其德」，故字从史。古籍又通作士。詩鄭風褰裳「子不我思，豈無他士」，豳風東山「制彼裳衣，勿士行枚」，毛傳並云「士，事也」。

支

去竹之枝也。从手持半竹。凡支之屬皆从支。章移切（二四）　古文 支

攲

持去也。从支奇聲。去奇切

危部「鼭，鼭𩠐也。从危支聲。去其切」，山部無崎嶇字，本止作鼭𩠐。古籍多假攲為鼭。荀子宥坐篇「孔子觀於魯桓公之廟，有攲器焉」，集解云「攲器，傾攲易覆之器」。本書竹部「箸，飯攲也」，玉篇「攲，今作不正之鼭」。

聿

手之疌巧也。从又持巾。凡聿之屬皆从聿。尼輒切（音聶。二五）

隸

隸 習也。从聿，希聲。（希脩豪數音肄）羊至切

（段改作隸）籀文隸

（段改作隸）誤。篆文隸

按籀文隸从尹，誤。尹非字。段改作隸，亦未是。當从籀文希作隸。

肅

持事振敬也。从聿在𣶒上。戰戰兢兢也。（會意）息逐切

古文肅 从心卩

心部「恭，肅也」，苟部「敬，肅也」，夕部「夙，早敬也。从丮持事，雖夕不休，早敬者也」。爾雅釋訓「肅肅，敬也」。詩周南兔罝「肅肅兔罝」，毛傳「肅肅，敬也」。書洪範「恭作肅」，傳云「心敬」。鄭注無逸云「恭在貌，敬在心」。尚書大傳「貌之不恭，是謂不肅」，注云「肅，敬也」。故古文肅从心从卩者，持事者卩也。

聿

所以書也。楚謂之聿，吳謂之不律，燕謂之弗。从聿一聲。（段作「从聿一」）凡聿之屬皆从聿。余律切（二五）

筆

秦謂之筆。从聿竹。徐鍇曰「筆尚便疌」，故从聿。鄙密切

按小徐「筆尚便疌」語在聿篆下，乃所以釋聿字从聿之意。大徐追於筆篆下而云「故从聿」，未洽。又按爾雅釋器「不律謂之筆」，是聿與筆實一物而異名矣。又筆引伸之為筆削，增益義。漢書禮樂志「今之刑非皋陶之法也，而有司請定法，削則削，筆則筆」，師古注「筆謂有所增益，以筆就而書也」。

𦘔

聿飾也。从聿从彡。俗語以書好為𦘔。讀若津。將鄰切

本書九上部目「彡，毛飾畫文也。象形」，此「𦘔飾」「𦘔𦘔樂道」。正字經傳多以津為之。水部「津，水渡也。从水𦘔聲。將鄰切」是「津渡」字。論語微子篇「使子路問津焉」，至「津渡」「津潤」字則當作𧖴。血部「𧖴，气液也。从血𦘔聲。將鄰切」。又火部「𤇾，火餘也。从火𦘔省聲。徐刃切」今俗作燼。皿部「盡，器中空也。从皿𤇾聲。慈刃切」今俗作盡。貝部「賮，會礼也。从貝𤇾聲。徐刃切」今俗作贐。

書

箸也。从聿者聲。商魚切

說文敘「倉頡之初作書，蓋依類象形，故謂之文。其後形聲相益，即謂之字。文者物象之本，字者言孳乳而浸多也。箸於竹帛謂之書。書者如也」。書之本義是書寫，因之所寫之字亦謂之書。周礼保氏教國子以六書：象形、指事

形聲會意轉注叚借也。易繫傳「易之為書也不可遠」，而
史所書者謂之尚書。法言問神「彌綸天下之事，記久明
遠，著古昔之㖧㖧，傳千里之忞忞者，莫如書」。引伸之
又為五經六藝之總名。

畫

畫 界也。象田四界，聿所以畫之。
凡畫之屬皆从畫。(二五) 胡麥切

古文畫省

亦古文畫

晝

晝 日之出入，與夜為介。
从畫省，从日。陟救切

籀文晝

日部「旱，晨也。从日在甲上。」茻部「莫，日且冥也。从日在茻中。」七上
部目「旦，明也。从日見一上。一，地也。」「夕，莫也。从月半見。」自日出至日
入，通謂之晝。故說解云「日之出入，與夜為介」也。

隶

隶 及也。从又，从尾省。又，持尾者，从後及之也。
凡隶之屬皆从隶。(二五) 徒耐切

𨽸

𨽸 及也。从隶，枲聲。詩曰「𨽸天
之未陰雨」。臣鉉等曰：枲非
聲，未詳。徒耐切

本書朩部「枲，麻也。从朩台聲」(胥里切)大徐謂「枲非聲未詳」。
清陳瑑引經攷證以為說解當云「从隶从枲，隶亦聲。其云
「枲聲」者誤」。又按今詩豳風鴟鴞篇「迨天之未陰雨」作迨，
蓋是俗字，說文無。

隸

隸 附箸也。从隶，柰
聲。郎計切

篆文隸从古文之
體。臣鉉等未詳
古文所出

隸之訓為附箸，引伸之為臣僕之偁。左傳定公四年「社稷之
常隸也」注云「隸，賤臣也。」周礼秋官司隸注云「隸，給勞辱之
役者」。又秦始皇時，獄吏程邈造簡易字以施官事急速
之用，俗多便之，後或以此體為隸書。

臤

臤 堅也。从又，臣聲。凡臤之屬皆从臤。讀若鏗鏘之鏗。古文以
為賢字。(二六) 苦閑切

緊

緊 纏絲急也。从臤，
絲省。糾忍切(小徐
「糾忍反」)
句讀「當云从糸臤，臤亦聲」。

堅

堅 剛也。(段「剛」上有土字)
从臤土。古賢切

金部「鋻，剛也。从金臤聲。古甸切」

豎（小徐段氏竝誤作竪）立也。从臤豆聲。臣庾切

籀文豎从殳。

說解「豎立也」。校議云「豎當作尌」。一切經音義引說文作「樹立也」。樹即尌之譌。壴部「尌，立也。从壴（音注）从寸，持之也。讀若駐。常句切」。人部「侸，立也。从人豆聲。讀若樹。常句切」。豎、尌、侸三字音義同。古籍或段豎為孺。周礼天官內豎注云「豎，未冠者之官名」。史記酈生傳「沛公罵曰豎儒」。索隱「豎者，僮僕之稱」。豎今俗作竪。立部無。又鄭書無侸，本止作侸。

臣　牽也。事君也（段作者）。象屈服之形。凡臣之屬皆从臣。植鄰切（二六）

㽞　乖也。从二臣相違。讀若誑。居況切

丫部「乖，戾也。从丫而八」。乔部「𩣡，驚走也。一曰往來也。从乔㽞。具往切」。言部「誆，欺也。从言狂聲。居況切」。㽞與誆音義同。論語憲問「子路問事君。子曰勿欺也，而犯之」。二臣相違，是相欺也。

臧　善也。从臣戕聲。則郎切

𦣞　籀文（段篆作𦣞）

按臧訓「善也」。善者必收於內，故引伸為藏匿字。漢末始加艸作藏。才郎切。又凡善者人必愛而私有之，因引伸為貪臧，後始加貝作贓。又因人體之器官在內，故引伸為五臧，其後始加肉作臟。凡藏、贓、臟皆本作臧。

殳　以杸殊人也。礼（攷工記）殳以積竹，八觚，長丈二尺，建於兵車，旅賁以先驅。从又几聲。凡殳之屬皆从殳。市朱切（二六）

杸　軍中士所持殳也。从木殳。司馬法曰執羽從杸。市朱切

王筠、朱駿聲竝謂此字當是殳之或體。

毄　相擊中也。如車相擊（段作轚）。故从殳从軎。古歷切

手部「擊，攴也。从手毄聲。古歷切」。車部「轚，車轄（應是舝之段。舛部「舝，車軸耑鍵也」）相擊也。从車从毄，毄亦聲。周礼曰舟輿擊互者。古歷切」。「軎，車軸耑也。象形。于濊切」。按毄訓「相擊中也」，从殳，故引伸之則凡相擊者皆曰毄。又訓「如車相轚」，从軎，即車轄相擊

意疑毄、擊、轂皆本作㱿，後乃加手為「支也」之擊，加車為「車轄」「相擊」之擊耳。

㱿

从上擊下也。一曰素也。从殳青聲。苦角切（音確）苦江切（音腔平聲）

木部「㯶，木素也。」素猶物之質。孟子告子上「義猶桮棬也。」趙注「桮棬，桮素也。」

殿

擊聲也。从殳𡱒聲。堂練切

今經典通用為宮殿字。御覽引說文曰「殿，堂之高大者也。」按今說文既無此文，且堂之高大亦無取於从殳，必非鄭君原文。寫殿字本作𡱒，尸部「𡱒，髀也。从尸𢀳聲。堂練切」又尸部「𡲬，髀也。从尸下丌居几。臣鉉等曰丌几皆所以尻止也。徒魂切（音團）」今俗作臀。

段

椎物也。从殳耑省聲。徒玩切

金部「鍛，小冶也。从金段聲。丁貫切」古籍多假鍛為段，而以段為分段字。分段字本當作斷。莊子列禦寇「取石來鍛之。」釋文「椎破之。」鍛本作段。

殽

相襍道也。从殳肴聲。胡茅切

按殽字訓「相襍道」，从殳之義不詳，疑此字必有本義，而鄭君時已不傳。「相襍道」之訓，正字當作爻，本書三下部目「爻，交也。象易六爻頭交也。胡茅切」九上部目「爻，道畫也。象交文。」相道猶相交也。古籍或作淆，漢書黃憲傳「淆之不亂」，爾雅釋水注「殽水混淆」。又肉部「肴，啖也。从肉爻聲。胡茅切」玉篇「肴，俎實，又啖肉也。」今經典多借殽字為之。

毅

（段篆作𣪫，未是）妄怒也。一曰有決也。从殳豙聲。魚既切

「妄怒也」者，之部「㞷，艸木妄生也。」女部「妄，亂也。」段氏曰「凡气盛曰妄」。又豕部「豙，豕怒毛豎。一曰殘艾也。从豕辛。」「有決也」者，書皋陶謨「擾而毅」，傳云「致果為毅」。左傳宣公二年「殺敵為果，致果為毅。」論語子路「剛毅木訥近仁。」包注云「毅，彊而能決斷也。」

𣪠

揉屈也。从殳从皀。皀，古文叀字。廄字从此。臣鉉等曰：叀，小謹也，亦屈服之意。居又切（音救）

按手部無揉，火部「煣，屈申木也。从火柔，柔亦聲。人久切（音柔）」又屈亦當作詘，言部「詘，詰詘也。一曰屈襞。」尾部「屈，無尾也。」又按𣪠字从皀，疑是古文斷省。斤部「斷，截也。从斤从㡭。㡭，古文絕。」「𠃧，古文斷从皀。皀，古文叀字。周書曰『𠃧𠃧猗無他技』。」又「廄字从此」者，广部「廄，馬舍也。从广𣪠聲。居又切」

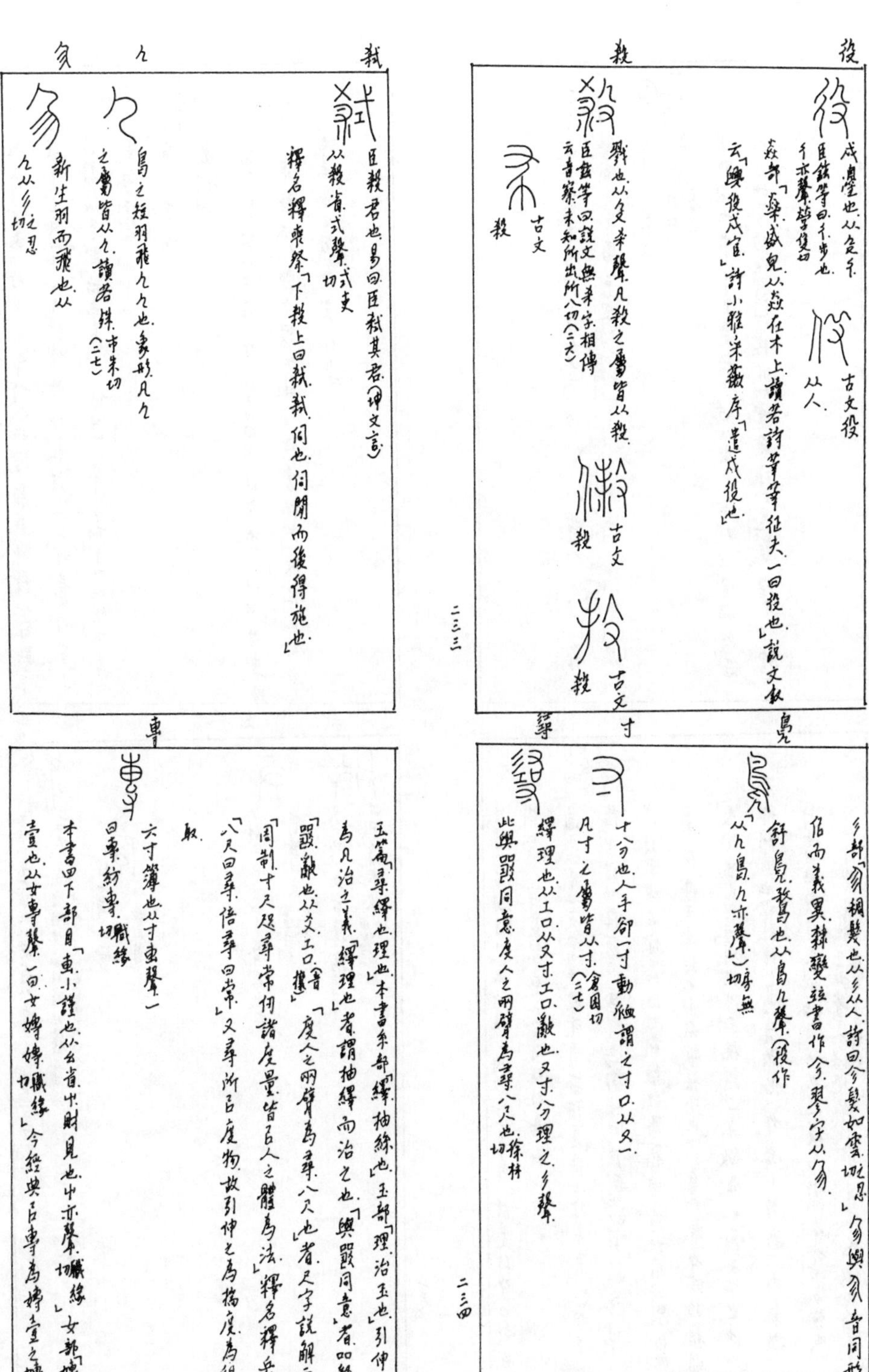

役

役 戍邊也。从殳从彳。臣鉉等曰彳步也，彳亦聲。營隻切 古文役从人。

叒部「桑，盛皃。从叒在木上。讀若詩「莘莘征夫」。一曰役也。」說文敘云「興役戍官」。詩小雅采薇序「遣戍役也」。

殺

殺 戮也。从殳杀聲。凡殺之屬皆从殺。臣鉉等曰說文無杀字，相傳云音察，未知所出。所八切（二六）

古文殺　古文殺　古文殺

弒

弒 臣殺君也。易曰臣弒其君（坤文言）。从殺省，式聲。式吏切

釋名釋喪祭「下殺上曰弒。弒，伺也，伺閒而後得施也。」

几

几 鳥之短羽飛几几也。象形。凡几之屬皆从几。讀若殊。市朱切（二七）

㐱

㐱 新生羽而飛也。从几从彡。之忍切

彡部「㐱，稠髮也。从彡从人。詩曰㐱髮如雲。之忍切」㐱與㐱音同形似而義異，隸變並書作㐱，鬒字从㐱。

鳧

鳧 舒鳧，鶩也。从鳥几聲。（段作「从几鳥，几亦聲」）房無切

寸

寸 十分也。人手卻一寸動脈，謂之寸口。从又一。凡寸之屬皆从寸。倉困切（二七）

尋

尋 繹理也。从工从口从又从寸。工口，亂也。又寸，分理之。彡聲。此與㲉同意。度人之兩臂為尋，八尺也。徐林切

玉篇「尋，繹也，理也。」本書糸部「繹，抽絲也。」玉部「理，治玉也。」引伸為凡治之義。「繹理也」者，謂抽繹而治之也。「與㲉同意」者，吅部「㲉，亂也。从爻工交吅。（音攘）」「度人之兩臂為尋，八尺也」者，尺字說解云「周制，寸尺咫尋常仞諸度量，皆以人之體為法。」釋名釋兵「八尺曰尋，倍尋曰常。」又尋所以度物，故引伸之為揣度，為規取。

專

專 六寸簿也。从寸叀聲。一曰專，紡專。職緣切

本書四下部目「叀，小謹也。从幺省，屮，財見也，屮亦聲。職緣切」女部「嫥，壹也。从女專聲。一曰女嫥嫥。職緣切」今經典以專為嫥壹之嫥。

繅車謂之叀，而紡專之專則亦作塼、甎，或磚。詩小雅斯干「載弄之瓦」箋云「瓦，紡塼也」又作甎。」釋文云「塼本又作專。」又昌黎復志賦「始專專於講習兮，非古訓為無所用其心」專當作叀。

尃

布也。从寸甫聲。芳無切

攴部「𢾅，𢻲也。从攴尃聲。周書曰用𢾅遺後人。芳無切」按：尃布，攴作尃，敷；世作敷，今經典統作敷。書舜典「敬敷五教」傳云「布五常之教」敷當作尃。

皮

剝取獸革者謂之皮。从又，為省聲。凡皮之屬皆从皮。符羈切（二七）

古文皮　籀文皮

皰

面生气也。从皮包聲。（音豹）旁教切

水部「泡，水。出山陽平樂，東北入泗。从水包聲。匹交切」金剛經「一切有為法，如夢幻泡影，如露亦如電，應作如是觀。」泡本作皰。

𤿺

柔韋也。从北，从皮省，从夐省。讀若耎。一曰若儁。臣鉉等曰：北者反覆柔治之也。夐，營求也。而兗切（二七）

古文𤿺

籀文𤿺 从夐省。

攴

小擊也。从又卜聲。凡攴之屬皆从攴。普木切（二八）

啟

教也。从攴启聲。論語曰「不憤不啟」。康禮切

本書三下部首「教，上所施下所效也。从攴孝」啟是啟發，口部「启，開也。从戶从口」是開启字，今皆叚啟為之。

徹

通也。从彳从攴从育。（段本有「一曰相臣」）按小徐本有「一曰相」下接「臣鍇曰」，段誤連「臣」字為句，注云「鉉無此四字」，疏矣。丑列切

漢諱武帝名徹，為通。故蒯徹改為蒯通。詩大雅公劉「徹田為糧」傳云「徹，治也」小爾雅「𥝧，治也」因呂為賦名。論語顏淵「盍徹乎」鄭注「周法什一而稅，謂之徹。徹，通也，為天下之通法」徹訓通也，故引伸之為清徹，俗亦作澈，水部無。又為車徹，車部無轍字，新附始有之。又叚借為𢶍。力部「𢶍，發也。从力从徹，徹亦聲。臣鉉等曰：今俗作撤，非是。丑列切」詩小雅十月之交「徹我牆屋」。

論語八佾「三家者以雍徹」徹並當作𢧵。

肈

[篆]

肈（段本刪此篆）擊也。从攴肇省聲。（按當作肁聲）治小切

按肈訓「擊也」不見於經傳。段氏刪此篆，以為是肇之譌字。宋徐鉉定為肇之重文。戈部「肇，上諱」臣鉉等曰：後漢和帝名也。案李舟切韻云「肈，擊也。从戈肁聲」直小切 後漢書和帝紀「孝和皇帝諱肇」，伏侯古今注曰「肈之字曰始」肇音兆」。李賢注「案許慎說文肇音大可反，上諱也」按說文本無音切，章懷所引殆後人誤加。而漢既諱肇而代之以始，則義當如肁。戶部「肁，始開也。从戶从聿。聿。臣鉉等曰：聿者，始也。治矯切」凡經典肇訓「始也」皆當以肁字為正。爾雅釋詁「初哉首基肇祖元胎俶落權輿，始也」肇行而肁廢矣。

攺

[篆]

敷也。从攴也聲。讀與施同。式支切

按攺為布攺設攺字，今經典借施為之。書皋陶謨「翕受敷施」傳云「以布施政教」。㫃部「施，旗皃。从㫃也聲。齊欒施字子旗，知施者旗也。式支切」古籍又段施為暆，又為「貤」。孟子離婁下「施施從外來，驕其妻妾」「施施」應作「暆暆」。

日部「暆，日行暆暆也。从日施聲。弋支切」詩小雅頍弁「蔦與女蘿，施于松柏」施，應作貤。貝部「貤，重次弟物也。从貝也聲。以豉切」

敷

[篆]

攺也。从攴尃聲。周書曰：用敷遺後人。芳無切

書康王之誥「用敷遺後人休」，傳云「用布遺後人之美」。言施（當作攺）及子孫無窮。寸部「尃，布也。从寸甫聲。芳無切」今經典通作敷，而尃不行矣。

敟

[篆]

主也。从攴典聲。多殄切

丌部「典，五帝之書也。从冊在丌上，尊閣之也。莊都說：典，大冊也。多殄切」典是經典典冊字，古籍亦段典為敟。書舜典「帝曰咨，四岳，有能典朕三禮」，又「帝曰夔，命汝典樂，教胄子」典並當作敟。

孜

[篆]

（段本篆下有「孜孜」二字）汲汲也。从攴子聲。周書曰：孜孜無怠。子之切

按「汲汲」當作「彶彶」。彳部「彶，急行也。从彳及聲」水部「汲，引水於井也。从水及，及亦聲」書益稷「予思日孜孜」傳云「思日孜孜不怠」。君陳「惟日孜孜，無敢逸豫」。泰誓「爾其孜孜，奉予一人，恭行天罰」傳曰「孜孜，勸勉不怠」說解引周書曰孜

孜無怠」是泰誓逸文見詩大雅大明篇正義引史記周本紀作孳孳。子部「孳，汲汲生也。从子茲聲。子之切」

攽

分也。从攴分聲。周書曰：乃惟孺子攽。亦讀與彬同。布還切

書洛誥「乃惟孺子頒朕不暇」作頒。本書頁部「頒，大頭也」。凡經典「頒」「班」字訓分者，皆當作攽。詳貝部「賁」字。

敞

平治高土，可以遠望也。从攴尚聲。昌兩切

引伸之為寬敞。俗亦作厰或廠。

更

改也。从攴丙聲。古孟切，又古行切

小爾雅廣詁「更，易也」。周禮春官巾車「歲時更續」，鄭玄曰「更，易其舊續，續其不任用」。國語晉語「姓利相更」，韋注「更，續也」。

敕

誡也。臿地曰敕。（段「臿」上有「一曰」）从攴束聲。（段無「聲」字）恥力切

言部「誡，敕也」。二字互訓。釋名「敕，飭也。使自警飭不敢怠慢也」。俗作勑。力部無。易噬嗑象曰「先王以明罰勑法」。釋文「勑，恥力切」。是段勑為敕。力部「勑，勞也。从力來聲。洛代切」。

敹

擇也。从攴𡨄聲。（段刪聲字）周書曰：敹乃甲胄。洛蕭切（音遼）

按段刪聲字是也。本書网部「罙，周行也。从网米聲。武移切（音微）」「𡨄，罙或从宀」。𡨄讀武移切，與洛蕭切聲不相近，恐非聲。疑𡨄當是宷字，形近而譌。本書釆部「宷，悉也。知宷諦也」。「从攴宷」會意。知宷諦故能擇也。書費誓「善敹乃甲胄」。鄭玄注「敹謂穿徹之，謂甲繩有斷續者，當使敹理穿治之」。今粵方音謂衣裳綻裂，縫紐之曰敹。

敶

列也。从攴陳聲。直刃切

凡軍敶、行敶、敶列，敶舊皆以此為正字。古籍皆借陳字為之。俗又別作陣。史記貨殖列傳、漢書食貨志「太倉之粟陳陳相因」。論語「衛靈公問陳」。史記淮陰侯列傳「信乃使萬人先行出背水陣」。「陳」「陣」皆當作敶。𨸏部「陳，宛丘，舜後嬀滿之所封。从𨸏从木申聲。」臣鍇等曰「陳者，大昊之虛，畫八卦之所，木德之始，故从木。直珍切」。

敓

彊取也。周書曰：敓攘矯虔。从攴兌聲。徒活切

攸

此敚取爭敚正字，今書呂刑「奪攘矯虔」已作奪矣。本書奞部「奪，手持隹失之也。从又奞。徒活切」引伸之為凡失物之偁。凡手中遺落物皆當作此字。今乃用脫為之，而奪變从寸作奪為爭敚字。肉部「脫，消肉臞也。从肉兌聲。徒活切」是消脫字。俗又叚脫為解捝。手部「捝，解捝也。从手兌聲。他括切」

行水也。从攴从人，水省。

徐鍇曰：攴，入水所杖也。以周切

秦刻石嶧山文攸字如此

行水有道，道為人之所由，故引伸之義為「所」也。書洪範「攸好德」，所好者德也。乃部「逌，气行皃。从乃卤聲。讀若攸。以周切」气行為逌，水行為攸。孟子萬章上「攸然而逝」，注云「攸然，迅走趣水深處也」。古籍或叚悠為攸。詩鄘風載馳「驅馬悠悠」，毛傳「悠悠，遠貌」。小雅黍苗「悠悠南行，召伯之勞」，毛傳「悠悠，行貌」。悠並當作攸。心部「悠，憂也。从心攸聲」。又水部「汓，浮行水上也」。「泅，汓或从囚聲」。是汓水字，今則叚游為之。㫃部「游，旌旗之流也。从㫃汓聲」。

⿰亡攴

撫也。从攴亡聲。讀與撫同。芳武切

手部「撫，安也。从手無聲。一曰循也。芳武切」玉篇「⿰亡攴或作撫」，二字音義俱同。今經典專用撫而⿰亡攴字廢矣。又手部「拊，揗也。从手付聲。芳武切」「揗，摩也」。凡拊摩作拊，安撫作撫。

敉

撫也。从攴米聲。周書曰：亦未克敉公功。讀若弭。緜婢切

侎 敉或从人

書洛誥「亦未克敉公功」，孔傳「是亦未能撫順公之大功」。鄭注「敉，安也」。

敡

侮也。从攴从易，易亦聲。以豉切

人部「傷，輕也。从人易聲。一曰交傷。以豉切」凡「慢易」字當作敡，「輕易」「難易」「交易」字當作傷。今皆叚易字為之。本書九下部目「易，蜥易，蝘蜓，守宮也。象形。祕書說日月為易，象陰昜也。一曰从勿。羊益切」

⿰韋攴

戾也。从攴韋聲。羽非切

按「戾也」，戾當作盭。犬部「戾，曲也。从犬出戶下。戾者身曲戾也」。弦部「盭，弼戾也。从弦省从盩。讀若戾」。廣雅釋詁「戾，盭也」。正作盭。此亦⿰韋攴本字。古籍或叚違為之。左傳桓公二年「將昭德塞違」，昭公二十六年「君無違德」。違並當作⿰韋攴。辵部「違，離也。从辵韋聲。羽非切」又下部目「韋，相背也。从舛口聲。獸皮之韋可以束物枉戾相韋背，故借以為皮韋。宇非切」

敦

怒也。詆也。一曰誰何也。从攴𦎫聲。都昆切，又丁回切

「心部『憞，厚也。从心𦎫聲。都昆切』」古籍多段敦為惇。礼曲礼「敦善行而不怠。」易艮卦上九「敦艮吉。」象曰「敦艮之吉，以厚終也。」敦乃惇字之段。

敗

毀也。从攴貝。敗賊皆从貝會意。（段刪「會意」二字。是「會意」當是校語誤入許正文）薄邁切

𣀎 籀文敗，从賏。

辵部「退，敗也。从辵貝聲。薄邁切」音義同。「敗賊皆从貝」者，徐鍇曰「多藏必厚亡，貝貨也，故从貝。」戈部「賊，敗也。」又按籀文𣀎是「从二貝」，非「从賏」。貝部「賏，頸飾也。」無敗意。

⿰𤔔攴

煩也。从攴从𤔔，𤔔亦聲。郎段切

受部「𤔔，治也。幺子相亂，受治之也。讀若亂同。一曰理也。郎段切」乙部「亂，治也。从乙，乙治之也。从𤔔。郎段切」凡「煩亂」「亂臣賊子」，本當作⿰𤔔攴，古籍皆段亂為之。亂之本訓是「治也」。書泰誓「予有亂臣十人，同心同德。」亂是本字本義。「亂臣」謂治天下之臣也。

寇

暴也。从攴完。苦候切

本部「暴，疾有所趣也。」引伸為暴亂。易繫傳「重門擊檮，以待暴客。」書舜典「寇賊姦宄。」孔傳「羣行攻劫曰寇。」鄭注「彊取為寇。」

⿰度攴

閉也。从攴度聲。讀若杜。徒古切

⿰度攴或从刀。

杜門字當作⿰度攴。木部「杜，甘棠也。」又按刀部「剫，判也。从刀度聲。徒洛切」此重出。

⿰畢攴

盡也。从攴畢聲。卑吉切

事之畢當作⿰畢攴。今經典借畢字。華部「畢，田罔也。从華，象畢形，微也。或曰由聲。」又走部「⿺走畢，止行也。一曰竈上祭名。从走畢聲。」糸部「縪，止也。从糸畢聲。卑吉切」今皆作畢矣。

收

捕也。从攴丩聲。式州切

手部「捕，取也。」此謂收為捕取辠人。詩大雅瞻卬「此宜無辠，女反收之。」傳曰「收，拘收也。」引伸為收取、收斂之偁。

鼓

擊鼓（段作鼓，是）。从攴壴，壴亦聲。讀若屬。（依段本補。小徐本有此）公戶切

按：鼓讀若屬。玉篇「鼓之錄切。擊也」。大徐刪「讀若屬」三字而讀「公戶切」。蓋誤與鼓字混耳。本書五上部目「鼓，郭也。春分之音，萬物郭皮甲而出，故謂之鼓。从壴，从屮又。屮象𠂹飾，又象其手擊之也。工戶切」。今經典訓「擊也」字亦已作鼓矣。

攷

敂也。从攴丂聲。苦浩切

攷引伸之義為攷擊、攷課。今經典統作考。詩唐風山有樞「子有鍾鼓，弗擊弗考」。毛傳「考亦擊也」。莊子天地篇「金石有聲，不考不鳴」。考並當作攷。老部「考，老也。从老省丂聲。苦浩切」。

敂

擊也。从攴句聲。讀若扣。苦候切

手部「扣，牽馬也。从手口聲」。史記伯夷列傳「扣馬而諫」。是扣字本義。今經典或叚扣為敂。俗又作叩。口部無叩。論語憲問「以杖叩其脛」。孟子盡心「昏暮叩人之門戶」。叩並當作敂。古籍又叚敂為訽。周禮地官司關「凡四方之賓客敂關，則為之告」。鄭玄注「敂關猶謁關人也」。言部「訽，扣也。如求婦先訽叕之。从言口，口亦聲」。

敲

橫擿也。从攴高聲。口交切

手部「擿，搔也。从手適聲。一曰投也」。「投，擿也」。擿，今俗作擲。

敃

（段篆作𢼄）冒也。从攴昏（𣅱）聲。周書曰：敃不畏死。眉殞切

冃部「冒，冡而前也。从冃目」。敃訓「冒也」，冒昧之意。書康誥「敃不畏死」。孔傳「敃，彊也。自彊為惡而不畏死」。傳訓敃為彊，與說文訓冒也不叶。疑是敯字之叚。攴部「敯，彊也。从攴民聲。眉殞切」。說解引周書宜在敯下。又書立政「其在受德暋」。傳亦訓暋為彊。說文心部引作忞。心部「忞，彊也。从心文聲。周書曰：在受德忞。讀若旻。武巾切」。則書周暋亦是借字。

敔

禁也。一曰樂器，椌楬也。形如木虎。从攴吾聲。魚舉切

此禁敔本字，古籍或借御、禦、圉為之。示部「禦，祀也。从示御聲」。彳部「御，使馬也。从彳从卸。牛據切」。「馭，古文御。从又从馬」。是駕御字。㚔部「圉，囹圄，所以拘罪人。从㚔从口。魚舉切」。是囹圄字。又口部「圄，守之也。从口吾聲。魚舉切」。則是守圄字。

畋

平田也。从攴田。周書曰：畋介田。待年切

古籀或叚田爲之詩齊風甫田「無田甫田」上田是畋字朱傳「田謂耕治之也」又或借佃字范甯注穀梁傳「一夫一婦佃田百畝」人部「佃中也从人田聲堂練切」凡畋獵畋戶皆以此爲正書多方「今爾尚宅爾宅畋爾田」正義曰「治田謂之畋」

敍

次弟也从攴余聲徐呂切

本書㢟下部目「弟韋束之次弟也」敍是次敍辭敍字書臯陶謨「天敍有典」鄭注「敍次敍也」經典多叚序爲敍广部「序東西牆也从广予聲徐呂切」是東西序庠序字

敇

擊馬也从攴朿聲楚革切

竹部「策馬箠也从竹朿聲楚革切」「箠擊馬也从竹垂聲之壘切」所以擊馬者曰策以策擊馬曰敇今則通用策而敇廢矣

教

上所施下所效也从攴孝凡教之屬皆从教古孝切（二八）

古文 教

亦古文 教

斆

覺悟也从教冂（冂覆也音糸）冂尚矇也臼聲胡覺切

學 篆文斆省

按斆與學本一字經典或作二字用書盤庚「盤庚斆于民」傳云「斆教也」釋文「斆戶教反」說命「惟斆學半念終始典于學厥德修罔覺」傳云「斆教也教然後知所困是學之半終始常念學則其德之修無能自覺」釋文「斆戶孝反」然禮學記「是故學然後知不足教然後知困知不足然後能自反也知困然後能自強也故曰教學相長也兌命曰學學半其此之謂乎」引兌命作「學學半」釋文上胡孝反下如字又學記「學不躐等」鄭注「學教也」釋文「學胡孝反」可知斆學本一字二音二義經典原不分作二字用其分作二字用者乃偶然耳玉篇始分屬二部攴部「斆下孝切教也」子部「學爲角切受教也覺也斆也」廣韻亦分入收去聲入聲

卜

灼剝龜也象炙龜之形一曰象龜兆之從橫也凡卜之屬皆从卜博木切（二八）

古文卜

卦

筮也从卜圭聲古壞切 臣鉉等曰圭字聲不相近當从挂省聲

竹部「䇷，易卦用蓍也。」易說卦「兼三才而兩之，故易六畫而成卦。」繫傳「聖人設卦觀象繫辭焉而明吉凶。」「十有八變而成卦。」

卟

卜以問疑也。从口卜。讀與稽同。書云卟疑。古兮切

左傳桓公十年「卜以決疑，不疑何卜」此卟孜本字，今書洪範「明用稽疑」已作稽矣。六下部曰「稽，留止也。从禾从尤，旨聲。古兮切」是稽留字。首部「䭬，下首也。从首旨聲。康礼切」則是䭬首字。

貞

卜問也。从卜貝。貝（依段補）以為贄。一曰鼎省聲。京房所說。陟盈切

周礼春官大卜「凡國大貞」鄭注引鄭司農曰「貞，問也。國有大疑，問於蓍龜。」鄭玄曰「貞之為問，問於正者，必先正之，乃從問焉。」易曰「師貞，丈人吉。」又貝部無贄字，疑本作䞇，貝部「䞇，齎財卜問為䞇。从貝疋聲。疏舉切」詩小雅小宛「握粟出卜。」經典皆作摯。手部「摯，握持也。从手从執。脂利切」又木部「楨，剛木也。从木貞聲。陟盈切」「貞固」「堅貞」字本作楨。

占

視兆問也。从卜口。職廉切

周礼宗伯占人注「占蓍龜之卦兆吉凶」易繫傳「極數知來之謂占。」廣雅「占，驗也。」言驗問也。

𠧞

（小徐段本兹篆作𠧞，是𠧞从兆與从重八之兆異篆）灼龜坼也。从卜兆，象形。治小切

古文 兆 𠧞省

礼曲礼「龜為卜」本書火部「灼，炙也。」土部「坼，裂也。」此謂𠧞者，炙龜以視其裂文而定吉凶之兆也。經典通用古文兆。引伸之為朕兆、徵兆。孟子萬章下「為之兆也。」注「兆，始也。」國語晉語「其魄兆于民矣。」注「兆，見也。」又以為十億之稱。風俗通「十億謂之兆。」

用

可施行也。从卜中。衛宏說。凡用之屬皆从用。（臣鉉等曰卜中乃可用也）余訟切（二九）

古文 用

甫

男子美偁也。从用父，父亦聲。方矩切

釋名「甫，丈夫也。」古籀或借父為甫。

庸

用也。从用庚。庚，更事也。易曰「先庚三日。」（巽九五爻辭）余封切

葡

書堯典「帝曰疇咨若時登庸」傳云「庸用也」又為常。皋陶謨「自我五禮有庸哉」傳云「庸常也」「庚更事也」者，禮月令鄭注云「庚之言更也」。

葡

具也。从用苟省。臣鉉等曰苟急救也會意平秘切

人部「備慎也从人葡聲平秘切」凡「具葡」「齋葡」用葡，「防備」「預備」用備。今則專用備而葡廢矣。

甯

甯

所願也。从用寧省聲。乃定切

丂部「寧願詞也从丂寍聲奴丁切」宀部「寍安也从宀心在皿上人之飲食器所以安人奴丁切」凡「甯願」「甯可」用甯，「無寧」「寧非」用寧，「安寍」「寍謐」用寍。今則通用寧而專以甯為邑名人名。

爻

爻

交也。象易六爻頭交也。凡爻之屬皆从爻。胡茅切（音肴二九）

棥

棥

藩也。从爻从林。詩曰營營青蠅止于棥。附袁切

今詩小雅青蠅「營營青蠅止于樊」已作樊矣。𠬜部「樊鷙不行也」是樊重字，今既段樊為棥，又段為𨞹。邑部「𨞹京兆杜陵鄉」艸部「藩屏也」（尸部「屏屛蔽也」）頁部「煩熱頭痛也」是煩蹂煩熱字。糸部「緐馬髦飾也」今俗作繁。

㸚

㸚

二爻也。凡㸚之屬皆从㸚。力几切（音里二九）

爾

爾

麗爾猶靡麗也。从冂㸚，㸚其孔㸚㸚。（依段本訂）尒聲。此與爽同意。兒氏切

「麗爾」麗當作儷。人部「儷棽儷也」七上部日「囧窻牖麗廔闓明」广部「廔屋麗廔也」亦麗字並當作儷。「靡麗」猶儷廔也。「其孔㸚㸚」者謂窗牖之交文，交疏結綺窗之意。後人以爾與汝雙聲，因段為爾汝字。又段為尒。訓如此，又作語辭。八部「尒詞之必然也从入丨八八象气之分散兒氏切」

爽

爽

明也。从㸚大。徐鍇曰：大，其中隙縫光也。疏兩切

爽 篆文

从㸚，取窗牖通明之意。又日部「昧爽旦明也从日未聲一曰闇也」書牧誓「時甲子昧爽」昧爽，朝旦之時微明也，故爽引伸之為

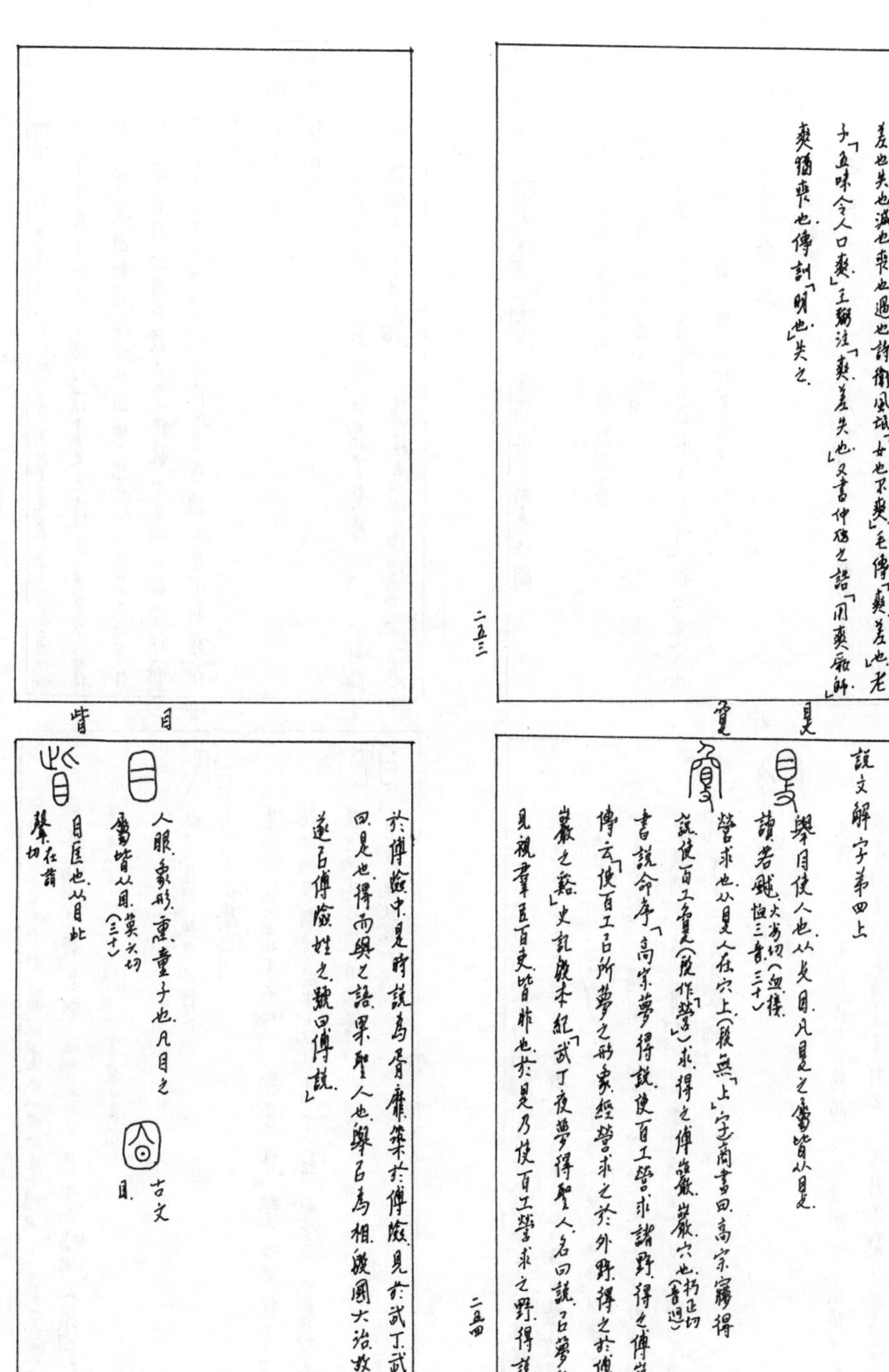

差也失也滅也喪也過也詩衛風氓「女也不爽」毛傳「爽，差也」老子「五味令人口爽」王弼注「爽，差失也」又書仲虺之誥「用爽厥師」爽猶喪也傳訓「明也」失之

說文解字第四上

旻 舉目使人也从攴目凡旻之屬皆从旻讀若颰 火劣切（血韻三十）

敻 營求也从旻人在穴上（段無「上」字）商書曰高宗夢得說使百工敻（段作「營」）求得之傅巖巖穴也 朽正切（音迥）

書說命序「高宗夢得說使百工營求諸野得之傅巖」傳云「使百工以所夢之形象經營求之於外野得之於傅巖之谿」史記殷本紀「武丁夜夢得聖人名曰說以夢所見視羣臣百吏皆非也於是乃使百工營求之野得說於傅險中是時說為胥靡築於傅險見於武丁武丁曰是也得而與之語果聖人也舉以為相殷國大治故遂以傅險姓之號曰傅說」

目 人眼象形重童子也凡目之屬皆从目 莫六切（三十）

古文目

眥 目匡也从目此 在詣切

柳宗元對賀者「嬉笑之怒，甚乎裂眥；長歌之哀，過乎慟哭」。眥，字或作眦，音「仕懈切」。漢書孔光傳「厓眥莫不誅傷」，杜欽傳「報睚眦怨」，師古注「睚，舉眼也。眦，即眥字，謂目匡也。言舉目相牾者，即報之也。一說睚音五懈反，眦音仕懈反。睚眦，瞋目貌也」。按眥訓「目匡也」，音指。「睚眦」連用，則讀「仕懈反」。

瞞

平目也。从目㒼聲。（母官切）

今俗借為欺謾字。言部「謾，欺也。从言曼聲。（母官切）」又心部「慲，忘也。慲兜也。从心㒼聲。（母官切）」「懣，煩也。从心从滿。（莫困切）」「悶，懣也。从心門聲。（莫困切）」「煩懣」「煩悶」同，今則通作悶。

盼

白黑分也。（大徐無此，段依元應引補。是）詩曰「美目盼兮」。从目分聲。（匹莧切）

詩衛風碩人「巧笑倩兮，美目盼兮」，毛傳「盼，白黑分」。論語馬融注云「動目貌」。引伸之義為顧盼。

窅

深目也。（「也」疑作「皃」）从穴中目。（烏皎切）（音杳）

本部「眇，一目小也。从目少，少亦聲。（亡沼切）」引伸為微眇字，俗作渺。又疑作窈。莊子庚桑楚「夫全其形生之人，藏其身也，不厭深眇而已矣」。穴部「窈，深遠也。从穴幼聲。（烏皎切）」又「⿱穴㫐，冥也。从穴㫐聲。（烏皎切）」日部「㫐，望遠合也。从日匕，匕，合也。（烏皎切）」木部「杳，冥也。从日在木下。（烏皎切）」四字音義同。

眂

眂皃（段作「視皃也」，鍇本同）从目氏聲。（承旨切）

見部「視，瞻也。从見示。（神至切）」「眎，古文視」「眡，亦古文視」。玉篇眡眂兩字相連，眡下云「時旨切，古文視」，眂下云「上支切，視也」。

眈

視近而志遠。从目冘聲。易曰「虎視眈眈」。（丁含切）

冂部「冘，冘冘行皃。从人出冂。（余箴切）（音淫）」易頤卦六四「虎視眈眈，其欲逐逐」。俗本作耽，誤。耳部「耽，耳大垂也。从耳冘聲。詩曰『士之耽兮』。（丁含切）」按詩曰云云，應是後人誤入。女部「媅，樂也。从女甚聲。（丁含切）」此媅樂字。耽下引詩，應是此字之誤。酉部「酖，樂酒也。从酉冘聲。（丁含切）」是酖於酒。至老子字聃者，耳部「聃，耳曼也。从耳冄聲。（他甘切）」

眕

目有所恨而止也。从目㐱聲。（之忍切）

左傳隱公三年「夫寵而不驕，驕而能降，降而不憾，憾而能眕者，鮮矣」，注云「降其身則必恨，恨則思亂，不能自安自重」爾雅釋言「畛，重也」按重則不輕舉妄動，亦止之義也。

[睹] 見也。从目者聲。當古切

[覩] 古文从見

今經典二字並用。易文言「聖人作而萬物覩」中庸「戒慎乎其所不睹」

[眔] 目相及也。从目隶省。（段此下有「讀若與隶同也」鍇本同）徒合切（音踏）

辵部「遝，迨也。从辵眔聲。徒合切」「迨，遝也。从辵合聲。侯閤切」玉篇「迨遝，行相及也」

[眽] 目財（當作才）視也。从目𠂢聲。莫獲切

財段玉裁以為當依廣韻作衺，謂眽與覛音義皆同。誤。桂氏王氏以為當作相，引爾雅釋詁「覛，相也」釋文「覛字又作眽」古詩十九首「眽眽不得語」李善引爾雅「眽，相也」郭璞曰「眽眽，相視貌」按眽、覛，眽本異字，今混之非也。眽是靜眽字，俗或以默為之。犬部「默，犬暫逐人也。莫北切」此𠂢部「覛，衺視也。从𠂢从見。莫狄切」今俗作覓，與眽音義迥異。又𠂢部「衇，血理分衺行體者。从𠂢从血。莫獲切」「脈，衇或从肉」「䘑，籀文」脈是血脈字。

[睢] 仰目也。从目隹聲。許惟切（音揮）

引伸之為暴戾跋扈之義。莊子寓言「而睢睢盱盱，而誰與居」注「跋扈之皃」史記伯夷列傳「暴戾恣睢」正義「睢，仰白目怒皃」此與从且之雎字異。詩周南關雎「關關雎鳩」毛傳「雎鳩，王雎也」按雎字說文从鳥，鳥部「鴡，王鴡也。从鳥且聲。七余切」

[旬] 目搖也。从目勻省聲。黃絢切（音勸）今讀演，與眩同

[眴] 旬或从旬

本部「眩，目無常主也。从目玄聲。黃絢切」揚雄劇秦美新「臣嘗有顛眴病」注「眴眩字古通」倉頡篇「眩，目不明也」「眴，視不明也」又本書首部「瞢，目不明也。从首从旬，旬目數搖也」一切經音義「瞚動，古文旬同。舒閏反。說文亦目搖動也」按說文目部「瞚，開闔目數搖也。从目寅聲。（臣鉉等曰今俗別作瞬，非是）舒閏切」元應以旬與瞚同也。說苑善說「夫登高臨危，而目不眴而足不陵者，此工匠之勇悍也」

[睦] 目順也。从目坴聲。一曰敬和也。莫卜切

[古文睦] 古文睦

書堯典「九族既睦」周礼地官大司徒「孝友睦婣任恤」礼記礼運「講信脩睦」注皆訓「親也」坊記「睦于父母之黨」注「厚也」孟子「則百姓親睦」注「和也」古籍或段穆為睦詩大雅烝民「吉甫作誦穆如清風」箋云「穆和也」禾部「穆禾也从禾㣎聲莫卜切」是亦一義

瞀

瞀 氐目謹視也从目敄聲 莫候切

「氐」各本作低兹是段借字當作氐本書十二下部目「氐至也从氐下箸一一地也丁礼切」是氐達字广部「底山尻也一曰下也从广氐聲都礼切」是底下字人部無低新附始有之荀子非十二子「儉然恀然輔然端然訾然洞然綴綴然瞀瞀然是子弟之容也」注「瞀瞀然不敢正視之貌」

⿰目監

⿰目監 視也从目監聲 古銜切

爾雅釋詁「監瞻臨涖頫相視也」釋文「監字又作⿰目監」按凡經典監視字當作⿰目監臥部「監臨下也从臥䘓省聲古銜切」

相

相 省視也从目木易曰地可觀者莫可觀於木詩曰相鼠有皮 息良切

說解所引易曰今易無此文王念孫謂「疑易傳及易緯之文」詩曰相鼠有皮者詩鄘風相鼠篇之文毛傳「相視也」釋文「相息亮反」按相訓省視也乃目所接遇之偁引申之為「共也」「交也」「扶也」易咸彖曰「柔上而剛下二气感應以相與」泰象曰「后以財成天地之道輔相天地之宜以左右民」古無平去之分今則凡訓「共也」「交也」讀平聲「息良切」訓「視也」「扶也」讀去聲「息亮切」

瞋

瞋 張目也从目真聲 昌真切（音嗔）

⿰目戌 祕書瞋从戌

祕書謂緯書也莊子秋水「晝出瞋目不見邱山」司馬彪注「瞋張也」俗或段嗔為瞋又段為謓口部「嗔盛气也从口真聲詩曰振旅嗔嗔待年切（音填）」言部「謓恚也从言真聲賈侍中說謓笑一曰讀若振昌真切」

睎

睎 望也从目稀省聲（段作「希聲」注云「說文無希篆而希聲字多有然則希篆奪也」）海岱之閒謂眄曰睎 香衣切

本部「眄目偏合也一曰衺視也秦語从目丏聲莫甸切」方言「睎眄也東齊青徐之閒曰睎」

看

看 睎也从手下目 苦寒切（音[illegible]）

𥄫 看或从倝（形聲）

看字从「手下目」者，凡有所望，常以手加目上，所以障日翳光也。

睡

坐寐也。从目垂。是偽切

坐寐，即假寐。詩小雅小弁「假寐永歎，維憂用老。」箋云「不脫衣冠而寐曰假寐。」

瞑

翕目也。从目冥，冥亦聲。(段無此三字)莫賢切。今俗作眠，非是。武延切

眚

目病生翳也。从目生聲。所景切

引申為過也。書舜典「眚災肆赦，怙終賊刑。」左傳僖公三十三年「且吾不以一眚掩大德。」又為災眚。易復卦上六「迷復凶，有災眚。」鄭注「異自內生曰眚。」子夏易傳「妖祥曰眚。」

瞥

過目也。又目翳也。从目敝聲。一曰財見也。普滅切

財，俗作纔，字當作才。糸部「纔，帛雀頭色。一曰微黑色如紺。讀若讒。从糸毚聲。士咸切」六上部目「才，艸木之初也。从丨上貫一，將生枝葉。一，地也。昨哉切」貝部「財，人所寶也。从貝才聲。昨哉切」

眺

目不正也。从目兆聲。他弔切

古籍或段眺為覜。見部「覜，諸侯三年大相聘曰覜。覜，視也。从見兆聲。他弔切」是覜望字。肉部「朓，祭也。从肉兆聲。土了切」月部「朓，晦而月見西方謂之朓。从月兆聲。土了切」謝朓字玄暉，當是从月之朓。

睞

目童子不正也。从目來聲。洛代切

一切經音義曼之曰「今俗云顙眼是也。」洛神賦「明眸善睞。」李善注「睞，旁視也。」按目童子不正，故引申之義為

旁視。又段作親。見部「親，內視也。从見來聲。洛代切」廣雅釋詁「睞，視也。」蒼頡篇「內視曰睞。」

睩

目睞謹也。从目彔聲。讀若鹿。盧谷切(本陽入音鹿今讀陰入)

今粵方音有「眼睩睩」是也。本書七上部目「彔，刻木彔彔也。」是記彔字。辵部「逯，行謹逯逯也。」玉篇廣韻並訓「睩，視皃。」集韻曰「謹視皃。」則睩與逯義近。睩是視之謹，逯是行之謹也。又石部無碌字，新附始有之。本止作娽。女部「娽，隨從也。」

矇

童矇也。一曰不明也。从目蒙聲。莫中切

詩大雅靈臺「矇瞍奏公」傳云「有眸子而無見曰矇」。釋名釋疾病「矇，有眸子而失明，蒙蒙無所別也」。易蒙卦「匪我求童蒙」。蒙當作矇。艸部「蒙，王女也」。爾雅釋艸「唐蒙，女蘿。女蘿，菟絲」「蒙，王女」。郭注「蒙即唐也」。蒙與矇義迥異。

眇

一目小也。从目少，少亦聲。(段無此三字)亡沼切

釋名釋疾病「目眶陷急曰眇。眇，小也」。引申之為微眇、精眇字。莊子齊物論「夫子以為孟浪之言，而我以為妙道之行

也」。李頤注「孟浪猶較略也」。妙當作眇。精眇也。女部無妙字。古籍又叚眇為窈。詳窅字。又按眇各本篆作眇，今依段篆作眇，詳少字。

睉

目小也(段作「小目也」)从目坐聲。臣鉉等曰：案尚書元首叢脞哉，叢脞猶細碎也。今从肉，非是。昨禾切

今尚書益稷「元首叢脞哉」，睉已誤作脞矣。

眓

捾目也。从目叉。烏括切

手部「捾，搯捾也。从手官聲。一曰援也。烏括切」俗作挖。

瞚

開闔目數搖也。从目寅聲。臣鉉等曰：今俗別作瞬，非是。舒閏切

莊子庚桑楚「兒子終日視而目不瞚」。釋文「瞚字又作瞬，同。音舜，動也」。

盻

恨視也。从目兮聲。胡計切(音兮上聲)

孟子滕文公「為民父母，使民盻盻然，將終歲勤動，不得以養其父母」。朱子注「盻，恨視也」。

⿱弗目

目不明也。从目弗聲。普未切(音費去聲)

今粵音有之，即務目之意。

䀠

𠂇又視也。从二目。凡䀠之屬皆从䀠。讀若拘，又若良士瞿瞿。九遇切(音句，三十)

奭

目衺也。从䀠从大。大，人也。舉朱切(音居)

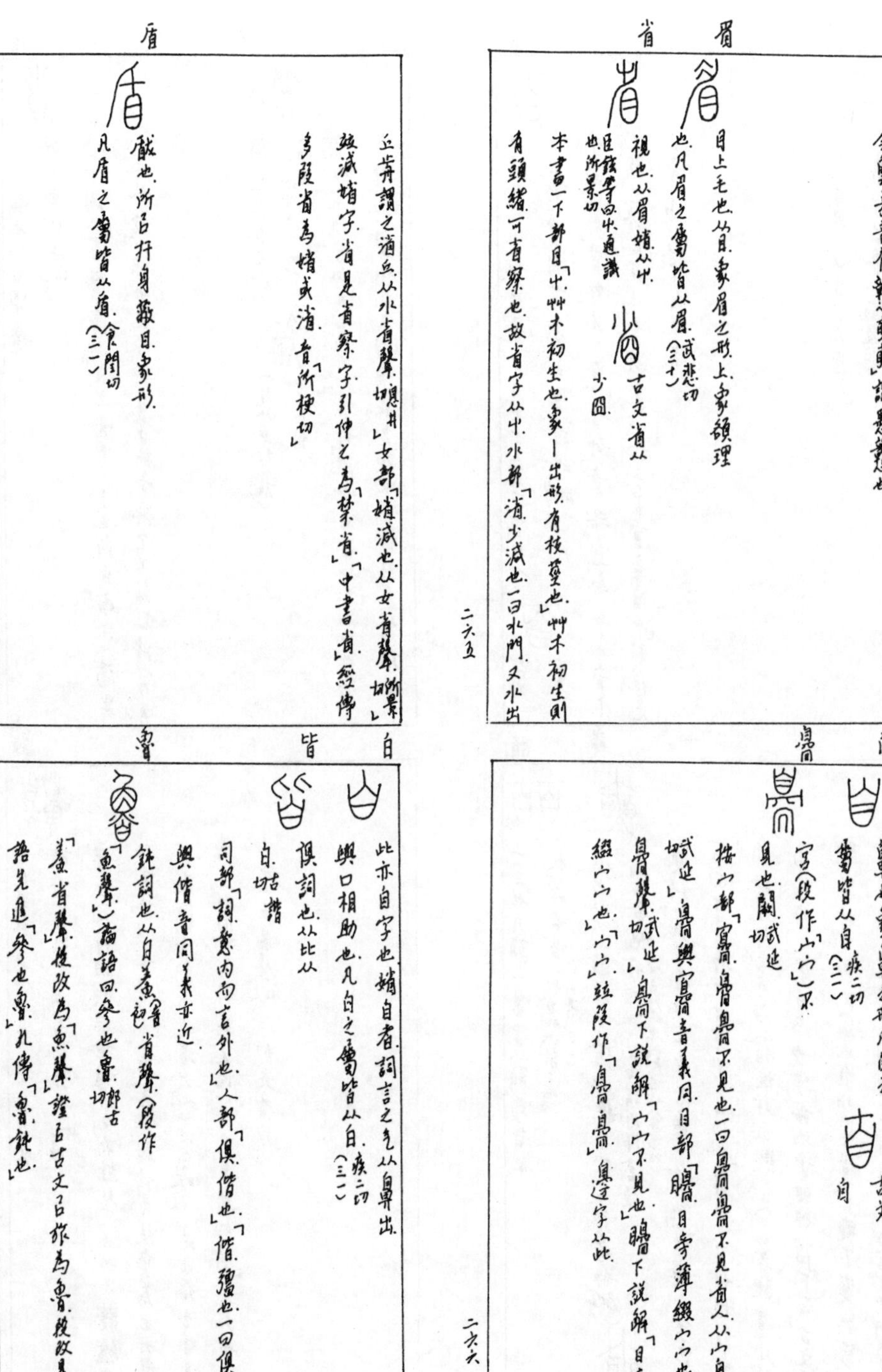

今粵方音有「戇、顢、頇」謂愚戇也。

眉

目上毛也。从目，象眉之形，上象頟理也。凡眉之屬皆从眉。武悲切（三十）

省

視也。从眉省，从屮。臣鉉等曰：屮，通識也。所景切

古文省从少囧。

本書一下部曰「屮，艸木初生也。象丨出形，有枝莖也。」艸木初生則有頭緒，可省察也。故省字从屮。水部「渻，少減也。一曰水門。又水出丘前謂之渻丘。从水省聲。息井切」女部「婿，減也。从女省聲。所景切」並減婿字，省是省察字，引伸之為「禁省」、「中書省」。經傳多段省為婿或渻。音「所梗切」。

盾

瞂也。所以扞身蔽目。象形。凡盾之屬皆从盾。食閏切（三一）

自

鼻也。象鼻之形。凡自之屬皆从自。疾二切（三二）

古文自

臱

宮（段作「宀宀」）不見也。闕。武延切

按宀部「宮臱，臱臱不見也。一曰臱臱不見省人。从宀臱聲。武延切」臱與宮臱音義同。目部「矏，目旁薄緻宀宀也。从目臱聲。武延切」臱下說解「宀宀不見也」，矏下說解「目旁薄緻宀宀也」。「宀宀」並段作「臱臱」。臱，邊字从此。

白

此亦自字也。省自者，詞言之气从鼻出，與口相助也。凡白之屬皆从白。疾二切（三一）

皆

俱詞也。从比从白。古諧切

司部「詞，意內而言外也」，人部「俱，偕也」，「偕，彊也，一曰俱也」。皆與偕音同義亦近。

魯

鈍詞也。从白，羨省聲（段作「魚聲」）。論語曰：「參也魯。」郎古切

「羨省聲」段改為「魚聲」，證以古文以旅為魯，段改是也。論語先進「參也魯」，孔傳「魯，鈍也」。

者

𣅀事詞也.从白𣅀聲.
𣅀古文旅字.之也切
「𣅀事詞也」者.繫傳曰「凡文有者字者.所以為分𣅀隔異也」.又㫃部「𣅀古文旅」.與者字偏旁𣅀全不類.疑傳寫有誤.

智

識詞也.从白亏.从知.知義切
古文智.(段篆作𥏾)
智.今字作智.經典通用知.言部「識.常也.一曰知也」.知本作智.矢部「知.詞也.从口从矢.」陟离切 知是知曉字.智則是智識字.

百

十十也.从一白.數.(段「數」下有「十十為一百.百.白也」)十百為一貫.相章也.(段作「貫.章也」)博陌切
古文百
本書毌部「貫.錢貝之貫」.音部「章.樂竟為一章.从音十.十.數之終也」.段注「章.明也.數大於千.盈貫章明也」.則段是以章為彰字之段矣.

鼻

引气自畀也.从自畀.凡鼻之屬皆从鼻.入二切.段父二切(三二)

齅

以鼻就臭也.从鼻臭.臭亦聲.讀若畜牲之畜.(畜段作嘼)許救切
漢書敘傳班嗣與桓譚書「不絓聖人之罔.不齅驕君之餌.」師古注「齅.古嗅字」.口部無嗅.經傳或段臭為之.犬部「臭.禽走臭而知其迹者犬也.从犬自.」尺救切 是凡指气味.易繫辭「二人同心.其利斷金.同心之言.其臭如蘭.」至歺部「殠.腐气也.从歺臭聲.」尺救切 則是香臭字.

皕

二百也.凡皕之屬皆从皕.讀若祕.(段「讀若逼」)彼力切(祕逼二音 三三)

奭

盛也.从大从皕.皕亦聲.此燕召公名.讀若郝.(音壑)史篇名醜.徐鍇曰「史篇謂所作倉頡十五篇也」.詩亦切(音式)
古文奭
奭訓「盛也」者.漢元帝名奭.荀悅曰「諱奭之字曰盛」.詩召南甘棠序云「甘棠.美召伯也」.鄭箋「召伯.姬姓.名奭.食采於召.作上公.為二伯.後封于燕」.「史篇名醜」者.承培元以為當作「史篇以為醜字」.按本書眲部𧅫下云「古文以為醜字」.古文即史篇也.惟此大字宜在奭下.奭與奭形近.鄭君未定史篇之為醜者為奭或奭字.故兩存之.又

按史篇即史籀大篆十五篇也。徐鍇云「史篇謂所作倉頡十五篇也。」未是。鄭君說文敘云「及宣王太史籀，箸大篆十五篇。」「秦始皇帝初兼天下，丞相李斯……作倉頡篇。」漢書藝文志「史籀十五篇」自注「周宣王太史作大篆十五篇。」志又云「史籀篇者，周時史官教學童書也。」「倉頡七篇者，秦丞相李斯所作也。」又王莽傳「徵天下通史篇文字者。」孟康注「史籀所作十五篇也。」

習　翫

習　數飛也。从羽从白。（段作「白聲」）凡習之屬皆从習。似入切（三二）

翫　習猒也。从習元聲。春秋傳曰翫歲而愒日。五換切

今經傳或段玩為翫。玉部「玩，弄也。从玉元聲。五換切」「貦，玩或从貝。」易繫傳「所樂而玩者，爻之辭也。」「居則觀其象而玩其辭，動則觀其變而玩其占。」玩皆當作翫。又心部「忨，貪也。从心元聲。春秋傳曰忨歲而㵣日。五換切」今左傳昭公元年「翫歲而愒日」，與翫下引同。杜注「翫、愒皆貪也。」「翫」訓「貪」也，是段借作忨。而「愒」「㵣」則當是渴字之

段。本書心部「愒，息也。从心曷聲。臣鉉等曰今別作憩，非是。去例切」是愒息字。欠部「㵣，欲歠歠也。从欠渴聲。苦葛切」俗段渴為㵣。欲歠字。水部「渴，盡也。从水曷聲。苦葛切」是渴乃「渴盡」字。俗又以竭為之。立部「竭，負舉也。从立曷聲。渠列切」書泰誓「我聞吉人為善，惟日不足。凶人為不善，亦惟日不足。」傳云「言吉人渴日以為善，凶人亦渴日以行惡。」「渴日」猶盡日也。尚是本義。

羽　翰

羽　鳥長毛也。象形。凡羽之屬皆从羽。王矩切（三二）

翰　天雞赤羽也。（段作「天雞也。赤羽。」）从羽倝聲。逸周書曰文翰若翬雉，一名鷐風。周成王時蜀人獻之。侯幹切

鳥部「鶾，雉肥鶾音者也。从鳥倝聲。魯郊以丹雞祝曰以斯鶾音赤羽去魯侯之咎。侯幹切」爾雅釋鳥「鶾，天雞。」郭注「鶾雞赤羽。逸周書曰文鶾若彩雞，成王時蜀人獻之。」逸周書王會篇「蜀人以文翰。文翰者，若皐雞。」孔晁注云「王城既成，大會諸侯及四夷。」故知當成王時蜀人獻之也。按「翰」「鶾」二字似屬一字。然詳鄭君義則「天雞赤羽」作翰。

「雉肥翰音」作鶾，今經典通作翰，而鶾不行矣。易中孚「翰音登于天」，礼曲礼「雞曰翰音」。翰蓋當作鶾。又毛部「𣯛，獸豪也。从毛，倝聲。侯幹切」是𣯛罕字。鳥部「鶾，鳥毛長也。从鳥，軌聲。侯肝切」今皆借翰為之，而𣯛、鶾亦不行矣。揚雄長楊賦序「聊因筆墨之成文章，故藉翰林以為主人，子墨為客卿以風」。翰當作𣯛。又韋部「韓，井垣也。从韋，取其帀也。倝聲。胡安切」是井韓字，今經典省作韓。

翟

山雉尾長者。（段作「山雉也。尾長」）从羽，从隹。徒歷切

徐鍇繫傳云「漢書有翟方進，姓本音狄，後人姓乃音澤也」。

翦

羽生也。一曰矢羽。从羽，歬聲。即淺切

刀部「前，齊斷也。从刀，歬聲。子善切」止部「歬，不行而進謂之歬。从止在舟上。昨先切」歬是歬後字，前則是前刀字。今俗以前為歬，又以加刀作剪。說文無剪字。古籍或段翦為之。詩召南甘棠「蔽芾甘棠，勿翦勿伐」翦當作前。

翁

頸毛也。从羽，公聲。烏紅切

漢人或段翁為公，蓋疊韻。漢書項籍傳「吾翁即汝翁」注「謂父也」。廣雅釋親「翁，父也」。

翄

翼也。从羽，支聲。施智切

翄或从氏

俗書作翅。經典段作啻。孟子告子下「奚翅食重」朱子注「翅與啻同」。口部「啻，語時不啻也。从口，帝聲。一曰啻諟也。施智切」

翮

羽莖也。从羽，鬲聲。下革切

荀子王制篇「南海則有羽翮齒革曾青丹干焉」楊注「翮，大鳥羽也」。爾雅釋器「羽本謂之翮」郭注「鳥羽根也」。

羿

羽之羿風。亦古諸侯也。一曰射師。从羽，幵聲。五計切

弓部「𢏚，帝嚳䠶官，夏少康滅之。从弓，幵聲。論語曰𢏚善䠶。五計切」邑部「竆，夏后時諸侯夷羿國也」顏注漢書古今人表云「羿，有竆君也」。論語憲問「羿善射」疏引賈逵云「羿之先祖世為先王䠶官，故帝嚳賜羿弓矢，使司䠶」。淮南子本經訓「逮至堯之時，十日並出，焦禾稼，殺草木，而民無所食……堯乃使羿……上䠶十日」高誘注「十日並出，羿射去九」。又俶真訓「是故雖有羿之知而無所用之」注云「是堯時羿善射，能一日落九烏，繳大風，殺窫窳，斬九

羿射河伯之知巧也，非有窮后羿也。楚辭天問「羿焉彃日，烏焉解羽」注云「淮南言堯時十日並出，艸木焦枯，堯命羿仰射十日，中其九日，日中九烏皆死，墮其羽翼，故留其一日也」則羿、𢏚非一人，然同為射官。「射十日」之羿是堯時人，論語「羿善射」之羿則是夏之后羿，字當作𢏚。夏之夷羿，羿蓋帝嚳射官之裔也。

翕

起也。从羽合聲。許及切

徐鍇曰「翕字从羽，其本義謂鳥之斂翼。許訓為起者，蓋鳥之將飛，必先斂其羽翼，然後舒張而起也」鳥之斂羽翼引伸之為合也。古籍又段作㦻。易繫傳「夫坤其靜也翕」宋衷注「猶閉也」本書戶部「㦻，閉也。从戶劫省聲。口盍切（音瞌）」

翾

小飛也。从羽睘聲。許緣切（音喧）

徐鍇曰「文子云：翾飛蝡動」或作蜎。虫部「蜎，肙也」詩豳風東山「蜎蜎者蠋」傳云「蜎蜎，蠋貌」經傳或段作懁。荀子不苟篇「喜則輕而翾」注云「與懁同」心部「懁，急也。从心睘聲。古縣切」輕懁猶輕薄也。

翳

華蓋也。从羽殹聲。於計切

張衡西京賦「華蓋承辰」薛綜注「華蓋星覆北斗，王者法而作之」蔡邕獨斷云「凡乘輿車皆羽蓋金華爪」又西京賦「羽蓋葳蕤，葩瑵曲莖」薛綜注「羽蓋，以翠羽覆車蓋也」以羽蓋覆蔽謂之翳，引伸之為凡蔽之偁。方言「翳，掩也」廣雅「翳，障也」

隹

鳥之短尾總名也。象形。凡隹之屬皆从隹。職追切（音追，三二）

雅

楚烏也。一名鸒，一名卑居。秦謂之雅。从隹牙聲。臣鉉等曰：今俗別作鴉，非是。五下切。又烏加切

詩小雅小弁篇「弁彼鸒斯，歸飛提提」毛傳「鸒，卑居。卑居，雅烏也」爾雅釋鳥「鸒斯，鵯鶋」郭注「鴉烏也，小而多羣，腹下白」孔叢子小爾雅廣鳥云「純黑而反哺者謂之慈烏，小而腹下白不反哺者謂之雅烏……雅烏與鸒烏也」揚雄法言學行篇「頻頻之黨，甚於鸒斯，亦賊夫糧食而已矣」則雅乃不反哺、不孝不良善之烏，何以用為大小雅、雅正之字耶？段玉裁曰「雅之訓亦云素也、正也，皆屬段借」段氏只云雅字是段借，不云段借作何字，是段氏亦未知其本字也。清張行孚有

釋雅云「雅按劉氏台拱（見論語駢枝）謂雅之為言夏，古字相通，引孫卿榮辱篇越人安越，楚人安楚，君子安雅，及儒效篇居楚而楚，居越而越，居夏而夏為證。而荀氏申鑒左氏三都賦亦有音有夏楚之語，蓋謂音有夏音楚音之別也。然則風雅之本字，當作夏字無疑矣。雅知當為夏者，說文云夏，中國之人也。所謂中國者，以天下言之，則中原為中國，以列國言之，則王都為中國。劉氏所謂王都之音最正，故以雅名，列國之音不盡正，故以風名是也。春秋時，楚鍾儀琴操南音，范文子謂之樂操土風，則詩之名風者，其為列國之土風明矣。故班孟堅條各國之風俗，必以風詩明之，而總括之曰剛柔緩急，音聲不同，繫水土之風氣，故謂之風。鄭詩正義亦言詩體既異，樂音亦殊，國風之音，各從水土之氣，蓋詩之所以名風者，雖亦包民風而言，實以其為列國之土音也。詩所以名雅者，雖包王政而言，實以其為王都之正音也」。王念孫讀書雜志荀子雜志榮辱君子安雅條云「譬之越人安越，楚人安楚，君子安雅，引之曰雅讀為夏，夏謂中國也，故與楚越對文。儒效篇居楚而楚，居越而越，居夏而夏，是其證。古者夏雅二字互通，故左傳齊大夫子雅，韓非子外儲說右篇作子夏」。則雅為夏之假借，了無可疑矣。夏之本訓是中國之人，以為正者，中正義同也。

隻

鳥一枚也。从又持隹，持一隹曰隻，二隹曰雙。之石切

嶲

嶲周，燕也。（依段本補「嶲」字）从隹，屮（段作山）象其冠也，向聲。一曰蜀王望帝婬其相妻，慙亡去，化為子嶲鳥，故蜀人聞子嶲鳴，皆起云望帝。（音攜）户圭切

爾雅釋鳥「嶲周」，郭注「子嶲鳥，出蜀中」。郝懿行疏云「按子嶲即子規，又作秭鳺……說文以嶲周為燕，別名此古義也」。又釋鳥「燕燕，鳦」，郭注「詩云燕燕于飛，一名玄鳥，齊人呼鳦」。詩邶風燕燕疏引舍人曰「嶲周名燕，燕又名鳦」。本書十一下部首「燕，玄鳥也，籋口，布翄，枝尾，象形」。十二上部乚「乚，玄鳥也，齊魯謂之乚，取其鳴自呼，象形」。「鳦，乚或从鳥」。鄦君於「嶲」下云「嶲周，燕也」，是以嶲周為燕之又名。而「一曰」云云，是又一義，即郭注所謂「子嶲鳥」也。又蜀王望帝事見揚雄蜀王本紀：「蜀王本姓杜，名宇，蜀人思之，故名子嶲為望帝，亦名杜宇，今之杜鵑也」。

雀

依人小鳥也。从小隹。讀與爵同。即略切

古今注「雀，一名嘉賓，言栖宿人家如賓客也」。禮記月令「季秋之月……鴻雁來賓」，鄭注「來賓，言其客止未去也」。

雞

雞　知時畜也。从隹奚聲。古兮切

鷄　籀文雞从鳥

玉篇「雞，司晨鳥。」春秋考異郵「鶴知夜半，雞應旦明。」淮南子說山訓「雞知將旦，鶴知夜半。」又春秋說題辭「雞為積陽，南方之象，火陽精，物炎上，故陽出雞鳴，以類感也。」

雛

雛　雞子也。从隹芻聲。士于切

鶵　籀文雛从鳥

爾雅釋鳥「生噣雛。」注「能自食。」釋文「鳥子生而能啄者。」

離

離　離黃（依段補「離」字）。倉庚也。鳴則蠶生。从隹离聲。呂支切

詩豳風東山「倉庚于飛，熠燿其羽。」箋云「倉庚仲春而鳴，嫁取之候也。熠燿其羽，羽鮮明也。」又七月「春日載陽，有鳴倉庚。女執懿筐，遵彼微行，爰求柔桑。」傳云「倉庚，離黃也。」箋云「倉庚鳴，可蠶之候也。」又邶風旄丘「瑣兮尾兮，流離之子。」傳云「流離，鳥也。」引伸之為流離、「分離」字。亦作鸝。鸝為黃鸝。爾雅作鵹，又作鵹黃。釋鳥「鵹黃，楚雀。」注「即倉庚也。」又「倉庚，鵹黃也。」注「其色鵹黑而黃，因以為名。」釋文鵹作鵹，云「詩傳作離，說文作鵹，云其色黎黑而黃也。」

又云「離黃，倉庚也。鳴則蠶生。」按說文無鵹鳥鵹黑字，本部有「鵹，鵹黃也。从隹黎聲。一曰楚雀也。其色黎黑而黃。」是離與鵹任為一物。又經傳每段離為「附麗」、「遭離」字。詩邶風新臺「魚網之設，鴻則離之。」王風兔爰「有兔爰爰，雉離于羅。」艸部「蘺，麗艸木相附蘺麗土而生。从艸麗聲。易曰百穀艸木蘺於地。」呂支切 此附麗本字。今易離卦彖辭「離，麗也。日月麗乎天，百穀艸木麗乎土。」已段作麗矣。本書鹿部「麗，旅行也。鹿之性，見食急則必旅行。从鹿丽聲。禮麗皮納聘，蓋鹿皮也。」郎計切「丽，古文。」按麗皮即鹿皮。今儀礼士冠礼及士昏礼「束帛儷皮」。鄭注「儷皮，兩鹿皮也。」而白虎通嫁娶篇作「束帛離皮」。注云「離與儷同，儷皮，雙皮也。」是班固以為作「儷皮」為正。然據說文，仍當作「麗皮」。鄭訓「兩鹿皮」者，或以古文丽字象兩鹿皮相附著之形歟。人部「儷，棽儷也。从人麗聲。」呂支切 林部「棽，木枝條棽儷皃。」

雕

雕　鷻也。从隹周聲。都僚切

鵰　籀文雕从鳥

詩小雅四月「匪鶉匪鳶。」毛傳「鶉，雕也。雕、鳶，貪殘之鳥也。」今經典雕鷻字多用籀文作鵰，而以雕為「彫琢」，彫為凋。論語公冶長「子曰：朽木不可雕也。」子罕「歲寒，然後知松柏之後彫也。」是段雕為彫，段彫為凋也。本書彡部「彫

琢文也。从彡周聲。」玉部「琱，治玉也。一曰石似玉。从玉周聲。」仌部「凋，半傷也。从仌周聲。」

䧹

䧹 鳥也。（段「鳥」上有「䧹字」）从隹，瘖省聲。或从人，人亦聲。（段作「从隹从人，瘖省聲」）徐鍇曰：鷹隨人所指𨊠，故从人。於凌切

鷹 籀文䧹从鳥

今經典多從籀省作鷹。詩大雅大明「維師尚父，時維鷹揚」，箋云「鷹，鷙鳥也」。礼月令「仲春之月……鷹化為鳩」。爾雅釋鳥「鷹，鶆鳩」，又「鷹隼醜，其飛也翬」。

雁

雁 鳥也。（段「鳥」上有「雁字」）从隹从人，厂聲。讀若鴈。臣鉉等曰：雁知時鳥，大夫以為摯，昏礼用之，故从人。五晏切

鳥部「鴈，鵝也。从鳥人，厂聲。臣鉉等曰：从人从厂，義無所取，當从雁省聲。五晏切」。爾雅釋鳥「舒鴈，鵝」。李巡注「野曰鴈，家曰鵝」。按雁是知時鳥，鴈則是野鵝。大徐雁鴈下語疑有錯舛。「大夫以為摯，昏礼用之，故从人」當在鴈下，雁則當「从鴈省聲」。王筠繫傳校錄於鴈下云「此乃昏礼之鴈也。鄭注只取其順陰陽往來為說，蓋亦古訓相傳如是。故鄭特關之。雁隸隹部，乃春北秋南之鳥；鴈隸鳥部，則人家常畜之鵝也。昏礼摯不用死，舜典於玉、鴈亦謂之二主。雁固不可時得，豈能人人具此？故知鄭君為是。鄭君為汝南

人。余親見河南奠鴈用鵝。鄭君為高密人，而墓在吾安邱之礡阜吾縣，未有奠鴈之礼，或鄭君時已然，故意揣之而為說也。」古籍或段鴈為贗。韓非子說林下「齊伐魯，索讒鼎，魯以其鴈往，齊人曰鴈也，魯人曰真也」。鴈即贗之借字。火部「𤎩，火色也。从火雁聲。讀若鴈」。贗鼎今俗或作贋，或作贗，貝部無。

隿

隿 （段篆作𨾴，是）繳射飛鳥也。从隹弋聲。與職切

此𨾴繳之正字，古籍多段弋為之。論語述而「子釣而不綱，弋不射宿」。淮南子泰族訓「以弋繳博奕之日誦詩讀書，聞識必博矣」。丿部「弋，橜也。象折木衺銳著形。从丿，象物挂之也。與職切」。弋訓「橜也」，即俗謂之「橛杙」。今既段弋為隿，遂復段杙為弋。木部「杙，劉。劉杙。从木弋聲。與職切」。杙本木名。

雄

雄 鳥父也。从隹，厷聲。羽弓切

雌

雌 鳥母也。从隹，此聲。此移切

說苑辨物篇「其在鳥則雄為昜，而雌為侌」。引伸之為侌昜剛柔。老子「知其雄，守其雌」。淮南子原道訓「聖人守清

道。而抱雌从節。」注「雌。柔弱也。」

雋

肥肉也。(段作「鳥肥也。」)从弓。所以射隹。(段作「从弓隹。弓所以射隹。」)長沙有下雋縣。徂沇切(音儁)

野鳥之味雋永而美。故引伸為雋永。古籍或段為儁字。

奞

鳥張毛羽自奮也。(段本句讀「奮」下有「奞」字。)从大隹。凡奞之屬皆从奞。讀若睢。息遺切(須。追揮三音。三二)

奪

手持隹(段作奞)失之也。从又奞。徒活切

引伸為凡「失奪」「奪落」之偁。今乃段脫為之。而改从寸作奪。奪為「爭敓」「搶敓」字。攴部「敓。彊取也。徒活切」肉部「脫。消肉臞也。徒活切」凡「消脫」用脫。今亦段脫為「解挩」字。手部「挩。解挩也。他括切」

奮

翬也。从奞在田上。詩曰。不能奮飛。方問切

羽部「翬。大飛也。从羽軍聲。一曰伊雒而南。雉五采皆備曰翬。詩曰(小雅斯干)如翬斯飛。」爾雅釋鳥「鷹隼醜其飛也翬。」郭注「鼓翅翬翬然疾。」奮訓「翬也。」桂氏以為當作揮。手部「揮。奮也。」二字互訓。一切經音義「廣雅。奮。振也。鳥之奮迅。即毛起而身大。故字从奞在田上。」詩邶風柏舟「靜言思之。不能奮飛。」傳云「不能如鳥奮翼而飛去。」此「奮飛」。「奮起」字。心部「憤。滿也。」則是「發憤」字。憤由心生。奮則見之於行動。

雈

鴟屬。从隹从𦫳。有毛角。所鳴其民有旤。凡雈之屬皆从雈。讀若和。胡官切(音桓。三三)

舊

鴟舊。舊畱也。从雈臼聲。巨救切(按錄「許流切」是。音鵂或畱。)

鵂 舊或从鳥休聲。

徐鍇曰「今借為新舊字。其救切」按舊鵂本一字。今則分而為二。以舊為新舊字。而鴟鵂專用鵂。清張行孚釋舊云「經典新舊字皆作舊。玫說文云。舊。鴟舊。即爾雅怪鴟。郭注廣雅謂之鴟鵂。王氏引之謂頭似貓而夜飛。揚州人謂之夜貓。蓋即吾鄉所偁貓頭鳥也。舊既是鳥名。則經傳用為新舊者乃是段字。非其本字也。然則舊之本字為何。謹案。書無逸舊勞於外。舊為小人。史記舊皆作久。史記集解引鄭康成書注云。舊猶久也。

引馬融注亦云久為小人。然則舊音與久通。而舊為段字。
久為本字明矣。久聲惟與舊通。是以說文鵂字云舊也。
白虎通則云鵂之為言久也。而鵂舊之鳥海外南經大荒
南經皆作鵂久。蓋物之久者必舊。物之舊者必久。今雖
分為二字。古則實為一字也」

𦍌

羊角也。象形。凡𦍌之屬皆从𦍌。
讀若乖。工瓦切（音乖。三三）

乖

戾也。从𦍌而𠔁。（段作「从𦍌𠔁」）𠔁。古文別。
（段本無此）臣鉉等曰：𠔁，兵列切。篆文分別字也。古懷切
說解戾當作盭。犬部「戾，曲也。从犬在戶下。戾者身曲戾也」
弦部「盭，弼盭也。从弦省从盩。讀若戾」易序卦傳「家道
窮必乖。故受之以睽。睽者乖也」又按段本無「𠔁。古文別」是
冎部「別，分解也」無古文。八部「𠔁，分也。从重八。八，𠔁也」「分，𠔁也。从
八从刀。刀以分𠔁物也」𠔁是分𠔁字。別則是離別字。俗多段
別為𠔁耳。

芇

相當也。闕。讀若
宀。母官切（音瞞）

桂从𦍌宀聲。故「讀若宀」。母官切則音瞞。又芇訓「相當也」。故
國語「閔好」。應是「芇好」字。

苜

目不正也。从𦍌目。凡苜之屬皆从苜。莧从此。
讀若末。徐鍇曰𦍌角戾也。徒結切
（末滅二音。三三）

瞢

目不明也。从苜从旬。旬。
目數搖也。木空切（音蒙）
周礼春官眡祲「六曰瞢」注引鄭司農云「瞢，日月瞢瞢無光
也」左傳襄公十四年「亦無瞢焉」杜注「瞢，悶也」小爾雅「瞢，
懣也」是引伸之義。瞢與夢音義同。夕部「夢，不明也。从夕，瞢
省聲」詩小雅正月「民之方殆。視天夢夢」至夢寐字則本
作㝱。七下㝱部「㝱，寐而有覺也。从宀从疒，夢聲」又俗加心
作懜字者。則正字當作懜。本書心部「懜，不明也。从心夢聲。
武亘切」論語為政「學而不思則罔。思而不學則殆」罔正是
懜之段借。今俗又有矒字。則是瞢字之譌。目部「矇，童矇
也。一曰不明也。从目蒙聲」詩大雅靈臺「矇瞍奏公」傳曰「有
眸子而無見曰矇」周礼春官序官瞽矇注引鄭司農云
「無目眹謂之瞽。有目眹而無見謂之矇。有目無眸子謂
之瞍」古籍或段蒙為矇。易蒙卦「匪我求童蒙」艸部

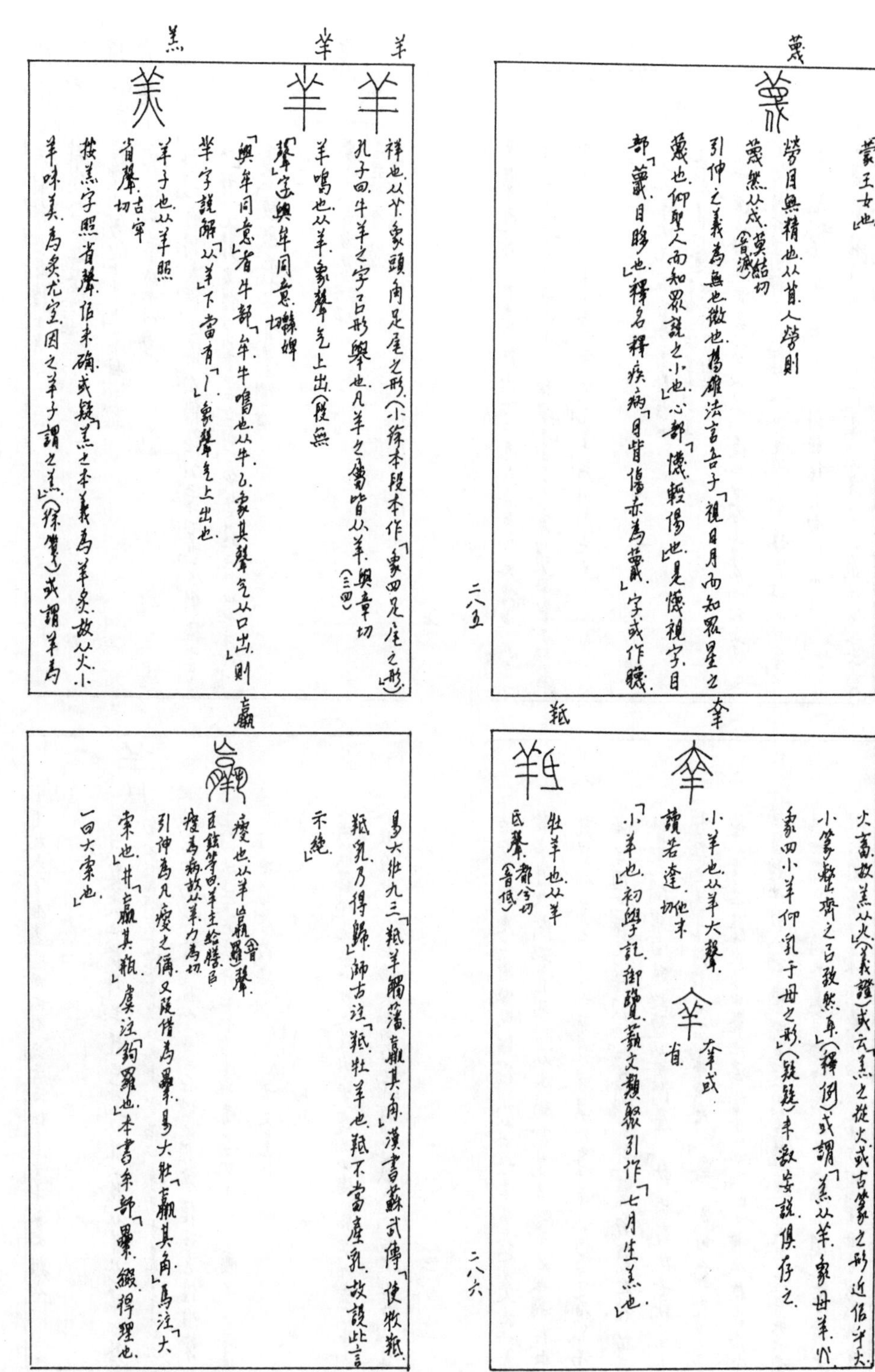

「蒙，王女也。」

蔑

勞目無精也。从苜，人勞則蔑然；从戍。莫結切（音滅）

引伸之義為無也、微也。揚雄法言吾子「視日月而知眾星之蔑也，仰聖人而知眾說之小也。」心部「懱，輕傷也。」是懱視字。目部「䁾，目眵也。」釋名釋疾病「目眥傷赤為䁾。」字或作䁾。

羊

祥也。从𦍌，象頭角足尾之形。（小徐本段本作「象四足尾之形」）孔子曰「牛羊之字以形舉也。」凡羊之屬皆从羊。與章切（三四）

羋

羊鳴也。从羊，象聲气上出。（段無「聲」字）與牟同意。綿婢切

「與牟同意」者，牛部「牟，牛鳴也。从牛，厶象其聲气从口出。」則羋字說解「从羊」下當有「丨，象聲气上出也。」

羔

羊子也。从羊，照省聲。古牢切

按羔字照省聲，佀未確，或疑「羔之本義為羊炙，故从火。小羊味美，為炙尤宜，因之羊子謂之羔。」（徐灝箋）或謂「羊為火畜，故羔从火。」（義證）或云「羔之從火，或古篆之形近佀乎大，小篆整齊之以致然耳。」（釋例）或謂「羔从羊，象母羊，灬象四小羊仰乳于母之形。」（疑疑）未敢妄說，俱存之。

羍

小羊也。从羊，大聲。讀若達。他末切

𦍒 羍或省。

「小羊也」，初學記、御覽、藝文類聚引作「七月生羔也」。

羝

牡羊也。从羊，氐聲。都兮切（音低）

易大壯九三「羝羊觸藩，羸其角。」漢書蘇武傳「使牧羝，羝乳乃得歸。」師古注「羝，牡羊也。羝不當產乳，故設此言示絕。」

羸

瘦也。从羊，𣎆（音羅）聲。臣鉉等曰：羊主給膳，以瘦為病，故从羊。力為切

引伸為凡瘦之偁，又段借為纍。易大壯「羸其角。」馬注「大索也。」井「羸其瓶。」虞注「鉤羅也。」本書糸部「纍，綴得理也。一曰大索也。」

羠

羊相羵也（段「羵」上有「羠字」）从羊委聲。於僞切

羵

羠羵也（段篆下有「羊相」二字）从羊賁聲。子賜切

「羠羵」經傳或作「委積」。左傳僖公三十一年「居則備一日之積」。積是羵之借字。本書女部「委，委隨也。从女从禾。於詭切」禾部「積，聚也。从禾責聲。則歷切」

羣

輩也。从羊君聲。臣鉉等曰：羊性好羣，故从羊。渠云切

易繫傳「物以羣分」。詩小雅吉日「或羣或友」，傳曰「獸三曰羣，二曰友」。禮曲禮「大夫不掩羣」，正義「羣謂禽獸共聚也」。檀弓「吾離羣而索居」，注云「羣謂同門友也」。

美

甘也。从羊大。羊在六畜主給膳也。美與善同意。臣鉉等曰：羊大則美，故从大。無鄙切

本書五上部曰「甘，美也。从口含一。一，道也」。甘者五味之一，而五味之美者皆曰甘。引伸之凡好皆謂之美。女部「媄，色好也。从女美，美亦聲。無鄙切」是女色之美。今則統作美而媄不行矣。「羊在六畜主給膳」者，丑部「羞，進獻也。从羊，羊，所進也。从丑，丑亦聲」。

周礼天官膳夫「膳用六牲」，注云「六牲，馬牛羊豕犬雞也」。

羌

西戎牧羊人也（段作「羊種也」）从人从羊（段「从羊儿」）羊亦聲。南方蠻閩从虫，北方狄从犬，東方貉从豸，西方羌从羊，此六種也。西南僰人、僬僥从人，蓋在坤地，頗有順理之性。唯東夷从大。大，人也。夷俗仁，仁者壽，有君子不死之國。孔子曰：道不行，乘桴浮於海。有以也。去羊切

古文羌如此。

爾雅釋地「九夷、八狄、七戎、六蠻，謂之四海」，郭注「九夷在東，八狄在北，七戎在西，六蠻在南」。徐箋「戴氏侗曰：戎狄之人生於深山巃虎之鄉，故狄貊玁狁从犬从豸。蠻越之人生於蟲蛇之鄉，故閩蠻巴蜀皆从虫。猶荊楚以艸木名也」。灝按此說最確。羌之从羊，亦猶是矣。其地產羊，故牧羊者衆，而造字因之，借為語詞。「蠻閩」：虫部「蠻，南蠻，蛇種。从虫䜌聲」「閩，東南越，蛇種。从虫門聲」。「狄」：犬部「狄，赤狄，本犬種。狄之為言淫辟也。从犬，亦省聲」。「貉」：豸部「貉，北方豸種。从豸各聲。孔子曰：貉之為言惡也」。「此六種也」，段以為當云「異種也」。桂氏謂「蠻閩為二，則五種，連西戎乃六也。或六當為四，謂四方」。周礼夏官職方氏「四夷八蠻七閩九貉五戎六狄」，注引鄭司農云「東方曰夷，南方曰蠻，西方曰戎，北方

曰貉狄」鄭玄曰「閩蠻之子也」是夷蠻閩戎貉狄六種也「西南僰人僬僥从人」者人部「僰犍爲蠻夷从人棘聲蒲北切(音匐)」水經注僰道縣下引地理風俗記曰「夷中最仁有人道故字从人」今經典作棘又人部無僬殷本作焦是人部「僥南方有焦僥人長三尺短之極也从人堯聲」「唯東夷从大大人也」者本書十下部目「大天大地大人亦大故大象人形」大部「夷平也从大从弓東方之人也」「夷俗仁」者爾雅釋地「東至日所出爲太平太平之人仁」郭注「地氣使之然也」「仁者壽有君子不死之國」者山海經海外東經「君子國在奢比之尸北其人好讓不爭」大荒東經「有君子之國其人衣冠帶劍」注云「好謙讓也」淮南子地形訓「凡海外三十六國自西南至東南有不死民自東南至東北有君子國」又「東方有君子之國」高注「東方木德仁故有君子之國」又山海經大荒南經「有不死之國阿姓甘木是食」注「甘木即不死樹食之不老」海外南經「不死民在交脛國東其爲人黑色壽不死一曰在穿匈國東」注「有員邱山上有不死樹食之乃壽亦有赤泉飲之不老」後漢書東夷傳「東方曰夷夷者柢也言仁而好生萬物柢地而出故天性柔順易以道御至有君子不死之國焉」「孔子曰云云」者桴當作泭木部「桴棟名从木孚聲附柔切(音浮)」水部「泭編木以渡也从木付聲芳無切(音孚)」論語公冶長「子曰道不行乘泭

浮於海」子罕「子欲居九夷」漢書地理志「東夷天性柔順異於三方之外故孔子悼道不行設浮於海欲居九夷有以也夫」

羑

羑

進善也从羊久聲文王拘羑里在湯陰與久切

按羑訓「進善也」與誘意近本書厶部「𧦝相訹呼也从厶从羑與久切」「誘或从言秀」「𧥺或如此」「𦍒古文」臣鉉等曰羊部有羑羑進善也此古文重出」

羴

羴

羊臭也从三羊凡羴之屬皆从羴式連切(三四)

羶

羴或从亶

羼

羼

羊相廁也从羴在尸下尸屋也一曰相出前也初限切(音產)

道爾誤入曰羼釋名「廁襍也」字當作𢿏攴部「𢿏劉也」广部「廁清也」「相𢿏」猶襍𢿏相劉也「相出前」者突出爲前也

瞿

鷹隼之視也。从隹䀠，䀠亦聲。凡瞿之屬皆从瞿。讀若章句之句。(小徐本有「又音衢」。段注「音，當作若」)九遇切，又音衢(三四)

矍

隹欲逸走也。从又持之，矍矍也(段作「瞿瞿」是)。讀若詩云穬彼淮夷之穬。一曰視遽皃。九縛切(音廓)

易震上六「震索索，視矍矍」鄭云「目不正也」馬云「中未得之皃」人之中未得，其目如鷹隼之欲逸走而未能之矍矍然也。又後漢書馬援傳「矍鑠哉是翁也」注云「勇皃」。「讀若詩云穬彼淮夷之穬」，按今詩魯頌泮水「憬彼淮夷」作憬，本書心部「憬，覺寤也。从心景聲。詩曰憬彼淮夷」引作憬，與今詩合，則此作穬是叚借。韓詩作獷，釋文則云憬說文作懬，音獷，今心部懬下無此文。

雔

雙鳥也。从二隹。凡雔之屬皆从雔。讀若疇。市流切(三四)

靃

飛聲也。雨而雙飛者，其聲靃然。(段此下有「从雨雔」三字)呼郭切

俗省作霍，引伸之為「揮霍」。陸機文賦「紛紜揮霍」，李善注「揮霍，疾貌」。又為離散之偁，司馬相如大人賦「霍然雲消」。

雙

隹二枚也。从雔，又持之。所江切

从又持二隹為雙，引伸之義，凡物两两相對之偁。

雥

羣鳥也。从三隹。凡雥之屬皆从雥。徂合切(音集三五)

雧

羣鳥在木上也。从雥木。秦入切

集

雧或省

爾雅釋言「集，會也」。會猶聚也，合也。羣鳥聚於木上曰集。引伸為凡聚之偁。宋書南郡王義宣傳「苟不忠恕，則擇木之鶵有所不集矣」。古籍或叚襍為集。衣部「襍，五采相會。从衣集聲。徂合切」糸部「緝，合也。从糸集。姊入切」(緝合字)

鳥

長尾禽總名也。象形。鳥之足似匕，从匕。凡鳥之屬皆从鳥。都了切(三五)

鳳

神鳥也。天老曰(天老，黃帝臣)：鳳之象也，鴻前麐後(段作「麐前鹿後」。鹿部「麟，仁獸也」「麐，牝麒也」)，蛇頸魚尾，鸛顙

鴛思（段無此四字）龍文龜背（大徐原作虎背，依段改）燕頷雞喙，五色備舉，出東方君子之國，翺翔四海之外，過崑崙，飲砥柱，濯羽弱水，莫宿風穴，見則天下大安寧。从鳥凡聲。馮貢切（形聲）

古文鳳，象形。鳳飛，羣鳥從以萬數，故以為朋黨字。

亦古文鳳。

按「弱水」之弱當作溺，本書彡部「弱，橈也」，是彊弱字；水部「溺，水。自張掖刪丹西至酒泉合黎，餘波入于流沙」。又「朋黨」之黨當作攩，黑部「黨，不鮮也」，手部「攩，朋羣也」。又按「鳳」「朋」「鵬」本是一字，後人以朋羣字讀「皮冰切」，遂單以鳳為鳳鳥，而以鵬為鯤鵬字，亦讀「皮冰切」。莊子逍遙遊「化而為鳥，其名為鵬」，崔注「鵬即古鳳字」。

鸞

亦神靈之精也（「亦」段作「赤」）。赤色五采，雞形，鳴中五音，頌聲作則至。从鳥䜌聲。周成王時氐羌獻鸞鳥。洛官切

「頌聲作則至」者，楚辭九章「鸞鳥鳳皇日以遠兮」，注云「鸞鳳，俊鳥也，君有聖德則來，無德則去」。又惜誓「獨不見乎鸞鳳之高翔兮，乃集大皇之壄，循四極而回周兮，見聖德而後下」。「氐羌獻鸞鳥」者，逸周書王會篇「氐羌以鸞鳥」，注云「鸞大於鳳，亦歸於仁義者也」。

鷫

鷫鷞也。五方神鳥也。東方發明，南方焦明，西方鷫鷞，北方幽昌，中央鳳皇。从鳥肅聲。息逐切

司馬相如說，从叜聲。

鷞

鷫鷞也。从鳥爽聲。所莊切

雝

祝鳩也。从鳥隹聲。思允切

雝或从隹一。一曰鶉字。

今經典分雝隼為二字。易解卦上六「公用射隼於高墉之上」。詩小雅采芑「鴥彼飛隼，其飛戾天」，沔水「鴥彼飛隼，載飛載止」，鄭箋「隼，急疾之鳥也」。正義引說文云「隼，鷙鳥也」。爾雅釋鳥「鷹隼醜，其飛也翬」，郭注「鼓翅翬翬然疾」。則隼之義為鷙鳥，說解訓「祝鳩」是也。禮月令「仲春之月，鷹化為鳩」，王制「（仲秋）鳩化為鷹」。詩小雅四牡「翩翩者雝，載飛載下」，傳云「雝，夫不也」，箋云「夫不，鳥之慤謹者」。南有嘉魚「翩翩者雝，烝然來思」，傳云「雝，壹宿之鳥」，箋云「壹宿者，壹意於其所宿之木也，喻賢者有專壹之意於我」。釋文云「雝，音隹」。爾雅釋鳥直作隹，云「隹其鳺鴀」，是雝與鷙鳥之隼自是不同。又鳥訓「長尾禽總名」，隹是「鳥之短尾總名」，但不當以鳥又从隹合為

一字，疑本止作隹，傳寫誤耳。

鸒

雗(音)鷽，山鵲，知來事鳥也。从鳥，學省聲。胡角切(音學)今以為禾鵲

鷽或从隹

淮南子氾論訓「乾鵲知來而不知往」高注「乾鵲，鵲也。人將有來事憂喜之徵則鳴，此知來也。知歲多風，卑巢於木枝，人皆探其卵，故曰不知往也。」

鵖

鵖鴔，寧鴂也。从鳥，皀聲。彼及切(音皀)

爾雅釋鳥「鴟鴞，鸋鴂」詩豳風鴟鴞序「鴟鴞，周公救亂也。成王未知周公之志，公乃為詩以遺王，名之曰鴟鴞焉」其首章云「鴟鴞鴟鴞，既取我子，無毀我室」毛傳「鴟鴞，鸋鴂也。無能毀我室者，攻堅之故也。」箋云「寧亡二子，無毀我巢，我巢積日累功，作之甚苦。」毛詩艸木鳥獸蟲魚疏「鴟鴞似黃雀而小，其喙尖如錐，取茅莠為巢，以麻紩之如刺襪然，縣著樹枝，或一房，或二房。幽州人謂之鸋鴂，或曰巧婦，或曰女匠，關東謂之工雀，或謂之過贏，關西謂之桑飛，或謂之襪雀，或曰巧女。」此與詩魯頌泮水「翩彼飛鴞，集于泮林，食我桑黮，懷我好音」之飛鴞異。彼文陸疏云「鴞大如斑鳩，綠色，惡聲之鳥也。入人家凶，賈誼所賦鵩鳥是也。」又與鴟鵂異，鴟鵂即今之貓頭鷹。又木部「梟，不孝鳥也。日至捕梟磔之。从鳥頭在木上。」釋鳥「梟，鴟」郭注「土梟」亦與鴞異。

鷬

難

鷬，鳥也(段篆下有「鷬字」)。从鳥，堇聲。那干切(堇音勤)

難

鷬或从隹

難(段篆作難)

難是古文鷬

文堇作(堇)

難(段篆作難，王氏謂从竹無理，當作難)

難(象其尚形)古文鷬

難古文鷬(按，豈不知所从，堇之古文𦰩，此或當作難)

按難之本訓為鳥，今以為難易字者，清孫行字以為是乃之假借。本書丂上部曰「乃，申詞之難也，象气之出難」公羊傳宣公八年「而者何？難也。乃者何？難也。曷為或言而，或言乃？乃難乎而也。」乃下說解云「申詞之難也」是以通行之借字釋本字也。

鶴

鶴

鳴九皋(段篆下有鶴字)聲聞于天。从鳥，隺聲。下各切

詩小雅鶴鳴「鶴鳴于九皋，聲聞于天」毛傳「皋，澤也」陸璣疏云「鶴形狀大如鵝，長腳，青翼，高三尺餘，赤頂赤

二九五

二九六

目、喙長四寸餘，多純白，亦有蒼色。蒼色者今人謂之赤頰。常夜半鳴，故淮南子曰「雞知將旦，鶴知夜半」。其鳴高亮，聞八九里。雌者聲差下。今吳人園囿中及士大夫家皆養之。

鵠

鴻鵠也。（段作「黃鵠也」）从鳥告聲。胡沃切

鴻

鴻鵠也。从鳥江聲。戶工切

陸璣詩疏云「鴻鵠羽毛光澤，似鶴而大，長頸，肉美如鴈。又有小鴻，大小如鳧，色亦白，今人直謂鴻也」。史記高祖本紀載高祖鴻鵠歌「鴻鵠高飛，一舉千里。羽翼既就，橫絕四海」。

鵝

鴚（音哥）鵝也。从鳥我聲。五何切

本部「鴈，鵝也。从鳥人，厂聲」。爾雅釋鳥「舒鴈，鵝」。李巡注「野曰鴈，家曰鵝」。

鶩

舒鳧也。从鳥敄聲。莫卜切

几部「鳧，舒鳧，鶩也」。爾雅釋鳥同。李巡曰「野曰鳧，家曰鶩」。

鴇

鳥也。（段篆下有鴇字）肉出尺胾。从鳥𠦬聲。（音保）博好切

鳵　鴇或从包。

肉部「胾，大臠也。从肉𢦏聲。（音雉）側吏切」。匕部「𠦬，相次也。从匕十。鴇从此。博抱切（音保）」。「肉出尺胾」，謂不能食者尺胾。詩唐風鴇羽「肅肅鴇羽，集于苞栩」。毛傳「鴇之性不樹止」。釋文「鴇似鴈而大，無後趾，性不樹止」。陸疏「連蹏，性不樹止」。宋陸佃庶物異名疏「鴇性最婬，逢鳥則與之交」。

鷻

鷻，鳥也。从鳥𦾔聲。（臣鉉等曰「𦾔非聲，一本从𠦒，疑从雚省。今俗别作鷻，非是」）與專切（段五各切，是）

按大徐說未允。桂馥、王筠、王念孫[illegible]為鷻上應奪鳶篆。「鷻，鳥也」應是鳶字之訓，原作「鳶，鷙鳥也。从鳥弋聲。與專切」。而鷻字之訓原奪失，當云「鷻，雕鷻。从鳥𦾔聲。五各切（音咢）」。而鶚則鷻之或字。漢書鄒陽傳「臣聞鷙鳥累百，不如一鶚」。孟注「鶚，大雕」。顏注「鶚，鷙擊之鳥，鷹鸇之屬」。輟耕錄無名氏雕傳云「其與雕同氣而異質者，鷹鸇鷻鳶，隼鷂鶻鴟鵰皆助雕為虐者也」。鳶鶚竝列，明非一物。又詩小雅四月「匪鶉匪鳶，翰飛戾天」，大雅旱麓「鳶飛戾天，魚躍于淵」。正義竝引說文「鳶，鷙鳥也」。此鷙鳥為鳶之說解之證。文選鸚鵡賦李善注引說文「鶚，雕

也」此舊本訓雕之證也．

鷂

鷙鳥也，从鳥䍃聲．弋笑切

爾雅釋鳥「鷣，負雀．」郭注「鷣，鷂也．江東呼之為鷣．」急就篇「鷹鷂鴇鴰翳雕尾．」顏注「鷂一名題肩，亦曰擊征，又名負爵，色類甚多，皆鷙鳥也．」

鴡

王鴡也，从鳥且聲．七余切

爾雅釋鳥「鴡鳩，王鴡．」郭注「雕類，今江東呼之為鶚，好在江渚山邊食魚．」毛詩傳曰「鳥摯而有別．」今詩周南關雎作雎，淮南子泰族訓「關雎興於鳥而君子美之，為其雌雄之不乘凥也．」

鷐

鷐風也，从鳥晨聲．植鄰切

今詩秦風晨風篇作晨風，古詩十九首「晨風懷苦心，蟋蟀傷局促．」亦作晨，俱是鷐之段．晶部「曟，房星，為民田時者．」「晨，曟或省．」此與𦥑部之晨異，𦥑部「晨，早昧爽也，从𦥑辰，辰，時也，辰亦聲，丮夕為夙，𦥑辰為晨．」今

隸變曟晨皆作晨．

鷙

擊殺鳥也，从鳥執聲．脂利切

「擊殺鳥」者，謂能擊殺之鳥也．古籍或段摯為鷙，夏小正「六月鷹始摯．」禮月令「鷹隼蚤摯．」

鴥

鸇飛皃，从鳥穴聲．詩曰「鴥彼鷐風．」余律切（音聿）

詩秦風晨風「鴥彼晨風，鬱彼北林．」毛傳「鴥，疾飛皃．晨風，鸇也．」字或作鴪．

鶯

鳥也（段作「鳥有彣彰皃」），从鳥𤇾聲（段作「熒省聲」）．詩曰「有鶯其羽．」烏莖切

詩小雅桑扈「交交桑扈，有鶯其羽．」傳曰「興也，鶯然有彣彰．」箋云「桑扈，竊脂也．興者，竊脂飛而往來有彣彰，人觀視而愛之，喻君臣以礼法威儀升降於朝廷，則天下亦觀視而仰樂之．」

鶡

佀雉，出上黨，从鳥曷聲．胡割切（音曷）

鶱

飛皃，从鳥，寒省聲．虛言切

古籀寫或作寫，或作軒，竝是叚借。鳥部「寫，馬腹鷙鳥也」。車部「軒，曲輈藩車」。

烏

孝鳥也。象形。孔子曰：烏，盱呼也。取其助气，故以為烏呼。凡烏之屬皆从烏。哀都切。臣鉉等曰：今俗作鳴，非是。（三五）

古文烏，象形。

象古文烏省。

舄

䧿也。象形。七雀切（音卓，又音式）

篆文舄，从隹昔。

按舄字象形，疑當篆作，又今經典从篆文，而變隹為鳥，作鵲，而舄則用為履舄字，音式。

焉

焉鳥，黃色，出於江淮。象形。凡字，朋者，羽蟲之長；烏者，日中之禽；舄者，知大歲之所在；燕者，請子之候，作巢避戊己。所貴者皆象形。焉亦是也。有乾切

按焉未知何鳥，自借為語詞，而本義廢矣。

說文解字第四下

華

箕屬，所以推棄（段注句讀改作「糞」是）之器也。象形。凡華之屬皆从華。官溥說。北潘切（古音本。今讀畢。三六）

畢

田网也（段本句讀依韻會補「从田」二字）从華，田（依修竹園補）。象畢形。或曰由聲（段作田）。卑吉切

按或說不可從。又畢之本訓為田网，莊子胠篋篇「夫弓弩畢弋機變之知多，則鳥亂於上矣」。詩小雅鴛鴦「鴛鴦于飛，畢之羅之」。又西方宿八星丫叉如畢网形，故亦曰畢。詩小雅漸漸之石「月離于畢，俾滂沱矣」。經典多叚畢為斁，或趕，攴部「斁，盡也。从攴畢聲。卑吉切」走部「趕，止行也。从走畢聲。卑吉切」凡「完畢」當作趕，「畢業」當作斁。

糞

棄除也。从廾推華棄釆（段作糞）。官溥說：似米而非米者矢字。方問切

土部「坌，埽除也。从土弁聲。讀若糞」。二字音義同。古謂除穢曰糞，今人直謂穢為糞。又引申之，除田亦曰糞。孟子滕文公「凶年糞其田而不足」。老子「天下有道，卻走馬以糞」，王弼注「卻走馬以治田糞也」。「似米而非米者矢字」，釋篆上體釆（按此非釆字）。矢當作菌。艸部「菌，糞也。从艸胃省聲。式視切」。古籀或叚矢為菌。史記廉頗傳「一食三遺矢矣」。

棄

捐也。从廾推𠦒棄之。从𠫓。𠫓，逆子也。詰利切

古文 弃　籀文 棄

手部「捐，棄也」。又「逆子也」，逆當作屰。辵部「逆，迎也」。干部「屰，不順也」。本書十四下部目「𠫓，不順忽出也。从到子。易曰：𠫓如其來如。不孝子𠫓出，不容於內也」。「㐬，或从到古文子。」易離卦九四「𠫓如其來如，焚如，死如，棄如」。孝經五刑章「五刑之屬三千，而辠莫大於不孝」。魏如淳曰「焚如、死如、棄如者，謂不孝子也。不畜於父母，不容於朋友，故燒殺棄之」。周礼司寇掌戮「凡殺其親者焚之，殺王之親者辜之」。

冓

交積材也。象對交之形。凡冓之屬皆从冓。古候切（三六）

再

一舉而二也。从一，冓省。作代切

王筠句讀曰「㠯一字舉冓字之中央，則摺疊而成冉，而背面自亦有一冉也，故得再之意。冓既摺疊，則一在其上矣，故得再之形。許云一舉，職此故也」。按此變體會意。

爯

并舉也。从爫，冓省。處陵切

按本書九下部目「冄，毛冄冄也」。隸變作冄，俗書作冉，與从冓省之冉異。「那」字从冄。又本書人部「偁，揚也。从人爯聲。處陵切」。禾部「稱，銓也。从禾爯聲。處陵切」。凡手舉物當作爯，偁揚當作偁，銓衡當作稱，今經典已統作稱矣。吾粵方音以手舉物曰「爯起」，讀七正切，猶存古義。至「名實相稱」字，則是婧字之叚。女部「婧，竦立也。从女青聲。一曰有材也。七正切」。又諸葛丞相集「吾心如秤，不能為人作輕重」。秤是俗字。鄦書無正字，當作稱。

幺

小也。象子初生之形。凡幺之屬皆从幺。於堯切（指事 三六）

幼

（段篆作幼）少也。从幺力。伊謬切

爾雅釋言「幼、鞠，稚也」。釋名釋長幼「幼，少也，言生日少也」。礼曲礼「人生十年曰幼，學」。又引之為凡精細之偁。今粵語謂物之精細者曰「幼細」是也。又叚借為窈。詩小雅斯干「噦噦其冥」，毛傳「冥，幼也」。漢書元帝紀贊「窮極幼眇」，注「讀

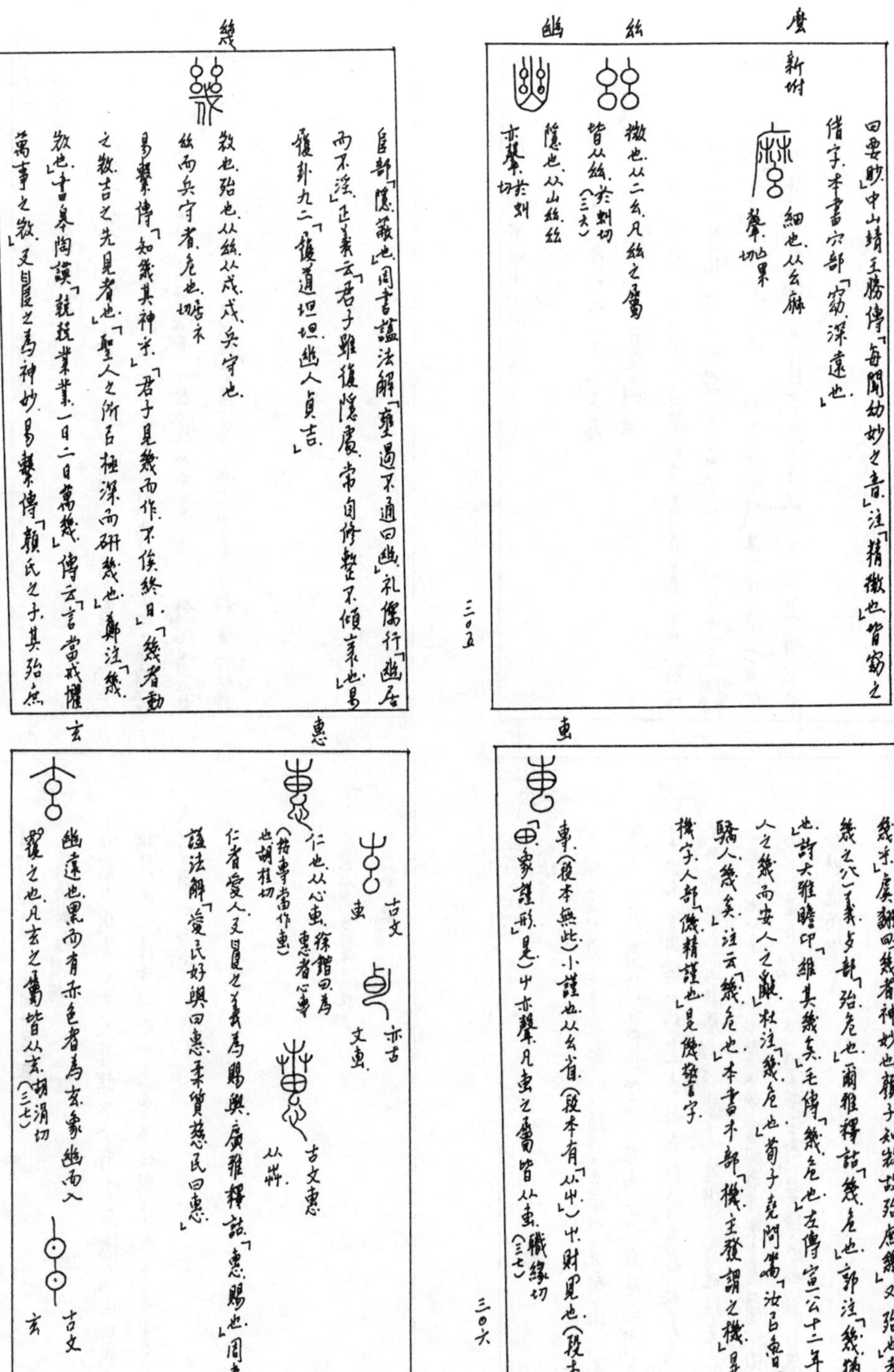

「四要眇」。中山靖王勝傳「每聞幼妙之音」注「精微也」，皆竊之借字。本書穴部「竊，深遠也。」

麼

新附

細也。从幺麻聲。亡果切

丝

微也。从二幺。凡丝之屬皆从丝。於虯切（三六）

幽

隱也。从山丝，丝亦聲。於虯切

阜部「隱，蔽也。」周書謚法解「壅遏不通曰幽」。礼儒行「幽居而不淫」，正義云「君子雖復隱處，常自脩整不傾邪也。」易履卦九二「履道坦坦，幽人貞吉。」

幾

微也。殆也。从丝从戍。戍，兵守也。丝而兵守者，危也。居衣切

易繫傳「知幾其神乎」，「君子見幾而作，不俟終日。」「幾者動之微，吉之先見者也。」「聖人之所以極深而研幾也。」鄭注「幾，微也。」書皋陶謨「兢兢業業，一日二日萬幾」，傳云「言當戒懼萬事之微。」又目昆之為神妙。易繫傳「顏氏之子，其殆庶幾乎。」虞翻曰「幾者神妙也。顏子知微，故殆庶幾。」又「殆也」者，是幾之引申義。歹部「殆，危也。」爾雅釋詁「幾，危也。」郭注「幾猶殆也。」詩大雅瞻卬「維其幾矣」，毛傳「幾，危也。」左傳宣公十二年「利人之幾而安人之亂」，杜注「幾，危也。」荀子堯問篇「汝以魯國驕人，幾矣。」注云「幾，危也。」本書木部「機，主發謂之機」，是樞機字。人部「僟，精謹也」，是僟謹字。

三〇五

叀

叀（段本無此）小謹也。从幺省（段本有「从屮」）。屮，財見也（段本有「田象謹形」是）。屮亦聲。凡叀之屬皆从叀。職緣切（三七）

惠

仁也。从心叀。徐鍇曰「為惠者心專也。」（按專當作叀）胡桂切

古文惠 从芔。

古文叀

亦古文叀

仁者愛人。又目昆之義為賜與。廣雅釋詁「惠，賜也。」周書謚法解「愛民好與曰惠，柔質慈民曰惠。」

玄

幽遠也。黑而有赤色者為玄。象幽而入覆之也。凡玄之屬皆从玄。胡涓切（三七）

古文玄

三〇六

兹

黑也，从二玄。春秋傳曰：「何故使吾水兹。」子之切（應作胡涓切）依段

左傳哀公八年「何故使吾水兹」，今左傳已作滋矣。釋文「滋，音玄，本亦作兹，子絲反。字林云：黑也。」則傳文蓋本作兹，俗誤已為兹，又誤作滋耳。艸部「茲，艸木多益」，水部「滋，益也」，兹子之切。史記屈原列傳「不獲世之滋垢」，蓋本作兹，後人誤讀茲，又改作滋耳。

予

推予也，象相予之形。凡予之屬皆从予。余呂切（三八）

舒

伸也，从舍（段無此）从予，予亦聲。（段作「舍聲」是）一曰舒緩也。傷魚切

此「舒卷」「舒發」字。「一曰舒緩也」則其及晨義。糸部「紓，緩也。从糸予聲，傷魚切」是紓緩字。手部「抒，挹也。从手予聲，神與切（音杼）」今之「抒情文」字當作舒。又西都賦「攄懷舊之蓄念，發思古之幽情」，晉曹攄字顏遠，說文無攄，蓋夋更或本作舒。

幻

相詐惑也，从反予。周書曰：「無或譸張為幻。」胡辦切

說解引周書亦見言部譸下，今尚書無逸作「民無或胥譸張為幻」，傳云「幻，惑也」。玉篇「幻，從到予。推予者實事也，到之則幻妄也」。

放

逐也，从攴方聲。凡放之屬皆从放。甫妄切（三八）

敫

出游也，从出从放。五牢切

「出游」當作遨。本書㫃部「游，旌旗之流也」，辵部「遨，行遨徑也」。凡「出遨」「遨行」「遨戲」皆以遨為正字，或段作游耳。敫字出部重出，俗或作遨，辵部無，經傳或段敖為倨傲字。人部「傲，倨也。从人敖聲，五到切」，傲是倨傲字，亦通作奡。夰部「奡，嫚也。从百从夰，夰亦聲。虞書曰：若丹朱奡。讀若傲。論語：奡湯舟。五到切」。又通作嫯，女部「嫯，侮傷也。从女敖聲，五到切」。今則通用傲矣。

𠬪 物落上下相付也从爪又凡𠬪之屬皆从𠬪讀若詩摽有梅平小切（三八〇）

爰 引也从𠬪从于籀文以為車轅字羽元切

手部「援引也从手爰聲雨元切」二字音義同爰从于于象气之舒亏故叉申之為發語詞爾雅釋詁「粵于爰曰也」「爰粵于那都繇於也」又說解「引也」字當作叉本書二下部目「叉長行也」弓部「引開弓也」

𤔔 治也幺子相亂𠬪治之也讀若亂同一曰理也郎段切

古文𤔔

「幺子相亂」者說𤔔之形非幺非子故相亂也「一曰理也」者「理」「治」同義當由唐人避高宗諱改「治」為「理」校者並存耳又本書乙部「亂治也从乙乙治之也从𤔔」𤔔與亂同支部「敽煩也从支从𤔔」則是煩亂衆亂字經傳皆作亂至言部「䜌亂也一曰治也一曰不絕也从言絲呂員切」「𢆶古文䜌」則當以「不絕」為正義疑後人混變與𤔔家有亂與治之訓耳

受 相付也从𠬪舟省聲殖酉切

手部「授予也从手从受受亦聲殖酉切」人部「付與也从寸持物對人」此訓受為「相付」是受與授同義又句讀依集韻補「一曰承也」手部「承奉也受也从手从卩从𠬞」受與承二字轉注

爭 叉也从𠬪厂臣鉉等曰厂音曳𠬪二手也而曳之爭之道也側莖切

本書十二下部目「厂抴也明也象抴叉之形」古籍或段爭為諍言部「諍諫也」孝經諫諍篇「昔者天子有爭臣七人雖無道不失其天下」注「爭謂諫也」

𢍏 所依據也（段作「有所依也」）从𠬪工讀與隱同於謹切（溫上聲）

心部「㥯謹也从心𢍏聲於靳切」𨸏部「隱蔽也从𨸏㥯聲於謹切」禾部新附「穩蹂穀聚也一曰安也从禾隱省聲古通用安隱烏本切」按𢍏訓「所依據」又叉申之為凡依凭之偁孟子梁惠王「隱几而臥」莊子齊物論「隱几而坐」並當作𢍏𢍏几猶凭几也又叉申為安𢍏今俗作「安穩」又凡「穩重」字當作「𢍏」「隱蔽」「隱救」作「隱」𢍏㥯穩音同讀溫上聲㥯音忍

𠭖 敢

進取也。从𠬪，古聲。古覽切

籀文𠭖

古文𠭖

籀文从爪从冒省从攴。冒，進取之意。𠭖今字作敢，盇𠭖之變體。

𣦼

殘（字疑衍）穿也。从又从歺。凡𣦼之屬皆从𣦼。讀若殘。昨干切（三八）

𣦿

溝也。从𣦼从谷。讀若郝。呼各切

𣦿或从土

叡

今經典从或體作壑。爾雅釋詁「壑，虛也」，釋文「壑本或作𣦿」。

深明也。通也。（段無此二字）从𣦼，从目，从谷省。以芮切（音銳）

古文叡

籀文叡从土

叡字从𣦼，穿過之意；从谷，深之意；从目，明之意。周書謚法「叡，聖也」；詩邶風凱風「母氏聖善」，傳云「聖，叡」；箋云「叡作聖」。今經典多从古文作睿。書洪範「思曰睿，睿作聖」。本書耳部「聖，通也」。

歺

𠛱骨之殘也。从半冎。凡歺之屬皆从歺。讀若櫱岸之櫱。徐鍇曰：冎，剔肉置骨也。歺，殘骨也。故从半冎。臣鉉等曰：義不應有中一，秦刻石文有之。五割切（應作繫傳「顏遏反，音孽」）

古文歺（三九）

𣧌

病也。从歺委聲。於為切（平聲）

艸部「菸，鬱也。从艸於聲。一曰𣧌也。央居切」；「萎，食牛也。从艸委聲。於偽切」。今經典段萎為𣧌。詩小雅谷風「無木不萎」，禮檀弓「哲人其萎乎」，茲當作𣧌。萎訓「食牛」，又引之為凡萎食之義。今既段作𣧌，俗又穴造「餵飼」為「萎食」字，鄭書無。

歾

終也。从歺勿聲。莫勃切

歾或从𠬛

此段歾字，今經典段沒為之。水部「沒，湛也」，是湛沒字。又部「𠬛，入水有所取也」，頁部「𩔖，內頭水中也」，音同而義各異。

𣨛

大夫死曰𣨛。从歺卒聲。子聿切

衣部「卒，隸人給事者衣為卒。卒，衣有題識者」。今經典通段卒為𣨛。禮曲禮「天子死曰崩，諸侯曰薨，大夫曰卒，士曰不祿，庶人曰死」。白虎通崩薨篇「大夫曰卒，精燿終也。卒之為言終於國也」。卒皆當作𣨛。

殊

死也．从歺朱聲．（段此下有「一曰斷也」四字．）漢令曰蠻夷長有辠當殊之．市朱切

此殊死字．凡漢詔云殊死者皆死辠．又引申之為殊異．

言部「誅，討也．从言朱聲．陟輸切」是責讓字．

殤

不成人也．人年十九至十六死為長殤．十五至十二死為中殤．十一至八歲死為下殤．从歺傷省聲．式陽切

儀禮喪服子夏傳「年十九至十六為長殤．十五至十二為中殤．十一至八歲為下殤．不滿八歲以下為無服之殤．」左傳哀公十一年「孔子曰能執干戈以衛社稷，可無殤也．」

殂

往死也．从歺且聲．虞書曰勛乃殂．昨胡切

古文殂从歺从作

今書舜典云「二十有八載，帝乃殂落．」孟子萬章篇、春秋繁露煖燠孰多篇引書作「放勳乃徂落．」本書力部「勳，能成王功也．从力熏聲．」「勛，古文勳从員．」殂下引作「勛乃殂．」所見本各異也．又本書辵部「退，往也．」「徂，退或从彳．」古籍或段徂為殂．

殛

殊也．从歺亟聲．虞書曰殛鯀于羽山．己力切

按說解引書「殛鯀于羽山」，蓋謂殛借為極．書舜典「流共工于幽州．放驩兜于崇山．竄三苗于三危．殛鯀于羽山．四辠而天下咸服．」傳云「殛竄放流皆誅也．」「殛鯀于羽山」謂放流絕遠，窮極之于羽山也．洪範云「鯀則殛死，禹乃嗣興．」傳云「放鯀至死不赦．」是也．又左傳昭公七年「昔堯殛鯀于羽山．」洪範、左傳釋文並云「殛本又作極．」周禮冢宰「以八柄詔王馭羣臣……七曰廢以馭其辠．」鄭注「廢猶放也．舜殛鯀于羽山是也．」鄭志答趙商云「鯀非誅死．鯀放居東裔，至死不得反於朝．禹乃其子也，以有聖功，故堯興之．」若以殛為誅死，則殺人父而用其子，舜禹何忍焉．

募

死宋募也．从歺莫聲．莫各切

夕部「募，宋也．从夕莫聲．莫白切」

殣

道中死人，人所覆也．从歺堇聲．詩曰行有死人，尚或殣之．渠吝切

今詩小雅小弁「行有死人，尚或墐之．」傳云「墐，路冢也．」作墐是借字．土部「墐，涂也．」周禮秋官蜡氏「若有死於道路者，則令埋而置楬焉．」左傳昭公三年「道殣相望．」注云「餓死為殣．」釋文「道中死者人所覆也．」

殠

腐气也。从歺臭。尺救切

犬部「臭，禽走臭而知其迹者犬也。从犬自。尺救切」鼻部「齅，以鼻就臭也。从鼻臭，臭亦聲。許救切」按殠是惡殠字，臭則兼香殠言，齅則俗之嗅字。口部無嗅。今則媷用臭而殠齅不行矣。漢書揚惲傳「謂之殠惡」又楊王孫傳「下不亂泉，上不泄殠」易繫傳「二人同心，其利斷金。同心之言，其臭如蘭」漢志敘傳「不絓聖人之罔，不齅驕君之餌」皆用本字。

歾

腐也。从歺丂。許久切

朽 歾或从木

肉部「腐，爛也」今經典从或體作朽。論語公冶長「朽木不可雕也」包注「朽，腐也」國語晉語「魯大夫臧文仲其身歿矣，其言永於後世，此之謂死而不朽」

殆

危也。从歺台。徒亥切

又𦥔之為凡危殆之偁。詩小雅節南山「無小人殆」傳云「危殆」論語為政「多見闕殆」「思而不學則殆」包注「殆，危也」

又借為詒，詒及也，近也，庶幾也。詩豳風七月「殆及公子同歸」殆猶庶幾也。

殘

賊也。从歺戔。昨干切

戈部「賊，敗也」此殘賊，殘害，殘暴字。詩大雅民勞「國無有殘」小雅四月「廢為殘賊」孟子梁惠王「賊仁者謂之賊，賊義者謂之殘」皆是也。本部下「𣦼，禽獸所食餘也。从歺从肉。昨干切」是𣦼餘字，而四下𣦼部目「奴，穿也。从又歺。昨干切」則是奴穿奴破字。今經典統作殘，而奴𣦼不行矣。

殄

盡也。从歺㐱。徒典切

𠀃 古文殄如此

又𦥔之為滅也，絕也。詩邶風新臺「籧篨不殄」傳云「殄，絕也」此與沴字音義俱異。水部「沴，水不利也。从水㐱聲」五行傳曰「若其沴作」郎計切（會意）又𦥔為盭气也。

殲

微盡也。从歺韱聲。春秋傳曰「齊人殲于遂」子廉切

按說解引春秋傳，本莊十七年經文，左穀作殲，公作瀸，是借字。杜注公羊詁並云「殲，盡也」書胤征「殲厥渠魁」傳云「殲

滅也」。詩秦風黃鳥「彼蒼者天，殲我良人」，傳云「殲，盡也」。戈部「𢦏，絕也。一曰田器。从从持戈。子廉切」音同，義亦可通。

殫

殛（段作「極」是，小徐本句讀同）盡也。从歺單聲。都寒切

西都賦「原原本本，殫見洽聞」，薛注「殫，盡也」。

殬

敗也。从歺睪聲。商書曰：彝倫攸殬。當故切（音度）

今書洪範「彝倫攸斁」作斁，是借字。傳云「斁，敗也」。穀梁集解序「彝倫攸斁」，釋文「斁字書作殬，敗也」是也。詩大雅雲漢「耗斁下土」，箋云「斁，敗也」，釋文「斁，丁故反」，亦是殬字之段。本書攴部「斁，解也。从攴睪聲。詩云：服之無斁。斁，猒也。一曰終也。羊益切（音亦）」詩周南葛覃「是刈是濩，為絺為綌，服之無斁」，傳云「斁，猒也」，釋文「斁，音亦」，與殬字音義俱異也。

殖

脂膏久殖也。从歺直聲。常職切

經典多段殖為貨殖、生殖、種殖字，以从肉作膱為「脂膏久殖」，肉部無膱。左傳襄公三十年「我有田疇，子產殖之」，注

「殖，生也」。又昭公十八年「夫學殖也，不學將落」，注「殖，生長也」。殖當作稙。禾部「稙，早種也。从禾直聲。詩曰：稙稚尗麥。常職切」木部「植，戶植也。从木直聲。常職切」是戶植字。

𣧗

棄也。从歺奇聲。俗語謂死曰大𣧗。去其切

古籍或段棄為𣧗。詩魏風陟岵「猶來無棄」，棄當作𣧗，謂死也。華部「棄，捐也。从廾推華棄之，从𠫓。𠫓，逆子也。詰利切」「弃，籀文棄」。

死

澌也，人所離也。从歺人。凡死之屬皆从死。息姊切（三九）

古文死如此。

薨

公侯𣦸也。从死瞢省聲。呼肱切

礼曲礼「天子死曰崩，諸侯曰薨，大夫曰𣦸，士曰不祿，庶人曰死」。

薧

死人里也。从死蒿省聲。呼毛切

玉篇「薧里，黃泉也，死人里也」。崔豹古今注云「蒿里，喪歌也。謂人死魂魄歸乎蒿里」。古樂府有蒿里薤露之歌。

譙周崔豹皆云起於田橫自殺，從者為作悲歌。蒿里歌之辭云「蒿里誰家地，聚斂魂魄無賢愚，鬼伯一何相催促，人命不得少踟躕。」蒿亦作薧。艸部「蒿，菣也。从艸高聲。呼毛切」又薧又晨之為枯槁之義。周礼庖人「凡其死生鱻薧之物」注引鄭司農云「鱻謂生肉，薧謂乾肉。」

㱡

㱡 戰見血曰傷，亂或(通惑)為惛，死而復生為㱡。从歺次聲。咨四切(音薺)

心部「惛，不憭也。」左傳宣公八年「六日而蘇。」艸部「蘇，桂荏也。」是艸名。正字當作㱡，俗作甦非是。

冎

冎 剔人肉置其骨也。象形。頭隆骨也。凡冎之屬皆从冎。古瓦切(音寡。指事。三九)

剮

剮 分解也。从冎从刀。憑列切

八部「八，分也。从重八。八，別也。亦聲。孝經說曰：故上下有別。兵列切」剮是離別字，八是分八字。今經典統用別而八字廢矣。

骨

骨 肉之覈也。从冎有肉。凡骨之屬皆从骨。古忽切(三九)

骿

骿 并脅也(段作「骿脅，并榦也」)从骨并聲。晉文公骿脅。臣鉉等曰：骿胝字同。今別作胼，非。部田切。

左傳僖公二十三年「曹共公聞其駢脅，欲觀其裸。」杜注「駢脅，合榦。」作駢是借字。馬部「駢，駕二馬也。从馬并聲。部田切」

肉部無胼字。

髓

髓 骨中脂也。从骨隓聲。息委切

素問「髓，骨之充也。」漢書礼樂志「浹肌膚而臧骨髓。」帝王世紀「紂斬朝涉之脛而觀其髓。」今俗作髓，非是。

肉

肉 胾肉。象形。凡肉之屬皆从肉。如六切(胾音至。三九)

肧

肧 婦孕一月也。从肉不聲。匹桮切

俗肧从丕作胚。文子九守篇「精氣為人，人受天地變化而生。一月而膏，二月而脈，三月而肧，四月而胎，五月而筋，六月而

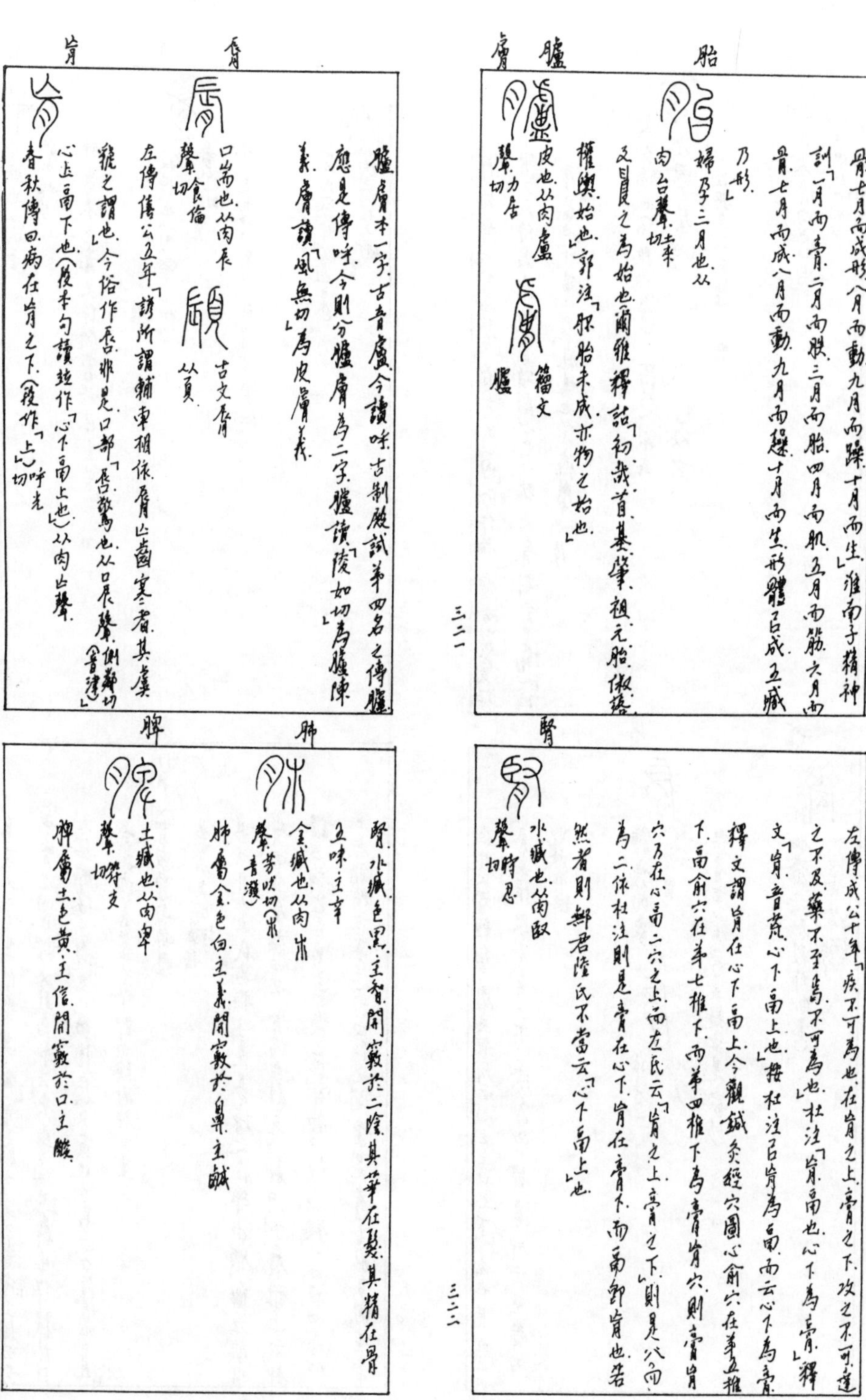
骨，七月而成形，八月而動，九月而躁，十月而生。」淮南子精神訓「一月而膏，二月而胅，三月而胎，四月而肌，五月而筋，六月而骨，七月而成，八月而動，九月而躁，十月而生，形體以成，五藏乃形。」

胎 婦孕三月也。从肉台聲。土來切

又見之為始也。爾雅釋詁「初、哉、首、基、肇、祖、元、胎、俶、落、權輿，始也。」郭注「胚胎未成，亦物之始也。」

臚 皮也。从肉盧聲。力居切

膚 籀文臚。

臚、膚本一字，古音盧，今讀呼。古制殿試第四名之傳臚，應是傳呼。今則分臚、膚為二字，臚讀「陵如切」為臚陳義，膚讀「風無切」為皮膚義。

脣 口耑也。从肉辰聲。食倫切

顱 古文脣。从頁。

左傳僖公五年「諺所謂輔車相依，脣亡齒寒者，其虞虢之謂也。」今俗作唇，非是。口部「唇，驚也。从口辰聲。側鄰切（音津）」

肓 心上鬲下也（段本句讀並作「心下鬲上也」）从肉亡聲。呼光切

春秋傳曰：病在肓之下（段作「上」）

左傳成公十年「疾不可為也，在肓之上，膏之下，攻之不可，達之不及，藥不至焉，不可為也。」杜注「肓，鬲也。心下為膏。」釋文「肓音荒。心下鬲上也。」按杜注以肓為鬲，而云心下為膏。釋文謂肓在心下鬲上。今觀鍼灸經穴圖，心俞穴在第五椎下，鬲俞穴在第七椎下，而第四椎下為膏肓穴，則膏肓穴乃在心鬲二穴之上，而左氏云「肓之上，膏之下」，則是以而為二，依杜注則是膏在心下，肓在膏下，而鬲即肓也。若然者，則鄭君陸氏不當云「心下鬲上」也。

腎 水藏也。从肉臤聲。時忍切

腎，水藏，色黑，主智，開竅於二陰，其華在髮，其精在骨，五味主辛。

肺 金藏也。从肉朩聲。芳吠切（朩音潑）

肺屬金，色白，主義，開竅於鼻，主鹹。

脾 土藏也。从肉卑聲。符支切

脾屬土，色黃，主信，開竅於口，主酸。

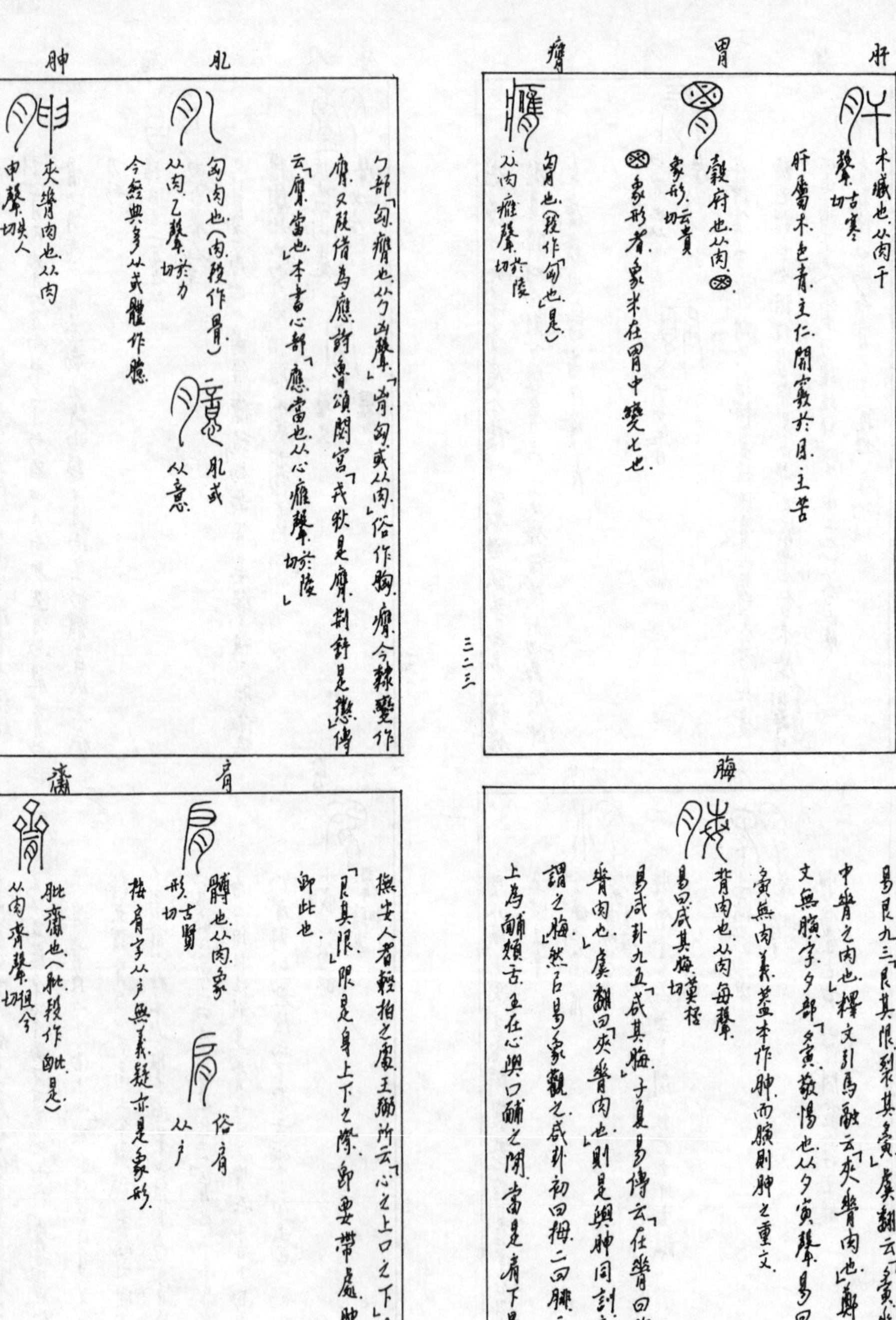

肝

木藏也。从肉干聲。古寒切

肝屬木，色青，主仁，開竅於目，主苦。

胃

穀府也。从肉。⊗象形。云貴切

⊗象形者，象米在胃中變化也。

膺

匈也（段作「匈也」是）。从肉雁聲。於陵切

勹部「匈，膺也。从勹凶聲」「𦙄，匈或从肉」，俗作胸。膺，今隸變作膺，又假借為應。詩魯頌閟宮「戎狄是膺，荊舒是懲」，傳云「膺，當也」。本書心部「應，當也。从心䧹聲。於陵切」。

肊

匈肉也（肉段作骨）。从肉乙聲。於力切

臆　肊或从意

今經典多以或體作臆。

胂

夾脊肉也。从肉申聲。失人切

易艮九三「艮其限，裂其夤」，虞翻云「夤，脊肉」，王弼云「當中脊之肉也」。釋文引馬融云「夾脊肉也」，鄭本作膑。按說文無膑字，夕部「夤，敬惕也。从夕寅聲。易曰夕惕若夤」。夤無肉義，蓋本作胂，而膑則胂之重文。

脢

背肉也。从肉每聲。易曰：咸其脢。莫桮切

易咸卦九五「咸其脢」，子夏易傳云「在脊曰脢」，鄭注「脢，脊肉也」，虞翻曰「夾脊肉也」，則是與胂同訓。廣雅亦云「胂謂之脢」。然以易象觀之，咸卦初曰拇，二曰腓，三曰股，四為心，上為輔頰舌，五在心與口輔之閒，當是肩下最多肉惶常撫安人者輕拍之處，王弼所云「心之上口之下」是也。艮九三云「艮其限」，限是身上下之際，即要帶處，胂云「夾脊肉」即此也。

肩

髆也。从肉，象形。古賢切

肩　俗肩从戶

按肩字从戶無義，疑亦是象形。

𦟝

肶𦟝也（肶段作䐗是）。从肉齊聲。徂兮切

「肶」一切經音義引作䏶，本部「膍，牛百葉也，从肉𣬉聲（音肶），房脂切」「肶，膍或从比」，囟部「𣬉，人臍也，从囟，囟取通气也，从比聲，房脂切」經傳或段齊為䐡，左傳莊公六年「若不早圖，後君噬齊」杜注「若齧腹齊，喻不可及」齊應作䐡，俗作臍。

脾

腓，腨也，从肉非聲，符飛切

易咸卦六二「咸其腓」鄭注「腓，膞腸也」艮六二「艮其腓」正義云「腓，腸也，在足之上」腓腸即小腿。

胑

體四胑也，从肉只聲，章移切

肢

胑或从支

今經典从或體作肢，孟子盡心「四肢之於安佚也」或段支為之，易坤文言「暢於四支，發於事業」或段枝為之，孟子梁惠王「為長者折枝，曰我不能，是不為也，非不能也」

肖

骨肉相佀也，从肉小聲，不佀其先，故曰不肖也，私妙切

又㒵之凡相類者皆曰肖，又偁逆子為不肖子。

胤

子孫相承續也，从肉，从八，八，象其長也，从幺，象重累也（幺段作幺），羊晉切

𦙍

古文胤（段篆从𦙍）

雍正名胤禎，故清諱胤為允，或書作肩。

肙

振肙也（段作「振䏿也」），从肉八聲，許訖切

按本書無佾字，新附始有之，論語八佾字當作肙，「振肙」猶「振萬」「振羽也」，左傳莊公二十八年「為館於其宮側而振萬焉」杜注「振，動也，萬，舞也」

膻

肉膻也，从肉亶聲，詩曰膻裼暴虎，徒旱切

今詩鄭風大叔于田作「襢裼暴虎」傳云「襢裼，肉袒也」按鄭書無襢字，衣部「袒，衣縫解也，从衣旦聲，丈莧切」是統字非詩義，襢裼之襢應作但，人部「但，裼也，从人旦聲，徒旱切」衣部「裼，但也」而膻訓「肉膻也」而引詩「膻裼之文，是膻為但之重文，又糸部「組，補縫也，从糸旦聲，丈莧切」與袒音同，蓋衣縫解謂之袒，補綴其解處謂之組，土部「坦，安也，从土旦聲，他但切」則是平坦字

臞

少肉也，从肉瞿聲，其俱切

脫

消肉臞也．从肉兌聲．徒活切

疒部「瘦．臞也．」爾雅釋言「臞．脙也．」韓非子說林訓「子夏見曾子．曾子曰．何肥也．對曰．戰勝．故肥也．曾子曰．何謂也．子夏曰．吾入見先王之義則榮之．出見富貴之樂又榮之．兩者戰於胸中．未知勝負．故臞．今先王之義勝．故肥．」

此消脫字．經傳多假作解挩．奪失落義．手部「挩．解挩也．从手兌聲．他活切」奞部「奪．手持隹失之也．从又奞．徒活切」俗既假挩為奪．又改从寸作奪．吕為敓取字．攴部「敓．彊取也．从攴兌聲．徒活切」

膌

瘦也．从肉脊聲．資昔切（音即）俗作瘠

疒部「瘦．臞也．」

古文膌从疒从朿．朿亦聲

肬

贅也．（段作「贅肬也」）从肉尤聲．羽求切

籀文肬从黑

釋名「贅．屬也．橫生一肉．屬著體也．」肬今俗作疣．莊子駢拇「附贅縣疣．出乎形哉．而侈於性．」

朓

祭也．从肉兆聲．土了切

此與从月之朓音同而義異．月部「朓．晦而月見西方謂之朓．从月兆聲．土了切」謝朓字玄暉．即此朓字．至訓「視也」字則从見．作覜．見部「覜．諸侯三年大相聘曰覜．覜．視也．从見兆聲．他弔切」此覜望字．俗假眺為之．目部「眺．目不正也．从目兆聲．他弔切」

胙

祭福肉也．从肉乍聲．臣鉉等曰今俗別作祚非是．昨誤切

又見之凡福皆言胙．國語周語「永錫允胙．」注「胙．福也．」

隋

裂肉也．从肉从隓省（段作隓省聲）徒果切（音惰）

阜部「隓．敗城阜曰隓．从阜从二左．許規切」「墮．篆文．」春秋時隨侯本作隨．楊堅受封於隨．及有天下．吕隨侯國力弱．又吕隨字从辵．奔走不寧．乃去辵作隋．裂肉敗城不祥孰甚．二世而亡．

肴

啖也．从肉爻聲．（音餚）已修庖之可食也．胡茅切

凡熟饋可啖之肉．折俎豆實皆是．今之餚菜也．經傳皆假殽為之．詩魏風園有桃「其實之殽．」小雅賓之初筵「殽核維旅．」傳云「殽．豆實也．」箋云「豆實．菹醢也．」非穀而食之曰殽．字皆當作肴．詳殳部殽字

胡

胡 牛頤垂也。从肉古聲。戶孤切

頁部「顄，頤也」牛自頤至頸下垂肥者為胡。又引申之凡物咽下垂者皆曰胡。詩豳風狼跋「狼跋其胡」傳云「老狼有胡」。經傳段胡為䀁。左傳哀公十一年「胡簋之事」杜注「礼器，夏曰胡」。皿部「䀁，器也」。又段為遐。詩周頌載芟「胡考之寧」傳云「胡，壽也」。又段為曷。詩邶風日月「胡能有定」。

脩

脩 脯也。从肉攸聲。息流切

本部「脯，乾肉也」。故脩又引申之為乾也。詩王風中谷有蓷「暵其脩矣」傳云「脩，乾也」。經傳多段脩為修飾修治字。彡部「修，飾也。从彡攸聲。息流切」

胥

胥 蟹醢也。从肉疋聲。相居切

又引申為皆也、相也。爾雅釋詁「胥，相也」「胥，皆也」。詩大雅緜「聿來胥宇」傳云「胥，相也」。相猶視也。

胜

胜 犬膏臭也。从肉生聲。一曰不孰也。桑經切

論語鄉黨「君賜腥，必孰而薦之」字當作胜。本部「腥，星見食豕，令肉中生小息肉也」。魚部「鮏，魚臭也。从魚生聲。臣鉉等曰：今俗作鯹。桑經切」又按說解臭當作㚖。

脂

脂 戴角者脂，無角者膏。从肉旨聲。旨夷切

淮南子墬形訓「無角者膏而無前，有角者脂而無後」注云「膏，豕、熊、猨之屬；脂，牛、羊、麋之屬」。

散

散 雜肉也。从肉㪔聲。穌旰切

今通段散為分㪔離㪔字。林部「㪔，分離也。从攴从林。林，分㪔之意也。穌旰切」

肰

肰 犬肉也。从犬肉。讀若然。如延切

古文肰

亦古文肰

火部「然，燒也。从火肰聲。臣鉉等曰：今俗別作燃，蓋後人增加。如延切」按俗既增从火之燃為然燒字，復㠯然為肰否之肰，而肰字不行矣。又古文䏸从火从犬从甘，疑即然字譌羼於此，且誤變月為⊙耳。

肎

肎 骨間肉肎肎箸也。从肉从冎省。一曰骨無肉也。苦等切

古文肎

莊子養生主「批大郤，導大窾，因其固然，技經肎綮之未嘗，而況大軱乎。」釋文「肎，著骨肉。」司馬云「綮，猶結處也。」肎為骨間肉，故得其竅郤。曰中肎，又最之肎，亦訓可也。詩邶風終風「惠然肎來。」箋云「肎，可也。」

肥

多肉也。从肉卪。臣鉉等曰：肉不可過多，故从卪。符非切

脊

新坿

肥腸也。从肉，啓省聲。康禮切

山海經海外北經有「無脊之國」郭注「脊或作綮，肥腸也。」莊子養生主「技經肎綮之未嘗」司馬云「綮，結處也。」蓋即筋肉之收盤結者。桂本書糸部「綮，撴繒也。一曰徽幟，信也，有齒。从糸，啓省聲。康禮切」與脊音同義異。莊子蓋叚綮為脊耳。又桂說解「肥腸也」肥當作腓，本書二下部目「足，足也。上象腓腸，下从止。」廣雅「腓，脊，腨也。」鄭書「腨，腓腸也。」

筋

肉之力也。从肉力，从竹。竹，物之多筋者。凡筋之屬皆从筋。居銀切（四十）

笏

筋之本也。从筋省，夗省聲。渠建切（音虔）

笏或从建

今經典从或體作腱。楚辭招魂「肥牛之腱，臑若芳些。」注云「腱，筋頭也。」

筋

手足指節鳴也。从筋省，勺聲。北角切（音博）

筋或省竹

謂手足指節詘伸時其聲筋筋然

刀

兵也。象形。凡刀之屬皆从刀。都牢切

剝

刀劒刃也。从刀咢聲。臣鉉等曰：今俗作鍔，非是。五各切

籀文剝

从㓞从各

漢書蕭望之傳「底厲鋒鍔」注云「鍔，刃旁也。」又詩周頌載芟「有略其耜」傳云「略，利也。」按本書田部「略，經略土地也。」非許之義。釋文云「略，字書作𠛱。」蓋許本作𠛱，其後傳寫誤作略耳。

利

銛（音先）也。刀和然後利，从刀，和省。（依段本）易曰：利者，義之和也。力至切

古文利

說解和當作龢。龠部「龢，調也」。口部「咊，相譍也」。龢是調龢。龢龤字，咊則是唱咊字。易乾文言「利者義之和也」。又繫傳「二人同心，其利斷金。同心之言，其臭如蘭。」

剡

銳利也。从刀炎聲。以冉切

金部「銳，芒也」。「剡，籀文銳从厂剡」。爾雅釋詁「剡、䂾，利也」。郭注「詩曰：以我剡耜」。今詩小雅大田作覃。傳云「覃，利也」。釋文「覃，以冉切」。是段覃為剡。又易繫傳「弦木為弧，剡木為矢。弧矢之利，以威天下」。釋文引字林曰「剡，銳也」。

初

始也。从刀衣。裁衣之始也。楚居切

衣部「裁，製衣也」。裁衣乃製衣之始。又引申之為凡始之偁。

歬刀

齊斷也。从刀歬聲。子善切

此歬刀斷字，今俗書作剪。前音昨先切，以為歬後字，而前斷之前則段翦字為之。本書止部「歬，不行而進謂之歬。从止在舟上。昨先切」。羽部「翦，羽生也。一曰矢羽。从羽歬聲。即淺切」。至詩魯頌閟宮「實始翦商」，傳云「翦，齊也」，箋云「翦，斷也」，亦是段翦為前。然鄭君及許在戩下，戈部「戩，滅也。从戈晉聲。詩曰：實始戩商。即淺切」，與毛詩異，殆本三家。

則

等畫物也。从刀貝。貝，古之物貨也。子德切

古文則

（段無此）亦古文則

籀文則从鼎

等畫物者，猶今天平之法焉。法焉與所稱之物必輕重相等，因以為科則、準則字。詩豳風伐柯「伐柯伐柯，其則不遠」，箋云「則，法也」。周禮夏官大司馬「均守平則，以安邦國」，注云「則，法也」。有準度則當效法之，故又引申為效也。詩小雅鹿鳴「君子是則是傚」，傳云「言可法效也」。又借為語詞。詩邶風新臺「鴻則離之」，則猶乃也。「貝，古之物貨也」者，本書貝下云「古者貨貝而寶龜」。物貨有貴賤之差，貝有大小之分。又籀文𠟭从鼎者，本書鼎下云「籀文以鼎為貝」。

切

刌也。从刀七聲。千結切

以刀斷物曰切。又引申之凡物相摩曰切。又為「迫切」。「一切」，俗讀「七計切」。詩衛風淇奧「如切如磋」，爾雅釋器「骨謂之切」。漢書平帝紀「一切滿秩如真」，師古注「一切者，權宜之事，如以刀切物，苟取整齊，不顧長短縱橫，故言一切」。

刌

切也。从刀寸聲。倉本切

切刌雙聲轉注。刌俗作忖。心部無。新附有之。云「度也。」詩小雅巧言「他人有心予忖度之。」凡斷物必合法度。故字从寸。晉陸績母斷蔥忍寸為度是也。

辨

判也。从刀辡聲。蒲莧切

本書十四下部目「辡。辠人相與訟也。从二辛。（音辯）」方免切 辡部「辯。治也。从言在辡之閒。」符蹇切 辨辯古籍多互通。俗又作辦為辨八字音蒲莧切。从力作辦。讀步莧切為蔡辦字。不知辦字本無二形二音。且辨八字本當作釆。本書二上部目「釆。八也。象獸指爪分八也。」蒲莧切

判

分也。从刀半聲。普半切

左傳莊公三年「紀於是乎始判。」杜注「判。分也。」周礼地官媒氏「掌萬民之判。」鄭注「判。半也。得耦為合。主合其半成夫婦也。」

列

分解也。从刀𡿪聲。良辥切

古籍或段裂衣為列。本部「割。剝也。」「剝。裂衣也。」爾雅釋言「剝。裂也。」裂皆當作列。礼内則「衣裳綻裂。」止字亦當作列。衣部「裂。繒餘也。从衣列聲。」良辥切 與列音同義異。又列又叚之為行列敶列。小爾雅廣詁「列。次也。」廣言「列。敶也。」又列字今典籍皆作列。按本書巛部「𡿪。水流𡿪𡿪也。从川列省聲。」臣鉉等曰列字从𡿪此疑當从歺省。良辥切 又四下部目「歺。列骨之殘也。从半冎。」今則凡从歺之字通作歹。从𡿪之字亦作列。此隸變之謬也。

刊

剟也。从刀干聲。苦寒切

本部「剟。刊也。」「刪。剟也。」凡有所削去謂之刊。古籍或段作栞。木部「栞。槎識也。从木𢦏。闕。夏書曰。隨山栞木。讀若刊。」苦寒切「栞。篆文从幵。」今書禹貢已作刊矣。又刊物亦當作栞。

劈

破也。从刀辟聲。普擊切（音辟）

釋名「辟歷。辟析也。所歷皆破析也。」辟當作劈。

剝

剝 裂也。从刀彔。彔，刻割也。（段作「刻也」）彔亦聲。（段此下有「一曰剝，割也」）北角切

剝或从卜。

書泰誓「剝喪元良」傳云「剝，傷害也」本部「割，剝也」

刷

刷 刮也。从刀㕞省聲。礼布刷巾。（段作「省」）所劣切

又部「㕞，飾也。从又持巾在尸下。所劣切」巾部「飾，㕞也」㕞為揩飾義，刷則為刮也。本部「刮，掊把也」巾不得言刮，說解「礼布刷巾」疑當在㕞下。

劋

劋 絕也。从刀喿聲。周書曰（應是夏書）天用劋絕其命。子小切

按今夏書甘誓「天用勦絕其命」傳云「勦，截也。截絕滅之」作勦。力部「勦，勞也。春秋傳曰安用勦民。从力巢聲。子小切又楚交切」「勦民」勞民也。勦無絕義，故書「勦絕」字本當作劋。礼曲礼「毋勦說，毋雷同，必則古昔，偁先王」亦當作剿。「剿說」截取古人之說也。凡勦字借為劋絕者必讀子小切。訓「勞也」本亦讀子小切，亦可讀楚交切耳。俗又以有剿字則是劋之誤字，非鄦書所有。

刖

刖 絕也。从刀月聲。魚厥切

足部「跀，斷足也。从足月聲。魚厥切」「𧿹，跀或从兀」跀是斷足之專名，刖則是凡斷絕之偁。

制

制 裁也。从刀未。未，物成有滋味，可裁斷。一曰止也。征例切

（段篆作制）古文制如此

衣部「裁，制衣也」又自晨之為凡斷制之偁，又為制度、禁制。制作古籍或借為折，論語顏淵「片言可㠯折獄者」魯論作「制獄」

刮

刮 缺也。从刀占聲。詩曰「白圭之刮」丁念切

今詩大雅抑篇「白圭之玷，尚可磨也；斯言之玷，不可為也」作玷。傳云「玷，缺也」箋云「玉之缺，尚可磨鑢而平，人君政教一失，誰能反覆之」傳箋並訓為缺，與鄦君合。惟作玷非鄦君所有字，蓋詩本作刮。缶部有「𦈢，缺也。从缶占聲。都念切」與刮音義皆同。土部「坫，屏也。从土占聲。都念切」是又一字。

罰

罰 辠之小者。从刀詈。（會意）未㠯刀有所賊，但持刀罵詈則應罰。房越切

書呂刑「五刑不簡，正于五罰」傳「不簡核，謂不應五刑，當正五罰，出金贖辠」周礼地官司救「凡民之有衺惡者，三讓而罰」鄭注「罰，謂撻擊之也」書舜典「象以典刑，流宥五刑，鞭作官刑，朴作教刑，金作贖刑，眚災肆赦，怙終賊刑」按罰為贖刑，是犯法之小者，刑則為辠之重者，「怙終賊刑」也。

刑

剄也。从刀幵聲。戶經切

此刑殺字，謂剄頸橫絕之也。史記刺客列傳「故自刑以絕從」是也。今經典通用為「荆罰」「荆法」「典荆」「儀荆」字。井部「荆，罰辠也。从井从刀。易曰：井，法也。井亦聲。戶經切」

剸

減也。从刀尊聲。茲損切

酋部「尊，酒器也。从酋廾以奉之……祖昆切」「尊，尊或从寸」此剸節字，今俗作撙。礼曲礼「君子恭敬撙節退讓以明礼」手部無撙。

券

契也。从刀𢍏聲。券別之書，以刀判契(段作栔)其旁，故曰契券(段作「書契」)。去願切(音勸)

此契券，證券字。今經典往往誤刀為力作劵。本書力部「劵，勞也。从力，卷省聲。巨眷切」徐鍇等曰「今俗作倦，義同」渠卷切。是罷劵字。又卩部「卷，厀曲也。从卩𢍏聲。居轉切(音捲)」「卷曲」今讀權。巾部「帣，囊也。从巾𢍏聲。居倦切」是書帣字。手部「拳，手也。从手𢍏聲。巨員切」角部「觠，曲角也。从角𢍏聲。巨員切(音拳)」又目昆為曲，「觠曲」「卷曲」同，今作卷。廾部「𢍏，摶飯也。从廾釆聲。讀若書卷。居券切」

刺

君殺大夫曰刺。刺，直傷也。从刀朿，朿亦聲。七賜切

七上部「朿，木芒也。象形。七賜切」是「芒朿在背」正字。「君殺大夫曰刺」者，春秋僖公二十八年「公子買戍衛，不卒戍，刺之」公羊傳「刺之者何？殺之也。殺之則曷為謂之刺之？內諱殺大夫，謂之刺之也」又成公十六年「刺公子偃」杜預注「魯曰殺大夫皆言刺」義取周礼三刺之法。周礼秋官「司刺，掌三刺三宥三赦之灋，以贊司寇聽獄訟。壹刺曰訊羣臣，再刺曰訊羣吏，三刺曰訊萬民」鄭注「刺，殺也。訊而有辠則殺之」按剌字从束，與从朿之刺異字。本書束部「剌，戾也。从束从刀。盧達切(音辣)」逸周書謚法「愎很遂過曰剌，不思忘愛曰剌」太史公報任少卿書「無乃與僕私心剌謬乎」今經典或有譌混者，當釆之。又「諷刺」字則當作諫。言部「諫，數諫也。从言朿聲。七賜切」作刺是借字。

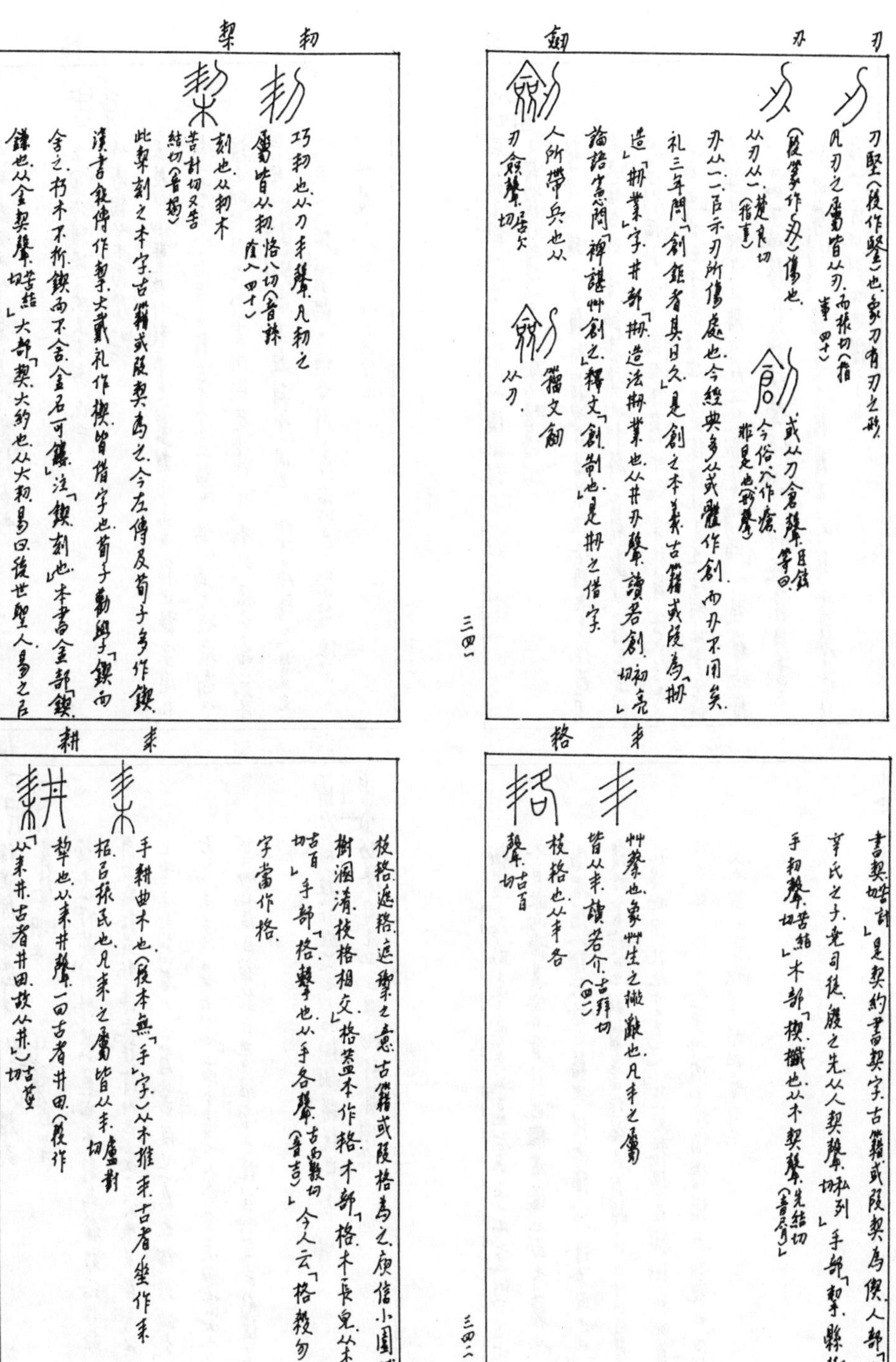

刃　刅　劒

刃堅(段作堅)也。象刀有刃之形。凡刃之屬皆从刃。而振切(指事 四十)

刅 (段篆作刅)傷也。从刃从一。楚良切(指事)

創 或从刀倉聲。(等曰:今俗別作瘡,非是也(形聲))

刅从一,一已示刃所傷處也。今經典多从或體作創,而刅不用矣。礼三年問「創鉅者其日久」,是創之本義。古籒或段為「刱造」「刱業」字,井部「刱,造法刱業也。从井刅聲,讀若創」初亮切。論語憲問「裨諶草創之」,釋文「創,剏也」,是刱之借字。

劒 人所帶兵也。从刃僉聲。居欠切

劒 籒文劒从刀。

㓞　栔

㓞 巧㓞也。从刀丯聲。凡㓞之屬皆从㓞。恪八切(會意 四十)

栔 刻也。从㓞木。苦計切又苦結切(會意)

此栔刻之本字,古籒或段契為之。今左傳及荀子多作鍥。漢書敘傳作栔,大戴礼作楔,皆借字也。荀子勸學「鍥而舍之,朽木不折;鍥而不舍,金石可鏤」注「鍥,刻也」。本書金部「鍥,鎌也。从金契聲」苦結切。大部「契,大約也。从大㓞。易曰:後世聖人易之以書契」苦計切。是契約、書契字。古籒或段契為偰,人部「偰,高辛氏之子,堯司徒,殷之先。从人契聲」私列切。手部「挈,縣持也。从手㓞聲」苦結切。木部「楔,櫼也。从木契聲」先結切(音屑)。

丰　格

丰 艸蔡也。象艸生之散亂也。凡丰之屬皆从丰。讀若介。古拜切(四二)

格 枝格也。从丰各聲。古百切

枝格、遮格、遮攔之意。古籒或段格為之。庾信小園賦「草樹溷淆,枝格相交」,格蓋本作挌。木部「格,木長皃。从木各聲」古百切。手部「挌,擊也。从手各聲」古覈切(音吉)。今人云「格殺勿論」,正字當作挌。

耒　耕

耒 手耕曲木也(段本無「手」字)。从木推丰。古者垂作耒梠,以振民也。凡耒之屬皆从耒。盧對切

耕 犂也。从耒井聲。一曰古者井田(段作「从耒井。古者井田,故从井」)古莖切

耦

耦 耒(段作耕，誤)廣五寸為伐，二伐為耦。从耒禺聲。五口切

牛部「犂，耕也。从牛黎聲」，作犂，棃省也。

耒，段依御覽改作耕，耒是耜字，毋貫耜之誤字。周礼攷工記匠人「為溝洫，耜廣五寸，二耜為偶，一偶之伐，廣尺深尺謂之甽」。按耜字，鄭書所無，蓋本作梠，木部「梠，耒耑也。从木㠯聲，弋之切(徐鍇詳里切)」。耦是耦耕字，因之二人亦為耦。又引申之為凡「奇耦」、「儷耦」之偁，今則多段偶為之。人部「偶，桐人也。从人禺聲，五口切」，即所謂偶像也。

耤

耤 帝耤千畝也。古者使民如借，故謂之耤。(段作藉)从耒昔聲。秦昔切

繫傳曰「謂天子親耕耤田以借祭祀」。今經典多作藉。周礼天官甸師「掌帥其屬而耕耨王藉」，鄭注「藉之言借也」。國語周語「宣王即位，不藉千畝」，韋注「藉，借也，借民力以為之」。按鄭書無借字，乃大徐據注義及序例偏旁所補十九字之一。借下說解云「假也。从人昔聲，資昔切」。艸部「藉，祭藉也。一曰艸不編，狼藉。从艸耤聲，慈夜切，又秦昔切」。竹部「籍，簿書也。从竹耤聲，秦昔切」。籍是書籍、藉是荐藉、承藉字，而藉讀「慈夜切」，則今之借字也。

䎣

䎣 除苗間穢也。从耒員聲。羽文切

耘 䎣或从芸。

穢，當作薉，艸部「薉，蕪也」。禾部無穢䅣，俗作秐。詩小雅甫田「或耘或耔」，傳云「耘，除艸也」。孟子公孫丑「以為無益而舍之者，不耘苗者也」。古籍又或段芸為之，論語微子「植其杖而芸」，朱子注「芸，去艸也」。孟子盡心「人病舍其田而芸人之田」。艸部「芸，艸也，似目宿。从艸云聲。淮南子說：芸艸可以死復生」。

耡

耡 商(段作殷)人七十而耡。耡，耤稅也。从耒助聲。周礼曰：以興耡利萌。牀倨切

耡，孟子作助。孟子滕文公「夏后氏五十而貢，殷人七十而助，周人百畝而徹，其實皆什一也。徹者徹也，助者藉也」，趙岐注「徹者猶人徹取物也，藉者借也，猶人相借力助之也」。「耤稅」謂給食於公也。「利萌」當作氓，民部「氓，民也。从民亡聲」，今周礼作甿。周礼地官遂人「教甿稼穡，以興耡利甿，以時器勸甿」，注云「變民言甿，異外內也。甿猶懵懵無知貌也」。田部「甿，田民也。从田亡聲，武庚切」，氓甿音同。

角

獸角也。象形，角與刀魚相佀。凡角之屬皆从角。古岳切（四二）

觠

曲角也。从角𢍏聲。巨員切（音權）

又見之為曲也。古籍多叚卷為之。詩大雅卷阿「有卷者阿」，傳云「卷，曲也」。釋文「卷音權」。詳刀部劵字。

觭

角一俛一仰也。从角奇聲。去奇切

古籍或叚作奇耦字。莊子天下篇「不㠯觭見之也」，成注「觭，不耦也」。本書可部「奇，異也。一曰不耦。从大从可」。

觕

角長皃。从角爿聲。士角切（音捔又讀若粗祖古切）

繫傳「爿聲」下有「讀若粗觕」四字。段改粗為粗，是也。公羊傳莊公十年「觕者曰侵，精者曰伐」，何休注「觕，麤也。精，猶精密也」。又隱公元年「所見異辭，所聞異辭，所傳聞異辭」，何休注「於所傳聞之世，見治起於衰亂之中，用心尚麤觕，故內其國而外諸夏」。按鄦書無觕，蓋本作觕。鄦君言粗觕猶何注之麤觕也，則觕是精觕字。鹿部「麤，行超遠也。从三鹿。倉胡切」。又見之為「麤鹵」、「鹵莽」。米部「粗，疏也。从米且聲。徂古切」。即今俗糙字。

衡

牛觸，橫大木其角。（段本無此二字）从角大，行聲。詩曰「設其楅衡」。戶庚切

古文衡从此

說解引「詩曰」當作「周礼曰」。周礼地官封人「凡祭祀，飾其牛牲，設其楅衡」，注引鄭司農云「楅衡，所㠯楅持牛也」。又引杜子春云「楅衡所㠯持牛，令不得抵觸人」。鄭玄注「玄謂楅設於角，衡設於鼻，如椵狀也」。詩魯頌閟宮「夏而楅衡」，毛傳「楅衡，設牛角㠯楅之也」。箋云「楅衡其牛角，為其觸觝人也」。本書木部「楅，㠯木有所逼束也。从木畐聲。詩曰夏而楅衡」。案衡之本義是所㠯楅牛之橫大木。又見之為權衡。書舜典「同律度量衡」，孔傳「律，法制及尺寸、斛斗、斤兩，皆均同」。釋文「衡，稱也」。又叚借為橫。詩陳風衡門，釋文「衡，橫也」。毛傳「衡門，橫木為門」。又齊風南山「蓺麻如之何，衡從其畝」，釋文「衡音橫，從，足容切」。

解

判也。从刀判牛角。一曰解廌，獸也。佳買切又胡賣切

莊子養生主庖丁解牛，依乎天理，故解字从刀判牛角。又見之為解檄之偁。又為解怠。詩大雅烝民「夙夜匪解，㠯事一人」。又為耦會。詩唐風綢繆「今夕何夕，見此邂逅」，釋文「邂，本亦作解」。心部「懈，怠也」。辵部無邂，新附

觵

有之。又解雙聲連語，莊子胠篋篇「知詐、漸毒、頡滑、堅白、解垢、同異之變多，則俗惑於辯矣。」釋文「解垢，詭曲之辭。」「一曰解廌，獸也」者，本書十上部目「廌，解廌獸也，佀山牛，一角，古者決獄，令觸不直。」論衡是應篇「觟𧣾者，一角之羊也，性知有皋，皋陶治獄，令羊觸之，有皋則觸，無皋則不觸，斯盖天生一角聖獸，助獄為驗。」

【觵】兕牛角可以飲者也。从角黃聲。其狀觵觵，故謂之觵。古橫切

【觥】俗觵从光

周礼地官閭胥「觵撻罰之事。」鄭注「觵撻者，失礼之罰也。觵用酒，其爵兕角為之。」又春官小胥「觵其不敬者。」注云「觵，罰爵也。詩云兕觵其觩。」詩小雅桑扈「兕觥其觩。」箋云「兕觥，罰爵也。」是皆以觵為罰爵。然詩周南卷耳「我姑酌彼兕觥。」傳云「兕觥，角爵也。」豳風七月「躋彼公堂，稱彼兕觥。」傳云「觥所以誓眾也。」周頌絲衣「兕觥其觩，旨酒思柔。」箋云「繹之旅士用兕觥，變於祭也。」皆無罰義。然則觵之用，可於罰爵，而非專於罰也。故鄭君但言「可以飲者也。」又「觵觵」者，充滿壯大之皃。

觚

【觚】鄉飲酒之爵也。一曰觴受三升者謂之觚。（段無「謂之」二字）从角瓜聲。古乎切

木部「柧，棱也。从木瓜聲。又柧棱，殿堂上最高之處也。古胡切」凡觚訓為棱者，皆柧之叚借。史記酷吏列傳「漢興，破觚而為圜。」索隱「觚，八棱有隅者。」論語雍也「子曰：觚不觚，觚哉觚哉。」觚是棱角峭厲之意，皆本作柧。

觳

【觳】盛觵卮也。一曰射具。从角殸聲。讀若斛。胡谷切

孟子梁惠王「吾不忍其觳觫，若無皋而就死地。」朱子曰「觳觫，恐懼貌。」

觱

【觱】羌人所吹角屠觱，以驚馬也。从角𤁉聲。𤁉，古文誖字。卑吉切（音必）

觱屠又偁觱篥，盖其聲也。又叚作滭。詩豳風七月「一之日觱發，二之日栗冽。」傳云「觱發，風寒也。」仌部「滭，風寒也。」「一之日滭沷。」觱發本作滭沷，而觱又觱之俗體也。又大雅瞻卬「觱沸濫泉。」箋云「濫泉，正出涌出也。觱沸其皃。」水部「滭，滭沸，濫泉也。」

說文解字第五上

竹　冬生艸也。象形。下垂者箁箬也。凡竹之屬皆从竹。陟玉切（四二）

筱　箭屬。小竹也。从竹攸聲。先杳切

本部「箭，矢也。从竹前聲。子賤切」爾雅釋地「東南之美者有會稽之竹箭焉」郭注「竹箭，篠也。」篠當作筱，今經典筱統作篠。

節　竹約也。从竹即聲。子結切

節之本義是竹節，又叚之為節省、節制、節謚之偁。周書謚法「好廉自克曰節」。礼記樂記「物之感人無窮，而人之好惡無節」注云「節，法度也。」荀子王霸篇「士大夫莫不敬節死制」注云「節，忠誼也。」古籍多段節為符卩字。本書九上卩部曰「卩，瑞信也。守國者用玉卩，守都鄙者用角卩，使山川者用虎卩，土邦者用人卩，澤邦者用龍卩，門關者用符卩，貨賄用璽卩，道路用旌卩，象相合之形。子結切」按「守國者用玉卩」已下全見周礼地官掌節，今周礼已作節矣。

笨　竹裏也。从竹本聲。布忖切（音本）

「竹裏」者，謂其內質白，猶今之竹笙也。今俗讀「蒲撚切」，已為愚戇之偁。

篸　差也。（段：差上有篸字）从竹參聲。所今切

按此篸差不齊字，今詩周南關雎「參差荇菜」作參，是段借。晶部「曑，晉星也。从晶㐱聲」「參，曑或省」又木部「槮，木長皃。从木參聲。詩曰槮差荇菜」蓋鄦君所據本有作槮者。

篆　引書也。从竹彖聲。持兗切

「引書」者，謂引筆而書於竹帛，周之季，李斯所作曰篆書，而史籀所作曰大篆，因而謂篆書為小篆。

籀　讀書也。从竹擂聲。春秋傳曰卜籀云。直又切

言部「讀，籀書也。」又說文敘云「尉律學僮十七已上始試諷籀書九千字，乃得為吏。」此籀字之本義。周宣王時太史

名籀，因之其所著之大篆曰籀文。「春秋傳曰卜籀云」者，今春秋傳無此文，徐鍇曰「卜籀，謂讀卦爻詞也」。今左傳凡卦兆之詞皆呂繇為之。本書系部「繇，隨從也」，無卜兆義，蓋籀之段借。漢書文帝紀師古曰「繇本作籀。籀，籀書也。謂讀卜詞。」

籍

籍，簿書也。从竹，耤聲。秦昔切

耤，耒部耤字。

籥

籥，書僮竹笘也。从竹，龠聲。以灼切

本部「笘，折竹箠也。从竹，占聲。潁川人名小兒所書寫為笘。」古籍或段籥為龠，又段為闟。二下部曰「龠，樂之竹管，三孔，呂和眾聲也。从品侖，侖，理也。以灼切」是管龠字。詩小雅賓之初筵「籥舞笙鼓」，箋云「籥，管也」，是借字。又門部「闟，關下牡也。从門，龠聲。以灼切」是鍵闟字，今俗作鑰。書金縢「啓籥見書」。小爾雅廣服云「鍵謂之籥」，籥並當作闟。

簡

簡，牒也。从竹，閒聲。古限切

三五一

片部「牒，札也」，木部「札，牒也」，簡是「竹簡」，「編簡」字又段之為「簡約」，又為「疏也」「大也」。束部「柬，分別簡之也。从束从八，八，分別也。古限切」是柬擇字，今俗作揀，古籍或段簡為之。又心部「㥶，存也。从心，簡省聲，讀若簡。古限切」則是簡察字。

笵

笵，法也。从竹，竹，簡書也；氾聲。古法有竹刑。（段作刑是）防錽切（錽音範）

「竹刑」者，謂刑罰科條載於竹簡者。此「規笵」「典笵」「模笵」字，今經典作範。易繫傳「範圍天地之化而不過」，鄭注「範，法也」。字當作笵。車部「範，範軷也」。範軷，是出將有事先祭道神。又艸部「范，艸也」，義異。

箋

箋，表識書也。从竹，戔聲。則前切

一切經音義引字林「表，識書也」。一曰表識書曰箋也。案字林引作「識書」，是鄭君之舊。言部「識，常也。一曰知也。从言，戠聲。賞職切」是知識字。耳部「職，記微也。从耳，戠聲。之弋切」是記憶之正字。又案古籍或作牋。文心雕龍書記篇「牋者，表也，識其情也」。

簭

簭，易卦用蓍也。从竹，𢍰聲。𢍰，古文巫字。時制切（音噬）

三五二

礼曲礼「龜為卜，筴為筮，卜筮者，所以決嫌疑，定猶豫，故
疑卽筮之。」周礼有筮人，注云「問蓍曰筮。」又易蒙卦「初
筮告。」注云「筮者，決疑之物也。」本書艸部「蓍，蒿屬，生千歲，
三百莖，易以為數，天子蓍九尺，諸侯七尺，大夫五尺，士三尺，从艸
耆聲，式脂切。」

笄

簪也，从竹幵
聲，古兮切（音雞）
本書八下部目「先，首笄也，从人匕，象簪形。」「簪，俗先，从竹从朁。」礼
內則「十有五年而笄。」又曲礼「女子許嫁，笄而字。」

笮

迫也，在瓦之下棼上。
从竹乍聲，阻厄切
按鄦書無窄字，蓋卽此也。厂部「厭，笮也。」厭今借壓為之。
又林部「棼，複屋棟也。」按笮在瓦下棼上，迫厄其閒，故曰笮
也。爾雅釋宮「屋上薄謂之筄。」郭注「屋笮。」說文無筄，蓋
卽笮也。

簾

堂簾也，从竹廉
聲，力鹽切
巾部「幭，帷也，从巾兼聲，力鹽切。」「帷，在旁曰帷。」周礼天官幕人
「掌帷幕幄帟綬之事。」注云「在旁曰帷，在上曰幕，帷幕皆

以布為之。」則幭是帷，幭，幕，簾是堂簾，謂兩階下隅曲
處。古籍或作廉，書顧命「夾兩階戺。」傳云「堂廉曰戺（音士）
所立處。」礼鄉飲酒礼「設席于堂廉。」注云「側邊曰廉。」广部
「廉，仄也，从广兼聲。」是廉偶字。

笫

牀簀也，从竹𠂔
聲，阻史切（音止）
左傳襄公二十七年「牀笫之言不踰閾。」杜注「笫，簀也。」本部
「簀，牀棧也。」

簟

竹席也，从竹覃
聲，徒念切（音忝）
詩小雅斯干「上莞下簟。」箋云「竹葦曰簟。」本書㫗部「覃，
長味也，从㫗鹹省聲，徒含切。」

籧

籧篨，粗竹席也，从
竹遽聲，彊魚切

篨

籧篨也，从竹除
聲，直魚切
徐灝說文解字注箋云「爾雅釋訓曰：籧篨，口柔也，戚施，
面柔也，夸毗，體柔也。邶風新臺傳曰：籧篨不能俯者，
戚施不能仰者。正義曰：籧篨戚施，本人之疾名，故晉語
云：籧篨不可使俯，戚施不可使仰是也。人自柔者必仰面

觀人之顏色而為辭、佀籧篨不能俯者、因名口柔為籧篨、面柔者必低首下人、媚以容色、佀戚施不能仰者、因名面柔為戚施也、大雅板傳「夸毗、以體柔人也」正義曰「夸毗者、便僻其足、前卻為恭、以形體順從於人、故云以體柔人」顥按此三者之病、近世曾有其人、籧篨哭胸仰面、戚施曲背俯首、夸毗體若無骨、坐則積然、行須人扶也」

笥

笥 飯及衣之器也、从竹司聲、相吏切（音使）

禮曲禮「凡以弓劍苞苴簞笥問人者」注云「簞笥、盛飯食者、圜曰簞、方曰笥」書說命「惟衣裳在笥」此衣器之設、

簞

簞 笥也、从竹單聲、漢律令簞、小筐也、傳曰簞食壺漿、都寒切（音單）

匚部「匪、飯器、筥也、从匚非聲」「篚、匪或从竹」孟子滕文公「非其道、則一簞食不可受於人」注「簞、笥也」又梁惠王「簞食壺漿、以迎王師、豈有他哉、避水火也」

箸

箸 飯攲（段作敧）也、从竹者聲、陟慮切、又遲倨切

按攲、大徐本誤作攲、段作敧、非是、攴部無攲、當从支作攲、支部「攲、持去也」危部「䧢、䧢嶇也」通俗文「以箸取物曰攲」玉篇「箸、筴也、飯具也」廣雅釋器「筴謂之箸」本部無筴、本作挾、禮曲禮「羹之有菜者用挾」注云「今人或謂箸為挾」箸、今俗作筯、又叚為「箸落」「附箸」「箸明」鄭書無「著」、著字、

簋

簋 黍稷方器也、从竹从皿从皀、居洧切（軌、九二音、皀音乾）

匭 古文簋从匚飢（段篆作匭、云「从匚食九」）

匭 古文簋或从軌（段作「从匚軌」）

朹 亦古文簋

按古文匭當篆作匭、从匚飢、本書食部「飢、糧也」是酒飢字、又朹字从木九聲、故知簋古音讀如九也、易坎卦六五「樽酒簋貳、用缶、納約自牖、終无咎」簋、缶、牖、咎為韻、詩秦風權輿「於我乎每食四簋、今也每食不飽」亦簋飽為韻可證、

簠

簠 黍稷圜器也、从竹皿甫聲、方矩切

医 （段篆作医）古文簠从匚从夫、

周禮地官舍人「凡祭祀共簠簋」鄭注「方曰簠、圓曰簋、盛黍稷稻粱器」詩秦風權輿釋文「內圓外方曰簠、內方外圓曰

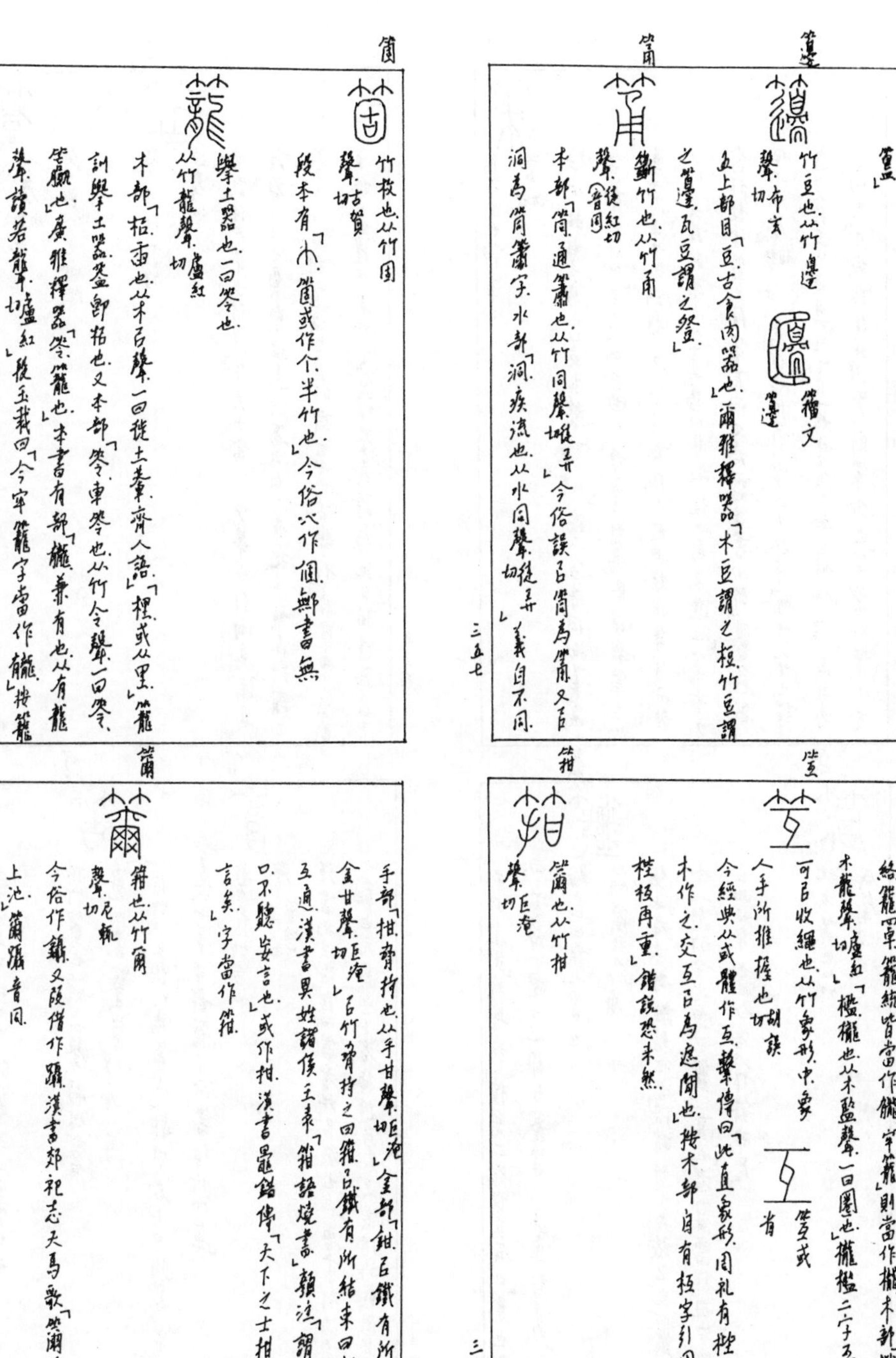

籃」

竹豆也。从竹邊聲。布玄切

豆上部曰「豆，古食肉器也。」爾雅釋器「木豆謂之梪，竹豆謂之籩，瓦豆謂之登。」

（籀文 籩）籀文

斷竹也。从竹甬聲。徒紅切（音同）

本部「筒，通簫也。从竹同聲。徒弄切」今俗誤以筒為筩，又以洞為筒簫字。水部「洞，疾流也。从水同聲。徒弄切」義自不同。

竹枚也。从竹固聲。古賀切

段本有「个，箇或作个，半竹也。」今俗以作個，無書無

舉土器也。一曰笭也。从竹龍聲。盧紅切

木部「梠，臿也。从木㠯聲。一曰徙土輂，齊人語。」「梩，或从里。」籠訓舉土器，蓋即梠也。又本部「笭，車笭也。从竹令聲。一曰笭，籯也。」廣雅釋器「笭，籠也。」本書有部「龓，兼有也。从有龍聲。讀若聾。盧紅切」段玉裁曰「今牢籠字當作龓。」按籠絡、籠罩、籠統，皆當作龓。牢籠則當作櫳。木部「櫳，檻也。从木龍聲。盧紅切」「檻，櫳也。从木監聲。一曰圈也。」櫳檻二字互訓。

可以收繩也。从竹，象形，中象人手所推握也。胡誤切

互 笠或省

今經典从或體作互。繫傳曰「此直象形，周礼有梐枑，蓋以木作之，交互以為遮闌也。」按木部自有枑字，引周礼曰「設梐枑再重。」鍇說恐未然。

籋也。从竹拑聲。巨淹切

手部「拑，脅持也。从手甘聲。巨淹切」金部「鉗，以鐵有所劫束也。从金甘聲。巨淹切」以竹脅持之曰箝，以鐵有所劫束曰鉗，史傳多互通。漢書異姓諸侯王表「箝語燒書。」顏注「謂箝籋其口不聽妄言也。或作拑。」漢書鼂錯傳「天下之士拑口不敢復言矣。」字當作箝。

箝也。从竹爾聲。尼輒切

今俗作鑷，又段借作躡。漢書郊祀志天馬歌「籋浮雲，晻上池。」籋躡音同。

簦

笠蓋也。从竹登聲。都滕切

簦即今之雨繖。

笠

簦無柄也。从竹立聲。力入切

史記仲尼弟子列傳「昔夫子當行，使弟子持雨具。」雨具，謂簦笠之屬。顏注急就篇云「大而有把，手執以行，謂之簦。小而無把，首戴以行，謂之笠。」古樂府「君乘車，我戴笠，他日相逢下車揖。」「君擔簦，我跨馬，他日相逢為君下。」

策

馬箠也。从竹朿聲。楚革切

攴部「敕，擊馬也。从攴朿聲。楚革切」按二字音同而義異。策訓「馬箠」是名詞。禮曲禮「君車將駕，則僕執策立於馬前」是也。敕訓「擊馬」則是動詞。今經典統用策字而敕不行矣。論語雍也「策其馬曰：非敢後也，馬不進也。」策正字當作敕。古籍又段策為冊，又為冊。本書曰部「冊，告也。从曰从冊，冊亦聲。楚革切」是冊命冊封字。二下部目「冊，符命也。諸侯進受於王也。象其札一長一短，中有二編之形。楚革切」周禮春官內史「凡命諸侯孤卿大夫，則策命之。」策當作冊。中庸「文武之政，布在方策。」策，簡也。正字當作冊。

笘

折竹箠也。从竹占聲。潁川人名小兒所書寫為笘。失廉切

「折竹箠」，折竹為箠也。「潁川人名小兒所書寫為笘」者，是又一義。本部籥下云「書僮竹笘也。」

笞

擊也。从竹台聲。丑之切（音雌）

漢書刑法志「笞者，所以教之也。」唐書刑法志「笞之為言恥也。凡過之小者，捶撻以恥之。」或用竹，或用楚。書舜典「朴作教刑」，禮學記「檟楚二物，收其威也」是也。方言引傳曰「慈母之怒子也，雖折葼笞之，其惠存焉。」

籤

驗也。一曰銳也，貫也。从竹韱聲。七廉切

「驗也」者，言部「讖，驗也。」今俗謂神示占驗之文曰籤。「銳也」者，今人削竹令尖謂之籤。「貫也」者，貫當作「毌，穿物持之也」，以此毌穿之也。今俗亦作簽，非是。

箴

綴衣箴也。从竹咸聲。職深切

金部「鍼，所以縫也。从金咸聲。且鍼等四今俗作針，非是。職深切」箴與鍼音義同。今則專用鍼或針為縫衣之鍼，而以箴為「箴規」「箴銘」字。書盤庚「無或敢伏小人之攸箴」，馬注「諫也」。左傳宣公十二年「箴之曰：民生在勤」，注「誡也」。

簧

笙中簧也。从竹黃聲。古者女媧作簧。戶光切

詩王風君子陽陽「左執簧」，傳云「簧，笙也」。正義「簧者，笙管之中金薄鍱也」。「女媧作簧」者，風俗通引世本文，宋均曰「女媧，黃帝臣也」。

管

如篪，六孔，十二月之音。物開地牙，故謂之管。从竹官聲。古滿切

琯

古者玉琯以玉。（段作「古者管以玉」）舜之時西王母來獻其白琯。（見大戴礼及尚書大傳）前零陵文學姓奚於伶（段作泠）道舜祠下得笙玉琯。（見風俗通）夫以玉作音，故神人以龢，鳳皇來儀也。（風俗通同）从玉官聲。

按說解「物開地牙」不辭，疑有奪誤，應據風俗通作「物毌地而牙」。又管是樂器之名，今則叚作輨理輨轄字。車部「輨，轂耑沓也。古滿切」。

⿱竹愛

蔽不見也。从竹愛聲。烏代切

爾雅釋言「薆，隱也」，方言「掩、翳，薆也」。其字並當从竹，⿱竹愛字即此。漢書律歷志「咸薆於未」，注云「薆，蔽也」。字亦當作⿱竹愛。今俗或作曖，日部無。人部「僾，仿佛也。从人愛聲。詩曰：僾而不見。烏代切」。按今詩邶風靜女「愛而不見，搔首踟躕」作愛。傳云「言志往而行止」。箋云「志往謂踟躕，行止謂愛之而不往見」。是傳箋並以愛為㤅之叚。夊部「愛，行皃。从夊㤅聲。烏代切」。心部「㤅，惠也。从心旡聲。烏代切」。許君引作僾，蓋本三家。爾雅釋言「薆，僾也」。本韓詩說，而易林「季姬踟躕，待我城隅，終日至暮，不見齊侯」，是齊魯義也。又陶公詩「曖曖遠人村，依依虛里煙」，曖亦當作僾。

筭

長六寸，計歷數者。（段「寸」下有「所以」二字）从竹弄。言常弄乃不誤也。蘇貫切

算

數也。从竹具。讀若筭。蘇管切

筭算二字經典多混用作算。如周礼春官大史「凡射事，飾中舍筭，執其礼事」。儀礼鄉射礼「一人執筭以從之」。並當作筭。論語子路「斗筲之人，何足算也」。爾雅釋詁「算，數也」。則是本字本義。又示部「祘，明視以筭之。从二示。逸周書曰：士分民之祘，均分以祘之也。讀若筭。蘇貫切」。祘與筭音同義近也。

笑

此字本闕。臣鉉等案。孫愐唐韻引說文云。喜也。从竹从犬。而不述其義。今俗皆从犬。又案李陽冰刊定說文。从竹从夭。義云。竹得風其體夭屈。如人之笑。未知其審。私妙切

此大徐新修十九字之一。段篆作笑。云「喜也。从竹从犬」。宋蔡夢弼草堂詩話「說文。竹之夭然。佀人之笑。因為笑字。竹豈能笑。特以象言耳」。

筠 新附

竹皮也。从竹均聲。王春切（音雲）

礼礼器「如竹箭之有筠也。如松柏之有心也」。釋文引鄭云「筠。竹之青皮也」。

箕

簸也。从竹。𠀠象形。下其丌也。凡箕之屬皆从箕。居之切（四二）

古文箕省

亦古文箕

亦古文箕

籀文箕

籀文箕

其

簸

揚米去糠也。从箕皮聲。布火切

按糠當作穅。禾部「穅。穀皮也。从禾米。庚聲」「康。穅或省」。俗作糠。簸見簸揚傳簸字。詩小雅大東「維南有箕。不可以簸揚。維北有斗。不可以挹酒漿」。古籍或段播為之。手部「播。種也」。又段播為「尃也」之譒。許言部譒字。

丌

下基也。薦物之丌。象形。凡丌之屬皆从丌。讀若箕同。居之切（四二）

⿺辶丌

古之遒人以木鐸記詩言。从辵丌。丌亦聲。讀與記同。徐鍇曰。遒人行而求之。故从辵。丌。薦而進之於上也。居吏切

按遒人當作逌。辵部「遒。迫也。从辵酉聲。字秋切（音囚）」「逌。遒或从酉」。乃部「逌。气行皃。从乃鹵聲。讀若攸。以周切（音攸）」。凡「遒人」之「遒勁」。皆當作逌。左傳襄公十四年師曠引夏書曰「遒人以木鐸徇于路。官師相規。工執藝事以諫。正月孟春。於是乎有之。諫失常也」。杜注「遒人。行人之官也。木鐸。木舌金鈴。徇於路。求歌謠之言」。公羊傳宣公十五年「什一行而頌聲作矣」。何休注「……男女有所怨恨。相從而歌。饑者歌其食。勞者歌其事。男年六十女年五十無子者。官衣食之。使之民間求詩。鄉移於邑。邑移於國。國以聞於天子。故王者不出牖戶。盡知天下所苦。不下堂而知四方」。漢書食貨志「孟春之月。行人振木鐸。徇於路以采詩。獻之大師。比其音律。以聞於天子」。古者行人以木鐸徇於

路以采詩。獻之太師。比其音律。以聞於天子。以觀民風。知得失。故今存之風雅。雖有匹夫匹婦之詠。一皆經王官刪削。比於音律者。不得謂十五國風為平民文學。大小雅為貴族文學。風雅之分。為中央與地區之分耳。又孟子離婁篇「王者之迹息而詩亡。詩亡然後春秋作」。宋翔鳳馬瑞辰皆以迹為䢋形近而譌。是也。王者之䢋息。天子失其官。宗此官不行。而詩教衰亡也。詩亡非民無詩。職詩者之皋也。

典

典 五帝之書也。从冊在丌上。尊閣之也。莊都說。典大冊也。多殄切

古文典 从竹

五帝之書。謂三墳五典。釋名云「三墳五典八索九丘。皆三王以前上古羲皇時書也。今皆亡。惟堯典存也」。又引申之為凡典籍之偁。古籍又段作敟。攴部「敟。主也。从攴典聲。多殄切」。禮樂記「念終始典于學」。廣雅釋詁「典。主也」。又按古文冊作䈂。此古文典當从古文冊。

顨

顨 巽也。从丌从𩠐。此易顨卦為長女為風者。臣鉉等曰。𩠐之義亦選具也。蘇困切

頁部「𩠐。選具也。从二頁。士戀切(音算)」。今易顨卦作巽。蓋異文也。

畀

畀 相付與(段作与是)之約在閣上也。从丌由聲。必至切

按畀从由聲。故篆當作𠀠。本書九上部目「由。鬼頭也。象形。敷勿切」。鬼畏字皆从由。

巽

巽 具也。从丌𢀳聲。臣鉉等曰。庶物皆具丌以薦之。蘇困切

古文巽

篆文巽

今易巽卦作巽。說卦傳「巽。入也」。雜卦傳「巽。伏也」。書堯典傳「巽。順也」。經典無訓巽為具者。而从巽之字皆有具義。如人部「僎。具也」。食部「籑。具食也」。「饌。籑或从巽」。巽字从𢀳。本書卪部「𢀳。二卪也。巽从此。闕。士戀切」。與訓「選具也」之𩠐同音而廣韻𢀳下亦云「具也」。是𢀳𩠐音義同。則从𩠐之顨與从𢀳之巽亦宜同也。

奠

奠 置祭也。从酋。酋。酒也。下其丌也(段作「丌其下也」)。禮有奠祭者。堂練切

詩召南采蘋「于以奠之」。傳云「奠。置也」。書禹貢「奠高山大川」。傳云「奠。定也。高山五岳。大川四瀆。定其差秩。祀禮所視」。「禮有奠祭」者。儀禮士喪禮。既夕禮。凡祭皆曰奠。

左

手相左助也。从𠂇工。凡左之屬皆从左。則箇切　臣鉉等曰。今俗別作佐(四三)

差

貳也。差(段作左)不相值也。从左𠂹。徐鍇曰。左於事是不當值也。初牙切又楚佳切

籀文差　从二

左傳文公二年「享祀不忒」杜注「忒差也」。礼月令「毋有差貸」注「謂失誤」。凡訓失誤義讀「初牙切」音叉。作差遣字則讀「楚佳切」音猜。又玉篇「楚宜切。參差不齊也」。詩邶風燕燕「燕燕于飛。差池其羽」。左傳襄公二十二年「而何敢差池」注「不齊一也」。古籍或借作瘥。方言「差。愈也。南楚病愈者謂之差」。疒部「瘥。瘉也。从疒差聲。楚懈切(音猜去聲)」或段作蹉跎字。「初何

切」又糸部「縒。參縒也。从糸差聲。楚宜切」是參縒不齊本字。作「差」其段借耳。

工

巧飾也。象人有規榘也。與巫同意。凡工之屬皆从工。徐鍇曰。為巧必遵規榘法度。然後為工。否則目巧也。巫事無形。失在於詭。亦當遵規榘。故曰與巫同意。古紅切(四三)

古文工　从彡

式

法也。从工弋聲。賞職切

詩大雅下武「成王之孚。下土之式」傳云「式法也」。箋云「王道尚信。則天下以為法」。式又借為發語詞。詩邶風式微「式微式微。胡不歸」箋云「式發聲也」。

巧

技也。从工丂聲。苦絞切

手部「技。巧也」。詩小雅雨無正「巧言如流」箋云「猶善也」。礼表記「辭欲巧」注云「謂順而說也」。老子「絕巧棄利」注云「詐偽亂真也」。

巨

規巨也。从工。象手持之。其呂切

巨或从木矢。矢者其中正也。

古文巨　(段篆作𠀱)

經典通作矩。蓋榘之省。孟子離婁篇「離婁之明。公輸子之巧。不以規矩。不能成方員」。「規矩。方員之至也。聖人。人倫之至也」。周礼攷工記「輿人為車。圜者中規。方者中矩」。自規巨作矩。而巨祗用為大義。按大義乃本作鉅。金部「鉅。大剛也。从金巨聲。其呂切」。礼三年問「創鉅者其日久」。猶存本字。又艸部「苣。束葦燒。从艸巨聲。其呂切　臣鉉等曰。今俗別作炬。非是。」則是火苣字。

㠭 𡨄

極巧視之也。从四工。凡㠭之
屬皆从㠭。知衍切(四三)

窒也。从㠭，从廾，窒宀中。
㠭，猶齊也。穌則切

穴部「窒，𡨄也。」此窒𡨄字，今則段塞為之。土部「塞，隔也。
从土𡨄聲。先代切」是邊塞字，塞从𡨄聲，本亦穌則切。後因
段作窒𡨄字，又段作𡩟實字，故入讀先代切，音賽。為
邊塞義。又心部「𡩟，實也。从心，塞省聲。虞書曰：剛而𡩟。
先則切」是𡩟實誠實之意。今書皋陶謨已作塞矣。又本
書宀部「寒，凍也。从人在宀下，以茻薦覆之，下有仌。胡安切」寒與
𡨄異，隸變則同作実矣。

巫 覡

祝也。女能事無形，以舞降神者也。象人兩褎舞形。與工同
意。古者巫咸初作巫。凡巫之屬皆从巫。武扶切(四四)

古文巫

能齋肅事神明也。在男曰覡，
在女曰巫。从巫見。胡狄切(音檄)

巫與覡，並行則異，單行則一也。

甘 甛

美也。从口含一。一，道也。凡甘之
屬皆从甘。古三切(四四)
本書艸部「苷，甘艸也。」今皆作甘矣。

美也。从甘舌。舌，
知甘者。徒兼切

今俗作甜

曆

(繫傳段氏並篆作曆，是)和也。从甘从麻。麻，調也。
(段「从甘麻。麻，調也。」)甘亦聲。讀若函。古三切(音甘，按當郎擊切，音歷)
「和也」，和當作盉。皿部「盉，調味也。」口部「味，相應也。」又繫傳
有鍇曰：麻，音歷。稀疏勻調也。則曆當从厤。本書厂部「厤，
治也。从厂秝聲。郎擊切」七上部目「秝，稀疏適秝也。从二禾。讀若歷。
郎擊切」稀疏適秝有調厤之意。周禮天官食醫「凡和，春多
酸，夏多苦，秋多辛，冬多鹹，調以滑甘。」

猒

飽（段有「足」）也。从甘肰。於鹽切（平聲）

今經典或作厭。如書洛誥「萬年厭于乃德」。或作饜。如孟子梁惠王「不奪不饜」。按饜字說文所無。厂部「厭，笮也。从厂猒聲。一曰合也。於輒切又一琰切」。竹部「笮，迫也」。則厭是厭迫字。其「一曰合也」，則是「愜理厭心」字，與猒字異義。又心部「懕，安也。从心厭聲。詩曰懕懕夜飲。於鹽切」。今詩小雅湛露作厭。傳云「厭厭，安也」。已用借字矣。

甚

尤安樂也。从甘匹。匹，耦也。常枕切

古文甚

甚之訓為「尤安樂也」，孫瀕俞樾皆以為是媅樂之本字。本書女部「媅，樂也。从女甚聲。丁含切」。從尤安樂，又引申之凡太過皆曰甚。沿用既久，而甚之本義轉晦，因之又作从女之媅字。古籍或段湛或耽字為之，而甚則為太甚之義所專。

曰

詞也。从口乙聲。亦象口气出也。凡曰之屬皆从曰。王伐切（四五）

𠕁

告也。从曰从冊，冊亦聲。楚革切

二下部目「冊，符命也。諸侯進受於王也」。簡牘曰冊，以簡告誡曰𠕁。今則通用冊，而𠕁廢矣。古籍亦借策為之。竹部「策，馬箠也」。攴部「敇，擊馬也」。皆楚革切。詳竹部策下。

曷

何也。从曰匃（亾部「匃，气也。亾人為匃」。古代切）聲。胡葛切

曷何聲轉。凡言「何者」，重言之則為曷。凡言「何不」者，急言之亦為曷。經傳或作害。詩周南「害澣害否」。傳云「害，何也」。釋文「戶葛反」。讀曷。或作盍。論語顏淵篇有若對哀公問曰「盍徹乎」。鄭注云「盍，何不也」。皆聲近段借。

曶

出气詞也。从曰囗（依段補）象气出形。春秋傳曰鄭太子曶。呼骨切

籀文曶。一曰佩也。象形。

欠部「欻，有所吹起。从欠炎聲。讀若忽」。與出气義近。「鄭太子曶」，今左傳隱公三年「鄭公子忽為質於周」。桓公六年「鄭太子忽帥師救齊」。並作忽。本書心部「忽，忘也。从心勿聲。呼骨切」。與曶音同義異。又佩曶字今俗作笏，鄦書無。

朁

曾也。从曰兟聲（先部「兟，朁朁，銳意也。从二先。子林切（音針）」）。詩曰朁不畏明。七感切

沓

今詩大雅民勞「憯不畏明」作「憯」。又大雅雲漢「憯不知其故」。小雅十月之交「胡憯莫懲」。小雅節南山「憯莫懲嗟」。傳箋皆訓曾也。陸氏釋文作「慘」，云「本亦作憯，七感切，曾也」。按心部「憯，痛也。从心朁聲。七感切」。「慘，毒也。从心參聲。七感切」。皆非詩義。蓋詩本作「朁」，形近譌為「憯」，復譌為「慘」耳。八部「曾，詞之舒也。从八从曰，四聲。昨稜切」。

語多沓沓也。从水曰。遼東有沓縣。臣鉉等曰：語多沓沓，若水之流，故从水。會意。徒合切

詩大雅板「天之方蹶，無然泄泄」。傳云「泄泄，猶沓沓也」。又引申為凡重沓字。

曹

獄之兩曹也。在廷東。从㯥。（段作「从㯥在廷東也」。東部「㯥，二東，曹从此。闕」）治事者。从曰。昨牢切

兩曹。又引申之為曹耦。儕輩也。楚辭招魂「分曹並進」。王逸注「曹，耦也」。史記扁鵲倉公列傳「曹耦可人」。索隱曰「曹耦猶儕輩也」。詩大雅公劉「乃造其曹」。傳云「曹，羣也」。

乃

曳詞之難也。象气之出難。凡乃之屬皆从乃。奴亥切 臣鉉等曰：今隸作乃（本音來。四五）

古文 乃

籀文 乃

迺

驚聲也。从乃省，西聲。（古文西）籀文迺不省。或曰：迺，往也。讀若仍。如乘切（音仍。今作迺，音乃）

按此文疑有奪誤，當依句讀補正之曰「迺，驚聲也。从乃鹵聲。或曰迺，往也。讀若仍。迺，籀文迺，从鹵」。本書十二上部曰「鹵，鳥在巢上。象形。日在西方而鳥棲，故因以為東西之西」。「棲，西或从木妻」。「鹵，古文西」。「卣，籀文西」。迺，今俗作廼。說文無。

逌

气行皃。从乃，卣聲。讀若攸。吕周切（音攸。卣音調）

「气行皃」。又引申之為气之逌勁。經傳皆假道為之。辵部「逌，迫也。从辵酉聲。字秋切（音囚）」。「遒，逌或从酋」。

丂

气欲舒出，ㄅ上礙於一也。丂，古文以為亏字，又以為巧字。凡丂之屬皆从丂。苦浩切（本音槁。今讀巧。四五）

甹

亟詞也。从丂从由。或曰：甹，俠也。三輔謂輕財者為甹。臣鉉等曰：由，用也。任俠用气也。普丁切

按許書無由。乃部「甹，木生條也。从乃，由聲」。商書曰「若顛木之有甹枿」。古文言由枿」。則由乃甹之古文。又人部「俜，

俠也」「俠，甹也」史記季布傳「為气任俠」集解云「俠，甹也」是甹與俜音義同。今人謂輕生為甹命，即此甹字。作亟詞者其叚借義耳。

寧

願詞也。从丂寍聲。奴丁切

用部「甯，所願也。从用寧省聲。乃定切」寧甯義略可通。宀部「寍，安也。从宀心在皿上。人之飲食器，所吕安人。奴丁切」凡安「寍」「寍息」字作寍，古籍多叚寧為之。寧訓願詞，是「寧可」「寧願」。書大禹謨「與其殺不辜，寧失不經」是也。

叚借之為「無寧」論語子罕「無寧死於二三子之手乎」又為「曾」是「曾不」義。詩邶風日月「寧不我顧」鄭風子衿「子寧不嗣音」小雅小弁「寧莫知之」傳箋皆訓「曾也」。

ㄛ

反丂也。讀若呵。虎何切

口部無呵，本作訶。言部「訶，大言而怒也」古籍或叚苛為之。艸部「苛，小艸也」叚借為細碎之義，亦為政之繁苛與事之苛刻意。

可

肎也。从口丅，丅亦聲。凡可之屬皆从可。肯我切（四六）

奇

異也。一曰不耦。从大从可。渠羈切（又居宜切）

此奇耦字易繫傳「易卦奇，金卦耦」又奇訓「異也」是不常之謂。叚借之為「奇偉」「奇特」「奇詭」。今讀居宜切。

叵 新坿

不可也。从反可。普火切

兮

語所稽也。从丂八，象气越亏也。凡兮之屬皆从兮。胡雞切（四六）

旬兮

驚詞也。从兮旬聲。思允切

旬兮或从心

心部「恂，信心也。从心旬聲。相倫切」經傳多叚恂為旬兮。大學「瑟兮僩兮者，恂慄也」朱子曰「恂慄，戰懼也」莊子齊物論「木處則惴慄恂懼，猨猴然乎哉」崔譔注「恂，戰也」字姑當作旬兮。

羲

气也。从兮義聲。許羈切

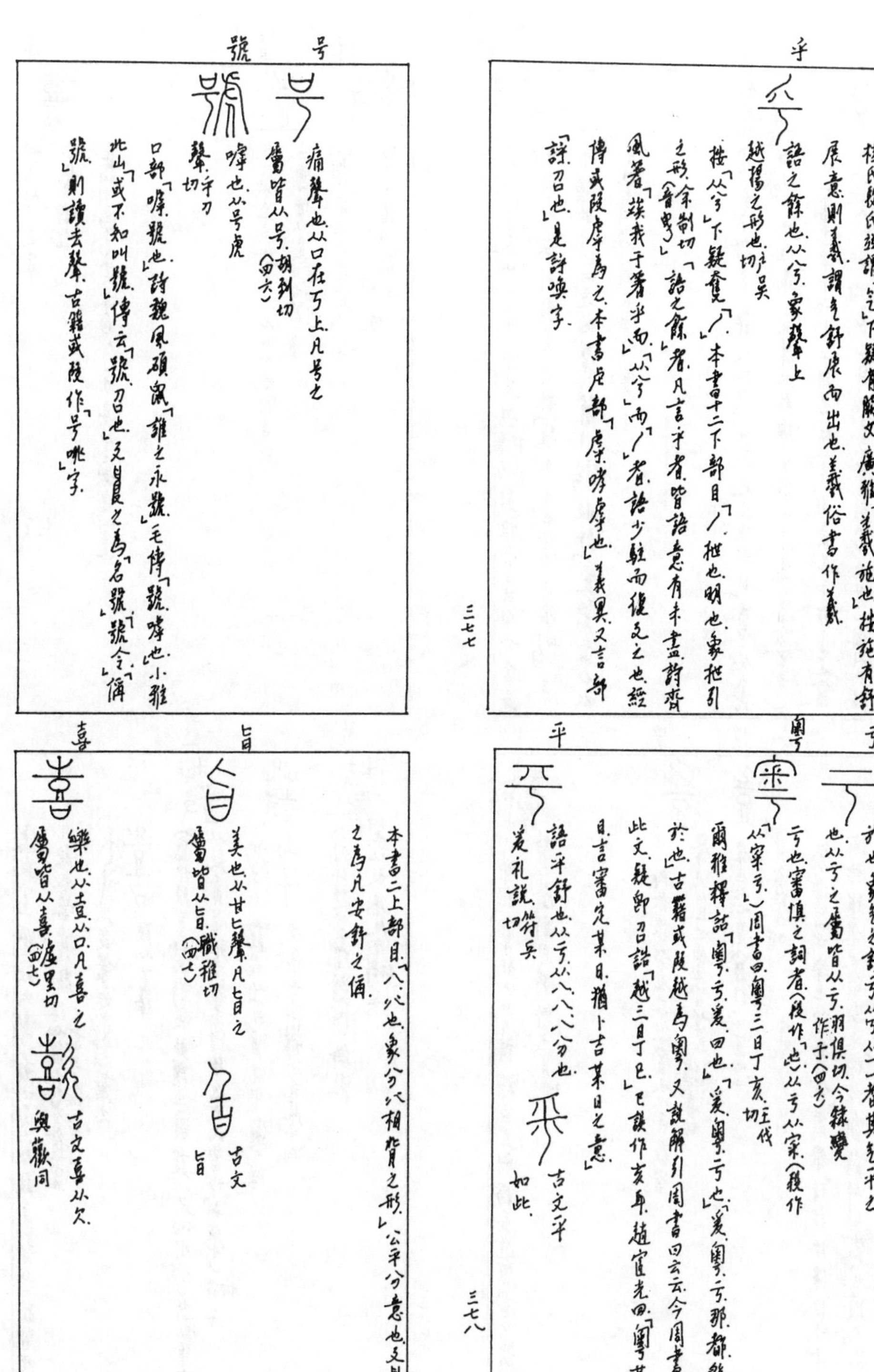

桂氏段氏並謂「兮」下疑有闕文。廣雅「羲，施也」，桂：施有舒展意，則羲謂气舒展而出也。羲俗書作羲

乎

語之餘也。从兮，象聲上越揚之形也。戶吳切

按「从兮」下疑奪「丿」。本書十二下部目「丿，抴也，明也，象抴引之形。余制切（音曳）」「語之餘」者，凡言乎者，皆語意有未盡。詩齊風著「俟我于著乎而」，「从兮」「丿」者，語少駐而復反之也。經傳或段虖為之。本書虍部「虖，哮虖也」，義異。又言部「評，召也」，是評喚字。

号

痛聲也。从口在丂上。凡号之屬皆从号。胡到切（四六）

號

嘑也。从号，虎聲。乎刀切

口部「嘑，號也」。詩魏風碩鼠「誰之永號」，毛傳「號，嘑也」。小雅北山「或不知叫號」，傳云「號，召也」。又引申之為「名號」「號令」，俗「號」則讀去聲。古籍或段作「号」咷字。

亏

於也。象气之舒亏。从丂从一。一者，其气平之也。从亏之屬皆从亏。羽俱切。今隸變作于（四六）

粵

亏也。審慎之詞者。（段作「也」）从亏从宷。（段作「从宷亏」）周書曰「粵三日丁亥」。王伐切

爾雅釋詁「粵、亏、爰，曰也」「爰、粵，亏也」「爰、粵、亏，那、都、繇，於也」。古籍或段越為粵。又說解引周書曰云，今周書無此文，疑即召誥「越三日丁巳」，巳誤作亥耳。趙宦光曰「粵某日吉，審定某日，猶卜吉某日之意」。

平

語平舒也。从亏从八。八，分也。爰禮說。符兵切

古文平如此。

本書二上部目「八，別也。象分別相背之形」，「公平分意也」。又引申之為凡安舒之偁。

旨

美也。从甘匕聲。凡旨之屬皆从旨。職雉切（四七）

古文旨

喜

樂也。从壴从口。凡喜之屬皆从喜。虛里切（四七）

古文喜从欠。與歡同

憙

說也。从心喜，喜亦聲。許記切

喜聞樂而笑，故自外來。憙从心，故自內生。

壴

陳樂立而上見也。从屮从豆。凡壴之屬皆从壴。中句切（音注四七）

尌

立也。从壴从寸（段有「寸」）。持之也。讀若駐。常句切

人部「侸，立也。从人豆聲。讀若樹。常句切」尌、侸音義同，今字通用樹為之，而尌廢矣。馬部「駐，馬立也。从馬主聲。中句切」走部「䞘，不行也。从走鼅聲。讀若住。中句切」臤部「豎，豎立也。从臤豆聲。臣庾切」尌立亦作豎。

鼓

（段篆作鼓，是）郭也（段作「䯞」，是。五下部目「䯞，度也。民所度居也」）。鼓，䯞（度）雙聲。又鼓樂有節，亦度意）春分之音，萬物郭（䯞）皮甲而出，故謂之鼓。从壴支，象其手擊之也（段作「从壴，从屮又。屮，象𠂹飾。又，象其手擊之也」，是）。周礼六鼓：

靁鼓八面，靈鼓六面，路鼓四面，鼖鼓，皋鼓，晉鼓皆兩面。凡鼓之屬皆从鼓。徐鍇曰：郭者，覆冒之意。工戶切（四八）

（段篆作𡔷）籒文鼓从古聲。

鼖

（應依段篆作𪔛）大鼓謂之鼖。鼖八尺而兩面，以鼓軍事。从鼓，賁省聲（應依段氏王氏皆作「卉聲」）。符分切

鼖或从革，賁不省（應依段氏王氏同作「賁聲」）。

鼛

（應依段篆作𪔿）騎鼓也。从鼓卑聲。部迷切

礼樂記「鼙鼓之聲讙，讙以立動，動以進眾。君子聽鼓鼙之聲，則思將帥之臣。」

豈

還師振旅樂也。一曰：欲登也。从豆，微省聲。凡豈之屬皆从豈。墟喜切（四八）

愷

康也。从心豈（段作「从豈心」），豈亦聲。苦亥切

心部重出云「樂也。从心豈聲」。爾雅釋詁「怡、懌、悅、欣、衎、喜、愉、豫、愷、康、妣、般，樂也」。俗作凱。詩邶風凱風傳云「凱風

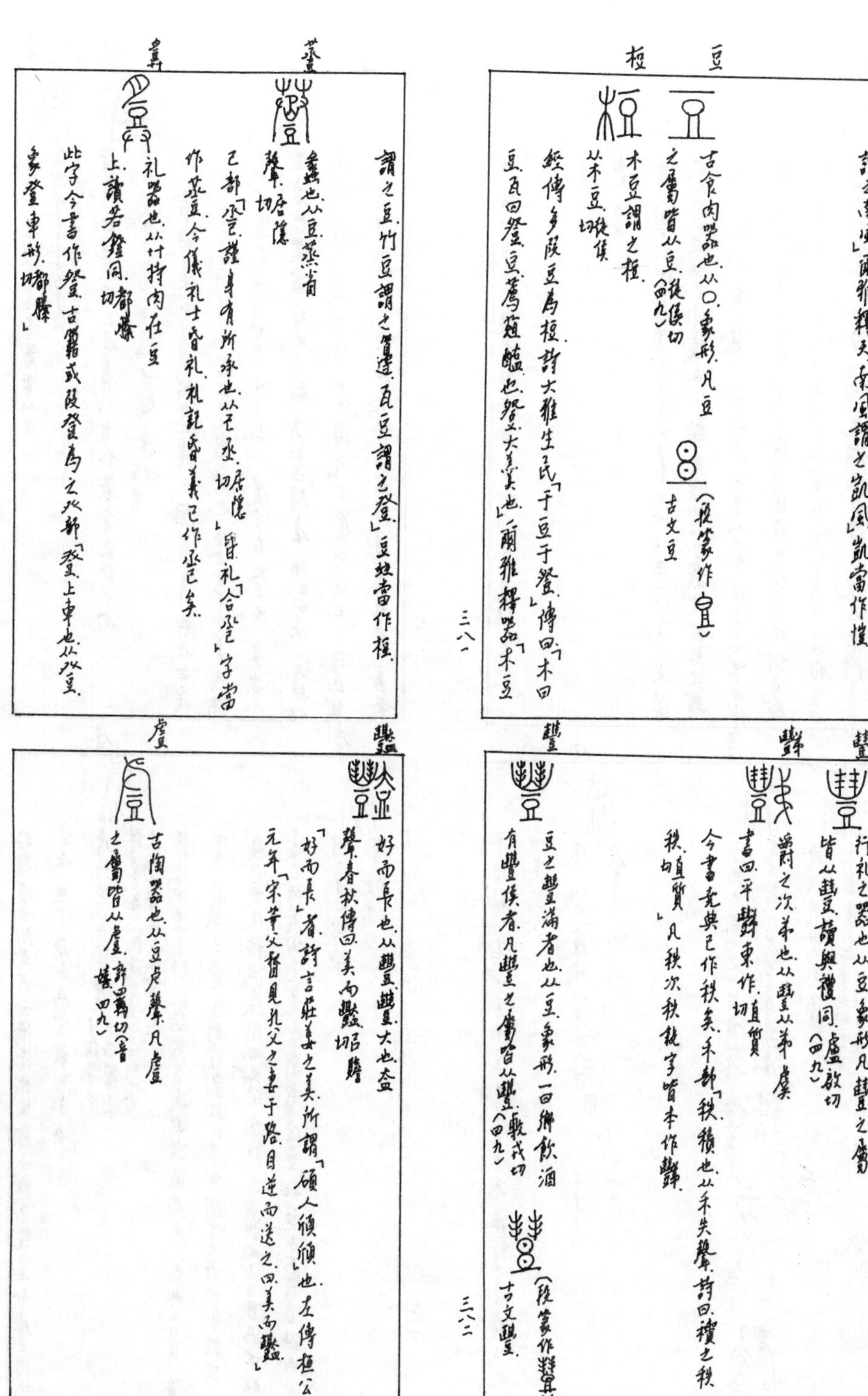

豆　梪

謂之南風」爾雅釋天「南風謂之凱風」凱當作愷

豆　古食肉器也。从口，象形。凡豆之屬皆从豆。徒候切（四九）

𣅘　古文豆（段篆作𥁐）

梪　木豆謂之梪。从木豆。徒候切

經傳多段豆為梪。詩大雅生民「于豆于登」傳曰「木曰豆，瓦曰登。豆，薦菹醢也。登，大羹也。」爾雅釋器「木豆謂之豆，竹豆謂之籩，瓦豆謂之登」豆並當作梪。

𢍛　豋

𢍛　蠡也。从豆，蒸省聲。居隱切

己部「㔾，謹身有所承也。从己丞。居隱切」昏禮「合㔾」字當作𢍛，今儀礼士昏礼、礼記昏義已作巹矣。

豋　礼器也。从廾持肉在豆上。讀若鐙同。都滕切

此字今書作登，古籍或段登為之。癶部「登，上車也。从癶豆。象登車形。都滕切」

三八一

豊　豑

豊　行礼之器也。从豆，象形。凡豊之屬皆从豊。讀與禮同。盧啟切（四九）

豑　爵之次弟也。从豊从弟。虞書曰「平豑東作」。直質切

今書堯典已作秩矣。禾部「秩，積也。从禾失聲。詩曰『穦之秩秩』。直質切」凡秩次秩敘字皆本作豑。

豐

豐　豆之豐滿者也。从豆，象形。一曰鄉飲酒有豐侯者。凡豐之屬皆从豐。敷戎切（四九）

𧯹　古文豐（段篆作𧯹）

豔　䖒

豔　好而長也。从豐，豐，大也。盍聲。春秋傳曰「美而豔」。以贍切

「好而長」者，詩言莊姜之美，所謂「碩人頎頎」也。左傳桓公元年「宋華父督見孔父之妻于路，目逆而送之，曰美而豔」

䖒　古陶器也。从豆虍聲。凡䖒之屬皆从䖒。許羈切（音犧）（四九）

三八二

虍

虍 虎文也象形凡虍之屬皆从虍
徐鍇曰象其文章屈曲也荒烏切(音呼 五十)

虞

虞 騶虞也白虎黑文尾長於身仁獸食自死之肉
从虍吳聲詩曰于嗟乎騶虞 五俱切

詩召南騶虞「于嗟乎騶虞」傳云「騶虞義獸也白虎黑文不食生肉有至信之德則應之」按虞之本義為騶虞古籍或段作娛易中孚初九「虞吉有他不燕」虞安也孟子盡心篇「霸者之民驩虞如也」驩虞猶歡娛也又段作度詩大雅抑篇「用戒不虞」傳云「不虞非度也」又借為「欺也」「憂也」左傳宣公十五年「我無爾詐爾無我虞」易繫傳「悔吝者憂虞之象也」借義行而本義隱矣

虙

虙 虎皃从虍必聲 房六切

顏氏家訓書證篇「虙今伏羲氏也孟康漢書古文注亦云虙今伏而皇甫謐云伏羲或謂之宓羲按諸經史緯候遂無宓羲之號虙字从虍宓字从宀下俱為必末世傳寫遂誤以虙為宓而帝王世紀因誤更立名爾何以驗之孔子弟子虙子賤為單父宰即虙羲之後俗字亦作宓或復加山今兗州永昌郡城舊單父地也東門有子賤碑漢世所立乃云濟南伏生即子賤之後是知虙之與伏古來通字誤以為宓較可知矣」

虔

虔 虎行皃从虎文聲臣鉉等曰文非聲未詳
讀渠焉切(段注「聲當是衍字虎行而著其文此會意」)

繫傳曰「虎之行兢兢然有威故謂敬為虔」按此又引申之義亦為虔誠字又因敬則持重故又有堅固義詩大雅韓奕「虔共爾位」傳云「虔固也」又因虎行有威故又又引申為殺賊義左傳成公十三年「虔劉我邊垂」杜注「虔劉皆殺也」

虖

虖 哮虖也从虍乎聲 荒烏切

今俗段呼為「哮虖」字又段虖為語餘之辭詳口部呼字

虐

虐 殘也从虍(段作「从虍爪人」)虎足反爪人也 魚約切

古文虐如此

虎

虎 山獸之君从虍(段有「从儿」)虎足象人足象形凡虎之屬皆从虎 呼古切(五十)

古文虎

亦古文虎

彪

彪 虎文也从虎彡(依段補「彡」)彡象其文也 甫州切(今甲遙切音猋)

本書九上彡部「彡，毛飾畫文也」，故虎文字从彡。

虓

虓　虎鳴也。一曰師子。从虎九聲。許交切

詩大雅常武「闞如虓虎」，傳云「虎之自怒虓然」，咆哮正字當作虓。

虩

虩　易履「虎尾虩虩恐懼」（履作「履虎尾虩虩」）。虩虩，恐懼也。一曰蠅虎也。从虎㡀聲。許隙切

今易履卦九四「履虎尾，愬愬終吉」，作「愬愬」，無恐懼字。子夏傳云「愬愬，恐懼皃」，馬融本作「虩虩」，云「恐懼皃」。又震卦「震來虩虩」，象曰「震來虩虩，恐致福也」，馬融曰「虩虩，恐懼皃」。荀氏九家易作「愬愬」，蓋所見本不同，當以虩虩為正字，作愬，段借也。言部「訴，告也」，「愬，訴或从朔心」，無恐懼義。

虢

虢　虎所攫畫明文也。从虎寽聲。古伯切（今起戟切，音隙）

受部「寽，五指持也。从受一聲，讀若律」，呂戌切。又虢為國名，文王弟虢仲初封於今陝西鳳翔府，為西虢，後改封於今河南陝州，為東虢。

虒

虒　委虒，虎之有角者也。从虎厂聲。息移切（音斯）

十二下部目「厂，抴也，明也。象抴引之形。虒字从此」。余制切（音曳）

虣　新附

虣　虐也，急也。从虎从武。見周禮。薄報切

周禮地官大司徒「以刑教中則民不虣」，按周禮多作虣，此新附字，正字當作㬥。本部「㬥，疾有所趣也。从日出夲廾之」，薄報切，是虣㬥虐字。又日部「㬥，晞也。从日出廾米」，薄報切，則是㬥露字，俗書作暴，以為虣㬥字，又加日作曝，讀入聲為㬥露字。

虤

虤　虎怒也。从二虎。凡虤之屬皆从虤。五閑切（五十）

皿

皿　飯食之用器也。象形。與豆同意。凡皿之屬皆从皿。讀若猛。武永切（五十）

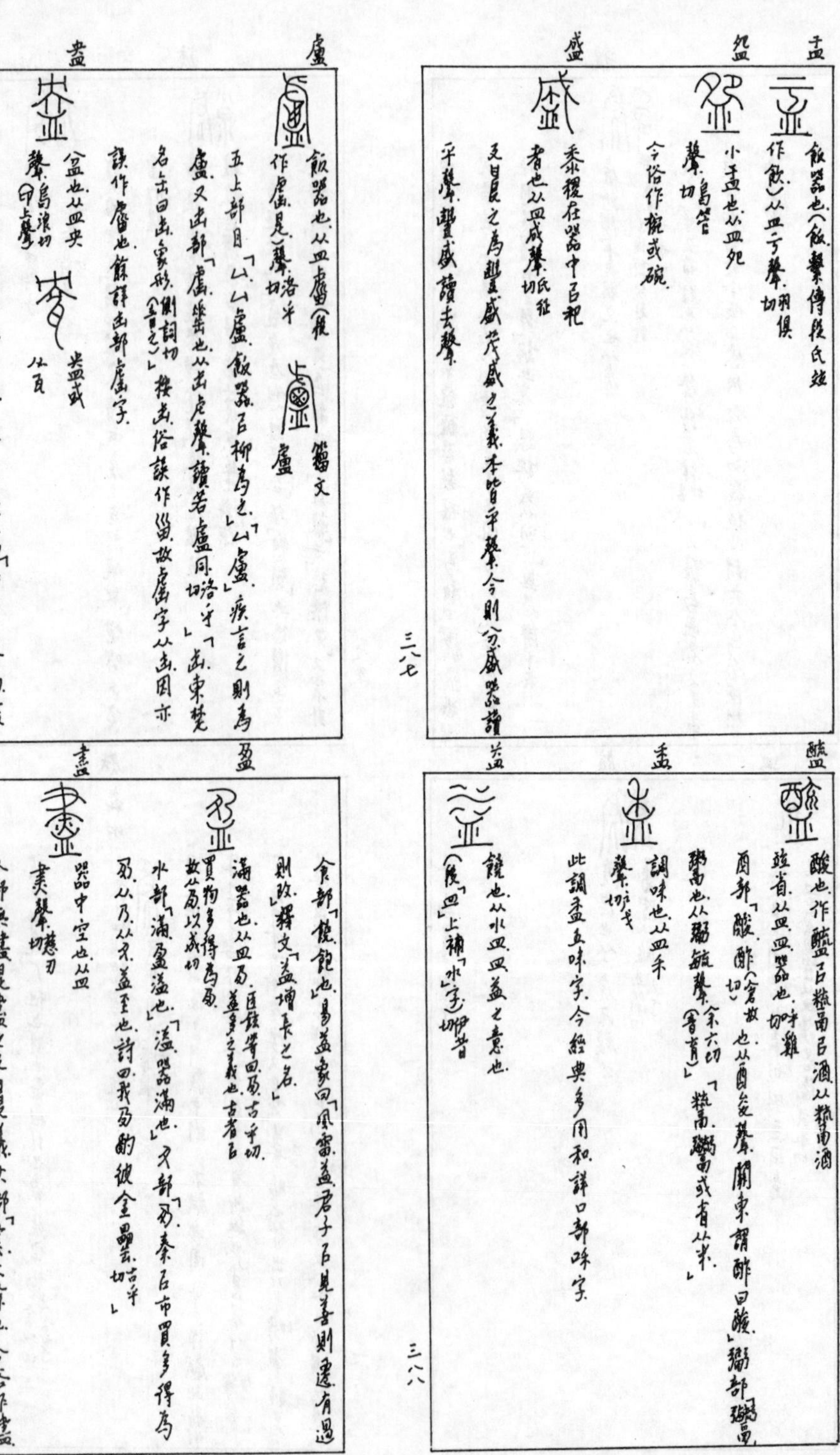

盂

飯器也（飯，繫傳段氏鉉作飲）从皿亏聲。羽俱切

盌

小盂也。从皿夗聲。烏管切

今俗作椀或碗。

盛

黍稷在器中以祀者也。从皿成聲。氏征切

又目良之爲豐盛、茂盛之義，本皆平聲，今則分盛器讀平聲，豐盛讀去聲。

盧

飯器也。从皿𠧪（段作𠧪是）聲。洛乎切 盧 籀文

五上部目「𠙴，𠙴盧，飯器，以柳爲之。」「𠙴盧」疾言之則爲盧。又甾部「𠧪，𠧪甾也。从甾虍聲。讀若盧同。洛乎切」「甾，東楚名缶曰甾，象形。側詞切（音之）」按甾俗誤作甾，故盧字从甾因亦誤作𠧪也。餘詳甾部𠧪字。

盎

盆也。从皿央聲。烏浪切（上聲） 瓷 盎或从瓦

又目良之爲豐盛之義，孟子盡心篇「睟然見於面，盎於背。」朱子曰「盎，豐厚盈溢之意。」

醯

酸也。作醯以䊚以酒。从䊚酒並省，从皿。皿，器也。呼雞切

酉部「酸，酢也。（倉故切）从酉夋聲。關東謂酢曰酸。」䊚部「䊚，䊚也。从䊚毓聲。余六切（音育）」「䊚，䊚或省从米。」

盉

調味也。从皿禾聲。戶戈切

此調盉五味字，今經典多用和，詳口部咊字。

益

饒也。从水皿。皿，益之意也。伊昔切（段「皿」上補「水」字）

食部「饒，飽也。」易益象曰「風雷益，君子以見善則遷，有過則改。」釋文「益，增長之名。」

盈

滿器也。从皿夃。臣鉉等曰：夃，古乎切。益多之義也。古者以買物多得爲夃，故从夃。以成切

水部「滿，盈溢也。」「溢，器滿也。」夂部「夃，秦以市買多得爲夃。从乃从夂。益至也。詩曰：我夃酌彼金罍。古乎切」

盡

器中空也。从皿㶳聲。慈刃切

人部無儘，是盡之又目良義。火部「㶳，火餘也。」今俗作燼。詳聿部㶳字。

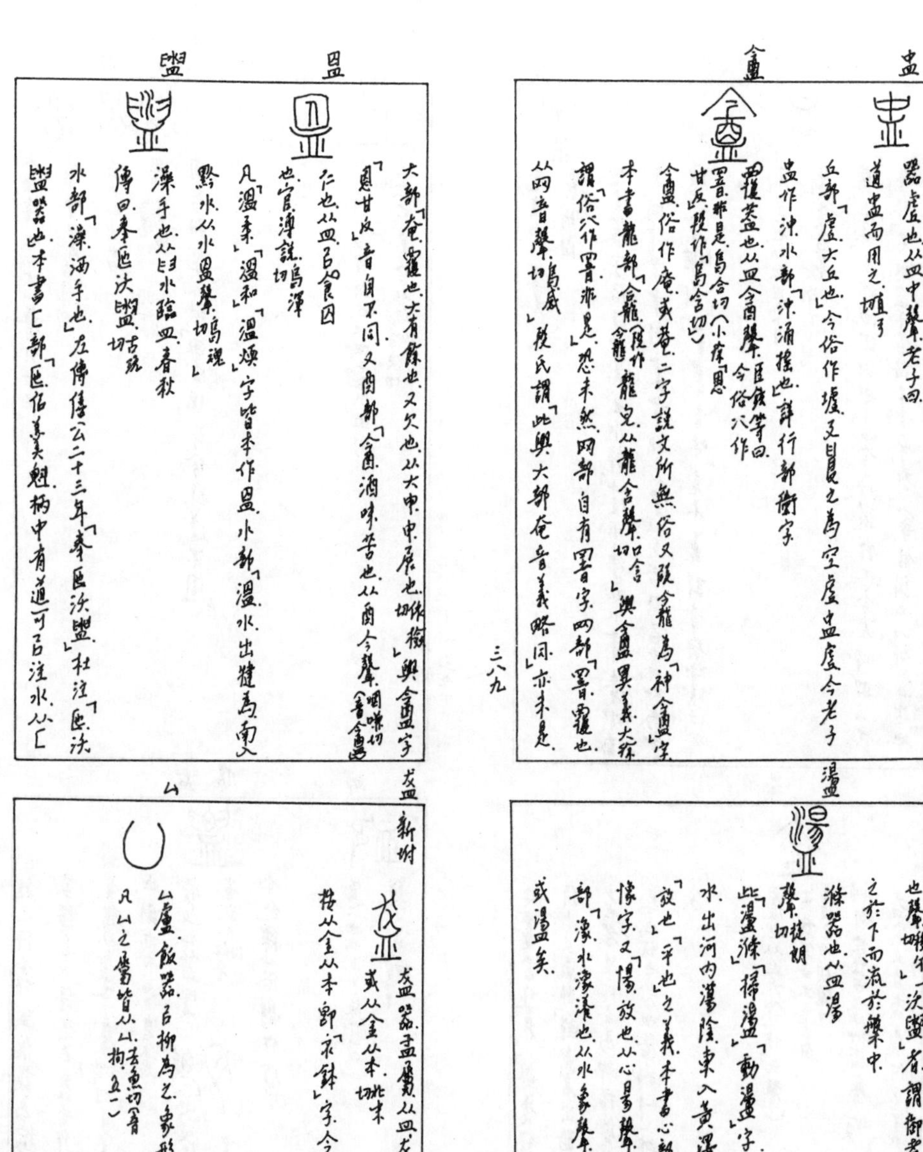

盅

盅　器虛也。从皿，中聲。老子曰：「道盅而用之。」直弓切

丘部「虛，大丘也」，今俗作墟，又以之為空虛。盅虛，今老子盅作沖。水部「沖，涌搖也」。詳行部衝字。

盦

盦　覆蓋也。从皿，酓聲。臣鉉等曰：今俗作罯，非是。烏合切（小徐「恩甘反」，段作「烏含切」）

盦，俗作庵，或菴，二字說文所無。俗又叚龕為「神盦」字。本書龍部「龕，龍皃。从龍，合聲（段作龕）。口含切」，與盦異義。大徐謂「俗作罯，非是」，恐未然。网部自有罯字。网部「罯，覆也。从网，音聲。烏感切」。段氏謂「此與大部奄音義略同」，亦未是。大部「奄，覆也。大有餘也。又欠也。从大申。申，展也。依檢切」，與盦字「恩甘反」音自不同。又酉部「酓，酒味苦也。从酉，今聲。咽嗛切（音盦）」。

昷

昷　仁也。从皿，以食囚也。官溥說。烏渾切

凡「溫柔」「溫和」「溫煖」字皆本作昷。水部「溫，水出犍為涪，南入黔水。从水，昷聲。烏魂切」。

盥

盥　澡手也。从𦥑水臨皿。春秋傳曰：「奉匜沃盥。」古玩切

水部「澡，洒手也」。左傳僖公二十三年「奉匜沃盥」，杜注「匜，沃盥器也」。本書匚部「匜，似羹魁，柄中有道，可以注水。从匚，也聲。移尔切」。「沃盥」者，謂御者以匜盛水自上寫之，盥者承之於下而流於槃中。

盪

盪　滌器也。从皿，湯聲。徒朗切

此「盪滌」「掃盪」「動盪」字。經傳或叚蕩為之。水部「蕩，水出河內蕩陰，東入黃澤。从水，蕩聲。徒朗切」。又叚蕩為「放也」「平也」之義。本書心部「像，放也。从心，象聲。徒朗切」，是放像字。又「愓，放也。从心，昜聲。徒朗切」，是放愓、坦愓愓字。至水部「潒，水潒瀁也。从水，象聲。徒朗切」，則是潒瀁字，今已作蕩或盪矣。

盋　新附

盋　盋器，盂屬。从皿，犮聲。或从金从本。北末切

按：从金从本，即「衣鉢」字，今俗作鉢。

凵

凵　凵盧，飯器，以柳為之。象形。凡凵之屬皆从凵。去魚切（音拘，丘一）

笒　凵或从竹，去聲。

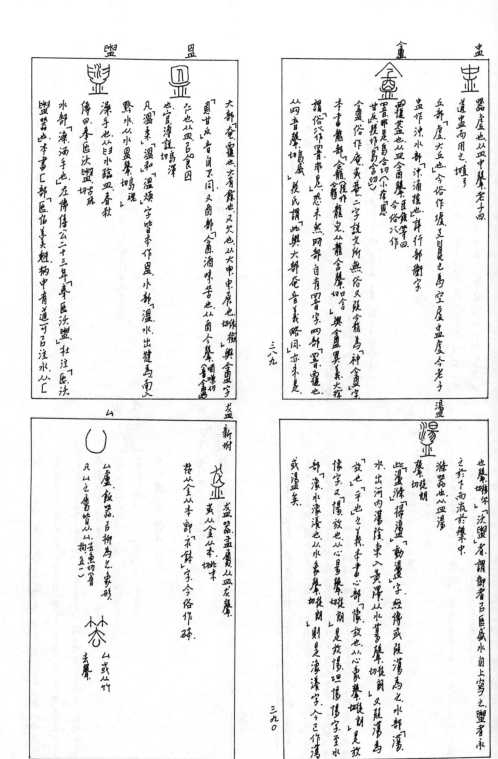

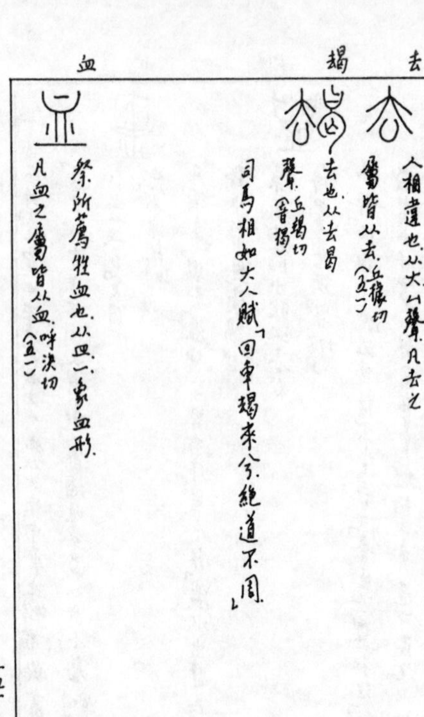

去

人相違也。从大凵聲。凡去之屬皆从去。丘據切（五一）

朅

去也。从去曷聲。丘竭切（音揭）

司馬相如大人賦「回車朅來兮，絕道不周。」

血

祭所薦牲血也。从皿，一象血形。凡血之屬皆从血。呼決切（五二）

衋

气液也。从血𦘔聲。將鄰切

此「衋」液字，俗假津為之。水部「津，水渡也。从水𦘔聲。將鄰切」是「問津」字。聿部「𦘔，聿飾也。从聿从彡。俗語以書好為𦘔。讀若津。將鄰切」「𦘔𦘔有味」是本義。詳聿部𦘔字。

𧖴

定息也。从血甹省聲。讀若亭。特丁切

繫傳曰「左傳曰不敢𧖴居」。今作寍，借也。今左傳昭公十八年作「不敢寧居」。按本書丂部「寧，願詞也」，宀部「寍，安也」。疑左傳本作寍，後譌為寧耳。安定同意也。又按人部無停字。釋名云「停，定也」。𧖴本作𧖴。又高部「亭，民所安定也。亭有樓，从高省丁聲。特丁切」是長亭短亭之名，而云「民所安定也」，則亦有𧖴息意。

𧗸　膿

腫血也。从血農省聲。奴冬切

俗𧗸从肉農聲。

今經傳从俗體作膿。

卹

憂也。从血卩聲。一曰鮮少也。辛聿切

按「憂」當作「㥑」，「鮮」當作「尟」。心部「㥑，愁也」，夊部「憂，和之行也」。又魚部「鮮，魚名，出貉國」，是部「尟，是少也」。說解「一曰尟少也」者，段氏以為卹借雙聲，尟少可惜也。又本書心部「恤，㥑也，收也。从心血聲。辛聿切」卹恤二字音義同，今經典多用恤字。

盇

覆也。从血大。（段作「大聲」）臣鉉等曰：大，象蓋覆之形。胡臘切

艸部「蓋，苫也。从艸盇聲。古太切」無覆盇義。今既以蓋為「盇覆」蓋字，又以盇為「何不」義，而本義隱矣。

𧖻

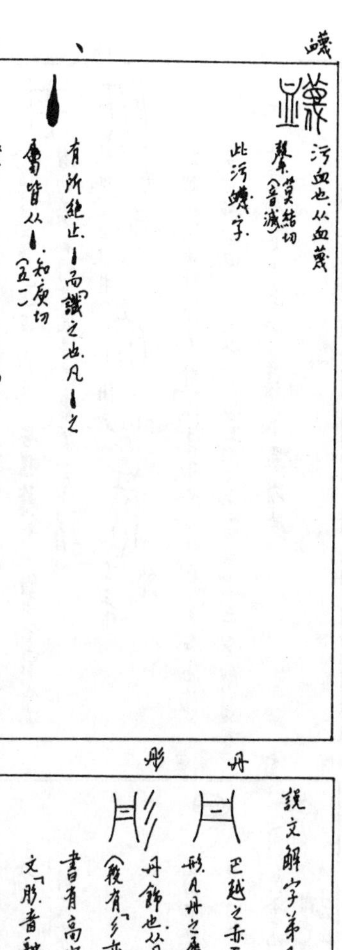

𧖻 污血也。从血蔑聲。莫結切（音滅）

此污黴字。

丶

丶 有所絕止，丶而識之也。凡丶之屬皆从丶。知庾切（五二）

主

主 鐙中火主也。从𡈼（段無「从」字）象形。从丶，丶亦聲。臣鉉等曰：今俗以作炷，非是。之庾切

咅

句讀刪「从丶」云「從丶，後人增也。非字不可言從。且是通體象形，丶象火主，凵象鐙蓋，土象鐙檠」按王說是也。

咅 相與語唾而不受也。从丶，从否，否亦聲（段作「丶亦聲」）天口切（音偷上聲）

㰮 咅或从豆从欠

不部「否，不也（方久切）从口不，不亦聲。方久切」徐灝謂咅「天口切」當作「夫口切」，云「今俗語唾而不受，其聲如丕（去聲）否亦讀如鄙，皆相轉耳」然鐙之㰮字从豆，豆讀「徒候切」則仍以「天口切」為是。又句讀於㰮下云「當云从欠豆聲」按王說是也。

說文解字第五下

丹

丹 巴越之赤石也。象采丹井，一象丹形。凡丹之屬皆从丹。都寒切（五三）

𠁿 古文丹

彬 亦古文丹

彤

彤 丹飾也。从丹彡。彡，其畫也。（段有「彡亦聲」）徒冬切（音同）

書有高宗肜日篇，傳云「祭之明日又祭，殷曰肜，周曰繹」釋文「肜，音融」爾雅釋天「繹，又祭也，周曰繹，商曰肜，夏曰復胙」其字从月，與从丹之彤字形音義俱異，鄉書爲此，疑衍。

青

青 東方色也。木生火，从生丹，丹青之信言必然。凡青之屬皆从青。倉經切（五二）

𡴑 古文青

靜

靜 審也。从青爭聲。徐鍇曰：丹青明審也。疾郢切

按靜从青，是采色詳審之義，今則段作安竫字。立部「竫，亭安也。从立爭聲。疾郢切」是安竫本字。又書堯典「靜言庸違」傳云「靜，謀也」則是靖字之段。立部「靖，立竫也。从立青聲。一曰細皃。疾郢切」靖與竫音義同。大學「靜而後

能安安而後能慮」故又引申之爲謀也。至段氏㠯爲上林賦「靚糚刻飾」之靚是靜字之叚借，徐氏同之，而云說文無靚，失之。按「靚糚」字當作彰。彡部「彰，清飾也。从彡青聲。疾郢切」又見部有「靚，召也。从見青聲。疾正切」廣雅釋言「令，召，靚也」爾雅釋詁「令，善也」則靚亦善也。又經傳或叚靜爲瀞，詩大雅既醉「籩豆靜嘉」箋云「籩豆之物絜清而美」。國語周語「靜其巾冪」注云「絜也」。本書水部「瀞，無垢薉也。从水靜聲。疾正切」是絜瀞本字。今俗又㠯淨爲之。水部「淨，魯北城門池也。从水爭聲。士耕切，又才性切」

井

八家一井，（段「一」上有「爲」字）象構韓形。・，罋之象也。古者伯益初作井。凡井之屬皆从井。子郢切（五二）

阱

陷也。从𨸏井，井亦聲。疾正切

穽 阱或从穴

汬 古文阱从水

說解陷當作臽。𨸏部「陷，高下也。一曰陊也」是淪陷、陷下字。臼部「臽，小阱也。从人在臼上」始是臽阱字。三蒼解詁云「穽，謂穿地爲塹，㠯張禽獸者也」

㓝

罰辠也。从井从刀。（段作「从刀井」）易曰：井，法也。井亦聲。户經切

說解引易曰井法也，今易無此文。繫傳「井，居其所而不遷」鄭注「井，法也」。按㓝是㓝罰字，其字从井，故又引申之亦爲法也。刀部「刑，剄也。从刀幵聲。户經切」是刑戮字。凡「㓝法」「典㓝」「儀㓝」皆㠯㓝爲正，今則皆作刑矣。論語里仁「君子懷刑」，刑亦當作㓝，謂正常禮樂法度。君子所安者是禮樂法度也。又土部「型，鑄器之法也。从土刑聲。户經切」是模型字。今亦㠯爲「典㓝」字。

刱

造法刱業也。从井刅聲。讀若創。初亮切

此刱造本字。經典多叚創爲之。刅部「刅，傷也。从刃从一。楚良切」「創，或从刀倉聲。臣鉉等曰：今俗別作瘡，非是也」創是創傷字。

皀

穀之馨香也。象嘉穀在裹中之形。匕，所㠯扱之。或說皀，一粒也。凡皀之屬皆从皀。又讀若香。皮及切（音鐵五三）

卽

卽食也。从皀卪聲。徐鍇曰：卽，就也。子力切

「卽食也」，段氏桂氏皆曰爲當作「節」，猶易頤卦象辭「君子以愼言語節飲食」意。按節食卽不過，故凡止於是之詞亦謂之卽，又引申之爲就也。詩衛風氓「匪來貿絲，來卽我謀」，箋云「卽，就也」。

既

小食也。从皀旡聲。論語曰「不使勝食既」。居未切

按說解訓「小食也」，疑是口部嘰字之誤。口部「嘰，小食也。从口幾聲。居衣切」。又引申之義爲盡也，已也。春秋桓公三年「日有食之，既」，穀梁傳曰「既者，盡也」。又引論語曰「不使勝食既」，今論語鄉黨篇作氣，「既」與「氣」，集韻以爲原爲一字，疑是。米部「氣，饋客芻米也。从米气聲。春秋傳曰：齊人來氣諸侯」。「𥹋，氣或从既」。「餼，氣或从食」。「𥹋」與「餼」皆是「氣」之或體。「𥹋」字从既加米，不知「既」已从皀；「餼」字从氣加食，不知「氣」已从米。儀禮聘禮云「如其饔餼之數」，鄭注「既，古文餼」。又中庸「既稟稱事」，鄭注「既讀爲餼。餼稟，稍食也」。陸氏釋文云「既音餼」。

鬯

以秬釀鬱艸，芬芳攸服，以降神也。从凵，凵，器也；中象米；匕，所以扱之。易曰「不喪匕鬯」。凡鬯之屬皆从鬯。丑諒切（五三）

鬱

芳艸也。十葉爲貫，百廿貫築以煮之爲鬱。从臼缶冖（覆也，音覓）鬯，彡其飾也。一曰鬱鬯，百艸之華，遠方鬱人所貢芳艸，合釀之以降神。鬱，今鬱林郡也。迂弗切

「十葉爲貫」，十當作千。白部「百，十十也。从一白。數，十百爲一貫，相章也」。鬱是鬱結字，林部「鬱，木叢生者。从林鬱省聲。于弗切」，則是鬱茂字。

爵

禮器也。（依段補）象雀之形，中有鬯酒，又持之也。所以飲器象雀者，取其鳴節節足足也。卽略切

（段篆作）古文爵如此。象形。

斗部「斝，玉爵也。夏曰琖，殷曰斝，周曰爵。从吅从斗，冂象形，與爵同意」。爵是禮器，又引申之爲尊號。禮王制「王者之制祿爵，公侯伯子男凡五等。諸侯之上大夫卿，下大夫，上士，中士，下士，凡五等」。鄭注「爵，秩次也」。本書豊部「豑，爵之次弟也」。白虎通攷黜篇「爵者，尊號也」。

𩰤

黑黍也。一稃二米以釀也。从鬯矩聲。其呂切

秬 𩰤或从禾

禾部「稃，稽也，(芳無切)」「稽，穅也，(苦會切)」「穅，穀皮也，(苦岡切)」爾雅釋艸「秠，黑黍」「秠，一稃二米」郭注「此亦黑黍，但中米異耳」禾部「秠，一稃二米，从禾丕聲，詩曰，誕降嘉穀，維秠維秠，天賜后稷之嘉穀也，(敷悲切)」

𢿱

𢿱 列也，从𣦼，吏聲，讀若迅，(疏吏切)(音肆)

「列也」各家已為當从玉篇作「烈」，火部「烈，火猛也」又引申為凡猛之偁，𢿱謂酒气酷烈，又引申為迅疾之義，修竹園謂𢿱訓「列也」則是「[illegible]𢿱」「𢿱身」之義，今則段廁為之，广部「廁，清也，从广則聲，(初吏切)」是「𢿱廁」字。

食　飪

食 一米也，(段作「亼米也」是，亼三合也，有集意，謂集眾米而食之也)从皀，亼聲，或說，亼皀也，凡食之屬皆从食，(乘力切)(五三)

飪 大孰也，从食，壬聲，(如甚切)

古文飪

亦古文飪

論語鄉黨「失飪不食」孔注「失飪，失生孰之節」又本書心部「恁，下齎也，从心任聲，(如甚切)」此處重出云「亦古文飪」者，恐是後人誤羼。

饔　籑

饔 孰食也，从食，雝聲，(於容切)

今經傳作饔。

籑 具食也，从食，算聲，(士戀切)

籑或从巽。

又引申為凡具之偁，人部「僎，具也，从人巽聲，(士勉切)」音義略同，手部無撰，曹丕與吳質書「頃撰其遺文，都為一集」撰本作僎，古籍或段籑纂為籑，糸部「纂，似組而赤，从糸，算聲，(作管切)」音義不同，又言部「譔，專教也，从言巽聲，(此緣切)」亦異字。

養　飤

養 供養也，从食，羊聲，(余兩切)

古文養

飤 糧也，从人食，(祥吏切)(會意)

按當依繫傳作「从食人」，謂以食供設與人也，蒼頡解詁「以食與人曰飤」聲類訓「哺也」則飤之本訓當為「以食與人也，从食人會意」作「糧也」者疑是後人因字林誤改，「糧也」應是食字之訓，古籍或借食為飤，今俗作飼論語爲政「有酒食、先生饌」謂有酒食爲先生具之食，字是本字名詞。易需卦「需於酒食、吉」亦然。今則讀爲飲矣。

飧

餔也。从夕食。思魂切。

今或寫作飱。饔飧連用，飧是夕食，則饔是朝食矣。

餔

日加申時食也。（段無「日加」二字）从食甫聲。博狐切。

籀文餔从皿浦聲。

淮南子天文訓「日至於悲谷，是謂餔時」俗作晡。郝書無「日加申時」，日在申時也。

餐

吞也。从食奴聲。七安切。

餐或从水。

口部「吞，咽也。」詩鄭風狡童「使我不能餐兮」，魏風伐檀「彼君子兮，不素餐兮」。餐猶食也。荀子勸學「以錐飡壺。」壺所以盛水與湯，以錐取汲之，必不可得也。

饗

鄉人飲酒也。从鄉从食，鄉亦聲。許兩切。

按本書說解用饗字凡三見。矢部「侯，春饗所射侯也。」广部「廱，天子饗飲辟廱。」水部「泮，諸侯饗射之宮。」皆宴饗之意。儀礼鄉飲酒礼鄭目錄云「諸侯之鄉大夫三年大比，獻賢者能者於其君，以礼賓之，與之飲酒。」是其之凡大飲賓曰饗，故受食亦曰饗。本書五下亯部曰「亯，獻也。从高省，曰象進孰物形。孝經曰：祭則鬼亯之。」凡祭獻神曰亯，神歆亦曰亯，是其之奉上亦曰亯。饗亯本異字，左傳多段亯爲饗，礼記多段饗爲亯。

餬

寄食也。从食胡聲。戶吳切。

左傳隱公十一年「寡人有弟，不能和協，而使餬其口於四方。」莊子人間世「挫鍼治繲，足以餬口。」是本字本義。左傳杜注云「餬，鬻也。」失之。俗書作糊，又段作鬻或黏。鬻部「鬻，鍵也。从鬻古聲。戶吳切。」黍部「黏，黏也。从黍古聲。戶吳切。」「粘，黏或从米。」

饕

貪也。从食號聲。土刀切。

饕或从口刀聲。

籀文饕从號省。

左傳文公十八年「縉雲氏有不才子，貪于飲食，冒于貨賄，
侵欲崇侈，不可盈厭，聚斂積實，不知紀極，謂之饕餮。」
杜注「貪財為饕，貪食為餮。」又莊子漁父「好經大事，變
更易常，以挂功名，謂之叨。」按饕叨本一字，自廣韻以
饕訓貪財，叨訓濫，分為二字，故華嚴經音義引
韻圃有「叨，忝也」之訓，俗因以叨專為「忝也」「承也」之義。

餮

貪也。从食，殄省聲。（段作「今聲」）
春秋傳曰「謂之饕餮。」他結切
今左傳已作餮矣。

饑

穀不孰為饑。
从食，幾聲。居衣切
「爾雅釋天「穀不孰為饑，蔬不孰為饉，果不孰
為荒。」今俗或段飢為饑，經傳多不誤。

飢

餓也。从食，几
聲。居夷切
「詩陳風衡門「衡門之下，可以樂飢。」孟子告子「飢餓不
能出門戶。」並以作飢為正。論語先進「加之以師旅，因
之以饑饉。」禮檀弓「齊大饑」並當作饑。

餘

食馬穀也。从食，
末聲。莫撥切
按食當作飤。餘今經傳作秣，禾部無

亼

三合也。从入一，象三合之形。凡亼之屬皆从亼。讀若集。秦入切
「段等曰此疑只象形，非从
入一也。（指事，五三）

合

合口也。（段作「亼口也」是）
从亼口。候閤切

言部「詥，諧也。从言，合聲。候閤切」

僉

皆也。从亼，从吅，从从。虞書
曰「僉曰伯夷。」七廉切（會意）
「爾雅釋詁「僉，咸，胥，皆也。」从「吅」者，取二口之意。「僉曰」者，合
眾口為一詞。與咸相亂也。書舜典「帝曰咨，四岳，有能典朕
三禮，僉曰伯夷。帝曰俞，咨伯，汝作秩宗，夙夜惟寅，直哉惟
清。」

侖

思也。从亼，从冊。
力屯切

籒文

侖

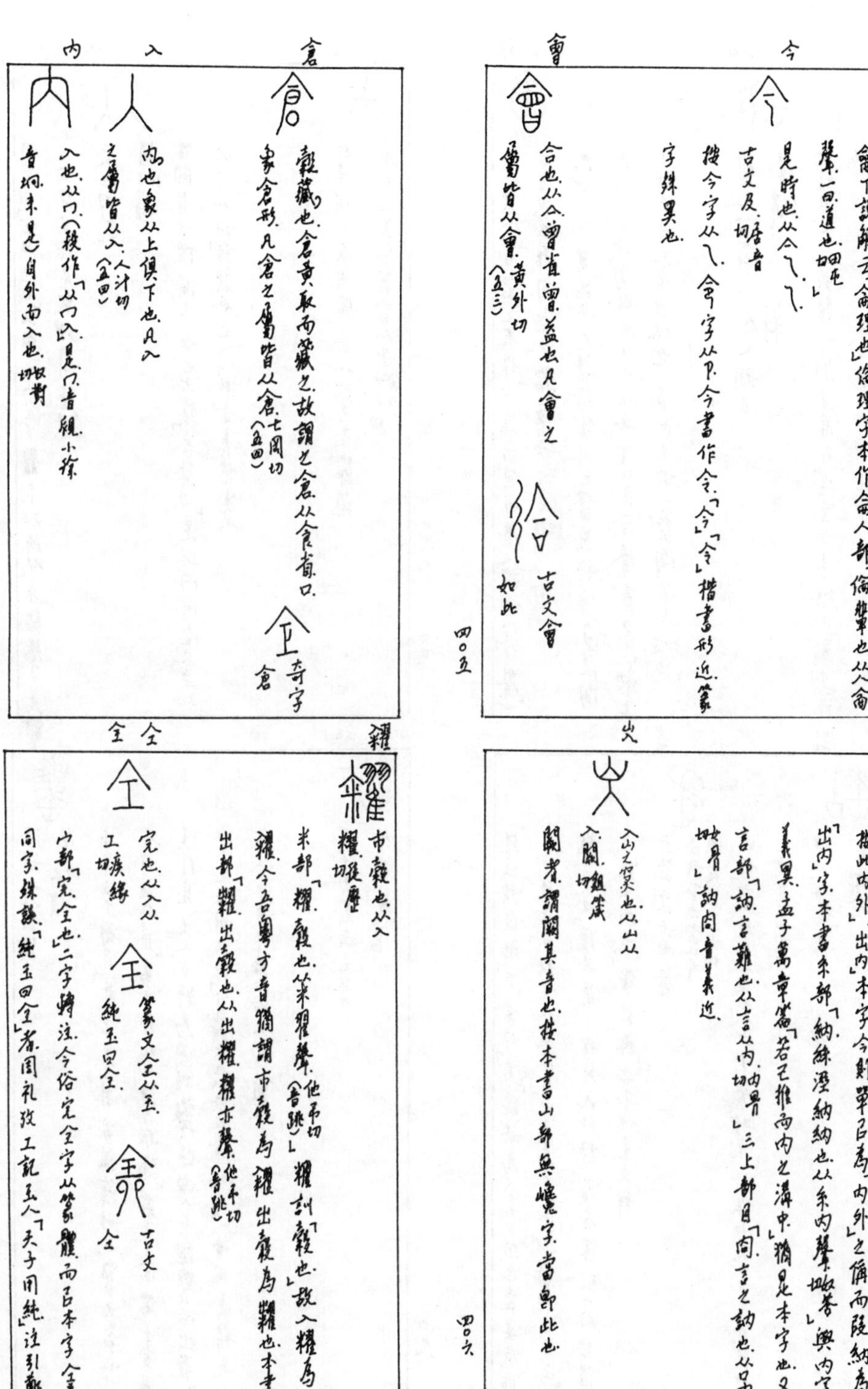

今

侖下說解云「侖理也」，倫理字本作侖。人部「倫，輩也，从人侖聲，一曰道也，力屯切」

是時也，从亼乀，乀，古文及，居音切

按今字从乀，令字从卪，今書作今。「今」「令」楷書形近，篆字殊異也。

會

合也，从亼曾省，曾，益也。凡會之屬皆从會，黃外切（五三）

古文會如此

四〇五

倉

穀藏也，倉黃取而藏之，故謂之倉，从食省口，象倉形。凡倉之屬皆从倉，七岡切（五四）

奇字倉

入

內也，象从上俱下也。凡入之屬皆从入，人汁切（五四）

內

入也，从冂入（段作「从冂入」），是，冂音絅，小徐音坰，未是）自外而入也，奴對切

指此「內外」「出內」本字，今則單召為「內外」之偁，而段納為「出內」字。本書糸部「納，絲溼納納也，从糸內聲，奴荅切」與內字義異。孟子萬章篇「若己推而內之溝中」，猶是本字也。又言部「訥，言難也，从言从內，內骨切」三上部目「㕯，言之訥也，从口內，女骨切」訥㕯音義近。

㞢

入山之深也，从山从入，闕，鉏箴切

闕者，謂闕其音也。按本書山部無巉字，當即此也

糴

市穀也，从入糴，徒歷切

米部「糶，穀也，从米翟聲，他弔切（音跳）」糶訓「穀也」，故入糶為糴。今吾粵方音猶謂市穀為糴，出穀為糶也。本書出部「糶，出穀也，从出糶，糶亦聲，他弔切（音跳）」

仝

完也，从入从工，疾緣切

全

篆文仝从玉，純玉曰全。

古文仝

宀部「完，全也」，二字轉注。今俗完全字从篆體，而召本字仝為同字，殊誤。「純玉曰全」者，周禮考工記玉人「天子用純」，注引鄭

四〇六

司農曰「全純色也」。又按古文全下體未知所从，未驗。孫本以為雝罋

古文卯字恐未然，汗簡作𠨍。

从

二入也。㒳从此。闕。良獎切

按闕者亦謂闕其音也。大徐「良獎切」，是與㒳同音。又按此與从二人，訓「相聽也」之从形音義俱異也。

缶

瓦器，所以盛酒漿，秦人鼓之以節謌。象形。凡缶之屬皆从缶。方九切（五四）

匋

瓦器也。（段「瓦器」上有「作」字。）从缶，包省聲。（按當作「勹聲」。）古者昆吾作匋。案史篇讀與缶同。徒刀切

按世本、呂覽昆吾為顓頊後，周之蕃國，經傳多段陶為匋。阜部「陶，再成丘也，在濟陰。从阜，匋聲。夏書曰：東至于陶丘。陶丘有堯城，堯嘗所居，故堯號陶唐氏。徒刀切」

缾

罋也。从缶，并聲。薄經切

瓶 缾或从瓦。

今經典多从或體作瓶。易井卦「汔至，亦未繘井，羸其瓶，凶。」

罋

汲缾也。从缶，雝聲。烏貢切

本書五下部目「井，八家為一井，象構韓形。・，罋之象也。古者伯益初作井」，易井卦九三「甕敝漏」，莊子天地篇「子貢過漢陰，見一丈人，方將為圃畦，鑿隧而入井，抱甕而出灌」。罋是汲缾，瓦部「㼜，罌也。从瓦，公聲。烏貢切」，音同義稍異。

今經傳通作罋缶，俗又从作甕瓦。

𦈏

下平缶也。从缶，乏聲。讀若㬮。土盍切

段注謂說解「下」當作「不」。按𦈏為今常用之器，其底非不平。段氏以𦈏字从乏，又以反正為乏，遂欲改為「不平缶」，鑿矣。又「讀若㬮」，小徐、段氏並作「讀若篿引㬮」。按篿字說文所無，「篿引㬮」亦未他見，未詳。

䍃

瓦器也。从缶，肉聲。臣鉉等曰：當从䍃省乃得聲。以周切

穴部「窯，燒瓦窯竈也。从穴，羔聲。余招切」，俗作窯。䍃是瓦器，窯是燒瓦器之窯竈。

䍄

缺也。从缶，占聲。都念切

刀部「⿰占刂，缺也。从刀占聲。詩曰白圭之⿰占刂。丁念切」今詩大雅抑「白圭之玷，尚可磨也」作玷，傳云「玷，缺也」釋文「玷，說文作⿰占刂」玉部無玷，蓋本作⿰占刂也。段注云「刀缺謂之⿰占刂，瓦器缺謂之⿰占刂，詩云白圭之⿰占刂，引伸通用也」又土部「坫，屏也。从土占聲。都念切」音同義異也。

缺

器破也。从缶決省聲。（段作「夬聲」）傾雪切

罅

裂也。从缶虖聲。缶燒善裂也。呼迓切

又㠯為凡裂之偁。土部「⿰土虖，坼也。从土虖聲。呼訝切」「坼，裂也」罅⿰土虖音義同。

罄

器中空也。从缶殸聲。殸，古文磬字。詩云缾之罄矣。苦定切

詩小雅蓼莪「缾之罄矣，惟罍之恥」傳云「罄，盡也」又㠯為凡盡之偁。本書穴部「⿱穴巠，空也。从穴巠聲。詩曰瓶之⿱穴巠矣。去徑切」說解所引詩三家異文也。

矢

弓弩矢也。从入，象鏑栝羽之形。古者夷牟初作矢。凡矢之屬皆从矢。式視切（五五）

䠶

弓弩發於身而中於遠也。从矢从身。食夜切（又食亦切，又羊謝切，又夷益切）

射

篆文䠶从寸。寸，法度也，亦手也。

周禮地官保氏「乃教之六藝……三曰五射」禮射義「古者天子㠯射選諸侯卿大夫士」論語八佾「君子無所爭，必也射乎」皆讀「食夜切」。至㠯弓弩射物，如論語述而「子釣而不綱，弋不射宿」則讀「食亦切」音石。又僕射，官名，讀「羊謝切」音夜。射又段作斁，詩周南葛覃「服之無斁」傳云「斁，厭也」禮緇衣引作「服之無射」鄭注「射，厭也」又禮月令季秋之月「律中無射」釋文兹云「射，音亦」

矯

揉箭箝也。从矢喬聲。居夭切

按本書無揉字，當作煣。火部「煣，屈申木也。从火柔，柔亦聲。人久切」矯訓「煣箭箝」，煣箭欲其直，又㠯為凡㠯曲為直謂之矯。㠯無為有亦謂之矯，「矯枉」「矯誣」「矯詔」皆其義也。古籍或段矯為⿰女簋。女部「⿰女簋，竦身也。从女簋聲。讀若詩糾糾葛屨。居夭切」廣雅釋詁「⿰女簋，糾，材也」凡言「矯健」本當作⿰女簋。

矰

矰 隿䠶矢也。从矢曾聲。作滕切

周礼夏官司弓矢「矰矢茀矢，用諸隿射」。鄭注「結繳於矢謂之矰。矰，高也」。楚詞九章「矰隿機而在上」。王逸注「矰，繳射矢也」。按繳說文作𦅺。糸部「𦅺，生絲縷也。从糸敫聲。之若切（音卓）」

矦

矦 春饗所䠶矦也。从人从厂，象張布，矢在其下。天子䠶熊虎豹，服猛也。諸矦䠶熊豕虎，大夫䠶麋。麋，惑也。士䠶鹿豕，為田除害也。其祝曰：毋若不寧矦，不朝于王所，故伉而䠶汝也。乎溝切

𥎦 古文矦

本書食部「饗，鄉人飲酒也」。徐箋云「古者凡射必先行鄉飲酒礼，故曰春饗所射矦。矦制以布為之，其中設鵠，以革為之，所射之的也」。又說解云云，略見大戴礼，其祝辭節周礼攷工記梓人文也。矦又借為爵名。礼王制「王者之制祿爵，凡五等，謂公矦伯子男」。白虎通爵篇「矦者候也，候逆順也」。「矦者百里之正爵」。

短

短 有所長短，以矢為正。从矢豆聲。都管切

按段氏謂篆下當補「不長也」三字，疑是。

矤

矤 況詞也。从矢，引省聲。从矢，取詞之所之如矢也。式忍切

欠部「𣢾，笑不壞顏曰𣢾。从欠，引省聲。式忍切」。按矤𣢾二字今經傳皆變作矧。礼曲礼「笑不至矧」，注云「齒本曰矧，大笑則見」。釋文「矧本又作哂」。說文無哂，正字當作矤。

知

知 詞也。从口矢。陟离切

白部「𥏼，識詞也。从白亏知。知義切」。知𥏼二字義近，凡知悉作知，𥏼慧用𥏼，古籍亦以知為𥏼。

矮 新附

矮 短人也。从矢委聲。烏蟹切

矮字从矢者，古矢齊要也。

高

高 崇也。象臺觀高之形。从冂口。與倉舍同意。凡高之屬皆从高。古牢切（五五）

亭

亭 民所安定也。亭有樓。从高省，丁聲。特丁切

此𠀠亭矩亭之名。又因「民所安定」之義，之為定也。老子「亭之毒之，蓋之覆之」，亭是品其形，毒是成其質。血部「甹，定息也。从血，甹省聲。讀若亭。特丁切」，是甹息，凥甹字。今俗作停，說文無，新附有之。

亳

京兆杜陵亭也。从高省，乇聲。旁各切

書盤庚序「盤庚五遷，將治亳殷」，史記殷本紀「湯始凥亳」，皇甫謐曰「梁國穀熟為南亳」，又書立政「三亳」，孔穎達謂「皇甫謐以為三亳，三處之地皆名亳，蒙為北亳，穀熟為南亳，偃師為西亳」，皆非京兆之亳。亭林日知錄云「許氏訓亳為京兆杜陵亭，此地理之不合者也」。

冂

邑外謂之郊，郊外謂之野，野外謂之林，林外謂之冂。象遠界也。凡冂之屬皆从冂。古熒切（互見）

古文冂从囗，象國邑。

冋或从土。

市

買賣所之也。市有垣，从冂，从乁。乁，古文及，象物相及也。之省聲。時止切

易繫傳「日中為市，致天下之民，聚天下之貨，交易而退，各得其所」。

冘

淫淫（疑作「冘冘」是）行皃。从人出冂。余箴切（音淫）

離騷「老冉冉其將至兮，恐脩名之不立」，王逸注「冉冉，行貌」。冉蓋本作冘。本書九下部首「冄，毛冄冄也。象形。而琰切」。又宀部「宂，椒也。从宀，人在屋下，無田事。而隴切」，是宂椒字與冘形音義俱異也。

央

中央也（疑作「央，中也」）。从大在冂之內。大，人也。央旁同意。一曰久也。於良切

本書十下部首「大，籀文大，改古文，亦象人形」，故謂「大，人也」。又央訓「久也」，及旦之為「盡也」「已也」。詩小雅庭燎「夜如何其，夜未央」，謂夜未盡也。傳訓「央，旦也」，失之。

隺

高至也。从隹上欲出冂。易曰「夫乾隺然」。胡沃切

今易繫傳「夫乾確然示人易矣」，作確。說文無確，石部「确，磬石也。从石，角聲」。臣鉉等曰「今俗作確，非是。胡角切」。「隺然」形其高，本字作隺，俗誤加石作確耳。至文言「確乎其不可拔」，則當作塙。土部「塙，堅不可拔也。从土，高聲。苦角切」。

𩫏

度也，民所度居也。从回，象城𩫏之重，兩亭相對也。或但从口。（音韋）凡𩫏之屬皆从𩫏。古博切（五六）

京

人所為絕高丘也。从高省，丨象高形。凡京之屬皆从京。舉卿切（五六）

就

就，高也。从京，从尤。尤，異於凡也。疾僦切

籀文就

就之本義是「就，高也」。凡訓「成也」、「迎也」、「即也」，皆引申之義。（竺⿱竹亯）又本書乙部「尤，異也」。說解云「尤，異於凡也」，是尤之本訓。古籀或段尤為訧。言部「訧，辠也」。

亯

獻也。从高省，曰象進孰物形。孝經曰：祭則鬼亯之。凡亯之屬皆从亯。許兩切，又普庚切，又許庚切（五六）

篆文亯

𦎫

孰也。从亯羊。讀若純。一曰鬻也。常倫切

篆文𦎫

此𦎫孰本字。經傳或段純為之。糸部「純，絲也。从糸屯聲。論語曰：今也純，儉。常倫切」純之本訓為絲，經傳又段作精醇

醇粹字。酉部「醇，不澆酒也。从酉𦎫聲。常倫切」易乾文言「純粹精也」，崔注「不雜曰純」。凡酒不雜以水曰醇，故純當作醇。又水部「淳，淥也。从水𦎫聲。常倫切」「淥，除去也」。則淳亦清淳意，與醇字義略同。古籍或借淳為奄，又為惇。大部「奄，大也。从大屯聲。讀若鶉。常倫切」心部「惇，㫗也。从心𦎫聲。都昆切（音敦）」又𦎫字一訓「鬻也」者，其義未聞，桂氏疑是䰞字之誤，是也。本書三下鬲部曰「䰞，鬻也。古文亦鬲字，象孰飪五味气上出也」。丮部「𦎫，食飪也。从丮𦎫聲。易曰：孰飪」。

⿱竹亯

㫗也。从亯，竹聲。讀若篤。冬毒切

二部「竺，㫗也。从二，竹聲。冬毒切」。按⿱竹亯从亯，亯，㠯亯孰物獻於上，故⿱竹亯有㫗義。竺从二，二，地之象，坤㫗載物，故竺亦有㫗義。凡「惇竺」、「⿱竹亯㫗」皆㠯作⿱竹亯或竺為正，今則皆段篤為之。馬部「篤，馬行頓遲。从馬，竹聲。冬毒切」音雖同，然無㫗義，傳寫失之也。

㫗

厚也。从反亯。凡㫗之屬皆从㫗。徐鍇曰：亯者進上也，㠯進上之具反之於下則厚也。胡口切（五七）

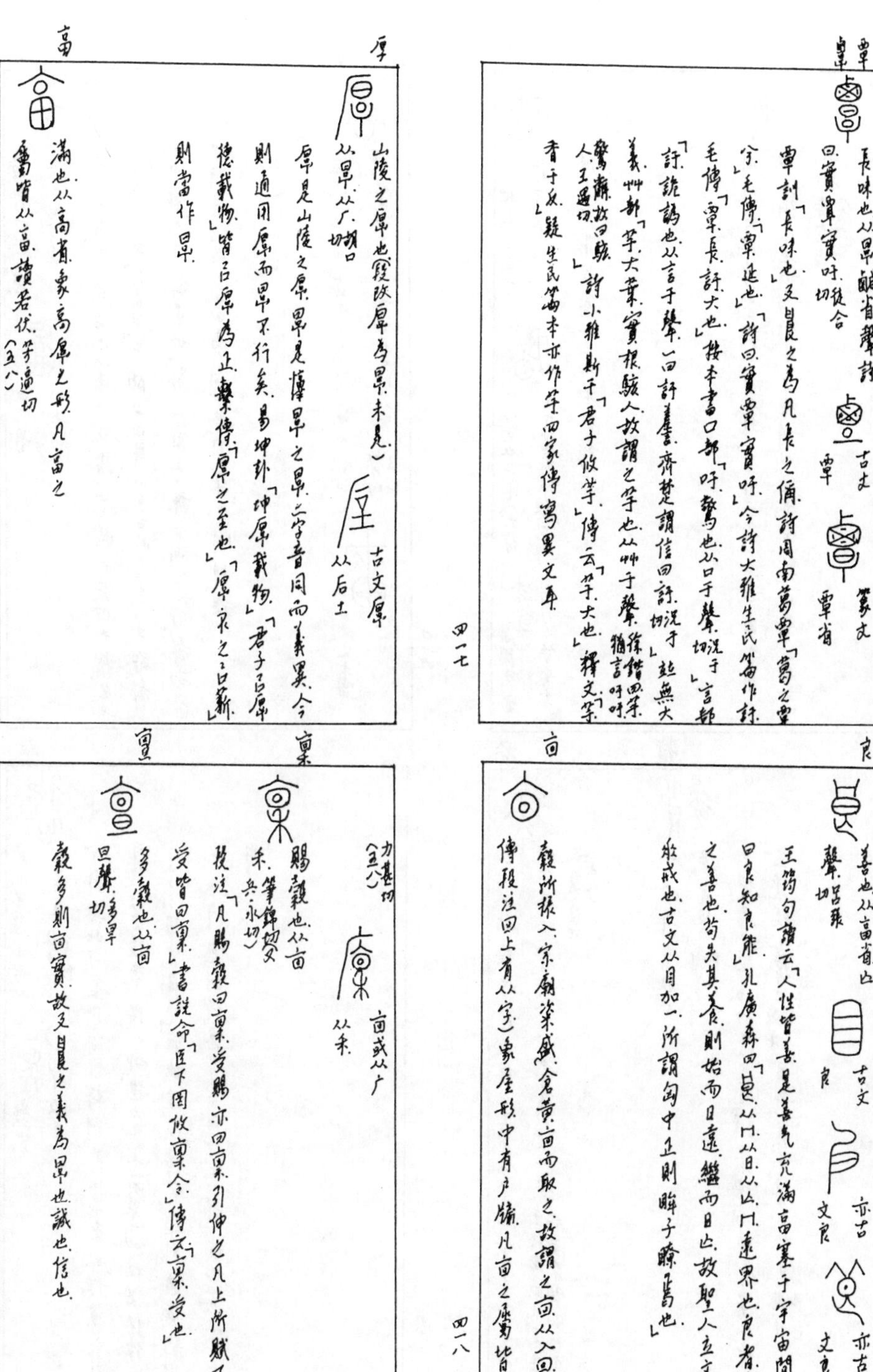

覃

長味也。从𣆪，鹹省聲。詩曰：「實覃實吁。」徒合切　古文覃　篆文覃省

覃訓「長味也」，又引申之為凡長之稱。詩周南葛覃「葛之覃兮」，毛傳「覃，延也」。詩曰「實覃實吁」，今詩大雅生民篇作訏。毛傳「覃，長，訏，大也」。按本書口部「吁，驚也。从口于聲。況于切」，言部「訏，詭譌也。从言于聲。一曰訏蓍，齊楚謂信曰訏。況于切」，無大義。艸部「芋，大葉實根駭人，故謂之芋也。从艸于聲。」徐鍇曰「芋猶言吁吁，驚辭，故曰駭人。王遇切」。詩小雅斯干「君子攸芋」，傳云「芋，大也」。釋文「芋，香于反」。疑生民篇本亦作芋，四家傳寫異文耳。

厚

山陵之厚也（段改厚為𣆪，未見）。从𣆪从厂。胡口切　古文厚从后土

厚是山陵之厚，𣆪是㙯𣆪之𣆪，二字音同而義異。今則通用厚而𣆪不行矣。易坤卦「坤厚載物」，「君子以厚德載物」，皆以厚為正。繫傳「厚之至也」，「厚衣之以薪」，則當作𣆪。

畐

滿也。从高省，象高厚之形。凡畐之屬皆从畐。讀若伏。芳逼切（五八）

良

善也。从畐省，亡聲。呂張切　古文良　亦古文良　亦古文良

王筠句讀云「人性皆善，是善氣充滿畐塞于宇宙間也，故曰良知良能。」孔廣森曰「良，从冂从日从亡。冂，遠界也。良者本然之善也，苟失其養，則始而日遠，繼而日亡，故聖人立文以戒也。古文从目加一，所謂胸中正則眸子瞭焉也。」

㐭

穀所振入，宗廟粢盛，倉黃㐭而取之，故謂之㐭。从入回（繫傳段注曰上有从字），象屋形，中有戶牖。凡㐭之屬皆从㐭。力甚切（五八）　㐭或从广从禾。

稟

賜穀也。从㐭从禾。筆錦切（兵永切）

段注「凡賜穀曰稟，受賜亦曰稟，引伸之凡上所賦下所受皆曰稟。」書說命「臣下罔攸稟令」，傳云「稟，受也」。

亶

多穀也。从㐭旦聲。多旱切

穀多則㐭實，故又引申之義為𣆪也、誠也、信也。

啚

嗇也。从口(音廩)㐭。㐭，受也。(方美切)

古文啚如此。

五下部目「嗇」：愛濇也。从來㐭。來者㐭而藏之，故田夫謂之嗇夫。凡「啚吝」「鄙啚」「啚陋」「啚賤」皆以此為正字。「都鄙」「邊鄙」則作鄙，邑部「鄙」，五酇為鄙。今則通用鄙，而啚不行矣。俗或以啚為「圖畫」「圖謀」之圖，殊誤。

嗇

愛濇也。从來㐭。來者㐭而藏之，故田夫謂之嗇夫。凡嗇之屬皆从嗇。(所力切)(五八)

古文嗇 从田

牆

垣蔽也。从嗇爿聲。(才良切)

籀文从二禾(大徐从二秝，籀作𤖹)

籀文亦从二來

說文無爿部，蓋奪。詳木部牀字。

來

周所受瑞麥來麰。一來二縫(段作「二麥一夆」)，象芒朿之形。天所來也，故為行來之來。詩曰：詒我來麰。凡來之屬皆从來。(洛哀切)(五九)

⿰來矣

詩曰：不⿰來矣不來。从來矣聲。(牀史切)(音俟)

⿰來矣或从彳

今詩無此句，蓋佚。爾雅釋訓「不俟，不來也」，作俟。郭注「不可待，故不復來」。按人部「俟，大也。从人矣聲。詩曰：伾伾俟俟。(牀史切)」今小雅吉日作「儦儦俟俟」，傳云「趨則儦儦，行則俟俟」。無待意，訓待意者當作竢。立部「竢，待也。从立矣聲。(牀史切)」

麥

芒穀。秋種厚薶，故謂之麥。麥，金也。金王而生，火王而死。从來，有穗者；从夊。凡麥之屬皆从麥。臣鉉等曰：夊，足也。周受瑞麥來麰，如行來，故从夊。(莫獲切)(五九)

⿰麥⿱小貝

小麥屑之覈。从麥⿱小貝聲。(穌果切)

尸部「屑」，動作切切也。从尸，肙(音[illegible])聲。(私列切)「瑣屑」字本作「⿰麥⿱小貝屑」。玉部「瑣」，玉聲也。(穌果切)貝部「⿱小貝」，貝聲也。从小貝。(穌果切)

夊

行遟曳夊夊，象人兩脛有所躧也。凡夊之屬皆从夊。楚危切（六十）

复（复）

行故道也，从夊，富省聲。房六切

彳部「復，往來也，从彳复聲。房六切」复復音義同，故房六切。詳彳部復字。又衣部「複，重衣也，从衣复聲。方六切」勹部「𠣾，重也，从勹復聲。扶富切」茲是重複字。

夌

越也，从夊从兂。兂，高也。一曰夌徲也。（人部無徲，當依段作遟。）力膺切

此「夌越」「夌夷」「夌徲」字，今或作陵，或作淩，或作凌，皆借字也。𨸏部「陵，大𨸏也，从𨸏夌聲。力膺切」仌部「滕，仌出也，从仌朕聲。詩曰：納于滕陰。力膺切」「凌，滕或从夌。」水部「淩，水。在臨淮，从水夌聲。力膺切」音雖同而義自別也。又屮部「𡴆，菌𡴆，地蕈，叢生田中，从屮六聲。」與夌越之義無涉，蓋借為陸。𨸏部「陸，高平地，从𨸏从坴，坴亦聲。」

致

送詣也，从夊从至。陟利切

又引長為「召致」「極致」之偁，又工能致其巧則器物堅精，因又引長為精致。糸部無緻，新附始有之。

憂

龢之行也，从夊𢚧聲。詩曰：布政憂憂。於求切

今詩商頌長發「敷政優優，百祿是遒」已作優矣。毛傳「優優，和也。」正字當作憂。龢之行，又引長之為龢諧正確、龢平中正之意。人部「優，饒也，从人憂聲。一曰倡也。於求切」水部「瀀，澤多也，从水憂聲。詩曰：既瀀既渥。於求切」今詩小雅信南山瀀亦已作優矣。經傳既段優為憂瀀字，又段憂為「愁也」之𢚧。心部「𢚧，愁也，从心从頁。於求切」是𢚧愁字今借義行而本義失，而𢚧瀀二字遂不行矣。

愛

行皃，从夊㤅聲。烏代切

心部「㤅，惠也，从心旡聲。烏代切」今則段愛為惠㤅字。人部「僾，仿佛也，从人愛聲。烏代切」竹部「薆，蔽不見也，从竹愛聲。烏代切」音同而義各異。詳竹部薆字。

𡲾

行𡲾𡲾也，从夊，闕。讀若僕。又卜切

闕者謂上體尸不知其說也。段改篆作𡳐，未是。錢大昕謂尸疑即屖之省。按尸部「屖，動作切切也。」與此訓「行𡲾

夏

夒也。義略近。孟子萬章下「使己僕僕爾亟拜也」。趙岐朱子注訓「僕僕煩猥貌」。正字當作夒。又「風塵僕僕」亦當作夒夒。

中國之人也。从夊从頁从臼。臼，两手。夊，两足也。胡雅切

古文 夏。

又曰夏之義為大也、正也。書舜典「蠻夷猾夏」傳云「夏，華夏」正義云「夏訓大也。中國有文彰光華禮義之大」。詩秦風權輿「於我乎夏屋渠渠」傳云「夏，大也」。又詩大小雅字當作夏。劉台拱謂「王都之音最正，故以雅名，列國之音不盡正，故以風名」也。（雅之本義是「楚烏也」，即俗之鴉字）

夔

神魖也。（魖，小徐段氏作「鬿」）如龍一足，从夊，象有角手人面之形。渠追切（音葵）

舛

對臥也。从夊𡕒相背。凡舛之屬皆从舛。昌兗切（會意，六十）

揚雄說舛从足春（形聲）

舝

車軸耑鍵也。两穿相背，从舛，𥃩省聲。𥃩，古文偰字。胡戛切

車部「轄，車聲也，从車害聲。一曰轄，鍵也。胡八切」「一曰轄，鍵也」者，是通作舝。詩小雅有車舝篇，俗誤書作舝。因遂與牽字混，李賀金銅仙人辭漢歌「魏官牽車指千里，東關酸風射眸子」，牽乃舝之誤字。

舜

艸也。楚謂之葍，秦謂之藑。蔓地連華，象形。从舛，舛亦聲。凡𦧲之屬皆从𦧲。舒閏切。今隸變作舜（六十一）

古文 𦧲

韋

相背也。从舛口聲。獸皮之韋，可以束物（段依韻會補物字）枉戾相韋背，故借以為皮韋。凡韋之屬皆从韋。宇非切（六二）

古文 韋

韜

劍衣也。从韋舀聲。土刀切

弓部「弢，弓衣也。从弓从发。发，垂飾，與鼓同意。土刀切」今經典弓衣亦作韜。詩小雅彤弓「彤弓弨兮，受言櫜之」傳云

「㯱，韜也。」釋文「韜，弓衣也。」又部「㕟，滑也。詩云：㕟兮達兮。从又屮。一曰取也。土刀切」與韜，殺但音同耳。

韤

足衣也。从韋蔑聲。臣鉉等曰：今俗作韈，非是。望發切

韓非子作韈，釋名作襪，正字當作韤。

䪢

收束也。从韋糕聲。讀若酋。臣鉉等曰：糕，側角切，聲不相近，未詳。即由切（音囚）

䪢或从要。

䪢或从秋手。（段篆作𢶏）

按䪢訓「收束也」，即由切音囚，即粵方音捉合手之意。「糕，早取義也」，側角切音作，即粵方音早取之意。又糕平聲是焦，與䪢共入。大徐謂聲不相近，未是。漢書律厤志「秋，䪢也，物䪢斂乃成孰」，禮記鄉飲酒義「西方者秋，秋之為言愁也」，鄭注「愁讀為揫，揫，斂也」。本書手部「揫，束也。从手秋聲。詩曰：百祿是揫。即由切」已見揫字，此處重出，必後人沿鄉飲酒義注誤增。

韓

井垣也。（段「垣」作「橋」）从韋，取其帀也，倝聲。胡安切

今經典省作韓，又借為國邑名。古籍或段榦為韓，莊子秋水「出跳梁乎井榦之上，入休乎缺甃之崖」，司馬彪注「榦，井欄也」。毛部「𣯷，獸豪也。从毛倝聲。侯幹切」是𣯷墨字，今則段翰為之，詳羽部翰字。

弟

韋束之次弟也。从古文之象。凡弟之屬皆从弟。特計切（六二）

古文弟从古文韋省，丿聲。（丿音畢）

罤

周人謂兄曰罤。从弟从眔，鰥省聲。（依修竹園補）臣鉉等曰：眔，目相及也，兄弟親比之義。古魂切

此罤乃本字，本書十三下部曰「蚰，蟲之總名也。从二虫。古魂切」是蚰蚰字。今經傳「罤弟」「蚰蚰」皆作昆，日部「昆，同也。从日比。古渾切」與罤、蚰異義。

夊

从後至也。象人兩脛後有致之者。凡夊之屬皆从夊。讀若黹。陟侈切（音止六二）

夅

服也。从夊午相承，不敢竝也。下江切

按服當作艮。又部「艮，治也。从又从卪。卪，事之節也。」舟部「服，用也。从舟艮聲。」夅是「夅艮」「投夅」字，𨸏部「降，下也。从𨸏夅聲。」

古巷切」是降落字。夅降二字音同義異。今夅及字亦作降，因以為二音耳。

夃

秦以市買多得為夃。从乃从夂，益至也。从乃。（段無此是）詩曰：我夃酌彼金罍。臣鉉等曰：乃，難意也。古乎切

今詩周南卷耳「我姑酌彼金罍」作姑，經典多作沽。論語子罕「求善賈而沽諸」，並是夃之借字。水部「沽，水。出漁陽塞外，東入海。从水古聲。古胡切」女部「姑，夫母也。从女古聲。古胡切」酉部「酤，一宿酒也。一曰買酒也。从酉古聲。古乎切」凡「市沽」「姑且」皆當作夃。

㐄

跨步也。从反夂。䟱从此。苦瓦切（去聲）

冎部「䟱，秦謂土釜曰䟱。古禾切（音戈）」俗作鍋。足部「跨，渡也。从足夸聲。苦化切」㐄與跨音同義近。

久

从後灸之，象人兩脛後有距（段作「歫」是）也。周禮曰：久諸牆以觀其橈。凡久之屬皆从久。舉友切（指事。文二）

桀

磔也。从舛在木上也。凡桀之屬皆从桀。渠列切（文三）

磔

辜也。从桀石聲。陟格切

辛部「辜，辠也」。周禮秋官掌戮「凡殺其親者焚之，殺王者之親者辜之」。鄭注「辜之言枯也，謂磔之」。言止其辠也。又引申之為車裂。荀子宥坐「伍子胥不磔姑蘇東門外乎」。楊注「車裂也」。

椉（乘）

覆也。从入桀。桀，黠也。軍法入桀（段依韻會補）曰椉。食陵切

古文椉 从几

黠，詭譎之意。方言「黠，慧也」。「入桀」，以弱勝強，椉間而入之意。又椉訓「覆也」，在其上為覆。又引申之為椉車，又為車椉。俗書作乘。

木　橘

說文解字第六上

木　冒也。冒地而生。東方之行。从屮。下象其根。凡木之屬皆从木。徐鍇曰屮者木始甲坼。萬物皆始於微。故木从屮。莫卜切。（六二）

橘　果。出江南。从木矞（音聿）聲。居聿切。

周禮考工記「橘踰淮而北為枳。」韓詩外傳「晏子對楚王曰。王不見乎江南之樹乎。名橘。樹之江北則化為枳。何則。地土使然爾。」淮南子原道訓「今夫徙樹者。失其陰陽之性。則莫不枯槁。故橘樹之江北。則化而為枳。」本部有「枳」木。

柹（柿）

似橘。从木只聲。諸氏切」本艸經「枳實。生河內川澤。」又本部「桔。桔梗。藥名。从木吉聲。」本艸經「桔梗。味辛。微溫。主胸脅痛如刀刺。腹滿。腸鳴幽幽。驚恐悸氣。」今以為果名者本只作橘。

柹　赤實果。从木朿聲。鉏里切

按柹果字从朿。今俗書作柿。从市。誤。本書𣎵部「𣎵。止也。从朩盛而一橫止之也。即里切」隸變作朿。與冂部「市。買賣所之也。市有垣。从冂从乁。乁。古文及。象物相及也。之省聲。時止切」隸變作市字自是不同。又木部有「柿。削木札樸也。从木朩聲。芳吠切」今隸變亦作柿。其字本从朩。本書六下部目「朩。艸木盛朩朩然。象形。从屮从八。八亦聲。普活切」柹柿本異字。今俗混而為一。統作柿。尤誤。又按凡沛肺字本皆从朩。不从市。本書七下部目「市。韠也。上古衣蔽前而已。市以象之。……从巾。象連帶之形。分勿切」又八一字。

枏

枏　梅也。从木冄聲。汝閻切（今俗作柟。奴含切）

爾雅釋木「梅。枏。」郭注「似杏。實酢。」玉篇「葉似桑子。似杏而酸。」蓋誤以梅為酸果之某也。爾雅樊光注云「荊州曰梅。揚州曰枏。益州曰赤楩。」孫炎注云「荊州曰梅。揚州曰枏。」陸璣毛詩艸木鳥獸蟲魚疏云「梅樹。皮葉似豫章。」新語「夫楩枏豫章。天下之名木。生於深山之中。產於谿谷之傍。立則為太山眾木之宗。仆則為萬世之用。浮於山水之流。出於冥冥之野。因江河之道。而達於京師之下。因於斧斤之功。舒其文彩之好。精捍直理。密緻博通。蟲蝎不能穿。水溼不能傷。在高柔軟。入地堅彊。無膏澤而光潤。不刻畫而炳彰。」

梅

梅　枏也。可食。从木每聲。莫桮切

楳　或从某

按「可食」二字後人妄加，盍誤以為佀杏之果。本部「某，酸果也。从木从甘，闕。莫厚切（王筠「莫回切」）」是可食之某。今經傳梅有本義訓枏者，詩秦風終南「終南何有，有條有梅」，陳風墓門「墓門有梅，有鴞萃止」，毛傳並訓「梅，枏也」。有段作酸果之某者，詩召南摽有梅，曹風鳲鳩「鳲鳩在桑，其子在梅」，小雅四月「山有嘉卉，侯栗侯梅」，傳皆無訓，皆段作酸果之某也。又梅下有「楳，或从某」，楳當是某之或體，淺人妄遂於此耳。召南摽有梅，韓詩作楳，是本字本義也。

杏

果也（段「果」上有「杏」字）从木，可省聲（段作「向省聲」）。何梗切

按篆「可省聲」固未確，段改作向省尤誤。按戴侗六書故引唐本作从口，王氏句讀云「竊疑篆當作[illegible]」，則說解當作「从木，象形」也。

柰

果也（段「果」上有「柰」字）从木示聲。奴帶切

柰卽今之油甘子，極酸澀而後甘，因之又目長為無可柰何，讀奴來切，今俗書作奈，誤。

亲

果（段「果」上有「亲」字）實如小栗。从木辛聲。側詵切

春秋傳曰「女摯不過亲栗」

今左傳莊公二十四年作「榛」，是段借本部「榛，木也。从木秦聲。一曰菆也。側詵切」，音同義异也。

杜

甘棠也。从木土聲。徒古切

詩召南甘棠「蔽芾甘棠，勿翦勿伐」，傳云「甘棠，杜也」。古籍或段杜為𢾭。攴部「𢾭，閉也。从攴度聲，讀若杜。徒古切」。小爾雅廣詁「杜，塞也」。杜亦借作𢾭。

樕

樸樕，小木。从木敕聲。桑谷切（音速）

詩召南野有死麕「林有樸樕」，毛傳「樸樕，小木也」。按樸樕字當作樸。本部「樸，棗也。博木切」「樸，木素也。匹角切」，音義俱異。

檟

楸也。从木賈聲。春秋傳曰「樹六檟於蒲圃」。古雅切

左傳襄公四年「季孫為己樹六檟於蒲圃東門之外」，杜注「季文子樹檟，欲自為櫬」。爾雅釋木「槐小葉曰榎」，郭注「槐當為楸，楸細葉者為榎」。作榎，應是或體。古籍或借夏為檟。禮學記「夏楚二物，收其威也」，鄭注「檟，槄也。楚，荊也。二物可扑撻犯禮者」。書舜典「扑作教刑」，鄭注云「扑，檟楚也」。

椅 梓也。从木奇聲。於離切（音依）

詩小雅巧言「荏染柔木，君子樹之。」毛傳「柔木，椅桐梓漆也。」

梓 楸也。从木宰省聲。即里切

梓 或不省

爾雅釋木「椅，梓。」郭注「即楸。」詩鄘風定之方中「樹之榛栗，椅桐梓漆。」陸璣疏云「楸之疏理白色而生子者為梓。」周礼攷工記「攻木之工：輪、輿、弓、廬、匠、車、梓。」鄭注「梓，楸屬也。」書曰梓材。馬注云「治木器曰梓。古文以杍為之。」按杍是李字之古文，與梓截然異字。梓材不當作杍也。尚書大傳（伯禽與康叔往見商子）「商子曰：南山之陽有木焉，名喬。二三子往觀之。見喬實高高然而上。反以告商子。商子曰：喬者，父道也。南山之陰有木焉，名梓。二三子復往觀焉。見梓實晉晉然而俯。反以告商子。商子曰：梓者，子道也。」段氏朱氏並以為梓字當是榗字之誤，其說非也。徐氏箋云「此非梓之誤，乃晉晉字誤耳。今按晉晉當作孴孴。孨部孴讀若薿，魚紀切。孴孴然而俯，正與梓疊韻為訓。孨本訓謹，亦與子道義協也。緣孴之重文作𡦹，篆體𡦹與晉形近，因以致誤。鄭云𡦹即奇字晉，尤其明證。」

栩 柔也。从木羽聲。其實草，一曰樣。況羽切（音許）

艸部「草，草斗，櫟實也。」俗作皁。栩，重言之則為形容詞。莊子齊物論「昔者莊周夢為胡蝶，栩栩然胡蝶也。」釋文「栩栩，喜皃。」

柔 栩也。从木予聲。讀若杼。直呂切（音柱）

柔，今經傳多誤作杼。爾雅釋木「栩，杼。」郭注「柞樹。」詩唐風鴇羽「肅肅鴇羽，集于苞栩。」毛傳「栩，杼也。」陳風東門之枌「東門之枌，宛丘之栩。」毛傳「栩，杼也。」陸璣疏云「栩，今柞櫟也。徐州人謂櫟為杼，或謂之為栩。」杼字皆當作柔。木部「杼，機之持緯者。从木予聲。直呂切」音雖同而義異也。又莊子齊物論「狙公賦芧。」司馬彪注云「芧，橡子也。」芧本當作柔。艸部「芧，艸也。从艸予聲。可以為繩。直呂切」與柔截然異字。

樣 栩實。从木羕聲。徐兩切

今俗書作橡。莊子徐无鬼「厄于深山，拾橡栗而食。」樣之本義是栩實，所以染黑者。今所用作樣式樣者是像之叚借。人部「像，佀也」。

桔

桔梗，藥名。从木吉聲。一曰直木。古屑切

桔是桔梗，藥名。今以為果名者本當作橘。詳本部橘字。

樸

棗也。从木僕聲。博木切（音卜）

玉篇「樸，苞也，叢也」。今經傳作樸。詩召南野有死麕「林有樸樕」。毛傳「樸樕，小木也」。大雅棫樸「芃芃棫樸」。傳云「棫，白桵也。樸，抱木也」。釋文「樸音卜」。爾雅釋木「樸，抱者」。郭注「樸屬叢生者為抱」。詩所謂棫樸、枹櫟。鄭君訓樸為棗，與毛傳爾雅不同，徐鍇謂是爾雅舊注。郭慶藩謂或棗為叢字之譌。凡「樸樕」「棫樸」正字並當作樸。本部有「樸，木素也。从木菐聲。匹角切」音義俱異。

梭

木也。从木夋聲。臣鉉等曰：今人以之音穌禾切（音梭），以為機杼之屬。私閏切（音俊）

夊部「夋，行夋夋也。一曰倨也。从夊允聲。七倫切（音逡）」。按機杼之梭字本作筬。竹部「筬，可以收繩也。从竹，象形。中象人手所推握也。測駛切」。

「五，篆或省」。

檉

河柳也。从木聖聲。敕貞切（音偵）

詩大雅皇矣「其檉其椐」。傳云「檉，河柳也」。陸璣疏云「檉，河柳。生河旁，皮正赤如絳，一名雨師（天將雨檉先擎故名）。枝葉似松」。陳啟源曰「檉，近世呼西河柳，醫家用之治小兒麻疹」。爾雅釋木「檉，河柳」。郭注「今河旁赤莖小楊」。

柳

小（段作「少」）楊也。从木丣聲。丣，古文酉。力九切

柳，今經典作柳，變丣為卯。按丣「象開門之形」，丣則是「閉門象」，二字異篆而義亦相反，而今混矣。如「畱，止也。从田丣聲」，今變作留。「坙，止也。从土从畱省」，今亦作坐矣。又按柳讀力九切，與丣聲不諧，御覽初學記並引作卯聲，若是則篆當作桺。又柳亦為星名，爾雅釋天「咮謂之柳」，屬南方朱鳥七宿。

權

黃華木。从木雚聲。一曰反常。巨員切

爾雅釋木「權，黃英」。郭注「未詳」。釋艸「權，黃華」。郭注「今謂牛芸艸為黃華，華黃，葉似荍蓿」。本書艸部「英，榮而不實者」。

一曰黃英」釋木之「黃英」，猶鄭書之「黃華」也。「一曰反常」者，廣雅「權，變也。反常合道」。論語子罕「可與立，未可與權」。孟子離婁「嫂溺援之以手者，權也」。公羊傳桓公十一年「權者何？權者反於經而後有善者也」。繁露竹林「前枉而後義者謂之中權」。至漢書律歷志「權者銖兩斤鈞石也」。禮大傳「立權度量」。孟子梁惠王「權然後知輕重」。凡作權衡字則是權變之引伸義。權即今之稱錘。權必隨所稱物品之輕重而轉移也。

槐 木也。从木鬼聲。戶恢切（玉篇戶灰切，又下乖切，今讀下乖切）

春秋說題辭「槐木者，虛星之精也」。又春秋元命苞「樹槐聽訟其下」。注云「槐之言歸也。情見歸實也」。

榖 楮也。从木㱿聲（音確）。古祿切

詩小雅鶴鳴「其下維榖」。傳云「榖，惡木也」。黃鳥「無集于榖」。陸璣疏云「幽州人謂之榖桑，荊揚人謂之榖，中州人謂之楮。殷中宗時桑榖共生是也。今江南人績其皮以為布，又擣以為紙，謂之榖皮紙」。今毛詩榖誤作穀。禾部「穀，續也。百穀之總名。从禾㱿聲。古祿切」音同形似而義則大異也。

楮 榖也。从木者聲。丑呂切

柠 楮或从宁。

棟（段箋作欄）木也。从木柬聲。郎電切（音練）

段改棟為欄，云「按攷工記以欄為灰，字作欄。鄭於欒下云木似欄。然則此當同攷工記可知矣」。徐灝云「段說未盡得其義也。棟乃古字，相承增作欄，而攷工記用之。鄭於欒下云木似欄者，取欒欄同聲耳。今俗用欄為欄檻字，久而專其名，故棟木仍用古字，不得反以為俗也」。據此則棟下當有或體欄。古籍或段練為棟。莊子秋水「非練實不食」。練當作棟。糸部「練，湅繒也。从糸柬聲。郎甸切」。又本部「棟，極也。从木東聲。多貢切」。棟棟二字形近，不宜混也。又手部無揀字，本止作柬。束部「柬，分八簡之也。从束从八。八，分八也。古限切」。

柘 桑也（段「桑」上有「柘」字，桑傳句讀同）。从木石聲。之夜切（音蔗）

榮 桐木也。从木熒省聲。一曰屋梠之兩頭起者為榮。永兵切

爾雅釋木「榮，桐木」。郭注「即梧桐」。本部「梧，梧桐木。从木吾聲。一名櫬」。釋木「櫬，梧」。郭注「今梧桐」。賈思勰曰「華而不實

者曰白桐。實而皮青者曰梧桐」又爾雅釋艸「木謂之華。艸謂之榮」此對文耳。襍則榮亦華也。又見之榮亦爲華美之偁。因之凡貴重者皆曰榮。而榮辱之義生焉。「一曰屋梠之兩頭起者爲榮」者。儀禮士冠禮「直于東榮」鄭注「屋翼也」焱部「熒。屋下鐙燭之光。从焱冂。戶扃切」

檜

柏葉松身。从木會聲。古外切

爾雅釋木。詩衛風竹竿毛傳同。書禹貢「杶幹栝柏」是段栝爲檜。本部「栝。檃也。从木𠯑聲。一曰矢栝築弦處。古活切」經傳多段檜爲鄶。詩檜風序釋文云「本作鄶」邑部「鄶。祝融之後妘姓所封潧洧之閒。鄭滅之。从邑會聲。古外切」

樅

松葉柏身。从木從聲。七恭切

爾雅釋木同。郭注云「今大廟梁材用此木。尸子所謂松柏之鼠。不知堂密之有美樅」「堂密」謂山如堂者。又詩大雅靈臺「虡業維樅」傳云「樅。崇牙也」

柏

鞠也。从木白聲。博陌切

按說解「鞠也」本書革部「鞠。蹋鞠也」非柏之義。爾雅釋木「柏。椈」禮雜記「暢。臼以椈。杵以梧」鄭注「椈。柏也」是字本作椈。鄦書無椈字。偶奪耳。又柏俗或作栢。

桅

(段依韻會篆作梔。是)黃木。可染者。从木危聲(段作卮聲。是)過委切(應章移切)

按桅疑本作梔。从卮。後誤作桅耳。爾雅釋木「桑辨(音片。半也)有葚。梔」大徐未察。於桅字標過委切。而又收梔字於新附云「梔。木。實可染。从木卮聲。章移切」殊誤。

某

酸果也。从木从甘。闕。莫厚切(句讀「當莫桮切」)

古文某从口

此是今梅子正字。今用爲誰某之字。遂段梅爲酸果之義。本字當讀「莫桮切」玉篇「莫回切」二徐皆用莫厚切。是誤以誰某爲本義也。又按說解「从甘闕」句讀云「此蓋非鄦語」疑是蓋⊖象某實形。非甘甜之甘。猶果字之田象果形。非从田也。此當云「从木。象形」又古文槑亦是象形。非从口也。又按今俗有呆字。以爲愚癡之意。鄦書無此。呆蓋亦槑之省耳。本部「梅。枏也」「楳。或从某」按楳當是某之或體。淺人妄迻於梅下耳。詩「摽有梅」韓詩作楳。是本字本義也。

本

木下曰本。从木，一在其下。（段作「从木从丅」。）古文𣎵。改篆作（本）。徐鍇曰：「一，記其處也。本、末、朱皆同義。」布忖切

木下曰本，又引申之為「基也」、「始也」、「宗也」。詩大雅文王「文王孫子，本支百世」，傳云「本，本宗也。」論語學而「君子務本，本立而道生」，集解「本，基也。」廣雅釋詁「本，始也。」

朱

赤心木，松柏屬。从木，一在其中。（章俱切）

按「赤心木」者，言木之赤心者，非有木名赤心也。「松柏屬」者，言松柏之類皆赤心之木也。礼禮器「如竹箭之有筠也，如松柏之有心也。」又朱訓「赤心木」，因引為赤色之朱。糸部亦作絑。又引數絑引朱，故又引為根朱。本部「株，木根也。从木朱聲。（張輸切）」糸部「絑，純赤也。虞書丹朱如此。从糸朱聲。（章俱切）」

末

木上曰末。从木，一在其上。（段作「从木从上」，改篆作（末）。莫撥切）

按一在木上為末，又引申之為顛頂之偁，又引為終已之辭。易繫傳「其初難知，其上易知，本末也。」又引聲轉為莫，為蔑。小爾雅廣詁「末，毋也。」礼檀弓「末吾禁也。」論語子罕「吾末如之何也已矣。」

果

木實也。从木，（田）象果形，在木之上。（古火切）

艸部「蓏，在木曰果，在地曰蓏。从艸从㼌。（郎果切）」果是木之實，又引申之為信實、「果敢」、「果斷」之義。廣雅「果，信也。」論語子路「言必信，行必果。」鄭注「行必果，所欲行必果敢為之。」又雍也「由也果，於從政乎何有。」包注「果謂果敢決斷。」

杈

枝也。（段「枝」上有「杈字」）从木叉聲。（初牙切）

方言「江東言樹枝為椏杈也。」又部「叉，手指相逪也。从又，象叉之形。（初牙切）」

枝

木別生條也。从木支聲。（章移切）

本部「條，小枝也。」鄭君引大幹為本，自本別出為枝，自枝而分者為條。又本書三下部目「支，去竹之枝也。从手持半竹。（章移切）」支與枝古籍多互通。詩大雅文王「本支百世」，左傳莊公六年引作枝。又古籍或段枝為肢。孟子梁惠王「為長者折枝」，「折枝」謂摩折骨節，解罷肢也，即為長者服勞之字本作肢。肉部「胑，體四胑也。从肉只聲。（章移切）」「肢，胑或从支。」

朴

朴 木皮也。从木卜聲。匹角切

本艸厚朴一名厚皮。漢書司馬相如傳相如上林賦「亭柰厚朴」，張揖曰「厚朴藥名也」。顏注「朴木皮也。此藥以皮為用，而皮厚，故呼厚朴云」。經傳或誤作扑。手部無。書舜典「扑作教刑」，鄭注「扑，檟楚也」。字當作朴。蓋以檟楚二木之皮以為教學之刑，故名之曰朴。又或段朴為樸，素「樸，實」字本部「樸，木素也。从木菐聲。匹角切」。素猶質也。凡未經雕飾為樸。俗或作璞，玉部無。土部「墣，塊也。从土菐聲。匹角切」。「圤，墣或从卜」。墣猶坏也。

條

條 小枝也。从木攸聲。徒遼切

徐鍇曰「自枝而出也」。又引申為長也。詩唐風椒聊「椒聊且。遠條且」，傳云「條，長也」。

枚

枚 榦也。可為杖。从木从攴。詩曰「施于條枚」。莫桮切

詩周南汝墳「遵彼汝墳，伐其條枚」，傳云「枝曰條，榦曰枚」。枚之本義為榦，又引申之為枚數之枚。左傳襄公二十一年「還於門中，識其枚數」，杜注「識門板數」。又以為銜枚之枚。詩豳風東山「制彼裳衣，勿士行枚」，傳云「士，事。枚，微也」。行枚，即行微。

周禮秋官有銜枚氏，注云「銜枚，止言語囂讙也。枚狀如箸，橫銜之，為之繣結於項」。「可為杖」者，左傳襄公十八年「還于門中，以枚數闔」，杜注「枚，馬檛也」。又說解引「詩曰施于條枚」，見大雅旱麓篇。釋文云「施，以豉反」。施乃貤之段。㫃部「施，旗皃。从㫃也聲。晉欒施字子旗，知施者旗也。式支切」。貝部「貤，重次弟物也。从貝也聲。以豉切」。

栞

栞 槎識也。从木㸚。闕。夏書曰「隨山栞木」。讀若刊。苦寒切

𣐂 篆文从幵。幵，音堅

徐鍇曰「槎識，謂隨所行林木衺斫其枝為道表識也」。本部「槎，衺斫也」。又鄭君云「栞闕」者，栞字無闕也。又「隨山栞木」今書禹貢作刊，是借字。刀部「刊，剟也。从刀干聲。苦寒切」。「剟，刊也。从刀叕聲。陟劣切」。刊除去之意，與槎識之栞自不同。

栠

栠 弱皃。从木任聲。如甚切

此栠弱本字。經傳多段荏為之。詩小雅巧言「荏染柔木，君子樹之」。大雅抑「荏染柔木，言緡之絲」，毛傳「荏染，柔意也」。論語陽貨「色厲而內荏」，孔注「荏，柔也」。荏皆當作栠。艸部「荏，桂荏，蘇。从艸任聲。如甚切」，是香艸。又詩「荏染」訓柔意，則染亦當是姌之段。女部「姌，弱長皃。从女冄聲。而琰切」。

枖

木少盛皃。从木夭聲。詩曰：「桃之枖枖。」於喬切

女部「娱，巧也。一曰女子笑皃。詩曰桃之娱娱。从女芺聲。於喬切」說文明引詩，今按詩周南桃夭「桃之夭夭，灼灼其華」，傳云「夭夭，其少壯也」。又邶風凱風「棘心夭夭，母氏劬勞」，傳云「夭夭，盛皃」。字並作夭，而本書十下部首「夭，屈也。象形。於兆切」則夭之本義是物之方長未成者，故其字从大，上象其耑而未申之象。詩之用夭是借字，本字當作枖。女部又引詩者，蓋齊魯詩或有作娱，亦是假借。娱之本義為巧，娱饒字俗亦作妖。又假作祅異。本書示部「祅，地反物為祅也。从示芺聲。於喬切」此祅異祅怪正字。

槇

木頂也。从木真聲。一曰仆木也。都年切

今經傳多作顛。書盤庚「若顛木之有甹枿」，顛當作槇。頁部「顛，頂也。从頁真聲。都年切」段玉裁曰「人頂曰顛，木頂曰槇」。足部「蹎，跋也。从足真聲。都年切」是蹎跋字，俗作顛沛。走部「⿺走真，走頓也。从走真聲。讀若顛。都年切」是走而委頓之意。又疒部「瘨，病也。从疒真聲。一曰腹張。都年切」則是癲之正字。

標

木杪末也。从木㶾聲。敷沼切

木部「杪，木標末也。从木少聲」。淮南子天文訓「本標相應」，後漢書馬融傳「杪標端」，注云「杪標，並木末也」。又引申之為標榜僄揚之意。俗假借為幖幟字。巾部「幖，幟也。从巾㶾聲。方小切」。本書艸部「藨，苕之黃華也。从艸㶾聲。一曰末也。方小切」。金部「鏢，刀削末銅也。从金㶾聲。撫招切」。並有末義。衣部「表，上衣也。从衣从毛。古者衣裘，以毛為表。陂矯切」。是表裏字。火部「㶾，火飛也。从火䙴省聲。方昭切」。今粵方言「購票」恆謂之「買飛」，蓋以㶾訓「火飛」也。

朵

樹木垂朵朵也。从木，象形。此與采同意。丁果切

象形者，謂上體乃象華朵，乃之變文也。「此與采同意」，五字疑非鄭君語。本書禾部「采，禾成秀也，人所以收。从爪禾」。是會意。朵則是指事。又朵有綻開之義，又引申之為動也。易頤卦初九「觀我朵頤」。

枉

衺曲也。从木㞷聲。迂往切

枉之本訓為木之衺曲，又引申之為凡曲之偁。又因木可煣之為曲直，因之謂詘曰枉。論語顏淵「舉直措諸枉，能使枉

者直」淮南子本經訓「矯枉㠯為直」

扶

扶疏．四布也．从木夫聲．防無切

「扶疏」或作「扶胥」「扶蘇」皆疊韻連語．經傳或作扶．詩鄭風山有扶蘇傳云「扶蘇．扶胥．木也」手部「扶．左也．从手夫聲．防無切」

椮

木長皃．从木參聲．詩曰椮差荇菜．（段此下有「是也」）所今切

今詩周南關雎「參差荇菜」作參．晶部「曑．晉星也．从晶今聲」「參．曑或省」．㠯為參差義是段借．本當作篸．竹部「篸．差也．从竹參聲．所今切」椮下引詩參差荇菜．疑當在篸下．徐鍇曰「參差荇菜不齊之皃．非此椮字之義．當言讀若詩曰．無讀若字寫失之」

杕

樹皃．从木大聲．詩曰．有杕之杜．特計切

「樹皃」段氏謂「樹」當作「特」是．詩唐風杕杜篇「有杕之杜．其葉湑湑」傳云「杕．特皃．湑湑．枝葉不相比也」

𣝕

木葉陊也．从木食（音鐸）聲．讀若薄．他各切（音託）

艸部「蘀．凡艸木皮葉落陊地為蘀．从艸擇聲．詩曰十月隕蘀．它各切」二字音義俱同．若必分之．則木葉落為𣝕．蘀則兼艸木葉落言．又已陊地者曰蘀．方飄陊者曰𣝕．今經傳通用蘀．詩豳風七月「十月隕蘀」傳云「蘀．落也」鄭風蘀兮「蘀兮蘀兮」傳云「蘀．槁也」小雅鶴鳴「爰有樹檀．其下維蘀」傳云「蘀．落也」今言「落拓」本字當作𣝕或蘀．

格

木長皃．从木各聲．古百切

格之本義是「木長皃」又叚之為「至也」「來也」「登也」「正也」書堯典「格于上下」詩大雅抑「神之格思」傳云「格．至也」書舜典「格汝舜」詩小雅楚茨「神保是格」傳云「格．來也」書呂刑「庶有格命」注云「格．登也」孟子離婁「惟大人為能格君心之非」注云「格．正也」古籍或借假為之．詩大雅雲漢「大夫君子昭假無贏」傳云「假．至也」釋文「假．音格」古籍又段格為「枝格」「遮格」字．庾信小園賦「艸樹溷淆．枝格相交」正字當作𦓤．本書耒部「𦓤．枝𦓤也．从耒各聲．古百切」又或借為格

樸　楨

格。

手部「格，擊也。从手各聲。古覈切（音吉）」今人云「格殺勿論」，正字當作格。

樸　木素也。从木菐聲。匹角切

書梓材「若作梓材，既勤樸斲。」馬融注「樸，未成器也。」老子「樸散則為器。」此「樸素」「儉樸」字。古籍或叚朴為樸，又叚樸為樸，詳本部樸朴字。

楨　剛木也。从木貞聲。陟盈切　上郡有楨林縣。

柔

「剛木」者，謂木之剛者曰楨，非謂木名也。玉篇「楨，堅木也。」篇引山海經太山多楨木，以長之，是謂楨為堅木之名也。郭璞㠯為即女楨，又楨為堅木，又㠯長之為「堅楨」、「楨固」、「楨正」。詩大雅文王「維周之楨。」傳曰「楨，幹也。」經傳多叚貞為之。易乾文言「貞者，事之幹也。」「貞固足㠯幹事。」卜部「貞，卜問也。」

柔　木曲直也。从木矛聲。耳由切

書洪範「木曰曲直。」傳曰「木可㠯揉曲直。」（按揉當作煣。火部「煣，屈申木也。」）木可煣使曲直者曰柔木。又㠯長之為「耎弱」「和柔」。說苑敬慎「柔弱者生之徒也。」淮南子原道訓「柔弱者道之要也。」又書皋陶謨「柔而立。」傳云「和柔而能立事。」又㠯為安撫之偁，書舜典「柔遠能邇。」詩周頌「懷柔百神。」傳云「柔，安也。」又本書革部「鞣，耎也。从革从柔，柔亦聲。耳由切」金部「鍒，鐵之耎也。从金从柔，柔亦聲。耳由切」肉部「腬，嘉善肉也。从肉柔聲。耳由切」於柔字加革、加金、加肉，俱皆為衍生之文。又百部「脜，面和也。从百肉聲。耳由切」是「盈脜」「面脜」字。

柝

柝　判也。从木㡿聲。易曰重門擊柝。他各切

材

本部「欜，夜行所擊者。从木橐聲。易曰重門擊欜。他各切」柝欜二字同引今易繫辭「重門擊柝」，作柝。釋文云「說文作欜。」按欜訓「夜行所擊者」，當是易之本字。柝之本義是「判也」，與坼字義略近。本書土部「坼，裂也。从土㡿聲。丑格切」蓋土裂曰坼，木判曰柝，當亦讀「丑格切」。柝今俗書作析，疑即俗之析字。判，分也，故有分析義。手部無析，析下引易者，疑後人妄增。或「易曰」上有「讀若」二字。

材　木梃也。从木才聲。昨哉切

本部「梃，一枚也」「枚，榦也」故村亦榦也。凡「人材」「材榦」皆㠯此爲正字，俗多單㠯材爲之。「木材」而「材榦」「材智」字則叚才爲之。六上部目「才，艸木之初也。从丨上毌一，將生枝葉；一，地也」昨哉切 固「艸木之初」故㠯爲「才始」「方才」字，俗既叚才爲材，又借纔爲才。糸部「纔，帛雀頭色。一曰微黑色如紺。讀若讒」士咸切 與才音義俱異。又經傳或叚材爲裁，荀子解蔽「經緯天地而材官萬物」。衣部「裁，制衣也。从衣𢦏聲」昨哉切 又叚財爲裁。易泰象「后㠯財成天地之道，輔相天地之宜」。貝部「財，人所寶也。从貝才聲」昨哉切 是財富字。

榑

榑桑，神木，日所出也。从木尃聲。防無切

六下部目「叒，日初出東方湯谷所登榑桑，叒木也。象形」而灼切 榑桑即叒木，古籍或作扶桑。扶桑是借字。淮南子天文訓「日出于湯谷，浴于咸池，拂于扶桑，是爲朏明」注云「扶桑，日所出也」。手部「扶，左也。从手夫聲」防無切 又本部有「扶，扶疏，四布也。从木夫聲」防無切。

杲

明也。从日在木上。（此下段有「讀若槀」三字，鍇本句讀同）古老切（會意）

詩衛風伯兮「其雨其雨，杲杲出日」。

杳

冥也。从日在木下。烏皎切（會意）

七上部目「冥，幽也。从日六，从冖。六，老侌之數，窮數也。冖亦聲」莫經切 在木下爲冥，又叚爲凡不見之偁，詳目部窅字。

榦

榦，築牆耑木也。从木倝聲（段此下有「一曰本也」是）（徐鍇等曰「今人作幹，非是」）古案切

說解疑奪「一曰本也」四字。文選魏都賦及盧諶贈劉琨詩李善注引說文「榦，本也」。易乾文言「楨者，事之榦也」「楨固足㠯榦事」。古籍或叚榦爲韓，莊子秋水「跳梁乎井榦之上」司馬注「榦，井欄也」。本書韋部「韓，井垣也。从韋，取其帀也，倝聲」胡安切。

檥

榦也。从木義聲。魚羈切（音儀。今俗書作艤，讀若蟻）

爾雅釋詁「楨、翰、儀，榦也」，儀當是檥之譌。人部「儀，度也」無榦義。史記項羽本紀「烏江亭長檥船待」集解「檥，正也，附也」。漢書注「整船向岸曰檥」。

構

構　蓋也，从木冓聲，杜林以爲椽桷字。古后切

本書四下冓部曰「冓，交積材也，象對交之形」古候切「結構」「構造」字本當作冓。易繫傳「男女構精，萬物化生」構亦當作冓，交結會合意也。

桴

桴　棟名（段作「眉棟也」）从木孚聲（音浮）附柔切

爾雅釋宮「棟謂之桴」注「屋穩」經傳叚桴爲枹，左傳成公二年「右援桴而鼓」釋文「桴，擊鼓槌也」本部「枹，擊鼓杖也，从木包聲（音孚）」甫無切　又叚爲泭，論語公冶長「道不行，乘桴浮於海」馬融注「桴，編竹木也，大者曰筏，小者曰桴」水部「泭，編木以渡也，从水付聲（音孚）」芳無切

棟

棟　極也，从木東聲，多貢切

本部「極，棟也」屋至高處爲極，正中爲棟。釋名「棟，中也，居屋之中」

樘

樘　衺柱也（段無「衺」字）从木堂聲。臣鉉等曰：今俗別作撐，非是。丑庚切

按大徐謂「今俗別作撐」者，言樘可借作「𣥺歫」之𣥺耳。本書止部「𣥺，歫也，从止尚聲，丑庚切」是「支𣥺」「𣥺拒」字俗作撐，亦作橕。經傳惟用𣥺。周禮考工記弓人「維角𣥺之」鄭司農曰「𣥺讀如牚距之牚，車牚之牚」亦恐俗人不解𣥺字，乃循俗以曉人耳。又按樘訓「柱也」又引申之乃爲定視之義。莊子田子方「夫子步，亦步；夫子趨，亦趨；夫子馳，亦馳；夫子奔逸絕塵，而回瞠若乎後矣」釋文「瞠，直視皃」目部無瞠字，蓋本作樘。

桷

桷　榱也，椽方曰桷，从木角聲。春秋傳曰「刻桓宮之桷」古岳切

莊公二十四年經「春王三月，刻桓宮桷」非傳文。易漸卦六四「鴻漸于木，或得其桷」虞注云「桷，椽也，方者謂之桷」

椽

椽　榱也，从木彖聲，直專切

左傳桓公十四年「以大宮之椽歸爲盧門之椽」釋文「圓曰椽，方曰桷」釋名「桷或謂之椽，椽，傳也，相傳次而布列也」

榱

榱　（段氏句讀篆下補「椽也」二字）秦名爲屋椽（段本句讀作「秦名屋椽也」）周謂之榱（段氏句讀「榱」作「椽」）齊魯謂之桷，从木衰聲，所追切

釋文御覽引說文並云「秦謂之榱，周謂之椽，齊魯謂之桷」

檐

櫋（音肥）也。从木詹聲。臣鉉等曰：今俗作簷，非是。余廉切

木部「櫋，梠也」。「梠，楣也」。「楣，秦名屋櫋聯也。齊謂之檐，楚謂之梠」。門部「闌，闌謂之樀。樀，廟門也。从門，詹聲」。余廉切。木部「樀，户樀也。从木啻聲。爾雅曰：檐謂之樀。讀若滴」。都歷切。檐為屋檐，闌為廟門之檐。

植

户植也。从木直聲。常職切

櫃

或从置

禾部「稙，早種也。从禾直聲。詩曰：稙稚尗麥」。常職切。此「種稙」「貨植」「植物」字，今皆段植為之。經傳或作殖，亦是借字。歹部「殖，脂膏久殖也。从歹直聲」。常職切。又古籍或段植為置。論語微子「植其杖而蕓」，漢石經作置。

樞

户樞也。从木區聲。昌朱切

易繫傳「言行，君子之樞機。樞機之發，榮辱之主也」。鄭注「樞，户樞也」。又引申之為要也。莊子齊物論「彼是莫得其偶，謂之道樞」。成注云「樞，要也」。又北斗七星第一星名天樞。

樓

重屋也。从木婁聲。洛侯切

本書尸部「層，重屋也」。樓訓「重屋」，是層樓可互訓。與考工記之重屋不同。周禮考工記匠人「夏后氏世室……殷人重屋……周人明堂」。孔廣森曰「殷人始為重檐，故曰重屋名」。孫詒讓曰「古者明堂太廟皆有重屋，謂於大屋之中部復起高屋，若後世之氣樓然，可內日光」。又釋名「樓，謂牖户之間諸射孔樓樓然也」。「樓樓」當作「婁婁」，亦云「麗廔」。七上部目「囧，窗牖麗廔闓明，象形」。广部「廔，屋麗廔也。从广婁聲。洛侯切」。

櫳

房室之疏也。从木龍聲。盧紅切

按「疏」當作「䟽」。㐬部「疏，通也」。足部「䟽，門户䟽窗也」。房室之䟽，又引申為凡疏通之偁。合言之為「櫺龔」，言刻畫疏通也。又木部有「櫳，檻也。从木龍聲」。盧紅切。「檻，櫳也。从木監聲。一曰圈也」。櫳檻二字互訓。又牛部「牢，閑，養牛馬圈也」。則櫳是牢櫳字。竹部「籠，舉土器也。一曰笭也。从竹龍聲」。盧紅切。有部「龓，兼有也。从有龍聲」。盧紅切。是「龓絡」「櫳罩」字，段玉裁曰為是「牢櫳」字。未見。又徐灝引六書故云「龔櫳實一字也。檻，蓄獸者，亦以木為交疏，故通謂之櫳也」。段玉裁疑櫳字是淺人所增。

楯

楯 闌檻也。从木盾聲。食允切

本部「檻，櫳也。」門部「闌，門遮也。」此訓「闌檻」，謂凡遮闌之楯，若今之闌干也。王逸楚辭注云「檻，楯也。從曰檻，橫曰楯。楯閒子曰櫺。」

櫺

櫺 楯閒子也（元應引「楯」上有「窗」字）。从木霝聲。郎丁切

文選江淹擬許徵君詩「曲櫺激鮮飇」，李善注云「櫺，窗閒孔也。」孔字佀是。

杇

杇 所㠯涂也。秦謂之杇，關東謂之槾。从木亏聲。哀都切

論語公冶長「朽木不可雕也，糞土之牆不可杇也。」爾雅釋宮「鏝謂之杇。」或作圬，土部無。

槾

槾 杇也。从木曼聲。母官切

爾雅釋宮「鏝謂之杇。」釋文「鏝，本或作槾。」金部「鏝，鐵杇也。从金曼聲。母官切」「槾，鏝或从木。（臣鉉等案：木部已有此，重出。）」孟子滕文公「毀瓦畫墁」，作墁。莊子徐无鬼「郢人㠯堊漫其鼻端若蠅翼，使匠石斲之」，作漫。正字並當作槾。說文無墁漫字。

梱

梱 門橛也。从木困聲。苦本切

本部「橜，弋也。从木厥聲。一曰門梱也。」俗作閫。史記馮唐傳「臣聞古之遣將者，跪而推轂，曰閫㠯內者寡人制之，閫㠯外者將軍制之。」門部無閫。囗部「壼，宮中道。从囗，象宮垣道上之形。詩曰室家之壼。苦本切」音與梱同，今書作壼。

楔

楔 櫼也。从木契聲。先結切（音屑）

俗語曰楔子，即尊塞字，今粵方音謂㠯物填塞罅隙曰楔。

柵

柵 編樹木也（「樹」段作「豎」）。从木从冊，冊亦聲（段「从木冊聲」）。楚革切（音冊）

經傳或段笧爲之。莊子達生「祝宗人玄端㠯臨牢笧」，釋文引李云「笧，木闌也。」說文無笧，笧是柵之俗體。竹部「策，馬箠也。楚革切」

欜

欜 夜行所擊者。从木橐聲。他各切

易曰重門擊欜。

今易繫傳已作梅矣，詳木部梅字。

桓

亭郵表也。从木亘聲。胡官切

徐鍇曰：「亭郵立木為表，交木于其端，則謂之華表，言若華也。古者十里一長亭，五里一短亭。郵，過也，所以止過客也。表雙立為桓。」郵亭，郵驛站，周禮春官大宗伯「公執桓圭」，鄭注云「公，二王之後及王之上公，雙植謂之桓。桓，宮室之象，所以安其上也。桓圭蓋亦以桓為瑑飾，圭長九寸。」按玉部「瓛，桓圭，公所執。从玉獻聲。胡官切」則「桓圭」乃是瓛字之段矣。又逸周書謚法「辟土服遠曰桓，克敬勤民曰桓」，詩周頌桓「桓桓武王」，箋云「桓桓，有威武」，商頌長發「玄王桓撥」，傳云「桓，大也」。桓當是大部「𡘋，奢𡘋也，从大亘聲。胡官切」之段。

桯

牀前几。从木呈聲。他丁切（音聽）

方言「榻前几，江沔之閒曰桯，趙魏之閒謂之㭬（[illegible]切）」

牀

安身之坐者。（段「坐」上有「几」字）从木爿聲。仕莊切

按鄭書無爿字，而牂斨壯狀戕牆皆爿聲，疑說文本有爿篆，云「古文牀从半木，象形」，傳寫奪失耳。本書七上部目「片，判木也，从半木」，木字剖而為兩，其左為爿，右為片也。

梠

臿也。从木㠯聲。一曰徙土輂。（音[illegible]）齊人語也。臣鉉等曰：今人俗作耜。詳里切（應弋之切）

按大徐注語應是下一字，此宜弋之切

梩 或从里

枱

耒耑也。从木台聲。弋之切（當詳里切）

鈶 或从金

辝 籀文从辝。

梠，即今經典之耜字。易繫傳「斲木為耜」，釋文引京房注「耜，耒下耓也」，漢書食貨志注「耜，耒端木所以施金也」，禮月令「修耒耜」，鄭注「耜者，耒之金也」，周禮考工記匠人「耜廣五寸」，鄭注「今之耜岐頭兩金」，賈疏「耜謂耒頭金」，皆與梠下說解云「耒耑也」合。本書四下部目「耒，耕曲木也」，大徐以訓「臿也」之梠為今之耜字，殊誤。本書臼部「臿，舂去麥皮也，从臼干，所以臿之」，與耜字之義迥異。

櫡

斫（音桌）也，齊謂之鎡錤。一曰斤柄，性自曲者。从木箸聲。陟玉切（音竹）

「鎡錤」段作「茲箕」。是爾雅釋器「斪斸謂之定」。釋文云「斸本或作欘」。說文斤部「斪，斫也。从斤句聲。其俱切（音衢）」「斸，斫也。从斤屬聲。陟玉切」「斫，擊也。从斤石聲」。欘斸音義俱同。又礼月令「脩耒耜，具田器」。鄭注「田器，鎡錤之屬」。孟子公孫丑「雖有智慧，不如乘勢；雖有鎡箕，不如待時」。趙注「鎡箕，田器」。「鎡錤」當作茲箕。金部無「鎡錤」。

槃

承槃也。从木般。

槃，薄官切

鎜 古文 从金

盤 籀文 从皿

槃，盛器。其用有三。周礼天官玉府「若合諸侯，則共珠槃玉敦」。鄭注「敦，槃類，珠玉以為餙。古者以槃盛血，以敦盛食」。此會盟之槃也。左傳僖公二十三年「乃饋盤飧，寘璧焉」。此飲食之槃也。礼內則「進盥，少者奉槃，長者奉水，請沃盥」。左傳僖公二十三年「奉匜沃盥」。礼記鄭注「槃，承盥水者」。此洒濯之槃也。又引申之為凡承受者之偁。又借作般。舟部「般，辟也。象舟之旋。从舟从殳。殳所以旋也。北潘切」。「槃辟」「盤旋」「盤桓」皆當作般。又借作昪。日部「昪，喜樂皃。从日弁聲。皮變切」。詩衛風考槃傳云「槃，樂也」。書無逸「文王不敢盤于遊田」。傳云「文王不敢樂於遊逸田獵」。槃並當作

昪

杓

枓柄也。从木从勺。臣鉉等曰：今俗作市若切（音卓），以為桮杓之杓，甫搖切（音飈）。

史記天官書「北斗七星，所謂旋璣玉衡，以齊七政」。索隱引春秋運斗樞「斗第一天樞，第二旋，第三璣，第四權，第五衡，第六開陽，第七搖光。第一至第四為魁（音葵），第五至第七為杓（音斗柄）。合而為斗」。

櫑

龜目酒尊，刻木作雲雷象。象施不窮也。从木畾聲。魯回切

罍 櫑或 从缶

䍽 櫑或 从皿

櫑 籀文

今經典从或體作罍。詩周南卷耳「我姑酌彼金罍」。小雅蓼莪「缾之罄矣，維罍之恥」。說文缶部「缾，䍃也」「䍃，汲缾也」。易井卦卦辭「汔至，亦未繘井，羸其缾，凶」。缾是汲水用之缾，罍是酒尊。缾大罍小也。

櫎

所以几器。从木廣聲。一曰帷屏風之屬。（段無「風之」二字）臣鉉等曰：今俗作幌，非是。胡廣切（音侊）

「几」，桯氏以為當作「丌」。十四上部目「几，尻几也。象形」。五上部目「丌，下基也。荐物之丌。象形」。又「帷屏屬」即「帷櫎」。

㮂

舉食者。（段「舉」上有「所吕」二字）从木具聲。（音曲）俱燭切

詩秦風權輿「於我乎夏屋渠渠，今也每食無餘。」箋云「屋，具也。」屋當是㮂之叚借。

機

主發謂之機。从木幾聲。居衣切

本部「縢，機持經者」「杼，機之持緯者」則機之本義是織具。機之用主於發，故凡主發者皆謂之機。易繫傳「言行，君子之樞機，樞機之發，榮辱之主也。」人部「僟，精謹也，从人幾聲。明堂月令數將僟終。」巨衣切是僟謹、僟警、僟巧、僟變字。至「數將僟終」今礼記月令作幾。鄭注「幾，近也」是叚幾為僟。僟訓「近也」，又皀皀之為「庶僟」，今亦已作「庶幾」矣。丝部「幾，微也，殆也。从丝从戍。戍，兵守也。丝而兵守者危也。」居衣切凡「幾微」「幾密」與訓「危也」，皆作幾字為正。又㞢部「譏，訖也。訖事之樂也。从㞢幾聲。」渠稀切則是「終也」「盡也」之意。

核

蠻夷吕木皮為篋，狀如歛。（音斂）尊从木亥聲。古哀切（音該）

按此義古書未見，未知所本。經傳吕為「果核」「核實」字，讀「下革切」，乃覀部「覈」字之叚。本書覀部「覈，實也。攷事覀而

笮邀遮其辭得實曰覈。从覀敫。（音藥）聲。下革切」周礼地官大司徒「三曰丘陵，其動物宜羽物，其植物宜覈物。」鄭注「核物，李梅之屬。」鄭君已用借字矣。

杖

持也。从木丈聲。直兩切。臣鉉等曰：今俗別作仗，非是。

按杖訓「持也」，又皀皀之所持者亦為杖。論語微子「植其杖而芸」，新語輔政篇「夫居高者自處不可吕不安，履危者任杖不可吕不固。自處不安則墜，任杖不固則顛。」又崔瑗杖銘「乘危履險，非杖不行。年老力竭，非杖不強。諸蔗雖甘，猶不可杖。佞人說己，亦不可相。」

椎

擊也。齊謂之終葵。从木隹聲。直追切

徐鍇曰「終葵，椎之名也。」周礼攷工記玉人「大圭長三尺，杼上終葵首，天子服之。」鄭注「終葵，椎也，為椎於其杼上，明無所詘也。」

柄

柯也。从木丙聲。陂病切

棅

或从秉

本部「柯，斧柄也。从木可聲。」柄之本訓為柯，又引伸之為凡柄之偁。又柄所㠯持斧，因之又引伸為本也。易繫傳「謙，德之柄也。」虞注云「柄，本也。」

檃 栝

檃，栝也。从木，隱省聲。於謹切

栝，檃也。从木昏聲。一曰矢栝，築（段改「築」為「檃」）弦處。古活切

檃栝二字互訓。檃或作隱栝，或借隱。尚書大傳子贛曰「檃栝之旁多曲木，良醫之門多疾人，砥厲之旁多頑鈍。」荀子大略「大山之木，示諸檃栝。」注云「檃栝，矯揉木之器也。」性惡「故枸木必將待檃栝烝矯然後直。」注云「檃栝，正曲木之木也。」又「矢栝築弦處」，段氏改築為「檃」，云「檃栝者，弦可隱其閒也。」桂氏云「築當為𥳑，春秋決獄，弩𥳑機郭，弦軸異處。韻會𥳑，𥳑弩牙也。」王氏云「廣韻字作筈，云箭筈受弦處。依此而改築為受，庶可通也。」按作受佀較洽。又按「栝」今俗書作「括」，則與訓「炊竈木」之「栝」混矣。本部「𣏐，炊竈木。从木舌聲。他念切（音忝）」

棊

博（段作「簙」）棊。从木其聲。渠之切

竹部「簙，局戲也。六箸十二棊也。从竹博聲。」廾部「弈，圍棊也。从廾亦聲。」

臬

射準的也（段作「埻的」是）。从木从自。（段作「自聲」）李陽冰曰「自非聲，从劓省。」五結切（音聶）

本書無的，日部「旳，明也。从日勺聲。都歷切」土部「埻，射臬也。从土𦎧聲。讀若準。之允切」臬又引伸之為「標準」「法度」「至極」之偁。經傳或作「槷」，或作「藝」，皆臬之借字。周礼考工記匠人「置槷㠯縣，眂㠯景。」鄭注云「槷，古文臬叚借字。」小爾雅廣器「射有張布謂之侯，侯中者謂之鵠，鵠中者謂之正，正中者謂之槷。」本部「槷，木相摩也。从木埶聲。魚祭切」左傳文公六年「古之王者知命之不長，是㠯竝建聖哲，樹之風聲，分之采物，著之話言，為之律度，陳之藝極，予之法制，告之訓典，教之防利，委之常秩，道之㠯礼則，使無失其土宜，眾隸賴之，而後即命。」杜注「藝，準也。極，中也。」鄭書無藝，本止作埶。丮部「埶，種也。从坴丮聲。魚祭切」又𨸏部隉下說解「賈侍中說：隉，法度也。」是段隉為臬。隉之本訓是「危也」。又莊子應帝王「汝又何帛㠯治天下感予之心為。」釋文云「帛，徐音藝，又魚例反，司馬云法也。」則亦是臬字傳寫之誤也。「魚例」當為「魚列」。又李陽冰㠯為「自非聲，从劓省」，桂氏曰「此臆說也。自，

枹

鼻也。今謂鼻為準頭是也。」

枹 擊鼓杖也。从木包聲。甫無切（音孚）

經傳或作桴。後漢書第五種傳「桴鼓不鳴」注云「桴，擊鼓杖也」又今云「捷如桴鼓」意謂「如響應聲」桴亦當作枹。木部「桴，棟名。从木孚聲。附柔切（音浮）」是棟名，與枹音義迥異。古籍亦假桴為泭。論語公冶長「子曰道不行，乘桴浮於海」馬注云「桴，編竹木也。大者曰筏，小者曰桴」字當作泭。水部「泭，編木以渡也。从水付聲。芳無切（音孚）」

槧

槧 牘樸也。从木斬聲。自琰切

徐鍇曰「牘，樸謂始削麤樸也」本部「樸，素也」片部「牘，書版也」槧者蓋書版之素未書者。釋名「槧，版之長三尺者也。其小者則曰札，曰牒」

札

札 牒也。从木乙聲。側八切

片部「牒，札也」二字互訓

檄

檄 二尺（段作「尺二」）書。从木敫聲。胡狄切

釋名「檄，激也。下官所以激迎其上之書文也」（激疑為邀）一切經音義「檄書者，所以罪責當伐者也」後漢書光武紀王郎移檄注引說文「檄，以木簡為書，長尺二寸，謂之檄，以徵召也」則檄者所以徵召、徵迎、罪責之書。

榷

榷 水上橫木，所以渡者也。从木隺聲。江岳切

手部「搉，敲擊也。从手隺聲。苦角切」凡言「商榷」有推敲意，當从手作搉。

𣘌

𣘌 船總名。从木叜聲。臣鉉等曰今俗別作艘，非是。穌遭切（平聲）

漢書溝洫志「漕船五百𣘌」注云「一船為一𣘌」

采

采 捋取也。从木从爪。（愍作「从爪木」）倉宰切

說文無彩採字，本止作采。采字从爪木，與从爪禾之𥝢字異。禾部「𥝢，禾成秀也，人所以收。从爪禾」或體作穗。又采字又與釆字形近。二上部目「釆，辨別也，象獸指爪分別也」今書作采

橫

橫 闌木也。从木黃聲。戶盲切

門部「闌，門遮也」「閑，闌也」。古籍或以衡為橫，詩陳風衡門「衡門之下，可以棲遲」，傳云「衡門，橫木為門」。橫之本義為闌木，又引申之為縱橫字，又去聲讀，宦以為非理橫行之稱。

柧

柧 棱也。从木瓜聲。古胡切 又柧棱，殿堂上最高之處也。

柧棱二字互訓，柧是棱角峭厲之意。今經典通作觚。論語雍也，子曰「觚不觚，觚哉觚哉」，朱子曰「觚，棱也」。史記酷吏列傳序「漢興，破觚而為圜」，集解引漢書音義云「觚，方」。索隱引應劭云「觚，八棱有隅者」。急就章「急就奇觚與眾異」，顏師古注「觚者棱也」。徐鍇說文通釋云「觚，八棱木，於其上學書」。觚皆是柧之假。服虔通俗文「木四方為棱，八棱為柧」。本書角部「觚，鄉飲酒之爵也。一曰觴受三升者謂之觚。从角瓜聲。古乎切」

棱

棱 柧也。从木夌聲。魯登切

今經典作稜，俗或作楞，說文無。

梡 棞

梡 棞木薪也。从木完聲。胡本切（音混）

棞 梡木未析也。从木圂聲。胡昆切

句讀曰「薪必析而後爨，而梡棞則根幹盤迆，不能順其理而析之也，故就頑曰棞頭也，亦以其駑鈍而命之」。左文十八年傳杜注「檮杌，凶頑無儔匹之貌」，亦與此義近。按王氏以頑為「凶頑」「頑鈍」字，未是。「凶頑」「頑鈍」字本當作虤。本書五上部目「虤，虎怒也。从二虎。五閑切」

⿰木亙

⿰木亙 竟也。从木恆聲。古鄧切

亙 古文⿰木亙

古籍或借緪為⿰木亙。班固答賓戲「緪以年歲」，如淳注「緪音亙竟之亙」。方言「緪，竟也。秦晉曰緪，或曰竟」。糸部「緪，大索也。一曰急也。从糸恆聲。古恆切」。又二部「恆，常也。从心从舟，在二之閒上下，一心以舟施行也。胡登切」。今書作恆，又⿰木亙竟字今多用或體，段注云「舟在二之閒，絕流而竟，會意也」。今書作亙，易與亘回字混。亘字本作𠄢，二部「𠄢，求亘也。从二从囘。囘，古文回，象亘回形。上下，所求物也。須緣切」

械

桎梏也.从木戒聲.一曰器之總名.(段「器」上有「械」字.)一曰持也.(段作「械,治也.」)一曰有盛為械,無盛為器.(段作「有所盛曰器,無所盛曰械.」)胡戒切

按「持也」段本依李善長笛賦注引作「治也」是.作「持」恐是後人避唐諱改.又詩小雅車攻序「脩車馬,備器械」釋文引說文「無所盛曰械」.公羊傳莊公三十二年「俄而牙弒械成」何休注「有攻守之器曰械」.史記律書「其於兵械尤所重」正義云「內成曰器,外成曰械.械謂弓矢殳矛戈戟」.是說文古本當作「有所盛曰器,無所盛曰械」.段改是也.

槨 椁

葬有木𩫏也.从木𩫏聲.(段作「从木𩫏,𩫏亦聲」)古博切

白虎通崩薨篇「槨之為言廓,所以辟土,無令迫棺也.」槨隸變作椁.按五下部目「𩫏,度也.民所度居也.从回,象城𩫏之重,兩亭相對也.或但从口.」古博切 故槨𩫏並以為聲.今从享,乃亯享字,篆作亯或亯.五下部目「亯,獻也.从高省,曰象進孰物形.」許兩切,又普庚切,又許庚切 與「古博切」不諧.又丮部「𩰫,食飪也.从丮𦎧聲.」殊六切 亯部「𦎧,孰也.从亯羊.」常倫切 𦎧𩰫變聲,今𦎧𩰫隸變作孰,亦从享,失其聲矣.

梟

(段改篆作梟)不孝鳥也.日至捕梟磔之.(段「日」上有「故」字.)从鳥頭在木上.(段無「頭」字.)古堯切

按改篆作梟而說解刪「頭」字,未是.蓋鳥在木上,無以見磔義也.又「不孝鳥」者,詩邶風旄丘「瑣兮尾兮,流離之子」陸疏「流離,梟也.自關而西謂梟為流離.其子適長大,還食其母,故張奐云鶹鷅食母.許慎曰梟不孝鳥是也.」呂氏春秋分職篇「譬白公之嗇,若梟之愛其子也」注云「梟愛養其子,子長而食其母也.」「日至」兼冬至夏至言.或偁至日,左傳偁日長至,則單指冬至.又此不孝鳥之梟,與訓「寧鴂」之鴞異,詳鳥部鴞下.至梟作「梟首」,則是県字之叚.本書九上部目「県,到首也.賈侍中說此斷首到縣県字.」古堯切

棐

輔也.从木非聲.(音斐)敷尾切

爾雅釋詁「弼、棐、輔、比,俌也.」書呂刑「率乂于民棐彝」傳云「循道以治於民,輔成常教.」又洛誥「聽朕教汝于棐民彝」傳云「聽我教汝於輔民之常而用之.」

閑

止也.从木从門.侯艱切

王筠繫傳校錄云「東閑字各本無之，汲古刻改本乃有之，據此知未於大徐本，亦未見宋刻也」按此字門部重出，門部「閑，闌也，从門中有木，戶閒切」

東

東 動也，从木，官溥說，从日在木中，凡東之屬皆从東，得紅切（六二）

𣗥

𣗥 二東，曹从此，闕。

「闕」者謂此字音義俱闕，大徐此下不著切音，本書曰部「曹，獄之兩曹也，在廷東，从𣗥，治事者从曰，昨牢切」俞曲園以為「曹字从𣗥从曰會意，𣗥卽東也，籀文多緟複之體，如敗之為贁，牆之為𤖨，皆是也，曹从東而作𣗥，乃籀體緐重之故……然則𣗥字可刪，而東部更無它字，則亦可不立，宜改歸木部，與杲杳相次，杲日在木上，杳日在木下，東日在木中，三字正同意也」

林

林 平土有叢木曰林，从二木，凡林之屬皆从林，力尋切（六二）

𣞤

𣞤 豐也，从林奭，奭（依段補）或說規模字，从大卌，卌（依段補）數之積也，林者木之多也，卌（段作𣞤）與庶同意，商書曰：庶艸緐𣞤，文甫切

按「奭」或說規模字，然模下無此重文，故說解特釋之曰「从大卌，卌數之積也」，又本書無卌篆，段注云「漢石經論語年卌見惡焉，是卌為四十幷，猶廿為二十幷，卅為三十幷也，其音則廣韻先立切，四十之合聲，猶廿讀入，卅讀颯也」，廣韻引說文云數名，卽此，「卌與庶同意」者，俞曲園曰「广部庶，屋下衆也，从广炗，炗古文光字，然則庶从炗，非从廿，與𣞤之从卌者何涉乎，竊疑古本說文𣞤篆下當有重文作𤏡者，其字蓋从二炗，故云與庶同意，今本或有奪誤耳」又「商書曰庶艸緐𣞤」今周書洪範「庶艸蕃廡」作廡，古籍或作蕪，或作無，皆借字，广部「廡，堂下周屋，从广𣞤聲，文甫切」是堂廡字，艸部「蕪，薉也，从艸𣞤聲，武扶切」是蕪薉字，亾部「無，亾也，从亾𣞤聲，武扶切」則是虛無字。

鬱

鬱 木叢生者，（段無「生」字）从林，鬱省聲，迂弗切

詩秦風晨風「鴥彼晨風，欝彼北林」，傳云「欝，積也」，正義云「欝積而茂盛」，此欝茂字，古籍或段作欝，欝結不伸之意。按欝結字當作鬱。鬯部「鬱，芳艸也，十葉為貫，百廿貫築以煮之為鬱，从臼冖缶鬯，彡其飾也。一曰鬱鬯，百艸之華，遠方鬱人所貢芳艸，合釀之以降神。鬱，今鬱林郡也」，迂勿切。孟子萬章「欝陶思君爾」，朱子注「欝陶，思之甚而氣不得伸也」。楚辭惜誦「心欝邑余侘傺兮」，注云「愁皃」，欝並當作鬱。

楚

叢木，一名荊也。从林疋聲。創舉切

艸部「荊，楚木也」，戴侗曰「楚，荊也。楚地多產此，故以名國。荊楚一物，故楚國亦謂之荊。以荊為朴，所謂夏楚也」。書舜典「朴作教刑」，鄭注「朴，檟楚也」，禮學記「檟楚二物，收其威也」。又引申之為痛楚之義。

棽

木枝條棽儷皃。从林今聲。丑林切

人部「儷，棽儷也。从人麗聲」，呂支切。「棽儷」謂枝條密茂如車蓋，又引申之為有所庇蔭之備，又以其枝枝相對，葉葉相當，故亦以為伉儷。

楙

木盛也。从林矛聲。莫候切

艸部「茂，艸豐盛。从艸戊聲」，莫候切。楙與茂音義同，惟艸木之分耳。爾雅釋木「楙，木瓜」，則專為木名，是又一義。漢書食貨志「楙遷有無」，注云「楙，勉也」，是師古以為懋字之段。按懋實借為貿易字。心部「懋，勉也。从心楙聲。虞書曰：惟時懋哉」，莫候切。貝部「貿，易財也。从貝丣聲」，莫候切。

棼

複屋棟也。从林分聲。符分切

「複屋」，鄭玄注考工記之重屋。木部「檼，棼也」，竹部「笮，迫也。在瓦之下，棼上」。「棼」與「檼」同是複屋之棟。左傳借為紛亂之義。隱公四年「（眾仲對隱公）曰：臣聞以德和民，不聞以亂。以亂，猶治絲而棼之也」。釋文「棼，亂也」。

森

木多皃。从林从木。讀若曾參之參。所今切

梵　新附

出自西域釋書，未詳意義。扶泛切

華嚴經音義引葛洪字苑「梵，淨行也」。

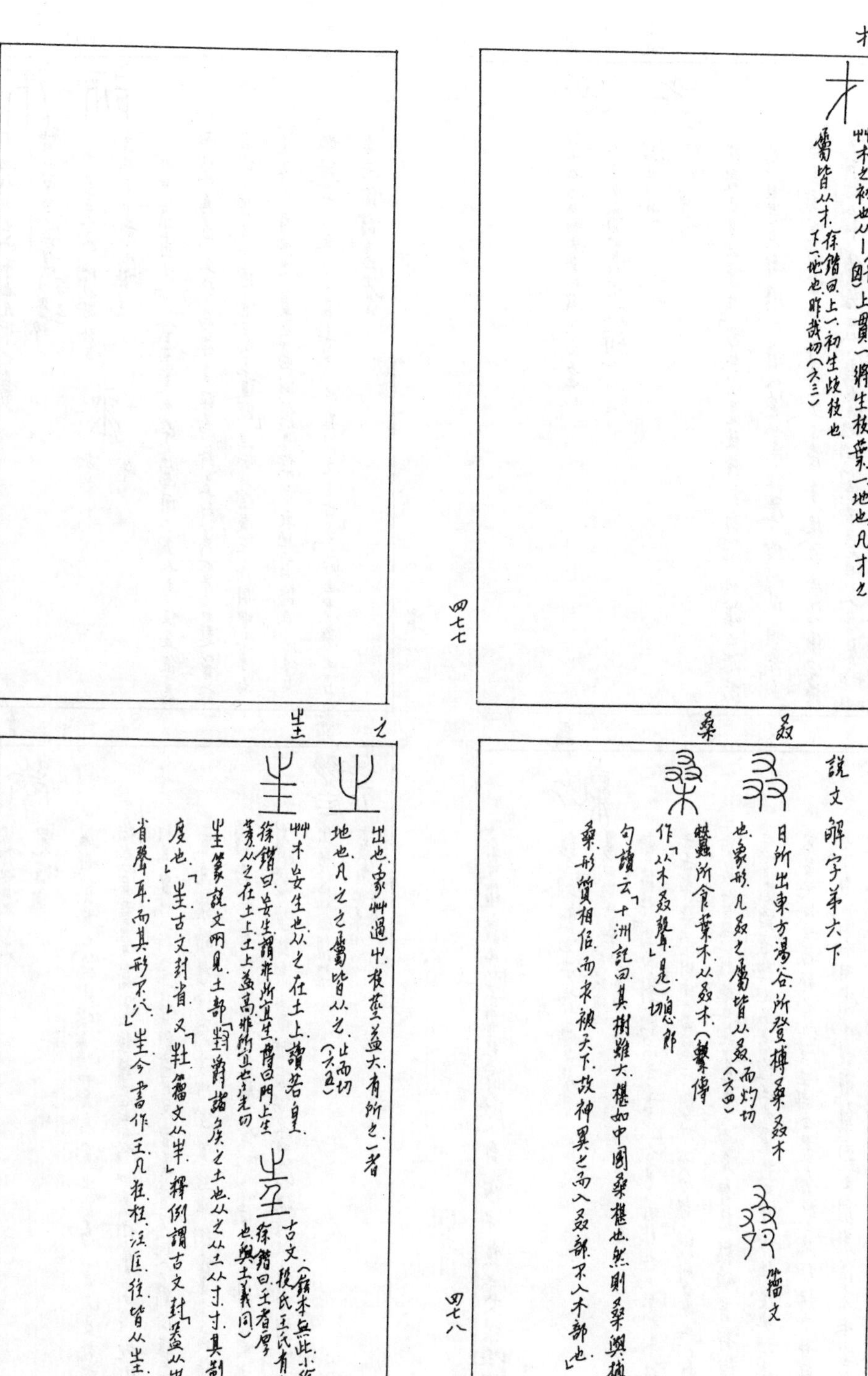

才

艸木之初也。从丨（音袞）上貫一，將生枝葉；一，地也。凡才之屬皆从才。徐鍇曰：上一，初生岐枝也；下一，地也。昨哉切（六三）

說文解字第六下

叒

日所出東方湯谷，所登榑桑，叒木也。象形。凡叒之屬皆从叒。而灼切（六四）

籀文

桑

蠶所食葉木。从叒木。（繫傳作「从木叒聲」是）息郎切

句讀云：「十洲記曰：其樹雖大，椹如中國桑椹也。然則桑與榑桑，形質相似，而衣被天下，故神異之而入叒部，不入木部也。」

之

出也。象艸過屮，枝莖益大，有所之。一者，地也。凡之之屬皆从之。止而切（六五）

㞷

艸木妄生也。从之在土上。讀若皇。徐鍇曰：妄生謂非所宜生。傳曰：門上生莠。从之在土上，土上益高，非所宜也。戶光切

古文。（鍇本無此。小徐段氏王氏有之。徐鍇曰：王者厚也，與土義同）

㞷篆說文明見土部「封」：爵諸侯之土也。从之从土从寸；寸，其制度也。「㞷，古文封省」，又「𡊅，籀文从丰」。釋例謂古文封「蓋从丰省聲耳，而其形不八」。㞷今書作王，凡狂、枉、汪、匡、往皆从㞷。

帀

帀 周也。从反之而帀也。凡帀之屬皆从帀。周盛說。子荅切（七五）

師

師 二千五百人為師。从帀从𠂤。𠂤四帀，眾意也。疎夷切

𠦪 古文師

周礼地官小司徒「乃會萬民之卒伍而用之。五人為伍，五伍為兩，四兩為卒，五卒為旅，五旅為師，五師為軍，以起軍旅，以作田役，以比追胥，以令貢賦」注云「此皆先王所因農事而定軍令者也」。又引申之為師傅之偁，周礼地官師氏「掌以媺詔王」注云「告王以善道也」。礼記文王世子「師也者，教之以事而諭諸德者也」。

出

出 進也。象艸木益滋，上出達也。凡出之屬皆从出。尺律切（七五）

敖

敖 游也。从出从放。五牢切

放部已見此重出。「游也」，游是段借㫃部「游，旌旗之流也，从㫃汓聲」。辵部「遊，行。遊，徑也。从辵斿聲」，詩邶風柏舟「以敖以遊」。敖遊字當作遨，又古籍多段敖為傲，傲字讀五到切。人部「傲，倨也。从人敖聲。五到切」「倨，不遜也。从人居聲。居御切」

賣

賣 出物貨也。从出从買。莫邂切

貝部「買，市也。从网貝。莫蟹切」四貝為買，出物為賣。又貝部「𧶠，衒也。从貝𡿺聲。𡿺，古文睦，讀若育。余六切」是衒𧶠字。行部「衒，行且賣也。从行言」。𧶠與𧶠文音義皆不同，今則同變作賣。凡讀、牘、犢、瀆、贖字皆从𧶠，經典衒𧶠字或借價為之。人部「價，賣也。从人𧶠聲。余六切」音義亦同。古籍亦段鬻為𧶠。𩰲部「鬻，鍵也。从𩰲米聲。武悲切」俗又省作粥，之六切。

糶

糶 出穀也。从出从糶，糶亦聲。他弔切（音眺）

米部「糶，穀也。从米翟聲。他弔切」入部「糴，市穀也。从入从糴。徒歷切」

𣥺

𣥺 槷𣥺，不安也。从出臬聲。易曰「槷𣥺」。五結切（音聶）

槷（音勢）

繫傳作「易曰劓𣥺，困于赤紱」。今易困卦九五「劓刖，困于赤紱」，上六「困于葛藟，于臲卼」。按刀部「劓，刑鼻也」「劓，劓或从鼻」「刖，絕也」，無不安義。危部無臲卼，𨸏部「隉，危也。从𨸏从毀省。徐巡以為隉，凶也。賈侍中說隉，法度也。班固說不安也。周書曰邦之阢隉。五結切」今書秦誓阢作杌，木部無杌。又木部「槷，木相摩也」，說解「槷𣥺」之槷是借字，本當作

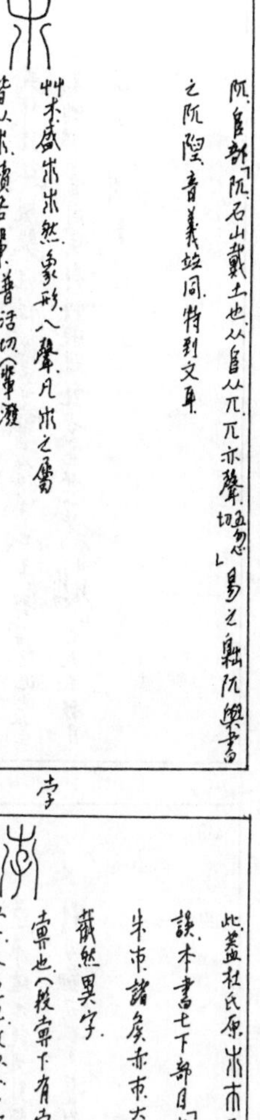

阮，𨸏部「阮，石山戴土也。从𨸏从兀，兀亦聲。五忽切」易之臲阮，樂書之阮隉，音義竝同，特别文耳。

朮　（古）　𣡌

艸木盛朮朮然。象形，八聲。凡朮之屬皆从朮。讀若輩。普活切（輩瀫沛三音。六五）

艸木𣡌孛之皃。从朮畀聲。于貴切（音胃）

六書故引易曰「拔茅茹以其𣡌」，今易泰卦初九「拔茅茹以其彙」。按古作彙，釋文云「彙，古文作𩏂」，謂𩏂是𣡌之異字，故本書𢾜部「彙，蟲，似豪豬者。从𢾜，胃省聲。于貴切」。犬部「類，種類相似，唯犬為甚。从犬頪聲」。易之「拔茅茹以其彙」，當是類字之假，以類相從也。又今人偁「字彙」，亦當作類。力遂切」，亦可作「字𣡌」，于貴切。絕不可讀「胡罪切」，為匯也。

索

艸有莖葉，可作繩索。从朮糸。杜林說：朮亦朱市字。蘇各切

凡「繩索」「蕭索」「落索」「離羣索居」，皆以此為正字。經傳多段索為⿱宀索。宀部「⿱宀索，入家搜也。从宀索聲。所責切」見「⿱宀索取」「搜⿱宀索」「⿱宀索引」「探⿱宀索」字。易繫傳「探賾⿱宀索隱，鉤深致遠」，⿱宀索當作索。又杜林說云云，疑原在部首朮下，誤奪於此。蓋杜氏原朮巿二字隸變竝作市，以為二字互通，其說殊誤。本書七下部首「巿，韠也。上古衣蔽前而已，市以象之。天子朱市，諸侯赤市，大夫葱衡。从巾，象連帶之形。分勿切」與朮截然異字。

孛

𣡌也（段𣡌下有孛字）。从朮，人色也。从子（段作「从朮从子，人色也，故从子」）。論語曰：色孛如也。蒲妹切

今論語鄉黨篇「色勃如也」，作勃。按孛勃並是借字，正字當作艴。本書力部「勃，排也。从力孛聲。蒲沒切」，色部「艴，色艴如也。从色弗聲。論語曰：色艴如也。蒲沒切」

𣎵

止也。从朮盛而一橫止之也。（指事）即里切

南

艸木至南方，有枝任（枒也，貿也）也。从朮，𢆉聲。那含切（𢆉，羊也。音荏）

古文

白虎通禮樂「南之為言任也，任養萬物」。「南方者，任養之方，萬物懷任也」。

生

進也。象艸木生出土上。凡生之屬皆从生。所庚切（六六）

丰

艸盛丰丰也。从生，丨上下達也。（依修竹園補）敷容切

又目錄為凡「丰盛」「丰滿」「丰采」之偁，經傳或段豐為之。豆上部目「豐，豆之豐滿者也。从豆，象形。一曰鄉飲酒有豐侯者。敷戎切」又丰俗書作丯，則與訓「艸蔡也」之丯字混矣。

隆

豐大也。从生，降聲。（徐鍇曰：生而不已，益高大也。）力中切

甤

艸木實甤甤也。从生，豨省聲。（段作「豕聲」）讀若綏。儒隹切

艸部「蕤，艸木華垂皃。从艸，甤聲。儒隹切」

甡

眾生並立之皃。从二生。詩曰：「甡甡其鹿。」所臻切（音詵）

詩大雅桑柔「瞻彼中林，甡甡其鹿。」傳云「甡甡，眾多也。」經傳或作「詵詵」「駪駪」「侁侁」「莘莘」，皆借字也。先部「兟，進也。从二先。所臻切」音同。先部「兟，兟兟，銳意也。从二先。子林切（音針）」又九下部目「屾，二山也。所臻切」音同甡。

乇

艸葉也。从垂𠂹，上貫一，下有根。象形。凡乇之屬皆从乇。陟格切（音責，指事，六六）

𠂹

艸木華葉𠂹。象形。凡𠂹之屬皆从𠂹。是為切（指事，六六）

古文

𠌶

艸木華也。从𠂹，亏聲。凡𠌶之屬皆从𠌶。況于切（音敷，今呼瓜切，六六）

𠌶或从艸从夸

韡

盛也。从𠌶，韋聲。詩曰：「萼（毛傳段本並作「咢」）不韡韡。」于鬼切（音葦）

按說文艸部無萼。今詩小雅常棣「常棣之𠌶，鄂不韡韡。」鄭箋「承𠌶者曰鄂。」小徐段氏作咢，並是借字。口部「咢，譁訟也。」邑部「鄂，江夏縣。」朱駿聲說文通訓定聲補遺、承培元說文引經證例並謂正字當作剽。承氏云「刀部剽，刀劍刃也。又目錄為凡物之垠剽，𠌶之鄂亦垠剽也。」

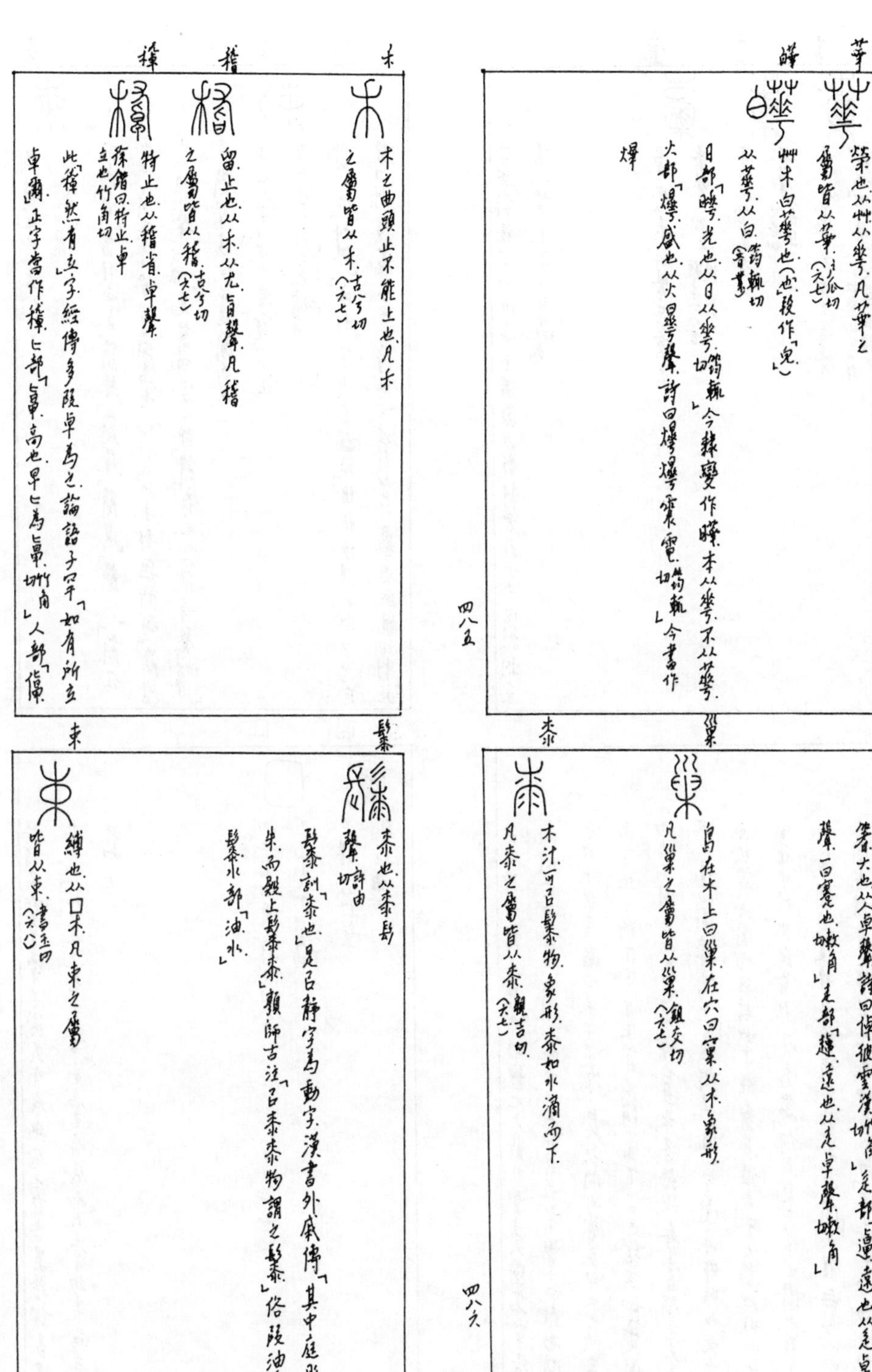

華

皣

華　榮也从艸从𠌶凡華之屬皆从華戶瓜切（六七）

皣　艸木白華也（也段作皃）从華从白筠輒切（音葉）

日部「曅」光也从日从𠌶筠輒切」今隸變作曄本从𠌶不从華

火部「𤏲」盛也从火曅聲詩曰𤏲𤏲震電筠輒切」今書作

燁

倬著大也从人卓聲詩曰倬彼雲漢竹角切」辵部「逴」遠也从辵卓聲一曰蹇也敕角切」走部「趠」遠也从走卓聲敕角切」

巢

巢　鳥在木上曰巢在穴曰窠从木象形凡巢之屬皆从巢鉏交切（六七）

桼

桼　木汁可目髤桼物象形桼如水滴而下凡桼之屬皆从桼親吉切（六七）

禾

稽

𥢶

禾　木之曲頭止不能上也凡禾之屬皆从禾古兮切（六七）

稽　留止也从禾从尤旨聲凡稽之屬皆从稽古兮切（六七）

𥢶　特止也从稽省卓聲徐鍇曰特止卓立也竹角切

此「𥢶」然有立字經傳多段卓為之論語子罕「如有所立卓爾」正字當作𥢶匕部「𠦝」高也早匕為𠦝竹角切」人部「倬」

髤

束

髤　桼也从桼髟聲許由切

髤桼訓「桼也」是目靜字為動字漢書外戚傳「其中庭彤朱而殿上髤桼」顏師古注「目桼桼物謂之髤桼」俗段油為髤桼水部「油水」

束　縛也从口木凡束之屬皆从束書玉切（六八）

柬

分別簡之也。从束八。八，分別也。古限切。

說解「簡」當作柬。凡「簡練」、「簡擇」、「簡選」、「簡少」、「簡在帝心」、「簡厥修」皆借簡為柬。俗作揀，手部無。竹部「簡，牒也。从竹閒聲。古限切」是簡冊字。心部「⿱簡心，存也。从心簡省聲。古限切」是簡察字。今亦段簡為之。

剌

戾也。从束从刀。刀者，（段「者」上有「束」字）剌之也。盧達切。

此「剌戾」、「剌謬」、「乖剌」字。周書謚法「愎很遂過曰剌。不思忘愛曰剌」。漢書武五子傳師古注引謚法「暴戾無親曰剌」。此字與刺殺字形近，每易混殽。刀部「刺，君殺大夫曰刺。刺，直傷也。从刀朿，朿亦聲。七賜切」。

𣠮

橐也。从束，圂聲。凡𣠮之屬皆从𣠮。胡本切（音混）

橐

囊也。从𣠮省，石聲。他各切（音託）

囊

橐也。从𣠮省，襄省聲。（段作「𧷢聲」是）。奴當切（音郎）

按諸家於橐、囊之小大，或有底無底之說各異。證諸易坤卦六四「括囊，无咎无譽」，則囊有底而大，橐幼長無底可知矣。

囗

回也。象回帀之形。凡囗之屬皆从囗。羽非切（音韋）

圜

天體也。从囗，睘聲。王權切

按天體者，謂道體，非形體也。大戴礼曾子天圓篇「單居離問於曾子曰：天圓而地方者，誠有之乎？曾子曰：離，而聞之云乎？單居離曰：弟子不察，以此敢問也。曾子曰：天之所生上首，地之所生下首。上首之謂圓，下首之謂方。如誠天圓而地方，則是四角之不揜也。且來，吾語汝。參嘗聞之夫子曰：天道曰圓，地道曰方」。盧辯注「道曰方圓耳，非形也」。文子自然篇「天圓而無端，故不能觀其形」。又「至大者無形，故天圓不中規」。呂氏春秋序意篇「何以說天道之圜也？精氣一上一下，圜周復襍，無所稽留，故曰天道圜」。天體無形，而曰天圜者，謂道之渾然耳。易坤文言曰：「坤至柔而動也剛

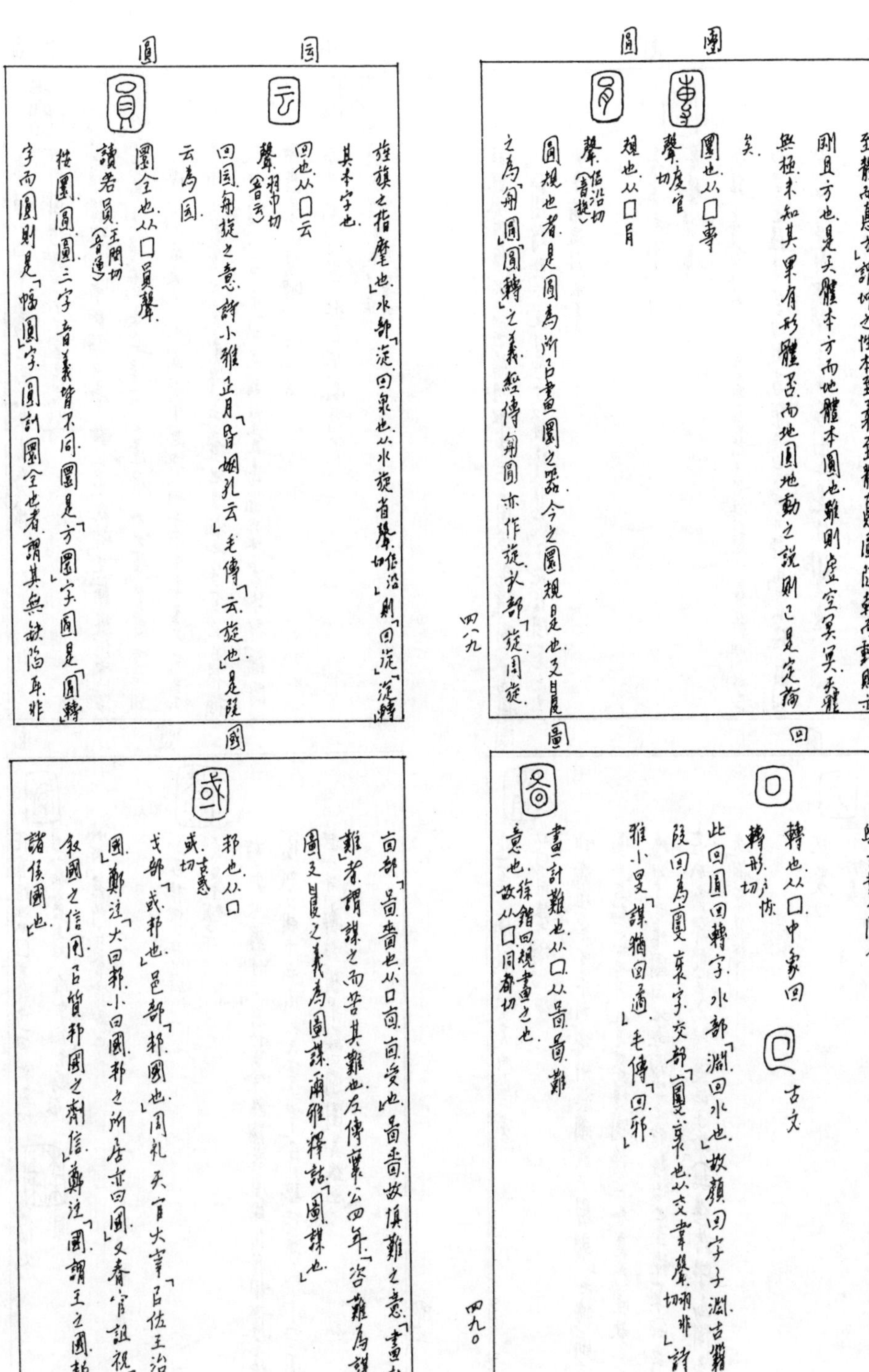

至靜而息方」謂坤之性本至柔至靜息圓隨乾而動則亦剛且方也是天體本方而地體本圓也雖則虛空冥冥天體無極未知其果有形體否而地圓地動之說則已是定論矣.

團

圜也从囗專聲 度官切

圓

規也从囗肙聲 似沿切（音旋）

圓規也者是圓為所以畫圓之器今之圓規是也又是圓之為「角圓」「圓轉」之義經傳角圓亦作旋 㫃部「旋周旋

旌旗之指麾也」水部「漩回泉也从水旋省聲 似沿切」則「回漩」「漩轉」其本字也.

囩

回也从囗云聲 羽巾切（音云）

回囩角旋之意詩小雅正月「昏姻孔云」毛傳「云旋也」是叚云為囩.

圓

圜全也从囗員聲 讀若員 王問切（音運）

按圜圓圓三字音義皆不同圜是「方圜」字圓是「圓轉」字而圓則是「幅圓」字圓訓圜全也者謂其無缺陷耳非與方對之圜也.

回

轉也从囗中象回 古文 戶恢切

此回圓回回轉字水部「淵回水也」故顏回字子淵古籍或叚回為[illegible] [illegible]字交部「[illegible] [illegible]也从交韋聲 羽非切」詩小雅小旻「謀猶回遹」毛傳「回邪」

圖

畫計難也从囗从啚啚難意也 徐鍇曰規畫之也 故从囗 同都切

啚部「啚嗇也从口㐭㐭受也」啚嗇故慎難之意「畫計難」者謂謀之而苦其難也左傳襄公四年「咨難為謀」故圖又是之義為圖謀爾雅釋詁「圖謀也」

國

邦也从囗或 古惑切

戈部「或邦也」邑部「邦國也」周礼天官大宰「以佐王治邦國」鄭注「大曰邦小曰國邦之所居亦曰國」又春官詛祝「以敘國之信用以質邦國之劑信」鄭注「國謂王之國邦國諸侯國也」

壼

宮中道。从囗，象宮垣之形，壼省聲。（依修竹園補）詩曰：室家之壼。苦本切

爾雅釋宮「宮中衖謂之壼」。詩大雅既醉「其類維何，室家之壼」。毛傳「壼，廣也」。室家之道廣，即大學「家齊而后國治，國治而后天下平」。及大雅思齊「刑于寡妻，至于兄弟，以御于邦家」之意。鄭箋云「壼之言梱也，室家先以相梱致，已乃及於天下」，則是謂段壼為梱也。本書木部「梱，門橛也，从木困聲，苦本切」。俗作閫。

囷

廩之圜者。从禾在囗中。圜謂之囷，方謂之京。去倫切（音坤）

詩魏風伐檀「不稼不穡，胡取禾三百囷兮」。毛傳「圓者為囷」。又「輪囷」謂堅木。及目昆之為肝膽相照。「子敬指囷」是魯叔事，喻疏財仗義。

圈

養畜之閑也。从囗，卷聲。渠篆切

校議「畜當作嘼」。文選求自試表注引作「養獸閑也」。獸即嘼之誤。本書田部「畜，田畜也」。嘼下部目「嘼，犍也」。門部「閑，闌也」。牛部「牢，閑，養牛馬圈也」。是牢圈互通。

囿

苑有垣也。从囗，有聲。一曰禽獸曰囿。（段「禽」上補「所以養」，是）于救切

籀文 囿

艸部「苑，所以養禽獸也」。

園

所以樹果也。从囗，袁聲。羽元切

詩鄭風將仲子「將仲子兮，無踰我園，無折我樹檀」。毛傳「園，所以樹木也」。周禮天官大宰「以九職任萬民……二曰園圃，毓艸木」。鄭注「樹果蓏曰圃，園，其樊也」。

圃

種菜曰圃。（段「種」上有「所以」二字）从囗，甫聲。博古切

詩齊風東方未明「折柳樊圃，狂夫瞿瞿」。毛傳「圃，菜園也」。又豳風七月「九月築場圃」。傳云「春夏為圃，秋冬為場」。箋云「場圃同地耳，物生之時，耕治之以種菜茹，至物盡成熟，築堅以為場」。論語子路「（樊遲）請學為圃」，馬融注「樹菜蔬曰圃」。

因

就也。从囗大。於真切

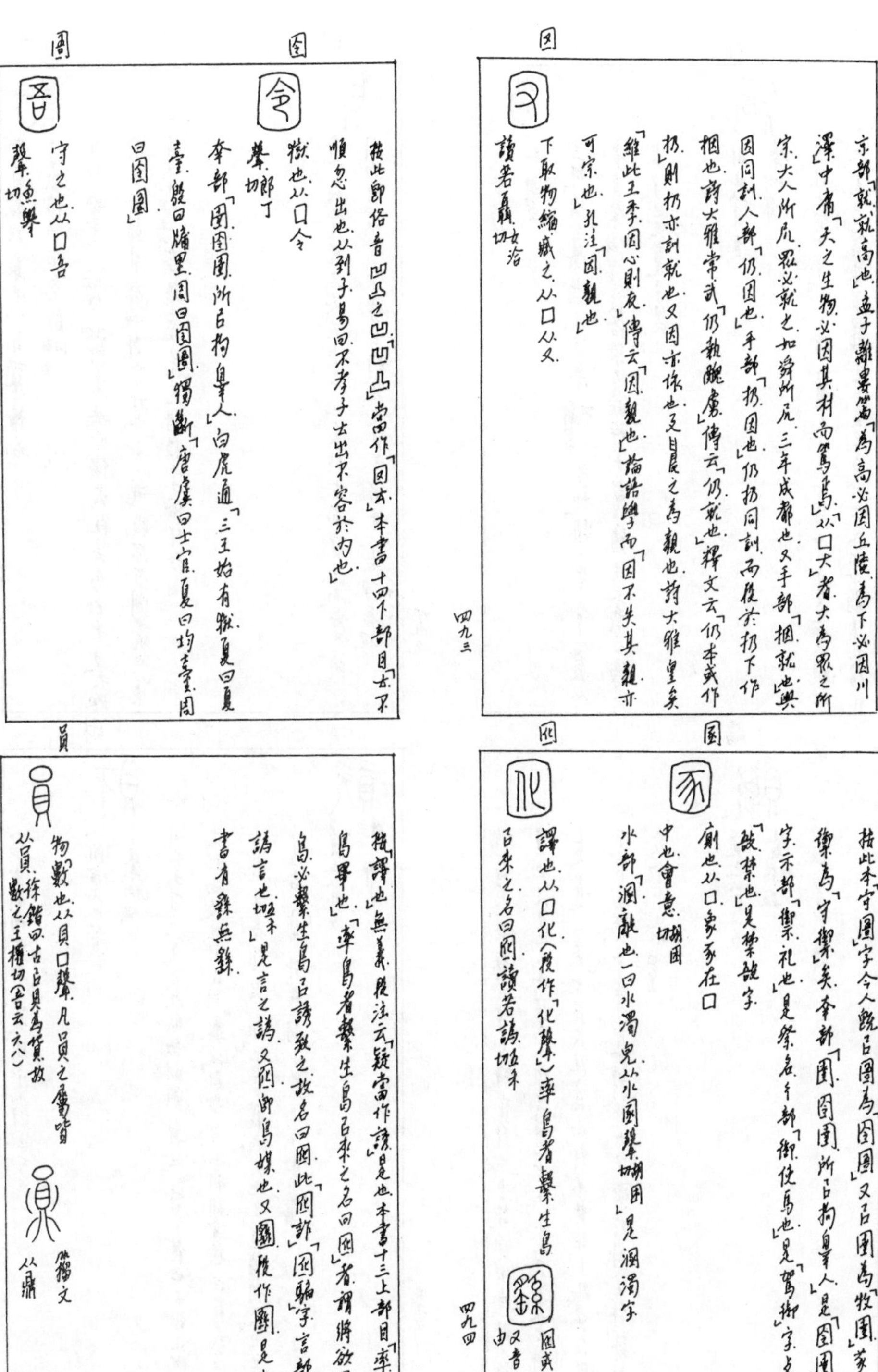

京部「就，就高也」孟子離婁篇「為高必因丘陵，為下必因川澤」中庸「天之生物，必因其材而篤焉」从口大者，大為衆之所宗，大人所凡，衆必就之，如舜所凡，三年成都也。又手部「捆，就也」與因同訓。人部「仍，因也」手部「扔，因也」仍扔同訓，而後於扔下作捆也。詩大雅常武「仍執醜虜」傳云「仍，就也」釋文云「仍，本或作扔」則扔亦訓就也。又因亦依也，又目晨之為親也。詩大雅皇矣「維此王季，因心則友」傳云「因，親也」論語學而「因不失其親，亦可宗也」孔注「因，親也」。

𡆨

下取物縮藏之，从口从又。

讀若聶。女洽切

按此即俗音凹凸之凹，「凹凸」當作「𡆨𠫓」。本書十四下部目「𠫓，不順忽出也，从到子。易曰：不孝子𠫓出，不容於內也」。

囹

獄也，从口令。

郎丁切

㚔部「圉，囹圄，所以拘罪人」白虎通「三王始有獄，夏曰夏臺，殷曰牖里，周曰囹圄」獨斷「唐虞曰士官，夏曰均臺，周曰囹圄」。

圄

守之也，从口吾。

魚舉切

按此本「守圄」字，今人既以圄為「囹圄」，又以圉為「牧圉」，遂假禦為「守禦」矣。㚔部「圉，囹圄，所以拘罪人」是「囹圉」正字。示部「禦，祀也」是祭名。彳部「御，使馬也」是駕御字。攴部「敔，禁也」是禁敔字。

圂

廁也，从口，象豕在口中也。會意。胡困切

水部「溷，亂也，一曰水濁皃，从水圂聲。胡困切」是溷濁字。

囮

譯也，从口化（段作「化聲」）。率鳥者繫生鳥以來之，名曰囮。讀若譌。五禾切

囮或从繇。又音由

按「譯也」無義，段注云「疑當作誘」是也。本書十三上部目「率，捕鳥畢也」，「率鳥者繫生鳥以來之，名曰囮」者，謂將欲畢鳥，必繫生鳥以誘致之，故名曰囮。此「囮」即「囮詐」「囮騙」字。言部「譌，譌言也。五禾切」是言之譌。又囮即鳥媒也。又圝後作圝是也。舊書有繇無繇。

員

物數也，从貝口聲。凡員之屬皆从員。徐鍇曰：古以貝為貨，故數之。王權切（音云 六八）

籀文从鼎

䝼

物數紛䝼亂也。从貝云聲。讀若春秋傳曰宋皇鄖。羽文切

此紛䝼本字，俗作紜。鄦書無。經傳或叚芸為之，老子「夫物芸芸，各歸其根」，艸部「芸，艸也」，耒部「⿰耒員，除苗閒穢也，从耒員聲，羽文切」「耘，⿰耒員或从芸」是耕耘字，俗作耘。

貝

海介蟲也。凥陸名猋，在水名蜬，象形。古者貨貝而寶龜，周而有泉，至秦廢貝行錢。凡貝之屬皆从貝。博蓋切（六八）

貞

貝聲也。从小貝。穌果切

玉部「瑣，玉聲也。从玉貞聲。蘇果切」麥部「⿰麥貞，小麥屑之覈。从麥貞聲。穌果切」按俗瑣屑細碎字當作貞，段玉裁已爲是。

貞字之引申未見。

賄

財也。从貝有聲。呼罪切

周礼天官大宰「以九職任萬民……六曰商賈，阜通貨賄」注「金玉曰貨，布帛曰賄」又引申之以財予人亦曰賄，儀礼聘礼「迎大夫賄用束紡」注云「賄，予人財之言也」。

財

人所寶也。从貝才聲。昨哉切

周礼天官大宰「以九賦斂財賄」鄭注「財，泉穀也」又礼記坊記「先財而後礼，則民利」鄭注「財，幣帛也。利，猶貪也」古籍或段財為裁，易泰卦象辭「后以財成天地之道，輔相天地之宜，以左右民」衣部「裁，制衣也。从衣𢦏聲。昨哉切」

資

貨也。从貝次聲。即夷切

詩大雅板「喪亂蔑資」毛傳「資，財也」本部「貨，財也」「財，人所寶也」又引申之為積也，人所以藉也。老子「善人，不善人之師；不善人，善人之資」古籍或段資為鑇，易巽卦上九「巽在牀下，喪其資斧」資斧謂利斧也，字當作鑇，金部「鑇，利也。从金齊聲。徂奚切」

贎

貨也。从貝萬聲。無販切

小販字當作贎。

賑

賑 富也。从貝辰聲。之忍切

手部「振，舉救也。从手辰聲。一曰奮也。章刃切」凡「振給」「振濟」字皆作振，俗作賑，誤。又手部「抿，給也。从手臣聲。一曰約也。章刃切」義略同振。

賁

賁 飾也。从貝卉聲。彼義切

易賁卦彖辭「山下有火，賁」，序卦「賁，飾也」，鄭注「賁，文飾之貌」。詩小雅白駒「皎皎白駒，賁然來思」，箋云「賁，黃白色也」。

經傳或叚作蕡，音墳。詩大雅靈臺「賁鼓維鏞」，毛傳「賁，大鼓也」。釋文「賁，符云反」。本書鼓部「鼖，大鼓謂之鼖……符分切」。又叚作奔，詩鄘風鶉之奔奔，左傳僖公五年引作賁。書立政「綴衣、虎賁」，傳云「綴衣，掌衣服；虎賁，以武力事王」。又周礼夏官虎賁氏，釋文賁音奔。說文夭部「奔，走也。从夭賁省聲。與走同意，俱从夭。博昆切」今隸變作奔。

貢

貢 獻功也。从貝工聲。古送切

此「貢獻」「進貢」字。周礼天官大宰「以八則治都鄙……五曰賦貢，以馭其用」，鄭注「貢，功也。九職之功所稅也」。又夏官職方氏「制其貢，各以其所有」。經傳多叚貢為賜也之贛。本部「贛，賜也。从貝，竷省聲。古送切」爾雅釋詁「賚、貢、錫、畀、予、貺，賜也」。貢是贛字之叚。又孔子弟子端木賜字子貢，亦當作贛。

賮

賮 會礼也。从貝𦘔聲。徐刃切

「會礼」者，謂以財貨為會合之礼也。俗作贐。孟子公孫丑「行者必以贐」，辭曰「遺贐」。火部「𦘔，火餘也。徐刃切」今俗作燼。皿部「𥁋，器中空也。从皿𦘔聲。慈刃切」今書作盡。血部「𧖴，氣液也。从血𦘔聲。將鄰切」是𧖴液字，經傳或叚津為之。水部「津，水渡也。从水𦘔聲。將鄰切」是津梁字。聿部「𦘔，聿飾也。从聿从彡。俗語以書好為𦘔。將鄰切」是𦘔好字，古籍亦叚津為之。

貸　貣

貸 施也。从貝代聲。他代切（音太）

貣 从人求物也。从貝弋聲。他得切（音忒）

以貸叚人為貸，从人求物為貣，今則通用貸，而貣不行矣。漢書司馬相如傳「從昆弟叚貣」，陳湯傳「家貧，匄貣無節，不為州里所稱」，猶用本字。

賂 遺也。从貝各聲。臣鉉等曰：當从路省乃得聲。洛故切

按大徐謂「當从路省乃得聲」，未是。路亦从各聲也。又賂本泛言遺贈，遺有公私褒正之不同，相沿既久，遂為賄賂之偁。左傳桓公二年「宋以郜大鼎賂公」，是眞賄賂矣。

賸 物相增加也。从貝朕聲。一曰送也，副也。以證切（本讀形去聲，今讀為剩。又朕本亦以證切，今直禁切）

人部「倂，送也。从人朕省聲。以證切」。賸訓「送也」，與倂音義同。爾雅釋言「賸，送也」。左傳成公八年「凡諸侯嫁女，同姓媵之」。女部無媵，本止作倂。本部「貳，副益也」，則副亦益也。賸訓副也，亦又具長之義。又今謂物餘為賸，亦又具長之義，俗作剩。說文無。

贛 賜也。从貝竷省聲。臣鉉等曰：竷非聲，未詳。古送切

籀文 贛

按竷讀「苦感切」，音轗，與贛「古送切」，聲之轉。大徐謂「竷非聲」，未是。

賚 賜也。从貝來聲。周書曰「賚尒秬鬯」。洛帶切

今尚書文侯之命「用賚爾秬鬯一卣」，尒作爾。又湯誓「予其大賚汝」，傳云「賚，與也」。爾雅釋詁「賚、貢、錫、畀、予、貺，賜也」。又「賚，予也」。

貤 重次弟物也。从貝也聲。以豉切（音異）

貤有「蔓延」「延及」之意。凡詩「施于中谷」（周南葛覃）「施于條枚」（大雅旱麓）「施于孫子」（大雅皇矣），漢書敍傳「奕世載熹，貤于子孫」，作貤是本字。作施，其叚借耳。㫃部「施，旗皃。从㫃也聲。式支切」。經傳亦叚施為䞂。攴部「䞂，敷也。从攴也聲。式支切」。是「䞂」，「布䞂」字。又叚施為暆。日部「暆，日行暆暆也。从日施聲。弋支切（音移）」。孟子離婁篇「施施從外來，驕其妻妾」，施當作暆。借義行而施之本義反晦矣。

贏 有餘賈利也。从貝𣎆聲。臣鉉等曰：當从𣎆省乃得聲。以成切

俗謂贏者輸之對。左傳昭公元年「賈而欲贏而惡囂乎」，杜注「言譬如商賈，求贏利者不得惡諠囂之聲」。又大徐謂「當从𣎆省乃得聲」。按𣎆讀「郎果切」，同非聲。然𣎆「从𣎆省聲」，而𣎆亦「𣎆聲」，讀「力為切」，亦非聲。疑𣎆當作「从貝𣎆」。

會意删聲字

賴

賴 贏也。从貝剌聲。洛帶切

漢書音義引說文作「利也」。史記高祖紀「始大人常以臣無賴」，集解引晉灼曰「許慎曰賴，利也。無利入於家也。或曰江淮之閒謂小兒多詐狡猾為無賴」。是古本訓利不訓贏。又國語晉語「君得其賴」，注「賴，利也」。戰國策衛策「為魏則善，為秦則不賴矣」，注「賴，利也」。亦訓賴為利也。

負

負 恃也。从人守貝，有所恃也。一曰受貸不償。房九切

詩小雅蓼莪「無父何怙，無母何恃」。韓詩「恃，負也」。「有所恃」又引申之為「自負」。又凡以背任物曰負。詩小雅小宛「螟蛉有子，蜾蠃負之」。因之凡背德忘義曰負。受貸不償亦曰負。又以凡戰敗必背走，故又以為勝負之偁。

貯

貯 積也。从貝宁聲。直呂切（音柱）

十四下部曰「宁，辨積物也。象形。（指事）直呂切」二字音義同，今字專用貯。

貳

貳 副益也。从貝弍聲。弍，古文二。而至切

副貳則不壹，又引申之為疑。貳猶疑之偁。

賒

賒 貰買也。从貝余聲。式車切

貰

貰 貸也。从貝世聲。神夜切（音舍）

受者曰賒，予者曰貰。賒是從人取物，日後乃付價。貰則先予人以物，日後乃取價也。

贅

贅 以物質錢。从敖貝。敖者猶放，貝當復取之也。（段「貝」上有「謂」字）之芮切（音祭）

「以物質錢」，猶今之抵押。漢書嚴助傳「賣爵贅子以接衣食」，如淳曰「淮南俗賣子與人作奴婢，名為贅子，三年不能贖，遂為奴婢」。此贅之本義。又引申之為贅婿。漢書賈誼傳「家貧子壯則出贅」，應劭曰「出作贅壻也」。顏師古曰「贅，質也。家貧無有聘財，以身為質也」。經傳或借為綴字。詩大雅桑柔「具贅卒荒」，傳云「贅，屬也」。莊子大宗師「彼以生為附贅縣疣」，成注「氣聚而生，譬疣贅附縣，非所樂」。又駢拇「附贅縣疣，出乎形哉，而侈於性」，集解「形既成而後附，故曰出乎形」。

質

本書叕部「綴，合著也，从叕从糸，陟衛切」，附著，猶綴合也。

以物相贅，从貝从斦（音銀）。闕（繫傳作「斦聲」）之日切（又知質切）

按「以物相贅」，贅當讀「知質切」，如左傳隱公三年「周鄭交質」是也。又因質必有物，故又叚之為質實之偁，論語「質勝文則野」，皇疏「質，實也」。又又叚為詰問之義，禮中庸「質諸鬼神而無疑」。

貿

易財也，从貝卯聲，莫候切

「易」當作「傷」。九下部曰「易，蜥易，蝘蜓，守宮也，象形。祕書說日月為易，象侌昜也（羊益切）」，人部「傷，輕也，从人易聲，一曰交傷（以豉切）」，是「輕傷」、「交傷」字，經傳或叚易或敡為傷。攴部「敡，侮也，从攴从易，易亦聲（以豉切）」，是慢敡字。

贖

貿也，从貝賣聲，殊六切

按「貿也」，當依玉篇作「質也」，作貿傳寫誤也。書舜典「金作贖刑」，傳云「出金以贖罪」。

責

求也，从貝朿聲，側革切

「求也」者，謂索求負家償物也。周禮天官小宰「以官府之八成經邦治……四曰聽稱責以傅別」，注引鄭司農曰「稱責謂貸予，傅別謂券書」，「稱責」即今之所謂舉債，人部無債字，新附有之。又「索求償物」，又叚之為責任。

賈

市也，从貝襾聲，一曰坐賣售也，公戶切

段注「市，買賣所之也，因之凡買凡賣皆曰市，賈者凡買賣之偁也……又叚之凡賣者之所得買者之所出皆曰賈，俗又別其字作價，別其音入禡韻，古無是也」。按賈之本義是商賈，作價者叚之義耳。

𧶠

行賈也，从貝商省聲，式陽切

此𧶠賈正字，經傳皆叚商為之。冏部「商，从外知內也，从冏章省聲，式陽切」，是商量制裁之謂。白虎通商賈篇「商之為言商也，商其遠近，度其有無，通四方之物，故謂之商也。賈之為言固也，固其有用之物，以待民來，以求其利者也。行曰商，止曰賈」。易曰「先王以至日閉關，商旅不行」，論語曰「沽之哉，沽之哉，我待賈者也」，商當作𧶠。

販

買賤賣貴者，从貝反聲，方願切

買

徐鍇曰「善販者旱則資舟水則資車人棄我取與常情反也」周禮地官司市「夕市夕時而市販夫販婦為主」注云「販夫販婦朝資夕賣」國語齊語「市賤鬻貴」戰國策趙策「良商不與人爭買賣之賈而謹司時時賤而買雖貴已賤矣時貴而賣雖賤已貴矣」

市也。从网貝。孟子曰「登壟斷而网市利。」莫蟹切

孟子公孫丑「古之為市也以其所有易其所無者有司者治之耳有賤丈夫焉必求龍斷而登之以左右望而网市利人皆以為賤故從而征之征商自此賤丈夫始矣」趙注「龍斷謂堁斷而高者也左右占視望市中有利罔羅而取之」

賤

賈(俗作價)少也。从貝戔聲。才線切

又引申之為卑微之偁。論語里仁「富與賤是人之所惡也不以其道得之不去也」皇疏「無位曰賤」

貶

損也。从貝从乏(段作「乏聲」)。方斂切

貶謂損其物賈。又引申之為凡貶退之偁。周禮秋官朝士「若邦凶荒札喪寇戎之故則令邦國都家縣鄙慮刑貶」鄭注「貶猶減也」公羊傳隱公二年「何以不氏貶」注云「貶猶損也」本書巢部「㽎(段作[illegible])傾覆也从寸臼覆之寸人手也臼(段補)从巢省杜林說以為貶損之貶方斂切」按杜林蓋謂段㽎為貶。貶乏二字音同義異也。

𧶠

衒也。从貝𦘔聲。𦘔，古文睦。讀若育。余六切

行部「衒行且賣也」經傳或段鬻為𧶠。孟子萬章上「或曰百里奚自鬻於秦養牲者五羊之皮食牛以要秦繆公信乎」注云「人言百里奚自賣五羖羊皮為人養食牛以是而要秦繆之相實然否」本書鬻部「鬻健也」是健鬻字俗作粥。而鬻以本字為𧶠。古籍又復以粥為𧶠。更譯。禮曲禮「君子雖貧不粥祭器」注云「粥賣也」又𧶠字隸變作賣與出部「賣出物貨也从出買」之賣字同。凡讀續犢覿等字皆从𧶠不从出買也。

物不賤也。从貝臾聲。臾，古文蕢。居胃切

艸部「蕢艸器也从艸貴聲求位切」「臾古文蕢象形論語曰有荷臾而過孔氏之門」今論語憲問「子擊磬於衛有荷蕢

而過孔氏之門者」作蕢。小徐本無「臾古文蕢」四字，而有「臾音
匱」。又集韻臾「求位切」音匱，又「容朱切」音余。今經傳臾通
讀余。中庸「道也者不可須臾離也」。

賏

頸飾也。从二
貝。烏莖切

嬰字从此。易損卦六五「或益之十朋之龜」，朋蓋是賏字之譌。

新附

貺

賜也。从貝兄
聲。許訪切

爾雅釋詁「賚貢錫畀予貺，賜也」。經傳或作況，水部「況，寒
水也。从水兄聲。許訪切」。

邑

國也。从口。先王之制，尊卑有大小，从卪。
凡邑之屬皆从邑。於汲切（六九）

邦

國也。从邑丰
聲。博江切

古文

周禮天官大宰「掌建邦之六典，以佐王治邦國」。注云「大曰邦，
小曰國，邦之所居亦曰國」。釋名釋州國「大曰邦。邦，封也。封有功於

是也」。經傳或段邦為封，書康誥序「以殷餘民邦康叔」，傳
云「國康叔為衛侯」。土部「封，爵諸侯之土也。从之从土从寸。寸
其制度也。公侯百里，伯七十里，子男五十里」。「㞷，古文封省」。「𡊨，
籀文从丰」。王氏釋例云「籀疑𡊨為古文，从土丰聲。㞷則遂
古文之丰於土上，而少一畫者，上下兩借也。封則又加寸耳。鄦說
四从之。小篆中之田，各之其土，亦容有不必然者矣。然則㽞字
蓋亦从丰省聲。丰聲與邦同，但易邑為田耳。即依各之其
土之說，則此亦各之其田，亦於邦義有合也」。

郡

周制，天子地方千里，分為百縣，縣有四郡。故春秋傳曰「上
大夫受郡」是也。（段作「上大夫受縣，下大夫受郡」是也）至秦
初置三十六郡以監其縣。（段「置」上有「天下」，無「其」字）从邑
君聲。渠運切

左傳哀公二年「晉趙鞅與鄭戰，誓眾曰：克敵者上大夫受
縣，下大夫受郡，士田十萬」。注云「周書作雒篇千里百縣，縣
有四郡」。釋名釋州國「郡，羣也，人所
羣聚也」。風俗通「至秦始皇初置三十六郡以監縣」。

鄰

五家為鄰。从邑
粦聲。力珍切

周禮地官遂人「五家為鄰，五鄰為里，四里為酇，五酇為鄙，
五鄙為縣，五縣為遂」。鄭注「鄰里酇鄙縣遂，猶郊內比

閭族黨州鄉也」釋名釋州國「五家為伍，以五為名也。又謂之鄰，鄰，連也，相接連也」又引申為親近之偁，論語里仁「德不孤必有鄰」又重言之為形容詞，詩秦風車鄰「有車鄰鄰」傳「鄰鄰，眾車聲也」列女傳衛靈夫人「夜坐聞車聲鄰鄰」漢書地理志引詩作轔，鄰書無轔字，新附有之，本止作鄰也。經傳或段作粦，列子天瑞「馬血之為粦也」本書炎部「粦，兵死及牛馬之血為粦，粦，鬼火也，从炎舛」又段作粼，俗作磷或粼，本書巜部「粼，水生厓石閒粼粼也，从巜粦聲」詩唐風揚之水「揚之水，白石粼粼」毛傳「粼粼，清澈也」釋文「本又作磷」周礼考工記輪人「輪雖敝不甐於鑿」注「鄭司農曰謂不動於鑿中也，玄謂甐亦敝也」又鮑人「察其線而藏則雖敝不甐」注「甐，或書作鄰，鄭司農曰鄰讀磨而不磷之磷，謂韋帶縫縷沒藏於韋帶中，則雖敝縷不傷也」論語陽貨「不曰堅乎，磨而不磷」集解集注並訓磷為「薄也」磷、甐，鄰書所無，並本作鄰，「不鄰」謂不動不敝不傷也。

酇

百家為酇。酇，聚也。从邑贊聲。南陽有酇縣。作管切，又作旦切

漢書地理志「南陽郡酇縣，侯國」孟康曰「音贊」師古曰「即蕭何所封」史記蕭相國世家「高祖以蕭何功最盛，封為酇侯」

集解引文穎曰「音贊」又引瓚曰「今南陽酇縣也」漢書蕭何傳「上以何功最盛，先封為酇侯」師古曰「酇屬南陽，或云何封沛郡酇縣，非也」漢書地理志南陽郡酇縣云「侯國」沛郡酇縣不云侯國，而應劭曰「音嵯」師古曰「此縣本為鄼，應音是也，中古以來借酇字為之耳，讀皆為鄼」則沛郡之酇本為鄼也。

鄙

五酇為鄙。从邑啚聲。兵美切

啚部「啚，嗇也。从口㐭。㐭，受也。方美切」啚是鄙啚陋字，經傳多段鄙為之。

郊

距國百里為郊。从邑交聲。古肴切

周礼春官肆師「與祝侯禳于畺及郊」鄭注「畺，五百里。遠郊百里，近郊五十里」本書冂下部目「冂，邑外謂之郊，郊外謂之野，野外謂之林，林外謂之冂」王者歲祭天於近郊五十里，因謂之郊祀。

邸

屬國舍。从邑氐聲。都礼切

漢書文帝紀「至邸而議之」顏注「郡國朝宿之舍在京師者，率名邸。邸，至也，言所歸至也」又引申之，今之旅舍亦為

邸師古謂「邸至也」則是借邸為氏本書十二下氏部目「氏至也从氏下著一一地也丁礼切」古籀或段邸為柢周礼春官典瑞「四圭有邸」注引爾雅曰「邸本也」今爾雅釋言「柢本也」作柢本書木部「柢木根也」根本同也

郭

𨛫

郭也（段作𩫏是）从邑享聲 古博切

郭郭字當作𩫏本書五下部目「𩫏度也民所度居也从回象城𩫏之重兩亭相對也」春秋文公十五年「齊侯侵我西鄙遂伐曹入其郛」公羊傳「郛者何恢郭也」何休注「恢大也郭城外大郭」郭當作𩫏本部「𨛫齊之郭氏虛善善而不能進惡惡而不能退是已亾國也」

郵

郵

境（段作竟是）上行書舍 从邑垂垂邊也 羽求切

按鄦書無境字新附有之邊境字本止作竟音部「竟樂曲盡為竟」「行書舍」者謂傳送文書所止處亦偁郵亭郵後世之驛館綬傳或段郵為訧詩小雅賓之初筵「是曰既醉不知其郵」箋云「郵過也」本書言部「訧辠也」

竆

竆

夏后時諸侯夷羿國也从邑窮（段作竆）省聲 渠弓切

按「夷羿國」之羿當作𢏚本書弓部「𢏚帝嚳䠶官夏少康滅之从弓幵聲論語曰𢏚善䠶 五計切」羽部「羿羽之羿風亦古諸侯也一曰䠶師从羽幵聲 五計切」左傳襄公四年「昔有夏之方衰也后羿（當作𢏚）自鉏遷于窮石因夏民以代夏政……少康滅浞于過……有窮由是而亾」是𢏚羿非一人論語憲問「羿善䠶」之羿是夏之后𢏚字當作𢏚夏之夷𢏚蓋帝嚳䠶官之裔也羿則是堯時䠶十日之羿詳羽部羽羿字又按本書無窮字穴部「竆極也从穴躳聲 渠弓切」呂部「躳身也从身从呂」「躬躳或从弓」則窮蓋亦竆之或體又竆窮本異字今則通作窮矣

鄚

鄚

周封黃帝之後於鄚也从邑契聲讀若薊上谷有鄚縣 古詣切

礼樂記「武王克殷及商未及下車而封黃帝之後於薊」釋文「薊音計今涿郡薊縣是也即燕國之都也孔安國司馬遷及鄭皆云燕國召公與周同姓」按黃帝姓姬君奭蓋其後也或黃帝之後封薊者滅絕而更封燕召公乎疑不能明也「上谷有鄚縣」者漢書地理志廣陽國有薊縣自注「故燕國召公所封」後漢書郡國志廣陽縣注「高帝置為燕國昭帝更名為郡世祖省并上谷永平八年復」鄦君據世祖省并言之也又按凡薊縣字本作鄚薊其借字耳艸部「薊芺也 古詣切」

郊

郊　周文王所封，在右扶風美陽中水鄉。从邑，支聲。巨支切

嶅　郊或从山，支聲。因岐山㠯名之。

𣏌　古文郊，从枝，从山。

按「文王」當是「大王」。漢書地理志右扶風美陽自注：「禹貢岐山在西北中水鄉，周大王所邑。」本部「酆，周文王所都，在京兆杜陵西南。从邑，豐聲。」又按郊字不見經傳，本止作岐。大王邑於岐山，因岐山㠯名邑，故亦从邑耳。又足部「跂，足多指也。从足，支聲。巨支切」又㠯跂為「跂路」「分跂」。經傳或段岐為之，俗作歧。止部無。

邠　豳

邠　周太王國，在右扶風美陽。从邑，分聲。補巾切

豳　美陽亭，郎豳也。民族㠯夜市。有豳山。从山，从豩。闕。（豩伯貧切，又呼關切）

按漢書地理志右扶風栒邑有豳鄉，後漢書郡國志同。鄭玄詩譜豳譜「豳者，后稷之曾孫也，公劉者，自邰而出所徙戎狄之地名，今屬右扶風栒邑。」漢書地理志「公劉處豳」，師古曰：「郎今豳州栒邑是。」左傳襄公二十九年「為之歌豳」，杜注「豳，周之舊國，在新平漆縣東北。」史記周本紀「公劉卒，子慶節立，國於豳」，集解引徐廣曰：「新平漆縣之東北有豳亭。」說解「在右扶風美陽」，「美陽」疑是「栒邑」之誤。「美陽亭」疑是「豳亭」之誤。桓譚新論「扶風邠亭，本太王所都，其民有會日，㠯相與夜中市，如不為期，則有重災咎。」說解云「民族㠯夜市」是也。又說解「郎豳也」，當作「邠」。邠、豳古今字。元和志開元十三年㠯豳與幽字相涉，詔曰：「魚魯變文，荊并誤聽，欲求辨惑，必也正名。」改為邠字。

郁

郁　右扶風郁夷。从邑，有聲。於六切

經傳或段郁為馘、或彧。論語八佾「周監於二代，郁郁乎文哉。」皇疏「郁，文章明著也。」字當作馘。本書有部「馘，有彣彰也。从有，戫聲。於六切」巛部「戫，水流也。从巛，或聲。于逼切」欠部「㰶，吹气也。从欠，或聲。於六切」是馘、㰶字。

鄠

鄠　右扶風縣名。从邑，雩聲。胡古切（音戶上聲）

鄠篆下有「扈，夏后同姓所封，戰於甘者。在鄠，有扈谷甘亭。从邑，戶聲。胡古切」據說文是縣名作鄠，國名作扈。然經傳則但作一字。書甘誓序「啟與有扈戰于甘之野，作甘誓。」傳曰：「甘，有扈郊地名。」釋文「扈，有扈，國名，京兆鄠縣，郎有扈之國也。」馬融曰：「有扈，姒姓之國。」漢書地理志右扶風「鄠，古國，有扈谷亭。扈，夏啟作伐。」

叩

京兆藍田鄉。从邑，口聲。苦后切（音叩）

鄦書無叩字。論語憲問「以杖叩其脛」，字當作攴部「敂，擊也。从攴句聲。讀若扣。苦候切」；手部「扣，牽馬也。从手口聲。丘后切」。又論語子罕「我叩其兩端而竭焉」，正字當作言部「訽，扣也。如求婦先訽叕之。从言从口，口亦聲。苦后切」。

⿱樊邑

京兆杜陵鄉。从邑，樊聲。附袁切

⿱樊邑是地名，古人以地為氏，是人姓之正字。今皆段樊為之。𠬜部「樊，鷙不行也。从𠬜从棥，棥亦聲。附袁切」是樊重字。古籍亦段作棥。爻部「棥，藩也。从爻从林。詩曰：營營青蠅，止于棥。附袁切」今詩小雅青蠅已作樊矣。艸部「藩，屏也。从艸潘聲。甫煩切」是屏藩字。頁部「煩，熱頭痛也。从頁从火。一曰焚省聲。附袁切」是煩躁字。糸部「緐，馬髦飾也。从糸每聲。附袁切」即今之繁字。

鄜

左馮翊縣。从邑，麃聲。甫無切（音孚）

今隸變作鄜。徐鍇云「疑當作鹿聲，譌為麃耳」。

⿰屠阝

左馮翊⿰屠阝陽亭（段作「部陽亭」）。同都切（音屠）

「⿰屠阝陽亭」段作「部陽亭」，注云「謂左馮翊部陽有⿰屠阝亭也」。王氏、朱氏並同。詩大雅韓奕「韓侯出祖，出宿于屠」，傳云「屠，地名也」。是段屠為⿰屠阝。尸部「屠，刳也。同都切」。

⿰祭阝

周邑也。从邑，祭聲。側介切（音債）

左傳僖公二十四年「凡蔣、邢、茅、胙、祭，周公之胤也」。祭即⿰祭阝字之段。凡姓氏如祭伯、祭公謀父、祭仲，皆當以⿰祭阝字為正。示部「祭，祭祀也。从示，以手持肉。子例切」。

郗

周邑也，在河內。从邑，希聲。丑脂切

左傳隱公十一年「王取鄔、劉、蔿、邘之田于鄭，而與鄭人蘇忿生之田：溫、原、絺、樊、隰郕、欑茅、向、盟、州、陘、隤、懷」。杜注「絺在野王縣西南」。漢書地理志、後漢書郡國志河內郡波縣有絺城。按絺正字皆當作郗。糸部「絺，細葛也。从糸希聲。丑脂切」。

俗字與郤同，誤作郄。

邶

故商邑。自河內朝歌以北是也。从邑，北聲。補妹切

𨛬

漢書地理志河内郡朝歌。師古曰「紂所都。周武王弟康叔所封。更名衛。」詩譜邶鄘衛譜「邶鄘衛者。商紂畿内方千里之地。武王伐紂。以其京師封紂子武庚為殷後。三分其地置三監。使管叔蔡叔霍叔尹而教之。自紂城而北謂之邶。南謂之鄘。東謂之衛。後三監導武庚反。成王殺武庚。伐三監。更於此三國建諸侯。封康叔於衛。使為之長。後世子孫稍并彼二國。混而名之。從其國本而異之為邶鄘衛之詩焉。」

殷諸侯國。在上黨東北。从邑𥝩聲。𥝩古文利。商書西伯戡𨛬。郎奚切

詩邶風式微序「式微。黎侯寓于衛。其臣勸以歸也。」漢書地理志上黨郡壺關縣。應劭曰「黎侯國也。今黎亭是。」書西伯戡黎孔傳「近王圻之諸侯。在上黨東北。」正義「黎國。漢之上黨郡壺關所治黎亭是也。」本書戈部「𢦌。殺也。从戈今聲。商書曰西伯既𢦌黎。口含切」皆段黎為𨛬。𨛬是本字。黎是借字。黍部「黎。履黏也。从黍𥝩省聲。郎奚切」尚書大傳史記周本紀並作耆。亦音近而譌。

邵

晉邑也。从邑召聲。寔照切

左傳襄公二十三年「齊侯伐晉。戍郫邵。」注云「取晉邑而守之。」凡地名與姓氏皆當作邵。今經典多作召。如「召南」「召公」「召伯」「召康公」「召忽」。然釋文皆載異本作邵。則古本固作邵也。口部「召。評也。直少切」又卩部「卲。高也。从卩召聲。寔照切」力部「劭。勉也。从力召聲。寔照切」義自不同。

郤

晉大夫叔虎邑也。从邑谷聲。綺戟切

古籍或段郤為隙。莊子養生主「批大郤。道大窾」成注「郤。閒郤交際之處。」俗作郄。誤。又此與从卩之卻異字。卩部「卻。節欲也。从卩谷聲。去約切」又卻字从谷。本書三上谷部「谷。口上阿也。从口上象其理。其虐切（音劇）」與山谷字不同。本書十一下谷部「谷。泉出通川為谷。从水半見出於口。古祿切」是山谷字。

⿱非邑

河東聞喜縣（段作鄉）。从邑非聲。薄回切

縣。廣韻作鄉。漢志河東郡有聞喜縣。廣韻⿱非邑注云「鄉名。在聞喜。」又裴注云「伯益之後封于⿱非邑鄉。因以為氏。後徙封解邑。乃去邑从衣。」通鑑漢紀三十五胡注引唐氏族志。五十四引姓譜。並同廣韻說。據去邑从衣之說。似傅會。

大抵姓氏之从邑者今字皆去邑矣．如鄦䣙䢽邵．字今作樊祭黎召之類是．本書衣部「裵．衣長皃．从衣非聲」（臣鉉等案漢書裵回同此今俗作徘徊非是薄回切）

郅

北地郁郅縣．从邑至聲．（之日切）（音質）

漢書地理志北地郡有郁郅縣．水經注謂之尉李．亦曰不容．疑是郁郅聲之譌．元和郡縣志「慶州弘化縣不容故城在焉．秦始皇時為北地．本漢郁郅縣」

鄦

炎帝太嶽之胤．甫侯所封．在潁川．从邑橆聲．讀若許．（虛呂切）

漢書地理志潁川郡許縣自注「故國．姜姓．四岳後．大叔所封」左傳隱公十一年「夫許．大岳之胤也」杜注「大岳．神農之後．堯四岳也」國語周語賈逵注「姜．炎帝之姓．其後變易．至于四岳．帝復賜之祖姓．以紹炎帝之後」以是知大嶽是炎帝之後．堯之四岳．鄦是其後也．「甫侯所封」者．詩大雅崧高「維嶽降神．生甫及申」傳云「堯之時．姜氏為四伯．掌四嶽之祀．述諸侯之職．於周則有甫有申有齊有許也」又王風揚之水「彼其之子．不與我戍甫」傳云「甫．諸姜也」「彼其之子．不與我戍許」傳云「許．諸姜也」書呂刑禮記引作甫刑．呂刑傳云「呂侯見命為天子司寇．後為甫侯．故或偁甫刑」凡許姓當以鄦為正字．然經傳已統作許矣．言部「許．聽也．从言午聲」（虛呂切）又鄦字橆聲．本書林部「橆．豐也．商書曰．庶艸繁橆」（文甫切）是橆字．今書洪範已作廡矣．廡見广部「廡．堂下周屋．从广橆聲」（文甫切）至有無字則當作𣠮．亡部「𣠮．亡也．从亡橆聲」（武扶切）「无．奇字𣠮」

郋

汝南邵陵里．从邑自聲．讀若奚．（胡雞切）

「邵」段作「召」．王氏亦謂「當作召．汝南召陵．郡．二志同」按漢書地理志汝南郡召陵．師古曰「即齊桓公伐楚次于召陵者也．召讀曰邵」則邵應是本字．經傳或作召耳．地名之从邑者．二志多同．適行字如「許」不作「鄦」．「黎」不用「䣙」是．

郢

故楚都．在南郡江陵北十里．从邑呈聲．（以整切）（音逞）

郢或省

漢書地理志南郡江陵縣自注「故楚郢都．楚文王自丹陽徙此」據史記楚世家周成王封熊繹於荊蠻．為楚子．居丹陽．楚文王自丹陽徙郢．頃襄王自郢徙陳．考烈王自陳徙壽春．命曰郢．桂氏引王觀國曰「楚既屢徙至壽春．則去郢遠矣．

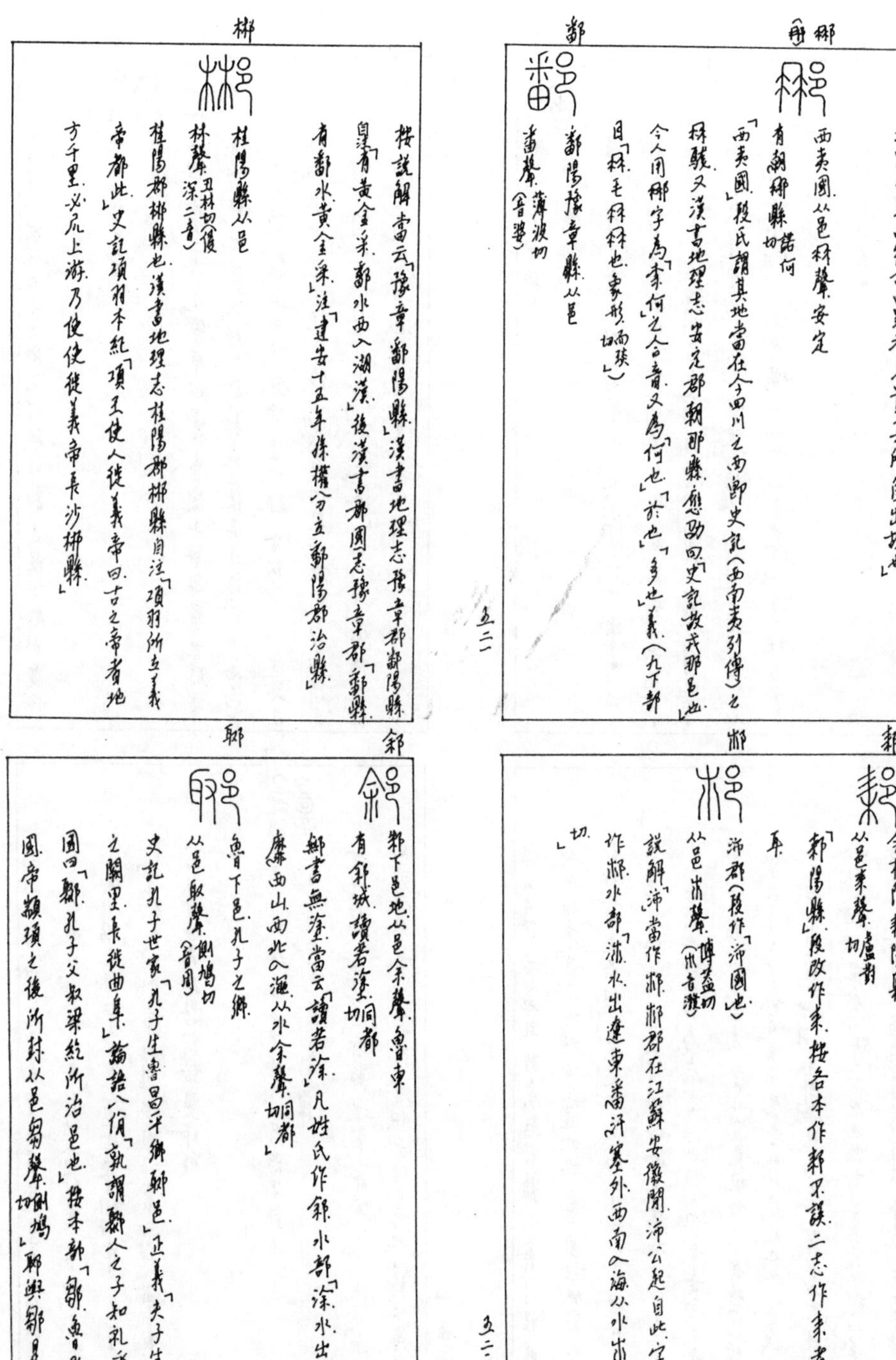

地既非邛，而猶命曰邛者，名貴其所自出故也。」

（那）郍

西夷國。从邑，冄聲。安定有朝那縣。諾何切

「西夷國」段氏謂其地當在今四川之西。即史記（西南夷列傳）之「冄駹」。又漢書地理志安定郡朝那縣，應劭曰「史記故戎那邑也」。今人用那字為柰何之合音，又為「何也」、「於也」、「多也」義。（九下部首「冄，毛冄冄也，象形。而琰切」）

鄱

鄱陽豫章縣。从邑，番聲。薄波切（音婆）

按說解當云「豫章鄱陽縣」。漢書地理志豫章郡鄱陽縣，自注有「黃金采。鄱水西入湖漢」。後漢書郡國志豫章郡「鄱縣。有鄱水，黃金采」注「建安十五年孫權分立鄱陽郡，治縣」。

郴

桂陽縣。从邑，林聲。丑林切（復深二音）

桂陽郡郴縣也。漢書地理志桂陽郡郴縣，自注「項羽所立義帝都此」。史記項羽本紀「項王使人徙義帝，曰古之帝者地方千里，必凥上游。乃使使徙義帝長沙郴縣」。

⿰耒阝

今桂陽⿰耒阝陽縣。从邑，耒聲。盧對切

「⿰耒阝陽縣」段改作耒。按各本作⿰耒阝不誤。二志作耒者，借字耳。

⿰市阝

沛郡（段作「沛國也」）。从邑，朩聲。博蓋切（朩音潑）

說解「沛」當作⿰市阝。⿰市阝郡在江蘇安徽間，沛公起自此。字亦當作⿰市阝。水部「沛，水。出遼東番汗塞外，西南入海。从水，朩聲。普蓋切」。

⿰余阝

⿰余阝下邑地。从邑，余聲。魯東有⿰余阝城。讀若塗。同都切

⿰余阝書無塗，當云「讀若涂」。凡姓氏作⿰余阝。水部「涂，水。出益州牧靡西山，西北入澠。从水，余聲。同都切」。

郰

魯下邑，孔子之鄉。从邑，取聲。側鳩切（音周）

史記孔子世家「孔子生魯昌平鄉郰邑」，正義「夫子生在郰之闕里，長從曲阜」。論語八佾「孰謂鄹人之子知禮乎」。孔安國曰「鄹，孔子父叔梁紇所治邑也」。按本部「鄒，魯縣，古邾國，帝顓頊之後所封。从邑，芻聲。側鳩切」。郰與鄒是二字二

義不得相混。孔子之鄉當作郰，作鄒是叚借，郰則是俗字。

郕

魯孟氏邑。从邑成聲。氏征切

左傳僖公二十四年「管蔡郕霍魯衛毛聃郜雍曹滕畢原酆郇，文之昭也。」郕蓋郕叔處之後，其後歸於魯而為孟氏邑。經傳或作「成」或作「盛」，皆通作郕。春秋莊公八年「師及齊師圍郕」，公羊作「成」，傳云「成者何。盛也。盛則曷為謂之成。諱滅同姓也。」文公十二年「成伯來奔」，公羊作「盛」，傳云「盛伯者何。失地之君也。何以不名。兄弟辭也。」

鄫

姒姓國，在東海。从邑曾聲。疾陵切

漢書地理志東海郡繒縣，自注「故國，禹後。」後漢書琅邪國「繒，侯國，故屬東海。」史記周本紀「申侯怒，與繒西夷犬戎攻幽王。」索隱「繒國名，夏同姓。」繒皆當作鄫，今則叚曾為之。糸部「繒，帛也。从糸曾聲。疾陵切」八部「曾，詞之舒也。从八从曰四聲。昨棱切」土部「增，益也。从土曾聲。作滕切」是增益字

邪

琅邪郡。从邑牙聲。以遮切

經傳多借為不正之義，賈子道術「方直不曲謂之正，反正為邪。」禮樂記「回邪曲直」，邪茲當作衺。衣部「衺，𥨍也。从衣牙聲。似嗟切」交部「𥨍，衺也。从交韋聲。羽非切」𥨍衺二字轉注。斗部「斜，抒也。从斗余聲。似嗟切」亦通作衺，而斜之本義不行矣。

又，邪亦以為助語詞，俗變作耶。

郭

齊之郭氏虛。善善不能進，惡惡不能退，是以亡國也。从邑𩫖聲。古博切

春秋莊公二十四年「赤歸于曹郭公。」公羊傳曰「赤者何。曹無赤者，蓋郭公也。郭公者何。失地之君也。」穀梁傳曰「赤蓋郭公也。何為名也。禮，諸侯無外歸之義，外歸，非正也。」新序雜事「昔者齊桓公出遊於野，見亡國故城郭氏之虛，問於野人曰：是為何虛。野人曰：是為郭氏之虛。桓公曰：郭氏者曷為虛。野人曰：郭氏者善善而惡惡。桓公曰：善善而惡惡，人之善行也，其所以為虛者何也。野人曰：善善而不能行，惡惡而不能去，是以為虛也。」（亦見風俗通義略同）經傳叚作城𩫖字。五下部曰「𩫖，度也，民所度居也。从回，象城𩫖之重，兩亭相對也。古博切」雨部「霩，雨止雲罷皃。从雨郭聲。臣鉉等曰今以作廓，非是。苦郭切」革部「鞹，去毛皮也。論語曰：虎豹之鞹。从革郭聲。苦郭切」今俗作鞟。木部「槨，葬有木𩫖也。从木𩫖聲。古博切」是

楷棣字。

郳

齊地。从邑，兒聲。春秋傳曰：「齊高厚定郳田。」五雞切

左傳莊公五年「郳犂來來朝。名，未王命也。」杜注「郳附庸國也。未受爵命為諸侯，傳發附庸稱名例也。其後數從齊桓以尊周室，王命以為小邾子。」襄公六年「齊侯滅萊。」左傳「遷萊子于郳，高厚崔杼定其田。」杜注「遷萊子于郳國。」正義「郳即小邾，小邾附屬於齊，故滅萊國而遷其君於小邾。」郳，二傳作倪，是借字。人部「倪，俾也。从人兒聲。五雞切」「俾，益也。从人卑聲。并弭切」

郣

郣海地。（段無「海字」）从邑，孛聲。一曰地之起者曰郣。臣鉉等曰：今俗作渤，非是。蒲沒切

「郣海地」當作、玉篇引作「郣海郡」。漢書地理志作「勃海郡」，是用通行字。力部「勃，排也。从力孛聲。蒲沒切」朩部「孛，㶾也。从朩，人色也。从子。論語曰：色孛如也。蒲沒切」按今論語鄉黨篇作「勃」字，「勃」該是借字。本書色部「艴，色艴如也。从色弗聲。論語曰：色艴如也。蒲沒切」是正字。

鄿

國也。齊桓公之所滅。从邑，覃聲。臣鉉等曰：今作譚，非是。說文注義有譚長，疑後人傳寫之誤。徒含切

詩衛風碩人「譚公維私。」釋文「譚，國名。」小雅大東序「東國困於役而傷於財，譚大夫作是詩以告病焉。」箋云「譚國在東。魯莊公十年齊師滅譚。」春秋莊公十年「齊師滅譚。譚子奔莒。」左傳「齊侯之出也，過譚，譚不禮焉。及其入也，諸侯皆賀，譚又不至。冬，齊師滅譚，譚無禮也。譚子奔莒，同盟故也。」譚皆當作鄿。史記齊世家誤作郯。本部「郯，東海縣，帝少昊之後所封。从邑，炎聲。徒甘切」鄿屬濟南郡，郯屬東海郡也。郯姓今通作談。

郂

陳留鄉。从邑，亥聲。古哀切

此項羽敗地。今史記項羽本紀「至垓下」作垓，是借字。土部「垓，兼垓八極地也。从土亥聲。古哀切」日部「晐，兼晐也。从日亥聲。古哀切」貝部無賅字，正字當作「兼垓」或「兼晐」。古籍多段該為之。言部「該，軍中約也。从言亥聲。古哀切」

酀

地名。从邑，燕聲。烏前切

凡地名與國名皆當以此字為正。經典多段燕為之。本書十一下部目「燕，玄鳥也。籋口，布翄，枝尾，象形。於甸切」

⿰尚阝　⿰屯阝（邨）　⿰馮阝

⿰尚阝 地名。从邑尚聲。多朗切

周礼地官黨正注引鄭司農曰「五百家為黨」。論語雍也「以與爾鄰里鄉黨乎」。黨正字當作⿰尚阝。黑部「黨，不鮮也。从黑尚聲。多朗切」。黨亦段作攩。手部「攩，朋群也。从手黨聲。多朗切」。是朋攩字。

邨 地名。从邑屯聲。臣鉉等曰今俗作村，非是。此尊切

⿰馮阝 姬姓之國。从邑馮聲。房戎切

凡姓氏當作⿰馮阝，經傳通作馮。廣韻「馮，姓也。畢公高之後，食采於馮城，因而命氏」。左傳僖公二十四年「管蔡郕霍魯衛毛聃郜雍曹滕畢原酆郇，文之昭也」。故說解云「姬姓之國」。馬部「馮，馬行疾也。从馬仌聲。臣鉉等曰本音皮冰切，經典通用為依馮之馮，今別作凴，非是。房戎切」。按今既段馮為⿰馮阝，又段馮為依凭。「淜河」字，而馮之本義不行矣。几部「凭，依几也。从任几。周書凭玉几。讀若馮。臣鉉等曰人之依馮，几所勝載，故从任。皮冰切」。是依凭字，今書顧命「憑玉几」已作憑矣。水部「淜，無舟渡河也。从水朋聲。皮冰切」。是「暴虎淜河」字。今詩小雅小旻「不敢暴虎，不敢馮河」，已段馮字矣。

酈　[反邑]

酈 南陽縣。从邑麗聲。郎擊切（音歷）

[反邑] 从反邑。𨛜字从此。闕。

釋例云「[反邑]下並無說解，而逕云从反邑，是此字無義也。又云闕，是此字無音也。既無音義，何以為字？第為𨛜从此一句設耳。此必後人所增也」。

郒 𨛜　鄉

𨛜 鄰道也。从邑从[反邑]。凡𨛜之屬皆从𨛜。闕。胡絳切。今隸變作郒（音巷 大九）

鄉 國離邑，民所封鄉也。嗇夫別治封圻之內六鄉，六卿治之。从𨛜皀聲。許良切

「離邑」猶言離宮別館，此謂離於國之邑也。「民所封鄉也」，封猶域也。王氏句讀云「民自為封域，不俟建國，其域出於上所相度也」。「所鄉」謂所歸往，是鄉背本字，今作向。宀部「向，北出牖也。从宀从口。詩曰塞向墐戶。許諒切」。方向字則當作鄉。門部「闀，門鄉（依段正）也。从門鄉聲。許亮切」。爾雅釋宮「兩階閒謂之鄉」。釋文「鄉本又作曏」。作曏是借字。日部「曏，不久也。从日鄉聲。

切許兩」一「曏」猶言片時，今俗作晌或嚮，並非古籍。或段鄉為曏鄉。「嗇夫別治」者，別治謂分治。漢書百官公卿表：「大率十里一亭，亭有長，十亭一鄉，鄉有三老、有秩、嗇夫、游徼。三老掌教化，嗇夫職聽訟收賦稅，游徼徼循禁盜賊。」「封圻之內六鄉，六鄉治之」：周礼地官大司徒「五家為比，使之相保，五比為閭，使之相受，四閭為族，使之相葬，五族為鄙，使之相救，五鄙為州，使之相賙，五州為鄉，使之相賓。」鄭注：「鄉，萬二千五百家。」鄭司農曰：「百里內為六鄉，外為六遂。」大司徒：「辨其邦國都鄙之數，制其畿疆而溝封之。」小司徒：「乃頒比灋於六鄉之大夫。」鄉老：「二鄉則公一人。」鄉大夫：「每鄉卿一人。」「各掌其鄉之政教禁令。」

里中道，从䢼从共，皆在邑中所共也。胡絳切

篆文从䢼省

周礼地官遂人「五家為鄰，五鄰為里。」詩鄭風叔于田「叔于田，巷無凥人。」傳云「巷，里塗也。」又邑之凡陝而長者皆曰巷。爾雅釋宮「宮中衖謂之壼。」衖是鄉之變體，巷又巷之變。又壼正字當作壼，本書囗部「壼，宮中道，从囗，象宮垣之形。」案省聲。詩曰：「室家之壼。」

說文解字第七上

實也。太陽之精不虧。从囗一，象形。人質切

古文象形

凡日之屬皆从日。（七十）

秋天也。从日文聲。虞書曰（段改「曰」為「說」）仁閔覆下（段作「仁覆閔下」）則偁旻天。武巾切

按說解引虞書曰云云，今尚書無此，當是經師之言，段改是也。又「仁閔覆下」亦當是「仁覆閔下」。爾雅釋天「春為蒼天，夏為昊天，秋為旻天，冬為上天。」郭注「旻，猶愍也，愍萬物彫落。」詩王風黍離「悠悠蒼天，此何人哉。」傳云「悠悠，遠意。蒼天以體言之，尊而君之則偁皇天，元氣廣大則偁昊天，仁覆閔下則偁旻天，自上降監則偁上天，據遠視之蒼蒼然則偁蒼天。」書大禹謨「日號泣于旻天，于父母。」傳云「仁覆愍下謂之旻天。」

四時也。从日寺聲。市之切

古文時从之日

時之本義是春夏秋冬之偁，又引申之為凡歲月日刻之同。又叚為「是也」「伺也」。爾雅釋詁「時、寔，是也。」廣雅釋言「時，伺也。」書堯典「黎民於變時雍」傳云「時，是也。」論語陽貨「孔子時其亡也而往拜焉」疏云「伺虎不在家時」。

早

晨也.从日在甲上.子浩切

三上部曰「晨.早昧爽也.从臼辰.辰.時也.辰亦聲」二字互訓.經傳或段蚤為早.按䖵部「蝨.齧人跳蟲.从䖵叉聲.子浩切」「蚤.蝨或从虫」與早異義.

晢

昭晢.明也.从日折聲.禮曰晢明行事.旨熱切(音哲)

說解引禮曰云云.今儀禮士冠禮作「質明」.書洪範「明作晢」鄭注「君視明則臣昭晢也」.又「曰晢.時燠若」傳云「君能照晢.則時燠順之」.本書心部「悊.敬也.从心折聲.陟列切」口部「哲.知也.从口折聲.陟列切」「悊.哲或从心」與晢文義俱異也.又按晢字今作晣.與从白析聲之晳字形音義俱異.不得混也.白部「晳.人色白也.从白析聲.先擊切(音析)」俗誤作晢.又作晣.凡「清晢」「昭晢」字當从折从日音哲.「晳白」古人「曾晳」字當从析从白音式.作「晢」「晣」者誤.文賦「物昭晣而互進」「昭晣.明也」是晢字.古詩陌上桑「為人潔白晳.鬑鬑頗有鬚」則是从白之晳字.

的

明也.从日勺聲.易曰為的顙.都歷切

馬部「馰.馬白額也.从馬的省聲.一曰駿也.易曰為馰顙.都歷切」今易說卦傳作的.白部無的.正字當作馰.的是段借.的.俗語也.至「射⿺辶弔」「日⿺辶弔」字則當作「⿺辶弔」.辵部「⿺辶弔.至也.从辵弔聲.都歷切」今皆段的為之矣.

晄

(段氏句讀竝作晄)明也.从日光聲.胡廣切

今字皆書作晃.

曠

明也.从日廣聲.苦謗切

又段為虛空之偁.此空曠本字.古籍或段作壙野字.詩小雅何艸不黃「匪兕匪虎.率彼曠野」本書土部「壙.塹穴也.一曰大也.从土廣聲.苦謗切」孟子離婁篇「民之歸仁也.猶水之就下.獸之走壙也」是用正字.又本書心部「懬.闊也.一曰廣也.大也.一曰寬也.从心从廣.廣亦聲.苦謗切」則是「懬課」「懬日持久」「懬充」字.今「懬課」「懬日持久」段曠為之.而「懬充」則以从手作擴.讀苦博切.孟子公孫丑「凡有四端於我者.知皆擴而充之矣」手部無擴字.

晉

進也.日出萬物進.从日从臸.易曰明出地上晉.臣鉉等案:臸.到也.會意.即刃切(臸「人質切」音進)

暘

易晉卦彖曰「晉。進也。明出地上。順而麗乎大明」。象曰「明出地上。晉。君子以自昭明德」。崔憬曰「渾天之義。日從地出。而升于天。故曰明出地上」。鄭玄曰「地雖生萬物。日出於上。其功乃成。故君子法之。而以明自昭其德」。文子上德篇「日出於地。萬物蕃息」。

日出也。从日。易聲。虞書曰暘谷。(段「暘」上補「曰」字)與章切

「虞書曰暘谷」。說頗不一。錯本作「虞書曰至于暘谷」。有謂當云「虞書曰日至于暘谷」。有以為「虞書」當是「商書」。謂即洪範「曰乂。恆暘若」之暘。「谷」字是衍文。而書堯典「暘谷」之暘當作崵。且謂土部崵下之「崵谷」亦是傳寫之誤。而叒下云「日初出東方暘谷」。集韻類篇並作「湯谷」。淮南天文訓同。因謂本無「暘谷」之名。按說解云「虞書曰暘谷」不誤。此必是堯典之「暘谷」。蓋若是洪範。必云「周書曰時暘若」。而非單一暘字。且堯典云「分命羲仲。宅嵎夷。曰暘谷。……申命羲叔。宅南交。……分命和仲。宅西。曰昧谷。……申命和叔。宅朔方。曰幽都」。傳云「東表之地偁嵎夷。暘。明也。日出於谷而天下明。故偁暘谷」。「昧。冥也。日入於谷而天下冥。故曰昧谷」。昧谷曰西。則嵎夷東可知。「日出於谷而天下明」之「暘谷」。與「日入於谷而天下冥」之「昧谷」。東西。出入。明冥相對。暘之當从日可見。且亦與叒下「日初出東方暘谷」合。何得謂本無「暘谷」

名也。土部崵下之「陽谷」字亦當是暘之假。

晏

天清也。从日。安聲。烏諫切

王筠謂清即姓字。楊雄羽獵賦「於是天清日晏」。注「晏。無雲之處也」。經傳多假為晏安字。女部「晏。安也。从女日。詩曰以晏父母」。烏諫切。宀部「宴。安也。从宀晏」。於甸切。晏宴義同。經傳多作宴。而晏遂不行矣。又心部「㥹。安也。从心。㱿聲。詩曰㥹㥹夜飲」。於鹽切。今詩小雅湛露已作厭矣。厂部「㱿。笮也。从厂。𢼸聲。一曰合也」。於輒切。又一琰切。又古籍亦每假燕為宴樂字。本書十一下部曰「燕。玄鳥也」。於甸切。

曣

星無雲也。从日。燕聲。於甸切

段引挑及澥曰「星即姓字」。本書夕部「姓。雨而夜除星見也。从夕生聲。(臣鉉等曰。今俗作晴。非是。疾盈切)」。

晧

日出皃。从日。告聲。胡老切

俗字作皓。白部無。古籍或借作顥。頁部「顥。白皃。从頁从景。楚詞曰天白顥顥。南山四顥。白首人也。胡老切」。「四顥」史記已作「四

「皓」矣。至玉篇除日部有「皓，胡老切，日出也，明也」，於白部茲收皓暤㠯為皜之重文，殊誤。按皜字非鄦書所有。孟子滕文公「江漢㠯濯之，秋陽㠯暴之，皜皜乎其不可尚已」。皜，朱子音杲。蓋本作杲。本書木部「杲，明也。从日在木上。古老切」。

暤

晧，旰也。从日皋聲。胡老切

俗字作皞。白部無。「晧旰」猶「暤暤」。孟子盡心篇「王者之民，暤暤如也」。朱子注「暤暤，廣大自得之兒」。文選魯靈光殿賦「皓皓旰旰」。李善注「盛兒」。司馬貞補史記三皇本紀「太暤庖犧氏」，自注云「位在東方，象日之明，故偁太暤。暤，明也」。古籍或段暤為昊。漢書鄭崇傳「暤天罔極」。本書夰部「昦，春為昦天，元气昦昦。从日夰，夰亦聲。胡老切」。

曅

(段篆作曅)光也。从日从𠌶。筠輒切

今字作曄，本从𠌶，不从華。本書華部「皣，艸木白華也。从華从白。筠輒切」，與从日从𠌶之曅字不同。俗既書曅為曄，遂與皣混矣。范曄字蔚宗，則本字當作曄。又火部「爗，盛也。从火曅聲。詩曰爗爗震電。筠輒切」。今字已作燁矣。

暉　暈

(段篆作暈)光也。从日軍聲。許歸切(段王問切)

大徐六暉暈為二字，暉訓「光也，許歸切」，新付「暈，日月气也，王問切」。段氏改暉為暈，「王問切」，注云「光也二字當作日光气也四字」。朱氏同。惠氏曰「暉字俗，後人所增，與暈同，不訓光也」。孫贊云「暈讀若熨，聲轉為昏，又轉為揮，而與煇通。後人遂違其偏旁，分暈暉為二字矣」。則此字當「王問、許歸二切」。易未濟六五象曰「君子之光，其暉吉也」。古人謝朓字玄暉，竝音許歸切。戰國策趙策「日月暉於外，其賊在於內」，則讀王問切，即今之暈字。釋名「暈，捲也，气在外捲結之也，日月俱然」。至周禮春官眡祲「掌十煇之灋，㠯觀妖祥，辨吉凶」，注引鄭司農云「煇謂日光炁也」。釋文「煇，音運。本亦作暈，音同」。則又段煇為暈矣。火部「煇，光也。从火軍聲。况韋切」。說文無輝字。

暆

日行暆暆也。从日施聲。樂浪有東暆縣。讀若酏。弋支切

漢書地理志樂浪郡東暆縣，應劭曰「暆音移」。古籍多段施為暆。詩王風丘中有麻「彼留子嗟，將其來施施」。箋云「施施，舒行」。孟子離婁「施施從外來，驕其妻妾」。注云「施施，喜說自得之兒」。字竝當作暆。㫃部「施，旗兒。从㫃也聲。晉欒施字子旗，知施者旗也。式支切」。經傳既段施為暆，又段為「重次苐物」之貤與「𢻳布」之𢻳，借義行而本義廢矣。詳貝部貤字。

昃 ⿸厂日

⿸厂日

日在西方時側也。从日仄聲。易曰：日⿸厂日之離。臣鉉等曰：今俗以作昃，非是。阻力切

今易離卦九三「日昃之離，不鼓缶而歌，則大耋之嗟，凶」。豐卦彖辭「日中則昃，月盈則食」。並作昃，是⿸厂日之變體，俗以作昃。鍇本收之矢部，云「昃，日西也，从矢日聲。臣鍇按易曰日昃之離作此字」，謬矣。本書厂部「仄，側傾也，从人在厂下。阻力切」「仄，籀文从矢，矢亦聲」。豈⿸厂日或有重文作日仄，隸省作昃乎。未敢定也。又十下部目「矢，傾頭也，从大象形。阻力切」

昏

⿱氐日

（舊依鍇本篆作⿱氐日）日冥也。从日氐省。氐者下也。一曰民聲。呼昆切

按昏从氐省，故篆當作⿱氐日，若作昏則从氏矣。本書七上部目「冥，幽也。从日六从冖。六，老金之數，冥彰數也」亦聲。莫經切」又十二下部目「氐，至也。从氏下箸一，一地也。丁礼切」段氏曰「一曰民聲四字淺人所增，非許本書，宜刪」。桂氏又謂「氐省，氐者下也，一曰」八字後人加之。當為「民聲」，兹非。按說文昏昬二體並見於偏旁，疑昏下本有重文昬，唐人避諱，因刪昬篆而存其說於昏下耳。古籍或段昏為惛，老子「俗人昭昭，我獨昏昏，俗人察察，我獨悶悶」。本書心部「惛，不憭也。从心昏聲。呼昆切」「憭，慧也。从心尞聲。力小切」

暗

暗

日無光也。从日音聲。烏紺切

此幽暗不明字，經傳或段闇為之。周礼春官眡祲「掌十煇之灋……五曰闇」。注引鄭司農云「闇，日月食也」。字當作暗。門部「闇，閉門也。从門音聲。烏紺切（又烏南切，音庵）」。闇一音庵，即俗庵廬之庵本字。礼喪服四制「高宗諒闇」，注「闇謂廬也」。

晦

晦

月盡也。从日每聲。荒內切

爾雅釋言「晦，冥也」。

⿱能日

⿱能日

埃⿱能日，日無光也。从日能聲。奴代切（音耐）

「埃⿱能日」，今俗作「靉靆」。⿱能日字能聲者，古讀能如耐。白沙先生和楊龜山此日足可惜韻「能飢謀藝黍，冒寒思植桑」，能讀作耐，同音通段也。

⿱日匕

⿱日匕

望遠合也。从日匕，匕合也。讀若窈窕之窈。徐鍇曰：比相近也，故曰合也。烏皎切

論衡說日篇「人望不過十里，天地合矣，遠也，非合也」。本書八上部目「匕，相與比敍也」。故說解云「匕，合也」。餘詳目部窅字。

曏 不久也。从日鄉聲。春秋傳曰：「曏役之三月。」許兩切

今左傳僖公二十八年「鄉役之三月」，乃叚鄉為之矣。論語顏淵「鄉也吾見於夫子而問知」，亦叚鄉為曏。經傳或借向字，穀梁傳僖公元年「是向之師也」，釋文「向本又作鄉」。按鄉即曏之省借，俗又作嚮，向或晌，說文所無。宀部「向，北出牖也」，異義。

曩 曏也。从日襄聲。奴朗切

昪 喜樂皃。从日弁聲。皮變切（音便）古薄官切（音盤）

皃部「覍，冕也。周曰覍，殷曰吁，夏曰收。从皃，象形。皮變切」，「弁，或覍字」。詩小雅小弁「弁彼鸒斯，歸飛提提」，傳云「弁，樂也」，釋文「弁音盤」。是借弁為昪也。又爾雅釋詁「怡懌悅欣衎喜愉豫愷康妉般，樂也」，釋文「般音盤」。亦叚般為昪，古昪弁般三字同音盤，故相叚。正字當作昪。又蔽昪字俗作忭，心部無，手部「拚，拊手也。从手弁聲。皮變切」。又是之亦為欣抃。

暀 光美也。从日往聲。于放切

詩魯頌泮水「烝烝皇皇，不吳不揚」，傳云「皇皇，美也」。箋云「皇皇當作暀暀。暀暀猶往往也」。按爾雅釋詁「暀

暀皇皇，美也」。暀即今之旺字。鄭君以「暀暀猶往往」失之。

昱 明日也（段作「日明也」）。从日立聲。余六切（音育）

按明日偁昱日，俗作翌日，讀翌「與職切」，而昱則讀「於六切」音沃。攷立部無翌字，羽部有翊云「飛皃。从羽立聲。與職切」，又是為輔翊，非即翌字。凡書傳「翌日」字當作昱。本書明部「朙，翌也」，翌亦當是昱之譌。經典亦借翼為之，書武成「越翼日癸巳，王朝步自周」，金縢「王翼日乃瘳」，翼傳並訓「明也」。本書飛部「翼，翄也。从飛異聲。與職切」，「翼，篆文翼从羽」。「翌日」之翌，翼是昱之叚借。

㬮 安㬮，溫也。从日難聲。奴案切

火部「煗，溫也。从火耎聲。乃管切」，「煖，溫也。从火爰聲。況袁切（音喧）」。今書無暖字，蓋本作煖或㬮。

㬎 眾微杪也。从日中視絲。古文以為顯字。或曰眾口皃。讀若唫唫。或以為繭。繭者，如繭中往往有小繭也。五合切（音隰）

頁部「顯，頭明飾也。从頁㬎聲。臣鉉等曰：㬎，古以為顯字，故从㬎聲。呼典切」。日中視絲是見微形，故凡光明昭著之誼，皆當作㬎，呼典

切。作顯，其借字也。「或曰：嚻口皃，讀若唫唫。」段注云：「當作讀若口唫之唫。」此亦一義，音亦隨之。口部「唫，口急也。巨錦切」。或以為繭，繭者絮中往往有小繭也，此又一義。糸部「繭，絮衣。古典切」。又艮之繭猶結也。段注云：「以上三義，書無然三音。大徐總曰五合切，非也。惟第二義讀若唫也。故濕水字从之為聲。」水部「濕水出東郡東武陽入海。从水㬎聲。他合切」。俗亦作漯，為濕水字，而以濕為溼字，誤。按漯字說文所無。水部「溼，幽溼也。从水，从一，所以覆也，覆而有土，故溼也。㬎省聲。失入切」。是燥溼字。又𨸏部「隰，阪下溼也。从𨸏㬎聲。似入切」。爾雅釋地「下溼曰隰」。

㬥

㬥 晞也。从日出廾米。薄報切

古文㬥从日麃聲。

此㬥露、㬥曬字。孟子告子篇「一日㬥之，十日寒之，未有能生者也。」夲部「暴，疾有所趣也。从日出夲廾之。薄報切」。則是暴疾、暴虐字。詩邶風終風「終風且暴。」小雅小旻「不敢暴虎，不敢馮河。」皆以作暴為正。今隸變㬥暴並作暴，而二字混矣。又亦加日作曝，讀蒲木切，為㬥曬字，並謬。又周禮地官司虣「掌憲市之禁令，禁其鬭囂者，與其虣亂者。」作虣，非鄭書所有字。大徐新附作虣，云「虐也，急也。从虎从武。見周禮。薄報切」。

曬

曬 㬥也。从日麗聲。所智切

中山靖王聞樂對「臣聞白日曬光，幽隱皆照。」漢書顏師古注云「曬，㬥也。」今俗作晒，非是。

晞

晞 乾也。从日希聲。香衣切

詩小雅湛露「湛湛露斯，匪陽不晞。」傳云「陽，日也。晞，乾也。」按傳訓陽為日，即暘字之叚。又方言「晞，㬥也。」又按說文無希字，當云从日稀省聲。

昔

昔 乾肉也。从殘肉，日以晞之。與俎同意。思積切

籀文从肉。

「殘肉」之殘當作奴。歺部「殘，賊也。从歺戔聲。昨干切」。是殘暴字。「奴，禽獸所食餘。从歺从肉。昨干切」。是奴餘字。四下部目「奴，穿也。从又从歺。昨干切」。則是奴破字。「从奴肉者，謂㳄象形也。」「與俎同意」者，俎从半肉且薦之，昔从奴肉日晞之，其作字之指同也。易噬嗑六三「噬腊肉，遇毒。」馬融注云「晞於陽而煬於火曰腊肉。」作腊，是籀文之變體。又凡昔肉必經夕，故經傳或叚昔為夕。又艮之又叚作昨。又又艮之今古亦曰今昔。借義行而本義遂廢。今乾肉之義專用籀文作腊。

暱

日近也。从日匿聲。春秋傳曰。私降暱燕。尼質切

昵 暱或从尼。

暱又艮之義為近也。親也。詩小雅菀柳「上帝甚蹈。無自暱焉。」毛傳「暱。近也。」左傳隱公元年「不義不暱。厚將崩。」釋文「暱。親也。」又襄公二十五年「非其私暱。誰敢任之。」杜注「私暱。所親愛也。」昭公二十五年「君若以社稷之故私降昵宴。群臣弗敢知。」杜注「昵。近也。」則用或體。又「私降暱燕」私當作厶。燕當作宴。本書九上部目「厶。姦衺也。韓非曰。倉頡作字。自營為厶。息夷切」禾部「私。禾也。从禾厶聲。息夷切」宀部「宴。安也。从宀妟聲。於甸切」十一下部目「燕。玄鳥也。於甸切」

暬

（段篆作𣊟）日狎習相慢也（慢段作嫚）。从日埶聲（段作執聲）。私列切

按「相慢」段作嫚是也。心部「慢。惰也。」女部「嫚。侮易也。」又段改篆𣊟執聲。但是。衣部「褻。厶服。从衣埶聲。詩曰。是褻袢也。私列切」亦是埶聲。與从衣執聲之褺不同也（衣部「褺。重衣也。从衣執聲。徒叶切」）。女部「媟。嬻也。从女枼聲。私列切」暬褻媟三字音同義異。詩小雅雨無正「戎成不退。飢成不遂。曾我暬御。憯憯日瘁。」傳云「暬御。侍御也。」此用暬字。論語鄉黨「紅紫不以為褻服。」朱子注「褻服。私居服也。」褻是厶居之服。漢書五行志「夫婦不嚴。茲謂媟。」此則是媟嬻字。今俗通作褻。而暬媟二字不行矣。

昆

同也。从日从比。古渾切

在日之下明較之。故又艮為明也。十三下部目「䖵。蟲之總名也。从二虫。古魂切」此䖵蟲字。弟部「罤。周人謂兄曰罤。从弟眔。古魂切」則是罤弟字。今俗通作昆。而䖵罤不行矣。

晐

兼晐也。从日亥聲。古哀切

此晐備正字。經傳多叚該為之。俗作賅。貝部無。言部「該。軍中約也。从言亥聲。古哀切」邑部「郂。陳留鄉。从邑亥聲。古哀切」是項羽所敗地。古籍或作垓。土部「垓。兼垓八極地也。从土亥聲。古哀切」與晐義同。

普

日無色也。从日从竝。（段作竝聲）。滂古切

水部「溥。大也。从水尃聲。滂古切」是溥徧字。詩小雅北山「溥天之下。莫非王土。」孟子引詩作普。趙岐注云「普。徧也。」又暜字从日从竝。易與竝部之暜字混。竝部「暜。廢。一偏下也。从竝白聲。他計切」「暜。或从曰。」「㬱。或从兟从曰。（鉉等曰今俗作替。非是。）」

昕　曇　旦　暨

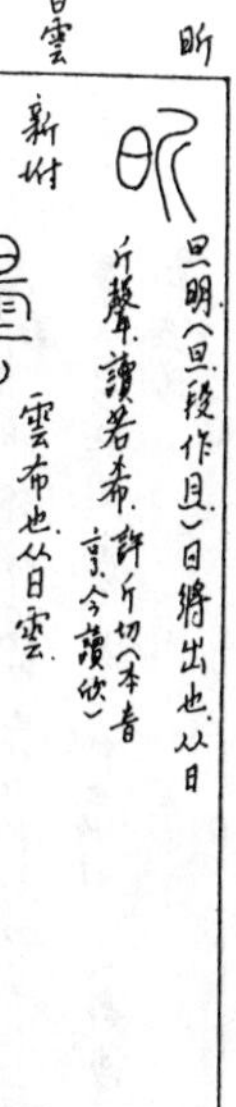

昕　旦明（旦段作且）日將出也。从日斤聲，讀若希。許斤切（本音亨，今讀欣）

曇　新附　雲布也。从日雲。會意。徒含切

旦　明也。从日見一上，一，地也。凡旦之屬皆从旦。得案切（七十）

暨　日頗見也。从旦既聲。其異切

似部「臮，眾與詞也，从似自聲。虞書曰：臮咎繇。其冀切」今書舜典「禹拜稽首，讓于稷契暨皋陶」，已段暨為臮。史記夏本紀「淮夷蠙珠臮魚」，今禹貢亦已作暨矣。古籍亦段洎為臮，水部「洎，灌釜也，从水自聲。其冀切」土部「垍，堅土也，从土自聲，讀若臮。其冀切」音同義異。又北部「冀，北方州也，从北異聲。几利切」古籍多段為希覬欽希字，見部「覬，欽希也，从見豈聲。几利切」欠部「𣢑，希也，从欠气聲。居气切」漢書多段冀為覬，或作企，人部「企，舉踵也，从人止聲。去智切」

倝　朝　㫃

倝　日始出光倝倝也。从旦㫃聲。凡倝之屬皆从倝。古案切（十十）

朝　旦也。从倝舟聲。陟遥切

此朝夕字。水部「淖，水淖宗于海，从水朝省。直遥切」是淖見字，俗不省作潮，而淖見字則段朝為之。

㫃　旌旗之游，㫃蹇之皃。从屮，曲而下垂，㫃相出入也（段注云「此十一字當作从屮曲而下垂者游，从入游相出入也十五字」）讀若偃。古人名㫃，字子游。凡㫃之屬皆从㫃。於幰切（七二）

古文㫃字，象形，及象旌旗之游。

旐　旐（段篆作𣄰，未是）龜蛇四游，以象營室，游游（段作攸攸）而長也。从㫃兆聲。周礼曰：縣鄙建旐。治小切（音趙）

按旐字从兆，篆當作𣄰，本書卜部「𠧞，灼龜坼也，从卜兆，象形」「兆，古文兆省」段篆作𣄰，則是从八矣。本書八部「八，分也，从重八，八八也，亦聲」周礼考工記輈人「龜蛇四游，以象營室也」宗伯司常「掌九旗之物名……龜蛇為旐……縣鄙建旐」大司馬「中秋教治兵……郊野載旐」司常鄭注云「畫龜蛇，象其扞難辟害也」輈人注云「龜蛇為旐，縣鄙之所建，營室玄武宿與東壁連體而四星」爾雅釋天「營室謂之定」郭注「定正也作宮室皆以營室之中為正」詩鄘風定之方中「定之方中作于楚宮」傳云「定營室也」箋云「定星昏中而正於是可以營制宮室故謂之營室」營室亦名水左傳莊公二十九年「水昏正而栽」注云「定星昏而中於是樹板幹而興作」「游游」小徐作「悠悠」段作「攸攸」皆以形容詞古悠長字多作攸爾雅釋天「緇廣充幅長尋曰旐」

旗

熊旗五游以象罰(段作伐)星士卒以為期从㫃其聲周礼曰率都建旗渠之切

「五游」應是「六游」傳寫之誤「罰」當作「伐」周礼攷工記輈人「熊旗六游以象伐也」注云「熊虎為旗師者之所建伐屬白虎宿與參連體而六星」又宗伯司常「熊虎為旗」注云「畫熊虎者鄉遂出軍賦象其守猛莫敢犯也」釋名釋兵「熊虎為旗軍將所建象其猛如虎與眾期其下也」「率都建旗」今周礼宗伯司常「率」作「師」蓋「師」字之誤而「率」或「帥」並是「衛」字之段本書行部「衛將衛也从行率聲所律切」巾部「帥佩巾也从巾𠂤所律切」十三上部目「率捕鳥畢也象絲罔上下其竿柄也所律切」辵部「𨓆先道也从辵率聲疏密切」

旂

旗有眾鈴以令眾也从㫃斤聲渠希切(音祈)

小徐本作「有鈴曰旂以令眾也」句讀同爾雅釋天「有鈴曰旂」郭注「縣鈴於竿頭畫蛟龍於旒」周礼攷工記輈人「龍旂九游以象大火也」鄭注「交龍為旂諸侯之所建也大火蒼龍宿之心其屬有尾尾九星」又宗伯司常「交龍為旂」「諸侯建旂」注云「諸侯畫交龍一象其升朝一象其下復也」

旃

旗曲柄也所以旃表士眾从㫃丹聲周礼曰通帛為旃諸延切

旃或从亶

「所以旃表士眾」御覽引作「所以招士眾也」招旃聲轉儀礼聘礼「使者載旜」注云「載之者所以表識其事也周礼曰通帛為旜又曰孫卿建旜」周礼宗伯司常「通帛為旜」注云「通帛謂大赤從周正色無飾」爾雅釋天「因章曰旃」郭注「以帛練為旒因其文章不復畫之周礼云通帛為旃」又經傳或段旃為語辭詩魏風陟岵「尚慎旃哉」唐風采苓「舍旃舍旃」「旃蓋」之之合音

施

旗皃(段作「旗旖施也」)从㫃也聲齊欒施字子旗知施者旗也式支切

施本是旗之旖施，經傳多叚為「敷」字，又叚為「馳」「䮊」字，而施之本義廢矣。詳貝部貤字及日部暆字。

游

游：旌旗之流也。从㫃汓聲。以周切 𨒪 古文游

俗以作遊，㠯為「出遊」「遊戲」字，而游則叚為「游泳」之義，茲誤。泳游字當作汓，水部「汓，浮行水上也。以由切」「泅，汓或从囚聲」。至「遊戲」「遊行」字則當作䢊，辵部「䢊，行䢊徑也。从辵䌛聲。以周切」系部「䌛，隨從也。从系䚻聲。余招切」攴部「攸，行水也。从攴从人水省。以周切」𢎘部「𢎘，木生條也。从𢎘由聲。以州切」「由，古文𢎘」。

旋

旋：周旋，旌旗之指麾也。从㫃从疋。疋，足也。似沿切

「旌旗之指麾也」，麾字說文所無，當作摩。手部「摩，旌旗所㠯指摩也。从手靡聲。許為切」。又本書口部「圓，規也。从口从員。似沿切」。凡「旋轉」「周旋」字皆當作圓為正。礼玉藻「周還中規，折還中矩」，則是叚還為圓。與从㫃之義無涉，然古籍皆叚旋為之。許君旋下說解云「周旋」，蓋㠯今義釋古字也。又按「周旋」固當為舟，本書般下云「象舟之旋」，服下云「車右騎所㠯舟旋」。又水部「漩，回泉也。从水旋省聲。似沿切」，亦是「回漩」「旋轉」義。

旅

旅：軍之五百人為旅。从㫃从从。从，俱也。力舉切 𣃨 古文旅，古文㠯為魯衛之魯。

周礼地官小司徒「乃會萬民之卒伍而用之，五人為伍，五伍為兩，四兩為卒，五卒為旅，五旅為師，五師為軍，㠯起軍旅，㠯作田役」。注云「此皆先王所因農事而定軍令者也。欲其恩足相恤，義足相救，服容相別，音聲相識」。又叚之為凡眾之偁。古籍或叚借為呂。書秦誓「皤皤良士，旅力既愆，我尚多有之」。本書七下部目「呂，脊骨也。象形。昔太嶽為禹心呂之臣，故封呂侯。力舉切」「膂，篆文呂从肉从旅」。

族

族：矢鏠也。束之族族也。从矢从㫃（段此下有「㫃所㠯標眾，眾矢之所集」）。昨木切

「族族」讀作蔟蔟，聚意。詩魯頌泮水「束矢其搜」，傳云「五十矢為束」。搜，聚意也。又叚之為凡族類之偁。金部「鏃，利也。从金族聲。作木切」乃矢鏠之本字，其訓利者，又叚之之義耳。

冥

冥：幽也。从日六冖聲（段作「从冖」，是）。日數十，十六日而月始虧，幽也。凡冥之屬皆从冥。莫經切（七二）

晶 精光也。从三日。凡晶之屬皆从晶。子盈切(七一)

曐 萬物之精，上爲列星。从晶生聲。一曰象形。从〇。(音口)古〇復注中，故與日同。桑經切

曐 古文星

星 曐或省

「一曰象形。从〇。古〇復注中，故與日同。」鍇本「一曰」下有「星」字。王氏句讀謂「四句但解晶而不解生，恐本在部首从三日句下，貪錯在此。本作一曰象星形。」依王氏則晶當有古文作○○○。「从〇」者，謂○○○。「古〇復注中」者，謂○○○於○○○中加點也。故曐之古文作曐。

曑 商星也。从晶㐱聲。臣鉉等曰：今非聲，未詳。所今切

曑 曑或省。

按「商星」應是「晉星」之誤。左傳昭公元年「子產曰：昔高辛氏有二子，伯曰閼伯，季曰實沈，居於曠林，不相能也，日尋干戈，以相征討。后帝不臧，遷閼伯于商丘，主辰，商人是因，故辰爲商星。遷實沈于大夏，主參，唐人是因……故參爲晉星。」「今聲」之今，當是㐱部之㐱，非彡部之彡。㐱部「㐱，新生羽而飛也。从𠘧从彡。彡亦聲。」故參从㐱聲。隸變㐱㐱同作今，故大徐疑其非聲。又古籍多段參爲篸。篸字竹部「篸，差也。从竹參聲。所今切」木部「槮，木長皃。从木參聲。詩曰：槮差荇菜。所今切」引詩作槮差，蓋鄭君所據本有作槮者。

曟 房星，爲民田時者。从晶辰聲。植鄰切

晨 曟或省

房星即商星。左傳「辰爲商星」，是叚辰爲曟。經傳又叚晨爲曟。晨，三上部曰「晨，早昧爽也。从臼辰。辰，時也。辰亦聲。丮夕爲㚅，臼辰爲晨，皆同意。食鄰切」十四下部曰「辰，震也。三月昜气動，靁電振，民農時也。物皆生，从乙匕，象芒達；厂聲也。辰，房星，天時也。从二，二古文上字。植鄰切」

曡 楊雄說：以爲古理官決罪，三日得其宜乃行之。从晶从宜。亡新以爲曡从三日太盛，改爲三田。徒叶切

本書敘云「及亡新居攝，使大司空甄豐等校文書之部，自以爲應制作，頗改定古文。」桂氏謂三田當即此時所改。

月 闕也。太陰(段作侌，是，說見日字下)之精。象形。凡月之屬皆从月。魚厥切(七一)

朔 月一日始蘇也。从月屰聲。所角切

按說解蘇當作㱙。本書艸部「蘇，桂荏也」，歺部「㱙，戰見血曰傷，亂或為惛，死而復生為㱙」，俗作甦。古籍段蘇為之。白虎通四時「朔之言蘇也，明消更生，故言朔」。又晨為凡始之偁。又日月合朔必於正北，故北方亦謂之朔。詩小雅出車「天子命我城彼朔方」，傳云「朔方，北方也」。

霸

月始生霸（段作魄）然也。承大月二日，承小月三日。从月𩃬（音雹）聲。周書曰「哉生霸」。普伯切（音魄）。臣鉉等曰：今俗作必駕切，以為霸王字。

古文霸

禮鄉飲酒義「月者三日則成魄，三月則成時」，正義云「前月大，則月二日生魄，前月小，則三日生魄」。書康誥「惟三月哉生魄」，傳云「周公攝政七年三月始生魄，月十六日明消而魄生」。皆段魄為霸。本書鬼部「魄，侌神也，从鬼白聲，普百切」，是魂魄字。鬼部「魂，昜神也」。古籍段魄為霸，又讀霸作必駕切，以為王霸字。五霸字當作伯，人部「伯，長也，从人白聲，博陌切」。白虎通號篇「霸者伯也，行方伯之職」。

朗

明也。从月良聲。盧黨切

今書作朗。詩大雅既醉「昭明有融，高朗令終」，傳云「朗，明也」。

朓

（段改篆作𦝫，未是）晦而月見西方謂之朓。从月兆聲。土了切

謝朓字玄暉，即此字，非从肉之朓也。肉部「朓，祭也，从肉兆聲，土了切」。目部「眺，目不止也，从目兆聲，他弔切」。見部「覜，諸侯三年大相聘曰覜。覜，視也，从見兆聲，他弔切」。音同義異也。

肭

（段氏王氏並篆作𦙄，是）朔而月見東方謂之縮肭。从月內（應作肉）聲。女六切（音忸）

玉篇作肭。文選謝莊月賦「朒朓警闕」，李善注引說文亦作肭，今本篆體作𦙄，云从月內聲，當是傳寫之誤。

期

會也。从月其聲。渠之切

古文期 从日丌

禾部「稘，復其時也，从禾其聲。虞書曰：稘三百有六旬，居之切」。期是「期會」，稘則是周年之偁，古籍或段期為稘，俗又以作朞，以為稘年字。

朦 新附

月朦朧也。从月蒙聲。莫工切

朧

朧 朦朧也。从月龍聲。盧紅切

鄦書朦朧本作瞢矓。本書目部「瞢，目不明也。木空切」耳部「聾，無聞也。盧紅切」

有

有 不宜有也。春秋傳曰：「日月有食之。」从月又聲。凡有之屬皆从有。云九切（七二）

戫

戫 有彣彰也。从有惑聲。於六切

今經典通借郁彧或字。論語八佾「周監於二代，郁郁乎文哉」。詩小雅信南山「疆埸翼翼，黍稷彧彧」，傳云「彧彧，茂盛皃」。彧是戫之俗體，荀彧字文若，正字作戫。巛部「𢧢，水流也。从川或聲。于逼切」邑部「郁，右扶風郁夷。从邑有聲。於六切」欠部「𣢾，吹气也。从欠或聲。於六切」此𩑶戫字

龓

龓 兼有也。从有龍聲。讀若聾。盧紅切

段注云「今牢籠字當作此。籠行而龓廢矣。」按龓訓兼有，「籠絡」「籠罩」「籠統」皆當作龓，然無牢籠義。

「牢籠」字當作櫳。木部「櫳，檻也。从木龍聲。盧紅切」「檻，櫳也。从木監聲。一曰圈也。」櫳檻二字互訓。竹部「籠，舉土器也。一曰笭也。从竹龍聲。盧紅切」

明

朙 照也。从月囧。凡朙之屬皆从朙。武兵切（七二）

明 古文朙从日。

朚

朚 翌也。从明亡聲。呼光切（音方）

「翌也」當是昱字之誤。鄦書無翌字。日部「昱，明也。」說詳日部昱下。朚是光朚本字，俗借芒字。艸部「芒，艸耑。从艸亡聲。武方切」水部無茫字。又廣韻釋詁「朚，遽也。」是以朚為俗忙字。一切經音義「𢗰朚又作茫同。朚遽也。」謂遽為朚，聲借耳。不必於明義求之也。

囧

囧 窻牖麗廔闓明。象形。凡囧之屬皆从囧。讀若獷。賈侍中說：讀與明同。俱永切（音迥。指事。七二）

盟

盟

周礼曰，國有疑則盟，諸侯再相與會，十二歲一盟，北面詔天之司慎司命。盟（依句讀「盟」字斷句，「命」字衍，繫傳「司慎司盟」）殺牲歃血，朱盤玉敦，㠯立牛耳，从囧从血，（段皿聲）武兵切

古文 从明

篆文 从朙

周礼秋官司盟「掌盟載之法，凡邦國有疑會同，則掌其盟約之載及其礼儀，北面詔明神。」鄭注「有疑不協也，明神神之明察者，謂日月山川也。」「諸侯再相與會，十二歲一盟。」段云當作「諸侯再朝而會，再會，十二歲一盟。」左傳昭公十三年「是故明王之制，使諸侯歲聘㠯志業，間朝㠯講礼，再朝而會㠯示威，再會而盟㠯顯昭明。」杜注「三年而一朝，正班爵之義，率長幼之序，六年而一會，㠯訓上下之則，制財用之節，十二年而一盟，所㠯昭信義也。」「北面詔天之司慎司盟」，卽周礼秋官司盟之「北面詔明神」。左傳襄公十一年「載書曰，凡我同盟，毋蘊年，毋壅利，毋保姦，毋留慝，救災患，恤禍亂，同好惡，獎王室，或閒茲命，司慎司盟，名山名川，羣神羣祀，先王先公，七姓十二國之祖，明神殛之，俾失其民，隊命亡氏，踣其國家。」「殺牲歃血，朱盤玉敦，㠯立牛耳」：公羊傳隱公元年「盟者殺牲歃血詛命相誓㠯盟約束也。」周礼天官玉府「若合諸侯，則共珠槃玉敦。」注云「敦，槃類，珠玉㠯為飾，古者㠯槃盛血，㠯敦盛食，合諸侯者，必割牛耳，取其血歃之㠯盟，珠槃㠯盛牛耳，尸盟者執之。」又引鄭司農曰「玉敦，歃血玉器。」

夕

莫也，从月半見，凡夕之屬皆从夕，祥易切（七二）

夜

舍也，天下休舍也，从夕，亦省聲，羊謝切

杜氏謂「君子有四時，朝㠯聽政，晝㠯訪問，夕㠯脩令，夜㠯安身。」

夢

不明也，从夕，瞢省聲，莫忠切，又亡貢切

苜部「瞢，目不明也，从苜从旬，旬，目數搖也。」按夢之本義是不明，詩小雅正月「民今方殆，視爾夢夢。」大雅抑「視爾夢夢，我心慘慘。」傳並訓「夢夢，亂也。」是又目昏之義，爾雅釋訓「夢夢訰訰，亂也。」郝疏云「不明卽亂。」又「儚儚洄洄，惛也。」按說文無儚字，但有儚，人部「儚，惛也，从人夢聲。」呼肱切，音不同，釋文「儚字或作懜。」儚字經典不見，「惛儚」正字當作

懜心部「懜不明也从心夢聲武亙切」俗文穴加心旁於瞢字作懵㑅誤經傳又叚夢爲㝱寐字本書七下部曰「㝱寐而有覺也从宀从疒夢聲周礼吕日月星辰占六㝱之吉凶一曰正㝱二曰㖾㝱三曰思㝱四曰寤㝱五曰喜㝱六曰懼㝱莫鳳切」今周礼春官占夢已用借字矣

夗

轉臥也从夕卪臥有卪也於阮切

此夗轉字宀部「宛屈艸自覆也从宀夗聲於阮切」是宛曲字

夤

敬惕也从夕寅聲易曰夕惕若夤(段作「厲」)翼真切

籀文夤

「夕惕若夤」段改作「厲」是也易乾卦九三「君子終日乾乾夕惕若厲无咎」本書骨部「髏骨閒黃汁也从骨易聲讀若易曰夕惕若厲」正作厲廿卅人引易亦無作夤者至易艮卦九三「艮其限列其夤厲熏心」虞翻注「夤脊肉」釋文云「鄭本作膑」馬云「夾脊肉也」則夤本从肉作䐈寫者或逄肉於寅上遂誤从夕而夕夤與乾卦夕惕之文偶合故吕敬惕釋之耳說文肉部「胂夾脊肉也从肉申聲矢人切」疑膑即胂之重文玉篇竝有胂膑二字皆云脊肉則重出矣

姓

雨而夜除星見也从夕生聲(臣鉉等曰今俗作晴非是疾盈切)

从夕故云夜與日部「暒雨而晝姓也从日啓省聲康礼切」對文

夙

早敬也从丮夕(依段補)持事雖夕不休早敬者也(臣鉉等曰今俗書作夙譌息逐切)

古文夙从人㐭(段無「夙从人㐭」)

亦古文夙从人㐭宿从此(段但云「古文」)

夢

宋也从夕莫聲莫白切

宋夢今俗作寂寞非是又本書夕部「夢𡧍宋夢也从夕莫聲莫各切」口部「嗼啾嗼也从口莫聲莫各切」精異

多

重(段作緟下同)也从重夕夕者相繹也故爲多重夕爲多重日爲曡凡多之屬皆从多得何切

古文多(段作「古文竝夕」)

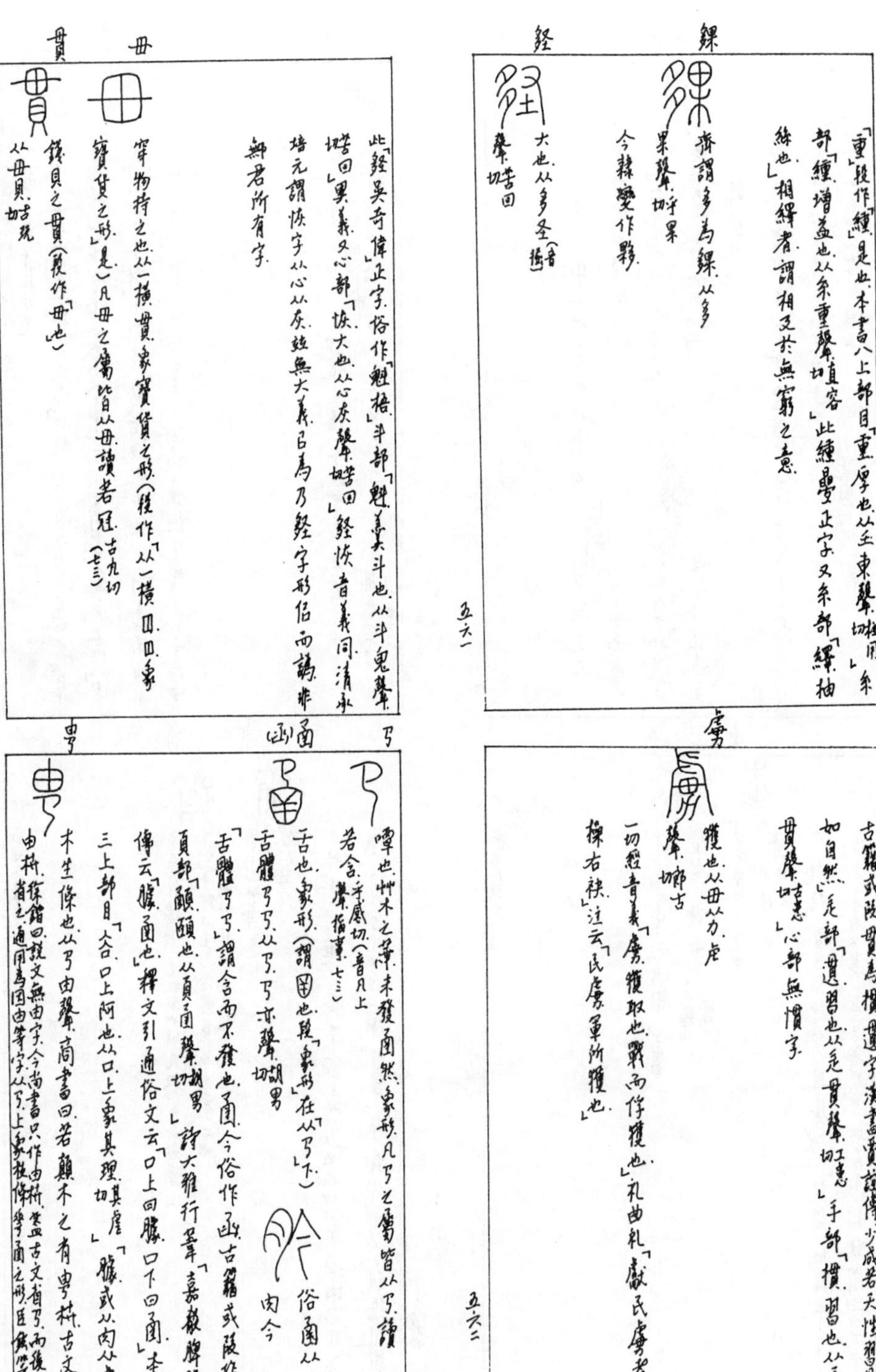

「重」段作「緟」是也。本書八上部目「重，厚也。从𡈼東聲，柱用切」。糸部「緟，增益也。从糸重聲，直容切」。此緟疊正字。又糸部「繹，抽絲也」。相繹者，謂相及於無窮之意。

夥

齊謂多為夥。从多果聲。乎果切。今隸變作夥。

錗

大也。从多圣（音揺）聲。苦回切。

此「錗」吳奇偉正字，俗作「魁梧」。斗部「魁，羹斗也。从斗鬼聲，苦回切」。「梧」義又心部「恢，大也。从心灰聲，苦回切」。錗恢音義同。清承培元謂恢字从心从灰，兹無大義，己為乃錗字形侶而譌，非無君所有字。

毌

穿物持之也。从一橫貫，象寶貨之形。（段作「从一橫毌，毌象寶貨之形」是）凡毌之屬皆从毌。讀若冠。古丸切（七三）

貫

錢貝之毌貫。（段作「毌也」）从毌貝。古玩切

古籍或假毌貫為摜、遦字。漢書賈誼傳「少成若天性，習貫如自然」。辵部「遦，習也。从辵貫聲，工患切」。手部「摜，習也。从手貫聲，古患切」。心部無慣字。

虜

獲也。从毌从力，虍聲。郎古切

一切經音義「虜，獲取也。戰而俘獲也」。禮曲禮「獻民虜者操右袂」注云「民虜，軍所獲也」。

𢎘

嘾也。艸木之華未發圅然。象形。凡𢎘之屬皆从𢎘。讀若含。乎感切（音凡上聲，指事，七三）

圅（函）

舌也。象形。（謂圅也，段「象形」在「从𢎘」下）舌體𢎘𢎘，从𢎘，𢎘亦聲。胡男切

𦙶 俗圅从肉今

「舌體𢎘𢎘」謂含而不發也。圅今俗作函，古籍或段作顄。頁部「顄，頤也。从頁圅聲，胡男切」。詩大雅行葦「嘉殽脾臄」傳云「臄，圅也」。釋文引通俗文云「口上曰臄，口下曰圅」。本書三上部目「𧮫，口上阿也。从口，上象其理。其虐切」「臄，或从肉从豦」。

㽕

木生條也。从𢎘由聲。商書曰「若顛木之有㽕枿」。古文言由枿。徐鍇曰：說文無由字，今尚書只作由枿，蓋古文省𢎘，而後人因省之，通用為因由等字。从𢎘，上象枝條華圅之形。臣鉉等案

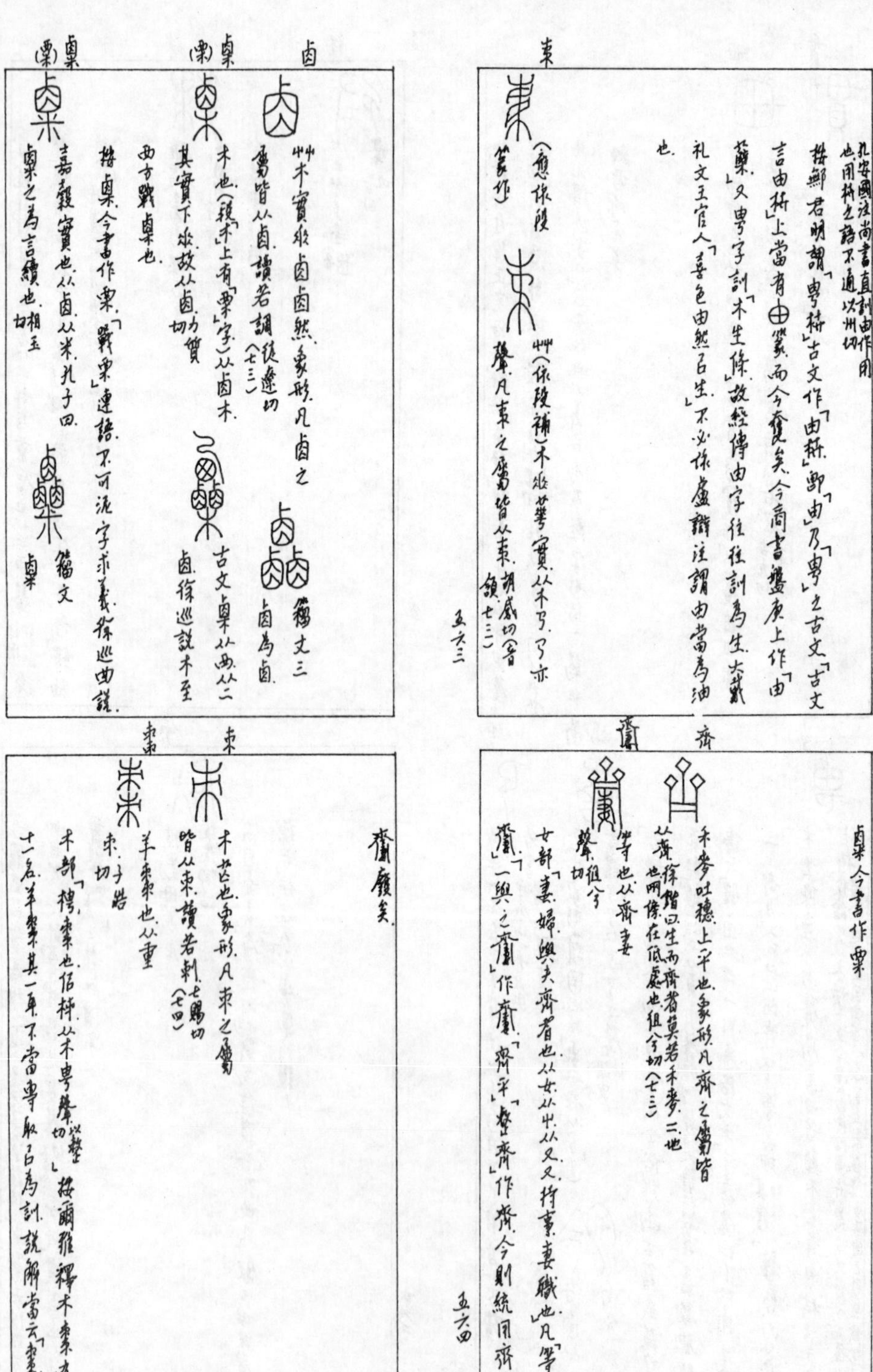

孔安國注尚書直訓由作用也，用枿之語不通。以州切

按鄭君明謂「甹枿」古文作「由枿」，卽「由」乃「甹」之古文。「古文言由枿」上當有「由」篆，而今奪之矣。今商書盤庚上作「由蘖」。又甹字訓「木生條」，故經傳由字往往訓爲生。大戴礼文王官人「喜色由然以生」，不必依盧辯注謂由當爲油也。

𣐺

（篆依段作）

艸（依段補）木垂華實。从木马，马亦聲。凡𣐺之屬皆从𣐺。胡感切（含韻 七三）

五六三

卣

艸木實垂卣卣然。象形。凡卣之屬皆从卣。讀若調。徒遼切（七三）

籀文三卣爲卣。

㮚（栗）

木也。（段本上有「栗字」）从卣木。其實下垂，故从卣。力質切

古文㮚从西从二卣。徐巡說木至西方戰㮚也。

按㮚今書作栗，「戰栗」連語，不可泥字求義，徐巡曲說。

㮚（粟）

嘉穀實也。从卣从米。孔子曰：㮚之為言續也。相玉切

籀文㮚

㮚今書作粟

齊

禾麥吐穗上平也。象形。凡齊之屬皆从齊。从亝。徐鍇曰：生而齊者莫若禾麥。二，地也。兩傍在低處也。徂兮切（七三）

𪗉

等也。从齊妻聲。祖兮切

女部「妻，婦與夫齊者也。从女从屮从又。又，持事，妻職也」。凡「等𪗉」「一與之𪗉」作𪗉，「齊平」「整齊」作齊，今則統用齊而𪗉廢矣。

五六四

朿

木芒也。象形。凡朿之屬皆从朿。讀若刺。七賜切（七四）

棗

羊棗也。从重朿。子皓切

木部「樗，棗也，似柹。从木雩聲。以整切」按爾雅釋木棗有十一名，羊棗其一耳，不當專取以爲訓，說解當云「棗，木

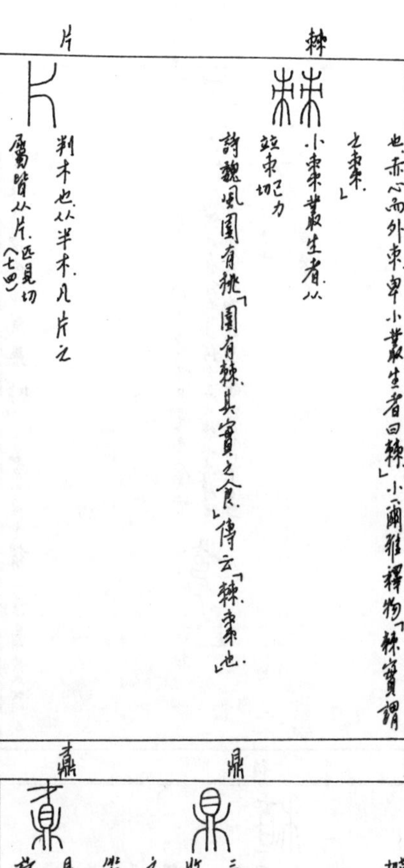

也、赤心而外束、朿小叢生者曰棘」小爾雅釋物「棘實謂之棗」

棘

棘 小棗叢生者、从竝朿。己力切

詩魏風園有桃「園有棘、其實之食」傳云「棘、棗也」

片

片 判木也、从半木。凡片之屬皆从片。匹見切（七四）

版

版 判也（段作「片也」）从片反聲。布綰切

版訓「判也」謂判之而為版也。凡版片版籍皆以此為正字、今則單以為版籍義、而以作板以為板片字、未是。木部無板字。

牘

牘 書版也、从片賣聲。徒谷切

貝部「賣、衒也、从貝𧶠聲。𧶠、古文睦、讀若育」余六切 今書作賣、則與从出買之賣字混矣、出部「賣、出物貨也、从出買。莫邂切」是買賣字。

鼎

鼎 三足兩耳和五味之寶器也。象析木以炊、貞省聲。昔禹收九牧之金、鑄鼎荊山之下、入山林川澤、螭魅蝄蜽莫能逢之、以協承天休。易卦巽木於下者為鼎、古文以貝為鼎、籀文以鼎為貝。凡鼎之屬皆从鼎。都挺切（七四）

鼒

鼒 鼎之圜掩上者、从鼎才聲。詩曰鼐鼎及鼒。子之切

鎡（當依段篆作）鎡 俗鼒从金从茲（段作「茲聲」是）

詩周頌絲衣「鼐鼎及鼒」傳云「大鼎謂之鼐、小鼎謂之鼒」又鎡字當依段从艸部之茲、各本从玄部之玆、誤、又按鼒鎡本一字、鼒是本字、鎡其或體、今經典以鼒為鼎屬、鎡為田器、截然異字。孟子公孫丑「雖有鎡基、不如及時」趙注「鎡基、田器耒梠之屬」

鼐

鼐 鼎之絕大者、从鼎乃聲。魯詩說鼐、小鼎。奴代切

爾雅釋器「鼎絕大謂之鼐」詩周頌絲衣毛傳「大鼎謂之鼐、小鼎謂之鼒」魯詩說以鼐為小鼎、與毛詩異、

鼏

故鄭君特箸之。

鼏（篆依段正）以木橫貫鼎耳舉之。从鼎冂聲。周礼廟門容大鼏七箇。即易玉鉉大吉也。莫狄切（此字古熒切音迴）

今周礼攷工記作「大扃七箇」，是同音叚借。易鼎卦上九「鼎玉鉉大吉，无不利」。本書金部「鉉，舉鼎具也。易謂之鉉，礼謂之鼏。从金玄聲。胡犬切」。鼏與鉉異字同義。

鼏

鼏 鼎覆也。（各本奪此，依段補）从鼎冂，冂亦聲。莫狄切（音冖）

巾部「幎，幔也。从巾冥聲。莫狄切」。古者覆巾謂之幎，鼎蓋謂之鼏。

克

克 肩也。象屋下刻木之形。凡克之屬皆从克。徐鍇曰：肩，任也。負何之名也。與人肩膊之義通，能勝此物謂之克。苦得切（指事七四）

古文克

亦古文克

彔

彔 刻木彔彔也。象形。凡彔之屬皆从彔。盧谷切（指事七五）

禾

禾 嘉穀也。二月始生，八月而孰，得時之中，故謂之禾。禾，木也。木王而生，金王而死。从木，从𠂹省，𠂹象其穗。（段作「从木，象其穗」）凡禾之屬皆从禾。戶戈切（七五）

穜

穜 埶也。从禾童聲。之用切

丮部「埶，穜也。从坴丮。持而穜之。詩曰：我埶黍稷。魚祭切」。此樹埶字，又見之為地埶。易坤卦象辭「地埶坤，君子以厚德載物。」鄭書無藝勢字，本只作埶。穜訓「埶也」，是穜植字，今經典作種。本部又有「種，先穜後孰也。从禾重聲。直容切」，是種子字。

稙

稙 早穜也。从禾直聲。常職切 詩曰：稙稚尗麥。

今詩魯頌閟宮作「稙穉菽麥」，傳云「先種曰稙，後種曰穉」。按詩作穉是正字。說文無稚字。本部「穉，幼禾也。从禾屖聲。」

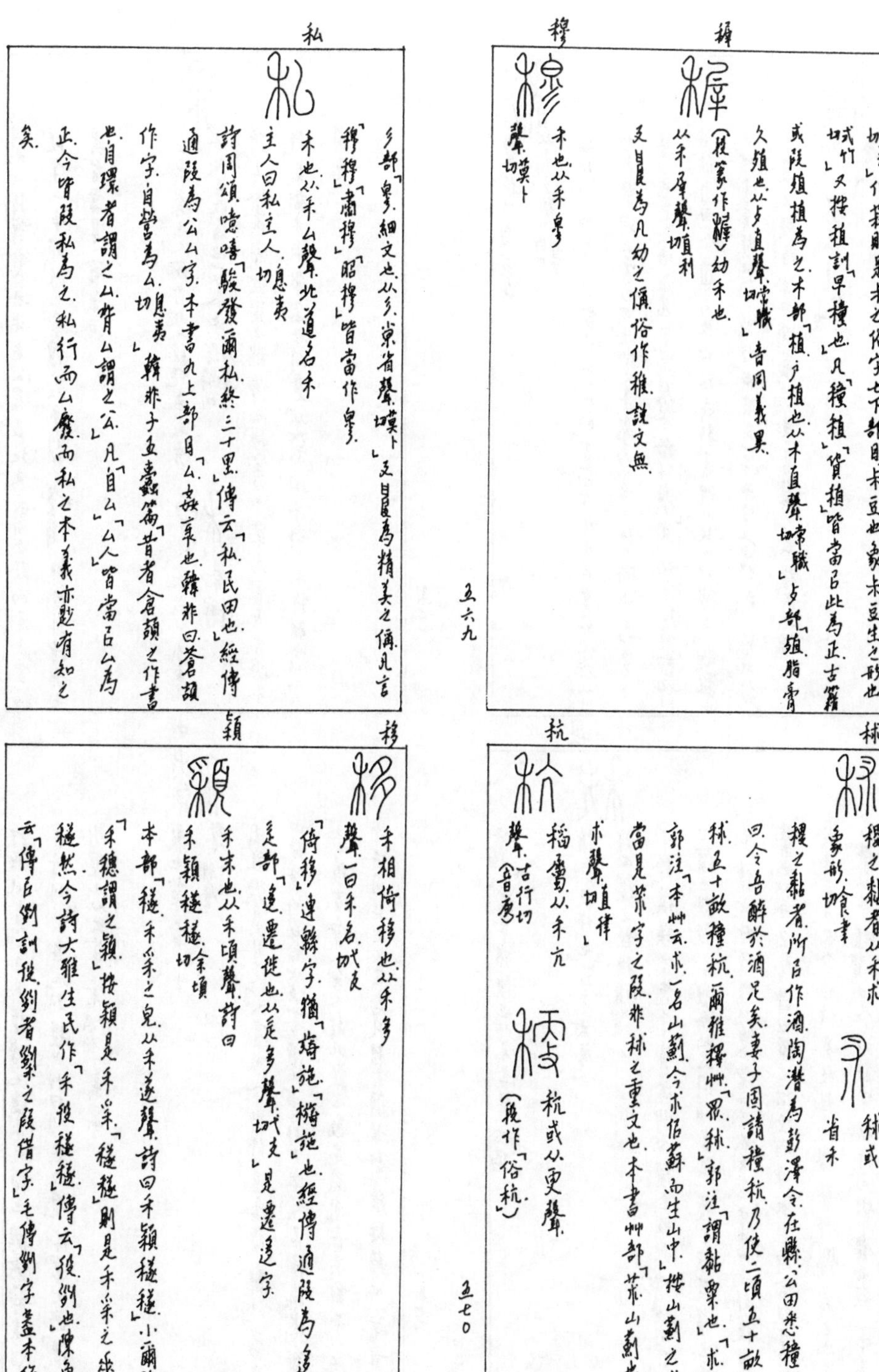

稙

切直利」作菽則是尗之俗字。七下部曰「尗，豆也。象尗豆生之形也。」

切式竹」又按稙訓早種也，凡「穜稙」「貨殖」皆當㠯此為正。古籍或段殖植為之。木部「植，戶植也。从木直聲。常職切」歹部「殖，脂膏久殖也。从歹直聲。常職切」音同義異。

稺

(段篆作穉)幼禾也。从禾屖聲。直利切

又㠯為凡幼之偁，俗作稚，說文無。

穆

禾也。从禾㣎聲。莫卜切

彡部「㣎，細文也。从彡，㝕省聲。莫卜切」又㠯為精美之偁，凡言「穆穆」「肅穆」「昭穆」皆當作㣎。

私

禾也。从禾厶聲。北道名禾主人曰私主人。息夷切

詩周頌噫嘻「駿發爾私，終三十里。」傳云「私，民田也。」經傳通段為公厶字。本書九上部曰「厶，姦衺也。韓非曰：蒼頡作字，自營為厶。息夷切」韓非子五蠹篇「昔者倉頡之作書也，自環者謂之厶，背厶謂之公。」凡「自厶」「厶人」皆當㠯厶為正。今皆段私為之，私行而厶廢，而私之本義亦尟有知之矣。

秫

稷之黏者。从禾术，象形。食聿切

术 秫或省禾

稷之黏者，所㠯作酒。陶潛為彭澤令，在縣，公田悉種秫，曰：令吾醉於酒足矣。妻子固請種秔，乃使二頃五十畝種秫，五十畝種秔。爾雅釋艸「眾，秫。」郭注「謂黏粟也。」「朮，山薊。」郭注「本艸云：朮一名山薊，今朮似薊而生山中。」按山薊之朮當是茮字之段，非秫之重文也。本書艸部「茮，山薊也。从艸朮聲。直律切」

秔

稻屬。从禾亢聲。古行切(音庚)

稉 秔或从更聲(段作「俗秔」)

移

禾相倚移也。从禾多聲。一曰禾名。弋支切

「倚移」連緜字，猶「旖施」「檹施」也。經傳通段為迻字。辵部「迻，遷徙也。从辵多聲。弋支切」是遷迻字。

穎

禾末也。从禾頃聲。詩曰「禾穎穟穟。」余頃切

本部「穟，禾采之皃。从禾遂聲。詩曰禾穎穟穟。」小爾雅「禾穗謂之穎。」按穎是禾采，「穟穟」則是禾采之垂穟穟然，今詩大雅生民作「禾役穟穟」，傳云「役，列也。」陳奐疏云「傳㠯列訓役，列者𠛬之段借字。」毛傳列字蓋本作

劉采而傳寫奪其半，毛公蓋已從為劉采之段，而已正字釋段字也。本部「劉采，黍穰也，从禾劉聲，良薛切」，鄭君引詩與毛異者，當是三家不同。

采

禾成秀也，人所已收。（段作「禾成秀人所已收者也」）从爪禾。（徐醉切）（會意）

穗

采或从禾惠聲。（形聲）

詩王風黍離「彼稷之穗」，傳云「穗，秀也」。采為禾成秀，與木部「采，樹木垂朵朵也」同意。「从爪禾」與木部「采，捋取也，从爪木」同意。

秄

壅禾本。（段作「雝禾本」）从禾子聲。（即里切）（音子）

按說文無壅字，當作邕。巛部「邕，四方有水自邕城池者，从川从邑」。戴侗六書故曰「凡水之畜聚為邕，平聲；雝水為邕，上聲；已糞土培殖為邕，去聲，今俗作壅」。又秄今俗作耔。詩小雅甫田「今適南畝，或耘或秄，黍稷薿薿」，傳云「秄，雝本也」。漢書食貨志引詩作「或芸或芓」，本字當作「或耘或秄」。本書耒部「䅳，除田閒薉也，从耒員聲」，「耘，䅳或从芸」。

穫

刈穀也，从禾蒦聲。（乙虢切）（胡郭切）

詩豳風七月「八月其穫」，傳云「穫，禾可穫也」。離騷「願竢時乎吾將刈」，王逸注「刈，穫也。草曰刈，穀曰穫」。本書犬部「獲，獵所獲也，从犬蒦聲（胡伯切）」，義異。

積

聚也，从禾責聲。（則歷切）

周禮地官大司徒「大賓客，令野脩道委積」，鄭注「少曰委，多曰積」，皆所已給賓客。遺人「掌邦之委積，已待施惠」，鄭注「委積者，廩人倉人計九穀之數足國用，已其餘共之，所謂餘法用也」。又㠯為凡聚之偁。羊部「積，䅼積也，从羊責聲（子賜切）」，「䅼，羊相積也，从羊委聲（於僞切）」。

秩

積也。（段作「兒」）从禾失聲。（直質切）

詩曰「穦之秩秩」。本部「穦，積禾也，从禾資聲，詩曰穦之秩秩（即夷切）」，所引詩，今詩無此文。周頌良耜「穫之挃挃，積之栗栗」，傳云「挃挃，穫聲也。栗栗，眾多也」。本書手部「挃，穫禾聲也，从手至聲，詩曰穫之挃挃（陟栗切）」，與毛詩合。秩下引詩或本三家。又今經傳多段秩為豑。豊部「豑，爵之次弟也，从豊从弟（直質切）」，是豑秩字，秩行而豑廢，而秩之本義亦

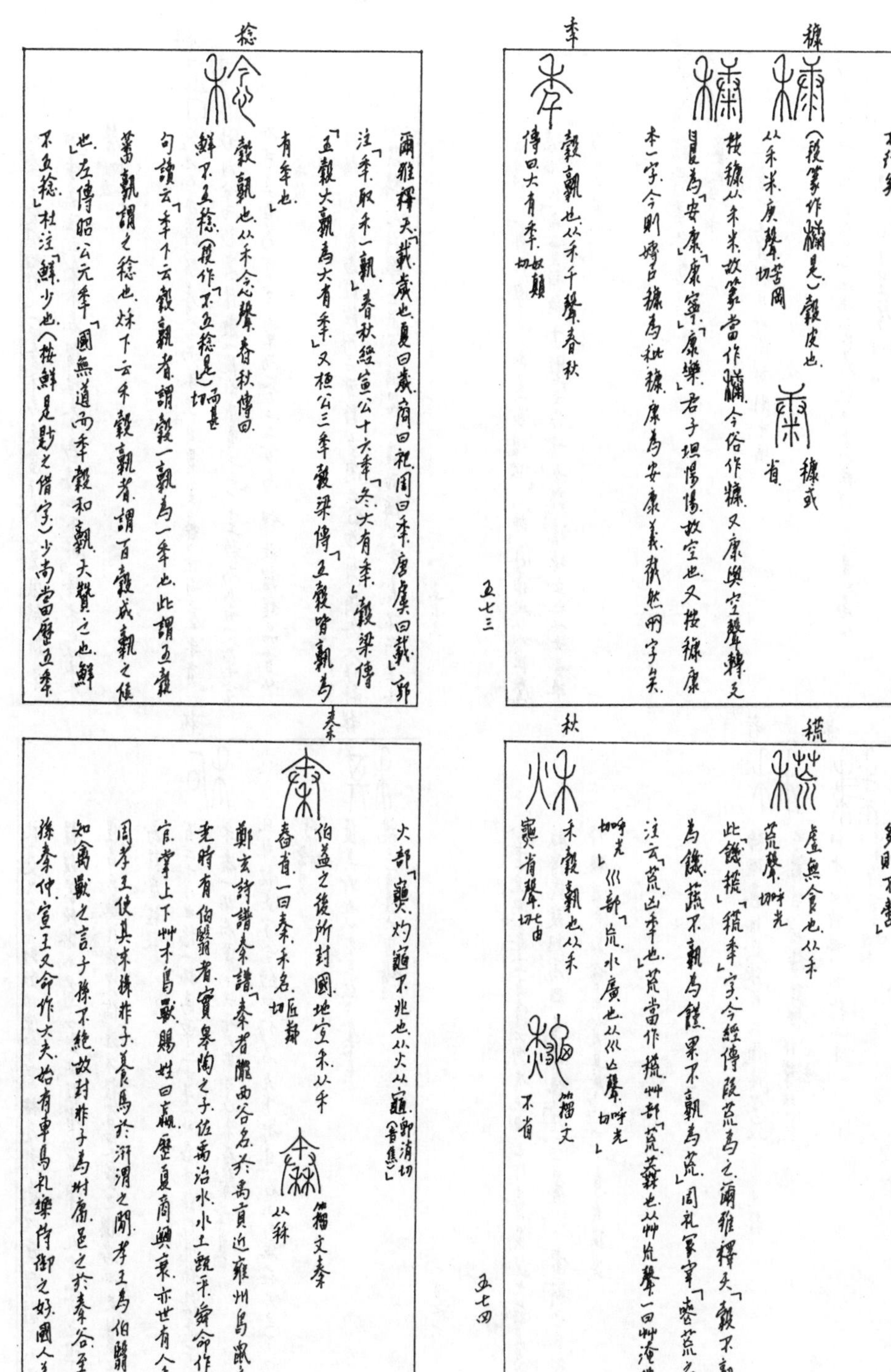

不行矣。

穅

（段篆作穅是）穀皮也。从禾米庚聲。苦岡切

穅或省。

按穅从禾米，故篆當作穅。今俗作糠。又康與空聲轉，是為「安康」「康寧」「康樂」。君子坦蕩蕩，故空也。又按穅康本一字，今則嫥以穅為秕穅，康為安康義，截然兩字矣。

秊

穀孰也。从禾千聲。春秋傳曰：「大有秊。」奴顛切

爾雅釋天「載，歲也。夏曰歲，商曰祀，周曰秊，唐虞曰載。」郭注「秊取禾一孰。」春秋經宣公十六年「冬，大有秊。」穀梁傳「五穀大孰為大有秊。」又桓公三年穀梁傳「五穀皆孰為有秊也。」

稔

穀孰也。从禾念聲。春秋傳曰：「鮮不五稔。」（段作「不五稔」是）而甚切

句讀云「秊下云穀孰者，謂穀一孰為一秊也。此謂五穀蕃孰謂之稔也。秋下云禾穀孰者，謂百穀成孰之候也。」左傳昭公元年「國無道而秊穀和孰，天贊之也。鮮不五稔。」杜注「鮮，少也。（按鮮是尟之借字）少尚當歷五秊

多則不害」。

𥟤

虛無食也。从禾荒聲。呼光切

此「饑𥟤」「𥟤秊」字，今經傳段荒為之。爾雅釋天「穀不孰為饑，蔬不孰為饉，果不孰為荒。」周禮冢宰「嗇荒之式」注云「荒，凶秊也。」荒當作𥟤。艸部「荒，蕪也。从艸巟聲。一曰艸淹地也。呼光切」巛部「巟，水廣也。从巛亡聲。呼光切」

秋

禾穀孰也。从禾𪏰省聲。七由切

籀文不省。

秦

火部「𪏰，灼龜不兆也。从火从龜。即消切（音焦）」

伯益之後所封國。地宜禾。从禾春省。一曰秦，禾名。匠鄰切

籀文秦从秝。

鄭玄詩譜秦譜「秦者，隴西谷名，於禹貢近雍州鳥鼠之山。堯時有伯翳者，實皋陶之子，佐禹治水。水土既平，舜命作虞官，掌上下艸木鳥獸，賜姓曰嬴。歷夏商興衰，亦世有人焉。周孝王使其末孫非子養馬於汧渭之間，孝王為伯翳能知禽獸之言，子孫不絕，故封非子為附庸，邑之於秦谷。至曾孫秦仲，宣王又命作大夫，始有車馬禮樂侍御之好，國人美

稱

之秦之變風始作」「一曰秦禾名」禾當作木。文選風賦「離秦衡」李善注云「秦，木名」謂借秦為榛也。木部「榛，木也。从木秦聲。側詵切」

稱

銓也。从禾爯聲。春分而禾生。日夏至晷景可度。禾有秒，秋分而秒定。律數（段數下有「十二」）十二秒而當一分，十分而寸。其以為重，十二粟而當一分，十二分為一銖。故諸程品皆从禾。處陵切

按稱之本義為銓。銓所以衡輕重，因之銓物亦曰稱，俗以作秤。而假稱為并舉之爯及偁揚之偁，而稱之本義不行矣。本書冓部「爯，并舉也。从爪冓省。處陵切」人部「偁，揚也。从人爯聲。處陵切」又「名實相稱」字則當作婧。女部「婧，竦立也。从女青聲。一曰有材也。七正切」

科

科

程也。从禾斗。斗者量也。苦禾切

又引伸之為凡科目科條科則之偁。

程

程

程（依段補）品也。十髮為程，十程（段作「一程」是）為分，十分為寸。从禾呈聲。直貞切

秅

禮月令「命工師效功，陳祭器，按度程」鄭注「度，謂制大小也。程，謂器所容也」荀子致士「程者物之準也，禮者節之準也。程以立數，禮以定倫」注云「程者度量之總名也」引伸之義為程度程級

秅

百二十斤也。稻一秅為粟二十斗（斗，各本誤作升，依段正，下同）禾黍一秅為粟十六斗大半斗。从禾石聲。常隻切

此斗秅正字，今經典作石。九下部首「石，山石也。在厂之下，口象形。常隻切」

稘

稘

復其時也。从禾其聲。虞書曰「稘三百有六旬」居之切

今書堯典「朞三百有六旬有六日」已作朞矣。說文無朞字。經傳或假期為稘。易繫傳「凡三百有六十，當期之日」期當作稘。月部「期，會也。从月其聲。渠之切」音義俱異。

秝

秝

稀疏適秝也（依段氏補「秝」字）从二禾。凡秝之屬皆从秝。讀若歷。郎擊切（七五）

兼

兼

并也。从又持秝。兼持二禾，秉持一禾。古甜切

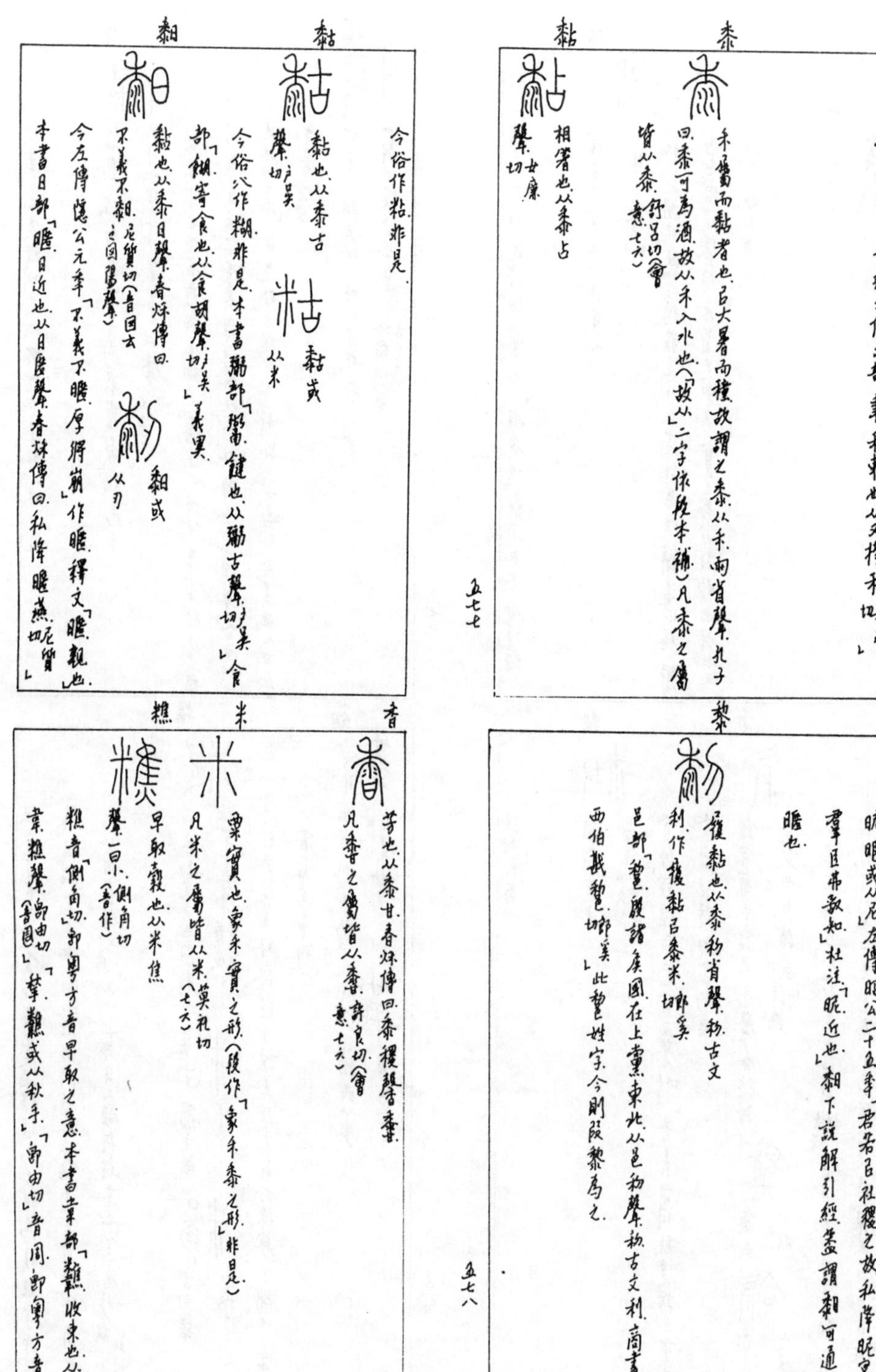

又艮爲凡兼并之偁。又部「秉，禾束也。从又持禾。兵永切」

黍

禾屬而黏者也。以大暑而種，故謂之黍。从禾，雨省聲。孔子曰：「黍可爲酒，故从禾入水也。」（「故从」二字依段本補）凡黍之屬皆从黍。舒呂切（會意七六）

黏

相箸也。从黍占聲。女廉切

今俗作粘，非是。

䵗

黏也。从黍古聲。戶吳切

粘 䵗或从米

今俗以作糊，非是。本書䰜部「䰜，鍵也。从䰜古聲。戶吳切」，食部「餬，寄食也。从食胡聲。戶吳切」，義異。

䵒

黏也。从黍日聲。春秋傳曰：「不義不䵒。」尼質切（音因去之因陽聲）

⿰黍刃 䵒或从刃

今左傳隱公元年「不義不暱，厚將崩」作暱。釋文「暱，親也」。本書日部「暱，日近也。从日匿聲。春秋傳曰：私降暱燕。尼質切」

「昵，暱或从尼」。左傳昭公二十五年「君若以社稷之故，私降暱宴，羣臣弗敢知」。杜注「暱，近也」。䵒下說解引經，蓋謂䵒可通暱也。

黎

履黏也。从黍，𥝢省聲。𥝢，古文利。作履黏以黍米。郎奚切

邑部「𨛫，殷諸侯國，在上黨東北。从邑𥝢聲。𥝢，古文利。商書西伯戡𨛫。郎奚切」此𨛫姓字，今則假黎爲之。

香

芳也。从黍从甘。春秋傳曰：「黍稷馨香。」凡香之屬皆从香。許良切（會意七六）

米

粟實也。象禾實之形。（段作「象禾黍之形」，非是）凡米之屬皆从米。莫禮切（七六）

⿰米焦

早取穀也。从米焦聲。一曰小。側角切（音作）

⿰米焦音「側角切」，即粵方音早取之意。本書韋部「⿰韋焦，收束也。从韋⿰米焦聲。即由切（音囚）」「揫，⿰韋焦或从秋手。」「即由切」音周，即粵方音

捉令手意。廣韻「䅪，小也」，與糕下說解「一曰小」同。

粲

粲

稻重一秙，為粟二十斗，為米十斗曰毇，為米六斗太半斗曰粲。从米奴聲。倉案切

粲是米之精者。詩鄭風緇衣「適子之館兮，還予授子之粲兮」。粲是本字本義。經傳或叚為奻。詩唐風綢繆「今夕何夕，見此粲者」。粲是奻之借字。女部「奻，三女為奻。奻，美也。从女，奴省聲。倉案切」

糲

糲

粟重一秙，為十六斗太半斗，舂為米一斛曰糲。从米萬聲。洛帶切（萬，古音邁）

漢書司馬遷傳「糲粱之食」，服虔注「粗米也」。今俗作糲。

精

精

擇米也。（「米」字依段本補）从米青聲。子盈切

莊子人間世「鼓筴播精，足以食十人」，司馬注「簡米曰精」。簡借為柬，俗作揀。精之本義是柬米，又叚之為小也、微眇也、明也，又為冣好之偁。

粗

粗

疏也。从米且聲。徂古切

粗之本義是疏食，卽糲米，俗又作糙。而以粗為精粗字，「精粗」「粗疏」字本作觕，而粗鹵則當作麤。本書角部「觕，角長皃。从角爿聲。士角切」又十上部目「麤，行超遠也。从三鹿。倉胡切」

糂

糂

以米和羹也。一曰粒也。从米甚聲。桑感切（音審）

糣 籒文糂从朁

糝 古文糂从參

今經典从古文作糝。莊子讓王「孔子窮於陳蔡之閒，七日不火食，藜羹不糝」。

䊼

䊼

酒母也。从米，䈞省聲。駒六切

鞠 䊼或从麥，鞠省聲。

詳艸部蘜字。

粈

粈

雜飯也。从米丑聲。女久切（音紐）

食部「鈕，雜飯也。从食丑聲。女久切」音義俱同，疑是粈之重文。

今俗又作糅，鄦書所無。

氣

氣

饋客芻米也。从米气聲。春秋傳曰：齊人來氣諸侯。許既切

槩 氣或从既

餼 氣或从食

本書一上部目「气，雲气也。象形。去既切」又叚為凡气之偁。氣與餼本一字，自以气為求乞字，遂又氣餼為二字，以氣

為形气字，叚用鎎為㥶氣字，說解引春秋傳見左傳桓公六及十年。今左傳竝作鎎。心部「㥶，大息也，从心氣，氣亦聲。詩曰：㥶我寤歎」許既切。本亦青氣，今詩曹風下泉「㥶我寤歎」釋文「㥶，苦愛反」則已讀愾矣。又金部「鎎，怒戰也，从金氣聲。春秋傳曰：諸侯敵王所鎎」許既切。今亦譌為愾矣。

⿱殺米

𥽏⿱殺米，㪔之也，从米，殺聲，桑割切。

此⿱殺米字古籍或省作殺，或借蔡為之。左傳昭公元年「周公殺管叔而蔡蔡叔」，釋文「上蔡字音素葛反，說文作⿱殺米」。又書禹貢「五百里要服，三百里夷，二百里蔡」，鄭注云「蔡之言殺，減殺其賦」。

竊

盜自中出曰竊，从穴米，禼廿皆聲。廿，古文疾；禼，古文偰。千結切。

今字竊省廿作竊。

毇

米一斛舂為八斗也，从臼米，从殳。凡毇之屬皆从毇。許委切（音委七六）

糳

糲米一斛舂為九斗曰糳，从毇，丵聲。（九，段作「八」，「毇」下「八」作「九」）則各切

此精糳字，今經傳多借鑿為之。金部「鑿，穿木也，从金，糳省聲，在各切」是穿鑿字。

臼

舂也（段作「舂臼也」）古者掘地為臼，其後穿木石。象形，中米也。凡臼之屬皆从臼。其九切

臿

舂去麥皮也，从臼干，所以臿之。（段「从臼」下有「干聲，一曰」四字）楚洽切

此舂臿字。手部「插，刺內也，从手从臿，楚洽切」是插入字。甾部「疀，㪺也，古田器也，从甾，疌聲，楚洽切」是今之「鍬」「鍤」字，正字當作「㪺」「疀」。爾雅釋器「㪺謂之疀」，古田器也。金部「鍤，郭衣鍼也，从金，臿聲，楚洽切」四字音同而義異。

舀

抒臼也，从爪臼。詩曰：或簸或舀。以沼切（音油。滔从此）

抭 舀或从手从宂

𦥷 舀或从臼宂

今詩大雅生民「或舂或揄，或簸或蹂」作揄，毛傳「揄，抒臼也」，釋文「揄，音油，抒臼也，說文作舀」，則是叚揄為舀。手部「揄，引也，从手，俞聲，羊朱切」音義俱異。又經傳或作抌。手部「抌，深擊也，从手，冘聲，竹甚切」亦音義俱異，恐是抌字形近而譌。

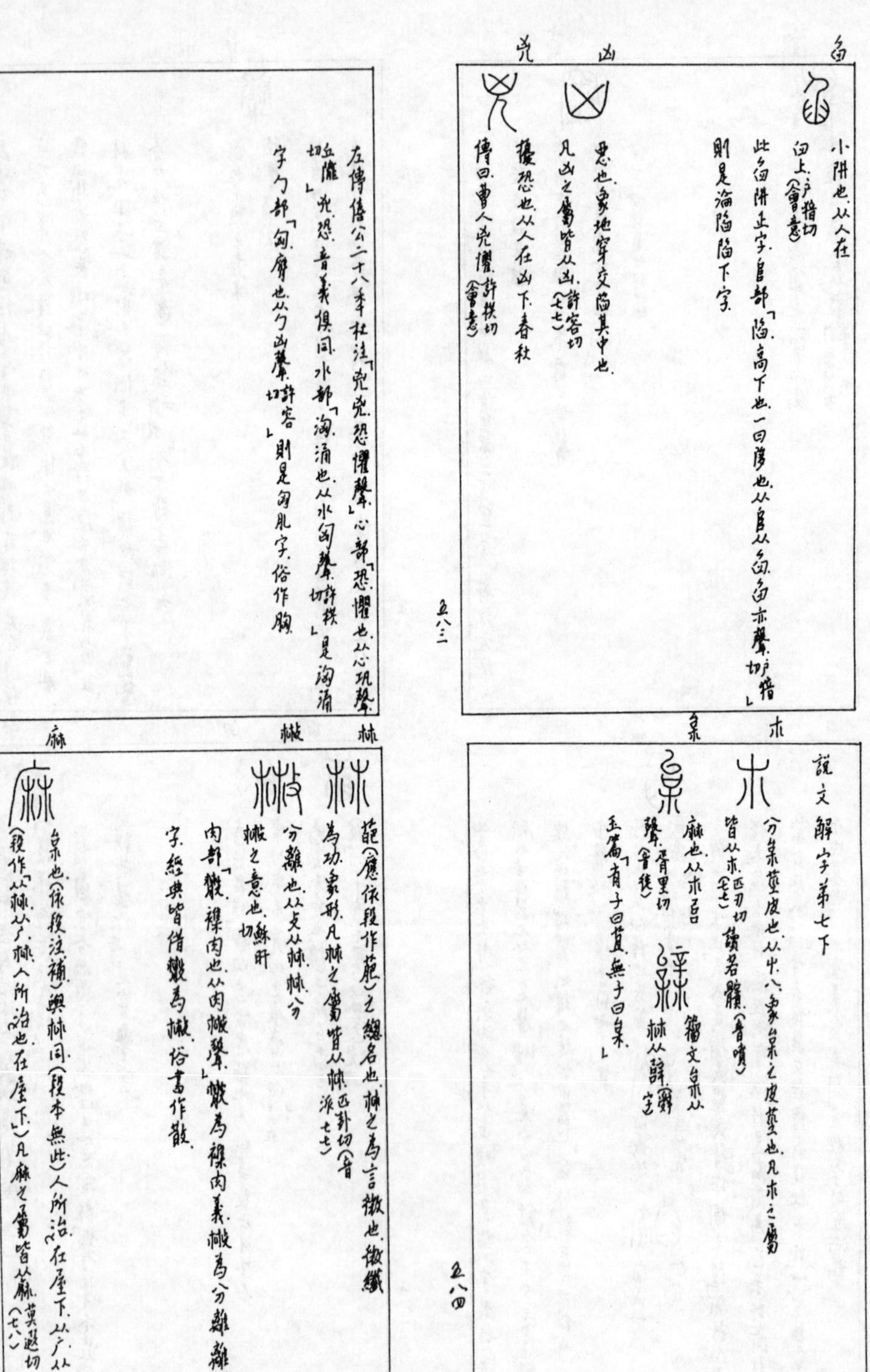

臽

小阱也。从人在臼上。户猶切(會意)

此臽阱正字。𨸏部「陷，高下也。一曰陊也。从𨸏从臽，臽亦聲。户猶切」則是淪陷陷下字。

凶

惡也。象地穿交陷其中也。凡凶之屬皆从凶。許容切(七七)

兇

擾恐也。从人在凶下。春秋傳曰：曹人兇懼。許拱切(會意)

左傳僖公二十八年杜注「兇兇，恐懼聲」。心部「恐，懼也。从心巩聲。丘隴切」兇恐音義俱同。水部「洶，涌也。从水匈聲。許拱切」是洶涌字。勹部「匈，膺也。从勹凶聲。許容切」則是匈肌字，俗作胸。

說文解字第七下

朩

分枲莖皮也。从屮，八象枲之皮莖也。凡朩之屬皆从朩。匹刃切(七七)讀若髕(音噴)

枲

麻也。从朩台聲。胥里切(音徙)

𦳝 籀文枲从林从辝字

玉篇「有子曰萓，無子曰枲」

𣏟

葩(應依段作萉)之總名也。𣏟之為言微也，微纖為功。象形。凡𣏟之屬皆从𣏟。匹卦切(音派七七)

㪔

分離也。从攴从𣏟。𣏟，分㪔之意也。穌旰切

肉部「散，雜肉也。从肉㪔聲」散為雜肉義，㪔為分離義，離㪔字，經典皆借散為㪔，俗書作散。

麻

枲也(依段注補)。與𣏟同(段本無此)。人所治，在屋下。从广从𣏟(段作「从𣏟从广。𣏟，人所治也，在屋下」)。凡麻之屬皆从麻。莫遐切(七八)

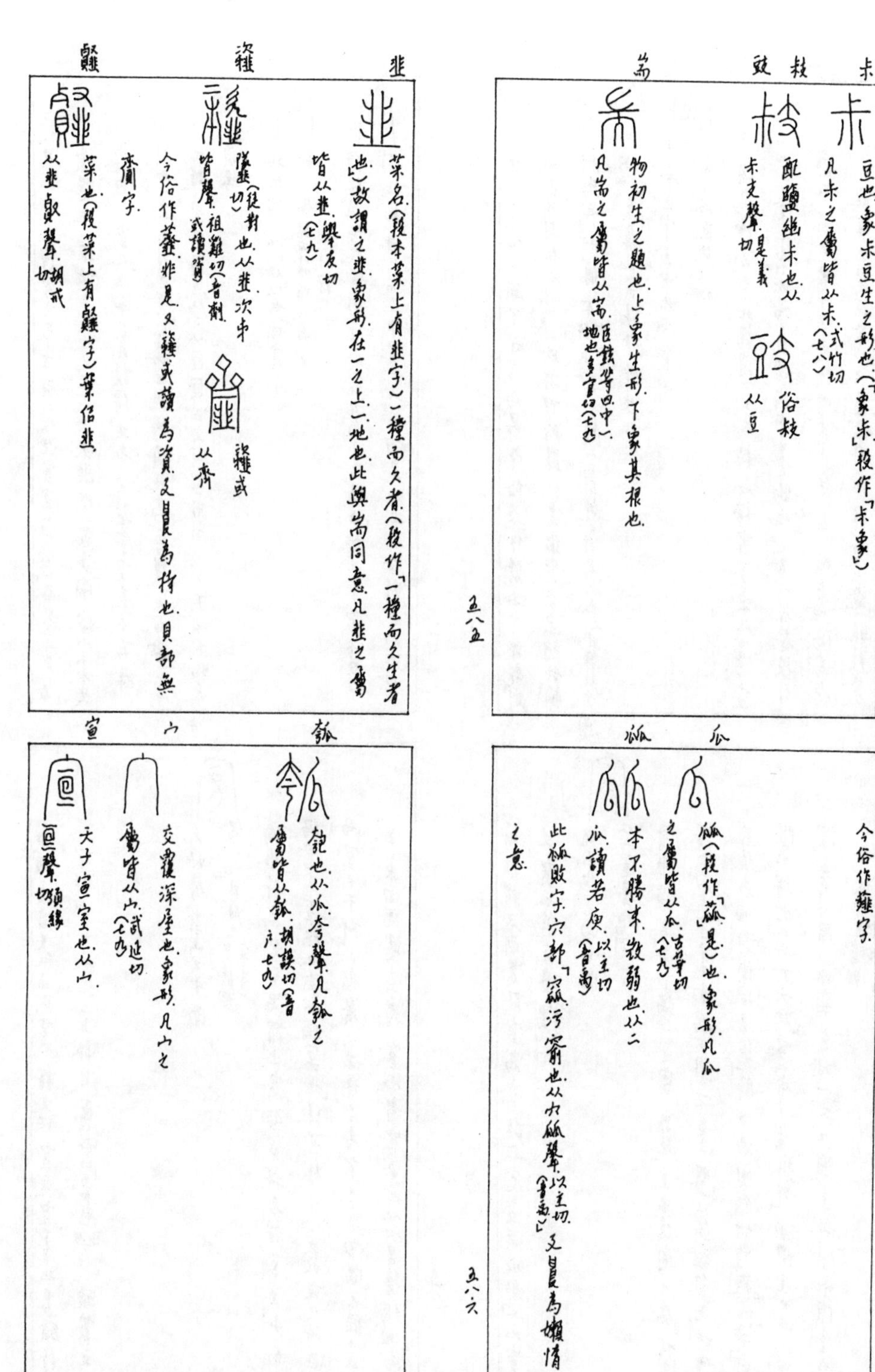

尗　枝　敊　耑

尗　豆也。象尗豆生之形也。（「象尗」段作「尗象」）凡尗之屬皆从尗。式竹切（七八）

枝　配鹽幽尗也。从尗支聲。是義切

敊　俗枝从豆

耑　物初生之題也。上象生形，下象其根也。凡耑之屬皆从耑。臣鉉等曰：中，地也。多官切（七九）

韭　䪢　韰

韭　菜名。（段本菜上有韭字）一穜而久者（段作「一穜而久生者也」）故謂之韭。象形，在一之上。一，地也。此與耑同意。凡韭之屬皆从韭。舉友切（七九）

䪢　墜也。从韭，次、𠂔皆聲。祖雞切（音劑）或讀齎

䪢或从齊

今俗作虀，非是。又䪢或讀為資，又叚為持也。貝部無齎字。

韰　菜也。（段菜上有韰字）葉似韭。从韭㲋聲。胡戒切

瓜　㼌

今俗作虀字。

瓜　㼌（段作「蓏是」）也。象形。凡瓜之屬皆从瓜。古華切（七九）

㼌　本不勝末，微弱也。从二瓜。讀若庾。以主切（音雨）此㼌與穴部「窳，污窬也。从穴㼌聲。以主切（音雨）」又叚為嬾惰之意。

瓠　宀　宣

瓠　匏也。从瓜夸聲。凡瓠之屬皆从瓠。胡誤切（音户）七九

宀　交覆深屋也。象形。凡宀之屬皆从宀。武延切（七九）

宣　天子宣室也。从宀亘聲。須緣切

史記賈誼傳「孝文帝方受釐，坐宣室。」蘇林曰「未央前正室。」索隱曰「三輔故事云宣室在未央殿北。三輔黃圖，宣室，未央前殿正室也。」漢書賈誼傳「文帝受釐宣室，夜半前席，問賈生鬼神之事。」即此也。經傳通段為「亘」，「亘傳」「亘布」「亘示」字。二部「亘，求亘也。从二从回。回，古文回，象亘回形，上下，所求物也。須緣切」

向

北出牖也。从宀从口。詩曰「塞向墐戶。」徐鍇曰「牖所以通人气，故从口。」許諒切

詩豳風七月「塞向墐戶。」傳云「向，北出牖也。」按此篆當依段作向。○象通孔而已，非字也。又按向是北出牖，今則以為鄉背字。又以為方嚮字，亦借為鄉字，俗又作嚮。本書邑部「鄉，國民所封鄉也。許良切」「所鄉，謂所歸往。」是鄉背本字。門部「䦲，門鄉也。从門鄉聲。許良切」是方嚮字。日部「曏，不久也。从日鄉聲。許兩切」是曏往字。詳邑部鄉字。

宧

養也。室之東北隅，食所凥。从宀𦣝聲。與之切

爾雅釋宮「東北隅謂之宧。」釋名釋宮室「東北隅曰宧。宧，養也。東北陽氣始出，布養物也。」「食所凥」者，段引郘晉涵云「君子之凥恆當戶，戶在東南，則東北隅為當戶，飲食之處在焉。」又易敘卦傳「頤者養也。」頤卦彖辭「頤，貞吉，養正則吉也。」釋文作宧云「宧，養也。」易頤卦本字作宧。本書十二上部「𦣝，顄也。象形。與之切」「頤，篆文𦣝。」

㝔

戶樞聲也。室之東南隅。从宀皀聲。烏皎切（音杳）

爾雅釋宮「東南隅謂之㝔。」作窔。釋名釋宮室「東南隅曰窔。窔，幽也。亦取幽冥也。」作窔。按窔字說文所無，而㝔之本訓「戶樞聲」，亦不得以為「室之東南隅」之偁。蓋「室之東南隅」正字當作窔。穴部「窔，冥也。从穴皀聲。烏皎切」而爾雅釋名則是段窔為㝔。誤作窔，窔又非穴部「窔，窔也。从穴交聲。烏叫切（音杳）」

奧

宛也。室之西南隅。从宀𢍏聲。烏到切

爾雅釋宮「西南隅謂之奧。」郭注「室中隱奧之處。」釋名釋宮室「室中西南隅曰奧，不見戶明，在所秘奧也。」經傳或段為澳。詩衛風淇奧「瞻彼淇奧，綠竹猗猗。」傳云「奧，隈也。」釋文「奧，於六反。」字當作澳。水部「澳，隈厓也。其內曰澳，其外曰隈。从水奧聲。於六切」或作隩。𨸏部「隩，水隈厓也。从𨸏奧聲。烏到切」

宛

屈艸自覆也。从宀夗聲。於阮切 惌 宛或从心。

按屈字當作詘。本書屋部「屈，無尾也。从尾出聲。九勿切」言部「詘，詰詘也。一曰詘襞。从言出聲。區勿切」又宛引申之義為宛曲詘折之偁。夕部「夗，轉臥也。从夕卩。臥有卩也。於阮切」則是夗轉字。

宇

屋邊也。从宀于聲。易曰：上棟下宇。王榘切 㝢 籀文宇从禹。

詩豳風七月「八月在宇」釋文「屋四垂為宇」易繫傳「上古穴居而野處，後世聖人易之以宮室，上棟下宇，以待風雨」虞翻注「宇謂屋邊也」。

寏

周垣也。从宀奐聲。胡官切 院 寏或从𨸏。（段有「完聲」）又爰眷切

廣雅釋室「院，垣也」桂氏云「周垣也者，四面屏蔽也，亦謂之院落」本書𨸏部復有「院，堅也。从𨸏完聲。臣鉉等按：宀部已有，此重出。王眷切」按院字分屬二部而說解各異，豈寏下重文後人誤增邪？未敢決也。

宏

屋宖𡫶響音也。（段無「響音」）从宀厷聲。戶萌切（厷，肱本字）

宖

屋響音也。从宀弘聲。（段作「宏聲」）戶萌切

弓部「弘，弓聲也。从弓厶聲。厶，古文肱字。胡肱切」徐鍇云「弘訓弓聲，故以宖為屋響，而宏但从厷為屋宖𡫶，然古多通用不忒也」谷部「谹，谷中響音也。从谷厷聲。戶萌切」義近。

㝗

康也。从宀良聲。（段本此下有「音良久」三字）音良，又力康切

本部「㝩，屋㝩㝗也。从宀康聲。苦岡切（音亢，平聲）」鄦書無廊字，本止作㝗。又按「音良，又力康切」此鼎臣文，毛本譌「又」為「久」，段氏不察，彖邊「音良久」於說解「良聲」下，而云「當作讀若」，疏矣。

寍

安也。从宀心在皿上。人之飲食器，（段「人」上有「皿」字，「飲食」作「㱃食」）所以安人。奴丁切

此安寍之「寍」。寍謐字，古籍多叚寧為之。丂部「寧，願詞也。从丂寍聲。奴丁切」是寧願字。又用部「甯，所願也。从用寧省聲。乃定切」寧、甯義略可通，詳丂部寧字。

寔

止也。（段作「止也，是」）从宀是聲。常隻切（音石）

詩召南小星「寔命不同」傳云「寔，是也」。書秦誓「是能容之」
「是不能容」大學兹引作寔。本書二下部目「正，是也，从止一口
止」「是，直也，从日正」。「寔」「是」同聲通段。「正」訓「是也」，故「寔」亦訓
「正也」。古籍亦段實爲寔。詩小雅頍弁「實維伊何」，傳云「實
是也」。邶風燕燕「瞻望弗及，實勞我心」，傳云「實，是也」。釋文「本作
寔」。

宓

安也，从宀必
聲。美畢切（又音伏）
此爲宓字，今皆段密爲之。山部「密，山如堂者，从山宓聲」（美畢切）
經傳又段宓爲虙。史記仲尼弟子列傳宓不齊，太皞虙犧
氏之後。凡宓字作姓氏當讀房六切，音伏。又言部「謐，靜語也，
从言盜聲，一曰無聲也」（彌必切（盜彌畢切））與宓訓「安也」義近，亦靖謐字。

宴

安也，从宀妟
聲。於甸切
女部「妟，安也，从女日。詩曰『以妟父母』（烏諫切）」。宴妟義同，經傳
多作宴。又晨爲「宴樂」「宴飲」，古籍每段燕爲之。詳日
部晏下。

宋

無人聲也，从宀
尗聲。前歷切

諔 宋或从言

察

本書夕部「募，宋也，从夕莫聲（莫白切）」，宋募今俗作寂寞，
非是。
覆也（繫傳段氏句讀「覆」下有「審」字），
从宀祭（繫傳段氏句讀作「祭聲」）。初八切
爾雅釋詁「覆察，副審也」。言部「詧，言微親詧也，从言察
省聲」。楚八切

寴

至也，从宀親
聲。初僅切
見部「親，至也，从見亲聲（七人切）」。按寴字从宀，有覆庇之義，凡
親密親近字當作寴。父母是情之最至者，故凡親情
親屬作寴。又示部無𥛒字，本止作寴。

實

富也，从宀貫。貫，貨貝也。
（段作「貫爲貨物」）神質切
又[illegible]之爲艸木之實，又爲充實、誠實之實。經傳每與寔
字互通。本部「寔，是也，从宀是聲」（常隻切），音義俱異。按寔
是「寔在」，凡經傳與是字文義相通者，正字當作寔。其
「虛實」「華實」「誠實」字當作實。

容

盛也，从宀谷（段作
「谷聲」）。余封切

𠕋 古文容
从公

此「容納」「容受」字，然經傳已段作「頌皃」之頌矣。頁部「頌，皃也。从頁公聲。余封切。又似用切」「額，籀文」。本書八下部目「皃，頌儀也」「頌皃」皆以頌字為正。詩大序「頌者美盛德之形容，以其成功告於神明者也」作「容」是借字。今既段容為頌，又以頌讀「似用切」為「歌頌」字，借義行而頌之本義晦矣。

宂

㪚也。从宀儿（段作「从宀儿」）人在屋下無田事。周書曰：宮中之宂食。而隴切（會意）

按今周書無此文，當是周禮轉寫誤也。周禮地官稾人「掌共外內朝宂食者之食」。又按冂部「冘，冘冘行皃。从人出冂。余箴切」今書作冗，與冘字形音義俱異，不得混也。

寫

置物也。从宀舄聲。悉也切

詩小雅裳裳者華「我覯之子，我心寫兮」傳云「我心所憂寫而去矣」。礼曲礼「御食於君，君賜餘，器之溉者不寫，其餘皆寫」注云「傳己器中乃食之也」。按寫訓置物，凡「傾寫」曰寫，「傾吐」亦曰寫。俗作瀉，非是。

寑

臥也。从宀𡨋（段作「𡨋聲」）七荏切

籀文寑省

此「寑」字書畫「寑」之寑，見臣之凡止息亦曰寑。㝱部「寢，病臥也。从㝱省，𡨋省聲。七荏切」是寢疾之寢。今皆變作寢，而二字混矣。寢字非說文所有。

㝑

冥合也。从宀丏聲。讀若周書若藥不眄眩（段無「周」字。「眄」作「瞑」）莫甸切（音免）

「周書」當是「商書」之誤。今書說命「若藥弗瞑眩，厥疾弗瘳」作「瞑眩」。又今俗云「吻合」，應作「㝑合」。

寓

寄也。从宀禺聲。牛具切

寓或从广（段「广」下有「作」字）

礼郊特牲「諸侯不臣寓公」。鄭注「謂失地之君寄寓其國也」。孟子離婁下「無寓人於我室」。趙注「寓，寄也」。

宊

貧病也。从宀久聲。詩曰：煢煢在宊。居又切

今詩周頌閔予小子「嬛嬛在疚」作疚。疒部無疚字。

寒

凍也。从人在宀下，㠯茻薦覆之（段作「从茻上下為覆」）下有仌（段有「也」字）胡安切

害

傷也。从宀从口。宀口（段作「从宀口」）言从家起也。丯聲。胡蓋切

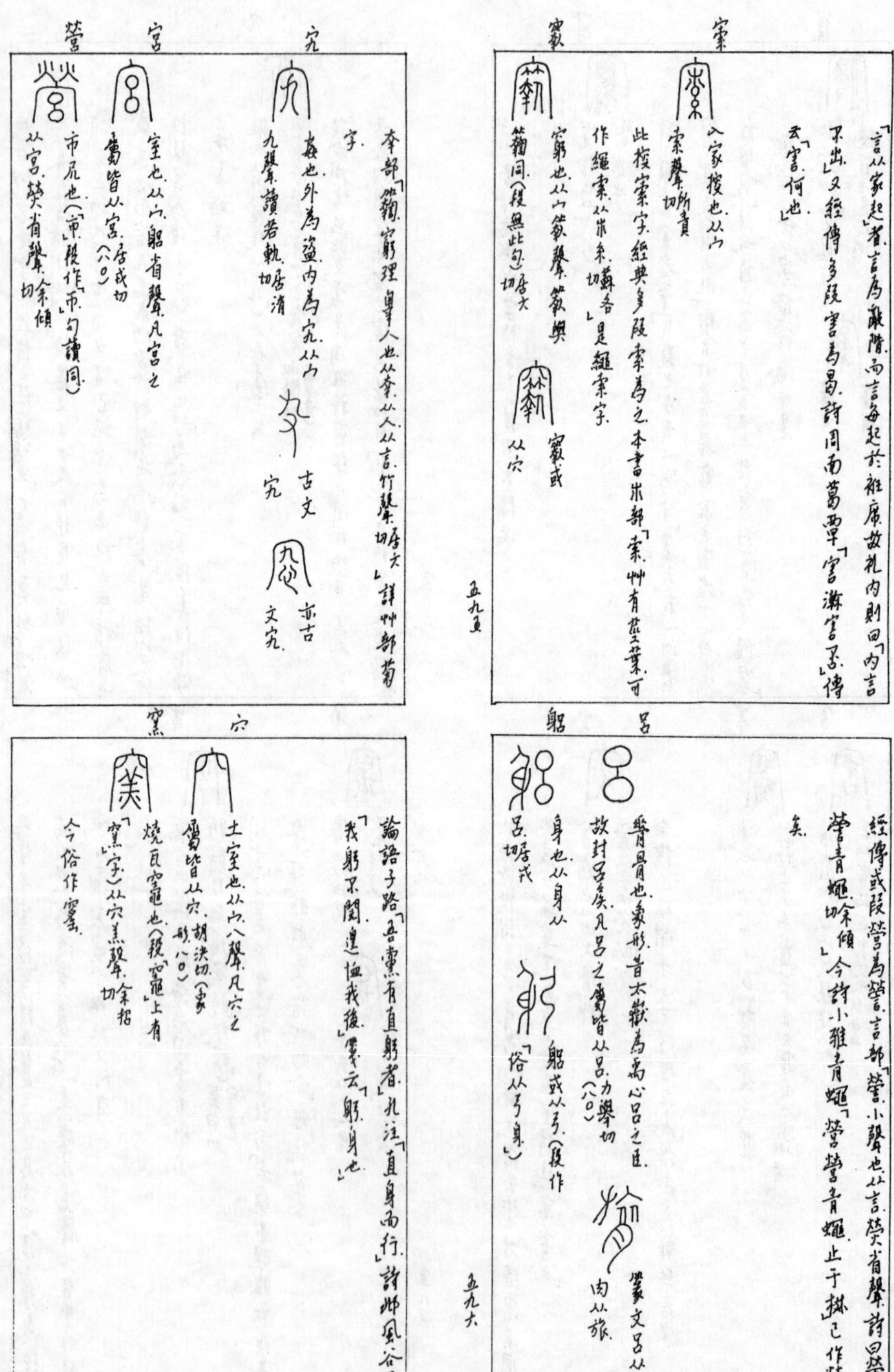

「言从家起」者，言爲厭背而言每起於私居，故礼内則曰「内言不出」，又經傳多叚害爲曷，詩周南葛覃「害澣害否」，傳云「害何也」。

索

入家搜也，从宀索聲。所責切

此搜索字經典多叚索爲之，本書𣎵部「索，艸有莖葉可作繩索，从𣎵糸」，蘇各切，是繩索字。

竆

窮也，从宀簐聲，簐與籟同（段無此句）。居六切

竆或从穴。

羍部「𥫔，窮理皋人也，从羍从人从言，竹聲，居六切」，詳艸部「菊」字。

宄

姦也，外爲盜，内爲宄，从宀九聲，讀若軌。居洧切

古文宄。

亦古文宄。

宮

室也，从宀，躳省聲。凡宮之屬皆从宮。居戎切（八〇）

營

市居也（「市」段作「帀」，句讀同），从宮，熒省聲。余傾切

經傳或叚營爲謍，言部「謍，小聲也，从言，熒省聲，詩曰營營青蠅，余傾切」，今詩小雅青蠅「營營青蠅，止于樊」，已作營矣。

呂

脊骨也，象形，昔太嶽爲禹心呂之臣，故封呂矦。凡呂之屬皆从呂。力舉切（八〇）

篆文呂，从肉从旅。

躳

身也，从身从呂。居戎切

躳或从弓（段作「俗从弓身」）。

論語子路「吾黨有直躬者」，孔注「直身而行」，詩邶風谷風「我躬不閱，遑恤我後」，箋云「躬，身也」。

穴

土室也，从宀八聲。凡穴之屬皆从穴。胡決切（象形，八〇）

窯

燒瓦竈也（段「竈」上有「窯」字），从穴羔聲。余招切

今俗作窰。

罙

深也。一曰竈突。从穴从火，从求省。(繫傳、段氏句讀此下有「讀若三年導服之導」)式鍼切

按：罙訓「深也」，是呂今字釋古義。罙淺字作深，水部「深，水。出桂陽南平，西入營道。从水，罙聲。式針切」今經傳罙淺字皆借深為之，而罙則為竈罙婦名。又按「竈突」當依繫傳作「竈罙」，突形近而譌也。

寮

穿也。从穴尞聲。論語有公伯寮。洛蕭切

寮，今俗省作寮，此窗寮字。西京賦「交綺豁呂疏寮」，李善引倉頡篇云「寮，小窗」。又因同官者共事一朝，又目晨之同官為同寮，同事亦曰同寮，猶之同學曰同窗也。左傳文公七年「同官為寮」，詩大雅板「我雖異事，及爾同寮」，傳云「寮，官也」，箋云「我雖與爾職事異者，乃與女同官，俱為卿士」。經傳或借僚為「同寮」字，人部「僚，好皃。从人尞聲。力小切(音了)」又目晨之為「小時僚僚」，又心部「憭，慧也。从心尞聲。力小切」是「憭然」「小時憭憭」之本字。

窠

空也。从穴果聲。一曰鳥巢也。一曰在穴曰窠，在樹曰巢。(說解依小徐，段氏句讀略同)苦禾切

按：窠訓「空也」，是通偁，如「窠臼」是也。訓「鳥巢」，是只一義。「在穴曰窠，在樹曰巢」，析言之也。經傳或借「科」、「薖」為之。孟子離婁「原泉混混，不舍晝夜，盈科而後進」，詩衛風考槃「考槃在阿，碩人之薖」，毛傳「薖，寬大皃」。

窻

通孔也。从穴悤聲。楚江切(音沖，今讀為窗)

本書十下囪部「囪，在牆曰牖，在屋曰囪。象形。楚江切」「窗，或从穴」「囧，古文」。窻訓「通孔也」，與囪穴也。囪蓋有櫺有楯，此但一大孔而已。土部「坄，陶竈窻也」，即今之煙窻。又囪部「悤，多遽悤悤也。从心囪，囪亦聲。倉紅切」今俗作忽或匆。

窒

空也。从穴巠聲。詩曰「瓶之窒矣」。去徑切

缶部「罄，器中空也。从缶殸聲。殸，古文磬字。詩云「缾之罄矣」。苦定切」窒與罄音義俱同，兩引詩者，毛詩與三家異也。今毛詩小雅蓼莪「缾之罄矣，維罍之恥」作罄。

穵

(當依段篆作穵)空大也。(段無「大」字)从穴乙聲。烏黠切

段注「此篆當是从乚烏之乚，非甲乙也」。按段說是也。此穵空字，俗作挖，手部無。又手部「揠，拔也。从手匽聲。烏黠切」異義。

窳

污窬也。从穴㼌聲。朔方有窳渾縣。以主切(音雨)

又畏為病弱嬾惰之意。瓜部「㼌。本不勝末。微弱也。从二瓜。讀若庾。以主切」音同義近。

窞

坎中小坎也。(段作「坎中更有坎也。」)从穴。从臽。臽亦聲。易曰。入于坎窞。一曰旁入也。徒感切

易坎卦初六「習坎。入于坎窞。凶。」虞翻曰。「坎中小穴偁窞。」干寶曰。「窞。坎之深者也。江河淮濟百川之流行乎地中。水之正也。及其為災則泛濫。乎地而入于坎窞。是水失其道也。」

窖

地藏也。从穴告聲。古孝切

窬

穿木戶也。从穴俞聲。一曰空中也。羊朱切(玉篇又徒構切)

「穿木戶」謂鑿穿之木門也。舟部「俞。空中木為舟也。从亼从舟。从巜。巜水也。羊朱切」禮儒行「篳門圭窬」鄭注「門旁窬也。穿牆為之。如圭矣。」釋文「窬音豆」左傳襄公十年引作竇。本部「竇。空也。从穴瀆省聲。徒奏切」

窺

小視也。从穴規聲。去隓切

門部「闚。閃也。从門規聲。去隓切」「閃。闚頭門中也。从人在門中。失冉切」

窺與闚音同而義亦近。

窋

物在穴中皃。从穴中出。(段作「从穴出聲」)丁滑切(音得)

窒

塞也。(段作「窴也」是)从穴至聲。陟栗切

按說解當依段作「窴也」。本書㠭部「窴。窒也。从㠭从廾。窒宀中。㠭猶齊也。穌則切」窒窴二字互訓。土部「塞。隔也。从土从窴。先代切」異字。又广部「庢。礙止也。从广至聲。陟栗切」窒是「窒窴」。庢是「庢礙」。今則通用窒矣。

突

犬从穴中暫出也。从犬在穴中。一曰滑也。徒骨切

又畏為猝乍之偁。經傳多假突為㐬。本書十四下部目「㐬。不順忽出也。从到子。易曰。㐬如其來如。不孝子㐬出。不容於內也。他骨切」「㐬。或从到古文子」今易離卦九四「㐬」已作「突」矣。

竆

極也。从穴躳聲。渠弓切

今經典作窮。从或體躬也。又邑部「竆。夏后氏諸侯。夷羿國也。从邑竆省聲。渠弓切」經傳皆假竆為之。

窅

冥也。从穴皀聲。烏皎切

窔

日部「㫐，望遠合也，从日匕，匕，合也，讀若窈窕之窈。烏皎切」木部「杳，冥也，从日在木下。烏皎切」本部「窈，罙遠也，从穴幼聲。烏皎切」目部「窅，罙目也，从穴中目。烏皎切」此數字音同義近。又目部「眇，一目小也，从目从少，少亦聲。亡沼切」則是「妙眇」「眇小」字，女部無妙。

窅窔，窔窅也，从穴交聲。烏叫切（音杳）

經傳或段窔為宧，詳宀部宧字。

邃

罙遠也，从穴遂聲。雖遂切（音[illegible]）

㝱

心部「㥞，罙也，从心㒸聲。徐醉切」二字音訓同而義殊異，邃為室之罙遠，故从穴；㥞則是思之罙，今則通用邃而㥞不行矣。

寐而有覺也，从宀从疒，夢聲。周礼（春官占夢）以日月星辰占六㝱之吉凶：一曰正㝱，二曰㖾㝱，三曰思㝱，四曰悟（段作寤）㝱，五曰喜㝱，六曰懼㝱。凡㝱之屬皆从㝱。莫鳳切（八二）

㾖

病臥也，从㝱省，𡨦省聲。七荏切

此㾖疾字。宀部「𡨦，臥也，从宀侵聲。七荏切」是𡨦息之𡨦。今字竝作寢，而二字義混矣。寢字非鄦書所有。

寱

瞑言也，从㝱省，臬聲。牛例切

目部「瞑，翕目也，从目冥，冥亦聲。臣鉉等曰：今俗作眠，非是。武延切」「瞑言」猶寐中有言。今俗作囈。木部「臬，射準的也，从木从自。五結切（音聶）」

疒

倚也，人有疾病（段作「人有疾痛也」），象倚箸之形。凡疒之屬皆从疒。女戹切（今讀為疾）（八二）

瘨

病也，从疒真聲。一曰腹張。都年切

今俗作癲。古籍段顛為之。顏注急就篇「癲疾，性理顛倒失常」。今所謂瘨狂字。頁部「顛，頂也，从頁真聲。都年切」俗作巔，山部無。足部「蹎，跋也，从足真聲。都年切」走部「趚，走頓也，从走真聲。都年切」音同義異也。又「腹張」之張，即俗之脹字。左傳成公十年「晉侯獳將食，張，如廁」注云「張，腹滿也」。肉部無脹字。

㾷

㾷 散聲也从疒斯聲先稽切

此「力渴聲㾷」字(水部「渴盡也」立部「竭負舉也」)經傳通作「嘶」或作「澌」「斯」。按口部無嘶，水部「澌水索也从水斯聲息移切」斤部「斯析也从斤其聲詩曰斧以斯之息移切」音義俱異，皆是㾷字之段。又言部「𧮙悲聲也从言斯省聲先稽切」是鳴咽聲𧮙字。

瘖

瘖 不能言也从疒音聲於今切

漢書外戚傳高祖呂皇后傳「太后遂斷戚夫人手足去眼煇耳飲瘖藥」師古注「瘖不能言也」俗或作喑。按口部「喑齊宋謂兒泣不止曰喑从口音聲於今切」與瘖異字。又按今謂不能言為啞。史記刺客列傳「豫讓又漆身為厲吞炭為啞」索隱「啞謂瘖病」按口部「啞笑也从口亞聲易曰笑言啞啞於革切」無瘖義。玉篇有「瘂於假切瘖瘂不言也」瘖瘂雙聲，鄦書止作瘖，無瘂字。

瘤

瘤 腫也从疒留聲力求切

痤

痤 小腫也从疒坐聲一曰族絫(按「絫」下有「痳字」)昨禾切(音初)

王氏曰「族絫疊韻，短言之為痤，長言之為族絫」莊子列禦寇「破癰潰痤者得車一乘」痤今俗謂之瘡。凡古籍瘡字本作刅，刃部「刅傷也从刃从一楚良切」「創或从刀倉聲」[illegible]

癘

癘 惡疾也从疒蠆省聲洛帶切(等曰今俗作癩非是也)

今俗作癩，非是。公羊傳昭公二十年「何疾爾，惡疾也」何注云「惡疾謂瘖聾盲癘禿跛傴不逮人倫之屬也」大戴礼本命篇「婦有七去，不順父母去，無子去，淫去，妬去，有惡疾去，多言去，竊盜去」「有惡疾，為其不可與共粢盛也」論語雍也「伯牛有疾」包咸注「牛有惡疾」論衡刺孟篇云「伯牛為癘」古所偁癘蓋今之所謂「痲瘋」，非尋常疥癘也。

痔

痔 後病也从疒寺聲直里切

莊子人間世「故解之以牛之白顙者與豚之亢鼻者與人之有痔病者不可以適河」釋文引司馬云「痔，隱創也」素問生氣通天論「腸澼為痔」。

痿

痹也。从疒委。聲。儒隹切（音㚻）

素問痿論「肌肉相溼。肌肉濡漬。痹而不仁。發為肉痿」痺。俗作痺。誤。鄭書無痺。广部「中伏舍。从广卑聲。便俾切（音皮）」

痹

溼病也。从疒畀。聲。必至切

素問痹論「風寒溼三气雜至。合而為痹也」風溼肌肉痲痺。今鄉人常語也。

⿸疒畢

足气不至也。从疒畢。聲。毗至切

龔傳曰「今人言久坐則足⿸疒畢也。高士傳曰。晉侯與亥唐坐。⿸疒畢不敢壞坐也」易緯通卦驗「人足太陽脈虛。多病血⿸疒畢」注云「⿸疒畢者。血不達為病」玉篇「⿸疒畢。足气不至。轉筋也」今人常言「足⿸疒畢」即此也。

瘺

半枯也。从疒扁。聲。匹連切

古書皆作偏。是借字。莊子齊物論「民溼寢則腰疾偏死。鰌然乎哉」司馬云「偏枯」素問生气通天論「汗出偏沮。使人偏枯」王砅注「偏枯。半身不遂」人部「偏。頗也」

㾆

皮剝也。从疒冄聲。（段此下有「讀若柟。又讀若襜」）赤占切（音煎）

（段改作𤵹）籀文从冄（段作「从𠬝」）

疲

勞也。从疒皮。聲。符羈切

修竹園四「此篆必後人誤入。疲乃㾆之籀文。「疲勞」字本只作罷」

𤻲

治也。从疒樂。聲。力照切（去聲）

療 或从尞

許慎風衡門「衡門之下。可以棲遲。泌之洋洋。可以樂飢」釋文「樂本又作𤻲」是樂乃𤻲之省借。

瘌

楚人謂藥毒曰痛瘌。从疒剌聲。盧達切

又具為「辛瘌」「熱瘌」字。俗作辣。

瘥

瘉也。从疒差聲。楚懈切（音猜去聲）又才他切（音初）

⿸疒衰

減也。从疒衰聲。一曰秏也。楚追切

此「⿸疒衰殺」「衰退」字。衣部「衰。艸雨衣。秦謂之萆。从衣。象形。穌和切」是「衰衣」字。糸部「縗。服衣。長六寸。博四寸。直心。从糸衰聲」

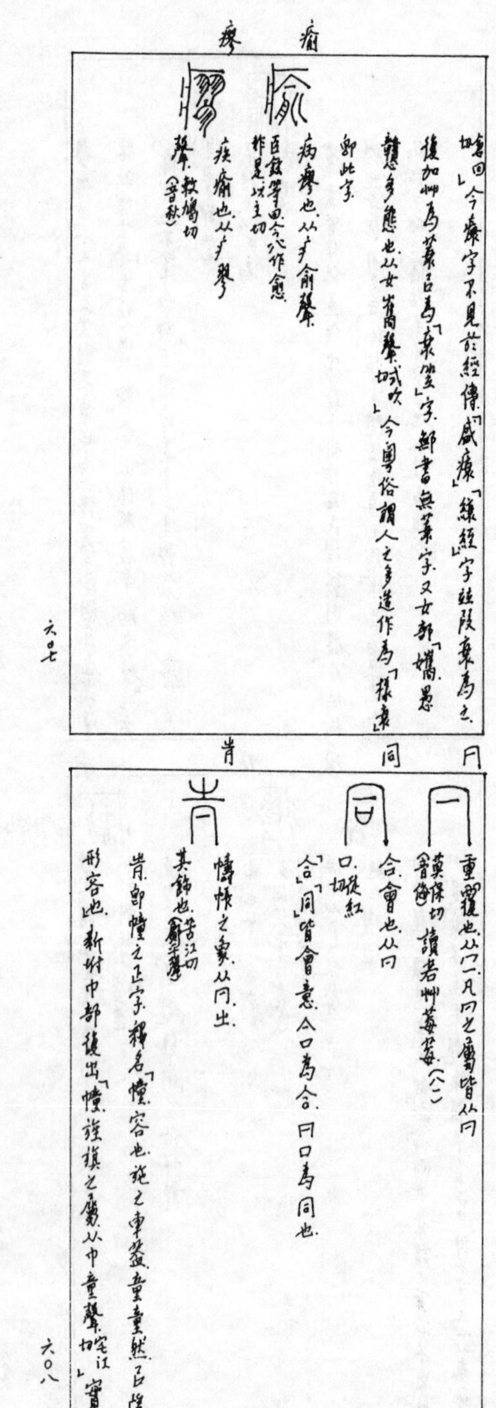

切倉回」今𤸃字不見於經傳，「戚𤸃」「緣經」字並段槀為之，後加艸為蒹，召為「蒹篂」字，鄭書無蒹字，又女部「嫷，嬰思䫜多態也，从女嶲聲，式吹切」今粵俗謂人之多進作為「㭰㲋」同鄭此字。

瘉

病瘳也。从疒俞聲。臣鉉等曰：今別作愈，非是。以主切

瘳

疾瘉也。从疒翏聲。敕鳩切（音秋）

冖

覆也。从一下垂也。凡冖之屬皆从冖。臣鉉等曰：今俗作冪，同。莫狄切（音覓，八二）

冣

積也。从冖取，取亦聲。才句切

此「積冣」「㝡冣」「冣目」「冣好」字，今皆段最為之，而冣字不行，冣之本義亦晦矣。本書曰部「最，犯而取也。从曰取。祖外切」音義俱異。似部「聚，會也。从似取聲。邑落云聚。才句切」是「聚會」字。土部「堅，土積也。从土从聚省。才句切」義略同冣。

冃

重覆也。从冂一。凡冃之屬皆从冃。莫保切（音侮）讀若艸莓莓。（八二）

同

合會也。从冃从口。徒紅切

「合」「同」皆會意，亼口為合，冃口為同也。

肯

幬帳之象。从冃；㞢，其飾也。苦江切（音腔）

肯，即幢之正字。釋名「幢，容也。施之車蓋，童童然以隱蔽形容也」。新附巾部復出「幢，旌旗之屬。从巾童聲。宅江切」實俗字也。

冡

覆也。从冃豕。莫紅切

此「冡覆」「冡蔽」「僮冡」字，今經典統作蒙。艸部「蒙，王女也。从艸冡聲。莫紅切」音雖同而義迥異。巾部「幏，蓋衣也。从巾冡聲。莫紅切」玉篇幏下云「覆也」，則與冡同義。又本書勹部「冢，高墳也。从勹豕聲。知隴切」（豕部「豖，豕絆足行豖豖。从豕繫二足。丑六切（音畜）」）今書作冢，與冡字迥然二字也。

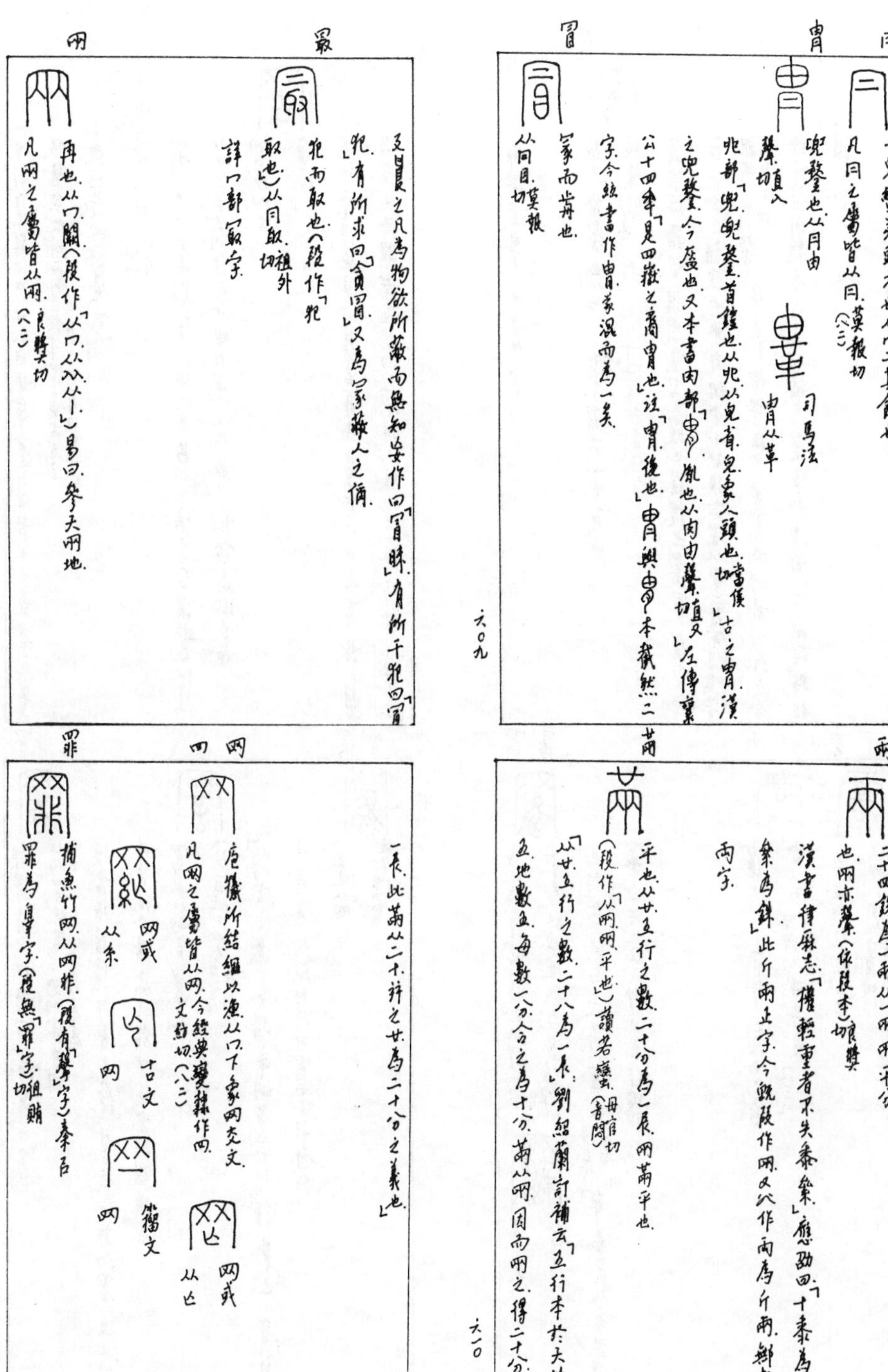

冃

小兒蠻夷頭衣也。从冂，二，其飾也。凡冃之屬皆从冃。莫報切（八二）

胄

兜鍪也。从冃由聲。直又切

䩜 司馬法胄从革

兜部「兜，兜鍪，首鎧也。从兜，从皃省。皃象人頭也。當侯切」古之胄，漢之兜鍪，今盔也。又本書肉部「胄，胤也。从肉由聲。直又切」左傳襄公十四年「是四嶽之裔胄也」注「胄，後也」。胄與胄本截然二字，今竝書作胄，蒙混而為一矣。

冒

冡而歬也。从冃目。莫報切

又冒引之，凡為物欲所蔽而無知妄作曰「冒昧」，有所干犯曰「冒犯」，有所求曰「貪冒」，又為冡蔽人之偁。

最

犯而取也。（段作「犯取也」）从冃取。祖外切

詳冂部冣字

㒳

再也。从冂，闕。（段作「从冂，从从，从丨」）易曰：參天㒳地。凡㒳之屬皆从㒳。良獎切（八二）

兩

二十四銖為一兩。从一㒳，㒳，平分也。㒳亦聲。（依段本）良獎切

漢書律曆志「權輕重者不失黍絫」。應劭曰「十黍為絫，十絫為銖」。此斤兩正字，今既段作㒳，又以作兩為斤兩，鄭書無兩字。

㒼

平也。从廿，五行之數，二十分為一辰。㒳，㒼平也。（段作「从㒳，㒳，平也」）讀若蠻。母官切（音瞞）

「从廿，五行之數，二十分為一辰」。劉紹蘭許訂補云「五行本於天地，天數五，地數五，每數一分，合之為十分，㒼从㒳，因而㒳之，得二十分，是為一辰。此㒼从二十，并之廿為二十分之義也」。

网 罒

庖犧所結繩以漁。从冂，下象网交文。凡网之屬皆从网。今經典變隸作罒。文紡切（八二）

𠕈 网或从亡

䋄 网或从糸

古文网

籀文网

罪

捕魚竹网。从网非。（段有「聲」字）秦以罪為辠字。（段無「罪」字）徂賄切

辛部「辠，犯法也。从辛从自，言辠人蹙鼻苦辛之憂。秦以辠似皇字，改為罪。臣鉉等曰：言自古者以為鼻字，故从自。徂賄切」

罽

魚网也。从网，㓹聲。㓹，籀文銳。居例切（音計）

罽賓，古國名。罽賓王得鸞鳥而不鳴，其后謂鸞得鏡而鳴，乃以銅鏡照之，鸞鳥一慟而絕，故以銅鏡為鸞鏡。

罟

网也。从网，古聲。公戶切

罪罟皆捕魚具，自秦以罪為辠，亦以罟為辜。詩大雅召旻「天降罪罟，蟊賊內訌」。小雅小明「豈不懷歸，畏此罪罟」。

罪罟皆辠辜之借字。

罬

捕鳥覆車也。从网，叕聲。陟劣切

輟 罬或从車。（段「車」下有「作」字）

爾雅釋器「繴謂之罿，罿，罬也。罬謂之罦，罦，覆車也」。郭注「今之翻車也」。車部「輟，車小缺復合者。从車，叕聲。臣鉉等按：网部罬與輟同，此重出。陟劣切」按車部輟與罬字異義，故鄭君兩存之。今經傳但用輟為止義，而捕鳥覆車則專用罬。爾雅釋詁「輟，已也」。

署

部署，有所网屬。（段「有」上有「各」字）从网，者聲。常恕切（本音樹，今讀為處）

漢書項籍傳「部署豪傑」，師古注「分部而署置之」。按署本音樹，今讀處者，諱宋英宗趙曙嫌名。

詈

罵也。从网从言。网辠人。（段無此三字）力智切（音利）

「从网言」會意。言之觸辠网者也。刀部「罰，辠之小者。从刀从詈。未以刀有所賊，但持刀罵詈則應罰」。

罵

詈也。从网，馬聲。莫駕切

羈 羇

馬絡（段作「落」）頭也。从网从䩄。䩄，馬絆也。（段無「馬」字）居宜切

羈或从革。

馬部「䩄，絆馬也。从馬，口其足。陟立切（音執）」「縶，䩄或从糸，執聲」。羈，今經典从或體，又有作羇。

覀

覆也。从冂，上下覆之。凡覀之屬皆从覀。呼訝切（音亞）讀若晉。（八三）

覂

反覆也。（段無「反」字）从覀，乏聲。方勇切（音俸）

漢書武帝紀「泛駕之馬」，師古注「泛，覆也，音方勇反」，又食貨志「大命將泛」，孟康曰「泛音力勇反」，泛蓋是覂字之譌。

覈

實也。攷事，襾笮邀遮其辭，得實曰覈。从襾敫聲。下革切（敫音藥）

覈 覈或从雨。

「襾笮邀遮」，襾反覆，笮迫笮，邀或作要，要其情，遮，止其詭遁，所以得其實。此梁覈字。周礼大司徒「其植物曰覈物」，又艮之為「審覈」「精覈」字，經傳統段核為之。木部「核，蠻夷以木皮為篋，狀如籢尊。从木亥聲。古哀切（音該）」字異。

覆

覂也。一曰蓋也。从襾復聲。敷救切（又芳六切）

按覆字有二音二義，訓「覂也」即反覆之意，讀入聲芳六切；訓「蓋也」，覆蓋之意，讀去聲敷救切。

巾

佩巾也。从冂，丨象糸也。凡巾之屬皆从巾。居銀切（八三）

帥

佩巾也。从巾𠂤。（段有「聲」字）所律切

帨 帥或从兌。（段有「聲」字）又音稅

今經典佩巾字从或體作帨，而段帥為將衛、督達字。行部「衛，將衛也。从行率聲。所律切」今將衛字作帥，又音稅。又

辵部「達，先導也。从辵率聲。疏密切」是達導字，古籍衛達又省作率。本書十三上部目「率，捕鳥畢也。象絲网，上下其竿柄也。所律切」

常

下帬也。从巾尚聲。市羊切

裳 常或从衣。

常裳本一字，今經典則衣裳字用裳，而常則但為祈常、典常、恆常字。釋名釋衣服「凡服上曰衣，衣，依也，人所依以庇寒暑也。下曰裳，裳，障也，所以自障蔽也」。又釋兵「車戟曰常，長丈六尺，車上所持也。八尺曰尋，倍尋曰常，故偁常也」。因「恆常」「尋常」，又艮之為「典常」「倫常」之偁。

帬

下裳也。（段作「繞領也」）从巾君聲。渠云切

裠 帬或从衣。

幨

帷也。从巾兼聲。力鹽切

釋名釋牀帳「幨，廉也，自障蔽為廉恥也」，「戶幨，施之於外也」。竹部「簾，堂簾也。从竹廉聲。力鹽切」儀礼覲礼「侯氏再拜稽首，出自屏南」，賈疏引礼緯云「天子外屏，諸侯內屏，大夫以簾，士以帷」。漢書嚴君平傳「閉肆下簾而授老子」。

據此則幖是牀帷，㡨當是广㡨也。

帖

帛書署也。从巾占聲。（他叶切）

木部「檢，書署也。从木僉聲。（居奄切）」以木曰檢，以帛曰帖，皆謂幖題，卽今之書籤。段注謂「又叚之為帖服妥帖，俗製貼字為相附之義，製怗字為安服之義」，按段以貼怗為俗則是，以帖為帖服妥帖字則不然也。本書耳部「聑，安也。从二耳。（丁帖切）」是妥聑，聑服本字。

幑

幟也。（段作「徽，幟也」，本書無幟字，作識是也）以絳徽帛，（段刪徽字是也）箸於背。从巾，微省聲。春秋傳曰「揚徽者公徒。」（段此下有「若今救火衣然也」，小徐句讀同）（許歸切）

今左傳昭公二十一年作徽。本書糸部「徽，衺幅也。一曰三糾為徽。从糸微省聲。（許歸切）」易坎卦上六「係用徽纆，置於叢棘」，劉表注「三股為徽，兩股為纆」。與幑字義迥異也。

幖

識也。（段篆下有「幖」字）从巾㶾聲。（方招切）

此幖識，幖幟字。經傳或借標為之，又或借褾字為之。木部「標，木杪末也。从木㶾聲。（敷沼切）」是標本字。衣部「褾，上衣也。从衣从毛。古者衣裘，以毛為表。（陂嬌切）」是褾一果字。火部「㶾，火飛也。从火，䙴省聲。（方昭切）」艸部「藨，苕之黃華也。从艸㶾聲。一曰末也。（方小切）」

飾

㕞也。从巾从人食聲。讀若式。一曰襐飾。（賞隻切）

又部「㕞，飾也。从又持巾在尸下。」（刀部「刷，刮也。从刀㕞省聲。」）飾與㕞互訓，此修飾㕞飾字，又叚之為粧飾文飾。鄭書無拭字。「一曰襐飾」，衣部「襐，飾也。从衣象聲。（徐兩切）」漢書外戚平帝王后傳「襐飾將醫往問疾」，顏注「襐飾，盛飾也。一曰首飾，在兩耳後，刻鏤而為之。」力部「飭，致堅也。从人从力食聲。讀若敕。（恥力切）」是飭令字。

帣

囊也。今鹽官三斛為一帣。从巾𢍏聲。（居倦切）

此當帣本字，今段卷為之。卪部「卷，厀曲也。从卪𢍏聲。（居轉切）」是卷曲字。詳刀部券字。

帚

糞也。（段「糞」上有「所以」二字）从又持巾埽冂內。古者少康作箕帚秫酒。少康，杜康也，葬長垣。（支手切）

按說解「糞」當作「坌」。土部「坌，埽除也。从土弁聲。（方問切）」華部「糞，棄除也。从廾推華棄釆也。官溥說，似米而非米者矢字。」附切」御覽引世本曰「少康作箕帚」。又曰「儀狄始作酒醪，變古味。少康作秫酒」。本書酉部「酒，就也。所以就人之善惡。从水从酉，酉亦聲。一曰造也。吉凶所造也。古者儀狄作酒醪，禹嘗之而美，遂疏儀狄。杜康作秫酒」。此作箕帚秫酒之少康，非夏之少康也。

席

籍（段作藉，是）也。禮天子諸侯有黼黻純飾。从巾，庶省。（段作「庶省聲」）庶亦聲。（依修訂圖補）祥易切

古文席 从石省

六一七

按說解「籍也」當作「藉」。艸部「藉，祭藉也」「荐，薦席」。周禮春官司几筵注「筵亦席也。鋪陳曰筵，藉之曰席」。竹部「籍，簿書也」，非席義。又席庶聲者，庶藉共入。又艸部「蓆，廣多也。从艸席聲。祥易切」。詩鄭風緇衣「緇衣之蓆兮」，傳云「蓆，大也」。俗誤以蓆為薦席字，而蓆之本義晦矣。

帑

金幣所藏也。从巾，奴聲。乃都切（今他朗切，音儻）

「金幣所藏也」。王筠疑當作「金幣之藏也」。與倉字「穀藏也」、府字云「文書藏也」語法同。按帑之本義是金幣之藏，音乃都切。經典以為妻帑字。詩常棣「宜爾家室，樂爾妻帑」。毛傳「帑，子也」。左傳文公六年「宣子使臾駢送其帑」。十三年「秦人歸其帑」。杜注「妻子也」。則是段帑為奴。本書女部「奴，奴婢，皆古之辠人也。周禮曰（秋官司厲）其奴，男子入于辠隸，女子入于舂槀。从女又」。乃都切。俗以作孥為妻奴字，金幣藏之帑則讀他朗切，音儻。孥字非許書所有。

布

枲織也。从巾，父聲。博故切

范子計然曰「古者庶人耄老而後衣絲，其餘皆麻枲而已，故曰布衣」。又貨之為凡織布敷布之義，又以為貨泉之偁。周禮天官外府「掌邦布之入出」。注云「布，泉也。其藏曰泉，其行曰布」。

市

韠也。上古衣蔽前而已，市以象之。天子朱市，諸侯赤市，大夫葱衡。从巾，象連帶之形。凡市之屬皆从市。分勿切（八三）

篆文市从韋从犮。臣鉉等曰：今俗作紱，非是。

六一八

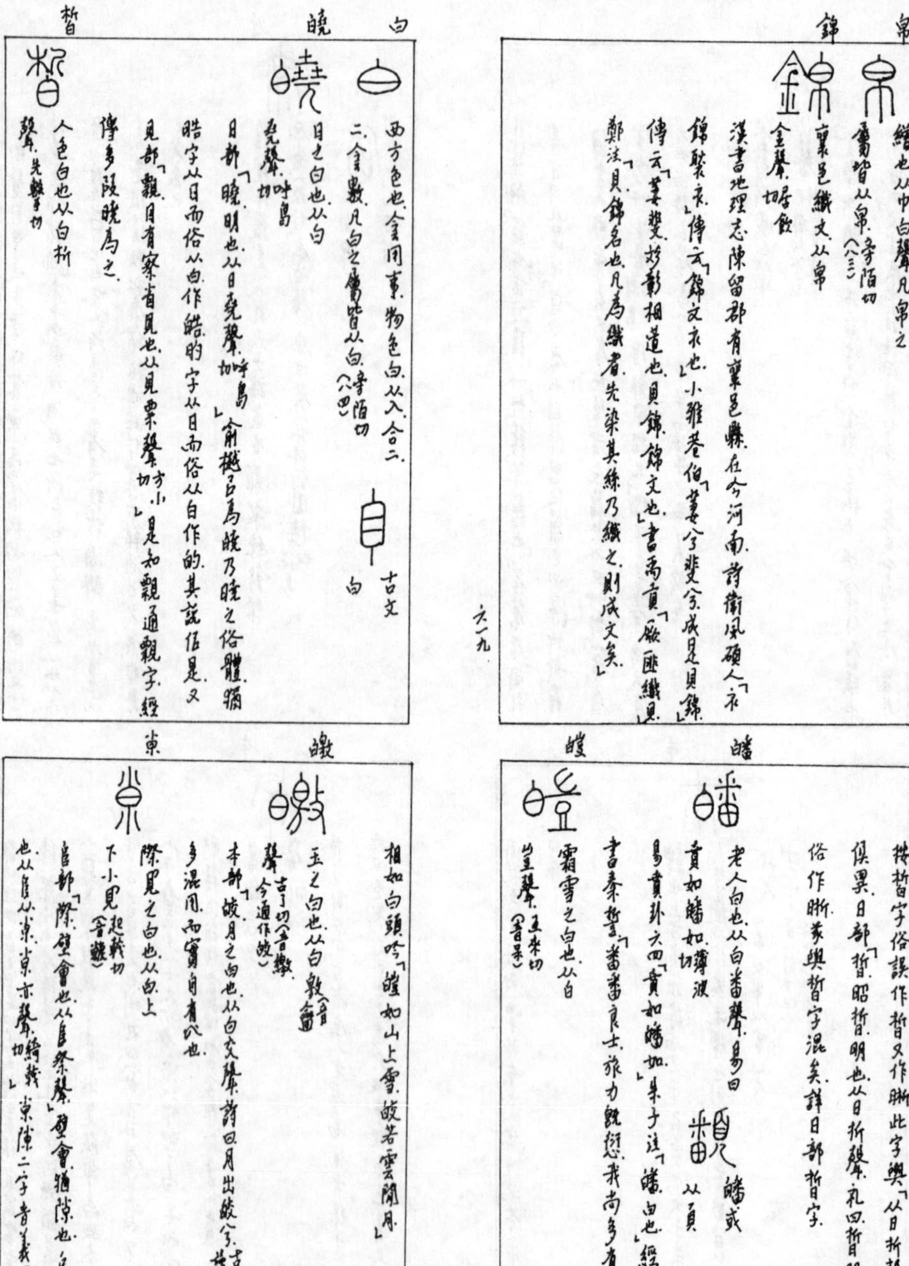
帛 錦

帛
繒也。从巾，白聲。凡帛之屬皆从帛。旁陌切（八三）

錦
襄邑織文。从帛金聲。居飲切
漢書地理志陳留郡有襄邑縣，在今河南。詩衛風碩人「衣錦褧衣。」傳云「錦，文衣也。」小雅巷伯「萋兮斐兮，成是貝錦。」傳云「萋斐，文章相錯也。貝錦，錦文也。」書禹貢「厥篚織貝。」鄭注「貝，錦名也。凡為織者，先染其絲，乃織之，則成文矣。」

白 皢 皙

白
西方色也。陰用事，物色白。从入合二。二，陰數。凡白之屬皆从白。旁陌切（八四）
古文 白

皢
日之白也。从白堯聲。呼鳥切
日部「曉，明也。从日堯聲。呼鳥切」俞樾以為皢乃曉之俗體，猶晧字从日而俗从白作皓，的字从日而俗从白作的，其說信是。又見部「𧡮，目有察省見也。从見票聲。方小切」是知皢通𧡮字，經傳多假曉為之。

皙
人色白也。从白析聲。先擊切
按皙字俗誤作晳，又作晰，此字與「从日折聲」之晢形音義俱異。日部「晢，昭晢明也。从日折聲。禮曰晢明行事。旨熱切（音哲）」今俗作晰，蓋與皙字混矣。詳日部晢字。

皤 皚

皤
老人白也。从白番聲。易曰賁如皤如。薄波切
𩑺 皤或从頁
易賁卦六四「賁如皤如。」朱子注「皤，白也。」經傳或段番為之。書秦誓「番番良士，旅力既愆，我尚有之。」

皚
霜雪之白也。从白豈聲。五來切（音呆）
相如白頭吟「皚如山上雪，皎若雲間月。」

皦 𡭴

皦
玉石之白也。从白敫（音繳）聲。古了切（音皦。今通作皎）
本部「皎，月之白也。从白交聲。詩曰月出皎兮。古了切（今讀攪）」二字經典多混用，而實自有別也。

𡭴
際見之白也。从白，上下小見。起戟切（音隙）
𨸏部「際，壁會也。从𨸏祭聲。」壁會猶隙也。𨸏部「隙，壁際孔也。从𨸏从𡭴，𡭴亦聲。綺戟切」𡭴隙二字音義同，今經典統用隙。

皛

顯也。从三白。讀若皎。烏皎切（胡了切）

㡀

敗衣也。从巾，象衣敗之形。凡㡀之屬皆从㡀。毗祭切（八四）

敝

帗也。一曰敗衣。从攴从㡀，㡀亦聲。毗祭切

又引為敗壞之義，俗作弊。詳部目㡀字。

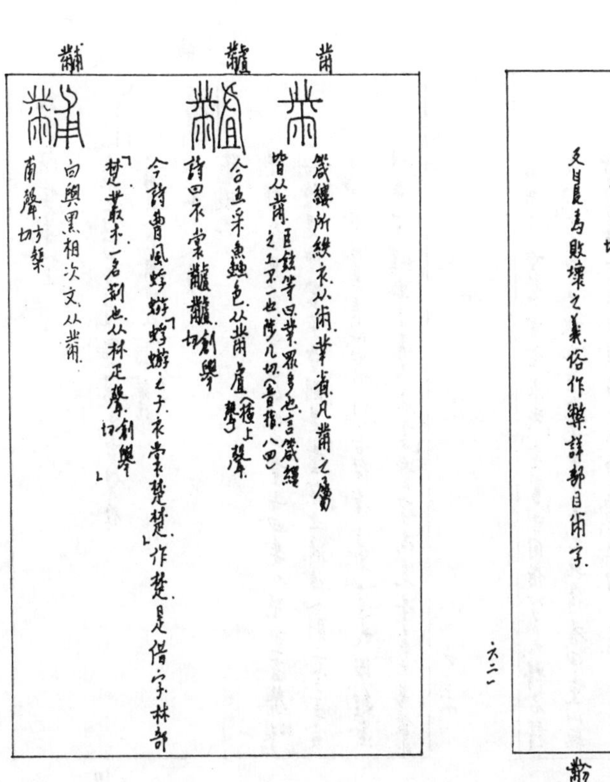

黹

箴縷所紩衣。从㡀，丵省。凡黹之屬皆从黹。臣鉉等曰：丵，眾多也，言箴縷之工不一也。陟几切（音指，八四）

䵚

合五采鮮色。从黹虘聲。（後上聲）詩曰：衣裳䵚䵚。創舉切

今詩曹風蜉蝣「蜉蝣之羽，衣裳楚楚」，作楚，是借字。林部「楚，叢木，一名荊也。从林疋聲。創舉切」

黼

白與黑相次文。从黹甫聲。方榘切

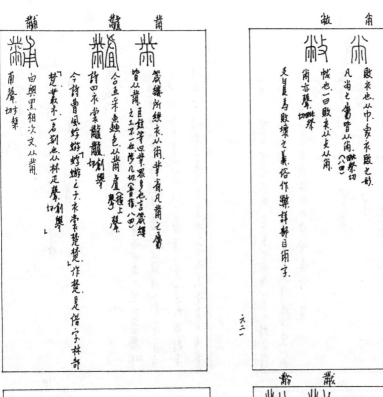

周礼攷工記畫繢「青與赤謂之文，赤與白謂之章，白與黑謂之黼，黑與青謂之黻，五采備謂之繡。」鄭注「此言刺繡采所用，繡以為裳。」書益稷「藻火粉米黼黻絺繡，以五采彰施于五色，作服汝明。」說苑修文「士服黻，大夫黼，諸侯火，天子山龍。德彌盛者文彌縟，中彌理者文彌章也。」

黻

黑與青相次文。从黹犮聲。分勿切

黺

衮衣山龍華蟲。黺，畫粉也。从黹从粉省。衛宏說。方吻切

書益稷「日月星辰山龍華蟲作會宗彝藻火粉米黼黻絺繡」作粉，已用借字矣。又說解疑有奪誤，當依小徐作「衮衣山龍華蟲。黺，米也。黺，畫粉也。」米當作絆。

說文解字第八上

人

天地之性冣貴者也。此籀文，象臂脛之形。凡人之屬皆从人。如鄰切（八五）

僮

未冠也。从人童聲。徒紅切

辛部「童，男有辠曰奴，奴曰童，女曰妾。从䇂，重省聲。徒紅切」按：僮是僮蒙字，童則是童僕之偁，後人則二字互易。古樂府飲馬長城窟行「客從遠方來，遺我雙鯉魚。呼童烹鯉魚，中有尺素書。」童字尚是本義也。易蒙卦「匪我求童蒙，童蒙求我」，「童蒙」已用借字矣。釋名釋長幼「十五曰童，故礼有陽童。牛羊之無角者曰童，山無屮木曰童，言未巾冠似之也。」童當是僮之叚。

企

舉踵也。从人止。去智切

古文企从足。

古籍多叚跂為企。詩衛風河廣「誰謂宋遠，跂而望之。」荀子勸學篇「吾嘗跂而望矣，不如登高之博見也。」足部「跂，足多指也。从足支聲。巨支切」是跂路正字，俗或作歧。止部無。或叚岐為之。邑部「郊，周文王所封，在右扶風

美陽中水鄉。从邑支聲。巨支切」「岐，郊或从山支聲，因岐山以名之也。」

仞

伸臂一尋八尺。从人刃聲。而震切

書旅獒「為山九仞，功虧一簣」，傳云「八尺曰仞」。而論語子張「夫子之牆數仞」，包咸、朱子並云「七尺曰仞」。鄭玄周礼儀礼注同。按：周礼攷工記「方百尺為同，同閒廣二尋深二仞，謂之澮」。澮，說文作巜。十一下部目「巜，水流澮澮也。方百里為巜，廣二尋深二仞。」寸部「㝷，繹理也。从工口从又寸。工口，亂也。又寸，分理之。彡聲。度人之兩臂為㝷，八尺也。」則仞當以七尺為是。仞下說解疑非鄦君之舊。本書八下部目「尺，十寸也。人手卻十分動脈為寸口，十寸為尺。尺，所以指斥規榘事也。从尸从乙。乙，所識也。周制寸、尺、咫、尋、常、仞諸度量，皆以人之體為法。」若尋與仞同物，鄦君不應兩舉也。

僎

具也。从人巽聲。士勉切

俗作撰，手部無。言部「譔，專教也。从言巽聲。此緣切」音義僎巽，食部「籑，具食也。从食算聲。士戀切」「饌，籑或从巽。」略同。

儒

儒柔也。術士之偁。从人需聲。人朱切

礼儒行鄭玄目錄云「名曰儒行者，㠯其記有道惪者所行也。儒之言優也，柔也，能安人，能服人。」又「儒者濡也，㠯先王之道能濡其身。」周礼天官大宰「㠯九兩繫邦國之民……四曰儒，㠯道得民。」鄭注「儒，諸侯保氏有六藝㠯教民者。」法言淵騫篇「君子於仁也柔，於義也剛。」又君子篇「通天地人曰儒。」本書行部「術，邑中道也。」術士，有道之士也。

俊

俊材過千人也。从人夋聲。子峻切

呂氏春秋孟夏紀「命太尉贊桀俊。」注云「千人為俊，萬人為桀。」孟秋紀「練桀儁。」注云「才過萬人曰桀，千人曰儁。」儁，儁，竝當作俊。本書無儁字。隹部「雋，肥肉也。」淮南子泰族訓「故智過萬人者謂之英，千人者謂之俊，百人者謂之豪，十人者謂之傑。」「惪足㠯教化，行足㠯隱義，仁足㠯得眾，明足㠯照人者，人之俊也。」

傑

傑埶也。材過萬人也。(依小徐段氏)从人桀聲。渠列切

埶，謂材埶。段注謂又𠬝長為勢力字，未見。傑埶，𠬝量韻。大徐本作「傲也」，無義。荀子非相篇「天下之傑也。」注云「倍萬人曰傑。」古籍或段桀為傑。五下部目「桀，磔也。从舛在木上也。」

伯

伯長也。从人白聲。博陌切

伯為兄弟之長，又𠬝長之為凡長之偁。周礼春官大宗伯「九命作伯。」鄭司農云「長諸侯為方伯。」荀子仲尼篇「仲尼之門人，五尺之豎子，言羞偁乎五伯。」俗段霸為王伯字，八其音為「必駕切」。月部「霸，月始生霸然也。普伯切」是月霸字。

仲

仲中也。从人中，中亦聲。直眾切

釋名釋親屬「仲，中也，言位在中也。」

偰

偰高辛氏之子，堯司徒，殷之先。(段「堯」上有「爲」字，「先」下有「也」字)从人契聲。私列切

經傳多段契為偰。大部「契，大約也。从大㓞。易曰後代聖人易之㠯書契。苦計切」是書契字，與偰音義俱異。釋文又謂「古文作卨。」然内部「卨，蟲也。从内，象形。讀與偰同。私列切」音同而義異也。未部竊下說解云「卨，古文偰。」疑當云「讀若偰。」又

古籍或叚契爲栔。刻字本書㓞部「栔，刻也。从㓞木。苦計切。又苦結切」今左傳及荀子多作鍥。漢書敘傳作㓞。大戴礼作楔。皆借字也。本書金部「鍥，鎌也。从金契聲。苦結切」手部「挈，縣持也。从手㓞聲。苦結切」木部「楔，櫼也。从木契聲。先結切(音屑)」

儇

慧也。从人睘聲。許緣切(音喧)

心部「慧，儇也」二字互訓。荀子非相篇「鄉曲之儇子」注云「輕薄巧慧之子也」。儇薄猶輕薄也。糸部「繯，絡也。从糸睘聲。胡畎切(音犬)」與儇音義俱異。

倓

安也。从人炎聲。讀若談。徒甘切

倓或从剡

徐鍇曰「倓猶憺然平安之意」倉頡篇「倓，恬也」荀子仲尼篇「桓公倓然見管仲之能足吕託國也」注云「倓，安也」安然不疑也。

傀

偉也。从人鬼聲。周礼曰「大傀異」(「異」下有「烖」字)公回切

傀或从玉，裹聲

周礼春官大司樂「凡日月食，四鎮五嶽崩，大傀異烖，諸侯薨，令去樂」鄭注「傀猶怪也。大怪異烖，謂天地奇變若星

六二七

辰奔霣及震裂爲害者」按凡人之傀偉曰奇偉亦通作𡖔。多部「𡖔，大也。从多圣聲。苦回切」俗作魁。斗部「魁，羹斗也。从斗鬼聲。苦回切」異義。又心部有「恢，大也。从心灰聲。苦回切」𡖔、恢音義同。又小徐於瓌下云「謂瓌寶也」按鄦書無瓌，本只作瑰。玉部「瑰，玫瑰」是瑰寶字與瓌字同。小徐注語未是。

偉

奇也。从人韋聲。于鬼切

又叚爲大也。又凡人之傀偉曰奇，故亦爲美之偁。

份

文質備也。从人分聲。論語曰「文質份份」府巾切

古文份从彡林。林者，从焚省聲。臣鉉等曰今俗作斌，非是。

備當作葡。用部「葡，具也。从用苟省」人部「備，慎也。从人葡聲」又今論語雍也「文質彬彬，然後君子」从古文作彬。包咸曰「彬彬，文質相半之皃」俗作斌。

僚

好皃。从人尞聲。力小切(音了)

詩陳風月出「皎人僚兮」傳曰「僚，好皃」此僚之本義。「小時僚僚」其叚義。經傳或借爲「同寮」字。穴部「寮，穿也。从穴尞

六二八

倭

聲.論語有公伯寮.(洛蕭切)」詳穴部寮字.又心部「憭.慧也.从心尞聲.(力小切)」則「憭然」「小時憭憭」之本字也.

倭 順皃.从人委聲.詩曰:周道倭遲.(於為切(音威今讀烏何切音鍋))

詩小雅四牡「四牡騑騑.周道倭遲.」傳云「倭遲.歷遠之皃.」韓詩「倭遲」作「威夷」.注云「威夷.險也.」是又一義.又辵部「逶.逶迤.衰去之皃.从辵委聲.(於為切)」「逶迤」與「倭遲」義亦不同也.詩召南羔羊「退食自公.委蛇委蛇.」箋云「委蛇.委曲自得之皃.」「委蛇」是「逶迤」之段.韓詩正作「逶迤」也.

僑

僑 高也.从人喬聲.(巨嬌切)

夭部「喬.高而曲也.从夭从高省.詩曰:南有喬木.(巨嬌切)」義略同.又列子說符篇「昔有異技干寡人者.」注云「謂先僑人.」山海經「長股國」郭注「今伎家僑人象此.」「僑人」蓋技人足續高竿之上.跳舞作八佾狀.召其寄寓竿上.又足之為僑寓之僑.

俟

俟 大也.从人矣聲.詩曰:伾伾俟俟.(牀史切)

今詩小雅吉日作「儦儦俟俟.」毛傳「趨則儦儦.行則俟俟.」經傳段為竢字.立部「竢.待也.从立矣聲.(牀史切)」又來部「騃.詩曰不騃不來.从來矣聲.(牀史切)」「俟.騃或从彳.」今詩無此句.爾雅釋訓「不俟.不來也.」作俟.郭注「不可待.故不復來.」疑爾雅本作俟.譌為俟耳.

倞

倞 彊也.从人京聲.(渠竟切)

力部「勍.彊也.春秋傳曰:勍敵之人.从力京聲.(渠京切)」「勁.彊也.从力巠聲.(吉正切)」音義略同.經傳或段競為倞.詩大雅抑「無競維人.」箋云「競.彊也.」又桑柔「秉心無競.」傳云「競.彊也.」本書誩部「競.彊語也.一曰逐也.从誩二人.(渠慶切)」

傲

傲 倨也.从人敖聲.(五到切)

夰部「奡.嫚也.从百从夰.夰亦聲.虞書曰:若丹朱奡.讀若傲.論語奡湯舟.(五到切)」倨傲與奡嫚義略同.古籍互通.今書益稷「無若丹朱傲」作傲.釋文云「傲字又作奡.」又女部「嫯.侮傷也.从女敖聲.(五到切)」音義亦同.經傳或借敖為傲.出部「敖.游也.从出放.(五牢切)」

仡

仡 勇壯也.从人气聲.周書曰:仡仡勇夫.(魚訖切)

書秦誓「仡仡武夫」傳云「仡仡壯勇之夫」字或作矻。漢書王襃傳「故工人之用鈍器也勞筋苦骨終日矻矻」如淳曰「矻矻健作皃」石部無矻字，本止作仡。又經傳或叚仡為圪。土部「圪，牆高也。詩曰崇墉圪圪。从土气聲。魚迄切」今詩大雅皇矣「崇墉仡仡」作仡，傳云「仡仡猶言言也」「言言，高大也」

倨

不遜也。从人居聲。居御切

「遜」當是「愻」字之叚。本書辵部「遜，遁也。从辵孫聲」心部「愻，順也。从心孫聲。虞書曰五品不愻」「不愻」即倨傲也。經傳或叚倨為踞。史記酈生陸賈列傳「沛公方倨牀」本書尸部「居，蹲也。从尸古者居从古。九魚切」「踞，俗居从足」又足部「踞，蹲也。从足居聲。居御切」又几部「凥，處也。从尸得几而止。九魚切」是「居」「踞」同為箕踞字，「凥」則是凥處字，今則訓「蹲」也同踞，「處」也同居，而凥字不行矣。

伴

大皃。从人半聲。薄滿切

詩大雅卷阿「伴奐爾游矣」傳云「伴奐，廣大有文章也」經傳通叚伴為㚘。夫部「㚘，並行也。从二夫」是陪㚘字。

倬

箸大也。从人卓聲。詩曰倬彼雲漢。竹角切

詩大雅棫樸雲漢並有「倬彼雲漢」句。棫樸傳云「倬，大也」雲漢釋文云「倬，箸也」本書匕部「卓，高也。早匕為卓。竹角切」稽部「𥡴，特止也。从稽省卓聲。徐鍇曰特止卓立也。竹角切」是「𥡴然有立」字。經傳多叚卓為之。又辵部「逴，遠也。从辵卓聲。一曰蹇也。敕角切」走部「趠，遠也。从走卓聲。敕角切」音同義異也。

傓

熾盛也。从人扇聲。詩曰豔妻傓方處。式戰切

詩小雅十月之交「豔妻煽方處」作煽，傳云「煽，熾也」釋文云「煽，說文作傓」魯詩作扇，按作傓是本字，煽是俗字，扇其借字也。本書火部無煽字，新附始有之。戶部「扇，扉也。从戶从翄省。式戰切」

儆

戒也。从人敬聲。春秋傳曰儆宮。居影切

廾部「戒，警也。从廾持戈，以戒不虞」言部「警，戒也。从言从敬，敬亦聲。居影切」儆警音義俱同。左傳襄公九年「令司宮巷伯儆宮」又昭公十九年「商成公儆司宮」杜注「司宮，巷伯，奄人之官」

俶

善也。从人叔聲。詩曰：令終有俶。一曰始也。昌六切

詩大雅既醉「令終有俶」傳云「俶，始也」箋云「俶猶畢也」。爾雅釋詁「初、哉、首、基、肇、祖、元、胎、俶、落、權輿，始也」「儀、若、祥、淑、鮮、省、臧、嘉、令、類、綝、彀、攻、穀、介、徽，善也」爾雅作淑，是借字。水部「淑，清湛也。从水叔聲。殊六切」土部「埱，气出土也。一曰始也。从土叔聲。昌六切」

僾

仿佛也。从人愛聲。詩曰：僾而不見。烏代切

今詩邶風靜女「愛而不見，搔首踟躕」作愛，是借字。傳箋但就愛字之今義釋之，失其旨矣。夂部「愛，行皃。从夂㤅聲。烏代切」經傳多叚為㤅慕字。心部「㤅，惠也。从心旡聲。烏代切」又僾，俗或作曖。陶公歸田園居「曖曖遠人村，依依墟里煙」日部無曖，曖蓋本作僾。而「曖昧」字則當作䈇。竹部「䈇，蔽不見也。从竹愛聲。烏代切」

仿

相佀也（段作「仿佛，相佀，視不諟也」）从人方聲。妃罔切

今俗亦作倣、彷、髣、恍，皆非。

籀文仿。从丙。

佛

見不審也（段作「仿佛也」）从人弗聲。敷勿切

髟部「髴，髴若佀也。敷勿切」佛、髴音義同。今以佛為佛老字，而以髴為仿佛字。俗又亦作彿、怫，並非。

僟

精謹也。从人幾聲。明堂月令：數將僟終。巨衣切

今禮記月令季冬之月「數將幾終，歲且更始」作幾。注云「幾，近也」是借字。凡訓「近也」「審察也」「微也」皆以幾為正。𢆶部「幾，微也，殆也。从𢆶从戍。戍，兵守也。𢆶而兵守者危也。居衣切」是「幾微」「庶幾」「危也」之本字。「僟，精謹」字經傳或叚機為之。木部「機，主發謂之機。从木幾聲。居衣切」是樞機字。又豈部「𧯽，訖也。訖事之樂也。从豈幾聲。渠稀切」則是「終也」「盡也」之意。

佗

負何也。从人它聲。臣鉉等案：史記匈奴奇畜有橐佗，今俗譌誤謂之駱駝，非是。徒何切

佗，隸變作他，而以為彼之偁。鄦書無他字。「相問無它乎」衹作它。十三下部目「它，虫也。从虫而長，象冤曲垂尾形。上古艸居患它，故相問無它乎。託何切」「蛇，它或从虫。臣鉉等曰：今俗作食遮切」又佗重言為形況字。詩鄘風君子偕老「委委佗佗，如山如河」傳云「佗佗者，德平易也」爾雅釋訓「佗佗，美也」

何

何　儋也。（後有「一曰誰也」）从人可聲。臣鉉等曰：儋何即負何也。借爲誰何之何。今俗別作擔荷，非是。胡歌切

手部無擔字。艸部「荷，芙蕖葉。从艸何聲。胡哥切」

儋

儋　何也。从人詹聲。都甘切

此「儋何」，「負儋」字，又叚之爲儋石之儋。漢書揚雄傳「家產不過十金，乏無儋石之儲，晏如也。」蒯通傳「守儋石之祿者闕卿相之位。」注引應劭曰：「齊人名小甖爲儋，受二斛。」俗字作擔。手部無。經傳或作檐。木部「檐，㮰也。从木詹聲。臣鉉等曰：今俗作簷，非是。余廉切」與儋迥然異字。

供

供　設也。从人共聲。一曰供給。俱容切

共部「龔，給也。从共龍聲。俱容切」二字音義同。爾雅釋詁「供、峙、共，具也。」

偫

偫　待也。从人待。直里切（音治上聲）

凡偫具字皆當以此爲正。經傳或作峙，或作歭。按山部無峙。止部「歭，䠟也。从止寺聲。直离切」是歭䠟字。又偫或通作庤。广部「庤，儲置屋下也。从广寺聲。直里切」

儲

儲　偫也。从人諸聲。直魚切

儲訓「偫也」，亦即「待也」，「具也」，故爲儲蓄字。而太子謂之儲君。鄦書無「佇」、「竚」字，本祗作儲。新附有佇，云「久立也」。

備

備　慎也。从人𤰈聲。平秘切

古文備

此戒備字。用部「𤰈，具也。从用苟省。」則是具𤰈，齊𤰈字。今則俱用備而𤰈不行矣。

儐

儐　導也。从人賓聲。必刃切（音鬢）

擯　儐或从手

儐、擯本一字。今則婦以儐爲「儐相」，而以擯爲「擯斥」、「擯棄」字。漢書景十三王中山靖王勝聞樂對「使夫宗室擯却，骨肉冰釋。」師古注「擯却，謂斥退也。」又經傳或叚賓爲儐，書堯典「賓于四門」，鄭云「賓，讀爲儐，舜爲上儐以迎諸侯。」

⿰亻聶

⿰亻聶　心服也。从人聶聲。齒涉切（音捷）

心部「懾，失气也。从心聶聲。一曰服也。之涉切」

倫

倫 輩也。从人侖聲。一曰道也。田屯切（愈 力屯切）

亼部「侖，思也。从亼冊。力屯切」又侖下說解云「侖，理也」是侖理字當以侖為正，古籍多段倫為之。倫下說解「一曰道也」疑非鄭君之舊。錯本無此。

偕

偕 彊也。从人皆聲。詩曰「偕偕士子」。一曰俱也。古諧切

詩小雅北山「偕偕士子，朝夕從事」傳云「偕偕，彊壯皃」魏風陟岵「予弟行役，夙夜必偕」傳云「偕，俱也」。

侙

侙 惕也。从人式聲。春秋國語曰「於其心侙然」。恥力切

今國語吳語「夫越王之不忘敗吳，於其心也戚然服士以司吾閒」作戚。韋注「戚，猶惕也」是借字。本書戉部「戚，戉也。从戉尗聲。倉歷切」心部「慽，憂也。从心戚聲。倉歷切」慽是憂慽，侙為敬侙也。

倢

倢 佽也。从人疌聲。子葉切

此倢字經典皆借捷為之，又借倢為婕。手部「捷，獵也。軍獲得也。从手疌聲。春秋傳曰齊人來獻戎捷。疾葉切」是軍獲之捷。女部「婕，女字也。从女疌聲。子葉切」婕妤，女官名。止部「疌，疾也。从止从又。又，手也。屮聲。疾葉切」是敏疌字，今亦段捷為之。

側

側 旁也。从人則聲。阻力切

厂部「仄，側傾也。从人在厂下。阻力切」段側下注云「不正曰仄，不中曰側」。日部「昃，日在西方時側也。从日仄聲。易曰日昃之離。阻力切」是日之昃。今隸變作昃。十下部曰「夨，傾頭也。从大，象形。阻力切」

侐

侐 靜也。从人血聲。詩曰「閟宮有侐」。況逼切（音陳）

靜，當作竫。青部「靜，審也。从青爭聲」立部「竫，亭安也。从立爭聲」竫是竫謐，安竫字。詩魯頌「閟宮有侐」傳云「侐，清淨也」淨，亦當是竫字之段。水部「瀞，魯北城門池也。从水爭聲」又侐，今俗作闃。鄭書無闃，新附有之。（闃字从狊。犬部「狊，犬視皃。从犬目。古闃切（音陳）」）

仰

仰 舉也。从人卬。魚兩切

典論論文「仰齊足而並馳」仰，舉也，是本義。經傳或段作卬。匕部「卬，望，欲有所庶及也。从匕卪。詩曰高山卬止。伍岡切」今詩小雅

車部「輂」篆已作𠧟，俗亦作𣅀，鄦書無𣅀字。

侸

侸 立也。从人豆聲。讀若樹。常句切

壴部「尌，立也。从壴，从寸，持之也。讀若駐。常句切」𡙇部「豎，豎立也。从𡙇豆聲。臣庾切」三字音義同。立部無豎字。「侸立」或作「樹立」，是借字。又辵部「𨖲，不行也。从辵𨛜聲。讀若住。中句切」人部無住字，本祗作𨖲。馬部「馵，馬立也。从馬、𡗓聲。中句切」與𨖲音義略同。

偁

偁 揚也。从人爯。處陵切

冓部「爯，并舉也。从爪，冓省。處陵切」禾部「稱，銓也。从禾爯聲。處陵切」女部「婧，竦立也。从女青聲。一曰有材也。七正切」凡「偁揚」「偁讚」作「偁」，「爯舉」作「爯」，「名實相婧」作「婧」，而「稱」即今之秤字。今則通作稱，而偁、爯、婧不行矣。

𢼸

𢼸 眇也。从人从攴，豈省聲。臣鉉等案：豈字从𢼸省，𢼸不應从豈省，蓋傳寫之誤。疑从耑省，耑，物初生之題，尚微也。無非切

彳部「微，隱行也。从彳𢼸聲。春秋傳曰：白公其徒微之。無非切」凡「微服」「微行」作「微」，「𢼸眇」「精𢼸」「𢼸細」作「𢼸」。今則通用微，而𢼸不行矣。

傆

傆 黠也。从人原。魚怨切

徐鍇曰「黠，慧智也」。論語陽貨「鄉原，德之賊也」。集解云「一鄉原其人情而為意以待之」。即小徐所謂「慧智也」。是鄉原當作傆。朱子訓為謹畢，則以為是愿之叚。心部「愿，謹也。从心原聲。魚怨切」泉𢇅部「厵，水泉本也。从𢇅出厂下」。「原，篆文从泉」。是水原字。

假

假 非真也。从人叚聲。古疋切。一曰至也。虞書曰：假于上下。古額切

大徐分讀賈、格二音。繫傳以為訓至亦同讀賈。又今書堯典「格于上下」作格，是借字。木部「格，木長皃。从木各聲。古百切」本字當作假。彳部「假，至也。从彳叚聲。古雅切」假下說解「一曰至也」，繫傳校錄以為非鄦君原文，段氏同之，則所引書當在假下。又桂氏謂古無言真假者，因疑說解「非真也」是後人所加，王氏同之。又部「叚，借也。古雅切」今經典通作假。

借

借 叚也。从人昔聲。資昔切

此大徐據注義及敘例偏旁所補十九字之一。古書皆作藉，詳耒部藉字。然叚借為六書之一，又部「叚，借也」，耒部藉下說解「使民如借」，則鄦書不應無借篆也。

侵

侵 漸進也。从人又持帚，若埽之進。又，手也。七林切

水部「湼」下說解云「侵淫隨理也」，侵淫，趨進之意，俗作浸淫，來鄭書無浸，本祗作寖，水部「寖，水出魏郡武安，東北入呼沱水，从水𡩠聲。𡩠，籀文寑。子鴆切」無侵淫義，又侵又員之為侵袤。左傳莊公二十九年「凡師有鐘鼓曰伐，無鐘鼓曰侵」，又馬部「駸，馬行疾也，从馬侵聲。詩曰『載驟駸駸』。子林切」

儥

儥 賣也。（小徐段氏並作「見也」）从人賣聲。余六切（音育，段音徒歷切非是）

貝部「賣，衒也，从貝𠫓聲。𠫓，古文睦，讀若育。余六切」此與出部「𧶠，出物貨也，从出買。莫邂切」隸變並作賣，故各本儥下說解作「賣也」字當作賣，段氏以鄭書無覿字，而心部「愉，薄也，从心俞聲，論語曰『私覿愉愉如也』」有之，以為覿乃儥之俗體，遂改儥下說解為「見也」，而讀儥為徒歷切。按儥覿自是二字，音義各異，傳注無訓儥為見者，恐是鄭君偶奪覿篆耳。

候

候 伺（段作司，是，鄭書無伺字）望也。从人侯聲。胡遘切

詩曹風候人「彼候人兮」傳云「候人，道路送賓客者」書禹貢「五百里侯服」傳云「侯，候也，斥候而服事」矢部「侯，春饗所射侯也，从人从厂，象張布，矢在其下。乎溝切」

僅

僅 材能也。从人堇聲。渠吝切

「材」小徐作「才」，是也。「才能」猶僅可之意，俗作纔。本書六上部首「才，艸木之初也，从丨（音囟）上毌一，將生枝葉；一，地也」又員之為凡始之偁，是「綱才」「方才」本字，今俗以才為「人才」「才能」字，而以纔為才。才能字本作材，木部「材，木梃也」又糸部「纔，帛雀頭色。士咸切（音讒）」是另一字。又广部「廑，少劣之凥，从广堇聲。巨斤切」僅與廑義略可通。

儀

儀 度也。从人義聲。魚羈切

儀是法制禮儀字，經傳或段作「威義」字，又段義為「情誼」，言部「誼，人所宜也，从言从宜，宜亦聲。儀寄切」我部「義，己之威義也，从我羊。（臣鉉等曰此與善同意，故从羊。宜寄切）」

（傍）徬

徬 近也。从人旁聲。步光切

此近傍字，古籍或段為「依徬」，彳部「徬，附行也，从彳旁聲。蒲浪切」是「依徬」本字。上部「旁，溥也，从二，闕，方聲。步光切」是「旁邊」「旁溥」字。詳上部旁字。

便

安也。人有不便更之。故(依段補)从人更。房連切

安便。又㒵之為便㨗。經傳或段為諞字。言部「諞，便巧言也。从言扁聲。周書曰：截截善諞言。論語曰：友諞佞。部田切」今論語季氏「友便佞」已作便矣。

任

保也。从人壬聲。

周禮地官大司徒「令五家為比，使之相保」鄭注「保猶任也。」又「孝友睦婣任恤」鄭注「任，信於友道。」又㒵之為儋何之偁。詩大雅生民「是任是負」箋云「任猶抱也。」孟子滕文公「門人治任將歸」趙注「任，儋也。」

優

饒也。从人憂聲。一曰倡也。於求切

食部「饒，飽也。」「飽，猒也。」又㒵之凡有餘皆曰優。「一曰倡也」，前所謂俳優者。經傳或段優為瀀、憂字。水部「瀀，澤多也。从水憂聲。詩曰：既瀀既渥。於求切」今小雅信南山作優。又夊部「憂，和之行也。从夊𢚧聲。詩曰：布政憂憂。於求切」今商頌長發「敷政優優，百祿是遒」傳云「優優，和也。」亦段作優矣。禮儒行「忠信之美，優游之法」注云「優游之法，法和柔也。」亦是段優為憂。詩大序「憂在進賢，不淫其色」謂其行在進賢。尚是本義。古籍既段優為憂游字，又段憂為𢚧愁字，而𢚧字不行矣。心部「𢚧，愁也。从心从頁。於求切」

僖

樂也。从人喜聲。許其切

李善文選注引作嬉。按女部無嬉。本祇作僖。史漢借釐為僖。

俾

益也。从人卑聲。一曰門侍人。并弭切(本音彼，今音卑)

土部「埤，增也。从土卑聲。符支切」衣部「裨，接益也。从衣卑聲。府移切」會部「𩞁，益也。从會卑聲。符支切」俾埤裨𩞁四字音義皆同。今但用裨字，而埤俾𩞁不行矣。經典之俾字皆訓「使也」。詩邶風綠衣「我思古人，俾無訧兮」毛傳「俾，使也。」是足㒵義。「一曰俾，門侍人」莊述祖曰「門侍人，當是門持人之誤。椑下云：椑，持也。」正同此義。又「俾倪」連語是疊韻形容詞，猶裒視也。音「捭諳」。

億

安也。从人意聲。於力切

㥛

今經典通段億為「意萬」「意度」字。心部「㥛，滿也。从心啻聲。一曰十萬曰㥛。於力切」言部「啻，快也。(快當作訣)从言中。於力切」又億隸變作億，从意。心部「意，志也。从心，察言而知意也。从心从音。於記切」經傳意度字或誤作意。

儷

棽儷也。从人麗聲。呂支切(音離)

林部「棽，木枝條棽儷也」左傳成公十一年「鳥獸猶不失儷」杜注「儷，耦也」經傳或段儷為「麗皮」儀禮士冠禮士昏禮並有「束帛儷皮」聘禮「上介奉幣儷皮」鄭注「儷皮，兩鹿皮也」釋文「儷，音麗」本書鹿部「麗，旅行也。鹿之性，見食急則必旅行。从鹿丽聲。禮，麗皮納聘，蓋鹿皮也。郎計切」經傳或段麗為附麗字，又為𢿢字。艸部「䔧，艸木相附䔧土而生。从艸麗聲。易曰：百穀艸木䔧於地。呂支切」今易離卦彖辭「日月麗乎天，百穀艸木麗乎土」作麗。又攴部「𢿢，數也。从攴麗聲。力米切」今詩大雅文王「商之孫子，不麗不億」毛傳「麗，數也」是段麗為𢿢。

仔

克也。从人子聲。子之切

詩周頌敬之「佛時仔肩」傳云「仔肩，克也」箋云「仔肩，任也」

㑭 㑭

送也。从人灷聲。呂不韋曰：有侁氏以伊尹㑭女。古文以為訓字。(臣鉉等曰：灷不成字，當从朕省。案：勝字从朕聲，疑古者朕或音㑭。)以證切

㑭，今經傳皆作媵。公羊傳莊公十九年「媵者何？諸侯娶一國，則二國往媵之，以姪娣從。姪者何？兄之子也。娣者何？弟也。諸侯一聘九女，諸侯不再聘」又成公八年經「衛人來媵」杜注「古者諸侯取適夫人及左右媵，乃有姪娣，皆同姓之國，國三人，凡九女，所以廣繼嗣也。魯將嫁伯姬於宋，故衛來媵之」呂氏春秋孝行覽本味篇「湯於是請取婦為婚，有侁氏喜，以伊尹為媵」按女部無媵，本止作㑭。又貝部「賸，物相增加也。从貝朕聲。一曰送也，副也。以證切(今讀為剩)」「貳，副，益也」是副亦益也。賸，副也，亦又自益之義。又今謂物餘為賸，亦又自益之義，即俗之剩字。至賸訓送也，則是段作㑭字。又㑭古文以為訓字者，桂氏引莊述祖曰「逸周書王用有監明憲朕命」朕當作訓，古文訓作㑭，故譌作朕。

偄

弱也。从人从耎。奴亂切

俗作軟，或輭。車部無。三下部目「𤿭，柔韋也。从北从皮省，从夐省。讀若耎。一曰若儁。而兗切」凡「偄弱作偄」「柔𤿭」作𤿭。介部「耎，稍前大也。从大而聲。讀若畏偄。而沇切」

儓

惛也。从人薨聲。呼肱切

心部「惛，不憭也。从心昏聲。呼昆切」「憭，慧也。从心尞聲。力小切」爾雅釋訓「儚儚、洄洄，惛也。」儚當作儓。又今俗謂「瞢騰」醉，醉乃昏之意。本亦當作儓。

僻

避也。（段及小徐作「辟也」）从人辟聲。詩曰「宛如左僻。」一曰从旁牽也。普擊切

辵部「避，回也。从辵辟聲。毗義切（句讀普擊切）」「遹，回避也。从辵矞聲。余律切」詩小雅小旻「謀猶回遹」，毛傳「回，衺；遹，辟。」「辟」釋文作「僻」，云「匹亦反」。鄭君以回避訓遹，而避訓回也。毛公云「回，衺；遹，僻」，是僻是衺義，避同義。謂衺僻也。至避讀毗義切，為「避世」「避人」，則是衺義之又引申。「詩曰宛如左僻」，今詩魏風葛屨「宛然左辟」，作辟。釋文云「辟音避」，是還避辭避意，是又引申之義。「一曰从旁牽也」，左傳成公五年「伯宗辟重，曰辟傳」，釋文「辟，又作僻」，即此義。經傳每段辟為僻。「辟」字九上部首「辟，法也。从卩辛，節制其辠也。从口，用法者也。必益切」辟部「𪠬，治也。从辟从井。周書曰我之不𪠬。必益切」今書金縢已作辟矣。又詩大雅板篇「民之多辟」，箋云「民之行多為衺辟」，則字當作僻。又厂部「⿸厂辟，仄也。从厂辟聲。普擊切」是「幽⿸厂辟」「陋⿸厂辟」「⿸厂辟好」亦「⿸厂辟」字。今「陋⿸厂辟」作僻，而「⿸厂辟好」作癖。疒部無癖字。广部「廦，牆也。从广辟聲。比激切」義異。孟子離婁「君子平其政，行辟人可也」，辟作闢，除意，則是闢義之又引申。門部「闢，開也。从門辟聲。房益切」荀子解蔽「是以闢耳目之欲」，注云「闢，屏除也。」

僞

詐也。从人為聲。危睡切

言部「詐，欺也。」爾雅釋詁「詐，僞也。」經傳或借為字為僞。爪部「為，母猴也。」小徐曰「僞者，人為之也，非天真也。故於文人為為僞。」荀子性惡「不可學不可事而在人者謂之性，可學而能、可事而成之在人者謂之僞。」正名「生之所以然者謂之性。」「心慮而能為之動謂之僞。」故性惡篇云「人之性惡，其善者僞也。」注云「僞，為也。」據此則僞字當有作為一義。

侚

務也。（小徐作「霚也」，段作「侚，齊也」）从人旬聲。辭俊切

各本「務也」，段依玉篇引楚辭改作「侚，齊也」。又引韋書作「𢿕督」、「清督」、「區霿」、「傋霿」、「佝愗」、「𣪠霿」、「𣪠督」諸體，其音皆容，其義皆愚蒙也。又佝又引申之為足佝字，說文無夠。

僄

輕也。从人票聲。匹妙切

心部「慓，疾也，从心票聲。敷沼切」女部「嫖，輕也，从女票聲。匹招切（音飄）」馬部「驃，黃馬發白色，一曰白髦尾也，从馬票聲。毗召切」凡輕快作慓，驃騎當作慓，輕薄作嫖，而勇悍則从心作慓。

儳

儳互不齊也，从人毚聲。士咸切（音讒）

此儳巖字，俗作攙。

佚

佚民也，从人失聲。一曰佚，忽也。夷質切

佚民猶踰作逸民，是借字。「一曰佚，忽也」心部「忽，忘也」是佚亦忘也。孟子公孫丑「遺佚而不怨」兔部「逸，失也，从辵兔，兔謾訑善逃也。夷質切」又引長為勞逸字，經傳或作佚。孟子盡心「以佚道使民，雖勞不怨」水部「泆，水所蕩泆也，从水失聲。夷質切」是放泆、婬泆字。車部「軼，車相出也，从車失聲。夷質切」凡軼事、軼詩皆此字。馬部「駃，馬有疾足，从馬失聲。大結切」莊子田子方「夫子奔逸絕塵，而回瞠若乎後矣」逸當作駃。今則佚、逸、軼、泆四字皆以同聲通假，而馬部之駃不行矣。

㑿

徼㑿，受詘也，从人卻聲。其虐切

此蓋說解已奪，獨存所引子虛賦。今史記司馬相如子虛賦「徼㑿受詘」作「徼谻」，索隱引說文曰「谻，勞也」，燕人謂勞為谻。按說文丮部「谻，相踦之也，从丮谷聲。其虐切」無勞義，當是⿰忄卻字之譌。心部「⿰忄卻，勞也，从心卻聲。其虐切」卩部「卻，節欲也，从卩谷聲。去約切」（谷口上阿也，音劇）邑部「郤，晉大夫叔虎邑也，从邑谷聲。綺戟切（音隙）」

⿰亻疾

妎也，从人疾聲。一曰毒也。秦悉切

嫉 ⿰亻疾或从女

女部「妎，妒也」離騷「各興心而嫉妒」注云「害色曰妒，害賢曰嫉」。今經傳多段嫉為之。書秦誓「人之有技，冒疾以惡之」傳云「見人之有技藝，蔽冒疾害以惡之」疒部「疾，病也，从疒矢聲。秦悉切」

偒

輕也，从人易聲。一曰交偒。以豉切（又羊益切）

此「輕偒」「平偒」「交偒」字。攴部「敭，侮也，从攴从易，易亦聲。以豉切」是「嫚敭」字。九下部易「易，蜥易，蝘蜓，守宮也，象形。祕書說日月為易，象侌昜也。一曰从勿。羊益切」是蜥易。亦為六經之易字。今則獨用易字，而偒敭不行矣。

傷

創也，从人，𥏻省聲。少羊切

刃部「刅，傷也。从刃从一。楚良切」「創，或从刀倉聲」二字轉注。「𥏻，省聲」當作𥏻，說文無𥏻字。矢部「𥏻，傷也。从矢昜聲。式陽切」心部「𢝊，憂也。从心𥏻省聲。式亮切」此𢝊傷字，今經典通作傷而𢝊不行矣。歺部「殤，不成人也。人年十九至十六死為長殤，十五至十二死為中殤，十一至八歲死為下殤。从歺傷省聲。式陽切」

但

但 裼也。从人旦聲。徒旱切

此「但裼裸裎」字，俗借但為語辭，而但裼作袒，誤。衣部「袒，衣縫解也。从衣旦聲。丈莧切」「衣縫解」即衣裳袒列字，與但字義絕不同。糸部「組，補縫也。从糸旦聲。丈莧切」是綴補其袒曰組。二字「丈莧切」並音綻。肉部「膻，肉膻也。从肉亶聲。詩曰：膻裼暴虎。徒旱切」今詩鄭風大叔于田「襢裼暴虎」作襢，衣部無襢。毛傳「襢裼，肉袒也」，則膻當是但之重文。土部「坦，安也。从土旦聲。他但切」是平坦字。

咎

咎 災也。从人各。各者相違也。其久切

火部「烖，天火曰烖」「災，籀文从巛」。歺部「殃，咎也」。爾雅釋詁「咎，病也」。此「咎病」「咎禍」字。心部「𢜎，怨仇也。从心咎聲。其久切」是𢜎怨字。

今則通作咎而𢜎字不行矣。

仳

仳 別也。从人比聲。詩曰：有女仳離。芳比切

詩王風中谷有蓷「有女仳離，嘅其嘆矣」，毛傳「仳，別也」。

侂

侂 寄也。从人庑聲。庑，古文宅。他各切

侂，今从宅作侘。言部「託，寄也。从言乇聲。他各切」二字音義同。俗作托，說文無。

倦

倦 罷也。从人卷聲。渠眷切

力部「券，勞也。从力卷省聲」。臣鉉等曰：今俗作倦，義同。渠卷切。大徐以倦為券之俗字。按周禮攷工記輈人「終日馳騁，左不楗」，鄭注引杜子春曰「楗或作券」。又注云「券，今倦字也。輈和則久馳騁，載在左者不罷倦，尊者在左」。是漢時已倦行而券廢矣。蓋券字从力，經典每與从刀之券混。刀部「券，契也。从刀𢍏聲。券別之書，以刀判契其旁，故曰契券。去願切（音勸）」是契券、證券字。餘詳刀部券字。

傮

傮 終也。从人曹聲。作曹切（音糟）

荀子富國篇「僔然要時務民」楊倞注「僔然，盡人力皃」說文僔，終也」詩大雅卷阿「似先公酋矣」毛傳「似，嗣；酋，終也」箋云「嗣先君之功而終成之」釋文「酋，在由反」是段酋為僔。又今人謂事一終為一僔，或作遭。辵部「遭，遇也。从辵曹聲」作曹切」音同。

偶

桐人也。从人禺聲。五口切

桐人即俑人，又具之為今之木偶。耒部「耦，耒廣五寸為伐，二伐為耦。从耒禺聲。五口切」是配耦奇耦字，古籍或段偶為耦。

弔

問終也。（段有「从人弓」）古之葬者，厚衣之以薪。从（段作「故」）人持弓，會敺禽。（段有「弓蓋往復弔問之義」）多嘯切

禮曲禮「知生者弔，知死者哀」玉篇「弔，生曰唁，死曰弔」吳越春秋「陳音曰：臣聞弩生於弓，弓生於彈，彈起古之孝子。古者人民朴質，死則裹以白茅，投於中野。孝子不忍見父母為禽獸所食，故作彈以守之。歌曰：斷竹續竹，飛土逐害」顏注急就篇云「弔問者持弓會之，以助彈射也」

侶

廟侶穆。父為侶，南面；子為穆，北面。从人召聲。市招切

經傳多段昭為侶，又穆乃㣎字之段。日部「昭，日明也。从日召聲。止遙切」禾部「穆，禾也。从禾㣎聲。莫卜切」彡部「㣎，細文也。从彡㬎省

聲。莫卜切」周禮春官小宗伯「辨廟祧之昭穆」注云「父曰昭，子曰穆」禮王制「天子七廟，三昭三穆；諸侯五廟，二昭二穆；大夫三廟，一昭一穆」又祭統「夫祭有昭穆，昭穆者，所以別父子遠近長幼親疏之序而無亂也」昭穆皆當作侶㣎。

僊

長生僊去。从人从䙴，䙴亦聲。相然切

舁部「䙴，升高也。从舁囟聲」「䙴，䙴或从卩」

仚 仙

人在山上。从人从山。呼堅切

按僊仚本異字，今俗變仚為仙而代僊字，非本義也。釋名釋長幼「老而不死曰仙。仙，遷也，遷入山也。故其制字人旁作山也」

匕

變也。从到人。凡匕之屬皆从匕。呼跨切（八五）

𠤕

未定也。从匕𥅀聲。𥅀，古文矢字。語期切

子部」疑，或也。从子止，匕矢聲。徐鍇曰「止，不通也。矢古矢字。反匕之，幼子多惑也。」語其切」按：疑字从匕，有變匕未定意。疑字从子止，有幼子多惑意。今經典統用疑，而疑字不行矣。

真

僊人變形而登天也。从匕目从乚，音隱。八（大徐作「八」，段作「丌」，無義，依修竹園正）所乘載也。側鄰切

古文真

按：戴侗謂或謂五經無真字，始見於老莊列之書。老子曰「其中有精，其精甚真。」莊子漁父「真者，精誠之至也。」大宗師「而已反其真，而我猶為人猗。」列子天瑞「精神離形，各歸其真。故謂之鬼。鬼者，歸也，歸其真宅。」徐箋云「莊列之徒以生為寄，寄者假託之謂也，以死為歸，謂之歸真，因之假與真對。後世遂以真假代情偽。若夫僊人變形登天之說，則又以歸真為不死，而謂之真人，此方技之流，與莊列之恉本殊，後世乃攸以道家方技合而為一耳。」

化

教行也。从匕人，匕亦聲。呼跨切

此教化字，與部首「匕，變也」音同義異。今則變匕亦作化，而匕字不行矣。

匕

相與比敘也。从反人。匕，亦所以用比取飯，一名柶。凡匕之屬皆从匕。卑履切（八之）

匙

匕也。从匕是聲。是支切

方言「匕謂之匙」，亦謂之調羹。吾粵謂之匙羹。

𠤏

相次也。从匕十。鴇从此。博抱切

周禮地官大司徒「令五家為比，使之相保。」鄭注「保猶任也。」賈疏「使五家相保，不為罪過。」保是𠤏之借字。人部「保，養也。从人从𤓰省。𤓰，古文孚字。博褒切」是保養、保傅字。

頃也。从匕支聲。匕，頭頃也。詩曰「歧彼織女」。去智切

今詩小雅大東「跂彼織女，終日七襄。」傳云「跂，隅也。」作跂，是借字。足部「跂，足多指也。从足支聲。巨支切」是跂路字，俗作歧。古籍或假跂為企。人部「企，舉踵也。从人止聲。去智切」詩衛風河廣「誰謂宋遠，跂而望之。」跂當作企。

頃

頭不正也。从匕頁。臣鉉等曰：匕者有所比附，不正也。去營切

又㒷為頃仄不正之偁。人部「傾，仄也。从人頃，頃亦聲。去營切」音義同。今則頃仄通用傾，而頃㛄為俄頃頃畝之用。玉篇「田百畝為頃」。

𡿺

頭髓也。从匕，匕，相匕箸也。巛，象髮。(段巛「下有『囟』字」)囟，象𡿺(段作囟)形。奴皓切

本書十下部目「囟，頭會𡿺蓋也。象形。息進切」𡿺俗作腦，肉部無。

卬

望，欲有所庶及也。从匕卩。詩曰：高山卬止。伍岡切

今詩小雅車舝篇作仰，是借字，俗亦作昂，非是。人部「仰，舉也。从人卬。魚兩切」詩大雅卷阿「顒顒卬卬，如珪如璋」。箋云「體貌則顒顒然敬順，志氣則卬卬然高朗，如玉之珪璋也」。是又㒷之義。又詩邶風匏有苦葉「招招舟子，人涉卬否」。傳云「卬，我也」。則是姎字之段。女部「姎，女人自偁我也。从女央聲。烏浪切」

卓

高也。早匕為𠦝，匕卩為卬，皆同義。(段作「意」)竹角切

古文卓

經傳多段卓為「𥝩立」「倬箸」「超逴」字。稽部「𥝩，特止也。从稽省，卓聲。徐鍇曰：特止，卓立也。竹角切」人部「倬，箸大也。从人卓聲。詩曰：倬彼雲漢。竹角切」辵部「逴，遠也。从辵卓聲。一曰蹇也。敕角切」走部「趠，遠也。从走卓聲。敕角切」

艮

很也。从匕目。匕目，猶目相匕，不相下也。易曰：艮其限。匕目為艮，匕目為真也。古恨切

彳部「很，不聽从也。一曰行難也。一曰盭也。从彳艮聲」(弦部「盭，𢑚戾也。从弦省，从盩。讀若戾」)易艮卦九三「艮其限」，又說卦傳「艮，止也」。

从

相聽也。从二人。凡从之屬皆从从。疾容切(八大)

從

隨行也。从从辵，从亦聲。慈用切(去聲)

凡「𢓊从」「依从」作从，「隨從」作從。今則通用從，而但古讀音亡之矣。

幷

相從也。从从幵聲。一曰从持二(段有「干」字)為幷。府盈切

本書十四上部目「幵，平也。象二干對冓，上平也。古賢切」云「象二干對冓」，取上平之意。與三上部目「𢆉，犯也。从反入，从一。古寒切」之干字

字異，斜之从二干，亦取平之意也。又人部「僻，旋也。从人羿聲。畢正切」音同義略異，然古籍多混之。

比

密也。二人為从，反从為比。凡比之屬皆从比。毗至切（八大）

古文比

毖

慎也。从比必聲。周書曰：「無毖于卹。」兵媚切（音秘）

書大誥「無毖于恤」傳云「無勞于憂」。詩周頌有小毖篇，傳箋注云「毖，慎也。」又大雅桑柔「為謀為毖，亂況斯削。」傳云「毖，慎也。」

北

菲也。从二人相背。凡北之屬皆从北。博墨切（八六）

冀

北方州也。从北異聲。几利切

經傳通段冀為「覬幸」、「希覬」字。見部「覬，欽幸也。从見豈聲。几利切」欠部「欽，幸也。从欠气聲。一曰口不便言。居气切」覬欽音義

同。漢書多段冀為覬，或可作企。詳旦部暨字。

丘

土之高也，非人所為也。从北从一。一，地也。（會意）人居在丘南，故从北。中邦之居在崐崘東南。一曰四方高中央下為丘。象形。凡丘之屬皆从丘。去鳩切，今隸變作丘（八七）

古文从土

虛

大丘也。崐崘丘謂之崐崘虛。古者九夫為井，四井為邑，四邑為丘，丘謂之虛。从丘虍聲。臣鉉等曰：今俗別作墟，非是。丘如切，又朽居切

周禮地官小司徒「乃經土地，而井牧其田野。九夫為井，四井為邑，四邑為丘，四丘為甸，四甸為縣，四縣為都。」此虛之本義。又虛之為大，為空虛。虛耗義。今又虛虛之義行，而又加土作墟，后為丘虛字失本義矣。

屔

反頂受水丘。从丘，泥省聲。奴低切

孔子字仲尼，尼是屔之省借。尸部「尼，從後近之。从尸匕聲。女夷切」水部「泥，水。出北地郁郅北蠻中。从水尼聲。奴低切」

㐺 乑 眾

眾立也。从三人。凡㐺之屬皆从㐺。讀若欽崟。魚音切。（音欽，今讀為眾。八七）

眾 多也。从㐺目。眾意。之仲切

國語周語「人三為眾」。俗眾从血作衆，非是

聚

會也。从㐺取聲。一曰邑落云聚。才句切

公羊傳隱公元年「會猶最也」。注云「最，聚也」。按公羊傳之最，蓋冣字之叚。同部「最，犯而取也。从冃从取。祖外切」，無會意。冖部「冣，積也。从冖从取，取亦聲。才句切」。聚冣音義俱同，古籍或叚聚為之。土部「堅，土積也。从土从聚省。才句切」。「邑落曰聚」者，史記五帝本紀「一年而所居成聚」。正義「聚謂村落也」。又漢書平帝紀「立學官。郡國曰學，縣道邑侯曰校，鄉曰庠，聚曰序」。張晏曰「聚，邑落名也」。韋昭曰「小鄉曰聚」。邑落猶邑中村落。

臮

眾詞與也。（段作「眾與詞也」）从㐺自聲。虞書曰「臮咎繇」。其冀切

古文 臮

書舜典「禹拜稽首，讓于稷契暨皋陶」，作暨，是借字。古籍亦叚洎為之。詳旦部暨字。

𡈼 徵 朢

善也。从人士。士，事也。一曰象物出地挺生也。凡𡈼之屬皆从𡈼。臣鉉等曰：人在土上，𡈼然而立也。他鼎切（八七）

召也。从𡈼（依段補）从微省。𡈼微（依段補「微」字）為徵。行於微而聞（大徐作「文」，依段正）達者即徵之。陟陵切

古文

又良之為「徵驗」、「徵兆」。書洪範九疇「八曰庶徵」，鄭注「徵，驗也」。謂吉凶之兆也。又五音之徵讀上聲，音止。禮玉藻「古之君子必佩玉，右徵角，左宮羽」。釋文「徵，音止」。

月滿與日相朢，以（段作「似」）朝君也。从月从臣从𡈼。𡈼，朝廷也。無放切

古文朢省

「以朝君」，戴侗引作「臣朝君」。繫傳曰「日，君也。月，臣也」。蓋臣㠯形近，初誤為㠯，又改書作以。此朔朢字，經傳多叚望為之。亾部「望，出亾在外，望其還也。从亾，朢省聲。巫放切」，是瞻望字。古籍亦叚為責望義。言部「𧩦，責望也。从言望聲。巫放切」。

㸒

近求也。从爪𡈼（依段補）。𡈼，徼幸也。余箴切

近求，謂侵淫以求之，由近及遠也。水部「淫，侵淫隨理也。从水㸒聲。一曰久雨為淫。余箴切」。經傳或叚淫為㸒。女部「婬，厶逸也。从女㸒聲。余箴切」。

重

厚也。从壬東聲。凡重之屬皆从重。徐鍇曰壬者人在土上，故爲厚也。柱用切。（八七）

量

稱輕重也。从重省，曏省聲。呂張切。（又力讓切）

漢書律曆志「量多少者不失圭撮，權輕重者不失黍絫」此量是動詞，讀呂張切。又律曆志「量者，龠合升斗斛也。權者，銖兩斤鈞石也」此量是名詞，宜讀力讓切。

臥

休也。（段作「伏也」）从人臣，取其伏也。凡臥之屬皆从臥。吾貨切（八七）

監

臨下也。从臥，𠚑省聲。（音監）古銜切

古文監从言

爾雅釋詁「監，視也」方言「監，察也」目部「䁢，視也。从目監聲。古銜切」

臨

監臨也。（段無「臨」字）从臥品聲。力尋切

爾雅釋詁「臨，視也」

身

躳也。象人之身。从人，厂聲。（段本無「象人之身」四字，「厂聲」段作「𤰃省聲」）凡身之屬皆从身。失人切（厂，余制切，音曳，八八）

㐆

歸也。从反身。凡㐆之屬皆从㐆。徐鍇曰古人謂反身脩道，故曰歸也。於機切（音依，八八）

衣

依也。上曰衣，下曰裳。象覆二人之形。凡衣之屬皆从衣。於稀切（八八）

⿳亠㠭衣

丹縠衣。从衣，㠭聲。知扇切

⿳亠㠭衣衣是礼服，正其衣冠，端其瞻容，故又引申爲誠也。古籍段展爲之，又或作襢。周礼天官內司服有「展衣」，鄭注「展衣以礼見王及賓客之服，字當作襢。襢之言亶，亶，誠也」詩鄘風君子偕老「瑳兮瑳兮，其之展也」傳云「礼有展衣者，以丹縠爲衣」箋云「展衣字誤，礼記作襢衣」又「展如之人兮，邦之媛也」傳云「展，誠也」礼玉藻「一命襢衣」襍記「下大夫以襢衣」注云「襢，周礼作展」按說文無襢字，尸部「展，轉也。从尸，⿳亠㠭衣省聲。知衍切」是展轉字，今概段展爲⿳亠㠭衣，又段爲𧜵，乃如束於偏旁作

輾以為展轉字，說文無輾。丑上部目「珏，極巧視之也，从四工。知衍切」是聞珏珏覽字。

表 裘

[seal] 上衣也，从衣毛，古者衣裘（段有「故字」）以毛為表。陂矯切

[seal] 古文表从麃。

論語鄉黨「當暑袗絺綌，必表而出之」孔安國注「必表而出之，加上衣」。禮玉藻「君衣狐白裘，錦衣以裼之」鄭注「君衣狐白毛之裘，則以素錦為衣覆之，使可裼也」。「古者衣裘以毛為表」者，漢書匡衡傳「是有狐白之裘而反衣之也」師古注「反衣之者，以其毛在內也」。新序雜事「魏文侯出遊，見路人反裘而負芻。文侯曰：胡為反裘而負芻？對曰：臣愛其毛。文侯曰：若不知其裏盡而毛無所恃邪」。此外表表衷字，古籍或段為標，或幖。木部「標，木杪末也，从木票聲。敷沼切（音表。今讀平聲）」是標本字。巾部「幖，識也，从巾票聲。方招切」凡幖識表格、寒暑表字皆當作幖。又火部「𤐫，火飛也，从火𡋟，𡋟者聲。方昭切」艸部「蔈，苕之黃華也，从艸票聲。一曰末也。方小切」字各異。

䘳

[seal] 交衽也，从衣金聲。居音切

本部「衽，衣衿也，从衣壬聲。如甚切」衣前衿內外相交，故謂之交衽。經典或作衿，亦作襟。詩鄭風子衿「青青子衿，悠悠我心」傳云「青衿，青領也」。爾雅釋器「衣皆謂之襟」郭注「襟，衣領」。鄦書無衿襟字。本部有「衾，大被，从衣今聲。去音切」「被，寢衣，長一身有半，从衣皮聲」。寢衣為小被，則衾為大被，與䘳字音同而義異也。又糸部「紟，衣系也，从糸今聲。居音切」「䋭，籀文从金」亦異字。

衭

[seal] 襲袂也，从衣夫聲。甫無切（音夫）

襲袂，是蠻夷之下衣，中國曰裳。糸部「絝，脛衣也，从糸夸聲。苦故切」

襲

[seal] 左衽袍，从衣龖省聲。似入切（音襲）

[seal] 籀文襲不省。

襲，文選李善注王命論及廣絕交論引襲下說解當有「重衣也，因也」。禮內則「寒不敢襲，癢不敢搔」鄭注「襲，謂重衣」。又樂記「三王異世不相襲禮」鄭注「言其有損益」，即不相因也。「左衽袍」是蠻夷之服，論語憲問「微管仲，吾其被髮左衽矣」朱子注「被髮左衽，夷狄之俗也」。

袍

[seal] 襺也，从衣包聲。薄褒切 論語曰「衣敝縕袍」。

本部「襺，袍衣也，从衣繭聲，以絮曰襺，以縕曰袍。古典切」禮玉藻「纊為襺，縕為袍」。論語子罕「衣敝縕袍，與衣狐貉

者主而不私者其由也與」今吕袍為外衣之通偁此與外形內聲之褢袁衰字形音義皆不同也

袤

衣帶已上从衣矛聲一曰南北曰袤東西曰廣 莫候切

籀文袤 从楙

袤訓「衣帶已上」古籍少傳其證「南北曰袤」又引申之為長也

衹

衹裯短衣从衣氏聲 都兮切（又音只）

短衣又引申之為但也「衹是」「衹有」正字或段只為之三上部「只，語已詞也」此與示部之「祇」「祗」糸部之「紙」字迥異也示部「祇，地祇，提出萬物者也。从示氏聲」巨支切（音其）「祗，敬也。从示氐聲」旨移切（音支）糸部「紙，帛丹黃色。从糸是聲」他礼切（音體）「祇，紙或从氏」

袪

衣袂也从衣去聲一曰袪褱也褱者袌也

袪尺二寸春秋傳曰披斬其袪 去魚切

本部「袂，袖也。从衣夬聲」彌弊切「褎，袂也。从衣采聲」似又切「袖」俗褎从由」詩唐風羔裘「羔裘豹袪，自我人居居」傳云「袪，袂也」又「羔裘豹褎，自我人究究」傳云「褎，猶袪也」是袪袂褎同意又袪有捍閑之意又引申之為閑也除也「驅除」本當作「袪除」馬部「驅，馬馳也。从馬區聲」豈俱切異義「一曰袪，褱也，褱者袌也」則是段袪為褚本部「褚，衣袌也」「袌，褱也」又儀礼喪服子夏傳礼記玉藻注有「袪尺二寸」鄭注「袪，袖口也」則說解「袪尺二寸」上疑奪「礼曰」二字又左傳僖公五年「披斬其袪」服虔杜預注並云「袪，袂也」

褎

袂也从衣采聲 似又切

俗褎 从由

今衣袂字从俗體作袖

褢

袖也一曰藏也从衣鬼聲 戶乖切

此褢藏字古籍或借「褱」「懷」為之古詩「出入君懷袖」論語陽貨「懷其寶而迷其邦可謂知乎」懷當作褱心部「懷，念思也从心褱聲」戶乖切 是懷念字論語憲問「士而懷居不足以為士矣」

褱

俠也从衣眔聲一曰橐 臣鉉等曰眔非聲未詳 戶乖切

按「俠」當是「挾」字形近而譌手部「挾，俾持也从手夾聲」胡頰切「俠」人部「俠，俜也从人夾聲」胡頰切 段氏以為當作夾亦部「夾，盜竊褱物也从亦有所持俗謂蔽人俾夾是也」失冉切 徐箋云「夾即褱挾之義不必讀為失冉之夾」大部「夾，持也从大挾二人」古狎切 挾夾音義同也。又褱字眔聲者，褱眔入聲同部。褱是「褱古裒」字。論語陽貨「子生三年，然後免於父母之懷」字當作褱。今通用懷字而褱褱不行矣。

裒

褱也。从衣包聲。臣鉉等曰：今俗作抱，非是。抱與捊同。薄保切

褱有求，今俗作懷抱，非是。手部「捊，引取也。从手孚聲。步矦切（音袌）」「抱，捊或从包。臣鉉等曰：今作薄保切。以為褱裒字，非是。」

袥

衣衸。从衣石。他各切（音託）

本部「衸，袥也。从衣介聲。胡介切（音械）」二字互訓。袥訓衣衸，又引申之為推廣之義，是開拓字。今則段拓為之。手部「拓，拾也。从手石聲。之石切（音隻）」「摭，拓或从庶。」是拓拾字，俗拓拾字同或體而以拓為開拓字，誤甚。

襗

絝也。从衣睪聲。徒各切（音託）

周禮天官玉府「掌王之燕衣服」鄭注「燕衣服者，巾絮寢衣袍襗之屬」詩秦風無衣首章「豈曰無衣，與子同袍」次章「豈曰無衣，與子同澤」三章「豈曰無衣，與子同裳」詩之澤是襗之段借。次章下云「王于興師，修我同戟，與子偕作」正是襗「作」為韻。又今謂「舊時袍澤」澤亦當作襗。

褰

絝也。从衣寒省聲。春秋傳曰：徵褰與襦。去虔切

左傳昭公二十五年「徵褰與襦」杜注「褰，袴也」按衣部無袴，本祇作絝。糸部「絝，脛衣也。从糸夸聲。苦故切」衣部「襦，短衣也。从衣需聲。一曰㬈衣。人朱切」此褰字嫥為絝義。古籍或段為攐字。詩鄭風褰裳「子惠思我，褰裳涉溱」褰當作攐。手部「攐，摳衣也。从手褰聲。去虔切」

複

重衣也。从衣复聲。一曰褚衣。方六切

釋名釋衣服「有裏曰複，無裏曰單」本部「襌，衣不重。从衣單聲。都寒切」釋名之單即襌字之段。又本部「褚，卒也。从衣者聲。一曰製衣。丑呂切」「褚衣」即「裝衣也」複訓重衣，又引申之為凡重之偁。勹部「𠣾，重也。从勹復聲。扶富切」「复或省彳」是重𠣾字，古籍或段復為之。彳部「復，往來也。从彳复聲。房六切」夊部「复，行故道也。从夊畐省聲。房六切」

襛

衣厚皃。从衣農聲。詩曰：何彼襛矣。汝容切

「衣厚皃」。又引伸之爲凡多厚之偁。詩召南「何彼襛矣」，釋文「襛，衣厚皃」。毛傳「襛猶戎戎也」。「戎戎」猶「茸茸」也。艸部「茸，艸茸茸皃」。茸茸亦厚意。襛今俗作穠。禾部無。酉部「醲，酒厚也。从酉農聲。女容切」。水部「濃，露多也。从水農聲。詩曰零露濃濃。女容切」。

裔

衣裾（段作裙）也。从衣㕯聲。（臣鉉等曰：㕯非聲，疑象衣裾之形。余制切）

古文裔。

「衣裾」，段依元應書改作「裙」。按徐鍇云「裾，衣邊也，故謂四裔」。漢書藝文志「合其要歸，亦六經之支與流裔」，師古注「裔，衣末也」。作裾不誤也。又㕯聲者，裔入聲，余律切，與㕯同部。

袁

長衣皃。从衣，叀省聲。（羽元切）

「叀省聲」，小徐袪妄篇作「𡴀省聲」。𡴀蓋岦之譌。四下部目「叀，小謹也。从幺省，从屮。屮，財見也。田象謹形。屮亦聲。職緣切」。「岦，古文叀」。又袁之本義爲長衣皃，今祇謂爲姓，而本義不行矣。

褺

重衣也。从衣執聲。巴郡有褺虹縣。（徒叶切）（音疊）

今經典通用襲字。礼內則「寒不敢襲」，鄭注「襲謂重衣」。又如云衣一襲，皆當作褺。襲本部「襲，左衽袍。从衣，龖省聲。似入切」，音義俱異。又漢書地理志巴郡下作墊江縣，蓋是褺衣之誤字。據孟康音重疊之疊，知漢書本不作墊也。又褺字从執聲，與埶聲之褻字異也。

裴

長衣皃。从衣非聲。（臣鉉等曰：漢書裵回用此字，今俗作徘徊，非是。薄回切）

後漢書蘇竟傳注云「裴回，謂縈繞淹留也」。作裴回，是長之引伸義。俗作俳佪、徘徊，而以裴爲𨙸邑姓之𨙸，誤矣。邑部「𨙸，河東聞喜縣。从邑非聲。薄回切」。

褊

衣小也。从衣扁聲。（方沔切）

又引伸爲「褊小」、「褊急」之義。心部「急，褊也」。詩魏風葛屨「維是褊心，是以有刺」，箋云「是君心褊急」。孟子梁惠王「齊國雖褊小，吾何愛一牛」。

襄

漢令：解衣耕謂之襄。从衣𤕦聲。（息良切）（𤕦音饟，亂也）

古文襄。

「解衣」解之猶除之，故又引申之為除也。詩鄘風牆有茨「牆有茨不可襄也」小雅出車「赫赫南仲玁狁于襄」毛傳竝云「襄除也」又引申之為反也、更也。詩小雅大東「跂彼織女終日七襄」傳云「襄反也」箋云「襄駕也駕謂更其肆也」又引申之為上也、舉也。書堯典「湯湯洪水方割蕩蕩懷山襄陵浩浩滔天」傳云「襄上也」周書謚法「辟地有德曰襄因事有功曰襄」

衾

衾 大被。从衣今聲。去音切

詩召南小星「抱衾與裯」傳云「衾被也」此與俗字衿異。詩鄭風子衿「青青子衿悠悠我心」傳云「青衿青領也」字本作裣。

褻

褻 厶服。从衣埶聲。詩曰「是褻袢也」臣鉉等曰从熱省乃得聲私列切

今詩鄘風君子偕老「是紲袢也」作紲，是借字。糸部「紲系也」是羈紲字。論語鄉黨「紅紫不以為褻服」王肅注「謂私居非公會之服也」經傳或段褻為「褋暬」「媟嬻」字。日部「暬日狎習相嫚也从日埶聲私列切」女部「媟嬻也从女枼聲私列切」又大徐謂「从熱省乃得聲」按褻埶入聲同部，不必从熱省，且熱亦埶聲。又褻埶聲，與从衣執聲音徒叶切之褺字異也。

裨

裨 接益也。从衣卑聲。府移切

人部「俾益也从人卑聲并弭切」土部「埤增也从土卑聲符支切」會部「朇益也从會卑聲符支切」四字音義同，今但用裨字，而俾埤朇不行矣。

雜

雜 五采相合。从衣集聲。徂合切

雥部「雧群鳥在木上也从雥从木秦入切」「集雧或省」

裂

裂 繒餘也。从衣列聲。良辥切

又引申為分散殘餘之偁。經傳或段借為列。刀部「列分解也从刀𡿪聲良辥切」禮內則「衣裳綻裂」釋文「裂本或作列」作列是正字，作裂段借也。

袒

袒 衣縫解也。从衣旦聲。丈莧切

「衣縫解」即袒列之意。禮內則「衣裳綻裂」鄭注「綻猶解也」按說文無綻字，當作袒為正，俗以袒為但裼字，而袒列

則〈作紽，非是。詳人部佀字。

褫

奪衣也。从衣虒聲。讀若池。直离切（平上二讀）

「奪」當作敓。奞部「奪，手持奞失之也。从又奞。徒活切」是奪乃落遺失之意。俗書作奪。攴部「敓，彊取也。从攴兌聲。徒活切」是敓取字。又「讀若池」，池字恐誤。鄦書無池，本祇作沱。「徒何切」。段議已爲當作讀若沱，恐非。或因易訟卦上九「或錫之鞶帶，終朝三褫之」，鄭本作「三拕之」，遂已爲當作拕，亦非。蓋作拕是段借。耒手部「拕，曳也。从手它聲。託何切」即俗之拖字，與褫字直离切聲不類也。按「池」疑當是「阤」字之譌。阜部「阤，弓解也。从弓也聲。施氏切」「褫，阤或从虒。」易訟卦虞翻注云「褫，解也」，與阤訓「弓解也」義近，而阤之或體亦从虒聲也。

臝

但也。从衣𦝠聲。郎果切（𦝠，郎果切）

臝，俗書作裸，譌甚。蓋緣俗儒不知臝字之从𦝠聲，乃改衣爲果，已爲果聲，致使字無所从。大戴礼易本命「倮之蟲三百六十，而聖人爲之長」，作倮，蓋裸字之譌。

衺

𧝓也。从衣牙聲。似嗟切

㐅部「𧝓，衺也。从㐅𡗗聲。羽非切」二字互訓。此𧝓衺正字，經傳多借邪字爲之。詩魯頌駉「思無邪」，傳「回邪，回邪也」。礼樂記「回邪曲直」，皆已作衺爲正。邑部「邪，琅邪郡。从邑牙聲。以遮切」。俗〈作耶爲疑詞。又斗部「斜，杼也。从斗余聲。似嗟切」。斜之本訓是挹杼。俗又〈人之不正作衺，或段作邪；物之不正作斜，非本義也。

裋

豎使布長襦。从衣豆聲。常句切

褐

漢書貢禹傳「裋褐不完」，師古注「裋者，謂童豎所著布長襦也」。

編枲韤，一曰粗衣。从衣曷聲。胡葛切

「編枲韤」，段注「取未績之麻編之爲足衣，如今艸鞵之類」。又「粗衣」字當作麤，或䴥。詳十上部目麤字。又裋褐連言，裋一名褐，合兩名爲一語也。

衰

艸雨衣。秦謂之萆。从衣，象形。穌禾切

卒

此衰笠字，俗加艸作蓑，而以衰爲「盛衰」「縗經」與態皃不甚之孈字，而衰之本義不行矣。詩小雅無羊「何蓑何笠」。傳曰：「蓑所以備雨，笠所以禦暑」。蓑當作衰。疒部「𤻜，減也。从疒衰聲。一曰耗也。楚追切」。糸部「縗，服衣。長六寸，博四寸，直心。从糸衰聲。倉回切」。女部「孈，愚戇多態也。从女巂聲。式吹切」。

隸人給事者衣爲卒。（段無「衣」字）卒衣有題識者。（段作「古㠯染衣題識，故从衣一」。鍇本）臧沒切

卒之本訓爲衣名，因即命著此衣之人爲卒。古籍或段卒爲㱙猝字。歺部「㱙，大夫死曰㱙。从歺卒聲。子聿切」。今禮記曲禮「大夫曰卒」。公羊傳隱公三年「大夫曰卒」。並作卒矣。犬部「猝，犬从艸暴出逐人也。从犬卒聲。麤沒切」。又目是爲倉猝字。今亦通作卒矣。

求　裘

皮衣也。从衣求聲。一曰象形。（段作「从衣，象形」）與衰同意。凡裘之屬皆从裘。巨鳩切（八八）

古文　省衣

老　耋

考也。七十曰老。从人毛匕。言須髮變白也。凡老之屬皆从老。盧皓切（八八）

年八十曰耋。从老省，从至。（段作「至聲」）徒結切

易離卦九三「日昃之離，不鼓缶而歌，則大耋之嗟」。釋文「馬云七十曰耋。王肅云八十曰耋。鄭云年踰七十」。禮曲禮「七十曰老，而傳。八十九十曰耄」。本部「𦒷，年九十曰𦒷」。𦒷即今耄字。則今曲禮「八十」下當奪「曰耋」二字。王肅云「八十曰耋」，猶見善本也。

𦒷

年九十曰𦒷。从老从蒿省。（段作「蒿省聲」）莫報切

𦒷經典作耄或耄，說文無。經典亦作旄或眊，並是借字。㫃部「旄，幢也。从㫃从毛，毛亦聲。莫袍切」。目部「眊，目少精也。从目毛聲。亡報切」。

耆

老也。从老省，旨聲。渠脂切

禮曲禮「六十曰耆，指使」。古籍或借爲嗜字。荀子非十二子「偷儒憚事，無廉恥而耆飲食」。

耇

老人面凍黎若垢。从老省，句聲。古厚切

爾雅釋詁「黃髮、齯齒、鮐背、耇、老，壽也。」孫炎注「耇，面凍梨色如浮垢，老人壽徵也。」

⿱耂𠷎 壽

久也。从老省，𠷎聲。殖酉切

口部「𠷎，誰也。从口，𠃬，又聲。𠃬，古文疇。直由切」古籍亦段疇為𠷎。田部「⿰田𠷎，耕治之田也。从田，象耕屈之形。直由切」「𠃬，⿰田𠷎或省。」⿰田𠷎今書作疇。

考

老也。从老省，丂聲。苦浩切

考之本訓為壽考，引申之父謂之考。礼曲礼「生曰父，死曰考。」爾雅釋親「父為考」，又引申之為成也。詩衛風考槃「考槃在澗。」傳云「考，成也。」經傳又借為攷。攴部「攷，敂也。从攴，丂聲。苦浩切」「敂，擊也。」凡「考校」「考問」「考覈」字皆當作攷。

孝

善事父母者。从老省，从子，子承老也。呼教切

周書謚法「慈惠愛親為孝，協時肇享為孝，五宗安之曰孝，秉德不回曰孝。」一切經音義引謚法「慈愛忘勞曰孝，從命不違曰孝。」礼記祭義「衆之本教曰孝。」孝經開宗明義「夫孝，德之本也。」又三才「夫孝，天之經也，地之義也，民之行也。」子部「𡥈，效也。从子，爻聲。古肴切（音交）」孝𡥈二字迥異，今經典往往誤𡥈為孝。教字从𡥈，俗誤作教。

毛

眉髮之屬及獸毛也。象形。凡毛之屬皆从毛。莫袍切（八九）

⿰倝毛

獸豪也。从毛，倝聲。侯幹切

此⿰倝毛罣⿰倝毛林字，古籍多段翰為之。羽部「翰，天雞赤羽也。从羽，倝聲。逸周書曰：文翰若翬雉，一名鷐風。周成王時蜀人獻之。侯幹切」字或作鶾。爾雅釋鳥「鶾，天雞。」郭注「鶾雞赤羽。逸周書曰：文鶾若彩雞，成王時蜀人獻之。」馬部「⿰馬倝，馬長毛也。从馬，倝聲。侯旰切」韋部「韓，井垣也。从韋，取其帀也。倝聲。胡安切」皆與⿰倝毛異義。

毳

獸細毛也。从三毛。凡毳之屬皆从毳。此芮切（音脆）（八九）

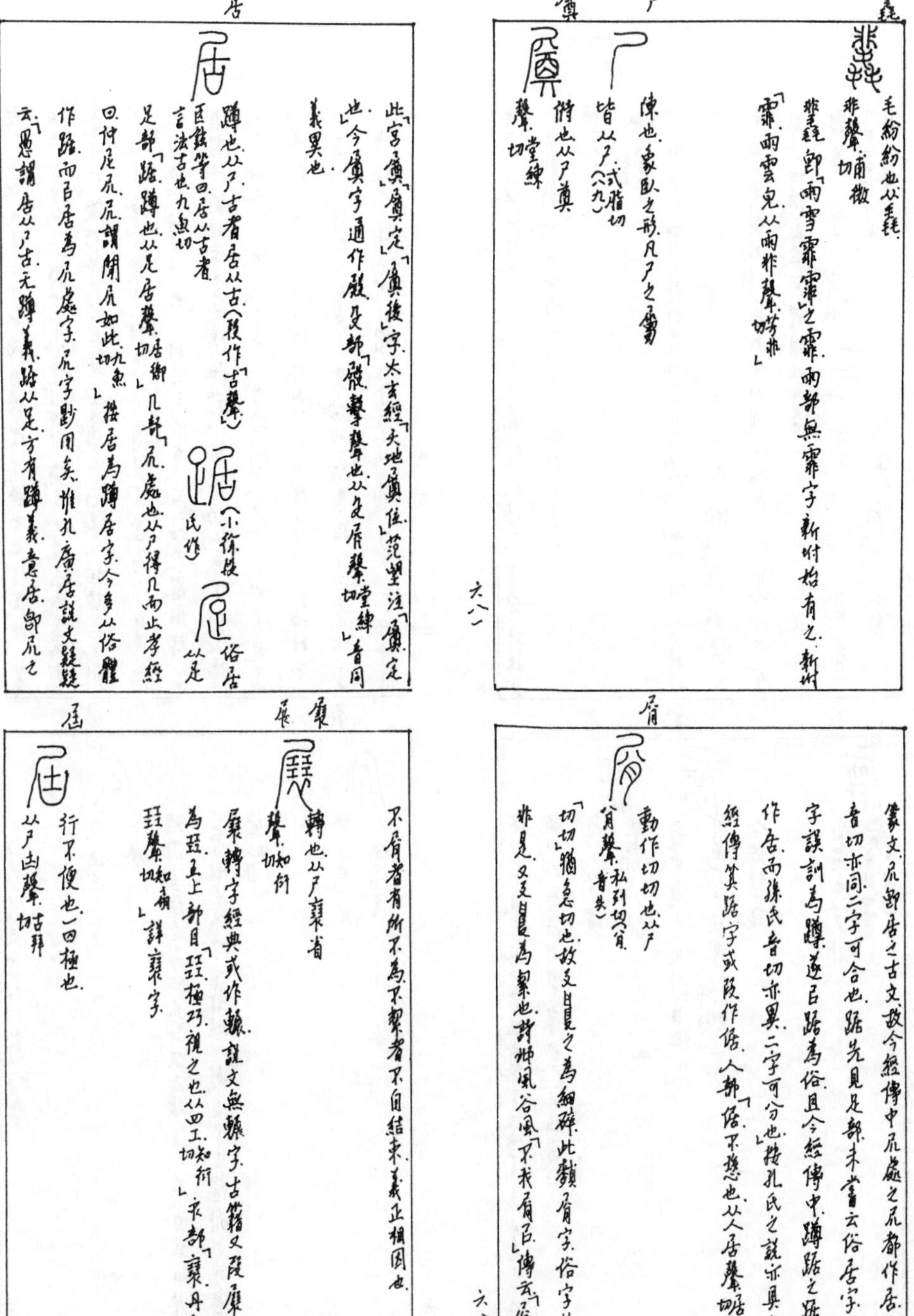

毛紛紛也。从毛非，非聲。甫微切

非毛，即「雨雪霏霏」之霏。雨部無霏字，新附始有之。新附「霏，雨雲皃。从雨非聲。芳非切」

尸

陳也。象臥之形。凡尸之屬皆从尸。式脂切（八九）

㞟

偫也。从尸奠聲。堂練切

此字「㞟」「㞟定」「㞟後」字。太玄經「天地㞟位」，范望注「㞟，定也」。今㞟字通作殿。殳部「殿，擊聲也。从殳㞟聲。堂練切」，音同義異也。

居

蹲也。从尸古者，居从古。（段作古聲）

臣鉉等曰：居从古者，言法古也。九魚切

踞（小徐段氏作）　𡰰 俗居从足

足部「踞，蹲也。从足居聲。居御切」几部「凥，處也。从尸得几而止。孝經曰：仲尼凥。凥，謂閒凥如此。九魚切」按：居為蹲居字，今多从俗體作踞，而以居為凥處字，凥字亦罕用矣。惟孔廣居說文疑疑云：「凥謂居从尸古，无蹲義。踞从足，方有蹲義。意居即凥之篆文，凥即居之古文，故今經傳中凥處之凥都作居，而孫氏音切亦同，二字可合也。踞先見足部，未嘗云俗居字，後因居字誤訓為蹲，遂以踞為俗，且今經傳中蹲踞之踞未嘗作居，而孫氏音切亦異，二字可分也。」按孔氏之說亦具卓見。又經傳箕踞字或段作倨。人部「倨，不遜也。从人居聲。居御切」

屑

動作切切也。从尸㕞聲。私列切（屑音失）

「切切」猶急切也。故又目屑之為細碎。此類屑字，俗字从肖作屑，非是。又又目為絜也。詩邶風谷風「不我屑以」，傳云「屑，絜也」。盖不屑者，有所不為；不絜者，不自結束。義正相因也。

展

轉也。从尸𧝓省聲。知衍切

展轉字，經典或作輾。說文無輾字。古籍又段展為𧝓，為㠭。工部目「㠭，極巧視之也。从四工。知衍切」衣部「𧝓，丹縠衣。从衣㠭聲。知衍切」詳𧝓字。

屆

行不便也。一曰極也。从尸凷聲。古拜切

按「行不便」之義不見經傳。爾雅釋詁「艐，至也」，釋文「艐，郭音屆。孫云古屆字」。釋言「屆，極也」。釋詁「極，至也」。是屆亦「至也」。本書舟部「艐，船著沙不行也。从舟，㚇聲。子紅切（音宗）」。此艐之本訓。與屆字音義俱異。疑後人因爾雅以艐為屆，以為二字同義，乃加「行不便也」之訓於屆下耳。「一曰極也」，爾雅釋言「屆，極也」。郭注云「有所限極」。詩小雅節南山「君子如屆」，傳云「屆，極也」。箋云「屆，至也」。又魯頌閟宮「致天之屆」，箋云「屆，極也」。按本書歺部「殛，殊也。从歺，亟聲。虞書曰殛鯀于羽山。（己力切）」「殊，死也。从歺，朱聲。（市朱切）」殛是殊死之意。然書舜典「流共工于幽州，放驩兜于崇山，竄三苗于三危，殛鯀于羽山」。殛、竄、放、流同義。又洪範「鯀則殛死」，傳云「放鯀至死不赦」，則殛亦祇窮極之耳，非殊死之也。

尻

脾也。从尸，九聲。苦刀切（音[illegible]）

按「脾」當作「脽」。肉部「脽，尻也。从肉，隹聲。示隹切」。尻與脽二字轉注。脽是𡱂之重文。「𡱂，髀也。从尸下丌居几。（徒魂切）」骨部「髀，股也。从骨，卑聲。（并弭切）」尻，即今所謂「尾脽骨」。𡱂，即今所謂「髀股也」（俗稱「屁股」）二體相近而有分。

𡱂

髀也。从尸下丌居几。（臣鉉等曰：丌几皆所以尻止也。徒魂切）

脽

𡱂或从肉隼

臀

𡱂或从骨，殿聲。

今經典多从或體，並改从肉作臀。

尼

從後近之。从尸，匕聲。（女夷切）

經傳多段尼為屔。丘部「屔，反頂受水丘。从丘，泥省聲。（奴低切）」孔子字仲尼，本字當作屔。水部「泥，水。出北地郁郅北蠻中。从水，尼聲。（奴低切）」

屍

終主也。从尸，死。（式脂切）

本篇部目「尸，陳也，象臥之形」。今經傳多段尸為屍。禮曲禮「在牀曰尸」。論語鄉黨「寢毋尸」。尸茲當作屍。

屠

刳也。从尸，者聲。（同都切）

屟

履中薦也（段作「履之荐也」）。从尸，枼聲。（穌叶切）（音屑）

今俗作屧。

屏

屏蔽也。从尸，并聲。（必郢切）（又必盈切）

層

重屋也。从尸曾聲。昨棱切

广部「廦，蔽也。从广辟聲。必郢切」二字音義俱同。今經典祇用辟。詩小雅桑扈「萬邦之辟」，傳云「辟，蔽也」。辟、屏皆必郢切，古無平仄之分。今則「屏營」讀平聲，必盈切。「屏息」讀上聲，必郢切。古籍又叚屏為「姘除」字。詩大雅皇矣「作之屏之」，釋文「屏，除也」。字當作姘。女部「姘，除也。漢律齊人予妻婢姦曰姘。从女幷聲。普耕切」（含宜）俗作摒。手部無。

又叚為凡重疊之偁。八部「曾，詞之舒也。从八从曰，囪聲。昨棱切」古籍或叚曾為增益字。土部「增，益也。从土曾聲。作滕切」曾孫、曾祖皆當作增。

說文解字第八下

尺

十寸也。人手卻十分動脈為寸口。十寸為尺。尺，所以指尺規榘事也。从尸从乙。乙，所以識也。周制，寸、尺、咫、尋、常、仞諸度量皆以人之體為法。凡尺之屬皆从尺。昌石切（九〇）

咫

中婦人手長八寸謂之咫。周尺也。从尺只聲。諸氏切

本書夫下說解云「周制以八寸為尺」。蔡邕獨斷云「夏以十寸為尺，殷以九寸為尺，周以八寸為尺」。咫又叚之為近也。左傳僖公九年「天威不違顏咫尺」，周書「太子晉視道如咫」。注云「喻近也」。

尾

微也。从到毛在尸後。古人或飾系尾，西南夷亦然。凡尾之屬皆从尾。無斐切。今隸變作尾。（九〇）

屬

連也。从尾蜀聲。之欲切

徐鍇曰「屬，相連續，若尾之在體，故从尾」。釋名釋親屬「屬，續也，恩相連續也」。又叚之為會合結聚之意。孟子梁惠王

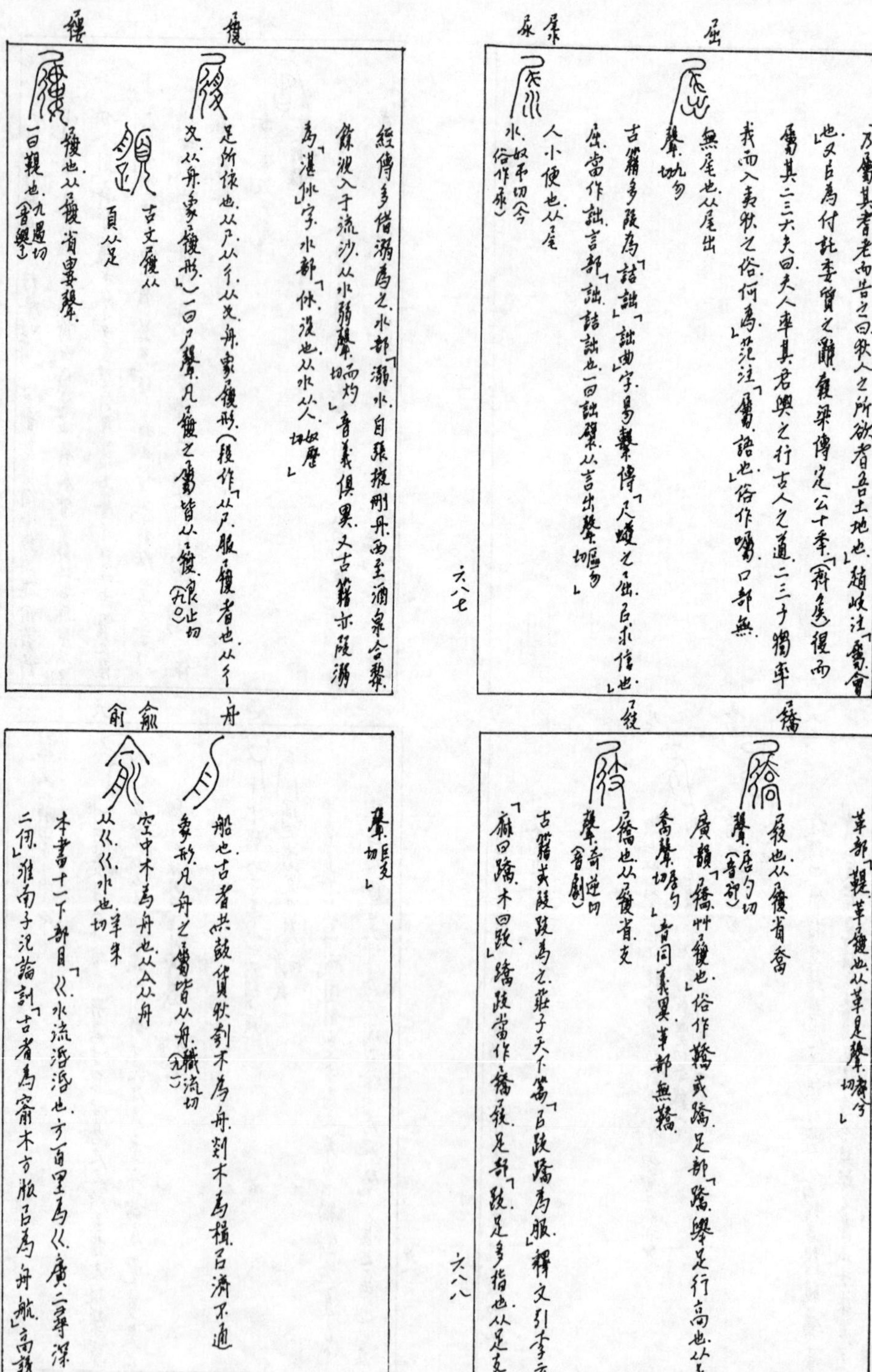

屈 尿

「乃屬其耆老而告之曰狄人之所欲者吾土地也」趙岐注「屬會也」又古爲付託委質之辭穀梁傳定公十年「(齊侯)退而屬其二三大夫曰夫人率其君與之行古人之道二三子獨率我而入夷狄之俗何爲」范注「屬語也」俗作囑口部無

屈 無尾也从尾出聲九勿切

古籍多段爲詘「詘曲字易繫傳「尺蠖之屈以求信也」屈當作詘言部「詘詰詘也一曰詘襞从言出聲區勿切」

尿 人小便也从尾水 奴弔切(今俗作尿)

履 屨

經傳多借溺爲之水部「溺水自張掖刪丹西至酒泉合黎餘波入于流沙从水弱聲而灼切」音義俱異又古籍亦段溺爲湛休字水部「休沒也从水从人 奴歷切」

履 足所依也从尸从彳从夂舟象履形(段作「从尸服履者也从彳夂舟象履形」)一曰尸聲凡履之屬皆从履 良止切(九〇)

古文履从頁从足

屨 履也从履省婁聲一曰鞮也 九遇切(音舉)

屩 屐

革部「鞮革履也从革是聲都兮切」

屩 屐也从履省喬聲 居勺切(音卻)

廣韻「屩艸履也」俗作蹻或蹻足部「蹻舉足行高也从足喬聲居勺切」音同義異革部無𩍐

屐 屩也从履省支聲 奇逆切(音劇)

古籍或段跂爲之莊子天下篇「以跂蹻爲服」釋文引李云「麻曰蹻木曰跂」蹻跂當作屩屐足部「跂足多指也从足支聲巨支切」

舟 俞

舟 船也古者共鼓貨狄刳木爲舟剡木爲楫以濟不通象形凡舟之屬皆从舟 職流切(九一)

俞 空中木爲舟也从亼从舟从巜巜水也 羊朱切

本書十一下部目「巜水流澮澮也方百里爲巜廣二尋深二仞」淮南子氾論訓「古者爲窬木方版以爲舟航」高誘

注「窬，空也．方，舷也．舟相連為航也」．按窬通作俞．航當曰作斻．穴部「窬，穿木戶也．从穴俞聲．一曰空也．羊朱切」．鄦書無航字．方部「斻，方舟也．从方亢聲．天子造舟，諸侯維舟，大夫方舟，士特舟．臣鉉等曰：今俗別作航，非是．胡郎切」．俞又自艮之為進也、益也．漢書禮樂志「今漢繼秦之後，雖欲治之，無可奈何．法出而姦生，令下而詐起，一歲之獄以萬千數，如以湯止沸，沸俞甚而無益」．師古曰：「俞，進也」．今字作愈．鄦書無．疒部「瘉，病瘳也．从疒俞聲．臣鉉等曰：今別作愈，非是．以主切」．又俞亦以為發語詞．書堯典「帝曰：俞，予聞，如何．」傳曰「俞，然也」．

六八九

舫

船師也．（段無「師」字）明堂月令曰舫人．（段補「舫人」）習水者．从舟方聲．甫妄切

今禮記月令季夏之月「命漁師伐蛟」．鄭注「今月令漁師為榜人」．榜人，鄭舫人也．木部「榜，所以輔弓弩．从木旁聲．補盲切 臣鉉等曰：案李舟切韻一音北孟切，進船也」．

服

用也．一曰車右騑（鍇本校錄正）所以舟旋．从舟𠬝聲．房六切

古文服从人．

又部「𠬝，治也．从又从卩．卩，事之節也．房六切」．凡「服用」字作服，「𠬝」從作𠬝．今經傳通作服而𠬝字不行矣．

六九〇

朕

我也．闕．直禁切

按「闕」者不知所从也．王氏筠句讀人部倂、木部榺皆云灷聲，則此亦當作「从舟灷聲」．然說文無灷字．榺下大徐曰「當从朕省」．倂下大徐曰「灷不成字，當从朕省」．則王說仍未然也．又周禮考工記函人「眡其朕，欲其直也」．戴東原曰「舟之縫理曰朕，故札續之縫亦謂之朕」．又本書目部「瞽，目但有朕也」．謂目但有縫也．又自艮之為凡縫之偁．卽朕兆意也．莊子應帝王「體盡无窮，而遊無朕」．崔云「朕，兆也」．

艅

新附

艅艎，舟名．从舟余聲．經典通用餘皇．以諸切

艎

艅艎也．从舟皇聲．胡光切

「餘皇」春秋時吳王坐駕．

方

併船也．象兩舟省總頭形．凡方之屬皆从方．府良切（九二）

方或从水．

斻

斻 方舟也从方亢聲禮天子造舟諸侯維舟大夫方舟士特舟 臣鉉等曰今俗別作航非是 胡郎切

按說解禮云云今禮無此文當謂周之禮如此也詩大雅大明「造舟為梁」傳云「天子造舟諸侯維舟大夫方舟士特舟」箋云「天子造舟周制也殷時未有等制」爾雅釋水此下有「庶人乘泭」李巡注「比舟而渡曰造舟中央左右相維持曰維舟併兩船曰方舟一舟曰特舟」本書水部「泭編木以渡也」俗段桴為之木部「桴棟名从木孚聲」附柔切（音浮）按此斻行本字今俗作航古籍或段杭為之手部「抗扞也从手亢聲」苦浪切「杭抗或从木」臣鉉等曰今俗作胡郎切 俗讀杭「胡郎切」㠯為地名杭州字杭州本作斻詩衛風河廣「誰謂河廣一葦杭之」毛傳「杭渡也」杭即斻字之段

儿

儿 仁人也（按本無此）古文奇字人也象形孔子曰在人下故詰屈（段作「儿在下故詰詘」）凡儿之屬皆从儿 如鄰切（九二）

兀

兀 高而上平也从一在儿上讀若敻茂陵有兀桑里 五忽切

按本書長字从兀說解云「兀者高遠意也」漢書地理志右扶風有茂陵縣又古籍或段兀為跀莊子德充符「魯有兀者王駘」李注「刖足曰兀」本書足部「跀斷足也从足月聲」魚厥切「䟘跀或从兀」

兒

兒 孺子也从儿象小兒頭囟未合 汝移切

「孺子也」小徐作「孩子也」本書子部「孺乳子也」（乚部「乳人及鳥生子曰乳」）口部「咳小兒笑也」「孩古文咳从子」「象小兒頭囟未合」者謂篆體囟也本書十下部目「囟頭會匘蓋也」兒叉㠯之為凡幼小之偁

允

允 信也从儿㠯聲（段作「从㠯儿」）樂準切

書堯典「允恭克讓」傳云「允信也」本部「粇進也从夲从中允聲」易曰「粇升大吉」余準切 今易升卦初六已作允矣

兌

兌 說也从儿㕣聲 臣鉉等曰㕣古文兗字非聲當从口从八象气之分散易曰兌為巫為口 大外切

言部「說說釋也从言兌一曰談說」失爇切又弋雪切 按「說釋」今作「悅懌」心部無悅懌字易說卦「兌為口」又序卦「兌者說也」又兌卦象曰「兌說也」象曰「麗澤兌君子㠯朋友講習」是兌兼說釋與談說之義古籍亦段兌為說書說命篇禮記作兌命

充

充 長也高也从儿育省聲 昌終切

高大同義。文是之為充滿充實之稱。小爾雅「充，塞也。」廣雅「充，滿也。」詩邶風旄丘「叔兮伯兮，褎如充耳。」箋云「充耳，塞耳也。」東方朔答客難「冕而前旒，所以蔽明，黈纊充耳，所以塞聰。明有所不見，聰有所不聞。」

兄

兄 長也。从儿从口。凡兄之屬皆从兄。許榮切（九二）

兢

兢 競也。从二兄。二兄，競意。丯聲。讀若矜。一曰兢，敬也。居陵切

三上部目「誩，競言也。从二言。讀若競。」渠慶切 誩部「競，彊語也。一曰逐也。从誩二人。」渠慶切「兢，敬也。」者本書聿部「肅，持事振敬也。从聿在㴱上，戰戰兢兢也。」書皋陶謨「兢兢業業，一日二日萬幾。」傳曰「兢兢，戒慎也。」詩小雅小旻「戰戰兢兢，如臨深淵，如履薄冰。」傳云「兢兢，戒也。」大雅雲漢「兢兢業業，如霆如雷。」傳云「兢兢，恐也。」

先

先 首笄也。从儿匕，象簪形。凡先之屬皆从先。側岑切（九二）

簪 俗先从竹从朁。（朁「曾也」音慘）

兟

兟 朁朁（段作「兟兟」）銳意也。从二先。子林切（音針）

先部「兟，進也。从二先。贊从此。」所臻切（音莘）兟與兟本截然二字，然偏旁往往易混，如蠶朁字从兟為聲，贊字从貝从兟為義，而兟兟涉筆多誤，更有誤作扶者。夫部「扶，並行也。从二夫。輦字从此。讀若伴侶之伴。」薄旱切 俗又誤以簪从扶作替者，斯誤更甚。

皃

皃 頌儀也。从儿，白象人面形。凡皃之屬皆从皃。莫教切（九二）

貌 皃或从頁，豹省聲。

貌 籀文皃从豹省。

覍

覍 冕也。周曰覍，殷曰吁，夏曰收。从皃，象形。皮變切

籀文覍从廾，上象形。

弁

弁 或覍字

同部「冕，大夫以上冠也。」儀禮士冠禮記曰「周弁，殷冔，夏收。」鄭注「弁名出於槃。槃，大也，言所以自光大也。冔名出於幠。幠，覆也，言所以自覆飾也。收，言所以收斂髮也。」按同部無冔字，由虍通作訏。言部「訏，大言也。」口部「吁，驚也。」訏吁皆大也。又古籀或段弁為昪。詩小雅小弁「弁彼譽斯，歸飛提提。」毛傳「弁，樂也。」釋文「弁，音盤。」日部「昪，喜樂皃。从日弁聲。」皮變切（又音盤）

兆

廱蔽也。从儿，象ナ又皆蔽形。凡兆之屬皆从兆。讀若瞽。公戶切（九三）

兜

兜鍪，首鎧也。从兆，从皃省。皃象人頭也。（段「頭」下有「形」字）當侯切

金部「鍪，鍑屬」「鍑，釜大口者」「鎧，甲也」首鎧曰兜鍪者，謂其形似鍪也。冃部「冑，兜鍪也」。古謂之甲冑，漢謂之兜鍪也。

先

前進也。从儿，从之。凡先之屬皆从先。臣鉉等曰：之在人上，是先也。穌前切（九三）

兟

進也。从二先。贊从此。闕。所臻切（音莘）

闕，謂闕其讀若某。又桂氏以為經典中贊字多係兟字之譌。王氏同之。家語「游夏之徒不能贊一辭」，謂不能進一辭也。生部「甡，眾生竝立之皃。从二生。詩曰甡甡其鹿。所臻切」詩大雅桑柔「瞻彼中林，甡甡其鹿」，傳云「甡甡，眾多也」。兟與甡音同義近。段氏據五經文字謂兟即甡甡其鹿之甡，恐未然。又「甡甡」今俗作「莘莘」。說文無莘字。又本書九下部首「屾，二山也。凡屾之屬皆从屾。所臻切」音同。

禿

無髮也。从人，上象禾粟之形，取其聲。凡禿之屬皆从禿。王育說：蒼頡出，見禿人伏禾中，因以制字。未知其審。他谷切（九三）

穨

禿皃。从禿，貴聲。杜回切（俗作頹）

𨸏部「隤，下隊也。从𨸏，貴聲。杜回切」二字音同而義迥異，今經典多混矣。詩周南卷耳「陟彼崔嵬，我馬虺隤」，毛傳「虺隤，病也」。隤當作穨。小雅谷風「習習谷風，維風及穨」，傳云「穨，風之焚輪者也」。爾雅釋天「焚輪謂之穨」，李注「暴風從上下降謂之穨。穨，下也」。穨當作隤。

見

視也。从儿目。（段作「从目儿」）凡見之屬皆从見。古甸切（九三）

視

瞻也。从見示。（段作「示聲」）神至切

𥄎 古文視（楷書作眎）

眡 亦古文視

目部「瞻，臨視也」。視不必臨，故二字小別。又目部「眂，眂皃。从目氏聲。承旨切」眂眡本一字，誤錯於眂下，云「此又古文視字」。似是。又漢人或借示為視。儀禮士昏禮「視諸衿鞶」，鄭注「視乃正字，今文作示，俗誤行之」。禮記曲禮「童子常視毋誑」，鄭注「視，今之示

字。詩小雅鹿鳴「視民不恌」，箋云「視，古示字也」。是古作視，漢人作示也。

⿰麗見

⿰麗見 求也（段作「求視也」）。从見麗聲。讀若池。（當作沱，鄦書無池）郎計切（音麗），又丈西切。今粵方音怒目視人曰「眼⿰麗見⿰麗見」，又向人苦求曰「⿰麗見求」，卽此。

⿰兒見

⿰兒見 旁視也。从見兒聲。五計切。目部「睨，衺視也，从目兒聲，研計切」二字音義同。朱氏以為⿰兒見當為睨之或體。繫傳⿰兒見下作「內視也」，說之曰「內視，自視也」。本部「⿰來見，內視也，从見來聲，洛代切」則⿰來見字仍已訓「旁視」為是。又小徐於⿰兒見下說之曰「猶睞也」。今案目部「睞，目童子不正也，从目來聲，洛代切」「睩，目睞謹也，从目彔聲，讀若鹿，盧谷切」則⿰來見睞音雖同而義實異也。小徐說未是。

覶

覶 好視也。从見𤔔。聲，洛戈切（音羅）。古籍亦作「覼縷」，猶纇辭也。玉篇「覶縷，委曲也」。唐書柳宗元傳「東筆覶縷不能成章」。

㝵

㝵 取也。从見寸。寸，度之，亦手也。臣鉉等案：彳部作古文得字，此重出。多則切。句讀說解「亦手也」下補「見而手取之」。尚書高宗夢㝵說是也。彳部「得，行有所得也，从彳㝵聲，多則切」「㝵，古文省彳」。

⿰是見

⿰是見 顯也。从見是聲。杜兮切。廣雅釋詁「題，視也」。本書頁部「顯，頭明飾也」。又㬎㬎為明也，察也。詩小雅小宛「題彼脊令，載飛載鳴」，毛傳「題，視也」。題當是題字之叚。本書頁部「題，額也，从頁是聲，杜兮切」。今經典通作題，而題不行，而題之本義亦晦矣。詩周南麟趾「麟之定，振振公姓」，毛傳「定，題也」。此章之上是「麟之趾」，下章「麟之角」，毛訓定為題也。「題猶額也」，尚是本義。

⿰票見

⿰票見 目有察省見也。从見票聲。方小切（音鰾）。目部「瞟，䁝也，从目票聲，敷沼切」「䁝，察也，从目祭聲，戚細切」。⿰票見與瞟義略同。又⿰票見又㬎之為知⿰票見字，今則叚皢為之。白部「皢，日之白也，从白堯聲，呼鳥切」。

⿰朿見

⿰朿見 覷，闚觀也。从見朿聲。七四切（音刺）。

門部「闚，閃也。从門規聲。去隓切」「閃，闚頭門中也。从人在門中。失冉切」

方言「凡相竊視南楚謂之闚，自江而北謂之覗」說文無覗，

杜氏以為覘覗之或體。

覷

覰，覰也。一曰（二句依段補）拘覰，未致（今繳字）密也。从見虘聲。七句切（音趨）

覷今俗作覷，非是。虍部「虘，虎不柔不信也。从虍且聲。昨何切（音苴）」

覘

覘，窺也（段作「闚視也」是）。从見占聲。

春秋傳曰「公使覘之，信」。敕豔切（音簽去聲）

穴部「窺，小視也。从穴規聲。去隓切」門部「闚，閃也。从門規聲。去隓切」

「閃，闚頭門中也。从人在門中。失冉切」左傳成公十七年「公使覘之，

信」杜注「覘，伺也」。禮記檀弓「晉人之覘宋者返」鄭注「覘，闚視也」。

覹

覹，司（今俗作伺）也。从見微聲。無非切（音微）

廣雅釋詁「覹，覗也」。覗當作司，經傳或段微為覹。漢書郭

解傳「使人微知賊處」師古注「微，伺問之也」。彳部「微，隱行也。

从彳𢼸聲。無非切」是微行字。人部「𢼸，眇也。从人从攴，豈省聲。無非切」

是𢼸細字。

覬

覬，㱃幸也。从見豈聲。几利切

欠部「㱃，幸也。从欠气聲。居气切」覬是希覬、覬覦、覬幸字。與

㱃義略同。古籍唯覬覦作覬，他多作冀。北部「冀，北方州

也。从北異聲。几利切」義異。詳旦部暨字。

覦

覦，欲也。从見俞聲。羊朱切

廣韻「覦，覬覦，欲得也」。

靚

靚，召也。从見青聲。疾正切

廣雅釋言「令、召，靚也」爾雅釋詁「令，善也」則靚亦善也。古

籍言「靚妝」乃𢒖之借字。本書彡部「𢒖，清飾也。从彡青聲。

疾郢切」詳青部靜字。

親

親，至也。从見亲聲。七人切

凡人情之最切至者莫如父子兄弟夫婦，故謂之六親。宀部「寴，

至也。从宀親聲。初僅切」宀有覆庇之義，故以為寴近寴密字。

衣部無襯，本止作寴。

覜

（段篆作覜，非也）諸侯三年大相聘曰覜。覜，視也。从見兆聲。他弔切

禮聘義「故天子制諸侯，比年小聘，三年大聘。」注云「比年小聘，所謂歲相問也。三年大聘，所謂殷相聘也。」此覜望字古籍或段朓為之。目部「朓，目不正也。从目兆聲。他弔切」與覜截然異字。又肉部「朓，祭也。从肉兆聲。土了切」月部「朓，晦而月見西方謂之朓。从月兆聲。土了切」音同義異也。至周禮春官大宗伯「時聘曰問，殷頫曰視」作頫，則是覜字形近而譌。正字當作覜。頁部「頫，底頭也。从頁逃省。臣鉉等曰：頫首者逃亾之皃，故从逃省。今俗作俯，非是。方矩切」「俛，頫或从人免。」是頫仰字。

覒

擇也。从見毛聲。讀若苗。莫袍切

玉篇「覒，莫列切。詩曰：左右覒之。擇也。」今詩周南關雎「左右芼之」作芼。而鄭書引詩亦在芼下。按艸部「芼，艸覆蔓。从艸毛聲。詩曰：左右芼之。莫抱切」其義與詩義不合，蓋後人習見今詩作芼，遂誤移覒下引詩於芼下耳。

覿 新附

見也。从見𧶠聲。徒歷切

覞

竝視也。从二見。凡覞之屬皆从覞。弋笑切（九三）

覵

很視也。从覞肩聲。齊景公之勇臣有成覵者。苦閑切（平聲）今讀上聲

今孟子滕文公篇作成覸，字誤也。又孟子離婁篇「王使人覵夫子。」趙注「覵，視也。」亦當作覵。

䨟

見雨而止（依校錄正）息。从覞雨。讀若欷。虛器切

本書雨部「需，𩓚也。遇雨不進，止𩓚也。从雨而聲。」遇雨不進，與見雨而止皆止息意。又䨟亦通作愒。心部「愒，息也。从心曷聲。臣鉉等曰：今作憩，非是。去例切」又欠部「歇，息也。一曰气越泄。从欠曷聲。許謁切」義略同。

欠

張口气悟也。象气从人上出之形。凡欠之屬皆从欠。去劒切（九四）

欽

欠皃。从欠金聲。去音切

蓋有所不足，故又引申為欽仰欽羨。詩秦風晨風「未見君子，憂心欽欽。」傳云「思望之心中欽欽然。」欽欽，忽忽如有

所不足。

欨

欨 吹也。一曰笑意。从欠句聲。況于切（音許）

俗作呴或喣。漢書中山靖王勝聞樂對「夫衆喣漂山，聚蟁成雷」，應劭注「喣，吹喣也」。又王襃聖主得賢臣頌「何必偃仰詘信如彭祖，呴噓呼吸如僑松」，師古曰「呴噓，皆開口出气也」。口部「噓，吹也。从口虛聲。朽居切」

[或欠]

[或欠] 吹气也。从欠或聲。於六切

此韻戫字。經典通借郁為之。邑部「郁，右扶風郁夷，从邑有聲。於六切」亦段郁為戫。有部「戫，有彣彰也，从有㦸聲。於六切」巛部「㦸，水流也，从川或聲。于逼切」

歟

歟 安气也。从欠與聲。以諸切

今用為語末之辭，亦取安舒之意。經傳通作與。論語學而「夫子至於是邦也，必聞其政，求之與，抑與之與」。舁部「與，黨與也。从舁从与。余呂切」古籍亦段與為趣或懙。論語鄉黨「君在，踧踖如也，與與如也」。走部「趣，安行也。从走與聲。余呂切」心部「懙，趣步懙懙也。从心與聲。余呂切」

歇

歇 息也。一曰气越泄。从欠曷聲。（小徐段氏句讀此下有「讀若香臭盡歇」）許謁切

又㫗之為「歇息」、「止歇」。心部「愒，息也。从心曷聲。（臣鉉等曰：今人作憩，非是）去例切」「气越泄」者，泄當作渫。水部「泄，水受九江博安洵波北入氐。从水世聲。余制切」「渫，除去也。从水枼聲。私列切」越渫猶溢也。經傳或段歇為渴。左傳宣公十二年「得臣猶在，憂未歇也」，襄公廿九年「未獲所歸，難未歇也」，杜注並云「歇，盡也」。本書水部「渴，盡也。从水曷聲。苦葛切」（今「盡」也作竭，而以渴為[氵歇]。詳本部[氵歇]字）

弞

弞（段改作弞，㠯聲，非是）笑不壞顔也。从欠引省聲。式忍切

俗作哂或作矧。論語先進「夫子哂之」，禮曲禮「笑不至矧」，字並當作弞。又矢部「矤，況詞也。从矢引省聲。从矢，取詞之所之如矢也。式忍切」今俗作矧。

[耑欠]

[耑欠] 意有所欲也。从欠，𡪤省。臣鉉等曰：𡪤，塞也。意有所欲而猶塞，欵欵然也。苦管切

[耑欠] 或从柰。（俗作欵或款，非是）

文阜之乃誠也。愛也。廣雅釋詁「苟款寶信誠也」又釋訓「拳拳區區款款愛也」本書宀部「𡩔塞也。从宀𣫘聲」(廣韻𡩔苦𡩔切)文阜之乃空也。莊子養生主「批大郤導大𡩔」郭注「𡩔空也」釋文「𡩔苦管切」。

𣢐

𣢐 𢘋也。从欠气聲。一曰口不便言。居气切

與𠯗字音義同。古籀多段𥅽為之。詳𠀤部𥅽字。「口不便言」者。鄭口吃意也。口部「吃言蹇難也。从口气聲。居乙切(音訖)」

歌

歌 詠也。从欠哥聲。古俄切

謌 歌或从言

歍

歍 心有所惡若吐也。从欠烏聲。一曰口相就也。(段「一曰」下有「歍𣤜」)哀都切

言部「詠歌也」書舜典「詩言志。歌詠言。聲依永。律和聲」

凡經典惡字讀平聲作歎辭正字當作歍。孟子公孫丑「惡是何言也」趙岐注「惡者。深嗟歎」又「惡者。不安事之歎辭也」淮南子覽冥訓「孟嘗君為之增欷歍唈流涕」高誘注「歍唈失聲也」字或作於邑。又口部無嗚字。凡言嗚呼皆當作歍嘑。烏嘑或於嘑。又「口相就」者。𣤜下徐鍇曰「歍𣤜口相就也」

𣤜

𣤜 歍𣤜也。从欠𪓷聲。才六切(音蹙)

𠷕 俗𣤜从口从就

歍下說解「一曰歍𣤜口相就也」集韻引作「一曰呴」也。口部無呴。蓋本作欨。本部「欨吹也。一曰笑意。从欠句聲。況于切」今人撫育小兒往往歍之。席氏於噈下云「孟子蹴爾而與之誤从足。正為正字當从口作噈。恐未然。孟子告子上「蹴爾而與之乞人不屑也」趙注「蹴蹋也」朱子注「蹴踐踏也」本書足部「蹴躡也。从足就聲。七宿切」孟子从足。正是本字。

𣢾

𣢾 𢢃然也。从欠未聲。孟子曰曾西𣢾然。才六切(本書从目入今作宊)

心部「𢢃飢餓也。一曰憂也。从心叔聲。奴歷切(音匿)」今孟子公孫丑篇「曾西蹴然」朱子注「蹴不安貌」不安猶𢢃然也。作蹴是借字。趙岐注云「蹴然猶蹴踏也」按蹴踏說文作踧踖。足部「踧行平易也」「踖長脛行也。一曰踧踖」論語鄉黨「君在踧踖如也」馬鄭注並云「恭敬兒」與𢢃義不合。與孟子意亦不協。趙注非也。

歋

歋 人相笑相歋瘉。从欠虒聲。以支切(音夷)

歋瘉。恥笑之意。古籍或作「歋揄」「邪揄」「揶揄」。後漢書王霸傳「市人皆大笑舉手邪揄之」章懷注引說文曰歋

歈手相笑也」按本部無歈字，疒部「瘉，病瘳也」手部「揄，引也」兹非瘉意，疑當作歈，从欠俞聲。鄭君偶奪歈篆耳。玉篇正作歈歈，大徐新附有「歈，歌也，从欠俞聲，羊朱切」

欻

欻 有所吹起。从欠炎聲。讀若忽。許物切

按炎非聲，恐是「从欠从炎」。火性炎上，故云「有所吹起」。此倏欻本字，俗作忽。心部「忽，忘也，从心勿聲，呼骨切」異義。夲部「𠦍，疾也，从夲卉聲，呼骨切」倏欻亦可作倏𠦍。

欪

欪 欪欪，戲笑皃。从欠之聲。許其切

今俗作嗤。說文無。經傳或假蚩字。詩衛風氓「氓之蚩蚩，抱布貿絲」。虫部「蚩，蟲也，从虫之聲，赤之切」。陸機文賦「雖濬發於巧心，或受欪於拙目」。李善注「欪，笑也」。士衡蓋本作欪，俗本誤作⿰山欠耳。

歗

歗 吟也。（段作「吹也」）从欠肅聲。詩曰「其歗也詩」。臣鉉等案：口部有此籀文嘯字，此重出。穌弔切

口部「嘯，吹聲也，从口肅聲，穌弔切」「歗，籀文嘯从欠」。今詩召南江有汜「其嘯也歌」作嘯。箋云「嘯，蹙口而出聲」。陳碩甫詩毛氏傳疏云「說文口部嘯，吹聲也，欠部歗，吟也，歎，吟也。是歗與歎同訓吟，與嘯訓吹聲義異，故分入欠口兩部。今本說文嘯下有籀文作歗四字，疑係後人誤衍。毛詩作歗，中谷有蓷「條其歗矣」，白華「歗歌傷懷」，字皆作歗。說文歗字下引詩「其歗也歌」，本毛詩也。箋云嘯蹙口而出聲，玉篇口部同，或鄭用三家詩作嘯，與說文嘯吹聲合。今本毛詩乃依箋而改。謂「其歗也歌」，謂媵備數能與君子歗歌也」。案陳氏此說是矣。「蹙口出聲」之嘯，孫登之長嘯是也。「歗，吟也」者，詩「其歗也歌」之歗是也。

歎

歎 吟也（段有「謂情有所說吟歎而歌詠」）从欠，鷬省聲。他案切

𡁜 籀文歎不省。

口部「嘆，吞歎也，从口歎省聲，一曰太息也，他案切」二字義同。歎與喜樂為類，嘆與哀怒為類。禮樂記「一唱而三歎，有遺音者矣」。又「長言之不足，故嗟歎之；嗟歎之不足，故詠歌之；詠歌之不足，故不知手之舞之足之蹈之」。歎是本字。詩王風中谷有蓷「有女仳離，嘅其嘆矣」。曹風下泉「愾我寤嘆」。嘆是本字，然古籍亦假歎為嘆，詩小雅小弁「假寐永歎，維憂用老」。禮檀弓「戚斯歎，歎斯辟」。鄭注「歎，吟息」。又坊記「閨門之內，戲而不歎」。鄭注「歎，謂有憂戚之聲

」也」歎皆當作嘆。

欸

訾也。从欠矣聲。烏戒切又烏開切(音哀)

訾。當作呰。言部「訾，不思稱意也。从言此聲。將此切」口部「呰，苛也。从口此聲。將此切」玉篇「欸，呰也。一曰恚聲」又口部「唉，譍也。从口矣聲。烏開切」言部「誒，可惡之辭。从言矣聲。一曰誒然。許其切(音僖。又於開切音哀)」方言「欸，然也。南楚凡言然者曰欸」是以欸為誒。史記項羽本紀「范增曰唉。豎子不足與謀」索隱「唉，歎恨發聲之詞」與「誒，可惡之辭」之義合。則又以唉為誒。然則三字從古可

互通。

歐

吐也。从欠區聲。烏后切

俗作嘔。說文無。

歔

欷也。从欠虛聲。一曰出气也。朽居切

一切經音義引字林「欷歔，泣皃也」蒼頡篇「泣餘聲也。亦悲也」「一曰出气也」則是通作噓。口部「噓，吹也。从口虛聲。朽居切」漢書曰

王褒傳「呴噓呼吸如僑松」師古曰「呴噓皆開口出气也」

欷

歔也。从欠稀省聲。(段作「希聲」)香衣切

本是說文無希字。

玉篇「欷，悲也。泣餘聲也」漢書景十三王中山靖王勝聞樂對曰「聞悲者不可為絫欷，思者不可為歎息」師古注「欷，歔欷也」口部「唏，笑也。从口稀省聲。一曰哀痛不泣曰唏。虛豈切」一曰之義與欷略通。

㵣

欲歠歠也。(依校錄正)从欠渴聲。苦葛切

此飢㵣字。今則段渴為㵣。水部「渴，盡也。从水曷聲。苦葛切(又渠列切)」是渴力字。今則作竭力。立部「竭，負舉也。从立曷聲。渠列切」至口部「喝，㵣也。从口曷聲。於介切」今讀如㵣。是動作辭。猶歠也。

⿰鰥欠

昆干(段作「⿰鰥欠干」)不可知也。从欠鰥聲。古渾切(音昆)

「昆干」校錄校議並作「昆于」是也。「昆于」猶「昆吾」本書壺下云「昆吾，圜器也」是「昆吾」「昆侖」「渾侖」皆圓渾之通偁。猶言混沌也。因混沌無圭角，故曰不可知也。又今粵方言讀去聲，以為欺騙之意。

欯

欯 指而笑也。从欠辰聲。讀若蜃。時忍切（音辰上聲）

古籀或作䪴。莊子達生「桓公䪴然而笑」司馬彪注「䪴，笑皃。」說文無䪴，本止作欯。

歃

歃 歠也。从欠臿聲。春秋傳曰「歃如忘」。山洽切

左傳隱公七年「壬申，及鄭伯盟，歃如忘。」注「志不在於歃血。」服虔曰「如，而也。」正義「歃謂口含血也。」

欶

欶 吮也。从欠束聲。所角切（音索）

口部「吮，欶也。从口允聲。徂沇切（音算上）」二字轉注。古籀或作嗽。漢書鄧通傳「文帝嘗病癰，鄧通常為上嗽吮之。」又汝南先賢傳「蔡順母生瘡出膿，順自口嗽之。」口部無嗽字，當作欶。水部「漱，盪口也。从水欶聲。所右切（音修去聲）」欶漱音義俱異。今俗漱亦作嗽。

欬

欬 屰气也。从欠亥聲。苦蓋切

周礼天官疾醫「冬時有嗽（當作欶）上气疾」注「嗽，欬也。上气，屰喘也。」素問「秋傷於溼，上屰為欬。」此「欬嗽」「謦欬」字。俗段咳為之。口部「咳，小兒笑皃。从口亥聲。戶來切」「孩，古文咳从子」是「孩僮」字。桂。字林「欬，瘷也。」本書疒部「瘷，屰气也。」欬瘷即閩方音「咳嗽」也。

次

次 不前不精也。从欠二聲。七四切 古文 𠂔 切

句讀「不前者，逗留不進也。左傳（莊三年）凡師一宿為舍，再宿為信，過信為次。精者，擇也。不擇則麤，是次也。」古籀或段次為趑。易夬四曰「臀其膚，其行次且。」馬融注「次且，卻行不前也。」正字當作趑趄。走部「趑，趑趄，行不進也。从走次聲。取私切」「趄，趑趄也。从走且聲。七余切」又次連語作「造次」，猶蒼猝也。論語里仁「造次必於是，顛沛必於是。」

欺

欺 詐欺也（段作「詐也」）。从欠其聲。去其切

言部「諆，欺也。从言其聲。去其切」

歆

歆 神食气也。从欠音聲。許今切

詩大雅生民「其香始升，上帝居歆。」箋云「馨香上行，上帝則安而歆饗之。」

㱃

㱃 歠也。从欠酓聲。凡㱃之屬皆从㱃。於錦切（九四）

古文㱃 从今水

古文㱃 从今食

歠

歠 歠也。从歠省，叕聲。昌說切

歠或从口从夬。

此歠歠字俗或作啜。口部「啜，嘗也。从口叕聲。一曰喙也。昌說切」義略不同。

次

次 慕欲口液也。从欠从水。凡次之屬皆从次。叙連切（九四）

次或从佩。

次 籒文次

羨

羨 貪欲也。从次从羑省。羑，呼之。羑，文王所拘羑里。似面切

羊部「羑，進善也。从羊久聲。文王拘羑里，在湯陰。與久切」厶部「羑，相訹誘也。从厶从羑。與久切」「誘，或从言秀。」言部「訹，誘也。从言朮聲。思律切」「詸，召也。从言乎聲。荒鳥切」桂馥說解當云「从羑𦐇省。𦐇，誘之。」「羑，文王所拘羑里」必是後人誤增。又口部「呼，外息也。从口乎聲。荒鳥切」是「呼吸」字與「詸召」字義異也。

盜

盜 厶利物也。从次皿。次，欲也。欲皿者。（段作「从次皿。次，欲也。欲皿為盜」）徒到切

左傳文公十八年「竊賄為盜，盜器為姦」穀梁傳定公八年「非其所取而取之，謂之盜」

七一三

旡

旡 歠食气屰（段作「屰气」）不得息曰旡。从反欠。凡旡之屬皆从旡。居未切。今隸變作旡。（音覬，九四）

旡 古文旡

𣄼

𣄼 屰惡驚詞也。从旡咼聲。讀若楚人名多夥。乎果切（字或作𡅅）

多部「夥，齊謂多為夥。从多果聲。乎果切」玉篇𣄼引說文作「屰驚詞也」神不福也」此𣄼禍字。史記漢書多假夥為禍。示部「禍，害也。神不福也。从示咼聲。胡果切」

𣄽

𣄽 事有不善言𣄽也。爾雅𣄽，薄也。从旡京聲。臣鉉等曰：今俗隸書作亮。力讓切

此原𣄽本字，今作諒。言部「諒，信也。从言京聲。力讓切」論語季氏「友直友諒友多聞，益矣」朱子注「友諒則進於誠」諒字是本字本義。又今爾雅無「𣄽，薄也」句，疑本小爾雅。𣄽訓薄也，薄則易見，故又旨見為明。𣄽經傳或段涼為「𣄽，薄」字。詩大雅桑柔「民之罔極，職涼善背」毛傳「涼，薄也」蓋本作𣄽。水部「涼，次𩟁」「𩟁，酢𩟁也」「涼，薄也。从水京聲。呂張切」姚姬傳曰「涼，當呂𩟁人水𩟁醴涼為正義，訓薄為借義」其說甚是。與書各部中字皆呂類聚，涼之上是𩟁字，又上則是滑酒字，皆酒𩟁之事，涼字訓薄殊為不類。段謂涼下說解當云「薄酒也」周禮天官𩟁人「掌共王之六飲，水𩟁醴涼醫酏，入于酒府」注引鄭

七一四

司農曰「涼，以水和酒也。」鄭玄曰「涼，今寒粥，若糗飯雜水也。」

說文解字第九上

頁

頭也。从𦣻从儿。古文䭫首如此。凡頁之屬皆从頁。𦣻者，䭫首字也。胡結切（九五）

頭

首也。（段「首」作「𦣻」）从頁豆聲。度侯切

九上部目「𦣻，頭也。象形。書九切」「首，𦣻同，古文𦣻也。巛象髮。書九切」肉部「脰，項也。从肉豆聲。徒候切」本部「項，頭後也。从頁工聲。胡講切」脰訓「項也」，與頭「首也」音同義略異。

頌

皃也。从頁公聲。余封切，又似用切。

籀文

八下部首「皃，頌儀也。从人，白象人面形。莫教切」頌皃二字轉注。頌是頌皃「頌額」字。然古籍已段容字為之，而頌則讀似用切，以為「歌頌」字。宀部「容，盛也。从宀谷。余封切」是容內「容載」字。詳宀部容字。

顛

頂也。从頁真聲。都秊切

此顛頂字，今俗作巔，山部無，經傳或段為「瘨疾」「蹎跋」「趚頓」字。疒部「瘨，病也。从疒真聲。都秊切」俗作癲。足部「蹎，

跋也。从足真聲。都年切」「跋，蹎跋也。从足犮聲。北末切」「蹎跋」今作「顛沛」。走部「趚，走頓也。从走真聲。都年切」

題

題 頟也。从頁是聲。杜兮切

見部「題，顯也。从見是聲。杜兮切」題題本截然二字，今則專用題而題字不行，而題之本義亦晦矣。詳見部題字。

頟

頟 顙也。从頁各聲。臣鉉等曰：今俗作額。五陌切

本部「顙，頟也」二字轉注。又頟字重言為形況字，書益稷「罔晝夜頟頟」，疏云「不休息之意」。

頞

頞 鼻莖也。从頁安聲。烏割切 齃 或从鼻曷。

廣韻「頞，䪼也」。本部「䪼，頭頡䪼也。从頁出聲。之出切」玉篇䪼下云「漢高祖隆䪼龍顏」。漢書作「隆準」，李斐曰「準，鼻也」。孟子梁惠王「舉疾首蹙頞而相告」，趙岐注「蹙頞，愁貌」。正義「皆蹙其鼻頭而愁悶也」。

頯

頯 權也。从頁𢍏（渠追切 音逵）聲。渠追切（今讀渠）

「權也」韻會引作「面顴也」。說文無顴字。易夬卦「九三，壯于頄」，王注「面權也」。釋文「求龜反，顴也。又音求」。鄭玄作頯，是也。鄦書無頄字。

頜

頜 顄也。从頁合聲。胡感切

本部「顄，頤也。从頁圅聲。胡男切」「頷，面黃也。从頁含聲。胡感切」「顉，低頭也。从頁金聲。春秋傳曰：迎于門顉之而已。五感切」顉、頷、頜三字音同而義異。方言「頷、頤，頜也。南楚謂之頷，秦晉謂之頜」。段氏云「依方言則緩言曰頷，急言曰頜」。按頷字皆當作顄，今俗皆以頷為顄，頷字誤矣。又顉下說解引春秋傳云云，今左傳襄公二十六年「逆於門者，頷之而已」作頷。杜注「頷，搖其頭」。釋文「頷，本又作顉」，則又段頷為顉矣。

顄

顄 頤也。从頁圅聲。胡男切

十二上部目「𦣝，顄也。象形。與之切」「𩠐，篆文𦣝」二字轉注。經傳多段頷為顄。莊子列禦寇「夫千金之珠，必在九重之淵而驪龍頷下」，頷當作顄。本部「頷，面黃也」，義異。又詩大雅行葦「嘉肴脾臄，或歌或咢」，毛傳「臄，函也」。釋文引通俗文云「口上曰臄，口下曰函」。按本書三上部目「𧮫，口上阿也。从口，上象其理。其虐切」「臄，𧮫或从肉从豦」。「口下曰函」者，函即顄之省借。

丂部「𢎘，舌也。象形。胡男切」

⿰員頁

面色⿰員頁⿰員頁皃。从頁員聲。讀若隕。于閔切

詩小雅苕之華「苕之華，芸其黃矣。心之憂矣，維其傷矣。」古樂府長歌行「常恐秋節至，焜黃華葉衰。」芸焜兹是⿰員頁之借字。艸部「芸，艸也。」火部「焜，煌也。」「煌，煇也。」

碩

頭大也。从頁石聲。常隻切

又旨昆為凡大之偁。詩衛風碩人、魏風碩鼠、唐風椒聊「碩大無朋」、豳風狼跋「公孫碩膚」、小雅巧言「蛇蛇碩言」、大田「既庭且碩」、大雅崧高「其詩孔碩」、魯頌閟宮「路寢孔碩」，鄭皆訓「大也」。

頒

大頭也。从頁分聲。一曰鬢也。詩曰有頒其首。布還切

詩小雅魚藻「魚在在藻，有頒其首。」傳云「頒，大首皃。」此頒之本義也。「一曰鬢也」者，疑鬢乃⿰須卑字之譌，謂頒或通作⿰須卑也。本書髟部「鬢，頰髮也。从髟賓聲。必刃切」須部「⿰須卑，須髮半白也。从須卑聲。府移切」孟子梁惠王「謹庠序之教，申之以孝悌之義，頒白者不負戴於道路矣。」趙岐注「頒者，斑也。頭半白斑斑也。」朱子曰「頒與斑同。老人頭半白黑者也。」按說文無斑字。「頭半白黑」之頒，即此⿰須卑字也。又古籍亦叚頒為「⿱八菐布」「分攽」字。菐部「⿱八菐，賦事也。从菐从八。八，分之也。八亦聲。布還切」攴部「攽，分也。从攴分聲。布還切」玨部「班，分瑞玉。从玨刀。布還切」俗書作班。字本从刀，亦有分意。至俗斑字从文，以為「斑駁」義，則本作辬。文部「辬，駁文也。从文辡聲。布還切」

顒

大頭也。从頁禺聲。詩曰其大有顒。魚容切

又旨昆為凡大之偁。詩小雅六月「四牡脩廣，其大有顒。」傳云「顒，大皃。」

顝

大頭也。从頁骨聲。讀若魁。苦骨切（音括）

今俗凡言大曰「魁首」「魁梧」，當作此顝字。斗部「魁，羹斗也。从斗鬼聲。苦回切」

願

大頭也。（依段校錄正）从頁原聲。魚怨切

古籍未有訓願為大頭者。經傳皆以願為意欲之義。又以為發聲之詞。詩邶風二子乘舟「願言思子，中心養養。」

衛風伯兮「願言思伯，甘心疾首」，願並是發語詞，「願」意字本作「憖」，心部「憖，肎也，謹敬也，从心猌聲，一曰說也，一曰甘也。春秋傳曰：昊天不憖。又曰：兩君之士皆未憖。魚覲切（音刃）」（犬部「猌，犬張齗怒也，从犬來聲。魚覲切」）本書丂部「寧，願詞也」，用部「甯，所願也」。國語韋昭注「憖，願也」，則願之爲「願意」、「寧願」字由來久矣。

顤

顤 高長頭。从頁，堯聲。五弔切（音[illegible]）

頎

頎 頭佳皃。从頁，斤聲。又讀若鬢。渠希切（音其）

大徐本奪此篆，依段本補。頎又昆之爲長皃。詩衛風碩人「碩人其頎」，齊風猗嗟「猗嗟昌兮，頎而長兮」，毛傳並訓「頎，長皃」。

頞

頞 面歬（段作歬面）岳岳也。从頁，岳聲。五角切

按「岳岳」玉篇作「頞頞」是也。王氏句讀曰「此即相人術所謂五岳朝拱也」。又今粵方言「頭頞頞」即此。

頑

頑 㮯頭也。从頁，元聲。五還切

木部「㮯，梡木未析也」，「梡，㮯木薪也」。古籍通段頑爲𧇖㹜字，書堯典「父頑母嚚象傲」，左傳僖公廿四年「心不則德義之經爲頑，口不道忠信之言爲嚚」，頑嚚當作𧇖㹜，本書五上部目「𧇖，虎怒也，从二虎。五閑切」，十上部目「㹜，兩犬相齧也，从二犬。語斤切」，㗊部「嚚，語聲也，从㗊臣聲。語巾切」。

⿰頁枝

⿰頁枝 小頭⿰頁枝⿰頁枝也。从頁，枝聲。讀若規。己恚切

⿰頁枝⿰頁枝，小皃。古籍或段規爲⿰頁枝。莊子秋水「子乃規規然求之㠯察，索之㠯辯，是直用管闚天，用錐指地，不亦小乎」。劉孝標廣絕交論「而翟公方規規然勤門㠯箴客，何所見之晚乎」，「規規」應作「⿰頁枝⿰頁枝」。夫部「規，有法度也，从夫見。居隨切」，是規乃法規字。

顆

顆 小頭也。从頁，果聲。苦惰切

徐鍇曰「今言物一顆，猶一頭也」。多部「夥，齊謂多爲夥，从多果聲。乎果切」，俗作夥，是夥扶字。

頷

頷 面黃也。从頁，含聲。胡感切

離騷「苟余情其信姱以練要兮，長顑頷亦何傷」洪興祖注云「顑頷，食不飽面黃皃」。本部「顑，飯不飽面黃起行也。从頁咸聲。下感坎二切」離騷之頷字尚是本義，然經傳已用為顑頷字，而本義晦矣。詳本部頷下。

頞

內頭水中也。从頁𠬛。𠬛亦聲。烏沒切

又部「𠬛，入水有所取也。从又在回下。回，古文回。回，淵水也。莫勃切」水部「㴱，湛也。从水从回。莫勃切」今則專用㴱而𠬛頞廢矣。又古籀或叚沒為歾，歺部「歾，終也。从歺勿聲。莫勃切」「㱙，歾或从𠬛」。

顓

頭顓顓謹皃。从頁耑聲。職緣切

徐箋云「顓頊連文，疑當云顓頊謹皃，頊下當云顓頊也」。按顓顓頊頊重言形況，以為頭謹皃，猶礼曲礼「頭容直」之意也。白虎通號篇「謂之顓頊何？顓者專也，頊者正也，能專正天人之道，故謂之顓頊也」。按專字當是叀之叚。本書四下部目「叀，小謹也。从幺省，屮，財見也，屮亦聲。職緣切」寸部「專，六寸簿也。从寸叀聲。職緣切」「叀叀」「顓顓」義同。

頊

頭頊頊謹皃。从頁玉聲。許玉切

顉

低頭也。从頁金聲。春秋傳曰「迎于門，顉之而已」。五感切（上聲）

按說文無低字，當作氐。广部「底，山凥也。一曰下也。从广氐聲。都礼切」此「底下」「底頭」字，段以為當作氐，非是。本書十二下部目「氐，至也。从氐下著一。一，地也。丁礼切」是氐達字。又左傳襄公二十六季「大夫逆於竟者，執其手而與之言；道逆者，自車揖之；逆於門者，頷之而已」作頷是借字。釋文云「頷，本又作顉」杜注「頷，搖其頭」謬甚。徐鍇曰「點頭以應也」是也。又顉訓底頭也，讀五感切，即粵俗音啱，然之之意也。

頫

（段篆作𩔁，非是）低頭也。从頁，逃省。太史卜書頫仰字如此。揚雄曰「人面頫」。臣鉉等曰：頫首者，逃亾之皃，故从逃省。今俗作俯，非是。方矩切

俛

（段篆作𠈁，非是）頫或从人免。

揚雄有訓纂篇今亾。今俗頫仰字作俯，而誤混頫為覜。爾雅釋詁「監瞻臨涖頫相視也」，釋文「頫，音眺」。正字當作覜，詳見部覜字。又古籍亦叚俛為勉字，礼表記「俛焉日有孳孳，斃而后已」注云「俛焉，勤勞之皃」。釋文「俛，音勉」。

頣

舉目視人皃。从頁臣聲。式忍切（音哂）

礼檀弓「揚其目而視之」揚目而視，即頤字意也。莊子天地「手撓顧指，四方之民莫不俱至」成疏云「撓，動也」言動手指揮，舉目顧眄，則四方款附，萬國來朝。釋文「顧指，或音頤」本亦作頤，以之反，謂舉頤指揮也。按疏言「舉目顧眄」，即舉目視人意。陸氏云「音頤，本亦作頤」頤當是頤字形近而譌，以之反非也。「頤指」猶漢書禹貢傳「目指氣使」之意。師古注曰「動目㠯指物，出氣㠯使人」。又漢書賈誼傳誼上疏文帝曰「今陛下力制天下，頤指如意」亦作頤，則頤之譌為頤，由來久矣。本書十二上部𦣞「𦣞，顄也，象形」「頤，篆文𦣞」。

頗

頭偏也。从頁皮聲。滂禾切（平聲）

人部「偏，頗也。从人扁聲。芳連切」偏頗二字互訓。又引申之為凡不平不正之偁。古籀或段「詖」「陂」為之。言部「詖，辯論也。古文以為頗字。从言皮聲。彼義切」𨸏部「陂，阪也。一曰池也。从𨸏皮聲。彼為切」詳言部詖字。

煩

熱頭痛也。从頁从火。一曰焚省聲。附袁切

心部「懣，煩也」煩是「煩懣」「煩瀷」，俗或段為「樊重」字。詳𠬜部樊字。

顦

顦顇也。从頁焦聲。昨焦切

此大徐新增十九字之一。面部「醮，面焦枯小也。从面焦。即消切」是醮顇本字。

顇

醮顇也。从頁卒聲。秦醉切

此「顦顇」「盡顇」「勞顇」字。今俗「醮顇」作「憔悴」「盡顇」「勞顇」作瘁。按疒部無瘁字。心部無憔篆，有「悴，憂也。从心卒聲。秦醉切」義異。又左傳成公九年「雖有姬姜，無棄蕉萃」「蕉萃」當作醮顇。

顲

呼也。从頁籥聲。讀與籥同。商書曰「率顲衆戚」。羊戌切

呼當作評。言部「評，召也」口部「呼，外息也」「召，評也」。又「讀與籥同」四字後人誤加，小徐本無。又今商書盤庚「率籲衆慼」作感。孔傳「籲，籥也。率籲衆憂之人」疑書本作慼，後譌為感耳。而說解作戚，則是借字。心部「慼，憂也」戉部「戚，戉也」。

顯

頭明飾也。从頁㬎聲。臣鉉等曰：㬎，古以為顯字，故从㬎聲。呼典切

女部「妝，飾也」頭明飾，謂冕、覍、充耳之類。又引申之為凡明之偁。詩大雅假樂「顯顯令德」箋云「顯，光也」。抑「無曰不顯」箋云

「顯，明也。」禮曲禮「為人臣之禮，不顯諫。」注云「顯，明也。」

顨

顨

巽具也。从二頁。(士戀切)(音算)

丌部「顨，巽也。从丌从頁。此易顨卦為長女為風者。」「巽，具也。从丌弜聲。」丂部「弜，二丂也。巽从此。」

𦣻

𦣻

頭也。象形。凡𦣻之屬皆从𦣻。(書九切)(九五)

脜

脜

面龢也。从𦣻从肉。(段見肉部)讀若柔。(耳由切)

爾雅釋訓「籧篨，口柔也。戚施，面柔也。夸毗，體柔也。」李巡曰「戚施和顏說色以誘人，是謂面柔也。」凡「溫柔」「龢柔」字皆當作脜。木部「柔，木曲直也。从木矛聲。(耳由切)」是木之柔龢。

面

面

顏前也。从𦣻。象人面形。凡面之屬皆从面。(彌箭切)(九五)

⿰面甫

⿰面甫

頰也。从面甫聲。(符遇切)

玉篇引說文尚有「左氏傳曰⿰面甫車相依」八字。今左傳僖公五年「輔車相依，脣亡齒寒」已作輔矣。又易咸卦上九「咸其輔頰舌」，虞氏易作⿰面甫。是本字。左傳杜注云「輔，頰輔；車，牙車。」輔本當作⿰面甫。清承培元云「⿰面甫、頰同地異物，頰，面傍肉，即腜也。(肉部「腜，頰肉也」)⿰面甫，頰骨也。俗曰上牙顴」。車部「輔，人頰車也。从車甫聲。(扶雨切)」「人頰」二字疑後人誤加。

⿰面焦

⿰面焦

面焦枯小也。从面焦。(郎消切)

此⿰面焦顇本字。頁部「顦，顦顇也」是大徐據注所增字。

丏

丏

不見也。象壅蔽之形。凡丏之屬皆从丏。(彌兗切)(音免九六)

𩠐

𩠐

𦣻同。(段本無此)古文𦣻也。巛象髮，謂之鬊。(段「謂之鬊」上補「髮」字)鬊即巛也。凡𩠐之屬皆从𩠐。(書九切)(九六)

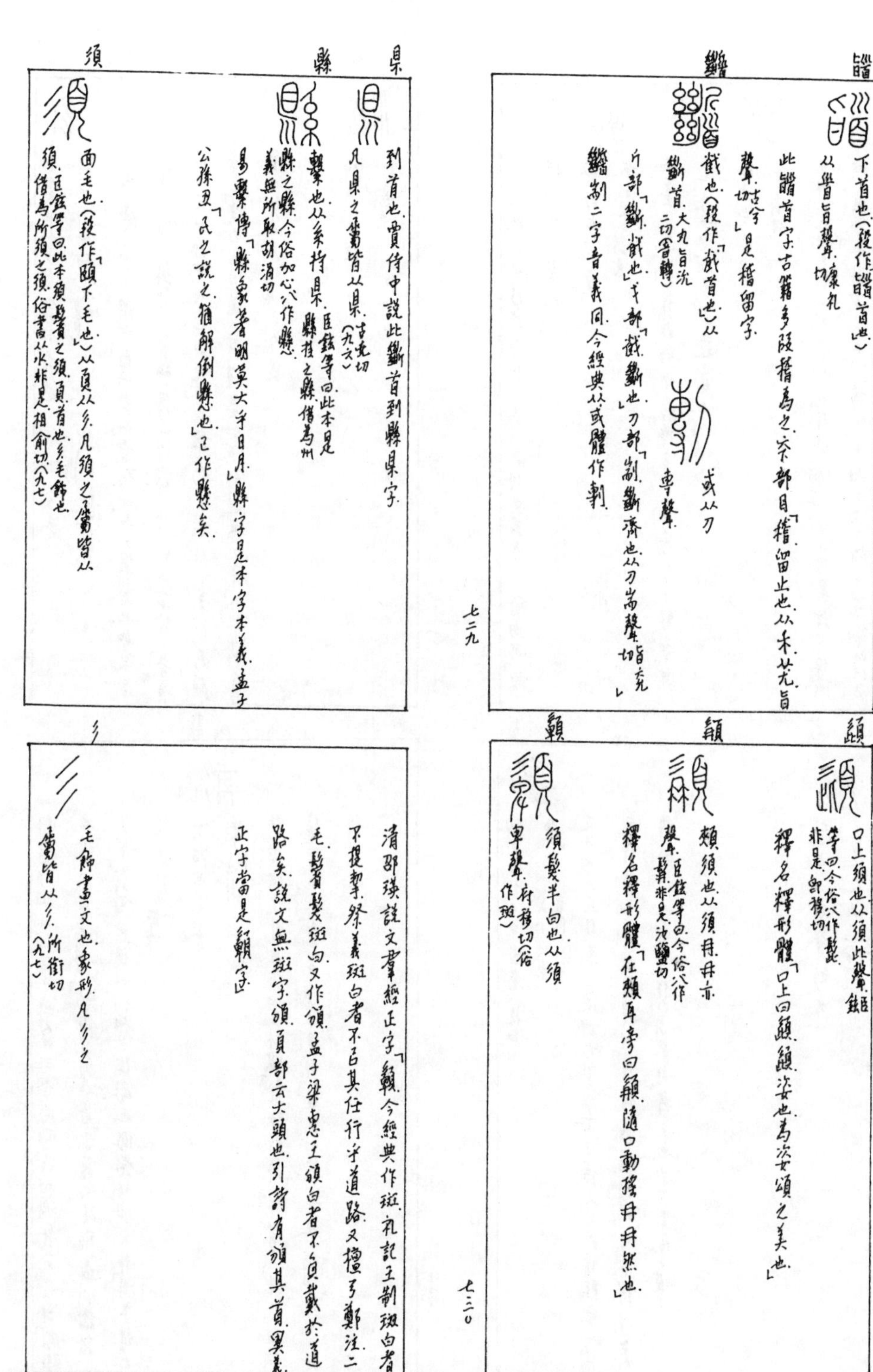

䭫

䭫 下首也。（段作「䭫首也」）从首旨聲。康礼切

此䭫首字古籍多叚稽為之。禾部曰「稽，留止也。从禾从尤旨聲。古兮切」是稽留字。

𩠐

𩠐 截也。（段作「截首也」）从斷首。大丸切 旨沇二切（音轉）

剸 或从刀專聲。

斤部「斷，截也」戈部「截，斷也」刀部「剬，斷齊也。从刀耑聲。旨兖切」

𩠐剬二字音義同。今經典从或體作剸。

県

県 到首也。賈侍中說此斷首到縣県字。凡県之屬皆从県。古堯切（九六）

縣

縣 繫也。从系持県。臣鉉等曰此本是縣挂之縣。借為州縣之縣。今俗加心作懸。義無所取。胡涓切

易繫傳「縣象著明莫大乎日月」縣字是本字本義。孟子公孫丑「民之說之，猶解倒縣也」已作懸矣。

須

須 面毛也。（段作「頤下毛也」）从頁从彡。凡須之屬皆从須。臣鉉等曰此本須鬚之須。頁，首也。彡，毛飾也。借為所須之須。俗書从水，非是。相俞切（九七）

頾

頾 口上須也。从須此聲。即移切 臣鉉等曰今俗作髭。非是。

釋名釋形體「口上曰頾。頾，姿也。為姿容之美也」。

䫇

䫇 頰須也。从須从冄，冄亦聲。汝鹽切 臣鉉等曰今俗作髯。非是。

釋名釋形體「在頰耳旁曰䫇。隨口動搖冄冄然也」。

𩓿

𩓿 須髮半白也。从須卑聲。府移切（俗作斑）

清邵瑛說文羣經正字「𩓿，今經典作斑。禮記王制斑白者不提挈。祭義斑白者不以其任行乎道路。又檀弓鄭注二毛，鬢髮斑白。又作頒。孟子梁惠王頒白者不負戴於道路矣。說文無斑字。頒，頁部云大頭也。引詩有頒其首。異義。正字當是𩓿字」。

彡

彡 毛飾畫文也。象形。凡彡之屬皆从彡。所銜切（九七）

彡

彡 稠髮也。从彡从人。(段作「人聲」)之忍切

詩曰：「㐱髮如雲。」

鬒 㐱或从髟真聲

今詩鄘風君子偕老「鬒髮如雲」傳曰「鬒，黑髮也。如雲，言美長也。」周或體作鬒，經傳或作黰，左傳昭公二十八年「昔有仍氏生女黰黑，而甚美，光可以鑑，名曰玄妻。」杜注「美髮為黰。」釋文「黰，之忍切。」說文無黰，蓋本作㐱。此與乞部「㐱，新生羽而飛也。从几从彡。之忍切」之㐱異字。

修

修 飾也。从彡攸聲。息流切

巾部「飾，㕞也」修飾又引申之為治也。經典或誤作脩。肉部「脩，脯也。从肉攸聲。息流切」

彰

彰 彣彰也。从彡从章，章亦聲。諸良切

又引申之為彰明，彰顯字。經傳多以章為之。音部「章，樂竟為一章。从音从十。十，數之終也。諸良切」

彫

彫 琢文也。从彡周聲。都僚切

玉部「琱，治玉也。一曰石似玉。从玉周聲。都寮切」義略異。詩大雅棫樸「追琢其章，金玉其相。」傳云「追，雕也。金曰雕，玉曰琢。」毛傳之

雕當作琱。凡琱琢之成彣曰彫。今彫雕行而琱廢矣。隹部「雕，鷻也。从隹周聲。都僚切」「鵰，籀文雕从鳥。」古籍又叚彫為凋，論語子罕「歲寒，然後知松柏之後彫也。」彫當作凋。仌部「凋，半傷也。从仌周聲。都僚切」

彮

彮 清飾也。从彡青聲。疾郢切

此彮妝字。司馬相如上林賦「靚妝刻飾」郭璞注「靚妝，粉白黛黑也。」作靚是借字。見部「靚，召也。从見青聲。疾正切」詳青部靜字。

㣎

㣎 細文也。从彡，㡭省聲。(段無「聲」字)莫卜切(㡭音隙)

又引申為凡精美之偁。詩大雅文王「穆穆文王，於緝熙敬止。」傳云「穆穆，美也。」爾雅釋訓「穆穆、肅肅，敬也。」凡言穆穆、肅肅，穆、昭穆字皆當作㣎。禾部「穆，禾也。从禾㣎聲。莫卜切」

彣

彣 䋣也。从彡从文。凡彣之屬皆从彣。無分切(九七)

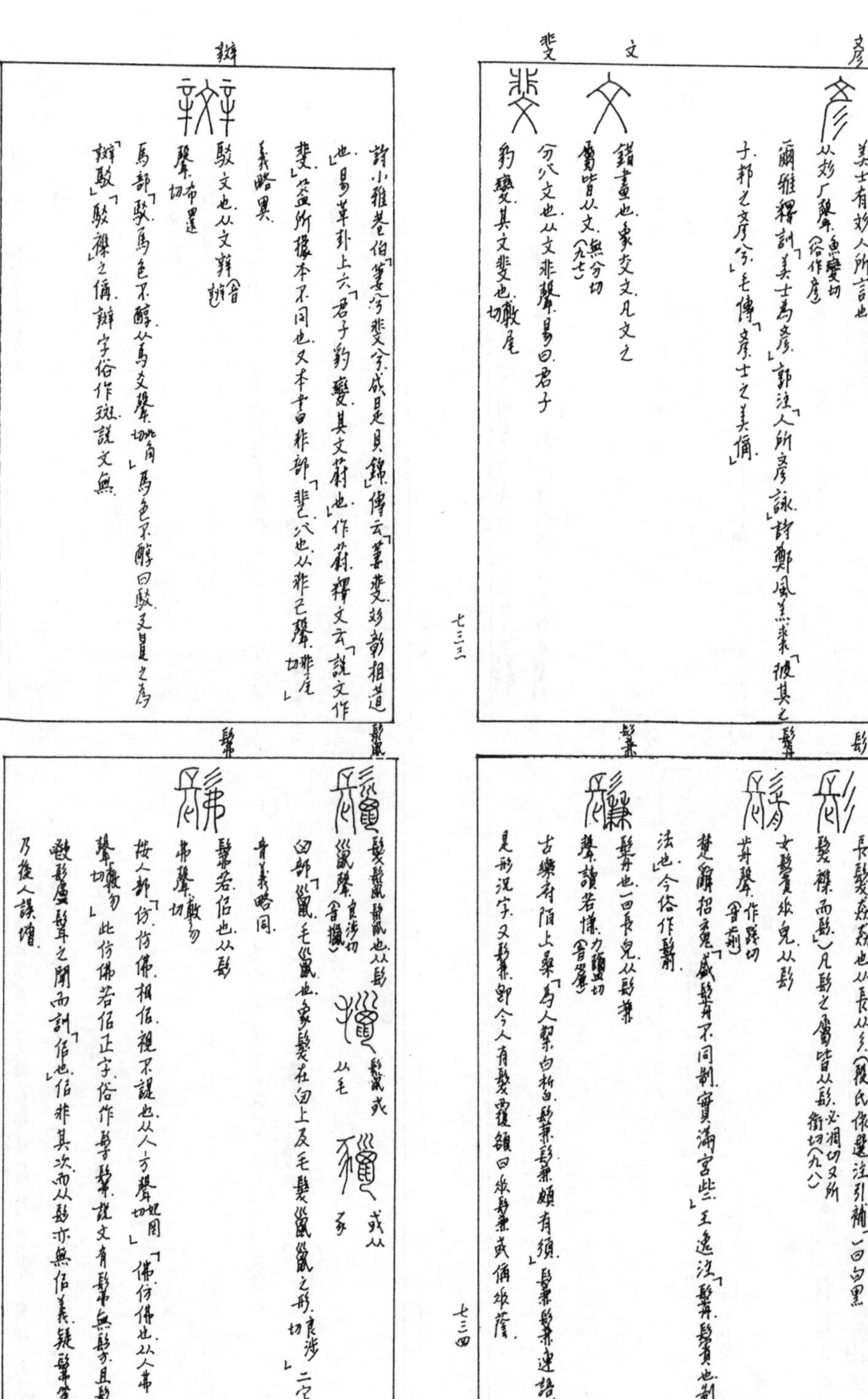

彥

美士有彣，人所言也。从彣厂聲。魚變切（俗作彦）

爾雅釋訓「美士為彥」，郭注「人所彥詠」。詩鄭風羔裘「彼其之子，邦之彥兮」，毛傳「彥，士之美偁」。

文

錯畫也。象交文。凡文之屬皆从文。無分切（九七）

斐

分別文也。从文非聲。易曰：君子豹變，其文斐也。敷尾切

詩小雅巷伯「萋兮斐兮，成是貝錦」，傳云「萋斐，文章相錯也」。易革卦上六「君子豹變，其文蔚也」，作蔚。釋文云「說文作斐」，蓋所據本不同也。又本書非部「𩇨，八也。从非己聲。非尾切」，義略異。

辬

駁文也。从文辡聲。布還切（音斑）

馬部「駁，馬色不純。从馬爻聲。北角切」，馬色不純曰駁，文貝之為「辬駁」、「駁雜」之偁。辬字俗作斑。說文無。

髟

長髮猋猋也。从長从彡。（段氏依選注引補「一曰白黑髮雜而髟」）凡髟之屬皆从髟。必凋切，又所銜切（九八）

鬋

女鬢垂皃。从髟前聲。作踐切（音翦）

楚辭招魂「盛鬋不同制，實滿宮些」，王逸注「鬋，鬢也。制，法也」。今俗作鬋。

鬑

鬋也。一曰長皃。从髟兼聲。讀若慊。力鹽切（音簾）

古樂府陌上桑「為人潔白皙，鬑鬑頗有鬚」，鬑鬑連語，是形況字。又鬑卽今人有髮覆額曰垂鬑，或偁垂簾。

鬣

鬣，髮鬣鬣也。从髟巤聲。良涉切（音獵）

鬣或从毛

鬣或从豕

囟部「巤，毛巤也。象髮在囟上及毛髮巤巤之形。良涉切」二字音義略同。

髴

髴，髴若似也。从髟弗聲。敷勿切

按人部「仿，仿佛，相似，視不諟也。从人方聲。妃罔切」「佛，仿佛也。从人弗聲。敷勿切」。此仿佛若似正字，俗作髣髴。說文有髴無髣，且髴篆廁鬑鬋之閒而訓「似也」，似非其次，而从髟亦無似義，疑髴篆乃後人誤增。

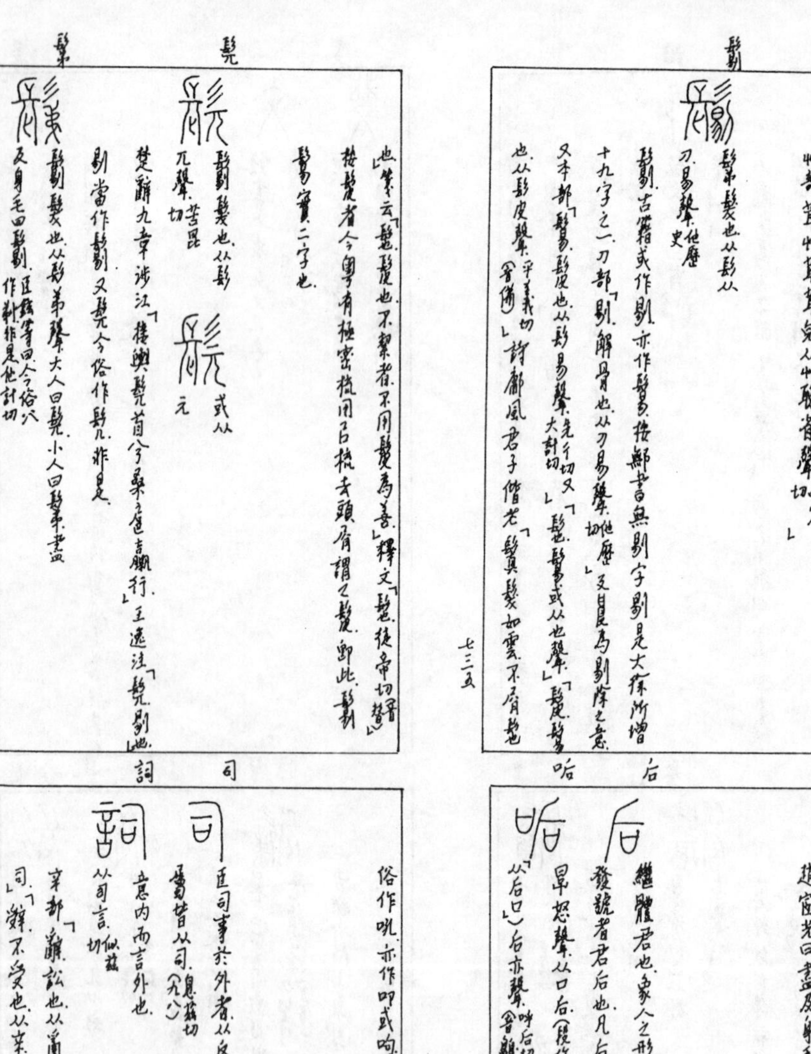

髶

髶，亂髮也。从髟茸省聲。（段作「耳聲」）而容切

艸部「茸，艸茸茸皃。从艸聦省聲。而容切」

鬄

鬄，髲也。从髟从刀易聲。他歷切

鬄，古籀或作剔，亦作鬀。按鄦書無剔字，剔是大徐所增十九字之一。刀部「剔，解骨也。从刀易聲。他歷切」又是爲剔除之意。又本部「鬄，髲也。从髟易聲。先彳切 又大計切」「鬀，鬄或从也聲。」「髲，鬄也。从髟皮聲。平義切（音備）」詩鄘風君子偕老「鬒髮如雲，不屑髢也」箋云「髢，髲也。不絜者不用髲爲善。」釋文「髢，徒帝切，音替。」按髲者今粵有極密梳用以梳去頭屑謂之髲，即此。鬄剔實二字也。

髡

髡，剃髮也。从髟兀聲。苦昆切 或从元。

楚辭九章涉江「接輿髡首兮，桑扈臝行。」王逸注「髡，剔也。」剔當作鬄，又髡今俗作髠，非是。

鬀

鬀，剃髮也。从髟弟聲。大人曰髡，小人曰鬀，盡及身毛曰鬄。臣鉉等曰：今俗別作剃，非是。他計切

「小人」猶小兒也。周禮秋官薙氏鄭注「薙讀如鬀小兒頭之鬀。」艸部「薙，除艸也。从艸雉聲。他計切」又「盡及身毛曰鬄」者，義證引明趙宧光曰「盡及身毛，今回回國夷法有之。」

后

后，繼體君也。象人之形。施令以告四方，故厂之。从一口。發號者，君后也。凡后之屬皆从后。胡口切（九八）

㖃

㖃，厚怒聲。从口后，后亦聲。（段作「从后口」）呼后切（音吼）俗作吼，亦作叩或呴，說文無。

司

司，臣司事於外者。从反后。凡司之屬皆从司。息茲切（九八）

詞

詞，意内而言外也。从司言。似茲切

辛部「辭，訟也。从𤔔辛。𤔔辛猶理辜也。似茲切」「嗣，籀文辭从司。」「辤，不受也。从辛从受。受辛宜辤之。似茲切」「辞，籀文辤从台。」

按三字音同而義各異。「詞」為言詞，「辭」為辭訟，「辤」為辤受。今經典惟「辭訟」用本字，如大學「無情者不得盡其辭」是。至「言詞」多假辭為之，禮曾子問「其辭于賓曰宗兄宗弟宗子在他國使某辭」，鄭注「辭，告也」，字當作詞。又易繫辭傳釋文云「辭本亦作詞」，依字應作詞。說也，說文云：詞者，意內而言外也。而「辤受」字皆作辭，而辤不行矣。儀禮聘禮「辭曰非禮也敢」，鄭注「辭，辭不受也」。公羊傳哀公三年「不以父命辭王父命，以王父命辭父命，是父之行乎子也」，何注「辭，猶不從也」。辭茲當作辤。

卮

卮：圜器也。一名觛。（音斷）所以節飲食。象人，卩在其下也。易曰：「君子節飲食。」凡卮之屬皆从卮。章移切（九九）

卩

卩：瑞信也。守國者用玉卩，守都鄙者用角卩，使山邦者用虎卩，土邦者用人卩，澤邦者用龍卩，門關者用符卩，貨賄者用璽卩，道路者用旌卩。象相合之形。凡卩之屬皆从卩。子結切（九九）

令

令：發號也。从亼卩。（徐鍇曰：號令者集而為之。卩，制也。）力正切

口部「君，尊也。从尹，發號，故从口。」又九上部「后」下云「發號者君后也」。又良之君之令曰「律令」，天之令曰「時令」，因之一縣之發令者曰「縣令」。經傳或借令為良，爾雅釋詁「令，善也」。詩大雅卷阿「令聞令望」，箋云「令，善也」。本書畐部「良，善也。从畐省，亾聲。呂張切」。令良聲轉也。

𠨍

𠨍：輔信也。从卩比聲。虞書曰：「𠨍成五服。」毗必切（音弼）

今書益稷「弼成五服，至于五千」作弼。本書弜部「弼，輔也。重也。从弜丙聲。房密切（弜音強，丙音忝）」二字音義同。

卲

卲：高也。从卩召聲。寔照切

經傳或誤作邵。法言孝至「李貊高而德貊邵者，是孔子之徒與」，邵當作卲。邑部「邵，晉邑也。从邑召聲。寔照切」又力部「劭，勉也。从力召聲。寔照切」義各異。

厀

厀：脛頭卩也。从卩桼聲。息七切（臣鉉等曰：今俗作膝，非是。）

素問脈要精微論「膝者筋之府」。

卷

膝曲也。从卪𢍏聲。居轉切（段巨員切，是）

莊子徐无鬼「有卷婁者」，釋文「卷婁猶拘攣也」。是卷之本義。又是為凡曲之偁。詩大雅卷阿「有卷者阿，飄風自南」，毛傳「卷，曲也」。又是為舒卷字。詩邶風柏舟「我心匪石，不可轉也。我心匪席，不可卷也」。俗段捲為舒卷字。手部「捲，气勢也。从手卷聲。國語曰：有捲勇。一曰捲收也。臣鉉等曰：今俗作居轉切，以為捲舒之捲。巨員切」。捲本讀巨員切，是捲勢字，因後人段捲為卷，乃於捲下增「一曰捲收也」。

非鄭君之舊也。又詩陳風澤陂「有美一人，碩大且卷」，傳訓「卷，好皃」。則是段卷為鬈。髟部「鬈，髮好也。从髟卷聲。詩曰：其人美且鬈。衢員切」。又是為好也。又中庸「今夫山，一卷石之多，及其廣大，艸木生之，禽獸居之，寶藏興焉」，注云「卷，區也」。則是段作拳。手部「拳，手也。从手𢍏聲。巨員切」。至「書卷」字，則當作「帣」。巾部「帣，囊也。从巾𢍏聲。居倦切」。又力部「劵，勞也。从力，卷省聲。臣鉉等曰：今俗作倦，義同。渠卷切」。是罷劵字。人部「倦，罷也。从人卷聲。渠眷切」。義同。刀部「券，契也。从刀𢍏聲。去願切（音勸）」。是「證券」字。廾部「𢍏，摶飯也。从廾釆聲。居券切」。又角部「觠，曲角也。从角𢍏聲。巨員切（音拳）」。又是之亦為曲。

卻

卪欲也（段依玉篇「欲」作「郄」是也）。从卪谷聲。去約切（谷「口上阿也」，音劇）

有所卪制。又是之為「退卻」「除卻」。此與从邑之郤字異也。邑部「郤，晉大夫叔虎邑也。从邑谷聲。綺戟切（音隙）」。

卸

舍車解馬也。从卪止午。（段作「午聲」）讀若汝南人寫書之寫。臣鉉等曰：午，馬也。故从午。司夜切

夕部「夜，舍也。天下休舍也」。周礼敘官天官掌舍注「舍，行所解止之處」。夏官司弋盾「及舍」注「舍，止也」。本書宀部「寫，置物也。从宀舄聲。悉也切」。又是之為置也。

𠨍

二卪也。巽从此。闕。士戀切（音巽）

闕謂闕其讀若某也。

卪

卪也。闕。則候切

卪，今作鄒奏。本部「奏，進也。从夲从廾从屮。屮，上進之義。則候切」。水部「湊，水上人所會也。从水奏聲。倉奏切」。又是為會也。

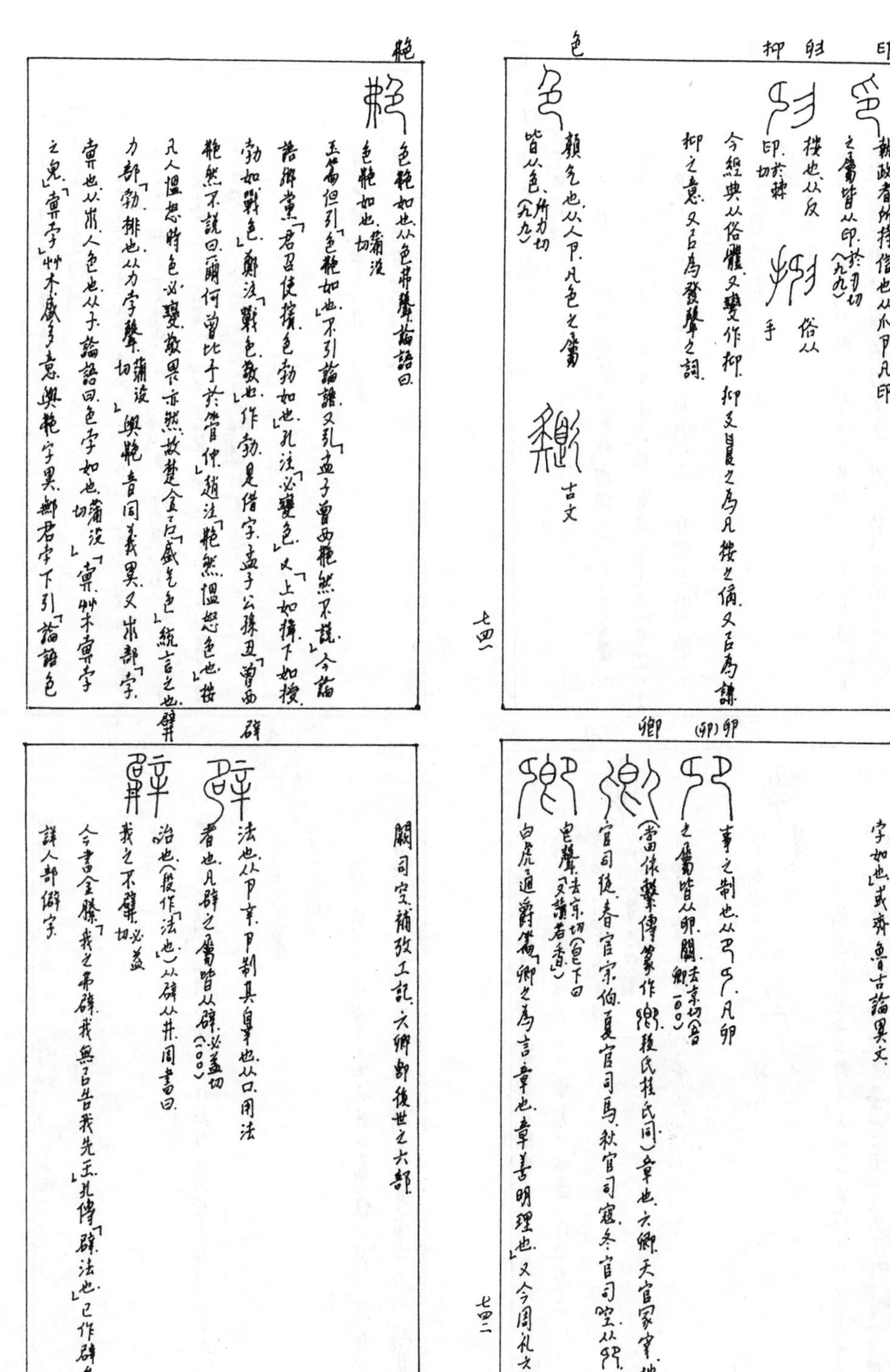

印　𢑏　抑　色

執政者所持信也。从爪卪。凡印之屬皆从印。於刃切（九九）

按也。从反印。於棘切

俗从手

今經典从俗體，又變作抑。抑又叚之為凡按之偁。又㠯為詞抑之意。又㠯為發聲之詞。

顏气也。从人卪。凡色之屬皆从色。所力切（九九）

古文

艴

色艴如也。从色弗聲。論語曰：「色艴如也。」蒲沒切

玉篇但引「色艴如也」，不引論語。又引孟子「曾西艴然不說」。今論語鄉黨「君召使擯，色勃如也。」孔注「必變色。」又「上如揖，下如授，勃如戰色。」鄭注「戰色，敬也。」作勃，是借字。孟子公孫丑「曾西艴然不說曰：爾何曾比予於管仲。」趙注「艴然，慍怒色也。」按凡人慍怒時色必變，敬畏亦然，故楚金以「盛气色」統言之也。辟力部「勃，排也。从力孛聲。蒲沒切」與艴音同義異。又𣎵部「孛，𡴀也。从𣎵，人色也，从子。論語曰：色孛如也。蒲沒切」「𡴀，艸木𡴀孛之皃。」「𡴀孛」艸木盛之意。與艴字異。鄭君孛下引「論語色孛如也」，或齊魯古論異文。

卯（卯）　鄉

事之制也。从卪㔾。凡卯之屬皆从卯。闕。去京切（一〇〇）

（當依繫傳篆作㶒，段氏桂氏同）章也。六卿：天官冢宰、地官司徒、春官宗伯、夏官司馬、秋官司寇、冬官司空。从卯皀聲。去京切（皀下曰「又讀若香」）

白虎通爵篇「卿之為言章也，章善明理也。」又今周禮六卿闕司空，補攷工記。六卿即後世之六部。

辟

法也。从卪辛，卪制其辠也。从口，用法者也。凡辟之屬皆从辟。必益切（一〇〇）

治也。（段作「法也」）从辟从井。周書曰：「我之不𨐨。」必益切

今書金縢「我之弗辟，我無以告我先王。」孔傳「辟，法也。」已作辟矣。

詳人部㑥字。

辥

治也。从辟乂聲。虞書曰：有能俾辥。魚廢切

今書堯典「有能俾乂」，乂作乂。傳曰「乂，治也」，是借字。經傳或作艾。

本書丿部「乂，芟艸也。从丿乀（音弗）相交。魚廢切」「刈，乂或从刀」，艸部「艾，冰臺也。从艸乂聲。五蓋切」凡古籍乂、艾，作平治、美好解，皆辥之借字。心部「⿱乂心，懲也。从心乂聲。魚肺切」則是怨⿱乂心字。

勹

裹也。象人曲形，有所包裹。布交切

凡勹之屬皆从勹。（一二）

七四三

𠣬

曲脊也。从勹，籀省聲。巨六切

此𠣬躬字，今經典統作鞠。革部「鞠，蹋鞠也。从革匊聲。居六切」「𥴧，鞠或从𥫗」，音同義異。㚔部「𥷚，窮理罪人也。从㚔从人从言，竹聲。居六切」「𥴘，或省言」，是𥷚訊字，今亦作鞠。詳艸部菊字。

匊

在手曰匊。从勹米。居六切

臣鉉等曰：今俗作掬，非是。居六切

「在手」，當依詩傳作「兩手」。詩唐風椒聊「椒聊之實，蕃衍盈匊」。小雅采綠「終朝采綠，不盈一匊」。毛傳並云「兩手曰匊」。又三上部目「𢪅，叉手也。从𠂇彐。居玉切（𠂇彐）」，義略同。

勻

少也。从勹二。羊倫切

嚴氏校議曰「一切經音義引作調勻，疑此當云調勻，一曰少也」。

勼

聚也。从勹九聲。讀若鳩。居求切

今經典多段鳩為勼。書堯典「共工方鳩僝功」，傳云「鳩，聚也」。左傳隱公八年「君釋三國之圖，以鳩其民，君之惠也」，杜注「鳩，集也」。字當作勼。莊子天下篇「禹親自操橐耜而九雜天下之川」，釋文引司馬云「九，音鳩，本亦作鳩，聚也」。亦當以作勼為正。

⿹勹人

覆也。从勹覆人。（段作「从勹人」）薄皓切（音步丢聲）

今粵方音孚卵謂「⿹勹人蛋」，卽此。

匈

膺也。从勹凶聲。許容切

匈或从肉。

今俗作胸。肉部無。七上部目「凶，惡也。象地穿交陷其中也。許容切」是吉凶字。凶部「兇，擾恐也。从人在凶下。許拱切」是兇懼字。

七四四

字與心部「㥣，㦯也」音義俱同。

𠣬

帀徧也。从勹舟聲。職流切

口部「周，密也。从用口。職留切」凡「𠣬徧」「𠣬秊」「四𠣬」「𠣬旋」「𠣬流」作𠣬。「周密」作周。今經典皆用周而𠣬廢矣。俗又作週，非是。

匓

飽也。从勹𣪘聲。民祭切

祝曰厭匓。己又切（音咎）又乙庶切（音飫）

殳部「𣪘，揉屈也。从殳从皀。皀，古文叀字。居又切（音咎）」今俗謂飽曰㚅。正字當作匓。讀「己又切」，其又「乙庶切」則讀若飫。今經典亦作飫。說文飫作𩞄，食部「𩞄，燕食也。从食芺聲。依據切」與匓字義異。又說解厭匓當作猒匓，甘部「猒，飽足也。从甘肰」求神之猒匓也。

𠣾

重也。从勹復聲。扶富切

或省彳

重當作緟。糸部「緟，增益也。从糸重聲。直容切」是「緟𠣾」「緟疊」字。八上部目「重，厚也。从壬東聲。柱用切」是「厚重」「輕重」字。

又緟𠣾字今經典或借複，或借復為之。衣部「複，緟衣兒。从衣复聲。方六切」彳部「復，往來也。从彳复聲。房六切」夊部「复，行故道也。从夊畐省聲。房六切」

冢（冢）

高墳也。从勹豕聲。知隴切（冢音東）

又叚之為凡高大之偁，因之太子曰冢子，太宰曰冢宰。今俗書作冢，與冡字異也。冃部「冡，覆也。从冃豕。莫紅切」是「冡蔽」字。俗作蒙，艸部「蒙，王女也。从艸冡聲。莫紅切」是艸名。

包

（段有「妊也」二字）象人褱妊，巳在中，象子未成形也。元气起於子。子，人所生也。男左行三十，女右行二十，俱立於巳，為夫婦。褱妊於巳，巳為子，十月而生。男起巳至寅，女起巳至申。故男秊始寅，女秊始申也。凡包之屬皆从包。布交切（十二）

胞

兒生褱也。从肉从包。匹交切

按包下說解不說義，但解字形，句讀逸胞下說解「兒生褱也」於包下。一切經音義引同。玉篇包下云「布交切，褱也。婦人裹妊元气起於人子所生也。今作胞」而胞字見於經傳者惟詩小雅小弁鄭箋及釋文。小弁「不屬于毛，不離于裏」箋云「今我獨不得父皮膚之气乎。獨不處母之胞胎乎」釋文「胞音包。今俗語同胞是也」疑胞是包之重文。今既以包為「勹裹」字，同「包」「包胎」苟單用重文作胞耳。

匏

瓠也。从包从夸聲。（段作「从包从瓠省」）包，取其可包藏物也。薄交切

徐氏鍇云「匏當从瓠省，包聲。誤入此部」王氏釋例云「此字倍當隸瓠部，而曰从瓠省，从包，包亦聲」按二氏之說是也。說解「包，取其可包藏物也」疑後人誤增。

苟

自急敕也。从羊省，从包省，从口。口猶慎言也。（段作「从羊省，从勹口。勹口猶慎言也」段說是）从羊，羊（段刪此）與義善美同意。凡苟之屬皆从苟。己力切（一〇二）

古文羊不省。

敬

肅也。从攴、苟。居慶切

聿部「肅，持事振敬也。从聿在𣶒上，戰戰兢兢也」書洪範「恭作肅」傳云「心敬」心部「恭，肅也。从心共聲」「憼，敬也。从心从敬，敬亦聲」敬與憼義同，今則專用敬而憼不行矣。

鬼

人所歸為鬼。从人，由（依段補）象鬼頭。鬼侌气賊害，从厶。（段作「从厶。鬼侌气賊害，故从厶」）凡鬼之屬皆从鬼。居偉切（一〇二）

古文从示。

魂

（段篆作云鬼）昜气也。从鬼云聲。户昆切

左傳昭公七年「人生始化曰魄，既生魄，昜曰魂」杜注「昜，神气也」禮祭義「骨肉斃於下，陰為野土。其气發揚於上，為昭明、焄蒿、悽愴，此百物之精也，神之著也」昜气為魂，附於體兒而人生焉。

魄

侌神也。从鬼白聲。普百切

左傳昭公七年「人生始化曰魄」杜注「魄，形也」禮祭義「气也者，神之盛也。魄也者，鬼之盛也」鄭注「气，謂噓吸出入也。耳目之聰明為

𩲡　鬽

「魄」今俗㠯魄為月霸字，非是。月部「霸，月始生霸然也。承大月二日，承小月三日。从月，䨣聲。普伯切。㠯鉉等曰：今俗作必駕切，㠯為王霸字。（䨣，音博）」

𩲡 厲鬼也。从鬼失聲。丑利切（古音勅，今讀平聲）

厲鬼，謂虐厲之鬼。左傳襄公十七年「爾父為厲」杜注「厲，惡鬼」。桂氏引白帖曰「當有道之日，物不為祅，而棄常之人，鬼或為厲」。今俗作魑，新附字。或作螭，虫部「螭，若龍而黃，北方謂之地螻。从虫离聲。丑知切」。又禸部「离，山神獸也」。是「离」魑正字。

鬽 老精物也（段作「老物精也」）。从鬼彡，彡，鬼毛。密秘切

魅 或从未聲

古文（段無此）

鬾

籀文从彖首从尾省聲。（段篆作▢）

周礼春官神仕「凡㠯神仕者……㠯夏日至致地示物鬽」鄭注「百物之神曰鬽」。左傳宣公三年「螭魅罔兩，莫能逢之」杜注「魅，怪物」。漢書王莽傳「投諸四裔，㠯御螭魅」師古注「魅，老物精也」。又王氏句讀㠯為▢、▢二篆互譌。▢下當云「籀文鬽，从彖首，从尾省聲」，▢下當云「古文鬽，从鬼，尾並省」。按王氏說是也。本書髟部「鬃」下、彑部「彖」下並云「彖，籀文鬽」。

鬾 鬼服也。一曰小兒鬼。从鬼支聲。韓詩傳曰：鄭交甫逢二女，鬾服。奇寄切（音伎或企）

「小兒鬼」者，段引漢舊儀「顓頊氏有三子，生而亡去為疫鬼，一居江水為虐鬼，一居若水為罔兩蜮鬼，一居人宮室區隅善驚人，為小兒鬼」。文選東京賦「八靈為之震慴，況鬾蜮與畢方」薛綜注「鬾，小兒鬼。畢方，父老神也」。又說解引韓詩傳，必是周南漢廣「漢有游女，不可求思」下內傳文。然今文選江賦李善注引內傳「鄭交甫漢皋臺下遇二女，請其佩，二女與佩，交甫懷之，循探之即亡矣」。及南都賦引外傳「鄭交甫遇二女，佩兩珠，大如荊雞之卵」，皆不見「鬾服」之文，蓋選注略去耳。

魕

魕 鬼俗也。从鬼幾聲。淮南傳曰：吳人鬼，越人魕。居衣切

醜

「鬼俗」謂好事鬼成俗也。淮南子人閒訓「孫叔敖將死，謂其子曰：有寢丘者，其地确石而名醜。荊人鬼，越人禨，人莫之利也」。高誘注「鬼，好事鬼也。禨，禨祥也」。作禨，示部無，本字當作魕。

醜 可惡也。从鬼酉聲。昌九切

詩鄭風遵大路「無我魗兮，不寁好兮」傳云「魗，棄也」。箋云「魗亦惡也」。釋文「魗，鄭音醜」。說文無魗，蓋本亦作醜。毛訓「棄也」，亦惡之之引申。又「可惡」又引申之為「慙也」，又為「醜惡」之偁。莊子德充符「寡人醜乎，卒授之國」。崔云「醜，愧也」。李云「醜，慙

魋

也。詩小雅十月之交「日有食之，亦孔之醜」傳云「醜，惡也」。至凡訓醜為「類也」「同也」者，則是疇之段借。田部「疇，耕治之田也。从田，象耕屈之形。直由切」凡耕治必多於一人，故又引申之為「疇類」。今俗作「儔類」。人部「儔，翳也。从人壽聲。直由切」

神獸也。从鬼隹聲。杜回切

此大徐所增十九文之一。言部「讙，譟也。从言魋聲。杜回切」今經典有魋無讙。爾雅釋獸「魋如小熊，竊毛而黃」。春秋時宋有司馬桓魋。

魑

新附

鬼屬。从鬼从离，离亦聲。丑知切

鄭君本作魅。

甶

鬼頭也。象形。凡甶之屬皆从甶。敷勿切（音拂）（一〇一）

畏

惡也。从甶虎省。鬼頭而虎爪，可畏也。於胃切

古文省

禺

又引申為敬畏。禮曲禮「畏而愛之」，注云「心服曰畏」。又通作威。書皋陶謨「天聰明，自我民聰明，天明畏，自我民明威」。

母猴屬，頭似鬼。从甶从禸。牛具切

山海經南山經「招搖之山，有獸焉，其狀如禺」，注云「禺似獼猴而大，赤目長尾，今江南山中多有」。爾雅釋獸有寓屬，正字當作禺。

厶

姦衺也。韓非曰「蒼頡作字，自營為厶」。凡厶之屬皆从厶。息夷切（一〇二）

篡

屰而奪取曰篡。从厶算聲。初宦切

屰而奪取者，謂下取上，指篡位而言。莊子秋水「帝王殊禪，三代殊繼，差其時，屰其俗者，謂之篡夫」。釋文「篡，取也」。又引申之為凡取之偁。法言問明「鴻飛冥冥，弋人何篡焉」，注云「篡，取也」。後漢書逸民傳序「鴻飛冥冥，弋人何篡焉」。章懷注云「今人謂以計數取物為篡」。篡亦取也。

羑

羑 相訹呼也。从厶羑。與久切

誘 或从言秀

䛻 或如此

羑 古文。臣鉉等按：羊部有羑，羑，進善也。此古文重出。

言部「訹，誘也。从言朮聲。思律切」「評，召也。从言乎聲。荒烏切」今經典从或體作誘。詩召南野有死麕「有女懷春，吉士誘之」。傳云「誘，道也」。羊部「羑，進善也。从羊久聲。文王拘羑里，在湯陰。與久切」

嵬

嵬（段有「山石崔嵬」四字）高不平也。从山鬼聲。凡嵬之屬皆从嵬。五灰切（一〇三）

巍

巍 高也。从嵬委聲。牛威切 臣鉉等曰：今人省山以為魏國之魏。語韋切

按巍高之巍與巍姓之巍本無二字。俗省山作魏。以為魏姓，非也。桂氏引魏伯陽參同契後敘云「委時去害，依託邱山。循游寥廓，與鬼為鄰」，則巍姓不得省山，有明徵矣。漢書獻帝紀太史丞奏故白馬令李雲上封事曰「許昌气見於當塗高，當塗高者巍也。當代漢」。後漢書袁術傳「少見讖書，言代漢者當塗高」，注云「當塗高者巍也」。漢碑凡巍字皆不省山。

說文解字第九下

山

山 宣也。宣气散生萬物（段作「謂能宣散气生萬物也」）。有石而高。象形。凡山之屬皆从山。所閒切（一〇四）

嶽 岳

嶽 東岱，南靃，西華，北恆，中泰室，王者巡守之所至。（此句依修竹園訂）从山獄聲。五角切

岳 古文象高形。

爾雅釋山「河南華，河西嶽，河東岱，河北恆，江南衡」。郭注「華，華陰山。嶽，吳嶽。岱，岱宗泰山。北嶽恆山。衡山南嶽」。周禮春官大宗伯「以血祭祭社稷五祀五嶽」，注云「五嶽，東嶽岱宗，南嶽衡山，西嶽華山，北嶽恆山，中曰嵩高山」。大司樂「凡日月食，四鎮五嶽崩」，注云「五嶽，岱在兗州，衡在荊州，華在豫州，嶽在雍州，恆在并州」。鄭志云「周都豐鎬，故以吳嶽為西嶽。周家定以岳山為西岳，不數嵩高」。此周之五嶽也。又釋山「泰山為東嶽，華山為西嶽，霍山為南嶽，恆山為北嶽，嵩高為中嶽」。郭注「霍山即天柱山。恆山，常山。嵩高，大室山也」。史記封禪書「上巡南郡，至江陵而東，登禮灊之天柱山，號曰南嶽」。此武帝所定之五嶽也。又「巡狩者，巡所守也。天子五載一巡狩，至其方山嶽」。書舜典「歲二月，東巡守，至于岱宗」。傳「岱宗，泰山，為四岳所宗」。「五月南巡守，至于南岳」。傳「南岳，衡山」。「八月西巡守，至于西岳」。傳「西岳，華山」。

十有一月朔巡守至于北岳」傳「北岳恆山」不及中嶽。桂氏云「以非巡狩所至也。詩大雅崧高「崧高維嶽駿極于天」傳云「東嶽岱南嶽衡西嶽華北嶽恆。堯之時姜氏爲四伯掌四嶽之祀述諸侯之職」正義云「經典羣書多云五岳此傳惟言四岳者以堯之建官而立四伯主四時四方之岳而已不主中岳」

岱

岱

太山也(段「太」作「大」)

从山代聲徒耐切

爾雅釋山「泰山爲東嶽」詩大雅崧高傳「東嶽岱」周礼春官大宗伯注「東嶽岱宗」風俗通「岱宗萬物之始侌昜交代」

島

島

海中往往有山可依止曰島从山鳥聲

讀若詩蔦與女蘿(詩小雅頍弁文)都皓切

初學記「海中山曰島」釋名釋水「海中可居者曰島島到也人所奔到也亦言鳥也物所赴如鳥之下也」書禹貢「島夷皮服」傳云「海曲謂之島」今經典省作島。

峱

峱

山(段作「峱山也」)在齊地从山狃聲

詩曰遭我于峱之閒兮(今奴刀切音鐃)

詩齊風還「子之還兮遭我乎峱之閒兮」傳云「峱山名」漢書地理志引齊詩作嶩師古云「亦作巎」水經注引作嶩正字當作峱。

嶧

嶧

葛嶧山也在東海下邳从山睪聲

夏書曰嶧陽孤桐羊益切

書禹貢徐州「嶧陽孤桐」傳云「孤特也嶧山之陽特生桐中琴瑟」正義「地理志云東海下邳縣西有葛嶧山即此山也」鄭注嶧山今在下邳西葛嶧山也今在江蘇省淮安府邳州與山東省兗州府鄒縣之嶧山爲異地也詩魯頌閟宮「保有鳧嶧」傳云「鳧山也嶧山也」左傳文公十三年「邾文公卜遷于繹」杜注「繹邾邑魯國鄒縣北有繹山」史記秦始皇本紀「二十八年始皇東行郡縣上鄒嶧山立石與魯諸儒生議刻石頌秦德」索隱引韋昭曰「鄒魯縣山在其北」正義「邾嶧山亦名鄒山在兗州鄒縣南三十二里魯穆公改邾作鄒其山遂從邑變」漢書地理志魯國騶縣「嶧山在北」鄒繹山史記漢書並作嶧字之譌也秦名刻字作繹

嶷

嶷

九嶷山舜所葬在零陵營道从山疑聲語其切

山海經大荒南經「赤水之東，有蒼梧之野，舜與叔均之所葬也」又海內經「南方蒼梧之丘，蒼梧之淵，其中有九嶷山，舜之所葬，在長沙零陵界中」注云「山今在零陵營道縣南，其山九谿皆相似，故云九疑，古者總名其地為蒼梧也」山在今湖南永州府。

𡶛

山(段作「𡶛山也」)在蜀湔氐西徼外。从山，敃聲。武巾切(徼音徽)

漢書郊祀志「瀆山，蜀之𡶛山」師古注「岷山，在湔氐道」又地理志「蜀郡湔氐道，禹貢㟭山在西徼外，江水所出」水經注江水注「岷

崋

山(段篆作崋，誤)山(段作「崋山也」)在弘農(段作「宏農」)崋陰。从山，華省聲(段作「華聲」)。胡化切

漢書地理志「崋陰縣，太崋山在南」又後漢書郡國志「宏農郡崋陰，故屬京兆，有太崋山」今經傳通作華，六下部曰「蕐，榮也。从艸从𠌶」戶瓜切 「𠌶，艸木華也。从𠂹，亏聲」況于切 又嚴氏校錄疑此篆後人所加，王氏然之。

岵

山有艸木也。从山，古聲。詩曰：陟彼岵兮。侯古切

屺

山無艸木也。从山，己聲。詩曰：陟彼屺兮。墟里切(音起)

爾雅釋山「多艸木岵，無艸木屺」釋名「山有艸木曰岵。岵，怙也，人所怙取以為事用也。山無艸木曰屺。屺，圮也，無所出生也」詩魏風陟岵傳云「山無艸木曰岵，山有艸木曰屺」鈕樹玉段氏說文注訂云「陳氏毛詩稽古編云：多艸木岵，無艸木峐，此爾雅文也。毛傳反之，疏以為傳寫之誤。案王肅述毛者也，其注屺岵亦依爾雅，又釋名說文玉篇廣韻釋屺岵皆與爾雅同，則誤在毛傳無疑。其說精確，不愧經師」爾雅「屺」作「峐」，說文無。

岨

石戴土也。从山，且聲。詩曰：陟彼岨矣。七余切(音疽)

今詩周南卷耳作砠，石部無。毛傳「崔嵬，土山之戴石者。石山戴土曰砠」爾雅釋山「石戴土謂之崔嵬，土戴石為砠」釋名「石戴土曰岨，岨，臚然也。土戴石曰崔嵬，因形名之也」鈕氏段注訂云「毛傳釋名玉篇廣韻並與說文合，則誤在釋山」

岡

山脊也(依校錄訂)。从山，网聲。古郎切

釋名「山脊曰岡。岡，亢也，在上之言也」爾雅釋山「山脊，岡」郭注「謂山長脊」書胤征「火炎崐岡」傳云「山脊曰岡」詩周南

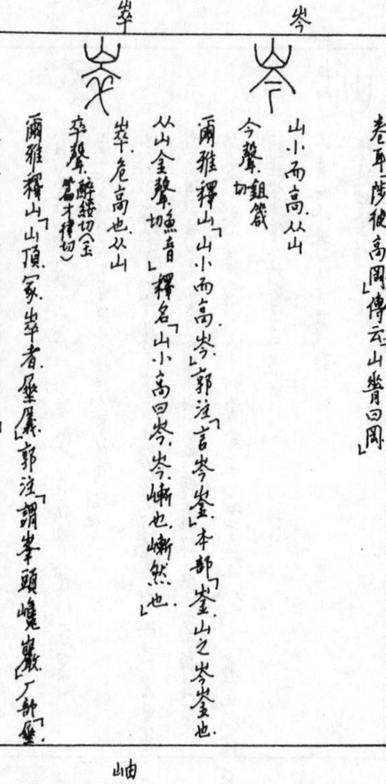

卷耳「陟彼高岡」傳云「山脊曰岡」

岑

山小而高。从山今聲。鉏箴切

爾雅釋山「山小而高，岑」郭注「言岑崟」本部「崟，山之岑崟也。从山金聲。魚音切」釋名「山小高曰岑。岑，嶄也。嶄然也」

崒

崒，危高也。从山卒聲。醉綏切（又才律切）

爾雅釋山「山頂，冢。崒者，厜㕒」郭注「謂峯頭巉巖」厂部「厜，厜㕒，山顛也。从厂垂聲。姊宜切（又醉平聲）」「㕒，厜㕒也。从厂義聲。魚為切（音危）」

詩小雅十月之交「山冢崒崩」箋云「崒者崔嵬」又漸漸之石「漸漸之石，維其卒矣」箋云「卒者崔嵬也。謂山巔之末也」是段卒為崒。

巒

山小而銳。从山䜌聲。洛官切

爾雅釋山「巒，山墮」疑此有闕文。御覽引爾雅曰「山狹而高曰巒。小曰隋」郭注「謂山形長狹者，荊州謂之巒」詩曰「隋山喬嶽」

密

山如堂者。从山宓聲。美畢切

爾雅釋山「山如堂者，密」郭注「形如堂室者。尸子曰：松柏之鼠不知堂密之有美樅」「山如堂」是大山巖，即山洞，又引之為精密、祕密、慎密。山部「宓，安也。从宀必聲。美畢切」虫部「蠠，蠠蠭，甘飴也。一曰螟子。从䖵鼏聲。彌必切」「蜜，蠠或从宓」密本「彌必切」，音滅，今讀若蜜矣。

岫

山穴也。从山由聲。似又切（音袖）

籀文 从穴

爾雅釋山「山有穴為岫」郭注「謂巖穴」

陖

高也。从山陖聲。私閏切

峻 陖或省。

今經典从或體作峻。𨸏部「陖，陗高也。从𨸏夋聲。私閏切（又七倫切）」「陗，陖也。从𨸏肖聲。七笑切」俗作峭。

隋

山之隓隓者。从山从隓省聲。（隓，依鍇訂）讀若相推落之隓。徒果切

「相推落之隓」各本作「墮」，案當作「隓」。𨸏部「隓，落也。从𨸏𡐦聲」臣鉉等曰今俗作墮，非是。徒果切。詩周頌般「隋山喬嶽」傳云「隋山，山之隋隋小者也」凡「橢方」「橢圓」字當作隋。木部「橢，車笭中橢橢器也。从木隋聲。徒果切」異字。

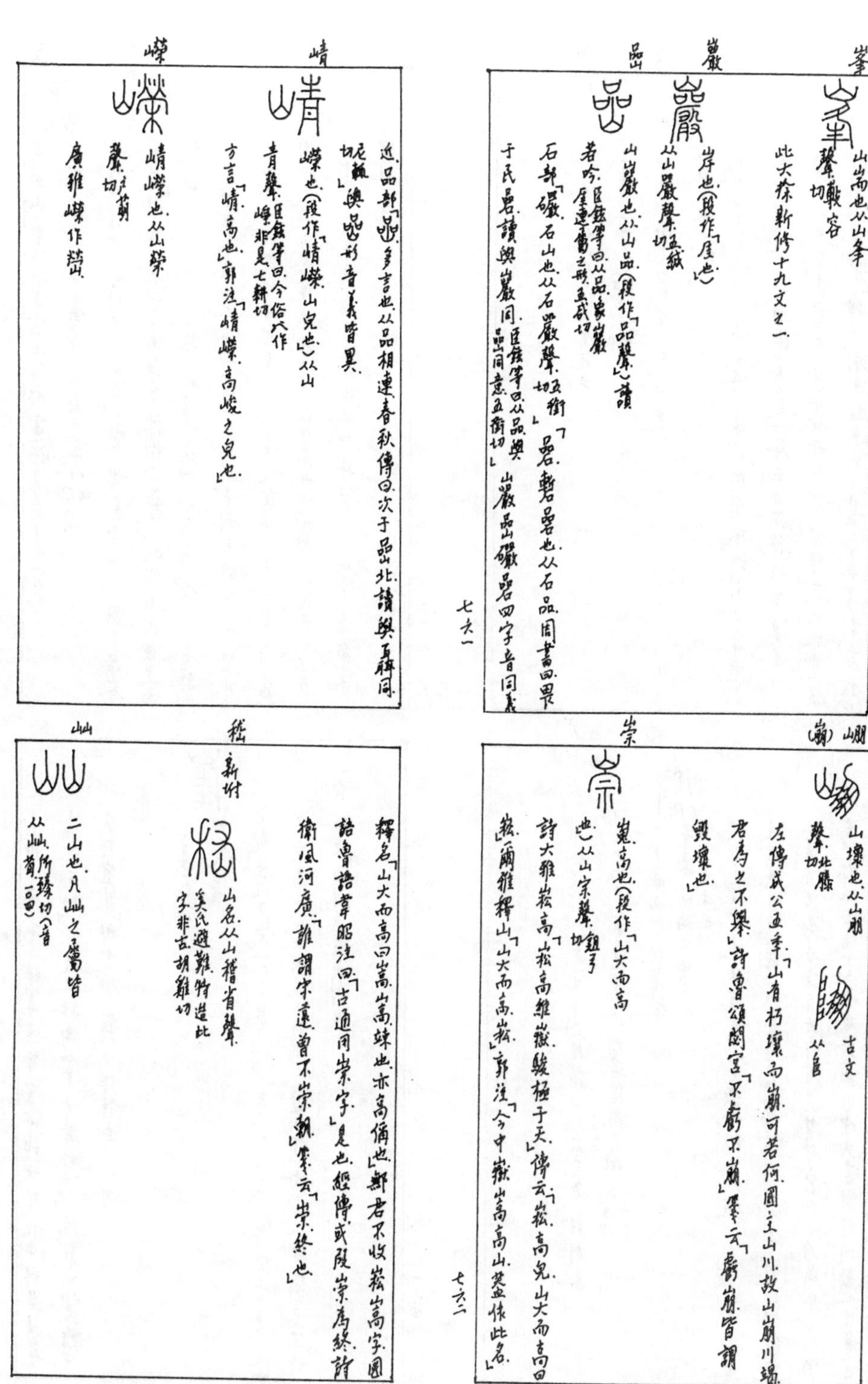

峯

山耑也。从山夆聲。敷容切

此大徐新修十九文之一。

巖

岸也。（段作「厓也」）从山嚴聲。五緘切

嵒

山巖也。从山品。（段作「品聲」）讀若吟。（臣鉉等曰：从品，象山巖厓連屬之形。五咸切）石部「礹，石山也。从石嚴聲。五銜切」「嵒，磛嵒也。从石品。周書曰：畏于民嵒。讀與嵒巖同。（臣鉉等曰：从品，與嵒同意。五銜切）」山巖、嵒、礹、嵒四字音同義近。品部「㗊，多言也。从品相連。春秋傳曰：次于㗊北。讀與聶同。尼輒切」與嵒形音義皆異。

崝

嶸也。（段作「崝嶸，山皃也」）从山青聲。（臣鉉等曰：今俗作崢，非是。七耕切）方言「崝，高也」。郭注「崝嶸，高峻之皃也」。

嶸

崝嶸也。从山榮聲。戶萌切

廣雅嶸作𡿭。

崩（𡶱）

山壞也。从山朋聲。北滕切

古文从𨸏

左傳成公五年「山有朽壤而崩，可若何。國主山川，故山崩川竭，君為之不舉」。詩魯頌閟宮「不虧不崩」。箋云「虧崩皆謂毀壞也」。

崇

嵬高也。（段作「山大而高也」）从山宗聲。鉏弓切

詩大雅崧高「崧高維嶽，駿極于天」。傳云「崧，高皃。山大而高曰崧」。爾雅釋山「山大而高，崧」。郭注「今中嶽嵩高山，蓋依此名」。釋名「山大而高曰嵩。嵩，竦也，亦高稱也」。鄭君不收崧嵩字。國語魯語韋昭注曰「古通用崇字」是也。經傳或段崇為終。詩衛風河廣「誰謂宋遠，曾不崇朝」。箋云「崇，終也」。

嵇 新附

山名。从山，稽省聲。奚氏避難特造此字，非古。胡雞切

屾

二山也。凡屾之屬皆从屾。所臻切（音[illegible]）

嵞

嵞，會稽山。一曰九江當嵞也。（段作「當涂」）民㠯辛壬癸甲之日嫁娶。从屾，余聲。虞書曰：「予娶嵞山。」同都切

今經傳作塗。左傳哀公七年「禹合諸侯於塗山，執玉帛者萬國」。國語魯語「昔禹致羣神於會稽之山，防風氏後至，禹殺而戮之」。嵞山即會稽山也。漢書地理志九江郡「當塗」，應劭曰「禹所娶塗山侯國也，有禹虛」。書益稷「予創若時，娶于塗山，辛壬癸甲」。孔傳「辛壬娶妻，至于甲日，復往治水，不㠯私害公」。水經「淮水又東過當塗縣北」注云「呂氏春秋四，禹娶塗山氏女，不㠯私害公，自辛至甲四日，復往治水。故江淮之俗，㠯辛壬癸甲為嫁娶日也。」

屵

屵，岸高也。从山厂，厂亦聲。凡屵之屬皆从屵。五葛切（印入聲一〇四）

岸

岸，水厓而高者。（段「厓」下有「洒」字）从屵，干聲。五旰切

屵與岸義略異，經傳通作岸。詩衛風氓「淇則有岸，隰則有泮」。箋云「言淇與隰皆有厓岸㠯自拱持」。作岸是本字。小雅十月之交「高岸為谷，深谷為陵」。岸當作屵。大雅皇矣「誕先登于岸」，傳云「岸，高位也」。是又是之義。箋訓「岸，訟也」。又小雅小宛「哀我填寡，宜岸宜獄」，傳云「岸，訟也」，則是叚岸為犴。豸部「豻，胡地野狗。从豸，干聲。五旰切」「犴，豻或从犬。詩曰：宜犴宜獄」。鄭君所見詩本作犴也。

崖

厓，高邊也。从屵，圭聲。五佳切

厂部「厓，山邊也。从厂，圭聲。五佳切」。王氏句讀云「厂部厓，山邊也。是山之邊為厓。此云高邊，則水之邊而陗高者也。若山則高不待言矣。」水部無涯，新附有之。

广

广，因广（段作「厂」是）為屋。（段補「从厂」二字）象對剌高屋之形。凡广之屬皆从广。讀若儼然之儼。魚儉切（一〇四）

府

府，文書藏也。从广，付聲。方矩切
箋曰：今藏腑字俗當从肉，弗是。

周礼天官宰夫「掌百官府之徵令，辨其八職……五曰府，掌官契㠯治藏」。注云「治藏，藏文書及器物」。又有大府、玉府、內府、外府；地官有泉府；春官有天府；皆是貨幣器物之所藏。周之凡藏皆曰府。風俗通義「府，聚也。公卿牧守文書財貨所聚也」。又是之

百官所居亦曰府。人身出內藏聚處曰臓府，俗作臟腑。

廱

廱

天子饗飲辟廱。从广雝聲。於容切

按「辟廱」當作「廦廱」。本部「廦，牆也。从广辟聲。比激切」徐鍇曰「所謂廦廱」。九上部目「辟，法也。从卪辛，節制其辠也。从口，用法者也。必益切」「廦廱」是天子饗飲興道教化之所。白虎通「天子立廦廱何所以行禮樂宣德化也」。俗作辟雍，雍是雝之俗譌从部首字。

庠

庠

禮官養老。夏曰校，殷曰庠，周曰庠。从广羊聲。似陽切

孟子滕文公「設為庠序學校以教之。庠者養也，校者教也，序者射也。夏曰校，殷曰序，周曰庠，學則三代共之，皆所以明人倫也」。漢書儒林傳「殷曰庠，周曰序」。與說文合，而史記儒林傳「殷曰序，周曰庠」，則同孟子。又禮學記「古之教者家有塾，黨有庠，術有序，國有學」。要之教學之地，庠序學校通稱，不必分何地何代，故亦無主名也。

廬

廬

寄也。秋冬去，春夏居。从广盧聲。力居切

詩小雅信南山「中田有廬」箋云「中田，田中也。農人作廬焉以便其田事」。廬即田舍。公羊傳宣公十五年「什一行而頌聲作矣」何休注「一夫一婦受田百畝，以養父母妻子，五口為一家。公田十畝，即所謂什一而稅也。廬舍二畝半，凡為田一頃十二畝半，八家為九頃，共為一井，故曰井田。……在田曰廬，在邑曰里。……春夏出田，秋冬入保城郭」。漢書食貨志「六尺為步，步百為畮，畮百為夫，夫三為屋，屋三為井，井方一里，是為九夫。八家共之，各受私田百畮，公田十畮，是為八百八十畮，餘二十畮以為廬舍。……在埜曰廬，在邑曰里。……春令民畢出在埜，冬則畢入於邑」。

廡

廡

堂下周屋。（段作「堂周屋」）从广無聲。文甫切

廡 籀文 从舞

「堂下周屋」謂屋於堂之四周者。釋名釋宮室「大屋曰廡。廡，幠也。幠，覆也。并冀人謂之庌。庌，正也，屋之正大者也」。

廏

廏

馬舍也。从广𣪘聲。周禮曰馬有二百十四匹為廏，廏有僕夫。居又切

𠩺 古文 从九

「二百十四匹」四當是六之誤。周禮夏官校人「乘馬一師四圉，三乘為皁，皁一趣馬（趣音芻），三皁為繫（音計），繫一馭夫，六繫為廏，廏一僕夫」。鄭注「鄭司農云四匹為乘。……玄謂二耦為乘。……自乘至廏，其數二百一十六匹。易乾為馬，此應乾之策也」。殳部「𣪘，揉屈也。从殳从皀。皀，古文叀字。廏字从此。居又切」俗書作廐，誤。又古文𠩺从九从皀，皀即古文叀也。

序 東西牆也。从广予聲。徐呂切

爾雅釋宮「東西牆謂之序。」書顧命正義、文選東京賦注並引爾雅作「東西廂謂之序。」是引申之為庠序之序。經傳又段作敘，攴部「敘，次弟也。从攴余聲。徐呂切」是次敘、斁敘字。

廦 牆也。从广辟聲。比激切

土部「壁，垣也。从土辟聲。比激切」二字音義同。又此辟廱正字，俗作辟雍，誤。

廣 殿之大屋也。从广黃聲。古晃切

按殿堂字當作殿，尸部「殿，偫也。从尸奠聲。堂練切」殳部「殿，擊聲也。从殳屍聲。堂練切（音電）」廣又引申之義為大也、寬也、博也、遠也。

庰 蔽也。从广幷聲。必郢切（又必益切）

尸部「屏，蔽也。从尸幷聲。必郢切（又必益切）」二字音義俱同，今經典通用屏，詳尸部屏字。

廁 清也。从广則聲。初吏切

廣韻引作「圊也。」非是。口部無圊字。凡廁訓次也、雜也、列也，皆𢿙字之段借。㱻部「𢿙，列也。从㱻吏聲。疏吏切」古籍或段廁為側字。史記張釋之傳「上居外臨廁」。漢書汲黯傳「上踞廁視之」。注並訓「邊側也」。錢氏大昕以為史漢之廁字本作廁，廁即側字。側字从人，隸變為廁，非訓「清」之廁也。聊備一說。

廛 一畝半（段作「二畝半」是）一家之居。从广里八土。直連切

廛當是二畝半。周禮地官遂人「夫一廛，田百畝」。鄭注「鄭司農云：戶計一夫一婦而賦之田，其一戶有數口者，餘夫亦受此田也。廛，居也……玄謂廛，城邑之居。孟子所云五畝之宅，樹之以桑麻者也。」孟子梁惠王「五畝之宅，樹之以桑」。趙注「廬井邑居各二畝半，以為宅，各入保城二畝半，故為五畝也」。

庋 屋牝瓦下（段作「屋牡瓦也」）。一曰維綱也。从广閱省聲。讀若環。戶關切（音環閱音亦）

凡屋瓦下載者曰牝，上覆者曰牡。史記昌邑王傳之版瓦是也。俗之瓴瓦是也。玉篇「瓪，牡瓦也」。門部無閱，本止作庋。「維綱」之

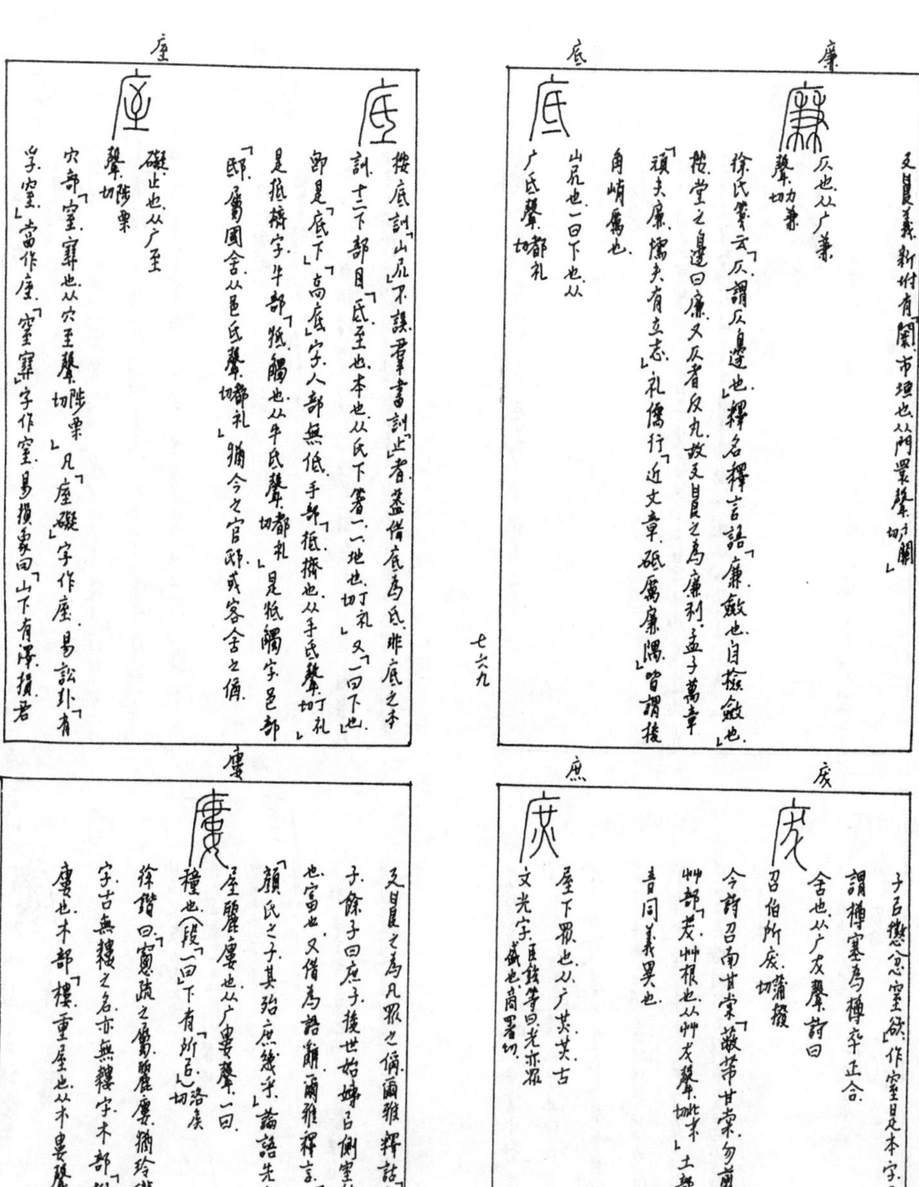

又叚義新附有闤市垣也从門睘聲戶關切

廉

仄也从广兼聲力兼切

徐氏箋云「仄謂仄狊邊也」釋名釋言語「廉斂也自檢斂也」按堂之邊曰廉又仄者反丸故叚借之為廉利孟子萬章「頑夫廉懦夫有立志」禮儒行「近文章砥厲廉隅」皆謂稜角峭厲也

底

山凥也一曰下也从广氐聲都礼切

按底訓「山凥」不誤羣書訓「止」者蓋借底為氐非底之本訓十二下部目「氐至也本也从氏下箸一一地也丁礼切」又「一曰下也」即是「底下」「高底」字人部無低手部「抵擠也从手氐聲丁礼切」是抵擠字牛部「牴觸也从牛氐聲都礼切」是牴觸字邑部「邸屬國舍从邑氐聲都礼切」猶今之官邸或客舍之偁

㢊

礙止也从广至聲陟栗切

穴部「窒塞也从穴至聲陟栗切」凡「㢊礙」字作㢊易訟卦有「孚窒」當作㢊「窒塞」字作窒易損象曰「山下有澤損君

子以懲忿窒欲」作窒是本字又「陟栗切」本音卒與陟一音謂摒塞為摒卒正合

废

舍也从广犮聲詩曰召伯所废蒲撥切

今詩召南甘棠「蔽芾甘棠勿翦勿伐召伯所茇」已作茇矣艸部「茇艸根也从艸犮聲北末切」土部「坺治也一曰臿土謂之坺蒲撥切」音同義異也

庶

屋下眾也从广炗炗古文光字臣鉉等曰光亦眾盛也商署切

又叚之為凡眾之偁爾雅釋詁「庶眾也」古者諸侯之世子曰適子餘子曰庶子後世妾媵所生為庶子又叚之為幸也當也又借為語辭爾雅釋言「庶幸也」「庶幾尚也」易繫傳「顏氏之子其殆庶幾乎」論語先進「回也其庶乎屢空」

廔

屋麗廔也从广婁聲一曰穜也（段「一曰下有所㢊」）洛侯切

徐鍇曰「窻疏之屬麗廔猶玲瓏也」「一曰穜也」者卽俗之耬字古無耬之名亦無耬字木部「𣛧穜樓也」借用樓字不作廔也木部「樓重屋也从木婁聲洛侯切」

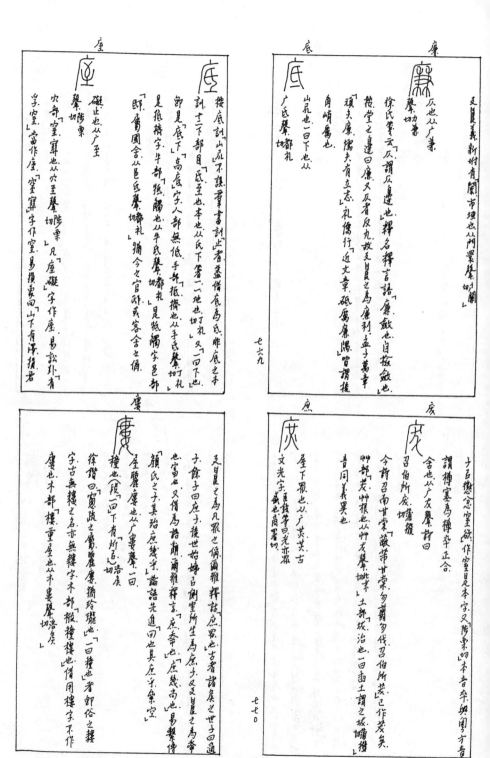

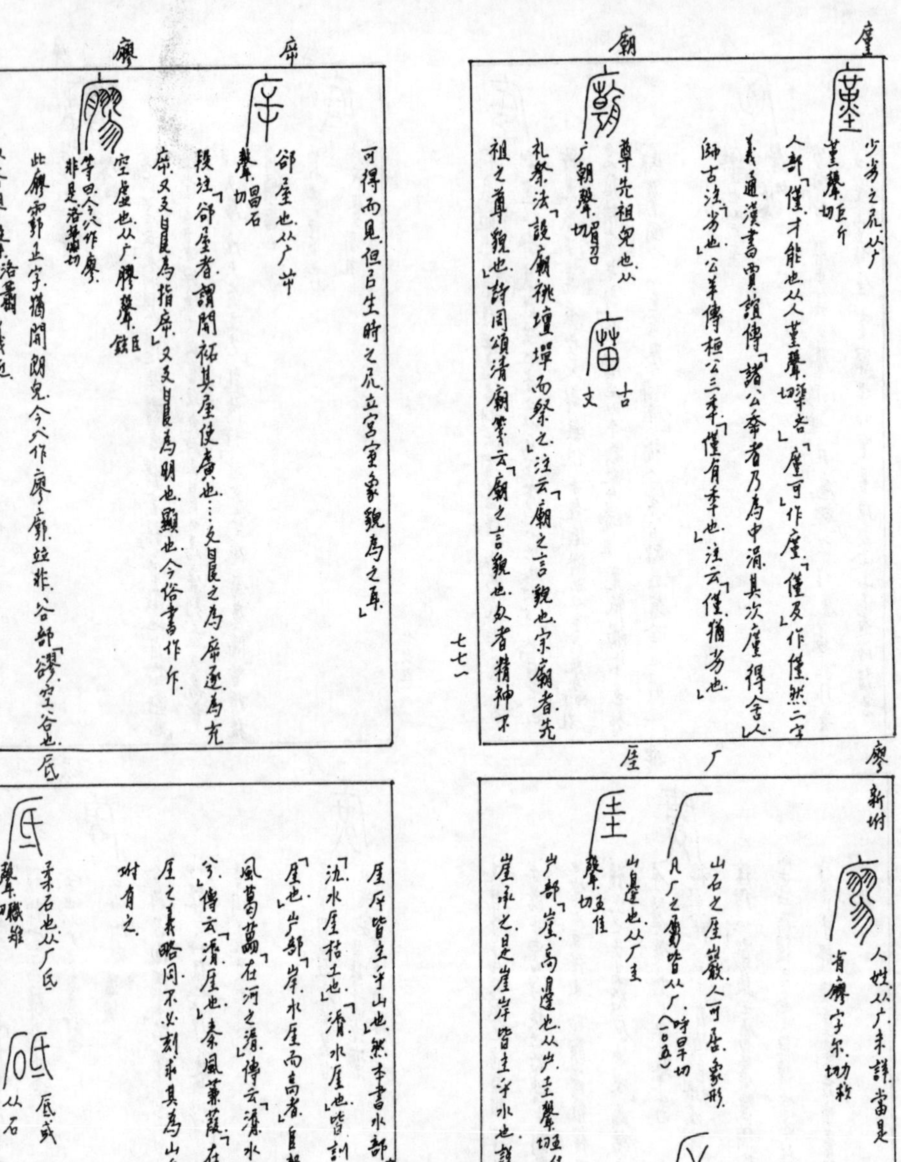

廑

少劣之凥。从广堇聲。巨斤切

人部「僅，才能也。从人堇聲。渠吝切」。「廑」可作「廑」，「僅」及作「僅」，然二字義通。漢書賈誼傳「諸公幸者乃為中涓，其次廑得舍人」師古注「劣也」。公羊傳桓公三年「僅有年也」注云「僅猶劣也」。

廟

尊先祖皃也。从广朝聲。眉召切

古文

礼祭法「設廟祧壇墠而祭之」注云「廟之言貌也，宗廟者先祖之尊貌也」。詩周頌清廟箋云「廟之言貌也，死者精神不可得而見，但以生時之凥，立宮室象貌為之耳」。

庰

卻屋也。从广屰聲。昌石切

段注「卻屋者，謂開拓其屋使廣也。……引申之為庰，逐為充庰，又引申為指庰，又引申為明也、顯也。今俗書作斥」。

廫

空虛也。从广膠聲。洛蕭切

等曰：今人作廖，非是。洛蕭切

此廫霄郭正字，猶開朗皃。今人作廖、廓，並非。谷部「谬，空谷也。从谷翏聲。洛蕭切」義近。

廖 新附

人姓。从广，未詳，當是省廫字。力救切

厂

山石之厓巖，人可凥。象形。凡厂之屬皆从厂。呼旱切（一〇五）

籀文 从干

厓

山邊也。从厂圭聲。五佳切

屵部「崖，高邊也。从屵圭聲。五佳切」。句讀云「鄭君說岸曰水厓，而崖承之，是崖岸皆主乎水也。說厓曰山邊，而厂下曰厓巖，是厓、厈皆主乎山也」。然本書水部「濆，水厓也」「涘，水厓也」「汻，水厓也」「氿，水厓枯土也」「滸，水厓也」皆訓作「水厓」。而山部「㟁，岸也」段作「厓也」。屵部「岸，水厓而高者」。自部「隒，山崖也」。玉篇作「厓也」。詩王風葛藟「在河之滸」傳云「滸，水厓也」。魏風伐檀「寘之河之漘兮」傳云「漘，厓也」。秦風蒹葭「在水之湄」傳云「湄，水隒也」。但崖厓之義略同，不必刻求其為山邊水邊也。水部無涯字，新附有之。

厎

柔石也。从厂氐聲。職雉切

砥

厎或从石

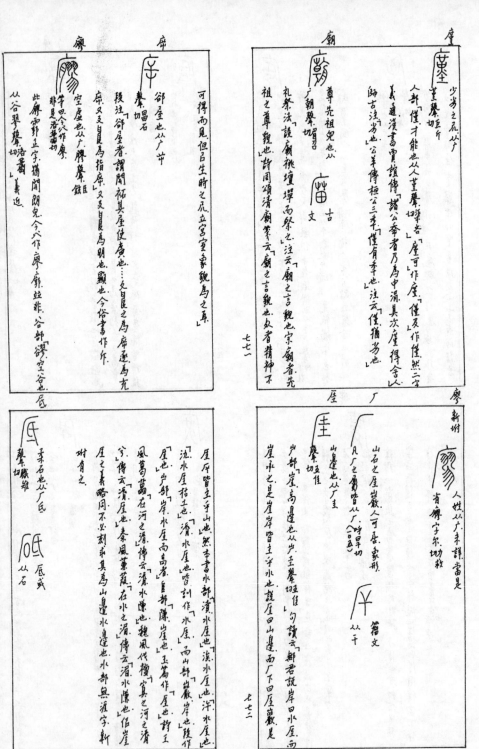

厲

書禹貢「厲砥砮丹」鄭注「厲磨刀刃石也.精者曰砥」又叚之為致也.至也.平也.又即禹貢「厎柱」山名字.今經傳多从或體作砥.禮儒行「近文章砥厲廉隅」又古籍或誤作「山凥也」之底.詩小雅大東「周道如砥.其直如矢」孟子萬章篇引誤作底.又離婁篇「舜盡事親之道而瞽瞍厎豫」注云「厎.致也」亦是誤底為厎也.又厎从氐.故當从篆作厎砥.

旱石也.从厂蠆省聲.力制切

或不省.

俗作礪.石部無.新附始有之.石之麤悍者曰厲.又叚之為「棱厲」「危厲」「嚴厲」「厲色」又因磨石厲之義.又叚之為「勉厲」「激厲」

厤

俗作勵.按說文無勵.有勱.力部「勱.勉力也.周書曰.用勱相我邦家.讀若萬.从力萬聲.莫話切」書立政「其惟吉士.用勱相我國家」釋文「勱音邁」義同字異也.經傳或叚厲為砅.詩邶風「深則厲.淺則揭」水部「砅.履石渡水也.从水从石.詩曰.深則砅.力制切」「濿.砅或从厲」又疒部「癘.惡疾也.从疒蠆省聲.洛帶切」俗作癩.經傳或叚厲為之.

治也.从厂秝聲.郎擊切

七上部目「秝.稀疏適秝也.从二禾.郎擊切」凡言「歷歷」字當作秝.止部「歷.過也.从止厤聲.郎擊切」日部無曆.本止作歷.甘部「曆.和也.

从甘厤.厤.調也.甘亦聲.古三切」

厞

石閒見.从厂甫聲.讀若敷.芳無切

朱駿聲曰「謂空隙處乍見也」又叚為始也.今則叚甫為之.用部「甫.男子美偁也.从用父.父亦聲.方矩切」

厝

厲石也(厲段作厝).从厂昔聲.詩曰.「它山之石.可以為厝」倉各切 又七互切

今詩小雅鶴鳴「它山之石.可以為錯」作錯是借字.金部「錯.金涂也.从金昔聲.倉各切」古籍亦叚錯為「交逪」「逪誤」字.又為「措置」字.辵部「逪.迹逪也.从辵昔聲.倉各切」手部「措.置也.从手昔聲.倉故切」厝一讀「七互切」亦是段作措.

㕩

辟也.从厂夾聲.胡甲切

今俗作狹.𨸏部「陜.隘也.从𨸏夾聲.臣鉉等曰.今俗从山.非是.侯夾切」㕩陜音同義近.

仄

側傾也.从人在厂下.阻力切

籀文从矢.矢亦聲.

人部「側.旁也.从人則聲.阻力切」段注「不正曰仄.不中曰側」日部「昃.日在西方時側也.从日仄聲.易曰.日昃之離.阻力切」是日之仄.今隸

變作昃十下部曰「夨傾頭也从大象形阻力切」

辟

厂也从厂辟聲普擊切

此「㔭辟」「躄辟」「乖辟」「辟好」字今則「㔭辟」作僻「躄辟」作躃
又以造僻為「辟好」字詳人部僻字

厭

笮也从厂猒聲一曰合也於輒切(入聲)又一琰切

竹部「笮迫也在瓦之下棼上从竹乍聲阻厄切」「一曰合也」者國語周語「克厭天心」注「厭合也」本書甘部「猒飽足也从甘肰於鹽切」猒是「猒足」「猒飫」「猒惡」字俗以厭為「猒惡」又以饜為「猒飫」「猒足」字古籍又段厭為懕而厭之本義廢矣今「笮也」之義段壓為之土部「壓壞也一曰塞補从土厭聲烏狎切」又心部「懕安也从心厭聲詩曰懕懕夜飲於鹽切」今詩小雅湛露「厭厭夜飲不醉無歸」已作厭矣

厃

仰也从人在厂上一曰屋梠也秦謂之桷齊謂之厃魚毀切(本音危上聲今讀市廉切迺據俗誤作詹)

廣韻厃在二十四鹽「職廉切」收入部詹字厃聲亦「職廉切」又木部「檐㮰也」「㮰梠也」「梠楣也」「楣秦名屋櫋聯也齊謂之檐楚謂之梠」「桷榱也椽方曰桷」「榱秦名為屋椽周謂之榱齊魯謂之桷」「櫋屋櫋聯也」厃下云「秦謂之桷齊謂之厃」楣下云「齊謂之檐楚謂之梠」厃檐聲近義不相遠皆屋櫋聯者之偁(略本清宋保諧聲補逸)

丸

圜傾側而轉者从反仄凡丸之屬皆从丸胡官切(○五)

㼎

鷙鳥食已吐其皮毛如丸从丸咼聲讀若骫於跪切(骫音委)

此㼎棄字經傳段委為之女部「委委隨也从女从禾於詭切」

危

在高而懼也从厃(段補「人在屋上」)自卩止之凡危之屬皆从危魚為切(○五)

𢻱

𢻱䧢也从危支聲去其切

𨸏部「䧢𢻱也从𨸏區聲(臣鉉等曰今俗作崎嶇非是)豈俱切」支部「攲持去也从支奇聲去奇切」足部「踦一足也从足奇聲去奇切」義異

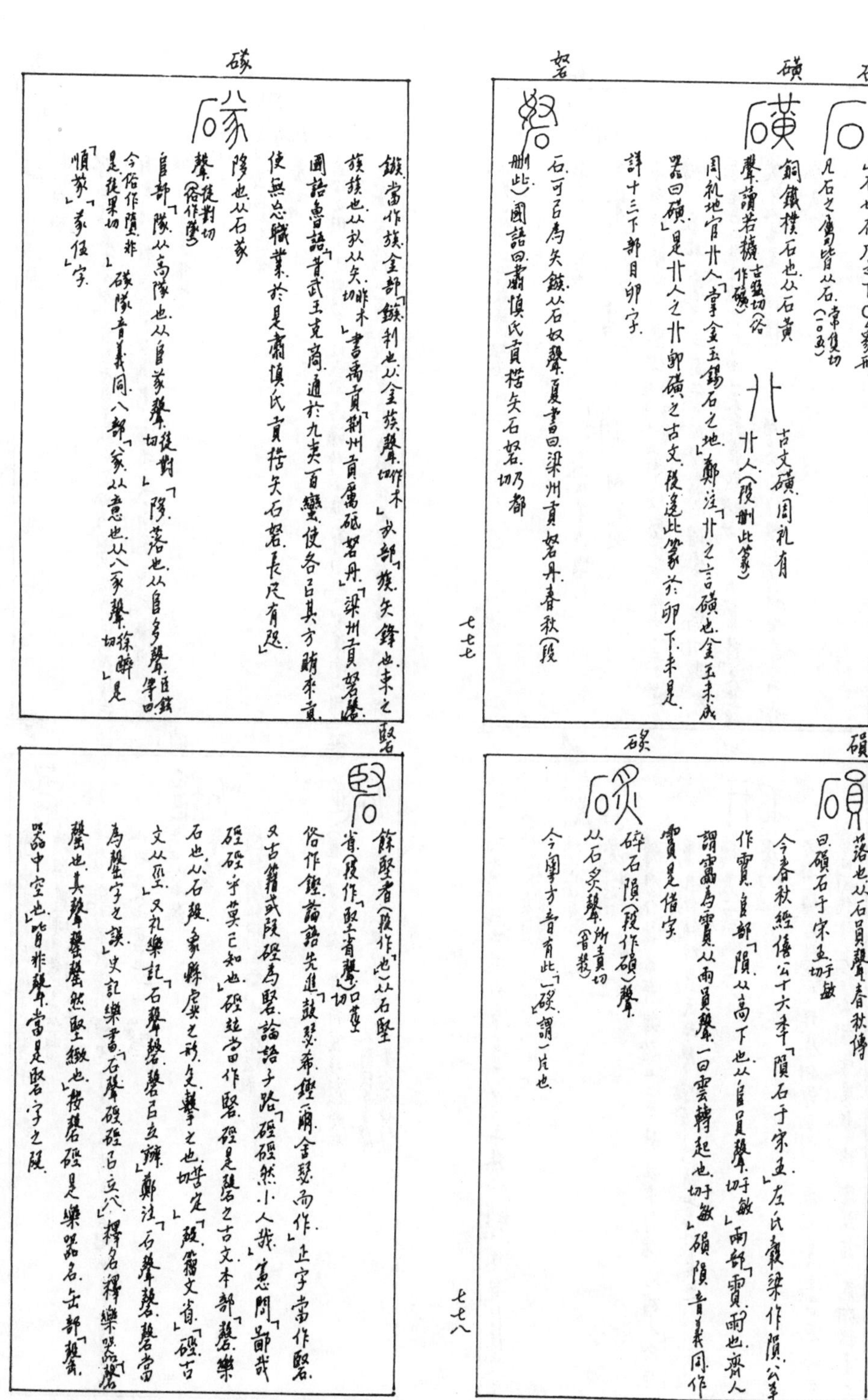

石　磺　砮

石：山石也。在厂之下，口象形。凡石之屬皆从石。常隻切（一〇五）

磺：銅鐵樸石也。从石黃聲。讀若穬。古猛切（俗作礦）

丱：古文礦。周礼有丱人。（段刪此篆）

周礼地官丱人「掌金玉錫石之地」，鄭注「丱之言礦也。金玉未成器曰礦」。是丱人之丱即礦之古文，段逸此篆於卵下，未是。詳十三下部目卵字。

砮：石可以為矢鏃。从石奴聲。夏書曰「梁州貢砮丹」。春秋（段刪此）國語曰「肅慎氏貢楛矢石砮」。乃都切

鏃，當作族。金部「鏃，利也。从金族聲。作木切」㫃部「族，矢鋒也。束之族族也。从㫃从矢。昨木切」。書禹貢「荊州貢厲砥砮丹」「梁州貢砮磬」。國語魯語「昔武王克商，通於九夷百蠻，使各以其方賄來貢，使無忘職業，於是肅慎氏貢楛矢石砮，長尺有咫」。

礈：陊也。从石[八豕]聲。徒對切（俗作墜）

𨸏部「[𨸏豕]，从高隊也。从𨸏[八豕]聲。徒對切」「陊，落也。从𨸏多聲。徒果切」今俗作墮，非是。礈隊音義同。八部「[八豕]，从意也。从八豕聲。徐醉切」是「順[八豕]」「[八豕]任」字。

磒　[石炙]

磒：落也。从石員聲。春秋傳曰「磒石于宋五」。于敏切

今春秋經傳（公十六年）「隕石于宋五」，左氏穀梁作隕，公羊作霣。𨸏部「隕，从高下也。从𨸏員聲。于敏切」雨部「霣，雨也。齊人謂靁為霣。从雨員聲。一曰雲轉起也。于敏切」磒隕音義同，作霣是借字。

[石炙]：碎石隕（段作磒）聲。从石炙聲。所責切（音殺）

今粵方音有此「[石炙]」，謂一片也。

硻：餘堅者（段作「也」）。从石堅省（段作「堅省聲」）。口莖切

俗作鏗。論語先進「鼓瑟希，鏗爾，舍瑟而作」。正字當作硻。又古籀或段硜為硻。論語子路「硜硜然小人哉」、憲問「鄙哉硜硜乎，莫己知也」。硜並當作硻。硜是磬之古文。本部「磬，樂石也。从石殸。象縣虡之形。殳，擊之也。苦定切」「殸，籀文省」「硜，古文从巠」。又礼樂記「石聲磬，磬以立辨」，鄭注「石聲磬，磬當為罄字之誤」。史記樂書「石聲硜，硜以立別」。釋名釋樂器「磬，罄也。其聲罄罄然堅緻也」。按磬硜是樂器名。缶部「罄，器中空也」。皆非聲，當是硻字之段。

磛

磛礹石也从石斬聲鉏銜切

礹當作碞本部「碞磛碞也从石品五銜切」磛俗作嶄或巉山部無詩小雅漸漸之石「漸漸之石維其高矣」傳云「漸漸山石高峻」作漸是借字

礹

礹石山也从石嚴聲五銜切

即今之假山古籍多假巖巖為礹詩小雅節南山「節彼南山維石巖巖」傳云「節高峻皃巖巖積石皃」巖巖當作礹礹山部「巖岸也从山嚴聲五緘切」

确

确磬石也（段無「石」字）从石角聲臣鉉等曰今俗作確非是胡角切

㱿（段篆作㱿）确或从㱿

本部「磬堅也从石㱿聲楷革切（音革）」土部「塙堅不可拔也从土高聲苦角切」易乾文言「確乎其不可拔潛龍也」確當作塙冂部「隺高至也从隹上欲出冂易曰夫乾隺然胡沃切」今易繫傳「夫乾確然示人易矣夫坤隤然示人簡矣」已作確矣又確實字應作塙或确

嵒

嵒磛嵒也从石品周書曰畏于民嵒讀與巖同臣鉉等曰从品與嵒同意五銜切

書召誥「王不敢後用顧畏于民碞」傳云「碞僭也」是又即巖之義山部「嵒山巖也从山品五銜切」

礙

礙止也从石疑聲五溉切

門部「閡外閉也从門亥聲五溉切」音義同

硟

硟（段改篆作硟）以石扞（段作衦）繒也从石延聲（段作延聲）尺戰切（本音闡去聲今俗作碾）

扞當作衦衣部「衦摩展衣从衣干聲古案切（音幹）」手部「扞忮也从手干聲侯旰切（音悍）」

碎

碎䃺也从石卒聲蘇對切

䃺應作䃺米部「䃺碎也」二字轉注本部「䃺石磑也」俗作磨瓦部「甐破也从瓦卒聲穌對切」碎甐音同義近

研

研䃺也从石幵聲五堅切

本部「䃺石磑也」俗作磨研即今之石䃺又即之以石碎物亦曰研經傳多借為揅字易繫傳「能說諸心能研諸矦之

處」蜀才本作𢱟，是正字。手部「𢱟，摩也。从手研聲。五堅切」「摩，𢱟也。从手麻聲。莫婆切」𢱟、摩轉注。又古籍亦借研為硯，郭璞江賦「綠苔鬖髿乎研上」李善注「研，滑石也」說文石部「硯，石滑也」。又目見為墨硯。

礳

石磑也。从石靡聲。模臥切

俗作磨。說文無米部「䊳，碎也。从米靡聲。模臥切」以礳碎物曰䊳。

磑

礳也。从石豈聲。古者公輸班作磑。五對切(音對)

世本作輸班作般。

䃊

舂已復擣之曰䃊。从石沓聲。徒合切

曰部「沓，語多沓沓也。从水曰。徒合切」䃊字从沓，取重沓之意。足部無踏字，本作蹋。足部「蹋，踐也。从足昜聲。徒盍切」

硯

石滑也。从石見聲。五甸切

硯之本義是石滑不澀。又目見之為研墨之硯。

砭

以石刺病也。从石乏聲。方廉、方驗二切

醫者以鍼石刺病，因之有所諷刺而救其失者，謂之鍼砭。古以石為鍼，今人以金屬為之。

長

久遠也。从兀从匕。兀者，高遠意也。久則變匕。亾聲。(段「亾聲」二字在「从匕」下)𠀐者，倒亾也。凡長之屬皆从長。臣鉉等曰：倒亾，不亾也，長久之義也。直良切(〇六)

古文長

亦古文長

肆

極陳也。从長隶聲。息利切(俗書作肆)

又目見之為行列。論語子張「百工居肆以成其事」又為恣意。論語陽貨「古之狂也肆，今之狂也蕩。」包注「肆，極意敢言也。」

镾

久長也。从長爾聲。武夷切(俗書作彌)

詩大雅生民「誕彌厥月」傳云「彌，終也。」終即久長意。又目見之為滿也。易繫傳「易與天地準，故能彌綸天地之道。」漢碑或作彊，是借字。弓部「彊，弛弓也。从弓畺聲。」斯氏切。青義俱異。

勿

州里所建旗。象其柄，有三游。襍帛，幅半異。所以趣民，故遽偁勿勿。凡勿之屬皆从勿。文弗切（一〇六）

㫚 勿或从㫃。

昜

開也。从日一勿。一曰飛揚。一曰長也。一曰彊者眾皃。與章切

開，猶明也。此乞之侌昜，今皆段陰陽為之。雲部「霒，雲覆日也。从雲今聲。」於今切「侌，古文或省。」𨸏部「陰，闇也。水之南、山之北也。从𨸏侌聲。」於今切「陽，高明也。从𨸏昜聲。」與章切。穀梁傳僖公二十八年「水北為陽，山南為陽。」陰陽是山水之南北。又按「从日一勿」當作「从旦勿」。本書七上部旦「旦，明也。从日見一上。一，地也。」从旦取其明，从勿取其開揚意也。

冄

毛冄冄也。象形。凡冄之屬皆从冄。而琰切（循篆，一〇七）

而

頰毛也（段作「須也」）。象毛之形。周礼曰「作其鱗之而」。凡而之屬皆从而。如之切（一〇七）臣鉉等曰：今俗別作髵，非是。

耏

罪不至髡也。从而从彡（段作「从彡而，而亦聲」）。奴代切

耐 或从寸。諸法度字从寸。

耏是刑之輕於髡者，然今經典無此義。桂氏義證云「以不虧形體，猶堪其事，故謂之耐。」又昆之為忍耐，又能耐同聲通段。礼記礼運「故聖人耐以天下為一家」，樂記「故人不耐無樂」，鄭注並云「耐，古能字。」詩小雅漸漸之石「有豕白蹢，烝涉波矣。」箋云「豕之性能水」，釋文「能，奴代切。本又作耐。」今經典皆从或體作耐。

豕

彘也。竭（段作舉也）其尾，故謂之豕。象頭足而後有尾。讀與豨同。按今世字，誤以豕為彘，以彘為豕。何以明之？為啄琢从豕，蟸从彘，皆取其聲，以是明之。臣鉉等曰：此語未詳，或後人所加。凡豕之屬皆从豕。式視切（一〇七）

古文

豬

豕而三毛叢居者。从豕者聲。陟魚切

爾雅釋獸「豕子豬」，「三毛」無義，毛字疑衍，或是子字之譌。

豵 生六月豚。从豕從聲。一曰一歲豵。(段「豵」上有「曰」字)尚叢聚也。子紅切

小爾雅廣獸「豕小者謂之豵」。詩豳風七月「言私其豵，獻豜于公」。傳云「一歲曰豵，三歲曰豜」。說文本部「豜，三歲豕，肩相及者。从豕幵聲。古賢切」

豤 豕(依段補)齧也。从豕艮聲。康很切

此「凶狠」「狠切」正字。今「凶狠」作「兇狠」，「狠切」作「懇」。按心部無懇，本豕祇作狠。犬部「狠，吠鬥聲。从犬艮聲。五還切」。彳部「很，不聽从也。一曰行

難也。一曰盭也。从彳艮聲。胡懇切」是很盭字，今俗作狠。

豷 豕息也。从豕壹聲。春秋傳曰：生敖及豷。許利切(音謁)

心部「息，喘也」。左傳襄公四年「浞因羿室，生澆及豷」。作「澆」。論語憲問「羿善射，奡盪舟」。作「奡」。本書夰部「奡，嫚也。从𦣻从夰，夰亦聲。虞書曰若丹朱奡。讀若傲。論語奡盪舟」。亦作「奡」。豷下說解之「敖」，及左傳作「澆」，蓋當作「奡」。

豢 以穀圈養豕也。从豕𢍏聲。胡慣切

禮月令仲秋之月「案芻豢」。鄭注「養牛羊曰芻，犬豕曰豢」。樂記「夫豢豕為酒，非以為禍也」。鄭注「以穀食犬豕曰豢」。因之牛羊犬豕謂之芻豢。莊子齊物論「民食芻豢」。司馬云「牛羊曰芻，犬豕曰豢，以所食得名也」。孟子告子「故理義之說我心，猶芻豢之說我口」。又禮少儀「君子不食圂腴」。注云「周禮圂作豢，謂犬豕之屬」。則是假圂為豢。本書囗部「圂，廁也。从囗，象豕在囗中也。胡困切」

豖 豕絆足行豖豖。从豕繫二足。丑六切(音速)

𧰽 (段改作𧰽)豕怒毛豎。一曰殘艾也。从豕辛(段作「辛省」)。臣鉉等曰从辛未詳。魚既切(音乂)

「殘艾」當作乂。本書艸部「艾，冰臺也」。丿部「乂，芟艸也。从丿乀相交」。殘乂，猶芟夷意也。又𧰽字从辛者，孔廣居引六書正譌云「辛者剛也，借為剛𧰽字，通作毅」。殳部「毅，妄怒也。一曰有決也。从殳𧰽聲。魚既切」

豩 二豕也。豳从此。闕。伯貧切，又呼關切(音豳)

彙

脩豪獸。一曰河內名豕也。从彑，下象毛足。凡㣇之屬皆从㣇。讀若弟。（羊至切，音異，一〇八）

豪

豕，鬣如筆管者。（段「豕」上有「㣇」字）出南郡。从㣇，高聲。（乎刀切）

今經典从籀文省作豪

籀文从豕。（段作「籀文」）臣鉉等曰：今俗別作毫，非是。

彙

蟲，似豪豬者。（段作「㣇蟲也，似豪豬而小」）从㣇，胃省聲。（于貴切，音胃）

或从虫。（段「虫」下有「作」）

今俗彙書作彙，音果，非是。易泰否皆云「拔茅茹以其彙」，荀爽虞翻並云「彙，類也」，是段彙為類。今偁「字彙」者亦是段作類。

彑

豕之頭。象其銳而上見也。凡彑之屬皆从彑。讀若罽。（居例切，音計）二讀（一〇八）

彘

（段篆作彘）豕也。後蹏廢謂之彘。从彑，矢聲。从二匕，彘足與鹿足同。（直例切，音滯。按當直几切，音雉）

按彘从二匕，故篆體當作彘。段錄按議已正，小徐本不誤。「後蹏廢」者，段注云「豕彘是僅跕伸，後足行步蹇是劣，故謂之廢」。

彖

（大徐原作彖，依段錄正）豕也。从彑，从豕。讀若弛。（式視切，音市）

彖

（大徐原作彖，依段錄正）豕走也。从彑，从豕省。（通貫切）

玉篇「彖，才也。豕走悅也」。齊劉瓛、梁褚仲都並云「彖，斷也」。惠棟讀說文記曰「彖訓豕走，則非易傳之彖明矣」。段玉裁曰「周易卦辭謂之彖，爻辭謂之象……古人用彖字必系段借，而今失其說」。按彖之本義是豕走，而文王繫於卦下之辭及夫子釋卦辭之辭皆謂之彖者，必非本字。玉篇增才也一義，劉瓛等訓為斷，皆就易說之耳。易繫傳曰「是故易者象也。象也者像也。彖者材也。爻也者效天下之動者也」。彖與像、爻與效，皆以同韻為訓。疑彖字本作豸，形譌為彖耳。方言「豸，解也」。左傳宣公十七年「庶有豸乎」，杜注「豸，解也」。又本書豸部以下是舄部、易部、象部。豸下云「獸長脊行豸豸然，欲有所司殺形」，則豸者司察也。蓋獸之將攫，必先司察審度，欲其發而必中。易之用豸，察而中之之意與

豚

小豕也。从彖省，象形。（段作「从古文豕」，無「象形」二字）从又持肉，以給祠祀。凡豚之屬皆从豚。（徒魂切）（一〇八）

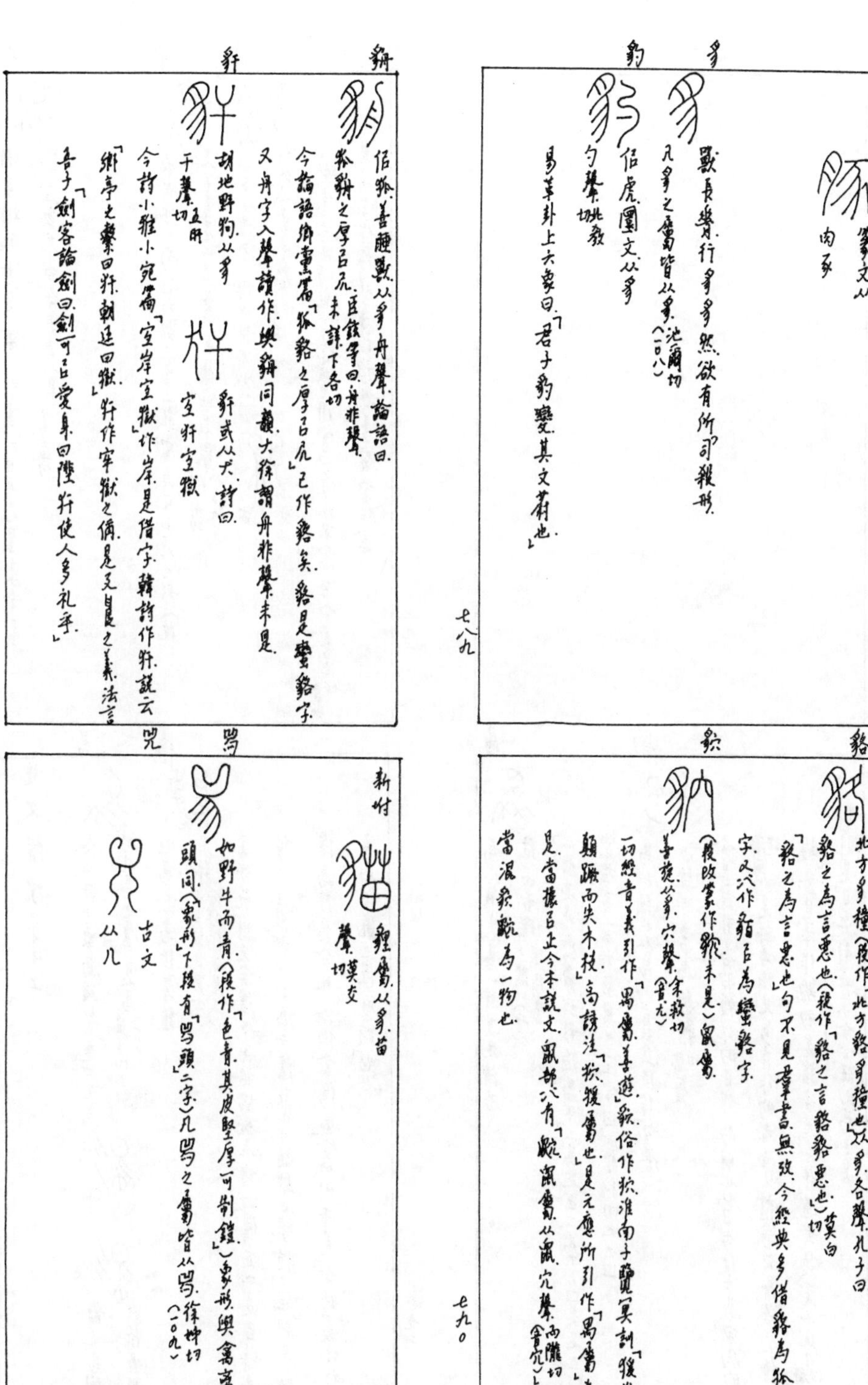

籀文从肉豕

豸

獸長脊，行豸豸然，欲有所司殺形。凡豸之屬皆从豸。池爾切（一〇八）

豹

似虎，圜文。从豸，勺聲。北教切

易革卦上六象曰：「君子豹變，其文蔚也。」

貈

似狐，善睡獸。从豸，舟聲。論語曰：「狐貈之厚以居。」臣鉉等曰：舟非聲，未詳。下各切

今論語鄉黨篇「狐貉之厚以居」，已作貉矣。貉是蠻貉字。又舟字入聲讀作，與貈同韻。大徐謂舟非聲，未是。

豻

胡地野狗。从豸，干聲。五旰切

犴 豻或从犬。詩曰：

宜犴宜獄

今詩小雅小宛篇「宜岸宜獄」，作岸，是借字。韓詩作犴，說云「鄉亭之繫曰犴，朝廷曰獄」。犴作牢獄之偁，是又[illegible]之義。法言吾子「劍客論劍曰：劍可以愛身。曰：狴犴使人多礼乎。」

貉

北方豸種。（段作「北方貉，豸種也」）从豸，各聲。孔子曰：「貉之為言惡也。」（段作「貉之言貉貉惡也」）莫白切

「貉之為言惡也」句不見群書，無攷。今經典多借貉為狐貈字，又以作貊，以為蠻貉字。

貁

鼠屬。（段改篆作貁，未是）善旋。从豸，穴聲。余救切（貫九）

一切經音義引作「禺屬，善旋」。貁俗作狖。淮南子覽冥訓「猨狖顛蹶而失木枝」，高誘注「狖，猨屬也」。是元應所引作「禺屬」為是，當據以正今本說文。鼠部亦有「𪕞，鼠屬，从鼠，宂聲，而隴切（貫宂）」，不當混貁、𪕞為一物也。

新附

貓

貍屬。从豸，苗聲。莫交切

兕

如野牛而青。（段作「色青。其皮堅厚可制鎧」）象形，與禽离頭同。（象形下段有「兕頭」二字）凡兕之屬皆从兕。徐姊切（一〇九）

古文从儿

易

蜥易，蝘蜓，守宮也，象形。祕書說：日月為易，象侌易。一曰从勿。凡易之屬皆从易。羊益切（一〇九）

象

長鼻牙，南越大獸，三秊一乳，象耳牙四足之形。（段「足下有「尾」字」）凡象之屬皆从象。徐兩切（一〇九）

豫

象之大者。賈侍中說：不害於物。从象予聲。羊茹切

古文

心部「悆，忘也。嘾也。从心余聲。周書曰：有疾不悆。悆，喜也。羊茹切」凡豫字作豫說，喜豫、豫樂義，皆當作悆。

說文解字弟十上

馬

怒也，武也。象馬頭髦尾四足之形。凡馬之屬皆从馬。莫下切（一一〇）

古文

籀文馬與影同有髦。

騭

牡馬也。从馬陟聲。讀若郅。之日切（音質。今俗作騭，非是。）書洪範「惟天侌騭下民，相協厥居」。傳云「騭，定也」。是以騭為質字之段。釋文引馬云「騭，升也。升猶舉也，舉猶生也」。則是段騭為陟。按今粵俗偁「侌騭」即「侌功」，則本是「侌績」，故修竹園以為洪範之騭應訓「助也」。

馬

馬一歲也。从馬，一絆其足。讀若弦。一曰若環。戶關切（音環，指事。）「一，絆其足」，此一象絆形，猶馵下「二，其足」之二；馵下「口，其足」之口，皆指事。一、二非數目之一二字，口亦非訓回也之口字。

馰

馬白頟也。从馬，的省聲。（段作「勺聲」）一曰駿也。易曰：為馰顙。都歷切

今易說卦「為的顙」，作的。日部「的，明也。从日勺聲。易曰：為的顙。都歷切」是鄭者所見易有作的者。而火部焞下云「讀若馰顙之馰」。蓋易本作馰，的是借字。至是部「逗，至也。从辵弔聲。都歷切」則是「日逗」「射逗」字，今亦段的為之矣。

駁

馬色不醇。从馬，爻聲。
臣鉉等曰：爻非聲，疑象駁文。北角切

易說卦「乾為駁馬。」宋衷曰「天有五行之色，故為駁馬。」又引申之為凡色不醇之偁。古籍或段駮為駁。本部「駮，獸，如馬，倨牙，食虎豹。从馬，交聲。北角切」又爻入聲，讀顏，與駮同韻。大徐云「爻非聲」，未是。糸部「縣，聯連也。从糸，縣省聲。補各切」是據駁本字。

馵

馬後左足白也。从馬，二其足。讀若注。（繫傳句讀此下有「易曰：為馵足。指事。」）之戍切

易說卦「震為馵足。」

䮁

馬毛長也。从馬，倝聲。侯旰切

羽部「翰，天雞赤羽也。从羽，倝聲。逸周書曰：文翰若翬雉，一名鷐風。周成王時蜀人獻之。侯旰切」毛部「𣮛，獸豪也。从毛，倝聲。侯幹切」三字音同義異。楊雄長楊賦「聊因筆墨之成文章，故藉翰林為主人，子墨為客卿以風。」李善引說文曰「毛長者曰翰。」則以䮁為之，非是。翰林字應作𣮛。𠦝部「乾，井垣也。从𠦝，取其帀也，倝聲。胡安切」則是井幹字。

驥

千里馬也，孫陽所相者。从馬，冀聲。天水有驥縣。几利切

七九三

徐鍇曰「孫陽，即伯樂也，亦曰王良。」漢書地理志天水郡冀縣作冀。

驕

馬高六尺為驕。从馬，喬聲。詩曰：我馬唯驕。一曰野馬。舉喬切

今詩小雅皇皇者華「我馬維駒，六轡如濡」作駒，釋文云「本亦作驕」。又野馬不受控制，故又引申之為「驕縱」「驕恣」「驕傲」之義。又鄦書無嬌字，凡言女嬌者，謂其傲也，恃寵而然也，亦驕之又引申義。

騋

馬七尺為騋，八尺為龍。从馬，來聲。詩曰：騋牝驪牡。（段作牝）洛哀切

周礼夏官庾人「馬八尺以上為龍，七尺以上為騋，六尺以上為馬。」爾雅釋畜「馬八尺為駥。」郭注「周礼曰：馬八尺以上為駥。」作駥者，駥字非鄦書所有，乃新附字。後漢書注引爾雅曰「馬八尺為龍。」而礼月令鄭注、淮南子時則訓高注、公羊傳隱公元年何注皆作龍。是爾雅本亦作龍，傳寫者借駥為龍，後聲轉誤作駥耳。又說解引詩曰「騋牝驪牡」，今詩無此文。鄘風定之方中「騋牝三千」，傳云「馬七尺以上曰騋，騋馬與牝馬也。」爾雅釋畜「騋牝驪牡」，郭注「詩云騋牝三千」句讀，以為本作「詩曰騋牝三千」。爾雅曰騋牝驪牡玄，傳寫闕奪，讀者又據郭注刪玄字。鄭注檀弓引爾雅騋牝驪牡玄，又注庾人引爾雅騋

七九四

牝驪牡玄，駒褭驂（褭，奴鳥切）。賈疏云驂中所有牝則驪色，牡則玄色，兼有駒褭驂。」按此則與郭讀「玄駒」為句異。

驀

上馬也。从馬莫聲。莫白切（音墨）

段注「上馬必疾走，故引伸為猝乍之偁。」亦含犯陡然之意。

騎

跨馬也。从馬奇聲。渠羈切（今分平去二聲）

禮曲禮「前有車騎，則載飛鴻。」正義「古人不騎馬，經典無用騎者，今言騎者，當是周末時禮。」左傳昭公二十五年「左師展將以公乘馬而歸。」劉炫曰「此騎馬之漸也。」

駢

駕二馬也。从馬并聲。部田切

詩秦風小戎「駕我騏馵。」釋文引王肅曰「夏后氏駕兩馬謂之麗。」按麗，儷也，猶駢也。又引伸之凡二物并曰駢，對耦謂之駢。骿，骨部「骿，并脅也。从骨并聲。部田切」晉文公骿脅。臣鉉等曰：骿胼字同，今俗作胼，非。今左傳僖公二十三年「曹共公聞其駢脅。」已段駢為骿矣。

驂

駕三馬也。从馬參聲。倉含切

詩鄭風大叔于田「兩驂如舞。」箋云「在旁曰驂。」古籍或段參為驂。又引伸之凡物三曰參。

駟

一乘也。从馬四聲。息利切

周禮夏官校人「乘馬一師四圉。」鄭注引鄭司農曰「四匹為乘。」又引伸之凡物四曰乘。

篤

馬行頓遲。从馬竹聲。冬毒切

亯部「𥫱，厚也。从亯竹聲。冬毒切」二部「竺，厚也。从二竹聲。冬毒切」凡言「篤實」「篤厚」「篤信」字皆當作𥫱或竺。

馮

馬行疾也。从馬仌聲。臣鉉等曰：本音皮冰切，經典通用為依馮之馮，今俗作凭，非是。房戎切

按大徐讀馮皮冰切，為依馮，非是。依馮之馮應作凭，几部「凭，依几也。从任几。皮冰切」詩小雅小旻「不敢暴虎，不敢馮河。」之馮則當作淜，水部「淜，無舟渡河也。从水朋聲。皮冰切」今之馮姓則是鄭之省也，邑部「鄭，姬姓之國。从邑馮聲。房戎切」

馯

馬步疾也。从馬耴聲。尼輒切（音聶）

耳部「耴，耳垂也。从耳下垂，象形。春秋傳曰：秦公子耴者，其耳下垂，故以為名。陟葉切」車部「輒，車兩輢也。从車耴聲。陟葉切」

颿 驅 駐

颿

馬疾步也。从馬風聲。臣鉉等曰：舟船之颿本用此字，今別作帆，非是。符嚴切

驅

馬馳也（段作「驅馬也」）。从馬區聲。豈俱切

古文驅 从攴

驅之本訓是驅馳，又是之為凡駕馭追逐之偁。今經典凡驅馳作驅，而敺則以為敺逐字。按本書衣部「袪，衣袂也。一曰袪，褱也。褱者，裹也。袪尺二寸。去魚切」又是為開也、除也。凡驅除字乃袪字之段。

駐

馬立也。从馬主聲。中句切（音注）

騷

辵部「[illegible]，不行也。从辵[illegible]聲。讀若住。中句切」人部無住，蓋本作[illegible]。人部「侸，立也。从人豆聲。讀若樹。常句切」臤部「豎，豎立也。从臤豆聲。臣庾切」侸與豎音義同。

擾也。一曰摩馬（段無「擾也一曰」四字，「馬」下有「也」字）。从馬蚤聲。穌遭切

此騷擾字。心部「慅，動也。从心蚤聲。一曰起也。穌遭切」則是慅動字，今慅動亦作騷，而慅不行矣。又摩馬，即今人之刷馬。手部「搔，括也。从手蚤聲。穌遭切」「括，絜也」段注云「人曰搔，馬曰騷，其意一也。」

馽 騰

馽

絆馬也（段「馬」下有「足」字）。从馬，○其足。春秋傳曰：韓厥執馽前。讀若輒。陟立切（音執）

縶 馽或从糸執聲。

今經典从或體作縶。左傳成公二年「韓厥執縶馬前」。

騰

傳也。从馬朕聲。一曰犗馬也。徒登切（犗，古拜切）

傳，謂傳遞郵驛。「一曰犗馬也」句，讀依初學記引作「一曰犗騰，騬馬也」，謂騬馬一名犗騰也。水部「滕，水超涌也。从水朕聲。徒登切」音同。

駮 廌 灋 法

駮

獸如馬（段「獸」上有「駮」字），倨牙，食虎豹。从馬交聲。北角切

經傳或段駁為駮。按字本部「駁，馬色不純。从馬爻聲。北角切」古籍又段駁為[illegible]字。糸部「[illegible]，頸連也。从糸，㬥省聲。補各切」

廌

解廌，獸也。似山牛（段無「山」字），一角。古者決訟，令觸不直（段有「者」字）。象形，从豸省。（句讀刪此）凡廌之屬皆从廌。宅買切（ㄓˋ）

灋

刑也（段作「荆」，是）。平之如水，从水；廌所以觸不直者去之，从去（段「去」上有「廌」字）。方乏切

法 今文省

古文

說解「刑」當作「荆」。刀部「刑，剄也」是刑戮字。井部「荆，罰辠也。从井从刀。易曰：井，法也。井亦聲」是荆罰。荆法字。法訓荆也。謂法制典則之義。又具之為常，又為法則、法度、效法。「平之如水，从水」者，十一上部曰「水，準也」。水部「準，平也」。「廌，議辠也。从水獻，與法同意」。桂氏引桓子新論「治獄如水」。習鑿齒曰：夫水至平而𨗳者取法，鏡至明而醜者忘怒。水鏡之所以能窮物而無怨者，以其無厶也。水鏡無厶，猶以免謗，況大人君子懷樂生之心，流矜恕之息，法行於不可不用，荆加乎自犯之辠，戮之而非厶，誅之而不怨，天下有不良者乎」。「法」下云「今文省」。今文本指小篆，然重文，鄭君未有言今文者，此蓋隸省之字。段氏王氏並謂鄦書本無此字，後人所增。古文「佱」

从亼正。會意。亼，合也。合於正之謂法也。

薦

獸之所食艸。从廌从艸。古者神人以廌遺黃帝。帝曰：何食？何處？曰：食薦。夏處水澤，冬處松柏。作甸切

莊子齊物論「民食芻豢，麋鹿食薦」。釋文引三蒼注曰「六畜所食曰薦」。司馬彪注「薦，美艸也」。「古者神人」云云，御覽「廌」引作「解廌」，「夏處水澤，冬處松柏」，御覽引作「春夏處水澤，秋冬處竹箭松筠」。桂氏引白帖云「獬廌，神奇之獸，一名任法，狀如牛，古者決訟，令之觸不直。黃帝時有遺者，帝問何食？獻曰：食薦，春夏處水澤，秋冬處松柏」。薦之本義是獸之所食艸，凡訓「進也」、「至也」、「藉也」、「席也」，皆荐之段借。艸部「荐，薦席也。从艸存聲。在甸切」。

鹿

獸也（段「獸」上有「鹿」字）。象頭角四足尾之形（「尾」字依修竹廬補）。鳥鹿足相佀，从匕（段「佀」「匕」並作「比」）。凡鹿之屬皆从鹿。盧谷切（三）

麟

大牝鹿也（「牝」小徐段氏作「牡」，未是）。从鹿粦聲。力珍切

此與訓「牝麒也」之麐各異，古籍多段麟為麐耳。段氏徐箋並謂麐是麟之重文，恐未然，詳麐字。

麒

仁獸也（段篆下有「麒麟」二字）。麇身（段改作「麋身」，是）。牛尾，一角。从鹿其聲。渠之切

句讀「一角」下依元應引補「角頭有肉，不履生蟲，不折生艸，音中律呂，行中規矩，不入陷網，文彰彬彬然」，亦靈獸也。

麐

牝麒也。从鹿吝聲。力珍切

此麒麐正字，然經傳皆段麟為之，惟爾雅釋獸用本字耳。

爾雅釋獸「麐，麕身，牛尾，一角」。詩周南麟趾傳云「麟，信而應禮」。春秋經哀公十四年「西狩獲麟」。公羊傳「麟者，仁獸也」。何休注「狀如麕，一角而戴肉，設武備而不為害，所以為仁也」。陸璣

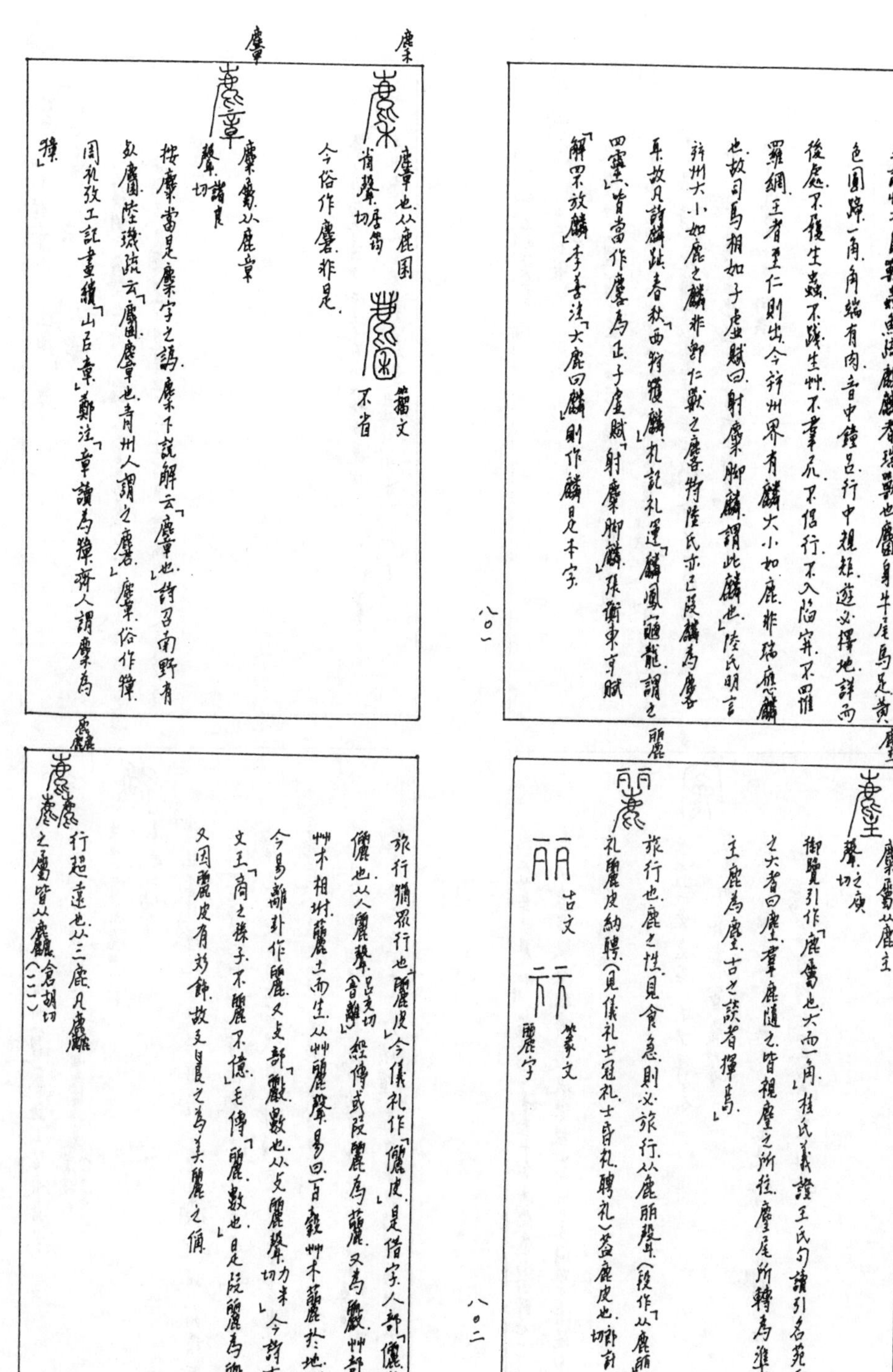

毛詩艸木鳥獸蟲魚疏「麒麟者瑞獸也。麕身牛尾馬足黃色圓蹄一角，角端有肉，音中鍾呂，行中規矩，遊必擇地，詳而後處，不履生蟲，不踐生艸，不羣居，不侶行，不入陷穽，不罹羅網，王者至仁則出。今并州界有麟，大小如鹿，非瑞應麟也。故司馬相如子虛賦曰：射麋腳麟。謂此麟也。」陸氏明言并州大小如鹿之麟非仁獸之麐，特陸氏亦已段麟為麐耳。故凡詩麟趾、春秋「西狩獲麟」、礼記礼運「麟鳳龜龍，謂之四靈」，皆當作麐為正。子虛賦「射麋腳麟」，張衡東京賦「解罘放麟」，李善注「大鹿曰麟」，則作麟是本字。

麇

麇 麞也。从鹿囷省聲。居筠切

今俗作麕，非是。

籀文 不省

麞

麞 麋屬。从鹿章聲。諸良切

按：麇當是麞字之譌。麇下說解云「麞也」。詩召南野有死麕，陸璣疏云「麕，麕麞也。青州人謂之麕」。麞俗作獐。周礼攷工記畫繢「山以章」，鄭注「章讀為獐，齊人謂麇為獐」。

麈

麈 麋屬。从鹿主聲。之庾切

御覽引作「鹿屬也，大而一角」。桂氏義證、王氏句讀引名苑云「鹿之大者曰麈，羣鹿隨之，皆視麈之所往，麈尾所轉為準。於文主鹿為麈。古之談者揮焉。」

麗

旅行也。鹿之性，見食急則必旅行。从鹿丽聲。（段作「从鹿丽」）礼麗皮納聘，（見儀礼士冠礼、士昏礼、聘礼）蓋鹿皮也。郎計切

丽 古文

𠀅 篆文麗字

旅行，猶衆行也。「麗皮」，今儀礼作「儷皮」，是借字。人部「儷，棽儷也。从人麗聲。呂支切（音離）」經傳或段麗為蘺，又為𢿢。艸部「蘺，艸木相坿蘺土而生。从艸麗聲。易曰：百穀艸木蘺於地。呂支切」今易離卦作麗。又攴部「𢿢，數也。从攴麗聲。力米切」今詩大雅文王「商之孫子，不麗不億」，毛傳「麗，數也」，是段麗為𢿢。又因麗皮有彩飾，故又段之為美麗之偁。

麤

麤 行超遠也。从三鹿。凡麤之屬皆从麤。倉胡切（一二）

麤

麤

麤麤

鹿行揚土也。从麤土。直珍切

(鹿鹿土土) 籀文

王筠釋例云「麤之籀文䴥，以會意兼象形，其法殊妙……三鹿無足，麤則全不見足也。土在上者，為鹿所揚也」今經典省作塵。

㲋

㲋

獸也。佀兔青色而大。象形。頭與兔同。足與鹿同。凡㲋之屬皆从㲋。丑略切(酌卓二音。一一)

(篆文) 篆文

毚

毚

狡兔也。兔之駿者。从㲋兔。士咸切(音讒)

詩小雅巧言「躍躍毚兔，遇犬獲之」毛傳「毚兔，狡兔也」糸部「纔，帛雀頭色，一曰微黑色如紺，从糸毚聲。士咸切」言部「讒，譖也，从言毚聲。士咸切」讒纔字从毚兔聲，皆士咸切，俗誤以纔為方纔。音非哉切。方纔字當作才。本書六上部目「才，艸木之初也，从丨上貫一，將生枝葉，一，地也。昨哉切」

兔

兔

獸名。象踞，後其尾形。(段「獸」「踞」上皆有「兔」字。)兔頭與㲋頭同。凡兔之屬皆从兔。湯故切(一一)

逸

逸

失也。从辵兔。兔謾訑善逃也。夷質切

「謾訑」當作「謾訑」言部「謾，欺也，从言曼聲。母官切」「訑，沇州謂欺曰訑，从言它聲。託何切」無訑字，逸訓失也，是「亡逸」「逃逸」「安逸」字。人部「佚，佚民也，从人失聲，一曰佚忽也。夷質切」是遺佚字。書胤征「天吏逸德，烈於猛火」傳云「逸，過也」國語楚語「耳不樂逸聲」注「逸，淫也」則是叚逸為泆。水部「泆，水所蕩泆也，从水失聲。夷質切」車部「軼，車相出也，从車失聲。夷質切」是軼事軼許字。馬部「駃，馬有疾足，从馬失聲。大結切」莊子田子方「夫子奔逸絕塵，而回瞠若乎後矣」逸當作駃。今經傳逸佚泆軼四字皆以同聲通叚，而馬部之駃不行矣。

冤

冤

屈也。从冖兔。兔在冖下，不得走，益屈折也。於袁切(會意，冖音莫狄切，覆也)

屈當作詘。尾部「屈，無尾也，从尾出聲。九勿切」言部「詘，詰詘也，从言出聲。區勿切」廣雅釋詁「冤，曲也」「詘也」「枉也」。

莧

山羊細角者。从兔足，首聲。凡莧之屬皆从莧。讀若丸。寬字从此。臣鉉等曰：首，徒結切，非聲，疑象形。胡官切（音桓。丸亦胡官切。一二）

犬

狗之有縣蹏者也。象形。孔子曰：視犬之字如畫狗也。凡犬之屬皆从犬。苦泫切（一二）

狗

孔子曰：狗，叩也。叩气吠吕守。从犬句聲。古厚切

孔子曰云云，羣書所無，又說文無叩字。段氏謂「疑古本有叩字，而鄦逸之。」鈕氏曰「叩，郈。邑部郈字，俗譌為叩。」王氏句讀云「字當作扣。」猎邑部「邷，京兆藍田鄉。从邑口聲。苦后切」手部「扣，牽馬也。从手口聲。丘后切」竝非其義。繫傳云「叩者，聲有節若叩物。」疑字當作彼。攴部「彼，擊也。从攴句聲。讀若扣。苦候切」彼訓「擊也」，又引申之為「擊發」「發動」之偁。彼气吠，郎發動之義。論語子罕篇「我叩其兩端而竭焉」，朱子曰「叩，發動也。」字亦當作彼。

尨

犬之多毛者。从犬彡。詩曰：無使尨也吠。莫江切（音龍）

詩召南野有死麕「無使尨也吠」，傳云「尨，狗也。」段注謂「又引申為襍亂之偁」，非是。口部「哤，哤異之言。从口尨聲。一曰襍語。讀若尨。莫江切」是哤襍正字。

狡

少狗也（段作「犬」）。从犬交聲。匈奴地有狡犬，巨口而黑身。古巧切

少狗則「溜滑」，又引申之為「狡猾」「狡健」之義。史記淮陰侯列傳「狡兔死，走狗亨。」索隱「狡，猾也。」（犬部無猾）

臭

犬視皃。从犬目。古闃切（音隙）

爾雅釋獸「鳥曰臭」，郝懿行疏云「鳥之休息，恆張兩翅，瞪目直視，所謂鳥伸鴟視是也。」門部無闃，新附有之。易豐卦「闃其戶，闃其无人，三歲不覿。」闃本作侐。人部「侐，静也。从人血聲。詩曰：閟宮有侐。況逼切」

默

犬暫逐人也。从犬黑聲。讀若墨。莫北切

經傳多段作「嘿」「脈」字。易繫傳「或出或處，或默或語。」論語述而「默而識之」。正字當作脈。目部「脈，目才視也。从目𠂢聲。莫獲切」古籍或作嘿，口部無。𠂢部「衇，血理分衺行體者。从𠂢从血。莫獲切」「脈，衇或从肉。」「䘑，籀文」是血脈字。「覛，衺視也。从𠂢从見。莫狄切」俗作覓。

猝

犬从艸暴出逐人也。从犬卒聲。麤沒切

夲部「㬥，疾有所趣也。从日出夲廾之」。㬥出，猶疾出、古出也。又㬥之為倉猝。古籀或段卒為之。衣部「卒，隸人給事者衣為卒，卒衣有題識者」（臧沒切）。

猥

犬吠聲。从犬畏聲。（烏賄切）（上聲）

又㬥為猥雜、煩猥之意。人部無偎，本止作倭。人部「倭，順皃。从人委聲。詩曰周道倭遲。」（於為切）（音威，今讀為窩）

⿰犭參

犬容頭進也。从犬參聲。一曰賊疾也。（山檻切）（音三，去聲）

又㬥為⿰犭參遴之義。「一曰賊疾也」，賊疾，猶賊害也。

獎

嗾犬厲之也。从犬將省聲。（即兩切）

口部「嗾，使犬聲。从口族聲」（穌奏切）（音宋）。厂部「厲，旱石也。从厂蠆省聲」（力制切）。厲為「磨厲」，又㬥之為「勉厲」、「激厲」，俗作勵。鄭書無勵。力部「勱，勉力也。从力萬聲」（莫話切）（音邁），義同。獎又㬥之為凡勸勉之偁。

今經傳作獎。

狠

犬鬥聲。（依段正）从犬艮聲。（五還切）

彳部「很，不聽从也。一曰行難也。一曰盭也。从彳艮聲」（胡懇切），是很盭字。豕部「豤，豕齧也。从豕艮聲」（康很切），是「凶豤」、「豤切」字。今俗「很盭」、「凶豤」竝作狠，而「豤切」作懇。心部無懇。

狀

犬形也。从犬爿聲。（鉏亮切）

又㬥為「形狀」、「狀皃」。又後世尊試首名謂之狀元，蓋是壯字之㬥。士部「壯，大也。从士爿聲」（側亮切）。又鄭書無爿，篆傳寫奪耳。詳木部牀字。

狂 怯

多畏也。从犬去聲。（去劫切）

杜林說：怯从心。

今經典从杜林說作怯。釋名釋言語「怯，脅也，見敵恐脅也」。

倏

走也。（段作「犬走疾也」，句讀同）从犬攸聲。讀若叔。（式竹切）

足部「⿰𧾷攸，疾也，長也。从足攸聲」（式竹切），此倏欻字，俗作倐。火部無。古籀或借倏或儵為倏。黑部「儵，青黑繒發白色也。从黑攸聲」（式竹切）。

犮

犮　犬走皃.从犬而丿(音曳)之.曳其足則剌犮也.(依校錄繫傳段本訂)蒲撥切(音拔)

戾

戾　曲也.从犬出户下.戾者.身曲戾也.(段作「犬在户下為戾者.身曲戾也」)郎計切

弦部「盭.弼盭也.从弦省.从盩(音周)讀若戾.郎計切」此乖盭字.古籍多段戾為之.玄應引字林有「戾.乖戾也」.是呂氏未檢弦部盭字而有是誤也.

臭

臭　禽走臭而知其迹者犬也.从犬自.(臣鉉等曰.自古鼻字.犬走以鼻知臭.故从自.)尺救切

此乃味之通偁.說解「臭而知其迹」之臭當作齅.鼻部「齅.以鼻就臭也.从鼻从臭.臭亦聲.許救切」經傳多段臭為齅.俗作嗅.非是.又古籍亦段臭為芳殠字.歺部「殠.腐气也.从歺.臭聲.尺救切」

獘　斃

獘　頓仆也.从犬敝聲.春秋傳曰「與犬.犬獘」.毗祭切

斃　獘或从死

今左傳僖公四年「與犬.犬斃」.从或體.國語晉語注「斃.死也」.今經典斃訓「死也」.从或體作斃.又變从犬之本字作弊.以為利敝字.是誤犬為大.又變大為廾.謬甚.利敝字當作敝.攴部「敝.帗也.一曰敗衣.从攴从㡀.㡀亦聲.毗祭切」

獻

獻　宗廟犬名羹獻.犬肥者以獻之.从犬鬳聲.許建切(鬳音獻)

禮曲禮「凡祭宗廟之禮……犬曰羹獻」.獻本是祭宗廟所奉犬牲之偁.又段為薦進之義.又因所進者皆擇其精美者.故又段為賢也.論語八佾「文獻不足故也」.鄭注「獻.賢也.彣彰賢材不足故也」.

狾

狾　(段篆作猘)狂犬也.从犬折聲.春秋傳曰「狾犬入華臣氏之門」.征例切(音制)

左傳襄公十七年「國人逐瘈狗.瘈狗入於華臣氏」.作瘈.無「之門」二字.鄦書無瘈.正字當作狾.漢書五行志引左傳正作狾.今俗作猘.亦非鄦書所有.

狂

狂　狾犬也.从犬㞷聲.巨王切

𢗰　古文从心

之部「㞷.艸木妄生也.从之在土上.讀若皇.戶光切」古文狂从心者.蓋以言人之狂妄無常.韓非子解老篇「心不能審得失之地則謂之狂」.老子「馳騁田獵令人心發狂」.

類

類　種類相佀.惟犬為甚.从犬頪聲.力遂切

狄

頁部「頪，難曉也。从頁米。盧對切（音類）」盧對，鄧粵方音之「驢堆」，長言之為「盧對」，急言之為頪。

赤狄，（段作「北狄也」）本犬種。狄之為言淫辟也。从犬，亦省聲。徒歷切

爾雅釋地「九夷八狄七戎六蠻謂之四海」。孫叢引戴侗曰「狄古通作翟」。戎狄之人生於寞山虺虎之鄉，故狄貉貜犹从犬从豸；蠻越之人生於蟲蛇之鄉，故閩蠻巴蜀皆从蟲（按應是从虫）。猶荊楚呂艸木名也。礼王制「東方曰夷……南方曰蠻……西方曰戎……北方曰狄」。「狄之為言淫辟也」句讀云「豸部云，孔子曰，貉之為言惡也，與此語例同，知此亦當云孔子曰」。然此語不見羣書，無攷。又「淫辟」當作婬僻。水部「淫，侵淫隨理也。从水㸒聲。一曰久雨為淫」。女部「婬，ム逸也。从女㸒聲」。九上部目「辟，法也。从卩从辛，卩制其辠也。从口，用法者也」。人部「僻，避也。从人辟聲」。辵部「避，回也。从辵辟聲」。婬僻，言其禽獸行也。

狙

玃屬。从犬且聲。一曰狙犬也，暫齧人者。親去切（音佳）又余徒切音租（段無「狙」「也」字）一曰犬不齧人也。

「犬暫齧人者」無「也」字是。暫，猶司伏而猝出也。史記留侯世家「良與客狙擊秦皇帝博浪沙中」，服虔注「狙，司候也」。狙作狙擊字讀「余徒切」。「一曰犬不齧人也」當依玉篇作「犬不絜也」。校錄云「後人譌絜為齧，又加人字耳」。又本部「玃，母猴也。从犬矍聲」。狙亦母猴之屬。莊子齊物論「狙公賦芧，曰朝三而莫四，眾狙皆怒」。狙當讀「親去切」。

狐

祥獸也。鬼所乘之。（爾雅釋獸釋文引無「之」字）有三息：其色中和，小前大後，死則丘首。（元應引作「首丘」是）謂之三息。（御覽引有此四字）从犬瓜聲。戶吳切

漢書文帝紀「朕狐疑」注云「狐性多疑，每渡冰河，且聽且渡，故言疑者稱狐疑」。狐之色黃，故曰中和。狐，獸之長尾者，故曰小歬大後。白虎通「狐死首丘，不忘本也」。礼檀弓「狐死正丘首，仁也」。

猋

犬走皃。从三犬。甫遙切（音飆）

馬部「驫，眾馬也。从三馬。甫虯切（音彪）」。兔部「㲋，疾也。从三兔。芳遇切（音拍）」。十上部目「麤，行超遠也。从三鹿。倉胡切（音粗）」。四上部目「羴，羊臭也。从三羊。式連切（或作羶）」。說文無牛犇字，本止作奔，「奔，走也」（夭部）。

㹜

兩犬相齧也。从二犬。凡㹜之屬皆从㹜。語斤切（一二）

獄

司空也。（空字衍）从㹜臣聲。復說獄司空。息茲切（音司）

玉篇「獄，察也。今作伺覗。」說文無伺覗，古籍多叚司為之。此處訓司，同聲相訓也。「空」字衍文，涉下「獄司空」而誤。又後漢書賈逵傳及北海靖王興傳，劉復嘗薦鄭慎師賈逵，博物又與班固賈逵共述漢史，傅毅等皆宗事之。此云後說當是引其說也。又西漢成帝時有獄司空之官，主察獄訟之事。

鼠

穴蟲之總名也。象形。凡鼠之屬皆从鼠。書呂切（一一二）

鼢

地行鼠（段「地」下有「中」字）伯勞所作也（「作」段作「化」，按當作「匕」）一曰偃鼠。从鼠分聲。芳吻切（音[illegible]）

蚡 或从虫分

爾雅釋獸有鼢鼠。郭注「地中行者。」方言謂之犁鼠，以其穿行地中似犁耕也。「一曰偃鼠」字或作鼹。本艸經「鼹鼠在土中行。」陶弘景曰「鼹鼠一名隱鼠，一名鼢鼠，形如鼠，大而無尾，黑色，長鼻甚強，長穿耕地中行，討掘即得。」今謂之地鼠。莊子逍遙遊「偃鼠飲河，不過滿腹。」

鼫

五技鼠也。能飛不能過屋，（楊倞荀子勸學篇注作「上屋」，藝文類聚引說文同，「上」字是）能緣不能窮木，不能泅不能渡谷，能穴不能掩身，能走不能先人。（段此下有「此之謂五技」）从鼠石聲。常隻切

荀子勸學篇「梧鼠五技而窮。」梧鼠應是鼫鼠之誤。詩魏風有碩鼠篇，碩應是鼫之借字。易晉卦九四「晉如碩鼠。」九家易云「碩鼠喻貪，謂四也。體離欲升，體坎欲降，游不度瀆，不出坎也；飛不上屋，不至上也；緣不極木，不出離也；穴不掩身，五坤薄也；走不先足，外震在下也。五技皆劣，四爻當之，故曰晉如碩鼠也。」亦是叚碩為鼫。

能

熊屬。足似鹿。从肉㠯聲。（段作㠯聲）能獸堅中，故稱賢能；而彊壯，稱能傑也。凡能之屬皆从能。臣鉉等曰㠯非聲，疑皆象形。奴登切（一一二）

熊

獸似豕，山居，冬蟄。从能，炎省聲。凡熊之屬皆从熊。羽弓切（一一三）

羆

如熊，黃白文。从熊，罷省聲。彼為切（音婆，今讀悲）

古文从皮

爾雅釋獸「羆如熊，黃白文。」郭注「似熊而長頭高腳，猛憨多力，能拔樹木。關西呼曰貑羆。」邢疏云「柳子羆熊說，以為羆之

狀。被髮人立，絕有力而甚害人，則羆非熊明矣。今關東人謂人熊之狀，正與柳合。蓋熊羆相類，俗人不識羆，故呼為人熊耳。」

火

火　燬也。（段作「烜也」）南方之行，炎而上。象形。凡火之屬皆从火。呼果切（一一三）

烜

烜　火也。从火，尾聲。詩曰：「王室如烜。」許偉切

燬

燬　火也。从火，毀聲。春秋傳曰：「衛侯燬。」許偉切

今詩周南汝墳「魴魚赬尾，王室如燬」作燬。傳云：「燬，火也。」釋文：「燬字書作烜。說文同。」韓詩薛君章句：「烜，烈火也。」作烜。後漢書列女傳引詩亦作烜。則三家詩正作烜，與鄭君所見同。按說文烜燬二篆相屬，而同訓同音，先儒多謂燬是烜之重文，信焉。燬下說解疑後人誤增，當云「或从毀」。「衛侯燬」見僖公二十五年經。

燹

燹　火也。从火，豩聲。穌典切（音鮮）

「兵燹」即兵燹。又豕部：「豩，二豕也。伯貧切，又呼關切（音豳）。」燹字豩聲，修竹園以為蓋初讀「穌洵切」，後轉「穌典切」。

然

然　燒也。从火，肰聲。臣鉉等曰：今俗別作燃，蓋後人增加。如延切

𦳝　或从艸難。臣鉉等案：艸部有蘸，注云艸也。此重出。

此然燒本字，俗加火作燃，而以然為然諾然否之義。按然諾字當作嘫。口部：「嘫，語聲也。从口，然聲。如延切。」或作肰。肉部：「肰，犬肉也。从犬肉。讀若然。如延切。」於犬肉，人皆欲之，故肰之也。又重文蘸當作𦳝。或古本作𦳝，傳寫奪火耳。漢書地理志上郡高奴「有洧水可𦳝」，五行志「見巢𦳝盡墮地」，師古並注：「𦳝，古然火字。」𦳝與艸部之蘸異，非重出。

熚

熚　熚𤆑，火皃。从火，畢聲。卑吉切（音畢）

𤆑

𤆑　熚𤆑也。从火，𤆑聲。𤆑，籀文悖字。敷勿切（音佛）

言部：「誖，亂也。从言，孛聲。」「悖，誖或从心。」「𤆑，籀文誖从二或。」「熚𤆑」「觱沸」「滭沸」「𣽈沷」皆疊韻形容詞，隨所岐而異其偏旁耳。水部：「沸，滭沸，濫泉也。从水，弗聲。分勿切，又方未切。」「滭沸，濫」下說解引詩作「觱沸」。仌部：「滭，風寒也。从仌，畢聲。卑吉切。」「沷，一之日𣽈沷。从仌，犮聲。分勿切。」

烝

烝　火气上行也。从火，丞聲。煮仍切

因火气上行，又叚之為進也、久也、衆也、厚也。又又叚之為君也。爾雅釋詁「林烝天帝皇王后辟公侯，君也。」又又叚為下婬上之偁。左傳桓公十六年「衛宣公烝於夷姜」，杜預注「夷姜，宣公之庶母也。上婬曰烝。」

⿱雁火

火色也。从火雁聲。

讀若鴈。五晏切

韓非子說林篇「齊伐魯，索讒鼎，魯以其鴈往。齊人曰鴈也，魯人曰真也。」雁即⿱雁火之叚借。今俗又作贗或贋，非是。

熲

火光也。从火頃聲。古迥切

詩小雅無將大車「無思百憂，不出于熲。」傳云「熲，光也。」箋云「思衆小事以為憂，使人蔽闇，不得出於光明之道。」是又叚之義。

⿰火䙴

火飛也。从火䙴聲。

讀若摽。甫遙切(音飇)

本部後有「㶾，火飛也。从火𦥯，方昭切」二字音義俱同，疑許書本祇作㶾，因隸變作票，以為票據字，俗不知㶾字本已从火，為加火旁作熛耳。又熛下「讀若摽」，鍇本作「瘭」。按疒部無瘭，而瘭「敷少切」，亦與熛之「甫遙切」異，疑當作㶾。

熇

火熱也。从火高聲。詩曰「多將熇熇」。目鉉等曰：高非聲，當从嗃省。火屋切

詩大雅板「多將熇熇，不可救藥。」傳云「熇熇然熾盛也。」箋云「多行熇熇慘毒之惡。」易家人九三「家人嗃嗃」，鄭注「嗃嗃，苦熱之意。」侯果曰「嗃嗃，嚴也。」口部無嗃，蓋本作熇，因火之熾熱又叚為嚴厲之意。又大徐云「高非聲，當从嗃省。」按高入聲與熇同韻，且嗃亦高聲，熇从嗃省仍是高聲也。大徐說未是。

灰

死火餘㶳也。从火又。又，手也。

火既滅，可以執持。呼恢切

史記韓長孺傳、漢書韓安國傳「死灰獨不復然乎。」

熄

畜火也。从火息聲。

亦曰滅火。相卽切

此「生熄」「滋熄」「熠熄」「熄滅」字。生熄與熄滅義似相反而實相成。熄滅而後生熄也。古籍或叚息為熄。莊子逍遙遊「日月出矣，而爝火不息，其於光也，不亦難乎。」易革卦象辭「革，水火相息。」息當作熄。心部「息，喘也。从心自，自亦聲。相卽切」是气息字。一呼一吸為一息。

爤

爤　孰也。（段「孰」上有「火」字）从火蘭聲。郎旰切

爛　或从閒。

今經典皆作爛。物孰則爤，故又引申爲「爢爤」、「爤漫」。公羊傳僖公十九年「其自亡柰何？魚爤而亡也」。楚辭哀時命「句爤漫而無成」，王逸注「爤漫猶消散也」。又引申爲「粲爤」，詩大雅韓奕「爤其盈門」，箋云「爤爤，粲然，鮮明且眾多之貌」。

爢

爢　爤也。从火靡聲。靡爲切

古籍多段糜爲之。孟子盡心篇「梁惠王㠯土地之故，糜爤其民而戰之」。米部「糜，糝也。从米麻聲。靡爲切」。又盧諶贈劉琨詩叙「意气之閒，靡軀不悔」，李善注云「靡，爤也」，則是段靡爲爢。非部「靡，披靡也。从非麻聲。文彼切」。

尉

尉　从上案下也。从𡰥，又持火㠯尉申繒也。（臣鉉等曰：今俗別作熨，非是。於胃切）

从上案下有平義。漢書張釋之傳「廷尉者，天下之平也」，故廷尉亦偁廷平，言聽獄必平也。百官公卿表「太尉」，應劭注「自上安下曰尉」，亦取平定禍亂之意。又引申之爲凡安尉之偁。漢書車千秋傳「尉安眾庶」，師古曰「尉安之字本無心也」。是从心之慰乃後起字。心部「慰，安也。从心尉聲。一曰恚怒也。於胃切」。又「持火㠯尉申繒」者，謂手持火斗自上按下㠯申巠繒帛，使之平也。故火斗曰尉斗，俗別作

熨，音湯去聲，案非是。又尉下云「从𡰥」，徐鍇曰「𡰥音夷，安平也」，句讀云「𡰥，古夷字，平也」。玉篇「𡰥，古文夷字，夷，平也」。按今大部「夷，平也。从大从弓，東方之人也」，其下無古文。而人部「仁，親也。从人从二」，其下有「𡰥，古文仁，或从尸」，則㠯𡰥爲夷之說未是。

⿱龜火

⿱龜火　灼龜不兆也。从火从龜。春秋傳曰「龜⿱龜火不兆」。讀若焦。即消切

灼龜，即作龜。禮雜記「卜人作龜」，鄭注「作龜謂揚火灼之㠯出兆」。不兆，不成兆也。左傳哀公二年「卜戰，龜焦」，定公九年「衞侯將如五氏，卜過之，龜焦」。「⿱龜火」作「焦」，無「不兆」二字。杜預並云「龜焦，兆不成」。本部「⿱雥火，火所傷也。从火雥聲。即消切」。「焦，或省」。⿱龜火是灼龜不兆之專字，焦其借字也。

煉

煉　鑠治金也。从火柬聲。郎電切

金部「鑠，銷金也。从金樂聲。書藥切（音削）」，「鍊，冶金也。从金柬聲。郎甸切」。煉、鍊音義同。

⿱聿火　火餘也（段作「火之餘木也」）。从火聿聲。一曰薪也。（臣鉉等曰：聿非聲，疑从𦘒省。今俗別作燼，非是。徐刃切）

今經典从俗體作燼，或借蓋爲之。詩大雅桑柔「民靡有黎，具禍㠯燼」，箋云「災餘曰燼」，釋文「本又作蓋」。方言「自關而東秦

晉之閒燒薪不盡曰𦽻」艸部「𦽻，艸也。从艸盡聲。徐刃切」因火餘曰㶳。又目㶳之為凡餘之偁。左傳襄公四年「收二國之㶳」杜注「㶳，焦遺民。」又大徐謂「聿非聲。疑从𦘔省。」按其說是也。𦘔部「𦘔，聿飾也。从聿从彡。俗語目書好為𦘔。讀若津。將鄰切」水部「津，水液也。从水𦘔聲。將鄰切」血部「𦘔，气液也。从血𦘔聲。將鄰切」皆𦘔聲。則此㶳字或本亦作㶳，㶳省變為㶳耳。又皿部「盡，器中空也。从皿㶳聲。慈刃切」人部無儘。見盡之又目㶳。貝部「賮，會礼也。从貝㶳聲。徐刃切」俗作贐。

焚

燓（段篆作𤋨）燒田也。从火棥，棥亦聲。（段作「从火林」）附袁切

鄦書有𤋨無焚，惟元應引「說文焚，燒田也。字从火，燒林意也。」本書人部「份」字古文「彬」，古文份，从彡林，林者从焚省聲。」頁部「煩，熱頭痛也。从頁从火。一曰焚省聲。」皆作焚。玉篇、廣韻有焚無𤋨，疑本有或體焚，篆廁𤋨下。今經典通作焚。又「燒田也」者，謂燒宿艸目敺獸也。

票

䙴 火飛也。从火𡐦，與䙴同意。（段「𡐦」上有「䙴字」）方昭切

䙴隸變作票，目為票據字，俗不知䙴字已从火，又加火旁作熛，目為「火飛也」之義。又䙴字「从火𡐦」，疑應是「从火䙴省聲」。

焦

䕻 火所傷也。从火雥聲。即消切

焦 或省

今經典从或體作焦。或借𤏆字。詩大雅雲漢「如惔如焚」箋云「艸木𤏆枯，如見焚燎然。」𤏆當作焦。本部「𤏆，所目然持火也。从火焦聲。周礼曰目明火爇𤏆也。即消切」音同義異。

烖 災

烖 天火曰烖。从火𢦔聲。祖才切（𢦔，傷也。祖才切）

灾 或从宀火

𤆎 古文从才

災 籀文从巛

經傳多用災字。左傳宣公十六年「凡火，人火曰火，天火曰災。」公羊傳襄公九年「大者曰災，小者曰火。」經典多段為𢦓害字。左傳宣公十五年「天反時為災，地反物為祅，民反德為亂，亂則祅災生。」書舜典「眚災肆赦，怙終賊刑。」傳云「災，害也。」災當作𢦓。巛部「𢦓，害也。从一雝川。春秋傳曰川雝為澤凶。祖才切」詩大雅生民「不坼不副，無菑無害。」釋文「菑音災」，則是段菑為𢦓也。說文艸部「菑，不耕田也。从艸甾。易曰不菑畬。側詞切（音之）」甾或省艸，音義俱異。今𢦓害字皆作災，又省作灾，而𢦓不行矣。戈部「𢦔，傷也。从戈才聲。祖才切」此𢦔傷字今亦作災而𢦔只作偏旁矣。

熠

熠 盛光也。从光習聲。詩曰「熠熠宵行。」羊入切（音亦）

錯本引詩作「熠燿」，無「宵行」二字。今詩作「熠燿」。詩豳風東山「町疃鹿場，熠燿宵行。」傳云「熠燿，燐也。燐，螢火也。」又「倉庚于飛，熠燿其羽。」箋云「熠燿其羽，羽鮮明也。」

燿

燿 照也。从火翟聲。弋笑切

俗作曜或耀。鄦書無。

煇

煇 光也。从火軍聲。況韋切

日部「暉，光也。从日軍聲。許歸切」音義同。經傳或作輝。說文無輝字，本當作煇。

爗

爗 盛也。从火曅聲。筠輒切 詩曰「爗爗震電。」（筠輒切，曅，日部曅字）

康熙諱去燁，故破燁為爗，俗作燁。詩小雅十月之交「爗爗震電，不寧不令。」傳云「爗爗，震電皃。」日部「曅，光也。从日从𠦝。筠輒切」今作曄。曅本从𠦝，不从華。𠦝部「𠦝，艸木白華也。从𠦝从白。筠輒切」

煖

煖 溫也。从火爰聲。況袁切

此寒煖本字。俗亦作暖。而讀煖「乃管切」，以為溫煗字，非是。

煗

煗 溫也。从火耎聲。乃管切

此溫煗、餌煗字，俗亦作暖，或段煖為之，非是。日部「㬉，安㬉，溫也。从日難聲。奴案切」音義同。

炕

炕 乾也。从火亢聲。苦浪切

段注「謂以火乾之也。」漢書五行志「君炕陽而暴虐。」師古曰「凡言炕陽者，枯涸之意，謂無惠澤於下也。」本書十下亢部「亢，人頸也。从大省，象頸脈形。古郎切」「頏，亢或从頁。」亢頏本一字，今則亢讀去聲苦浪切，又段為高也、舉也，而頏則仍讀平聲音行，以為頡頏字。

烕

烕 滅也。从火戌。火死於戌，陽气至戌而盡。許劣切 詩曰「赫赫宗周，褒似烕之。」

詩小雅正月「赫赫宗周，褒姒威之。」作姒，女部無。毛傳「威，滅也。」火死於戌，死當是庫。火生於寅，旺於午，庫於戌，寅午戌三合也。水部「滅，盡也。从水威聲。亡列切」手部「搣，批也。从手威聲。亡列切」三字音同，威滅義近。

焅

焅，旱气也。从火告聲。苦沃切

此「焅熱」「焅焅」字，今俗段「酷」為之。酉部「酷，酒厚味也。苦沃切」音同義異。告部「嚳，急告之甚也。从學省，从告，告亦聲。苦沃切」是急亟字。

㷭

㷭，（段「㷭」上有「燧」字）候表也。邊有警則舉火。从火逢聲。敷容切（俗作烽）

𨸏部「𨺶，塞上亭守㷭火者。从𨸏从火，遂聲。徐醉切」㷭，篆文省。俗作燧（𨺶，兩𨸏之閒也。音隧，今俗作隧）淮南子泰族訓「縣㷭未轉，而日在其前」高誘注「縣㷭火見為候，見虜舉㷭」候，作候。鄭君注淮南云「斥，度也。候，視也，望也」史記周本紀「幽王為㷭燧大鼓，有寇至則舉㷭火」正義「晝日舉㷭火以望火煙，夜舉燧以望火光也」

爝

爝，苣火祓也。从火爵聲。呂不韋曰：湯得伊尹，爝以爟火，釁以犧豭。子肖切（音照）

艸部「苣，束葦燒。从艸巨聲。臣鉉等曰：今俗別作炬，非是。其呂切」示部「祓，除惡祭也。从示犮聲。敷勿切」呂氏春秋本味篇「湯得伊尹，祓之於廟，爝以爟火，釁以犧豭」高誘注「周礼（夏官）司爟掌行火之政令。火者所以祓除其不祥。置火於桔皋，燭以照之，釁以牲血」莊子逍遙遊「堯讓天下於許由，曰：日月出矣，而爝火不熄，其於光也，不亦難乎」

熙

熙，燥也。从火巸聲。許其切

又引長為光也。詩周頌「學有緝熙于光明」箋云「緝熙，光明也」巸部「巸，廣𦣞也。从𦣞巳聲。與之切」

炎

炎，火光上也。从重火。凡炎之屬皆从炎。于廉切（一一三）

燄

燄，火行微燄燄也。从炎臽聲。以冉切（上聲）

書洛誥「無若火始燄燄，厥攸灼敘，弗其絕」傳云「言朋黨敗俗，所宜禁絕。無令若火始然燄燄尚微，其所及灼然有次敘，不其絕事，從微至著，防之宜以初」離騷「老冉冉其將至兮，恐脩名之不立」王逸注「冉冉，行貌」本書九下部「冄，毛冄冄也。象形。而琰切」是借字，正字當作燄。或冘。冂部「冘，冘冘，行皃。余箴切」

燮

燮，大孰也。从又持炎辛。辛者，物孰味也。蘇俠切本書十四下部目「辛，秋時萬物成而熟，金剛味辛」，故說解云「辛者物熟味也」。又此與又部之燮自是二字，又部「燮，和也，从言从又炎。籀文燮从羊。燮蘇叶切」。先儒或謂燮即燮之籀文，燮重出於此，恐未然。

粦

兵死及牛馬之血為粦。粦，鬼火也。从炎舛。良刃切

徐鍇曰：「按博物志：戰鬬死亡之處，其人馬血積年化為粦。粦著地及艸木，皆如霜露不可見。有觸者，著人體便有光，拂拭便散無數。又有吒聲，如炒豆。舛者，人足也，言光行著人。」今俗作燐或磷。說文無。巜部「粼，水生厓石間粼粼也，从巜粦聲，力珍切」，邑部「鄰，五家為鄰，从邑粦聲，力珍切」。

黑

火所熏之色也（段於篆下有「北方色也」四字）。从炎上出囮。囮，古窗字（段本無此四字）。凡黑之屬皆从黑。呼北切（一一三）

黸

齊謂黑為黸。从黑盧聲。洛乎切

經傳或叚盧為之，或叚旅為之，俗又改作玈。書文侯之命「盧弓一，盧矢百」，傳云「盧，黑也」。皿部「盧，飯器也，洛乎切」。正字當作黸。左傳僖公二十八年「彤弓一，彤矢百，玈弓矢千」，杜注「玈，黑弓」。鄭君書無玈。大徐新附玄部「玈，黑色也，从玄旅省聲，義當用黸，洛乎切」，則徐氏仍以作黸為正也。

黬

雖晳而黑也。从黑箴聲。古人名黬字晳。古咸切（古音監，今讀點）

今論語曾晳名點，已作點矣。史記仲尼弟子列傳曾蒧字晳，作蒧，譌字也。

點

小黑也。从黑占聲。多忝切

老部「耆，老人面如點也，从老省，占聲，丁念切」。又叚之為汙也。漢書司馬遷傳「適足以發笑而自點耳」，師古曰「點，汙也」。

黔

黎也。从黑今聲。秦謂民為黔首，謂黑色也。周謂之黎民。易曰為黔喙。巨淹切

「黎」，小徐作「黧」。本書無黧字，蓋本作⿰黎隹。隹部「⿰黎隹，⿰黎隹黃也，从隹黎聲，一曰楚雀也，其色黎黑而黃，郎兮切」。老部「耇，老人面凍黎若垢，从老省句聲，古厚切」。黎亦是⿰黎隹字之叚。史記秦始皇本紀二十六年「更名民曰黔首」，應劭曰「黔亦黎黑也」。易說卦傳「艮為黔喙之屬」，馬云「黔，黑也」。

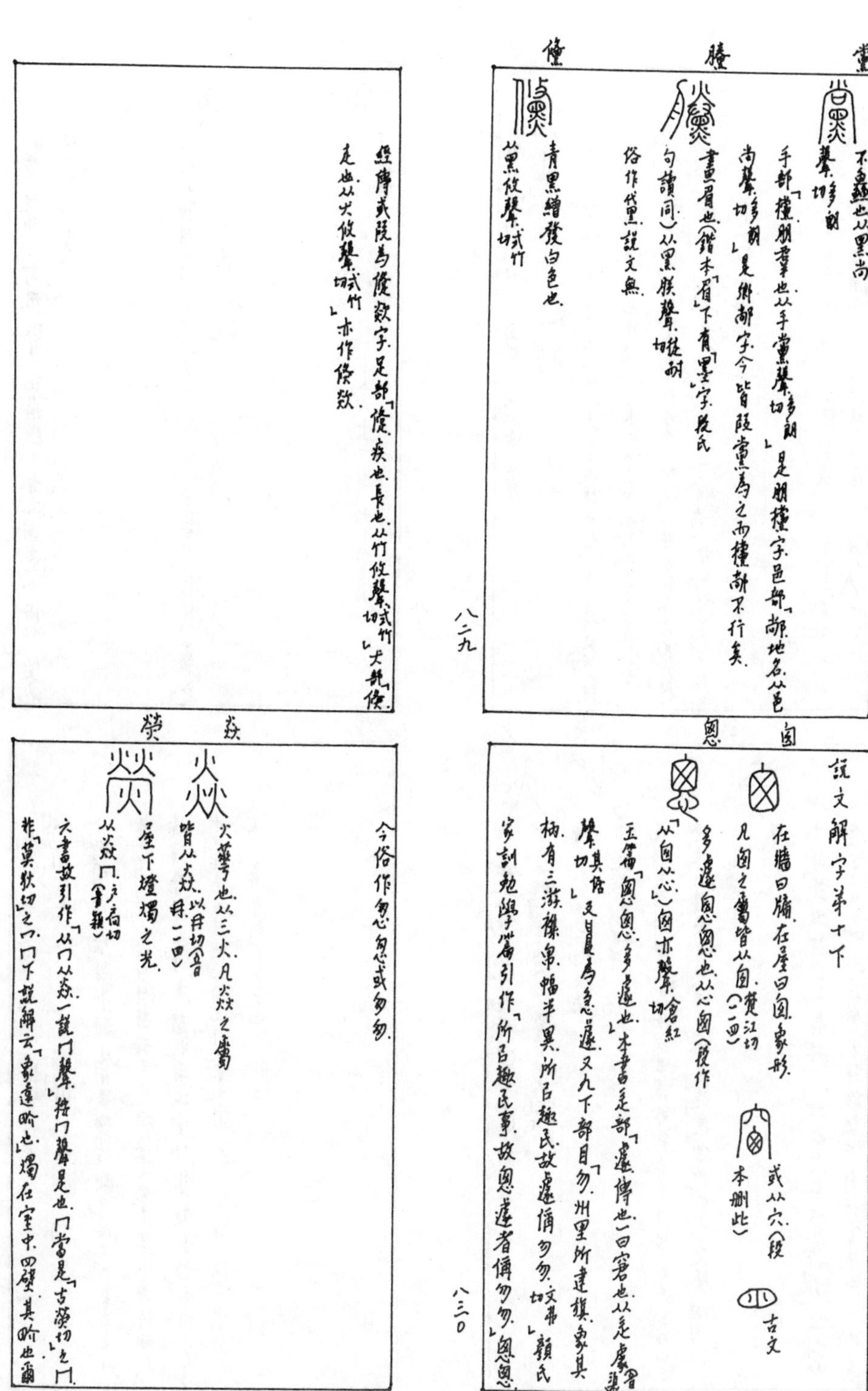

黨

不鮮也。从黑尚聲。多朗切。手部「攩，朋群也。从手黨聲。多朗切」是朋攩字。邑部「鄿，地名。从邑尚聲。多朗切」是鄉鄿字。今皆叚黨為之，而攩鄿不行矣。

黱

畫眉也。（鍇本「眉」下有「墨」字，段氏句讀同）从黑朕聲。徒耐切。俗作代黑，說文無。

儵

青黑繒發白色也。从黑攸聲。式竹切。經傳或叚為倏欻字。足部「儵，疾也、長也。从竹攸聲。式竹切」犬部「倏，走也。从犬攸聲。式竹切」亦作倏欻。

說文解字第十下

囪

在牆曰牖，在屋曰囪。象形。凡囪之屬皆从囪。楚江切（一四）

窻

或从穴。（段本刪此）

古文

悤

多遽悤悤也。从心囪。（段作「从囪从心」）囪亦聲。倉紅切。玉篇「悤，悤悤，多遽也」。本書辵部「遽，傳也。一曰窘也。从辵豦聲。其倨切」又目為急遽。又九下部「勿，州里所建旗。象其柄，有三游，雜帛，幅半異，所以趣民，故遽偁勿勿。文弗切」顏氏家訓勉學篇引作「所以趣民事，故悤遽者偁勿勿」。悤悤，今俗作怱怱、忩忩或匆匆。

焱

火華也。从三火。凡焱之屬皆从焱。以冉切（一四）

熒

屋下燈燭之光。从焱冂。戶扃切（音韻）六書故引作「从冂从焱」一說冂聲。按冂聲是也。冂，古熒切之冂。非「莫狄切」之冖。冂下說解云「象遠界也」。燭在室中，四壁其界也爾。

雅釋蟲「熒火，即炤」，郭注「夜飛，腹下有火」。「熒火」今俗作「螢火」。說文無螢字。

炙

炙　炮肉也（炮，段作炙）。从肉在火上。凡炙之屬皆从炙。之石切（一四）

𤏫（段篆作）

𤏫　籀文

赤

赤　南方色也。从大火。凡赤之屬皆从赤。昌石切（一五）

𤆍　古文从炎土

赧

赧　（段改篆作𧹞，非是。）面慙赤也。从赤𠬝聲。周失天下於赧王。女版切（音難上聲）

方言「赧，愧也。秦晉之間凡愧而見上謂之赧」，孟子滕文公「觀其色赧赧然」，趙岐注「赧赧，面赤心不正皃也」。「周失天下於赧王」者，周赧王立五十九年，為秦昭襄王所滅。又按𠬝聲，𠬝見尸部「𠬝，柔皮也。从尸𣍘省，从後申之，或从又。人善切（音現）」，非又部「𠬝，治也。从又从卪。卪，事之節也。房六切」之𠬝。

赬

赬　赤色也。从赤巠聲。詩曰：魴魚赬尾。敕貞切（音青）

䞓　赬或从貞

𧹨　或从丁

浾　或从水。赬，棠棗之汁。

泟　浾或从正

今詩周南汝墳「魴魚赬尾」，用或體作赬。又「浾」下「棠棗之汁」，棗當作木。玉篇廣韻赬下無浾泟重文。玉篇水部「浾，側加切。浾，滓也。又棠木汁」，廣韻收麻注「棠汁」。集韻赬、䞓、𧹨同文，引本書「赤色也」；浾與泟同文，引本書「棠棗之汁」，則浾泟二字固自為一義，非赬之重文也。

大

大　天大，地大，人亦大，故大（段作「人亦大焉」）象人形。古文大（他達切）也。凡大之屬皆从大。徒蓋切（一一五）

夾

夾　持也。从大俠二人（俠，段作夾，未是）。古狎切

段氏改俠訓「俜也」，乃任俠之謂，非持也之義，改為「夾」，失冉切之夾，非也。按俠乃挾之借字，手部「挾，俾持也。从手夾聲。胡頰切」。

夸

夸　奢也。从大于聲。苦瓜切

言部「誇，譀也。从言夸聲。苦瓜切」「譀，誕也。从言敢聲。下闞切」「誕，詞誕也。从言延聲。徒旱切」。誇屬言詞誇誕，夸則泛言侈奢自大，音同。

義近。今經典多用誇，胯作夸。至書畢命「驕淫矜侉」，傳云「矜其所能以自侉大」，作侉，是借字。人部「侉，憊詞。从人夸聲，苦瓜切」，心部「憊，𢡚也。从心葡聲，蒲拜切」，即今之憊字。𢡚，憊也。音契

奅

(段改篆作奅)大也。从大卯聲。匹貌切

段改作丣聲，未是。又今粵方音謂人之誇大其詞而無實者為「奅大」，即此奅字。

⿱大屯

大也。从大屯聲。讀若鶉。常倫切

詩小雅賓之初筵「錫爾純嘏，子孫其湛」，箋云「純，大也」，作純是借字，本字當作⿱大屯。糸部「純，絲也。从糸屯聲，常倫切」。古籍亦段純為𦎧孰字。亯部「𦎧，孰也。从亯羊，常倫切」。酉部「醇，不澆酒也。从酉𦎧聲，常倫切」，是酒味之醇。

契

大約也。从大㓞(段作㓞聲)。易曰「後代聖人易之以書契」。苦計切

周礼天官小宰「聽取予以書契」，鄭注引鄭司農曰「書契，符書也」。鄭玄曰「書契謂出予受入之凡要。凡簿書之最目，獄訟之要辭，皆曰契」。易繫傳「上古結繩而治，後世聖人易之以書契」，說解引作「後代」，避唐諱也。此書契契約字，古籍或段契

為栔，或段為偰。人部「偰，高辛氏之子，堯司徒，殷之先。从人契聲，私列切」。㓞部「栔，刻也。从㓞木，苦計切，又苦結切(音揭)」。「栔刻」字今左傳及荀子多作鍥，漢書敍傳作挈，大戴礼作楔，皆借字也。金部「鍥，鎌也。从金契聲，苦結切」。手部「挈，縣持也。从手㓞聲，苦結切」。木部「楔，櫼也。从木契聲，先結切(音屑)」。

夷

平也。从大从弓。東方之人也。以脂切

詩召南「我心則夷」，毛傳「夷，平也」。本書羊部羌下說解云「唯東夷从大，大人也。夷俗仁，仁者壽，有君子不死之國」。礼王制「東方曰夷」。爾雅釋地「東至日所出為大平，大平之人仁」。後漢書東夷傳「夷者柢也，言仁而好生，萬物柢地而出」。夷俗仁，故夷字从大，大象人形，與夏字同意。又吳越春秋句踐陰謀外傳「音曰：臣聞弩生於弓，弓生於彈，彈起古之孝子。越王曰：孝子彈者柰何？音曰：古者人民朴質，飢食鳥獸，渴飲霧露，死則裹以白茅，投之中野。孝子不忍見父母為禽獸所食，故作彈以守之，絕鳥獸之害。故歌曰：斷竹續竹，飛土逐害」之謂也。故夷字从弓。彳部「徲，行平易也。从彳夷聲，以脂切」，音同義近，經傳通作夷。

亦

人之臂亦也。从大，象兩亦之形。凡亦之屬皆从亦。臣鉉等曰：今别作腋，非是。羊益切（指事 一五）

夾

盜竊褱物也。从亦，有所持。俗謂蔽人俾夾是也。宏農陝字从此。失冉切（音閃）

漢書地理志弘農有陝縣，陝音「失冉切」，中从兩入，與音「侯夾切」中从兩人之陜字不同也。𨸏部「陝，弘農陝也。古虢國，王季之子所封也。从𨸏夾聲。失冉切」「陜，隘也。从𨸏夾聲。臣鉉等曰：今俗从山，非是。侯夾切」門部「閃，闚頭門中也。从人在門中。失冉切」音同。

夨

傾頭也。从大，象形。凡夨之屬皆从夨。阻力切（一六）

吳

姓也。亦郡也。一曰吳（段無此八字）大言也。从夨口。五乎切 徐鍇曰：大言故夨口以出聲。詩曰：不吳不揚。今寫詩者改吳作吳，又音乎化切，其謬甚矣。

古文如此

桂氏云「姓也郡也者，後人加之。李君威曰：說文惟女部解人姓，邑部解郡名，凡段借字皆不解」。段氏刪之是也。又句讀「从夨口」下有「詩曰：不吳不敖」。今詩周頌絲衣「不吳不敖，胡考之休」，魯頌泮水「不吳不揚，不告于訩」，傳箋並訓「吳，譁也」。說文言部「譁，讙也」。譁即說解之「大言也」。詩正義作「不娛」，史記孝武本紀作「不虞」，並是段借。釋文云「娛，說文作吳。吳，大言也」。知鄭君吳下說解當有引詩也。

夭

詘也。从大，象形。凡夭之屬皆从夭。於兆切（一六）

喬

高而曲也。从夭从高省。詩曰：南有喬木。（段無詩曰六字）巨嬌切

詩周南漢廣「南有喬木，不可休息」。傳云「喬，上竦也」。書禹貢「厥木惟喬」。傳云「喬，高也」。孟子梁惠王「所謂故國者，非謂有喬木之謂也」。注云「喬，高也」。尚書大傳（伯禽與康叔往見商子）「商子曰：南山之陽有木焉，名喬。二三子往觀之，見喬實高高然而上。反以告商子，商子曰：喬者父道也。南山之陰有木焉，名梓。二三子復往觀焉，見梓實晉晉然而俯。反以告商子，商子曰：梓者子道也」。經傳或段橋為喬。木部「橋，水梁也。从木喬聲。巨驕切」是橋梁字。

幸

吉而免凶也。从屰从夭。夭，死之事，故死謂之不幸。胡耿切

論衡幸偶篇「顏子早夭，孔子曰：不幸短命死矣。短命稱不幸，則長命者幸也」。獨斷「天子所至曰幸。車駕所至，臣民被其

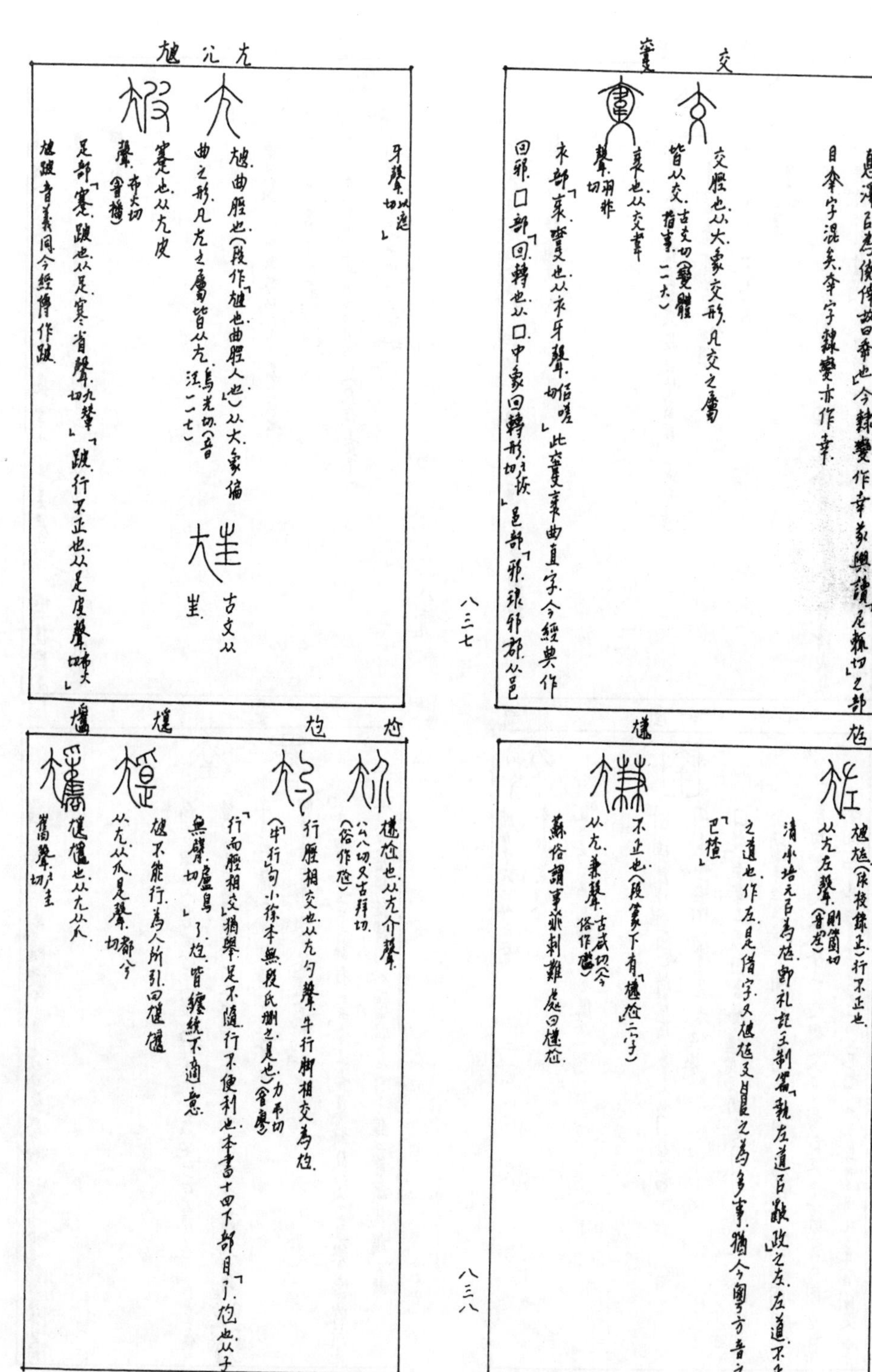

息澤日為僥倖故曰𡴘也」今隸變作幸𡴘與讀「尼輒切」之部目𡴘字混矣𡴘字隸變亦作幸

交

交 脛也。从大象交形。凡交之屬皆从交。古爻切(𢘿體一二大)

㚆

㚆 衺也。从交韋聲。羽非切

衣部「衺 㚆也。从衣牙聲。佀嗟切」此㚆衺曲直字今經典作回部「回 轉也。从口中象回轉形。戶恢切」邑部「邪 琅邪郡。从邑牙聲。以遮切」

尢

尢 𡯁曲脛也(段作「𡯁也曲脛人也」)从大象偏曲之形。凡尢之屬皆从尢。烏光切(音汪一二七)

𡯂 古文从㞷。

𡰻

𡰻 蹇也。从尢皮聲。布火切(音播)

足部「蹇 跛也。从足寒省聲。九輦切」「跛 行不正也。从足皮聲。補火切」

𡰻跛音義同今經傳作跛

𡯌

𡯌 𡯌尬(段校𡯌正)行不正也。从尢左聲。則箇切(音左)

清水培元曰為𡯌鄭札記王制篇「執左道曰亂政」之左。左道不正之道也。作左是借字。又𡯌尬又見之為多事。猶今粵方音之「巴摣」

尲

尲 不正也(段篆下有「尲尬二字」)从尢兼聲。古咸切(今俗作尷)

蘇俗謂事乖剌難處曰尷尬

尬

尬 尲尬也。从尢介聲。公八切又古拜切(俗作尬)

尥

尥 行脛相交也。从尢勺聲。牛行腳相交為尥。力弔切(音廖)

(牛行句小徐本無段氏刪之是也)

「行而脛相交」猶舉足不隨行不便利也。本書十四下部目「了 尥也。从子無臂。盧鳥切」了尥皆纏繞不適意

尳

尳 𡯁不能行為人所引曰尳𡰿。从尢从爪是聲。都兮切

𡰿

𡰿 尳𡰿也。从尢从爪雈聲。戶圭切

𨗨𨘢。今經典作提攜。手部「提，挈也。从手是聲。杜兮切」「攜，提也。从手巂聲。戶圭切」音義同。心部「𢤱，有二心也。从心巂聲。戶圭切」是𢤱離𢤱貳字。

壺

昆吾圜器也。象形。从大，象其蓋也。凡壺之屬皆从壺。戶吳切（一一七）

壹

壹壺也。从凶从壺。不得泄凶也。（段作「壺不得泄也」）易曰：天地壹壺。於云切

壹壺謂天地会昜二气已在潛中醞釀。壹壺，醞釀也。今易繫傳已作絪縕矣。

壹

專壹也。从壺吉聲（段作「从壺吉，吉亦聲」）凡壹之屬皆从壹。於悉切（一一七）

懿

嫥久而美也。从壹从恣省聲。乙冀切

詩大雅烝民「民之秉彝，好是懿悳」，傳云「懿，美也」。經傳或段作噫。詩大雅瞻卬「懿厥哲婦，為梟為鴟」，箋云「懿，有所痛傷之聲也」。口部「噫，飽食息也。从口意聲。於介切」又段為發聲之詞。

幸

所以驚人也。从大从羊。（段改作「从大从羊」）一曰大聲也。凡幸之屬皆从幸。一曰讀若瓠。一曰俗語以盜不止為幸。幸讀若籋。尼輒切（一一七）

睪

司視也。从橫目（段無「橫字」）从幸。令吏將目捕辠人也。（「令」段作「今」）羊益切

「令」當是「今」字之譌。桂氏云「令」五音集韻引作「今」，蓋舉當時所見也。凡吏出捕，輒將兩人，一通信息，謂之線，一能識認，謂之眼。」

執

捕辠人也。从丮幸，幸亦聲。之入切

又段之為凡持守之偁。

圉

囹圉（段作「囹圄」）所以拘辠人。从口幸。一曰圉，垂也。一曰圉人，掌馬者。魚舉切

口部「圄，守之也。从口吾聲。魚舉切」圉是「囹圄」，圄為「守圄」字。清邵瑛群經正字云「圉乃守圉字，守圉必依城垣，故从口。囹圄所以拘辠人，故从幸，入口部，入幸部，說文有深意也。圉必有所守，故又段為邊垂之偁」。「一曰圉人，掌馬者」，周礼夏官圉人「掌

養馬爲牧之事，以役圉師」圉師鄭注「養馬曰圉」又役人「牧圉」注引鄭司農云「養馬爲圉」今人既以圉爲「囹圄」又單以圉爲「牧圉」義，叚禦爲「守禦」，示部「禦，祀也」本是祭名；彳部「御，使馬也」是駕御字；攴部「敔，禁也」則是禁敔字。

盩

引擊也。从㚔攴，見血也。扶風有盩厔縣。張流切（音周。厔音疾）

桂氏謂盩當爲盭，未是。弦部「盭，弼戾也。从弦省，从盩。臣鉉等曰：盩者，擊罪人見血也，弼戾之意。郎計切」唐李吉甫元和郡縣志「山曲曰盩，水曲曰厔」

報

當罪人也。从㚔从𠬝。𠬝，服罪也。博號切

報，謂處當罪人也。司馬彪百官志曰「廷尉掌平獄，奏當所應。凡郡國讞疑罪，皆處當以報」又借之爲告也、白也、復也。又小爾雅廣義「下婬曰報，上婬曰烝，旁婬曰通」報疑是勹字之叚。勹部「勹，覆也。从勹覆人。薄晧切」（音步）「下婬」其叚借義也。

𥷚

窮理罪人也（「理」段作「治」）从㚔从人从言，竹聲。居六切

𥷚 或省言

此𥷚訊字，今經典作鞫，或作鞠。按說文無鞫字。革部「鞠，蹋鞠也。从革匊聲。居六切」「𥷚」「鞠」或从𥫗匊，義異。詳艸部菊字

奢

張也。从大者聲。凡奢之屬皆从奢。式車切

奓 籀文。臣鉉等曰：今俗作陟加切，以爲奓厚之奓，非是。（唐讀奓爲撦。一一八）

亢

人頸也。从大省，象頸脈形。凡亢之屬皆从亢。古郎切（一一八）

頏 亢或从頁

夲

進趣也。从大十。大十猶兼十人也。凡夲之屬皆从夲。讀若滔。土刀切（一一八）

𠦬

疾也。从夲卉聲。拜从此。呼骨切（音忽）

足部「𨀛，疾也，長也。从足攸聲。式竹切」此𨀛本字。欠部「欻，有所吹起。从欠炎聲。讀若忽。許物切」亦作倏欻，俗作倏忽。犬部無倏字。心部「忽，忘也。从心勿聲。呼骨切」義異

曓

疾有所趣也。从日出夲廾之。薄報切

又借爲暴虐字。日部「㬥，晞也。从日出廾米。薄報切」則是㬥曬字。今隸變並作暴，單作暴虐義，而以加日旁作曝讀∝

聲，㠯為暴𣝩字，謬矣。又周礼地官有司虣，注云「司虣禁暴亂」。虣字鄭書所無，大徐新附虎部作「虣，虐也，急也。从虎从武。見周礼。薄報切」。正字當作暴也。

𡙇

𡙇 進也。从夲从屮，允聲。易曰𡙇升大吉。余準切

今易升卦初六「允升大吉」，作允是借字。漢上易傳引施讎易作「𡙇，進也」。今鄭玄虞翻諸家允字無注，王弼訓「當也」，殆未檢本書夲部𡙇字，望文生義。儿部「允，信也。从儿㠯聲。樂準切」。此允之本義。㫃部「旞，導車所㠯載全羽，㠯為允允進也。从㫃，遂聲。徐醉切」。允訓進也，則是借義。

奏

奏 進也（奏字衍）。从夲从廾从屮，屮上進之義。則候切 古文 亦古文

書舜典「敷奏㠯言」，傳云「奏，進也」。古籍多叚為卪卪字。本書九上卪部「卪，瑞信也。子結切」「卪，卪也。則候切」。水部「湊，水上人所會也。从水奏聲。倉奏切」。又是為會也。

皋

皋 气皋，白之進也。从夲从白。礼祝曰皋，登謌曰奏，故皋奏皆从夲。周礼曰「詔來鼓皋舞」。皋，告之也。古勞切

「气皋，白之進也」。未達其指。王氏句讀謂是㠯字形說字義。朱駿聲云「此字當訓澤皋之地也，从白，白者日未出時初生微光也。曠野得日光最早，故从白，从夲聲」。釋名釋地「下而有水曰澤，言潤澤也」。風俗通義「水艸交厝名之為澤。澤者言其潤澤萬物㠯阜民用也」。詩小雅鶴鳴「鶴鳴于九皋，聲聞于野」，毛傳「皋，澤也」。離騷「步余馬於蘭皋兮」，王逸注「澤曲曰皋」。礼祝曰皋：儀礼士喪礼「復者一人……招㠯衣，曰皋某復，三」，鄭注「皋，長聲也」。礼記礼運「及其死也，升屋而號告曰皋某復」。「登謌曰奏」：儀礼燕礼有升歌之文，而不言奏，礼經或言歌，或言樂，或言奏，其實一也。皋㠯招魂，歌㠯奏技，皆進意也，故皆从夲。「周礼曰詔來鼓皋舞」：今周礼春官樂師「詔來瞽皋舞」作「瞽」，注引鄭司農云「瞽當為鼓，皋當為告」。鄭玄曰「皋之言號，告國子當舞者舞」。是叚皋為告也。

夰

夰 放也。从大而八分也。（段作「从大八，八，分也」）凡夰之屬皆从夰。古老切（音稿一二九）

奡

奡 嫚也。从百从夰，夰亦聲。虞書曰若丹朱奡。讀若傲。論語奡湯舟。五到切

昊

女部「嫚，侮傷也。从女曼聲。謀患切」「婺，侮傷也。从女敄聲。五到切」人部「傲，倨也。从人敖聲。五到切」奡婺音義同，而傲音同義亦近。書益稷「無若丹朱傲，惟慢遊是好」作傲。又「奡湯舟」，湯，論語憲問篇作盪，是正字。皿部「盪，滌器也。从皿湯聲。徒朗切」水部「湯，熱水也。从水昜聲。土郎切」

昦 春為昦天，元气昦昦。从日乔，乔亦聲。胡老切（今隸變作昊）

爾雅釋天「春為蒼天，夏為昊天，秋為旻天，冬為上天」詩王風黍離「悠悠蒼天，此何人哉」傳云「蒼天，以體言之。尊而君之，則偁皇天；元气廣大，則偁昊天；仁覆閔下，則偁旻天；自上降監，則偁上天；據遠視之蒼蒼然，則偁蒼天。」書堯典「乃命羲和，欽若昊天，歷象日月星辰，敬授民時」傳云「昊天，言元气廣大。」經傳中諸偁天者，以情所求言之，非必於其時偁之也。

大

大 籒文大，改古文，亦象人形。凡大之屬皆从大。他蓋切（一一九）

奕

奕 大也。从大亦聲。詩曰「奕奕梁山」。羊益切

詩大雅韓奕「奕奕梁山，維禹甸之」傳云「奕奕，大也。」廾部「弈，圍棊也。从廾亦聲。論語曰：不有博弈者乎。羊益切」弈弈異字，今隸變混介廾為大。

奘

奘 駔大也。从大从壯，壯亦聲。徂朗切（音奘上聲）

馬部「駔，壯馬也。从馬且聲。子朗切（音莊上聲）」牡馬即壯馬。士部「壯，大也。从大爿聲。側亮切」爾雅釋言「奘，駔也。」郭注「今江東呼大為駔，駔猶麤也。」方言「秦晉之閒，凡人之大謂之奘，或謂之壯。」犬部「奘，安彊犬也。从犬壯，壯亦聲。徂朗切」奘从介之奘，異字。

耎

耎 稍前大也。从大而聲。讀若畏偄。而沇切

人部「偄，弱也。从人耎聲。奴亂切」此偄弱字，車部無輭軟字。三下部目「𤿭，柔韋也。从北，从皮省，从夐省。讀若耎。而兗切」是柔𤿭字。

夫

夫 丈夫也。从大一，一以象簪也。周制以八寸為尺，十尺為丈，人長八尺，故曰丈夫。凡夫之屬皆从夫。甫無切（一一九）

規

規 有法度也（段篆下有「規巨」二字）从夫見。居隨切

一切經音義「規模也」字从夫从見，言丈夫之見必合規巨。孟子離婁篇「規巨方員之至也」。經傳或段規為䂓。頁部「䂓，小頭䂓䂓也，从頁枝聲，讀若規。己恚切」。莊子秋水「於是埳井之鼃聞之，適適然驚，規規然自失也」，注云「規規，小貌」，字當作䂓。

扶

扶 並行也。从二夫。輦字从此。讀若伴侶之伴。薄旱切

人部「伴，大皃，从人半聲。薄旱切」與扶字異義。侶字非鄦書所有，「伴侶」本止作扶旅。「讀若」句疑後人誤增。

立

立 住也。从大立一之上。（臣鉉等曰：大人也，一地也，會意）凡立之屬皆从立。力入切（二〇）

竦

竦 臨也。从立从隶（段作「隶聲」）。力至切

凡經傳作蒞、莅或涖，皆當作竦為正。

𥪖

𥪖 磊𥪖，重聚也。从立𦎫聲。丁罪切（音對，今讀堆）

磊𥪖俗作磊堆，今所謂累贅。經傳多段敦為𥪖。詩豳風東山「敦彼獨宿」，「有敦瓜苦」；大雅行葦「敦彼行葦」，正字當作𥪖。攴部「敦，怒也，詆也，一曰誰何也，从攴𦎫聲。都昆切，又丁回切」異字。

端

端 直也。从立耑聲。多官切

此端正端莊字。孟子離婁篇「夫尹公之他，端人也，其取友必端矣」。釋文「端，正也」。本書七下部目「耑，物初生之題也，上象生形，下象其根也。多官切」。此耑倪、耑緒、多耑、發耑之本字，古籍多段端為之。

竫

竫 亭安也。从立爭聲。疾郢切

亭安字當作甹。高部「亭，民所安定也，亭有樓，从高省丁聲。特丁切」。血部「甹，定息也，从血甹省聲，讀若亭。特丁切」。此凥甹、甹息字，俗作停。人部無。凡安靜字當作竫或靖，今作靜是借字。詳青部靜字。

靖

靖 立竫也。从立青聲。一曰細皃。疾郢切

立竫謂立容安竫。竫、靖音義同。大學「安而後能慮」，故又引申之為謀也。詩周頌我將「儀式刑文王之典，日靖四方」，傳云「靖，謀也」。

「一曰細皃」又負之爲小巧之偁書秦誓「惟截截善諞言俾君子易辭」公羊傳文公十二年引作「惟諓諓善竫言」葢通作靖又本書戈部戔下引周書曰「戔戔巧言」作巧言則靖言小人諞巧言也餘詳青部靜字

竢

竢 待也从立矣聲 牀史切

或从巳

彳部「待竢也」經傳多段俟爲竢人部「俟大也从人矣聲詩曰伾伾俟俟」牀史切 音同義異來部「𠩺詩曰不𠩺不來从來矣聲」牀史切「𢓊𠩺或从彳」今詩無「不𠩺不來」句疑俟爾雅釋訓「不俟不來也」作俟郭注「不可待故不復來」或爾雅本作𢓊譌爲俟耳

竭

竵 不正也从立𡧛聲(歪正字) 火鼃切(音窠)

今俗作歪非是口部「咼口戾不正也从口冎聲」苦媧切 略同

竭 負舉也从立曷聲 渠列切

禮記禮運「五行之動迭相竭也」鄭注「竭猶負戴也」此竭之本義今經典多用竭爲渴盡字而舉義則作揭禮大傳「人道竭矣」鄭注「竭盡也」是借字水部「渴盡也从水曷聲」苦葛切 手部「揭高舉也从手曷聲」去例切又基竭切 詩邶風匏有苦葉「深則砅淺則揭」

毛傳「揭褰衣也」今俗既用竭爲渴盡字又用渴爲⿰渴欠欠部「⿰渴欠欲歠也从欠渴聲」苦葛切 借義行而本義廢矣口部「喝渴也从口曷聲」於介切 玉篇「喝嘶聲也」

頿

頿 待也从立須聲 相俞切

或从芻聲

雨部「需頿也遇雨不進止頿也从雨而聲易曰雲上於天需」相俞切 今頿待字作須是借字本書九上部目「須面毛也从頁从彡」相俞切 是須鬚字

⿰立羸

⿰立羸 痿也从立羸聲 力臥切(音羅去聲)

疒部「⿸疒羸瘌中病也从疒从羸」郎果切

竣

竣 偓竣也(段作「居也」)从立夋聲國語曰有司已事而竣 七倫切(本音春 今讀爲俊)

「偓竣也」段作「居也」按段改是也人部「偓佺也」「佺偓佺仙人也」偓竣即偓佺說解引國語齊語「有司已於事而竣」韋注云「竣偓伏也」或借逡字爾雅釋言「逡退也」郭注引外傳曰「已復於事而逡」無仙人義說文尸部「居蹲也」「踞俗居从足」疑鄦君本作居傳寫或借踞

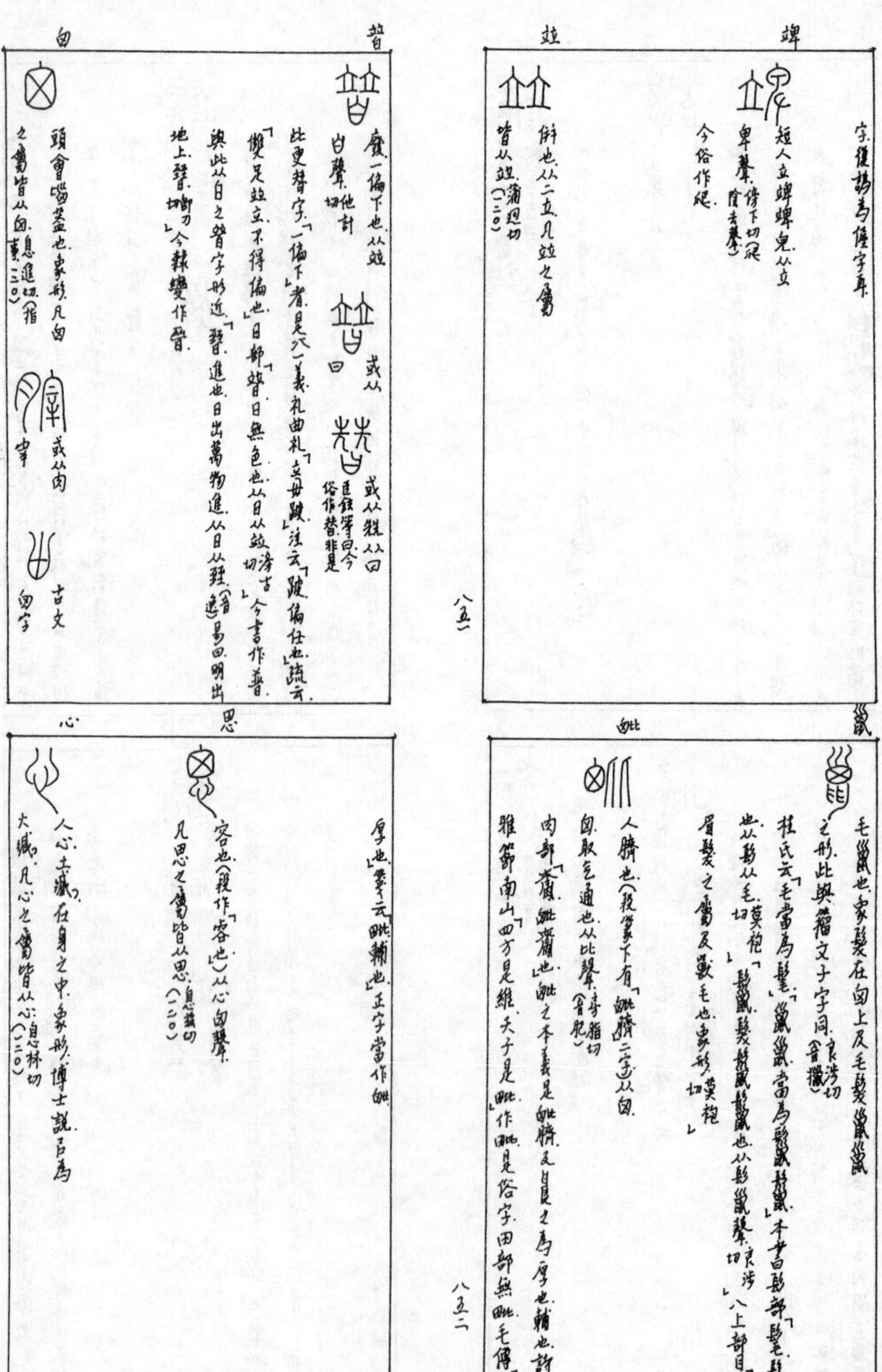

字,復誤為僅字耳.

竨

短人立碑碑皃.从立卑聲.傍下切(罷 陰去聲)

今俗作跁.

竝

併也.从二立.凡竝之屬皆从竝.蒲迥切(二〇)

替

廢,一偏下也.从竝白聲.他計切

或从曰

或从兟从曰 臣鉉等曰:今俗作替,非是.

此更替字.「一偏下」者,是「八一」義.礼曲礼「立毋跛」注云「跛,偏任也」疏云「雙足並立,不得偏也」日部「暜,日無色也.从日从竝」滂古切.今書作普.與此从白之替字形近.「晉,進也.日出萬物進.从日从臸(音進)易曰明出地上,晉.即刃切」今隸變作晉.

囟

頭會腦蓋也.象形.凡囟之屬皆从囟.息進切(指[illegible]二〇)

或从肉 膟

古文囟字

巤

毛巤也.象髮在囟上及毛髮巤巤之形.此與籀文子字同.良涉切(音獵)

桂氏云「毛當為髦」「巤巤當為鬣鬣」本書髟部「髦,髮也.从髟从毛.莫袍切」「鬣,髮鬣鬣也.从髟巤聲.良涉切」八上部目毛「毛,眉髮之屬及獸毛也.象形.莫袍切」

毗

人臍也(段篆下有「毗臍」二字)从囟.囟,取气通也.从比聲.房脂切(音肥)

肉部「齎,毗齎也」毗之本義是毗臍,又引申之為厚也.輔也.詩小雅節南山「四方是維.天子是毗」作毗,是俗字.田部無毗.毛傳「毗,厚也」箋云「毗,輔也」正字當作毗.

思

容也(段作「睿也」)从心囟聲.凡思之屬皆从思.息茲切(二〇)

心

人心,土藏,在身之中.象形.博士說以為火藏.凡心之屬皆从心.息林切(二〇)

息

喘也。从心从自，自亦聲。（段作「从心自」刪「自亦聲」）相即切

口部「喘，疾息也」「呼，外息也」「吸，内息也」。息之本義是鼻息，一呼一吸為一息。朱子論語注云「一息尚存，此志不容少懈」。古籍或段為止熄字，火部「熄，畜火也。从火息聲。亦曰滅火。相即切」。凡「生熄」「滋熄」「惕熄」「止熄」「熄滅」皆以作熄為本字。又邑部「鄎，姬姓之國，在淮北。从邑息聲。今汝南新鄎。相即切」今左傳隱公十一年「息侯伐鄭」杜注「息國，汝南新息縣」。已段息為鄎矣。

志

意也。从心㞢聲。（段作「从心㞢，㞢亦聲」）職吏切

此大徐新修十九文之一。清嚴章福曰「按說文識為知識字，職為識記字，戠為職役字，志者心之所之，又別一字。古文或借志為識，非即識字。大徐補于心部，是也。校議以為志即識重文，非。」言部「識，常也。一曰知也。从言戠聲。賞職切」耳部「職，記微也。从耳戠聲。之弋切」戈部「戠，闕。从戈从音。之弋切」小徐本闕下有「職从此」。此古職字，古之職役皆執干戈。」俗識記字作誌，說文無。

恉

意也。从心旨聲。職雉切

此意恉字，經傳多段旨或指為恉。本書五上部首「旨，美也。从甘匕聲。職雉切」是甘旨字。手部「指，手指也。从手旨聲。職雉切」

易繫傳「其旨遠，其辭文」作旨。孟子告子「願聞其指」盡心「言近而指遠」作指。正字當作恉。

悳

外得於人，内得於己也。从直心。多則切

古文

彳部「得，行有所得也。从彳㝵聲。多則切」悳得古籍多互通。或段德為悳。彳部「德，升也。从彳悳聲。多則切」「外得於人」謂多識前言往行以畜其悳也。「内得於己」者，礼樂記「礼樂皆得，謂之有德，德者得也」。又鄉飲酒義「德也者，得於身也。故曰古之學術道者，將以得身也。是故聖人務焉」。德是悳之段。

應

當也。从心𤸰聲。於陵切

𤸰今經典書作鷹。隹部「𤸰，鳥也。从隹，瘖省聲。或从人，人亦聲。於凌切」「鷹，籀文𤸰从鳥」。應當之應讀平聲，凡人姓及地名則讀去聲。言部「譍，以言對也。从言雁聲。於證切」此大徐新修十九文之一，是譍對字。言部「諾，譍也」「讎，猶譍也」。

快

喜也。从心夬聲。苦夬切

易旅卦九四「旅于處，得其資斧，我心不快」。不快猶不忦也。經傳多段快為忦趧字。本部「忦，忝也。从心介聲。呼介切」又大徐於馬部駃

下云「今俗與快同用」，邮俗已駛為忿遽之忿。

惇

㫗也、从心𦎫。都昆切

惇㫗，今經傳多作敦厚，是借字。攴部「敦，怒也、詆也，一曰誰何也，从攴𦎫聲。都昆切，又丁回切」。五下部目「㫗，篤也，从反亯。胡口切」。㫗部「厚，山陵之厚也，从㫗从厂。胡口切」。又「敦字」讀「丁回切」，則是叚作𥪡。立部「𥪡，磊𥪡，重聚也，从立𦎫聲。丁罪切」。

忼

慨也（段作「忼慨也、忼慨，壯士不得志於心也」）。从心亢聲。一曰易「忼龍有悔」。臣鉉等曰：今俗作慷，非是。苦浪切，又口朗切

今易乾卦上九「亢龍有悔」作亢。王肅曰「窮高曰亢」。本書十下部目「亢，人頸也，从大省，象頸脈形。古郎切」。又是之義為高也。鄦君忼下引易或古文叚借，故列「一曰」下。

慨

忼慨，壯士不得志也（段作「忼慨也」）。从心既聲。古溉切

愿

謹也、从心原。魚怨切

書臯陶謨「愿而恭」，鄭注「愿謂容貌恭正」。周書謚法「思㫗不爽曰愿」。人部「傆，黠也，从人原聲。魚怨切」。徐鍇曰「黠，多智也」。是鄉傆

字。今論語陽貨「鄉原，德之賊也」作原，是借字。灥部「厵，水泉本也，从灥出厂下。愚袁切」。「原，篆文从泉」。是水原字。鄦書無源字。辵部「邍，高平之野，人所登，从辵备录，闕。愚袁切」。是平邍字（說文無备字，「从辵备录」句疑有誤，詳辵部）。

憭

慧也、从心尞。力小切

此憭然「憭悟」字，經傳多叚了為之。後漢書孔融傳「小時了了，大未必奇」。孟子離婁篇「存乎人者，莫良乎眸子，眸子不能掩其惡，胸中正則眸子瞭焉，胸中不正則眸子眊焉」作瞭，注云「瞭，明也」。按說文無瞭，正字當作憭。本書十四下部目「了，尥也，从子無臂，象形。盧鳥切」。尣部「尥，行脛相交也，从尣勺聲。力弔切」。了、尥皆纏繞不適意。

恢

大也、从心灰。苦回切

多部「𡖍，大也，从多圣聲。苦回切」。恢、𡖍音義同，俗作魁。斗部「魁，羹斗也，从斗鬼聲。苦回切」，音同義異。又經傳或叚𡖍為傀偉字。人部「傀，偉也，从人鬼聲。公回切」。「瓌，傀或从玉褱聲」。

怡

龢也、从心台。與之切

口部「台．說也．从口㠯聲．與之切（又徒哀切）」台是台說．怡是怡龢．音同而義略異．然經傳台說字亦作怡．而台則讀徒哀切．

懘

懘 高也．一曰極也．一曰困劣也．

从心帶聲．特計切（音弟）

札樂記「五音不亂．則無怗懘之音」．鄭注「怗懘．敝敗不和貌」．懘是懘字之譌．俗作㦅．鄉書無．

愗

愗 問也（段作「肙也」是）謹敬也．从心敄聲．一曰說也．一曰甘也（段作「且也」是）

春秋傳曰昊天不愗．又曰兩君之士皆未愗．魚覲切（音靭．敄「犬張齗怒也」音引）

「問」玉篇引作「閒」．當是「肙」字形譌．蓋「肙」先誤作「閒」．再誤為「問」耳．詩小雅十月之交「不愗遺一老．俾守我王」．箋云「愗者．心不欲自彊之辭也」．正義引說文云「愗．肎從心也」．「一曰甘也」．愗依玉篇作「且」也．左傳哀公十六年「夏四月己丑．孔丘卒．公誄之曰．旻天不弔．不愗遺一老．俾屏余一人以在位」．杜注「愗．且也」．漢書五行志引此．愗訓曰「愗．且辭也」．小爾雅「愗．彊也．且也」．「愗．願也」．又左傳文公十二年「兩君之士皆未愗也」．杜注「愗．缺也」．釋文引方言云「傷也」．說苑至公篇載此事作「二軍之士皆未息」．頁部「願．大頭也．从頁原聲．魚怨切」．

凡「願意」「願望」字本作愗．

懬

懬 闊也．一曰廣也．大也．一曰寬也．从心廣．廣亦聲．

（段依詩釋文補「詩曰．懬彼淮夷」）苦謗切

凡「懬充」「懬課」「懬野」皆以此為正．今經典作曠．是借字．曠是「空曠」．日部「曠．明也．从日廣聲．苦謗切」．又「一曰寬也」．寬廣同義．杜氏以為當是覺字．詩魯頌泮水「憬彼淮夷．來獻其琛」．傳云「憬．遠行貌」．釋文「憬．說文作懬．音獷」．韓詩「獷彼淮夷」作獷．薛君注「獷．覺悟之貌」．是元朗所見說文引詩在懬下．而鄭君所見毛詩本作懬．今說文心部末有「憬．覺寤也．从心景聲．詩曰憬彼淮夷．俱永切」．佀是後人所加．鄭君本無此篆．至韓詩作獷．則是懬字之段．犬部「獷．犬獷獷不可附也．从犬廣聲．古猛切」

㥯

㥯 謹也．从心𤔌聲．於靳切

此「𤔌重」字．今俗作穩．說文無穩．新附有之．禾部新附「穩．蹂穀聚也．一曰安也．从禾．隱省聲．古通用安隱．烏本切」無𤔌重義．穩訓「安也」則是𤔌之段借．𠬪部「𤔌．所依據也．从𠬪工．讀與隱同．於謹切」「有所依」故又昌為「安𤔌」．𨸏部「隱．蔽也．从𨸏㥯聲．於謹切」．是「隱蔽」「隱微」字．十二下部目「乚．匿也．象迟曲隱蔽形．讀若隱．於謹切」乚與隱音義同．

愻

愻 順也．从心孫聲．唐書曰五品不愻．蘇困切

今書舜典「百姓不親．五品不遜」．作遜是借字．辵部「遜．遁也．从辵孫聲．蘇困切」．凡「愻順」作遜．「遜遁」「遜位」作遜．古籍或段孫

為愻。或遜。儀礼聘礼記「辭無常，孫而說」注云「孫，順也」。論語憲問「邦無道，危行言孫」。孫皆當作愻。公羊傳莊公元年「夫人孫於齊」注云「孫之言遁也」。正字當作遜。系部「孫，子之子曰孫。从子从系。系，續也。思魂切」

𢡱

𢡱

實也。从心，塞省聲。（段作「𡫳聲」是。）虞書曰：剛而𢡱。先則切

今書皋陶謨「剛而塞」傳云「剛斷而實塞」。作塞是借字。土部「塞，隔也。从土从𡫳。先代切」是邊塞字。𡫳部「𡫳，窒也。从㠭从廾，窒宀中。㠭猶齊也。穌則切」是窒𡫳字。又此篆𢡱與愻之重文𢡱，从寒省。今楷書並作𢡱，而二字混矣。

恂

恂

信心也。从心旬聲。相倫切

經傳或段洵或詢為之。詩鄭風叔于田「豈無居人，不如叔也，洵美且仁」。有女同車「彼美孟姜，洵美且都」。箋並云「洵，信也」。爾雅釋詁「詢，信也」。正字當作恂。許書無詢字，新附有之，訓「謀也」。爾雅釋詁同。水部「洵，過水出也。从水旬聲。相倫切」音同義異。宋蘇洵字明允，當是恂字。論語鄉黨「子之燕居，恂恂如也」。鄭注「恂恂，恭慎貌」。則是信之叚借義。至大學「瑟兮僩兮者，恂慄也」。朱子注「恂慄，戰懼也」。莊子齊物論「木處則惴慄恂懼，猨猴然乎哉」。崔云「恂，戰也」。則是𠔃字之省借。兮部「𠔃，驚辭也。从兮，

旬聲。思允切」「惸，𠔃或从心」。

惟

惟

凡思也。从心隹聲。以追切

惟是思之統偁，故曰凡。此思惟字。口部「唯，諾也。从口隹聲。以水切（上聲）」是唯諾字。又叚之為唯獨義。糸部「維，車蓋維也。从糸隹聲。以追切」是綱維字。三字異義，經典皆通用為發語詞。許口部唯字

懷

懷

念思也。从心褱聲。戶乖切

此「懷念」「思懷」字。古籀多段為「褱」「褢」。「褢褱」義。衣部「褢，袖也。一曰藏也。从衣鬼聲。戶乖切」「褱，挾也。从衣眔聲。一曰橐。戶乖切」「袌，褱也。从衣包聲。薄保切」。許衣部褢褱字。

慉

慉

起也。从心畜聲。詩曰：能不我慉。許六切

今詩邶風谷風作「不我能慉」。毛傳「慉，養也」。田部「畜，田畜也。淮南王曰：玄田為畜。丑六切」是田畜字。女部「𡡾，媚也。从女畜聲。丑六切」「媚，說也。从女眉聲。美祕切」。𡡾訓媚，則亦好也、愛也之義。古籀多段畜為慉或𡡾。孟子梁惠王「畜君何尤？畜君者，好君也」。詩小雅蓼莪

義「樹我畜我」是樹摩愛惜之意。字竝當作嬙。鄭箋訓畜云「起也」則以爲嬙字之叚。恐未然。

意

滿也。从心啻聲。一曰十萬曰意。於力切

籀文省。

此「意」篆正字。言部「啻，快也（「快」當作「訣」，早知也）。从言中。於力切」是啻庚字。今經典皆叚億爲之。人部「億，安也。从人意聲。於力切」左傳昭公二十一年「心億則樂」，杜注「億，安也」。是億之本義。又意隸變作意，與本部「意，志也。从心察言而知意也。从心从音。於記切」隸變同。經典啻庚字亦誤作意。又偏旁有从意者，如人部「億，安也。从人意聲」是有从意者。如口部「噫，飽食息也。从口意聲」是有从啻者。如艸部「蓄，蓄艸。从艸啻聲」是。俗則偏旁皆作意矣。

悹

憂也。从心官聲。古玩切

詩大雅板「靡聖管管，不實於亶」。毛傳「管管，無所依也」。正字當作悹。竹部「管，如篪，六孔。……从竹官聲。古滿切」管是樂器，與悹字迥異。

憀

憀然也。从心翏聲。洛蕭切

玉篇「憀，力周力彫二切。賴也。且也」。此「憀賴」「宋憀」「無憀」字。經傳叚聊爲之。詩鄭風出其東門「縞衣綦巾，聊樂我員」。箋訓聊爲且。正是憀字之叚。耳部「聊，耳鳴也。从耳卯聲。洛蕭切」

愙

敬也。从心客聲。春秋傳曰「以陳備三愙」。臣鉉等曰今俗作恪。苦各切

今左傳襄公二十五年作「以備三恪」。詩商頌那「溫恭朝夕，執事有恪」。毛傳「恪，敬也」。竝當作愙爲正。

㤅

（依鍇本篆从旡。段氏同）惠也。从心旡聲。烏代切（旡音既）

古文

此惠㤅仁㤅字。經傳通作愛。夊部「愛，行皃。从夊㤅聲。烏代切」是。詩邶風靜女「愛而不見，搔首踟躕」。鄭箋「謂愛之而不往見」。正字當作㤅。鄭君引作僾，是孟本三家。人部「僾，仿佛也。从人愛聲。詩曰僾而不見。烏代切」僾訓仿佛，亦與㤅迥異。又竹部「薆，蔽不見也。从竹愛聲。烏代切」是隱蔽義。今俗竝作曖。日部無。

慰

安也。从心尉聲。一曰恚怒也。於胃切

火部「尉，从上案下也。从𡰥又持火，以尉申繒也。臣鉉等曰：今俗別作熨，非是。於胃切」。慰，安字本亦作尉，詳火部尉字。

忞

彊也（段作「自勉彊也」，句讀同）。从心文聲。周書曰：在受德忞。讀若旻。武巾切

今書立政「其在受德暋」，作暋。傳訓「大惡自彊」。本書攴部「敯，冒也。从攴昏聲。周書曰：敯不畏死。眉殞切」。今書康誥「敯不畏死」。傳云「敯，彊也。自彊為惡而不畏死」。傳既訓敯為彊，與說文訓「冒」也不叶，疑書本作敃，後譌為敯耳。攴部「敃，彊也。从攴民聲。眉殞切」。說解引書宜在敃下。又敃、忞音義同，鄦君所見書或作忞。又忞忞連用為形容詞，法言問神「傳千里之忞忞者」，注「忞忞，心所不憭。

懋

勉也。从心楙聲。虞書曰：惟時懋哉。莫候切

或省。

書舜典「帝曰：俞，咨禹，汝平水土，惟時懋哉」。傳云「懋，勉也」。經傳或作茂，或作楙。林部「楙，木盛也。从林矛聲。莫候切」。艸部「茂，艸豐盛。从艸戊聲。莫候切」。

悛

止也。从心夋聲。此緣切（音詮）

韓非難四「過而不悛，亡之本也」。左傳隱公六年「長惡不悛，從自及也」。杜注「悛，止也」。方言「悛，改也。自山而東或曰悛，或曰懌」。

八六三

懕

安也。从心厭聲。詩曰：懕懕夜飲。於鹽切

今詩小雅湛露「厭厭夜飲，不醉無歸」。傳云「厭厭，安也」。作厭，是借字。厂部「厭，笮也。从厂猒聲。一曰合也。於輒切，又一琰切」。俗段厭為懕，別加土作壓，以為厭笮字。又甘部「猒，飽足也。从甘肰。於鹽切」。是猒是字，俗別作饜。壓、饜皆鄦書所無。

憺

安也。从心詹聲。徒敢切

一切經音義「說文：憺，安也。謂憺然安樂也。憺亦恬靜也」。人部「倓，安也。从人炎聲。徒甘切」。義同。古籍或借澹、淡為憺。漢書司馬相如傳相如子虛賦「澹乎自持」，師古注「澹，安靜意也」。後漢書班彪傳「何其守道恬淡之當也」，章懷注「恬淡，猶清靜也」。字並當作憺。水部「澹，澹淡水搖皃。从水詹聲。徒濫切」。「淡，薄味也。从水炎聲。徒敢切」。

怕

無為也（段作「無偽也」）。从心白聲。匹白切，又葩亞切

句讀作「靜也」。謂恬然寂靜也，亦無為自得也。一切經音義「怕，靜也。謂恬然寂靜也。憺怕無為也」。是王氏所本。老子「我獨怕兮其未兆」，范應元注「怕，靜也」。憺怕，俗作澹泊。怕本「匹白切」，「葩亞切」者，段注云「用雅字為俗字之俗音也。今人所謂怕懼者，乃迫

八六四

之語轉」洦說文作洦水部「洦淺水也从水百聲匹白切」

恤

恤 憂也收也从心血聲辛聿切

「收也」段氏桂氏並云「當依玉篇作『救也』」案作「救也」是也周禮地官大司徒「以鄉三物教萬民而賓興之……二曰六行孝友睦婣任恤」鄭注「恤振憂貧者」血部「卹憂也从血卩聲一曰鮮少也辛聿切」音義同。

愒

愒 息也从心曷聲（臣鉉等曰今人作憩非是）去例切

詩大雅民勞「民亦勞止汔可小愒」傳云「愒息也」召南甘棠「蔽芾甘棠勿翦勿敗召伯所憩」傳云「憩息也」憩當作愒又案「愒息」字當作熄詳本部息字。

惷

惷 精戇也从心毳聲千短切（毳細毛也音脆）

精戇也此愚惷字俗段蠢為之蚰部「蠢蟲動也从蚰春聲尺尹切」是蠢動字。

㥛

㥛 疾也（段作「急性也」）从心亟聲一曰謹重皃己力切

二部「亟敏疾也从人从口从又从二二天地也」徐鍇曰「承天之時因地之利口謀之手執之時不可失疾也紀力切又去吏切」又疾亦病也書洪範「六極一曰凶短折二曰疾三曰憂四曰貧五曰惡六曰弱」極乃㥛之段木部「極棟也从木亟聲渠力切」「一曰謹重皃」則是茍字之聲轉本書九上茍部「茍自急敕也从羊省从勹口勹口猶慎言也己力切」

懦

懦 駑弱者也从心需聲人朱切（古讀如今讀乃卧切音那）

段改篆作愞耎聲未是又鄦書無駑字本祇作奴王氏引以為說解駑字乃嬬字之譌女部「嬬弱也一曰下妻也从女需聲相俞切」

悆

悆 忘也嘾也从心余聲周書曰有疾不悆悆喜也羊茹切

口部「嘾含深也」書金縢「王有疾弗豫」傳云「武王有疾不說豫」作豫是借字象部「豫象之大者賈侍中說不害於物从象予聲羊茹切」釋文云「豫本又作忬」忬非鄦書所有恐卽悆字。

憪

憪 愉也从心閒聲戶閒切

廣韻「憪心靜」鄦君訓「愉也」卽論語「愉愉如也」之愉今人云「嫻淑」「嫻靜」字本當作憪女部無嫻字門部「閒隙也从門从月古閑切」

是閑㦘字。「閑，闌也。从門中有木。（戶閒切）」是防閑字。又女部「嫺，雅也。从女閑聲。（戶閒切）」是「嫺習」字。「嫺」「㦘」二字略通，俗亦作「嫻」。

愉

薄也。从心俞聲。論語曰：私覿，愉愉如也。（羊朱切）

論語鄉黨「私覿，愉愉如也」，鄭注「愉愉，顏色和」。詩唐風山有樞「他人是愉」，毛傳「愉，樂也」。鄭君義多從毛傳，且「薄也」與論語「愉愉如也」義亦不叶，故愉字說解似宜作「樂也」。又論語泰伯「故舊不遺，則民不偷」，包訓「不偷」為「不偷薄」。案鄭書無偷字，本止作「媮」。女部「媮，巧黠也。从女俞聲。（託侯切）」又員為薄也，左傳襄公三十年「晉未可媮也」，杜注「媮，薄也」。周禮地官大司徒「以俗教安則民不愉」，釋文「愉音偷」。蓋是媮字之段。媮下說解或有「一曰薄也」。女部「娛，樂也。从女吳聲。（噳俱切）」愉娛音義略同。

懱

輕易也。从心蔑聲。商書曰：以相陵懱。（莫結切）

今商書無此文，蓋逸。經傳借蔑為懱。易剝卦六二「剝牀以辨，蔑貞凶」，鄭云「蔑，輕慢」。首部「蔑，勞目無精也。从首（音末），人勞則蔑然，从戍。（莫結切）」目部「䁾，目眵（音鴟）也。从目蔑省聲。（莫結切）」音同義異。

戇

愚也。从心贛聲。（陟絳切）

本部「愚，戇也」二字互訓。史記汲黯傳「甚矣汲黯之戇也」，索隱云「戇，愚也」。今粵方音云「戇頭爽」，即此。

懝

騃也。从心从疑，疑亦聲。一曰惶也。（五溉切）（音艾。今俗作欸，騃音矣）

騃，疑是佁字之段。人部「佁，癡皃。从人台聲。讀若騃。（夷在切）」疒部「癡，不慧也。从疒疑聲。（丑之切）」方言「癡，騃也」。作騃亦是借字。馬部「騃，馬行佁佁也。从馬矣聲。（五駭切）」

像

放也。从心象聲。（徒朗切）

本部有「愓，放也。从心昜聲。一曰平也。（徒朗切）」二字音義同，並是「放愓」字。愓亦是「坦愓」愓正字。水部「潒，水潒瀁也。从水象聲。讀若蕩。（徒朗切）」則是「潒瀁」字，今經傳通作蕩，而像、愓、潒不行矣。水部「蕩，水出河內蕩陰，東入黃澤。从水蕩聲。（徒朗切）」是水名。皿部「盪，滌器也。从皿湯聲。（徒朗切）」是「盪滌」、「掃盪」字。

慢

惰也。从心曼聲。一曰慢，不畏也。（謀晏切）

此怠慢字。「一曰不畏也」是借為嫚傷字。女部「嫚，侮傷也。从女曼聲。（謀患切）」本書日部「暬，日狎習相慢也。从日執聲。（私列切）」「相慢」字亦當作嫚。經傳竝段慢為忦邊字。走部「邊，行遲也。从走曼聲。莫還切」。又部「曼，引也。从又冒聲。無販切」。又貝之為曼長。水部無漫字。

忦

忽也。从心介聲。孟子曰：孝子之心不若是忦。呼介切

「忽」當作「㤼」。夲部「㤼，疾也。从夲卉聲。呼骨切」。此忦邊字經傳多段快為之。本部「快，喜也。从心夬聲。苦夬切」。義異。大徐於馬部駃下云「今俗與快同用」。即俗以駃為忦邊字。又孟子曰云云，今孟子萬章上「夫公明高以孝子之心為不若是恝」。作恝。趙注「恝，無愁之皃」。按說文無恝，疑孟子本作忦，轉寫作忦，後譌為恝耳。本部「忦，憂也。从心介聲。五介切」。

忽

忘也。从心勿聲。呼骨切

太史公報任少卿書「居則忽忽若有所亡，出則不知其所往」。古籍或段為㤼字。夲部「㤼，疾也。从夲卉聲。呼骨切」。倏㤼亦作倏欻。欠部「欻，有所吹起。从欠炎聲。讀若忽。許物切」。曰部「曶，出气詞也。从曰，象气出形。呼骨切」。「曶，籀文曶。一曰佩也。象形」。俗作笏。竹部無。

懣

忘也。懣兜也。从心㒼聲。母官切

清王紹蘭段注訂補云「兜」當作兜。本書八下部目「兜，廱蔽也。从人，象左右皆蔽形。讀若瞽。公戶切」。其下部屬「兜，兜鍪，首鎧也。从兜，从皃省。皃象人頭也。當侯切」。國語晉語「在列者獻詩使勿兜」。注云「兜，惑也」。「使勿兜」猶言勿有所廱蔽也。又本部「懣，煩也。从心滿聲。莫困切」。「悶，懣也。从心門聲。莫困切」。二字音義同。今煩悶通作悶，而懣不行矣。言部「謾，欺也。从言曼聲。母官切」。是欺謾字。俗借瞞為謾。目部「瞞，平目也。从目㒼聲。母官切」。義異。

愓

放也。从心昜聲。一曰平也。徒朗切

此「放愓」「坦愓」愓字，今俗段蕩為之。詳本部像字。

悝

啁也。从心里聲。春秋傳有孔悝。一曰病也。苦回切

口部「啁，啁嘐也。从口周聲。陟交切」。「悝啁」今作「詼嘲」。悝謂啁嘐也。說文無詼嘲。新附有嘲，云「謔也」。左傳哀公十五年衛孔悝取蒯聵之姊生悝。「一曰病也」。爾雅釋詁「悝，憂也」。「㾖，病也」。詩大雅雲漢「瞻卬昊天，云如何里」。箋云「里，憂也」。釋文云「里，本亦作㾖」。爾雅作悝，竝同。鄭書無㾖字。陸氏所見爾雅作悝，毛詩作里，蓋悝字之消文。

憰

權詐也。从心矞聲。古穴切

言部「譎」權詐也从言矞聲古穴切」二字音義同一說心詐曰憰言詐曰譎經傳皆作譎

怳

怳 狂之皃从心況省聲（段作「兄聲」）許往切音康上聲

一切經音義及韻會引說文作「狂皃」無「之」字嚴氏校議云「當作狂悲皃轉寫誤分為二字又誤心為之耳」本部「𢗰」誤也从心狂聲居況切」廣韻「怳𢗰怳」玉篇「𢗰怳驚皃」宋玉登徒子好色賦「怳若有望而不來」李善注「失意皃」今謂人面色怳然言若有所思皃至古籍作「怳惚」則是仿佛之借字非本義也

恑

恑 變也从心危聲過委切

凡「恑異」「憰恑」「詭恑」皆以此為正經傳多借詭字言部「詭」責也从言危聲過委切」義異

𢤱

𢤱 有二心也从心巂聲戶圭切

此「𢤱貳」「𢤱離」字今經典統作攜手部「攜」提也从手巂聲戶圭切」是「提攜」字尣部「𡰝」𡰝𡰝也从尣从爪巂聲戶圭切」「攜」「𡰝」音義同

憿

憿 幸也从心敫聲古堯切

凡「憿幸」「憿福」字皆以此為正經典借徼字中庸「君子居易以俟命小人行險以徼幸」左傳僖公四年「君惠徼福於敝邑之社稷」本書彳部「徼」循也从彳敫聲古堯切」是邊徼字俗亦作儌字又作僥字按說文無儌字人部「僥」南方有焦僥人長三尺短之極从人堯聲五聊切」義迥異

惏

惏 河內之北謂貪曰惏从心林聲盧含切

女部「婪」貪也从女林聲盧含切」音義同

懜

懜 不明也从心夢聲武亘切

今俗作懵說文無懵字首部「瞢」目不明也从苜从旬旬目數搖也木空切」夕部「夢」不明也从夕瞢省聲莫忠切又亡貢切」俗段夢為㝱本書七下宀部「㝱」寐而有覺也从宀从疒夢聲莫鳳切」論語為政「學而不思則罔思而不學則殆」罔應是懜字之段本書七下网部「网」庖犧所結繩以漁从冂下象交文文紡切」「罔」网或从亡」「𦉪」网或从糸」网部罔字

愆 過也从心衍聲去虔切

𡩋 或从寒省

諐 籀文

書秦誓「尚猷詢茲黃髮則罔所愆」孔傳「今我庶幾以道謀此黃髮賢老則行事無所過矣」詩衛風氓「匪我愆期子無良媒」毛傳「愆過也」又愆或體𡩋从寒省與訓「寶也」之𡩋字異今則通書作𡩋矣

慊 疑也从心兼聲戶兼切

此慊疑本字女部「嫌不平於心也一曰疑也从女兼聲戶兼切」嫌之本義是不平於心「一曰疑也」疑後人所增今則慊疑皆作嫌而

以慊為歉孟子公孫丑「彼以其富我以吾仁彼以其爵我以吾義吾何慊乎哉」趙注「慊少也」字當作歉欠部「歉歉食不滿从欠兼聲苦簟切」又孟子公孫丑「行有不慊於心則餒矣」注云「慊快也」則又叚慊為㥦本書心部㥦「快也从心匧聲苦叶切」

惛 不憭也从心昏聲呼昆切

本部「憭慧也」不憭猶不明也此惛㦪惛迷字日部「昏日冥也从日氐省呼昆切」義異

忌 憎惡也从心己聲渠記切

凡言「忌憚」「忌諱」皆以此為正如「忌」當作惎「誡忌」作「誋」本部「惎毒也从心其聲渠記切」言部「誋誡也从言忌聲渠記切」易夬卦象辭「君子以施祿及下居德則忌」王弼注「忌禁也」禮表記「數忌而罔有擇言在躬」鄭注「忌之言戒也忌當作誋」

憝 怨也从心敦聲徒對切周書曰「凡民罔不憝」(音對)

書康誥「凡民自得罪寇攘姦宄殺越人于貨暋不畏死罔弗憝」傳云「自強為惡而不畏死人無不惡之者言當消絕之」又「元惡大憝」傳云「大惡之人猶為人所大惡」孟子萬章篇引康誥作「凡民罔不譈」譈字非鄭書所有

懟 怨也从心對聲丈淚切(音隊)

穀梁傳莊公三十一年「財盡則怨力盡則懟」注云「懟恚恨也」

懣 煩也从心滿聲莫困切

悶 懣也从心門聲莫困切

懣悶二字音義同詳本部懣字

惆

失意也。从心周聲。敕鳩切

一切經音義引作「惆悵，失志也」。

悵

望恨也。从心長聲。丑亮切

望，應作謹。言部「謹，責望也。从言望聲。巫放切」壬部「朢，月滿也。與日相朢，佀朝君也。从月从臣从壬。壬，朝廷也。無放切」亾部「望，出亾在外，望其還也。从亾，朢省聲。巫放切」太史公報任少卿書「若望僕不相師，而用流俗人之言，僕非敢如此也」師古注「望，怨也」。望亦是謹之叚。

愾

大息也。从心氣，氣亦聲。詩曰「愾我寤歎」。許既切（音氣，今讀慨）

禮祭義「祭之日，入室，僾然必有見乎其位；周還出戶，肅然必有聞乎其容聲；出戶而聽，愾然必有聞乎其嘆息之聲」。釋文「愾，開代反」。詩曹風下泉「愾我寤歎」，箋云「愾，歎息之意」。釋文「愾，苦愛反」。是陸氏已讀若慨矣。米部「氣，饋客芻米也。从米气聲。春秋傳曰齊人來氣諸侯。許既切」「槩，氣或从既」「餼，氣或从食」。氣、餼本一字，今則以氣爲形气字，而廢氣字則嫥用餼。本書一上部首「气，雲气也。象形。去既切」又是爲凡气之偁。今則以爲乞求字。又金部「鎎，怒戰也。从金氣聲。春秋傳曰諸侯敵王所鎎。許既切」今左傳文公四年「諸侯敵王所愾而獻其功」，杜注「愾，恨怒也」，則是叚愾爲鎎。釋文「愾，苦愛反」，亦讀慨。

懆

愁不安也。从心喿聲。詩曰「念子懆懆」。七早切（音草）

本部「慘，毒也。从心參聲。七感切」懆、慘二字迥異，漢魏人作隸，凡喿聲之字往往作參，二字遂混矣。按懆字之見於詩者，祇小雅白華「念子懆懆」。釋文「懆，七感切，愁不申也」。作懆是本義，當讀七早切。慘字於詩凡五見：小雅北山「或不知叫號，或慘慘劬勞」「或湛樂飲酒，或慘慘畏咎」，慘當以七感切，是本字本義。陳風月出「勞心慘兮」，小雅正月「憂心慘慘，念國之爲虐」，傳云「慘慘，猶戚戚也」，大雅抑「視爾夢夢，我心慘慘」，傳云「慘慘，憂不樂也」，皆當作「七早切」之懆字。釋文「七感切」，隨字作音，殊誤。又小雅巷伯「驕人好好，勞人草草」，箋云「草草者，憂將妄得罪也」。草，應是懆之借字。

怛

憯也。从心旦聲。得案切，又當割切

⿱旦心　或从心在旦下。詩曰「信誓⿱旦心⿱旦心」。

詩齊風甫田「勞心怛怛」，傳云「怛怛，猶忉忉也」。「忉忉，憂勞也」。陳風匪風「中心怛兮」，傳云「怛，傷也」。又⿱旦心下引詩「信誓⿱旦心⿱旦心」，今詩衛風氓「言笑晏晏，信誓旦旦」，作旦，是借字。傳云「信誓旦旦然」，箋云「言其懇惻款誠」。爾雅釋訓「晏晏、旦旦，悔爽忒也」。郭注「傷見絕棄，很士失也」，釋文「旦本或作恳」。

憯

憯 痛也。从心朁聲。七感切

憯與慘二字音義竝同，古籍多互通。憯又借為發語詞，詩小雅節南山「憯莫懲嗟」，大雅民勞「憯不畏明」，毛傳竝云「憯，曾也」。

慘

慘 毒也。从心參聲。七感切

經傳或借為懆，詳本部懆字。

㥣

㥣 痛聲也。从心依聲。孝經曰：哭不㥣。於豈切

痛聲，謂痛哭之聲。禮記閒傳「大功之哭，三曲而偯」，注云「三曲，一舉聲而三折也。偯，聲餘從容也」。孝經喪親章「孝子之喪親也，哭不偯」，注云「氣竭而息，聲不委曲」。釋文「偯，說文作㥣」。按鄭書無偯，正字當作㥣。

𢠵

𢠵 存也。（段作「𢠵𢠵，在也」）从心簡省聲。讀若簡。古限切

爾雅釋詁「在、存、省、士，察也」，存在同訓，此𢠵察字，今經典統作簡。書湯誥「惟簡在上帝之心」，論語堯曰「簡在帝心」，正字當作𢠵。竹部「簡，牒也。从竹閒聲。古限切」是簡冊字。詩小雅出車「豈不懷歸，畏此簡書」，作簡是本字。

慅

慅 動也。从心蚤聲。一曰起也。穌遭切

此慅動字，今經傳段騷為之。馬部「騷，擾也。一曰摩馬。从馬蚤聲。穌遭切」是騷擾字。

恙

恙 憂也。从心羊聲。余亮切

爾雅釋詁「恙，憂也」，郭注「今人云無恙，謂無憂也」。顏師古匡謬正俗引風俗通義云「無恙，俗說恙，病也。凡人相見及通書問，皆曰無恙。謹案，易傳：上古之世，艸居露宿，恙，噬人蟲也，善食人心，故俗相勞問曰無恙，非為病也」。師古案「爾雅云恙，憂也。……凡言無恙，謂無憂耳，安得食人之蟲總名恙乎」。

惴

惴 憂懼也。从心耑聲。詩曰：惴惴其慄。之瑞切

詩秦風黃鳥「臨其穴，惴惴其慄」，傳云「惴惴，懼也」。按鄭書無慄，凡言「惴慄」「戰慄」本當作㮚。本書卤部「㮚，木也。从卤木。其

賁下垂，故从卤。方貲切（卤「音調」）「𣡌，古文㮚从西从二卤。徐巡說木至西方戰㮚也」。㮚今書作栗。

愓

愓：惪也。从心，𥎦（段作「傷」）省聲。式亮切

此惪心愓字。經典皆借傷為愓。人部「傷，創也。从人，𥎦省聲。少羊切」是創傷字。「𥎦省聲」段氏桂氏皆云𥎦當作傷，是也。本書歺部「殤，不成人也。人年十九至十六死為長殤，十五至十二死為中殤，十一至八歲死為下殤。从歺，傷省聲。式陽切」又心部有愓、惕字，人部有傷字，與傷、愓形近，而音義各異也。心部「惕，放也。从心易聲。一曰平也。徒朗切」是放惕、坦惕、惕字。「惕，敬也。从心易聲。他歷切」是怵惕字。易乾卦九三「夕惕若厲」釋文「惕，怵惕也」鄭注「懼也」。即此字。人部「傷，輕也。从人易聲。一曰交傷。弋豉切（又羊益切）」是「輕傷」「平傷」「交傷」字。

悠

悠：惪也。从心攸聲。以周切

爾雅釋詁「悠、傷、惪，思也」釋訓「悠悠、洋洋，思也」郭注「皆惪思」。詩周南關雎「悠哉悠哉，輾轉反側」傳云「悠，思也」。小雅十月之交「悠悠我里，亦孔之痗」傳云「悠悠，惪也」。至鄘風載馳「驅馬悠悠，言至于漕」傳云「悠悠，遠皃」。王風黍離「悠悠蒼天，此

何人哉」傳云「悠悠，遠意」。爾雅釋詁「永、悠、迥、違、遐、逷、闊，遠也」。「永悠迥違遐逷也」詁悠為遠，則是攸之段借。攴部「攸，行水也。从攴从人，水省。以周切」孟子萬章「始舍之圉圉焉，少則洋洋焉，攸然而逝」朱子曰「攸然而逝者，自得而遠去也」。「攸然自得」作攸，是正字，今或段悠為之。

悴

悴：惪也。从心卒聲。讀與易萃卦同。秦醉切

此惪思愁悴字。經傳或借作顦。頁部「顇，顦顇也。从頁卒聲。秦醉切」凡「顦顇」「盡顇」「勞顇」，皆㠯作顇為正。疒部無瘁字。左傳成公九年「雖有姬姜，無棄蕉萃」。蕉萃當作顦顇。艸部「萃，艸皃。从艸卒聲。秦醉切」。

慼

慼：惪也。从心戚聲。倉歷切

此惪慼字。今經傳多作戚。書金縢「未可以戚我先王」。詩小雅小明「心之惪矣，自詒惪戚」傳云「戚，惪也」。戉部「戚，戉也。从戉尗聲。倉歷切」人部「侙，惕也。从人式聲。春秋國語曰：於其心侙然。恥力切」是敬侙字。今吳語亦已作戚矣。

惪

惪：愁也。从心从頁。徐鍇曰「惪，形於顏面，故从頁」（此句鍇本段氏皆作鍇君原文）於求切

此𢝊愁字今經典皆段憂爲之而𢝊字不行矣夊部「憂」和之行也从夊𢝊聲詩曰布政憂憂（於求切）」今詩商頌長發「敷政優優百祿是遒」已段優爲憂矣人部「優」饒也从人憂聲一曰倡也（於求切）」詳人部優字

患

（段改篆作𢜫）𢝊也从心上貫吅吅亦聲（段注云「此八字乃淺人所改竄古本當作从心毌聲四字」）（胡丱切）

古文从關省

亦古文患

修竹園曰「𨳿」與「悶」形近易譌疑易乾卦遯世无悶之悶或作「𨳿」

八八一

懾

失气也从心聶聲一曰服也（段「曰」下有「心字」）（之涉切）禮曲禮「貧賤而知好禮則志不懾」注云「懾猶怯惑」又樂記「柔气不懾」注云「懾猶恐懼也」「一曰心服也」者則是通作[亻聶]人部「[亻聶]心服也从人聶聲（齒涉切）」

恐

懼也从心巩聲（丘隴切）

凶部「兇」擾恐也从人在凶下春秋傳曰曹人兇懼（許拱切）」二字音義同七上部首「凶」惡也象地穿交陷其中也（許容切）」是「吉凶」「凶惡」「凶駭」字今俗婦以凶爲「吉凶」義而凶惡作「兇」殊誤水部「洶」涌也从水匈聲（許拱切）」是洶涌字勹部「匈」膺也从勹凶聲（許容切）」是「匈肌」字俗作胸

憊

𢡃也从心葡聲（蒲拜切）

或从疒

本部「𢡃」憊也从心𣪁聲（蒲計切）（𣪁音班）」二字轉注憊是「羆憊」字今經典作「憊」說文無易遯九三象曰「係遯之厲有疾憊也」鄭注「憊困也」既濟九三象曰「三年克之憊也」虞翻曰「坎爲勞故憊也」正字當作憊

惎

毒也从心其聲周書曰來就惎惎（渠記切）

左傳定公四年「管蔡啓商惎間王室」杜注「惎毒也周公攝政管叔蔡叔開道紂子祿父以毒亂王室」周書曰云云今尚書無此文疑即秦誓「未就予忌」之譌謂執古義忠賢之士我反以彼等未能成就我所欲而疾惎之也「惎惎」當爲「予惎」之誤今書作忌是借字本部「忌」憎惡也从心己聲（渠記切）」是「忌憚」「忌諱」字至左傳宣公十二年「楚人惎之脫扃」杜注「惎教也」正字當作誋言部「誋」誡也从言忌聲（渠記切）」

八八二

忝

辱也、从心天聲。他點切

詩小雅小宛「夙興夜寐、無忝爾所生」毛傳「忝、辱也」韓詩外傳「故養生者忘家、養志者忘身、身且不愛、孰能忝之」

慙

媿也、从心斬聲。昨甘切

女部「媿、慙也、从女鬼聲。俱位切」二字轉注。小爾雅「不直失節謂之慙、慙、媿也」

恧

慙也、从心而聲。女六切（音衄）

小爾雅「心慙曰恧」今經典作忸、書五子之歌「鬱陶乎予心、顏厚有忸怩」傳云「忸怩、小慙」孟子萬章上「鬱陶思君爾、忸怩」朱子注「忸怩、慙色也」鄦書無忸、本止作恧、本部新附「怩、衄怩、慙也」作衄、按衄亦非鄦書所有、血部「衄、鼻出血也、从血丑聲。女六切」異字。

怍

慙也、从心作省聲。在各切（段作「乍聲」）

論語憲問「其言之不怍、則為之也難」馬融注「怍、慙也」

㦁

泣下也、从心連聲。易曰「泣涕㦁如」力延切

今易屯卦上六「泣涕漣如」已借漣字矣。水部「瀾、大波為瀾、从水闌聲。洛干切」「漣、瀾或从連」臣鉉等曰「今俗音力延切」按瀾漣本一字、俗讀瀾「洛干切」為波瀾字、漣「力延切」為「泣涕㦁如」之㦁、而㦁字不行矣。詩魏風伐檀「河水清且漣猗」作漣是本義、衛風氓「不見復關、泣涕漣漣」則是借字。

忍

能也、从心刃聲。而軫切

「能讀為耐」耐於其事者必能之。四十二章經「忍辱多力」能耐古通用、礼記礼運「故聖人耐以天下為一家」樂記「故人不耐無樂」注並云「耐、古能字」白沙先生詩「能飢謀藝稷、冒寒思植桑」能猶耐也。

⿰忄弭

厲也、一曰止也、从心弭聲。讀若沔。彌兗切

厲、淬厲之意、經傳借弭為⿰忄弭。弓部「弭、弓無緣、可以解轡紛者、从弓耳聲。緜婢切」

⿱乂心

懲也、从心乂聲。魚肺切

此「蘂惢」「惢惢」字今經典已作艾矣. 艸部「艾. 冰臺也. 从艸乂聲. 五蓋切」異義經傳亦假艾爲嬖. 辟部「嬖. 治也. 从辟乂聲. 虞書曰. 有能俾嬖. 魚廢切」凡「乂」「艾」作平治美好解. 皆當作嬖. 丿部「乂. 芟艸也. 从丿乀(音代相交). 魚廢切」「刈. 乂或从刀.」

惢　繠

惢 心疑也. 从三心. 凡惢之屬皆从惢. 讀若易旅瑣瑣. 又才規才累二切 (舊惢二音 一二)

繠 垂也. 从惢系聲. (段作「从惢系」.) 如壘切 (舊作惢)

徐鍇云「此當从糸惢聲」說是.

說文解字第十一上

水　沱

水 准也. 北方之行. 象眾水並流. 中有微陽之气也. 凡水之屬皆从水. 式軌切

沱 江別流也. 出嶓山東. 別爲沱. 从水它聲. 臣鉉等曰. 沱沼之沱通用此字. 今別作池非是. 徒何切

書禹貢「岷山導江. 東別爲沱.」傳云「江東南流. 沱東行.」詩召南「江有汜」「江有沱.」傳云「沱. 江之別者.」句讀「它聲」下有「一曰陂也.」𨸏部「陂. 阪也. 一曰沱也. 从𨸏皮聲.」陂沱二字轉注. 是沱下當有「一曰陂也」四字. 初學記引說文云「池者陂也.」說文無池字. 而陂下云「一曰沱也.」是知所引即沱下義. 特从俗作池耳. 今經典沱沼字用池. 蓋沱之譌. 左傳襄公二十二年「譬諸艸木. 吾臭味也. 而何敢差池.」釋文「池. 徐本作沱. 直知反. 一音徒何反.」知其實爲一字也. 而段氏於水部增一池篆. 訓「陂也. 从水也聲. 直離切」. 以俗字竄入說文. 誤甚. 又沱亦作沲. 容齋易難外六五「出涕沱若. 戚嗟若.」詩小雅漸漸之石「月離于畢. 俾滂沱矣.」

沫

沫 水. (段「水」字上重篆字. 凡水名皆然.) 出蜀西徼外. 東南入江. 从水末聲. 莫割切

顏注漢書溝洫志云「沫音本末之末.」

溫

溫水。出犍爲（音乾）（依段刪涪字）南入黔水。从水昷聲。烏魂切

皿部「昷，仁也。从皿，以食囚也。」烏渾切 凡「昷燠」「昷飽」「昷柔」「昷良」字皆以昷爲正。今經傳通作溫，而昷不行矣。

滇

滇益州池名。从水眞聲。都年切（音顛）

池，當作沱。

涂

涂水。出益州牧靡南山，西北入澠。（段作繩，是。）从水余聲。同都切

本書無澠字，當作繩。漢書地理志「益州郡牧靡縣南山臘谷，涂水所出，西南至越嶲入繩，過郡二，行千二十里。」李奇曰「靡音麻，即升麻，殺毒藥所出也。」鄦書無塗途字，本祇作涂。蓋水土關係爲泥涂，後乃造从土之塗字，又造从辵之途字耳。荀子性惡「涂之人可以爲禹」，尚是本字，至人姓及地名則當作邾。邑部「邾，邾下邑地。从邑余聲。魯東有邾城。」同都切

溺

溺水。自張掖刪丹西至酒泉合黎，餘波入于流沙。从水弱聲。桑欽所說。而灼切

書禹貢「導弱水至于合黎，餘波入于流沙。」傳云「合黎，水名，在流沙東。弱水餘波西溢入流沙。」釋文「弱本亦作溺。」作弱是借字。

漢書地理志張掖郡「刪丹，桑欽以爲道弱水自此西至酒泉合黎。」「居延，居延澤在東北，古文以爲流沙。」清胡渭禹貢錐指云「弱水正流入居延海，其餘波則入流沙，流沙非居延也。」桑欽所說者，鄦君說解用其說禹貢之文也。漢書儒林傳「欽字君長。」孔安國古文尚書五傳而及欽。按溺是禹貢弱水字，釋文云「弱或作溺」，是唐以前古本作溺。今經傳通以溺爲湛氼字，又以爲人小便之尿字，而水名皆作弱矣。水部「氼，沒也。从水从人。」奴歷切 尾部「尿，人小便也。从尾水。」奴弔切 彡部「弱，橈也。上象橈曲，彡象毛氂橈弱也。弱物并，故从二彡。」而灼切

漾

漾水。出隴西相（段作「豲」）道，東至武都爲漢。从水羕聲。余亮切

瀁 古文从養

「相道」小徐作「柏道」，鈕氏以爲「柏」乃「桓」字之譌，而「桓」與「豲」音同，正字本作「豲道」。水經注引叔仲呂忱經云「漾水出隴西豲道，東至武都爲漢水。」漢書地理志豲道屬天水郡，而隴西郡氐道縣下云「禹貢養水所出，至武都爲漢」，句讀作「氐道」是也。永部「羕，水長也。从永羊聲。詩曰江之羕矣。」余亮切 此水漾羕水正字，今經傳已叚漾爲羕矣。

澮

澮水。出霍山，（段「水」下有「河東彘」三字）西南入汾。从水會聲。古外切

漢書地理志「河東郡彘縣，霍太山在東，冀州山。」禹貢「至于太岳。」鄭注「今河東彘縣霍太山是也。」水經注「澮水又西至王澤，注於汾水。」古籀多段澮為く巜字，十一下部目「巜，水流澮澮也，方百里為巜，廣二尋，深二仞。古外切」

沾

水。出壺關（段「出」下有「上黨」，繫傳句讀同）東，入淇。一曰沾，益也。从水占聲。臣鉉等曰今俗別作添，非是。他兼切

漢書地理志「上黨郡壺關縣，有羊腸阪。沾水東至朝歌入淇。」鄦書無添，凡添加增益字本祇作沾。至沾䨓「沾下沾襟」則當作霑。雨部「霑，雨䨓也。从雨沾聲。張廉切」「䨓，濡也。从雨染聲。而琰切」

蕩

水。出河內蕩陰，東入黃澤。从水蕩聲。徒朗切（小徐吞巨切）

漢書地理志「河內郡蕩陰，蕩水東至內黃澤。西山，羑水所出，亦至內黃入蕩。有羑里城，西伯所拘也。」師古注「蕩音湯。」本書羊部「羑，進善也。从羊久聲。文王拘羑里，在湯陰。」水經「蕩水出河內蕩陰縣西山東，東北至內黃縣入于黃澤。」經傳多段蕩為「放愓」「坦蕩蕩」「盪滌」「動盪」「潒羕」字，詳心部愓字。

沇

水。出河東東垣王屋山，東為泲。从水允聲。以轉切

㕣

（段改篆作㕣，是）古文沇。臣鉉等曰口部已有此，重出。

漢書地理志「河東郡垣縣，禹貢王屋山在東北，沇水所出，東南至武德入河，軼出滎陽北地中，又東至琅槐入海。」師古曰「琅音郎。」書禹貢「導沇水，東流為濟。」傳云「泉源為沇，流去為濟。」按濟當作泲，詳下泲字。沇今俗作兗，非是。又沇古文下大徐曰「口部已有此重出」，則段作㕣是也。口部「㕣，山間陷泥地。从口，从水敗皃。讀若沇州之沇。九州之渥地也，故以沇名焉。以轉切」本部復有「沿，緣水而下也。从水㕣聲。与專切」與此異字。

泲

沇也。東入于海。从水𠂔聲。子礼切

徐鍇曰「今多作濟，故與常山濟水相亂。此則四瀆之濟。」本部「濟，水。出常山房子贊皇山，東入泜。从水齊聲。子礼切」書禹貢「濟河惟沇州。」「導沇水，東流為濟。」爾雅釋水「江河淮濟為四瀆。」作濟是借字，本當作泲。

漸

水。出丹陽黟南蠻中，東入海。从水斬聲。慈冉切

漢書地理志「丹陽郡黟，漸江水出南蠻夷中，東入海。」師古注「黟音伊。」字本作黟，音同。經傳多段漸為「趣進」字，又為「瀸漬」字。走部「趣，進也。从走斬聲。藏監切」水部「瀸，漬也。从水韱聲。子廉切」易序卦傳「漸者進也。」虞注「漸，進也。」正字當作趣。詩衛風氓「淇水

湯湯漸車帷裳」釋文「漸子廉切漬也溼也」荀子大略「蘭茝槀本漸于蜜醴一佩易之」注云「漸漫也」又勸學「蘭槐之根是爲芷其漸之滫君子不近庶人不服其質非不美也所近者然也」注云「漸漬也」字皆當作瀸

深

水出桂陽南平西入營道从水罙聲 式針切

水經「深水出桂陽盧聚西北過零陵營道縣南營浦縣泉陵縣至燕室邪入於湘」酈注「呂忱曰深水一名邃水」穴部「罙深也一曰竈突从穴从火从求省」式鍼切 罙深字今皆作深矣 邑部「郴桂陽縣从邑林聲」丑林切

過

水受淮陽扶溝浪湯渠東入淮从水過聲 古禾切（音戈）今俗作渦

漢書地理志「淮陽國扶溝渦水首受狼湯渠東至向入淮」師古曰「狼音浪湯音蕩渦音戈」水經「淮水又東過當塗縣北過水從西北來注之」又昰爲回水 爾雅釋水「過辨回川」郭注「旋流」釋文「過本作渦」水部「漩回泉也从水旋省聲」似沿切 郭璞江賦「盤渦谷轉」李善注「渦水旋流也」

泄

水受九江博安洵波北入氐从水世聲 余制切（又私列切）

桂氏曰「博安當爲博鄉洵波當爲芍陂」漢書地理志「廬江郡灊縣沘水所出北至壽春入芍陂」師古注「沘音比芍音酌」水經「泄水出博安縣北過芍陂西與沘水合西北入淮」酈注「博安縣地理志之博鄉縣也泄水上承沘水於麻步川西北出歷濡谿謂之濡水」水經「淮水東北至九江壽春縣西沘水泄水合北注之」酈注「沘水云又東北逕博安縣泄水出焉」桂氏引趙一清曰「九江不聞有氐水蓋泄水合沘水乃入淮而或譌乃爲入氐」水經沘水篇云「泄水從南來注之」經傳或叚泄爲詍或呭 言部「詍多言也从水世聲詩曰無言詍詍」余制切 口部「呭多言也从口世聲詩曰無言呭呭」余制切 今詩大雅板篇「天之方蹶無言泄泄」已作泄矣 毛傳云「泄泄猶沓沓也」本書水部「沓語多沓沓也从水曰」徒合切 孟子離婁上「詩曰天之方蹶無言泄泄泄泄猶沓沓也事君無義進退無禮言則非先王之道者猶沓沓也」泄皆當作詍或呭 又大雅民勞「惠此中國俾民憂泄」傳云「泄去也」則是渫字之叚 水部「渫除去也从水枼聲」私列切

潧

水出鄭國从水曾聲詩曰潧與洧方渙渙兮 側詵切

今詩鄭風溱洧作溱 按本部「溱水出桂陽臨武入匯从水秦聲」側詵切 與出鄭國之潧水迥異 水經「洧水東過鄭縣南潧水從西

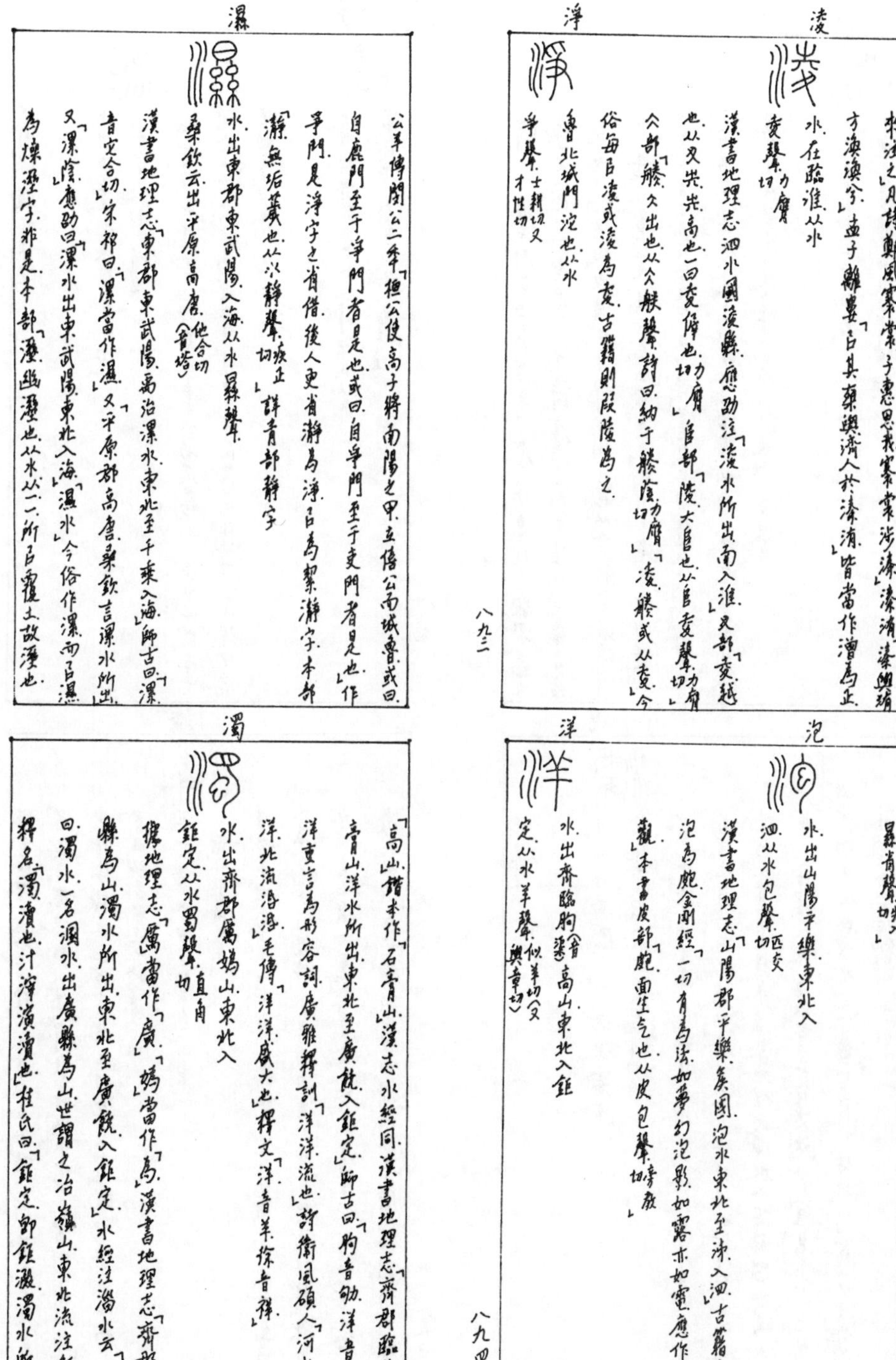

來注之。」凡詩鄭風褰裳「子惠思我，褰裳涉溱。」溱洧「溱與洧方渙渙兮。」孟子離婁「以其乘輿濟人於溱洧。」皆當作潧爲正。

淩

水。在臨淮。从水夌聲。力膺切

漢書地理志泗水國淩縣，應劭注「淩水所出，南入淮。」夊部「夌，越也。从夊从兲。兲，高也。一曰夌偆也。力膺切」𨸏部「陵，大𨸏也。从𨸏夌聲。力膺切」仌部「𠗚，仌出也。从仌朕聲。詩曰：納于𠗚陰。力膺切」「淩」「𠗚」或从夌。今俗每以凌或淩爲夌。古籍則以陵爲之。

淨

魯北城門池也。从水爭聲。士耕切，又才性切

公羊傳閔公二年「桓公使高子將南陽之甲，立僖公而城魯。或曰：自鹿門至于爭門者是也。或曰：自爭門至于吏門者是也。」作爭門，是淨字之省借。後人更省瀞爲淨，以爲絜瀞字。本部「瀞，無垢薉也。从水靜聲。疾正切」詳青部靜字

濕

水。出東郡東武陽，入海。从水㬎聲。桑欽云：出平原高唐。他合切（音塔）

漢書地理志「東郡東武陽，禹治漯水，東北至千乘入海。」師古曰：「漯音它合切。」宋祁曰：「漯當作濕。」又平原郡高唐，桑欽言漯水所出。又「漯陰」應劭曰「漯水出東武陽，東北入海。」「濕水」今俗作漯，而以濕爲燥溼字，非是。本部「溼，幽溼也。从水从一，一所以覆土，故溼也。㬎省聲。失入切」

泡

水。出山陽平樂，東北入泗。从水包聲。匹交切

漢書地理志「山陽郡平樂，侯國。泡水東北至沛入泗。」古籍或段泡爲皰。金剛經「一切有爲法，如夢幻泡影，如露亦如電，應作如是觀。」本書皮部「皰，面生气也。从皮包聲。旁教切」

洋

水。出齊臨朐（音渠）高山，東北入鉅定。从水羊聲。似羊切（又與章切）

「高山」錯本作「石膏山」，漢志水經同。漢書地理志「齊郡臨朐，石膏山，洋水所出，東北至廣饒入鉅定。」師古曰「朐音劬，洋音祥」洋重言爲形容詞，廣雅釋訓「洋洋，流也。」詩衛風碩人「河水洋洋，北流活活。」毛傳「洋洋，盛大也。」釋文「洋音羊，徐音祥。」

濁

水。出齊郡厲嬀山，東北入鉅定。从水蜀聲。直角切

據地理志「厲」當作「廣」，「嬀」當作「爲」。漢書地理志「齊郡廣縣，爲山，濁水所出，東北至廣饒入鉅定。」水經注淄水云「呂忱曰：濁水一名瀏水，出廣縣爲山，世謂之治嶺山，東北流注鉅淀。」釋名「濁，瀆也，汁滓演瀆也。」杜氏曰「鉅定，即鉅澱，濁水所注，故

成鉅瀷」．瀷俗作浣．

治

水．出東萊曲城陽丘山，南入海．从水台聲．直之切

「城」當作「成」．漢書地理志東萊郡曲成陽丘山，治水所出，南至沂入海．治，今借為理也．後漢書逸民嚴光傳「咄咄子陵，不能相助為理邪」．

濅

水．出魏郡武安，東北入呼沱水．从水㝲聲．㝲，籀文寑字．子鴆切

「呼」皆本作「滹」．本部無，當依漢志作「虖」．漢書地理志「魏郡武安縣，濅水東北至東昌入虖沱河」．濅，今書皆作浸．古籍多借為「侵淫」「侵潤」「侵灌」字．人部「侵，漸進也．从人又持帚，若埽之進．又，手也．七林切」．易遯彖「浸而長也」，正義云「漸進之名」．字當作侵．侵又良之為侵变字．又宀部「寑，臥也．从宀侵聲．七荏切」「㝲，籀文寑省」．是寑息字．㝱部「寢，病臥也．从㝱省，㝲省聲．七荏切」．是寢疾字．今寑、寢皆變作寢，而二字混矣．

渚

水．在常山中丘逢山，東入湡．从水者聲．爾雅曰「小州曰渚」．章與切

漢書地理志「常山郡中丘，逢山長谷，諸水所出，東至張邑入濁」．「渚」誤作「諸」，「湡」誤作「濁」．爾雅釋水「水中可居者曰州，小州曰陼」，作「陼」，是借字．釋丘「如渚者陼丘」．說文𨸏部「陼，如渚者陼丘，水中高者也．从𨸏者聲．當古切」．

濟

水．出常山房子贊皇山，東入泜．从水齊聲．子礼切

漢書地理志「常山郡房子縣，贊皇山，石濟水所出，東至廮陶入泜」．「石」字衍．經傳多借為四瀆之泲．春秋說題辭「濟，齊也，齊，度也，直也」．風俗通「濟者，齊也，齊其度量也」．爾雅釋言「濟，渡也，濟，成也，濟，益也」．釋訓「藹藹，濟濟，止也」．廣雅釋訓「濟濟，敬也」．皆濟之引義．

濡

水．出涿郡故安，東入漆涑．（「漆涑」段作「淶」，是．）从水需聲．人朱切（音如）

戴東原曰：「易水篇注云，鄉俱曰濡水，入淶，淶即巨馬之異名，與巨馬河注巨馬河，即淶水也，正合．今水經注淶譌深，說文淶譌漆涑二字，皆字之誤耳」．漢書地理志「涿郡故安縣，閻鄉，易水所出，東至范陽入濡」．濡水亦至范陽入淶．水經注「易水逕范陽縣故城南，又東與濡水合」．古籍皆段作「擩漬」「需沾擩」字．手部「擩，染也．从手需聲．而主切（音乳）」．

沽

水。出漁陽塞外，東入海。从水古聲。古胡切

漢書地理志「漁陽郡漁陽縣。沽水出塞外，東南至泉州入海。」經傳多叚沽為酤或夃。酉部「酤，一宿酒也。一曰買酒也。从酉古聲。古乎切」夂部「夃，秦以市買多得為夃。从乃从夂，益至也。詩曰：我夃酌彼金罍。古乎切」今詩周南卷耳作「姑」，是借字。女部「姑，夫母也。从女古聲。古胡切」

沛

水。出遼東番汗塞外，西南入海。从水𣎵聲。普蓋切（番汗音盤寒）

漢書地理志「遼東郡番汗縣。沛水出塞外，西南入海。」應劭曰「番音盤。」師古曰「汗音寒。」經傳或叚沛為顛跋字，詩大雅蕩「人亦有言，顛沛之揭。」「顛沛猶顛跋也。」又公羊傳宣公十二年「邊垂之臣，以干天禍，是以使君王沛焉。」注云「沛焉者，怒有餘之皃。」沛當是怖字之叚。心部「怖，恨怒也。从心𣎵聲。蒲昧切」至孟子盡心「若決江河，沛然莫之能禦也。」「沛然」則是𣎵之叚借。本書六下部首「𣎵，艸木盛𣎵𣎵然。象形，八聲。普活切」又邑部「⿰𣎵阝，⿰𣎵阝部。从邑𣎵聲。博蓋切」古籍亦作沛矣。又沛字从𣎵，今隸變作巿，與訓「韠也」之巿，市及訓「買賣所之也」之市，常屢字混矣。

泥

水。出北地郁郅北蠻中。从水尼聲。奴低切（郅音質）

漢書地理志「北地郡郁郅縣。泥水出北蠻夷中。」經傳借為屔丘。丘部「屔，反頂受水丘。从丘泥省聲。奴低切」是「屔丘」「屔」字，釋名釋丘「水潦所止曰泥丘，其止汙水留不去成泥也。」作泥是借字。又孔子字仲尼，今作尼是省借。尸部「尼，從後近之。从尸匕聲。女夷切」論語子張「雖小道，必有可觀者焉，致遠恐泥。是以君子不為也。」鄭注「謂滯陷不通也。」是泥之又一引申義。史記屈原賈生列傳「蟬蛻於濁穢，以浮游塵埃之外，不獲世之滋垢，皭然泥而不滓者也。」索隱「泥音涅。」則是叚泥為涅也。本部「涅，黑土在水中也。从水土，日聲。奴結切」

洵

過水中也。（段作「過水出也」）从水旬聲。相倫切

說解當依校議作「過水穴也」。爾雅釋水「水自……江為沱，過為洵。」本部沱下說解云「江穴流也。」水經注引字林云「洵，過水也。」經傳或叚洵為恂。詩鄭風叔于田「洵美且仁。」箋云「洵，信也。」心部「恂，信心也。从心旬聲。相倫切」詳心部恂字。

澥

郣澥，海之別名也。从水解聲。一說，澥即澥谷也。胡買切

海

文選齊都賦注「海旁曰勃。斷水曰瀨」。子虛賦五臣注「渤海。海旁支水名」。本書𨸏部「𨻸。水衡官谷也。从𨸏解聲。一曰小谿。胡買切」。

天池也。㠯納百川者。从水每聲。呼改切

莊子逍遙遊「南溟者。天池也」。又「窮髮之北。有溟海者。天池也」。爾雅釋地「九夷。八狄。七戎。六蠻。謂之四海」。此又引申之義。老子「滄海所㠯能為百谷王者。㠯其下之」。釋名釋水「海。晦也。主承穢濁。其水黑如晦也」。

溥

大也。从水尃聲。滂古切

凡「溥徧」「溥博」字皆當作溥。經傳或叚普為之。詩小雅北山「溥天之下。莫非王土」。孟子萬章引詩亦作普矣。日部「普。日無色也。从日从竝」。孫愐㠯為日無光則遠近皆同。非是。

洪

洚水也。从水共聲。戶工切

書堯典「湯湯洪水方割」。傳云「洪。大也」。詩商頌長發「洪水芒芒」。傳云「洪。大也」。孟子滕文公「洚水者。洪水也」。趙注「洪。大也」。

八九九

洚

水不遵道。一曰下也。从水夅聲。戶工切。又下江切（音降）

書堯典「湯湯洪水方割。蕩蕩懷山襄陵。浩浩滔天」。傳云「湯湯。流皃。洪。大。割。害也。言大水方為害。蕩蕩。言水奔突有所滌除。懷。包。襄。上也。包山上陵。浩浩盛大若漫天」。大禹謨「帝曰來禹。降水儆予」。禹貢「北過降水」。釋文「降。鄭戶江反」。水經注河水篇引書禹貢「北過降水」云「不遵其道曰降。亦曰潰」。孟子滕文公「書曰洚水警余。洚水者。洪水也」。趙岐注「水逆行。洚洞無涯。故曰洚水也。洪。大也」。又告子「水逆行。謂之洚水。洚水者。洪水也」。孟子「水逆行。謂之洚水」。鄭君說解「水不遵道」。孟子引書作「洚水」。是正字。今尚書及水經注引作降。是借字。說解「一曰下也」。則是叚作降。𨸏部「降。下也。从𨸏夅聲。古巷切」。

衍

水淖宗于海也（段「海」下有「皃」字）。从水行。以淺切

書禹貢「荊及衡陽惟荊州。江漢淖宗于海。九江孔殷」。詩小雅沔水「沔彼流水。淖宗于海」。此字說解與下淖字同。疑有奪佚。易繫辭傳「大衍之數五十」。衍當作演。本部「演。長流也。从水寅聲。以淺切」。

淖

水淖宗于海。从水朝省。臣鉉等曰。隸書不省。直遙切（俗作潮）

九〇〇

書禹貢「江漢淖宗于海」鄭注「江水漢水．其流遄疾．又合為一．共赴海也．猶諸侯之同心尊天子而淖事之．荊楚之域．國有道則後服．國無道則先彊．故記其水之義．以著人臣之禮」詩小雅沔水「沔彼流水．淖宗于海」傳云「興也．沔．水流滿也．水猶有所淖宗」鄭箋「興者．水流而入海．小就大也．喻諸侯淖天子．亦猶是也．諸侯春見天子曰淖．夏見曰宗」周礼春官大宗伯「以賓礼親邦國．春見曰淖．夏見曰宗」鄭注「淖．猶朝也．欲其來之早．宗．尊也．欲其尊王」此「淖見」「淖水」字．今則「淖水」加水旁作潮．而「淖見」作朝．倝部「韓．旦也．从倝舟聲．陟遙切」隸變作朝．是「韓夕」「韓代」字．

滔

水漫漫大皃．从水舀聲．土刀切．

鄦書無漫字．本祗作曼．又部「曼．引也．从又冒聲」書堯典「帝曰．吁．靜言庸違．象恭滔天」傳云「靜譖．滔漫也」詩小雅四月「滔滔江漢．南國之紀」傳云「滔滔．大水皃」又旦是之為廣大匍流之意．論語微子「滔滔者天下皆是也」孔注云「滔滔．周流之皃」本部有「淊．泥水淊淊也．一曰繅絲湯也．从水臽聲．胡感切」與滔字迥異．但形近易譌．

潒

水潒瀁也．从水象聲．讀若蕩．徒朗切

此「潒羕」「浩潒」字．說解瀁當作羕．瀁是羕之古文．本部「羕．水長也．从永羊聲．詩曰．江之羕矣．余亮切」又「潒羕」「浩潒」經傳多作蕩．是借字．詳心部愓字．

瀟

宷清也．从水肅聲．子叔切（音蕭）

山海經中山經「澧沅之風．交瀟湘之淵」畢沅注云「潚．舊本作瀟．非．潚湘一水名．猶云清湘」水經湘水「北過羅縣西」注云「二妃出入潚湘之浦．潚者．水清宷也」詩鄭風風雨「風雨潚潚」毛傳「潚潚．暴疾也」鄦書無瀟．本祗作潚．古平入二讀也．王風中谷有蓷「條其歗矣．遇人之不淑矣」歗．籀文嘯．歗淑為韻．亦讀嘯若叔也．大徐新附有「瀟．水名．从水蕭聲．相邀切」今有湘水瀟水．俱在長沙．誤甚．

演

長流也．一曰水名．从水寅聲．以淺切

釋名釋言語「演．延也．言蔓延而廣也」「一曰水名」未詳．

滂

沛也．从水旁聲．普郎切　臣鉉等曰．今俗別作雱．非是．

滂沛．猶滂沱也．詩陳風澤陂「涕泗滂沱」小雅漸漸之石「月離于畢．俾滂沱矣」

泩

泩

寏廣也。从水生聲。一曰泩沱也。烏光切

一切經音義引通俗文「停水曰泩沱之泥濁者也」。小爾雅廣詁「泩，沱也」。左傳桓公十四年「祭仲殺雍糾，尸諸周氏之汪」，杜注「汪，池也」。

況

況

寒水也。从水兄聲。許訪切

段氏謂寒水之義「未得其證」。按詩大雅桑柔「不殄心憂，倉兄填兮」，「倉兄」疊韻，說文本部「滄，寒也。从水倉聲。七岡切」「倉兄」當即滄況之借，取寒義，謂不絕心憂，如水之寒久矣，蓋寒心也。三家詩當有作滄況者。古籀兄況相段。至「狀況」字則當是侊字之段

沖

人部「傭，相佀也」。

沖

涌搖也。从水中。讀若動。直弓切

古籀或借為盅虛字。皿部「盅，器虛也。从皿中聲。老子曰：道盅而用之。直弓切」今老子已作沖矣。詩豳風七月「二之日鑿冰沖沖」，傳云「沖沖，鑿冰之意」，是又負之義。心部「忡，憂也。从心中聲。詩曰：憂心忡忡。敕中切」詩召南草蟲、小雅出車並有「未見君子，憂心忡忡」，傳云「忡忡猶衝衝也」，是以同聲為訓。行部「衝，通道也。从行童聲。昌容切」

汎

汎

浮皃。从水凡聲。孚梵切

本部「氾，濫也。从水㔾聲。孚梵切」「泛，浮也。从水乏聲。孚梵切」此三字音同義各異，經典多互通。詩邶風二子乘舟「二子乘舟，汎汎其景」，作汎是本義。孟子公孫丑「洪水橫流，氾濫於天下」，此氾濫正字。論語學而「汎愛眾而親仁」，此借汎為氾。周禮天官酒正「辨五齊之名，一曰泛齊」，鄭注「泛者，成而滓浮泛泛然」，作泛是正字。釋名釋飲食作汎齊，是通段。又本部「汛，灑也。从水卂聲。息晉切（音信）」音義俱異，與汎形近易譌也

沄

沄

轉流也。从水云聲。讀若混。王分切

爾雅釋言「沄，流也」，郭注「水流漭沆」。釋文引說文云「沄，轉流也」。「一曰流」，疑古本有「一曰流」三字，而今奪失矣。

浩

浩

澆也。从水告聲。虞書曰：洪水浩浩。胡老切

段謂「澆」當作「沆」，是也。本部「滉，漭也。从水晃聲。胡晃切」「漭，瀁也。从水莽聲。烏郎切（俗作泱）」無浩義。「沆，莽沆，大水也。从水亢聲。一曰大澤皃。胡朗切」「浩沆」今作「浩汗」，是借字。廣韻「浩汗，大水皃」，正字當作沆。本部「汗，人液也。从水干聲。侯旰切」又「灝，豆汁也。从水顥聲。乎老切」頁部

滕

「顥」白皃，从頁从景，胡老切」日部「暠」日出皃，从日告聲，胡老切（俗作皓）」四字音同。

滕

水超涌也，从水朕聲，徒登切。

詩小雅十月之交「百川沸騰，山冢崒崩」作騰是借字。玉篇引詩曰「百川沸滕，水上涌也」正作滕。馬部「騰」傳也，从馬朕聲，徒登切」

澐

江水大波謂之澐，从水雲聲，王分切。

澐應與沄同字。

瀾

大波為瀾，从水闌聲，洛干切。

漣 瀾或从連，鉉臣等曰今俗音力延切。

詩魏風伐檀「河水清且漣猗」，爾雅釋水「河水清且瀾猗。大波為瀾，小波為淪，直波為徑」。瀾漣本同是波瀾字，今則波瀾作瀾，而讀漣力延切，以為「泣涕𢙐𢙐」字。詩衛風氓「不見復關，泣涕漣漣」，易屯之上六「乘馬班如，泣血漣如」，漣並當作𢙐。心部「𢙐，泣下也，从心連聲。易曰泣血𢙐如，力延切」

淪

小波為淪，从水侖聲。詩曰河水清且淪漪（段作「猗」）一曰沒也，力迍切。

說文無漪字，本祗作猗。詩魏風伐檀「河水清且淪猗」正作猗，猗猶兮也。「一曰沒也」書微子「今殷其淪喪」，傳云「淪，沒也，言殷將沒，如涉大水無涯際，無所依就」

濫

氾也，从水監聲，一曰濡上及下也。詩曰觱沸濫泉。一曰清也，盧瞰切。

詩小雅采菽「觱沸檻泉，言采其芹」，大雅瞻卬「觱沸檻泉，維其深矣」，毛傳「觱沸，泉出皃，檻泉，正出也」。詩作「觱」是觱之俗體，「檻」是借字。本部「滭，滭沸濫泉，从水畢聲，分勿切」。又「濫」是氾濫字。經傳或假作爁。女部「爁，過差也，从女監聲。論語曰小人窮斯爁矣，盧瞰切」今論語衛靈公「君子固窮，小人窮斯濫矣」正作濫矣。

氾

濫也，从水㔾聲，孚梵切。

小徐「㔾聲」下有「一曰淹」。此氾濫正字，古籍與汎泛互通，詳本部汎下。

泓

下深皃，从水弘聲，烏宏切（段作「宏聲」）

一切經音義引作「下深大也」。弓部「弘，弓聲也，从弓厶聲，厶古文肱字，胡肱切」宀部「宏，屋深響也，从宀厷聲，戶萌切」「宖，屋響也，从宀弘聲，戶萌切」

洞

切」谷部「谾，谷中響也，从谷厷聲，戶萌切」門部「閎，巷門也，从門厷聲，戶萌切（巷，篆文䢽，俗作巷）」

疾流也，从水同聲，徒弄切

水經「湘水與沅水合于湖中」注「即洞庭湖也」又覓之為洞，虁為洞達，論衡超奇篇「上通下達，故曰洞歷」辵部「迵，迭也，从辵同聲，徒弄切」（迭，更迭也，从辵失聲，一曰达，徒結切）馬部「駧，馳馬洞去也，从馬同聲，徒弄切」三字音義同。

瀿

大波也，从水緐聲，附袁切

俗作瀿，文選江賦李善注「楚人謂水暴溢為瀿」

涌

滕也，从水甬聲，一曰涌水，在楚國，余隴切（俗作湧）

本部「滕，水超涌也」釋名釋水「水上出曰涌泉」爾雅釋水「濫泉正出，正出，涌出也」郭注引李巡曰「水泉从下上出曰涌泉」水經江水「又東南當華陽縣南，涌水入焉」注云「水自夏水南通於江，謂之涌口」

洌

水清也，从水列聲，易曰「井洌，寒泉食」良辥切

易井卦九五「井洌，寒泉食」崔憬曰「既寒且絜」俗作冽，从仌非是。詩曹風下泉「冽彼下泉」傳云「冽，寒也」小雅大東「有冽氿泉」傳云「冽，寒意也」冽本當作洌，豳風七月「一之日觱發，二之日栗烈」傳云「栗烈，寒氣也」則是段烈為洌，段氏以為鄭書兼有洌冽二篆，好異之病也。

淑

清湛也，从水叔聲，殊六切

本部「湛，沒也」湛之本訓為沒也，然說解清湛連用，則湛亦清也，不可泥於沒也之本訓。又古籍以淑為「善也」，則是段作俶，人部「俶，善也，从人叔聲，詩曰令終有俶，一曰始也，昌六切」土部「埱，气出土也，一曰始也，从土叔聲，昌六切」

澂

清也，从水徵省聲，直陵切（臣鉉等曰：今俗作澄，非是，直陵切）

心部「懲，忞也，从心徵聲，直陵切」一切經音義「詩傳曰：懲，止也，又革也，革改革芔并失曰懲也」易損卦象辭「山下有澤，損，君子以懲忿窒欲」謂懲止其忿，窒塞其欲也，鄭本作徵，云「徵猶清也」，則以為本作澂。

湜

水清底見也（段作「見底」）从水是聲，詩曰「湜湜其止」，常職切（音直）

溷

詩邶風谷風「涇以渭濁，湜湜其沚」毛傳「涇渭相入而清濁異」。

亂也。一曰水濁皃。从水圂聲。胡困切

此溷亂字，俗或作渾，或混。又段溷為圂。本部「渾，混流聲也。从水軍聲。一曰洿下皃。戶昆切」「混，豐流也。从水昆聲。胡本切」渾混互通。孟子「原泉混混」作混。法言「聖人之言渾渾若川」注「洪流也」作渾。口部「圂，廁也。从口，象豕在口中也。會意。胡困切」亦有段棍為混。西都賦「棍建章而連外屬」注云「棍與混同」。手部「棍，同也。从手昆聲。古本切」心部「慁，憂也。从心圂聲。一曰擾也。胡困切」古籍亦借作溷字。史記陸賈傳「無久慁公為也」集解「汙辱也」。「㥵，重㬎也。从心㬎聲。於靳切」是㥵㬎字，今皆作渾矣。又水部「沄，轉流也。从水云聲。讀若混。王分切」是沄轉字。

淈

濁也。从水屈聲。一曰滑泥。一曰水出皃。古忽切

法言吾子「書惡淫辭之淈法度也」注云「淈，濁也」。本部「滑，多汁也」。楚辭漁父「何不淈其泥而揚其波」。「水出皃」者，史記樗里子傳「滑稽多智」正義「滑讀為淈，水流自出。言其智計宣吐如泉流出無盡」。

淀

回泉也。从水旋省聲。似沿切（俗作漩）

荀子致仕篇「水深則回」注云「回，旋流也。水深不滿峻則多旋流也」。「旋流」當作「淀」。此「回淀」「淀轉」字作旋，其段借也。㫃部「旋，周旋，旌旗之指麾也。从㫃从疋。疋，足也」。說解云「周旋」，是以今義釋古字。又口部「圓，規也。从口从員。似沿切」又引申之亦為「圓轉」「周圓」字。

淵

回水也。从水，𣶒象形，左右，岸也。中象水皃。烏玄切

𣶒 淵或省水

𡇼 古文从口水

回旋之水，其下必深。荀子致仕「水深則回」。列子黃帝篇有九淵之淵。潘是瀋之省借。「瀋，大波也」。故又引申之為深也。

澹

水搖也。（段作「瀇滉，水鯀皃」）从水詹聲。徒濫切

經傳多段作「恬憺」。憺，怕字，詳心部憺字。

濇

不滑也。从水嗇聲。色立切

止部「澀，不滑也。从四止。色立切（俗作澀或澁）」濇澀音義同。五下部見「嗇，愛濇也。从來㐭。來者㐭而藏之，故田夫謂之嗇夫。所力切」愛嗇又引申之為吝嗇。又以其从來㐭，有收穫之意，故亦為稼穡。與禾部「穡，穀可收曰穡。从禾嗇聲。所力切」互通。

淫

淫 侵淫隨理也．从水㸒聲．一曰久雨為淫．余箴切

徐鍇曰「隨其脈理而侵漬也」．清陳啟源毛詩稽古云「古之言淫者多矣．於星言淫．於雨言淫．於水言淫．於刑言淫．於遊觀田獵言淫．皆言過其常度耳．樂之五音十二律長短高下皆有節焉．鄭聲靡曼幼眇．無中正和平之致．使聞之者導欲增悲．湛湎而忘反．故曰淫也」．法言吾子「詩人之賦麗以則．辭人之賦麗以淫」．亦謂其侵淫不止．失乎中正也．「久雨為淫」．禮月令「季春之月……行秋令．則天多湛侌．淫雨早降」．鄭注「淫．霖也．雨三日已上為霖」．淫雨俗作霪．經傳又段淫為婬．婬字女部「婬．厶逸也．从女㸒聲．余箴切」．㸒部「㸒．近求也．从爪壬．壬．徵幸也．余箴切」．

瀸

瀸 漬也．从水韱聲．爾雅曰．泉一見一否為瀸．子廉切

爾雅釋水「泉一見一否為瀸」．郝疏云「瀸．漬也．蓋泉有時出見．有時涸竭．水脈常含津潤．故以瀸漬為言」．按此說與郭君合．較之郭注「瀸．纔有貌」．以瀸為纖小意為勝．又經傳或段漸為瀸．詩衛風氓「淇水湯湯．漸車帷裳」．釋文「漸．子廉反．漬也」．本部「漸．水．出丹陽黟南蠻中．東入海．从水斬聲．慈冉切」．走部「𧺆．進也．从走斬聲．藏監切」．是𧺆進字．今亦段漸為之矣．

潰

潰 漏也．从水貴聲．胡對切

漏當作屚．本部「漏．以銅受水．刻節．晝夜百刻．从水屚聲．盧后切」．雨部「屚．屋穿水下也．从雨在尸下．尸者屋也．盧后切」．左傳文公三年「沈潰．凡民逃其上曰潰」．杜注「潰．衆散流移．若積水之潰．自壞之象也」．言部「䜅．中止也．从言貴聲．司馬法曰．師多則民䜅．䜅止也．胡對切」．是䜅敗字．歺部「殨．爛也．从歺貴聲．胡對切」．是殨爛字．今皆作潰矣．

沴

沴 水不利也．从水㐱聲．五行傳曰．若其沴作．郎計切（音麗）

「若其沴作」．段注云「其當作六」．惠氏王氏同．漢書孔光傳引洪範五行傳「六沴之作」．注云「沴．惡氣也」．五行志「傳曰．氣相傷謂之沴」．又「唯金沴木」．服虔注「沴．害也」．尚書大傳「維金沴木」．注云「沴．殄也．凡六氣相傷謂之沴」．

渻

渻 少減也．一曰水門．又水出丘前謂之渻丘．从水省聲．息井切

女部「㛳．減也．从女省聲．所景切」．渻㛳音義同．凡減渻．節渻字皆以此為正．而經傳祇作省．眉部「省．視也．从眉省．从屮．所景切」．義異．「一曰水門」．段注謂此義未見．王氏以為門係名之譌．爾雅釋丘「水出其前渻丘」．

涅

涅 黑土在水中也。从水土。日聲。奴結切

論語衞靈公「不曰堅乎，磨而不磷，不曰白乎，涅而不緇。」孔注「涅可以染皁者。言至白者染之涅而不黑。」古籍或段泥為涅。史記屈原列傳「皭然泥而不滓。」索隱「泥音涅。」

滋

滋 (此篆舊本誤作𣿰，唯段本不誤)益也。从水茲聲。一曰滋水。出牛飲山白陘谷，東入呼沱。子之切

滋字从茲，不从兹。艸部「茲，艸木多益也。从艸絲省聲。子之切」玄部「兹，黑也。从二玄。春秋傳曰何故使吾水兹。胡涓切」二字迥異。今左傳哀公八年兹已作滋矣。蓋俗誤兹為茲，復改茲為滋耳。漢書地理志常山郡「南行唐，牛飲山白陘谷，滋水所出，東至新市入虖沱。」

濆

濆 水厓也。从水賁聲。詩曰：「敦彼淮濆。」符分切

今詩大雅常武作「鋪彼淮濆。」傳云「濆，厓。」釋文「鋪，普吳反。徐音孚。陳也。」鄭君說解作「敦」，或三家異文。本作埻，立部「埻，磊埻，重聚也。从立享聲。丁罪切」詩大雅「敦彼行葦」，傳云「敦，聚兒。」亦是段敦為埻。又經傳或段墳為濆，周礼大司徒「辨其山林川澤墳衍原隰之名物」，鄭注「水厓曰墳，下平曰衍，高平曰原，下溼曰隰。」墳當是濆字之段。原亦當作邍。辵部「邍，高平之野，人所登。愚袁切」

汻

汻 水厓也。从水午聲。臣鉉等曰今作滸，非是。呼古切

今經傳皆作滸矣。詩大雅緜「古公亶父，來朝走馬，率西水滸，至于岐下。」傳云「滸，水厓。」江漢「江漢之滸，王命召虎。」箋云「滸，水厓。」爾雅釋水「滸，水厓。」

沸

沸 畢沸，濫泉也。从水弗聲。分勿切，又方未切

詩小雅采菽「觱沸檻泉，言采其芹。」傳云「觱沸，泉出兒。檻泉，正出也。」大雅瞻卬「觱沸檻泉，維其深矣。」箋云「檻泉，正出。涌出也。觱沸，其兒。」上林賦有滭弗，鄦書無滭，有滭。仌部「滭，風寒也。从仌畢聲。卑吉切」滭當是滭之誤，段氏以為古非無滭字，非也。詩之觱字，蓋本作觱。角部「觱，羌人所吹角屠觱，以驚馬也。从角𤇾聲。𤇾古文誖字。卑吉切」檻亦是濫之借字。又沸一音方未切，則是段作鬻。鬲部「鬻，涫也。从鬲沸聲。方未切」古籍通作沸，而鬻不行矣。

派

別水也．从水𠂢．𠂢亦聲．匹賣切

十一下部目「𠂢．水之衺流別也．从反永．匹卦切」二字音義同．選注頭陀寺碑及吳都賦舊注皆引說文云「派．水別流也」．段氏以為派字當刪．恐未然．蓋先有𠂢字．後復增水旁作派．古今字耳．糸部「𥿘．散絲也．从糸𠂢聲．匹卦切」則是𥿘給字而今已作派矣．

汜

水別復入水也．一曰汜．窮瀆也．从水巳聲．詩曰江有汜．詳里切．臣鉉等案前洍字音義同蓋或體也

（段「一曰」在「引詩」下）

爾雅釋水「水決復入為汜」．郭注「水出去復還」．釋名釋水「水決復入為汜．汜．已也．如出有所為畢已而還入也」．爾雅釋丘「窮瀆．汜」．郭注「水無所通者」．詩召南江有汜傳云「決復入為汜」．本書水部「洍．水也．从水𦣝聲．詩曰江有洍．詳里切」蓋三家異文．又汜字从巳．與从𠃑之氾濫字形音義俱異也．

洫

十里為成．成閒廣八尺深八尺謂之洫．从水血聲．論語曰盡力于溝洫．況逼切

周礼考工記匠人「九夫為井．井閒廣四尺深四尺謂之溝．方十里為成．成閒廣八尺深八尺謂之洫」．地官遂人「百夫有洫」．注云「遂溝洫澮皆所以通水於川也」．莊子庚桑楚「夫尋常之溝．巨魚無所還其體．而鯢鰌為之制」．釋文「尋常之溝．八尺曰尋．倍尋曰常．尋常之溝則周礼洫澮之廣深也．洫廣深八尺．澮廣二尋．深二仞也」．論語泰伯「卑宮室而盡力乎溝洫」．包注「洫．廣深八尺」．朱注「溝洫．田閒水道．以正疆界．備旱潦者也」．

溝

水瀆．廣四尺深四尺．从水冓聲．古侯切

周礼考工記匠人「九夫為井．井閒廣四尺深四尺謂之溝」．地官遂人「十夫有溝」．注云「遂廣深各二尺．溝倍之」．釋名釋水「水注谷曰溝．田閒之水亦曰溝．溝．搆也．縱橫相交搆也」．

瀆

溝也．从水𧶠聲．一曰邑中溝．徒谷切

（段「中」下有「曰」字）

爾雅釋水「水注澮曰瀆」．「江河淮濟為四瀆．四瀆者．發原注海者也」．本書𨸏部「𨽍．通溝也．从𨸏𧶠聲．讀若瀆．徒谷切」「𧮼．古文𨽍从谷」．今經典祇用瀆字．惟爾雅釋山「山𧮼無所通．谿」．郭注「所謂窮瀆者．𧮼無所通．與水注川同名」．

渠

水所居．从水榘省聲．彊魚切

（段作「⿱巨木聲」）

繫傳作「⿱巨木聲」云「⿱巨木即柜字」．

澳

隈，厓也。其内曰澳，其外曰隈。（段改「隈」為「鞫」，非是。）从水奧聲。於六切（音郁）

爾雅釋丘「隩，隈。」厓内為隩，外為隈。郭注「厓表裏之名。」本書𨸏部「隩，水隈厓也。从𨸏奧聲。烏到切」「隈，水曲隩也。从𨸏畏聲。烏恢切」詩大雅公劉「止旅迺密，芮鞫之即。」傳云「芮，水厓也。鞫，究也。」箋云「芮之言内也。水之内曰隩，水之外曰鞫。」按鞫字非說文所有。毛公訓鞫為「究也」，是𥷚字之叚借。夲部「𥷚，窮理罪人也。从夲从人从言，竹聲。居六切」鄭君以芮内鞫外對言，未詳所出。疑或鞫、澳聲近而譌，未宜據以改爾雅及澳下說解也。又詩衛風淇奧「瞻彼淇奧，綠竹猗猗。」傳云「奧，隈也。」作奧，是借字。大學引詩作澳，是本字。宀部「奧，宛也。室之西南隅。从宀𢍏聲。烏到切」

𤅩

水濡而乾也。从水鷬聲。詩曰「𤅩其乾矣。」呼旰切（音罕）又他干切（音攤）

灘 俗𤅩从隹。

詩王風中谷有蓷「中谷有蓷，暵其乾矣。」作暵。傳云「暵，菸貌。」釋文「暵，徐音漢。說文云水濡而乾也。字作𤅩。」暵是借字。日部「暵，乾也。耕暴田曰暵。从日堇聲。呼旰切」爾雅釋水「灘，沙出。」郭注「今河中呼水中沙堆為灘。」即今所謂沙灘。說文無灘字，蓋本只作灘。又灘下云「俗𤅩从隹」，必非鄦君原文，當云「𤅩或从難」。難即鷬之或體。

沃

溉灌也。从水芺聲。烏鵠切（俗作沃）

凡自上澆下曰沃。左傳僖公二十三年「奉匜沃盥。」疏云「沃，澆也。」又水沃則土肥，故又引申之為「肥沃」「沃饒」。水沃則潤澤，故又為沃然柔潤之偁。詩衛風氓「桑之未落，其葉沃若。」傳云「沃若，猶沃沃然。」小雅隰桑「隰桑有阿，其葉有沃。」傳云「沃，柔也。」

津

水渡也。从水𦘔聲。將鄰切（隸變作津）

𣶒 古文津从舟从淮。

此津渡字。論語微子「使子路問津焉。」鄭注「津，濟渡之處。」經傳多叚作「盡，渡」「盡，潤」「聿，飾」「聿」聿有味字。肄聿部「聿

淜

字。

無舟渡河也。从水朋聲。皮冰切

今經傳叚馮為之。詩小雅小旻「不敢暴虎，不敢馮河。」傳云「徒涉曰馮河，徒搏曰暴虎。」正字當作淜。馬部「馮，馬行疾也。从馬仌聲。（臣鉉等曰：本音皮冰切，經典通用為依馮之馮，今别作凭，非是。房戎切）」按依馮字當作凭。几部「凭，依几也。从任几。周書『凭玉几』。讀若馮。（臣鉉等曰：人之依馮，几所勝載，故从任。皮冰切）」至馮讀房戎切，則是叚作郱。邑部「郱，姬姓之國。从邑馮聲。房戎切」

㶇

㶇 小津也。从水橫聲。一曰以船渡也。戶孟切

方言「方舟謂之㶇」。古籍或作橫，或作潢，並是借字。六韜軍用篇「天橫，一名天船」。史記天官書「旁有八星絕漢曰天潢」。本書木部「橫，闌木也。从木黃聲。戶盲切」。水部「潢，積水也。从水黃聲。乎光切」。又古偁學校為黌，黌舍。按許書無黌字，本只作橫。

泭

泭 編木以渡也。从水付聲。芳無切

詩周南漢廣「江之永矣，不可方思」。傳云「方，泭也」。爾雅釋水「天子造舟，諸侯維舟，大夫方舟，士特舟，庶人乘泭」。郭注「泭，併木以渡」。論語公冶長「道不行，乘桴浮於海」。馬融注「編竹木，大者曰栰，小者曰桴」。作桴是借字。木部「桴，棟名。从木孚聲。附柔切」（音浮）。「枹，擊鼓杖也。从木包聲。甫無切」（音孚）。與泭異字。

㴉（泝）

㴉 屰流而上曰㴉洄。㴉，鄉也。水欲下違之而上也。从水㡿聲。桑故切（今經典作泝）

𣶽 㴉或从朔

詩秦風蒹葭「遡洄從之，道阻且長。遡游從之，宛在彼中央」。傳云「屰流而上曰遡洄，順流而涉曰遡游」。爾雅釋水同。

潛

潛 涉水也。一曰藏也。一曰漢水為潛。（小徐、段氏無「水」字）从水朁聲。昨鹽切

本書林部「𣥺，徒行厲水也。从林步」。涉，篆文从水。詩邶風匏有苦葉「匏有苦葉，濟有深涉。深則厲，淺則揭」。傳云「由膝以上為涉，以衣涉水為厲，謂由帶以上也」。「一曰藏也」，爾雅釋言「潛，深也」。易乾文言「潛龍勿用，陽氣潛藏」。「潛之為言也，隱而未見，行而未成，是以君子弗用也」。「漢為潛」者，爾雅釋水同。荀子大略注引李巡曰「漢水溢流為潛」。水經潛水注云「蓋漢水枝分潛出，故受其偁」。

泛

泛 浮也。从水乏聲。孚梵切

經傳泛汎氾三字多互通，詳本部汎字。

汓

汓 浮行水上也。从水从子。古或以汓為沒。似由切

（段「古」下有「文」，「沒」下有「字」字）

泅 汓或从囚聲

此「汓」泳字，經典假游為之。㫃部「游，旌旗之流也。从㫃汓聲。以周切」。「𨑖，古文游」。𨑖今人作遊，以為遊戲字。按辵部「遙，行遙徑也。从辵繇聲。以周切」。是「遙戲」「遙徑」字。今論語雍也「行不由徑」已作由矣。許書無由字。𢎘部「𢑚，木生條也。从𢎘由聲。商書曰『若顛木之有𢑚枿』。古文言由枿。以州切」。則由乃𢑚之古文，偶奪耳。段於繇下補「或作由」，恐未然。系部「繇，隨從也。从系䍃聲」。

砅

臣鉉等曰今俗从蜀,余招切」義異。攴部「攸,行水也。从攴从人,水省。徐鍇曰:攴入水所杖也。以周切」又卣為所也。乃部「逌,气行皃。从乃卤聲。讀若攸。以周切」气行為逌,水行為攸。逌是「逌勁」,攸是「攸遠」。古籀或段悠為攸。心部「悠,憂心也。从心攸聲。以周切」

砅 履石渡水也。从水从石。詩曰:深則砅。力制切

濿 砅或从厲

今詩邶風匏有苦葉「匏有苦葉,濟有深涉,深則厲,淺則揭」,毛傳「以衣涉水為厲,謂由帶以上也」,作厲,是濿之省借。爾雅釋水「濟有深涉,深則厲,淺則揭。揭者揭衣也。以衣涉水為厲。繇膝以下為揭,繇膝以上為涉,繇帶以上為厲」。厲亦當作砅。厂部「厲,旱石也。从厂,蠆省聲。力制切」

湊

湊 水上人所會也。从水奏聲。倉奏切

又是為會集之偁。夲部「奏,進也。从夲从廾从屮。屮,上進之義。則候切」卪部「卪卪,卪也。闕。則候切」卪卪今作節奏。

湛

湛 沒也。从水甚聲。一曰湛水,豫章浸。宅減切,又直林切,二音是

𣸭 古文

此湛沒字,當讀「直林切」。本部湫下云「清湛也」,則宜讀「宅減切」。古籀多段沈為湛沒字。本部「沈,陵上滈水也。从水冘聲。一曰濁黕也。

臣鉉等曰:今俗別作沉,冗不成字,非是。直深切,又尸甚切」沈是積水本字,經傳或段湛為媅、酖。字詩小雅鹿鳴「鼓瑟鼓琴,和樂且湛」,毛傳「湛,樂之久」,釋文「湛,都南反」,字當作媅。女部「媅,樂也。丁含切」大雅抑「顛覆厥德,荒湛于酒」,釋文「湛,都南反」,則是段湛為酖。酉部「酖,樂酒也。从酉冘聲。丁含切」「一曰」云云。周禮夏官職方氏「正南曰荊州……其浸潁、湛」,注云「湛,可以為陂灌溉者」,「潁出陽城,宜屬豫州,在此非也。湛未聞。杜子春云:湛或為淮」。疏解「豫章浸」,小徐段氏王氏作「豫州浸」,是。

休

休 沒也。从水从人。小徐段氏有「讀與溺同」。奴歷切

此「湛休」字,經傳通段溺為休。本部「溺,水。自張掖刪丹西至酒泉合黎,餘波入于流沙。从水弱聲。而灼切」古籀或段溺為人小便之尿字,而溺水字則作弱。尾部「尿,人小便也。从尾水。奴弔切」彡部「弱,橈也。上象橈曲,彡象毛氂橈弱也。弱物并,故从二彡。而灼切」

沒

沒 湛也。从水从𠬛。莫勃切

又部「𠬛,入水有所取也。从又在回下。回,古文回。回,淵水也。讀若沫。莫勃切」歺部「歾,終也。从歺勿聲。莫勃切」「𣦿,歾或从𠬛。」

渨

渨 沒也。从水畏聲。烏恢切

此字見於古籍者惟廣雅。說同。段氏疑此後人所增。朱氏通訓定聲云:「此字當訓水曲澳也。山曲曰隈,水曲曰渨。」

瀑

瀑 疾雨也。一曰沫也。一曰瀑,資也。从水暴聲。

詩曰:「終風且瀑。」(段引詩在「暴聲」下)平到切

今詩邶風終風「終風且暴」,傳云:「終日風為終風。暴,疾也。」作暴,是借字。夲部「㬥,疾有所趣也。从日出夲廾之。薄報切」是暴虐㬥字。日部「暴,晞也。从日出廾米。蒲木切」是暴曬字。自隸變,暴㬥皆譌為暴,後人乃加日旁於暴以為晞義,而以暴為㬥虐字,而暴㬥不行矣。

瀧

瀧 雨瀧瀧皃。从水龍聲。力公切(又音雙)

「雨瀧瀧」,猶淋浪。玉篇又音雙。集韻又收入四江,音雙。王筠釋例云:「吾鄉謂細雨之皃曰瀧瀧,謂淚皃亦曰瀧瀧,其音則變。玉篇亦有此音,蓋六朝轉音也。」歐公瀧岡阡表,瀧音雙。

滈

滈 久雨也。从水高聲。乎老切

本部沈下云:「沈,陵上滈水也。」滈水,積水也。

九二三

溦

溦 小雨也。从水微省聲。(段作「𢼸聲」)無非切

此「溦雨」字,今則作微矣。彳部「微,隱行也。从彳𢼸聲。無非切」是微行字。人部「𢼸,眇也。从人从攴,豈省聲。臣鉉等案:豈字从𢼸省,𢼸不應从豈省,蓋傳寫之誤,疑从耑省。耑,物初生之題,尚微也。無非切」𢼸是「𢼸細」、「精𢼸」字,今亦作微矣。又微字𢼸聲,則溦亦當作𢼸聲。

沈

沈 陵上滈水也。从水冘聲。一曰濁黕也。臣鉉等曰:今俗別作沉,冗不成字,非是。直深切 又尸甚切

陵上滈水,謂陵上凹處停潦也。古籍多段作湛沒字,而本義不行矣。黑部「黕,滓垢也。从黑冘聲。都感切」莊子達生「沈有履。」釋文云:「司馬本作沈有漏,云:沈,水汙泥也。漏,神名。」又雨部「霃,久陰也。从雨沈聲。直深切」是霃字古籍亦段沈為之矣。

洳

洳 漸溼也。从水如聲。人庶切

詩魏風汾沮洳「彼汾沮洳,言采其莫。」傳云:「汾,水也。沮洳,其漸洳者。」本書無洳,蓋本作洳也。

瀀

瀀 澤多也。从水憂聲。詩曰:「既瀀既渥。」於求切

今詩小雅信南山「益之以霢霂,既優既渥。」大雅瞻卬「天之降罔,維其優矣。」並作優。傳云:「優,渥也。」字當作瀀。人部「優,饒

九二四

也从人㥑聲一曰倡也於求切」是優裕俳優字夂部「憂和之行也从夂㥑聲詩曰布政憂憂於求切」是㥑憂彼字今詩商頌長發「敷政優優」已作優矣古籀既段優為憂又段憂為㥑愁字而㥑字不行矣心部「㥑愁也从心从頁於求切」

漬

漬 漚也从水責聲前智切

句讀依元應引補「謂水浸潤物也」段注「謂浸漬也」按「浸潤」浸漬字當作㝲本部「㝲水出魏郡武安東北入呼沱水从水㝲聲㝲籀文寑字子鴆切」人部「㝲漸進也从人又持帚若埽之進又手也七林切」

漚

漚 久漬也从水區聲烏候切

周礼考工記㡛氏「湅絲以涚水漚其絲」注云「漚漸也楚人曰漚齊人曰湪」詩陳風東門之池「東門之池可以漚麻」傳云「漚柔也」古籍或借為鷗鳥字又欠部「歐吐也从欠區聲烏后切」俗作嘔口部無

洽

洽 霑也从水合聲侯夾切

書大禹謨「好生之悳洽于民心」正義「洽謂霑漬漫潤洽于民心言潤澤多也」詩大雅板「辭之輯矣民之洽矣」傳云「輯和

洽合也」則是段洽為佮人部「佮合也从人合聲古沓切」今言「洽好」字當作佮又大雅大明「在洽之陽」傳云「洽水也」是段洽為郃本書邑部「郃左馮翊郃陽縣从邑合聲詩曰在郃之陽侯閤切」漢書地理志左馮翊「郃陽」應劭曰「在郃水之陽也」師古曰「郃大雅大明之詩所謂在洽之陽」

濃

濃 露多也从水農聲詩曰零露濃濃女容切

詩小雅蓼蕭「蓼彼蕭斯零露濃濃」傳云「濃濃厚皃」俗作膿鄦書無衣部「襛衣厚皃从衣農聲詩曰何彼襛矣汝容切」酉部「醲厚酒也从酉農聲女容切」

澌

澌 水索也从水斯聲息移切

方言「澌索也」注云「盡也」仌部「凘流仌也从仌斯聲息移切」

汽 (汔)

汽 水涸也或曰泣下从水气聲(小徐段氏「从水气聲」在「或曰」上句讀同)詩曰汔可小康許訖切(今書作汔)

易井卦卦辭「汔至亦未繘井」虞翻曰「汔幾也」姚配中曰「汔水涸也喻殷息衰也」詩大雅民勞「民亦勞止汔可小康」毛傳「汔危也」

鄭箋「汔，幾也」。𢆶部「幾，微也，殆也，从𢆶从戍，戍，兵守也，𢆶而兵守者危也。居衣切」。又𠭖之爲近也。「泣下」之義未詳，桂氏疑爲「立下」。引孟子「其涸也可立而待也」。言部「訖，止也，从言气聲。居迄切」。辵部新坿「迄，至也，从辵气聲。許訖切」。今竝省作訖迄。

渴

渴 盡也，从水曷聲。苦葛切

此渴盡字，書泰誓「我聞吉人爲善，惟日不足，凶人爲不善，亦惟日不足」，傳云「言吉人渴日以爲善，凶人亦渴日以行惡」。周禮地官艸人「渴澤用鹿」，釋文「渴，其列切」。此渴之本音本義。今以渴爲飢㵣字，而渴盡字則作竭，誤也。欠部「㵣，欲歠也，从欠渴聲。苦葛切」。立部「竭，負舉也，从立曷聲。渠列切」。禮記禮運「五行之動，迭相竭也」，鄭注「竭，猶負戴也，言五行運轉，更相爲始也」。是竭之本義。口部「喝，㵣也，从口曷聲。於介切」。玉篇「喝，嘶聲也」。

溼

溼 幽溼也，从水，从一，（依修竹園補）一，所以覆也，覆而有土，（段作「从一，覆也，覆土而有水」）故溼也。㬎省聲。失入切

燥溼字俗作濕，誤。本部「濕，水，出東郡東武陽，入海，从水㬎聲，桑欽云出平原高唐。他合切（音踏）」俗作漯。爾雅釋地「下溼曰隰」。溼是正字。至「陂者曰阪，下者曰溼」，則又誤隰爲溼矣。說文𨸏部「隰，阪下溼也，从𨸏㬎聲。似入切」。

浼

浼 汙也，从水免聲。詩曰「河水浼浼」。孟子曰「汝安能浼我」。武辠切

汙，汙穢之意。孟子公孫丑「爾爲爾，我爲我，雖袒裼裸裎於我側，爾焉能浼我哉」，趙岐注「善已而已，惡人何能汙我邪」。詩邶風新臺「新臺有洒，河水浼浼」，傳云「浼浼，平地也」。是重言形況字。韓詩作浘浘，文選吳都賦李善引韓詩作「亹亹」，水流進皃。本書無浘亹字，大徐左文二十八俗書譌謬不合六書之體有「亹」字，書所無，不知所从，無以下筆。易云「定天下之亹亹」，亹當作娓。

準

準 平也，从水隼聲。之允切

易繫傳「易與天地準」，鄭注「準，平也」。莊子天道篇「水靜則明燭鬚眉，平中準，大匠取法焉」。天下莫平於水，水平謂之準，因之製平物之器亦謂之準。南宋順帝名準，故破準爲准。俗又誤作凖。

瀞

瀞 無垢薉也，从水静聲。疾正切

此絜瀞字，經傳或借靜淨字爲之。詩大雅既醉「其告維何，籩豆靜嘉」，箋云「籩豆之物，絜清而美」。魯頌閟宮「閟宮有

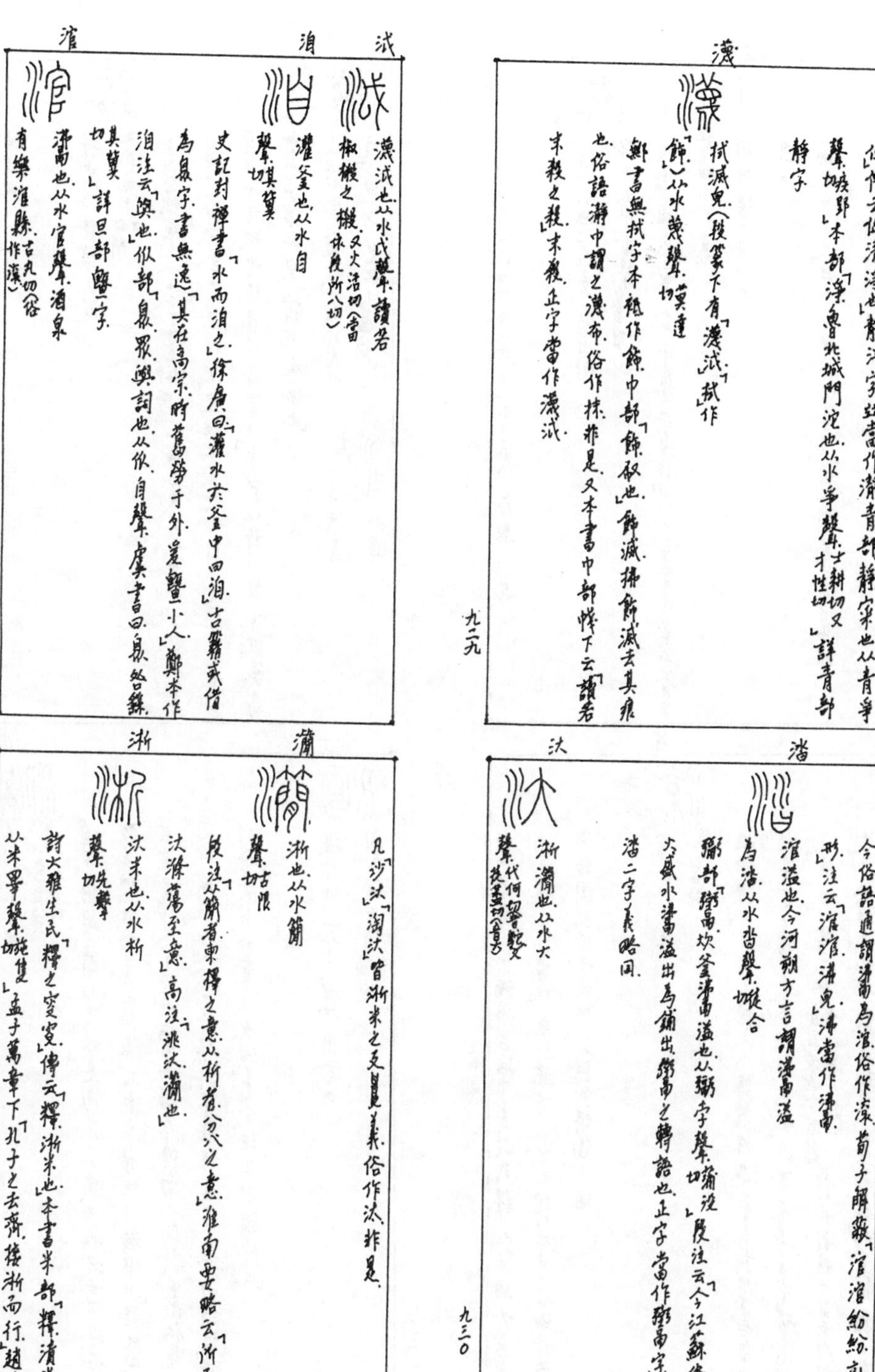

「㴸」傳云「㴸，清淨也。」靜淨字竝當作「瀞」。青部「靜，宷也。从青爭聲。疾郢切」本部「瀞，魯北城門池也。从水爭聲。士耕切又才性切」詳青部靜字。

瀎

瀎 拭滅皃。（段箋下有「瀎泧」）拭作「飾」。从水蔑聲。莫達切

鄦書無拭字，本祗作飾。巾部「飾，㕞也。」飾滅，拂飾滅去其痕也。俗語瀞巾謂之瀎布，俗作抹，非是。又本書巾部幭下云「讀若末殺之殺」。末殺，正字當作瀎泧。

泧　洎　涫

泧 瀎泧也。从水戊聲。讀若椒樧之樧。又火活切（當休發所八切）

洎 灌釜也。从水自聲。其冀切

史記封禪書「水而洎之。」徐廣曰「灌水於釜中曰洎。」古籍或借為息字。書無逸「其在高宗時，舊勞于外，爰暨小人。」鄭本作洎，注云「洎，與也。」似部「息，眾與詞也。从㐺自聲。虞書曰息咎繇。其冀切」詳旦部暨字。

涫 𤃤也。从水官聲。酒泉有樂涫縣。古丸切（俗作滾）

今俗語通謂𤃤為涫，俗作滾。荀子解蔽「涫涫紛紛，孰知其形。」注云「涫涫，沸皃。」沸當作𤃤。

涾　汏

涾 涫溢也。今河朔方言謂𤃤溢為涾。从水沓聲。徒合切

鬻部「𩱺，炊釜𤃤溢也。从鬻孛聲。蒲沒切」段注云「今江蘇俗謂火盛水𤃤溢出為鋪出。𩱺𤃤之轉語也。正字當作𩱺字。」𩱺涾二字義略同。

汏 淅瀾也。从水大聲。代何切又徒蓋切（音大）

凡「沙汏」「淘汏」皆淅米之[illegible]義。俗作汰，非是。

瀾　淅

瀾 淅也。从水簡聲。古限切

段注「从簡者，柬擇之意。从析者，分別之意。」淮南要略云「所以洮汏滌蕩至意。」高注「洮汏，瀾也。」

淅 汏米也。从水析聲。先擊切

詩大雅生民「釋之叜叜。」傳云「釋，淅米也。」本書米部「釋，漬米也。从米睪聲。施隻切」孟子萬章下「孔子之去齊，接淅而行。」趙注「淅，

漬米也」

浚

抒也（依校錄正）从水夋聲 私閏切

手部「抒，挹也，从手予聲，神與切」左傳襄公二十四年「子實生我而謂子浚我以生乎」杜注「浚，取也，言取我財以自生」玉篇「浚，深也」易恒初「浚恒，貞凶」侯果注「浚，深也」詩小雅小弁「莫高匪山，莫浚匪泉」傳云「浚，深也」

漉

浚也，从水鹿聲（小徐段氏此下有「一曰水下皃也」）盧谷切

淥

漉或从彔

徐鍇曰「水下漉謂滲漉」後世言漉酒，即取此義。

潘

淅米汁也，一曰水名，在河南熒陽，从水番聲 普官切

廣韻「周文王畢公之季孫（按應作「周文王季孫畢公」）食采於潘，因氏焉」

泔

周謂潘曰泔，从水甘聲 古三切（音監）

一切經音義「江北名泔，江南名潘」今人謂米汁為米泔水

滫

久泔也，从水脩聲 息流切 思酒切

荀子勸學「蘭槐之根是為芷，其漸之滫，君子不近，庶人不服，其質非不美也，所漸者然也」楊倞注「滫，溺也」杜氏曰「滫當為浚，以浚為小便，故變為溺耳」淮南人間訓「申椒杜茝，美人之所懷服也，及漸之於滫，則不能保其芳矣」高誘注「滫，臭汁也」王氏曰「此二事與久泔義合，泔久則酸臭也」

湎

湛於酒也，从水面聲 周書曰「罔敢湎于酒」彌兗切

詩大雅蕩「天不湎爾以酒，不義從式」釋文「飲酒齊色曰湎」易未濟上九象曰「飲酒濡首，亦不知節也」是湛湎於酒。書酒誥「罔敢湎于酒」傳云「無敢湛湎于酒」

涼

薄也，从水京聲 呂張切

姚姬傳曰「涼當以飲人水漿醴涼為正義，訓薄為借字」其說甚是。涼薄字本作𣄴，旡部「𣄴，事有不善言𣄴也。爾雅𣄴，薄也。从旡京聲」臣鉉等曰「今俗隸書作亮，力讓切」詳旡部𣄴字。至爾雅釋天「北風謂之涼風」則是飆字之叚，風部「飆，北風謂之飆風」

从風涼省聲。呂張切」段氏以為是尊義之文自見。失之。

洒

洒 滌也。从水西聲。古文為灑埽字。先礼切

此洒滌本字。經傳多作洗，是借字。本部「洗，洒足也。从水先聲。穌典切」又論語子張「子夏之門人小子當洒埽應對進退則可矣。」周礼夏官隸僕「掌五寢之埽除糞洒之事。」詩唐風山有樞「弗洒弗埽。」「洒埽」作洒是正字。陸氏釋文云「洒正作灑，非也。」本部「灑，汛也。从水麗聲。山豉切」盧文弨以為「凡糞除先以水灑地，使塵不揚而後埽之。」說尤誤。蓋古人泥地，先灑水則成泥涂矣。

滌

滌 洒也。从水條聲。徒歷切

洒滌互訓。皿部「盪，滌器也。从皿湯聲。徒朗切」又具為絜淨之偁。

渳

渳 㱃也（小徐段氏「㱃」下有「歠字」）从水弭聲。綿婢切

欠部「歃，歠也。从欠臿聲。山洽切」㱃部「歠，㱃也。从㱃省叕聲。昌說切」渳今閩粵方音有此。渳歠之意。

漱

漱 盪口也。从水欶聲。所右切（俗作嗽）

欠部「欶，吮也。从欠束聲。所角切（音朔）」口部「吮，欶也。从口允聲。徂沇切」經傳或假漱為涑。礼曲礼「嫂叔不通問，諸母不漱裳。」鄭注「漱，澣也。」本部「涑，澣也。从水束聲。速侯切」又本書疒部「瘚，屰气也。从疒从屰从欠。居月切」「欮，瘚或省疒。」欠部「欬，屰气也。从欠亥聲。苦蓋切」今閩粵方音「咳嗽」，蓋本作「欬瘚」。

沐

沐 濯髮也。从水木聲。莫卜切

論衡譏日篇「沐者，去首垢也。洗，去足垢。盥，去手垢。浴，去身垢。」

沬

沬 洒面也。从水未聲。荒內切

古文沬从頁。（段氏篆作䪻。云「古文沬从𠬞水从頁。」）

沬又為邑名。詩鄘風桑中「爰采唐矣，沬之鄉矣。」傳云「沬，衛邑。」釋文「沬音妹。」按尚書酒誥之妹邦。酒誥「王若曰，明大命于妹邦。」傳云「妹，地名，紂所都朝歌以北是。」水經注「朝歌城本沬邑，武丁遷凥之，為殷都。」

浴

浴 洒身也。从水谷聲。余蜀切

礼記儒行「儒有澡身而浴德，陳言而伏。」呂大臨曰「澡身浴德者，所以正己也。陳言而伏者，入告嘉謀而順之於外也。」是又伸之義。

澡

洒手也。从水喿聲。子皓切

皿部「盥，澡手也。从臼水臨皿。春秋傳曰：奉匜沃盥。古玩切」

洗

洒足也。从水先聲。穌典切

今俗讀先礼切，以為洒滌字。古籍或叚作先，讀「先見切」，如漢書百官公卿表太子先馬，韓非喻老作洗馬。

汲

引水於井也（段作「引水也」）。从及水，及亦聲。居立切

莊子至樂篇「綆短者不可以汲深」，本書糸部「綆，汲井綆也。从糸更聲。古杏切」經傳多叚作彶字。漢書揚雄傳「不汲汲於富貴」，顏注「汲汲，欲速之義」，正字當作彶。彳部「彶，急行也。从彳及聲。居立切」

淳

淥也（依校議正）。从水𦎫聲。常倫切

此「清淳」「淳絜」字當𦎫部「𦎫，孰也。从亯羊。讀若純。一曰鬻也。常倫切」是𦎫孰字，詳𦎫部𦎫字。

渫

除去也。从水枼聲。私列切

張衡南都賦注引作「去除也」。易井卦九三「井渫不食，為我心惻，可用汲。王明，並受其福。」荀爽曰「渫去穢濁，清絜之意也。」又引申之為「渫除」「渫而」「發渫」。經傳或借泄字。詩大雅民勞「惠此中國，俾民憂泄」，毛傳「泄，去也」，鄭箋「泄猶出也，發也」，正字當作渫。本部「泄水，受九江博安洵波，北入氐。从水世聲。余制切」音義俱異。古籍又叚泄為詍呭字，詳泄字。又渫，俗亦作洩，鄦書無。

𤅩

濯衣垢也。从水𧹞聲。胡玩切

浣：𤅩或从完。

赤部「𧹞，赤色也。从赤倝聲。讀若浣。胡玩切」𤅩俗从幹作澣，非是。

涑

𤅩也。从水束聲。河東有涑水。速侯切（音倏，今讀叔）

一切經音義「濯生練曰涑，去舊垢曰浣。一曰以手曰涑，以足曰浣也。」經傳或叚漱為涑。公羊傳莊（公三十一年）「臨民之所漱

浣」也。注云「無垢加功曰漱，去垢曰浣，齊人語也。」水經「涑水出河東聞喜縣東山黍葭谷。」酈注「涑水一名洮水。」又注河水云「涑水又西南流，注於河。」

灑

灑

汛也。从水麗聲。山豉切

爾雅釋樂「大瑟謂之灑。」經傳或以為洒埽字，詳本部洒字。

汛

汛

灑也。从水卂聲。息晉切

汪中漢上琴臺之銘「泠泠水際，時汛遺音。」此字隸變每與訊「汗兒」之汛字混。

染

染

以繒染為色。从水杂聲。而琰切 徐鍇曰：說文無杂字。裴光遠云：从木，木者所以染，梔茜之屬也；从九，九者染之數也。未知其審。

按周礼考工記鍾氏「三入為纁，五入為緅，七入為緇。」染之數極於七，無九入者，九以喻多數耳。又本書雨部「䨲，濡也。从雨染聲。而琰切」子虛「濡䨲」「霑䨲」正字作䨲。今皆段染為之，而䨲字不行矣。

泰

泰

滑也。从廾水，大聲。他蓋切 臣鉉等曰：本音他達切，今左氏傳作汰輈，非是。

古文泰

又叚之為「驕泰」「泰侈」「康泰」字。左傳宣公四年「伯棼射王，汰輈。」杜注「汰，過也。箭過車轅上。」是借汰為泰。又古文作夳，从大从古文上。今省作太，至凡偁「太極」「太上」「太學」字，本祗作大。

潸

潸

涕流兒。从水，𢿱省聲。詩曰「潸焉出涕。」所姦切

按潸字从𢿱省，其字當从㭺从肉。鉉本作潸，从林，俗作潸从林从日，並誤。詩小雅大東「睠言顧之，潸焉出涕。」毛傳「潸，涕下兒。」

汗

汗

人液也。（段作「身液也」）从水干聲。侯旰切

本部「涕，鼻液也。从水夷聲。他計切」口部「唾，口液也。从口垂聲。湯臥切」「涶，唾或从水。」則汗是身液。今云「浩汗」，廣大兒，是借字。或作瀚、澣字，非本書所有，正字當作沆。本部「沆，莽沆，大水也。从水亢聲。一曰大澤兒。胡朗切」

泣

泣

無聲出涕曰泣。从水立聲。去急切

本部「涕，泣也。从水弟聲。他禮切」段注「泣也二字，當作目液也三字，轉寫之誤也。詩陳風澤陂「寤寐無為，涕泗滂沱。」傳云「自目曰涕。」史記宋微子世家「欲哭則不可，欲泣為其近婦人。」」

⿰氵獻

議辠也。从水獻。與灋同意。魚列切

从水者。議辠當如水之平。今經典作讞。說文無。

渝

變汙也。从水俞聲。一曰渝水。在遼西臨俞。東出塞。羊朱切

易隨卦「初九。官有渝。貞吉。出門交有功。」九家易「渝。變也。」詩鄭風羔裘「彼其之子。舍命不渝。」傳云「渝。變也。」漢書地理志遼西郡「臨渝縣。渝水首受白狼。東入塞外。」又「交黎縣。渝水首受塞外。南入海。」

滅

盡也。从水威聲。亡列切

火部「威。滅也。从火戌。火死於戌。昜气至戌而盡。許劣切」手部「搣。批也。从手威聲。亡列切」

泮

諸侯鄉射之宮。(段「鄉」作「饗」)西南為水。東北為牆。从水半。半亦聲。普半切(俗作頖)

禮記有鄉飲酒義又射義「古者諸侯之射也。必先行燕禮。卿大夫士之射也。必先行鄉飲酒之禮。」鄉射者因射而先行鄉飲酒之禮也。詩魯頌泮水「思樂泮水。薄采其芹。」傳云「泮水。泮宮之水也。天子辟廱。諸侯泮宮。」箋云「辟廱者。築土雝水之外。圓如璧。

四方來觀者均也。泮之言半也。半水者。蓋東西門以南通水。北無也。」

漏

以銅受水。刻節。晝夜百刻。(刻。段作「節」)从水屚聲。(段作「从水屚。取屚下之義。屚亦聲」)盧后切

詩齊風東方未明箋云「挈壺氏掌漏刻者。」正義「刻謂置箭壺內。刻以為節。而浮之水上。令水漏而刻下。以記晝夜昏明之度數也。」雨部「屚。屋穿水下也。从雨在尸下。尸者屋也。盧后切」古籀每段漏為屚。又匸部「匽。側逃也。从匸丙聲。一曰箕屬。盧候切」是側陋字。𨸏部「陋。阸陝也。从𨸏匽聲。盧候切」是簡陋字。

澒

丹沙所化為水銀也。从水項聲。呼孔切(今俗作汞)

本艸「水銀一名澒。生符陵平土。出於丹沙。」又「鎔化還復為丹。」又疊韻連語「澒洞」言多也。

汩

治水也。从水曰聲。于筆切(音聿)

古籀或段汩為淈。本訓「淈。濁也。从水屈聲。一曰滒泥。一曰水出皃。古忽切」爾雅釋詁「淈。治也。」郭注「淈。書序作汩。」又鈕氏謂汩訓治水而次在部末。疑是㲿之或體。巛部「㲿。水流也。从水曰聲。于筆切」昌黎答李翊書「當其取於心而注於手也。汩汩然來矣。」正見水流

意。餘詳巛部𡿺下。又本部「汨，長沙汨羅淵，屈原所湛之
水。从水，冥省聲。莫狄切（音糸）」今汨汩二字常相混。

沝 㳅 流

說文解字第十一下

二水也。闕。凡沝之屬皆从沝。之壘切（音Ⓒ三二）

水行也。从沝㐬。㐬，突忽也。力求切

篆文从水

徐鍇曰：「突忽，猶疾也。」穴部「突，犬从穴中暫出也。从犬在穴中。一曰滑也。徒骨切」十四下部目「𠫓，不順忽出也。从到子。易曰：『𠫓如其來如。』不孝子𠫓出，不容於内也。他骨切」「㐬，或从到古文子，即易𠫓字。」

𤅊 涉

徒行厲（段作「濿」是）水也。从沝步。時攝切

篆文从水

厲乃砅之叚。厂部「厲，旱石也。从厂，蠆省聲。力制切」水部「砅，履石渡水也。从水从石。詩曰：『深則砅。』力制切」「濿，砅或从厲。」爾雅釋水「深則厲，淺則揭。揭者揭衣也。以衣涉水為厲。繇膝以下為揭，繇膝以上為涉，繇帶以上為厲。潛行為泳。」詩邶風匏有苦葉「匏有苦葉，濟有深涉。深則厲，淺則揭。」傳云「以衣涉水為厲，謂由帶以上也。」皆借厲為砅。又鄘風載馳「大夫跋涉，我心則憂。」傳云「艸行曰跋，水行曰涉。」

頻

水厓。人所賓附，頻蹙不前而止。从頁，从涉。凡頻之屬皆从頻。臣鉉等曰今俗別作水濱，非是。符真切（一二二）

顰

涉水顰蹙（段作「蹙」）。从頻，卑聲。符真切

鄭書無蹙字，段作戚，亦是段借。正字當作慽。戊部「戚，戉也。从戉，尗聲。倉歷切」心部「慽，憂也。从心，戚聲。倉歷切」按顰慽本亦作「頻慽」，自後人以頻為「頻數」之義，又以作濱，以為「水頻」字，篆單巠以顰為「頻𤀹」矣。

九四三

く

水小流也。周礼匠人為溝洫，梠廣五寸，二梠為耦；一耦之伐，廣尺深尺，謂之く；倍く謂之遂；倍遂曰溝；倍溝曰洫；倍洫曰巜。凡く之屬皆从く。姑泫切（一二二）

古文く从田从川。（段有「田之川也」）

篆文く从田犬聲。六畎為一畝。

巜

水流澮澮也。方百里為巜，廣二尋，深二仞。凡巜之屬皆从巜。古外切（一二三）

粼

水生厓石間粼粼也。从巜，粦聲。力珍切

詩唐風揚之水「揚之水，白石粼粼」傳云「粼粼，清澈也」。炎部「粦，兵死及牛馬之血為粦。粦，鬼火也。从炎舛。良刃切」俗作燐。說文無邑部「鄰，五家為鄰。从邑粦聲。力珍切」

川

貫（段作毌是）穿通流水也。虞書曰：濬く巜距（段作歫是）川。言深く巜之水會為川也。凡川之屬皆从川。昌緣切（一二三）

巠

水脈也。从川在一下。一，地也。壬省聲。一曰水冥巠也。古靈切

古文巠不省。

本書十一下部目「永，長也。象水巠理之長」水部「濙，水脈行地中濙濙也」。故巠从巛在地下。又「冥巠」玉篇作「溟涬」云「水盛皃」。莊子在宥篇「大同乎涬溟」，司馬云「涬溟，自然氣也」。宣云「與溟涬同體」。又本書八上部目「壬，善也。从人士。士，事也。一曰象物出地挺生也。臣鉉等曰人在土上，壬然而立也。他鼎切」

九四四

巟

水廣也。从川亡聲。易曰：包巟用馮河。呼光切

又巟之凡訓廣大遠者皆此巟字。經傳多段荒為之。易泰卦九二「包荒用馮河」已作荒矣。艸部「荒，蕪也。从艸巟聲。呼光切」則是荒蕪字。禾部「穅，虛無食也。从禾荒聲。呼光切」則是饑穅字。言部「巟，夢言也。从言巟聲。呼光切」是謊言字。又今亦借荒為之。

「馮河」之馮當作淜。水部「淜，無舟渡河也。从水朋聲。皮冰切」馬部「馮，馬行疾也。从馬仌聲。臣鉉等曰：本音皮冰切，經典通用為依馮之馮，今別作凴，非是。房戎切」詳水部淜字。

⿱或巛

⿱或巛 水流也。从川或聲。于逼切

有部「戫，有文彰也。从有⿱或巛聲。於六切」經傳通借⿱或巛、或、郁為戫。邑部「郁，右扶風郁夷也。从邑有聲。於六切」欠部「𣢾，吹气也。从欠或聲。於六切」是藴𣢾字。

⿱曰巛

⿱曰巛 水流也。从川曰聲。于筆切

徐鍇曰：「按相如賦曰：汩乎順流。汩即此字。」水部「汩，治水也。」⿱曰巛、汩蓋古今字。鄭君各舉一義耳。是以李善文選注東晳補亡詩注引字林「汩，竄水也。」廣雅「汩，疾也。」而爾雅釋水引字林「汩，水聲急也。」廣雅「⿱曰巛⿱曰巛，流也。」方言「汩，疾行也。」注云「汩，急皃。」徐箋云：从川之字或亦从水，故⿱曰巛亦作汩。汩之本義謂急流，治水者因勢利導使之疾行，因謂之汩，非有異義。上林賦、方言皆用本字，非段借也。」

⿱巛歹

⿱巛歹 水流⿱巛歹⿱巛歹也。从川，列省聲。臣鉉等曰：列字从⿱巛歹，此疑誤。當从歺省。良辥切

鍇本作「歺省聲」

邕

邕 四方有水自邕成池者（段作「邑四方有水自邕成池者是也」）从川从邑（段作「从川邑，讀若雝」）於容切 ⿱巛⿰○○ 籒文邕（段邕下有如此）

「自邕」當作「自擁」。手部「擁，抱也。从手雝聲。於隴切」經傳或借廱、雝為邕。隹部「雝，雝渠也。从隹邕聲。於容切」是鳥名。隸變作雍。广部「廱，天子饗飲辟廱。从广雝聲。於容切」水經注「雍奴縣。四方有水曰雍，不流曰奴。」周礼秋官雍氏注「雍，謂隄坊止水者也。」漢書五行志「雝河三日不流。」止字皆當作邕。又經傳亦段雍為灉。水部「灉，河灉水。在宋。从水雝聲。於容切」淮南子人閒訓「楚莊王勝晉於河雍之閒」鄭君汳下說解「至蒙為雝水，東入泗」亦用借字。又按邕及㠯之為凡「邕蔽」「邕塞」之義，俗作𡑞或壅。鄭書無，戴侗六書故曰「凡水之畜聚為邕，平聲。擁水為邕，上聲。以土培殖為邕，去聲。今俗作壅。」

𡿧

𡿧 害也。从一雝川。春秋傳曰「川雝為澤，凶。」祖才切

雝當作邕。見算。左傳宣公十二年作「川壅為澤，凶」字。𡿧是巛害本字，今經典概作災。左傳宣公十五年「天反時為災，地反物為祅，人反悳為亂，亂則祅災生。」火部「烖，天火曰烖。从火𢦏聲。祖才切」「灾，或从宀火。」「𤆎，古文从才。」「災，籒文从𡿧。」

侃

剛直也。从㐰，㐰，古文信。从巛，取其不舍晝夜。論語曰：「子路侃侃如也。」空旱切

論語子罕「子在川上曰：逝者如斯夫，不舍晝夜。」又先進「閔子侍側，誾誾如也；子路，行行如也；冉有子貢，侃侃如也。子樂。」鄭注「行行，剛強之貌。」邢疏朱子竝同。又邢疏「侃侃，和樂之貌。」按鄦君侃字訓「剛直也」，引論語「子路侃侃如也」，而論語注疏同訓「行行為剛強之貌」。疑論語原是「子路侃侃如也，冉有子貢，行行如也」，而行乃衎之借字。本書行部「衎，行喜貌。空旱切」正與邢疏訓侃侃為「和樂之貌」合。侃與衎音同而混淆耳。鄉黨篇「朝與下大夫言，侃侃如也。」孔注「侃侃，和樂之貌。」侃亦是衎

州

水中可凥曰州。周遶其旁（段曰「上有者字」「周上有水字」「遶作繞」）。从重巛。昔堯遭洪水，民凥水中高土，曰九州（段曰「上有故字」）。詩曰：「在河之州。」一曰：州，疇也。各疇其土而生之。臣鉉等曰：今別作洲，非是。職流切

古文州

爾雅釋水「水中可凥曰州。」疏引李巡曰「四方皆水，中央獨可凥。」釋名釋水「水中可凥者曰州。州，聚也，人及鳥物所聚息之處也。」書堯典「帝曰：咨，四岳，湯湯洪水方割，蕩蕩懷山襄陵，浩浩滔天，下民其咨。」新語道基「四瀆未通，洪水為害，禹乃決江疏河，通之四瀆，致之於海，大小相引，高下相受，百川順流，各歸其所，然後人民得去高險，處平土。」王筠句讀云「禹貢記九州之界，其以水為界者，兗揚雍三州；加以爾雅兩河閒曰冀州，是四州也。兼山水者，青徐豫梁四州；但以山為界者，荊州而已。故字从重川，取其多者論之。」詩周南關雎「關關雎鳩，在河之州。」傳云「水中可凥者曰州。」「州，疇也」者，本書田部「疇，耕治之田也。从田，象耕屈之形。直由切」「各疇其土而生」，各耕治其田以謀生也。

泉

水原也。象水流出成川形。凡泉之屬皆从泉。疾緣切（一三三）

⿰䌛泉

泉水也。从泉，䌛聲。讀若飯。符萬切

鄦君注淮南子「莫鑒於流⿰氵䌛而鑒於澄水」云「楚人謂水暴溢為⿰氵䌛。」本書無⿰氵䌛，⿰氵䌛本即⿰䌛泉字，泉出暴溢也。又徐鍇曰「阪泉，縣盟本此字。」左傳僖公二十五年「魯侯使卜偃卜之，曰：吉。遇黃帝戰于阪泉之兆。」杜注「黃帝與神農之後姜氏戰于阪泉之野，勝之。」「讀若飯」，飯或阪字之譌。

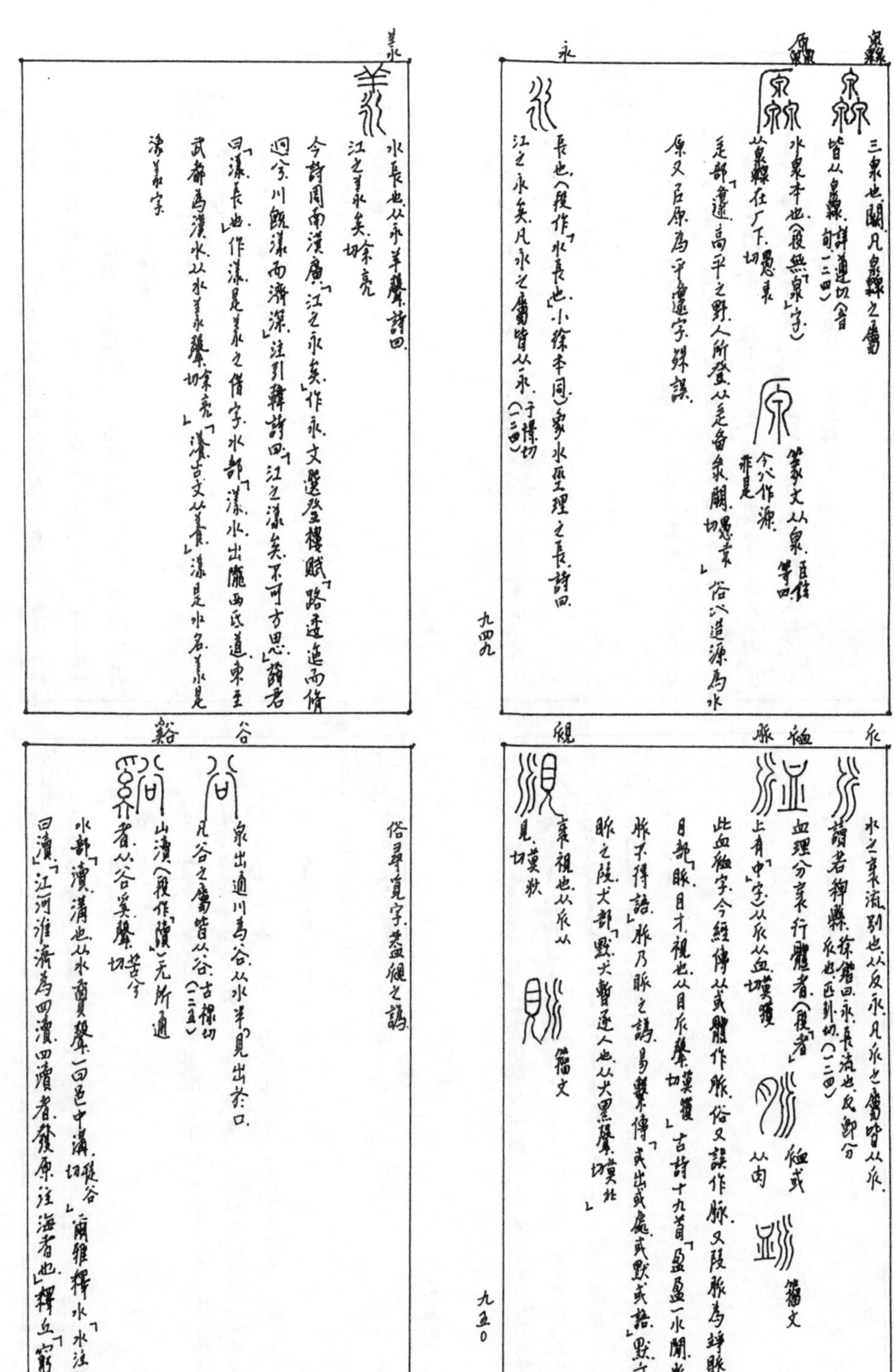

灥　三泉也。闕。凡灥之屬皆从灥。詳遵切（音旬二三四）

厵　水泉本也（段無「泉」字）。从灥出厂下。愚袁切

原　篆文从泉。臣鉉等曰：今人作源，非是。

走部「邍，高平之野，人所登。从辵备彔。闕。愚袁切」。俗以道源為水原，又目原為平邍字，殊誤。

永　長也（段作「水長也」，小徐本同）。象水巠理之長。詩曰「江之永矣」。凡永之屬皆从永。于憬切（二三四）

羕　水長也。从永羊聲。詩曰「江之羕矣」。余亮切

今詩周南漢廣「江之永矣」作永。文選登樓賦「路逶迤而脩迥兮，川既漾而濟深」，注引韓詩曰「江之漾矣，不可方思」。薛君曰「漾，長也」。作漾，是羕之借字。水部「漾，水。出隴西氐道，東至武都為漢水。从水羕聲。余亮切」「瀁，古文从養」。漾是水名，羕是漾羕本字。

𠂢　水之衺流別也。从反永。凡𠂢之屬皆从𠂢。讀若稗縣。徐鍇曰：永，長流也，反即分。匹卦切（二三四）

衇　血理分衺行體者（段「者」上有「中」字）。从𠂢从血。莫獲切

脈　衇或从肉

䘑　籀文

此血衇字，今經傳以或體作脈，俗又譌作脉。又段脈為𥇒脈字。目部「𥇒，目財視也。从目𠂢聲。莫獲切」。古詩十九首「盈盈一水間，脈脈不得語」。脈乃𥇒之譌。易繫傳「或出或處，或默或語」，默亦𥇒之段。犬部「默，犬暫逐人也。从犬黑聲。莫北切」。

覛　衺視也。从𠂢从見。莫狄切

䚘　籀文

俗𦗽覓字，蓋覛之譌。

谷　泉出通川為谷。从水半見，出於口。凡谷之屬皆从谷。古祿切（二三五）

谿　山瀆（段作「豄」）无所通者。从谷奚聲。苦兮切

水部「瀆，溝也。从水𧶠聲。一曰邑中溝。徒谷切」。爾雅釋水「水注巛曰瀆」「江河淮濟為四瀆，四瀆者，發原注海者也」。釋丘「窮

豁　𧮬

瀆，泥」郭注「水無所通者」釋山「山豄無所通，谿」郭注「所謂𧮫
竆豄者，豄無所通，與水注川同名」本書𨸏部「隫，通溝
也，从𨸏賣聲，讀若瀆（徒谷切）」「豄，古文隫从谷」今經典唯釋
山作豄，餘皆用瀆字。

豁　通谷也。从谷害聲。（呼括切）
又县之為豁，遂俗作豁。

𧮬　空谷也。从谷翏聲。（洛蕭切）

谹

广部「廫，空虛也，从广膠聲」（段注「今作寥，非是，洛蕭切」）二字音同義亦近。
鄭書無廫寥字。

谹　谷中響也。从谷厷聲。（戶萌切）
又部「厷，臂上也，从又从古文（古薨切）」「𠃋，古文厷，象形」「肱，厷或从肉」
法言問道「或問大聲，曰非雷非霆，隱隱谹谹，久而愈盈」高
誘傳「谷之應聲」語谹而郷音鷹」與宏宖字義近。宀部「宏，
屋深響也，从宀厷聲（戶萌切）」「宖，屋響也，从宀弘聲（戶萌切）」弓
部「弘，弓聲也，从弓𠃋聲，𠃋古文肱字（胡肱切）」

仌

𧮫

𧮫　深通川也。从𣦵从谷。𣦵，殘也。谷，阬坎意也。（已上十一字
段依韻會改，句讀同）虞書曰：睿畎澮距川。（私閏切）

濬　𧮫或从水

容　古文

書益稷「予決九川距四海，濬畎澮距川」本書巜下引書「濬〈〈
距川」而釋之曰「言𡿨〈〈之水會為川也」水部「浚，抒也，从水夋
聲（私閏切）」玉篇「浚，深也」易恆卦初六「浚恆，貞凶」象曰「浚恆之凶，
始求深也」鄭本作濬。

谸

谸　望山谷谸谸（段作「千千」）青也。从谷千聲。（倉絢切）（音千去聲）

谸谸，青翠皃。谸作芊。段改谸谸為千千，非是。王筠句讀
云「高唐賦『仰視山巔，肅何千千』李善注引說文曰『谸，望山
谷芊芊青也』千與芊古字通。按此李氏之誤，千者谸之省
形，存聲字。說文不收芊字，不應此作芊芊。（今選注谸又誤
作俗矣）

仌　凍也。象水凝之形。凡仌之屬皆从仌。（筆陵切）（一二五）

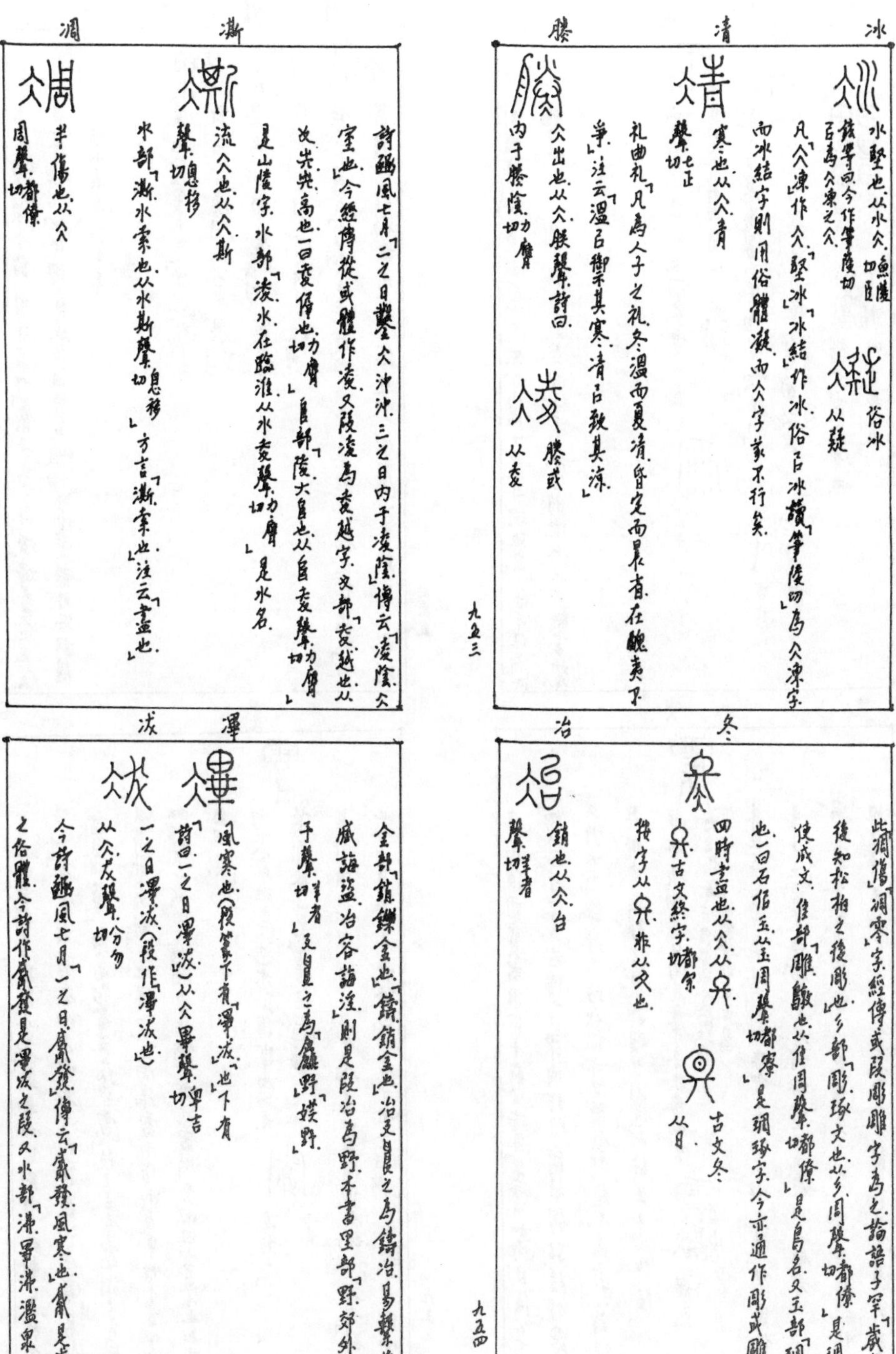

冰 清 滕

冰 水堅也。从水仌。魚陵切 臣鉉等曰今作筆陵切，以爲仌凍之仌。

凡「仌凍」作仌，「堅冰」「冰結」作冰，俗以冰「凝」筆陵切」爲仌凍字，而冰結字則用俗體凝，而仌字蔑不行矣。

凝 俗冰从疑

清 寒也。从仌青聲。七正切

礼曲礼「凡爲人子之礼，冬溫而夏清，昏定而晨省，在醜夷不爭。」注云「溫以御其寒，清以致其涼。」

滕 仌出也。从仌朕聲。詩曰：「內于滕陰。」力膺切

夌 滕或从夌

凘 凋

詩豳風七月「二之日鑿冰沖沖，三之日內于淩陰。」傳云「淩陰，仌室也。」今經傳從或體作淩，又段淩爲夌越字。夊部「夌，越也。从夊从兴。兴，高也。一曰夌徲也。」力膺切 𨸏部「陵，大𨸏也。从𨸏夌聲。」力膺切 是山陵字。水部「淩，水。在臨淮。从水夌聲。」力膺切 是水名。

凘 流仌也。从仌斯聲。息移切

水部「澌，水索也。从水斯聲。」息移切 方言「澌，索也。」注云「盡也。」

凋 半傷也。从仌周聲。都僚切

冬 冶

此凋傷」凋零字，經傳或段彫雕字爲之。論語子罕「歲寒，然後知松柏之後彫也。」彡部「彫，琢文也。从彡周聲。」都僚切 是琱琢之使成文。隹部「雕，鷻也。从隹周聲。」都僚切 是鳥名。又玉部「琱，治玉也。一曰石似玉。从玉周聲。」都寮切 是琱琢字，今亦通作彫或雕矣。

冬 四時盡也。从仌从夂。夂，古文終字。都宗切

按字从夂，非从夊也。

𠔇 古文冬从日。

冶 銷也。从仌台聲。羊者切

金部「銷，鑠金也。」「鑄，銷金也。」冶是冶之爲鑄冶。易繫傳「慢藏誨盜，冶容誨淫」則是段冶爲野。本書里部「野，郊外也。从里予聲。」羊者切 又𡌪之爲「壄」野「埜」野。

滭 冹

滭 風寒也。（段本下有「滭冹」也下有「詩曰一之日滭冹」）从仌畢聲。卑吉切

一之日滭冹。（段作「滭冹也」）

冹 从仌犮聲。分勿切

今詩豳風七月「一之日觱發」，傳云「觱發，風寒也。」觱是觱之俗體。今詩作觱發是滭冹之段。又水部「滭，滭沸，濫泉也。从水

𤇾（分勿切又方未切）」今詩小雅采菽作「觱沸」又火部「熚，熚𤇾火皃，从火畢聲，卑吉切」「𤇾，熚𤇾也，从火𤇾聲，𤇾勿切」皆疊韻形容詞，隨所欲而異其偏旁耳。

漂

寒也（段篆下有「凓冽」也下有「詩曰二之日凓冽」）从仌栗聲。力質切

瀨

寒也。从仌賴聲。洛帶切（段改篆作瀨，云「凓冽也。从仌列聲。良辥切」）

冽

鈕氏校録云「瀨，玉篇廣韻竝無，亦不見經典」嚴氏校議云「瀨篆體當作瀨，說解當作寒皃，从仌列聲，大東疏二之日栗冽引說文冽寒皃，故字从仌」然今小雅大東「有冽氿泉」字本作冽，而豳風七月「二之日栗烈」栗烈是重言形況字，則凓冽非必鄦書所有。

雨

水从雲下也。一象天，冂象雲，水霝其閒也。凡雨之屬皆从雨。王矩切（一二五）

古文

雷

侌昜薄動，雷雨生物者也（段刪「雷雨」二字）从雨，畾象回轉形。魯回切（隸省作雷）

古文 雷

古文 雷

籀文雷閒有回，回雷聲也。

呂氏春秋開春論「開春始雷，則蟄蟲動矣」淮南子天文訓「侌昜相薄，感而為雷，激而為霆，亂而為霧」易繫傳「雷風相薄」「動萬物者莫疾乎雷」「鼓之以雷霆，潤之以風雨」又解卦彖辭「天地解而雷雨作，雷雨作而百果艸木皆甲坼」又靁下嚴氏云「靁當作𩆦。籀文靁閒有回，回靁聲也。知古文無回矣」

霣

雨也（段無此二字）齊人謂雷為霣。从雨員聲。一曰雲轉起也。于敏切

古文 霣

𨸏部「隕，從高下也。从𨸏員聲。易曰有隕自天。于敏切」石部「碩，落也。从石員聲。春秋傳曰碩石于宋五。于敏切」三字音義同。今經典多用隕，用霣者惟公羊莊公七年「星霣如雨」及僖公十六年「霣石于宋五」。左傳、穀梁通作隕。爾雅釋詁「隕、碩，落也」又詩大雅緜「肆不殄厥慍，亦不隕厥問」趙本孟子引詩作殞。按鄦書無殞字，疑即碩字形近而譌。朱子本作隕。

震

劈歷振物者。从雨辰聲。春秋傳曰震夷伯之廟。（段錢氏曰今俗以作霹靂，非是）章刃切

籀文 震

春秋僖公十五年經云「己卯晦，震夷伯之廟」左傳「震夷伯之廟，罪之也」公羊傳「震之者何？雷電擊夷伯之廟者也」三國志蜀志先主紀「是時曹公從容謂先主曰：今天下英雄，惟使君與操耳。本初之徒，不足數也。先主方食，失匕箸」裴注引華陽

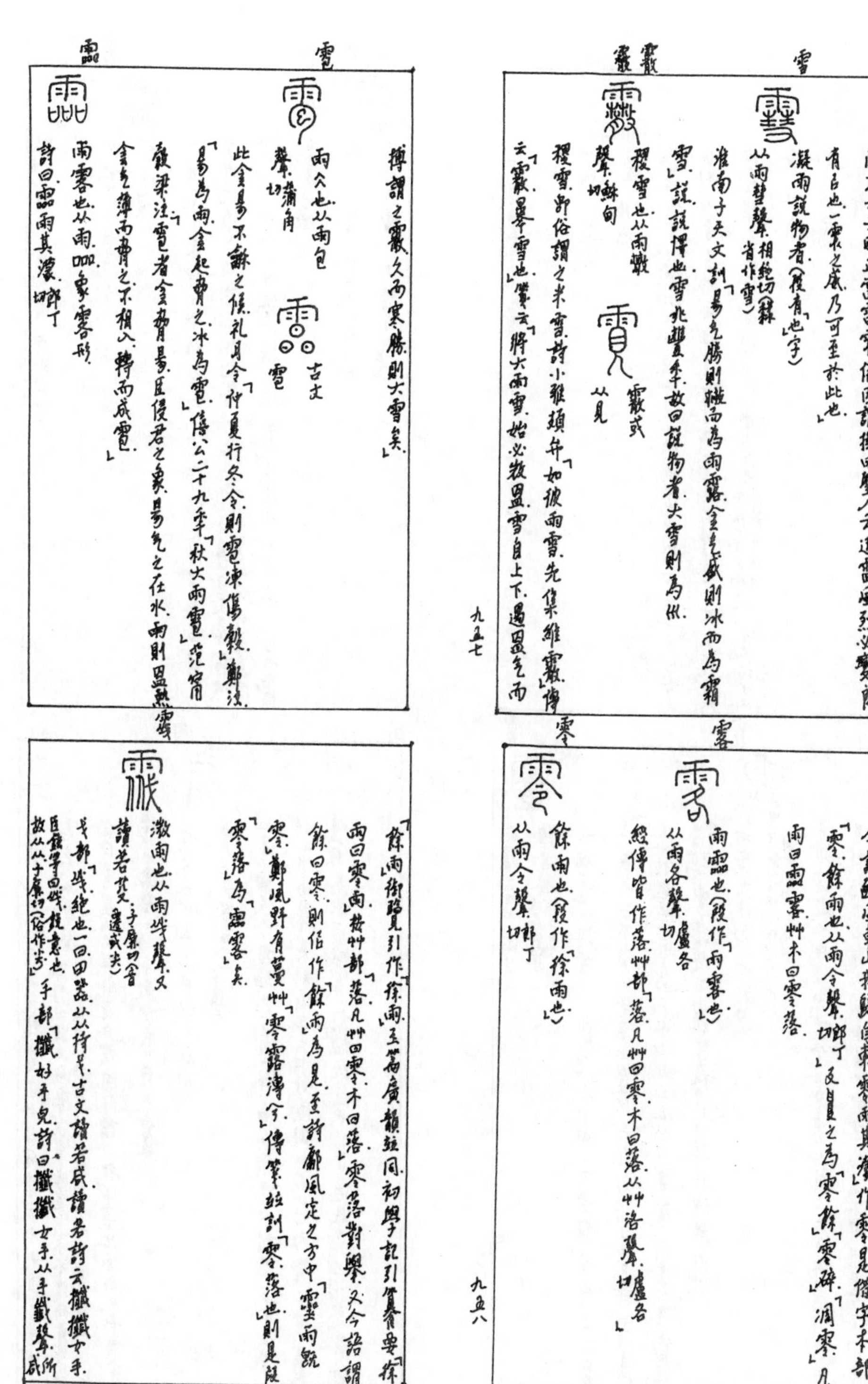

雪　⿱雨散　⿱雨見

國志云「于時正當雷震，備因謂操曰：聖人云迅雷風烈必變，良有以也。一震之威，乃可至於此也。」

⿱雨彗

凝雨說物者。（段有「也」字）从雨彗聲。相絕切（隸省作雪）

淮南子天文訓「陽氣勝則散而為雨露，侌气盛則冰而為霜雪。」說，說懌也。雪兆豐年，故曰說物者。大雪則為災。

⿱雨散

稷雪也。从雨散聲。穌甸切

⿱雨見　霰或从見

稷雪，即俗謂之米雪。詩小雅頍弁「如彼雨雪，先集維霰。」傳云「霰，暴雪也。」箋云「將大雨雪，始必微溫，雪自上下，遇溫氣而搏，謂之霰。久而寒勝，則大雪矣。」

雹　霝

⿱雨包

雨冰也。从雨包聲。蒲角切

古文雹

此侌昜不和之候。禮月令「仲夏行冬令，則雹凍傷穀。」鄭注「昜為雨，侌起脅之，凝為雹。」僖公二十九年「秋，大雨雹。」范甯穀梁注「雹者侌脅昜，臣侵君之象。昜气之在水，雨則溫熱，侌气薄而脅之，不相入，轉而成雹。」

⿱雨㗊

雨零也。从雨，㗊象零形。郎丁切

詩曰「霝雨其濛。」

⿱雨各　零

今詩豳風東山「我歸自東，零雨其濛。」作零，是借字。本部「零，餘雨也。从雨令聲。郎丁切」又員之為「零餘」「零碎」「凋零」。凡雨曰霝零，艸木曰零落。

⿱雨各

雨霝也。（段作「雨零也」）从雨各聲。盧各切

經傳皆作落。艸部「落，凡艸曰零，木曰落。从艸洛聲。盧各切」

⿱雨令

餘雨也。（段作「徐雨也」）从雨令聲。郎丁切

「餘雨」御覽引作「徐雨」，玉篇、廣韻並同。初學記引賀脩要「徐雨曰零雨」。按艸部「落，凡艸曰零，木曰落」，零落對舉。又今語謂餘曰零，則俗作「餘雨」為是。至詩鄘風定之方中「靈雨既零」，鄭風野有蔓艸「零露漙兮」，傳箋並訓「零，落也」，則是假「零落」為「霝零」矣。

⿱雨𢦔

微雨也。从雨𢦔聲。又讀若芟。子廉切（音遼或尖）

戈部「𢦔，絕也。一曰田器。从从持戈。古文讀若咸。讀若詩云攕攕女手。」臣鉉等曰：从，隨意也。故从从。子廉切（俗作尖）手部「攕，好手皃。詩曰：攕攕女手。从手韱聲。所咸」

切（音蔑）」霱是霱細，𩆷是𩆷錢字。

霃

久陰也。从雨沈聲。直深切

禮月令「季春行秋令，則天多沈陰」，作沈是借字，本當作霃。水部「沈，陵上滈水也。从水冘聲。一曰濁黕也。臣鉉等曰：今俗別作沉，冗不成字，非是。直深切，又尸甚切」古籍亦假沈為湛沒字，水部「湛，沒也。从水甚聲。一曰湛水，豫章浸。宅減切」

霖

雨三日已往（段作「凡雨三日已往為霖」）。从雨林聲。力尋切

左傳隱公九年「凡雨自三日以往為霖，平地尺為大雪。」

霑

雨䨘也。从雨沾聲。張廉切

此「霑䨘」「露漬」字。水部「瀸，漬也。从水韱聲。爾雅曰：泉一見一否為瀸。子廉切」音義略同。經傳或借漸字。詳水部瀸字。又水部「沾，水。出壺關，東入淇。一曰沾，益也。从水占聲。臣鉉等曰：今別作添，非是。他兼切」是沾益字。

䨘

濡也。从雨染聲。而琰切

小篆作「霑也」，此「霑䨘」「擩䨘」字，今俗用染字。水部「染，以繒染為色。从水杂聲。徐鍇曰：說文無杂字。裴光遠云从木，木者所以染，梔茜之屬也；从九，九者染之數也。未知其審。而琰切」音同義異也。又許解「濡也」，濡當作擩。水部「濡，水。出涿郡故安，東入淶。从水需聲。人朱切」手部「擩，染也。从手需聲。而主切」

屚

屋穿水下也（下，段作「入」）。从雨在尸下。尸者，屋也。盧后切

此屋屚字，今借漏為之。水部「漏，以銅受水，刻節，晝夜百刻。从水屚聲」是刻漏字。又匸部「㔷，側逃也。从匸丙聲。一曰箕屬。盧候切」是側陋字。𨸏部「陋，阸陝也。从𨸏㔷聲。盧候切」是簡陋字。

䨣

雨濡革也。从雨革。讀若膊。匹各切（膊、朴二音）

「雨濡革」者，謂革為雨所濡也。今粵方音謂牆壁之髹漆灰或家具之表層因受溼而虛起為朴，即此字。又月部「霸，月始生霸然也。承大月二日，承小月三日。从月䨣聲。周書曰：哉生霸。普伯切（音魄）」䨣讀膊，而霸从䨣聲讀魄，膊魄聲同也。

霩

雨止雲罷皃。从雨郭聲。臣鉉等曰：今俗別作廓，非是。苦郭切

楚辭遠遊「下崢嶸而無地兮，上寥廓而無天」，寥廓應作廫霩。邑部「郭，齊之郭氏虛。善善不能進，惡惡不能退，是以亡國也。」

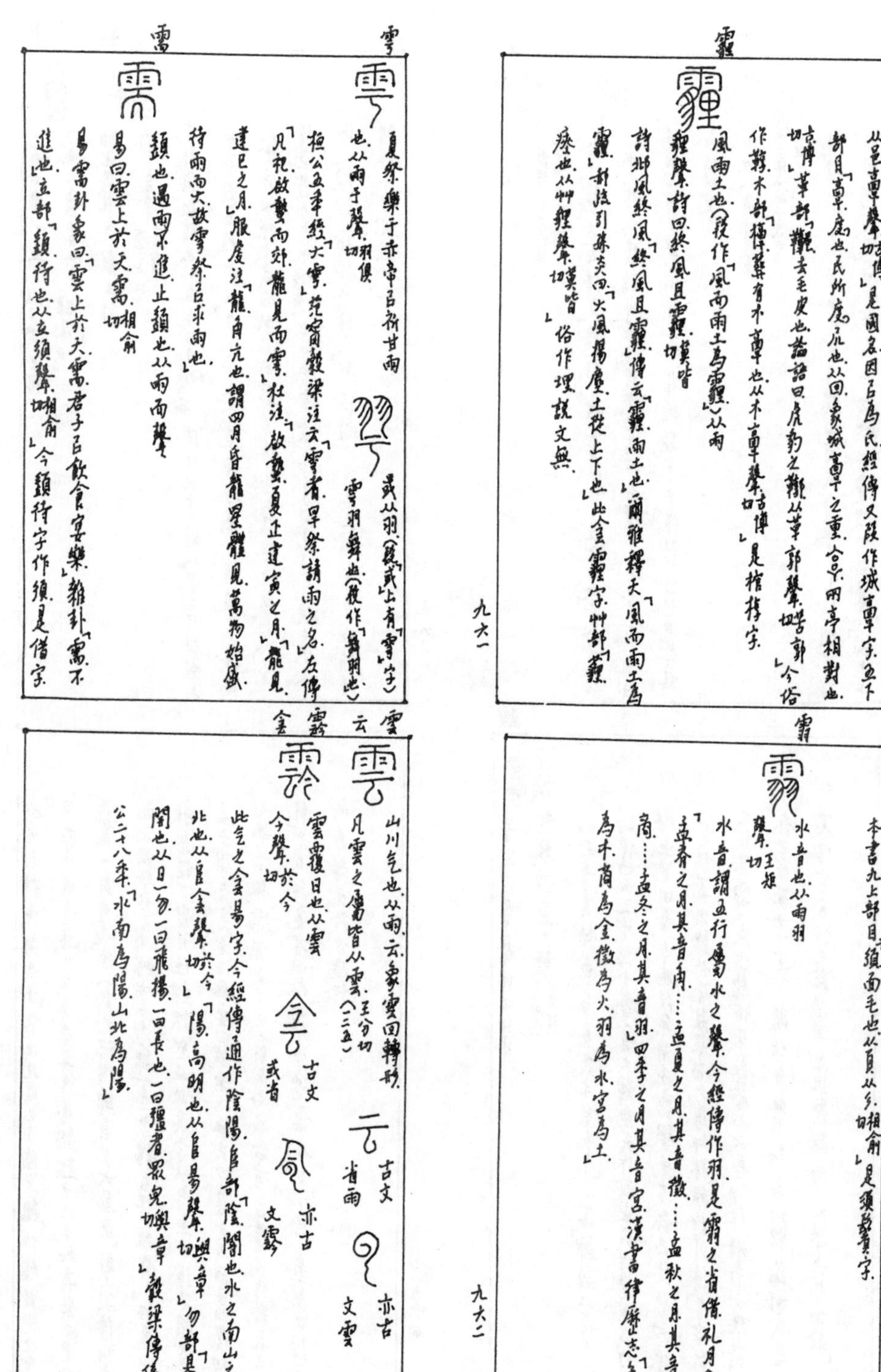

从邑𩫖聲。古博切」是國名，因以為氏。經傳又叚作城𩫖字。五下部目「𩫖，度也，民所度居也。从回，象城𩫖之重，兩亭相對也。古博切」革部「鞹，去毛皮也。論語曰：虎豹之鞹。从革郭聲。苦郭切」今俗作槨，木部「椁，葬有木𩫖也。从木𩫖聲。古博切」是棺椁字。

霾

風雨土也。（段作「風而雨土為霾」）从雨貍聲。詩曰：終風且霾。莫皆切

詩邶風終風「終風且霾」傳云「霾，雨土也」爾雅釋天「風而雨土為霾」郭注引孫炎曰「大風揚塵，土從上下也」此今霾字。艸部「薶，瘞也。从艸貍聲。莫皆切」俗作埋，說文無。

雩

夏祭樂于赤帝，以祈甘雨也。从雨于聲。羽俱切

或从羽。（段「或」上有「雩」字）雩羽舞也。（段作「舞羽也」）

桓公五年經「大雩」范甯穀梁注云「雩者，旱祭請雨之名」左傳「凡祀，啟蟄而郊，龍見而雩」杜注「啟蟄，夏正建寅之月」「龍見，建巳之月」服虔注「龍，角亢也，謂四月昏，龍星體見，萬物始盛，待雨而大，故雩祭以求雨也」

需

䇓也。遇雨不進，止䇓也。从雨而聲。易曰：雲上於天，需。相俞切

易需卦象曰「雲上於天，需，君子以飲食宴樂」雜卦「需，不進也」立部「䇓，待也。从立須聲。相俞切」今䇓待字作須，是借字。

本書九上部目「須，面毛也。从頁从彡。相俞切」是須鬚字。

䨓

水音也。从雨羽聲。王矩切

水音，謂五行屬水之聲。今經傳作羽，是䨓之省借。礼月令「孟春之月，其音角……孟夏之月，其音徵……孟秋之月，其音商……孟冬之月，其音羽」四季之月其音宮。漢書律曆志「角為木，商為金，徵為火，羽為水，宮為土」

雲

山川气也。从雨，云象雲回轉形。王分切 凡雲之屬皆从雲。（一二五）

云 古文省雨。

亦古文雲。

霒

雲覆日也。从雲今聲。於今切

侌 古文或省。

亦古文霒。

此即今之侌昜字，今經傳通作陰陽。𨸏部「陰，闇也，水之南，山之北也。从𨸏侌聲。於今切」「陽，高明也。从𨸏昜聲。與章切」勿部「昜，開也。从日一勿。一曰飛揚，一曰長也，一曰彊者眾皃。與章切」穀梁傳僖公二十八年「水南為陽，山北為陽」

魚

水蟲也。象形。魚尾與燕尾相佀。凡魚之屬皆从魚。語居切（一二六）

鮪

鮥也。周礼春獻王鮪。从魚有聲。榮美切（音洧）

本部「鮥，叔鮪也。从魚各聲。盧各切」周礼天官㪥人「掌以時㪥為梁。春獻王鮪」鄭注「月令季冬命漁師為梁。王鮪，鮪之大者」按㪥人即漁師，字或作魰，並非。鄭書所有本祗作漁。𩺰部「𩺰，捕魚也。从𩺰从水。語居切」漁，篆文𩺰从魚。詩衛風碩人「鱣鮪發發」傳云「鱣，鯉也。鮪，鮥也」釋文「鮪，似鱣，大者名王鮪，小者名叔鮪」按鮪卽今之鮰魚。

鯀

魚也。从魚系聲。臣鉉等曰系非聲，疑从孫省。古本切

玉篇「鯀，大魚也」釋文「鯀，或作鮌」拾遺記夏禹篇「堯命夏鮌治水，九載無績，鮌自沈於羽淵，化為玄魚」漢書古今人表序「鮌讙兜欲與為惡則誅」字亦作鮌，疑篆本作𩶛，从弦省聲，譌為鯀矣。

鮌

鰥

魚也。从魚眔聲。李陽冰曰當从𦉫省。古頑切

按从眔者省是也。眔與昆音同，鰥古籀或作鯤，本書無鯤字。詩齊風敝笱「敝笱在梁，其魚魴鰥」毛傳「鰥，大魚」鄭箋「鰥，魚子也」爾雅釋魚「鯤，魚子」郭注「凡魚之子總名鯤」作鯤，說與箋同。莊子逍遙遊「北冥有魚，其名為鯤，鯤之大不知其幾千里也」孔叢子抗志篇「衛人釣於河，得鰥魚，其大盈車」則又與傳訓大魚合，故並存之。又鰥亦叚為鰥寡字，釋名釋親屬「無妻曰鰥。愁悒不寐，目恒鰥鰥然也。故其字从魚，魚目恒不閉者也」孟子梁惠王「老而無妻曰鰥，老而無夫曰寡，老而無子曰獨，幼而無父曰孤。此四者，天下之窮民而無告者」古籀或作矜。礼王制「老而無妻者曰矜」詩小雅鴻鴈序「至于矜寡，無不得其所焉」釋文「矜，古頑切」

鱏

魚名。从魚覃聲。傳曰伯牙鼓琴，鱏魚出聽。余箴切（音淫）

一切經音義「鱏魚，鼻長七八尺，重千斤」玉篇「鱏，鮪也」俗或作鱘。傳曰云云者，諸書多有之。鱏魚或作淫魚，或作湛魚，或作潛魚，皆由聲近通叚耳。荀子勸學「昔者瓠巴鼓瑟而流（潛字之譌）魚出聽，伯牙鼓琴而六馬仰秣」韓詩外傳「昔者瓠巴鼓瑟而潛魚出聽，伯牙鼓琴而六馬仰秣」淮南子說山訓「瓠巴鼓瑟而淫魚出聽，伯牙鼓琴，駟馬仰秣」論衡感虛篇「傳書言：瓠巴鼓瑟，淵魚出聽，師曠鼓琴，六馬仰秣」

鮎　鱖

鮎 鰋也。从魚占聲。（音黏）奴兼切

本部「鰋，鮀也。从魚晏聲。（音偃）於幰切」「鰋，鰋或从匽。」爾雅釋魚「鰋。鮎」，疏引孫炎曰「鰋一名鮎」。詩小雅魚麗「魚麗于罶。鰋鯉」，傳云「鰋，鮎也。」

鱖 魚名。从魚厥聲。（音桂）居衛切

唐張志和漁父詞「桃花流水鱖魚肥」，即此魚也。今人常食之。南人謂之桂魚，北人謂之季花魚，皆聲轉也。

鱓

鱓 魚名。皮可為鼓。（段作「鱓魚也」，以為即今人所食之黃鱔，恐未然）从魚單聲。（音善）常演切

鼉部「鼉，水蟲，佀蜥易，長大。从黽單聲。徒何切（音佗）」詩大雅靈臺「鼉鼓逢逢，朦瞍奏公」。礼月令「季夏之月，命漁師伐蛟取鼉」，鄭注「鼉皮可以冒鼓」，此用鼉字也。而呂氏春秋仲夏紀古樂篇「顓頊乃令鱓為樂倡，鱓乃偃寢，以其尾鼓（文部「鼓，擊鼓也」，青竹）其腹」。文選李斯上書秦始皇「建翠華之旗，樹靈鱓之鼓」，李善注引鄭玄礼記注作「鱓皮可以冒鼓」。史記李斯傳則作「靈鼉」。史記太史公自序「文身斷髮，黿鱓與處」，此則用鱓字，故知鱓乃鼉之或體，本一字，徒何切。

鮮　鰂

至蛇蟺字則作蟺。虫部「蟺，夗蟺也。从虫亶聲。常演切」，諸家以夗蟺為蚯蚓，非是。夗蟺者，謂其夗轉然也。荀子勸學正作蛇蟺。又鼉即⿰虫屰魚，虫部「⿰虫屰，佀蜥易，長一丈，水潛，吞人即浮，出日南。从虫屰聲。吾各切」，俗作鱷，在壁曰蝘蜓，在艸曰蜥易，在水曰⿰虫屰。

鮮 魚名。（段作「鮮魚也」）出貉國。从魚，羴省聲。相然切

此魚名。經傳多段為「新魚鱻」「尟少」字。本部「鱻，新魚精也。从三魚，不變魚」，徐鍇曰「三，眾也，眾而不變是鱻也。相然切」。是部「尟，是少也。从是少。穌典切」。

鰂 烏鰂，魚名。从魚則聲。昨則切

鯽 鰂或从即。

⿰魚畺　鯨　鯁

玉篇重文作鱡。本艸「烏賊魚生東海池澤」，陶弘景曰「此是鷃烏所化……其魚腹中有墨，能吸波噀墨，令水溷黑自衛」。烏鱡即墨魚，其背骨今藥名海螵蛸是也。

⿰魚畺 海大魚也。从魚畺聲。春秋傳曰「取其⿰魚畺鯢」。渠京切

左傳宣公十二年「古者明王伐不敬，取其鯨鯢而封之，以為大戮」，杜注「鯨鯢，大魚名，以喻不義之人」。

鯨 ⿰魚畺或从京。

鯁 魚骨也。从魚更聲。古杏切

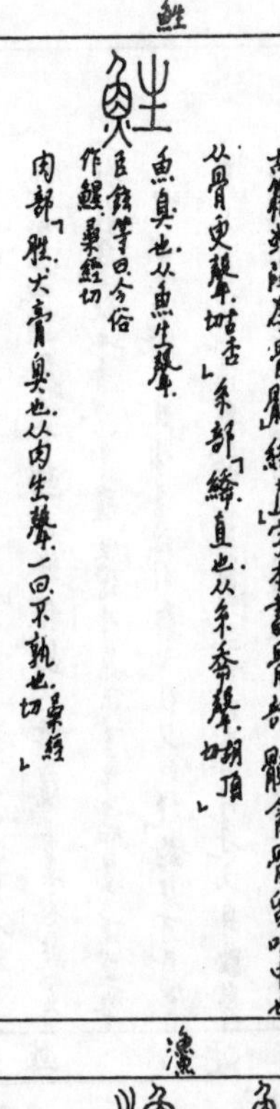

古籀或叚為「骨骾」「綆直」字。本書骨部「骾，食骨留咽中也。从骨更聲。古杏切」糸部「綆，直也。从糸喬聲。胡頂切」

鮏

魚臭也。从魚生聲。臣鉉等曰：今俗作鯹。桑經切

肉部「胜，犬膏臭也。从肉生聲。一曰不孰也。桑經切」

鱢

鮏臭也。从魚喿聲。周禮曰：膳膏鱢。穌遭切

「周禮曰膳膏鱢」按：段氏以為當作「讀若周禮膳膏臊」。按今周禮天官庖人「凡用禽獻……夏行腒鱐，膳膏臊」作臊。

鄭注「用禽獻謂煎和之以獻王」引鄭司農云「膏臊，豕膏也」。以豚膏和之。杜子春曰「膏臊，犬膏」。本書肉部「臊，豕膏臭也。从肉喿聲。穌遭切」鄭君說解正與鄭司農注合，且以魚膏煎物不特經傳無見，即今人亦無之也。周禮作「膏臊」，从肉是正字。鱢下引經當在臊字下，後人誤迻於此耳。

鱻

新魚精也。从三魚。不變魚。（按「魚」字衍）徐鍇曰：三，眾也。眾而不變，是鱻也。相然切

此新魚鱻字，今皆作鮮矣。詳本部鮮字。

䲆

二魚也。凡䲆之屬皆从䲆。語居切

瀺

捕魚也。从䲆从水。語居切（一二六）

漁　篆文瀺从魚

今經典从篆文作漁，周禮作𩽏。周禮天官𩽏人「掌以時𩽏為梁」鄭注「月令季冬命漁師為梁」釋文「𩽏音漁」按𩽏人即漁師，字或作魰，竝非鄦書所有，本祇作漁。

燕

玄鳥也。（按「玄鳥」上補「燕燕」二字）籋口，布翄，枝尾。象形。凡燕之屬皆从燕。於甸切（一二六）

龍

鱗蟲之長。能幽，能明，能細，能巨，能短，能長；春分而登天，秋分而潛淵。从肉，飛之形，（按飛上有「[illegible]肉」二字，按當作「[illegible]象飛之形」）童省聲。臣鉉等曰：象宛轉飛動之皃。凡龍之屬皆从龍。力鍾切（一二六）

龕

龍皃。从龍合聲。（段篆龕，今聲）口含切

按此字各本有从今或从合，未柬一是，正字當从今。其从今从合者，
皆隸省耳。又此字本訓經典尠見。爾雅釋言「㵝，龕也」。郭注
「未詳」。古籀或段為戡字。戈部「戡，殺也。从戈今聲。商書曰西伯
戡黎。口含切」今商書西伯戡黎作戡。孔傳「戡，勝也」。文選謝
玄暉和伏武昌登孫權故城「西龕收組練」。李善注「西龕謂
敗劉備」。「龕與戡音同」。又引尚書孔傳「龕，勝也」。本書戈部「𢧀，
刺也。从戈甚聲。竹甚切又口含切」今戡字多用𢧀，俗又以龕為神
龕佛龕字。皿部「盦，覆蓋也。从皿酓聲。烏合切」今俗作庵
菴字。說文無。酉部「酓，酒味苦也。从酉今聲。咽睒切(音龕)」

龖

飛龍也。从二龍。
讀若沓。徒合切(音踏)
說文从龖省聲者二字。言部「讋，失气言。一曰不省也。从言龖
省聲。之涉切(音摺)」衣部「襲，左衽袍。从衣龖省聲。似入切」籀文俱不
省。

飛

鳥翥也。象形。凡飛之屬
皆从飛。甫微切(指蜚 一二七)

翼

翄也。从飛異
聲。與職切
篆文翼 从羽
又自是之為輔翼、為敬慎。詩大雅民勞「有馮有翼」。傳云「道
可馮依以為輔翼」。箋云「翼，助也」。行葦「黃耇台背，以引以翼」
傳云「翼，敬也」。箋云「在前曰引，在旁曰翼」。文王「世之不顯，厥猶
翼翼」。傳云「翼翼，恭敬」。大明「維此文王，小心翼翼」。箋云
「小心翼翼，恭慎皃」。常武「緜緜翼翼」。傳云「翼翼，敬也」。

非

違也。从飛下翄，取其相背。
凡非之屬皆从非。甫微切(一二七)

𩇕

八也。从非己聲。(段作
「从非己」)非尾切(音匪)
文部「斐，分八文也。从文非聲。敷尾切」音義同。古籀或段匪為之。
周礼天官大宰「匪頒之式」注引鄭司農曰「匪，分也」。

靡

披靡也。(段「披」作「柀」)
从非麻聲。文彼切
披靡，又自是之為分也、撤也、失也。耳部「靡，乘輿金耳也。从
耳麻聲。止彼切」是綺靡正字，今皆作靡矣。又凡靡訓無

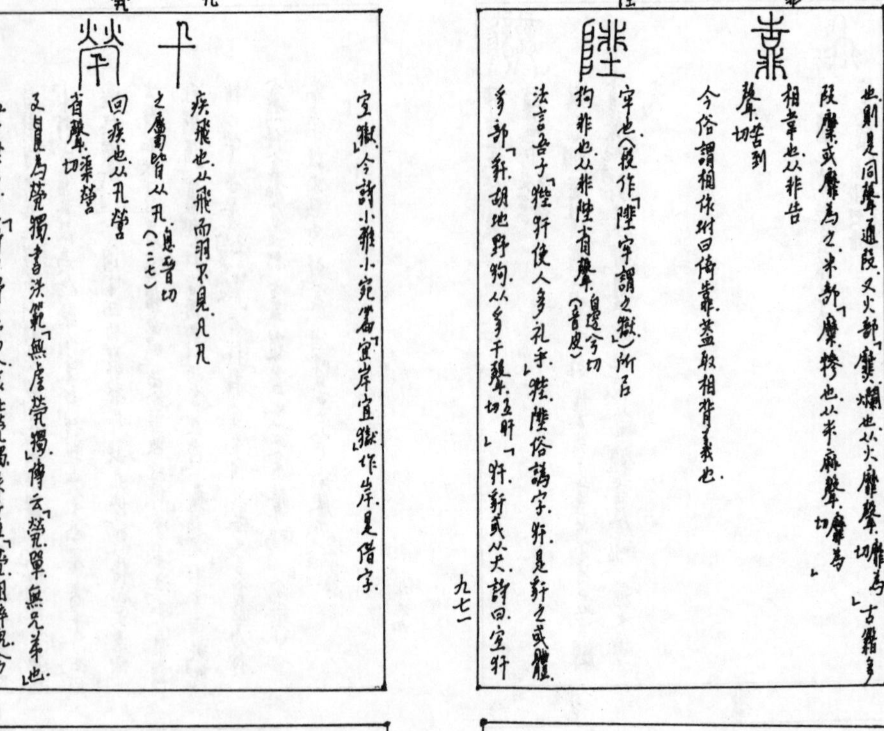

靠 陫

也。則是同聲通段。又火部「爢，爛也。从火靡聲。靡為切」古籍多段「糜」或「靡」為之。米部「糜，糝也。从米麻聲。靡為切」

相韋也。从非告聲。苦到切

今俗謂相依附曰倚靠，蓋取相背義也。

牢也（段作「陛牢謂之獄」）所以拘非也。从非陛省聲。邊兮切（音皮）

法言吾子「狴犴使人多禮乎」狴，陛俗譌字；犴是豻之或體。豸部「豻，胡地野狗。从豸干聲。五旰切」「犴，豻或从犬。詩曰『宜犴宜獄』」今詩小雅小宛篇「宜岸宜獄」作岸，是借字。

卂 煢

疾飛也。从飛而羽不見。凡卂之屬皆从卂。息晉切（一二七）

回疾也。从卂，營省聲。渠營切

又目是為煢獨，書洪範「無虐煢獨」，傳云「煢，單，無兄弟也」孟子梁惠王「詩曰『哿矣富人，哀此煢獨』」朱子注「煢，困悴貌」今詩小雅正月「哀此惸獨」作惸。說文無惸，字當作煢。古籍或段睘為煢，又為嬛。目部「睘，目驚視也。从目袁聲。詩曰『獨行睘睘』。渠營切」詩唐風杕杜「獨行睘睘」傳云「睘睘，無所依也」文選思玄賦「何孤行之煢煢兮，子不群而介立」李善引毛詩曰「獨行煢煢」女部「嬛，材緊也。从女睘聲。春秋傳曰『嬛嬛在疚』。許緣切」今左傳哀公十六年「煢煢余在疚」作煢。詩周頌閔予小子「嬛嬛在疚」箋云「嬛嬛然孤特在憂病之中」

說文解字第十二上

乙

玄鳥也。齊魯謂之乙，取其鳴自呼。象形。凡乙之屬皆从乙。徐鍇曰：此與甲乙之乙相類，其形舉首下曲，與甲乙字少異。烏轄切（音揠 一二八）

乙或从鳥

孔

通也。（段有「嘉美之也」）从乙从子。乙，請子之候鳥也。乙至而得子，嘉美之也。古人名嘉字子孔。康董切

又目長之鳥「空也」「甚也」。老子「孔惠之容」注云「謂空虛能容也」。書皐陶謨「何畏乎巧言令色孔壬」傳云「孔，甚也」。詩小雅正月「潛

九七三

乳

雖伏矣，亦孔之炤」箋云「其潛伏於淵，又不足以逃，甚炤炤易見」。又古人名嘉字子孔者，左傳文公十二年楚有成嘉，字子孔；襄公九年鄭有公子嘉，亦字子孔。又春秋經桓公二年「宋督弒其君與夷及其大夫孔父」，何休公羊傳注云「賢者不名，故孔父偁字」。左傳「孔父嘉為司馬」，杜預注「嘉，孔父字」。杜說未是。嘉是名，孔父是字。

人及鳥生子曰乳，獸曰産。从孚从乙。乙者，玄鳥也。（段作「乞鳥」）明堂月令：玄鳥（段作「乞鳥」）至之日，祠于高禖，以請子。故乳从乙。請子必以乙至之日者，乙，春分來，秋分去，開生之候鳥，帝少昊司分之官也。而主切

「獸曰産」當云「嘼曰犍」。本書十四下部目「嘼，犍也」，牛部「犍，嘼牲也」，子部「字，乳也」。蒼頡篇「字，養也，謂養子也」。「明堂月令」云云者，禮月令「仲春之月……玄鳥至。至之日，以大牢祠于高禖，天子親往」。注云「玄鳥，燕也。燕以施生時來，巢人堂宇而孚乳，嫁娶之象也。媒氏之官以為候。高辛氏之世，玄鳥遺卵，娀簡吞之而生契。後王以為媒官嘉祥，而立其祠焉。變媒言禖，神之也」。「請子必於乙至之日」云云者，本書十四下部目「卯，冒也。二月萬物冒地而出，象開門之形，故二月為天門」。鄭注月令云「燕以施生時來」，故云「開生之候鳥」。文子上仁篇「陰陽調，日夜分，故萬物春分而生，秋分而成，生與成必得和之精。故積陰不生，積陽不化，陰陽交接

九七四

乃能成和」。注云「此天地之氣和平，故萬物得以生成也」。「帝少昊司分之官也」，左傳昭公十七年「郯子曰：我高祖少皞摯之立也，鳳鳥適至，故紀於鳥，為鳥師而鳥名。鳳鳥氏，歷正也。玄鳥氏，司分者也……」。

不

鳥飛上翔不下來也。从一，一猶天也。象形。凡不之屬皆从不。方久切（指事 一二八）

否

不也。从口从不，不亦聲。徐鍇曰：不可之意見於言，故从口。方久切

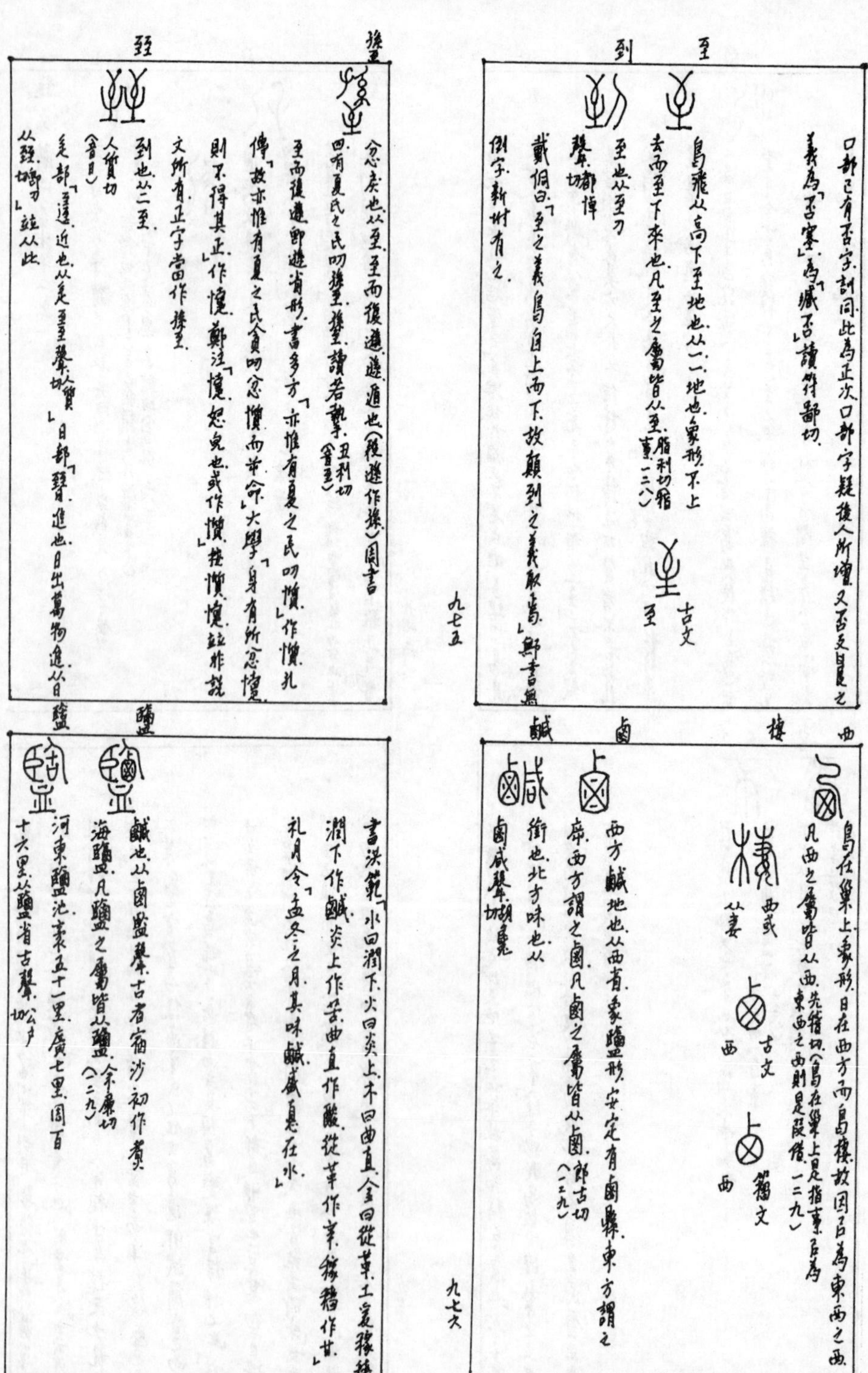

口部已有否字，訓同此，爲正。次口部字疑後人所增。又否、叉、昏之義爲「否塞」，爲「臧否」，讀符鄙切。

至

至 鳥飛从高下至地也。从一，一猶地也，象形。不上去而至下，來也。凡至之屬皆从至。脂利切 霽（二八）

古文 至

到

至也。从至，刀聲。都悼切

戴侗曰「至之義，鳥自上而下，故顛到之義取焉」。鄭書爲倒字，新附有之。

𦤶

忿戾也。从至，至而復遜。遜，遁也。（復遜作孫）周書曰「有夏氏之民叨𦤶」。𦤶讀若摯。丑利切（質至）

至而復遜，即遜省形。書多方「亦惟有夏之民叨懫」作懫。孔傳「故亦惟有夏之民貪叨忿懫而𢘓命」。大學「身有所忿懥，則不得其正」作懥。鄭注「懥，怒皃也，或作懫」。按懫、懥並非說文所有，正字當作𦤶。

臸

到也。从二至。人質切（質日）

辵部「𨔝，近也。从辵，臸聲。人質切」，日部「晉，進也。日出萬物進。从日从臸」，並从此。

西

鳥在巢上，象形。日在西方而鳥棲，故因以爲東西之西。凡西之屬皆从西。先稽切（鳥在巢上是指事，以爲東西之西則是假借。二九）

棲 西或从妻

古文 西

籀文 西

鹵

西方鹹地也。从西省，象鹽形。安定有鹵縣。東方謂之㡿，西方謂之鹵。凡鹵之屬皆从鹵。郎古切（一二九）

鹹

銜也。北方味也。从鹵，咸聲。胡毚切

書洪範「水曰潤下，火曰炎上，木曰曲直，金曰從革，土爰稼穡。潤下作鹹，炎上作苦，曲直作酸，從革作辛，稼穡作甘。」

禮月令「孟冬之月，其味鹹，咸息在水。」

鹽

鹹也。从鹵，監聲。古者宿沙初作煮海鹽。凡鹽之屬皆从鹽。余廉切（二九）

盬

河東鹽池。袤五十一里，廣七里，周百十六里。从鹽省，古聲。公戶切

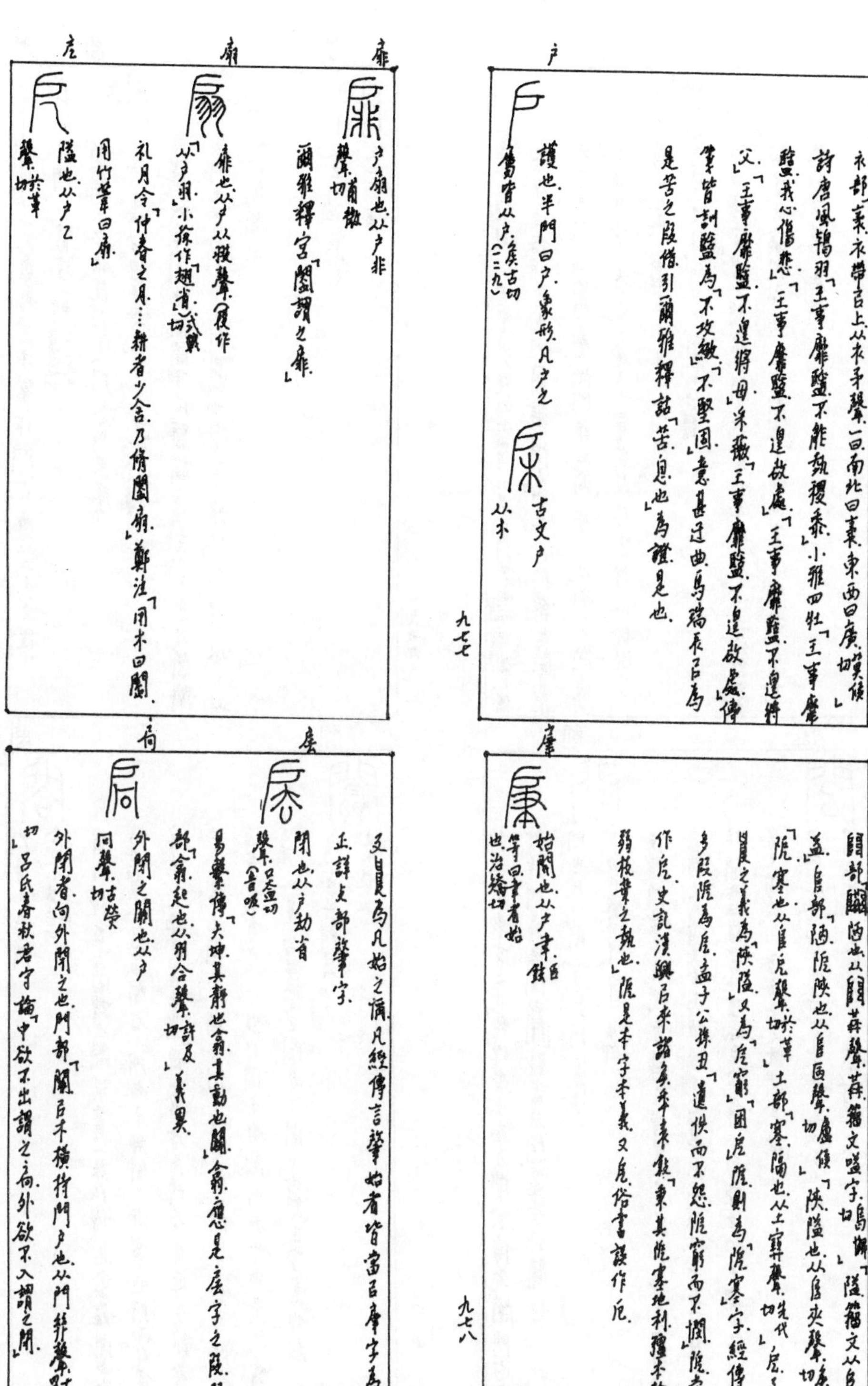

衣部「袤，衣帶以上。从衣矛聲。一曰南北曰袤，東西曰廣。莫候切」詩唐風鴇羽「王事靡盬，不能蓺稷黍。」小雅四牡「王事靡盬，我心傷悲。」「王事靡盬，不遑啟處。」「王事靡盬，不遑將父。」「王事靡盬，不遑將母。」采薇「王事靡盬，不遑啟處。」傳箋皆訓盬為「不攻緻」「不堅固」，意甚迂曲。馬瑞辰以為是苦之段借，引爾雅釋詁「苦，息也」為證，是也。

戶

護也。半門曰戶。象形。凡戶之屬皆从戶。侯古切（二二九）

古文戶 从木

扉

戶扇也。从戶非聲。甫微切

爾雅釋宮「闔謂之扉。」

扉

扉也。从戶从翄聲（段作「从戶羽」。小徐作「翄省」。）式戰切

礼月令「仲春之月……耕者少舍，乃脩闔扇。」鄭注「用木曰闔，用竹葦曰扇。」

戹

隘也。从戶乙聲。於革切

𨺅部「𨼹，陋也。从𨺅𦐧聲。𦐧，籀文嗌字。烏懈切」「隘，籀文从𨸏益。」𨸏部「陋，阸陝也。从𨸏㔷聲。盧候切」「陝，隘也。从𨸏夾聲。侯夾切」「阸，塞也。从𨸏厄聲。於革切」土部「塞，隔也。从土𡫳聲。先代切」戹又具之義為「陝隘」，又為「戹窮」「困戹」。阸則為「阸塞」字。經傳多段阸為戹。孟子公孫丑「遺佚而不怨，阸窮而不憫。」阸當作戹。史記漢興以來諸矦年表敘「秉其阸塞地利，彊本幹弱枝葉之埶也。」阸是本字本義。又戹，俗書譌作厄。

肁

始開也。从戶聿。臣鉉等曰聿者始也。治矯切

又肁為凡始之偁。凡經傳言肇始者，皆當以肁字為正。詳攴部肇字。

㦽

閉也。从戶劫省聲。口盍切（音嗑）

易繫傳「夫坤，其靜也翕，其動也闢。」翕，應是㦽字之段。羽部「翕，起也。从羽合聲。許及切」義異。

扃

外閉之關也。从戶同聲。古熒切

外閉者，向外閉之也。門部「關，以木橫持門戶也。从門絲聲。古還切」呂氏春秋君守論「中欲不出謂之扃，外欲不入謂之閉。」

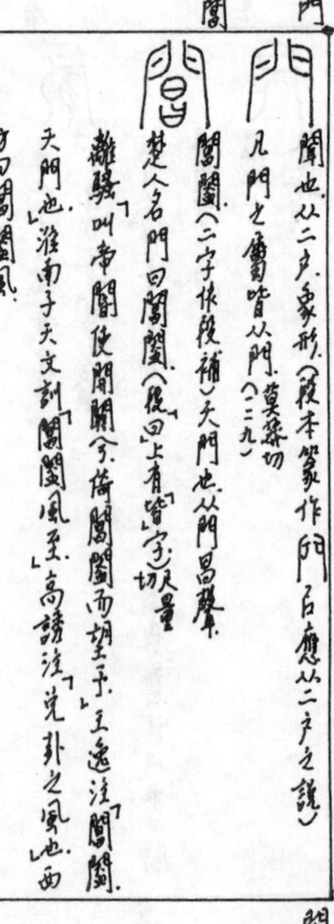

門

門 聞也。从二戶。象形。（段本篆作門，㠯應从二戶之說）凡門之屬皆从門。莫奔切（二九）

閶

閶 閶闔（二字依段補）天門也。从門昌聲。楚人名門曰閶闔。（段「曰」上有「皆」字）尺量切

離騷「吾令帝閽開關兮，倚閶闔而望予。」王逸注「閶闔，天門也。」淮南子天文訓「閶闔風至。」高誘注「兌卦之風也。」西方曰閶闔風。

閎

閎 巷門也。从門厷聲。戶萌切

本書䢼部「䢼，里中道。从䢼从共，皆在邑中所共也。胡絳切」「巷，篆文从䢼省。」俗作巷或衖。爾雅釋宮「宮中之門謂之闈，其小者謂之閨，小閨謂之閤，衖門謂之閎。」孫炎注「衖，舍間道也。」水部無港字，蓋本即此，又古籀或段作宏。詳水部泓字

閨

閨 特立之戶，上圜下方，有似圭。从門圭聲。（段作「从門圭，圭亦聲」）古攜切

爾雅釋宮「宮中門謂之闈，其小者謂之閨。」淮南子氾論訓「夫醉者俛入城門，以為七尺之閨也。」王筠曰「案城門亦上圜下方，故醉者誤以為閨。」

閤

閤 門旁戶也。从門合聲。古沓切（音夾）

爾雅釋宮「小閨謂之閤。」漢書公孫弘傳「起客館，開東閤以延賢人。」師古曰「閤者，小門也，東嚮開之，避當庭門而引賓客，以別於掾史官屬也。」後世官署角門旁有延賓館即此也。凡上書言閤下者，猶言門下，謂不備正門之下，猶言下執事也。今皆誤作閣。本部「閣，所以止扉也。从門各聲。古洛切」又俱為樓閣之閣，凡言「閣下」「內閣」，正字當作閤。

闟

闟 樓上戶也。从門翕聲。徒盍切

詩齊風東方之日「彼姝者子，在我闥兮。」傳云「闥，門內也。」韓詩「門屛之間曰闥。」鄭當無闥，蓋本作闑。

閈

閈 門也。（段作「閭也」，是）从門干聲。汝南平輿里門曰閈。侯旰切

說解「門也」當是「閭也」之譌。左傳襄公三十一年釋文、爾雅釋宮釋文、後漢書馬援傳注、文選蕪城賦注、玉篇引說文皆作「閭也」。又漢書地理志平輿屬汝南郡。「汝南平輿里門曰閈」者，王筠云「鄭君汝南人，故聞其語。」

閭

閭 里門也。从門呂聲。周禮五家為比，五比為閭。閭，侶也。二十五家相群侶也。力居切

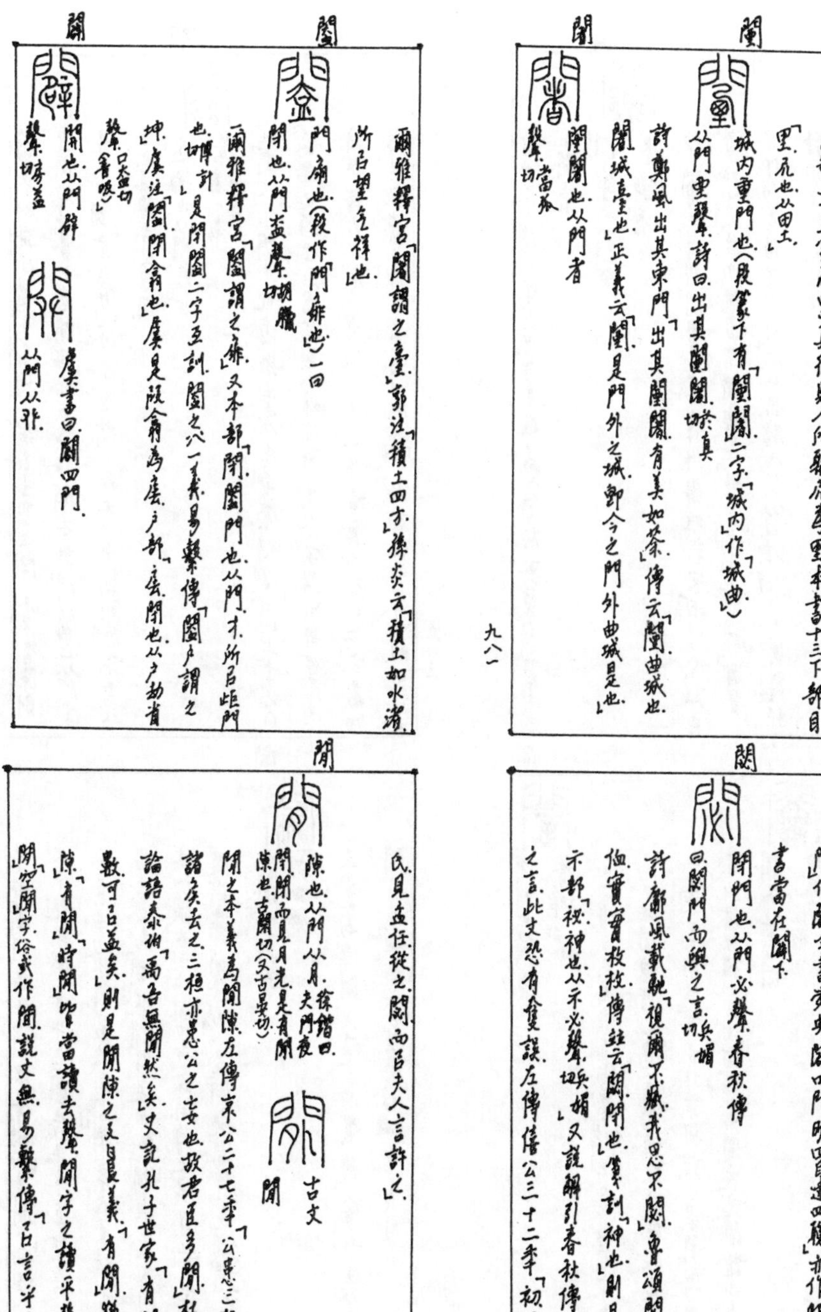

闉　闍

周礼地官大司徒「令五家為比．使之相保．五比為閭．使之相受」詩鄭風將仲子「無踰我里．無折我樹杞」傳云「二十五家為里．」周制二十五家為里．其後則人所聚凡為里．本書十三下部目「里．凡也．从田土」

闉　城内重門也．(段箋下有「闉闍」二字「城内」作「城曲」)从門垔聲．詩曰出其闉闍．於真切

詩鄭風出其東門「出其闉闍．有女如荼」傳云「闉．曲城也．闍．城臺也」正義云「闉．是門外之城．即今之門外曲城是也」

闍　闉闍也．从門者聲．當孤切

闔　闢

爾雅釋宮「闍謂之臺」郭注「積土四方」孫炎云「積土如水渚．所以望气祥也」

闔　門扇也(段作「門扉也」)一曰閉也．从門盇聲．胡臘切

爾雅釋宮「闔謂之扉」又本部「閉．闔門也．从門才．所以歫門也」博計切 是閉闔二字互訓．闔之另一義易繫傳「闔戶謂之坤」虞注「闔閉翕也」虞是段翕為盍．戶部「盍．閉也．从戶劫省聲．口盍切(音嗑)」

闢　開也．从門辟聲．房益切

虞書曰闢四門．从門从𠬞．

閟

引申之為辟除．荀子解蔽「是以闢耳目之欲」注云「闢．辟除也」古籍或作辟．是借字．詳人部僻字．又闢下引「虞書曰闢四門」作闢．今書舜典「闢四門．明四目．達四聰」亦作闢．疑說解引書當在闢下

閟　閉門也．从門必聲．春秋傳曰閟門而與之言．兵媚切

詩鄘風載馳「視爾不臧．我思不閟」魯頌閟宮「閟宮有侐．實實枚枚」傳並云「閟．閉也」箋訓「神也」則是段閟為祕．示部「祕．神也．从示必聲．兵媚切」又說解引春秋傳曰閟門而與之言．此文恐有奪誤．左傳僖公三十二年「初公築臺臨黨

閒

氏．見孟任．從之．閟．而以夫人言許之」

閒　隙也．从門从月．徐鍇曰．夫門夜閉．閉而見月光．是有閒隙也．古閑切(又古莧切)

古文閒

閒之本義為閒隙．左傳哀公二十七年「公患三桓之侈也．欲以諸侯去之．三桓亦患公之妄也．故君臣多閒」杜注「閒．隙也」又論語泰伯「禹吾無閒然矣」史記孔子世家「有閒．曰已習其數．可以益矣」則是閒隙之引申義．「有閒」猶須臾也．凡「閒隙」「有閒」「時閒」皆當讀去聲．閒字之讀平聲者．則為「中閒」「空閒」字．俗或作間．說文無．易繫傳「以言乎天地之閒則

蕑矣」詩齊風還「子之還兮遭我乎峱之閒兮」又有陳則
空閒故又目良之為「閒暇」俗或誤作閑本部「閑」闌也从門中
有木戶閑切」是防閑字又古文閒大徐本篆作閒恐誤當从
古文月與古文恆同

閼

遮攦也从門於聲烏割切（音遏）

此「閼」阻字與辵部「遏」微止也从辵曷聲烏割切」「遏」止字略同

「遮攦」之攦字當作邕小徐作壅是俗字詳川部邕字

爾雅釋天「太歲在甲曰閼逢」一切經音義引李巡曰「言萬物
鋒芒欲出邕閼未通故曰閼逢」又「太歲在卯曰單閼」史記天
官書索隱引李巡曰「陽氣推萬物而起故曰單閼單盡也閼止也」

闟

門響也从門鄉聲許亮切

此「闟」字說解「門響」字當作鄉爾雅釋宮「兩階閒謂之鄉」郭注「人君南鄉當階閒」鄉是「鄉背」字今「方闟」「鄉背」皆作向是借字宀部「向北出牖也从宀从口許諒切」義異詳卯部鄉字

閑

闌也从門中有木戶閑切

本部「闌」門遮也从門柬聲洛干切」是闌干字俗亦作欄杆非是
又牛部「牢閑養牛馬圈也从牛冬省取其四周帀也魯刀切」閑
又目良之為「防閑」易乾文言「閑邪存其誠」古籍多借為閒
暇字又為「嫻雅」「嫻習」字女部「嫻雅也从女閒聲戶閒切」詩秦
風駟驖「遊于北園四馬既閑」傳云「閑習也」正字當作嫻又心部
「憪愉也从心閒聲戶閒切」是「憪淑」「憪靜」字「嫻」「憪」二字略通俗作嫺

閡

外閉也从門亥聲五溉切

又目良為障閡後漢書隗囂傳「又多設支閡」注云「支柱障
閡」石部「礙止也从石疑聲五溉切」音義同

闇

閉門也从門音聲烏紺切

日部「暗日無光也从日音聲烏紺切」是幽暗字古籍或段闇
為之又闇經傳目為「諒闇」字禮喪服四祭「高宗諒闇
三年不言」鄭注「諒古作梁楣謂之梁闇謂廬也廬有梁
者所謂柱楣也」又注論語憲問云「諒闇謂凶廬也」

闟

關下牡也从門龠聲以灼切

本部「關」目木橫持門戶也从門𢇍聲古還切」王氏句讀云「關
橫設之闟直設之而承關之下闟有孔目受關故曰闟下

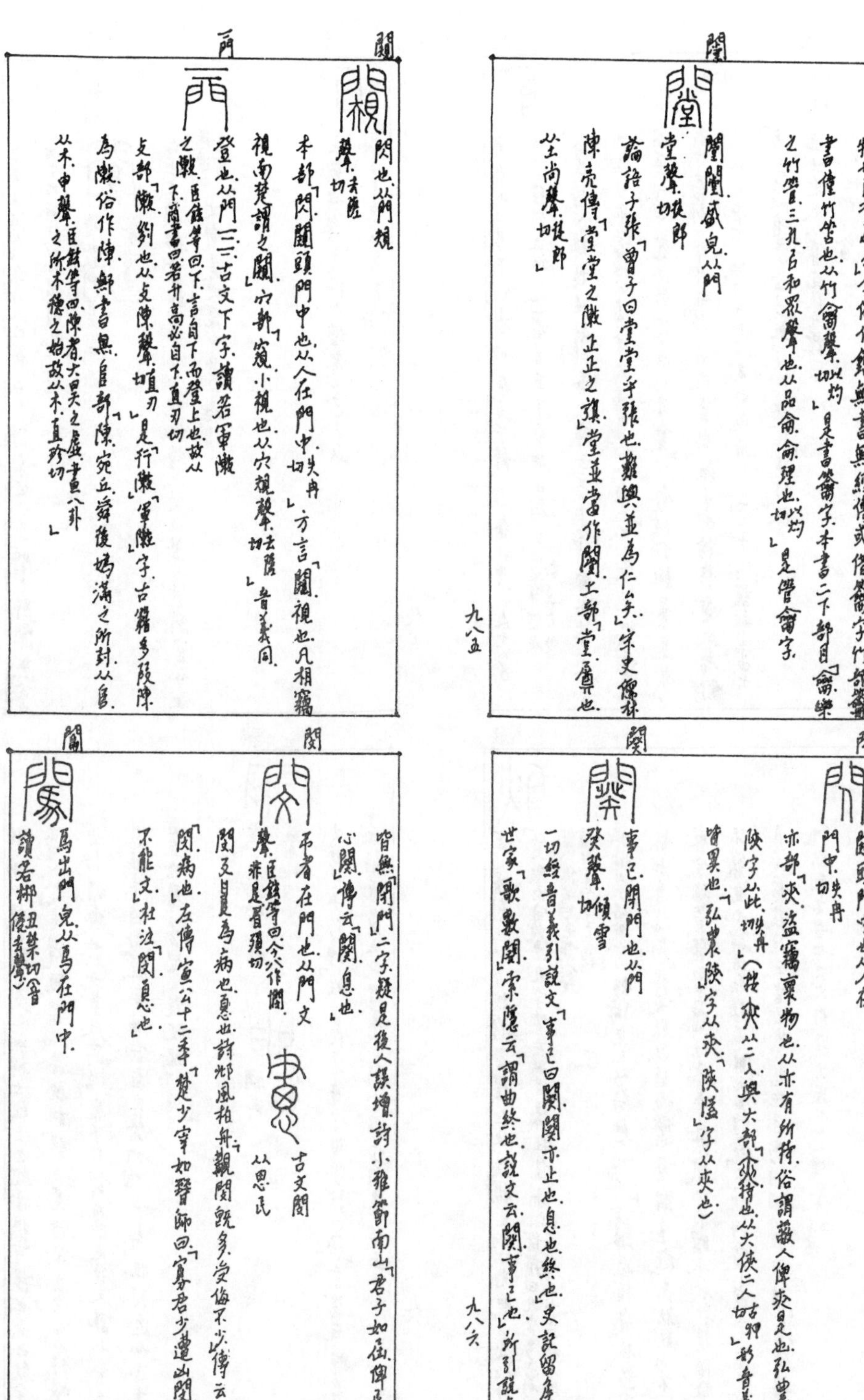

牡也。以木爲之。」今俗作鑰。鄭書無，經傳或借籥爲字。竹部「籥，書僮竹笘也。从竹，龠聲。以灼切」是書籥字。本書二下部目「龠，樂之竹管，三孔，以和衆聲也。从品侖。侖，理也。以灼切」是管龠字。

闣

闣，闣闣，盛皃。从門堂聲。徒郎切

論語子張「曾子曰：堂堂乎張也，難與並爲仁矣。」宋史儒林陳亮傳「堂堂之陳，正正之旗」堂並當作闣。土部「堂，殿也。从土，尚聲。徒郎切」

闚

闚，閃也。从門規聲。去隓切

本部「閃，闚頭門中也。从人在門中。失冉切」方言「闚，視也。凡相竊視南楚謂之闚。」穴部「窺，小視也。从穴規聲。去隓切」音義同。

[illegible]

登也。从門二。二，古文下字。讀若軍敶之敶。臣鉉等曰：下，言自下而登上也，故从下。商書曰：若升高必自下。直刃切

攴部「敶，列也。从攴，陳聲。直刃切」是行敶、軍敶字，古籍多假陳爲敶。俗作陣。鄭書無。𨸏部「陳，宛丘，舜後嬀滿之所封。从𨸏从木，申聲。臣鉉等曰：陳者，大昊之虛，畫八卦之所，木德之始，故从木。直珍切」

九八五

閃

閃，闚頭門中也。从人在門中。失冉切

亦部「夾，盜竊褱物也。从亦，有所持。俗謂蔽人俾夾是也。弘農陝字从此。失冉切」（按：夾从二入與大部「夾，持也。从大俠二人。古狎切」形音義皆異也。弘農陝字从夾，陝隘字从夾也）

闋

闋，事已，閉門也。从門癸聲。傾雪切

一切經音義引說文「事已曰闋」。闋亦止也，息也，終也。史記留侯世家「歌數闋」索隱云「謂曲終也。說文云：闋，事已也。」所引說文皆無「閉門」二字，疑是後人誤增。詩小雅節南山「君子如屆，俾民心闋」傳云「闋，息也。」

九八六

閔

閔，弔者在門也。从門文聲。臣鉉等曰：今俗作憫，非是。眉殞切

古文閔 从思民

閔又見爲病也、憂也。詩邶風柏舟「覯閔既多，受侮不少。」傳云「閔，病也。」左傳宣公十二年「楚少宰如晉師曰：寡君少遭閔凶，不能文。」杜注「閔，憂也。」

闖

闖，馬出門皃。从馬在門中。讀若郴。丑禁切（音讀去聲）

闃

又昆為宊兀數馬人之辭。公羊傳哀公六年「闖之則闖然公子陽生也」何注「闖，出頭皃。」

新附

闃 靜也。从門狊。苦狊切

「靜也」之闃，鄦書秖作侐，人部「侐，靜也，从人血聲。詩曰：閟宮有侐。況逼切（音陳）」犬部「狊，犬視皃，从犬目。古闃切」

耳

耳 主聽也。（段本聽下增「者」字）象形。凡耳之屬皆从耳。而止切（二九）

耴

耴 耳垂也。从耳，下垂，象形。（段「耳」下補「」」）春秋傳曰：秦公子輒（小徐段氏作「耴」）者，其耳下垂，故以為名。陟葉切（音輒，真象形）

「耳垂」鄦耳珠。按說解引春秋傳云云，今三傳皆無此文。秦亦無公子耴，唯傳公十五年左傳有「公子縶」，不見於公穀；而左傳昭公二十年「秋，盜殺衛侯之兄縶」，公穀並作輒。縶是馬之韁字。馬部馽下云「讀若輒」。車部「輒，車兩輢也，从車耴聲。陟葉切」耴輒音同，疑「公子縶」或即鄦所引之「公子耴」，說解當云「春秋傳有秦公子耴者」，大徐「耴」誤作「輒」。

耽

耽 耳大垂也。从耳冘聲。詩曰：士之耽兮。丁含切

詩衛風氓「于嗟女兮，無與士耽。士之耽兮，猶可說也。女之耽兮，不可說也。」毛傳「耽，樂也。」按耽訓「樂也」，是借字，正字當作媅，女部「媅，樂也，从女甚聲。丁含切」耽下引詩，應是後人誤入，本宜在媅下。酉部「酖，樂酒也，从酉冘聲。丁含切」目部「眈，視近而志遠，从目冘聲。易曰：虎視眈眈。丁含切」

聃

聃 耳曼也。从耳冉聲。他甘切

聸 聃或从甘

史記老子列傳「姓李氏，名耳，字伯陽，謚曰聃。」索隱云「鄒誕云：聃，耳曼也，故名耳，字聃。今作字伯陽，非正也。」

耿

耿 耳箸頰也。从耳，烓（音坰）省聲。杜林說：耿，光也，从光，聖省。（段作「从火，聖省聲」）凡字皆左形右聲，杜說非也。（徐鍇曰：凡字多右形左聲，此說或後人所加，或傳寫之誤）（按鍇說是也）古杏切

耿炯字略通。火部「炯，光也，从火冋聲。古迥切」詩邶風柏舟「耿耿不寐，如有隱憂。」傳云「耿耿，猶儆儆也。」楚辭遠遊「夜耿耿而不寐兮，魂煢煢而至曙。」注云「憂心不寐，目不瞑也。耿耿，猶儆儆不寐皃也。」詩云「耿耿不寐」又哀時命「夜炯炯而不寐兮，懷隱憂而歷茲。」注云「言己中心愁恒，目為炯炯而不能瞑。」廣雅釋訓「耿耿，不安也。」又火部「熲，火光也，从火頃聲。古迥切」

聊

耳鳴也。从耳卯聲。洛蕭切。

心部「憀，憀然也。从心翏聲。洛蕭切。」玉篇「憀，賴也。」凡「宋憀」「憀賴」「無憀」皆以憀為正，今皆段聊為之。

聖

通也。从耳呈聲。式正切。

聖从耳者，聲入心通也。周礼地官司徒「以鄉三物教萬民而賓興之：一曰六德：知、仁、聖、義、忠、和。二曰六行：孝、友、睦、婣、任、恤。三曰六藝：礼、樂、射、御、書、數。」詩邶風凱風「母氏聖善，我無令人。」傳云「聖，叡也。」書洪範「睿作聖。」傳云「於事無不通謂之聖。」白虎通聖人篇「聖者通也，道也，聲也。道無所不通，明無所不照，聞聲知情，與天地合德，與日月合明，四時合序，鬼神合吉凶。」藝文類聚引風俗通「聖者聲也，通也，言其聞聲知情，通於天地，調暢萬物。」

聽

聆也。从耳悳。壬聲。他定切。

書太甲「視遠惟明，聽德惟聰。」傳云「言當以明視遠，以聰聽德。」

聆

聽也。从耳令聲。郎丁切。

聽聆二字轉注。淮南子齊俗訓「所以聆聆。」高誘注「聆聆，意曉解也。」

職

記微也。从耳戠聲。之弋切（又職吏切）。

職訓記微也，是「職」記字古籀通段。「知識」之識字為之。而以職為「職務」字。詳心部志字。

聞

知聞也（小徐段氏作「知聲也」）。無分切（又文運切）。

古文 从昏

玉篇廣韻一切經音義引說文皆作「知聲也」。孟子公孫丑「見其礼而知其政，聞其樂而知其德。」大學「心不在焉，視而不見，聽而不聞，食而不知其味。」又旻之為聲譽。詩大雅卷阿「令聞令望。」孟子告子「令聞廣譽施於身，所以不願人之文繡也。」凡「聲聞」「令聞」讀去聲。

聘

訪也。从耳甹聲。匹正切。

書洪範「王訪于箕子。」傳云「就而問之。」爾雅釋言「聘，問也。」周礼春官大宗伯「時聘曰問，殷覜曰視。」傳云「時聘者亦無常期，天子有事乃聘之焉。」本書言部「訪，汎謀曰訪。」女部「娉，問也。从女甹聲。匹正切。」玉篇「娉，娶也。」本書宀部「妄，有鼻女子給

事之得接於君者。从𡯁女。春秋傳曰：女爲人妾。妾，不娉也。七接切
凡「聘問」字作「聘」，「娉娶」字作「娉」，礼內則「聘則爲妻」作「聘」，是
借字。古籍既段「聘」爲「娉」，而「娉」則讀平聲，以爲「娉婷」，長
好兒。按許書無婷字，本作「娗」。又人部「俜，使也。从人，甹聲。普丁切(平聲)」字異。

[illegible] 聳

生而聾曰聳。从耳，從省聲。息拱切

今「聳」字不省。古籍或段「聳」爲「崇高」字，切韻「聳，高也」。又
以爲「慫慂」「竦敬」字。心部「慫，驚也。从心，雙省聲。息拱切」。立部「竦，敬
也。从立，从束。束，自申束也。息拱切」。

聹

益梁之州謂聾爲聹，秦晉聽而不聰，
聞而不達謂之聹。从耳，宰聲。作亥切(再辭二音)

方言「聹，聾也。半聾，梁益之閒謂之聹，秦晉之閒聽而不聞，
聰，聞而不達謂之聹」。

聝

軍戰斷耳也。春秋傳曰：以爲俘聝。从耳，或聲。古獲切(音郭)

馘　聝或从首

礼王制「出征執有罪，反，釋奠于學，以訊馘告」，鄭注「訊馘，
所生獲斷耳者」。詩大雅皇矣「執訊連連，攸馘安安」，傳云
「馘，獲也。不服者殺而獻其左耳曰馘」。魯頌泮水「矯矯虎
臣，在泮獻馘」，箋云「馘，所格者之左耳」。左傳成公三年「二國
治戎，臣不才，不勝其任，以爲俘馘」。本書人部「俘，軍所獲也。从
人，孚聲。春秋傳曰：以爲俘馘。芳無切」。史記魯仲連傳「(魯仲連)
曰：彼秦者，棄礼義而上首功之國也」。首功，即馘也。

⿸麻耳

乘輿金耳也(錢本「耳上有馬」字，錯本作「金飾馬耳」)。从耳，
麻聲。讀若渳水。一曰若月令靡草之靡。亡彼切

乘輿，天子之車。金耳，金飾車耳也。車耳，即詩之「重較」，詩衛
風淇奧「寬兮綽兮，猗重較兮」，傳云「重較，卿士之車」。釋文「較，
古岳反，車輢也」。較，說文作「較」，車部「較，車騎上曲銅也。从車，爻聲。
古岳切」。揚雄太玄「君子積善至于車耳」。⿸麻耳是綺⿸麻耳字，今皆

段靡爲之。詳非部靡字。

聑

安也。从二耳。丁帖切

此「聑伏」「媨聑」字。古籍或作「貼」，或「帖」。按許書無貼字，中部
「帖，帛書署也。从巾，占聲。他叶切」義異。陸機文賦「或妥帖而易
施，或岨峿而不安」。「妥帖」當作「媨聑」。說文無妥字，女部「媨，南
楚之外謂好曰媨。从女，隋聲。臣鉉等曰：今俗省作嫷，作妥非是。徒果切(唐韻)」

聶

附耳私小語也。从三耳。尼輒切

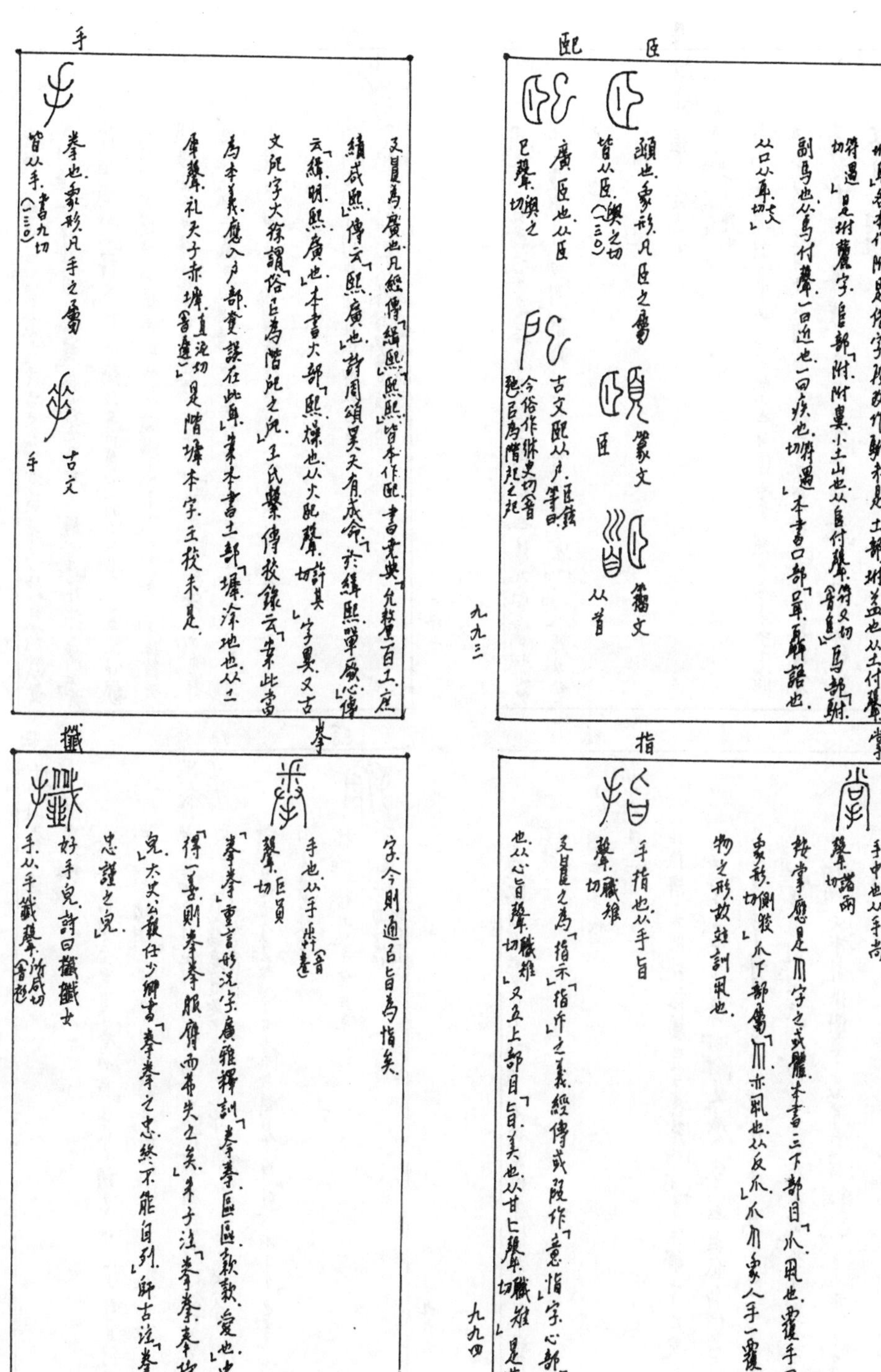

「坿咠」，各本作附，是俗字，段改作駙，未是。土部「坿，益也，从土付聲，符遇切」，是坿蘿字；𨸏部「附，附婁，小土山也，从𨸏付聲，符又切（音負）」；馬部「駙，副馬也，从馬付聲，一曰近也，一曰疾也，符遇切」。本書口部「咠，聶語也，从口从耳，七入切」。

𦣞

顄也，象形，凡𦣞之屬皆从𦣞。與之切（三〇）

篆文 𦣞

籀文 从首

巸

廣𦣞也，从𦣞巳聲。與之切

古文巸从戶。臣鉉等曰：今俗作𢊁，非是（音弛）。巳為階巸之巸

又叚為廣也。凡經傳「緝熙」、「熙熙」，皆本作巸。書堯典「允釐百工，庶績咸熙」，傳云「熙，廣也」。詩周頌昊天有成命「於緝熙，單厥心」，傳云「緝，明；熙，廣也」。本書火部「熙，燥也，从火巸聲，許其切」，字異。又古文巸字，大徐謂俗以為階巸之巸，王氏繫傳校錄云「案此當為本義，應入戶部，實誤在此耳」。案本書土部「墀，涂地也，从土犀聲，禮天子赤墀，直泥切（音遲）」，是階墀本字，王校未是。

九九三

手

拳也，象形，凡手之屬皆从手。書九切（一三〇）

古文 手

掌

手中也，从手尚聲。諸兩切

按掌應是爪字之或體。本書三下部目「爪，丮也，覆手曰爪，象形，側狡切」；爪下部屬「𠂈，亦丮也，从反爪」。爪𠂈象人手一覆一仰持物之形，故並訓丮也。

指

手指也，从手旨聲。職雉切

又叚之為「指示」、「指斥」之義，經傳或叚作「意指」字。心部「恉，意也，从心旨聲，職雉切」。又五上部目「旨，美也，从甘匕聲，職雉切」，是甘旨字，今則通以旨為指矣。

拳

手也，从手𢍏聲（音卷）。巨員切

「拳拳」重言形況字。廣雅釋訓「拳拳、區區、款款，愛也」。中庸「得一善則拳拳服膺而弗失之矣」，朱子注「拳拳，奉持之皃」。太史公報任少卿書「拳拳之忠，終不能自列」，師古注「拳拳，忠謹之皃」。

攕

好手皃。詩曰：攕攕女手。从手韱聲。所咸切（音衫）

九九四

戈部「㦰，絕也。一曰田器。从从持戈。古文讀若咸。讀若詩云攕攕女手。子廉切」今詩魏風葛屨「摻摻女手，可以縫裳」，作摻。傳云「摻摻猶纖纖也」。釋文「摻，所銜反，又所感反，徐息廉反。說文作攕，山廉反」。文選古詩「娥娥紅粉妝，纖纖出素手」。李善注「韓詩云：纖纖女手。薛君章句曰：纖纖，女手皃」。按鄭書無摻字。糸部「纖，細也。从糸韱聲。息廉切」。鄭君所引詩作攕，當是本字。今毛詩作摻，是攕字之譌。韓詩作纖，漢人亦多作纖，是借字。

摲

人臂皃。从手削聲。周礼曰：輻欲其摲。

(段「摲」下有「小字」。徐鍇曰：人臂稍長纖好也。所角切)

周礼考工記輪人「望其輻，欲其摲爾而纖也」。注云「摲，纖細小皃也」。此摲字刀部「削，鞞也。一曰析也。从刀肖聲。息約切」(鞞，刀室也。音丙)

攐

摳衣也。从手寨聲。去虔切(摳，古侯切。今音讀摳)

淮南子人間訓「江水之始出於岷山也，可攐裳而越也。及至乎下洞庭，騖石城，經丹徒，起波濤，舟杭一日不能濟也」。經傳或借褰為攐。詩鄭風褰裳「子惠思我，褰裳涉溱」。衣部「褰，絝也。从衣寒省聲。去虔切」

拱

斂手也。从手共聲。居竦切

「斂」桂、段、嚴三家皆曰「當作撿」，王氏已辨其非。三上部目「𠬞，竦手也。从𠂇又。居竦切」。二字互通，古籍多用拱。

𢷎 拜

首至地也(段「地」作「手」)。从手𠦪。𠦪音忽。徐鍇曰：𠦪，進趣之疾也，故拜从之。博怪切

楊雄說拜从兩手下。古文拜。

詩召南甘棠「蔽芾甘棠，勿翦勿拜」，取「从兩手下」之義，謂召

兩手捷之使下也。

捾

搯(音滔)捾也。从手官聲。一曰援也。烏括切(俗作挖)

目部「䀏，指目也。从目叉。烏括切」刀部新附有「剜，削也。从刀宛聲。一丸切(音豌)」

抵

擠也。从手氐聲。丁礼切

此「抵」擠字。牛部「牴，觸也。从牛氐聲。都礼切」是「牴觸」字。广部「底，山凥也。一曰下也。从广氐聲。都礼切」是「底下」字。人部無低，新附始有之。又本書十二下部目「氐，至也(小徐段氏此下有「本也」)。从氐下著一。一，地也。丁礼切」是「氐達」字，「根氐」字。根氐亦作柢。木部「柢，木根也。从木氐聲。都礼切」。又本部「扺，側擊也。从手氏聲。諸氏切(音只)」是「扺掌」字，與抵字異。

拉

拉

摧也。从手立聲。盧合切（音臘）

晉書甘卓傳「鄧騫說甘卓曰：將軍之舉武昌，若摧枯拉朽，何所顧慮乎。」古樂府有所思「聞君有他心，拉雜摧燒之。」「拉雜」

粵今粵方音之「拉坂」。

⿰爿手

⿰爿手

扶也。从手爿聲。七良切（音鏘）

此「將扶」「將順」「將迎」字，今段將為之。孝經事君章「將順其美，匡救其惡。」木蘭辭「爺孃聞女來，出郭相扶將。」將，並當作⿰爿手。

挈

挈

縣持也。从手㓞聲。苦結切

礼王制「斑白者不提挈。君子者老不徒行。」荀子勸學「若挈裘領，詘五指而頓之，順者不可勝數也。」注云「挈，舉也。」今粵方音謂提攜為「帶挈」。古籍或段為契或栔，參大部契字。

揲

揲

閱持也。从手枼聲。食折切

段注「閱者，具數也，更迭數之也。」易繫傳「揲之以四，以象四時。」釋文「揲，猶數也。」

摯

摯

握持也。从手執（小篆作「執」）聲。脂利切

桂氏曰「本書摯下云：一曰至也。此四字當在墊字下。」釋詁「摯，臻也。」注云「摯，執也，所以表至也。」周礼春官大宗伯「以禽作六摯，以等諸侯。」注云「摯之言至，所執以自致。」礼曲礼「凡摯，天子鬯，諸侯圭，卿羔，大夫鴈，士雉，庶人之摯匹。」古籍或段贄為之。

今俗作贄，說文無。

捦

捦

急持衣裣也。从手金聲。巨今切

捦

捦或从禁。

段氏謂說解五字當作「急持也。一曰持衣裣也。」九字，乃合三倉云「捦，手捉物也。」埤倉云「捦，捉也。」古籍皆借禽為捦，俗作擒。

捫

捫

撫持也。从手門聲。詩曰「莫捫朕舌。」莫奔切（音文，今讀門）

本部「撫，安也。从手無聲。一曰循也。」詩大雅抑「無易由言，無曰苟矣，莫捫朕舌，言不可逝矣。」傳云「捫，持也。」

擥

擥

撮持也。从手監聲。盧敢切

「撮持」謂總撮而持之也。礼樂記「竹聲濫，濫以立會。」注云「濫之意猶擥聚也。」今經典作擥，俗作攬，非是。

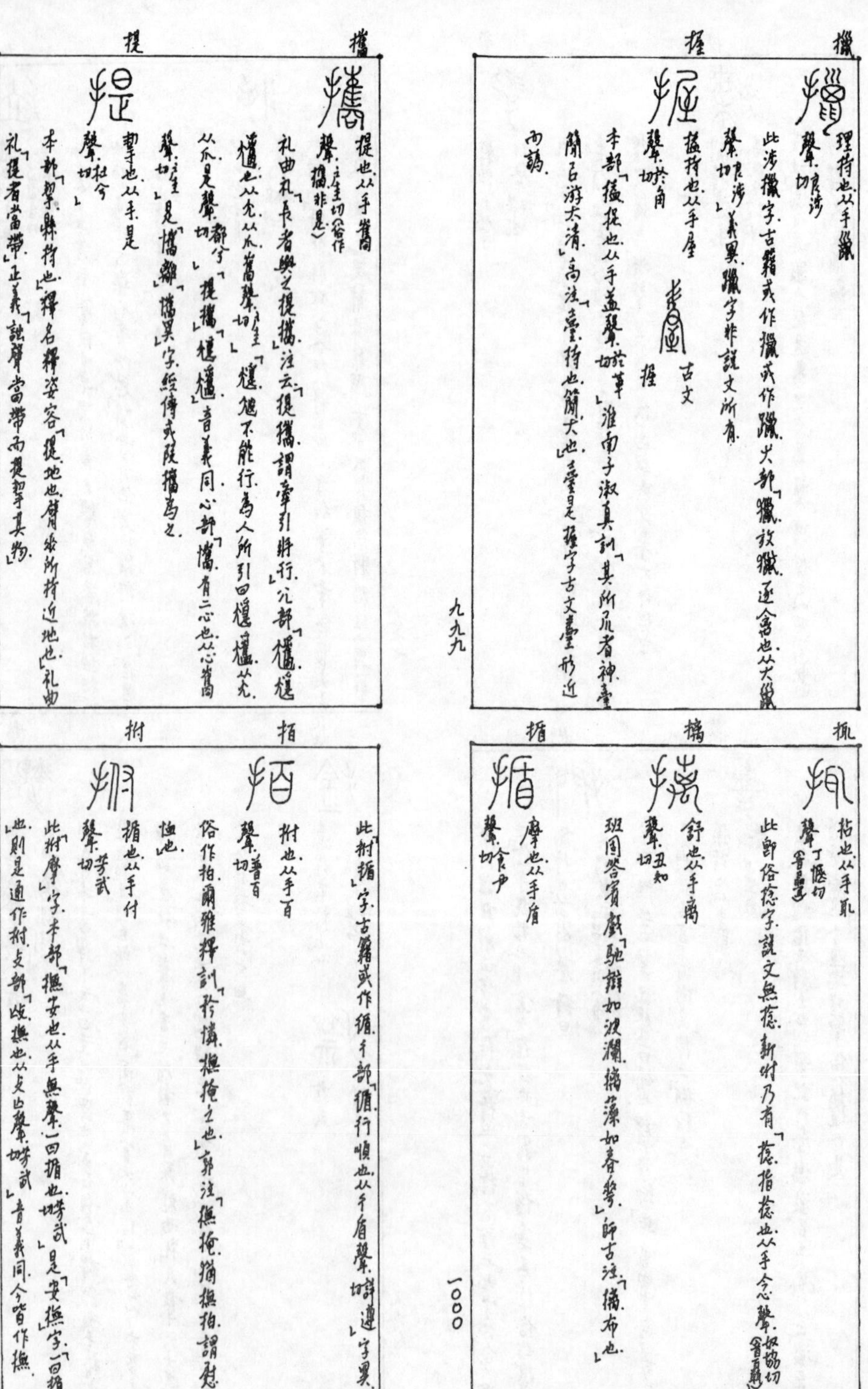

攝

攝 引持也。从手聶聲。良涉切

此涉攝字。古籀或作攝或作躡。犬部「獵，放獵，逐禽也。从犬巤聲。良涉切」義異。躡字非說文所有。

握

握 搤持也。从手屋聲。於角切

古文 㨹

手部「搤，捉也。从手益聲。於革切」淮南子俶真訓「其所凥者神臺，簡已游太清。」高注「臺，持也。簡，大也。」臺是握字古文臺形近而譌。

攜

攜 提也。从手巂聲。戶圭切（俗作攜非是）

禮曲禮「長者與之提攜」，注云「提攜，謂牽引將行。」尢部「⿺尢巂，⿺尢是⿺尢巂也。从尢从爪巂聲。戶圭切」「⿺尢是，⿺尢是不能行，為人所引曰⿺尢是⿺尢巂。从尢从爪是聲。都兮切」「提攜」「⿺尢是⿺尢巂」音義同。心部「⿰忄巂，有二心也。从心巂聲。戶圭切」是「攜」「⿰忄巂」異字，經傳或段攜為之。

提

提 挈也。从手是聲。杜兮切

本部「挈，縣持也。」釋名釋姿容「提，地也。臂垂所持近地也。」禮曲禮「提者當帶」，正義「謂臂當帶而提挈其物。」

㧙

㧙 拈也。从手耴聲。丁愜切（音疊）

此即俗捻字。說文無捻，新附乃有「捻，指捻也。从手念聲。奴協切（音頁顛）」

摛

摛 舒也。从手离聲。丑知切

班固答賓戲「馳辯如波瀾，摛藻如春華。」師古注「摛，布也。」

揗

揗 摩也。从手盾聲。食尹切

此「揗」字古籀或作循。彳部「循，行順也。从彳盾聲。詳遵切」字異。

拍

㧊 拊也。从手百聲。普百切

俗作拍。爾雅釋訓「矜憐，撫掩之也。」郭注「撫掩，猶撫拍，謂慰恤也。」

拊

拊 揗也。从手付聲。芳武切

此「拊摩」字。本部「撫，安也。从手無聲。一曰揗也。芳武切」是「安撫」字，「一曰揗也」則是通作拊。攴部「㧱，撫也。从攴亾聲。芳武切」音義同，今皆作撫。

撩 理也。（段「理」下有「之」字）从手尞聲。洛蕭切（俗讀去聲誤）

此「撩理」字，今多用料量之料為之，而撩則止為「撩亂」意，謂紛亂也。斗部「料」，量也，从斗，米在其中。洛蕭切。

措 置也。从手昔聲。倉故切

此「措置」字，經傳多借錯為之，又或借厝。金部「錯」，金涂也，从金昔聲。倉各切。厂部「厝」，厲石也，从厂昔聲。詩曰「他山之石，可以為厝」。倉各切，又七互切。今詩小雅鶴鳴「他山之石，可以為錯」，作錯，是借字。古籍亦叚錯為「交逪」、「逪雜」字。辵部「逪」，迹逪也，从辵昔聲。倉各切。

擇 柬選也。从手睪聲。丈伯切（睪音亦）

「柬」，小徐作「簡」，誤。竹部「簡」，牒也。束部「柬」，分八之也，从束从八，八，分八之也。柬俗作揀。經傳或借擇為斁。攴部「斁」，敗也，从攴睪聲。當故切。書呂刑「敬忌罔有擇言在身」。孝經卿大夫章「口無擇言，身無擇行」。擇當作斁。

揃 摵也。从手前聲。即淺切

繫傳句讀「聲」下有「一曰竊也」。此「揃摵」字，古籍多借翦為之。羽部「翦」，羽生也，一曰矢羽，从羽前聲。即淺切。刀部「前」，齊斷也，从刀歬聲。昨先切。是前斷字，經傳多段翦為之，俗又作剪，而以前為「歬後」「歬進」字。止部「歬」，不行而進謂之歬，从止在舟上。昨先切。

摵 批也（段作「捽也」）。从手戚聲。山列切

本部「批」，捽也，从手此聲。側氏切。「捽」，持頭髮也，从手卒聲。昨沒切。今方音有「批頭髮」，即此。莊子外物「揃然可以補病，眥摵可以休老」。釋文云「眥亦作揃，摵亦作摵」。古籍或借滅為摵。水部「滅」，盡也，从水烕聲。亡列切。火部「烕」，滅也，从火戌，火死於戌，陽氣至戌而盡。許劣切。

捊 引取也（段作「引堅也」，是）。从手孚聲。步侯切（繫傳段氏有「詩曰：原隰捊矣」）

抱 捊或从包。（段錢等曰：今作抱，薄報切，以為裒字，非是。）

「引取」，段作「引堅」，是也。詩大雅緜釋文引說文作「引取土也」。段氏桂氏王氏皆謂「取土」當是「堅」字之譌。土部「堅」，土積也，从土从聚省。才句切。「堅」有積聚意。玉篇引說文正作「引聚也」。詩小雅常棣「原隰裒矣，兄弟求矣」，作裒。傳云「裒，聚也」。易謙卦象辭「君子以裒多益寡，稱物平施」。釋文云「裒，鄭荀董蜀才作捊，云取也」。鄭書無裒，本止作捊。

揜 自關以東謂取曰揜，一曰覆也。从手弇聲。衣檢切

本部「掩」，斂也，小上曰掩，从手奄聲。衣檢切。廾部「弇」，蓋也，从廾从合。古南切，又一儉切。大部「奄」，覆也，大有餘也，又欠也，从大从申，申，展也。依檢切。凡

承

「捹取」字作捹，「揜蓋」字作揜，然古籍已多通用矣。曹植與楊德祖書「…吾王於是設天網以該之，頓八紘以掩之」，掩正字當作揜，該當作晐。

奉也，受也。从手从卪从廾。（臣鉉等曰：謹節其事，承奉之義，故从卪。署陵切）

廾部「𡕢」，承也。从手从廾，丰聲。（扶隴切）」受部「受」，相付也。从受，舟省聲。「奉也」者，謂授之人。詩小雅鹿鳴「吹笙鼓簧，承筐是將」。箋云「承猶奉也」。「受也」者，謂受之於人。易師之上六「大君有命，開國承家」，虞翻曰「承，受也」。又廾部「丞」，翊也。从廾从卪从山，山高，奉承之義。（署陵切）」是丞翊字。

挋

給也。从手臣聲。一曰約也。（章刃切）

古籍「挋給」字皆作振。本部「振，舉救也。从手辰聲。一曰奮也。（章刃切）」是「振給」「振濟」字，俗通作賑。貝部「賑，富也。从貝辰聲。（之忍切）」異義。又「一曰約也」，桂氏、王氏並云未詳。桂氏曰「挋當有拭義，五經文字挋，拭也。」釋詁「挋，清也」，喪大記「挋用浴衣」，注云「挋，拭也」。士喪禮「乃沐櫛，挋用巾」，注云「挋，晞也，清也」。

一〇〇三

攩

朋羣也。从手黨聲。（多朗切）

此「朋攩」字，今經典皆作黨矣。黑部「黨，不鮮也。从黑尚聲。（多朗切）」經傳亦段黨為鄉「鄭」字。邑部「鄭，地名。从邑尚聲。（多朗切）」

撫

安也。从手無聲。一曰循也。（「循」段作「揗」，是。）（芳武切）

又繫傳句讀「一曰」上有「一曰撫也」四字。

古文从辵亾

此「安撫」字。許本部附字，又撫韓流亾，故古文从辵亾。史記淮陰侯列傳「臣非敢亾也，臣追亾者」。

捪

撫也。从手昏聲。一曰摹也。（武巾切）（音文）

（小徐、段氏、桂氏篆作㨉，譌。詳日部昏字。）

「摹也」，謂規摹、摹仿也。捪，今俗作抆或撊。

揣

量也。从手耑聲。度高曰揣，一曰捶也。（初委切）（音趣）（今俗音喘）

鬼谷子揣篇「古之善用天下者，必量天下之權，而揣諸侯之情」。左傳昭公三十二年「計丈數，揣高卑，度厚薄，仞溝洫」。杜注「度高曰揣，度深曰仞」。又本部「捶，以杖擊也」。老子「揣而銳之，不可長保」。揣，謂捶磨之也。

抧

開也。从手只聲。讀若抵掌之抵。（諸氏切）（音此，俗音旨）

一〇〇四

「抵掌之抵」大徐本誤作抵。本部「抵，擠也。从手氐聲。丁礼切」其義與戰國策秦策「抵掌而談」之義不協。應是「抵，側擊也。从手氏聲。諸氏切」字。今粵方音謂劈將物分開為「扯開」，正字當作抵。

摜　習也。从手貫聲。春秋傳曰：摜瀆鬼神。古患切

此「習摜」字，與辵部「遦，習也。从辵貫聲。工患切」音義同。今俗作慣，心部無。古籍多段貫為之。漢書賈誼傳引孔子曰：「少成若天性，習貫如自然」，作貫是借字。本書七上部目「毌，穿物持之也。从一橫毌。毌象寶貨之形。古丸切」是「毌穿」「毌通」字，今亦皆作貫矣。毌部「貫，錢貝之貫。从毌貝。古玩切」

投　擿也。从手从殳。(段作「殳聲」)度侯切

詩小雅巷伯「取彼譖人，投畀豺虎」，傳云「投，棄也」。大雅抑「投我以桃，報之以李」，箋云「投，猶擲也」。擲，正字當作擿。

擿　搔也。从手適聲。一曰投也。直隻切(俗作擲。又他狄切，音剔)

此擿訓「搔也」者，讀「他狄切」。詩鄘風君子偕老「玉之瑱也，象之揥也」，傳云「揥，所以摘髮也」。釋文「摘本又作擿，他狄反」。以象骨搔首，因以為飾，名之曰揥，故詩傳云「揥，所以擿髮也」。即後世玉搔首之類。訓「投也」，讀「直隻切」，即今俗字擲。

搔　括也。(段作「刮也」是)从手蚤聲。穌遭切

「括也」當作「刮」。本部「括，絜也。从手昏聲。古活切」與搔義不協。刀部「刮，掊把也。从刀昏聲。古八切」手部「掊，把也」「把，握也」。掊把，正搔之訓也。一切經音義引正作刮。

摽　擊也。从手票聲。一曰挈闗牡也。(「闗牡」大徐本誤作「門壯」)符少切

摽訓「擊也」，與受字異。然經傳多段摽為受。本書四下部目「受，物落上下相付也。从爫又。平小切」詩召南摽有梅、邶風柏舟「寤辟有摽」，正字皆當作受。詳四下部目受字。「一曰挈闗牡」者，猶「杓門之闗」也。淮南子道應訓「孔子勁杓國門之闗，而不肯以力聞」。門部「闗，闗下牡也」「闗，以木橫持門戶也」。即今之橫栓。牡者，又以直木毋於闗也。

撓　擾也。从手堯聲。一曰捄也。奴巧切(捄音居)

本部「擾，煩也。从手夒聲。而沼切」(夊部「夒，貪獸也。一曰母猴，似人。从頁，巳止夊。其手足。奴刀切，音猱。俗作猱」)「捄，盛土於梩中也。一曰擾也。从手求聲。舉朱切(音

「攈捃拮之或字」攈、攟、拾三字義同。

挶 戟持也。从手句聲。居玉切（音局）

据 戟挶也。从手居聲。九魚切

詩豳風鴟鴞「予手拮据」，傳云「拮据，撠挶也」。本部「拮，手口共有所作也。从手吉聲。詩曰予手拮据。古屑切（音結）」「拮据」「戟挶」「挶据」皆連緜字，聲轉耳。毛傳作撠，說文無，說解之戟亦無持義，當是丮字之譌。三下部目「丮，持也。象手有所丮據也。讀若戟。几劇切」

戈部「戟，有枝兵也。从戈倝聲。紀逆切」

擖 刮也。从手葛聲。一曰撻也。口八切（音[illegible]）

廣雅釋詁「擖，搔也」。本部「搔，刮也」。又「撻，鄉飲酒罰不敬，撻其背。从手達聲。他達切」

摘 拓果樹實也。从手啻聲。一曰指近之也。他歷切，又竹戹切

本部「拓，拾也」「拾，掇也」「掇，拾取也」。「拓果樹實」者，拾取果樹之實也。此「采摘」字。本部「擿，搔也。从手適聲。一曰投也。直隻切」則是投

擿字。「一曰指近之也」，王氏以為「近當作斥，指斥即指摘也」。

揫 束也。从手秋聲。詩曰「百祿是揫」。即由切（音周）

韋部「䪢，收束也。从韋樵聲。即由切」「䪢，䪢或从要」「揫，䪢或从秋手」。揫與揫同，疑此篆重出。又詩商頌長發「敷政優優，百祿是遒」，傳云「遒，聚也」，是段遒為揂。本部「揂，聚也。从手酋聲。即由切」揫與揂音同義異。說解引詩疑當在揂下。

掉 搖也。从手卓聲。春秋傳曰「尾大不掉」。徒弔切

本部「搖，動也」。國語楚語「夫邊境者，國之尾也，譬之如牛馬，處暑之既至，䖟𧍿（音盲）之既多，而不能掉其尾」。史記孟嘗君傳「過市朝者掉臂而不顧」。左傳昭公十一年「末大必折，尾大不掉」。

揂 聚也。从手酋聲。即由切

經典多借遒為揂。詩商頌長發「敷政優優，百祿是遒」，傳云「遒，聚也」。正字當作揂。辵部「遒，迫也。从辵酋聲。字秋切（音囚）」「遒，或从酉」無聚義。亦有段揫為揂。後漢書馬融傳「揫斂九藪之動物」，章懷注「揫，聚也」。本部「揫，束也。从手秋聲。詩曰

百祿是揫。即由切」音同義異。說解引詩當在揫下。

掔

掔 固也。从手臤聲。讀若詩赤舄掔掔。臣鉉等曰今人作㩂非是。苦閑切

爾雅釋詁「掔。固也。」郭注「掔然亦牢固之意」本書三下部「臤。堅也。从又臣聲。苦閑切」二字音義同。「讀若詩赤舄掔掔」者。今詩豳風狼跋「公孫碩膚。赤舄几几。」作「几几」。傳云「几几。絇皃」。本書己部「巹。謹身有所承也。从己丞。讀若詩云赤舄己己。居隱切」作「己己」。鄦君所引詩不同。或出三家。几己同聲。掔几共入。

一〇〇九

揚

揚 飛舉也。从手昜聲。與章切　敭 古文（小徐陵氏作「古文揚从攴」）

易部「昜。開也。从日一勿。一曰飛揚。一曰長也。一曰彊者眾皃。與章切」「飛揚」即「飛舉」意。小爾雅廣言「揚。舉也。」書堯典「明明揚側陋」。

拼

拼（段篆作𢪊从手丞聲）上舉也。（段有「出休為拯」）从手升聲。易曰拼馬壯吉。蒸上聲　撜 拼或从登。臣鉉等曰今俗作拯。非是。

一切經音義卷二卷九兩引說文「拼。上舉也」。玉篇撜拯為拼之重文。又文選羽獵賦李善注引說文有「出休為拯」。是李崇賢誤㠯方言為說文。今方言字亦作拼。可見鄦君本作拼。今易明夷六二「明夷于左股。用拯馬壯吉。」渙初六「用拯馬壯吉。」艮六二「艮其腓。不拯其隨。其心不快」皆作拯。然艮卦釋文云「馬本作拼。云拼。舉也」明夷釋文云「拯。子夏作拼。拼。救也」則易李亦作拼。

振

振 舉救也（段「也」上有「之」字）从手辰聲。一曰奮也。章刃切

此「振濟」「振給」字。古籍多不誤。俗㠯其事涉財貨。乃㠯賑為之。殊誤。貝部「賑。富也。从貝辰聲。之忍切」「賑」字與「振濟」義無涉。顏師古匡謬正俗云「鄦慎說文解字曰振。舉救也。諸史籍所云振給振貸。其義皆同。盡當為振字。今人之作文書者㠯其事涉貨財。輒改振為賑。按說文解字云賑。富也。此則訓不相干。何得輒相混雜。言振給振貸者。並㠯其飢饉窮厄。將就困斃。故舉救之使得存云耳。寧有富事乎。」「一曰奮也」則是又一義。謂「振。奮也」。詩豳風七月「六月莎雞振羽」傳云「莎雞羽成而振訊之」。韓詩薛君章句云「振。猶奮也」。又本部「㧣。給也。从手臣聲。一曰約也。章刃切」詳㧣字。

扛

扛 橫關對舉也。从手工聲。古雙切（音江）

門部「關。㠯木橫持門戶也。从門𢇍聲。古還切」後漢書賈長旁傳注引說文作「兩人對舉為扛」。史記項羽本紀「力能扛鼎」。

一〇一〇

集解引韋昭曰「扛舉也」凡大物而兩手對舉曰扛兩人以橫木對舉一物亦曰扛

攤

攤

抱也(段作裛是)从手難聲 於離切(俗作攤)

攤抱字當作裛本部「捊，引堅也，从手孚聲，步侯切」「抱，捊或从包」衣部「裛，纏也，从衣包聲，薄保切」又「蕹」字當作甾詳巛部甾字

擩

擩

(段篆作㨎耎聲)染也从手需聲周禮六曰擩祭 而主切(音乳)

段改擩為㨎未是隸書从需之字多作耎古籍擩或作㨎者乃隸變之譌故玉篇不收周禮春官大祝「辨九祭……六曰擩祭」注引鄭司農云「擩祭以肝肺菹擩鹽醢中以祭也」此「擩𩃬」「湮擩」字經傳或段濡為之水部「濡，水出涿郡故安東入淶，从水需聲，人朱切」又說解「染也」染當作𩅿水部「染，以繒染為色，而琰切」雨部「𩅿，濡也，而琰切」

拚

拚

拊手也从手弁聲 皮變切(俗作抃)

本部「拊，揗也」「揗，拊也」呂氏春秋古樂篇「帝嚳乃令人抃」注云「兩手相擊曰抃」又覺之為「歡拚」今俗「歡拚」作忭心部無本瓶作昪日部「昪，喜樂皃，从日弁聲，皮變切(音弁古音盤)」

失

失

縱也从手乙聲 式質切

玉篇引作「縱逸也」兔部「逸，失也，从辵兔，夷質切」古籍或段失為「逸」或段為「泆」字水部「泆，水所蕩泆也，从水失聲，夷質切」

挩

挩

解挩也从手兌聲 他括切

此「解挩」「挩除」正字古籍或作說及稅蓋是挩字形近而譌今人皆用脫亦是段借言部「說，說釋也，从言兌，一曰談說，失爇切又弋雪切」禾部「稅，租也，从禾兌聲，輸芮切」肉部「脫，消肉臞也，从肉兌聲，徒活切」禮「檀弓」孔子之衛遇舊館人之喪入而哭之出使子路說驂而賻之」孟子告子篇「孔子為魯司寇不用從而祭燔肉不至不稅冕而行」說稅並當作挩又脫之本義為「消脫」今亦段為「奪失」字而以奪為「爭敓」字而本義反晦矣奞部「奪，手持隹失之也，从又奞，徒活切」攴部「敓，彊取也，从攴兌聲，徒活切」

撥

撥

治也从手發聲 北末切

公羊傳哀公十四年「撥亂世反諸正莫近乎春秋」何注「撥猶治也」

抒

抒

挹也从手予聲 神與切(音杼)

抒之本義為挹取，俗讀「傷魚切」，乃為「紓緩」「舒卷」「舒發」字。糸部「紓，緩也。从糸予聲。傷魚切」，予部「舒，伸也。从舍从予，予亦聲。一曰舒，緩也。傷魚切」。今之抒情文，正字當作舒。古籀或作𢡟，說文無。晉人有曹攄，字顏遠。班固西都賦「攄懷舊之蓄念，發思古之幽情」，則攄字漢已有，鄭君偶疏耳。

抯

挹也。从手且聲。讀若樝棃之樝。側加切

方言「抯，摣，取也。南楚之間凡取物溝泥中謂之抯，亦謂之摣」。鄭書無摣字，段氏謂抯摣實一字。按本書又部「𠭥，又取也。从又虘

聲。側加切」，𠭥抯音義同。摣或𠭥之重文，即今俗之揸字。

拓

拾也。陳宋語。从手石聲。之石切

𢶡 拓或从庶

經傳多用或體，而以拓為「開拓」。開拓字本作袥。衣部「袥，衣衸。从衣石聲。他各切」。衣衸，猶開袥也。

攈

拾也。从手麇聲。居運切（本音君，今或讀平聲作ㄐㄩㄣ）

今經傳或作攟，蓋从麇之或體，俗作捃，非是。

掇

拾取也。从手叕聲。都括切（句讀「本陟劣切」，今讀綴）

本書十四下部首「叕，綴聯也。象形。陟劣切」，叕部「綴，合箸也。从叕从糸。陟衛切（音贅）」。

援

引也。从手爰聲。雨元切（平聲）

「引」當作「廴」。本書二下部首「廴，長行也」，弓部「引，開弓也」。又本書𠬪部「爰，引也。从𠬪从于。羽元切」，二字音義同。爰字从于，于象气之舒于，故又叚之為發語詞，援則單用為牽持之義。禮儒行「上弗援，下弗推」，注云「援，猶引也，取也」。

㨨

引也。从手留聲。敕鳩切

抽 㨨或从由

𢭃 㨨或从秀

今經典多从或體作抽。古籀或借㨨為籀。詩鄘風牆有茨「中冓之言，不可讀也」，傳云「讀，抽也」。竹部「籀，讀書也。从竹㨨聲。直又切」。

揠

拔也。从手匽聲。烏黠切（小徐丘八反，玉篇烏拔切）

孟子公孫丑「宋人有閔其苗之不長而揠之者」，趙注「揠，挺拔之，欲亟長也」。方言「揠，拔也。自關而西或曰拔，東齊海岱之間曰揠」。

探

遠取也。从手罙聲。他含切

「穴部「突,空大也。从穴乙聲。烏點切」音同義異。

易繫傳「探賾索隱,鉤深致遠。」爾雅釋詁「探,取也。」

捼

推也。从手委聲。(段改作「𢭏,推也。从手妥聲」)一曰兩手相切摩也。臣鉉等曰:今俗作挼,非是。奴禾切

馮延巳謁金門詞「風乍起,吹皺一池春水。閑引鴛鴦芳徑裏,手挼紅杏蕊。」作挼,是俗字。从委字隸變多作妥,說文無妥字,安妥字本作嫷,女部「嫷,南楚之外謂好曰嫷。从女隋聲。臣鉉等曰:今俗省作媠,唐韻作妥,非是。徒果切」段氏補妥篆於女部末,云「妥,安也。从爪女,妥與安同意。」

撆

別也。(段作「飾也」)一曰擊也。从手敝聲。芳滅切(今俗作撇)

「別也」,桂氏云「別當作引,廣韻撆,引也」,句讀依韻會引補「一曰拂也。」

揻

搖也。从手咸聲。臣鉉等曰:今俗作撼,非是。胡感切

韻會、元應引說文並作揻,蓋誤以俗字易之也。昌黎調張籍「李杜文章在,光焰萬丈長。不知群兒愚,那用故謗傷。蚍蜉撼大樹,可笑不自量。」亦已从俗作撼矣。

搦

按也。从手弱聲。尼革切(音諾,入聲;今粵音溺,陰入)

揮

奮也。从手軍聲。許歸切

奞部「奮,翬也。从奞在田上。方問切」羽部「翬,大飛也。从羽軍聲。許歸切」揮有飛起義,禮曲禮「飲玉爵者弗揮。」釋文「振去餘酒曰揮。」左傳僖公二十三年「奉匜沃盥,既而揮之。」杜注「揮,湔也。」孔疏「已盥,手揮之,使水湔汙其衣。」是揮之本義,又引申之為揮霍。古經亦假作撝。撝字本部「撝,裂也。从手為聲。一曰手指撝也。許歸切」是指撝字。「𢷎,旌旗所以指𢷎也。从手靡聲。許為切」是「指麾」「麾下」字,俗省作麾。

摩

研也。从手麻聲。莫婆切

石部「研,䃺也。从石幵聲。五堅切」禮學記「相觀而善之謂摩。」注云「摩,相切磋也。」此「研摩」「切磋琢磨」字,今經典或作磨。

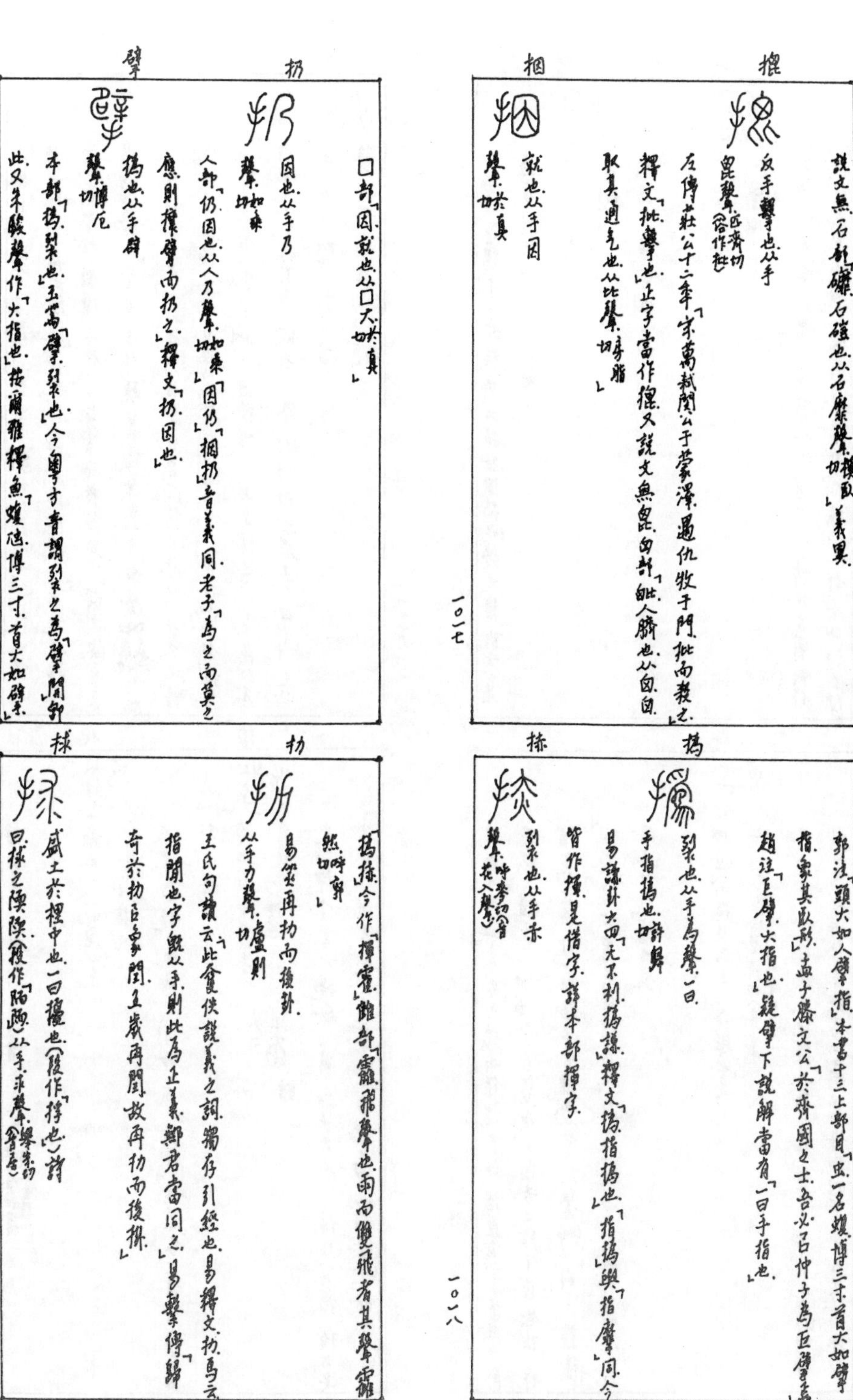

說文無。「石部」礳，石磑也。从石靡聲。模臥切。」義異。

𢱭

反手擊也。从手毘聲。匹齊切（俗作批）

左傳莊公十二年「宋萬弒閔公于蒙澤，遇仇牧于門，批而殺之。」釋文「批，擊也。」正字當作𢱭。又說文無「毘」，囟部「毗，人臍也。从囟，囟取其通气也。从比聲。房脂切」

捆

就也。从手因聲。於真切

口部「因，就也。从口大。於真切」

扔

因也。从手乃聲。如乘切

人部「仍，因也。从人乃聲。如乘切」「因仍」「捆扔」音義同。老子「為之而莫之應，則攘臂而扔之。」釋文「扔，因也。」

擘

撝也。从手辟聲。博厄切

本部「撝，裂也。」玉篇「擘，裂也。」今粵方言謂裂之為「擘開」。卯此又朱駿聲作「大指也」。按爾雅釋魚「蝮虺，博三寸，首大如擘。」

郭注「頭大如人擘指」。本書十三上部目「虫，一名蝮，博三寸，首大如擘指，象其臥形。」孟子滕文公「於齊國之士，吾必以仲子為巨擘焉」趙注「巨擘，大指也」。疑擘下說解當有「一曰手指也」。

撝

裂也。从手為聲。一曰手指撝也。許爲切

易謙卦六四「无不利，撝謙」釋文「撝，指撝也。」「指撝」與「指麾」同。今皆作揮。是借字。詳本部揮字。

捇

裂也。从手赤聲。呼麥切（今音花入聲）

「撝捇」今作「揮霍」。隹部「靃，飛聲也。雨而雙飛者，其聲靃然。呼郭切」

扐

易筮再扐而後卦。从手力聲。盧則切

王氏句讀云「此蓋佚說義之詞，獨存引經也。」易釋文「扐，馬云指間也。」字既从手，則此為正義。鄭君當同之。易繫傳「歸奇於扐以象閏，五歲再閏，故再扐而後掛。」

捄

盛土於梩中也。一曰擾也（段作「捋也」）。詩曰「捄之陾陾」（段作「陑陑」）。从手求聲。舉朱切（今音居）

木部「梠，臿也，从木㠯聲。一曰徙土輂，齊人語也。（切之）」「梩，或从里。」詩大雅緜「捄之陾陾」，傳云「捄，蘽也。陾陾，眾也。」箋云「捄，捊也。築牆者捊聚壤土，盛之以蘽而投諸版中。」釋文「陾，耳升反。築牆聲也。」本書𠦬部「陾，築牆聲也。从𠦬耎聲。（如乘切，音仍）」無陑字。書湯誓序「伊尹相湯伐桀，升自陑」，傳云「陑在河曲之南。」釋文「陑，音而。」陑是地名，後改陾為陑，非是。又「一曰擾也。」本部「抗，擾也。从手堯聲。一曰捄也。（奴巧切）」擾抗捄同意，是捄之「一」義，後改為「捊也」。本部「捊，引堅也。从手孚聲。（步侯切）」則與「盛土於梩中」同矣。

拮

手口共有所作也。从手吉聲。詩曰「予手拮据」。（古屑切，音結）

詩豳風鴟鴞「予手拮据」，傳云「拮据，撠挶也。」釋文「韓詩云：口足為事曰拮据。」詳本部据字。

搰

掘也。从手骨聲。（戶骨切）

國語吳語「狐埋之而狐搰之，是以無成功。」韋注「搰，發也。」

掘

搰也。从手屈聲。（衢勿切）

句讀詠元應補「謂以物發地也。」搰掘二字轉注。古籀或作扫。說文無。玉篇「扫，亦掘字。」廣雅「扫，掘也。」土部「圣，汝潁之閒謂致力於地曰圣。从土从又。讀若兔窟。（苦骨切（音[illegible]，又音掘））」

掩

斂也。小上曰掩。从手奄聲。（衣檢切）

本書鼎部「𪔂，鼎之圜掩上者。」掩是「𪔂」字，古籍亦借為掩。詳本部揜字。

播

種也。一曰布也。从手番聲。（補過切）

𢿌 古文播

此播種字。書大誥「厥父菑，厥子乃弗肯播，矧肯穫」，傳云「其父已菑耕其田，其子乃不肯播種，況肯收穫乎。」「一曰布也」疑是後人附益。「尃布」之播本作譒。言部「譒，尃也。从言番聲。商書曰王譒告之。（補過切）」今書盤庚「王播告之修，不匿厥指」，已作播矣。又箕部「簸，揚米去糠也。从箕皮聲。（布火切）」則是「簸揚」「簸」字，古籍或假播為之。左傳昭公四年「播於諸侯，焉用之」，杜注「播，揚也。」

抨

撣也。（小徐段氏王氏作「彈也」是）从手平聲。（普耕切（音烹，俗讀秤非是））

一切經音義引說文「抨，彈也。猶言抨毛抨弓等也。」又「今謂彈繩墨為抨。」仲長統昌言「繩墨得抨彈」是也。玉篇「抨與拼

「同」又曼之為「抨彈」「抨擊」，又本部「撣，提持也，从手單聲，徒旱切」無抨義。

捲

[篆] 气勢也，从手卷聲。國語曰：有捲勇。一曰捲，收也。臣鉉等曰：今俗作居轉切，以為捲舒之捲。巨員切

凡「捲勢」「捲力」皆此字，今作「權」，是借字。木部「權，黃華木，从木雚聲，一曰反常，巨員切」又國語齊語「桓公問曰：於子之鄉有拳勇股肱之力秀出於眾者」作「拳」，是借字。本部「拳，手也，从手𢍏聲，巨員切」「一曰捲收也」即「舒捲」字，本亦讀巨員切，今則讀居轉切，又段「卷」為之。卩部「卷，厀曲也，从卩𢍏聲，居轉切」，今「卷曲」字則又讀「權」。廾部「𢍏，摶飯也，从廾釆聲，居券切（音眷）」巾部「帣，囊也，从巾𢍏聲，居倦切」是書「券」字。刀部「券，契也，从刀𢍏聲，去願切（音勸）」是「契券」「證券」字。力部「券，勞也，从力卷省聲，臣鉉等曰：今俗作倦，義同。渠卷切」人部「倦，罷也，从人卷聲，渠卷切」

扱

[篆] 收也，从手及聲。楚洽切（音插）

此「收扱」「扱遝」「扱書」字。糸部「緝，績也，从糸咠聲，七入切」是「編緝」字。車部「輯，車和輯也，从車咠聲，秦入切」是「齊輯」字。艸部「葺，茨也，从艸咠聲，七入切」口部「咠，聶語也，从口从耳，七入切」

擽

[篆] 拘擊也，从手樂聲。子小切

古籍或段「擽」為「剿絕」字。刀部「剿，絕也，从刀喿聲。周書曰：（甘誓是夏書）天用剿絕其命。子小切」今書甘誓作「勦」，是借字。力部「勦，勞也。春秋傳曰：安用勦民。从力巢聲。子小切，又楚交切」又「勦民」「勞民」也，詳刀部「剿」字。

扚

[篆] 疾擊也，从手勺聲。都了切（玉篇「丁激切」，音的）

抵

[篆] 側擊也，从手氏聲。諸氏切（音只）

戰國策秦策「說趙王於華屋之下，抵掌而談，趙王大說」「抵掌」即此字。本部「抵，擠也，从手氐聲，丁礼切」是「抵擠」字，與此異。「大抵」字从氐不从氏。

捭

[篆] 兩手擊也，从手卑聲。北買切（音擺，俗作擺）

捭，今讀如擘，作「開也」，鬼谷子有捭闔篇。

搉

[篆] 敲擊也，从手隺聲。苦角切

凡言「搉搉」有推敲義者，皆此字，不當从木作榷。木部「榷，水上横木所以渡者也，从木隺聲，江岳切」異義。

摬

摬 中擊也，从手竟聲。一敬切（音應對之應）

中擊謂擊之而中也。今粵方音「打到應」即此字。

摼

摼 擣頭也，从手堅聲，讀若鏗尔舍瑟而作（段「讀若」下有「論語」，「瑟」作「琴」）口莖切

玉篇廣韻竝作「摼」，「摼，揰也」。論語先進「鏗爾，舍瑟而作」，釋文「鏗，苦耕反，投琴聲」。本書臤下云「讀若鏗鏘之鏗」，按本書無鏗字，金部「鑋，剛也，从金臤聲，苦甸切」，無聲義，疑鄭君所見論語本作摼，說解當云「論語摼尔舍瑟而作」，「讀若」二字衍文。

擊

擊 攴也，从手毄聲。古歷切

三下部目「攴，小擊也，从又卜聲，普木切」，二字轉注。殳部「毄，相擊中也，如車相擊，故从殳从軎，古歷切」（軎部「軎，車軸耑也」，音衛）

抗

抗 扞也，从手亢聲。苦浪切

杭 抗或从木。臣鉉等曰：今俗作胡郎切

抗為「抗禦」、「抵抗」字，又引之為「高抗」、「抗舉」義。抗杭本一字，今人以而為二，杭讀「胡郎切」，以為「舟杭」字。本書方部「斻，方舟也，从方亢聲，禮天子造舟，諸侯維舟，大夫方舟，士特舟。臣鉉等曰：今俗別作航，非是，胡郎切」。地名杭州，本當作斻。

撚

撚 執也，从手然聲。一曰蹂也。乃殄切（音年上聲）

「執也」，桂氏謂當為「執」，白居易琵琶行「輕攏慢撚抹復挑」，顏注急就篇「索縄謂切撚之令緊者也」，今粵方音以手緊捻物曰撚，即此。「一曰蹂也」，本書十四下部目「内，獸足蹂地也，人九切（音柔，俗讀紐）」。「蹂，篆文从足柔聲」，詩大雅生民「或簸或蹂」，毛傳「或簸糠者，或蹂黍者」，王氏句讀云「既簸之矣，猶有著米之糠，以手著箕挼之，謂之蹂」。又釋例云「鄭君以蹂釋撚，即以撚釋詩之蹂」。

挂

挂 畫也，从手圭聲。古賣切

句讀作「宧也」，戴侗六書故引唐本作「縣也」。本書県部「縣，繫也，从系持県，胡涓切」。繫即縣挂意。易繫傳「分而為二以象兩，掛一以象三」，手部無掛，网部無罣，本皆作挂。

拕

曳也。从手它聲。託何切 俗作拖非是

本書申部「曳、臾曳也。从申丿聲。余制切」十二下部目「丿、抴也。明也。象抴引之形。余制切」手部「抴、捈也。从手世聲。余制切」「捈、臥引也。从手余聲。同都切」

格

擊也。从手各聲。古覈切

凡「格鬥」「格殺」字當以此為正。經傳多借格為之。木部「格、木長皃。从木各聲。古百切」又引申為「至也」。古籍或段為「枝格」字。丯部「⿰丯各、枝⿰丯各也。从丯各聲。古百切」

𢷾

旌旗所以指𢷾也。从手靡聲。許為切 俗作麾非是

𢷾本旌旗之統名，因以為「指𢷾」字。亦作「指撝」，義同。今作「指揮」，是借字。詳本部揮字。

捷

獵也。軍獲得也。从手疌聲。疾葉切 春秋傳曰「齊人來獻戎捷」。

春秋僖公二十一年經「楚人使宜申來獻捷」穀梁傳曰「捷、軍得也」。莊公三十一年經「齊侯來獻戎捷」左傳杜注「捷、獲也」穀梁傳「軍得曰捷」。此捷「獵」「軍捷」字。古籍多段為「便倢」。「倢、佽也。从人疌聲。子葉切」「佽、便利也。从人次聲。七四切」止部「疌、疾也。从止从又。又、手也。屮聲。疾葉切」唐書盧藏用傳「始隱(終南)山中，時有意當世，人目為隨駕隱士。晚乃徇權利，務為驕縱，素志盡矣。司馬承禎嘗召至闕下，將還山，藏用指終南曰：此中大有嘉處。承禎徐曰：以僕視之，仕宦之捷徑耳。」此「終南捷徑」所出。捷當作疌。女部「婕、女字也。从女疌聲。子葉切」「婕妤、宮中女官名。」

扣

牽馬也。从手口聲。苦后切

古籍或作叩。史記伯夷列傳「伯夷叔齊叩馬而諫」。口部無叩。正字當作扣。經傳又段扣為敂。荀子法行「扣之，其聲清揚而遠聞，其止輟然，辭也」。攴部「敂、擊也。从攴句聲。苦候切」言部「⿰言口、扣也。如求婦先⿰言口叕之。从言从口，口亦聲。苦后切」

搜

眾意也。一曰求也。从手叜聲。詩曰「束矢其搜」。所鳩切 (俗作捜)

本書宀部「𡩋、入家搜也。从宀索聲。所責切」莊子秋水「搜於國中三日三夜」。釋文引李云「搜、索也」。方言「搜、求也。秦晉之間曰搜」。是搜之本義為「搜索」「搜求」。又引申之義為聚。訓「眾意」。又其又引申也。詩魯頌泮水「束矢其搜」。傳云「五十矢為束」。

揆眾意也」

掖

㠯手持人臂投地也。(段無「投地」二字，是。)从手夜聲。一曰臂下也。羊益切

「投地」二字衍。左傳僖公二十五年「二札從國子巡城，掖㠯赴外，殺之。」釋文：「說文云：㠯手持人臂曰掖。」正義「說文云：掖，持臂也。謂執持其臂投之城外也。」是陸孔所據說文皆無「投地」二字。「㠯手持人臂」扶掖之也。詩陳風衡門序「衡門，誘僖公也。愿而無立志，故作是詩㠯誘掖其君。」箋云「掖，扶持也。」「一曰臂下也」疑後人妄增。「人臂下」字本作亦，本書十下部目「亦，人之臂亦也。从大，象兩亦之形。」臣鉉等曰：「今人作腋，非是。」羊益切 俗㠯亦為語詞，而人作腋為臂亦，或段掖為之，淺人爹於掖下妄加「一曰臂下也」之語耳。

揅

摩也。从手研聲。五堅切

大徐本奪此篆。據集韻類篇引說文有之。小徐段氏摩揅二篆相接。摩下云「研也」，研當作揅。石部「研，䃺也。从石幵聲。五堅切」「揅摩」「研䃺」義旨不同。

一〇二七

捻

新附

指捻也。从手念聲。奴協切(俗作撚)

抛

棄也。从手，从尤，从力，或从手尥聲。案左氏傳通用摽，詩摽有梅，摽，落也，義亦同。匹交切

抛「从尤从力」於義無取，「尥」亦不成文。一切經音義引字林「抛，擊也。」是段作摽。本部「摽，擊也。从手票聲。符少切」大徐謂「詩摽有梅，摽，落也，義亦同」，則誤。詩摽有梅之摽當作受。本書四下部目「受，物落，上下相付也。从爫又。平小切」

𠁥

背呂也。象脅肋也。(段作「象脅肋形」)凡𠁥之屬皆从𠁥。古懷切(一三〇)

脊

背呂也。从𠁥从肉。資昔切(俗作𦟪)

𠁥脊二字同義。

一〇二八

說文解字第十二下

女 婦人也。象形。王育說。凡女之屬皆从女。尼呂切(一三二)

姓 人所生也。古之神聖人(「人」依小徐段氏補)母感天而生子，故偁天子。(小徐段氏王氏有「因生㠯為姓」)从女生，生亦聲。春秋傳曰：天子因生㠯賜姓。息正切

白虎通姓名「姓者生也。人稟天气所㠯生者也。」徐箋云「姓之本義謂生，故古通作生。其後因生㠯賜姓，遂為姓氏耳。」「因生㠯賜姓」若本部「姜，神農居姜水，因㠯為姓。」「姬，黃帝居姬水，因㠯為姓。」「姚，虞舜居姚虛，因㠯為姓。」左傳隱公八年「無駭卒，羽父請謚與族，公問族於眾仲，對曰：天子建德，因生㠯賜姓，胙之土而命之氏。」杜注「因其所由生㠯賜姓也。」

一〇二九

妞 人姓也。从女丑聲。商書曰：無有作妞。呼到切

本部「好，美也。从女子。呼皓切」按妞為人姓。姓猶生也。人生而有妞惡之性，故妞亦為「愛妞」「妞惡」字，而好止為「美好」字。今經典統用好字兼「愛妞」「美好」二義。「呼到」「呼皓」二讀，而妞字不行矣。今周書洪範「無有作好，遵王之道；無有作惡，遵王之路」已作好矣。又說解商書當是周書之誤。

媒 謀也。謀合二姓(段有「者也」)从女某聲。莫桮切

周禮地官媒氏注云「媒之言謀也，謀合異類，使和成也。」又「媒氏掌萬民之判」注云「判，半也。得耦為合，主合其半，成夫婦也。」

妁 酌也。斟酌二姓也(段「也」上有「者」字)从女勺聲。市勺切

孟子滕文公下「不待父母之命，媒妁之言，鑽穴隙相窺，踰牆相從，則父母國人皆賤之。」

嫁 女適人也。从女家聲。古訝切

白虎通嫁娶「嫁者家也。婦人外成㠯出，適人為家。」(公羊傳隱公二年「婦人謂嫁曰歸。」注云「婦人生㠯父母為家，嫁㠯夫為家，故謂嫁曰歸。」左傳桓公十八年「女有家，男有室。」杜注「女安夫之家，夫安妻之室。」孟子滕文公下「女子之嫁也，母命之，往送之門，戒之曰：往之女家，必敬必戒，無違夫子。」爾雅釋詁「如、適、之、嫁、徂、逝，往也。」

婚 婦家也。禮娶婦㠯昏時，婦人侌也，故曰婚。从女从昏，昏亦聲。呼昆切

籀文婚

一〇三〇

姻

儀礼士昏礼鄭目錄云「士娶妻之礼以昏為期因而名焉必以昏者取其陰來陽往」白虎通嫁娶「婚姻者何謂也昏時行礼故謂之婚也所以昏時行礼何示陽下陰也」籀文下孔廣居曰「䙅从示从尸从䖒省示古示字祭礼也尸主也礼婦先嫁三月教成而祭詩所謂其誰尸之有齊季女也䖒訓神䖒有肅敬義書所謂夔夔齊栗也」

姻 壻家也女之所因(依也)故曰姻。从女因因亦聲 於眞切

籀文姻 从㛰

爾雅釋親「壻之父為姻婦之父母壻之父母相謂為婚姻壻之黨為姻兄弟」周礼地官大司徒「以鄉三物教萬民而賓興之一曰六德知仁聖義忠和。二曰六行孝友睦婣任卹。三曰六藝礼樂射御書數」鄭注「婣者親於外親」

妻

妻 婦與夫齊者也从女从屮从又又持事。妻職也。(臣鉉等曰屮者進也齊之義也故从屮)七稽切

古文妻从肖女。肖古文貴字。

礼内則「聘則為妻」注云「妻之言齊也以礼聘問則得與夫敵體」郊特牲「壹與之齊終身不改故夫死不嫁」又屮飾也从又持屮仲中擕也大徐說未是。

婦

婦 服也从女持帚灑掃也。房九切

母

大戴礼本命「婦人伏於人也是故無專制之義有三從之道」白虎通嫁娶「婦者服也服於家事事人者也」

母 牧也从女象褱子形一曰象乳子也 莫后切

方言「牧飤也」衣部「褱俠也」「褱褱也」子部「字乳也」蒼頡篇「字養也謂養子也」

嫗

嫗 母也从女區聲 衣遇切(音於上聲)

礼樂記「煦嫗覆育萬物」鄭注「以氣曰煦以體曰嫗」是嫗有母意直偁母為嫗始見於漢書嚴延年傳「東海莫不賢知其母號曰萬石嚴嫗」

媼

媼 女老偁也(小徐段氏「女」作「母」)从女𥁕聲讀若奧 烏皓切(音奧上聲)

漢書高帝紀「姓劉氏母媼」文穎曰「幽州及漢中皆謂老嫗為媼」孟康曰「媼長老尊偁也」

姐

姐 蜀謂母曰姐淮南謂之社从女且聲(段有「讀若左」)茲也切

淮南子說山訓「東家母死其子哭之不哀西家子見之歸謂母曰社何愛速死吾必悲哭社夫欲其母之死者雖死亦不能悲哭

矣。謂學不暇者。雖暇亦不能學矣。」高誘注「江淮謂母曰社。」

姑

姑 夫母也。从女古聲。古胡切

爾雅釋親「婦偁夫之父曰舅。偁夫之母曰姑。」「母之累弟為舅。」「父之姊妹為姑。」經傳多叚姑為夃。夊部「夃。秦以市買多得為夃。从乃从夊。益至也。詩曰我夃酌彼金罍。古乎切」今詩周南卷耳以作姑矣。夃是夃且「夃買」義。今「夃且」作姑。又叚沽為「夃買」字。而夃字不行矣。水部「沽。水出漁陽塞外。東入海。从水古聲。古胡切」酉部「酤。一宿酒也。一曰買酒也。从酉古聲。古乎切」

姊

姊 女兄也。从女𠂔聲。將几切

爾雅釋親「男子謂女子先生為姊。後生為妹。」本書𣎵部「𠂔。止也。从𣎵盛而一橫止之也。即里切」今隸變作𠂔。

妹

妹 女弟也。从女未聲。莫佩切

白虎通三綱六紀「妹者未也。」詩衛風碩人「東宮之妹。」傳云「女子後生曰妹。」

娣

娣 女弟也。(段「女上有同夫之三字」)从女从弟。弟亦聲。(段作「从女弟聲」)徒禮切

白虎通嫁娶「娣者何。女弟也。」爾雅釋親「女子同出。謂先生為姒。後生為娣。」郭注「同出。謂俱嫁事一夫。」公羊傳(莊十九年)曰「諸侯娶一國。二國往媵之。以姪娣從。娣者何。弟也。此即其義也。」娣即妾也。

奴

奴 奴婢。皆古之辠人也。周禮曰「其奴男子入于辠隸。女子入于舂藁。」从女又。臣鉉等曰又手也。持事者也。乃都切

古文奴从人

周礼秋官司厲鄭司農曰「謂坐為盜賊而為奴者。輸於辠隸舂人槀人之官也。由是觀之。今之奴婢。古之辠人也。故書曰予則奴戮汝。論語曰箕子為之奴。」又叚為凡卑下之偁。凡「妻帑」「鳥帑」「駑馬」皆當作奴。詩小雅常棣「宜爾室家。樂而妻帑。」毛傳「帑子也。」

按本書巾部「帑。金幣所藏也。从巾奴聲。乃都切」帑之本義是金幣之藏。經傳既叚作妻奴字。而金幣之藏則讀他朗切為帑。俗又以作孥為妻奴。而奴又作孥。又作駑。「孥」「駑」非鄦書所有。本書辛部「童。男有辠曰奴。奴曰童。女曰妾。」

媧

媧 古之神聖女。化萬物者也。从女咼聲。古蛙切

籀文媧从䯞

帝王世紀「女媧氏風姓也。一號女希。是謂女皇。」列子黃帝「庖犧氏。女媧氏。神農氏。夏后氏。蛇身人面。牛首虎鼻。此有非人之狀。而有大聖之德。」淮南子覽冥訓「女媧鍊五色石以補天。斷鼇足以立四極。殺黑龍以濟冀州。積蘆灰以止淫水。」

婕

婕 女字也。从女疌聲。子葉切

嬩

嬩 女字也。从女與聲。讀若余。以諸切

婕嬩是宮中女官名。漢書作「倢伃」，今作「婕妤」。按人部「倢，佽也。从人疌聲。」是「使倢」字。止部「疌，疾也。从止从又。又，手也。屮聲。」是「敏疌」字。今皆段「捷」為之。手部「捷，獵也。軍獲得也。从手疌聲。」是「軍獲」之捷。漢書作倢，是借字。又本部無妤，人部「伃，婦官也。从人予聲。」則與嬩字略同。

媚

媚 說也。从女眉聲。美秘切

詩大雅思齊「思齊大任，文王之母。思媚周姜，京室之婦。」傳云「齊，莊。媚，愛也。」又秦風駟驖「公之媚子，從公于狩。」傳云「能以道媚於上下者。」箋云「媚於上下，謂使君臣和合也。」又叚為美好之偁。小爾雅廣詁「媚，美也。」埤蒼「嫵媚，說也。」本部「嫵，媚也。从女無聲。」通俗文「妍美曰嫵媚。」

㜅

㜅 媚也。从女畜聲。丑六切

凡愛惜義皆以㜅為正，古籍多段畜為之。詩小雅蓼莪「拊我畜我」，孟子梁惠王「畜君何尤。畜君者，好君也。」田部「畜，田畜也。淮南王曰：玄田為畜。丑六切」是田畜字。至小雅鄭箋訓畜云「起也」，則以為慉字之段，恐未然。心部「慉，起也。从心畜聲。詩曰：能不我慉。許六切」今詩邶風谷風作「不我能慉」，傳云「慉，養也。」蓼莪篇「拊我畜我」之上是「母兮鞠我」，鞠是養言，其下是「長我育我」，是長大教育，故「拊我畜我」是拊摩愛惜之意。

媠

媠 南楚之外謂好曰媠。从女隋聲。（段作「隋省聲」）臣鉉等曰：今俗省作媠，唐韻作妥，非是。徒果切

此即「妥媠」，「媠」貼字，許書無妥，而偏旁有之。大徐於木部桵下云「當从綏省」，糸部綏下云「當从爪从安省。說文無妥字」。段氏補妥篆於女部末，云「妥，安也。从爪女。妥與安同意。」未知所本。又按媠隋皆「徒果切」，媠字隋聲，不必改為隋省聲也。肉部「隋，裂肉也。从肉从隓省。徒果切」經典或用為古國名字，隋文帝去辵作隋，而讀「旬為切」，隋之音義遂不行矣。辵部「隨，从也。从辵，隋省聲。旬為切」左傳桓公六年「漢東之國，隨為大。」

好

好 美也。（段作「媄也」）从女子。徐鍇曰：子者男子之美偁。會意。呼皓切

經傳多段好爲「𠭍惡」字。許本部𠭍字。又本部「媄，色好也。从女美，美亦聲。無鄙切」羊部「美，甘也。从羊大。無鄙切」媄是色之媄，好美則是甘美字。古籍皆通用美矣。

媌

目裏好也。从女苗聲。莫交切（育案：俗作貓）

通俗文「容麗曰媌」。方言「娥、媌，好也。自關而東河濟之閒謂之媌」注云「今關西人呼好爲媌」。

𡡣

順也。从女𤔔聲。詩曰「婉兮𡡣兮」。力沇切

籀文 𡡣

今詩齊風甫田「婉兮孌兮，總角丱兮」曹風候人「婉兮孌兮，季女斯飢」竝作孌。本部下復有「孌，慕也。从女䜌聲。力沇切」是孌慕字，今俗作戀，心部無。「婉𡡣」字本作𡡣，作孌是借字。疑校者緣詩而作孌，遂增孌於𡡣下，目爲籀文𡡣，鄦書本無也。毛本删之，是矣。

姌

弱長皃。从女冄聲。而琰切

詩小雅巧言「荏染柔木，君子樹之」毛傳「荏染，柔意也」。「荏染」當作「𣕈姌」。水部「染，目繒染爲色。从水从木，从九。而琰切」（艸部「荏，桂荏，蘇。从

艸任聲。如甚切」木部「𣕈，弱皃。从木任聲。如甚切」凡「荏弱」、「色厲內荏」皆當作𣕈）九下部目「冄，毛冄冄也。象形。而琰切」古詩十九首「冄冄孤生竹，結根泰山阿」冄是姌之借字，長皃。離騷「老冄冄其將至兮，恐脩名之不立」冄冄，行皃，是本字。

嫋

姌也。从女从弱。（段作弱聲）奴鳥切（俗作裊）

楚辭九歌「嫋嫋兮秋風，洞庭波兮木葉下」王逸注「嫋嫋，秋風搖木皃」。

委

委隨也。从女从禾。（段作「禾聲」）臣鉉等曰：委，曲也。取其禾穀垂穗委曲之皃，故从禾。於詭切（又古禾切）

辵部「隨，從也」此「委隨」「委曲」「委蘋」字，又疊韻連語。詩召南羔羊「委蛇委蛇」毛傳「委蛇，行可從迹也」箋云「委曲自得之皃」。鄘風君子偕老「委委佗佗」傳云「委委者，行可委曲蹤迹也；佗佗者，德平易也」。莊子庚桑楚「與物委蛇而同其波」皆叶古禾切。又丸部「𡯒，鷙鳥食已吐其皮毛如丸。从丸咼聲。於跪切」是「𡯒棄」字，今皆作委矣。

⿰女簋

竦身也。从女簋聲。讀若詩「糾糾葛屨」。居夭切

立部「竦，敬也。从立从束。束，自申束也」。凡言「夭矯」「矯健」「矯舉」皆當作⿰女簋。矢部「矯，揉箭箝也。从矢喬聲。居夭切」是「矯」正字。

婧

婧 竦立也。从女青聲。一曰有材也。讀若䨄。七正切

此「名實相婧」字。今皆段稱為之。詳禾部稱字。

嫺

嫺 雅也。从女閒聲。戶閒切（俗作嫻非是）

雅之本訓為「楚烏也」。段借為「正也」「素也」。詩大序「雅者正也。言王政之所由廢興也」。論語述而「子所雅言。詩書執禮。皆雅言也」。雅言是平素之言。故嫺是「嫺習」字。古籍多段閑為之。門部「閑。闌也。从門中有木。戶閒切」是「防閑」字。詳門部閑字。

娛

娛 樂也。从女吳聲。虞俱切

古籍或段虞為之。易中孚初九「虞吉。有它不燕」。虞當作娛。虍部「虞。騶虞也。白虎黑文。尾長於身。仁獸。食自死之肉。从虍吳聲。五俱切」

媅

媅 樂也。从女甚聲。丁含切

此「媅樂」正字。一切經音義引作妉。爾雅釋詁「妉。樂也」。說文無。詩衛風氓「于嗟女兮。無與士耽」。毛傳「耽。樂也」。小雅鹿鳴「鼓瑟鼓琴。和樂且湛」。傳云「湛。樂之久」。耽湛並是借字。耳部「耽。耳大垂也。从耳冘聲。詩曰士之耽兮。丁含切」。按說解引詩應在媅下。水部「湛。沒也。从水甚聲。一曰湛水。豫章浸。宅減切」是「湛沒」「清湛」字。又耳部「聃。耳曼也。从耳冉聲。他甘切」。酉部「酖。樂酒也。从酉冘聲。丁含切」。目部「眈。視近而志遠。从目冘聲。易曰虎視眈眈。丁含切」。與媅字音同義異也。

娓

娓 順也。从女尾聲。讀若媚。無匪切

此字不見於經傳。大徐說文新附左文二十八俗書譌謬不合六書之體云「亹。字書所無。不知所從。無以下筆。易云定天下之亹亹。當作娓」。易繫傳「成天下之亹亹者。莫大乎蓍龜」。詩大雅文王「亹亹文王。令聞不已」。毛傳「亹亹。勉也」。亹亹猶娓娓。勉勉。黽勉。勤勞也。

嫥

嫥 壹也。从女專聲。一曰女嫥嫥。（「女」字依校錄補）職緣切

此「嫥壹」正字。古籍皆段專為之。寸部「專。六寸簿也。从寸叀聲。一曰專紡專。職緣切」。說文無磚塼甎字。本祇作專。又四下部目「叀。小謹也。从幺省。从屮。屮。財見也。屮亦聲。職緣切」。頁部「顓。頭顓顓謹皃。从頁耑聲。職緣切」。義各有當。今皆段專為之矣。

嬪

嬪 服也。从女賓聲。（符真切）（音頻）
書堯典「釐降二女于嬀汭，嬪于虞。」孔傳「降，下。嬪，婦也。」釋名釋
親屬「天子妾有嬪。嬪，賓也。諸妾之中見賓敬也。」

[女沓]

[女沓] 俛伏也。从女沓聲。一曰伏意。（他合切）
（段作「服意也」）
俗謂「死心塌地」即此字。土部無塌。

妟

妟 安也。从女日。詩曰㠯
妟父母。（烏諫切）
今詩無此句，經傳中亦無妟字。左傳閔公元年「晏安酖毒，不可
懷也。」晏本當作妟。日部「晏，天清也。从日安聲。（烏諫切）」

嬗

嬗 緩也。从女亶聲。一
曰傳也。（時戰切）
此「嬗」讓字，經傳多段禪為之。示部「禪，祭天也。从示單聲。（時戰切）」是
「封禪」字。土部「墠，野土也。从土單聲。（常衍切）」義亦異。又「緩也」，王氏句讀
曰「佀當作嫚也。嬃下引楚詞女嬃之嬋媛。」按嬃下云「女字也。楚詞
曰女嬃之嬋媛。」嚴氏校議云「說文無嬋字，當作撣援。」楚詞章句
「嬋媛，猶牽引也。一作撣援。」王逸撣撣媛為牽引，則字當作「撣
援」為是。手部「撣，提持也。从手單聲。（徒旱切）」「援，引也。从手爰聲。（雨元切）」

媻

媻 奢也。从女般聲。（繫傳有「一曰小妻也」）
（段氏句讀同）臣鉉等曰今俗作婆，非是。（薄波切）
本書十下部目「奢，張也。从大者聲。」磐有張大意。詩毛傳爾雅釋
訓竝云「媻娑，舞也。」「一曰小妻也」者，今北人謂妾曰小媻子。

娑

娑 舞也。从女沙聲。詩曰
市也媻娑。（素何切）
詩陳風東門之枌「東門之枌，宛丘之栩，子仲之子，婆娑其下。」「穀
旦于差，南方之原，不績其麻，市也婆娑。」毛傳「婆娑，舞也。」

妓

妓 婦人小物也。从女支聲。讀若跂
行。（段作「讀若蚑」）（渠綺切）
「婦人小物」者，物猶事也。小物猶小技。就易繫傳「聖人有以見天下
之賾，而擬諸其形容，象其物宜，是故謂之象。」物蓋兼事物言。
手部「技，巧也。从手支聲。（渠綺切）」人部「伎，與也。从人支聲。（渠綺切）」古籍多
段伎為技。法言君子篇「通天地人曰儒，通天地而不通人曰伎。」伎正
字當作技。「讀若跂行」，當作「蚑行」。虫部「蚑，行也。从虫支聲。（巨支切）」足
部「跂，足多指也。从足支聲。（巨支切）」古籍多段跂為企。人部「企，舉
踵也。从人止聲。（去智切）」又華嚴經音義引埤蒼「妓，美女也」，則是後世
「妓女」字所本。

㛮

㛮 三女為㛮。㛮，美也。从女奴省聲。
（小徐段氏王氏作「[illegible]聲」）（倉案切）

米部「粲，稻重一秙，為粟二十斗，為米十斗曰毇，為米六斗太半斗曰粲，从米奴聲（倉案切）」二字音同而義各異，經傳多段粲為妏，詩鄭風緇衣「適子之館兮，還予授子之粲兮」作粲是本義，唐風綢繆「今夕何夕，見此粲者」，傳云「三女為粲，大夫一妻二妾」，又列女傳密康公母傳「夫獸三為羣，人三為眾，女三為粲」，則當作妏為正。

媛

美女也，人所援也（繫傳「所下有欲字」，段氏句讀同）从女从爰，爰引也（宋本「引」作「於」，小徐段氏作「从女爰聲」，無「爰引也」三字）詩曰「邦之媛兮」（玉眷切（音願，一作于眷反，音丸，又王眷切，音援））

詩鄘風君子偕老「展如之人兮，邦之媛兮」，傳云「展，誠也，美女為媛」，箋云「媛者，邦人所依倚以為援助也」。

娉

問也，从女甹（匹正切）

玉篇「娉，娶也」，此「娉娶」字，耳部「聘，訪也，从耳甹聲（匹正切）」，是「聘問」字，經傳皆作聘而娉不行矣，詳耳部聘字。

娽

隨從也，从女彔（力玉切）

說文無碌，本止作娽，斯時始有「碌，石皃，从石彔聲（盧谷切）」，史記平原君列傳「公等錄錄，所謂因人成事者也」，索隱引王劭云「錄錄，

借字耳，說文云，娽娽，隨從之皃也」，是謂借錄為娽也，金部「錄，金色也，从金彔聲（力玉切）」，糸部「綠，帛青黃色也，从糸彔聲（力玉切）」，又本書七上部目「彔，刻木彔彔也，象形（盧谷切）」，是記彔字，今亦段錄為之矣。

孌

慕也，从女䜌（力沇切）

此孌慕字，俗作戀，心部無，詳本部嫡字。

媟

嬻也，从女枼（私列切）

此「媟嬻」本字，日部「暬，日狎習相嫚也，从日埶聲（私列切）」，是「褻暬」字，衣部「褻，私服也，从衣埶聲（私列切）」，是私尻之服，論語鄉黨「紅紫不以為褻服」，朱注「褻服，私尻服也」，三字音同而義各異，今俗通作褻而暬媟二字不行矣。

嬻

媟嬻也，从女賣（徒谷切）

此「媟嬻」字，辵部「遺，媟遺也，从辵賣聲（徒谷切）」音義同，今經典多作瀆，易繫傳「君子上交不諂，下交不瀆」，蒙卦卦辭「初筮告，再三瀆，瀆則不告」，而黑部「黷，握持垢也，从黑賣聲，易曰再三黷（徒谷切）」，今易作瀆，鄭君注云「瀆，褻也」，據此則易本當作嬻，瀆黷並

是段借。贖下引易懋逐贖。下水部「瀆，溝也，从水賣聲，一曰邑中溝」是「溝瀆」字，𨸏部「隫，通溝也，从𨸏賣聲」徒谷切「[谷賣]，古文隫从谷」是「山[谷賣]」字。

⿱竅女

短面也，从女竅聲。丁滑切（音㛂入聲）

今粵方音謂人肥胖為「肥⿱竅女⿱竅女」，即此。

嬖

便嬖，愛也，从女辟聲。博計切（今便俾切）

左傳隱公三年「公子州吁，嬖人之子也」杜注「嬖，親幸也」釋文「賤而得幸曰嬖」詩邶風綠衣箋云「毋嬖而州吁驕」釋文「諡法云賤而得愛曰嬖，卑也，媟也」小徐作辟，玉篇作僻，是借字，論語季氏「友便辟」辟字當作嬖，本書卩九上部「辟，法也，从卩辛，節制其辠也，从口，用法者也」必益切 人部「僻，避也，从人辟聲」普擊切 字各有義，許人部僻字。

媄

巧也，一曰女子笑皃。詩曰「桃之媄媄」，从女芺聲。於喬切

木部「枖，木少盛皃，从木夭聲，詩曰桃之枖枖」於喬切 按今詩周南桃夭「桃之夭夭，灼灼其華」作夭，傳云「夭夭，其少壯也」是借字，正字當作枖，媄下引詩者或本三家，亦是借字，媄之本義是媄巧，許木部枖字。

佞

巧讇高材也，从女信省（小徐作「从女仁聲」，段氏王氏同）臣鉉等曰女子之信近於佞也 乃定切

徐鍇繫傳通論「佞者，女子之仁，故於文女仁為佞」一切經音義「巧媚高材曰佞，又偽善曰佞，字从女从仁」論語惡夫佞者，此則從女之義，論語公冶長「或曰，雍也仁而不佞。子曰，焉用佞？禦人以口給，屢憎於人，不知其仁，焉用佞」則佞是口辯論給而無仁，又顏淵篇「夫聞也者，色取仁而行違，居之不疑」馬融注「此言佞人假仁者之色，行之則違，安居其偽而不自疑」又禮記仲尼燕居「恭而不中禮謂之給」「給」數慈仁，鄭注「巧言足恭之人，似慈仁，實鮮仁」孟子盡心「惡佞，恐其亂義也」趙注「佞人作飾，似有義者」。

婾

巧黠也，从女俞聲。託侯切（俗作偷）

論語泰伯「故舊不遺，則民不偷」包訓「不偷」為「不偷薄」，人部無偷字，本止作婾。左傳襄公三十年「晉未可婾也」杜注「婾，薄也」經傳或作愉，周禮地官大司徒「以俗教安，則民不愉」釋文「愉音偷」是段愉為婾也。心部「愉，薄也，从心俞聲，論語曰私覿愉愉如也」羊朱切 論語鄉黨「私覿，愉愉如也」鄭注「愉愉，顏色和」愉訓「薄也」而引論語「愉愉如也」，於義不叶。又詩唐風山有樞「他人是愉」毛傳「愉，樂也」鄭君

義多從毛傳故疑愉下說解當作「樂也」而媮下當有「一曰薄也」

嫌 不平於心也一曰疑也从女兼聲戶兼切

「一曰疑也」疑後人所增心部「慊疑也从心兼聲戶兼切」是「慊疑」字然古籍已互通矣禮記坊記「貴不慊於上」注云「慊恨不滿之皃也慊或為嫌」是以慊為嫌也又「夫礼坊民所淫章民之別使民無嫌以為民紀者也」注云「嫌嫌疑也」則又以嫌為慊矣餘詳心部慊字

媘 減也从女省聲所景切

水部「渻少減也从水省聲息井切」二字音義同是「減媘」「節媘」字今經傳止作省是借字眉部「省視也从眉省从屮所景切」是反省「省察」字

𡤜 愚戇多態也从女巂聲讀若隓式吹切

此謂人態皃不善即俗所謂「穰衰」字衣部「衰艸雨衣秦謂之萆从衣象形穌禾切」即俗之蓑字又段衰為「減衰」「縗経」字疒部「㾵減也从疒衰聲一曰耗也楚追切」糸部「縗服衣長六寸博四寸直心从糸衰聲倉回切」

嫖 輕也从女票聲匹招切（音飄）

一〇四七

人部「僄輕也从人票聲匹妙切」心部「慓疾也从心票聲敷沼切」馬部「驃黃馬發白色一曰白髦尾也从馬票聲毗召切」凡輕快作僄「驃騎」當作僄輕薄作嫖而勇悍則从心作慓

姎 女人自偁我也（小徐「偁」下有「姎」字）从女央聲烏浪切（段氏王氏同）

經傳每段卬為姎詩邶風匏有苦葉「招招舟子人涉卬否」傳云「卬我也」匕部「卬望欲有所庶及也从匕卩詩曰高山卬止伍岡切」今詩小雅車舝「高山仰止」已作仰矣俗又以作昂鄭書無人部「仰舉也从人卬魚兩切」典論論文「仰齊足而並馳」是仰之本義

嫚 侮易也从女曼聲謀患切

人部「侮傷也」「傷輕也」攴部「敡侮也」嫚是「侮嫚」「嫚傷」字心部「慢惰也从心曼聲一曰慢不畏也謀晏切」是怠慢字走部「𧼮行遲也从走曼聲莫還切」是「忿𧼮」字又部「曼引也从又冒聲無販切」又段為「曼長」水部無漫字

婪 貪也从女林聲杜林說卜者攩相詐驗（「攩」「驗」依段氏正）為婪讀若潭盧含切

黑部「黨不鮮也」手部「攩朋群也」馬部「驗馬名」言部「譣問也」此「黨」當作「攩」「驗」當作「譣」心部「惏河內之北謂貪曰惏从心林聲盧含切」

一〇四八

切「婪」「惏」音義同。離騷「衆皆競進而貪婪兮，憑不厭乎求索」，王逸注「愛財曰貪，愛食曰婪。」

嬾

懈也，怠也（段無「怠也」）一曰臥也。（段作「⿱臥食也」）从女賴聲。洛旱切

「臥也」小徐作「臥食」，段氏作「⿱臥食也」，按作⿱臥食是也。本書臥部「⿱臥食，楚謂小兒嬾⿱臥食」，从臥食。尼見切（音年）「心」部無懶字。

嬈

苛也，一曰擾戲弄也，一曰嬥也。从女堯聲。奴鳥切（俗作嬲）

艸部「苛，小艸也」，引伸為煩碎之偁。俗作嬲，一切經音義引三倉「嬲，乃了切，弄也，惱也」，嵇康與山巨源絕交書「足下若嬲之不置，不過欲為官得人，臣益時用耳」。李善注「嬲，擿嬈也」。正字當作嬈。「一曰嬥也」者，本部「嬥，直好皃，一曰嬈也。从女翟聲，徒了切（音窕）」二字轉注。廣韻「嬥，嬈，不仁」。

媨

醜也，一曰老嫗也。从女酋聲。讀若蹴。七宿切（音促）

媆

好皃。从女耎聲。而沇切 臣鉉等案：切韻又音奴困切。今俗作嫩，非是。

「好皃」段注云「此謂柔耎之好也」。本書無嫩字。

㜮

過差也。从女監聲。論語曰：「小人窮斯㜮矣」。盧瞰切

今論語衛靈公篇「君子固窮，小人窮斯濫矣」作濫，是借字。水部「濫，氾也。从水監聲。一曰濡上及下也。詩曰：觱沸濫泉。一曰清也。盧瞰切」是氾濫字。

嫯

侮傷也。从女敖聲。五到切

此「嫯」嫚字，與傲奡義略同。古籍多互通。今則專用傲。人部「傲，倨也。从人敖聲。五到切」夰部「奡，嫚也。从百从夰，夰亦聲。虞書曰：若丹朱奡。讀若傲。論語：奡湯舟。五到切」經傳或借敖為傲。出部「敖，游也。从出放。五牢切」

婬

厶逸也。从女㸒聲。余箴切

此「婬逸」「奸婬」字，經傳多借淫為之。小爾雅廣義「上淫曰烝，下淫曰報，旁淫曰通」。字當作婬。水部「淫，侵淫隨理也。从水㸒聲。一曰久雨為淫。余箴切」是「侵淫」「淫雨」字。壬部「㸒，近求也。从爪壬。壬，徼幸也。余箴切」

姘

除也。漢律：齊人予妻婢姦曰姘。（段「人」作「民」，「予」作「與」）从女并聲。普耕切（音烹）

姘之本義為「除也」。今經傳皆叚屏為之，而姘則專用為男女厶合義。尸部「屏，屏蔽也。从尸并聲。必郢切（又必盈切）」是「屏蔽」字。與广部「庰，蔽

也。从广幷聲。必郢切」音義同。詩大雅皇矣「作之屏之」，釋文「屏，除也」。論語「尊五美，屏四惡」，孔注「屏，除也」。莊子天運「至貴，國爵幷焉。至富，國財幷焉。至願，名譽幷焉」，釋文「幷，棄除也」，集解「此讀幷爲屏」。大學「唯仁人放流之，迸諸四夷，不與同中國」，朱注「迸讀爲屏」。正字皆當作姘。今粵方音謂「祛除」爲「屏」。又漢律云云，桂氏曰「齊當爲齋，謂齋日不近女」。廣韻「齋與女交罰金四兩曰姘」。蒼頡篇「男女私合曰姘」。王氏謂「依此說則人當作日」。按此說是也。禮內則「夫齊則不入側室之門」，是其義矣。

奸

犯婬也。从女从干，干亦聲。古寒切（又古顏切）（段作「从女干聲」）

奸字有二義，一讀「古寒切」爲「奸犯」字，與干字互通，左傳僖公七年「子父不奸之謂禮」是也。本書三上部「干，犯也。从反入从一。古寒切」。一讀「古顏切」爲「奸婬」字，俗或與姦互通者，則非也。本部「姦，厶也。从三女。古顏切」是「姦宄」「姦佞」「姦厶」字。

姅

婦人污也。从女半聲。漢律曰「見姅變，不得侍祠」。博慢切（去聲音辦。粵方音「泥姅」字俗作湴）

王氏句讀云「句首當有姅變字，見音現（句讀「污下有見字，變下有傳同」）如水忽伏忽見也。釋名謂之月事，神仙服食經謂之月客……或謂之天癸，或曰桃花癸水，或曰入月」。黃帝內經「女子二七而天癸至，月事以時下」。廣韻「姅，傷孕也」。集韻「姅，懷子傷也」。此即今之

小產。其污亦見也。「漢律曰」云云，楊慎曰「漢律『姅變』謂月事也」。按漢書孔僖志「齋日內有污染，解齋」。

㛂

有所恨也。从女𡿺聲（小徐作「𡿺省聲」，段氏王氏同）。今汝南人有所恨曰㛂（「曰㛂」小徐段氏王氏作「言大㛂」）。臣鉉等曰「𡿺，古囟字，非聲，當从匘省」。奴皓切

心部無惱字。匕部「匘，頭髓也。从匕。匕，相匕著也。巛象髮，囟象匘形」。

媿

慙也。从女鬼聲。俱位切

愧　媿或从恥省。

心部「慙，媿也」，二字轉注。小爾雅「不直失節謂之慙」。慙，愧也。玉篇耳部「聭，俱位切」，說文與媿同。據此則古本重文當作聭，不作愧。然愧字屢見經典，不應不收，而「从耳」又無慙義，乃強說之曰「从恥省」。故王氏疑或愧奪說解，聭奪篆文，蒙合用爲一。或本不收愧，後人以聭字少見而改之。

姦

厶也。从三女。古顏切

𢥚　古文姦从心旱聲（段作「从旱心」）

此「姦宄」「姦慝」字。禮樂記「故禮以道其志，樂以和其聲，政以一其行，刑以防其姦」。左傳文公十八年「竊賄爲盜，盜器爲姦」。成公十七年「亂在外爲姦，在內爲宄。御姦以德，御宄以刑」。俗誤與奸字混用，參本部奸字。

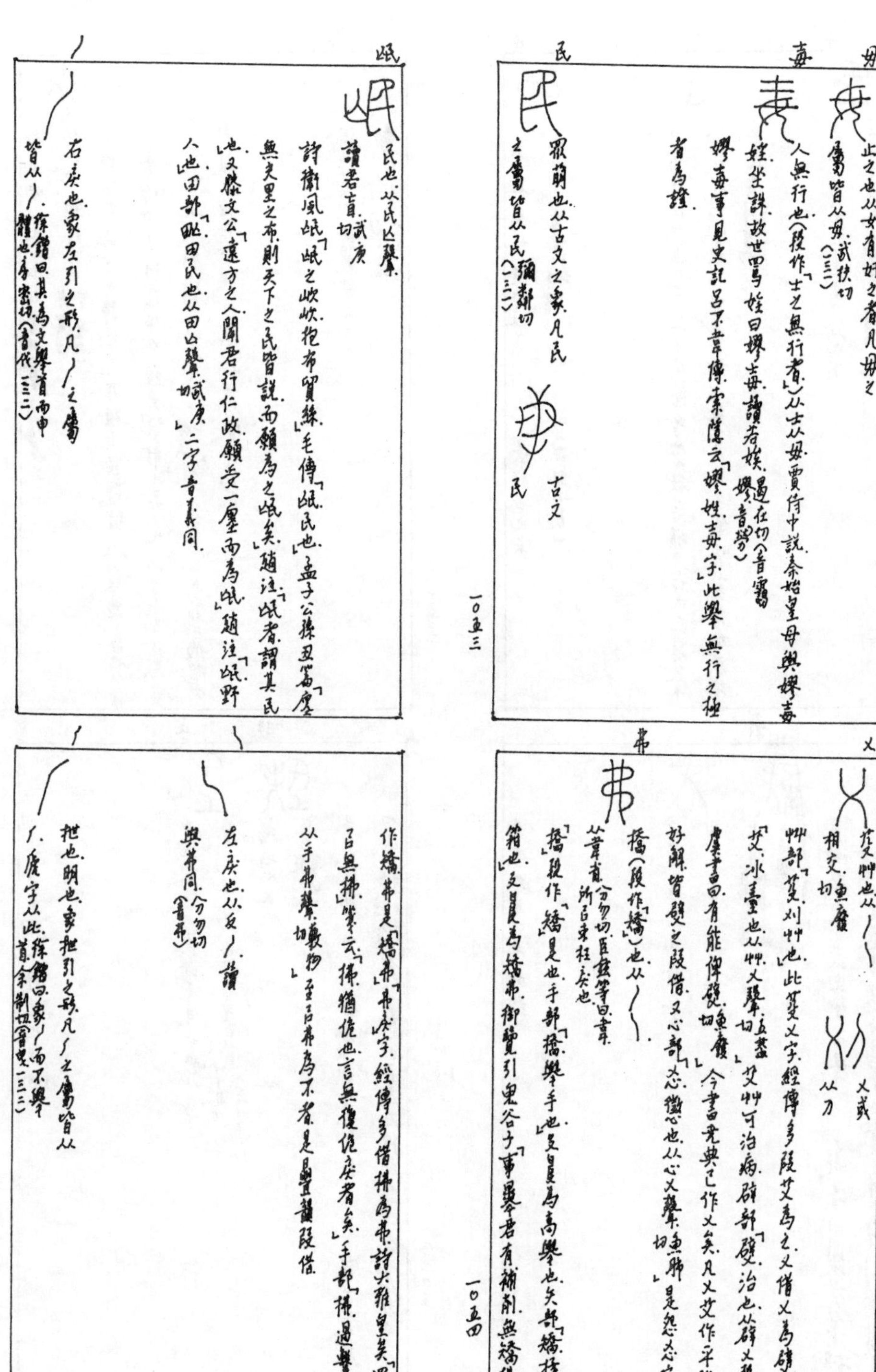

毋

毋 止之也。从女有奸之者。凡毋之屬皆从毋。武扶切（一三二）

毐

毐 人無行也（段作「士之無行者」）。从士从毋。賈侍中說：秦始皇母與嫪毐婬，坐誅，故世罵婬曰嫪毐。讀若娭。遏在切（音靄）（嫪，音勞）

嫪毐事見史記呂不韋傳。索隱云「嫪，姓。毐，字。」此舉無行之極者為證。

民

民 眾萌也。从古文之象。凡民之屬皆从民。彌鄰切（一三二）

古文民

氓

氓 民也。从民亡聲。讀若盲。武庚切

詩衛風氓「氓之蚩蚩，抱布貿絲。」毛傳「氓，民也。」孟子公孫丑篇「廛無夫里之布，則天下之民皆說而願為之氓矣。」趙注「氓者，謂其民也。」又滕文公「遠方之人聞君行仁政，願受一廛而為氓。」趙注「氓，野人也。」田部「甿，田民也。从田亡聲。武庚切」二字音義同。

丿

丿 右戾也。象左引之形。凡丿之屬皆从丿。徐鍇曰：其為文舉首而申體也。房密切（音代）（一三二）

乂

乂 芟艸也。从丿乀相交。魚廢切

乂或从刀

艸部「芟，刈艸也。」此芟乂字，經傳多段艾為之，又借乂為辥。艸部「艾，冰臺也。从艸乂聲。五蓋切」艾艸可治病。辟部「辥，治也。从辟乂聲。虞書曰有能俾辥。魚廢切」今書堯典作乂矣。凡乂艾作平治義解，皆辥之段借。又心部「怂，懲也。从心乂聲。魚肺切」是懲怂字。

弗

弗 撟也（段作「矯」）。从丿乀从韋省。分勿切。臣鉉等曰：韋，所以束枉戾也。

「撟」段作「矯」是也。手部「撟，舉手也。」又引申為高舉也。矢部「矯，揉箭箝也。」又引申為矯弗。御覽引鬼谷子「事暴君有補削，無矯拂。」正作矯。弗是「矯弗」，弗戾字。經傳多借拂為弗。詩大雅皇矣「四方以無拂。」箋云「拂猶佹也，言無復佹戾者矣。」手部「拂，過擊也。从手弗聲。敷勿切」至以弗為不者，是聲韻段借。

乀

乀 左戾也。从反丿。讀與弗同。分勿切（音弗）

丿

丿 抴也。明也。象抴引之形。凡丿之屬皆从丿。虒字从此。徐鍇曰：象丿而不舉首。余制切（音曳）（一三三）

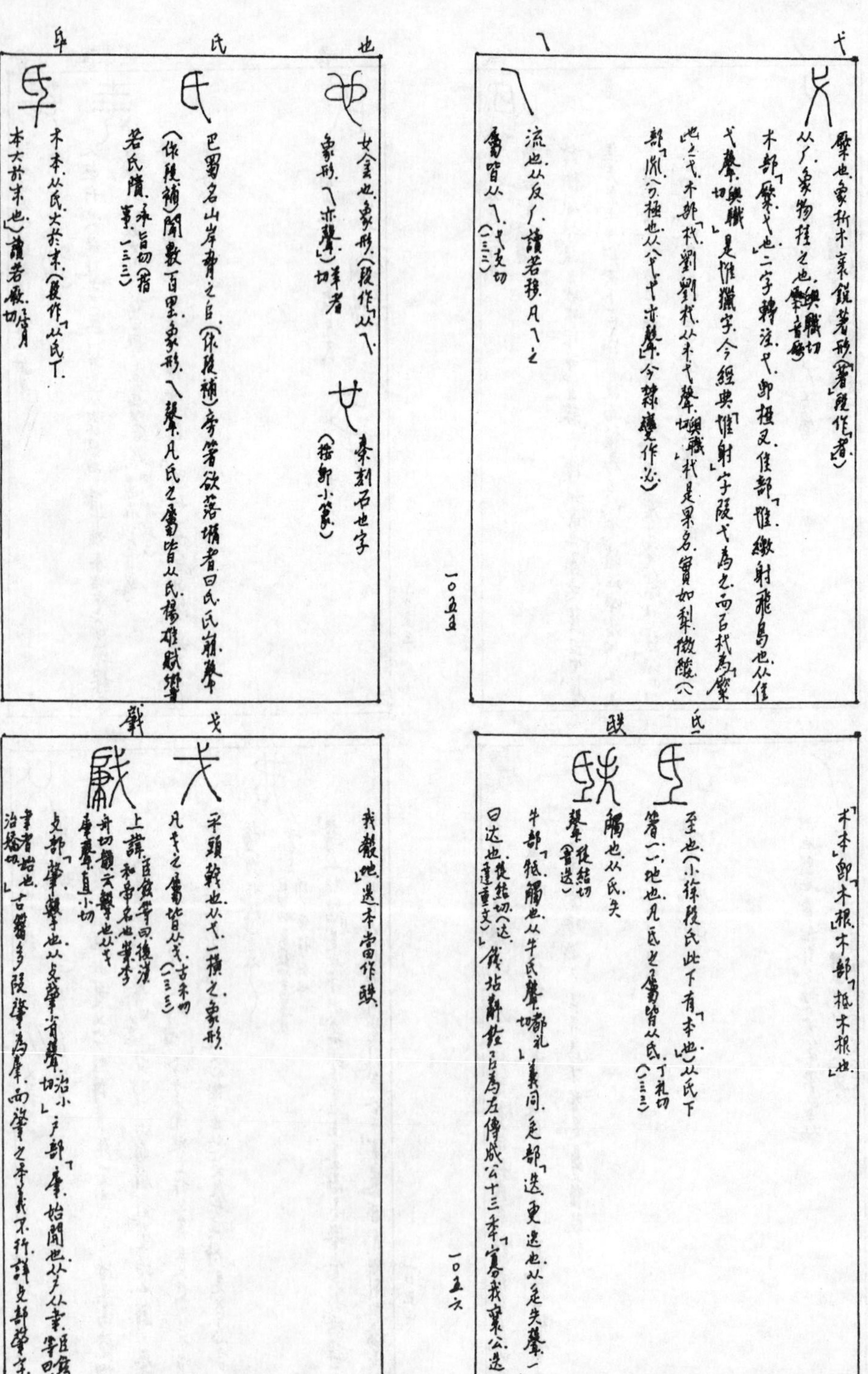

弋

弋：橜也。象折木衺銳著形（「著」段作「者」）。从厂，象物挂之也。與職切（弋音弋）

木部「橜，弋也」二字轉注。弋，卽橜叉。隹部「隿，繳射飛鳥也。从隹弋聲。與職切」是隿爲射字。今經典隿射字段弋爲之，而召杙爲「橜也」之弋。木部「杙，劉。劉杙。从木弋聲。與職切」杙是果名，實如梨，微酸。（八部「必，分極也。从八弋，弋亦聲」今隸變作必）

乁

乁：流也。从反厂。讀若移。凡乁之屬皆从乁。弋支切（一三二）

也

也：女侌也。象形。（段作「从乁，象形」）乁亦聲。羊者切

乜：秦刻石也字（據部小篆）

氏

氏：巴蜀名山岸脅之自（依段補）旁箸欲落墮者曰氏。氏崩，聲（依段補）聞數百里。象形，乁聲。凡氏之屬皆从氏。楊雄賦：響若氏隤。承旨切（一三二）

氒

氒：木本。从氏，大於末。（段作「从氏丅，本大於末也」）讀若厥。居月切

「木本」卽「木根」。木部「柢，木根也」。

氐

氐：至也（小徐段氐此下有「本也」）。从氏下箸一。一，地也。凡氐之屬皆从氐。丁礼切（一三二）

跌

跌：觸也。从氏，失聲。徒結切（音迭）

牛部「牴，觸也。从牛氐聲。都礼切」義同。足部「迭，更迭也。从辵失聲。一曰达也。徒結切（达，達重文）」錢坫斠詮：古爲左傳成公十三年「寡我襄公，迭我殽地」。迭本當作跌。

戈

戈：平頭戟也。从弋，一橫之。象形。凡戈之屬皆从戈。古禾切（一三三）

肈

肈：上諱。（臣鉉等曰：後漢和帝名也。案李舟切韻云：擊也。从戈肁聲。直小切）

攴部「肈，擊也。从攴肈省聲。治小切」户部「肁，始開也。从户从聿。（臣鉉等曰：聿者始也）治矯切」古籀多段肈爲肁，而肈之本義不行。許攴部肈字，

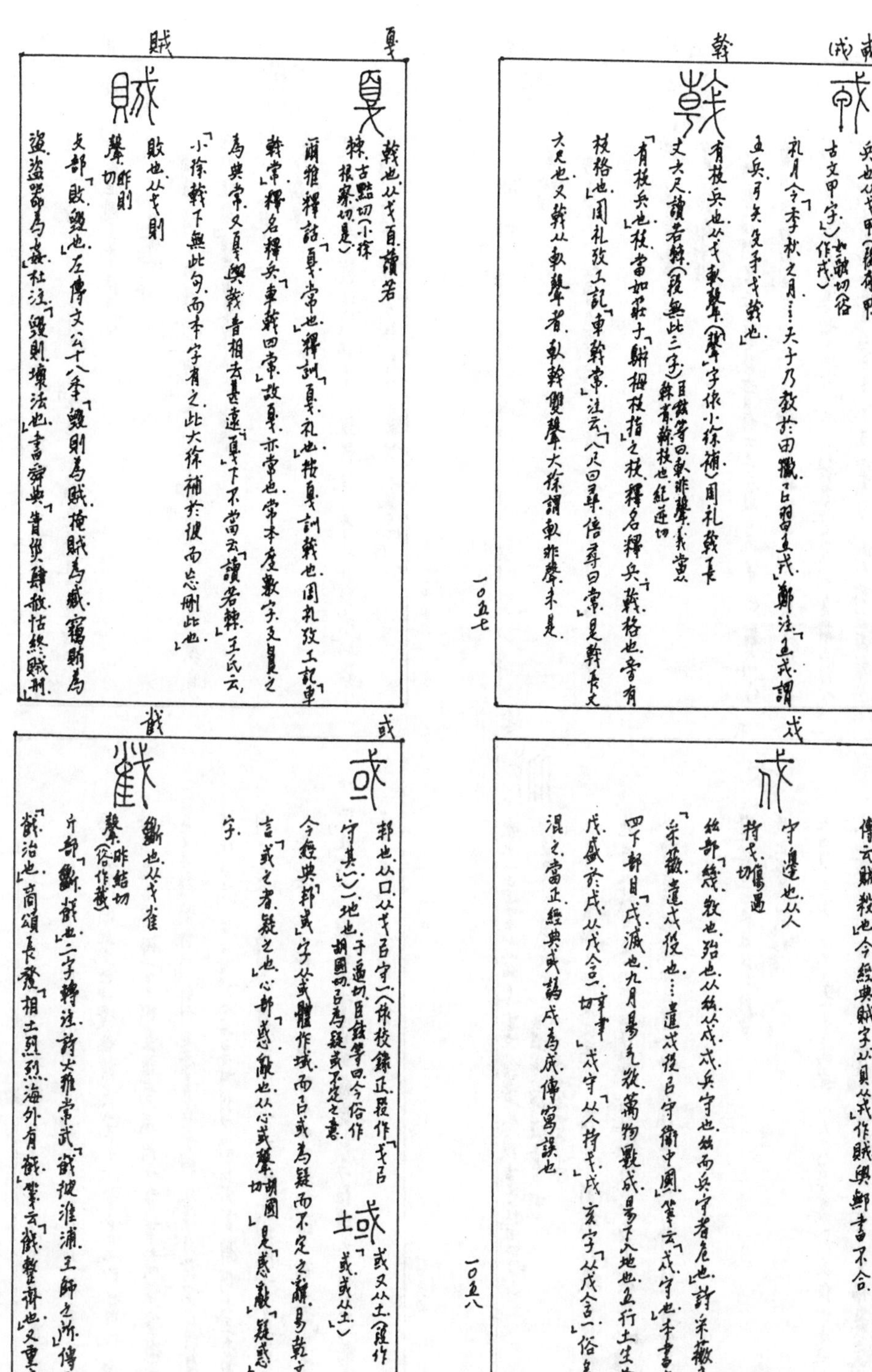

戎

兵也。从戈甲。（段有「甲」）古文甲字。（「字」）如融切（俗作戎）

礼月令「季秋之月……天子乃教於田獵，以習五戎」。鄭注「五戎謂五兵，弓矢殳矛戈戟也」。

戟

有枝兵也。从戈倝。（「倝」字依小徐補）周礼戟長丈六尺。讀若棘。（段無此三字）（臣鉉等曰：倝非聲，義當从榦省。榦，枝也。紀逆切）

「有枝兵也」，枝當如莊子「駢拇枝指」之枝。釋名釋兵「戟，格也，旁有枝格也」。周礼考工記「車戟常」，注云「八尺曰尋，倍尋曰常」，是戟長丈六尺也。又戟从倝聲者，倝、戟雙聲，大徐謂倝非聲，未是。

戛

戟也。从戈百。讀若棘。古黠切（小徐根察切，是）

爾雅釋詁「戛，常也」，釋訓「戛，礼也」。按戛訓戟也，周礼考工記「車戟常」，釋名釋兵「車戟曰常」，故戛亦常也。常本度數字，又員之為典常，又戛與戟音相去甚遠，「戛下不當云讀若棘」。王氏云「小徐戟下無此句，而本字有之，此大徐補於彼而忘刪此也」。

賊

敗也。从戈則。昨則切

攴部「敗，毀也」。左傳文公十八年「毀則為賊，掩賊為藏，竊賄為盜，盜器為姦」。杜注「毀則，壞法也」。書舜典「眚災肆赦，怙終賊刑」。

傳云「賊，殺也」。今經典賊字「从貝从戎」作賊，與鄦書不合。

戍

守邊也。从人持戈。傷遇切

𢆶部「幾，微也，殆也。从𢆶从戍。戍，兵守也。𢆶而兵守者，危也」。詩采薇序「采薇，遣戍役也……遣戍役以守衛中國」。箋云「戍，守也」。本書十四下部目「戌，滅也。九月陽气微，萬物畢成，陽下入地也。五行土生於戊，盛於戌。从戊含一」。辛聿切「戍字从人持戈，戌字从戊含一」，俗多混之，當正。經典或譌戌為戍，傳寫誤也。

或

邦也。从口从戈以守一。（「以守一」依校錄正，段作「戈以守其一」）一，地也。于逼切（臣鉉等曰：今俗作胡國切，以為疑或不定之意）

域　或又从土。（段作「或，或从土」）

今經典「邦或」字从或體作域，而以或為疑而不定之辭。易乾文言「或之者，疑之也」。心部「惑，亂也。从心或聲」胡國切，是「惑亂」「疑惑」字。

𢧵

斷也。从戈雀。昨結切（俗作截）

斤部「斷，截也」，二字轉注。詩大雅常武「截彼淮浦，王師之所」，傳云「截，治也」。商頌長發「相土烈烈，海外有截」，箋云「截，整齊也」。又重言形況字。書秦誓「惟截截善諞言，俾君子易辭」。本書戔下引作「戔戔」。公羊傳文公十二年引書作「諓諓」。戔、截、諓雙聲通轉也。

戕

槍也。他國臣來弒君曰戕。从戈爿聲。士良切

小爾雅廣言「戕，殘也」。左傳宣公十八年「凡自虐其君曰弒，自外曰戕」。說解「槍也」義未詳，依王氏闕之。

戮

殺也。从戈翏聲。力六切（翏，力救切）

周礼秋官掌戮注「戮，猶辱也。既斬殺，又辱之」。此「殺戮」、「刑戮」字。經傳亦段作「勠」。力部「勠，并力也。从力翏聲。力行切」。

𢦏

傷也。从戈才聲。祖才切

此「𢦏傷」字，今經傳通作「災」，而𢦏祗作偏旁矣。詳火部烖字。

戩（戩）

滅也。从戈晉聲。詩曰：「實始戩商」。即淺切

今詩魯頌閟宮「后稷之孫，實維大王。居岐之陽，實始翦商」。作「翦」。傳云「翦，齊也」。箋云「大王自豳徙居岐陽，四方之民咸歸往之，於時而有王迹，故云是始斷商」。毛公訓翦為「齊也」，則是𠝣之借字。說文戩下引詩，蓋是三家異文。段玉裁注云「此引詩說段借也」。

毛傳曰「翦，齊也」。鄭刀部曰「𠝣，齊斷也」。𠝣之字多段翦為之。翦即𠝣。戩者𠝣之段借。毛云「𠝣，齊也」者，謂周至於大王，規模氣象始大，可與商國鼎立，故曰齊。錄詩古公以下七章是也，非翦伐之謂。若不通毛傳、鄭書之例，竟謂大王滅商，豈不重誣儐室哉。采毛意謂戩即𠝣，鄭說其本義以明轉注，復引詩字以明段借。明公之例，皆可尋繹全書而得。不則以文害辭，謂大王有翦商之志矣。夫詩明言翦商，而見大王之德盛，後儒言有翦商之志，而大王之心遂不可問。嗚呼，是非不知訓詁之禍也哉。孫箋云「段氏此說特精，觀書召南雅翦訓為勤，謂大王翦商，猶言王季其勤王家，得此說尤勝」。

㦰

絕也。一曰田器。从从持戈。古文讀若咸。（段「古文在『田器』下」）讀若詩云「攕攕女手」。臣鉉等曰：㦰，銳意也，故从从。子廉切（今俗作尖）

又引申為凡斷之偁。礼文王世子「其刑罪則纖剸」。「纖剸」謂斬絕也。蓋㦰之借字，亦通作殲。歹部「殲，微盡也。从歹韱聲。子廉切」。又「讀若詩攕攕女手」者，今詩魏風葛屨作摻。詳手部攕字。

武

楚莊王曰：夫武，定功戢兵。故止戈為武。文甫切

左傳宣公十二年「夫文，止戈為武」。「夫武，禁暴、戢兵、保大、定功、安民、和眾、豐財者也」。周書謚法「威彊叡德曰武，克定禍亂曰武，刑

民克服曰武，夸志多窮曰武。」

戩 闕。从戈从音。之弋切

「職役」「職業」字本當作此。詳心部志字。

戔 賊也。从二戈。周書曰：「戔戔巧言。」徐鍇曰：兵多則殘也。故从二戈。昨千切（又昨千切）

歺部「殘，賊也。从歺戔聲。昨干切」二字音義同，或當是一字重文。至「餉，禽獸所食餘也。从歺从肉。昨干切」是餉餘字。部首「奴，穿也。从又

歺。昨干切」是奴破字，音雖同而義別也。又說解引周書曰「戔戔巧言」，今書秦誓作「截截善諞言」，公羊傳文公十二年引書作「諓諓善竫言」。本書言部「諞，巧言也」下引作「截截善諞言」，公羊傳釋文云：「諓諓，賈逵注外傳云巧言也。」本書言部「諓，善言也」。則作諓自是正字，戔是諓之省借。鄭君所引周書不同者，今古文之異耳。

戉 斧也。从戈乚聲。司馬法曰：夏執玄戉，殷執白戚，周左杖黃戉，又右秉白髦。凡戉之屬皆从戉。臣鉉等曰：今俗別作鉞，非是。王伐切（一二三）

戚 戉也。从戉尗聲。倉歷切

戚之本義為干戚。禮樂記「比音而樂之，及干戚羽旄，謂之樂」。陶公讀山海經「刑天舞干戚，猛志固常在」。經傳多借為「親戚」「息戚」之義。詩大雅行葦「戚戚兄弟，莫遠具爾」，鄭注「戚戚，內相親也」。孟子告子篇「其兄關弓而射之，則己垂涕泣而道之，無他，戚之也」。趙岐注「戚，親也」。論語述而「君子坦蕩蕩，小人長戚戚」，鄭注「戚戚，多憂懼」。本書心部「慽，憂也。从心戚聲。倉歷切」是「憂慽」字。又見之示為「親慽」「憂慽」與共也。或謂「親戚」字乃「嘁」字之段，據止部「嘁，至也。从止叔聲。昌六切」義雖可通，而字實異也。

我 施身自謂也。或說我頃頓也。从戈从𠂇。𠂇，或說古垂字。一曰古殺字。凡我之屬皆从我。徐鍇曰：从戈者，取戈自持也。五可切（一三四）

𢦐 古文我

義 己之威義也。从我羊。臣鉉等曰：此與善同意，故从羊。宜寄切

羛 墨翟書義从弗。魏郡有羛陽鄉，讀若錡。今屬鄴，本內黃北二十里。

（段「里」下有「鄉也」二字。小徐王氏同。）

此「威義」字今作「儀」。人部「儀，度也。从人義聲。魚羈切」是「禮儀」字。今之「仁義」字則本作「誼」。言部「誼，人所宜也。从言从宜，宜亦聲。儀寄切」。漢書董仲舒傳「正其誼不謀其利，明其道不計其功」，又董仲舒云

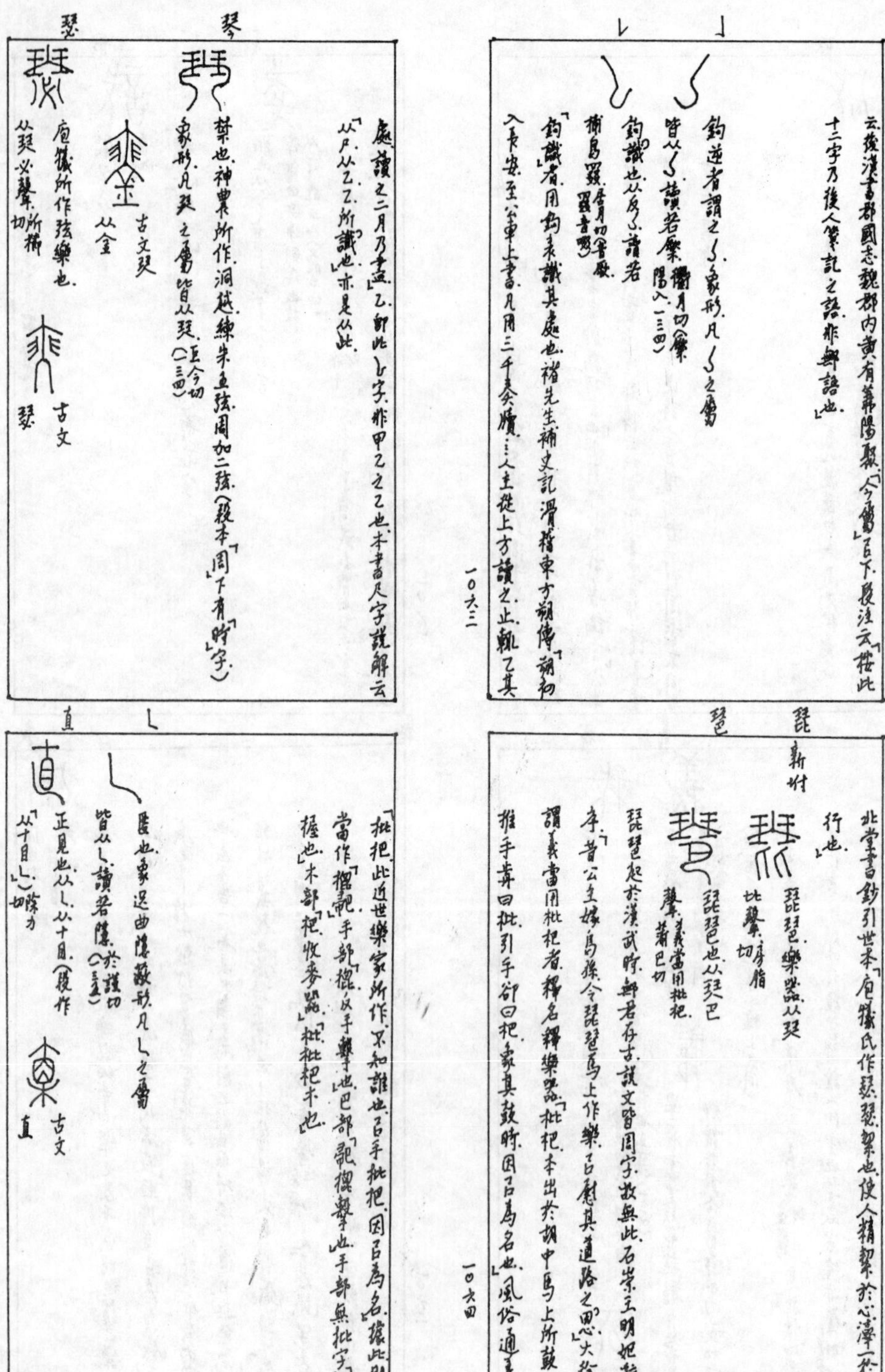

云「後漢書郡國志魏郡内黄有羛陽聚」今「羛」下段注云「按此十二字乃後人箋記之語非許語也。」

亅

鉤逆者謂之亅。象形。凡亅之屬皆从亅。讀若橜。衢月切（橜 陽入一三四）

𠄌

鉤識也。从反亅。讀若捕鳥罬。居月切（音厥 罬音啜）

「鉤識者用鉤表識其處也。褚先生補史記滑稽東方朔傳『朔初入長安至公車上書凡用三千奏牘。人主從上方讀之止輒乙其處讀之二月乃盡。』乙卽此𠄌字非甲乙之乙也。」本書凡字說解云「从尸从乙。乙所識也。」亦是从此。

一〇六三

珡

禁也。神農所作。洞越練朱五弦。周加二弦。（段本「周」下有「時」字。）象形。凡珡之屬皆从珡。巨今切（一三四）

古文珡 从金

瑟

庖犧所作弦樂也。从珡必聲。所櫛切

古文瑟

北堂書鈔引世本「庖犧氏作瑟。瑟潔也。使人精潔於心淳一於行也。」

琵 新附

琵琶。樂器。从珡比聲。房脂切

琶

琵琶也。从珡巴聲。義當用枇杷。蒲巴切

琵琶起於漢武時。鄦君存古。說文皆固字。故無此。石崇王明妃辭序「昔公主嫁烏孫令琵琶馬上作樂。以慰其道路之思。」大徐謂義當用枇杷者。釋名釋樂器「枇杷本出於胡中馬上所鼓也。推手前曰枇。引手卻曰杷。象其鼓時。因以爲名也。」風俗通義「枇杷此近世樂家所作。不知誰也。以手枇杷。因以爲名。」據此則當作「𢭃𢺇」。手部「𢭃。反手擊也。」巴部「𢺇。𢭃擊也。」手部無批字。「把。握也。」木部「杷。收麥器。」「枇。枇杷木也。」

一〇六四

乚

匿也。象迟曲隱蔽形。凡乚之屬皆从乚。讀若隱。於謹切（一三五）

直

正見也。从乚从十目。（段本作「从十目乚」）除力切

古文直

易坤文言「直其正也，方其義也」，詩魏風碩鼠「樂國樂國，爰得我直」，箋云「直，猶正也」。

亾

亾

逃也。从入乚。凡亾之屬皆从亾。武方切（二三五）

乍

乍

止也，一曰亾也。从亾从一。（段作「止亾詞也。从亾一。一有所礙也」）徐鍇曰：出亾得一則止，暫止也。鉏駕切

小徐本作「从亾一」下有「一有所礙也」。「一曰亾也」當作「止亾也」，謂有人逃亾，將止之也。孟子公孫丑「今人乍見孺子將入於井，皆有怵惕惻隱之心」。「从亾一」下當補「一有所礙也」，所[illegible]从一之義。

望

望

出亾在外，望其還也。从亾，朢省聲。巫放切

此瞻望、盼望字。戰國策齊策王孫賈母曰「女朝出而晚來，則吾倚門而望；女暮出而不還，則吾倚閭而望」，又望之爲今閒今望之望。壬部「朢，月滿與日相望，以朝君也。从月从臣从壬。壬，朝廷也。無放切」，是朔望字。言部「䜧，責望也。从言望聲。巫放切」，是怨望字。今經典統作望，而朢、䜧不行矣。

無

無

亾也。从亾𣞤聲。武扶切（𣞤訓「豐也」，今俗作蕪）

无

奇字無，通於元者。虛無道也（四字依段補）。王育說，天屈西北爲无。

无通於元者，易乾文言「元者善之長也」，繫傳「神无方而易无體」。

匃

匃

气也。逯安說，亾人爲匃。古代切（今俗作丐）

「气也」者，借雲气字爲乞求，今俗作乞。「亾人爲匃」者，晉公子重耳乞食於野人，伍子胥乞食於吳市之類是也。

匸

匸

衺徯，有所俠藏也。从乚，上有一覆之。凡匸之屬皆从匸。讀與徯同。胡礼切（音係，上聲）（一三五）

㔷

㔷

側逃也。从匸丙聲。一曰箕屬。臣鉉等曰：丙非聲，義當从内，會意，疑傳寫之誤。盧候切

側謂迫仄，「側逃」即書堯典「明明揚側陋」之「側陋」意也。「側陋」、「漏網」之本字當作㔷。𨸏部「陋，阸陝也。从𨸏㔷聲。盧候切」，是㔷陋字。水部「漏，以銅受水，刻節，晝夜百刻。从水屚聲。盧后切」，是刻漏字。古籍每假漏爲屚。雨部「屚，屋穿水下也。从雨在尸下。尸者，屋也。盧后切」，是屋屚字。又㔷从丙聲者，丙入聲迫，與㔷入聲迫力爲韻。大徐謂丙非聲，未是。

匹

匹

四丈也。从匸八。(依段議正)八揲一匹，八亦聲。普吉切

小爾雅「五尺謂之墨，倍墨謂之丈，倍丈謂之端，倍端謂之兩，兩謂之匹。」禮雜記「納幣一束，束五兩，兩五尋。」鄭注「八尺曰尋，五兩五尋，則每卷二丈也，合之則四十尺，今謂之匹，猶匹耦之謂與。」「八揲一匹」者，手部「揲，閱持也。」易繫傳「揲之以四以象四時。」釋文「揲猶數也。」「八揲一匹」謂四丈而揲之以八，揲凡五尺也。匹之本義是「布匹」，「匹耦」字，今則「匹耦」用匹，而「布匹」誤作疋。本書二下部目「疋，足也。上象腓腸，下从止。弟子職曰：問疋何止。古文以為詩大疋字，亦以為足字，或曰胥字。一曰疋，記也。所葅切」音義俱異也。

匚

匚

受物之器，象形。凡匚之屬皆从匚。讀若方。府良切（一三六）

匚 籀文匚

匠

匠

木工也。从匚从斤。斤，所以作器也。疾亮切

又自見之為凡工之偁。

匧

匧

臧也。(段「臧」上有「椷」字，小徐王氏同)从匚夾聲。苦叶切(音合)

篋 匧或从竹

木部「椷，篋也。从木咸聲。古咸切」二字轉注。玉篇「匧，緘也」，作緘是段借。今經傳匧字从或體。莊子胠篋「將為胠篋探囊發匱之盜而為守備，則必攝緘縢固扃鐍，此世俗之所謂知也。」

匡

匡

飯器，筥也。从匚㞷聲。去王切(㞷音往)

筐 匡或从竹

竹部「筥，𥳓也。从竹呂聲。居許切」「𥳓，飯帚也。从竹捎聲。一曰飯器，容五升。……所交切(𥳓所交切)」(艸部「莒，齊謂芋為莒。从艸呂聲。居許切」)詩召南采蘋「于以盛之，維筐及筥。」傳曰：「方曰筐，圓曰筥。」器之方者必正，故又自見為匡正。今經典飯器字从或體作筐，而匡則祇為匡正義。

𠤗

𠤗

田器也。从匚攸聲。徒聊切

艸部「莜，莜田器。从艸條省聲。論語曰：以杖荷莜。今作蓧。徒弔切」二字音義同。今論語微子「子路從而後，遇丈人，以杖荷蓧」已作蓧矣。

匱

匱

匣也。从匚貴聲。求位切(俗作簣或櫃，史記作鐀，說文無)

匱有空處之義，又自見之為匱乏。禮月令「仲秋之月……四方來集，遠鄉皆至，則財不匱。」鄭注「匱亦乏也。」

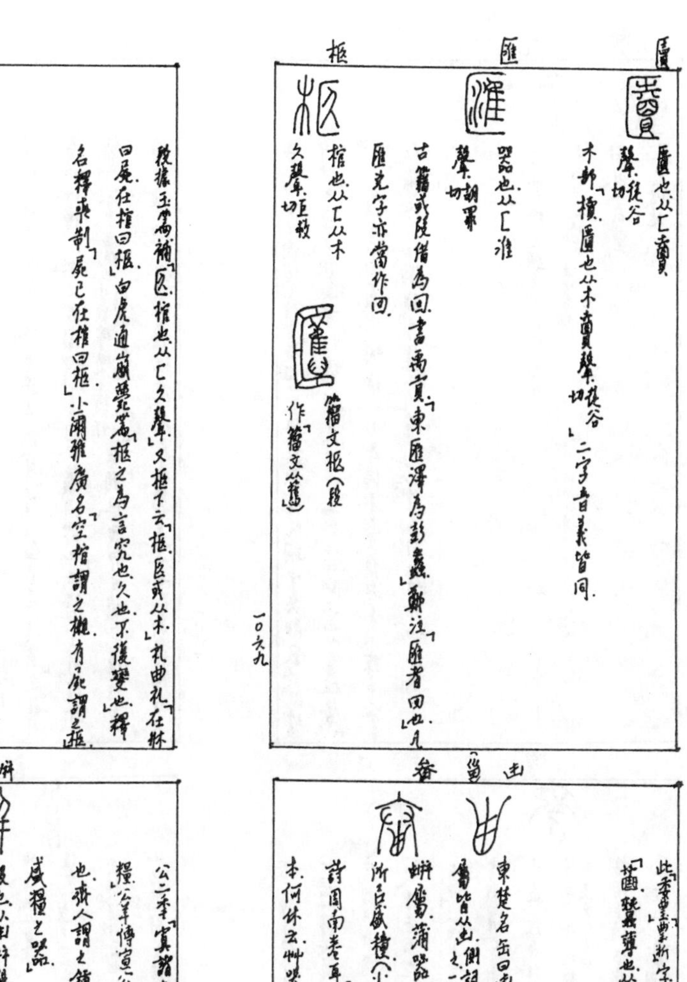

匵　匯　柩

匵也。从匚賣聲。徒谷切
木部「櫝。匵也。从木賣聲。徒谷切」二字音義皆同。

器也。从匚淮聲。胡罪切
古籀或段借為回。書禹貢「東匯澤為彭蠡」鄭注「匯者回也」凡匯之字亦當作回。

棺也。从匚从木，久聲。巨救切

籀文柩（段作「籀文从舊」）

段據玉篇補「匛。棺也。从匚久聲。」又柩下云「柩。匛或从木。」礼曲礼「在牀曰屍，在棺曰柩。」白虎通崩薨篇「柩之為言究也，久也，不復變也。」釋名釋喪制「屍已在棺曰柩」。小爾雅廣名「空棺謂之櫬，有屍謂之柩。」

曲　豊

象器曲受物之形。或說曲，蠶薄也。凡曲之屬皆作曲（段「凡曲」句在「或說」上）丘玉切（一三七）

古文曲

骫曲也。从曲玉聲。丘玉切（骫音委）

甾　畚　畚

此「豊」「曲」字易繫傳「其言曲而中，其事肆而隱」，正字當作豊。艸部「菑。蠶薄也。从艸豊聲。丘玉切」是蠶薄之菑，今經典已統作曲矣。

東楚名缶曰甾。象形。凡甾之屬皆从甾。側詞切（音之。一三九）

古文

𠙹屬。蒲器也（小徐段氏「𠙹屬」在「蒲器也」下）所以盛種（小徐作「種」段作「糧」）从甾弁聲。布忖切（音本）
詩周南卷耳「采采卷耳，不盈頃筐」傳云「筐。畚屬」釋文云「畚，音本。何休云：艸器也。說文同。」正義引說文云「畚。艸器。所以盛種」左傳宣公二年「寘諸畚」釋文「畚，艸器也」正義引說文云「畚。蒲器。可以盛糧」公羊傳宣公六年「有人荷畚」注「畚。艸器。若今市所量穀者是也。齊人謂之鐘」周礼夏官挈壺氏「挈畚以令糧」鄭注「畚。所以盛糧之器」

𠙹

㡿也。从甾并聲。杜林以為竹筥。楊雄以為蒲器。讀若軿（段「軿」下有「東」字，小徐王氏同）薄經切
巾部「㡿。蒲席𠙹也。古沓切（音甲）」「幅。載米𠙹也。陟倫切（音屯）」宁部「𠝁。幅也。所以載盛米。陟呂切（音柱）」廣雅釋器「𠙹。畚也」缶部「缾。𦈢也。从缶并聲。薄經切」「瓶。缾或从瓦」

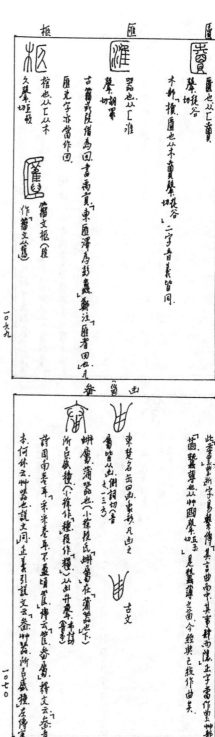

盧

盧 𦉼也。从甾，虍聲。讀若盧同。洛乎切

篆文 盧

籀文 盧

缶部「𦉼，小口罌也。从缶，𠂢聲。池偽切（音垂）」玉篇「盧，飲器也。通作盧。」皿部「盧，飯器也。从皿，盧聲。洛乎切」漢書食貨志「請法古，令官作酒，以二千五百石為一均，率開一盧以賣。」臣瓚曰「盧，酒（瓮也）。言開一瓮酒也。」疑盧、盧蓋古今字。漢書司馬相如傳「乃令文君當盧。」郭璞曰「盧，酒盧。」師古曰「賣酒之處，累土為盧，以居酒瓮，」史記司馬相如傳「而令文君當鑪。」韋昭曰「鑪，酒肆也。作鑪，」金部「鑪，方鑪也。从金，盧聲。洛乎切」（徐鉉等曰「今俗別作爐，非是。洛乎切」）徐灝曰「盧即古鑪字。漢趙廣漢傳椎破盧罌。顏注盧所以居罌是也。」世說新語傷逝王戎過黃公酒壚，謂客曰「吾昔與嵇叔夜、阮嗣宗共酣飲於此壚。竹林之遊，亦預其末。」作壚則是借字。土部「壚，剛土也。从土，盧聲。洛乎切」又盧字从甾。篆文盧獲以由為偏旁，重複無義。小徐本此篆在籀文下。徐灝謂是後人所增，是也。段本句讀依小徐本。

瓦

瓦 土器已燒之總名。象形。凡瓦之屬皆从瓦。五寡切（一三七）

甄

甄 匋也。从瓦，垔聲。居延切

玉篇「匋人作瓦器，謂之甄。土也。」漢書董仲舒傳「猶泥之在鈞，唯甄者之所為。」顏注「甄，作瓦之人也。」又[illegible]之義為「甄」。

瓽

瓽 大盆也。从瓦，尚聲。丁浪切（本音擋，今讀擋）

金部「鐺，瓽也。从金，當聲。[illegible]切（音擋）」顏注急就篇「瓽，大盆也。」今粵方音謂鬲為「罌樘」，字當作瓽。

瓮

瓮 罌也。从瓦，公聲。烏貢切

缶部「罌，缶也。从缶，賏聲。烏莖切」「𦉼，小口罌也。从缶，𠂢聲。池偽切（音垂）」𦉼是小口罌，則瓮殆是罌之大口者。又缶部「罋，汲缾也。从缶，雝聲。烏貢切」俗或作甕，或作罋，皆非說文所有。瓮與罋音同義略異，然經傳皆作罋，而瓮不行矣。

瓨

瓨 似罌，長頸，受十升。讀若洪。从瓦，工聲。古雙切（當依玉篇「下江切」音江）（段「讀若洪」在「从瓦上」）

缶部「缸，瓨也。从缶，工聲。下江切」二字音義同。今則「罌缸」字作缸。長頸者則謂之尊，而瓨字不行矣。

㼝

㼝 小盂也。从瓦，夗聲。烏管切（徐鉉等曰今俗別作椀，非是。烏管切）

按俗作碗，亦非。皿部「盌，小盂也。从皿，夗聲。烏管切」與此音義同。「盂，飯器也。从皿，于聲。羽俱切」方言「盂，宋楚魏之閒或謂之盌。」

甓

瓴甓也（段作「令適也」）。从瓦辟聲。詩曰「中唐有甓」（小徐段氏王氏有「讀若甓」）。扶歷切

「瓴甓」小徐作「瓴甋」。詩陳風防有鵲巢「中唐有甓」，毛傳「甓，瓴甋也」。爾雅釋宮「瓴甋謂之甓」，甘作「瓴甋」。按鄦書無甋字，土部「墼，瓴適也。一曰未燒者。从土毄聲。古歷切」，作適。又本部「瓴，瓮佀瓶也」，非甓義。故說解二字當依釋文作「令適」，段改是也。甓猶專也，俗謂之磚。詩小雅斯干「載弄之瓦」，毛傳「瓦，紡塼也」。塼正字當作專。寸部「專，六寸簿也。从寸叀聲。一曰紡專。職緣切」

⿰卒瓦

破也。从瓦卒聲。穌對切

此「破⿰卒瓦」字。石部「碎，䃺也。从石卒聲。蘇對切」，是「䃺碎」字，今則通用碎矣。

弓

以近窮遠（段此句上有「窮也」，「遠」下有「者」字）。象形。古者揮作弓。周禮六弓：王弓、弧弓，以射甲革甚質；夾弓、庾弓，以射干侯鳥獸；唐弓、大弓，以授學射者。凡弓之屬皆从弓。居戎切（一三七）

弭

弓無緣，可以解轡紛者。从弓耳聲。緜婢切

弭或从兒。

爾雅釋器「弓有緣者謂之弓，無緣者謂之弭」。孫炎注「緣謂繳束而漆之；弭，謂不以繳束，骨飾兩頭者也」。詩經小雅采薇「四牡翼翼，象弭魚服」，傳曰「象弭，弓反末也（以象骨為之），所以解紒也」。本書無紒字，釋文云「本又作紛」。弭所以解轡紛，又引申之為排解紛爭之意。經傳又借為㸹，心部「㸹，厲也。一曰止也。从心弭聲。讀若沔。彌兗切」

張

施弓弦也。从弓長聲。陟良切

攴部「⿰也攴，敷也」。敷平之意。禮雜記「張而不弛，文武弗能也；弛而不張，文武不為也；一張一弛，文武之道也」。注云「弓弩久張之則絕其力，久弛之則失其體」。凡弓施之曰張，解之曰弛。故張又引申之為大也、開也。

弸

弓彊皃。从弓朋聲。父耕切（音弘，小徐「普朋切」，音崩）

又引申為凡彊之偁。法言君子「或問君子言則成文，動則成德，何以也？曰以其弸中而彪外也」。李軌注「弸，滿也；彪，文也。積文內滿，文彪外發」。

彊

弓有力也。从弓畺聲。巨良切

又叚爲凡有力之偁。又叚爲勉彊之彊。經傳又叚強爲彊。本書虫部「強，蚚也，从虫弘聲。巨良切」「彊，籀文強从䖵从彊」。古籀既叚強爲彊，亦叚作勥。力部「勥，迫也，从力強聲。巨良切」「勥，古文从彊」。「勥迫」「勉勥」字本讀平聲，今叚強、彊爲之，而讀上聲，而勥不行矣。又本書十二下部目「弜，彊也，从二弓。其兩切」是「偪弜」「矯弜」「勉弜」字今亦廢不行矣。

弘

弓聲也。从弓乚聲。乚，古文厷字。胡肱切

與宏、宖、谹字義略近。宀部「宏，屋深響也，从宀厷聲。戶萌切」「宖，屋響也，从宀弘聲。戶萌切」。谷部「谹，谷中響也，从谷厷聲。戶萌切」

弛

弓解也。(段「解」下有「弦」字)从弓也聲。(段作「也聲」，小徐、王氏同)施氏切

弛或从虒

今經傳惟禮雜記「張而不弛，弛而不張」爲弛之正字正義。至孔子閒居「弛其文德」，鄭云「弛，施也」，則是叚借作𧷏。貝部「𧷏，重次弟物也，从貝也聲。以豉切」。鄭君作「施」，亦是借字。㫃部「施，旗皃，从㫃也聲。式支切」古籍又有叚施爲弛者，論語微子「君子不施其親」，釋文作「弛」，朱注「弛，遺棄也」，是弛之叚借義。

弢

弓衣也。从弓从犮。犮，垂飾，與鼓同意。土刀切

韋部「韜，劍衣也，从韋舀聲。土刀切」二字古籍互通。又部「叏，滑也。詩云：叏兮達兮。从又屮。一曰取也。土刀切」

彀

張弩也。从弓𣪊聲。古候切(音扣)

殳部「𣪊，从上擊下也。一曰素也。从殳青聲。苦角切(音確)」冂部「青，幬帳之象，从冂，㞢其飾也。苦江切(音鏗平聲)」按彀訓張弩，亦兼弓言。

彃

䠶也。从弓畢聲。楚詞曰：芎焉彃日。(段「詞」作「辭」，「日」下有「也」)卑吉切(音必)

楚辭天問「羿焉彃日，烏焉解羽」，王逸注「淮南言：堯時十日並出，艸木焦枯，堯命羿仰射十日，中其九日，日中九烏皆死，墮其羽翼，故留其一日也」。

彈

行丸也。从弓單聲。徒案切

(段改篆作𢎽)彈或从弓持丸。(段作「或說彈从弓持丸如此」)

左傳宣公二年「晉靈公不君，厚斂以彫牆，從臺上彈人而觀其辟丸也」。

芎

帝嚳䠶官，夏少康滅之。从弓开聲。論語曰：芎善䠶。五計切

今論語憲問篇「芎善射」作羿。羽部「羿，羽之羿風，亦古諸侯也。一曰射師。从羽开聲。五計切」邑部「𨚍，夏后時諸侯夷羿國也」。

从邑窮省聲。切(渠弓)」古偁羿者三。帝嚳射師一也。堯時十日竝出。射九日而落之二也。有窮國之君三也。論語「羿善射」之羿是有窮國之君。夏少康所滅。正字當作芎。射十日之羿當以羿為正。詳羽部羿字。

弜

彊也。(段有「重也」二字)从二弓。凡弜之屬皆从弜。(段有「闕」字。注云「謂其讀若不聞也」)其兩切(彊上聲 一三七)

弻

輔也。重也。(段無「重也」)从弜丙聲。徐鍇曰：丙舌也。非聲。舌柔而弜剛。以柔从剛。輔弼之意。房密切

「弻」或如此。(小篆本云「古文弻如此」。段氏同)

𢐀古文弻。(小篆本「𢐀」亦古文弻」)

「𢐀」弻或如此。段氏同)

(谷部「㐁」舌皃。他念切(音忝)」「㐁」古文㐁。……一曰讀若誓。弻字从此。」誓入聲實。實與弻是疊韻。小篆謂丙非聲。未是。卩部「卲」輔信也。从卩比聲。虞書曰「卲成五服」。切(毗必)」弻卲義同。今書蓋假作弻。

弦

弓弦也。从弓。(應補「絲」)象絲軫之形。凡弦之屬皆从弦。臣鉉等曰：今別作絃。非是。胡田切(一三八)

盭

弻戾也。从弦省。从盭。(小篆王氏有「盭引戾之也」。段氏「引」作「了」)讀若戾。臣鉉等曰：盭者。盭皇人見血也。弻戾之意。郎計切

說解「弻戾」字當作盭。此「乖盭」「暴盭」「弻盭」字。今則戾行而盭廢矣。犬部「戾。曲也。从犬出戶下。戾者。身曲戾也。郎計切」。牽部「盩」引擊也。从㚔攴。見血也。張流切(音周)」

𢏚

不成。遂急戾也。从弦省。曷聲。讀若瘞葬。於罽切(音翳 瘞於罽切)。𢏚。今粵方音「翳翳气」之本字。羽部「翳。華蓋也。从羽殹聲。於計切」

系

繫也。(段作「縣也」)从糸丿聲。凡系之屬皆从系。胡計切(一三八)

系或从毄處

籀文系从爪絲。

孫

子之子曰孫。从子从系。系。續也。思魂切

爾雅釋親「子之子為孫。孫之子為曾孫。曾孫之子為玄孫。玄孫之子為來孫。來孫之子為晜孫。晜孫之子為仍孫。仍孫之子為雲孫」。雲孫以後通偁裔孫。古籍或假為「愻順」「遜遁」字。心部「愻。順也。从心孫聲。虞書曰『五品不愻』。蘇困切」。今書舜典作遜。是借字。辵部「遜。遁也。从辵孫聲。蘇困切」

緜

緜 聯微也。从系从帛。武延切

聯，連也。又引申為聯屬之偁。微，眇也。又引申為微細詳密之謂。詩大雅緜「緜緜瓜瓞」傳云「緜緜，不絕皃。」正義「緜緜，微細之辭。故云不絕皃也。」周頌載芟「緜緜其麃」正義引王肅云「緜緜然不絕也。」爾雅釋訓「緜緜，麃也。」孫炎注「緜緜，言詳密也。」

䌛

䌛 隨從也。从系𧦝聲。臣鉉等曰：今俗从䍃。余招切

此䌛役字，古籍或作繇，或作傜。說文無言部「𧦝，徒歌。从言肉聲。余招切」是歌𧦝字。辵部「𨕥，行𨕥徑也。从辵䌛聲。以周切」是𨕥戲」「𨕥徑」字。又段於䌛下補「由」云「或䌛字」，非也。由虜是甹之古文，詳丂部甹字。

說文解字第十三上

糸

糸 細絲也。象束絲之形。凡糸之屬皆从糸。讀若覛。徐鍇曰：一蠶所吐為忽，十忽為絲。糸，五忽也。莫狄切（一三九）

古文糸

繹

繹 抽絲也。从糸睪聲。羊益切

漢書谷永傳「燕見紬繹」注云「紬繹者，引其端緒也。」又引申為條達不絕，又為尋繹。論語八佾「繹如也」朱子曰「繹，相續不絕也。」又子罕「巽與之言，能無說乎？繹之為貴」朱子曰「繹，尋其緒也。」夲部「睪，司視也。从橫目从夲。令吏將目捕辠人也。羊益切」（睪字九字音高，說文無）言部「譯，傳譯四夷之言者。从言睪聲。羊昔切」

緒

緒 絲耑也。从糸者聲。徐呂切

又引申為凡事之耑「緒」「餘緒」。

緬

緬 微絲也。从糸面聲。弭沇切

又引申為凡緜邈之偁。

純

純　絲也。从糸屯聲。論語曰「今也純，儉。」常倫切

論語子罕「麻冕，禮也。今也純，儉。吾從眾。」孔安國注「冕，緇布冠也。古者績麻三十升布以為之。純，絲也。絲易成，故從儉。」此純之本義。然禮皆以純為緣。曲禮「為人子者，父母存，冠衣不純素。」鄭注「純，緣也。」按說文糸部「緣，衣純也。」疑純下當有「衣緣也」之訓。又經傳多段純為精醇、𦎫孰、為大也之奄，而本義晦矣。酉部「醇，不澆酒也。从酉𦎫聲。常倫切」亯部「𦎫，孰也。从亯羊。常倫切」大部「奄，大也。从大屯。常倫切」

經

經　織從絲也（依段本正）。从糸巠聲。九丁切

經與緯對文，猶從衡也。詩齊風南山「蓺麻如之何？衡從其畝。」大戴禮易本命「凡地東西為緯，南北為經。」又引申為正也、法也、治也、常也。

織

織　作布帛之總名也。从糸戠聲。之弋切（戠戠從字）

絉

絉　樂浪挈令織。从糸从式。臣鉉等曰：挈令蓋律令之書也。

樂浪，漢幽州郡名，即今之朝鮮也。「挈令」，律令也。字當作契。手部「挈，縣持也。苦結切」大部「契，大約也。苦計切」漢書溝洫志「内史稻田租挈重，其議減。」注「租挈，收田租之約令也。」

一〇八一

綜

綜　機縷也。从糸宗聲。子宋切（去聲）

一切經音義引說文「機縷也。」下有「謂機縷持絲交者也。」又引三倉曰「綜，理經也。」謂機縷紀領絲者也。綜，理也。領理之也。本書止部「疌，機下足所履者。从止从又，入聲（音聶）。尼輒切」即所以抑揚此綜也。列女傳母儀魯季敬姜傳「推而往引而來者綜也。」又引申之為理也。

絡

絡　緯十縷為絡。从糸咎聲。讀若柳。力久切

玉篇「緯十絲曰絡。」集韻「絲十為綸，綸倍為絡。」又引申之凡言絲綫一束為一絡。

緯

緯　織衡絲也。从糸韋聲。云貴切

木部「杼，機之持緯者也。」桂氏引六書故云「緯，杼所持絲也。經從而緯衡。」

繢

繢　織餘也（段依韻會補「一曰畫也」）。从糸貴聲。胡對切

一〇八二

紿

按段依韻會補「一曰爭也」，未是。清王玉樹指字謂「即續畫字」。今俗作繪，非是，尤誤。本部「繪，會五采繡也。虞書曰山龍華蟲作繪。論語曰繪事後素。从糸會聲。黃外切」，是繪畫本字。經傳或作績者，其段借耳。

紿 絲勞即紿。从糸台聲。徒亥切

又引之為「罷紿」，今罷紿字作怠，是段借。心部「怠，慢也。从心台聲。徒亥切」。是怠慢字。論語為政「學而不思則罔，思而不學則殆」。何晏訓殆為罷殆，則是㠯殆為紿之段借。然於義未允，不若朱子訓危殆為乎。又古籍或段紿為詒，穀梁傳僖公元年「內不言獲，此其言獲何也？惡公子之紿也」。范注云「紿，欺紿也」。言部「詒，相欺詒也。一曰遺也。从言台聲。與之切」。

納

納 絲溼納納也。从糸內聲。奴答切

「納納，溼意」。劉向九歎「裳襜襜而含風兮，衣納納而掩露」。王注「納納，濡溼貌也」。古籍每段作出內字。入部「內，入也。从冂入，自外而入也。奴對切」。易坎四「納約自牖」，納當作內。言部「訥，言難也。从言从內。內骨切」。又三上部目「㕯，言之訥也。从口內。女滑切」。二字音義俱與納異也。

絕

絕 斷絲也。从糸从刀从卪。〈段作「从刀糸卪聲」〉情雪切

古文絕，象不連體，絕二絲。

繼

繼 續也。从糸𢇍。一曰反𢇍為𢇍。古詣切

段改篆作繼，从糸𢇍，又增𢇍篆云「𢇍，或作㡭，反𢇍為㡭」。徐鍇云「一本云反𢇍為㡭」。自當有㡭字，段補可也。但既反𢇍為㡭，則㡭即繼之古文，而相承增糸旁。今改篆體从糸从𢇍，則謬矣。鍇徐說是也。繼下當云「續也。从糸㡭」。此下當出㡭篆，云「古文。反𢇍為㡭」。

續

續 連也。从糸賣聲。似足切

古文續从庚貝。臣鉉等曰：今俗作古行切

按續賡本一字，今則以作二字二音書。益稷「乃賡載歌」，孔傳「賡，續也」。爾雅釋詁「賡，續也」是也。詩小雅大東「東有啟明，西有長庚」。毛傳「庚，續也」。則是賡之省借。今書正義引詩正作賡。

䌙

䌙 偏緩也。从糸羨聲。昌善切〈音千去聲〉

偏則有餘，故又引之為餘衍饒溢之義。經傳或段羨為之。史記貨殖列傳「中國委輸時有奇羨」。索隱「奇羨，謂時有餘衍也」。今謂文之衍字為「羨文」，正字亦當作䌙。本書次部「羨，貪欲也。从次从羑省。似面切」。義異。

紓

緩也。从糸予聲。傷魚切

此紓緩字。詩小雅采菽「彼交匪紓，天子所予。」傳云「紓，緩也。」予部「舒，伸也。从舍从予，舍聲。一曰舒，緩也。傷魚切」是舒卷字。古籍或叚抒為之。班固兩都賦序「或以抒下情而通諷諭，或以宣上悳而盡忠孝。」抒當是舒之叚。手部「抒，挹也。从手予聲。神與切（音杼）」

緈

直也。从糸幸聲。讀若陘。胡頂切

此緈直字，與婞字音義同。女部「婞，很也。（小徐楼氏有「一曰見親」四字。）从女幸聲。楚詞曰：鯀婞直。胡頂切」離騷「鯀婞直以亾身兮。」王逸注「婞，直也。」古籍或作悻。孟子公孫丑下「諫於其君而不受則怒，悻悻然見於其面。」心部無悻，蓋當作婞。至婞一訓「見親」者，則是「嬖婞」。「親婞」字今則省作幸矣。漢書有佞幸傳，字當作婞。又魚部「鯁，魚骨也。从魚更聲。古杏切」古籍或叚為「緈直」。「骨鯁」字，骨部「骾，食骨留咽中也。从骨更聲。古杏切」

細

微也。从糸囟聲。穌計切

經傳或借為普字。荀子大略篇「臨患難而不忘細席之言。」注云「細席，講論之席。尸子作普。」

縒

參縒也。从糸差聲。楚宜切

說解「參」字作「篸」。許木部「槮」字「篸縒」即詩周南關雎「參差荇菜」字。今許作差，其省借耳。左部「差，貳也。差不相值也。从左𠂹。」徐鍇曰「左於事，是不當值也。初牙切，又楚佳切」差之本義是「差失」，「初牙切」；「差遣」楚皆切；讀「楚宜切」以為「參差不齊」義，是叚借。至縒讀「倉各切」以為「錯縒」字，則是叚作逪。辵部「逪，迹逪也。从辵昔聲。倉各切」是「逪縒」，「交逪」本字。

縮

亂也。从糸宿聲。一曰蹴也。所六切

爾雅釋詁「縱、縮，亂也。」通俗文「物不申曰縮。」孟子公孫丑「自反而不縮，雖褐寬博，吾不惴焉。自反而縮，雖千萬人，吾往矣。」「不縮」謂不直也。「一曰蹴也」：論語鄉黨「足蹜蹜如有循。」鄭玄注「舉前曳踵行也。」皇疏「蹜蹜，猶蹴蹴也。」說文無蹜字，「蹜」當作「縮」。

紊

亂也。从糸文聲。商書曰「有條而不紊。」亡運切（音問，今讀吻）

書盤庚上「若網在綱，有條而不紊。」傳云「紊，亂也。」

總

總 聚束也。从糸悤聲。(臣鉉等曰：今俗作揔，非是。作孔切)

詩齊風甫田「婉兮孌兮，總角丱兮」。正義「總角，總聚其髮以為兩角」。又叚之為凡兼綜之偁。詩商頌長發「不競不絿，百祿是總」。

約

約 纏束也。从糸勺聲。(於略切)

詩小雅斯干「約之閣閣，椓之橐橐」。傳云「約，束也」。又叚之為「節約」「儉約」「契約」。素部「䋐，白䋐，縞也。从素勺聲。(以灼切)」是「䋐」約字。

繚

繚 纏也。从糸尞聲。(盧鳥切)

本書三上部目「丩，相糾繚也。一曰：瓜瓠結丩起。象形。居虯切(音求)」。

纏

纏 繞也。从糸廛聲。(直連切)

繞

繞 纏也。从糸堯聲。(而沼切。俗作遶)

紾

紾 轉也。从糸㐱聲。(之忍切。今、之忍切)

淮南子精神訓「千變萬紾」。高注「紾，轉也」。周礼攷工記「老牛之角紾而昔」。注引鄭司農曰「紾讀為抮縳之抮，昔讀為交錯之錯，謂牛角觕理錯也」。正義云「紾讀為紾縳之抮者，未知讀從何文，蓋從俗讀」。今說文手部無抮。玉篇「抮，引戾也」。淮南子精神訓「雖天地覆育，亦不與之抮抱矣」。高注「抮，持著也」。

繯

繯 落也。从糸瞏聲。(胡畎切，音犬)

落當作絡。莊子秋水「牛馬四足，是謂天；落馬首，穿牛鼻，是謂人」。注云「落，同絡」。本部「絡，絮也」。廣雅釋詁「絡，纏也」。艸部「落，凡艸曰零，木曰落」。

辮

辮 交也。从糸辡聲。(頻犬切，音編陽上聲，今讀辯)。

一切經音義引說文作「交織之也」。漢書終軍傳「解辮髮，削左衽」。

結

結 締也。从糸吉聲。(古屑切)

此「締結」字。又叚之為「交結」「團結」「結構」。又古「髮髻」字本作結。漢書陸賈傳「尉佗魋結箕踞見賈」。師古注「結讀曰髻」。或作紒或紒。文選李蕭遠運命論「椎紒而守敦庾海陵之倉，則山坻之積在其矣。」李善注「紒即髻字也。」按許書無紒髻字，大徐髟部新附有「髻，總髮也。从髟吉聲。古通用結。古詣切」又說文髟部髩「䯻，結也。从髟介聲。古拜切」太平御覽引說文云「髻，結髮也。」廣雅「髩，髻也。」曹憲注云「按說文髩即籀文髻字也。」是說文原有髻字，而髩為其重文。儀礼士冠礼「緇冠者采衣紒。」鄭玄注「紒，結髮。古文紒為結。」可知結為古文叚借字，紒髩則是後起字。今本說文髩下訓「䯻，結也。」乃後人所改，大徐不察，反收髻於新附，誤矣。玉篇「髻，結髮也。」髩字注云「同上。」皆本說文。

締

締　結不解也。从糸帝聲。特計切

本部「紐，系也。一曰結而可解。从糸丑聲。女久切」紐與締對文。古詩十九首「客從遠方來，遺我一端綺。相去萬餘里，故人心尚爾。文采雙鴛鴦，裁為合歡被。著(綿也)以長相思，緣(邊也)以結不解。」

⿰糸𠂢

⿰糸𠂢　微絲也。从糸𠂢聲。匹卦切

此「⿰糸𠂢」給字，經傳叚派為之。水部「派，別水也。从水𠂢，𠂢亦聲。匹賣切」十一下部目「𠂢，水之衺流，別也。从反永。匹卦切」音同。詳水部派下。

綝

綝　止也。从糸林聲。讀若郴。丑林切

朱氏通訓定聲云「謂係而止之。」爾雅釋詁「綝，善也。」郭注「綝未詳其義。」邑部「郴，桂陽縣。从邑林聲。丑林切」

縪

縪　止也。从糸畢聲。卑吉切

今經傳縪止字作畢。礼月令「季春之月……九門磔攘，以畢春氣。」鄭注「磔牲以攘於四方之神，所以畢止其災也。」本書華部「畢，田网也。从華，象畢形微也。或曰田聲。卑吉切」走部「趕，止行也。一曰竈上祭名。从走畢聲。卑吉切」此究趕字。支部「斁，盡也。从支畢聲。卑吉切」「斁」、「業」字當作此。今皆叚畢為之矣。

終

終　絿絲也。从糸冬聲。職戎切

古文終

本部「絿，急也。从糸求聲。詩曰不競不絿。巨鳩切」急也。又引申為極盡之義。廣雅釋詁「終，極也。」「終，窮也。」釋言「𦣝，終也。」注「竟也。」

緁

緁　合也。从糸集。讀若捷。姊入切

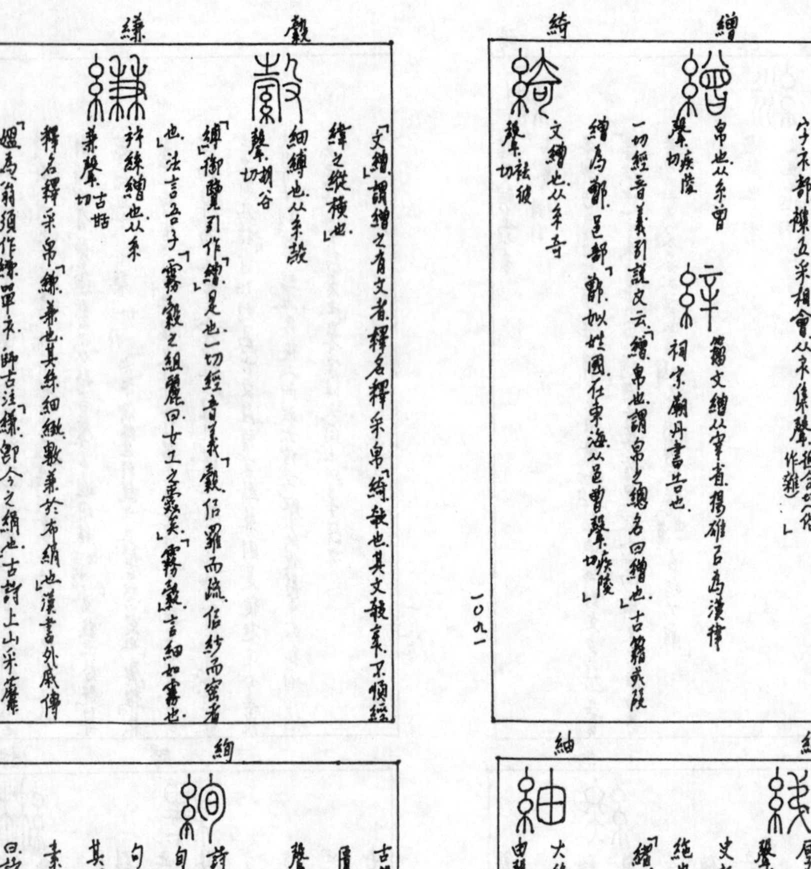

繒

此「䨔合」「聚䨔」字，今作集，又叚義也。雥部「雧，羣鳥在木上也。从雥从木。秦入切」「集，雧或省」，又叚之為「聚集」，古籀或作䨔，是借字。衣部「䨔，五采相會。从衣集聲。徂合切（俗作雜）」

繒 帛也。从糸曾聲。疾陵切

辝 籀文繒从宰省。楊雄以為漢律祠宗廟丹書告也。

一切經音義引說文云「繒，帛也。謂帛之總名曰繒也」。古籀或叚繒為鄫。邑部「鄫，姒姓國，在東海。从邑曾聲。疾陵切」

綺

綺 文繒也。从糸奇聲。袪彼切

「文繒」謂繒之有文者。釋名釋采帛「綺，攲也。其文攲邪，不順經緯之縱橫也」。

縠

縠 細縛也。从糸㱿聲。胡谷切

「縛」御覽引作「繒」是也。一切經音義「縠似羅而疏，似紗而密者也」。法言吾子「霧縠之組麗，曰女工之蠹矣」。「霧縠」言細如霧也。

縑

縑 并絲繒也。从糸兼聲。古甛切

釋名釋采帛「縑，兼也。其絲細緻，數兼於布絹也」。漢書外戚傳「媼為翁須作縑單衣」，師古注「縑，即今之絹也」。古詩上山采蘼蕪「新人工織縑，故人工織素。織縑日一匹，織素五丈餘。將縑來比素，新人不如故」。今偁「縑素」是新故之感。

綈

綈 厚繒也。从糸弟聲。杜兮切（音提）

史記范雎傳「乃取其一綈袍以賜之」，索隱「綈，厚繒也。蓋今之絁也」。絁，新書作纚。本部「纚，麤緒也。从糸璽聲。臣鉉等曰今俗作絁，非是。式支切（音施）」「緒，絲耑也。从糸者聲。徐呂切」

紬

紬 大絲繒也。从糸由聲。直由切（音冑）

古籀或借為籒。史記太史公自序「遷為太史令，紬史記石室金匱之書」。竹部「籒，讀書也。从竹㩅聲。直又切」。手部「㩅，引也。从手畱聲。敕鳩切」「抽，㩅或从由」。

絢

絢 詩云「素以為絢兮」。从糸旬聲。臣鉉等案：論語注「絢，文皃」。許掾切

句讀於篆下補「文成曰絢」，云「此字林說也。或本之說文，故取以補其闕。鄭君注禮曰采成文曰絢，注論語曰文成章曰絢」。又於「詩云素以為絢兮」下云「此說解既奪，校者遷之此也」。論語八佾「子夏曰：詩云，巧笑倩兮，美目盼兮，素以為絢兮，何謂也。子曰：繪事後

繪

素」按論語引詩上二句是衛風碩人篇文，「素以為絢兮」則逸詩也。

會五采繡也。虞書曰山龍華蟲作繪。論語曰繪事後素。从糸，會聲。黃外切

句讀：篆下依元應引作「五采曰繪。繪，畫也。」按王改是也。書益稷「日月星辰山龍華蟲作會，宗彝藻火粉米黼黻絺繡」，釋文「會，馬鄭作繪」，鄭注「繪，畫也」。繪繡是二事。今書作會是省借。周礼礼記借績為繪。

綠

帛青黃色也。从糸，彔聲。力玉切

詩邶風綠衣「綠兮衣兮，綠衣黃裳」，傳云「綠，閒色」。經傳或段作菉，艸部「菉，王芻也。从艸，彔聲。詩曰菉竹猗猗」。力玉切 今詩衛風淇奧「瞻彼淇奧，綠竹猗猗」，毛傳「綠，王芻」，已作綠矣。又彔，書七上彔部「彔，刻木彔彔也。象形」。盧谷切 是記彔字今通段錄為之。金部「錄，金色也。从金，彔聲」。力玉切 又鄦書無碌字，新附始有之。古籍或作錄，正字當作娽，女部「娽，隨從也。从女，彔聲」。力玉切

緹

帛丹黃色。从糸，是聲。他礼切

緹或从氏。（段作「緹或作衹」）

緹之或體衹，與衣部之「衹」、示部之「衹」、「衹」形近而音義迥異也。衣部「衹，衹裯，短衣。从衣，氐聲」。都兮切（又音氐）是「衹」。是「衹有字」。示部「祇，地祇，提出萬物者也。从示，氏聲」。巨支切（音其）「祇，敬也。从示，氏聲」。旨移切（音支）

紫

帛青赤色。从糸，此聲。將此切

論語鄉黨「君子不以紺緅飾，紅紫不以為褻服」，孔注「紅紫，閒色」。又陽貨「惡紫之奪朱也」，孔注「紫，閒色之好者」。

紅

帛赤白色。从糸，工聲。戶公切

群經紅字惟論語一見，至春秋經昭公八年「蒐于紅」，紅是魯地名，非紅之本義也。古籍或借為工字，漢書酈食其傳「紅女下機」，師古注「紅，讀曰工」。

綥

（段改作綨是也）帛蒼艾色。从糸，畀（段作「畁」是）聲。詩曰縞衣綥巾。未嫁女所服。一曰不借綥。渠之切（音其）

綥或从其。（此大徐所補）

按綥當从廾部之畁，不从丌部之畀也。廾部「畁，舉也。从廾，由聲」。渠記切 小徐本作畁，从由，云「由音弗」。段氏句讀同。丌部「畀，相付與之約在閣上也。从丌，由聲」。必至切 「詩曰縞衣綥巾」，今詩鄭風出其東門从或體作綦，毛傳「綦巾，蒼艾色，女服也」。「不借綥者，儀礼士喪礼

「夏葛屨，冬白屨，皆繶緇約純，組綦繫于踵。」鄭注「綦，屨係也，所以拘止屨也。」又「不借」猶「薄借」聲轉耳。周礼夏官弁師「王之皮弁，會五采玉璂。」鄭注「璂讀如薄借綦之綦。綦，結也。皮弁之縫中每貫結五采玉十二以為飾，謂之綦。」釋名云「不借，言賤易有，宜各自蓄之，不假借人也。」此望文生義耳。

緇

緇　帛黑色也。从糸甾聲。側持切

周礼考工記鍾氏「三入為纁，五入為緅，七入為緇。」鄭注「凡玄色者在緅緇之間，其六入者與。」詩鄭風緇衣「緇衣之宜兮。」毛傳「緇，黑色。」

纔

纔　帛雀頭色。一曰微黑色，如紺。纔，淺也。讀若讒。从糸毚聲。士咸切（音讒。毚「狡兔也。士咸切」）

周礼考工記「三入為纁，五入為緅，七入為緇。」鄭注「染纁者三入而成，又再染以黑則為緅。緅，今礼俗文作爵，言如爵頭色也。又復再染以黑，乃成緇矣。」鄭書無緅字，新附始有「緅，帛青赤色也。」經典之緅，蓋本作纔，今乃假纔為「才」字，而本義反不行矣。本書六上部首「才，艸木之初也。从丨（音囟）上毌一，將生枝葉。一，地也。昨哉切。」今「才」作「纔」，又假「才」為「人材」「材智」字。木部「材，木梃也。从木才聲。昨哉切」是「人材」本字。又說解「纔，淺也」三字疑衍。

縟

縟　繁采色也（「繁」段作「緐」，「色」段作「飾」）。从糸辱聲。而蜀切

本書無繁字，本止作緐。本部「緐，馬髦飾也。」又引申之為緐多。巾部「飾，㕞也。」又引申之為文飾。文選西京賦「采飾纖縟」，鄭君說解，鄭述其語，李善注引說文云「縟，繁采飾也。」

紞

紞　冕冠塞耳者。从糸冘聲。臣鉉等曰：今俗作紞，非是。都感切

「冕」冠下有「收」字是。「塞耳」，即「充耳」。大戴礼子張問入官「黈絖充耳，所以弇聰也。」又詩鄘風柏舟「髧彼兩髦，實維我儀。」傳云「髧，兩髦之皃。髦者，髮至眉。」是又引申之義。髦，說文作𩬈。髟部「𩬈，髮至眉也。从髟敄聲。詩曰紞彼兩𩬈。亡牢切。」又曰單辭形況字，晉書鄧攸傳「紞如打五鼓，雞鳴天欲曙」，東坡永遇樂詞「紞如三鼓，鏗然一葉」。本書冂部「冘，冘冘行皃。从人出冂。余箴切。」

緌

緌　系冠纓也（段作「系冠纓垂者」）。从糸委聲。儒隹切（音蕤）

小徐韻譜「系」作「繫」，玉篇同。此言冠纓既結，其下之垂者謂之緌，與本部「綏，車中把也。从糸从妥。息遺切」自不同，不得謂綏即緌也。

纂

似組而赤。从糸算聲。作管切

本部「組，綬屬，其小者以為冕纓。从糸且聲。則古切」古籍多段為「籑」字。食部「籑，具食也。从食算聲。士戀切」「饌，籑或从巽」。人部「僎，具也。从人巽聲。士勉切」手部無撰字。

⿱暴糸

頸連也。从糸暴省聲。補各切（音縛）

「頸連」應依玉篇作「領連」，謂襟領於衣也。字亦作襮。衣部「襮，黼領也。从衣暴聲。詩曰：『素衣朱襮。』蒲沃切」詩唐風揚之水「素衣朱襮，從子于沃。」傳云「襮，領也。」⿱暴糸又見之為「撲⿱暴糸」，今借駁為之。馬部「駁，馬色不純。从馬爻聲。北角切」是「駁襮」字。「駮，獸，如馬，倨牙，食虎豹。从馬交聲。北角切」古籍或段為駁。

紟

衣系也。从糸今聲。居音切

䘳 籀文从金

衣系猶衣帶也。禮內則「衿纓綦屨」。注云「衿猶結也」。正字當作紟。衣部無衿字，「衣衿」字則當作裣，詳衣部裣字。

緣

衣純也。从糸彖聲。以絹切

禮曲禮「冠衣不純素」。注云「純，緣也」。爾雅釋器「緣謂之純」。注云「衣緣飾也」。又見之為「因緣」，為「依循」之義。謝靈運詩「永絕平生緣」。注云「因緣也」。莊子養生主「緣督以為經」。注云「緣，順；督，中；經，常也」。

一〇九七

緥

小兒衣也。从糸保聲。博抱切

臣鉉等曰：今俗作褓，非是。

詩小雅斯干「載衣之裼」。毛傳「裼，褓也」。鄭箋「褓，夜衣也」。衣部無褓，正字當作緥。衣部「襁，負兒衣。从衣強聲。居兩切」。博物志「襁，織縷為之，廣八尺，長丈二，以約小兒於背。」此「襁緥」字經典多不誤。論語子路「四方之民，襁負其子而至矣」。朱子注「襁，織縷為之，以約小兒於背者。」俗或作繈耳。本書糸部「繈，觕纇也。从糸強聲。居兩切」與襁迥異，而段氏以繈為正，而謂襁篆乃淺人所增，誤矣。

絛

扁緒也。从糸攸聲。土刀切（音滔）

廣韻「絛，編絲繩也」。玉篇「繩飾也」。

緟

增益也。从糸重聲。直容切

此「緟複」「緟疊」字，今經典通作重。本書八上部首「重，厚也。从壬東聲。柱用切」是「輕重」字。

一〇九八

綫

綫 縷也。从糸戔聲。私箭切　古文 綫

今經典多从古文。周禮天官縫人「掌王宮之縫線之事」。鄭司農曰「線，縷也」。

縫

縫 以鍼紩衣也。从糸逢聲。符容切（縫陳字音聲）

金部「鍼，所以縫也。从金咸聲。臣鉉等曰今俗作針非是。職深切」。竹部「箴，綴衣箴也。从竹咸聲。職深切」。糸部「紩，縫也。从糸失聲。直質切（音秩）」。

組

組 補縫也。从糸旦聲。丈莧切（音綻）

衣部「袒，衣縫解也。从衣旦聲。丈莧切」。俗作綻。古者衣縫解曰袒，以鍼縫補其袒曰組。俗以袒為但裼字，而袒列字只作綻，非是。詳人部但字。

纍

纍 綴得理也。一曰大索也。从糸畾聲。力追切

叕部「綴，合箸也。从叕从糸。陟衛切」。合箸得其理，則有條而不紊。礼樂記「纍纍乎端如貫珠」。一曰大索也，是別一義。索所以拘繫辠人，故又引申之為「纍纍」「負纍」字。或誤作縲，俗又作累。論語公冶長「雖在縲絏之中」，孔注「縲，黑索也」。皇疏「古者用黑索以攣係

辠人也」。字當作纍。又厽部「絫，增也。从厽从糸。絫，十黍之重也。力軌切（音累）」。是「積絫」字，今亦誤作累矣。

徽

徽 衺幅也。一曰三糾繩也。从糸微省聲。許歸切

詩小雅采菽「赤芾在股，衺幅在下」。毛傳「衺幅，偪也，所以自偪束也」。鄭箋「衺幅，如今行縢也。偪束其脛，自足至膝，故曰在下」。說文糸部「縢，緘也。从糸朕聲。徒登切」「緘，束篋也。从糸咸聲。古咸切」。莊子胠篋「將為胠篋探囊發匱之盜而為守備，則必攝緘縢，固扃鐍」。釋文「廣雅云：緘、縢皆繩也」。又本書丩部「糾，繩三合也。从糸丩。居黝切」。易坎卦上六「係用徽纆」，劉表注「三股曰徽，兩股曰纆」。是徽之本義為繩，與巾部之𢅏字迥異。然經傳皆段徽為𢅏矣。禮大傳「殊徽號」，鄭注「徽號，旌旗之名也」。本書巾部「𢅏，識也。以絳帛箸於背。从巾微省聲。春秋傳曰揚𢅏者公徒。許歸切」。今左傳昭公二十一年已作徽矣，杜注云「徽，識也」。釋文云「徽，許歸切。說文作𢅏，云識也」。是知左傳原作𢅏，後譌為徽耳。

紉 繟（段作「單」）繩也。从糸刃聲。女鄰切（音能）

本部「繟，帶緩也。从糸單聲。昌善切（音闡）」。非紉之義，當是襌字之譌。衣部「襌，衣不重。从衣單聲。都寒切」。御覽引通俗文「合繩曰糾，單

繩

繩 索也。从糸，蠅省聲。食陵切

長曰紉，綫繩曰辮，大繩曰絚」字林「單繩曰紉」作「單」是襌之省借。口部「單，大也。从吅、甲，吅亦聲。闕。都寒切（闕者「單」非字也）」

米部「索，艸有莖葉，可作繩索。从米、糸。蘇各切」小爾雅釋器「大者謂之索，小者謂之繩」又引申之為「繩直」「繩法」，又重言形況字。詩周南螽斯「宜爾子孫繩繩兮」傳云「繩繩，戒慎也」。

縈

縈 收韏（段作卷）也。从糸，熒省聲。於營切

「收韏」鈕氏校錄作「收絭」是也。本部「絭，纕臂繩也。从糸，𢍏聲。居願切」韋部「韏，革中辨謂之韏。从韋，𢍏聲。九萬切（𢍏音眷）」爾雅釋器「革中絕謂之辨」注「中斷皮也」。釋文「辨，音片」。玉篇作「辦」。說文無「辨」文。「革中辨謂之韏」注「復分半也」。韏是細皮條，絭是繩也。通俗文「收績曰縈」。詩周南樛木「南有樛木，葛藟縈之」傳云「縈，旋也」。釋文「樛，居糾反。縈，烏營反」。收絭，長繩重疊如環謂之縈。韻會、玉篇作「收卷」是借字。卩部「卷，厀曲也。从卩，𢍏聲。居轉切」或作「捲」。手部「捲，气勢也。从手，卷聲。國語曰：有捲勇。一曰捲，收也。巨員切」今俗作居轉切，曰為捲舒之捲，巨員切」

絭

絭 攘臂繩也（段「攘」作「纕」是）。从糸，𢍏聲。居願切（𢍏音眷）

「攘」當作「纕」。手部「攘，推也。从手，襄聲。汝羊切」糸部「纕，援臂也。从糸，襄聲。汝羊切」玉篇「纕，帶也。援臂也，收衣袖絭」孟子盡心下「馮婦攘臂下車」「攘臂」謂束縛其臂以便於搏也。「攘」亦當作「纕」。

維

維 車蓋維也。从糸，佳聲。以追切

又引申之為凡維繫之偁。古籍或段作「惟」「唯」字。心部「惟，凡思也。从心，佳聲。以追切」口部「唯，諾也。从口，佳聲。以水切」

緐

緐 馬髦飾也。从糸，每聲（段作「从糸每」）。春秋傳曰：可以稱旌緐乎。附袁切

緐 或从㲋。㲋，籀文弁。

俗作繁。今左傳哀公二十三年「其可以稱旌繁乎」杜注「繁，馬飾，繁纓也」已作繁矣。又緐之本義為馬髦飾，又引申之為多，又引申之義行而本義廢矣。

紂

紂 馬緧也。从糸，肘省聲。除柳切

糸部「緧，馬紂也。从糸，酋聲。七由切（酋音抽）」方言「車紂，自關而東周洛韓鄭汝穎而東謂之緧，或謂之曲綯，或謂之曲綸」鄭書無鞦，本止作緧。

馬紲所以縛馬尾。至商王名紂，則是段作受。史記殷本紀「帝乙崩，子辛立，是為帝辛，天下謂之紂」。集解引謚法曰「殘義損善曰紂」。書泰誓「今商王受力行無度」。正作受。

繳

生絲縷也（段依選注引增「謂縷系矰矢而以隿𩾰也」）。从糸敫聲。之若切（音卓）

「生絲縷也」，選注引作「生絲繳也」。按當是矰字之譌。矢部「矰，隿𩾰矢也。从矢曾聲。作滕切」。隹部「隿，繳𩾰飛鳥也。从隹弋聲。與職切」。經傳繳字作繳。孟子告子「思援弓繳而射之」。文賦「浮藻聯翩，若翰鳥纓繳而墜曾雲之峻」。說文無繳字，今云「繳貫」本止作「交貫」。

絡

絮也。一曰麻未漚也。从糸各聲。盧各切

又目之為「聯絡」，為「經絡」，為「縛」也。古籍或段落為之。莊子秋水「落馬首，穿牛鼻，是謂人」。落當作絡。又「麻未漚」者，謂生絲之未湅也。詩陳風東門之池「東門之池，可以漚麻」。傳云「漚，柔也」。箋云「於池中柔麻，使可緝績作衣服」。

緝

績也。从糸咠聲。七入切

又目之為「緝熙」。又為「積厚流光」之偁。詩大雅文王「於緝熙敬止」。傳云「緝熙，光明也」。經傳或段作咠。詩小雅巷伯「緝緝翩翩，謀欲譖人」。傳云「緝緝，口舌聲」。口部「咠，聶語也。从口从耳。七入切」。又手部「揖，收也。从手咠聲。楚洽切」。是「收揖」揖書字。車部「輯，車和輯也。从車咠聲。秦入切」。是「輯」字。艸部「葺，茨也。从艸咠聲。七入切」。

絺

細葛也。从糸希聲。丑脂切

艸部「葛，絺綌艸也。从艸曷聲。古達切」。詩周南葛覃「是刈是濩，為絺為綌」。傳云「精曰絺，麤曰綌」。又「希聲」，然是「稀省聲」。說文無希字。目部「睎，望也。从目稀省聲。香衣切」。「睎望」今已作希矣。

綌

麤葛也。从糸谷聲。綺戟切

㠷　綌或从巾

綌字从「口上阿也」之谷，不从山谷之谷。谷字篆作[illegible]

縗

服衣（段「服」上有「喪」字）。長六寸，博四寸，直心（段當）。从糸衰聲。倉回切

此「縗」經字，經傳多借衰為之。衣部「衰，艸雨衣。秦謂之萆。从衣，象形。穌禾切」。疒部「𤺋，減也。从疒衰聲。一曰耗也。楚追切」。衰是艸雨衣。

衰是減耗，今皆不分，而俗又加艸於衰上，乃以之非鄦君意也。又女部「孈，愚戇多態也。从女巂聲。」式吹切 今亦作衰矣。

經

喪首戴也。从糸至聲。

臣鉉等曰：當从姪省乃得聲。徒結切

儀禮喪服「苴絰」注云：「麻在首在要皆曰絰。絰之言實也，明孝子有忠實之心，首絰象緇布冠之缺項，要絰象大帶。」又大徐謂「當从姪省乃得聲」，說未是。詩豳風東山「鸛鳴于垤，婦歎于室。洒埽穹窒，我征聿至。」垤、室、窒、至為韻，可證且姪亦至聲也。

緉

「履兩枚也」（兩段作「兩是」）一曰絞也。从糸从兩，兩亦聲。（段鉉作「兩」）力讓切（音諒）

詩齊風南山「葛屨五兩，冠緌雙止。」釋文「兩，沈音亮。」鄭叚兩為緉。「一曰絞也」者，方言「緉、緛，絞也。關之東西或謂之緉，或謂之緛。絞，通語也。」注云「絞謂履中絞也」，是別一義。「从兩，兩亦聲」段鉉作兩，桂氏亦云然，則篆亦宜作緉。本書七下部目「兩，再也」，兩部「兩，二十四銖為一兩」。又緉又叚之為車緉，車部無輛字。

絜

麻一耑也。从糸㓞聲。古屑切

「一耑」猶「一束」也。人部「㑥，絜束也」。又叚之為絜淨。玉篇「絜，結束也，清也。」俗作潔。水部無，新附有之。

縊

經也。（段作「絞也」）从糸益聲。於賜切（音縊）

春秋傳曰：夷姜縊。

廣韻「縊，自經死也。」左傳桓公十六年「夷姜縊」，杜注「失寵而自經死。」

綏

車中把也。从糸从妥。徐鍇曰：禮：升車必正立執綏，所以安也。當从爪从安省。說文無妥字。息遺切（把段作靶）

本書無妥字，桂氏謂是傳寫奪漏，恐未然。按「安妥」「妥貼」字本作㛪。女部「㛪，南楚之外謂好曰㛪。从女隋聲。」他果切 段於女部補「妥，安也。从爪女。」他果切 未知所本。又按論語鄉黨「升車必正立執綏」，朱子注「綏，挽以上車之索也」，與「車中把」同也。本部「緌，系冠纓也。从糸委聲。」儒隹切 與綏字音義俱異，不得謂是一字也。鄭君注禮云「緌者當作綏字之誤也」，恐未然。

彝

宗廟常器也。从糸；糸，綦也。廾持之。（廾字依段補）米，器中實也。彑聲。（段作「从彑象形」）此與爵相似。周禮六彝：雞彝、鳥彝、黃彝、虎彝、蜼彝、斝彝，以待祼將之禮。以脂切

皆古文彝

彝本為常器，又叚之為彝常。詩大雅「民之秉彝，好是懿德。」傳云「彝，常也。」「糸，綦也」者，綦是綥之重文，本部「綥，帛蒼艾色。从

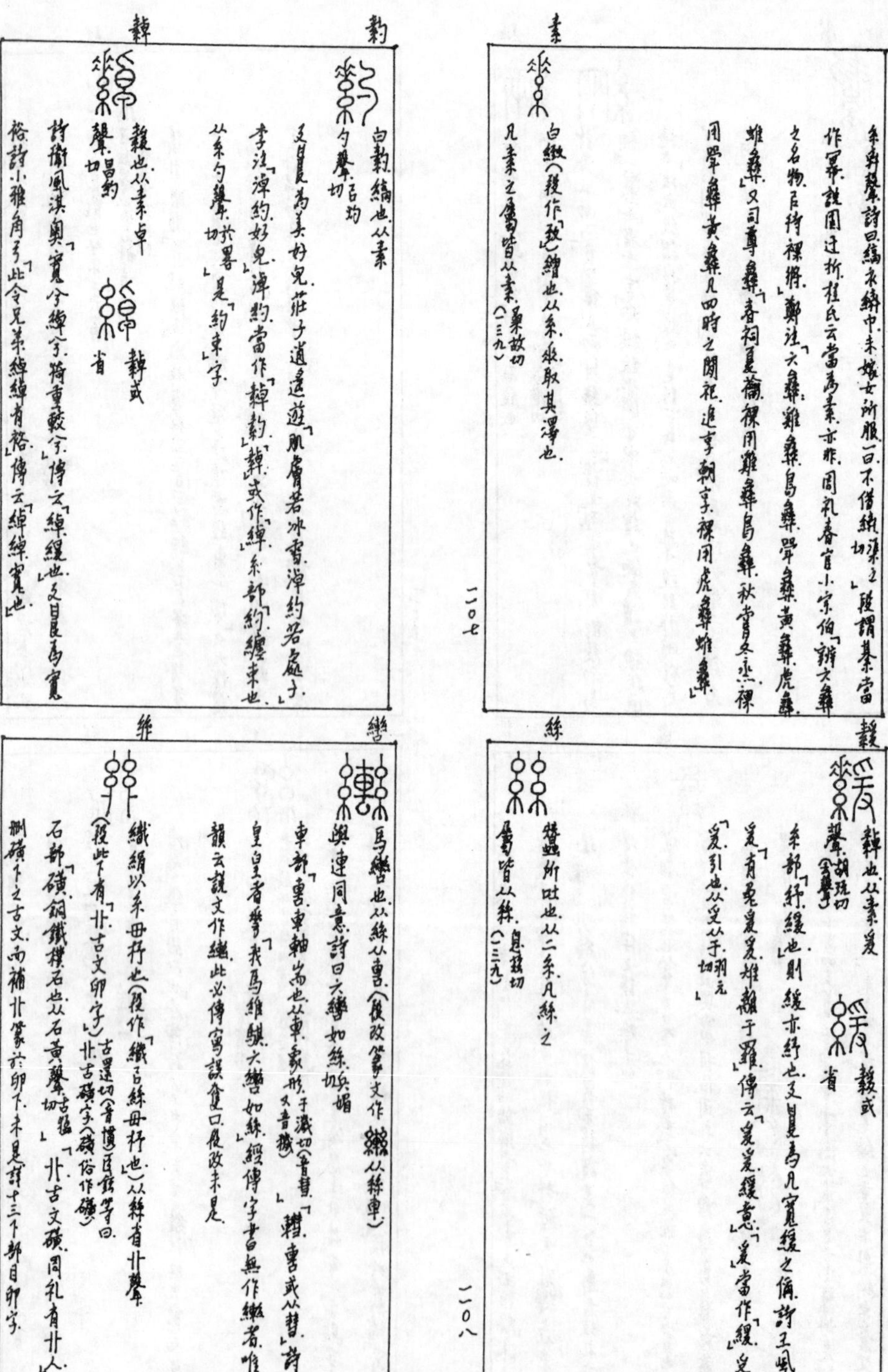

素

糸𢑚聲。詩曰：縞衣綦巾。未嫁女所服。一曰：不借綦。渠之切（段謂綦當作𦄂。誰周迂折。桂氏云當為素。亦非。周礼春官小宗伯「辨六彝之名物，以待祼將。」鄭注「六彝：雞彝、鳥彝、斝彝、黃彝、虎彝、蜼彝。」又司尊彝「春祠夏禴，祼用雞彝鳥彝；秋嘗冬烝，祼用斝彝黃彝；凡四時之閒祀追享朝享，祼用虎彝蜼彝。」）

素 白緻（段作「致」）繒也。从糸𠂹，取其澤也。凡素之屬皆从素。桑故切（一三九）

𦃃

白𦃃，縞也。从素勺聲。以灼切

又引申為美好皃。莊子逍遙遊「肌膚若冰雪，淖約若處子。」李注「淖約，好皃。」淖約當作「𦃃𦃃」。「𦃃」或作「綽」。糸部「約，纏束也。从糸勺聲。於畧切」是「約束」字。

繛

繛也。从素卓聲。昌約切

繛或省

詩衛風淇奧「寬兮綽兮，猗重較兮。」傳云「綽，緩也。」又引申為寬裕。詩小雅角弓「此令兄弟，綽綽有裕。」傳云「綽綽，寬也。」

𦄶

繛也。从素爰聲。胡玩切（段無聲字）

𦄶或省

糸部「紓，緩也。」則緩亦紓也。又引申為凡寬緩之偁。詩王風兔爰「有兔爰爰，雉離于羅。」傳云「爰爰，緩意。」「爰」當作「緩」。𠬪部「爰，引也。从𠬪从于。羽元切」

絲

蠶所吐也。从二糸。凡絲之屬皆从絲。息茲切（一三九）

轡

馬轡也。从絲从𠷎（段改篆文作𦆠，从絲叀）。與連同意。詩曰：六轡如絲。兵媚切

車部「𠷎，車軸耑也。从車，象形。于濊切（音衛，又音鐵）」「轊，𠷎或从彗。」詩小雅皇皇者華「我馬維駰，六轡如絲。」經傳字皆無作𦆠者，唯廣韻云說文作𦆠。此必傳寫誤倉口段改未是。

𦀘

織絹以糸毌杼也（段作「織以絲毌杼也」）。从絲省卝聲。古還切（音慣）臣鉉等曰：卝，古磺字（磺俗作礦）（段此下有「卝，古文卵字」）

石部「磺，銅鐵樸石也。从石黃聲。古猛切」「卝，古文磺。周礼有卝人。」段刪磺下之古文，而補卝篆於卵下，未是。詳十三下部目卵字。

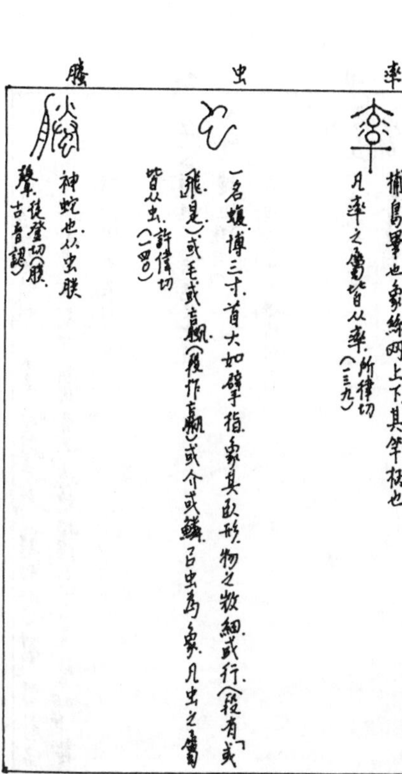

率

捕鳥畢也。象絲网，上下其竿柄也。凡率之屬皆从率。所律切（一三九）

虫

一名蝮，博三寸，首大如擘指。象其臥形。物之微細，或行（段有「或飛」是）或毛或蠃（段作蠃）或介或鱗，以虫為象。凡虫之屬皆从虫。許偉切（一四〇）

螣

神蛇也。从虫朕聲。徒登切（朕，古音謄）

「爾雅釋魚「螣，螣蛇。」郭注「龍類也，能興雲霧而遊其中。」山海經中山經「柴桑之山多飛蛇。」郭注「即螣蛇。」荀子勸學「螣蛇無足而飛，梧鼠五技而窮。」

蚦

大蛇，可食。从虫冄聲。人占切（冄音髯，今讀若南，俗書作蚺）

謂周異物志「蚺蛇食鹿，出骨，與巴蛇同。」元和郡縣志「福州貢蚺蛇膽。」

螾

側行者。从虫寅聲。余忍切

蚓 螾或从引

周礼攷工記梓人「卻行，仄行。」鄭注「卻行，螾衍之屬；仄行，蟹屬。」釋文「卻，羌略反。劉去逆反。爾雅云螾衍入耳。郭璞云蚰蜒也。按此蟲能兩頭行，是卻行。劉云或作衎蜒。衍音延，今曲蟮也。」是鄭君陸氏竝謂螾是卻行。又劉讀「去逆反」是讀為莊子「吾行卻曲」是曲行也。要之，蚯蚓體圓無足，其或上或下，或前或後，或左或右，隨其所值，皆能蠕動，是鄭君所謂側行矣。荀子勸學「螾無爪牙之利，筋骨之強，上食埃土，下飲黃泉，用心一也。」

雖

似蜥易而大。从虫唯聲。息遺切

此字之本義，後世借為語助字而本義晦矣。詩小雅常棣「每有良朋，況也永嘆。」箋云「每，雖也。」爾雅釋訓「每有，雖也。」

䖵

䖵以注鳴（段作「以注鳴者」）。詩曰：胡為䖵蜥。从虫兀聲。臣鉉等曰：兀非聲，未詳。許偉切

「注」乃「咮」字之假。爾雅釋天「咮謂之柳。」注「咮，朱鳥之口。」史記律書「西至于注。」……五月也。索隱「注音丁救反。注，咮也。天官書云柳為鳥咮，則注柳星也。」「䖵以注鳴」謂以五月鳴也。又周禮攷工記梓人「以注鳴者。」鄭注「注鳴，精列屬。」與鄭君異。詩小雅正月「哀人之人，胡為虺蜴。」作蜴。釋文「蜴，星歷反。」則是讀作蜥。本部無蜴字，「蜥蜴」正字作易。

蜥

蜥易也。从虫析聲。先擊切

本書九下部曰「易，蜥易，蝘蜓，守宮也，象形。」羊益切 爾雅釋魚「蠑螈，蜥易；蜥易，蝘蜓；蝘蜓，守宮也。」「蠑螈」當作「榮蚖」，本部「蚖，榮蚖，蛇醫，㠯注鳴者。从虫元聲。愚袁切」

蝘

在壁曰蝘蜓，在艸曰蜥易。从虫匽聲。於殄切（匽音偃，偃匽也）

蝘或从蚰。

「在壁曰蝘蜓」，俗謂之壁虎；「在艸曰蜥易」，俗謂之四腳蛇。又詩大雅蕩「如蜩如螗」，傳云「螗，蝘也。」釋文「蝘音偃，蟬屬也。」陸璣疏云「蝘，

……楚人謂之蟪蛄……或名之蜓蚞」，本部「蛄，螻蛄也。」本艸經「螻蛄，一名蟪蛄。」鄦書無蟪字，新附有之「蟪，蟪蛄，蟬也。从虫惠聲。胡桂切」按蝭訓蟬也，是別一義。

蜓

蝘蜓也。从虫廷聲。一曰螾蜓。徒典切（音忝）

玉篇「又音廷，蟪蛄別名。」

蟫

白魚也。从虫覃聲。余箴切（音淫）

爾雅釋蟲「蟫，白魚。」郭注「衣書中蟲，一名蛃魚。」本艸「衣魚，一名白魚，一名蟫，生咸陽平澤。」陶隱居云「衣中乃有，而不可常得，多在書中。」

蠆

毒蟲也。象形。丑介切（音寨）

蠆或从蚰。

左傳僖公二十二年「蠭蠆有毒，而況國乎。」正義云「說文云：蠭，飛蟲螫人者；蠆，毒蟲也。」通俗文「蠆長尾謂之蠍，蠍毒傷人曰蛆，張列反。字或作蜇。（蛆音袪，蜇音析，說文無）」

強

蚚也。从虫弘聲。巨良切（徐鍇曰：弘與強聲不相近，秦刻石文从口，疑从籀文省）

籀文強从蚰从彊。

按強、弘古同韻，不得謂聲不相近。秦石从口，乃字體之變，鄦君所不取。俗書強作強，非是。又本部「蚚，強也。」通志「強，牛蟲，蛆類，嚙牛馬血。」此強之本義。經傳多段為「彊力」、「勉彊」字。弓部「彊，弓有力也。从弓畺聲。巨良切」力部「勥，迫也。从力強聲。巨良切」「𠹠，古文从彊。」

蜀

葵中蠶也。从虫，上目象蜀頭形，中象其身蜎蜎。詩曰「蜎蜎者蜀。」市玉切

今詩豳風東山「蜎蜎者蠋，烝在桑野。」傳云「蠋，桑蟲也。」作蠋，按蜀字已从虫，今又加虫旁作蠋，謬矣。

蠲

馬蠲也。从虫目，益聲。了，象形。（段作「从虫罒，益聲。象形，益聲。」）明堂月令曰：腐艸為蠲。古玄切（音涓）

說解大徐本作「了，象形」，小徐作「乁，象形」，段改作「罒，象形」。按此當是「乁，象形」，作「了」、作「乁」、作「罒」皆非也。又說解引明堂月令曰「腐艸為蠲」，今小戴記作「螢」，淮南子時則訓「腐艸為蚈」，高注「蚈，馬蚿也。一曰螢火」。按蚈、蚿、螢皆非說文所有。蚈从幵聲，蚿从玄聲，與蠲同韻，而螢，爾雅釋蟲作「熒火」。本書焱部「熒，屋下鐙燭之光，从焱冂」（戶扃切）。熒火細微，其光熒熒，故借用之。莊子秋水「蘷憐蚿，蚿憐蛇」，釋文引司馬云「蚿，馬蚿，蟲也。蘷一足，蚿多足，蛇無足」。又「是猶使蚉負山，商蚷馳河也」，釋文引司馬云「商蚷，蟲名，北燕謂之馬蚿」。

張華博物志「馬蚿，一名百足，中斷則首尾異行而去」。又古籍或段蠲為「捐」，除字手部「捐，棄也。从手肙聲。與專切（肙音捐，小蟲也）」。

蠖

尺蠖，詘申蟲。从虫蒦聲。烏郭切（音蒦 乙獲切）

易繫傳「尺蠖之詘，以求信也」。爾雅釋蟲「蠖，尺蠖」，郭注「今蝍蝛」。爾雅翼「尺蠖狀如蠶而絕小，行則促其要，使首尾相就，乃能進步，詘中有申，如人以手度物，邊後指就前指之狀，古所謂布指知尺者，故謂之尺蠖」。

螻

螻，蛄也。从虫婁聲。一曰：𧑆（段作螜）天螻。洛侯切

𧑆」、「螜」並非說文所有，疑本作「𧒂」。蚰部「𧒂，螻蛄也。从蚰𧒂聲。胡葛切（音曷）」，王氏以為即方言之「蛒蟬」。按方言「蛒蟬……或謂之蝭蟧……秦晉之間謂之𧒂，或謂之天螻」。「蛒蟬」說文作「齎蠿」，虫部「齎，齎蠿也。从虫齊聲。祖兮切」，蚰部「蠿，齎蠿也。从蚰曹聲。則牢切」。方言「蛒蟬或謂之𧒂」，本書蚰部「𧒂，木中蟲。从蚰橐聲。當故切」，則齎蠿非天螻，方言因齎蠿一名蝭蟧而誤為天螻耳。爾雅釋蟲「螜，天螻」，郭注「螻蛄也」，字當作𧒂。

蛄

螻蛄也。从虫古聲。古乎切

今經典或作蟈。按本部「蜮，短狐也。佀鼈三足，以气䠶害人。从虫或聲。于逼切」，「蟈，蜮或从國」。臣鉉等曰：今俗作古獲切，以為蝦蟇之別名。與蛄音義俱異也。

蛾

羅也。从虫我聲。臣鉉等案：爾雅「蛾，羅」，蚰部已有𧋍，或作蛾，此重出。五何切（音蟻 魚綺切）

按大徐以此為重出字，非也。爾雅釋蟲作「𧋍，羅」，郭注「蠶𧋍」，亦是誤混蛾𧋍為一字。爾雅釋文「蟻，魚綺反，本亦作蛾，俗作螘字」，音同。禮學記「蛾子時術之」，鄭注「蛾，蚍蜉也」，釋文「蛾，音蟻」。是蛾為本字，蟻是後起字，而螘則俗字也。蚰部之𧋍始是蠶𧋍字。蚰部「𧋍，蠶化飛蟲。从蚰我聲。五何切」，「𧋍，或从虫」。

螘

螘 蚍蜉也。（段作「𧖅𧕴也」同。）从虫豈聲。（魚綺切，俗作蟻）

「爾雅釋蟲「蚍蜉大螘」。

䘁

悉䘁也。从虫帥聲。（臣鉉等曰：今俗作蟀，非是。所律切）

詩唐風「蟋蟀在堂，歲聿其莫。」傳云「蟋蟀，蛬也。」釋文「蛬，趨織也。」爾雅釋蟲「蟋蟀，蛬。」郭注「今促織也。亦名青蛚。」釋文「蛬音拱。」按說文無蛬字，今人段蛩為之。本部「蛩，蛩蛩，獸也。一曰秦謂蟬蛻曰蛩。从虫巩聲。渠容切（音窮，巩音拱）」義異。古今注「蟋蟀一名吟蛬，秋初生，得寒

則鳴，噪濟南謂為嬾婦。」

蜋

蜋 堂蜋也。从虫良聲。一名蚚父。（段「蚚」作「斫」）魯當切

「堂蜋」爾雅釋蟲作「蟷蜋」，俗作「螳螂」。爾雅釋蟲「蟷蜋，蛑。」郭注「蟷蜋有斧蟲，江東呼為石蜋。孫叔然以方言說此，義亦不了。」按「蛑」是蟲之古文。蟲部「蟲，蟲食艸根者。从蟲，象其形。（莫浮切）」「蟊」蟲或从敄。「蛑」古文蟲从虫从牟。左傳成公十三年「帥我蝥賊以來蕩搖我邊疆」杜注「蝥賊，食禾稼蟲名。」則蛑非蟷蜋。又方言「螳蜋謂之髦，或謂之蝆」，蝆作蛘。說文「蛘，搔蛘也。从虫羊聲。（余兩切，音癢）」亦與

蟷蜋無涉，郭注所以謂「義亦不了也」。邢疏云「蟷蜋，說文作堂蜋，一名斫父，斫父即蚷斧也。高誘注呂覽仲夏紀云『螳蜋，一曰天馬，一曰齕疣，兗州謂之蚷斧。』淮南注作巨斧，義俱通耳。此蟲有臂如斧，故莊子人閒世篇云『螳蜋怒其臂以當車轍，不知不勝任也。』」

𧓡

𧓡 𧓡蠃，蒲盧，細要土蠭也。天地之性，細要純雄，無子。詩曰：螟蠕有子，𧓡蠃負之。从虫𠵩聲。古火切（𠵩音蝸） 蜾 𧓡或从果。

詩小雅小宛「螟蛉有子，蜾蠃負之。」毛傳「螟蛉，桑蟲也。蜾蠃，蒲盧也。負，持也。」箋云「蒲盧取桑蟲之子，負持而去，煦嫗養之，

以成其子。喻有萬民不能治，則能治者將得之。」陸璣疏云「螟蛉者，桑上小青蟲也。蜾蠃，土蜂也，一名蒲盧，似蜂而小要，取桑蟲負之於木空中，或書簡筆筒中，七日而化為其子。」法言學行篇「螟蠕之子殪而逢蜾蠃，祝之曰：類我類我。久則肖之矣。速哉，七十子之肖仲尼也。」

蠃

蠃 蜾蠃也。从虫蠃聲。一曰虒蝓。郎果切（蠃音蠃）

爾雅釋文蠃作蠃，字之譌也。衣部「𧞤，但也。从衣蠃聲。郎果切」「裸」𧞤或从果。俗誤作蠃。「一曰虒蝓」王氏謂「一曰下當再出蠃字」是

也.爾雅釋魚「蚹蠃.螔蝓」郭注「卽蝸牛也」.釋文「蚹音附.蠃音螺.螔音移.蝓音俞」.說文無蚹字.本部「蝸.蝸蠃也.从虫咼聲.古華切」.「蝓.虒蝓也.从虫俞聲.羊朱切」虎部「虒.委虒.虎之有角者也.从虎厂聲.息移切(厂音罕)」虒為有角之虎.蝸有角.故名虒蝓.猶云蝸牛矣.無關於螺蠃也.「蝸蠃」之蠃.今俗作螺.易說卦傳「離為蠃為蚌」.卽此也.

𧕅 螟𧕅.桑蟲也.从虫霝聲.郎丁切

今詩小雅小宛篇「螟蛉有子.蜾蠃負之」.傳云「螟蛉.桑蟲也」.爾雅釋蟲「螟蛉.桑蟲」注云「俗謂之桑蟃.亦曰戎女」.已借蛉為之矣.

按本部「蛉.蜻蛉也.从虫令聲.郎丁切」「蜻蛉」今作「蜻蜓」.「蜻蜓」與「螟𧕅」異物也.

蛺 蛺蜨也.从虫夾聲.兼叶切

蜨 蛺蜨也.从虫疌聲.臣鉉等曰今俗作蝶非是.徒叶切

莊子齊物論「昔者莊周夢為胡蝶.栩栩然胡蝶也」.釋文「胡蝶.司馬崔云.蛺蝶也」.「蛺蜨」之名於經子無徵.列子天瑞.莊子至樂.皆曰「烏足(艸)之根為蠐螬.其葉為胡蝶.胡蝶胥也(胥)化而為蟲」.

蚩 蟲也.从虫之聲.赤之切

經傳或叚作欪.欠部「欪.欪欪.戲笑皃.从欠之聲.許其切」.詩衛風氓篇「氓之蚩蚩.抱布貿絲」.正字當作欪.至陸機文賦「雖濬發於巧心.或受欪於拙目」.作欪則是欪之誤字.又經典亦誤作蚩.本部「蚩.蟲曳行也.从虫屮聲.讀若騁.丑善切」.音義迥異.

螌 螌蝥.毒蟲也.从虫般聲.布還切(音班)

螌蝥.本艸作「斑貓」.本艸經蟲魚部下品「斑貓.味辛寒.有毒.一名龍尾」.

蝥 螌蝥也.从虫敄聲.莫交切 臣鉉等曰今俗作蟊.非是.蟊卽蠿蟊.蜘蛛之別名也.

蝥.是「螌蝥」.蟊字.䖵部「蟊.蠿蟊也.从䖵矛聲.莫交切」.「蠿蟊.蠿蟊作网蛛蟊也.从䖵𢇍聲.𢇍.古文絕.側八切(音札)」.「蠿蟊」是蜘蛛之別名.蟊部「蟊.蟲食艸根者.从蟲.象其形.吏抵冒取民財則生.徐鍇曰唯此一字象蟲形.不从矛.書者多誤.莫浮切」「蝥.蟊或从敄.臣鉉等按虫部已有.作螌蝥字.此重出.莫交切」「蛑.古文蟊.从虫从牟」.是蟊蝥蛑字本三字不同.如今混矣.

蟠 鼠婦也.从虫番聲.附袁切

爾雅釋蟲「蟠，鼠負」郭注「甕器底蟲」即詩之蛜威。釋蟲「蛜威，委黍」郭注「舊說鼠婦別名」詩豳風東山「伊威在室」傳云「伊威，委黍也」陸璣疏云「伊威一名委黍，一名鼠婦，在壁根下甕器底土中生，似白魚者是也」俗謂之濕底蟲。古籍或假蟠為「盤旋」「盤曲」字。礼樂記「礼樂之極乎天而蟠乎地」注云「蟠，委也」方言「未陞天龍謂之蟠龍」。

蛜

蛜威，委黍。委黍，鼠婦也。从虫伊省聲。於脂切

今詩豳風東山「伊威在室」作伊，俗作蛜，正字當作蛜。

蜙

蜙蝑，以股鳴者。从虫松聲。息恭切（今音鬆）

蚣 蜙或省。臣鉉等曰：今俗作古紅切，以為蜈蚣。

段氏王氏依詩釋文引「蜙蝑」下補「舂黍也」。是。詩周南螽斯「螽斯羽，詵詵兮」傳云「螽斯，蜙蝑也」釋文「楊雄許慎皆云舂黍」。是陸元朗所見說文作「蜙蝑，舂黍也」。陸璣疏云「幽州人謂之舂箕，蝗類也，長而青，長股，股鳴者也」方言「舂黍謂之蜙蝑」郭注「江東呼為虴蛨」爾雅釋蟲「蜤螽，蜙蝑」郭注「俗呼蝽蝽」釋文「蜤音斯」周礼考工記梓人「以股鳴者」鄭注「股鳴，蜙蝑，動股屬」詩豳風七月「五月斯螽動股」。又「蜙」「蚣」本一字，今則別為二物，以蚣為蜈蚣，蜙為蜙蝑，俗所謂紡績娘。一切經音義引字林云「蚣，蜈蚣，蝍蛆也」。

蝑

蜙蝑也。从虫胥聲。相居切

詩釋文「蝑，一名斯螽」。

蜩

蟬也。从虫周聲。詩曰：「五月鳴蜩」。徒聊切（音條）

蜩或从舟

詩豳風七月「五月鳴蜩」傳云「蜩，螗也」。本書無螗字。詩大雅蕩「如蜩如螗」傳云「蜩，蟬；螗，蝘也」爾雅釋蟲「螗蜩」郭注「夏小正傳曰：螗蜩者蝘，俗呼為胡蟬」。按蝘之本義是蝘蜓，訓蟬是別一義，詳本部蝘字。王安石六言詩「柳葉鳴條綠暗，荷花落日紅酣」作條是借字。

蟬

以旁鳴者。从虫單聲。市連切

周礼考工記「以旁鳴者」鄭注「旁鳴，蜩蜺屬」賈疏「此即蟬也，蟬鳴在脅」。

蜺

寒蜩也。从虫兒聲。五雞切

爾雅釋蟲「蜺，寒蜩」郭注「寒螿也，似蟬而小，青赤」。月令曰寒蟬鳴」礼月令「孟秋之月寒蟬鳴」鄭注「寒蟬，寒蜩，謂蜺也」陸士龍寒蟬賦序「夫頭上有緌，則其文也；含氣飲露，則其清也；黍稷不享，則其廉也；處不巢居，則其儉也；應候守常，則其信也。加以

冠冕取其容也」

蛚

蜻蛚也，从虫列聲，良薛切

玉篇「蜻蛚，蟋蟀」方言「蜻蛚，楚謂之蟋蟀」詩唐風蟋蟀陸璣疏「蟋蟀，一名蛬，一名蜻蛚」爾雅釋蟲「蟋蟀，蛬」郭注「今促織也，亦名青蛚」易緯通卦驗「立秋蜻蛚鳴」鄭注「蜻蛚，蟋蟀也」皆以蟋蟀一名蜻蛚，然鄦書字敘不與蟋字相次，未知鄦意然否。周礼攷工記「以注鳴者」（段作「以脰鳴者」）鄭注「注鳴，精列屬」則似非一物，蟋蟀以翼鳴也，疑蜻蛚猶蜻蛉，即蜻蜓也。

蜻 蛉

蜻蛚也，从虫青聲，子盈切（音精）

蜻蛉也，从虫令聲，一名桑根，郎丁切

玉篇「蛉，蜻蛉，六足四翼」亦單名精，呂氏春秋精喻篇「海上之人有好精者」注云「精，蜻蜓」「一曰桑根」者，李燾本無此句，或後人以字林（舊釋）入「桑根」猶「蒼筤」聲轉耳，經傳或段為螟字，本部「螟，螟蠕，桑蟲也，从虫霝聲，郎丁切」今詩小雅小宛篇「螟蛉有子，蜾蠃負之」傳云「螟蛉，桑蟲也」已作蛉矣。

蟟

螶蟟也，一曰蜉游（段作「浮游」是）朝生莫死者，从虫𡨄聲，离灼切（音略）

蚰部「螶，螶蟟也，从虫巨聲，强魚切（音渠）」爾雅釋蟲「蜉蝣，渠略」詩曹風蜉蝣「蜉蝣之羽，衣裳楚楚」毛傳「蜉蝣，渠略也，朝生夕死」陸璣疏云「蜉蝣，方土語也，通謂之渠略，似甲蟲有角，大如指，長三四寸，甲下有翅能飛，夏月陰雨時地中出，今人燒炙噉之，美如蟬也……朝生而夕死」各本皆作「渠略」正字當作「螶蟟」又本書無蝣字，蜉是蠹之或字，蚰部「蠹，蠹蠹也」蟲部「蠹，蠹蠹，大蟻也」與螶蟟異也。

蜹

秦晉謂之蜹，楚謂之蚊，从虫芮聲，而銳切（音銳，俗作蚋，芮音銳，艸生兒）

蚰部「蟁，齧人飛蟲也，从蚰民聲，無分切」「蟁，蟁或从昬，以昬時出也」「蚊，俗蟁从虫从文」一切經音義引字林「蚋，小蚊也」

蟰

蟰蛸，長股者，从虫肅聲，穌彫切（音蕭）

詩豳風東山「蟰蛸在戶」毛傳「蟰蛸，長踦也」爾雅釋蟲「蟰蛸，長踦」郭注「小鼅鼄長腳者，俗呼為喜子」詩爾雅並作蟰，釋文「蟰，音蕭」

蠉

蟲行也，从虫瞏聲，香沇切（音血罒、渠緣切）

淮南子原道訓「蠉飛蝡動」高注「蟲行動皃」蠉今字省作蠉

蝕

敗創也从虫人食食亦聲乘力切

「从虫人食食亦聲」桂氏王氏召為當作「从虫飤聲」是也蝕俗省作蝕經典或段食為之史記天官書「日月薄蝕」集解「虧毀為蝕」釋名釋天「日月虧曰食稍稍侵虧如蟲食艸木葉也」

蛟

龍之屬也（段作「龍屬無角曰蛟」）池魚滿三千六百蛟來為之長能率魚飛置笱水中即蛟去从虫交聲（段四字在「曰蛟」下）古肴切

「池魚」當作「沱」水部「沱江別流也出𡵨山東別為沱从水它聲」臣鉉等曰沱沼之沱通用此字今別作池非是徒何切」「三千六百」藝文類聚引作「三千六百秊」御覽引作「三千六百歲」齊氏要術陶朱公養魚經云「魚池所以內鼈者魚滿三百六十則蛟龍為之長而將魚飛去內鼈則魚不復去」爾雅翼引此經云「謂鼈為神守」

螭

若龍而黃北方謂之地螻从虫离聲或曰無角曰螭丑知切

荀子賦篇「螭龍為蝘蜓」注云「地螻」呂氏春秋舉難篇「螭食乎清而游乎濁」注云「螭龍之別也」亦有赤色者漢書司馬相如傳云「蛟

龍赤螭」古籍或作彲史記齊世家「西伯將出獵卜之曰所獲非龍非彲非虎非羆所獲霸王之輔」

虬

龍子有角者（段作「龍無角者」）从虫丩聲渠幽切（音求）

鈕氏校錄云「韻會引有作無」李注文選甘泉賦及謝靈運詩引並作龍無角者當不誤王注離騷云有角曰龍無角曰虬顏注漢書揚雄傳云虬即龍之無角者則虬本無角而亦非龍子」

蜃

雉入海化為蜃（段作「大蛤雉入水所化」）从虫辰聲時忍切（音臣上聲）

禮月令「孟冬之月水始冰地始凍雉入大水為蜃」鄭注「大水淮也大蛤曰蜃」

蛤

蜃屬有三皆生於海（此下有奪誤依爾雅釋魚「魁」下釋文引補正）蛤蠇千歲雀所化秦人謂之牡蠇海蛤百歲燕所化魁蛤一名復累老服翼所化从虫合聲古沓切（今作蛤）

禮月令「季秋之月鴻雁來賓爵入大水為蛤」爾雅釋魚「魁陸」注云「本艸云魁狀如海蛤圓而厚外有理縱橫即今之蚶也」陶注本艸云「是老蝙蝠所化」爾雅釋鳥「蝙蝠服翼」

蟺

夗蟺也从虫亶聲常演切

段注「引申為凡宛曲之偁。夗蟺疊韻。蓋謂凡蟲之宛曲之狀。」按段氏說是也。俗別作蜿蜒，非是。玉篇訓「蜿，蚓也。」爾雅釋蟲「螼蚓，蜸蚕。」郭注「即蛩蟺也。江東呼寒蚓。」「蜸蚕」說文所無。釋文「蜸，苦顯切。」「蚕，他典切」。自餘集韻、廣韻、一切經音義、古今注或作「蛩蟺」，或作「蜿蟺」，或作「蜜蟺」，皆云「即蚯蚓」。然蟺不與螾篆相次，但鄦君不以為蚓之別名。

⿰虫匊

⿰虫匊，鼀黽，詹諸，以脰鳴者。从虫匊聲。居六切（脰音豆）（詹諸今作蟾蜍）

黽部「鼀，圥鼀，詹諸也。其鳴詹諸，其皮鼀鼀，其行圥圥。从黽从圥，圥亦聲。七宿切」「䵹，圥鼀或从酋。」周礼攷工記梓人「以脰鳴者」注「脰鳴，鼃黽屬。」

蝦

蝦，蝦蟆也。从虫段聲。乎加切

蟆

蟆，蝦蟆也。从虫莫聲。莫遐切

本艸經「蝦蟆一名蟾蜍，一名去甫。」爾雅釋蟲「蟼，蟆。」郭注「蛙屬。」又琵琶行之蝦蟆陵，乃下馬陵之譌，董仲舒之墓也。

蠏

水蟲也（依句讀補）。有二敖八足，旁行，非蛇鮮之穴無所庇。从虫解聲。胡買切（今書作蟹）

蠏或从魚

「蛇鮮」小徐作「蛇鱓」，當作「蛇蟺」。荀子勸學篇「蟹六跪而二敖，非蛇蟺之穴無可寄託者，用心躁也。」

⿰虫屰

佀蜥易，長一丈，水潛，吞人即浮，出日南。从虫屰聲。吾各切（俗作鱷）日南郡越南

在壁曰蝘蜓，在艸曰蜥易，在水曰蝶，亦謂之鼉。黽部「鼉，水蟲，佀蜥易，長丈所。从黽單聲。徒何切」

蛧

蛧，蛧蜽，山川之精物也。淮南王說蛧蜽狀如三歲小兒，赤黑色，赤目，長耳，美髮。从虫网聲。國語曰：木石之怪夔蛧蜽。文兩切

「淮南王說」云云，惠氏曰：「見萬畢術、淮南外篇也。亦高誘注。今亾。」韻會、養下引作「淮南子說」。國語魯語「木石之怪曰夔蛧蜽，水之怪曰龍罔象。」韋注「蛧蜽，山精，好斆人聲而迷惑人也。」賈逵注「罔兩，罔象，言有夔龍之形而無實體，皆虛無也。」「蛧蜽」左傳宣公三年作「罔兩」，周礼方相氏作「方良」，鄭注引國語亦作「罔兩」，史記孔子世家作「罔閬」，皆聲轉耳。俗作魍魎。又本書夊部「夔，神魖也。如龍，一足。从夊，象有角、手、人面之形。渠追切」

蜽

蜽，蛧蜽也。从虫兩聲。臣鉉等曰：今俗作魍魎，非是。良獎切

蝯

蝯，善援，禺屬。从虫爰聲。臣鉉等曰：今俗別作猨，非是。雨元切（俗亦作猿）

本書甶部「禺，母猴屬，頭似鬼，从甶从禸，牛具切」爾雅釋獸「猱蝯，善援」郭注「善攀援」釋文「援猶引也」管子形埶解「緣高出險，猱蝯之所長，而人之所短也，故曰，隊岸三仞，人之所大難也，而猱蝯飲焉」

蝙

蝙蝠也（段逯蝠篆下「服翼」二字於此）从虫扁聲，布玄切（音鞭）

蝠

蝙蝠服翼也（段逯「服翼」二字於蝙篆下）从虫畐聲，方六切

方言「蝙蝠，自關而東謂之服翼，或謂之飛鼠，或謂之老鼠，或謂之僊鼠，自關而西秦隴之閒謂之蝙蝠，北燕謂之蟙蠌」蝙蝠形類鼠，肉翅與足相連，夜捕蟁蚋食之，俗言老鼠所化。

蠻

南蠻，蛇種，从虫䜌聲，莫還切（䜌音鑾）

周礼夏官職方氏「四夷八蠻七閩九貉五戎六狄」注引鄭司農「東方曰夷，南方曰蠻，西方曰戎，北方曰貉狄」鄭注「閩，蠻之别也」爾雅釋地「九夷八狄七戎六蠻，謂之四海」礼王制「南方曰蠻」書禹貢「五百里荒服，三百里蠻，二百里流」馬融曰「蠻，慢也，礼簡怠慢，來不距，去不禁」

閩

東南越，蛇種，从虫門聲，武巾切（音文）

周礼夏官職方氏「七閩」鄭注「閩，蠻之别也」釋名釋州國「越，夷蠻之國也，度越礼義，無所拘也」

蠥

衣服歌謠艸木之怪謂之祥，禽獸蟲蝗之怪謂之蠥，从虫辥聲，魚列切

此「祥蠥」字，今經典多作「孽」子部「孽，庶子也，从子辥聲，魚列切」是「孽子」字，辛部「辥，辠也，从辛𡴂聲，私列切（當魚列切）」是「自辛辥」字。

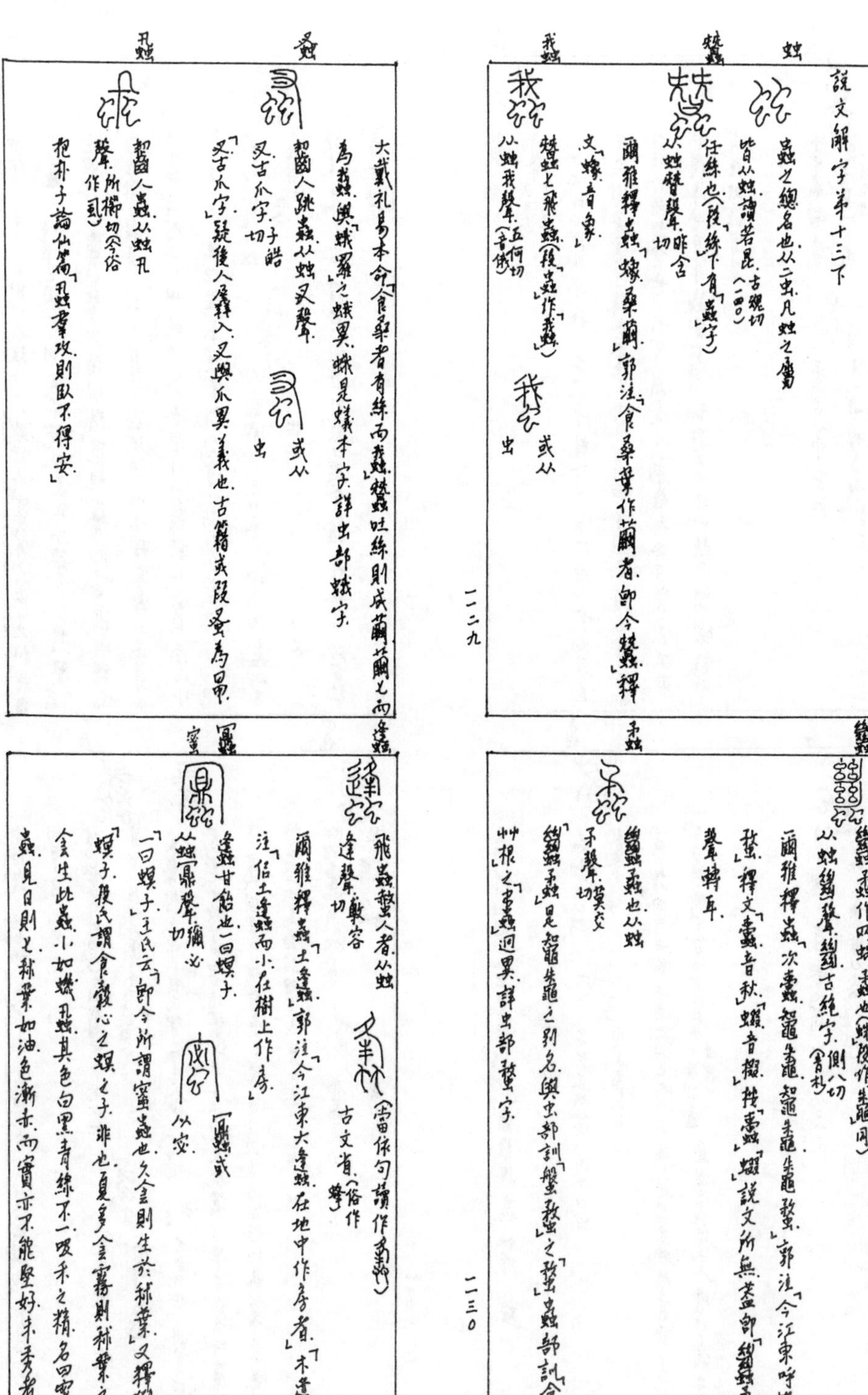

說文解字第十三下

蚰　蟲之總名也。从二虫。凡蚰之屬皆从蚰。讀若昆。古䰟切（一〇〇）

蠶　任絲也。（段「絲下有蟲字」）从蚰朁聲。昨含切

爾雅釋蟲「蟓，桑繭。」郭注「食桑葉作繭者，即今蠶。」釋文「蟓音象。」

䖸　蠶匕飛蟲。（段「蟲作蛾」）从蚰我聲。五何切（音俄）　或从虫

大戴礼易本命「食桑者有絲而蛾。」蠶吐絲則成繭，繭匕而蛾為蛾。與「蛾羅之蛾」異。蛾是蟻本字，詳虫部蛾字。

蚤　齧人跳蟲。从蚰叉聲。叉古爪字。子皓切　或从虫

「叉古爪字，疑後人羼入。叉與爪異義也。古籀或段蚤為早。」

蝨　齧人蟲。从蚰卂聲。所櫛切（今俗作虱）

抱朴子論仙篇「蝨羣攻則臥不得安。」

一一二九

蠿　蠿蟊作罔蛛蟊也。（蛛段作「鼄」，同）从蚰𢇍聲。𢇍，古絕字。側八切（音札）

爾雅釋蟲「次蟗，鼅鼄。鼅鼄，鼄蝥。」郭注「今江東呼蝃蝥。」釋文「蟗音秋」「蝃音掇」按「蟗」「蝃」說文所無，蓋即「蠿蟊」聲轉耳。

蟊　蠿蟊也。从蚰矛聲。莫交切

「蠿蟊」是鼅鼄之別名，與虫部訓「盤蝥」之「蝥」、蚰部訓「食艸根之蟲」迥異，詳虫部蝥字。

蠭　飛蟲螫人者。从蚰逢聲。敷容切　古文省。（俗作蜂）（當依句讀作蠭）

爾雅釋蟲「土蠭」，郭注「今江東大蠭在地中作房者。」「木蠭」注「似土蠭而小，在樹上作房。」

𧖅　蠭甘飴也。一曰螟子。从蚰鼏聲。彌必切　𧖅或从宓。

「一曰螟子」王氏云「即今所謂蜜蟲也，久食則生於秝葉。」又釋例「螟子，段氏謂食穀心之螟之子，非也。夏多食露則秝葉之食生此蟲，小如蟣蝨，其色白黑青綠不一，吸禾之精，名曰蜜蟲。見日則匕，秝葉如油色漸赤，而實亦不能堅好，未秀者

一一三〇

即不秀矣。久食則不飛，蛾而為蟻也。」「鼏聲」之「鼏」是訓「鼎覆也。从鼎冖，冖亦聲。莫狄切」之「鼏」，非訓「以木橫貫鼎耳而舉之。从鼎冂聲。古熒切」之「鼏」也。又「𪓰聲」，𪓰聲連語則猶「黽勉」、「𪓰𪓰」也。爾雅釋詁「𪓰𪓰、𧏙沒……勉也。」郭注「𧏙沒猶黽勉。」釋文「𧏙，音蜜，本或作𡨴。」詩邶風谷風「黽勉同心」，文選注引韓詩作「密勿同心」。小雅十月之交「黽勉從事」，漢書劉向傳作「密勿從事」。

蟁　齧人飛蟲。从䖵民聲。無分切

𧍟　蟁或从昏，以昏時出也。

蚊　俗蟁从虫从文。

漢書景十三王中山靖王聞樂對「衆口鑠金，聚蟁成雷。」師古注「蟁，古蚊字。」

蝱　齧人飛蟲。从䖵亡聲。武庚切（音盲）

王氏云「此小蚊，非牛虻也。楚策言蜻蛉俛啄蚊虻而食之。若是牛虻，則大者長寸許，色蒼黑，小者亦大如青蠅，青頭而身灰白，非蜻蛉所能食也……故四子講德論曰『蚊虻終日營營，不能越階序；若是牛虻，則狂飛徧野矣。』中山靖王聞樂對『明月曜夜，蚊虻宵見。』」

蠹　木中蟲。从䖵橐聲。當故切（音杜）形聲

𧓕　蠹或从木，象蟲在木中形。譚長說。（音蠹）

今俗謂之蛀蟲。」文子「木生蠹，還自食。」說苑辨物「木自生蠹，而還自刻也。」

蠡　（段改篆作𧒒）蟲齧木中也。从䖵彖聲（段作「彖聲」）。盧啟切（音礼）

𧒒　古文（段作𧒒）（當作𧒒）

「彖聲」鈕氏、段氏、桂氏皆以為當从「式視切（音𧰲）」之彖，非「通貫切」之彖，是也。故篆當作𧒒，又今本古文與篆不異。王氏云「汗簡引作𧒒，明是从彖，讀若弟之𧒒矣。」故古文當作𧒒，𧒒音異。又此蠡字乃是動詞，謂蟲之食木，非蟲名也。

𧕴　𧖟𧕴也。从䖵𧕴聲。縛牟切（𧕴音蜉）

蜉　𧕴或从虫从孚。

虫部「螘，蚍蜉也。从虫豈聲。魚綺切」爾雅釋蟲「蚍蜉，大螘。」

蠢　蟲動也。从䖵春聲。尺尹切

𢧢　古文蠢从𢦏。周書曰「我有𢧢于西。」

書大誥曰「有大艱于西土，西土人亦不靜，越茲蠢。」此蠢動字。心部「憃，精戇也。从心舂聲。千短切（憃音聚）」是愚憃之憃字，今皆作蠢矣。

䖵　有足謂之蟲，無足謂之豸。从二虫。凡䖵之屬皆从䖵。直弓切（一四○）

蟊

蟲食艸根者。从蚰，矛（依段補）；象其形，吏抵冒取民財則生。徐鍇曰：惟此一字象蟲形，不从矛，書者多誤。莫浮切。

蟊或从敄。臣鉉等案：虫部已有，莫交切，作螌蝥，此重出。

古文蟊从虫从牟。

蟊是食艸根之蟲，是蟊賊字，不應書作矛蚰，與蚰部訓「蠿蟊」之蟊不同，亦與虫部訓「螌蝥」之蝥異，而今皆混矣。詩小雅大田：「去其螟螣，及其蟊賊。」傳云：「食心曰螟，食葉曰螣，食根曰蟊，食節曰賊。」左傳成公十三年：「帥我蝥賊，以來蕩搖我邊疆。」杜注：「蝥賊，食禾稼蟲名。」字當作蟊。又說解「吏抵冒取民財則生」，左傳文公十八年：「貪於飲食，冒於貨賄。」杜注：「冒亦貪也。」國語晉語：「有冒上而無忠下。」韋注：「冒，抵冒，言貪也。」爾雅釋蟲：「食根蟊。」李巡曰：「蟊食禾根者，言其稅取萬民財貨，故云蟊也。」蟊亦當作蟊。

𧖅

𧖅蜉，大螘也。从蚰，比聲。房脂切。

𧖅或从虫，比聲。

蜚

臭蟲，負蠜也。从蚰，非聲。房未切。

蜚或从虫。

「負蠜」當是「負盤」之譌。左傳隱公元年：「有蜚，不為災，亦不書。」杜注：「蜚，負蠜也。」孔疏：「此蟲一名負盤。」本書虫部：「蜰，盧蜰也。从虫，肥聲。（音肥）符非切。」爾雅釋蟲：「蜚，蠦蜰。」郭注：「蜰，即負盤，臭蟲。」本書虫部：「蠜，阜蠜也。从虫，樊聲。附袁切。」爾雅釋蟲：「阜螽，蠜。」郭注引詩：「趯趯阜螽。」又：「草螽，負蠜。」郭注引詩：「喓喓草蟲。」詩召南草蟲傳云：「草蟲，常羊也。」「阜螽，蠜也。」玉篇：「蠜，阜螽也，即蚣蝑。」是負蠜與蜚實二物也。

蠱

腹中蟲也。春秋傳曰：皿蟲為蠱，淫溺（依校錄正）之所生也。梟磔（依段正）死之鬼亦為蠱。从蟲，从皿。皿，物之用也。公戶切。

左傳昭公元年：「晉侯求醫於秦，秦伯使醫和視之，曰：疾不可為也，是謂近女室，疾如蠱，非鬼非食，惑以喪志……」趙孟曰：「何謂蠱？」對曰：「淫溺惑亂之所生也。於文，皿蟲為蠱，穀之飛亦為蠱，在周易，女惑男，風落山，謂之蠱，皆同物也。」趙孟曰：「良醫也。」厚其禮而歸之。易蠱卦集解引伏曼容曰：「蠱，惑亂也，萬事從惑而起，故以蠱為事也。」荀爽曰：「蠱者，事也，備物致用，故天下治也。」

風

八風也。東方曰明庶風，東南曰清明風，南方曰景風，西南曰涼風，西方曰閶闔風，西北曰不周風，北方曰廣莫風，東北曰融風，風動蟲生，故蟲八日而化。从虫凡聲。

凡風之屬皆从風。方戎切（一四二）

古文 風

𩗗

北風謂之𩗗。从風，涼省聲。口張切

爾雅釋天「南風謂之凱風，東風謂之谷風，北風謂之涼風，西風謂之泰風，焚輪謂之穨，扶搖謂之猋」。作涼是借字。詳水部涼字。

飆

扶搖風也。从風，猋聲。甫遙切

飆或从包

爾雅釋天「扶搖謂之猋」。郭注「扶搖，暴風從下上」。莊子逍遙遊「水擊三千里，摶扶搖而上者九萬里，去以六月息者也」。今經典作猋，是借字。犬部「猋，犬走皃。从三犬」。甫遙切

飄

回風也。从風，𤐫聲。撫招切

爾雅釋天「迴風為飄」。郭注「旋風也」。詩檜風匪風「匪風飄兮」，毛傳「迴風為飄」。大雅卷阿「有卷者阿，飄風自南」，傳云「飄風，迴風也」。古詩十九首「回風動地起，秋艸萋已綠」。回風，飄風也。至老子「飄風不終朝，驟雨不終日」，則是叚作猋飆，謂暴

飂

高風也。从風，翏聲。力求切

莊子齊物論「而獨不聞之翏翏乎」，釋文「翏翏，長風聲也」。是叚翏為飂。羽部「翏，高飛也。从羽㐱聲。力救切」

颺

風所飛揚也。从風，昜聲。與章切

手部「揚，飛舉也。从手昜聲。與章切」二字古籍多互通。詩小雅大東「維南有箕，不可以簸揚」，晉書孫焯傳「簸之颺之」。

𩗬

（段篆下有「𩗬𩗬」）風雨暴疾也。从風，利聲。讀若栗。力質切

「暴」當作「瀑」。水部「瀑，疾雨也」。詳瀑字。

颲

烈風也（段作「颲颲也」）。从風，列聲。讀若列。良薛切

詩豳風七月「二之日栗烈」，釋文云「栗烈，寒氣也。說文作颲颲」。武陵氏所據說文颲颲下有引詩，而今奪矣。又小雅大東「有洌氿泉」，作「洌」，傳云「洌，寒意也。側出曰氿泉」。釋文「氿音軌」，正義引「七月云二之日栗洌」作「洌」。按水部「洌，水清也。从水列聲」。易曰井

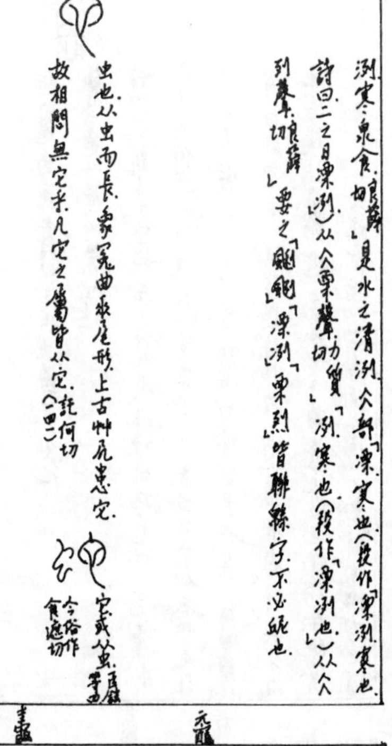

洌，寒，泉食，（良薛切）是水之清洌。仌部「凓，寒也（段作「凓冽，寒也。」詩曰二之日凓冽」）从仌栗聲。（力質切）「冽，寒也（段作「凓冽也。」）从仌列聲。（良薛切）」要之「飂飉」「凓冽」「栗烈」皆聯緜字，不必泥也。

它

虫也。从虫而長，象冤曲垂尾形。上古艸居患它，故相問無它乎。凡它之屬皆从它。（託何切）（一四二）

它或从虫。（臣鉉等曰：今俗作食遮切）

龜

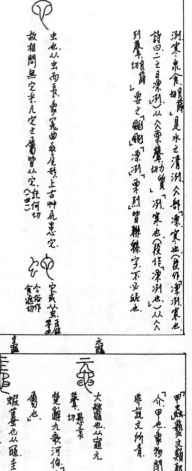

舊也。外骨內肉者也。从它，龜頭與它頭同。天地之性，廣肩無雄；龜鼈之類，以它為雄。（段有「𪚦」）象足甲尾之形。凡龜之屬皆从龜。（居追切）（一四三）

古文龜。

黽

鼃黽也。从它，象形。黽頭與它頭同。（臣鉉等曰：）象其腹也。凡黽之屬皆从黽。（莫杏切）（一四四）

籀文黽。

鼈

甲蟲也。从黽敝聲。（并列切）

「甲蟲」藝文類聚引作「介蟲」。礼月令孟冬之月「其蟲介」鄭注「介，甲也，象物閉藏地中，龜鼈之屬。」古籍或作鱉，或作鼈，非說文所有。

黿

大鼈也。从黽元聲。（愚袁切）

楚辭九歌河伯「乘白黿兮逐文魚」王逸注「大鼈為黿，魚屬也。」

鼃

蝦蟇也。从黽圭聲。（烏媧切）（俗作蛙，非是。）

急就篇「水蟲科斗鼃蝦蟇」顏注「鼃，一名螻蟈，色青，小形而長股。」本書虫部「蜮，短狐也，似鼈，三足，以气䠶害人。从虫或聲。（于逼切）」「蟈，蜮又从國。（臣鉉等曰：今俗作古獲切，以為蝦蟇之別名。）」周礼秋官蟈氏「掌去鼃黽」鄭司農曰「月令曰螻蟈鳴，故曰掌去鼃黽。鼃黽，蝦蟇屬」鄭玄注「蟈，今御所食蛙也。」又考工記梓人「以脰鳴者」鄭注「脰鳴，鼃黽屬。」礼月令孟夏之月「螻蟈鳴」鄭注「螻蟈，蛙也。」釋文「蟈，古獲反。」按說解「蝦蟇也」當依段作「蝦蟇屬」。鼃黽與蝦蟇不同，而其形相似，故言屬。「蝦蟇」即今所謂「青蛙」。「鼃」即周礼所謂「蟈」，鄭謂「今御所食蛙」，今粵所謂「田雞」，潮人謂之「水雞」是也。又鄦書無蛙字，虫部「䖯，蟲也。从虫圭聲。」

切鳴蜩」音同而實異物也。

鼀

圥鼀，詹諸也。其鳴詹諸，其皮鼀鼀，其行圥圥。从黽圥，圥亦聲。七宿切（音畜）

⿰酋黽 鼀或从酋。

虫部「⿰虫匊：⿰虫匊鼀，詹諸，以脰鳴者。从虫匊聲。居六切」此一物而四名，曰⿰虫匊鼀，曰圥鼀，曰詹諸，曰⿱爾黽⿱爾黽也。詹諸今俗作蟾蜍。「鼀鼀」猶蹙蹙也。屮部「圥：菌圥，地蕈，叢生田中。从屮六聲。力竹切」「圥圥」重言形況字，舉足不前之皃。又爾雅釋魚「鼁䵷，蟾諸」，釋文「鼁音去，䵷音秋」。按鼁字非說文所有，疑是圥鼀字之譌。䵷乃鼀之重文，二字並當讀七宿切。陸氏音去秋，並誤。疑釋魚本作「圥䵷，蟾諸也」。

⿱爾黽

⿱爾黽⿱爾黽，詹諸也。詩曰：得此⿱爾黽⿱爾黽，言其行⿱爾黽⿱爾黽。从黽爾聲。式支切（音施）

詩邶風新臺「燕婉之求，得此戚施」，作「戚施」是借字。毛傳「戚施，不能仰者」。鄭箋「戚施面柔，下人以色，故不能仰也」。此是引伸之義。韓詩章句「戚施，蟾蜍，喻醜惡也」。「其行⿱爾黽⿱爾黽」，⿱爾黽⿱爾黽重言形況字，猶「施施」。詩王風丘中有麻「將其來施施」，毛傳「施施，難進之意」。孟子離婁下「施施從外來，驕其妻妾」，朱子注「施音迤。施施，喜說自得之皃」。則是暆字之消。日部「暆：日行暆暆也。从日施聲。弋支切」

鼉

水蟲，佀蜥易，長大（段作「長丈所，皮可為鼓」）。从黽單聲。徒何切（音佗）

「長大」當依御覽作「長丈所」。丈所猶丈許也。鼉即鰐魚。虫部「⿰虫屰：佀蜥易，長一丈，水潛，吞人即浮，出日南。从虫屰聲。吾各切」詩大雅靈臺「鼉鼓逢逢」，陸疏「鼉形佀水蜥易，四足，長丈餘，生卵大如鵝卵，甲如鎧，今合藥鼉魚甲是也。其皮堅厚，可以冒鼓」。經傳鼉或作鱓，詳魚部鱓字。

鼅

鼅鼄，蝥也（「蝥」上依段補「鼄」字）。从黽智省聲。陟離切

⿰虫智 或从虫。（俗作蜘）

蚰部「𧓍蟊，作网鼄蝥也。从蚰𣊫聲。側八切」

鼄

鼅鼄也。从黽朱聲。陟輸切

蛛 鼄或从虫。

鼂

匽鼂也。讀若朝。揚雄說：匽鼂，蟲名。杜林以為朝旦，非是。从黽旦聲。（臣鉉等曰：今俗作晁。）直遙切

⿱旦黽（段改篆作「鼂」是）篆文从皀。（段作「古文从皀」）

「匽鼂」。桂氏王氏竝引臨海水土異物志云「鼂似匐鼁，鼊鼀一名匽鼂」。匐鼁、鼊鼀字非鄭書所有。文選江賦李注云「鼂鼊、鷹鼊與匐鼁、鼊鼀相似」，然說文亦無鼂鼊、鷹鼊字。按匽疑是蝘字之渻借。詩大雅蕩「如蜩如螗」，傳云「蜩，蟬也。螗，蝘也」。釋文「蝘音偃，蟬屬也」。夏小正五月……唐蜩鳴。唐蜩者，匽也。「匽鼂」猶「蝘蜩」，蟬也。又杜林云，則是段鼂為朝。倝部「朝，旦也。从倝舟聲。陟遙切」。楚辭九章哀郢「甲之鼂吾以行」，王逸注「鼂，旦也」。又按鼂字从𣅀，重文當是从𣅀，不从皀，段改是也。日部「𣅀，望遠合也。从日匕。匕，合也。讀若窈窕之窈。烏皎切」。五下部目「皀，穀之馨香也。象嘉穀在裹中之形，匕所以扱之。或說皀，一粒也。皮及切」。

卵

凡物無乳者卵生。象形。凡卵之屬皆从卵。盧管切（段本有卝，古文卵）（四三）

二

地之數也。从偶一。（小徐段氏作「从耦一」）凡二之屬皆从二。而至切（四三）

古文

亟

敏疾也。从人从口从又从二。（段作「从人口又二」）二，天地也。徐鍇曰：承天之時，因地之利，口謀之，手執之，時不可失，疾也。紀力切，又去吏切。

支部「敏，疾也」。爾雅釋詁「亟，疾也」、「亟，速也」。詩豳風七月「亟其乘屋」，箋云「亟，急。乘，治也」。亟之本義是「疌」、「疾」、「急速」，讀「紀力切」。又引申之為「婁也」、「數也」，讀「去吏切」。孟子盡心上「故王公不致敬盡禮，則不得亟見之」，趙岐注「亟，數也」。漢書刑法志「師旅亟動」，師古注「亟，屢也」。心部「悈，疾也。从心亟聲。一曰謹重皃。己力切」。疾亦病也。書洪範「六極：一曰凶短折，二曰疾，三曰憂，四曰貧，五曰惡，六曰弱」。極正字當作悈。木部「極，棟也。从木亟聲。渠力切」。義異。

恆

常也。从心从舟在二之閒，上下一心（段無「一」字）以舟施，恆也。胡登切（會意）

古文恆从月。詩曰：如月之恆。

徐鍇曰：「二，上下也。心當有常。易恆曰：四時變化而能久成。注曰：長陽長陰合而相與，可久之道也。」是恆亦久也。「上下一心以舟施」，恆也。桂氏王氏竝云「施當作旋」。本書舟部般下云「象舟之旋」，服下云「所以舟旋」。故恆下亦當云「以舟旋，恆也」。又說解引詩在古文下，是鄭者所見詩當作「如月之亙」。今詩小雅天保「如月之恆」。恆如日之升，已作恆矣。

亘

求亘也。（「亘」段作「回」）从二从回。回，古文回。象亘回形，上下所求物也。須緣切

此「亘布」、「亘洩」，亘回字。今經典皆借宣為之。宀部「宣，天子宣室也。从宀亘聲。須緣切」。義與亘字迥異。又亘字隸變作亘，與从

舟之亙字隸變作亙。恆也。木部「𣑽」竟也。从木恆聲。古鄧切「亙」古文𣑽。

笁

㫗也。从二竹。冬毒切

本書五下部目「㫗 㫗也。从反亯。胡口切」亯部「𩫖 㫗也。从亯竹聲。冬毒切」竹部「篤 馬行頓遲。从馬竹聲。冬毒切」凡「篤實」「惇篤」字皆當作𩫖或笁。今經傳已假篤為之矣。

凡 二㢧

（各本無此篆。宜補）最（段作「冣」）括也。从二。二，耦也。从㢧。㢧，古文及。（依小徐正）浮芝切

篆文（各本召）此為本字

按凡字屬二部。而說解云「从二。从古文及」則今本說文當奪㢧篆。而从一之凡宜是重文。又及之古文有作「乀」「㢧」而無作「ㄋ」者。故宜从小篆作㢧。

土

地之吐生萬物者也。二象地之下地之中。丨（依段本補）物出形也。凡土之屬皆从土。它魯切（四三）

地

元气初分。輕清昜為天。重濁侌為地。萬物所敶列也。从土也聲。徒四切（古音表）

籀文地从隊（段篆作墬从𨸏土彖聲）

論衡談天篇「元气未分。渾沌為一。及其分離。清者為天。濁者為地」又籀文地大徐「从隊」小徐「从𨸏土彖聲」段改作墬「从𨸏土彖聲」按𨸏部「隊 道邊庳垣也。从𨸏彖聲。徒玩切」字从「羊至切音二之彖」不从「通貫切之彖」大徐「从隊」並無不合。不必如段改作从「式視切」之彖也。

垓

兼垓（段作晐）八極地也。國語曰。天子居九垓之田。从土亥聲（段从「土亥聲」在「國語曰」上）古哀切

日部「晐 兼晐也。从日亥聲。古哀切」「兼垓」「兼晐」同。古籍作該。是借字。言部「該 軍中約也。从言亥聲。古哀切」俗又作賅。貝部無。

邑部「郂 陳留鄉。从邑亥聲。古哀切」今經傳已作垓矣。又說解引國語云云。今鄭語「王者居九畡之田」楚語「天子之田九畡」作畡。田部無。正字當作垓。

坶

朝歌南七十里地。周書（段有「曰」字）武王與紂戰于坶野。从土母聲。莫六切

今書牧誓「敍與受戰于牧野。作牧誓」鄭注「牧野。紂南郊地名」作牧。釋文「坶音牧。本又作牧」經傳坶牧竝見。蓋聲近通段。據鄭書則是坶為本字也。又「朝歌」之「朝」當讀為「朝旦」字。鄒陽獄中上書自明「里名勝母。曾子不入。邑號朝歌。墨翟回車」

墧

墧　堅不可拔也。从土高聲。苦角切

此堅墧不拔字。易乾文言「確乎其不可拔，潛龍也」。作確，是俗字。石部「确，磬石也。从石角聲。臣鉉等曰：今俗作確，非是。胡角切」。是堅「确」，「确」實字。至易繫傳「夫乾，確然示人易矣」，「確然」謂健而高，正字當作寉。冂部「寉，高至也。从隹上欲出冂。易曰：夫乾寉然。胡沃切」。鄭君所見易正作寉也。

坴

坴　土塊坴坴也。从土圥聲。讀若逐。（段依小徐「逐」作「逯」）一曰坴梁。（段作「坴梁地」。繫傳句讀同）力竹切

史記秦始皇本紀「三十三年，發諸嘗逋亡人、贅壻、賈人，略取陸梁地，為桂林、象郡、南海，以適遣戍」。作「陸」。正義云「嶺南之人多處山陸，其性強梁，故曰陸梁」。𨸏部「陸，高平地。从𨸏从坴，坴亦聲。力竹切」。坴是坴地，陸是高平地。爾雅釋地「下溼曰隰，大野曰平，廣平曰原，高平曰陸，大陸曰阜，大阜曰陵，大陵曰阿」。又屮部「圥，菌圥，地蕈，叢生田中。从屮六聲。力竹切」。「𡻮，籀文圥从三圥」。

墣

墣　塊也。从土菐聲。匹角切

圤　墣或从卜。

墣猶坏也。木部「樸，木素也。从木菐聲。匹角切」。是木之未經彫飾者。又目良為「樸素」「樸實」。玉部無「璞」。又木部「朴，木皮也。从木卜聲。匹角切」。經傳或作扑，手部無。

凷

凷　墣也。从土一屈，象形。（段依小徐作「从土凵，凵屈象形」）（指事）苦對切

塊　凷或从鬼。（段作「俗凷字」）

按凵非字。大徐「从土一凵」是也。與「莫狄切之冖」「从一下垂」語法相似。不作从「口犯切之凵」或「去魚切之凵」也。凷猶土也。左傳僖公二十三年「乞食於野人，野人與之塊」。莊子齊物論「夫大塊噫氣，其名為風」。俞注「大塊，大地也」。

塍

塍　稻田畦也。（「田」字依校錄正。段作「稻田中畦埒也」）从土朕聲。食陵切

田部「畦，田五十畝曰畦。从田圭聲。戶圭切」。土部「埒，卑垣也。从土寽聲。力輟切」。（寽音律）埒謂短垣，所以為畛也。

垣

垣　牆也。从土亘聲。雨元切

𩫏　籀文垣从𩫖。

書梓材「若作室家，既勤垣墉」。釋文引馬曰「卑曰垣，高曰墉」。詩大雅板「大師維垣」，傳云「垣，牆也」。

壁

壁　垣也。从土辟聲。比激切

釋名釋宮室「壁，辟也。辟禦風寒也」。

堀

突也。詩曰浮游堀閱。
从土屈省聲。苦骨切

本部末有「堀，兔堀也。从土屈聲。苦骨切」鈕氏校錄、嚴氏校議並㠯此篆當作𡑞，从土㞜聲。部末訓兔堀也之篆乃後人所增。段氏㠯堀篆易堀，而删部末訓兔堀之篆，是也。又本書穴部「突，犬从穴中暫出也。从犬在穴中。一曰滑也。徒骨切」又[illegible]為穴也，穿也。堀，今俗作窟。古籍或借掘為之。今詩曹風蜉蝣「蜉蝣掘閱」亦借掘字。馬瑞辰曰「說文引詩作堀，云突也。突為犬从穴中暫出，義與穿近。…閱讀為穴。…管子山權數篇北郭有掘闕而得龜者。即穿穴而得龜也。…則知此詩掘閱亦當訓穿穴矣。陸璣疏言浮游[illegible]雨從地中出。郭璞言浮游叢生糞土中。皆與穿穴而出之義合」

坫

屏也。从土占
聲。都念切(音店)

尸部「屏，屏蔽也」。按宋陳祥道禮書云坫之别凡有四：曰反爵之坫(論語八佾「邦君為兩君之好有反坫」是也)；曰奠玉之坫(禮記明堂位「崇坫康圭」是也。崇，高也。康，亢也，讀為亢)；曰庋食之坫(禮內則「大夫於閣三，士於坫一」，庋音詭，閣藏食物也)；有堂隅之坫(儀禮士冠禮「爵弁皮弁緇布冠各一匴，執以待于西坫南」，鄭注「坫在堂角」。匴音筭，籍也)。刀部「㓠，缺也。从刀占聲。詩曰白圭之㓠。丁念切」

是㓠缺字。今詩大雅抑作玷。玉部無。缶部「𦈢，缺也。从缶占聲。都念切」與㓠音義同。

墀

涂地也。从土犀聲。禮
天子赤墀。直泥切(音遲)

「禮天子赤墀」段氏云「蓋出禮緯含文嘉之文」。今俗作墀，非是。

坌

埽除也。从土弁聲。
讀若糞。方問切

經傳或作拚，是借字。手部「拚，拊手也。从手弁聲。皮弁切」音義異。本書華部「糞，棄除也。从廾推華棄釆也。官溥說似米而非米者矢也。方問切」與坌字音義同。詳華部糞字

埽

棄也(段作「弁也」)。
从土从帚。穌老切

又[illegible]之為除也。詩鄘風牆有茨「牆有茨，不可埽也」。俗作掃。手部無。

在

存也。从土才
聲。昨代切

爾雅釋詁「在，存省士察也」。釋訓「存存，在也」。

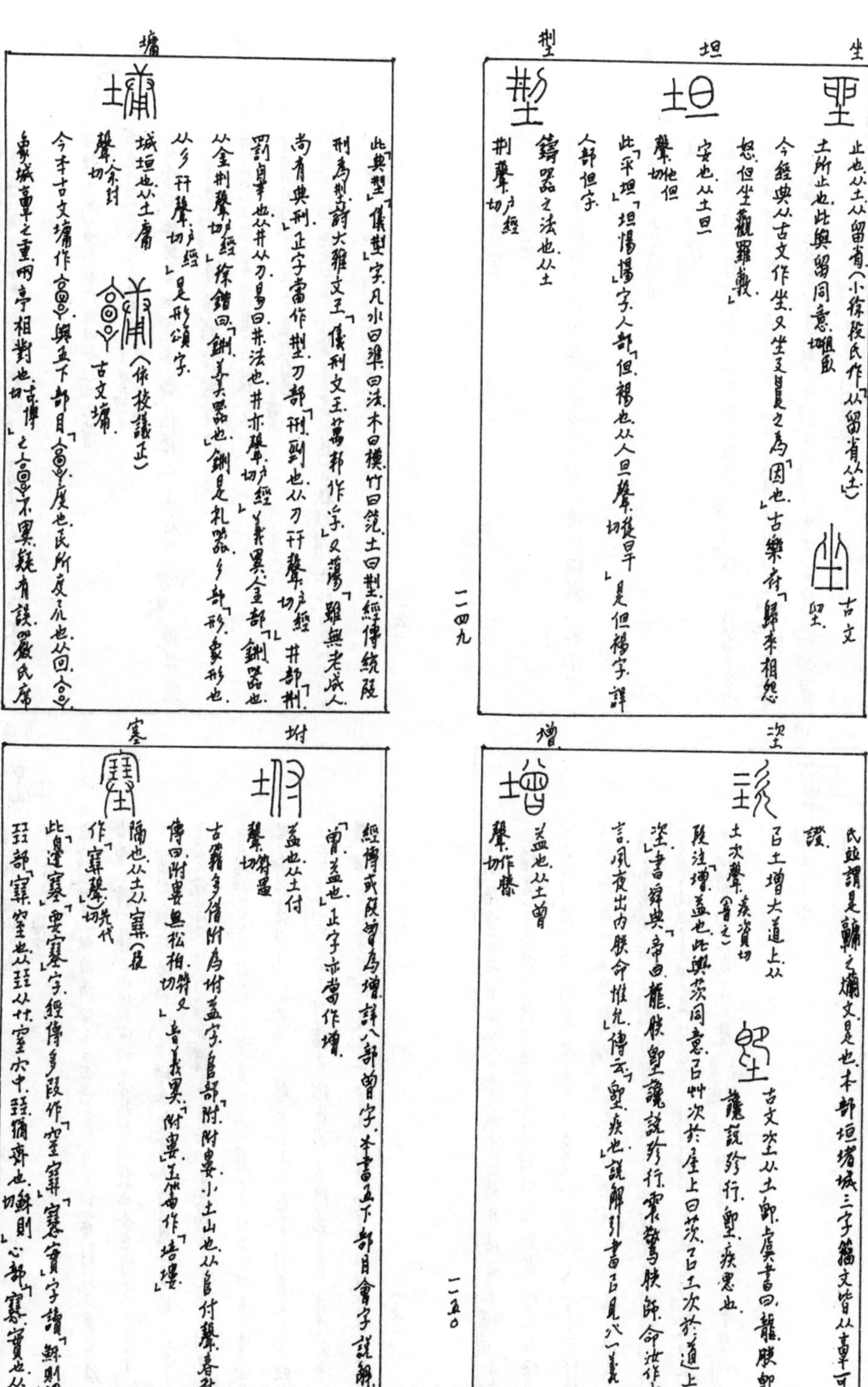

坐　坦　型

止也。从土，从留省。（小徐段氏作「从留省从土」）土所止也。此與留同意。徂臥切
古文 坐。
今經典从古文作坐，又坐又𡌡之為「因」也。古樂府「歸來相怨怒，但坐觀羅敷」。

安也。从土旦聲。他但切
此「平坦」「坦惕惕」字。人部「但，裼也。从人旦聲。徒旱切」是但裼字。詳人部但字。

鑄器之法也。从土刑聲。戶經切

墉

此「典型」「儀型」字。凡水曰準，曰法；木曰模；竹曰範；土曰型。經傳統段刑為型。詩大雅文王「儀刑文王，萬邦作孚」，又蕩「雖無老成人，尚有典刑」，正字當作型。刀部「刑，剄也。从刀幵聲。戶經切」，井部「荆，罰辠也。从井从刀。易曰：井，法也。井亦聲。戶經切」，義異。金部「鉶，器也。从金荆聲。戶經切」。徐鍇曰「鉶，羹器也」。鉶是礼器。彡部「形，象形也。从彡幵聲。戶經切」，是形頌字。

城垣也。从土庸聲。余封切
古文墉。（依校議正）
今本古文墉作𩫏，與五下部目「𩫏，度也。民所度居也。从回，象城𩫏之重，兩亭相對也。古博切」之𩫏不異，疑有誤。嚴氏席氏並謂是𩫏之墉文，是也。本部垣堵城三字籀文皆从𩫏，可證。

垐　增

以土增大道上。从土次聲。疾資切（音咨）
古文垐从土即。虞書曰「龍，朕堲讒說殄行」。堲，疾惡也。
段注「增，益也」。此與茨同意。以艸次於屋上曰茨，以土次於道上曰垐。書舜典「帝曰：龍，朕堲讒說殄行，震驚朕師。命汝作內言，夙夜出內朕命，惟允」。傳云「堲，疾也」。說解引書以見又一義。

益也。从土曾聲。作滕切
經傳或段曾為增。詳八部曾字。本書五下部目會字說解「曾，益也」。正字亦當作增。

坿　塞

益也。从土付聲。符遇切
古籍多借附為坿益字。𨸏部「附，附婁，小土山也。从𨸏付聲。春秋傳曰：附婁無松柏。符又切」，音義異。「附婁」玉篇作「培塿」。

隔也。从土从𡫳。（段作「𡫳聲」）先代切
此「邊塞」「要塞」字。經傳多段作「窒」「𡫳」「塞」「實」字讀「穌則切」。㠭部「𡫳，窒也。从㠭从廾，窒宀中。㠭猶齊也。穌則切」。心部「𡫳，實也。从心塞省聲。虞書曰:「剛而塞。」先則切」今書皋陶謨已作塞矣。

圣

汝潁之間謂致力於地曰圣。从又土。讀若兔窟。(段「兔」下有「鹿」字)苦骨切(今音搰,又音掘)

「窟」當作「堀」。與書無窟。手部「堀,揚也。从手屈聲。衢勿切」「搰,掘也。从手骨聲。戶骨切」廣雅釋詁「搰,穿也。」

垍

堅土也。从土自聲。讀若臮。(段「从土自聲」在「讀若臮」下,「臮」作「冀」)其冀切

似部「臮,詞與也。从似自聲。虞書曰臮咎繇。其冀切」北部「冀,北方州也。从北異聲。几利切」詳旦部暨字。

埱

气出土也。一曰始也。从土叔聲。昌六切

按埱之本訓尠見於經傳。「一曰始也」則是通作俶。詳人部俶字

堅

土積也。从土从聚省。(段作「聚省聲」)才句切

義略同冣。冖部「冣,積也。从冖取,取亦聲。才句切」作「積冣」「積堅」皆可。今經典皆作聚。似部「聚,會也。从似取聲。邑落曰聚。才句切」是「聚會」字。會亦冣也,故聚亦通冣。又今謂「最好」字本亦當作冣。冃部「最,犯而取也。从冃取。祖外切」音義俱異也。

培

培敦。土田山川也。从土咅聲。薄回切(今音陪)

徐鍇曰:「按春秋左傳『分之土田培敦』,命召伯禽封於少昊之虛。注:培,增也。詩曰『錫之山川,土田附庸』,此總明說也。」今左傳定公四年「分之土田陪敦」作陪。杜注「陪,增也。敦,厚也」。詩大雅江漢「錫山土田。于周受命,自召祖命」。傳云「諸侯有大功德,賜之名山土田附庸」。又魯頌閟宮「乃命魯公,俾侯于東,錫之山川,土田附庸」。箋云「乃策命伯禽使為君於東,加賜之以山川土田及附庸,令專統之。王制曰:名山大川不以封諸侯,附庸則不得專臣也」。老子「或培或墮」。傳奕引字林「培,益也」。王氏以為鄭君當有此說,今本箋奪之。

𨸏部「陪,重土也。一曰滿也。从𨸏咅聲。薄回切」重,亦增益之意,故培陪互通。今本左傳作陪,鄭君所見作培也。至陪作「陪扶」字則是陪臣之又見。又經傳「培益」字多作倍。人部「倍,反也。从人咅聲。薄亥切」是「向倍」「倍叛」字。今亂以倍為增益義。「向倍」字則亦作背,或偝,失之。按說文無偝字。肉部「背,脊肉也」義異。又「培敦」之敦乃惇字之假。攴部「敦,怒也,詆也。一曰誰何也。从攴𦎫聲。都昆切,又丁回切」心部「惇,厚也。从心𦎫聲。都昆切」

墇

擁也。从土章聲。之亮切

按「攡」也字當作「邕」，手部「攡，袌也。从手雝聲。於容切」是攡為袌字。隸變作擁。巛部「邕，四方有水自邕城池者。从川从邑。於容切」又邕為「邕蔽」「邕塞」之義，俗作壅，或作壅。說文無。詳巛部邕字。𨸏部「障，隔也。从𨸏章聲。之亮切」墇障音同義近。

垠

地垠咢也。（「咢」字依元應引補）一曰岸也。从土艮聲。（段「一曰岸也」在「艮聲」下）語斤切（音銀）

圻　垠或从斤

垠圻本一字。經傳多讀「圻」巨衣切，以為王畿字。書酒誥「矧惟若疇圻父」鄭注「圻父，司馬。主封畿之事」逸周書職方解「方千里曰王圻」晉孔晁注「圻，畔也」詩小雅祈父傳云「祈父，司馬也，職掌封圻之兵甲」箋云「祈、圻、畿同」本書田部「畿，天子千里地。以遠近言之，則言畿也。从田幾省聲。巨衣切」是以垠圻為二。垠之本義與限字略同。選注引「說文地垠咢也，四奧近有棱角畔限之皃」。

墠

野土也。从土單聲。常衍切（音善）

按「野土」二字不成詞。王氏謂「似有奪誤」是也。書金縢「為三壇同墠」傳云「壇築土，墠除地也」禮祭法「王立七廟，二祧一壇一墠」鄭注「封土曰壇，除地曰墠」詩鄭風東門之墠傳云「墠，除地町町也」此與示部之禪、女部之嬗音同義異也。示部「禪，祭天也。从示單聲。時戰切」是封禪字。女部「嬗，緩也。从女亶聲。一曰傳也。時戰切」是「嬗讓」字。女部無嬋。

垔

塞也。商書曰「鯀垔洪水」。从土西聲。（段「从土西聲」在「商書」上）於真切（音湮）

古文垔　如此

𨹧　垔或从𨸏。（小徐、段氏、王氏有此）

今經典多作堙。書洪範「鯀陻洪水」作陻。蓋即或體𨹧字，隸變作陻。「垔」字已从土，又加𨸏旁作「陻」，土旁作「堙」，陻已从𨸏又加土作陻，皆俗贅也。水部「湮，沒也。从水垔聲。於真切」音同。

塹

阬也。一曰大也。从土斬聲。（段「一曰大也」在「斬聲」下）七豔切（音遷）

左傳僖公十九年「乃溝公宮」賈注「溝，塹也」廣韻「塹，坑也，遶城水也」與壙字同意。本部「壙，塹穴也。一曰大也。从土廣聲。苦謗切」壙訓「大也」則是廣、懬字之段。心部「懬，闊也。一曰廣也，大也。一曰寬也。从心从廣，廣亦聲。苦謗切」

坷

坎坷也。梁國寧陵有坷亭。从土可聲。（段此句在「坎坷也」下）康我切

玉篇「坎坷，不平」，俗作轗軻。車部無轗。「軻，接軸車也。从車可聲。康我切（本音可，今讀阿）」後漢書郡國志梁國「寧陵，故屬陳留」

土虖

[illegible]也。从土虖聲。呼許切

𨸏虖　土虖或从𨸏

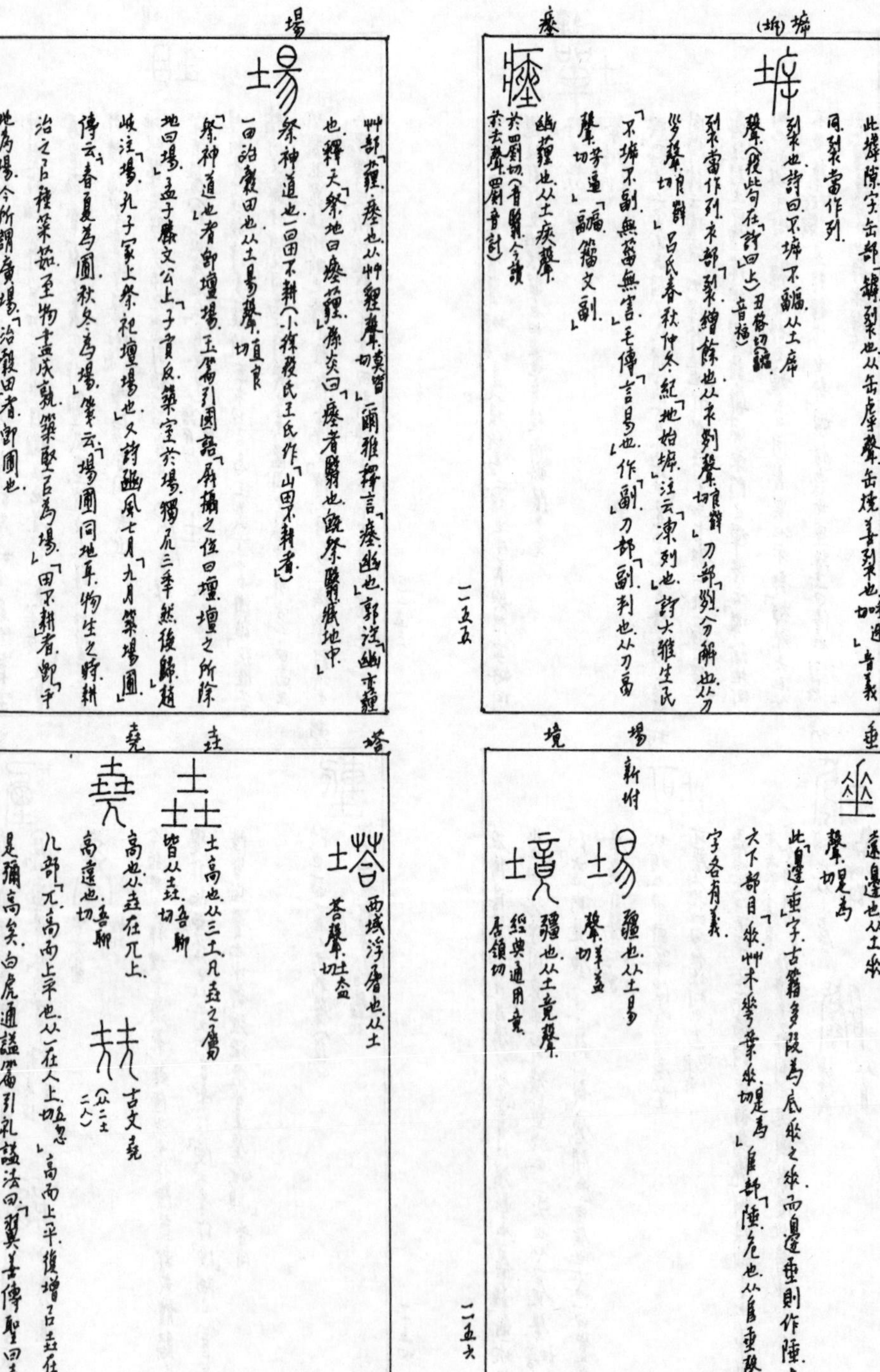

坼

此罅隊字缶部「罅，裂也。从缶虖聲。缶燒善裂也。呼迓切」音義同。裂當作列。

坼：裂也。詩曰不坼不副。从土㡿聲。（按此句在「詩曰」上）丑格切 音栺

裂當作列。衣部「裂，繒餘也。从衣列聲。良薛切」刀部「列，分解也。从刀𡿪聲。良薛切」呂氏春秋仲冬紀「地始坼」注云「凍列也」詩大雅生民「不坼不副，無菑無害」毛傳「言易也」作「副」刀部「副，判也。从刀畐聲。芳逼切」「疈，籀文副」

瘞

瘞：幽薶也。从土㾜聲。於罽切（音翳，今讀於去聲，罽音計）

艸部「薶，瘞也。从艸貍聲。莫皆切」爾雅釋言「瘞，幽也」郭注「幽亦薶也」釋天「祭地曰瘞薶」孫炎曰「瘞者翳也。既祭翳藏地中」

場

場：祭神道也。一曰田不耕（小徐段氏王氏作「山田不耕者」）一曰治穀田也。从土昜聲。直良切

「祭神道也」者，即壇場。玉篇引國語「屏攝之位曰壇，壇之所除地曰場」孟子滕文公上「子貢反，築室於場，獨居三年，然後歸」趙岐注「場，孔子冢上祭祀壇場也」又詩豳風七月「九月築場圃」傳云「春夏為圃，秋冬為場」箋云「場圃同地耳，物生之時，耕治之以種菜茹，至物盡成熟，築堅以為場」「田不耕者」即「平地為場」今所謂廣場。「治穀田」者，即圃也。

垂

垂：遠邊也。从土𠂹聲。是為切

此「邊垂」字，古籍多假為「𠂹」之「𠂹」，而「邊垂」則作「陲」。本書𠂹部曰「𠂹，艸木華葉𠂹。是為切」阜部「陲，危也。从阜垂聲。是為切」字各有義。

埸 新附

埸：疆也。从土昜聲。羊益切

境

境：疆也。从土竟聲。經典通用竟。居領切

塔

塔：西域浮屠也。从土荅聲。土盍切

垚

垚：土高也。从三土。凡垚之屬皆从垚。吾聊切

堯

堯：高也。从垚在兀上。高遠也。吾聊切

𡉺：古文堯（从二土二人）

兀部「兀，高而上平也。从一在人上。五忽切」高而上平，復增以垚在其上，是彌高矣。白虎通謚篇引禮謚法曰「翼善傳聖曰堯」

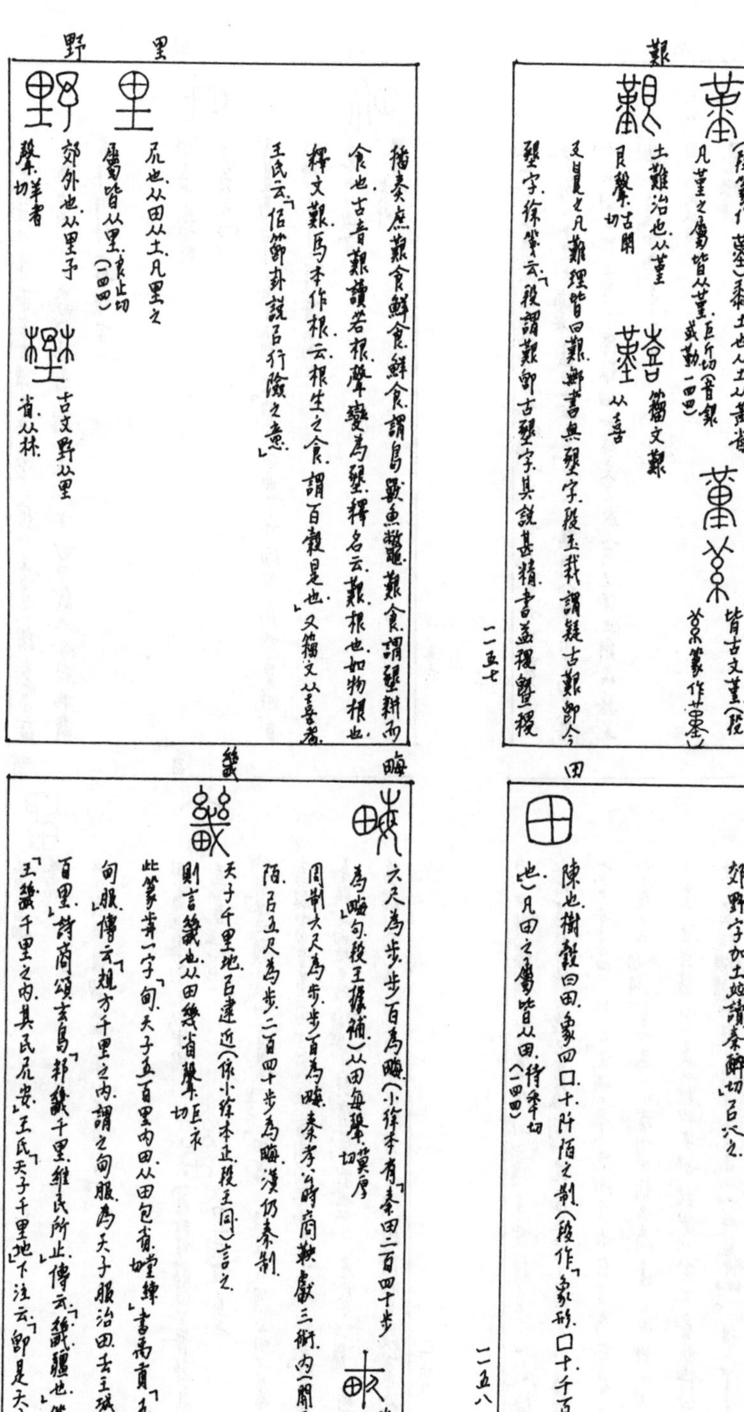

輔翼也。

（段篆作𡎸）黏土也。从土，从黃省。凡堇之屬皆从堇。巨斤切（音銀或勤 一四四）

皆古文堇。（段篆作堇）

土難治也。从堇，艮聲。古閑切

籀文艱从喜

又艮也。凡艱難理皆曰艱。鄭書無墾字，段玉裁謂疑古艱即今墾字。徐鍇云「段謂艱即古墾字，其說甚精。書蓋稷暨稷

播奏庶艱食鮮食。謂鳥獸魚鼈。艱食，謂墾耕而食也。古音艱讀若根，聲變為墾。釋名云：艱，根也。如物根也。釋文艱馬本作根，云根生之食，謂百穀是也。」又籀文从喜者，王氏云「倨節卦說以行險之意」

凥也。从田从土。凡里之屬皆从里。良止切（一四四）

郊外也。从里予聲。羊者切

古文野从里省，从林。

邑部「郊，距國百里為郊。从邑交聲。古肴切」五下部曰「冂，邑外謂之郊，郊外謂之野，野外謂之林，林外謂之冂。象遠界也。古熒切」爾雅釋地「邑外謂之郊，郊外謂之牧，牧外謂之野，野外謂之林，林外謂之坰。」又今之墅字始六朝，漢以前無，後人於郊外築室，因借郊野字加土，始讀「秦醉切」以穴之。

陳也。樹穀曰田。象四口。十，阡陌之制。（段作「象形。口十，千百之制也」）凡田之屬皆从田。待年切（一四四）

六尺為步，步百為畮。（小徐本有「秦田二百四十步為畮」句，段玉裁補）从田每聲。莫厚切

畮或从田十久。

周制六尺為步，步百為畮。秦孝公時商鞅獻三術，內一開通阡陌，以五尺為步，二百四十步為畮，漢仍秦制。

天子千里地。以遠近（依小徐本正，段王同）言之，則言畿也。从田，幾省聲。巨衣切

此篆并一字「甸，天子五百里內田。从田包省。堂練切」書禹貢「五百里甸服」傳云「規方千里之內謂之甸服，為天子服治田，去王城面五百里」詩商頌玄鳥「邦畿千里，維民所止」傳云「畿，疆也」箋云「王畿千里之內，其民凥安」王氏「天子千里地」下注云「即是天子五

百里內田。彼據一面言之，謂之五百里。此據四至言之，謂之千里。彼主服治田而言，故曰甸。此主封疆之界而言，故曰畿也。」今經典畿或作圻，詳土部垠字。

畦

田五十畝曰畦。从田圭聲。户圭切

又夏為治畦。孟子滕文公「曾子曰：脅肩諂笑，病於夏畦。」「夏畦」謂夏月治畦灌園也。

畍

竟也。从田介聲。古拜切

八部「介，畫也。从八从人，人各有介。古拜切」三下部目「畫，介也。象田四介，聿所以畫之。胡麥切」孟子盡心下「山徑之蹊間，介然用之而成路。」「介然」猶畫然也。謂小徑雖細如線，文之數人用之不止，則成路矣。朱子讀「介」為「戛」，未是。

甿

田民也。从田亡聲。武庚切

民部「氓，民也。从民亡聲。武庚切」趙岐孟子注「氓，野人也。」氓甿音義同。周礼地官遂人「凡治野以下劑致甿，以田里。」注云「變民言甿，異外內也。甿猶懵懵無知皃也。」

留

止也。从田丣聲。力求切

六下部目「稽，留止也。从禾从尤旨聲。古兮切」

畜

田畜也。淮南王曰：玄田為畜。丑六切

𤲸（段改作𦼮）魯郊禮畜。从田从茲。茲，益也。

艸部「蓄，積也。从艸畜聲。丑六切」「田畜也」段注云「謂力田之蓄積也。」畜與蓄音義同。古籍段畜為蓄。本書十四下部目「嘼，犍也。象耳頭足厹地之形。許救切」牛部「犍，嘼牲也。从牛產聲。所簡切」爾雅釋畜釋文云「畜，許又反。本又作嘼，音同。」經傳又多段畜為㛅字。女部「㛅，媚也。从女畜聲。丑六切」㛅是愛惜之意。心部「慉，起也。从心畜聲。詩曰：能不我慉。許六切」是慉義字。許女部㛅心部慉字。又本書四下部目「玄，幽遠也。黑而有赤色者為玄。象幽而入覆之也。胡涓切」玄田為畜者，玄田猶云廣遠之田，郭田土衆多之意。重文𤲸，畜是「从茲田」。玄部「茲，黑也。从二玄。春秋傳曰：何故使吾水茲。胡涓切」艸部「茲，艸木多益。从艸絲省聲。子之切」後人不了玄田為畜之誼，又混茲茲二字，篆以𤲸為从茲，又誤增「茲，益也」於句末。此必非鄦君原文。段氏據之又改𤲸為𦼮，益誤。

畼

不生也。从田昜聲。臣鉉等曰：借為通暢之暢，俗作暢，非是。丑亮切

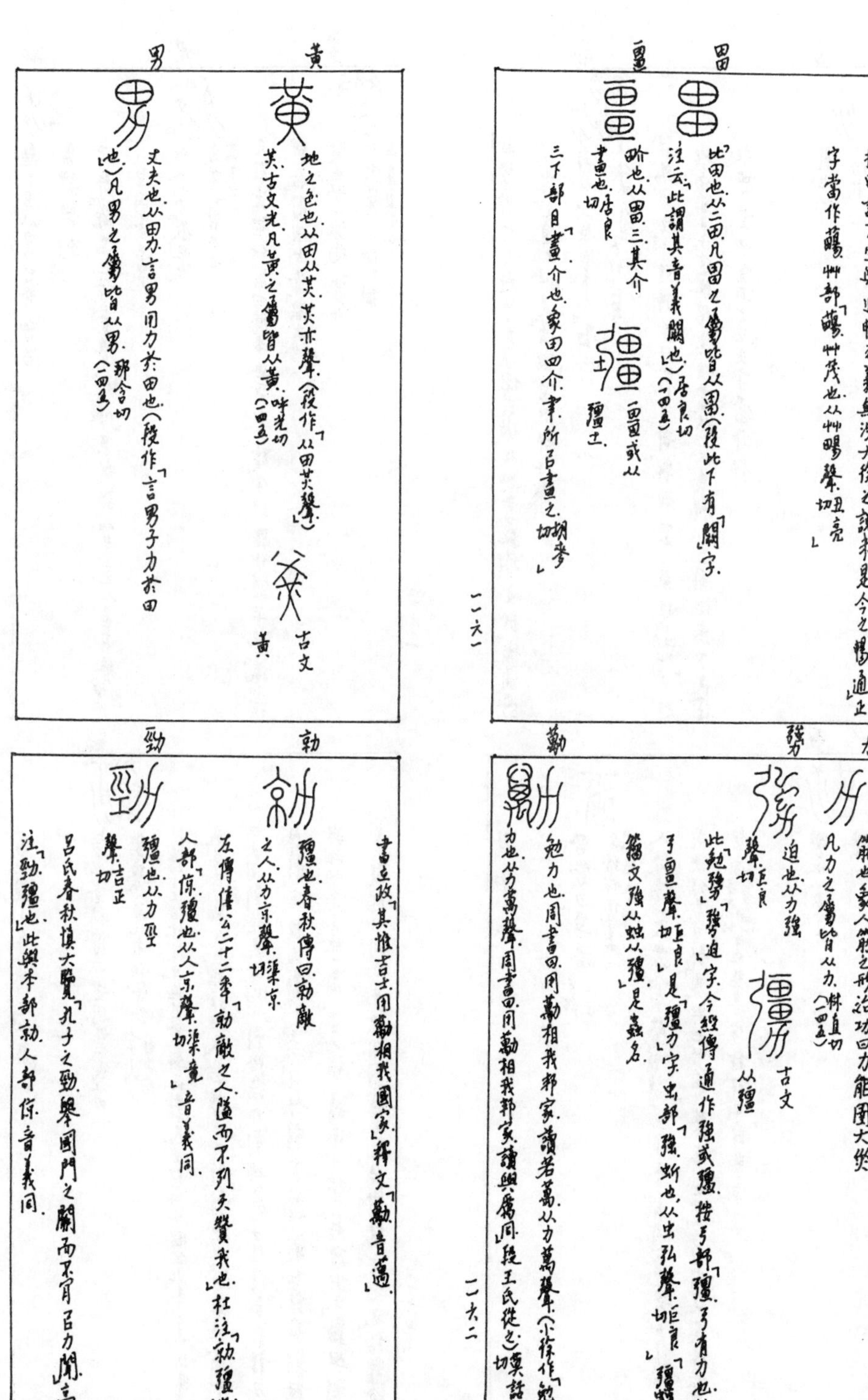

按暘訓不生，與通暢之義無涉，大徐之說未是。今之「暘」通正字當作蕩，艸部「蕩，艸茂也，从艸暘聲。丑亮切」

畕

比田也。从二田。凡畕之屬皆从畕。（段此下有「闕」字。注云「此謂其音義闕也。」）（一四五）居良切

畺

畍也。从畕，三其介畫也。居良切

疆　畺或从彊土。

三下部目「畫，介也。象田四介。聿所以畫之。胡麥切」

黃

地之色也。从田从炗，炗亦聲。（段作「从田炗聲」）炗，古文光。凡黃之屬皆从黃。呼光切（一四五）

古文黃

男

丈夫也。从田力。言男用力於田也。（段作「言男子力於田也」）凡男之屬皆从男。那含切（一四五）

力

筋也。象人筋之形。治功曰力，能圉大災。凡力之屬皆从力。林直切（一四五）

勥

迫也。从力強聲。巨良切

古文从彊

此「勥」，「勥，迫」字，今經傳通作強或彊。按弓部「彊，弓有力也。从弓畺聲。巨良切」是「彊力」字。虫部「強，蚚也。从虫弘聲。巨良切」「𧒒，籒文強从䖵从彊。」是蟲名。

勱

勉力也。周書曰「用勱相我邦家」。讀若萬。从力萬聲。（小徐作「勉力也。从力萬聲。周書曰用勱相我邦家。讀與厲同」。段王氏從之。）莫話切

書立政「其惟吉士，用勱相我國家」。釋文「勱，音邁」。

勍

彊也。春秋傳曰勍敵。从力京聲。渠京切

左傳僖公二十二年「勍敵之人，隘而不列，天贊我也」。杜注「勍，彊也。」人部「倞，彊也。从人京聲。渠竟切」音義同。

勁

彊也。从力巠聲。吉正切

呂氏春秋慎大覽「孔子之勁，舉國門之關，而不肯以力聞」。高注「勁，彊也。」此與本部「勍」、人部「倞」音義同。

劭

勉力也。从力召聲。讀若「舜樂韶」。(寔照切)

「卩部「卲」高也。从卩召聲。(寔照切)」「邑部「邵」晉邑也。从邑召聲。(寔照切)」音同義各異。

勝

任也。从力朕聲。識烝切(朕本音徵下平)

凡能克能任皆曰勝，本無平去二讀。今則「勝任」讀平聲「識烝切」，「戰勝」則讀去聲「識正切」。

勶

發也。从力徹，徹亦聲。(臣鉉等曰：今俗作撤，非是。丑列切)

此「勶」除字，今經典多作徹或撤。按鄭書無撤，攴部「徹，通也。从彳从攴从育。(丑列切)」是「清徹」字。水部無澈。

勠

并力也。(段玉裁下有「勠力」)从力翏聲。力竹切(翏力救切)

此「勠力」字，今經傳多作戮。戈部「戮，殺也。从戈翏聲。(力六切)」是殺戮字。曹子建與楊德祖書「猶庶幾戮力上國，流惠下民，建永世之業，留金石之功。」正字當作勠。

劣

弱也。从力少。(力輟切)

書洪範「六曰弱」傳云「尫弱」。

勦

勞也。春秋傳曰：「安用勦民。」从力巢聲。(段此句在「勞也」下)(子小切，又楚交切)

左傳宣公十二年「無及於鄭而勦民，焉用之」；昭公九年「焉用速成其以勦民也」。杜注並云「勦，勞也」。刀部「剿，絕也。从刀喿聲。周書曰：天用剿絕其命。(子小切)」剿俗誤作剿，與勦字經傳多混。詳刀部剿字。段氏勦下注云「刀部剿字亦作劋，禮記毋勦說，與此从力字絕不同，俗多淆之」。清承元培引經證例云「勦與剿義截然不同，今多混用。剿，絕也；禮毋勦說，卽剿之俗體。今謂勦」。

劵

勞也。从力𠔉聲。(臣鉉等曰：今俗作倦，義同。渠卷切)

人部「倦，罷也。从人卷聲。(渠眷切)」二字音義同，今經典多作倦。又或誤作劵。刀部「券，契也。从刀𠔉聲。券別之書，以刀判契其旁，故曰契券。(去願切)(音勸)」是契券字。餘詳卩部卷字。

勤

勞也。从力堇聲。(巨巾切)

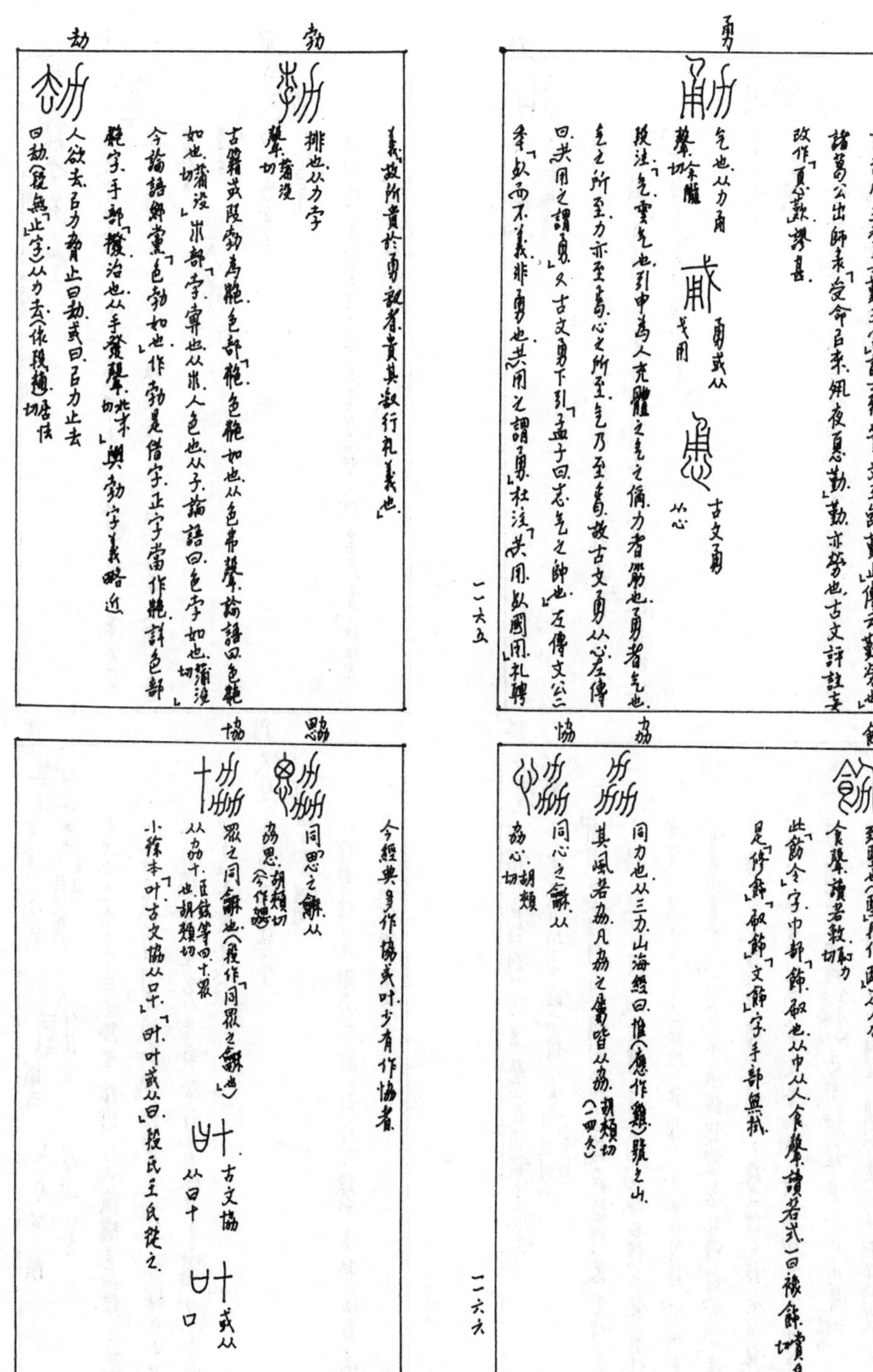

書武成「王季其勤王家」詩大雅賚「文王既勤止」傳云「勤，勞也。」諸葛公出師表「受命以來，夙夜憂勤」勤亦勞也。古文評註妄改作「憂歎」，謬甚。

勇

气也。从力甬。余隴切

戒 勇或从戈用

恿 古文勇从心

段注「气，雲气也。引申為人充體之气之偁。力者筋也。勇者气也。气之所至，力亦至焉。心之所至，气乃至焉。故古文勇从心。」左傳曰「共用之謂勇」又古文勇下引「孟子曰志气之帥也」左傳文公二年「死而不義，非勇也。共用之謂勇」杜注「共用，死國用。」札轉義，故所貴於勇敢者，貴其敢行礼義也。」

勃

排也。从力孛。蒲沒切

古籍或段勃為艴。色部「艴，色艴如也。从色弗聲。論語曰：色艴如也。蒲沒切」𣎵部「孛，㝩也。从𣎵，人色也，从子。論語曰：色孛如也。蒲沒切」今論語鄉黨「色勃如也」作勃，是借字。正字當作艴。詳色部艴字。手部「撥，治也。从手發聲。北末切」與勃字義略近。

劫

人欲去，以力脅止曰劫。或曰：以力止去曰劫。（段無「止字」）从力去。（依段補）居怯切

飭

致堅也。（「堅」段作「臤」）从人力，食聲。讀若敕。恥力切

此「飭」今字。巾部「飾，㕞也。从巾从人，食聲。讀若式。一曰襐飾。賞隻切」是「修飾」「㕞飾」「文飾」字。手部無拭。

劦

同力也。从三力。山海經曰：惟（應作雞）號之山，其風若劦。凡劦之屬皆从劦。胡頰切（一四九）

恊

同心之龢。从劦心。胡頰切

勰

同思之龢。从劦思。胡頰切（今作勰）

協

眾之同龢也。（段作「同眾之龢也」）从劦十。（臣鉉等曰：十，眾也）胡頰切

旪 古文協从曰十

叶 或从口

小徐本「叶，古文協从口十」。「旪，叶或从曰」。段氏、王氏從之。今經典多作協，或叶，少有作恊者。

說文解字第十四上

金

金　五色金也。黃爲之長。久薶不生衣，百鍊不輕，從革不韋。西方之行。生於土。从土，ナ又注，象金在土中形。今聲。凡金之屬皆从金。居音切

古文金

銀

銀　白金也。从金艮聲。語巾切

爾雅釋器「白金謂之銀，其美者謂之鐐。」書禹貢「厥貢惟金三品」，傳云「金銀銅也」。

鉛

鉛　青金也。从金㕣聲。與專切

漢書景十三王江都易王傳「或髡鉗以鉛杵舂。」師古注「鉛者，錫之類也。」後漢書隗囂傳「但駑馬鉛刀，不可強扶。」章懷注「說文鉛青金也，佀錫而色青。」

銅

銅　赤金也。从金同聲。徒紅切

漢書食貨志「金有三等，黃金爲上，白金爲中，赤金爲下。」孟康注「白金，銀也。赤金，丹陽銅也。」

鐵

鐵　黑金也。从金𢧜聲。天結切（𢧜音鐵）

鐵　或省

銕　古文鐵从夷

礼月令孟冬之月「乘玄路，駕鐵驪。」注云「鐵驪，色如鐵。」按鐵驪字當是驖之叚。詩秦風駟驖「駟驖孔阜」，傳云「驖，驪也。」本書馬部「驖，馬赤黑色。从馬𢧜聲。詩曰四驖孔阜。他結切」「驪，馬深黑色。从馬麗聲。呂支切」

錯

錯　九江謂鐵曰錯。从金皆聲。苦駭切

小徐繫傳曰「張衡南都賦曰銅錫鉛錯，南陽與九江雖遠，俱楚地也，故徐錯字楚金。」

鏤

鏤　剛鐵可以刻鏤。从金婁聲。（段「剛鐵」下有「也」字）夏書曰「梁州貢鏤。」一曰鏤，釜也。（音閭）盧候切

「剛鐵可以刻鏤」，因之雕刻亦謂之鏤。爾雅釋器「金謂之鏤，木謂之刻，骨謂之切，象謂之磋，玉謂之琢，石謂之磨。」郭注「六者皆治器之名。」荀子勸學「鍥而不舍，金石可鏤。」書禹貢「梁州厥貢璆鐵銀鏤砮磬」，孔傳「鏤，剛鐵。」「鏤，釜也」者，方言「鍑，江淮陳楚之閒謂之錡，或謂之鏤。」廣雅「鍑、鬴，釜也。」本部「鍑，釜大口者。从金复聲。方副切」「錡，鉏鋤也。从金奇聲。江淮之閒謂釜曰錡。魚綺切（音倚）」鬲部「鬴，鍑屬。从鬲甫聲。扶雨切」「釜，鬴或从金父聲。」今多用鏤爲雕刻義，而本訓不行矣。

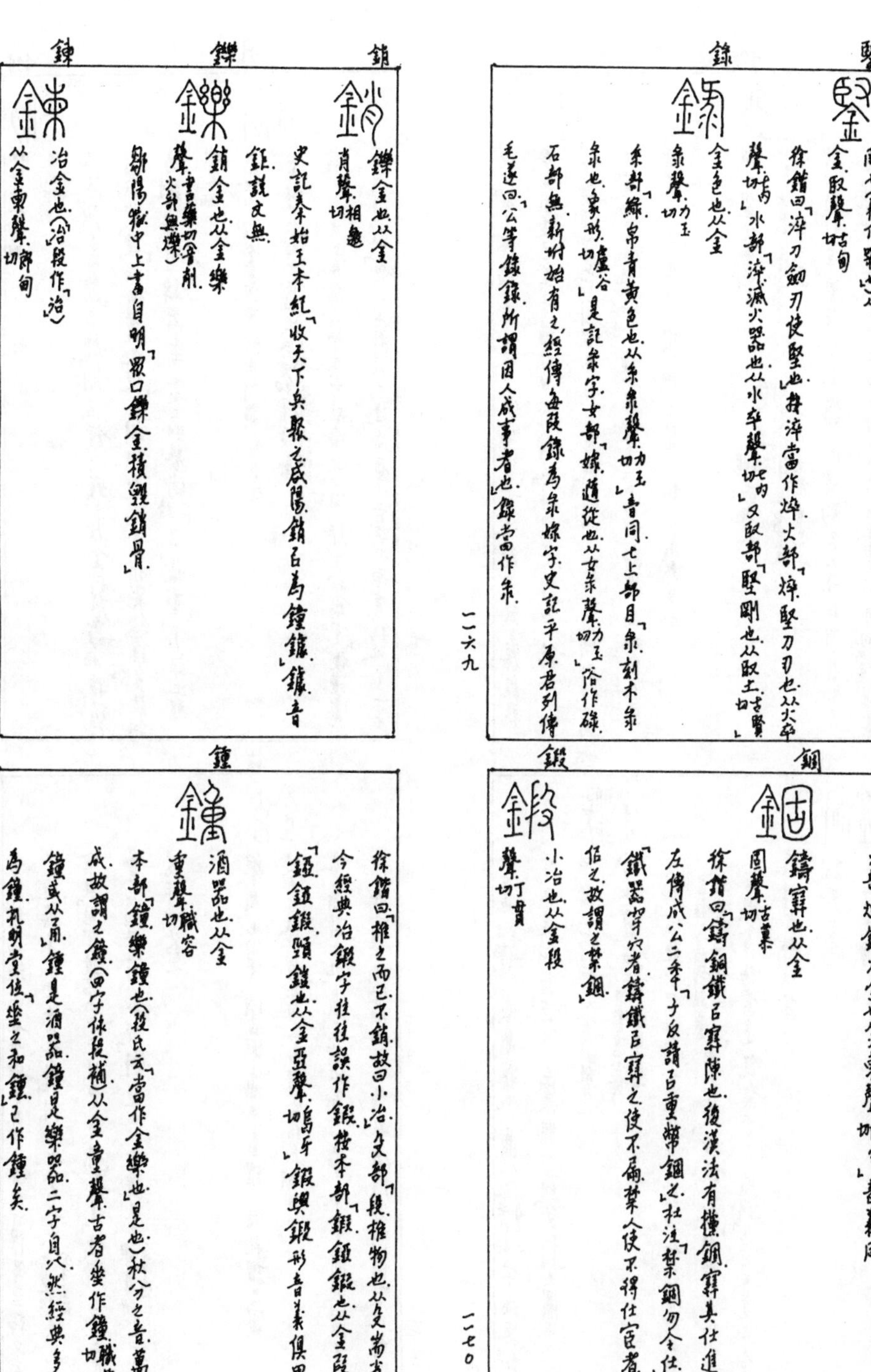

堅

剛也（段作「剛也」）从金，臤聲。古甸切

徐鍇曰「淬刀劍刃使堅也」。按淬當作焠。火部「焠，堅刀刃也。从火卒聲。七內切」水部「淬，滅火器也。从水卒聲。七內切」又臤部「堅，剛也。从臤土。古賢切」

錄

金色也。从金彔聲。力玉切

糸部「綠，帛青黃色也。从糸彔聲。力玉切」音同。七上部目「彔，刻木彔彔也。象形。盧谷切」是記彔字。女部「娽，隨從也。从女彔聲。力玉切」俗作碌。石部無，新附始有之。經傳每叚錄為彔、娽字。史記平原君列傳毛遂曰「公等錄錄，所謂因人成事者也」。錄當作彔。

銷

鑠金也。从金肖聲。相邀切

史記秦始皇本紀「收天下兵聚之咸陽，銷以為鍾鐻」。鐻，音鉅。說文無。

鑠

銷金也。从金樂聲。書藥切（音削。火部無爍）

鄒陽獄中上書自明「眾口鑠金，積毀銷骨」。

鍊

冶金也（冶段作「治」）从金柬聲。郎甸切

火部「煉，鑠冶金也。从火柬聲。郎電切」音義同。

錮

鑄塞也。从金固聲。古慕切

徐鍇曰「鑄銅鐵以塞隙也。後漢法有禁錮，塞其仕進之路也」。左傳成公二年「子反請以重幣錮之」杜注「禁錮勿令仕」。正義云「鐵器穿穴者，鑄鐵以塞之，使不漏。禁人使不得仕宦者，其事亦似之，故謂之禁錮」。

鍛

小冶也。从金段聲。丁貫切

徐鍇曰「椎之而已，不銷，故曰小冶」。殳部「段，椎物也。从殳耑省聲。徒玩切」今經典冶鍛字往往誤作鍜。按本部「鍜，錏鍜也。从金叚聲。乎加切」「錏，錏鍜，頸鎧也。从金亞聲。烏牙切」鍛與鍜形音義俱異也。

鍾

酒器也。从金重聲。職容切

本部「鐘，樂鐘也（段氏云「當作金樂也」是也）秋分之音，萬物種成，故謂之鐘（四字依段補）从金童聲。古者垂作鐘。職茸切」「銿，鐘或从甬」。鍾是酒器，鐘是樂器，二字自分。然經典多借鍾為鐘，禮明堂位「垂之和鍾」已作鍾矣。

鉶

器也，从金荆聲。户經切

玉篇「鉶，羹器也」。本部「鈃，似鍾而頸長，从金幵聲，户經切」，按「似鐘」，此酒器之「鐘」，非樂器之「鐘」也。鉶、鈃音同義稍異，經傳多叚鈃為鉶。土部「型，鑄器之法也，从土荆聲，户經切」，是「儀型」字，詳土部型字。

鎬

溫器也，从金高聲。武王所都在長安西上林苑中，字亦如此。乎老切（本音豪，上聲，今讀為稿）

詩大雅文王有聲「鎬京辟雍」，傳云「武王作邑於鎬京」。後漢書郡國志京兆尹「鎬在上林苑中」，注「孟康曰長安西南有鎬池」。古史攷曰「武王遷鎬，長安豐亭鎬池也」。書洪範序「武王勝殷，殺受，立武庚，以箕子歸，作洪範」，傳云「歸鎬京」，釋文云「鎬，本又作鄗」。按謂鎬又作鄗，誤甚。說文邑部「鄗，常山縣，世祖所即位，今為高邑，从邑高聲，呼各切」。漢書地理志常山郡「鄗縣，高祖即位更名高邑」。鄗屬常山郡，與京兆尹之鎬京截然異地也。

鐙

酒器也，从金𢀜，象器形。大口切（王氏云：當云从古文𢀜）

鐙或省金（王氏云：當云古文鐙省形）

詩大雅行葦「曾孫維主，酒醴維醹，酌以大斗，以祈黃耇」，斗，當即鐙字之段。本書十四上斗部「斗，十升也，象形，有柄，當口切」。斗為量名，鐙為酒器，各有嫥義，惟聲同可借耳。至釋文云「斗，字又作枓」，恐未然。本書木部「枓，勺也，从木从斗，之庾切（音主）」。儀禮少牢饋食禮「司宫設罍水于洗東，有枓」，鄭注「枓，㪺水器也」。凡設水用罍，沃盥用枓。本部「㪺，挹也，从斗奭聲，舉朱切（音居）」，是枓為挹水器，非酒器也。

鉉

舉鼎也（段作「所以舉鼎也」）。易謂之鉉，禮謂之鼏。从金玄聲（段此句在「易謂之鉉」上）。胡犬切

易鼎卦上九「鼎玉鉉，大吉，无不利」。本書鼎部「鼏，以木橫毌鼎耳而舉之，从鼎冂聲。儀禮廟門容大鼏七箇，即易玉鉉大吉也。古熒切（音迥）」。「鼏，鼎覆也，从鼎从冂，莫狄切（音系）」二字殊異。「禮謂之鼏」字當是从冂讀「古熒切」之「鼏」，非从冂讀「莫狄切」之「鼏」也。

鐵

鑯，器也。一曰鐫也。从金韱聲（段此句在「一曰」上）。臣鉉等曰今俗作尖，非是。子廉切

戈部「𢦏，絕也。一曰田器。从从持戈。古文讀若咸，讀若詩云『攕攕女手』」。臣鉉等曰「𢦏，銳意也，故从从。子廉切」。按大徐云「𢦏，銳意也」，則當是俗尖之本字。大徐鑯下注語當是「銳意也」下，又𢦏訓「絕也」，又是之為凡斷之偁，詳戈部𢦏字。

錠

鐙也，从金定聲。丁定切（音丁去聲）

鐙

鐙也。从金登聲。(臣鉉等曰：錠中置燭，故謂之鐙。今俗从火作燈，非是。都滕切)

此鐙火之鐙，非祭器之「豋」也。豆部「豋，禮器也。从廾持肉在豆上。讀若鐙同。都滕切」古籍或作豋，或段登字。

鑪

方鑪也。从金盧聲。(臣鉉等曰：今俗从火作爐，非是。洛乎切)

古籍或作盧，或作壚。詳皿部盧字。

鏇

圜鑪也。从金旋聲。(辭戀切。音全上聲)

徐鍇云：「火鑪古未有以方圜異其名者。」玉篇云：「徐專切，轆轤也。又徐劉切，轉軸裁器也。」

錯

金涂也。从金昔聲。(倉各切)

漢書食貨志「錯刀以黃金錯其文」。古籍或借為「措置」字，或為「厝」字，又為「逪道」字。手部「措，置也。从手昔聲。倉故切」厂部「厝，厲石也。从厂昔聲。詩曰：他山之石，可以為厝。倉各切，又七互切」辵部「逪，迹逪也。从辵昔聲。倉各切」

鋤

鉏鋤也。从金御聲。(魚舉切)

鋙

鋤或从吾。

本部「鉏，立薅所用也。从金且聲。士魚切」乃鋤之本字。此讀上聲，為「鉏鋙」。廣韻「鉏鋙，不相當也」。楚辭九辯「圜鑿而方枘兮，吾固知其鉏鋙而難入」。齒部「齟，齬齒也。从齒虘聲。側加切」「齬，齒不相值也。从齒吾聲。魚舉切」今作齟齬。說文無齟字。俗或作岨峿。文賦「或岨峿而不安」。山部無峿。「岨，石戴土也。从山且聲。詩曰：陟彼岨矣。七余切」

錡

鉏鋤也。从金奇聲。江淮之間謂釜曰錡。(魚綺切。今音倚，又其綺切，音基上聲)

詩豳風破斧「既破我斧，又缺我錡」。傳云「鑿屬曰錡」。又召南采蘋「于以湘之，維錡及釜」。傳云「湘，亨也。錡，釜屬」。釋文「錡，其綺反，三足釜也」。方言「鍑，江淮陳楚之間謂之錡」。注云「或曰三腳釜也」。

鍼

所以縫也。从金咸聲。(臣鉉等曰：今俗作針，非是。職深切)

竹部「箴，綴衣箴也。从竹咸聲。職深切」二字音義同，經傳多互通。今則以鍼為綴衣之鍼，而箴則為「箴規」「箴銘」字。

鏨

小鑿也。从金从斬，斬亦聲。(藏濫切。今音暫上聲)

鐫

穿木鐫也。从金雋聲。一曰琢石也。讀若瀸。(子全切。音全)(「穿」後作「破」)

漢書異姓諸侯王表叙「鐫金石者難為功，摧枯朽者易為力。其勢然也。」師古注「鐫，琢石也。」

鑿

穿木也（段作「所以穿木也」）。从金，鑿省聲。在各切

史記孟荀列傳「持方枘欲內圜鑿，其能入乎。」穿木之器曰鑿。因之凡鑿穿物亦曰鑿。古籍每借為糳。毇部「糳，糲米一斛舂為九斗曰糳。从毇，丵聲。則各切」

銛

鍤屬。小徐。段王氏作「臿也」。从金舌聲。讀若棪。桑欽讀若鐮。息廉切（音暹）

「鍤」韻會引作「臿」，是也。本部「鍤，郭衣鍼也。从金臿聲。楚洽切」臼部「臿，舂去麥皮也。从臼干，所以臿之。楚洽切」「舌聲」當依韻會引作「𠯑省聲」。「鐮」當是「鎌」字之譌。說文無鐮字。「銛」又叚之為銛利。漢書賈誼傳「莫邪為鈍兮，鉛刀為銛。」漢書音義「銛，利也。」

鉿

鉿錔，大犂也。一曰類耜。从金，今聲。巨淹切

本部「錔，鉿錔也。从金隋聲。徒果切」牛部「犂，耕也。从牛黎聲。郎奚切」俗作犁。說文無錔。顏注急就篇「鉿錔，大犂之鐵。」耜當作梠。木部「梠，臿也。从木㠯聲。詳里切」之「梠，耒耑也。从木吕聲。」四下部目「耒，耕曲木也。从木推丯。古者垂作耒梠，以振民也。盧對切」犂梠一

物也。又「類梠」不詞，疑是「梠類」之譌。又玉篇「鉿，車轄也。」又叚之為「鈐鍩」鈐記字。

鉏

立薅所用也（段依廣韻引作「立薅斫也」句讀同）。从金且聲。士魚切（俗作鋤）

蓐部「薅，拔去田艸也。从蓐，好省聲。呼毛切（音蒿）」廣韻鉏字平上聲兩收。平聲引說文云云。上聲注云「鉏鋙，不相當也。」說文金部「鋙，鉏鋙也。从金御聲。魚舉切」「鋙，鋙或从吾。」

鎌

鍥也。从金兼聲。力鹽切（俗作鐮）

方言「刈鉤，自關而西或謂之鉤，或謂之鎌，或謂之鍥。」

鍥

鎌也。从金契聲。苦結切

經傳或叚作「栔」刻字。荀子勸學「鍥而舍之，朽木不折；鍥而不舍，金石可鏤。」注云「鍥，刻也。」字當作栔。㓞部「栔，刻也。从㓞从木。苦計切，又苦結切（音揭）」古籍亦叚「㓞」「契」「楔」為栔。手部「挈，縣持也。从手㓞聲。苦結切（音揭）」木部「楔，櫼也。从木契聲。先結切（音屑，櫼音箋）」大部「契，大約也。从大从㓞。易曰後代聖人易之以書契。苦計切」「書契」「契約」字古籍又叚契為偰。人部「偰，高辛氏之子，堯司徒，殷之先。从人契聲。私列切」

鉗

以鐵有所劫束也。从金甘聲。巨淹切

漢書高帝紀「自髡鉗為王家奴」。師古注「鉗以鐵束頸也」。竹部「箝，籋也。从竹拑聲。巨淹切」手部「拑，脅持也。从手甘聲。巨淹切」三字音同義近，古籍多互通。（竹部「籋，箝也。从竹爾聲。尼輒切」）

錐

銳也。从金隹聲。職追切（音追，今讀錐隹平）

史記平原君傳「譬如錐之處囊中，其末立見」。木部「椎，擊也。齊謂之終葵。从木隹聲。直追切」

銳

芒也。从金兌聲。以芮切

艸部「芒，艸耑。从艸亡聲。武方切」又見為利也，俗作鋒鋩。刀部「剌，銳利也」

籀文銳 从厂剡

鑽

所以穿也。从金贊聲。借官切

此謂鑽鑿之器，因之穿之亦曰鑽。

銓

衡也。（段作「稱也」）从金全聲。此緣切

銓衡皆稱量之通名。礼經解「礼之於正國也，猶衡之於輕重也」。鄭注「衡，稱也」。不必改衡為稱也。

銖

權十分黍之重也。（段「分」作「絫」）从金朱聲。市朱切（本音殊，今讀朱）

說解當依段議作「權十絫之重也」。本書厽部「絫，增也。从厽从糸。絫，十黍之重也。力軌切（音呂）」漢書律歷志「權輕重者不失黍絫」。應劭注「十黍為絫，十絫為銖」。

錙

大銖也。从金甾聲。側持切

高注淮南說山訓曰「六銖曰錙」與此合。其注詮言訓曰「六兩曰錙」，則又與此異。鄭注儒行曰「八兩為錙」，亦與此不同。本書㒳部「兩，二十四銖為一兩。从一㒳。㒳，平分也。㒳亦聲。良獎切」古籍每錙銖連用，言其輕也，故侶以六銖曰錙為合。

鈞

三十斤也。从金勻聲。居勻切（勻音雲）

古文鈞 从旬

小爾雅廣衡「斤十謂之衡，衡有半謂之秤，秤二謂之鈞」。漢書律歷志「鈞者均也。昜施其气，侌化其物，皆得其成就平均也」。又見為「鈞一」「平鈞」義，與均字通。土部「均，平，徧也。从土从勻，勻亦聲。居勻切」

鈴

鈴 令丁也。从金令聲。(依小徐本)郎丁切 「令丁」「丁寧」皆狀其聲，急言之為鈴。

鉦

鉦 鐃也。佀鈴，柄中上下通。从金正聲。諸盈切(音貞) 鉦，即今謂之鐲。東坡詩「山上晴雲披絮帽，樹頭初日挂銅鉦」。

鐃

鐃 小鉦也。軍法：卒長執鐃。从金堯聲。女交切 (段此句在「小鉦也」下)

周禮地官鼓人「以金鐃止鼓」，鄭注「鐃如鈴，無舌，有柄，執而鳴之，以止擊鼓」。

鐸

鐸 大鈴也。軍法：五人為伍，五伍為兩，兩有(依韻會補)司馬，執鐸。从金睪聲。(段此句在「大鈴也」下)徒洛切

周禮地官鼓人「以金鐸通鼓」，鄭注「鐸，大鈴也，振之以通鼓」。司馬職曰「司馬振鐸」，夏官大司馬「司馬振鐸」，注云「司馬，兩司馬也。振鐸以作眾。作，起也」。又天官小宰「徇以木鐸」，注云「古者將有新令，必奮木鐸以警眾，使明聽也。木鐸，木舌也。文事奮木鐸，武事奮金鐸」。論語八佾「天將以夫子為木鐸」，孔注「木鐸，施政教時所振也。言天將命孔子制作法度，以號令於天下」。

鏜

鏜 鼓聲也。从金堂聲。詩曰「擊鼓其鏜」。土郎切(音湯)

鼓部「鼞，鼓聲也。从鼓堂聲。詩曰擊鼓其鼞」。土郎切 詩邶風「擊鼓」「擊鼓其鏜，踊躍用兵」作鏜，傳云「鏜然，擊鼓聲也」。鄭君所引詩不同者，或三家異文。

鏌

鏌 鏌釾(繫傳有「大戟」，段氏王氏同)也。从金莫聲。慕各切

鋣

鋣 鏌鋣也。从金牙聲。以遮切

廣雅「干將、鏌鋣，劍也」。玉篇「鏌鋣，劍名」。荀子性惡篇「闔閭之干將、莫邪、鉅闕、辟閭，古之良劍也」。應劭注漢書賈誼傳云「莫邪，吳大夫也，作寶劍，因以冠名」，字作莫邪。莊子大宗師「今之大冶鑄金，金踊躍曰：我且必為鏌鋣」，成疏云「鏌鋣，古之良劍名也。昔吳人干將為吳王造劍，妻名鏌鋣，因名雄劍曰干將，雌劍曰鏌鋣」。今吳越春秋闔閭內傳作莫邪。又干將、莫邪亦名龍淵、太阿，見晉書張華傳。

鏠

兵耑也。从金逢聲。敷容切(俗作鋒)

廾部「兵，械也。从廾持斤，并力之皃。」(補明切)七下部目「耑，物初生之題也。上象生形，下象其根也。」(多官切)鏠訓兵耑，又引申之凡物之鐵銳者皆曰鏠，如云「鏠利」、「鏠芒」是也。

釭

車轂中鐵也。从金工聲。古雙切(音江)

徐箋云：「釭中空以貫軸，涂膏以利轉，因之膏鐙謂之釭。」晏幾道鷓鴣天詞「今朝剩把銀釭照，猶恐相逢是夢中。」銀釭即銀鐙。

鑾

人君乘車，四馬鑣，八鑾鈴，象鸞鳥聲，龢則敬也。(段作「象鸞鳥之聲，聲龢則敬也。」)从金，鸞省。洛官切

王氏謂說解之首似當增鈴也二字，是也。「四馬鑣，八鑾鈴」者，詩商頌烈祖「八鸞鶬鶬」，箋云「鸞在鑣，四馬則八鸞」。又小雅蓼蕭「和鸞雝雝」，傳云「在軾曰和，在鑣曰鸞」，正義云「在軾曰和，和亦鈴也。以其與鸞相應和，故載見(周頌)曰和鈴央央是也。在鑣曰鸞，謂鸞鳥鈴置於馬之鑣。」郭璞曰「鑣，馬勒旁鐵也」，言置鈴於馬口之兩旁。「和則敬也」者，禮玉藻「君子在車則聞鸞和之聲，行則鳴佩玉，是以非辟之心無自入也。」賈誼新書容經篇「登車則馬行而鸞鳴，鸞鳴而和應，和則敬。」按詩經、禮記、新書之鸞字是借字，正字當作鑾。又「鑾聲將將」、「鑾刀」字今亦皆作鸞矣。小雅庭燎「鸞聲將將」，傳云「鸞，鑣聲也。」又信南山「執其鸞刀」，傳云「鸞刀，刀有鸞者，言割中節也。」

鉞

車鑾聲也。从金戉聲。詩曰：鑾聲鉞鉞。臣鉉等曰：今俗作鐬，以鉞作斧戉之戉，非是。呼會切(音誨)

按說解引詩今凡三見。小雅庭燎「鸞聲噦噦」，傳曰「噦噦，徐行有節也」，作噦。采菽「鸞聲嘒嘒」，傳云「嘒嘒，中節也」，作嘒。魯頌泮水「鸞聲噦噦」，傳云「噦噦，言有聲也」，作噦。皆同聲段借，正字當作鉞。十二下部目戉「戉，斧也。从戈𠃊聲……」臣鉉等曰今俗又作鉞，非是。(王伐切)是斧戉字俗既以鉞為戉，故又作鐬為鑾聲字，誤矣。又口部「嘒，小星也。从口彗聲。」呼惠切「噦，气牾也。从口歲聲。」於月切皆無鑾聲義也。

銜

馬勒口中(段有「也」字)。从金行。銜，行馬者也。(段作「銜者，所以行馬者也。」)戶監切

革部「勒，馬頭絡銜也。从革力聲。」盧則切銜是勒馬口之鐵。杜甫哀江頭「輦前才人帶弓箭，白馬嚼齧黃金勒。」

鑣

鑣 馬銜也从金麃聲補嬌切 䥶 鑣或从角

段注「馬銜橫毌口中其兩耑外出者系以鑾鈴」句讀作還注引作「馬勒旁鐵也」許衛風碩人「朱幩鑣鑣」釋文「鑣馬銜外鐵也一名扇汗又曰排沫」

鋃

鋃 鋃鐺瑣也从金良聲魯當切（瑣俗作鎖）

鐺

鐺 鋃鐺也从金當聲都郎切

瑣所以拘轂有辠，因之拘係牽曳之狀亦曰鋃鐺。

鎎

鎎 怒戰也从金氣聲（段作「愾」）春秋傳曰諸侯敵王所鎎（段作「愾」）許既切（音乞今讀為慨）

左傳文公四年「諸侯敵王所愾而獻其功」杜注「愾，恨怒也」是段愾為鎎。詩小雅彤弓箋引亦作愾，釋文「愾，苦愛反，又火既反」說文作鎎」心部「愾，大息也从心氣，氣亦聲，詩曰愾我寤歎，許既切（今亦讀慨）」王逸楚辭注李善文選注俱引作慨，蓋氣與既同字（許皀部「既」字）故愾慨通段，而鎎愾本許既切，陸氏釋文已讀慨心部「慨，抗慨，壯士不得志也从心既聲，古溉切」而文選秋興賦注云「慨，壯士不得志也，許既切」又讀慨為乞矣。又米部「氣，饋客芻米也从米气聲。春秋傳曰齊人來氣諸侯，許既切」「槩，氣或从既」「餼，氣或从食」氣餼本一字，今則以氣為形气字，而廩氣字則專用餼。本書一上部目「气，雲气也象形，去既切」又叚之為凡气之偁，今則以為求乞字。

鋪

鋪 箸門鋪首也（段作「抪首」）从金甫聲普胡切（平聲，箸知略切）

「鋪首」即門環。又小爾雅廣詁「鋪，布也」廣雅「鋪，陳也」又叚之為「商鋪」「牀鋪」字，俗作舖，說文無。

鐉

鐉 所以鉤門戶樞也一曰治門戶器也从金巽聲此緣切（音詮俗作拴）

鈔

鈔 叉取也从金少聲楚交切（今俗作抄）

又部「叉，手指相錯也从又象叉之形，初牙切」

鏃

鏃 利也从金族聲作木切

㫃部「族，矢鋒也，束之族族也，从㫃从矢，昨木切」又叚之為「族類」玉篇「鏃，箭鏃也」一切經音義引字林「鏃，箭鏑也」鏃之本義是矢鐂之鐵其訓利者，又旨良之義耳。

鐂

殺也。徐鍇曰：說文無劉字，偏旁有之，此字又史傳所不見，疑此即劉字也，从金从丣，刀字屈曲，傳寫誤作田尔。力求切

繫傳「殺也」下有「从金畱聲。臣鍇按春秋左傳虔劉我邊陲，本此字」，無大徐所引語，蓋原見小徐所著說文韻譜。然刀字必無誤作田之理。段改篆作鎦，云「殺也，从金刀，丣聲」，殊誤。按說文偏旁有劉字，而鐂字又經傳所不見，朱氏駿聲以爲此篆當有古文劉，从刀丣聲，經傳通用古文耳。漢書王莽傳「夫劉之爲字卯金刀也」，此讖諱之言，不足據也。爾雅釋詁「劉，殺也」。方言「劉，殺也」。書盤庚「重我民無盡劉」。詩周頌武「勝殷遏劉，耆定爾功」。左傳成公十三年「虔劉我邊陲」。孔傳、毛傳、杜注皆訓「劉，殺也」。

鉅

大剛也。从金巨聲。其呂切

又旨爲「鉅大」，今作巨，是借字。工部「巨，規巨也，从工，象手持之」。「榘，巨或从木矢。矢者，其中正也」。「𢀖，古文巨」。規巨字今俗作矩。艸部「苣，束葦燒，从艸巨聲。臣鉉等曰：今俗別作炬，非是。其呂切」。

鉓

利也。从金朿聲。讀若齊。徂奚切

易巽卦上九「巽在牀下，喪其資斧」。釋文云「子夏易傳及衆家並作齊斧」。李軌易注「齊斧蓋黃戉斧」。漢書王莽傳引作「喪其齊斧」。應劭注云「齊，利也」。齊是鉓之借字。

銘　新附

記也。从金名聲。莫經切（本止作名）

鎖

鐵鎖，門鍵也。从金貨聲。穌果切（本止作瑣）

釧

臂環也。从金川聲。尺絹切（音寸）

釵

笄屬。从金叉聲。本只作叉，此字後人所加。楚加切（釵，簪也，古今切）

幵

平也。象二干對構，上平也。凡幵之屬皆从幵。徐鍇曰：但象物平，無音義。古賢切（音堅一平）

勹　与

挹取也（段作「抙也，所吕挹取也」）。象形，中有實，與包同意。凡勺之屬皆从勺。之若切（指事，一四七）

賜予也。一勺為与。此与與同。余呂切（段作「此與予同意」）

舁部「與」，攩與也，从舁从与。余呂切。「𢍚」古文與。四下部首「予」，推予也，象相予之形。余呂切。按「賜予」義与、予、與三字皆可通，「攩與」字當婷用與，「我也」義當婷用予。

几　凭

踞几也。象形。周礼五几：玉几、雕几、彤几、髹几、素几。凡几之屬皆从几。居履切（一四七）

依几也。从任几。周書「凭玉几」。讀若馮。（臣鉉等曰：人之依馮，几所勝載，故从任。）皮冰切

今周書顧命「凴玉几」已作凴矣。按心部無凴，凡「依凴」「凴據」字皆當作凭，經傳或段馮為之。馬部「馮」，馬行疾也，从馬仌聲。（臣鉉等曰：本音皮冰切，經典通用為依馮之馮，今别作凴，非是。房戎切）「馮」今讀「房戎切」，是段作「鄍」。邑部「鄍，姬姓之國，从邑馮聲」，房戎切。又水部「淜」，無舟渡河也，从水朋聲，皮冰切，是「暴虎淜河」字，今亦段馮為之矣。

凥　処

処也。从尸几，尸得几而止也（依段氏）。孝經曰：「仲尼凥。」凥，謂閒凥如此。九魚切

「凥処」字今經典作居。按尸部「居」，蹲也，从尸古者居从古，九魚切。「踞」，俗居从足。居踞本一字，今乃「蹲也」義婷作踞，而居則為「凥処」字，于是凥字不行矣。又人部「倨」，不遜也，从人居聲，居御切，是倨傲字。

經傳或借為箕踞字。

止也。得几而止。从几从夂。（小徐作「从夂得几而止」，段作「从夂几，夂得几而止也」）昌與切（夂从後至也，音止）

処或从虍聲。

今經傳通從或體，又処又段之為「処事」「処士」「処子」。

且　俎

薦也（段「薦」上有「所以」二字）。从几，足有二橫，一其下地也。凡且之屬皆从且。子余切，又千也切（指事，一四七）（小徐段本有且，古文吕為且，又以為几字。）

礼俎也。从半肉在且上。側呂切（會意）

礼俎者，謂祭器之俎，宗廟祭器也。左傳隱公五年「鳥獸之肉不登於俎，皮革齒牙骨角毛羽不登於器，則公不射，古之制也」，杜注「俎，祭宗廟器」。因之切肉之薦亦曰俎。此字小徐謂是指事，段玉裁、朱駿聲並云會意，而徐氏灝則以為是指事。

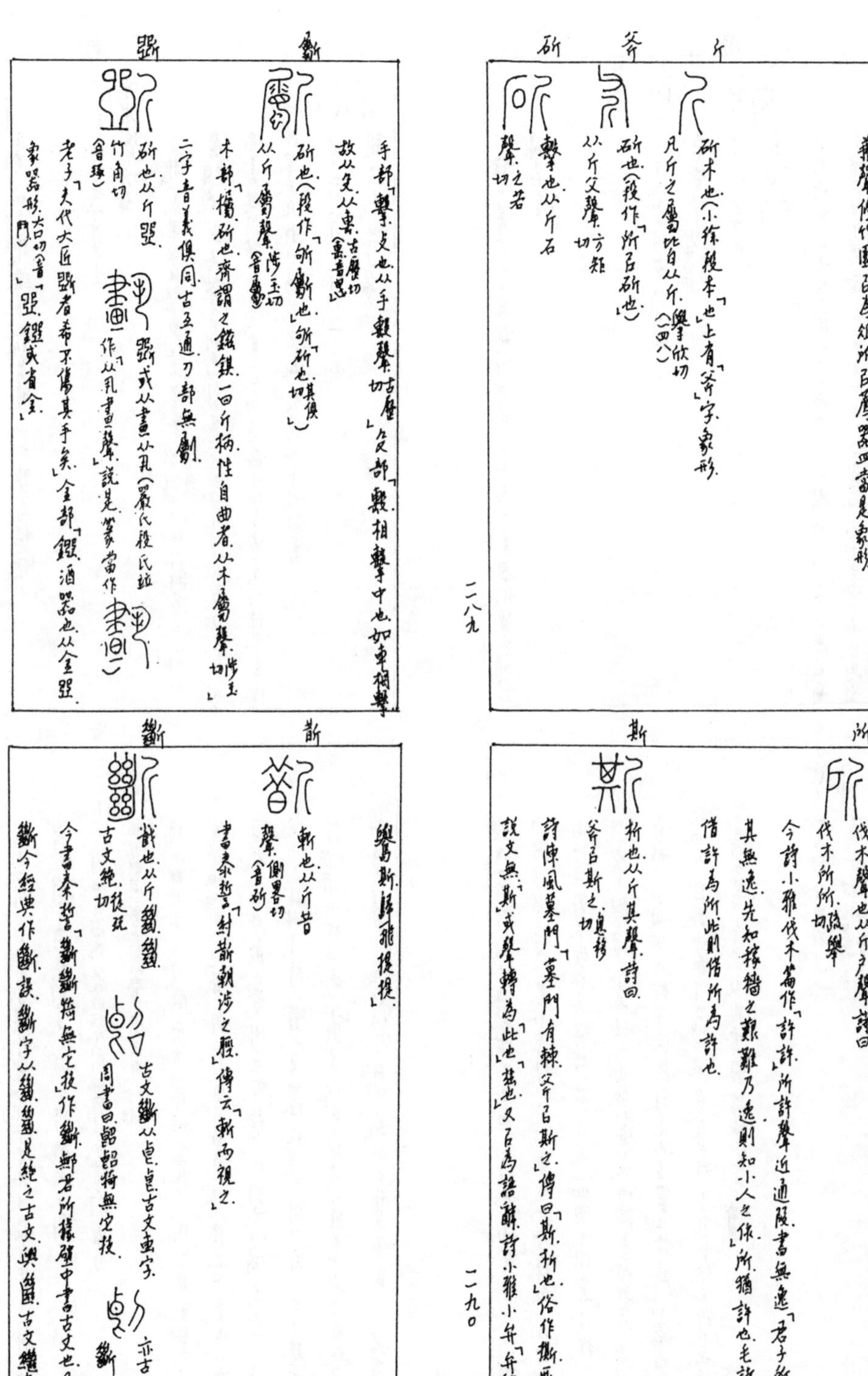

兼聲。修竹園以為俎，所以薦器皿，當是象形。

斤 斫木也。（小徐段本「也」上有「斧」字）象形。凡斤之屬皆从斤。舉欣切（四八）

斧 斫也。（段作「所以斫也」）从斤父聲。方矩切

斫 擊也。从斤石聲。之若切

手部「擊，攴也。从手毄聲。古歷切」攴部「毄，相擊中也。如車相擊，故从殳从𨊠。古歷切（𨊠音惠）」

斸 斫也。（段作「斪斸也」。斪「斫也。其俱切」）从斤屬聲。陟玉切（音斸）

木部「欘，斫也。齊謂之鎡錤。一曰斤柄性自曲者。从木屬聲。陟玉切」二字音義俱同，古互通。刀部無𠜨。

斲 斫也。从斤𠀤。竹角切（音琢）

[seal] 斲或从畫从丮。（嚴氏段氏並作「从丮畫聲」，說是。篆當作[seal]）

老子「夫代大匠斲者，希不傷其手矣」。金部「鐙，酒器也。从金𠀤，象器形。大口切（音鬥）」「𠀤，鐙或省金」。

所 伐木聲也。从斤戶聲。詩曰「伐木所所」。疏舉切

今詩小雅伐木篇作「許許」。所許聲近通假。書無逸「君子所其無逸。先知稼穡之艱難乃逸，則知小人之依」。所猶許也。毛詩借許為所，此則借所為許也。

斯 析也。从斤其聲。詩曰「斧以斯之」。息移切

詩陳風墓門「墓門有棘，斧以斯之」。傳曰「斯，析也」。俗作撕、厮。說文無「撕」。斯或聲轉為「此也」、「盡也」，又以為語辭。詩小雅小弁「弁彼鸒斯，歸飛提提」。

斮 斬也。从斤昔聲。側略切（音斫）

書泰誓「斮朝涉之脛」。傳云「斮而視之」。

斷 截也。从斤从㡭。㡭，古文絕。徒玩切

[seal] 古文斷，从皀。皀，古文叀字。周書曰「𠃧𠃧猗無它技」。

[seal] 亦古文斷

今書秦誓「斷斷猗無它技」，作斷。鄭君所稱壁中書古文也。又斷今經典作斷，誤。斷字从㡭。㡭是絕之古文，與㡭古文繼字

自不同也。糸部「繼，續也。从糸𢇍。一曰反𢇍為繼。古詣切」

新

取木也。从斤亲聲。息鄰切

木部「亲，果實如小栗。从木辛聲。側詵切(音臻)」艸部「薪，蕘也。从艸新聲。息鄰切」新為取木，薪為蒭蕘(艸部「蒭，刈艸也。象包束艸之形」)。音義俱同，實一字耳。其后以新為新舊字者，是引伸之義。徐氏箋云「凡物之易於更新者莫如木，故取義焉。」

所

二斤也。从二斤。(小徐作「二斤也」。

闕。段王二氏同。語斤切

句讀」凡無二義文而說解即以字形為之義者，例皆云「闕」，謂闕其音。

斗

十升也。象形，有柄。凡斗之屬皆从斗。當口切(一四八)

斛

十斗也。从斗角聲。胡谷切(音酷)

儀礼聘礼記「十斗曰斛，十六斗曰籔，十籔曰秉。」漢書律曆志「量者，龠合升斗斛也。所以量多少也。……合龠為合，十合為升，十升為斗，十斗為斛。……夫量者躍於龠，合於合，登於升，聚於斗，角於斛也。」按「角於斛」之角乃斠字之段。本部「斠，平斗斛也。」

斝

玉爵也。夏曰琖，殷曰斝，周曰爵。从吅从斗，冂象形。與爵同意。或說斝受六升。古雅切

「琖」小徐段王二氏作「醆」。二字並非鄦書所有。周礼夏官量人「凡宰祭與鬱人受斝。」鄭注引鄭司農云「斝，器名。明堂位曰爵，夏后氏以琖，殷以斝，周以爵。」釋文「琖，劉本作湔。」是古或借湔字為之。新附有「琖，玉爵也。夏曰琖，殷曰斝，周曰爵。从玉戔聲。或从皿。阻限切」大徐云「或从皿則是作盞，俗又作醆。盞醆亦非鄦書所有。或謂古止作「戔」。然戈部「戔」訓賊也，非其義。或以為當用淺，淺之淺說頗迂曲。疑古本有琖字，鄦君稱夏尊耳。又「从吅从斗，冂，象形。與爵同意。」小徐作「从斗，冂，象形。吅與爵同意。」句讀同。注云「爵下云『取其鳴節節足足也』。吅與之同意。」段作「从斗，吅，象形。與爵同意。」注云「爵从鬯从又，而𠆪象形。斝从斗，而吅象形，故云同意也。」徐箋云「段訂是也。古篆斝作[illegible]，小篆變从吅耳。」鬯部「爵，礼器也。𠆪象爵之形，中有鬯酒，又持之也。所以酒器象爵者，取其鳴節節足足也。」即略切

料

量也。从斗，米在其中。讀若遼。洛蕭切(平聲。會意)

重部「量」稱輕重也，从重省，曏省聲，呂張切」料之本義是量其輕重多少，因之有物料之偁，又𠬝之為料理，手部「撩」理也，从手尞聲，洛蕭切」音同，是「撩理」嫥字。

斡

蠡柄也，从斗倝聲，揚雄杜林說皆㠯為軺車輪斡，烏括切

本書瓠部「瓢」，蠡也，从瓠省票聲，符宵切」豆部「𧯠」，蠡也，从豆蒸省聲，居隱切（音卺）」三字皆訓蠡，按䖵部「蠡」，蟲齧木中也，从䖵彖聲，盧啟切」非其義，疑字當作「豊」，同聲通叚耳，五上部首「豊」，行禮之器也，从豆，象形，盧啟切」「蠡柄」猶豊柄，執之所㠯運旋，引伸之，凡運旋者曰斡，「軺車輪斡」謂軺車之輪曰斡也，此亦取運轉之意。

魁

羹斗也，从斗鬼聲，苦回切

春秋運斗樞「北斗七星第一至第四為魁，第五至第七為杓（音彪，即玉衡）合為斗」經傳叚為傀梧字，人部「傀」偉也，从人鬼聲，公回切」「瓌」傀或从玉」多部「⿰多圣」大也，从多圣聲，苦回切（圣苦骨切）」心部「恢」大也，从心灰聲，苦回切」

斠

平斗斛也（小徐段王二氏「斛」下有「量」字）从斗冓聲，古岳切（音角）

經典借角字為之，禮月令仲春「角斗甬」，鄭注「角，平之也」，角當作斠字為正，凡言「較量」亦當作斠。

斜

抒也（段作「杼也」）从斗余聲，讀若荼，似嗟切

「抒」廣韻引作「杼」是也，木部「杼」機之持緯者，从木予聲，直呂切」手部「抒」挹也，从手予聲，神與切」斜之本訓是㠯斗挹取，廣韻引改篆文「斜」抒水斗也，俗㠯人之善惡作邪正，物之行列作斜整，並非，邑部「邪」琅邪郡，从邑牙聲，以遮切」不正字當作衺，衣部「衺」𡚁也，从衣牙聲，似嗟切」交部「𡚁」衺也，从交韋聲，羽非切（音圍）」此𡚁衺正字。

⿸厂⿰兆斗

（段改篆作⿸广⿰兆斗，从庣）斛旁有⿸厂⿰兆斗，从斗庣聲，一曰突也，一曰利也（段「曰」下有「斛字」）尒雅曰「⿸厂⿰兆斗謂之疀」古田器也，臣鉉等曰：說文無庣字，疑厂象形，兆聲，今俗作⿰兆斗，非是，土雕切（音超）

清苗夔說文繫傳校勘記云「鄭書無庣字，段㠯漢書斛作庣，改庣為庣，云是庣之古文，未詳何據，疑當作从斗厂，兆聲，厂象山旁，此為量旁也」「一曰突也」桂氏曰「突當為宎，本書宎，穿也」廣雅「⿸厂⿰兆斗，穿也」（宎音決）「一曰利也」集韻「⿸厂⿰兆斗與銚同」鹽鐵論「羊銚利鉏」尒雅云云，今尒雅釋器作「⿸厂⿰兆斗謂之疀」古田器也，本書甾部「疀」⿸厂⿰兆斗也，古田器也，从甾疌聲，楚洽切（音插，鐵臿）」金部「銚」溫器也，一曰田器，从金兆聲，以招切（音遙）」

升

十龠也（段作「十合也」是）从斗，亦象形。（段無「亦」字。「象形」下有「合龠為合，龠容千二百黍」）識蒸切

「十龠」段作「十合」，桂氏云「當為二十龠」，並是。漢書律歷志「合龠為合，十合為升，十升為斗，十斗為斛」。廣雅「龠二曰合，合十曰升」。

矛

酋矛也，建於兵車，長二丈，象形。凡矛之屬皆从矛。莫浮切（一四八）

古文矛从戈

矜（段作矝，令聲）矛柄也。从矛今聲。居陵切又巨巾切

矜之本訓是矛柄，今吕為「矜卹」「矜伐」字。又段作「鰥寡」字。又段氏朱氏並作「从矛令聲」。清邵瑛羣經正字云「經典俱从矛从今，與說文合，即偶有从令者，不過寫刻之誤，無足置辯。然大書正譌作矝，云从矛令聲，俗作矜，非。核之漢隸，亦多作矝……則佀古本作矝」。豈說文傳寫譌今為令，經典承襲其譌邪？存吕竢攷。

車

輿輪之總名。夏后時奚仲所造。象形。凡車之屬皆从車。尺遮切（一四八）

籒文車

軒

曲輈藩車。从車干聲。虛言切

「藩」小徐作「轓」。一切經音義、漢書景帝紀注引並同。今本說文無轓字，疑奪。又左傳閔公二年「衛懿公好鶴，鶴有乘軒者」。正義引服注「車有藩曰軒」。作藩，艸部「藩，屏也，从艸潘聲」。甫煩切 蓋說文本有「轓」，吕為車蔽之專字，作藩者，其段借也。又古籍或段軒為飛騫字，曹植與楊德祖書「飛軒絕迹，一舉千里」。鳥部「騫，飛皃，从鳥寒省聲」。虛言切

軺

小車也。从車召聲。吕招切（音遙）

史記季布傳「朱家乃乘軺車之洛陽」。索隱云「案，謂輕車，一馬車也」。礼曲礼「乘安車」。注云「安車，坐乘，若今小車也」。

輕

輕車也。从車巠聲。去盈切

桂氏吕為「輕車其用有二」：楚辭九辯「前輕輬之鏘鏘兮，後輜乘之從從」。招魂「軒輬既低，步騎羅些」。注云「軒輬，皆輕車名也」。本部「輬，臥車也，从車京聲」。吕張切（音涼）此坐乘輕小之車也。孫子作戰篇「凡用兵之法，馳車千駟，革車千乘」。注「馳車，輕車也。革車，重車也」。此言軍旅之輕車也。又輕字之義由車之輕重引伸之為凡物之輕重，與事之輕重。

輶

輕車也。从車酋聲。詩曰：「輶車鑾鑣。」（以周切）（音由）

輶本輕車，又引申之為凡輕之偁。詩大雅烝民：「人亦有言，悳輶如毛。」箋云：「輶，輕也。」秦風駟驖：「輶車鑾鑣，載獫歇驕。」傳云：「輶，輕也。」箋云：「輕車，驅逆之車也。」

輯

車龢輯也。（段作「車輿也」）从車咠聲。（秦入切）

徐箋云：「列子（湯問）云：齊輯乎轡銜之際，而緩急乎脣吻之龢。所言齊輯，乃輯之本義，與鄦車龢輯也之訓正合。殷敬順所引說文作輯，車輿也，亦是解為龢輯，非以輯為車名。太玄云：輯杭可過，謂濟川，非謂登山。故范望注云：川波之險，須輯杭而濟之。」段改未是。此「齊輯」字，糸部「緝，績也。从糸咠聲。（七入切）」是「緝」字。口部「咠，聶語也。从口从耳。（七入切）」詩小雅巷伯「緝緝翩翩，謀欲譖人。」傳云：「緝緝，口舌聲。」是段緝為咠。手部「扱，收也。从手及聲。（楚洽切）」是收扱字。艸部「葺，茨也。从艸咠聲。（七入切）」是艸名。

軾

車歬也。从車式聲。（賞職切）

釋名釋車：「軾，式也，所伏以式敬者也。」軾可以伏人，故人伏軾上亦謂之軾。淮南子脩務訓：「段干木辭祿而處家，魏文侯過其閭而軾之。」注云：「伏軾，敬有悳。」古籍或段式為軾。

輒

車兩輢也。从車耴聲。（陟葉切）

本部「輢，車旁也。从車奇聲。（於綺切）（音倚）」耳部「耴，耳垂也。从耳下垂，象形。（陟葉切）」段注：「按車必有兩輢，如人必有兩耳，故从耴。耴，耳垂也。」太玄：「君子積善，至於車耴。」輒亦段借為語詞。

軔

所以（依段補）礙車也。从車刃聲。（而振切）

離騷：「朝發軔於蒼梧兮，夕余至乎縣圃。」王逸注：「軔，支輪木也。」詩經小雅小旻箋云：「言見動軔則泥陷，不至於遠也。」（泥讀為論語「致遠恐泥」之泥）正義云：「動軔者，謂去木動輪而發行也。」軔所以止車，發軔又引申為發端。

轂

輻所湊也。从車𡉉聲。（古祿切）（音穀）

本部「輻，輪轑也。从車畐聲。（方六切）」輻謂輪中木之直指者。水部「湊，水上人所會也。从水奏聲。（倉奏切）」引伸為凡會之偁。老子：「三十輻共一轂，當其無，有車之用。」又殳部「𣪊，从上擊下也。一曰素也。从殳𡉉聲。（苦角切）（音確）（苦江切）」

軎

車軸耑也。从車，象形。于濊切（音衛）（謂○）杜林說（又音彗）

今經典从或體作轊。廣絕交論「轊軿轚轊，坐客恒滿」。

轊 軎或从彗

輨

轂耑沓也（小徐段氏「沓」作「錔」）。从車，官聲。古滿切

回部「沓，語多沓沓也。从水曰。徒合切」金部「錔，以金有所冒也。从金沓聲。他答切」沓乃錔之省借。顏注急就篇「輨，轂耑之鐵也」。段注「轂孔之裏以金裹之曰釭，轂孔之外以金表之曰輨。輨之言管也」。

此輨「舝」字，舛部「舝，車軸耑鍵也。兩穿相背，从舛，萬省聲。萬古文偰，胡刮切」俗作管，轄。竹部「管，如篪，六孔。……从竹官聲。古滿切」是樂器名。車部「轄，車聲也。从車害聲。一曰轄，鍵也。胡八切」轄是車聲，一曰下疑後人誤入。

轅

輈也。从車袁聲。雨元切

釋名釋車「轅，援也。車之大援也」。

輈

轅也。从車舟聲。張流切

𨏤 籀文輈

周礼考工記「輈人為輈」鄭注「輈，車轅也」。

軶

轅前也。从車戹聲。於革切

句讀依元應引「轅前也」下補「謂轅耑厭牛馬領者也」。論語衛靈公「在輿則見其倚於衡也」注云「衡，軶也」。莊子馬蹄「加之以衡扼」釋文「衡，轅前橫木縛軶者。扼，叉馬頸者也」。莊子作扼，是借字。手部「搤，捉也。从手益聲。於革切」「扼，搤或从戹」。

載

乘也。从車𢦏聲。作代切

桀部「乘，覆也。从入桀。桀，黠也。軍法入桀曰乘。食陵切」書益稷「予乘四載，隨山刊木」。又引伸之為凡載物之偁。中庸「如天地之無不覆幬，無不持載」。又凡記於簡冊者曰記載，所記之事亦曰載。詩大雅烝民「上天之載，無聲無臭」。又古者以年記事，故年亦曰載。爾雅釋天「載，歲也。夏曰歲，商曰祀，周曰年，唐虞曰載（去聲）」。又詩小雅正月「載輸爾載」，上載是發語詞，下載則所載之物也。

軍

圜圍也。四千人為軍。从車，从包省（段作「从包省，从車」）。

按當作「从車从勹」。軍，兵車也（「軍」段作「車」）。舉云切

廣雅「軍，圍也」。左傳宣公十二年「晉之餘師不能軍」杜注「不能成營也」。「四千人為軍」古無所出，當作「萬二千五百人為軍」。周礼夏

官大司馬「凡制軍萬有二千五百人為軍」「二千有五百人為師」「五百人為旅」。本書帀部師下云「二千五百人為師」，㫃部旅下云「軍之五百人為旅」，竝與周礼合，故說軍字亦當如之。

軷

出將有事於道，必先告其神，立壇四通，樹（段作「尌」）茅以依神為軷。既祭，軷轢於牲而行（小徐段氏作「犯軷轢牲而行」）為範軷。詩曰：取羝以軷。从車犮聲。（此句小徐段氏在「詩曰」上）蒲撥切

「出將有事於道，必先告其神」，周礼夏官大馭「犯軷」鄭注云：「詩曰：『載謀載惟，取蕭祭脂，取羝以軷。』詩家說曰：將出祖道，犯軷之祭也。聘礼曰：乃舍軷，飲酒于其側。礼家說亦謂道祭。」四民月令云：「祖，道神也。黃帝之子好遠遊，死道路，故祀以為道神，以求道路之福。」「立壇四通，樹茅以依神為軷」，左傳昭公十八年「巡羣屏攝，至于大宮」，杜注「屏攝，祭祀之位，大宮，鄭祖廟」，鄭眾云「束茅以為屏蔽，祭神之處」。此句詩釋文引作「出必告道神，為壇而祭，為軷」。「既祭，犯軷轢牲而行，為範軷」，周礼夏官大馭「犯軷」注云：「行山曰軷，犯之者，封土為山象，以菩芻棘柏為神主，既祭之，以車轢之而去，喻無險難也……杜子春曰：軷，謂祖道轢軷磔犬也。」「詩曰：取羝以軷」，詩大雅生民篇云：「取蕭祭脂，取羝以軷。」箋云：「取蕭艸與祭牲之脂，爇之於行神之位，馨香既聞，取羝羊之體以祭神。」

範

範軷也。从車，笵省聲。讀與犯同。音范（大徐語。小徐浮犯反）

此範軷㝵字，今經典作犯，而以範為模範義，從模範字當作笵。竹部「笵，法也。从竹，竹簡書也。氾聲。古法有竹刑。」防𤜣切（𤜣音犯）犬部「犯，侵也。从犬㔾聲。」防險切 艸部「范，艸也。从艸氾聲。」房𤜣切

轄

車聲也。从車害聲。一曰轄，鍵也。胡八切

一曰下疑後人誤入舛部「舝，車軸耑鍵也。兩穿相背。从舛，𥻆省聲。𥻆，古文偰。」胡戛切 詩小雅有車舝篇。

輩

若軍發車百兩為一輩（段「兩」作「輛」）。無「一」字。从車非聲。補妹切

「百兩」當是「副」「再也」之「兩」，非「二十四銖為一兩」之「兩」，段改是也。輩引伸之為朋輩，為比也，類也。

軋

報也。从車乙聲。烏轄切（本音軋。今讀為札）

本篆大徐作軋，乙聲。小徐段氏作𨊠，乙聲。桂王二氏竝同鉉本。鈕氏校錄、許氏讀說文記竝云當从甲乙之乙。釋名釋天「乙，軋也，自

抽軋而出也」史記律書「乙者萬物生軋軋也」佀从乙為有徵矣。然乙字烏轄切，則又較乙聲為叶。未敢斷也。又漢書匈奴傳「有鼻中小者軋，大者報」師古注「謂輾轢其骨節」引伸之為勢相傾軋。

輾

輾 轢也。从車反聲。尼展切（今讀展）

本書又部「反，治也。从又从卪。卪，事之節也」房六切。尸部「反，柔皮也……人善切」輾字「尼展切」當从「人善切」之反，非「房六切」之反。此輾、輾「報轉」字，俗作碾，為「輾」、「輾」為「輾轉」說文無。尸部「屦，轉也。从尸，襄省聲。知扇切」亦「屦轉」字。衣部「襄，丹縠衣。从衣，𧿞聲。知衍切」引伸為

誠也。与上部目「㠭，極巧視之也。从四工」是「㠭」覽「闡㠭」字。

轢

轢 車所踐也。从車樂聲。郎擊切（又歷各切）

足部「踐，履也。从足戔聲。慈衍切」史記司馬相如傳「躪從車之轢」正義「轥，踐也。轢，輾也」

軌

軌 車徹也。从車九聲。居洧切

彳部「徹，通也。从彳从攴从育。丑列切」廣雅「軌，車迹也」呂氏春秋勿躬篇「車不結軌」注云「車兩輪間曰軌」謂兩輪間相距之迹為軌也。

車徹，猶車迹也。漢書文帝紀「結徹於道」陳平傳「門外多長者車徹」新附始增轍云「車迹也。直列切」又軌之本訓是車迹，引伸之為凡迹之偁，又為「道也」「法則也」。

𨋢

𨋢 車迹也。从車，從省聲。（小徐從氏無「聲」字）臣鉉等曰「今俗作蹤，非是」即容切

詩召南羔羊「委蛇委蛇」傳云「委蛇，行可從迹也」釋文「從，足容反」字亦作蹤、迹，又作跡。按蹤、跡二字並非說文所有，本祇作𨋢、迹。古籍或借從字。辵部「迹，步處也。从辵亦聲。資昔切」「蹟，或从足責」从部「從，相從也。从辵从从，从亦聲。慈用切（去聲）」

軻

軻 接軸車也。（「接」段作「𨌲」）从車可聲。康我切（今音可。今讀阿）

俗段軻為坷，土部「坷，坎坷也。康我切」「坎，陷也。苦感切」本部無轗字。

輪

輪 有輻曰輪，無輻曰輇。从車侖聲。力屯切

本部「輻，輪轑也。从車畐聲。方六切」周礼考工記「輻也者，以為直指也」輻謂輪中木之直指者。

輇

輇 蕃車下庳輪也。（「蕃」段據傳作「藩」是）一曰無輻也。讀若饌。（段「一曰無輻也」在「讀若饌」下）市緣切（音詮）

广部「庳，中伏舍。从广卑聲。一曰屋庳。便俾切」屋庳，徐鍇謂「底下
庳」。又复之為凡底下之偁。周礼攷工記輪人「輪已崇，則人不能
登也；輪已庳，則於馬終古登陁也」。崇庳對言，亦是以庳為
下也。「下庳輪」，謂下斜坡輪也。「無輻曰輇」，礼雜記「載以輲車」，
鄭注：「輲，讀為輇，鄭氏說文解字曰：有輻曰輪，無輻曰輇。周礼又
有蜃車，天子以載柩。蜃、輇聲相近，其制同乎？」乘大記「君葬
用輴」，鄭注：「輴，當為載以輇車之輇，聲之誤也。……輇車，柩車
也」。按輲輴說文無字，直當作輇。又周礼夏官遂師「及蜃車之
役」，鄭注：「蜃車，柩路也。……蜃，礼記作輇」。又按說解「讀若饌」，饌
「士戀切」，與輇「市緣切」不叶，當「讀若譔」，譔「此緣切」。

輦

輦

輓車也。从車从㚘，在車前引之。（段有「也」字）力展切

夫部「㚘，並行也。从二夫。輦字从此。」蒲旱切

輓

輓

引之也。（小徐段氏作「引車也」，王氏作「人引車也」）从車免聲。無遠切（俗作挽，說文無）

按錄云「免當是兔」，鄦書無免字。左傳襄公十四年「或輓之，或推之」，杜注「前牽曰輓」。

輔

輔

人頰車也。从車甫聲。（小徐作「春秋傳曰：輔車相依。从車甫聲。人頰車也」，段王二氏從小徐本）扶雨切

面部「䩉，頰也。从面甫聲。符遇切」此䩉頰本字，輔字从車，當有
本訓。詩小雅正月「其車既載，乃棄爾輔」，「無棄爾輔，員于
爾輻」。左傳僖公五年諺所謂「輔車相依，脣亡齒寒」者，其
虞虢之謂也。此輔之本義，鄦君必貿言之，而後引經以實之。
杜注左傳云「輔，頰輔」，誤。小徐作「春秋傳曰：輔車相依。从車甫
聲」，蓋是舊本，惟奪是篆下訓義之語耳。「人頰車也」句，必後人
據杜注誤增，大徐不察，迻之於篆下，又删春秋傳曰二句，未是。
又詩正義云「棄輔，則輔是可解脫之物，蓋如今人縛杖於輻，
以防輔車也」。王氏說文釋例云「以今事測之，吾鄉以小車載大
石者，兩輻之間加一木，拄其轂與牙，繩縛於輻以為固，輻

得其助，則輻強而不敗，故曰員于爾輻也」（詩傳「員，益也」）故
引伸之為「輔助」字。至易咸卦上六「咸其輔頰舌」，艮之六五「艮
其輔」，是借輔為䩉。

轟

轟

羣車聲也。（段篆下有「轟轟」二字）从三車。呼宏切

𠂤

𠂤

小𠂤也。象形。凡𠂤之屬皆从𠂤。臣鉉等曰：今俗作堆。都回切（一四九）

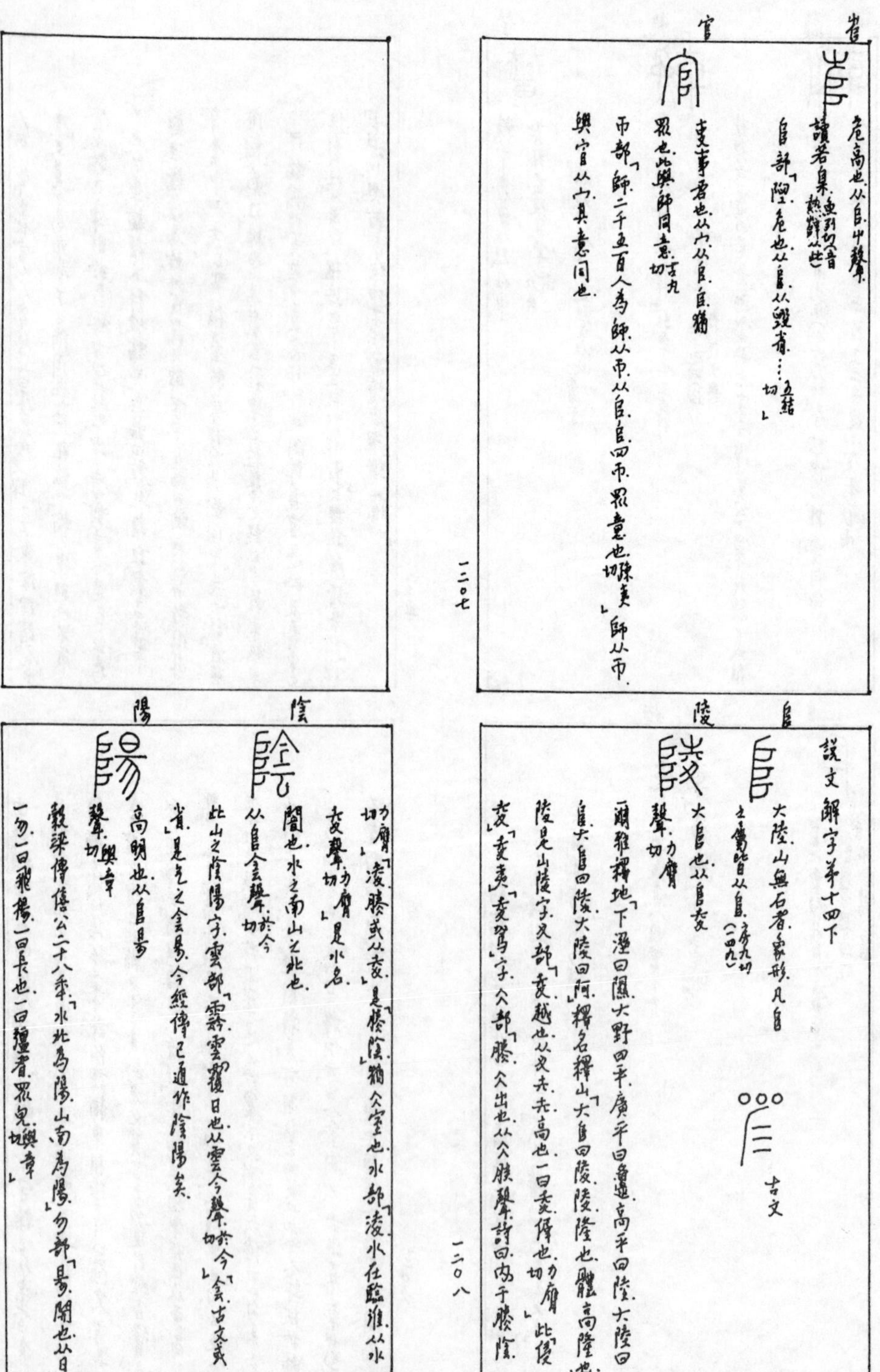

𡴎

（篆）危高也。从𠂤屮聲。讀若臬。魚列切（音熱，辥从此）

𠂤部「隉，危也。从𠂤，从毀省。……五結切」

官

（篆）吏事君也。从宀从𠂤。𠂤猶眾也。此與師同意。古丸切

帀部「師，二千五百人為師。从帀从𠂤。𠂤，四帀，眾意也。疎夷切」師从帀，與官从宀，其意同也。

說文解字第十四下

𠂤

（篆）大陸，山無石者。象形。凡𠂤之屬皆从𠂤。房九切（一四九）

（篆）古文

陵

（篆）大𠂤也。从𠂤夌聲。力膺切

爾雅釋地「下溼曰隰，大野曰平，廣平曰原，高平曰陸，大陸曰阜，大阜曰陵，大陵曰阿。」釋名釋山「大阜曰陵。陵，隆也，體高隆也。」陵是山陵字。夊部「夌，越也。从夊从兂。兂，高也。一曰夌徲也。力膺切」此侵夌、夌夷、夌駕字。仌部「滕，仌出也。从仌朕聲。詩曰：納于滕陰。力膺切」凌，滕或从夌。是滕陰猶仌室也。水部「淩，水。在臨淮。从水夌聲。力膺切」是水名。

陰

（篆）闇也。水之南、山之北也。从𠂤侌聲。於今切

此山之陰、陽字。雲部「霒，雲覆日也。从雲今聲。於今切」「侌，古文或省。」是气之侌昜。今經傳已通作陰陽矣。

陽

（篆）高明也。从𠂤昜聲。與章切

穀梁傳僖公二十八年「水北為陽，山南為陽。」勿部「昜，開也。从日一勿。一曰飛揚。一曰長也。一曰彊者眾皃。與章切」

陸

高平地。从𨸏从坴，坴亦聲。（小徐陸氏作「从𨸏坴聲」）力竹切

籀文陸

土部「坴，土塊坴坴也。从土圥聲。讀若逐。一曰坴梁。」力竹切 坴是坴地，陸是高平地，今則通作陸而坴字不行矣。屮部「圥，菌圥，地蕈，叢生田中。从屮六聲。」力竹切「𡴆，籀文圥从三圥。」

阿

大陵也。一曰曲𨸏也。从𨸏可聲。（小徐段王二氏作「大陵曰阿。从𨸏可聲。一曰阿，曲𨸏也。」）烏何切

詩小雅緜蠻「緜蠻黃鳥，止于丘阿。」傳云「丘阿，曲阿也。」大雅卷阿「有卷者阿，飄風自南。」傳云「卷，曲也。」箋云「大陵曰阿，有大陵卷然而曲。」

陂

阪也。一曰沱也。从𨸏皮聲。（段作「从𨸏皮聲。一曰池也。」）彼為切

按沱字不誤，說文無池字。釋名釋山「山旁曰陂，言陂陀也。」禮月令「毋漉陂池」注云「畜水曰陂，穿地通水曰池。」引伸之為險陂。易泰卦九三「无平不陂，无往不復。」頁部「頗，頭偏也。从頁皮聲。」滂禾切 是偏頗字古籍或段「陂」「詖」為之。孟子公孫丑「詖辭知其所蔽。」書洪範「無偏無陂」，正字並當作頗。言部「詖，辯論也。古文以為頗字。从言皮聲。」彼義切

阪

坡者曰阪。一曰澤障。一曰山脅也。从𨸏反聲。（段此句在「曰阪」下）府遠切

土部「坡，阪也。从土皮聲。」滂禾切 爾雅釋地「陂者曰阪。」郭注「陂陀不平。」「一曰澤障」：書禹貢「九澤既陂。」傳云「九川之澤已陂障無決溢矣。」詩陳風澤陂「彼澤之陂」，傳云「陂，澤障也。」本部「障，隔也。」「一曰山脅」：山部「岪，山脅道也。从山弗聲。」敷勿切 李巡注爾雅云「陂者謂高峯山陂。」詩小雅正月「瞻彼阪田。」箋云「阪田，崎嶇墝埆之處。」按「崎嶇墝埆」不平之意，皆非說文所有。危部「䧅，䧅陒也。」𨸏部「陒，䧅也。」是䧅陒本字。爾雅釋山「多小石磝，多大石礐。」釋文「磝，音敲。礐，音㱿。」作「磝礐」。鄦書無磝字。石部「礐，石聲。」胡角切 非其義，疑是磽确形近而譌。石部「磽，磬石也。」口交切「确，磬石也。」胡角切

陬

阪隅也。从𨸏取聲。子侯切

引伸為凡隅之偁。又廣雅「陬，隈也。」本書「隈，水曲隩也。」「隩，水隈崖也。」則水崖亦曰陬。又爾雅釋天「正月為陬」，是別一義。

陋

阸陝也。从𨸏㔷聲。盧候切

本部「阸，塞也。」「陝，隘也。」𨺅部「𨽍，陋也。」「隘，籀文𨽍从𨸏益。」是陋亦隘也。引伸為鄙陋、簡陋、陋室。匸部「㔷，側逃也。从匸丙聲。」

盧矣切」是「側匽」，匽綱字。水部「漏，以銅受水刻節，晝夜百刻。从水屚聲。盧后切」是「刻漏」字；雨部「屚，屋穿水下也。从雨在尸下。尸者屋也。盧后切」是「屋屚」字。

陜

隘也。从𨸏夾聲。侯夾切（臣鉉等曰：今俗从山，作是。）

今經典或作狹，或作陿，亦非。正字當作陜，而廣韻反以狹爲本字，陜陿爲異文，失之。大部「夾，持也。从大俠二人。古狎切」

陟

登也。从𨸏步。竹力切

古文 陟

詩周南卷耳「陟彼崔嵬」傳云「陟，升也」。書舜典「黜陟幽明」傳云「黜退其幽者，升進其明者」。

陷

高下也。一曰陊也。从𨸏从臽，臽亦聲。（小徐段氏作「从𨸏臽聲。一曰陊也」）戶猎切

此淪陷「陷落」字；臼部「臽，小阱也。从人在臼上。戶猎切」是「臽阱」字。

隰

阪下溼也。从𨸏㬎聲。似入切

爾雅釋地「下溼曰隰，大野曰平，廣平曰原，高平曰陸，大陸曰阜，大阜曰陵，大陵曰阿」。詩秦風車鄰「阪有漆，隰有栗」傳云「下溼曰

隰」。正義引李巡曰「下溼，謂土地窊下，常沮洳，名爲隰也」。又釋地「可食者曰原，陂者曰阪，下者曰隰」。「可食，謂可耕種給食。」周礼天官大宰「以九職任萬民，一曰三農，生九穀」。鄭司農曰「三農，平地、山澤也」。鄭注「三農：原、隰及平地」。是可耕種之地有原、陂、隰之異也。公羊傳昭公元年「上平曰原，下平曰隰」。此隰對阪而言，田之陂陀不平者名曰阪，其下而平者，即爲隰也。又日部「㬎，眾微杪也。从日中視絲。古文以爲顯字……五合切」

䧪

䧪也。从𨸏區聲。豈俱切（臣鉉等曰：今俗作崎嶇，非是。）

危部「䧪，䧪㕭也。从危支聲。去其切」

隤

下隊也。从𨸏貴聲。杜回切

易繫辭傳「夫乾確然示人易矣，夫坤隤然示人簡矣」。本書冂部「隺，高至也。从隹上欲出冂。易曰：夫乾隺然。胡沃切」。鄭君寉下引易，正與隤訓下隊成對語。經傳或假穨爲隤，或誤作頹。按說文無頹。禿部「穨，禿皃。从禿貴聲。杜回切」義異。又广部「雇，屋从上傾下也。从广隹聲。都回切」義與隤近。今經典無作雇者。

隊

從高隊也。从𨸏㒸聲。徒對切（玉篇直類切）

玉篇「隊，池類切，從高隊也，失也。又徒對切，部也，百人也。」按隊之本義爲「下隊」，引伸之爲行列之偁。經傳多𠂢隊爲隊伍行列。左傳襄公十年「𠂢成一隊」杜注「百人爲隊」。而「顚隊」字則亦作墬。土部無墬，新附有之，云「墬，陊也。从土隊聲。古通用磙。直類切」。石部「磙，陊也。从石㒸聲。徒對切（當直類切）」。八部「㒸，从意也。从八豕聲。徐醉切」。此順㒸字古籀多段遂爲之。辵部「遂，亡也。从辵㒸聲。徐醉切」。

降

下也。从𨸏夅聲。古巷切

此降落字。夊部「夅，服也。从夊屮相承，不敢並也。下江切」是「夅，服」投「夅字」。

隕

從高下也。从𨸏員聲。于敏切 易曰：有隕自天。（姤九五）

爾雅釋詁「隕，磒，落也。」詩大雅緜「肆不殄厥慍，亦不隕厥問。」傳云「隕，隊也。」俗作殞。說文無。石部「磒，落也。从石員聲。春秋傳曰：磒石于宋五。于敏切」雨部「霣，雨也。齊人謂雷爲霣。从雨員聲。一曰雲轉起也。于敏切」三字音義同。

隍

危也。从𨸏从毀省。徐巡以爲隍，凶也。賈侍中說隍，法度也。班固說（隍）不安也。周書曰：邦之阢隍。讀若虹蜺之蜺。五結切（音臬）

本書出部「𡴘，槷𡴘，不安也。从出臬聲。易曰：槷𡴘。五結切」（音槷借爲阢）隍𡴘二字音義同。徐巡見後漢書杜林傳，其說未詳。書康誥「汝陳時臬事」傳云「陳是法事」，賈侍中說是書借臬爲隍。班固說「不安者則與剌」危也同。書秦誓「邦之杌隍」作杌。杌，說文無，正字當作阢。本部「阢，石山戴土也。从𨸏从兀，兀亦聲。五忽切」。易之「𡴘阢」與書之「阢隍」音義並同。

隓

敗城𨸏曰隓。从𨸏𢀩聲。臣鉉等曰：說文無𢀩字，蓋二左也。衆力左之，故从二左。今俗作隳，非是。許規切

𡐦 篆文

今經典作墮，是隓之變體。左傳定公十二年「叔孫州仇帥師墮郈」杜注「墮，毀也」。書益稷「元首叢脞哉，股肱惰哉，萬事墮哉」孔傳「墮，廢也」。正字當作隓。今俗亦作隳。𠂢爲毀壞之義，又讀墮「徒果切」爲「陊落」字，非是。

陊

落也。从𨸏多聲。徒果切 臣鉉等曰：今俗作墮，非是。

此「陊落」本字。今俗作墮。古籍亦有作隋者，詩召南摽有梅傳云「摽，落也。盛極則隋落者梅也。」本書肉部「隋，裂肉也。从肉从隓省。徒果切」義異。

阬

閬也。从𨸏亢聲。客庚切 臣鉉等曰：今俗作坑，非是。

門部「閬，門高也。从門良聲。来宕切（音浪）」土部「壙，塹穴也。一曰大也。从土廣聲。苦謗切」「塹，阬也。一曰大也。从土斬聲。七豔切」阬之本訓為阬谷，又引之為空虛。爾雅釋詁「阬阬，虛也」郭注「阬阬，謂阬塹也」。

隫

通溝也（小徐作「通溝以防水也」段王二氏同）。从𨸏賣聲。讀若瀆（小徐段氏作「洞」）。徒谷切

古文隫。从谷。

水部「瀆，溝也。从水賣聲。一曰邑中溝。徒谷切」爾雅釋水「江河淮濟為四瀆。四瀆者，發原注海者也」釋山「山豄無所通，谿」郭注「所謂窮豄者，豄無所通，與水注川同名」。

防

隄也。从𨸏方聲。符方切

防或。从土。

此「隄防」「防閑」字。經典「隄防」或作坊。禮記坊記全篇統用坊。經解「夫禮禁亂之所由生，猶防止水之所自來也」。按鄭書無坊字。經傳作坊者，乃埅之俗省，又借用為里坊之坊。大徐不察，乃收之土部新坿云「坊，邑里之名。从土方聲。古通用埅。府良切」埅既為防之或體，又為坊之古文，則坊為防埅之俗變可知。說文既有防埅，自不必再增坊字也。

阯

基也。从𨸏止聲。諸市切

阯或。从土。

二上部目「止，下基也。象艸木出有址，故以止為足。諸市切」

附

附婁，小土山也。从𨸏付聲。春秋傳曰「附婁無松柏」。符又切（附婁，音負塿）

左傳襄公二十四年「子大叔曰：不然。部婁無松柏」杜注「部婁，小阜。松柏，大木。喻小國異於大國」風俗通「謹按春秋左氏傳『培塿無松柏』，言其卑小。部者，阜之類也。今齊魯之間田中少高卬，名之為部矣」左傳作「部婁」，風俗通作「培塿」，正字當作「附婁」，鄭君所見壁中書也。今經傳皆借附為坿益字。土部「坿，益也。从土付聲。符遇切」

阸

塞也。从𨸏戹聲。於革切

土部「塞，隔也。从土𡫳聲。先代切」史記漢興以來諸侯年表敘「秉其阸塞地利，彊本幹，弱枝葉之勢也」此阸之本義。經傳多段為「阸窮」「困阸」字，孟子公孫丑「遺佚而不怨，阸窮而不憫」正字當作阸。戶部「戹，隘也。从戶乙聲。於革切」

障

隔也。从𨸏章聲。之亮切

爾雅釋言「障，畛也」郭注「謂堤障」釋名釋宮室「障，衛也」土部「墇，壅也。从土章聲。之亮切」音義同。

隱

蔽也。从𨸏㥯聲。於謹切

本書十二下部目「乚，匿也。象迟曲隱蔽形。讀若隱。於謹切」音義同。古籍或段隱為㥯。孟子公孫丑「隱几而臥」朱子注「隱，任几也。」正字當作㥯。𠬪部「㥯，所依據也。从𠬪工。讀與隱同。於謹切」引伸之為「安㥯」字。心部「㥯，謹也。从心㥯聲。於靳切」是「㥯」「㥯」重字，今「安㥯」「㥯重」並作穩。說文無穩，新附有之，云「穩，蹂穀聚也。一曰安也。从禾隱省聲。古通用安隱。烏本切」

隩

水隈崖也。从𨸏奧聲。烏到切

本部「隈，水曲隩也。从𨸏畏聲。烏恢切」水部「澳，隈厓也。其內曰澳，其外曰隈。从水奧聲。於六切(音旭)」爾雅釋丘「隩，隈。厓內為隩，外為隈。」隩澳二字同義。詩衞風淇奧「瞻彼淇奧，綠竹猗猗。」傳云「奧，隈也。」作奧是借字。大學引詩作澳，是本字。宀部「奧，宛也。室之西南隅。从宀𡕥聲。烏到切」義異。

陝

弘農陝也。古虢國王季之子所封也。从𨸏夾聲。失冉切

公羊傳隱公五年「自陝而東者，周公主之；自陝而西者，召公主之。」何休注「陝者，蓋今弘農陝縣是也。」顏注急就篇「虢叔，周王季之子也，受封於虢，今陝州陝縣是也。」本書亦部「夾，盜竊褱物也。从亦有所持。俗謂蔽人俾夾是也。弘農陝字从此。失冉切」陝字从夾，从二入，與陜隘字从夾，夾从二人不同。本部「陜，隘也。从𨸏夾聲。侯夾切」大部「夾，持也。从大俠二人。古狎切」

陳

宛丘，舜後嬀滿之所封。从𨸏从木申聲。臣鉉等曰：陳者，大昊之虛，畫八卦之所，木德之始，故从木。直珍切

古文陳

詩譜陳譜「陳者，太皞虙戲氏之墟。帝舜之胄有虞閼父者，為周武王匋正。武王賴其利器用，與其神明之後，封其子嬀滿於陳，都於宛丘之側，是曰陳胡公。」攴部「敶，列也。从攴陳聲。直刃切」是「敶列」「行敶」字，今俗段陳為「敶列」字，而「行敶」則又作陣，非是。

陶

再成丘也，在濟陰。从𨸏匋聲。夏書曰：東至于陶丘。陶丘有堯城，堯嘗所居，故堯號陶唐氏。徒刀切

爾雅釋丘「丘一成為敦丘，再成為陶丘。」郭注「成，重也。今濟陰定陶城中有陶丘。」書禹貢「導沇水……東出于陶丘北。」孔傳「陶丘，丘再成。」漢書地理志濟陰郡定陶縣「故曹國，周武王弟叔振鐸所封。禹貢陶丘在西南，陶丘亭。」詩譜曹譜「曹者，禹貢兗州陶丘之北地名，今曰濟陰定陶是也。昔堯嘗遊成陽，死而葬焉。」缶部「匋，瓦器也。从缶包省聲。古者昆吾作匋。徒刀切」匋器

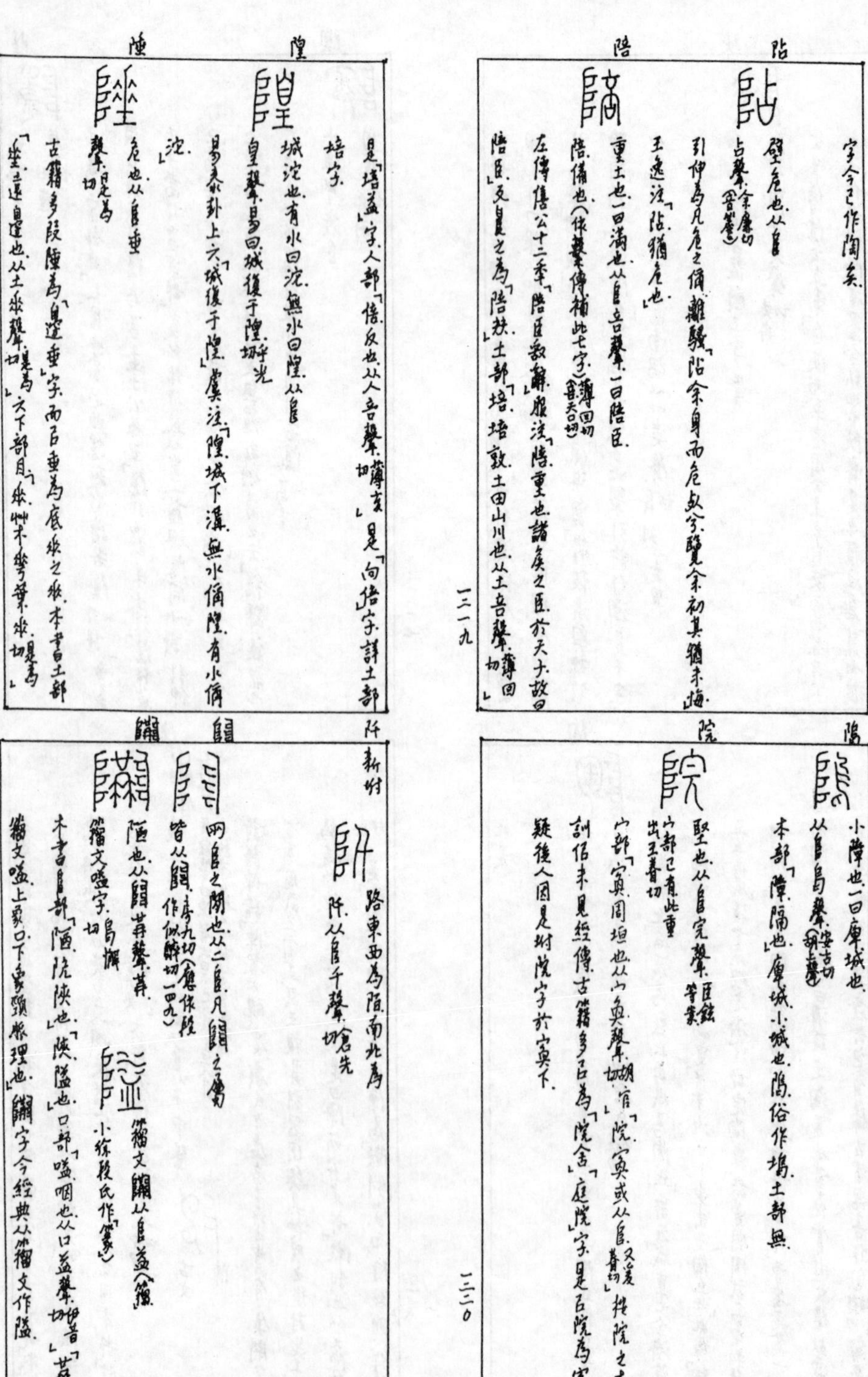

字今已作陶矣。

阽

壁危也。从𨸏占聲。余廉切（音鹽）

引伸為凡危之偁。離騷「阽余身而危死兮，覽余初其猶未悔。」王逸注「阽，猶危也。」

陪

重土也。一曰滿也。从𨸏咅聲。一曰陪臣。陪，備也。（依𣪊傳補此七字）薄回切（音天口切）

左傳僖公十二年「陪臣敢辭」，服注「陪，重也。諸侯之臣於天子故曰陪臣」。又叚之為「陪扶」。土部「培，培敦，土田山川也。从土咅聲。薄回切」是「培益」字。人部「倍，反也。从人咅聲。薄亥切」是「向背」字。詳土部培字。

隍

城池也。有水曰池，無水曰隍。从𨸏皇聲。易曰城復于隍。乎光切

易泰卦上六「城復于隍」，虞注「隍，城下溝，無水偁隍，有水偁池。」

陲

危也。从𨸏垂聲。是為切

古籀多段陲為「邊垂」字，而以垂為底𠂹之𠂹。本書土部「垂，遠邊也。从土𠂹聲。是為切」𠂹下部曰「𠂹，艸木華葉𠂹。是為切」

一三一九

隖

小障也。一曰庳城也。从𨸏烏聲。安古切（音塢）

本部「障，隔也」，庳城，小城也。隖俗作塢，土部無。

院

堅也。从𨸏完聲。臣鉉等案：宀部已有此重出，王眷切

宀部「寏，周垣也。从宀奐聲。胡官切」「院，寏或从𨸏。又王眷切」按院之本訓，佀未見經傳，古籍多以為「院舍」「庭院」字，是以院為寏，疑後人因是附院字於宀寏下。

阡 新附

路東西為陌，南北為阡。从𨸏千聲。倉先切

𨺅

兩𨸏之閒也。从二𨸏。凡𨺅之屬皆从𨺅。房九切（息依段作似醉切，一四九）

𨺨

陋也。从𨺅䒭聲。䒭，籀文嗌字。烏懈切

𨽌

籀文𨺨从𨸏益。（籀）小徐段氏作「篆」

本書𨸏部「陋，阸陝也」「陝，隘也」，口部「嗌，咽也。从口益聲。伊昔切」「䒭，籀文嗌，上象口，下象頸脈理也」𨺨字今經典从籀文作隘。

一三二〇

[illegible]

塞上亭守𤎺火者。从𨺅从火，遂聲。徐醉切

篆文省 (俗作燧)

火部「𤎺，𤎺燧，候表也。邊有警則舉火。从火，逢聲。敷容切(俗作烽)」漢書賈誼傳「斥候望烽燧不得臥」，師古引文穎曰「邊方備胡寇，作高土櫓，櫓上作桔皋，桔皋頭有兜零，以艸置其中，常低之，有寇即然火舉之以相告，曰烽。又多積薪，寇至即然之以望其煙，曰燧。」又師古曰「晝則燔燧，夜則舉烽。」經傳多作燧，以為取火之鐩。金部「鐩，昜鐩也。从金，㒸聲。徐醉切」一切經音義「金鐩出火，昜鐩出水。昜鐩，五石之銅精，圜也。金鐩以鏡，方也。」玉篇「鐩，鏡也。」周礼秋官司烜氏「掌以夫遂取明火於日，以鑒取明水於月。」鄭注「夫遂，昜遂也。鑒，鏡屬，取水者，世謂之方諸。」論語陽貨「鑽燧改火，期可已矣。」論語作燧，周礼作遂，正字當作鐩。

厽

絫坺土為牆壁。象形。凡厽之屬皆从厽。力軌切(音壘)(一五〇)

絫

增也。从厽从糸。絫，十黍之重也。(段作「从厽糸，厽亦聲。一曰絫，十黍之重也」)力軌切

漢書律曆志「權輕重者不失黍絫」，應劭曰「十黍為絫，十絫為銖」。此「增絫」「日積月絫」字。糸部「纍，綴得理也。一曰大索也。从糸，畾聲。力追切(音壘)」是「負纍」字，俗絫纍並作累，說文無累字。

垒

絫墼也。从厽从土。(段作「从厽土，土亦聲」)力軌切

土部「墼，瓴適也。一曰未燒也。从土，毄聲。古歷切(音擊)」墼是瓴適之未燒者，已燒曰瓴適，俗謂之塼。又土部「壘，軍壁也。从土，畾聲。力委切」是「壁壘」「軍壘」字。

四

侌數也。象四分之形。凡四之屬皆从四。息利切(指事)(一五〇)

古文 四

籀文 四

宁

辨積物也。象形。凡宁之屬皆从宁。直呂切(指事)(一五二)

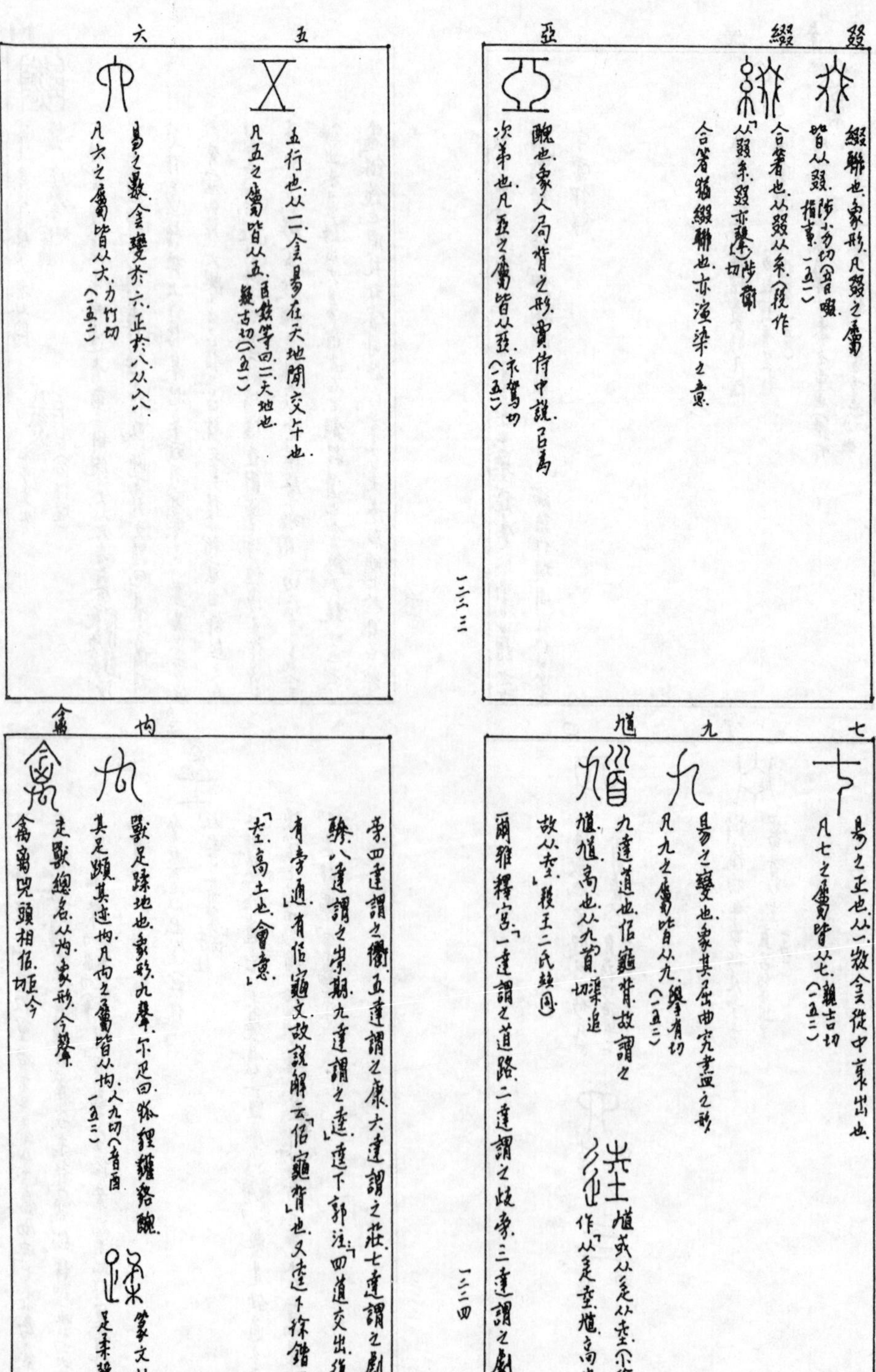

叕

綴聯也。象形。凡叕之屬皆从叕。陟劣切(又音啜。指事。一五二)

綴

合箸也。从叕从糸。(段作「从叕糸。叕亦聲(聲)」陟衛切)

合箸猶綴聯也。亦涵染之意。

亞

醜也。象人局背之形。賈侍中說：以為次弟也。凡亞之屬皆从亞。衣駕切(一五二)

五

五行也。从二，陰昜在天地閒交午也。凡五之屬皆从五。百數等四，二，天地也。疑古切(一五二)

六

昜之數，陰變於六，正於八。从入八。凡六之屬皆从六。力竹切(一五二)

一二二三

七

昜之正也。从一，微陰從中衺出也。凡七之屬皆从七。親吉切(一五二)

九

昜之變也。象其屈曲究盡之形。凡九之屬皆从九。舉有切(一五二)

馗

九達道也。似龜背，故謂之馗。馗，高也。从九首。渠追切

逵

馗或从辵从坴。(小徐作「从辵坴。馗，高也。故从坴」段王二氏皆同)

爾雅釋宮：「一達謂之道路，二達謂之歧旁，三達謂之劇旁，四達謂之衢，五達謂之康，六達謂之莊，七達謂之劇驂，八達謂之崇期，九達謂之逵。」逵下郭注：「四道交出，復有旁通。」有似龜文，故說解云「似龜背」也。又逵下徐鍇曰：「坴，高土也，會意。」

禸

獸足蹂地也。象形，九聲。尔疋曰：狐貍貛貉醜，其足蹞，其迹禸。凡禸之屬皆从禸。人九切(又音酉 一五二)

蹂

篆文从足柔聲。

禽

走獸總名。从禸，象形，今聲。禽离兕頭相佀。巨今切

一二二四

象形者當指㐫，九下部曰「兕，如野牛而青，象形，與禽离頭同切」徐鍇「兕古文从几，凶亦象形，故禽离兕頭相佀也」又礼曲礼云「鸚鵡能言不離飛鳥，猩猩能言不離禽獸」禽獸，即走獸也。

离

山神，獸也。从禽頭，从禸，从屮。歐陽喬說：离，猛獸也。臣鉉等曰：从屮，義無所取，疑象形。呂支切

按离字从屮，象其角也。左傳宣公三年「螭魅罔兩，莫能逢之」服注「螭，山神，獸形」文公十八年「投之四裔，以禦螭魅」賈注「螭，山神，獸形」正字當作离，虫部「螭若龍而黃，北方謂之地螻，从虫离聲，丑知切」義異。俗作魑。鄭書無，新附有「魑，鬼屬，从鬼从离，离亦聲。丑知切」是大徐徒知螭字與螭魅義不符，不知說文自有离字。又大徐說魑字云「鬼屬」，不知鄭書已有「魅，屬鬼也。从鬼失聲。丑利切」故加魑字，贅矣。

萬

蟲也。从禸，象形。無販切

古用以紀數。風俗通「十千謂之萬」，唐人十千作万，故廣韻以為二字。

禹

蟲也。从禸，象形。王矩切

古文禹。

徐氏箋云「禹為蟲名，而从獸足之禸，義不可通，疑當从虫从九，禹者，蟲行屈曲，故从九也」則是篆作禹。

禼

蟲也。从禸，象形。讀與偰同。私列切（音偰）

人部「偰，高辛氏之子，堯司徒，殷之先。从人契聲。私列切」古籍或假禼為偰，漢書古今人表敘「譬如堯舜，禹稷禼與之為善則行」。

嘼

犍也（段氏句讀並作牲是）象耳頭足禸地之形。古文嘼，下从禸。凡嘼之屬皆从嘼。許救切（音獸 一五三）

獸

守備者。从嘼从犬。（段「守備者也」下有「一曰兩足曰禽，四足曰獸」）舒救切

王氏句讀云「廣韻引字林曰：兩足曰禽，四足曰獸。雖與釋鳥合，而與禽下說以走獸不合，又是泛言之，非鄦君收獸于嘼部之恉」。

甲

位東方之孟。昜气萌動。从木戴孚甲之象。一曰(依小徐繫傳作「大一經」)曰人頭宜(依小徐作「玄」。通「元」。首也。段作「空」。㠯為「腔」字)為甲。甲象人頭。凡甲之屬皆从甲。古狎切(五三)

古文甲始於十。見於千。成於木之象。

乙

象春艸木冤曲而出。侌气尚彊。其出乙乙也。與丨同意。乙承甲。象人頭。(此大一經文)凡乙之屬皆从乙。於筆切(一五四)

乾

上出也。从乙。乙。物之達也。倝聲。渠焉切。又古寒切

(小徐段氏作)

籀文乾

徐鍇曰「按易曰夫乾確然。又曰確乎其不可拔。潛龍也。君子終日乾乾。自彊不息也。故从乙。乙。冒難而出也。」易繫傳「夫乾確然示人易矣。」乾卦文言「確乎其不可拔。潛龍也。」又象辭「天行健。君子㠯自彊不息。」又九三「君子終日乾乾。」本書冂部「寉。高至也。从隹上欲出冂。易曰夫乾寉然。」胡沃切 土部「塙。堅不可拔也。从土高聲。」苦角切 易「確乎其不可拔。」猶「堅不可拔也。」又雜卦傳「乾剛坤柔。」說卦「乾。健也。」繫辭傳「乾。陽物也。」引伸為燥也。俗八作乾㠯為乾燥字。非是。

亂

治也。从乙。乙。治之也。从𤔔。(段改作「不治也。从乙𤔔。乙。治之也。」)郎段切

按。亂訓治也。自來經師從無異說。書皋陶謨「亂而敬。」孔傳「亂。治也。有治而能謹敬。」說命「不惟逸豫。惟㠯亂民。」孔傳「不使有位者逸豫。民上言立之主使治民。」泰誓「予有亂臣十人。同心同德。」孔傳「我治理之臣雖少。而心德同。」左傳襄公二十八年「武王有亂臣十人。」杜注「亂。治也。」論語泰伯「武王曰。予有亂臣十人。」馬融曰「亂。治也。治官者十人。」爾雅釋詁「亂。治也。」段氏妄改說解為「不治也」。又彊為之說。是不知有亂𢿢之分耳。攴部「𢿢。煩也。从攴从𤔔。𤔔亦聲。」郎段切 是「煩𢿢」「𢿢臣賊子」字。今皆作亂矣。又受部「𤔔。治也。幺子相亂。受治之也。讀與亂同。一曰理也。」郎段切 與亂音義同。

尤

異也。从乙。又聲。徐鍇曰。乙欲出而見閡。見閡則顯其尤異也。羽求切

左傳昭公二十八年「夫有尤物。足㠯移人。」杜注「尤。異也。」言部「訧。辠也。从言尤聲。周書曰。報㠯庶訧。」羽求切 今書呂刑作尤。是借字。詩邶風綠衣「我思古人。俾無訧兮。」傳云「訧。過也。」是本字本義。

丙

位南方。萬物成炳然。侌气初起。昜气將虧。从一入冂。一者。昜也。丙承乙。象人肩。(此句大一經文)凡丙之屬皆从丙。徐鍇曰。昜功成入於冂。冂。門

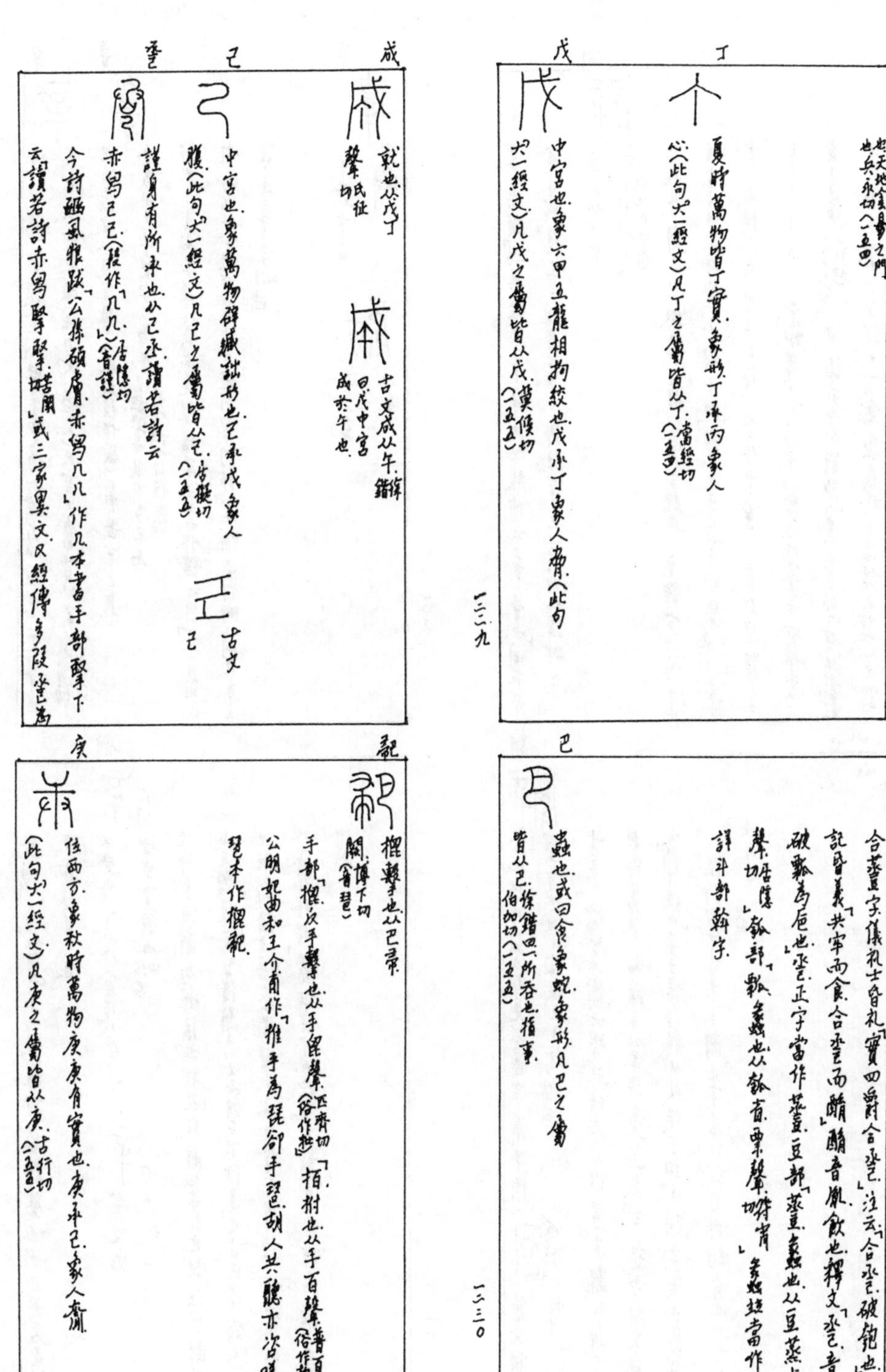

也。天地含聚之門也。兵永切（一五四）

丁

丁　夏時萬物皆丁實。象形。丁承丙，象人心。（此句大一經文）凡丁之屬皆从丁。當經切（一五四）

戊

戊　中宮也。象六甲五龍相拘絞也。戊承丁，象人脅。（此句大一經文）凡戊之屬皆从戊。莫候切（一五五）

成

成　就也。从戊丁聲。氏征切

古文成从午。徐鍇曰：戊中宮成於午也。

己

己　中宮也。象萬物辟藏詘形也。己承戊，象人腹。（此句大一經文）凡己之屬皆从己。居擬切（一五五）

古文己

巹

巹　謹身有所承也。从己丞。讀若詩云「赤舄己己」。（段作「几几」）居隱切（音謹）

今詩豳風狼跋「公孫碩膚，赤舄几几」，作几。本書手部擊下云讀若詩赤舄擊擊。蛙閒「或三家異文，及經傳多假巹為

一二二九

合巹字。儀禮士昏禮「實四爵合巹」，注云「合巹，破匏也」。禮記昏義「共牢而食，合巹而酳」。酳音胤，飲也。釋文「巹，音謹，破瓢為卮也」。巹正字當作蒸。豆部「𧯛，蠡也。从豆蒸省聲。居隱切」瓢部「瓢，蠡也。从瓢省，票聲。符宵切」蠡蛙當作𧯛。詳斗部𣂁字。

巴

巴　蟲也。或曰食象蛇。象形。凡巴之屬皆从巴。徐鍇曰：所吞也。指事。伯加切（一五五）

𢀳

𢀳　𢴀擊也。从巴帚。闕。博下切（音琶）

手部「𢴀，反手擊也。从手𣬈聲。匹齊切（俗作批）」「拍，拊也。从手百聲。普百切（俗作拍）」歐公明妃曲和王介甫作「推手為琵卻手琶，胡人共聽亦咨嗟」，琵琶本作𢴀𢀳。

庚

庚　位西方，象秋時萬物庚庚有實也。庚承己，象人齎。（此句大一經文）凡庚之屬皆从庚。古行切（一五五）

一二三〇

辛

秋時萬物成而孰。金剛味辛，辛痛即泣出。从一从辛。辛，辠也。辛承庚，象人股。（此句大一經文）凡辛之屬皆从辛。息鄰切（一五六）

辠

犯法也。从辛从自，言辠人蹙鼻苦辛之憂。秦以辠似皇字，改為罪。臣鉉等曰：自，古者以為鼻字，故从自。徂賄切

經書無蹙字，段作戚，亦是假借，正字當作慽。心部「慽，憂也」。戚，戉也。今經典辠字通用罪。网部「罪，捕魚竹网，从网非。秦以罪為辠字」。

辜

辠也。从辛古聲。古乎切

古文辜从死。

書大禹謨「與其殺不辜，寧失不經」。傳云「辜，辠也」。周礼秋官掌戮「殺王之親者辜之」。鄭注「辜之言枯也，謂磔之」。

辥

辠也。从辛，𡿧聲。私列切（當息列切，嶭字省）

按此「辠辥」本字，與从艸之薛字異。今經典辠辥字作孼，是借字。古籍亦段孼為辥。子部「孼，庶子也。从子辥聲。魚列切」。孟子盡心篇「獨孤臣孼子，其操心也危，其慮患也深，故達」。孼字是本字本義。木部「𣝗，伐木餘也。从木獻聲。商書曰：若顛木之有甹𣝗。五葛切（今魚列切）」。「櫱，𣝗或从木辥聲」。是「甹櫱」字。虫部「𧑓，衣服歌謠艸木之怪謂之祥，禽獸蟲蝗之怪謂之𧑓。从虫辥聲。魚列切」。是祥𧑓字。艸部「薛，艸也。从艸辥聲。私列切」。凡國名及姓氏皆此薛字之省。

辤

不受也。从辛从受。（段作「从受辛」）受辛宜辤之。似茲切

籀文辤从台。

經傳多借辭為辤。儀礼聘礼記「辭曰：非礼也，敢」。注曰「辭，不受也」。凡辤讓字皆借辭為之，而辤字不行矣。又古或借辤為詞。世說新語捷悟篇「蔡邕題曹娥碑背曰『黃絹幼婦外孫齏臼』八字」。楊修釋齏臼「受辛也，於字為辤」。是以辤為辭，又段作詞也。

辭

訟也。（段作「說也」，非是）从𤔔辛。𤔔辛猶理辜也。（依小徐及王氏訂）似茲切

籀文辭从司。

書呂刑「師聽五辭」。大學「無情者不得盡其辭」。此辭之本義。經傳多借為辤讓字。公羊傳哀公三年「以王父命辭父命」。注云「猶不從也」。正字當作辤。又段作「言詞」「文詞」字。孟子萬章上「故說詩者不以文害辭」。正字當作詞。司部「詞，意內而言外也。从司从言。似茲切」。

辡　辯

辡：辠人相與訟也。从二辛。凡辡之屬皆从辡。方免切（一五九）

辯：治也。从言在辡之閒。符蹇切

部首辡是「爭辡」字。此訓「治也」，猶云治其辡也。易訟卦小象「雖小有言，其辯明也」，禮樂記「其治辯者其禮具」，此辯之本義。曲禮「分爭辯訟，非禮不決」，則是段作辡。今經傳凡「爭辡」字皆作辯，而辡不行矣。古籀又多辯辨互通。刀部「辨，判也。从刀辡聲。蒲莧切」隸變作辨，是判斷之義，引伸之為任事之偁，俗亦作辦。力部無。古籀又段辨為「釆八」字。二上部目「釆，釆八也。象獸指爪分八也。蒲莧切」

壬

壬：位北方也。陰極昜生，故易曰「龍戰於野」。戰者，接也。象人褢妊之形。承亥壬以子，生之敘也。與巫同意。壬承辛，象人脛。脛，任體也。（呂上六一經文）凡壬之屬皆从壬。如林切（一五七）

癸　子

癸：冬時水土平，可揆度也。象水從四方流入地中之形。癸承壬，象人足。（呂上六一經文）凡癸之屬皆从癸。居誄切（一五七）

籀文从癶从矢。

子：十一月昜气動，萬物滋，入以為偁。（「入」段正作「人」，是）象形。凡子之屬皆从子。李陽冰曰：子在襁緥中，足併也。即里切（一五八）

古文子从巛，象髮形。

籀文子，囟有髮，臂脛在几上也。

孕　字

孕：褢子也。从子从几。（當依段從篆作孕，从子乃聲。以證切）

一切經音義引說文作乃聲。乃孕聲轉。本書艸部「艿」，言部「訒」，木部「扔」，人部「仍」，手部「扔」，皆乃聲，明此亦當乃聲。

字：乳也。从子在宀下，子亦聲。疾置切

乙部「乳，人及鳥生子曰乳，獸曰𤜣……」易屯卦六二「女子貞不字，十年乃字」，虞翻注「字，妊娠也」。引伸之為字撫，又為文字。說文敘云「倉頡之初作書，蓋依類象形，故謂之文；其後形聲相益，即謂之字。文者物象之本，字者言孳乳而浸多也」。

孿

一乳兩子也。从子䜌聲。呂患切（音戀）

方言「陳楚之閒凡人嘼乳而雙產，謂之釐孿。秦晉之閒謂之健子。自關而東趙魏之閒謂之孿生。」言部「䜌，亂也。一曰治也。一曰不絕也。从言絲。呂員切」

季

少偁也。从子稚省，稚亦聲。居悸切

說文無稚字，當作稺。禾部「稺，幼禾也。从禾屖聲。直利切（屖，先稽切）」足見為幼也。白虎通「季者幼也。」武王母弟八人，管叔以下皆偁叔，唯冉季載一人偁季，以其最少也。

孟

長也。从子皿聲。莫更切

古文孟

白虎通「通長偁伯，庶長偁孟。」人部保下有「𤓽古文保」，與此孟字古文同。徐氏以為「古鼎銘（孟申鼎）孟作𤓽盂，此與盂疊文四耳。」

孽

庶子也。从子辥聲。魚列切

公羊傳襄公二十七年「執鈇鑕從君東西南北，則是臣僕庶孽之事也。」何休注「庶孽，眾賤子，猶樹之有孽生。」此孽子字與从木之「㮌櫱」、从屮之「𡴫蠥」、从辛之「𡰪辥」音同而義異。辥，辛部辥字。

孳

汲汲生也（段字作𡥞，云「孳孳汲汲生也」）。从子茲聲。子之切

籀文孳从絲。

按孳字當从艸部「茲，艸木多益。子之切」之茲，非玄部「茲，黑也。从二玄。胡涓切」之茲。故孳亦當作𡥞。又說解「汲汲」當作「彶彶」。彳部「彶，急行也。从彳及聲。居立切」古籍多段汲為彶。水部「汲，引水於井也。从水从及，及亦聲。居立切」又攴部「孜，孜孜也。从攴子聲。周書曰孜孜無怠。子之切」孳孜二字古多互通。然書堯典「鳥獸孳尾」孔傳「乳化曰孳，交接曰尾。」則蕃生之義當用孳，無怠之義當用孜。

存

恤問也。从子才聲（小徐，段氏作「在省」）。徂尊切

心部「恤，憂也。从心血聲。辛聿切」恤問猶勞問之意。曹操短歌行「越陌度阡，枉用相存。」爾雅釋詁「在存省士，察也。」孟子盡心「養心莫善於寡欲。其為人也寡欲，雖有不存焉者寡矣。其為人也多欲，雖有存焉者寡矣。」此存之本訓，今則以為亡之對文。

孝

效也。（依段氏汲古閣說文訂）从子爻聲。古肴切（音交）

本書三下部目：「教，上所施下所效也。从攴孝。」古孝切。教字从孝，不从孝。老部：「孝，善事父母者。从老省，从子，子承老也。」呼教切。从爻者，易繫傳：「爻也者，效此者也。」「爻也者，效天下之動者也。」

疑

惑也。从子止匕，矢聲。（「匕」字依修竹園補）

徐鍇曰：止，不通也。匕，古矢字。反匕之幼子多惑也。語其切（繫傳無此四字）

校議謂當作「从子止，吴聲。」蓋據匕部「𠤕」下說解有此匕部「𠤕，未定也。从匕吴聲。吴，古文矢字。語其切」

了

尥也。从子無臂，象形。凡了之屬皆从了。盧鳥切（指事一五八）

孑

無又臂也。从了，乚。（疑後人所增）象形。居桀切（音結）

山海經大荒西經：「有人名曰吴回，奇ナ，是無又臂。」注：「即奇肱也。」

孓

無ナ臂也。从了，亅。（疑後人所增）象形。居月切（音厥）

山海經大荒西經：「有人焉，是顓頊之子，三面一臂。」注：「無ナ臂也。」孑孓皆細微意，引伸之為幼蟲之稱。爾雅釋魚：「蜎，蠉。」郭注：「井中小蛣蟩，赤蟲，一名孑孓。」

孨

謹也。从三子。凡孨之屬皆从孨。讀若翦。旨兖切（一五八）

孱

迮也。一曰呻吟也。从孨在尸下。（段此句在「迮也」下。）臣鉉等曰：尸者，屋也。士連切

「迮也」是偪仄之意，字當作笮。竹部：「笮，迫也。……从竹乍聲。」阻厄切。俗作窄。辵部：「迮，迮迮，起也。从辵，作省聲。」阻革切。今粵方音「迮迮」跳字。

今「孱弱」義則是呻吟之引伸。

𠫓

不順忽出也。从到子。易曰：「𠫓如其來如。」不孝子𠫓出，不容於內也。（繫傳段本「也」下有「𠫓即易突字也」）凡𠫓之屬皆从𠫓。他骨切（一五八）

或从到古文子，即易突字。

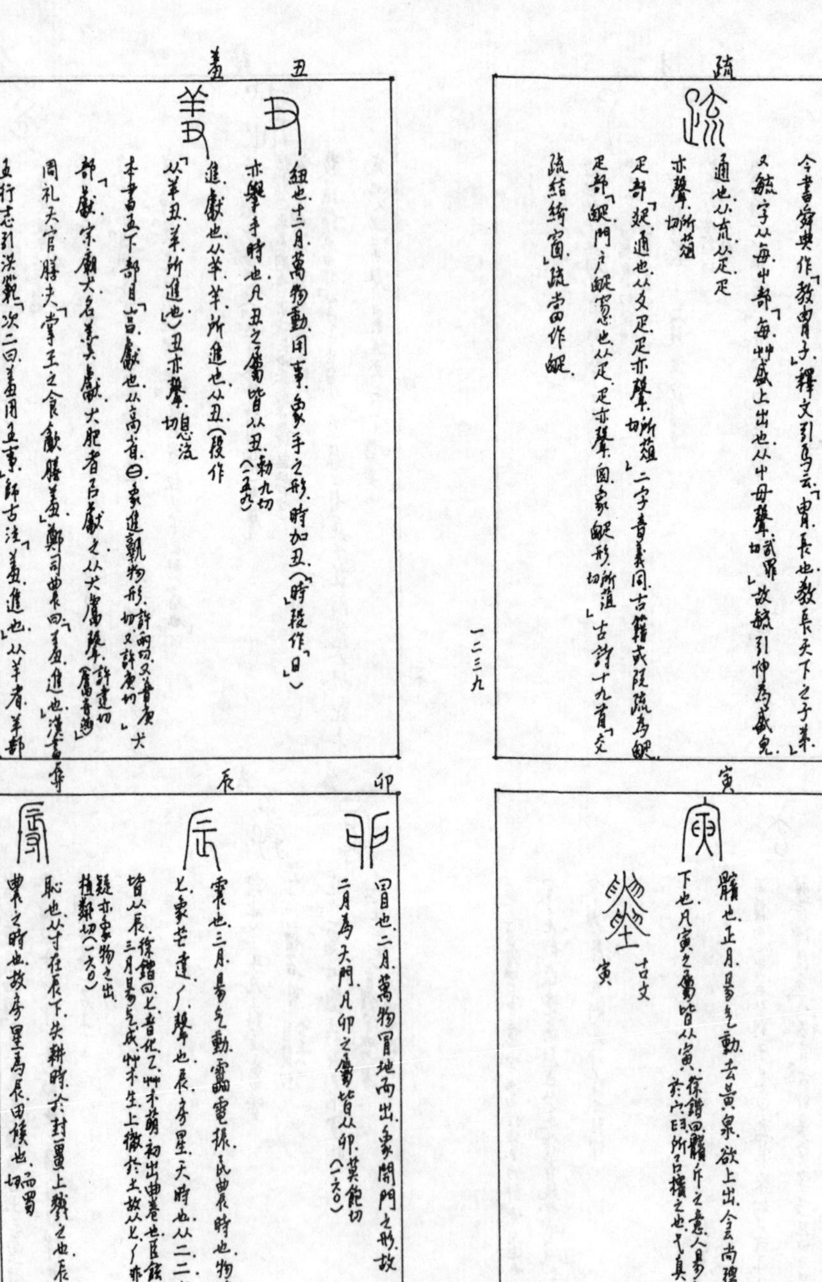

育

育 養子使作善也。从𠫓肉聲。虞書曰：「教育子。」徐鍇曰：「𠫓，不順子也。不順子亦教之，況順者乎。」余六切

毓 育或从每。

今書舜典作「教胄子」，釋文引馬云：「胄，長也，教長天下之子弟。」

又毓字从每，屮部「每，艸盛上出也。从屮母聲。武罪切」，故毓引伸為盛皃。

疏

疏 通也。从㐬从疋，疋亦聲。所葅切

足部「疏，通也。从爻从疋，疋亦聲。所葅切」二字音義同。古籍或段疏為䟽。

足部「䟽，門戶䟽窗也。从疋，疋亦聲。囱象䟽形。所葅切」古詩十九首「交疏結綺窗」，疏當作䟽。

一二三九

丑

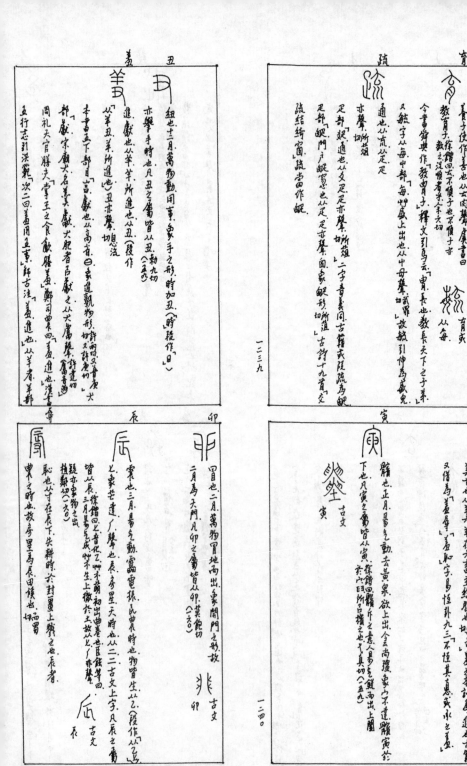

丑 紐也。十二月，萬物動，用事。象手之形。時加丑，亦舉手時也。凡丑之屬皆从丑。敕九切（一五九）（「時」段作「日」）

羞

羞 進獻也。从羊，羊，所進也。从丑，丑亦聲。息流切（段作「从羊丑，羊所進也」）

本書五下部首「亯，獻也。从高省，曰象進孰物形。許兩切，又普庚切，又許庚切」。犬部「獻，宗廟犬名羹獻，犬肥者以獻之。从犬鬳聲。許建切（鬳音[illegible]）」

周礼天官膳夫「掌王之食飲膳羞」，鄭司農曰：「羞，進也。」漢書五行志引洪範「次二曰羞用五事」，師古注「羞，進也」。从羊者，羊部「美，甘也。从羊大。羊在六畜主給膳也。無鄙切」。羞之本訓為進也。古籍又借為「羞辱」、「羞恥」字。易恆卦九三「不恆其惪，或承之羞」。

寅

寅 髕也。正月，陽气動，去黃泉，欲上出，侌尚彊，象宀不達，髕寅於下也。凡寅之屬皆从寅。徐鍇曰：「髕，斥之意，人陽气銳而出，上閡於宀，臼所以擯之也。」弋真切（一五九）

𡧍 古文寅

一二四〇

卯

卯 冒也。二月，萬物冒地而出。象開門之形。故二月為天門。凡卯之屬皆从卯。莫飽切（一六〇）

𨙸 古文卯

辰

辰 震也。三月，陽气動，靁電振，民農時也。物皆生，从乙、匕，象芒達；厂聲也。辰，房星，天時也。从二，二，古文上字。凡辰之屬皆从辰。徐鍇曰：「匕音化。乙，艸木萌初出曲卷也。」臣鉉等曰：「三月陽气成，艸木生上徹於土，故从匕。厂非聲。疑亦象物之出。」植鄰切（一六〇）（段作「从乙匕」）

𨑃 古文辰

辱 恥也。从寸在辰下。失耕時，於封畺上戮之也。辰者，農之時也。故房星為辰，田候也。而蜀切

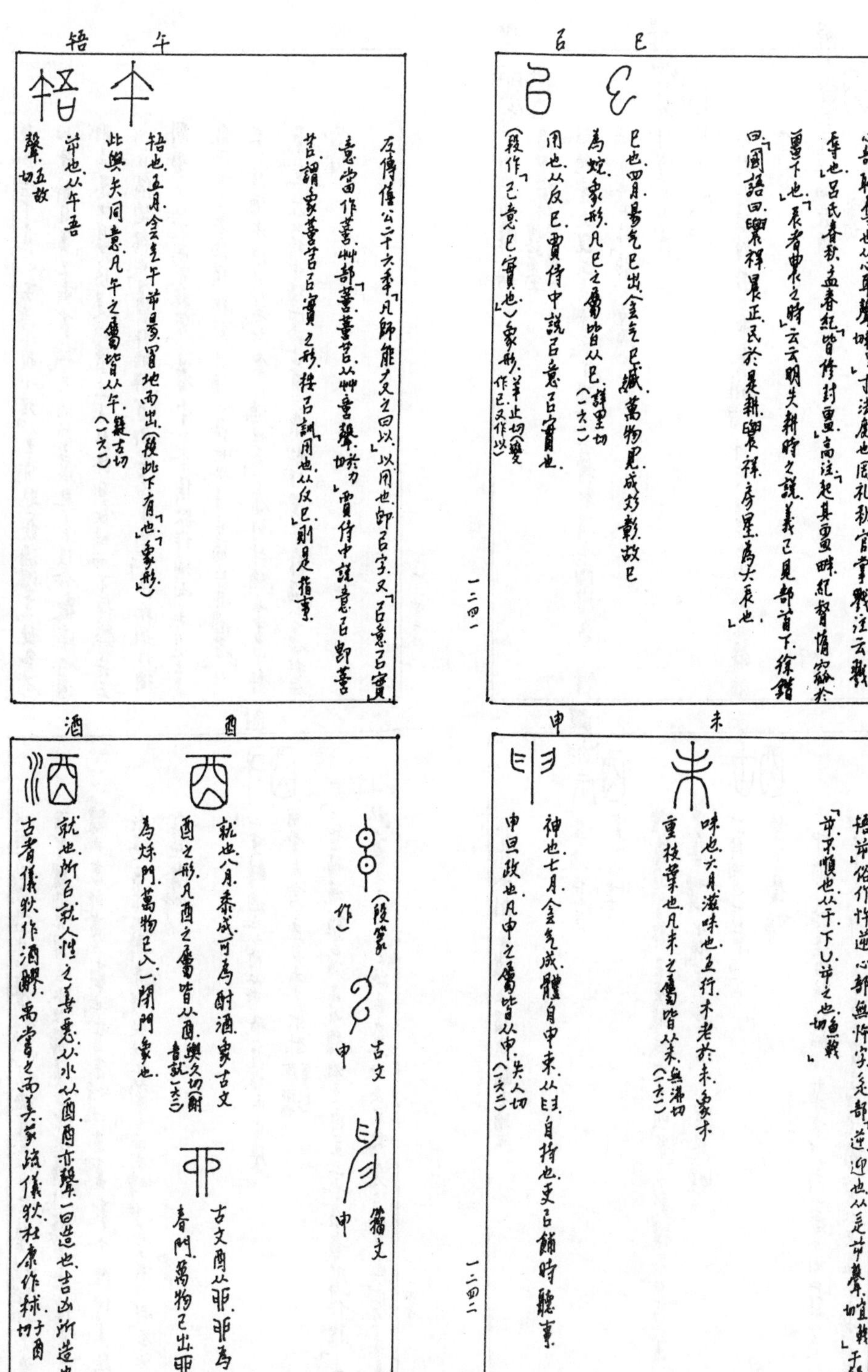

心部「恥，辱也。从心耳聲。敕里切」寸，法度也。周礼秋官掌戮注云「戮，辱也。」呂氏春秋孟春紀「皆修封疆」高注「起其疆畔，紀，脩治宿於疆下也。」「辰者農之時」云云明失耕時之說，義已見部首下。徐鍇曰「國語曰農祥晨正，民於是耕。農祥，房星，為大辰也。」

巳

巳也。四月，昜气巳出，（陰气巳藏）萬物見，成彣彰，故巳為蛇。象形。凡巳之屬皆从巳。詳里切（一六二）

㠯

用也。从反巳。賈侍中說㠯意㠯實也。（段作「㠯意巳實也」）象形。羊止切（變作巳，又作以）

左傳僖公二十六年「凡師能左右之曰以」以，用也，即㠯字。又「㠯意㠯實」意當作蓄。艸部「蓄，蓄苢。从艸啻聲。徒歷切」賈侍中說意㠯即蓄苢，謂象蓄苢之實之形。按㠯訓用也，从反巳，則是指事。

午

啎也。五月，陰气午逆昜，冒地而出。（段此下有「也」「象形」）此與矢同意。凡午之屬皆从午。疑古切（一六二）

啎

屰也。从午吾聲。五故切

「啎，屰」俗作忤逆。心部無忤字。辵部「逆，迎也。从辵屰聲。宜戟切」干部「屰，不順也。从干下凵。屰之也。魚戟切」

未

味也。六月，滋味也。五行，木老於未。象木重枝葉也。凡未之屬皆从未。無沸切（一六二）

申

神也。七月，陰气成，體自申束。从臼，自持也。吏臣餔時聽事，申旦政也。凡申之屬皆从申。失人切（一六二）

（段作）古文申 籀文申

酉

就也。八月，黍成，可為酎酒。象古文酉之形。凡酉之屬皆从酉。與久切（酎，書試一六二）

古文酉从丣。丣為春門，萬物已出。丣為秋門，萬物已入。一，閉門象也。

酒

就也。所以就人性之善惡。从水从酉，酉亦聲。一曰造也，吉凶所造也。古者儀狄作酒醪，禹嘗之而美，遂疏儀狄。杜康作秫酒。子酉切段「所」造下有「起」字。詩小雅小宛「人之齊聖，飲酒溫克，彼昏不知，壹醉日富」王肅家誡「夫酒所以成礼，養性命，歡樂也，過則為患，不可不慎，是故賓主百拜，終日飲酒而不得醉，先王所以備酒禍也」「儀狄作酒醪者，鄭君蓋本世本」「儀狄始作酒醪，變五味」戰國策魏策「昔者帝女令儀狄作酒而美，進之禹，禹飲而甘之，遂疏儀狄，絕旨酒，曰：後世必有以酒亡其國者」「杜康作秫酒者，博物志」「杜康作酒」世本「少康作秫酒」本書巾部「帚，糞也，从又持巾埽冂內，古者少康初作箕帚秫酒，少康，杜康也」支手切

釃

釃 下酒也，一曰醇也，从酉麗聲，所綺切（又施二讀）

明趙宧光說文長箋云「下酒者，去糟取清也，陶潛葛巾釃酒是也」本部「醇，不澆酒也」

醪

醪 汁滓酒也，从酉翏聲，魯刀切（音勞）

米部「糟，酒滓也，从米曹聲，作曹切」汁滓相混之酒，即未釃酒也。

醇

醇 不澆酒也，从酉享聲，常倫切

水部「澆，漢也，从水堯聲，古堯切」「漢，灑灌也，从水芙聲，烏鵠切（俗作沃）」「不澆酒」者，謂酒不雜以水，故醇。漢書曹參傳注「醇者不雜」，言其醲也。亯部「𦎫，孰也，从亯羊，常倫切」是「𦎫」字，經傳多段「純」為𦎫，或醇。糸部「純，絲也，从糸屯聲，常倫切」異義。大部「奄，大也，从大屯聲，常倫切」

酎

酎 三重醇酒也，从酉从時省（段作「肘省聲」），除柳切（音紂）

明堂月令曰「孟秋，天子飲酎」

「三重醇酒」，謂以酒為水釀酒，至再至三也。廣韻「醇」作「醲」。「孟秋」當是「孟夏」之誤，呂氏春秋及礼記月令天子飲酎在孟夏。礼記注云「酎之言醇也，謂再釀之酒也」

醲

醲 厚酒也，从酉農聲，女容切

韓愈進學解「湛浸醲郁，含英咀華」衣部「襛，衣厚皃，从衣農聲，汝容切」水部「濃，露多也，从水農聲，女容切」

酤

酤 一宿酒也，一曰買酒也，从酉古聲，古乎切

今「買酒」作沽，是段借，作酤亦非本字，說解「一曰買酒也」，疑後人所增。本書夂部「夃，秦以市買多得為夃，从乃从夂，益至也，詩曰我

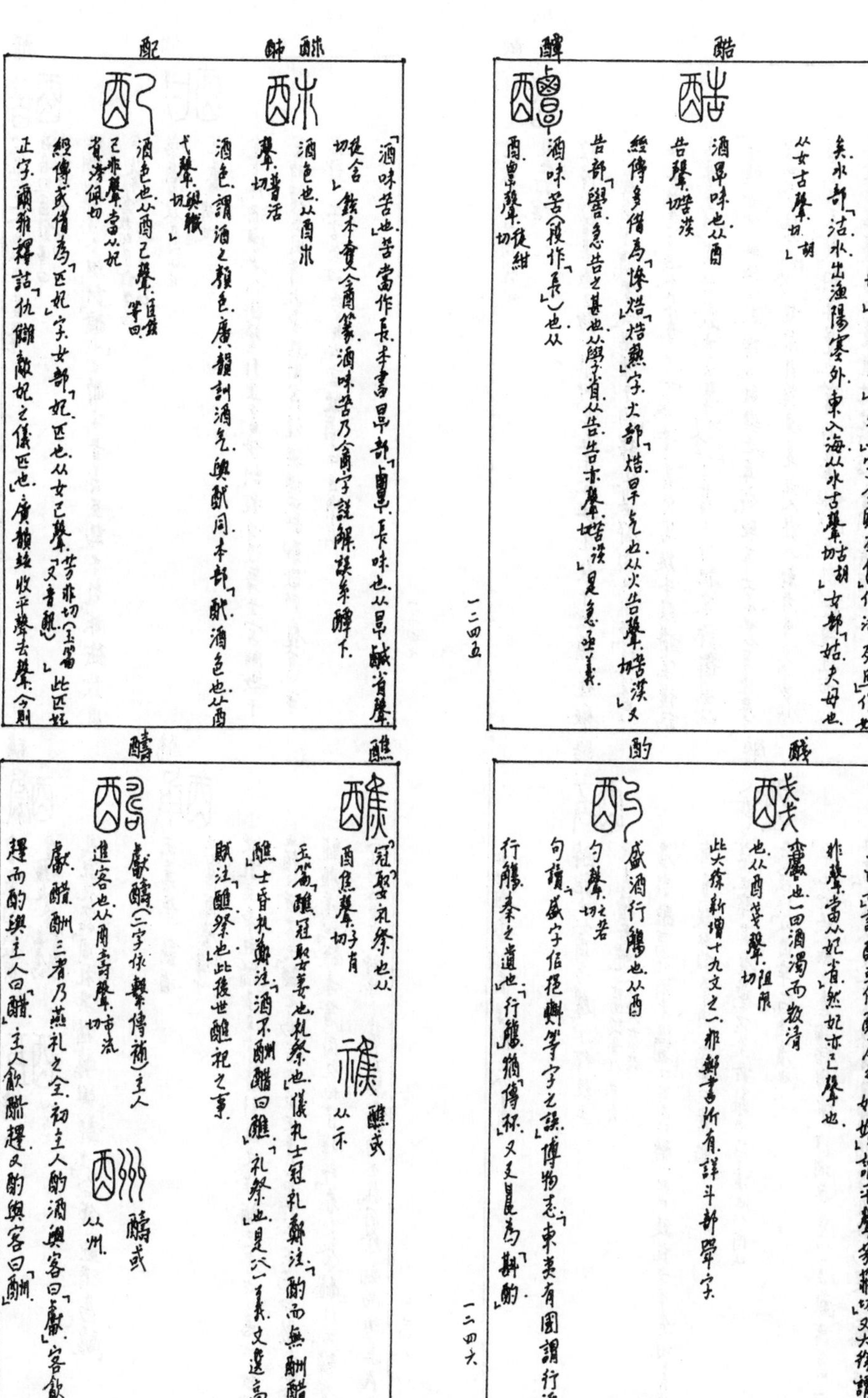

酷　醰

「丏的」從金罍，蛄字」是「丏佀」、「丏且」字。今則「丏佀」作沽，「丏且」作姑矣。水部「沽，水出漁陽塞外，東入海。从水古聲」古胡切。女部「姑，夫母也。从女古聲」古胡切。

酷　酒厚味也。从酉告聲。苦沃切

經傳多借為「焅」、「焅，熱」字。火部「焅，旱气也。从火告聲」苦沃切。又告部「嚳，急告之甚也。从告學省聲」苦沃切，是急亟義。

醰　酒味苦（段作「長」）也。从酉覃聲。徒紺切

醂　䤋　配

「酒味苦也」，苦當作長。李書「𣆪」部「𣆪，長味也。从𣆪鹹省聲」徒含切。鈕本貪今甫箋，酒味苦乃今甫字謎解，謀系醰下。

醂　酒色也。从酉朮聲。普活切

酒色，謂酒之顏色。廣韻訓酒气。與䤋同。本部「䤋，酒色也。从酉弋聲」與職切。

配　酒色也。从酉己聲。滂佩切（臣鉉等曰：己非聲，當从妃省）

經傳或借為「匹妃」字。女部「妃，匹也。从女己聲」芳非切（玉篇「又音配」）此匹妃正字。爾雅釋詁「仇、讎、敵、妃，之儀匹也」。廣韻並收平聲去聲。今則凡「匹妃」讀配，或借配為之。「妃嬪」讀平聲「芳菲切」。又大徐謂「己非聲，當从妃省」。然妃亦「己」聲也。

醆　酌

醆　爵也。一曰酒濁而微清也。从酉戔聲。阻限切

此大徐新增十九文之一，非許書所有，詳斗部斝字。

酌　盛酒行觴也。从酉勺聲。之若切

句讀「盛」字作「挹」，斟等字之誤。博物志「東夷有國謂行酒為行觴，秦之遺也」。「行觴」猶「傳杯」，又又昆為「斟酌」。

醮　醻

醮　冠娶禮祭也。从酉焦聲。子肖切　𥛺　醮或从示

玉篇「醮，冠娶妻也，禮祭也」。儀禮士冠禮鄭注「酌而無酬酢曰醮」。士昏禮鄭注「酒不酬酢曰醮」。「禮祭也」是六一義。文選高唐賦注「醮，祭也」。此後世醮祀之事。

醻　獻醻（二字依繫傳補）主人進客也。从酉𠷎聲。市流切　酬　醻或从州

獻、醋、酬三者乃燕禮之全。初主人酌酒與客曰「獻」，客飲獻醴而酌與主人曰「醋」，主人飲醋醴又酌與客曰「酬」。

醋

醋 客酌主人也。从酉昔聲。在各切。臣鉉等曰：今俗作倉故切。

此酬醋字，今與訓「醶也」之酢字音義互譌。本訓「酢，醶也。从酉，乍聲。倉故切。臣鉉等曰：今俗作在各切」。

酣

酣 樂酒也。从酉从甘，甘亦聲。胡甘切。

今本作「酒樂也」，依御覽引正。書伊訓「敢有恆舞于宮，酣歌于室，時謂巫風」，傳云「常舞則荒淫，樂酒曰酣，酣歌則廢德，事鬼神曰巫」，言無政。正義云「言耽酒以自樂也」。

酖

酖 樂酒也。从酉冘聲。丁含切。

經傳或借湛為之，詩大雅抑「其在于今，興迷亂于政，顛覆厥德，荒湛于酒」，箋云「湛，樂于酒」，釋文「湛，都南反」。水部「湛，沒也。从水甚聲。一曰湛水，豫章浸。宅減切」，音義俱異，疑本段媅字，後譌為湛。女部「媅，樂也。从女甚聲。丁含切」。古籍亦借耽字，詩衛風氓「于嗟女兮，無與士耽」，傳云「耽，樂也」。耳部「耽，耳大垂也。从耳冘聲。詩曰：士之耽兮。丁含切」。說解引詩，恐是後人誤入，鄭君原文當在媅下。又耳部「聃，耳曼也。从耳冄聲。他甘切」。目部「眈，視近而志遠。从目冘聲。易曰：虎視眈眈。丁含切」。音同義異也。

醵

醵 會飲酒也。从酉豦(強魚切)聲。其虐切(音劇)。

酟 醵或从巨。

礼記礼器「周礼其猶醵與」，鄭注「合錢飲酒為醵」。

酺

酺 王德布，大飲酒也。从酉甫聲。薄乎切。

史記文帝紀「酺五日」，索隱引說文作「酺，王者布德大飲酒也」。顏注漢書云「酺之為言布也，王德布於天下而合聚飲食為酺」。服虔曰「酺音蒲」。周礼地官族師「春秋祭酺」，注云「酺者，為人物災害之神也。……族長無飲酒之礼，因祭酺而與其民以長幼相處酬焉」，是酺之六義。

醅

醅 醉飽也。从酉咅聲。(小徐段王氏有「讀若僰」)匹回切(音胚，音天口切；僰，蒲北切)

廣韻「醅，匹回切，酒未漉也」，又匹尤切「醉飽也」。疑說文本有兩義，傳寫奪誤。杜詩「尊酒家貧只舊醅」。

醉

醉 卒也。卒其度量，不至於亂也。一曰潰也。从酉从卒。(段作「从酉卒。一曰酒潰也」)

「卒也」即終飲之意。論語鄉黨「惟酒無量，不及亂」。諸葛亮誡子書「夫酒之設，合礼致情，適體歸性，礼終而退，此飲之至也。主意未嬋賓有餘眷，可吕至醉，無至迷亂」。詩小雅小宛「人之齊聖，飲酒溫克；彼昏不知，壹醉日富」。「壹醉日富」是讀矣。

醒

病酒也。一曰醉而覺也。从酉呈聲。直貞切

小雅節南山「憂心如酲，誰秉國成」。傳云「病酒曰酲」。又鄭書無醒字，本止作酲。新附有「醒，醉解也。从酉星聲。桑經切」。「醉解」猶「醉而覺」也。

醫

治病工也。（段有「从殹。从酉」）殹，惡姿也。醫之性然。得酒而使。故（依段補）从酉。王育說。一曰殹，病聲。酒所吕治病也。周礼有醫酒。古者巫彭初作醫。於其切

「治病工也」。周礼天官有醫師、食醫、疾醫、瘍醫、獸醫。「疾醫掌養萬民之疾病」。「殹，惡姿也」。「殹，病聲」。殳部「殹，擊中聲也。从殳医聲。於計切（音鳥隆去，医於計切）」非其義。疑是瘱字之省。疒部「瘱，劇聲也。从疒殹聲。於賣切」。瘱傳作「病也」。句讀云「劇者病甚而呻吟也」。「醫之性然」。王筠曰「凡精于小道者，其性多乖戾。女部嫛婗也。婗，婦人惡皃」。「得酒而使」。「酒所吕治病也」，使猶君臣左使之使。一切經音義云「藥非酒不散也」。礼記射義「酒者所吕養病也」。故从酉。「周礼有醫酒」。周礼天官酒正「辨四飲之物……二曰醫」。醫，酒部「藥酒也」。「巫彭初作醫」，出世本。

莤

礼祭，束茅加于祼圭，而灌鬯酒，是為莤，像神歆之也。（歆段作飲）一曰莤，榼上塞也。从酉从艸。春秋傳曰「尔貢包茅不入，王祭不供，無吕莤酒」。（段「一曰」句在「莤酒」下）所六切

示部「祼，灌祭也。从示果聲。古玩切」。玉部「瓚，圭尺二寸，有瓚，吕祠宗廟者也。从玉贊聲。徂贊切」。漢書音義張晏曰「瓚，吕圭為柄，用灌鬯」。桂氏曰「此即祼圭也」。詩召南野有死麕「白茅包之」。陸疏「茅之白者，古用吕藉，礼物吕充祭祀」。本書欠部「歆，神食气也。从欠音聲。許今切」。「莤酒」今左傳僖公四年已作縮，是借字。周礼天官甸師則借蕭為之。周礼甸師「祭祀共蕭茅」。注「鄭大夫云：蕭字或為莤，莤讀為縮。束茅立之祭前，沃酒其上，酒滲下去，若神飲之，故謂之縮。縮，浚也」。「一曰莤，榼上塞也」。本書木部「榼，酒器也。从木盍聲。枯蹋切」。桂氏曰「謂塞榼口吕滑酒」。水部「湑，莤酒也。一曰浚也。一曰露皃。詩曰有酒湑我。又曰零露湑兮。私呂切」。詩小雅伐木「有酒湑我，無酒酤我」。傳云「湑，莤酒也」。

醨

薄酒也。从酉离聲。讀若離。呂支切（俗作灕）

屈原漁父「舉世皆濁我獨清，衆人皆醉我獨醒……世人皆濁，何不淈其泥而揚其波；衆人皆醉，何不餔其糟而歠其醨」。

酸

酢也。从酉夋聲。關東謂酢曰酸。素官切

籀文酸从畯

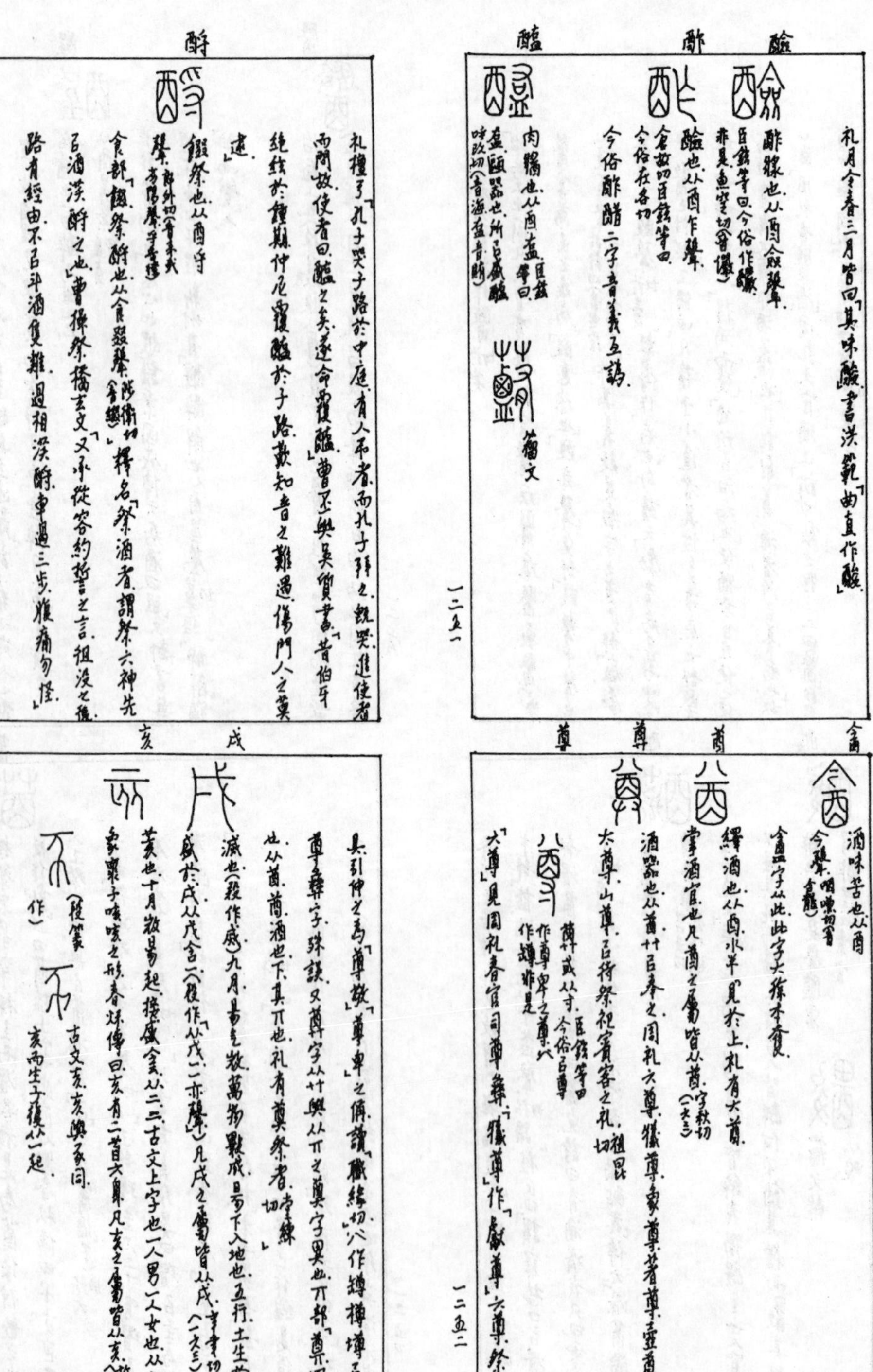

醶

酢𩱻也。从酉僉聲。臣鉉等曰：今俗作釅，非是。魚窆切（音儼）

禮月令：春三月皆曰「其味酸」。書洪範「曲直作酸」。

酢

醶也。从酉乍聲。倉故切。臣鉉等曰：今俗在各切

今俗酢醋二字音義互譌。

醢

肉醬也。从酉盇。臣鉉等曰：盇，皿器也，所以盛醢。呼改切（音海，盇音盍）

籀文

酹

餟祭也。从酉寽聲。郎外切（音來去聲，音同賚，乎音捋）

食部「餟，祭酹也。从食叕聲。陟衛切（音綴）」。釋名「祭酒者，謂祭六神先以酒淡酹之也」。曹操祭橋玄文「又承從容約誓之言，徂沒之後，路有經由，不以斗酒隻雞過相淡酹，車過三步，腹痛勿怪」。

禮檀弓「孔子哭子路於中庭，有人弔者，而孔子拜之。既哭，進使者而問故，使者曰：醢之矣。遂命覆醢」。曹丕與吳質書「昔伯牙絕絃於鍾期，仲尼覆醢於子路，愍知音之難遇，傷門人之莫逮」。

一二五一

酓

酒味苦也。从酉今聲。咽嗽切（音飲）

酓字从此，此字大徐本脫。

酋

繹酒也。从酉，水半見於上。禮有大酋。掌酒官也。凡酋之屬皆从酋。字秋切（一六三）

尊

酒器也。从酋，廾以奉之。周禮六尊：犧尊、象尊、著尊、壺尊、太尊、山尊，以待祭祀賓客之禮。祖昆切

尊 或从寸。臣鉉等曰：今俗以尊作尊卑之尊，別作罇，非是。

「大尊」見周禮春官司尊彝。「犧尊」作「獻尊」。六尊，祭祀之具，引伸之為「尊敬」「尊卑」之偁。讀「職緣切」，亦作罇、樽、墫，以為尊彝字，殊誤。又奠字从廾與从丌之奠字異也。丌部「奠，置祭也。从酋。酋，酒也。下其丌也。禮有奠祭者」。堂練切

一二五二

戌

滅也。九月陽气微，萬物畢成，陽下入地也。五行土生於戊，盛於戌。从戊含一。凡戌之屬皆从戌。辛聿切（一六三）

（段作「戌」）

（段作「从戊一，一亦聲」）

亥

荄也。十月微陽起，接盛陰。从二，二古文上字也。一人男，一人女也。从乙，象褱子咳咳之形。春秋傳曰：亥有二首六身。凡亥之屬皆从亥。胡改切（一六三）

（段篆作）

古文亥。亥與豕同。亥而生子，復从一起。

說文解字通檢

一畫 一
二 丨六 ㇏二一九反重 丶三九三 〈九四三 㠯九六二籀重 乚九七三
丿一〇五三 乀一〇五四 ㇆一〇五五 亅一〇六三 ㇄一〇六三 ㇗一〇六四 乙一二二七

二畫 丄二 丅三 八七五 凵一〇八 丩一六四 十一六五 又二一六
𠂇二一六左重 𠂇二二三 ⺈二二三 卜二四八 𠁣二四八卜重 丩三一六妙重 刀三三二
乃三七三 丂三七四 丁三七五 凵三九〇 入四〇五 冂四一三 丂五六二
勹六〇七 人六二三 匕六五四 匕六五六 儿六九一 卩七三七 勹七四三
厶七五二 厂七七二 巜九四三 乂一〇五四 丿一〇五四 亡一〇六六 匚一〇六七
𠃉一〇六九曲重 二一二四一 力一二六二 几一二八七 七一三二四 九一三二四 丁一三二九
了一三三七

三畫 上二丄重 下三丅重 三十四 士二七 屮三十 小七五 口八七
彳一三六 亍一四二 廴一四二 干一六二 丈一六五 卄二一四 叉二一六
㔾二一九反重 寸二三四 幺三〇四 刃三四一 丌三六四 工三六七 亏三七八
亼四〇四 夂四二二 夊四二六 午四二七 夂四二七 才四二七 乇四八四
口四八八 夕五五八 宀五八六 冂六〇八 巾六一三 尸六八一 兀六九一
彡七三〇 山七五四 广七六四 丸七七六 彑七八七 大八二二 亣八四五
川九四四 卂九七一 女一〇二九 弋一〇五五 也一〇五五 亾一〇六五 孑一〇七三

凡一二四三𠘨重 土一二四三 勺一二八七 己一三二九 子一三三四 孑一三三七 孓一三三七
巳一二四一

四畫 弌一重 元一 天一 川三示重 王十四 气二七 中二九
屯三十 少七五 尐七五 分七八 介七八 八七九 公七九
牛八一 止一一六 山一一九 午一四八 协一六六 廿一六六 㕛二一〇
癶二〇三 爪二一三 厷二一六 叉二一七 父二一七 夬二一八 及二一九
反二一〇 友二二二 支二二四 攴二三〇 史二三六 爻二五一 糸三〇六玄重
予三〇七 幻三〇八 丮三三四 刅三三七刹重 办三四一 丯三四二 互三五八笠重
亓三六八巨重 曰三七一 兮三七六 丹三九四 井三九五 今四〇五 内四〇五
入四〇七 冘四一四 木四二九 之四七八 巿四七九 冂二八一 中四八二
日五三〇 冃五三〇日重 月五六一 毌五六一 片五六五 凶五八三 朩五八四
㝉五九五宄重 冃六〇九 市六一八 币六五三 化六五五 午六五六 卬六五七
从六五八 比六五九 壬六六二 毛六八〇 尺六八六 方六九〇 允六九二
先六九三 欠七〇二 旡七一四 夬七一四乐重 丙七二八 文七三三 㐆七四〇
勻七四四 匀七四四 勹七四四 包七四六 仄七七四 勽七七五 卝七七七礦重
勿七八三 冉七八三 犬八〇五 火八一五 夨八三五 夭八三六 介八三七
亢八四二 夫八四六 𡿧八五一囟重 心八五二 水八八六 太九三七泰重 巛九四六
㣺九四七州重 仌九五二 云九六二雲重 孔九七三 不九七四 户九七七 手九九三
毋一〇五三 刈一〇五四乂重 氏一〇五五 戈一〇五六 无一〇六六無重 匹一〇六七 系一〇八〇

五畫

六畫

七畫

十畫

閃九八六 耽九八七 耿九八八 拳九九四 挈九九七 扤一〇〇〇 桴一〇〇二
梮一〇〇七 桭一〇一〇 捝一〇一二 捞一〇一四 搯重 抹一〇一八 捄一〇一八 娣一〇三二
娛一〇三九 媫一〇四〇 娑一〇四二 娉一〇四三 趺一〇五六 匚一〇六七 匚重 畚一〇七〇
瓮一〇七二 發一〇七七 [illegible]重 孫一〇七八 純一〇八一 納一〇八三 紓一〇八五 素一〇八六
祇一〇九三 紞一〇九六 紟一〇九七 帢一一〇四 給重 素一一〇七 絣一一〇八 絣一一〇九
蛁一一〇九 蟟重 蚩一一一八 蚍一一一九 蚣一一一九 蜙重 蚤一一二九 蚊一一三二 蟁重 蚍一一三三 [illegible]重 勍一一六二
桄一一五六 茉一一五七 [illegible]重 疵一一五八 [illegible]重 留一一六〇 畜一一六〇 畱一一六一
㽚一一七一 [illegible]重 匐一一九〇 料一一九二 斬一一九六 軔一一九八 𢦏一一九九 陑一二一〇
陜一二一一 陟一二一一 陞一二一五 陟重 陜一二一七 院一二二〇 商一二二五 兆一二四〇 卯重
辱一二四〇 酒一二四二 酎一二四四 配一二四五 酌一二四六

十一畫
桊六 袷八 祧十三 琁十七 璿重 球十九 理二二 貦二二 玩重
琅二六 琿二六 玕重 莠三四 莒三五 荷四六 莪四七 萇四八
菫五十 蓮五十 莜六五 荼七一 莫七三 悉八十 牽八三
啜九十 喝九二 悊九四 哲重 問九五 唯九六 唱九六 啞九三
啁一〇二 唸一〇三 容一〇八 公重 造一二五 速一二六 述一三一 退一三一
逎一三二 逯一四〇 [illegible]重 術一四四 衛一四五 跀一五五 跂一五六 笧一五八 冊重
商一六三 笱一六四 許一六八 魯一七二 訮一七六 訥一七七 訬一八三
訧一八九 章一九五 竟一九五 毀二〇五 俊二一七 夋重 曼二一八 彗二二二
晝二二七 堅二二八 殺二三二 數二三三 殺重 專二三四 敔二三六 敕二三九

敓二四〇 敗二四三 寇二四四 劇二四四 敔二四六 敘二四七 敎二四七
庸二五〇 葡二五一 奭二五二 背二五四 脈二五七 朐二五八 賊二六〇 [illegible]重
眺二六二 省二六五 省重 習二六九 雀二七六 雄二八〇 奞二八一 羝二八六
紫二八八 [illegible]重 烏二九二 焉三〇一 敎三〇八 [illegible]三〇九 [illegible]三一一 殼三一二 殼重
殊三一三 肩三二一 脢三二四 脫三二七 瘠三二九 膌重 脩三二九 笏三三一
腨三四五 笨三五〇 笵三五二 笮三五三 第三五四 笥三五五 簠三五六 簠重
笠三五九 笘三六〇 笪三六〇 [illegible]三六三 箕重 匩三六三 箕重 晳三七〇 曹三七三
桓三八一 虐三八三 虖三八四 虔三八四 彪三八四 戚三八七 岑三九〇 山重
[illegible]三九三 旣三九七 [illegible]三九八 [illegible]重 飤四〇〇 飢四〇二 僉四〇六 全重 [illegible]四〇八
鈷四〇八 高四一五 高重 筥四一八 良重 啚四一九 麥四二〇 [illegible]四二一 梅四三〇

桼四三一 梓四三三 梭四三五 梛四三六 條四四三 桴四五三 梅四五四
梱四五八 桯四五九 梩四六〇 梠重 梧四六五 梡四七〇 械四七一 梟四七二
梵四七六 麗四七八 [illegible]重 敕四七九 巢四八六 桼四八六 國四九〇 圈四九一
責五〇三 販五〇四 楙五一三 郲重 梆五二一 郷五二二 郭五二四 鄉五二五
鄘五二七 晳五三一 晧五三四 晦五三八 晞五四二 旋五四九 族五五〇
參五五一 曑重 晨五五二 [illegible]重 朙五五六 崩五五六 銍五六一 貫五六一 移五七〇
康五七三 穅重 粘五七七 黏重 粗五七九 麻五八四 鼓五八五 [illegible]重 [illegible]五八六 寓五八九
窒六〇〇 窅六〇〇 窔六〇一 痔六〇四 萬六一〇 堂六一六 常六一四
偰六二六 偉六二八 彬六二八 份重 倩六三五 偕六三七 側六三八 偁六三九
假六四〇 偯六四一 [illegible]六四六 僞六四八 御六四九 偶六五三 匙六五六

十三畫

髂 五三八　旗 五四七　壘 五五一 壘重　盟 五五七 盟重　夢 五五八　夤 五五九　夤 五五九 黃重
蓼 五六〇　錁 五六一　齊 五六四　稱 五七五　精 五七九　寮 五九二　實 五九二
旂 五九六 [illegible]重　船 五九六　甯 五九九　瘏 六〇三　瘍 六〇五　瘌 六〇六　瘉 六〇七
睾 六〇九 皋重　署 六一二　裳 六一四 常重　徹 六一五　慄 六一五　飾 六一六　僮 六二三
僎 六二四　像 六二八　僑 六二九　僟 六三四　僖 六四四　聚 六六一　徽 六六二 徽重
墅 六六二　監 六六三　榿 六六五　裹 六七二　裨 六七四　裸 六七五 [illegible]重　壽 六七九
韓 六八〇　腓 六八三 膚重　競 六九三　貌 六九四　覞 七〇二　歎 七〇四　歌 七〇五
駁 七〇五　歔 七〇六　碩 七一九　頗 七二五　彰 七三一　髡 七三五 髡重　𩰲 七四五
[illegible] 七四五　魄 七四八 鬼重　魂 七四八　魁 七四九　誘 七五三　慶 七七〇　麈 七七一
廖 七七二　厭 七七五　磢 七七七　碞 七八〇　豪 七八六　豨 七八六　駁 七九三

[illegible] 七九八　犙 八〇七　熊 八一四　熇 八一八　熄 八一八　舜 八二七　熒 八三〇
辣 八三一 [illegible]重　輕 八三一　端 八四八　媢 八四九　普 八五一 普重　膵 八五一 [illegible]重　慨 八五五
愿 八五五　[illegible] 八五七　悳 八五八　愻 八五八　[illegible] 八五九　憀 八六一　慢 八六八
慲 八六九　慘 八七七　愓 八七九　慽 八八〇　愉 八八二　漾 八八八　漸 八九〇
演 九〇二　滕 九〇五　漣 九〇五 瀾重　遡 九一九 泝重　漬 九二五　漚 九二五　漉 九三一
濟 九二二　滌 九三三　漱 九三四　漏 九四〇　淋 九四二　[illegible] 九四二　鄰 九四三
澌 九五三　澤 九五四　霤 九五五 雷重　零 九五八　需 九六一　霸 九六二　漁 九六八 [illegible]重
陛 九七一　閨 九七九　閤 九八〇　閡 九八四　惪 九八六 閔重　閒 九九〇　聞 九九〇 閔重
聝 九九一　摏 九九六　摜 一〇〇五　摽 一〇〇六　摘 一〇〇七　摭 一〇一三 拓重　摷 一〇二二
撓 一〇二三　摼 一〇二三　嫗 一〇三二　嫥 一〇四〇　嫖 一〇四七　嫚 一〇四八　嫯 一〇五〇

戧 一〇五七　戟 一〇五七　戩 一〇五九　匱 一〇六八　甄 一〇七一　楬 一〇七八　綜 一〇八二
綹 一〇八二　綷 一〇八五　綝 一〇九〇　綺 一〇九一　綠 一〇九三　綦 一〇九四 綥重　緌 一〇九六
綸 一〇九七 紟重　綫 一〇九九　維 一一〇二　緉 一一〇五　斲 一一〇六 [illegible]重　綽 一一〇七 [illegible]重　蜥 一一一一
蜾 一一一六 蝸重　蜨 一一一七　蜙 一一一九　蜩 一一二〇　蜺 一一二〇　蜻 一一二一　蜽 一一二二
蝸 一一二五　蜽 一一二六　閩 一一二八　蜜 一一三〇 [illegible]重　蜚 一一三三 [illegible]重　颮 一一三五 [illegible]重　墜 一一四三 地重
墉 一一四九　墇 一一五二　塹 一一五四　墟 一一五四　[illegible] 一一五四 [illegible]重　境 一一五六　暘 一一六〇
銀 一一六七　銅 一一六七　鋏 一一六八 鐵重　鉶 一一七一　銛 一一七五　銓 一一七七　銖 一一七八
[illegible] 一一七八 鈞重　衛 一一八二　銘 一一八六　斷 一一八九　斡 一一九三　[illegible] 一一九三　斟 一一九三
輕 一一九六　輒 一一九八　輓 一二〇五　輔 一二〇五　[illegible] 一二〇八 [illegible]重　[illegible] 一二一二　障 一二一六
綴 一二二三　辡 一二三三　疑 一二三七　毓 一二三九 育重　酷 一二四五　酺 一二四八　酲 一二四九

酸 一二五〇　酹 一二五一

十五畫

瑾 十六　璆 十九 球重　瑩 二一　瑻 二四 琨重　墫 二八　蔔 三一 壽重　獲 四十
蔨 四一 [illegible]重　蔦 四四　樢 四四 蔦重　蓮 四六　蔤 四六　蕖 五一　蔡 五八
蓴 六四　蕤 六六　審 八十 宲重　犍 八三　犕 八四　犛 八六　氂 八六
噍 九一　嘖 九三　嘵 一〇三　噆 一〇五　趠 一一二　趣 一一三　逵 一二三
遞 一二四 退重　遺 一二五　遬 一二六 速重　遷 一二八　德 一三六　齒 一四六　踝 一四八
踧 一四九　踞 一五四　賣 一五九 [illegible]重　諒 一六七　調 一七四　誼 一七五　諍 一七七
諫 一七八　諂 一七八 讇重　諆 一八四　謠 一八八 [illegible]重　樊 二〇三　嬰 二〇五 [illegible]重　鞈 二〇七
[illegible] 二〇九 鬲重　餌 二一二 [illegible]重　燮 二一八 燮重　劃 二二七 畫重　豎 二二九　毅 二三二　𡬶 二三四

十七畫

十八畫

檢 三五　一二八七

檢 三六　一二八八

鱓九六四 鱖九六五 鱓九六五 龕九六八 欃一〇〇四 孽一〇二五 蠽一〇七七
纔一〇九五 蠲一一一三 蠕一一一七 蠭一一三〇 蠱一一三四 鼉一二四六 囍一二五七
鑠一一六九 鐎一一八三 闢一二三〇 醻一二四三

二十四畫

靈二六 衢一四四 鹺一四八 罌一六〇 豳二一〇 闖二一五 鼎二六八
靄二九一 雔二九二 鸛二九四 鬻二九五 瀍三五七 匶三五七 嚚四〇八
讖四二三 贛四九九 羈六一二 礱七八一 顰九四三 靄九五六 霰九五七
鱷九六六 鱘九六七 鱗九六五 蠶一二一九 蠹一二二三 鼇一二四〇 鑪一一七三

二十五畫

韉十 蘭四一 躪一五二 讙一八二 釁二〇六 籲二〇八 鬻二二一

鬻二一三 鬭二一五 欄四六〇 耀四八〇 黐五七四 歡七一〇 礦七七九
爛八一九 欖八三八 灢九一七 灨九六八 鱸九七六 鬮九八四 鼈一〇七八
萬蟲一一二二 鑾一一二七 鼇一一三七 鼉一二四〇 鐵一一七三 斷一一八九

二十六畫

躧一五五 齇一五八 鬻二一一 鬻二一一 鸘二七九 蘂五八二 觀六九七
數七〇八 鬣七一四 蠹一一二三 釃一二四三 麣一二五二

二十七畫

龥一五八 鬻二一二 雔二九六 鹽三八二 鬻三九八 饕四〇〇 雥四二五
蘿四二五 鹵五六三 寤六〇二 驥七九三 鸞八〇三 犧八二八 梟九四九
鑿一二三〇 鼉一二三九 鑽一一七七 鑾一一八一

二十八畫

韉一五五 鬻一八九 興二〇四 雧二〇九 雧二九二 欞四一九 麷五六三
雋八二一 黷八二七 贛八六七 匶一〇六九 疆一一二一 鬱一一三〇 鷫一二四九
蠶一一二三 鑿一一七五 戲一一九九 鑾一二三六

二十九畫

讀一九四 爨二〇六 鬻二一三 鬱四〇四 驫九四九 蠹一一二二

三十畫

灩六 鬻二一三 鸞二九三 鬻七二九 靁九五五

三十一畫

靁四六三

三十二畫

籲七二六 龖九六九 鬮一二二一

三十三畫

鹵五六三 麤八〇二 魚魚

三十六畫

麢八〇三

三十八畫

龖九六六 靁九五五 靈九五六

三十九畫

龖一八四

從說文中見粵方音之存古者舉隅

篆 本字 方音

九一 噍 齧也。才肖切（音召） 今人謂食為「噍」。本即此字。

九一 吮 歠也。徂沇切（音旋上聲） 方音有此。謂含物口中而不噍。義略同歠。

九一 啐 小歠也。所劣切（音刷） 今謂食為「刷」。本即此字。

九九 嗢 音聲嗢嗢然。余大切（音泳） 今人謂人身體多動曰「郁身郁勢」。本即此字。

一二二 趯 行也。香仲切（音控） 今謂人四處走動曰「周圍控」。即此字。

一三五 迮 迮迮，起也。阻革切 方音「迮迮跳」。即此字。

一六六 仂 材十人也。盧則切（音勒） 粵人謂人之聰敏者為「叻仔」。本字即此。

一六七 謦 欬也。去挺切（「謦欬」音磬蓋） 「謦欬」。即粵方音之「傾偈」。閒談之意。

二一二 鬻 鬻賓篆谷切（音叔） 此即方音之「餸菜」字。

二一五 鬭 智少力劣也。如列切 方音謂小兒頑劣曰「鬭」。即此。

二一九 叡 又取也。則加切 今方音謂以手握物為「揸」。即此字。

二四〇 敹 擇也。洛蕭切（音遼） 今粵方音謂衣裳袒裂縫紉之曰「撩」。本即此字。

二六三 睩 目睞謹也。盧谷切（音鹿，今讀娽） 此即方音「眼睩睩」字。

二六四 眜 目不明也。普末切（音撥去聲） 今方音有此。倦目之意。

二六四 瞿 目衺也。舉朱切（音居） 今謂人之愚戇曰「戇居」。居本以此為正。

三〇四 爯 并舉也。處陵切 方音以手舉物曰「爯起」。讀「七正切」。猶存古義。

四〇六 糴 市穀也。徒歷切 今粵人猶謂市穀為糴。

四二五 揫 收束也。即由切（音周） 即方音捉拿之意。

四〇八 糶 出穀也。他弔切（音跳） 今粵人出穀曰糶。猶存古義。

五七八 穛 早取穀也。側角切（音作） 「側角切」即方音「作」。早取之意。

六〇〇 窒 塞也。陟栗切 與方音謂尊塞為「尊質」合。

六九七 覶 求也。郎計切（音麗又支西切） 今方音怒目視人曰「眼厲厲」。本即此字。又「支西切」即方音「覶求」。向人苦求之意。

七一〇 歁 不可知也。古深切（音坽） 今方音讀去聲。以為欺騙之意。

七一二 欶 吮也。所角切（音索） 今方音謂深吸為索。即此字。

七一二 欬 屰气也。苦蓋切 欬嗽。即今方音之「咳嗽」。

七二二 頟 面黃岳岳也。五角切 即方音「頭頟頟」字。

七二四 顉 低頭也。五感切（音頷） 今方音「顉」然之意。本即此字。

七三五 髲 髲皃也。平義切（音備） 今粵有極密梳用以梳去頭屑謂之髲。讀（含聲）。

七四四 勹 覆也。薄皓切（音步去聲） 今人謂孚卵曰「勹蛋」。即此。

七七八 磏 破石隕聲。所責切（音穀） 方音有此「一磏」。謂一片也。

八二一 爂 火飛也。方昭切 今粵方音「爂栗」。恆謂「賈飛」。蓋以栗封火「飛」也。

八三三 奅 大也。匹貌切 今粵方音謂大言無當為「奢大奅」。

九三三 渳 飲也。綿婢切 今方音有此。淺歠之意。

九六〇 霸 雨濡革也。匹各切 今方音謂牆壁之髹灰或家具之表層因受潮而虛起為「朴」。即此字。

九九七 拉 摧也。盧各切（音臘） 「拉雜」。即方音之「拉圾」。

一〇〇二 九九七 挈 縣持也，苦結切 今人謂提攜為「帶挈」。

一〇〇二 批 捽也，側氏切（音此） 今粵方言「批頭髮」，即此字。

一〇〇四 抧 開也，諸氏切（音此，俗音且） 今謂將物分離為「扯開」，本即此字。

一〇一七 擘 撝也，博厄切 今方音謂裂物曰「擘開」，即此。

一〇二三 摬 中擊也，一敬切（音應敬去聲） 此方音「打到應」本字。

一〇二四 撚 執也，乃殄切（音年上聲） 今人謂以手緊捻物曰「撚」，即此。

一〇四一 [illegible] 俛伏也，他合切 今言「死心塌地」，即此字。

一〇四五 [illegible] 短面也，丁滑切（音竊入聲） 今謂人肥胖曰「肥[illegible]」，即此。

一〇四七 [illegible] 愚戇多態也，式吹切 俗謂人態兒不善曰「樣衰」，即此。

一〇五〇 姘 除也，普耕切（音烹） 今方音謂祛除曰「[illegible]走」，即此姘字。

一〇五一 姅 婦人污也，博慢切（音半） 今方音言「泥湴」本即此字。

一〇七二 [illegible] 大盆也，丁浪切（本音檔，今讀擋） 今方音謂[illegible]為「[illegible]」，即此字。

一〇七八 [illegible] 不成，遂急戾也，於罽切（音翳） 今方音謂气不順曰「翳气」，本即此字。

一〇九六 紞 冕冠塞耳者，都感切 今方音「紞一鎚」打之意，即此。

《說文解字入門》勘誤

葉	行	誤	正
二六後	五	木部	本部
三七後	九	艸本	艸木
四二後	二	箕聲	箕星
四五前	七	言部	司部
五六後	五	𩙿	𩙿
五七前	二	𩙿	𩙿
六二前	二	冪	冪
六五後	十	俳	排

葉	行	誤	正
六八前	七	凡回	凡口
七二後	一	日部	旦部
七四後	二	魃	离
七七前	三	斲	斷
九二後	二 四	犇	犇
九六前	四 六	甕	甕
九六後	六	捕鳥	捕梟
一〇九後	七	似	象

葉	行	誤	正
一一九後	三	甫無改	甫無切
一二九後	五	瀆沙	積沙
一三六前	一	大部	亦部
一三六後	三	𦾔	𦾔
一四二後	一	𪓰	𪓰
一四三前	七	从偶	从偶一
一五二前	三	老金者易	老金老易
一五五後	一	己	巳
一五五後	四	海南內經	海內南經

葉	行	誤	正
一五九前	五	滈	滜
一六〇後	八	三下	三上
一六三前	四	𩙿	𩙿